Tobias Simon
Trierer Str. 3
54772 Kerlingen

Computernetze

Larry L. Peterson ist Professor für Informatik (Computer Science) an der Princeton-Universität, davor lehrte er an der Universität von Arizona. Er war maßgeblich am Design und an der Bewertung von verschiedenen Netzwerk-protokollen beteiligt und leitet gegenwärtig das »Planet Lab Project«. Er ist Herausgeber von ACM Transactions on Computer Systems und hat in Programmausschüssen für SOSP, SIGCOMM, OSDI und ASPLOS mitgear-beitet. Er ist ACM-Fellow und Mitglied der Internet-Forschungsgruppe »End-to-End«.

Bruce Davie ist seit 1995 bei Cisco Systems tätig. Er ist Cisco Fellow und arbeitet an der Entwicklung von MPLS und an Techniken zur Verbesserung der Dienstgüte. Er ist Autor zahlreicher Zeitschriftenartikel, Konferenzbeiträge und RFCs, außerdem Koautor zweier Bücher von MKP. Daneben ist er aktiv in der IETF (Internet Engineering Task Force) und der »End-to-End«-Forschungsgruppe tätig und ist Senior Member der IEEE.

Larry L. Peterson • Bruce S. Davie

Computernetze

Eine systemorientierte Einführung

Deutsche Ausgabe der 3. amerikanischen Auflage

Übersetzt von Angelika Shafir

dpunkt.verlag

Die Originalausgabe erschien unter dem Titel
»Computer Networks – A Systems Approach«
in der dritten Auflage bei Morgan Kaufman Publishers, San Francisco

Übersetzung: Angelika Shafir, Tel Aviv
Fachliche Bearbeitung: Jens Schmitt, TU Darmstadt
Copy-Editing: Ursula Zimpfer, Herrenberg
Lektorat: Dr. Michael Barabas, Heidelberg
Satz und Herstellung: VS Hegele, Dossenheim
Umschlaggestaltung: Helmut Kraus, Düsseldorf
Druck und Bindung: Koninklijke Wöhrmann B.V., Zutphen, Niederlande

Bibliografische Information Der Deutschen Bibliothek
Die Deutsche Bibliothek verzeichnet diese Publikation in der Deutschen Nationalbibliografie; detaillierte bibliografische Daten sind im Internet über <http://dnd.ddb.de> abrufbar.

ISBN 3-89864-242-9

Für Lee Peterson und Robert Davies

Vorwort

David Clark
Massachusetts Institute of Technology

Die vorliegende dritte Auflage ist eine weitere große Verbesserung dieses klassischen Netzwerkbuchs. Das Feld verändert sich weiterhin sehr schnell und neue Konzepte tauchen mit erstaunlicher Geschwindigkeit auf. Diese Version des Buchs diskutiert deswegen viele der neuen Themen wie zum Beispiel Peer-to-Peer-Netzwerke, Ipv6, Overlay- und Inhaltsverteilungs-Netzwerke, MPLS sowie Switching-, Wireless- und mobile Technolgien und vieles mehr. Es enthält einen stärkeren Fokus auf Anwendungen, was die wachsende Vertrautheit sowohl der Studenten als auch der Profis mit einer großen Anzahl an vernetzten Applikationen widerspiegelt. Das Buch führt seine Tradition weiter, alle Fakten zu liefern, die man braucht, um die heutige Welt zu verstehen.

Dennoch wurde das höhere Ziel, nicht nur die Fakten, sondern auch das Warum hinter den Fakten aufzuzeigen, nicht aus den Augen verloren. Die Philosophie des Buchs bleibt die Gleiche: zeitgemäß und dennoch zeitlos zu sein. Was dieses Buch über die heutige vernetze Welt vermittelt, wird jedem den nötigen Durchblick geben, um in der morgigen Situation zu arbeiten. Und das ist wichtig, vor allem weil es keinen Grund gibt anzunehmen, dass sich die Entwicklung der Netzwerke in absehbarer Zeit verlangsamen wird.

Es ist heute schon schwer sich vorzustellen, wie die Welt vor nur zehn Jahren aussah. Damals wurde das Internet noch nicht kommerziell genutzt. Zehn Megabit pro Sekunde war wirklich schnell. Niemand machte sich über Spam oder Virusattacken Gedanken – wir ließen unsere Computer unbewacht und machten uns kaum Sorgen. Jene Zeiten waren einfacher, dafür kann es heute aufregender sein. Und sicherlich wird es morgen wieder anders sein: mindestens genau so aufregend, mit Glück nicht weniger zuverlässig und sicherlich größer, schneller und angefüllt mit frischen Innovationen.

Ich hoffe doch, dass sich Larry und Bruce ein wenig entspannen können, bevor sie mit der nächsten Überarbeitung anfangen müssen. Benutzen Sie in der Zwischenzeit dieses Buch, um etwas über die Gegenwart zu lernen, und bereiten Sie sich damit auf die Zukunft vor. Viel Spaß.

Vorwort zur ersten Auflage

David Clark
Massachusetts Institute of Technology

Der Begriff *Spaghetti-Code* wird generell als Beleidigung verstanden. Alle guten Computerwissenschaftler huldigen dem Gott der Modularität, weil Modularität viele Vorteile bringt, darunter den unschlagbaren Vorteil, dass man nicht alle Teile eines Problems gleichzeitig verstehen muss, um es zu lösen. Modularität spielt daher eine Rolle bei der Darstellung von Ideen in einem Buch und im Schreiben von Code. Ist der Inhalt eines Buchs effektiv – also modular – aufgebaut, kann der Leser am Anfang beginnen und es bis zum Ende durchlesen.

Der Bereich der Netzwerkprotokolle ist vielleicht einzigartig darin, dass die »eigentliche« Modularität uns in der Form eines internationalen Standards weitergegeben wurde: dem aus sieben Schichten bestehenden Referenzmodell für Netzwerkprotokolle von der ISO. Dieses Modell, das Modularität in einem schichtweisen Ansatz angeht, wird fast universell als Ausgangspunkt für Diskussionen über Protokollorganisation benutzt, gleichgültig, ob das fragliche Design mit dem Modell übereinstimmt oder davon abweicht.

Es scheint auf der Hand zu liegen, ein Buch über Netzwerke rund um dieses Schichtenmodell aufzubauen. Andererseits birgt dies eine gewisse Gefahr, weil das OSI-Modell eigentlich bei der Organisation der Kernkonzepte von Netzwerken nicht erfolgreich ist. Grundlegende Anforderungen wie Zuverlässigkeit, Flusskontrolle oder Sicherheit können auf den meisten, wenn nicht allen OSI-Schichten aufgegriffen werden. Diese Tatsache führte zu großer Verwirrung bei dem Versuch, das Referenzmodell zu verstehen. Tatsächlich hat ein Buch, das strikt nach einem Schichtenmodell strukturiert ist, einige Attribute von Spaghetti-Code.

Das führt uns zu diesem Buch. Peterson und Davie folgten dem traditionellen Schichtenmodell, erheben aber nicht den Anspruch, dass dieses Modell tatsächlich bei dem Verständnis der komplexen Problematik von Netzwerken hilft. Vielmehr diskutieren die Autoren die grundlegenden Konzepte völlig unabhängig von den Schichten. Nach der Lektüre dieses Buchs werden die Leser folglich Flusskontrolle, Überlastkontrolle, Zuverlässigkeit, Datendarstellung und Synchronisation sowie die

Auswirkungen der Umsetzung dieser Funktionen auf der einen oder anderen der traditionellen Schichten verstehen.

Dieses ist ein zeitgerechtes Buch. Es betrachtet die wichtigen, heute im Einsatz befindlichen Protokolle, insbesondere die Internet-Protokolle. Peterson und Davie blicken auf eine lange Geschichte und viel Erfahrung mit dem Internet zurück. Folglich spiegelt ihr Buch nicht nur die theoretischen Fragen des Protokolldesigns, sondern die wahren Faktoren wider, die in der Praxis eine Rolle spielen. Das Buch betrachtet einige der Protokolle, die erst jetzt im Entstehen sind, sodass der Leser sicher sein kann, eine aktuelle Perspektive zu erhalten. Noch wichtiger ist aber, dass die Diskussion von Grundsatzfragen auf eine Weise dargestellt wird, die aus der fundamentalen Natur des Problems stammt und nicht bei den Einschränkungen des schichtweisen Referenzmodells oder Details von heutigen Protokollen innehält. In dieser Hinsicht ist dieses Buch zeitgerecht und zeitlos. Die Kombination aus praktischer Relevanz, aktuellen Beispielen und sorgfältiger Erklärung der Grundsätze macht dieses Buch einmalig.

Inhalt

Einleitung

Als die erste Auflage dieses Buchs 1996 veröffentlicht wurde, galt es als absolute Neuheit, Waren im Internet zu bestellen, und eine Firma, die ihren Domain-Namen veröffentlichte, galt als hochmodern. Heute ist der Internet-Handel eine Alltäglichkeit, und ».com-Aktien« haben bereits einen gewaltigen Boom und eine genauso große Baisse mitgemacht. Viele neue Technologien von optischen Switches bis zu drahtlosen Netzwerken sind inziwschen breit akzeptiert. Es scheint so, dass das einzig Vorhersagbare über das Internet seine ständigen Änderungen sind.

Trotz dieser Änderungen ist die Frage, die wir uns in der ersten Auflage gestellt haben, heute noch genauso gültig: Durch welche zu Grunde liegenden Konzepte und Technologien funktioniert das Internet? Die Antwort lautet, dass die TCP/IP-Architektur größtenteils noch so funktioniert, wie sie ihre Erfinder vor fast 30 Jahren ersonnen haben. Das soll nicht heißen, dass die Internet-Architektur uninteressant ist; ganz im Gegenteil. Das Verständnis der Designprinzipien, die einer Architektur zugrunde liegen, die nicht nur überlebt, sondern Wachstum und Wandel des Internet in den letzten drei Jahrzehnten herbeigeführt hat, ist genau der richtige Ausgangspunkt. Wie bei der ersten Auflage bildet das »Warum« der Internet-Architektur auch in der zweiten den Eckpfeiler.

Leserschaft

Dieses Buch wurde für Studenten im Vordiplom und der ersten Semester des Hauptstudiums ausgelegt. Unserer Meinung nach ist dieses Buch dank seines Schwerpunkts auf den Kernkonzepten aber auch für Fachleute in der Praxis relevant, die an dem »Warum« über die Protokolle, mit denen sie täglich arbeiten, und an einem aktuellen Gesamtbild über Netzwerke interessiert sind.

Unseren Erfahrungen zufolge erhalten sowohl Studenten als auch Praktiker, die erstmals etwas über Netzwerke lernen, oft den Eindruck, dass Netzprotokolle eine Art von oben aufdiktiertes Regelwerk sind und dass es vor allem gilt, möglichst viele drei Buchstaben lange Abkürzungen zu lernen. Tatsächlich sind Protokolle die Bausteine eines komplexen Systems, das durch die Anwendung von Konstruktionsprinzipien entwickelt wurde. Außerdem werden sie auf der Grundlage praktischer Erfahrungen ständig verfeinert, erweitert und durch neuere abgelöst. Vor diesem Hintergrund verfolgen wir mit diesem Buch das Ziel, mehr als einen Überblick über die heute im Einsatz befindlichen Protokolle zu geben. Wir erklären vielmehr die

Grundlagen eines soliden Netzwerkdesigns. Wir glauben, dass das Verständnis der zu Grunde liegenden Prinzipien die beste Voraussetzung ist, mit dem enormen Wandel im Vernetzungsbereich Schritt zu halten.

Änderungen in der dritten Auflage

Obwohl unser Schwerpunkt auf den grundlegenden Prinzipien von Netzwerken liegt, erläutern wir diese Prinzipien anhand von realen Beispielen aus dem heutigen Internet. Daher haben wir eine nennenswerte Menge neuen Materials hinzugefügt, um viele der wichtigen Fortschritte im Netzwerkbereich deutlich zumachen. Außerdem haben wir beim bestehenden Text gekürzt, umgestellt und den Fokus verändert, um dadurch Entwicklungen der letzten Jahre Rechnung zu tragen.

Vielleicht die wichtigste Änderung, die wir seit der ersten Auflage wahrgenommen haben, ist die, dass inzwischen praktisch jeder Leser eine gewisse Vertrautheit mit Netzwerkanwendungen wie dem World Wide Web oder E-Mail erlangt hat. Aus diesem Grunde haben wir – beginnend mit dem ersten Kapitel – den Fokus auf die Anwendungen noch verstärkt. Wir verwenden Anwendungen als Motivation für ein Verständnis des Netzwerks und, um die Anforderungen abzuleiten, die ein nützliches Netzwerk erfüllen muss, sodass es gegenwärtige und zukünftige Anwendungen im globalen Maßstab erfüllen kann. Wir haben aber den Lösungs-zentrierten Ansatz der Vorauflagen beibehalten, der mit der Aufgabe beginnt, zwei Rechner zu verbinden und dann seinen Weg durch die verschiedenen Schichten bis hin zu einer genauen Darstellung der Anwendungsschicht nimmt. Wir glauben zwar, dass es wichtig ist, die Bedeutung der Themen, die in diesem Buch behandelt werden, anhand von Anwendungen und ihren Anforderungen klar zu machen. Auf der anderen Seite sind wir sicher, dass Fragen, die mit höheren Schichten – wie Anwendungs- und Transportschicht – zusammenhängen, erst wirklich verständlich werden, nachdem man die grundlegenden Prinzipien verstanden hat, nach denen Rechner verbunden und Pakete ausgetauscht werden.

Eine andere wichtige Änderungen in dieser Auflage betrifft die Übungen. Wir haben die Anzahl und Qualität der Übungen erhöht; wir haben versucht, diejenigen zu identifizieren, die besonders schwierig sind oder die besondere mathematische Kenntnisse erfordern (mit ★ gekennzeichnet); außerdem wurden in jedem Kapitel mehrere Aufgaben mit ausgearbeiteten Lösungen hinzugefügt, die hinten im Buch abgedruckt sind. Wie bereits zuvor steht das komplette Verzeichnis der Lösungen nur für Dozenten und Lehrer auf Anfrage zur Verfügung.

Wie in der zweiten Auflage haben wir wichtige neue Themen hinzugefügt oder erweitert und andere Bereiche aktualisiert. Wichtige neue oder stark überarbeitete Themen in dieser Auflage sind:

- ein neuer Abschnitt zum Multiprotocol Label Switching (MPLS), einschließlich der Behandlung von Steuerung von Datenflüssen und virtuellen privaten Netzwerken (VPNs),
- ein neuer Abschnitt über Overlay-Netzwerke einschließlich »Peer-to-Peer-« und Inhaltsverteilungs-Netzwerken,

- eine stark erweiterte Behandlung von Protokollen für Multimedia-Anwendungen, wie z.B. das Session Initiation Protocol (SIP) und das Session Description Protocol (SDP),
- eine aktualisierte Darstellung der Staukontrollmechanismen unter Einbeziehung bestimmter TCP-Mechanismen, von gleichungsbasierter Staukontrolle und expliziter Staubenachrichtung,
- eine aktualisierte Beschreibung von Sicherheitsthemen, unter anderem mit verteilten Denial-of-Service-Attacken (DDoS),
- eine aktualisierte Behandlung der Wireless-Technologie, die auch Spreizspektrum-Techniken und die aufkommenden 802.11-Standards umfasst.

Ansatz

Für einen derart dynamischen und rasch sich wandelnden Bereich wie Rechnernetze ist das Wichtigste, was ein Lehrbuch bieten kann, die Perspektive – die Unterscheidung zwischen Wichtigem und Unwichtigem und zwischen Beständigem und Oberflächlichem. Auf der Grundlage unserer Erfahrungen in den letzten 20 Jahren mit Forschungsarbeiten, die zu neuen Vernetzungstechnologien führten, haben wir bei der Unterrichtung von Studenten im Vordiplom und in den Hauptsemestern eine Perspektive entwickelt, die wir *Systemansatz* nennen und die den Kern dieses Buchs bildet. Dieser Systemansatz hat mehrere Auswirkungen:

- Statt bestehende Artefakte als Evangelium anzunehmen, beginnen wir mit den grundsätzlichen Prinzipien und führen den Leser durch den gedanklichen Prozess, der zu den heutigen Netzwerken geführt hat. Dadurch können wir erklären, *warum* Netzwerke so und nicht anders aussehen. Unseren Erfahrungen zufolge wird jedes neue Protokoll, mit dem man konfrontiert wird, relativ leicht verständlich, wenn man einmal die zu Grunde liegenden Konzepte verstanden hat.
- Obwohl das Material lose rund um die traditionellen Netzwerkschichten – von unten nach oben im Protokoll-Stack – aufgebaut ist, übernehmen wir keinen straffen Schichtenansatz. Viele Themen wie Überlastkontrolle und Sicherheit wirken sich auf die gesamte Hierarchie aus. Deshalb diskutieren wir sie von außerhalb des traditionellen Schichtenmodells. Kurz: wir halten das Schichtenmodell für einen guten Diener, aber schlechten Meister. Es ist vorteilhafter, eine Ende-zu-Ende-Perspektive einzunehmen.
- Statt zu erklären, wie Protokolle im Abstrakten funktionieren, benutzen wir die wichtigsten der heute im Einsatz befindlichen Protokolle, davon zahlreiche aus dem TCP/IP-Internet, um aufzuzeigen, wie Netzwerke in der Praxis funktionieren. Dies ermöglicht es uns, praktische Erfahrungen in die Diskussion einzubeziehen.
- Obwohl sich Netzwerke auf der niedrigsten Schicht aus handelsüblicher Hardware, die von Computerherstellern erhältlich ist, und Kommunikationsdiensten,

die von der Telefongesellschaft gemietet werden können, zusammensetzen, ist es erst durch Software möglich, in Netzwerken neue Dienste bereitzustellen und sie an schnell ändernde Anforderungen anzupassen. Aus diesem Grund hören wir nicht bei der Beschreibung der betroffenen abstrakten Algorithmen auf, sondern erklären, wie Netzwerksoftware implementiert wird. Wir stellen außerdem Code-Auszüge aus lauffähigen Protokoll-Stacks zur Verfügung, um zu zeigen, wie bestimmte Protokolle und Algorithmen tatsächlich implementiert werden können.

- Netzwerke werden aus vielen verschiedenen Bausteinen gebildet, und während man in der Lage sein muss, uninteressante Elemente bei der Lösung eines bestimmten Problems vorübergehend auszuklammern, muss man andererseits verstehen, wie alle Teile zusammenpassen, um ein funktionierendes Netzwerk zu bilden. Wir wenden deshalb viel Zeit für die Erklärung des generellen Ende-zu-Ende-Verhaltens von Netzwerken und nicht nur der einzelnen Komponenten auf, sodass man verstehen kann, wie ein komplettes Netzwerk – von der Anwendung bis zur Hardware – funktioniert.

- Unser Systemansatz impliziert die Durchführung experimenteller Leistungsstudien und die anschließende Verwendung der Messdaten, um verschiedene Designoptionen quantitativ zu analysieren und einen Hinweis auf Optimierungen der Implementierung zu erhalten. Diese Betonung empirischer Analysen zieht sich durch das ganze Buch.

- Netzwerke sind wie andere Computersysteme, z.B. Betriebssysteme, Prozessorarchitekturen, verteilte und parallele Systeme, ausnahmslos groß und komplex. Um diese Komplexität verwalten zu können, ziehen Systementwickler oft eine Reihe von Designprinzipien heran. Wir heben diese Designprinzipien an verschiedenen Stellen in diesem Buch mit entsprechenden Beispielen von Rechnernetzen hervor.

Didaktik und besondere Merkmale

Die dritte Auflage enthält zahlreiche Merkmale, die sich der Leser zu nutze machen sollte:

- *Problemstellung*: Am Anfang jedes Kapitels beschreiben wir ein Problem, das die nächste Fragengruppe aufgreift, die im Design eines Netzwerks gelöst werden muss. In diesem Teil werden die Fragen vorgestellt und kurz begründet.

- *Schattierte Kästen*: In diesem Buch werden durchgängig bestimmte Themen in einem Randkasten kommentiert. In vielen Fällen beziehen sich diese Zusätze auf Anekdoten aus der Netzwerkpraxis.

- *Hervorgehobene Absätze*: Diese Absätze enthalten eine Zusammenfassung wichtiger Informationen aus der jeweils vorhergehenden Diskussion, z.B. ein breit anwendbares Systemdesignprinzip.

- *Echte Protokolle*: Obwohl wir uns in diesem Buch auf die Kernkonzepte und nicht auf bestehende Protokollspezifikationen konzentrieren, werden echte Protokolle verwendet, um die wichtigsten Ideen aufzuzeigen. Als Ergebnis kann das Buch als Nachschlagewerk für viele Protokolle benutzt werden. Um die Beschreibungen der Protokolle leichter zu finden, enthält jeder entsprechende Abschnitt die Bezeichnung des betreffenden Protokolls, wie z.B. Abschnitt 5.2, in dem die Prinzipien zuverlässiger Ende-zu-Ende-Protokolle beschrieben werden. In diesem Abschnitt wird TCP, das kanonische Beispiel eines solchen Protokolls, ausführlich erläutert.
- *Offene Fragen*: Jedes Kapitel enthält vor dem Übungsteil einen Abschnitt, in dem wichtige Fragen behandelt werden, die derzeit in der Forschungsgemeinde, im kommerziellen Umfeld oder allgemein in der Gesellschaft diskutiert werden. Wir haben festgestellt, dass die Diskussion dieser Fragen dazu beiträgt, dem Thema Vernetzung mehr Relevanz und Spannung zu verleihen.
- *Weiterführende Literatur*: Eine solche selektive Liste befindet sich am Ende jedes Kapitels. Jede Liste enthält die wichtigsten Arbeiten über die im Kapitel behandelten Themen. Wir empfehlen fortgeschrittenen Lesern die Lektüre dieser aufgeführten Arbeiten als Ergänzung der im betreffenden Kapitel behandelten Themen.

Struktur des Buches

Dieses Buch ist in folgende Kapitel gegliedert:

- *Kapitel 1*: Einführung in verschiedene Kernideen, die in späteren Kapiteln ausführlich behandelt werden. Ausgehend von bekannten Anwendungen wird diskutiert, woraus sich eine Netzwerkarchitektur zusammensetzt, und es werden die häufig einem Netzwerkdesign zu Grunde liegenden quantitativen Leistungsmetriken definiert.
- *Kapitel 2*: Untersuchung zahlreicher Netzwerktechnologien der unteren Ebene, von Ethernet- über Token-Ring- zu drahtlosen Netzwerken. Außerdem werden viele Funktionen beschrieben, die alle Protokolle der Sicherungsschicht unterstützen müssen, darunter Kodierung, Rahmenerzeugung und Fehlererkennung.
- *Kapitel 3*: Einführung in die Basismodelle vermittelter Netzwerke (Datagramme im Vergleich zu virtuellen Leitungen). Insbesondere wird die vorherrschende Vermittlungstechnologie (ATM) ausführlicher beschrieben. In diesem Kapitel wird auch das Design von Hardware-Switchen behandelt.
- *Kapitel 4*: Einführung in Internetworks und Beschreibung der wichtigsten Elemente des Internet-Protokolls (IP). Eine zentrale Frage in diesem Kapitel ist, wie Netzwerke, die auf die Größe des Internet skalieren, Pakete weiterleiten können.
- *Kapitel 5*: In diesem Kapitel gehen wir auf die Transportschicht über und beschreiben das TCP (Transmission Control Protocol) des Internet und RPC

(Remote Procedure Call), der für die Entwicklung von Client/Server-Anwendungen benutzt wird.

- *Kapitel 6*: Erläuterung von Überlastkontrolle und Ressourcenzuteilung. Die Themen dieses Kapitels ziehen sich durch die Vermittlungsschicht (Kapitel 3 und 4) und die Transportschicht (Kapitel 5). Insbesondere wird in diesem Kapitel beschrieben, wie Überlastkontrolle in TCP funktioniert, und es werden die im Internet und ATM benutzten Mechanismen für die Bereitstellung von Dienstgüte erläutert.

- *Kapitel 7*: In diesem Kapitel wird die Übertragung von Daten in einem Netzwerk beschrieben. Dies beinhaltet die Probleme der Darstellungsformatierung und der Datenkompression. Die Behandlung von Kompression enthält Erläuterungen, wie MPEG-Videokompression und MP3-Audiokompression funktionieren.

- *Kapitel 8*: Das Schwerpunktthema dieses Kapitels bildet Sicherheit in Netzwerken. Es reicht von einer Übersicht über kryptographische Protokolle (DES, RSA, MD5) und Protokollen für Sicherheitsdienste (Authentifikation, digitale Signatur, Datenintegrität) bis zu kompletten Sicherheitssystemen (Vertraulichkeit für E-Mail-Nachrichten, IPSec). Anschließend werden pragmatische Fragen über Firewalls behandelt.

- *Kapitel 9*: Beschreibung einer repräsentativen Anzahl von Netzwerkanwendungen und der von ihnen verwendeten Protokolle, einschließlich traditioneller Anwendungen wie E-Mail und Web, Multimedia-Anwendungen wie IP-Telefonie und Video-Streaming, sowie Overlay-Netzwerken wie Peer-to-Peer-Anwendungen und Inhaltsverteilungsnetzen.

Für Studenten im Vordiplom ist wahrscheinlich zusätzliche Vorlesungszeit erforderlich, um den Einführungsstoff des ersten Kapitels zu bewältigen, möglicherweise auf Kosten der fortgeschritteneren Themen von Kapitel 6 bis 8. Kapitel 9 kehrt dann zu dem beliebten Thema Netzwerkanwendungen zurück. Demgegenüber sollte der Dozent in den Hauptsemestern das erste Kapitel in nur einer oder höchstens zwei Vorlesungen abdecken, wobei davon ausgegangen wird, dass die Studenten den Unterrichtsstoff von sich aus sorgfältiger studieren, sodass zusätzliche Vorlesungszeit für eine ausführlichere Behandlung der letzten vier Kapitel bleibt. Die Kernthemen in den Kapiteln 2 bis 5 sollten in den Hauptsemestern und im Vordiplom abgedeckt werden, obwohl die Abschnitte 2.2, 2.9, 3.4 und 4.4 möglicherweise von Studenten im Vordiplom nur kurz vorgestellt werden sollten.

Für alle, die dieses Buch im Selbststudium benutzen, decken die von uns gewählten Themen den Kern der Rechnervernetzung ab. Deshalb empfehlen wir diesen Lesern, das Buch sequenziell (von Anfang zum Ende) durchzuarbeiten. Darüber hinaus haben wir zahlreiche Referenzen eingebunden, damit sich zusätzliches Material zu einem bestimmten Bereich leichter finden lässt. Zusätzlich enthält das Buch Lösungen zu ausgewählten Aufgaben.

Dieses Buch basiert auf einem einzigartigen Ansatz zum Thema »Überlastkontrolle« dahingehend, dass alle damit und mit Ressourcenzuteilung verbundene Themen zusammen an einer Stelle – in Kapitel 6 – behandelt werden. Wir haben uns für diese Vorgehensweise entschieden, weil das Problem der Überlastkontrolle nicht auf einer einzigen Schicht gelöst werden kann und weil wir den Leser dazu anregen möchten, gleichzeitig die verschiedenen Designoptionen zu betrachten. (Dies entspricht unserer Ansicht, dass ein striktes Schichtenmodell wichtige Designkompromisse oft verdeckt.) Eine eher herkömmliche Behandlung von Überlastkontrolle ist allerdings in Abschnitt 6.2 in Verbindung mit Kapitel 3 und Abschnitt 6.3 in Verbindung mit Kapitel 5 möglich.

Übungen

Erhebliche Anstrengungen sind sowohl in der zweiten als auch in der dritten Auflage darauf verwendet worden, die Übungen zu verbessern. In der zweiten Auflage hatten wir die Anzahl der Aufgaben vergößert und ihre Qualität, basierend auf Erfahrungen mit Studenten, wesentlich erhöht. In dieser Auflage haben wir noch einige Übungen hinzugefügt, aber vor allem zwei wesentliche Dinge geändert:

- Die Übungen, die wir für besonders herausfordernd halten oder die spezielles Wissen voraussetzen, das nicht im Buch bereitgestellt wird (z. B. Wahrscheinlichkeitsrechnung), haben wir mit einem Stern-Symbol ★ versehen, um den besonderen Schwierigkeitsgrad anzuzeigen.
- In jedem Kapitel haben wir besonders repräsentative Übungen hinzugefügt, für die es ausgearbeitete Lösungen im hinteren Teil des Buches gibt. Diese Übungen sind mit einem ✓ markiert und sollen eine Hilfestellung sein, um die anderen Übungen im Buch zu lösen.

Die aktuellen Übungsblöcke sind von unterschiedlicher Art:

- Analytische Übungen, in denen der Student aufgefordert wird, einfache algebraische Berechnungen durchzuführen, die das Verständnis der grundlegenden Zusammenhänge demonstrieren.
- Designfragen, die den Studenten auffordern, Protokolle für verschiedene Situationen vorzuschlagen und zu bewerten.
- Praktische Fragen, für deren Beantwortung der Student ein paar Codezeilen schreiben muss, um ein Konzept nachzuvollziehen oder mit einer bestehenden Netzwerk-Utility zu experimentieren.
- Fragen in Zusammenhang mit Forschungsliteratur, in deren Rahmen der Student zu vertieftem Studium eines bestimmten Themas angeregt wird.

Außerdem stehen Programmauszüge von Socket-Implementierungen im Web zur Verfügung.

Zusatzmaterial und Online-Ressourcen

Zur Unterstützung der Dozenten haben wir ein Unterrichtshandbuch vorbereitet, das Lösungen zu ausgewählten Übungen enthält. Es kann vom Verlag angefordert werden.

Weiteres Hilfsmaterial, darunter Dias für Vorlesungen, Abbildungen aus dem Buch, Socket-basierte Programm-Listings und Beispielprüfungen, sind über die Website vom dpunkt.verlag unter http://www.dpunkt.de erhältlich. Wir schlagen vor, diese Website regelmäßig zu besuchen, weil wir laufend Informationen zu diesem Buch und interessante Links zu netzwerkspezifischen Sites veröffentlichen.

Danksagung

Unzählige Leute haben uns bei diesem Buch geholfen. Wir bedanken uns für ihren Einsatz bei der Verbesserung des Endergebnisses. Wir möchten zuvor aber erwähnen, dass wir uns bemüht haben, die Beschreibungen der Protokolle von unseren Kollegen fehlerfrei in diesem Buch wiederzugeben. Sollten sich dennoch Fehler eingeschlichen haben, ist dies einzig auf uns und nicht auf die Kollegen, die uns geholfen haben, zurückzuführen. Falls Sie bei der Lektüre dieses Buchs auf einen Fehler stoßen, bitten wir um Mitteilung an den Verlag auf netbugs@dpunkt.de. Alle von Lesern gemeldeten Fehler werden beim nächsten Nachdruck korrigiert.

Zunächst möchten wir allen danken, die Entwürfe des Manuskripts oder von Teilen davon reviewt haben. Zusätzlich zu denen, die frühere Auflagen begutachtet haben, möchten wir Carl Emberger, Isaac Ghansah und Bobby Bhattacharjee für ihre gründliche Durchsicht danken. Dank ebenso an Peter Druschel, Limin Wang, Aki Nakao, Dave Oran, George Swallow, Peter Lei und Michael Ramalho für ihre Durchsicht verschiedener Abschnitte. Wir möchten darüber hinaus allen Danken, die uns Anregungen und Hinweise für diese Auflage gegeben haben: Chedley Aouriri, Peter Steenkiste, Esther A. Hughes, Ping-Tsai Chung, Doug Szajda, Mark Andersland, Leo Tam, C. P. Watkins, Brian L. Mark, Miguel A. Labrador, Gene Chase, Harry W. Tyrer, Robert Siegfried, Harlan B. Russell, John R. Black, Robert Y. Ling, Julia Johnson, Karen Collins, Clark Verbrugge, Monjy Rabemanantsoa, Kerry D. LaViolette,William Honig, Kevin Mills, Murat Demirer, J Rufinus, Manton Matthews, Errin W. Fulp, Wayne Daniel, Luiz DaSilva, Don Yates, Raouf Boules, Nick McKeown, Neil T. Spring, Kris Verma, Szuecs Laszlo, Ted Herman, Mark Sternhagen, Zongming Fei, Dulal C. Kar, Mingyan Liu, Ken Surendran, Rakesh Arya, Mario J. Gonzalez, Annie Stanton, TimBatten und Paul Francis.

Zweitens leisteten mehrere Mitglieder der Network Systems Group in Princeton und an der University of Arizona Beiträge zu diesem Buch mit Ideen, Beispielen, Korrekturen, Daten und Code. Insbesondere möchten wir Andy Bavier, Tammo Spalink, Mike Wawrzoniak, Zuki Gottlieb, George Tzanetakis und Chad Mynhier danken. Wie zuvor bedanken wir uns bei der Defense Advanced Research Projects Agency (DARPA), der National Science Foundation (NSF), Intel Corporation und Cisco Systems, Inc. für die Unterstützung unserer Netzwerkforschung in den letzten Jahren.

Drittens möchten wir uns unserem Reihenherausgeber, David Clark, und bei allen Mitarbeitern von Morgan Kaufmann für die hilfreiche Unterstützung bedanken, die uns durch den Prozess des Schreibens geleitet haben. Besonderer Dank gebührt der ehemaligen Lektorin Jennifer Mann, unseren Lektoren für die dritte Auflage, Rick Adams und Karyn Johnson, sowie unserem Produktionsleiter, Simon Crump. Die Zusammenarbeit mit dem Morgan-Kaufmann-Team hat uns viel Spaß gemacht.

Anmerkungen zur deutschsprachigen Ausgabe

Die Übersetzer, Lektoren und Gutachter dieser deutschen Ausgabe haben versucht, eine fehlerfreie, fachlich korrekte und gut lesbare Übersetzung zu liefern. Wir hoffen, dass uns dies weitestgehend gelungen ist. Hinweise auf verbliebene Fehler oder Kommentare zu Form und Inhalt der deutschen Ausgabe sind ausdrücklich erwünscht und sollten an netbugs@dpunkt.de gerichtet werden.

NORMAN

1 Grundlagen

Ein Netzwerk aufbauen

Nehmen wir an, wir wollen ein Rechnernetz entwickeln, das Potenzial für künftiges Wachstum auf globale Dimensionen hat und vielfältige Anwendungen unterstützt, z.B. Telekonferenzen, Video-on-Demand, elektronischen Handel, verteiltes Rechnen und digitale Bibliotheken. Welche verfügbaren Technologien können als zu Grunde liegende Bausteine dienen, und welche Art der Softwarearchitektur würden wir entwickeln, um diese Bausteine zu einem effektiven Kommunikationsdienst zu integrieren? Die Beantwortung dieser Frage ist das vorrangige Ziel dieses Buchs – also die Beschreibung der verfügbaren Elemente und wie sie dazu verwendet werden können, ein Netzwerk von Grund auf zu konstruieren.

I must Create a System, or be enslav'd by another Man's; I will not Reason and Compare: my business is to Create.

– William Blake

Bevor wir uns mit dem Design eines Rechnernetzes beschäftigen, müssen wir uns zuerst darauf einigen, was genau ein Rechnernetz ist. Früher bedeutete der Begriff *Netzwerk* eine Reihe serieller Leitungen, mit denen dumme Terminals an einen Großrechner angeschlossen wurden. Für einige impliziert der Begriff das Telefonnetz. Für andere ist das einzig interessante Netzwerk das für die Verbreitung von Videosignalen benutzte Kabelnetz. Diese Netzwerke haben das Hauptmerkmal gemeinsam, dass sie jeweils für eine bestimmte Datenart spezialisiert sind (Tastenanschläge, Sprache oder Video) und normalerweise ebenso spezialisierte Geräte (Terminals, Telefonapparate und Fernseher) verbinden.

Wodurch unterscheidet sich ein Rechnernetz von diesen anderen Netzwerktypen? Das wichtigste Merkmal eines Rechnernetzes ist seine Generalität. Rechnernetze werden vorwiegend aus universeller, programmierbarer Hardware aufgebaut und sind nicht für eine bestimmte Anwendung, etwa Telefongespräche oder Fernsehsignale, optimiert. Sie sind vielmehr in der Lage, viele verschiedene Datentypen zu befördern, und sie unterstützen eine breite, ständig wachsende Palette von Applikationen. In diesem Kapitel werden einige typische Anwendungen von Rechnernetzen beschrieben sowie die Anforderungen, die ein Netzwerkentwickler für die Unterstützung solcher Anwendungen berücksichtigen muss.

Wie fahren wir fort, wenn wir diese Anforderungen verstanden haben? Zum Glück müssen wir nicht das erste Netzwerk entwickeln. Das haben andere, vor allem die für das Internet verantwortlichen Wissenschaftler, bereits für uns getan. Wir schöpfen aus der Fülle an Erfahrungen mit dem Internet. Diese Erfahrungen sind in einer *Netzwerkarchitektur* verkörpert, die die verfügbaren Hard- und Softwarekomponenten identifiziert und zeigt, wie sie angeordnet werden können, um ein komplettes Netzwerksystem zu bilden.

Dieses Kapitel führt anhand von drei Aspekten in die Entwicklung von Rechnernetzen ein. Erstens werden die Anforderungen untersucht, die verschiedene Anwendungen und Nutzergruppen (z.B. Netzwerkbenutzer und -betreiber) an das Netzwerk stellen. Zweitens wird das Konzept einer Netzwerkarchitektur vorgestellt, die den Grundstein für den Rest dieses Buchs legt. Drittens werden einige der Schlüsselelemente für die Implementierung von Rechnernetzen vorgestellt. Schließlich werden wichtige Metriken identifiziert, die man verwendet, um die Leistungsfähigkeit von Computernetzen zu bestimmen.

1.1 Anwendungen

Die meisten Leute kennen das Internet durch seine Anwendungen: World Wide Web, E-Mail, Streaming-Audio und -Video, Chat-Rooms oder die gemeinsame Nutzung von Musik (Dateien). Das Web stellt beispielhaft eine intuitiv einfache Nutzeroberfläche dar. Die Anwender sehen sich Seiten voller Text- und Grafikobjekte an, klicken auf Objekte, über die sie mehr erfahren wollen, und schon erscheint eine entsprechende neue Seite. Den meisten ist auch bekannt, dass jedes auf einer Webseite wählbare Objekt unmittelbar unter der Oberfläche über einen Identifizierer mit der nächsten Seite, die man sich ansehen will, verbunden ist. Dieser

Identifizierer heißt Uniform Resource Locator (URL) und benennt eindeutig jede mögliche Page, die man im Webbrowser ansehen kann. Die URL

http://www.mkp.com/pd3e

führt beispielsweise zu einer Seite, die dieses Buch bei Morgan Kaufmann darstellt: Die Zeichenkette http bedeutet, dass zum Laden der Webseite das HyperText Transfer Protocol (HTTP) benutzt werden muss, www.mkp.com ist der Name des Rechners, der die Page ausgibt, und pd3e ist die eindeutige Bezeichnung der Seite auf der Homepage des Verlags.

Was die meisten Web-Benutzer allerdings nicht wissen, ist, dass durch Anklicken einer einzigen solchen URL nicht weniger als 17 Nachrichten über das Internet ausgetauscht werden, wobei bei dieser Zahl davon ausgegangen wird, dass die Page selbst so klein ist, dass sie in eine einzige Nachricht passt. Darin sind bis zu sechs Nachrichten enthalten, um den Server-Namen (www.mkp.com) in seine Internet-Adresse (213.38.165.180) zu übersetzen, drei Nachrichten, um eine TCP-Verbindung (Transmission Control Protocol) zwischen dem Browser und diesem Server aufzubauen, vier Nachrichten, damit der Benutzer-Browser seine HTTP-spezifische »get«-Anfrage senden und der Server ihm mit der angeforderten Page antworten kann (und beide Seiten den Empfang dieser Nachricht bestätigen können), und vier Nachrichten, um die TCP-Verbindung wieder abzubauen. Selbstverständlich beinhaltet das nicht die Millionen von Nachrichten, die Internet-Knoten im Lauf eines Tages untereinander austauschen, nur um sich gegenseitig darüber zu informieren, dass sie existieren und bereit sind, Webpages auszugeben, Namen in Adressen zu übersetzen und Nachrichten an ihr endgültiges Ziel weiterzuleiten.

Eine noch nicht so bekannte Internet-Anwendung wie das Surfen im Web, die sich aber stetig ausbreitet, ist Streaming-Audio und -Video. Obwohl eine komplette Videodatei zuerst von einem entfernten Rechner über das Internet heruntergeladen und dann auf dem lokalen Rechner abgespielt werden könnte, ähnlich wie man eine Webpage lädt und darstellt, müsste man in diesem Falle warten, bis die letzte Sekunde der Videodatei angekommen ist, bevor man sie sich ansehen kann. Streaming-Video bedeutet, dass der Sender die Quelle und der Empfänger die Senke des Videostroms (Stream) ist. Das heißt, die Quelle erzeugt einen Videostrom (eventuell unter Verwendung einer Videoerfassungskarte), sendet ihn in Form von Nachrichten über das Internet, und die Senke beginnt schon mit dem Abspielen, während dieser ankommt.

Um genau zu sein, ist Video keine Anwendung, sondern ein Datentyp. Ein gutes Beispiel einer Videoanwendung ist Video-on-Demand. Dabei wird ein bereitstehender Spielfilm von Platte gelesen und über das Netzwerk übertragen. Eine weitere – interessantere – Anwendung dieser Art ist die Videokonferenz, weil hierbei sehr straffe Zeiteinschränkungen gelten. Wie bei der Benutzung des Telefons muss die Interaktion zwischen den Teilnehmern hier zeitlich genau abgestimmt sein. Wenn der Teilnehmer an einem Ende gestikuliert, muss der entsprechende Video-Frame am anderen Ende so schnell wie möglich dargestellt werden. Durch zu große Verzöge-

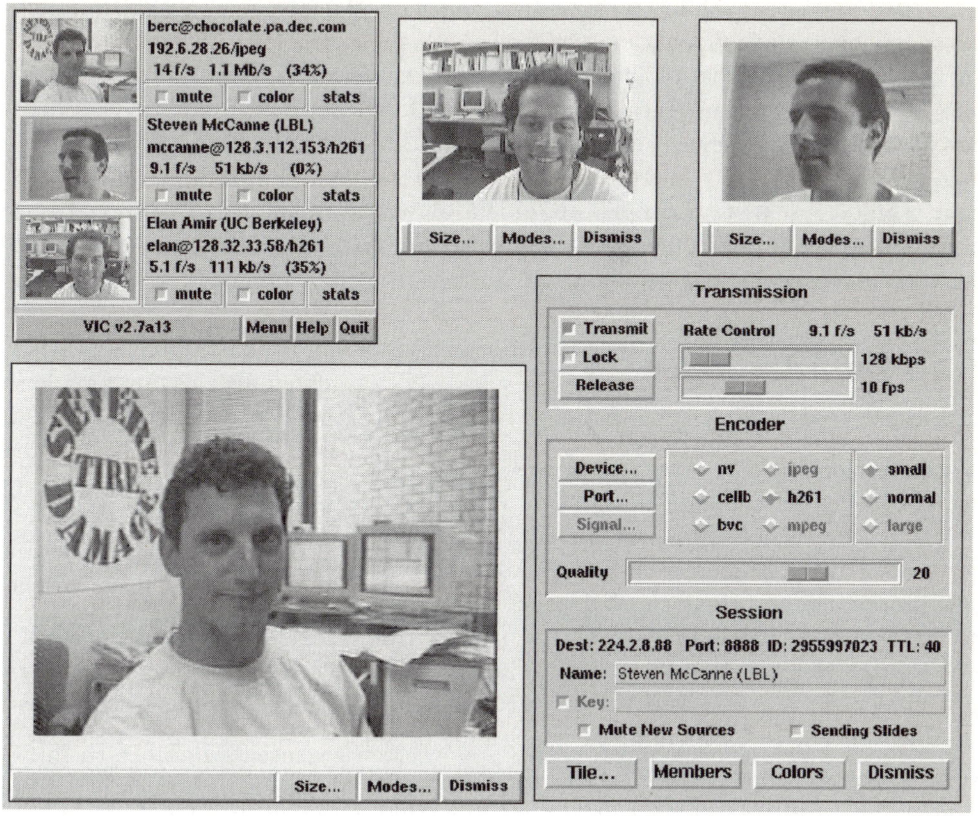

Abb. 1.1: Das Videotool vic

rungen wird das System unbrauchbar. Video-on-Demand wird dagegen noch als zufriedenstellend betrachtet, wenn es ab dem Zeitpunkt, an dem der Benutzer das Video startet, 10 Sekunden dauert, bis der erste Frame wiedergegeben wird. Außerdem bedeutet interaktives Video, dass Frames in beiden Richtungen fließen, während eine Video-on-Demand-Anwendung in der Regel Frames nur in eine Richtung sendet.

Die Unix-Anwendung vic ist ein Beispiel eines beliebten Videokonferenzwerkzeugs. Abb. 1.1 zeigt das Control-Panel einer vic-Sitzung. Man beachte, dass vic nur ein Teil einer Reihe von Konferenzwerkzeugen ist, die am Lawrence Berkeley Laboratory und an der UC Berkeley entwickelt wurden. Die übrigen beinhalten eine Whiteboard-Anwendung (wb), mit denen die Benutzer einander Zeichnungen und Vortragsunterlagen senden können, ein audiovisuelles Werkzeug namens vat und ein Sitzungsverzeichnis (sdr), mit dem Videokonferenzen erstellt und angekündigt werden. Alle diese Werkzeuge laufen unter Unix (deshalb werden sie klein geschrieben) und sind kostenlos über das Internet erhältlich. Vergleichbare Werkzeuge sind für andere Betriebssysteme verfügbar.

Obwohl dies nur zwei Beispiele sind, so zeigen das Betrachten von Webseiten und die Möglichkeit einer Videokonferenz doch die Vielseitigkeit von Anwendungen, die auf der Basis des Internet möglich sind. Anderseits weisen sie darauf hin, wie komplex die Struktur des Internet ist. Dieses Buch fängt bei den Grundlagen an und beschäftigt sich dann jeweils mit einem Thema. Dabei wird der Leser erfahren, wie man ein Netzwerk konstruiert, das eine so große Breite von Anwendungen ermöglicht. Kapitel 9 schließt das Buch ab, indem diese beiden speziellen Anwendungen noch einmal genau betrachtet werden, ebenso wie mehrere weitere, die inzwischen im Internet häufig genutzt werden.

1.2 Anforderungen

Wir haben uns ein ehrgeiziges Ziel gesetzt: Verstehen, wie ein Rechnernetz von Grund auf entwickelt wird. Um dieses Ziel zu erreichen, beginnen wir mit den grundlegenden Prinzipien. Dann stellen wir die Fragen, die man sich ganz natürlich stellen würde, wenn man wirklich ein Netzwerk bauen wollte. In jedem Schritt verwenden wir die heute üblichen Protokolle, um die verschiedenen verfügbaren Designoptionen zu erläutern. Wir akzeptieren diese vorhandenen Konstruktionen aber nicht als Evangelium. Vielmehr werden wir die Frage stellen (und beantworten), *warum* Netzwerke auf diese und keine andere Art entwickelt werden. Man darf sich aber nicht nur mit dem Verständnis der heute üblichen Methoden zufriedengeben. Vielmehr ist es wichtig, die zu Grunde liegenden Konzepte zu kennen, weil sich Netzwerke mit technologischen Weiterentwicklungen und neuen Anwendungen ständig ändern. Unsere Erfahrungen haben gezeigt, dass man jedes neue Protokoll leicht verstehen kann, wenn man einmal das Grundkonzept verstanden hat.

Im ersten Schritt werden die Einschränkungen und Anforderungen identifiziert, die das Netzdesign beeinflussen. Bevor wir beginnen, müssen wir allerdings bedenken, dass die Erwartungen, die man an ein Netzwerk stellt, vom jeweiligen Blickwinkel abhängen:

- *Anwendungsprogrammierer* würden die Dienste aufzählen, die ihre Anwendung benötigt, beispielsweise die Gewähr, dass alle von der Anwendung gesendeten Nachrichten fehlerfrei innerhalb eines bestimmten Zeitraums zugestellt werden.
- *Netzwerkdesigner* würden die Eigenschaften eines kostengünstigen Designs aufzählen, beispielsweise, dass Netzressourcen effizient genutzt und gerecht unter mehreren Benutzern aufgeteilt werden.
- *Netzbetreiber* würden die Merkmale eines Systems aufführen, das sich leicht verwalten lässt, beispielsweise, dass Fehler leicht abgegrenzt und Nutzungsgebühren leicht berechnet werden können.

In diesem Abschnitt wird der Versuch unternommen, die verschiedenen Blickwinkel zu einer übergeordneten Einführung in die wichtigen Überlegungen identifiziert, die beim Netzwerkdesign entscheidend sind, zusammenzustellen. Dabei werden die Herausforderungen, die im gesamten Buch immer wieder aufgegriffen werden.

1.2.1 Konnektivität

Wir beginnen mit dem Offensichtlichen: Ein Netzwerk muss Konnektivität zwischen einer Reihe von Computern bieten. Zuweilen reicht es aus, ein begrenztes Netzwerk zu entwickeln, das nur ein paar ausgewählte Maschinen verbindet. Aus Gründen des Datenschutzes und der Sicherheit wird bei vielen privaten (unternehmenseigenen) Netzwerken das ausdrückliche Ziel verfolgt, die Zahl der angeschlossenen Rechner zu begrenzen. Demgegenüber wurden andere Netzwerke (man betrachte das Internet als bestes Beispiel) eigens dafür entwickelt, potenziell alle Rechner der Welt zu verbinden. Ein System, das dafür ausgelegt wurde, Wachstum in einem beliebigen Umfang zu unterstützen, gilt als *skalierbar.* Skalierbarkeit wird im weiteren Verlauf des Buchs anhand des Internet als Modell behandelt.

Links, Knoten und Wolken

Die Konnektivität eines Netzwerks greift auf mehreren Ebenen. Auf der niedrigsten Ebene kann sich ein Netzwerk aus zwei oder mehr Rechnern zusammensetzen, die direkt über ein physisches Medium, z.B. Koaxialkabel oder Lichtwellenleiter, aneinander angeschlossen sind. Wir nennen ein solches physisches Medium *Verbindungsleitung* und die daran angeschlossenen Rechner *Knoten.* (In einem anderen Zusammenhang wird mit dem Begriff »Knoten« kein vernetzter Rechner, sondern ein spezielles Hardwareteil bezeichnet; wir ignorieren dies aber für den Zweck unseres Themas.) Aus Abb. 1.2 wird ersichtlich, dass bestimmte Verbindungsleitungen nur zwei Knoten miteinander verbinden. In diesem Fall handelt es sich um eine *Punkt-zu-Punkt-Verbindung*. Demgegenüber sind bei der so genannten *Mehrfachzugriffsverbindung* mehr als zwei Knoten miteinander verbunden. Ob eine bestimmte Verbindungsleitung Punkt-zu-Punkt- oder Mehrfachzugriffsanschluss unterstützt, hängt davon ab, wie der Knoten an die Verbindungsleitung angeschlossen wird. Häufig sind auch Mehrfachzugriffsverbindungen eingeschränkt. Diese Begrenzung kann die von der Verbindungsleitung abgedeckte geografische Entfernung und/oder die Anzahl der Knoten, die daran angeschlossen werden können, betreffen. Eine Ausnahme hiervon bilden Satellitenverbindungen, die große geografische Bereiche abdecken können.

Würde man Rechnernetze auf Situationen einschränken, in denen alle Knoten über ein gemeinsames physisches Medium direkt miteinander verbunden sind, wären Netzwerke entweder hinsichtlich der unterstützten Rechneranzahl begrenzt,

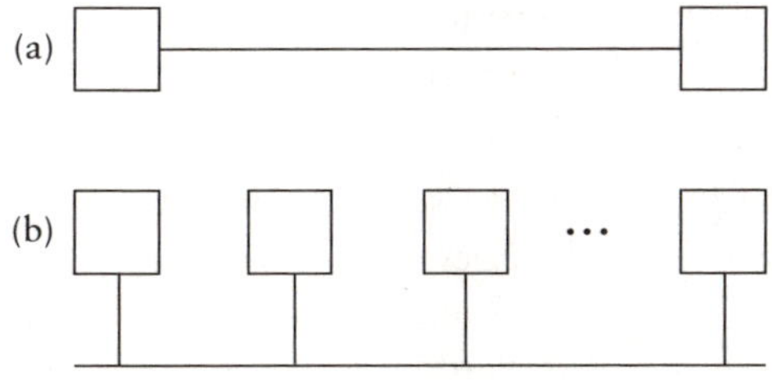

Abb. 1.2: Direkte Verbindungen:
(a) Punkt-zu-Punkt- und
(b) Mehrfachzugriffsverbindung

oder die Kabelmenge zur Verbindung der Knoten wäre bald unhandlich und sehr teuer. Zum Glück bedeutet Konnektivität zwischen zwei Knoten nicht unbedingt, dass sie physisch direkt miteinander verbunden sein müssen. Indirekte Konnektivität lässt sich zwischen einer Reihe zusammenarbeitender Knoten erzielen. Die beiden folgenden Beispiele zeigen, wie mehrere Rechner indirekt miteinander verbunden werden können.

Abb. 1.3 zeigt eine Reihe von Knoten, die jeweils an eine oder mehrere Punkt-zu-Punkt-Verbindungen angeschlossen sind. Auf den Knoten, die an mindestens zwei Verbindungsleitungen angeschlossen sind, läuft Software, welche die über eine Verbindungsleitung empfangenen Daten auf einer anderen weiterleitet. In einer systematischen Anordnung bilden diese weiterleitenden Knoten ein *vermitteltes Netzwerk*. Es gibt mehrere Arten vermittelter Netzwerke, von denen die bekanntesten das *leitungsvermittelte* und das *paketvermittelte* sind. Ersteres wird im Telefonnetz benutzt, während letzteres in der überwältigenden Mehrheit von Rechnernetzen benutzt wird und Kernpunkt dieses Buchs bildet. Ein wichtiges Merkmal von paketvermittelten Netzwerken ist, dass die Knoten untereinander diskrete Datenblöcke austauschen. Man kann sich diese Datenblöcke als Anwendungsdaten, z.B. eine Datei, eine E-Mail oder eine Grafik, vorstellen. Wir nennen jeden Datenblock entweder *Paket* oder *Nachricht* und unterscheiden vorläufig nicht zwischen den beiden Begriffen. Warum sie aber nicht immer das gleiche bedeuten, wird in Abschnitt 1.2.2 erläutert.

Paketvermittelte Netzwerke basieren normalerweise auf einer Strategie, die man *Speichervermittlung* nennt. Wie der Name andeutet, empfängt jeder Knoten in einem speichervermittelten Netzwerk zuerst ein Paket über eine Verbindungsleitung vollständig. Dabei wird das Paket im internen Speicher des Knotens gespeichert; anschließend wird das komplette Paket an den nächsten Knoten gesendet. Im Gegensatz dazu wird bei einem leitungsvermittelten Netzwerk zuerst eine dedizierte Verbindung über eine Folge von Verbindungsleitungen aufgebaut. Dann kann der Quellknoten über

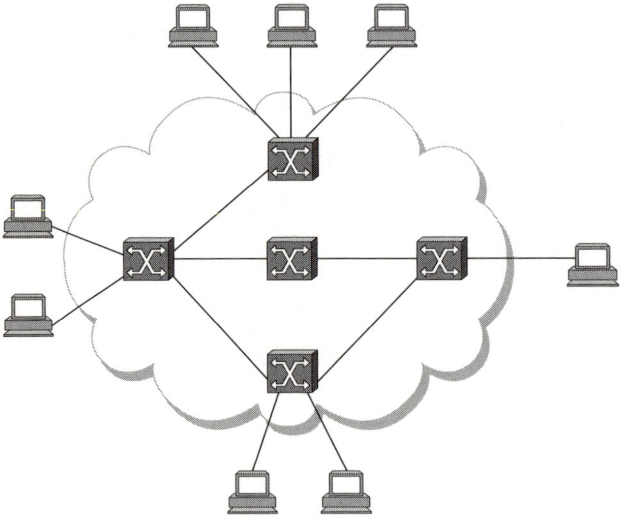

Abb. 1.3:
Vermitteltes Netzwerk

diese Verbindung einen Bitstrom an einen Zielknoten senden. Die Paketvermittlung wird an Stelle der Leitungsvermittlung in einem Rechnernetz hauptsächlich aus Effizienzgründen genutzt, wie im nächsten Abschnitt erläutert wird.

Die Wolke in Abb. 1.3 dient der Unterscheidung zwischen den Knoten innerhalb der Wolke, die das Netzwerk *implementieren* (das sind die *Switche*, deren einzige Aufgabe es ist, Pakete zwischenzuspeichern und weiterzuleiten), und denen außerhalb der Wolke, die das Netzwerk *nutzen* (und die man *Hosts* oder Endsysteme nennt; sie unterstützen Benutzer und führen Anwendungsprogramme aus). Nebenbei bemerkt, ist eine solche Wolke eines der wichtigsten Symbole im Vernetzungsbereich. Im allgemeinen wird mit einer Wolke ein beliebiger Netzwerktyp bezeichnet, egal ob es sich um eine einzelne Punkt-zu-Punkt-Verbindung, eine Mehrfachzugriffsverbindung oder ein vermitteltes Netzwerk handelt. Man kann sich eine Wolke in einer Zeichnung dieses Buchs als Platzhalter für eine der beschriebenen Vernetzungstechnologien vorstellen.

Eine zweite Methode, mit der mehrere Rechner indirekt verbunden werden können, ist in Abb. 1.4 dargestellt. In diesem Fall sind mehrere unabhängige Netzwerke (Wolken) zu einem *Internetwork* zusammengeschlossen. Einen Knoten, der an zwei oder mehr Netzwerke angeschlossen ist, nennt man *Router* oder *Gateway*. Er spielt in etwa die gleiche Rolle wie ein Vermittler, d.h. er leitet Nachrichten von einem Netzwerk zu einem anderen weiter. Ein Internetwork kann man sich ebenfalls als weitere Netzwerkart vorstellen, was bedeutet, dass es sich aus mehreren zusammengeschlossenen Internetworks zusammensetzen kann. Wir können also rekursiv beliebig große Netzwerke bauen, wenn wir mehrere Wolken zu größeren Wolken zusammenfassen.

Wenn eine Reihe von Hosts direkt oder indirekt miteinander verbunden sind, heißt das aber noch nicht, dass es uns gelungen ist, Konnektivität zwischen den Hosts herzustellen. Als letzte Anforderung muss jeder Knoten wissen, mit welchem

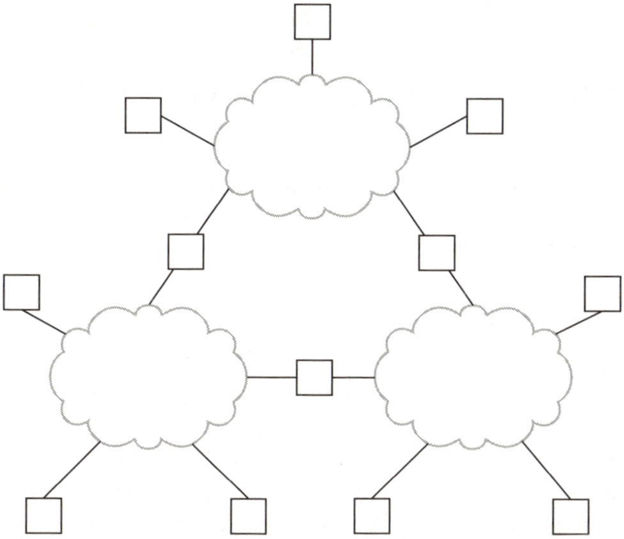

Abb. 1.4: Zusammenschluss mehrerer Netzwerke

der übrigen Knoten im Netzwerk er kommunizieren will. Man erreicht dies dadurch, dass jedem Knoten eine *Adresse* zugewiesen wird. Eine Adresse ist eine Byte-Kette, die einen Knoten identifiziert. Das heißt, das Netzwerk kann die Adresse eines Knotens benutzen, um ihn von den übrigen angeschlossenen Knoten zu unterscheiden. Möchte ein Quellknoten das Netzwerk veranlassen, eine Nachricht an einen bestimmten Zielknoten zu senden, gibt er dessen Adresse an. Sind der sendende und der empfangende Knoten nicht direkt verbunden, verwenden die Switche und Router des Netzwerks diese Adresse, um festzustellen, wie die Nachricht an das Ziel befördert werden kann. Die systematische Ermittlung, wie Nachrichten anhand der Adresse in Richtung Zielknoten zu befördern sind, nennt man *Routing*.

Bei dieser kurzen Einführung in Adressierung und Routing wurde davon ausgegangen, dass der Quellknoten eine Nachricht an einen einzelnen Zielknoten (*Unicast*) senden möchte. Dies ist das übliche, aber nicht das einzige Szenario. Der Quellknoten kann eine Nachricht an alle im Netz angeschlossenen Knoten (*Broadcast*) oder an eine bestimmte Gruppe von Knoten (*Multicast*) senden. Zusätzlich zu den knotenspezifischen Adressen besteht also eine weitere Anforderung an ein Netzwerk darin, dass es Multicast- und Broadcast-Adressen unterstützen muss.

▶ Als wichtigstes Konzept leiten wir daraus ab, dass wir ein Netzwerk rekursiv so definieren können, dass es sich aus zwei oder mehr Knoten zusammensetzt, die über eine Verbindungsleitung verbunden sind, oder dass zwei oder mehr Netzwerke über einen oder mehrere Knoten verbunden sind. Anders ausgedrückt: Ein Netzwerk kann sich aus mehreren Netzwerken zusammensetzen, wobei das Netzwerk auf der untersten Ebene mit einem physischen Medium implementiert wird. Eine der entscheidenden Herausforderungen bei der Bereitstellung von Konnektivität ist es, eine Adresse für jeden Knoten zu definieren, der im Netzwerk erreichbar ist (einschließlich der Unterstützung von Broadcast- und Multicast-Konnektivität) und diese Adresse zu verwenden, um Nachrichten zu dem bzw. den entsprechenden Zielknoten zu übertragen.

1.2.2 Kostengünstige gemeinsame Nutzung von Ressourcen

Wie bereits erwähnt, bilden paketvermittelte Netzwerke den Themenschwerpunkt dieses Buchs. In diesem Abschnitt wird die wichtigste Anforderung an Rechnernetze – Effizienz – beschrieben, die uns zur Paketvermittlung als der bevorzugten Strategie führt.

Angesichts einer Sammlung von Knoten, die indirekt durch Verschachtelung von Netzwerken miteinander verbunden sind, können zwei beliebige Hosts über eine Reihe von Verbindungsleitungen und Knoten Nachrichten miteinander austauschen. Selbstverständlich möchten wir mehr als die Unterstützung von nur zwei kommunizierenden Hosts erreichen. Wir möchten es allen Hosts paarweise gestatten, Nachrichten miteinander auszutauschen. Die Frage lautet dann, wie alle zur Kommunikation bereiten Hosts sich das Netzwerk teilen, insbesondere, wenn sie es gleichzeitig nutzen wollen. Darüber hinaus muss ein weiteres Problem gelöst werden: Wie können sich mehrere Hosts die gleiche *Verbindungsleitung* für den gleichzeitigen Zugriff teilen?

Um zu verstehen, wie sich Hosts ein Netzwerk teilen, müssen wir ein grundlegendes Konzept, das *Multiplexen*, einführen. Dieses bedeutet, dass eine Systemressource gemeinsam von mehreren Benutzern genutzt wird. Auf einer hohen Abstraktionsebene kann man Multiplexen etwa mit einem Timesharing-Computer vergleichen, bei dem eine einzige physische CPU gleichzeitig von mehreren (gemultiplexten) Prozessen genutzt wird. Dabei hat jeder Prozess den Eindruck, er sei der alleinige Nutzer. Vergleichbar dazu werden die von mehreren Benutzern gesendeten Daten über die physischen Verbindungen des Netzwerks gemultiplext.

Abb. 1.5 verdeutlicht, wie dies funktioniert. Hier senden die drei Hosts auf der linken Seite des Netzwerks (L1–L3) Daten an die drei Hosts rechts (R1–R3), indem sie sich ein vermitteltes Netzwerk teilen, das nur eine Verbindungsleitung umfasst. (Der Einfachheit halber gehen wir davon aus, dass Host L1 mit Host R1 usw. kommuniziert). In dieser Situation werden die drei Datenströme der drei Host-Paare auf einer einzigen Verbindungsleitung von Switch 1 gemultiplext. Das *Demultiplexen* zurück in getrennte Ströme wird dann von Switch 2 übernommen. Man beachte, dass wir absichtlich vage darüber bleiben, was genau ein »Datenstrom« bedeutet. In diesem Zusammenhang gehen wir einfach davon aus, dass jeder Host auf der linken Seite eine große Datenmenge an sein jeweiliges Gegenstück rechts senden möchte.

Für das Multiplexen mehrere Datenströme in einer Verbindungsleitung stehen verschiedene Methoden zur Verfügung. Eine weit verbreitete Methode ist das *synchrone Zeitmultiplexverfahren* (Synchronous Time-Division Multiplexing, *STDM*). STDM basiert auf dem Konzept, die Zeit in gleich große Anteile aufzuteilen und jedem Host im Rundumverfahren Gelegenheit zu geben, seine Daten über die gemeinsame Verbindungsleitung zu senden. Das heißt, in Zeitanteil 1 werden Daten des ersten Host-Paars übertragen, in Zeitanteil 2 werden Daten des zweiten Host-Paars übertragen usw. Dieses Verfahren wird solange fortgesetzt, bis alle Paare nacheinander übertragen konnten. Dann erhält wieder das erste Paar Gelegenheit, Daten zu übertragen, und das Verfahren wird wiederholt. Eine weitere Methode ist das *Frequenzmultiplexverfahren* (Frequency-Division Multiplexing, *FDM*). Bei dieser Methode wird jeder Datenstrom über die gemeinsame Verbindungsleitung in einer anderen Frequenz übertragen. Das ist etwa vergleichbar mit den Signalen unterschiedlicher Fernsehstationen, die im gleichen Fernsehkabel in je einer anderen Frequenz übertragen werden.

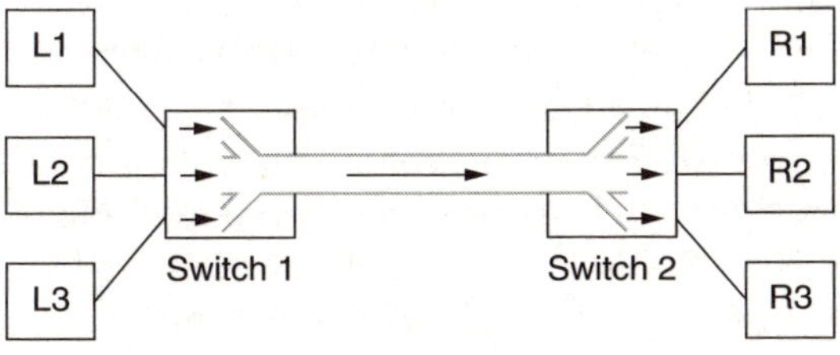

Abb. 1.5: Multiplexen mehrerer logischer Datenströme auf einer physischen Verbindung

Die beiden Konzepte sind zwar leicht zu verstehen, jedoch ist sowohl STDM als auch FDM auf unterschiedliche Art begrenzt. Erstens: Wenn eines der Host-Paare keine Daten zu senden hat, bleibt sein Anteil an der Verbindungsleitung, d.h. sein Zeitanteil bzw. seine Frequenz, ungenutzt, während ein anderes Host-Paar Daten zu übertragen hat, aber warten muss, bis es an die Reihe kommt. Bei der rechnergestützten Kommunikation kann die Zeit, die eine Verbindungsleitung ungenutzt bleibt, sehr lang sein. Man betrachte beispielsweise die Zeit, die man verbringt, um eine Webseite zu lesen (während die Verbindung im Leerlauf ist), im Vergleich zu der Zeit, die man aufwendet, um eine Seite abzurufen. Zweitens: STDM und FDM sind auf Fälle begrenzt, in denen die maximale Anzahl der Datenströme im Voraus feststeht und bekannt ist. Bei STDM ist es nicht möglich, die Menge zu ändern oder zu erhöhen, und bei FDM können keine neuen Frequenzen hinzugefügt werden.

SANs, LANs, MANs und WANs

Größe ist eine Möglichkeit, Netzwerke zu charakterisieren. Zwei bekannte Beispiele sind LANs (Local Area Networks) und WANs (Wide Area Networks). LANs erstrecken sich normalerweise über weniger als 1 km, während WANs weltweit sein können. MANs (Metropolitan Area Networks) decken normalerweise einige zig Kilometer ab. Der Grund dafür, dass diese Klassifizierungen interessant sind, ist dass die Größe eines Netzwerks oft Auswirkungen auf die zu Grunde liegende Technologie hat, die verwendet werden kann. Ein zentraler Faktor ist dabei die Zeit, die es dauert, bis sich Daten von einem Ende des Netzwerks zum anderen ausbreiten. Dieser Faktor wird in späteren Kapiteln behandelt.

Als historischer Hinweis ist zu bemerken, dass der Begriff »Wide Area Network« für die ersten WANs nicht verwendet wurde, weil es keine andere Netzwerkart gab, von der man sie unterscheiden konnte. Als Computer noch selten und teuer waren, machte man sich nicht viel Gedanken über die Verbindung aller Computer in einem lokalen Bereich. Es gab nur einen Computer in jedem Bereich. Erst als sich Computer verbreiteten, wurden LANs erforderlich. Ferner wurde der Begriff »WAN« eingeführt, um die größeren Netzwerke zu beschreiben, die geographisch weit entfernte Computer miteinander verbanden.

Eine neue Netzwerkart ist SAN (System Area Network). Das Anwendungsgebiet von SANs liegt im Bereich des Cluster-Computing, d.h. der Kopplung von PCs oder Arbeitsplatzrechnern zu einem Funktions-, Daten- und Lastverbund mit sehr hoher Performanz. Beispielsweise sind HiPPI (High Performance Parallel Interface) und Fiber Channel zwei bekannte SAN-Technologien, mit denen massiv parallele Prozessoren zu skalierbaren Speicher-Servern verknüpft werden. (Da SANs meist Computer mit Speicher-Servern verbinden, werden sie auch als *Storage* Area Networks bezeichnet). Diese Netzwerke werden in diesem Buch nicht ausführlich beschrieben, verdienen aber Beachtung, weil sie hinsichtlich Leistung den anderen Netzarten oft überlegen sind und vermehrt für die Verbindung solcher Netzwerke in LANs und WANs benutzt werden.

Die Form des Multiplexens, die wir in diesem Buch vorwiegend betrachten, heißt *statistisches Multiplexen*. Die Bezeichnung ist nicht besonders hilfreich für das Verständnis des zu Grunde liegenden Konzepts, das an sich sehr einfach ist und auf zwei Hauptfaktoren gründet. Erstens ist es mit STDM dahingehend vergleichbar, dass die Verbindungsleitung zu einem Zeitpunkt nur von einem Datenstrom benutzt wird. Über die Verbindungsleitung fließen erst die Daten eines Host-Paars, dann die eines anderen usw. Im Gegensatz zu STDM werden die Daten von jedem Host-Paar aber nicht innerhalb eines im Voraus festgesetzten Zeitschlitzes, sondern auf Anfrage übertragen. Das heißt, nur wenn ein Host-Paar Daten zu übertragen hat, erhält es Zugriff auf die Verbindungsleitung, statt darauf warten zu müssen, bis es an die Reihe käme, während die Zeitanteile bzw. Frequenzen der Host-Paare, die gerade keine Daten zu übertragen haben, ungenutzt blieben. Durch diese Vermeidung von Leerlaufzeiten erreicht die Paketvermittlung ihre Effizienz.

In der bisherigen Definition verfügt statistisches Multiplexen aber über keinen Mechanismus, der sicherstellt, dass alle Datenströme schließlich komplett über die gemeinsame Verbindungsleitung übertragen werden. Das heißt, nachdem ein Host-Paar mit dem Senden der Daten beginnt, brauchen wir eine Methode, um die Übertragung zu begrenzen, damit das nächste Host-Paar übertragen kann. Hierfür setzt das statistische Multiplexen eine obere Grenze der Größe des Datenblocks, der in einem Datenstrom zu einem bestimmten Zeitpunkt übertragen werden darf. Dieser in der Größe begrenzte Datenblock wird als *Paket* bezeichnet, im Unterschied zu einer *Nachricht*, die ein Anwendungsprogramm möglicherweise übertragen möchte, weil ein paketvermitteltes Netzwerk also die maximale Paketgröße einschränkt, gelingt es einem Host vielleicht nicht, eine Nachricht vollständig in einem Paket zu senden. Das kann bedeuten, dass die Quelle die Nachricht auf mehrere Pakete aufteilen muss, die der Empfänger dann wieder zusammensetzen muss.

Anders ausgedrückt: Jeder Host sendet eine Reihe von Paketen über die gemeinsame Verbindungsleitung, wobei paketweise die Entscheidung getroffen wird, welches Paket von welchem Host als Nächstes übertragen wird. Hat nur ein Host Daten zu übertragen, kann er eine Reihe von Paketen direkt nacheinander senden. Möchten mehrere Hosts gleichzeitig Daten schicken, werden ihre Pakete abwechselnd übertragen. Abb. 1.6 zeigt einen Switch, der Pakete von mehreren Quellen in einer einzigen gemeinsamen Verbindungsleitung multiplext.

Die Entscheidung, welches Paket als Nächstes über eine gemeinsame Verbindungsleitung gesendet wird, kann auf unterschiedliche Art getroffen werden. Bei einem Netzwerk mit mehreren Switchen, die über Verbindungsleitungen miteinander verbunden sind, etwa wie im Beispiel in Abb. 1.5, würde der Switch, der Pakete auf der gemeinsamen Verbindungsleitung überträgt, die Entscheidung treffen. (Wir werden später noch sehen, dass nicht alle paketvermittelten Netzwerke Switche enthalten und daher andere Mechanismen anwenden, um Entscheidungen über die Übertragung von Paketen zu treffen.) Jeder Switch in einem paketvermittelten Netzwerk trifft dabei seine Entscheidung unabhängig, auf der Grundlage einzelner Pakete. Ein Faktor, mit dem sich Netzwerkdesigner befassen müssen, ist der, diese Entscheidung fair zu treffen. Ein Switch kann beispielsweise so ausgelegt werden,

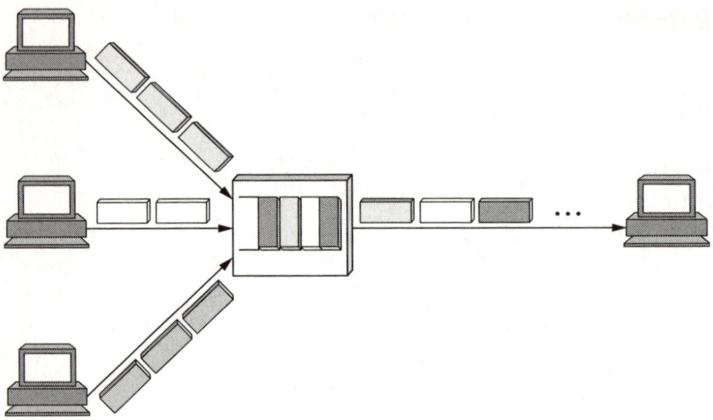

Abb. 1.6: Ein Switch multiplext Pakete von mehreren Quellen auf eine gemeinsame Leitung.

dass er Pakete auf FIFO-Grundlage (First-In-First-Out oder »wer zuerst kommt, malt zuerst«) überträgt. Bei einer anderen Methode werden die übertragungswilligen Hosts im Rundumverfahren – ähnlich wie beim STDM – bedient. Dabei kann beispielsweise gewährleistet werden, dass bestimmte Hosts einen bestimmten Anteil an der Bandbreite der Verbindungsleitung erhalten. Oder es kann gewährleistet werden, dass die Pakete bestimmter Hosts im Switch nie um mehr als eine bestimmte Zeitdauer verzögert werden. Ein Netzwerk, das Hosts die Inanspruchnahme einer solchen Sonderbehandlung gestattet, unterstützt *Dienstgüte* (Quality of Service, *QoS*).

Da der Switch in Abb. 1.6 drei ankommende Paketströme in eine abgehende Verbindungsleitung multiplexen muss, kann es bei dieser Konstellation auch sein, dass der Switch Pakete schneller empfängt als die gemeinsame Verbindungsleitung bewältigen kann. In diesem Fall ist der Switch gezwungen, Pakete in seinem Speicher zwischenzuspeichern. Wenn ein Switch über eine längere Zeitspanne Pakete schneller empfängt als er senden kann, geht ihm früher oder später der Speicherplatz aus, und einige Pakete müssen verworfen werden. Gerät ein Switch in diesen Betriebszustand, sagt man, er ist *überlastet*.

▶ Fazit: Statistisches Multiplexen ist eine kostengünstige Methode für mehrere Benutzer (z.B. Datenströme von Host zu Host), um Netzwerkressourcen (Verbindungsleitungen und Knoten) gemeinsam zu nutzen. Die Methode definiert das Paket als kleinste Einheit, mit der die Verbindungsleitungen des Netzwerks für verschiedene Datenströme aufgeteilt werden, sodass jeder Switch über die Nutzung der Verbindungsleitungen auf Paketbasis entscheiden kann. Eine faire Zuweisung der Leitungskapazität auf verschiedene Datenströme und die Handhabung einer möglichen Überlastung sind die größten Herausforderungen beim statistischen Multiplexen.

1.2.3 Unterstützung gemeinsamer Dienste

Während im vorherigen Abschnitt die Herausforderungen bei der Bereitstellung kostengünstiger Konnektivität für eine Gruppe von Hosts behandelt wurde, wäre es grob vereinfacht, ein Rechnernetz so zu betrachten, als würde es lediglich Pakete zwischen mehreren Rechnern übertragen. Man muss sich ein Netzwerk vielmehr so vorstellen, dass es die Mittel für eine Reihe von Anwendungsprozessen bereitstellt, die auf diesen Rechnern laufen und miteinander kommunizieren wollen. Anders ausgedrückt: Die nächste Anforderung an ein Rechnernetz lautet, dass die Anwendungsprogramme, die auf den an das Netz angeschlossenen Hosts laufen, in der Lage sein müssen, auf sinnvolle Weise miteinander zu kommunizieren.

Wenn zwei Anwendungsprogramme miteinander kommunizieren möchten, müssen außer der einfachen Übertragung einer Nachricht von einem Host zu einem anderen viele komplexe Aktionen ablaufen. Eine Möglichkeit wäre es für Anwendungsprogrammierer, alle komplizierten Funktionen in jedes Anwendungsprogramm zu integrieren. Da viele Anwendungen aber gemeinsame Dienste benötigen, ist es viel sinnvoller, diese gemeinsamen Dienste lediglich einmal zu implementieren. Dann können die Anwendungsentwickler die Anwendungen so auslegen, dass sie diese Dienste nutzen. Den Netzwerkdesignern stellt sich dabei die Herausforderung, die richtige Zusammenstellung dieser Dienste zu identifizieren. Das Ziel ist nun, die Komplexität des Netzwerks vor der Anwendung zu verbergen, ohne die Möglichkeiten der Entwickler zu sehr einzuschränken.

Intuitiv betrachten wir das Netzwerk dahingehend, dass es logische *Kanäle* bereitstellt, über die Prozesse auf Anwendungsebene miteinander kommunizieren können. Jeder Kanal stellt die von der jeweiligen Anwendung benötigten Dienste bereit. Vergleichbar damit, wie wir eine Wolke benutzen, um Konnektivität zwischen einer

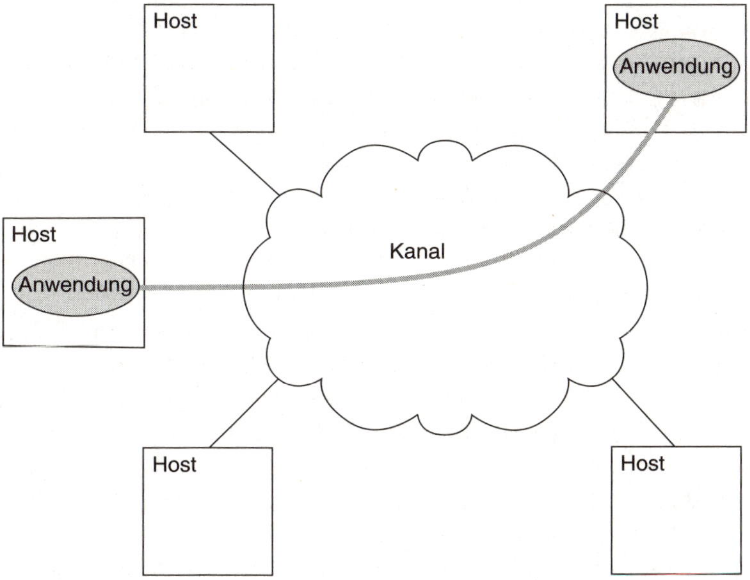

Abb. 1.7: Prozesse kommunizieren über einen abstrakten Kanal.

Reihe von Rechnern abstrakt darzustellen, betrachten wir jetzt einen Kanal als Verbindungsglied zwischen Prozessen. Abb. 1.7 zeigt zwei Prozesse auf Anwendungsebene, die über einen logischen Kanal miteinander kommunizieren, der seinerseits innerhalb einer Wolke implementiert ist, die eine Reihe von Hosts verbindet. Man kann sich den Kanal als »Pipeline« vorstellen, die zwei Anwendungen verbindet, sodass eine sendende Anwendung Daten an einem Ende einspeisen und erwarten kann, dass das Netzwerk die Daten der Anwendung am anderen Ende der Pipeline zustellt.

Die Herausforderung hierbei ist es, zu ermitteln, welche Funktionalität die Kanäle den Anwendungsprogrammen bereitstellen sollen. Benötigt die Anwendung beispielsweise eine Garantie, dass die über den Kanal gesendeten Nachrichten zugestellt werden, oder ist es akzeptabel, dass einige nicht ankommen? Müssen die Nachrichten beim empfangenden Prozess in der gleichen Reihenfolge ankommen, in der sie gesendet wurden, oder kümmert es den Empfänger nicht, in welcher Reihenfolge sie ankommen? Muss das Netzwerk sicherstellen, dass keine Dritten den Kanal belauschen können oder ist Datenschutz nicht von Belang? Im allgemeinen bietet ein Netzwerk viele verschiedene Kanaltypen. Jede Anwendung kann dann den Typ auswählen, der ihre Anforderungen am besten erfüllt. Im restlichen Teil dieses Abschnitts werden Faktoren für die Definition nützlicher Kanäle behandelt.

Identifizierung gemeinsamer Kommunikationsmuster

Um abstrakte Kanäle entwickeln zu können, muss man zuerst die Kommunikationsbedürfnisse einer repräsentativen Reihe von Anwendungen feststellen. Dann extrahiert man ihre gemeinsamen Kommunikationsanforderungen. Schließlich integriert man die Funktionalität, die diese Anforderungen erfüllt, in das Netzwerk.

Unter den ältesten von einem Netzwerk unterstützten Anwendungen sind Dateitransferprogramme wie FTP (File Transfer Protocol) oder NFS (Network File System). Die Einzelheiten sind zwar sehr unterschiedlich, beispielsweise, ob ganze Dateien übertragen oder nur einzelne Dateiblöcke zu einem bestimmten Zeitpunkt gelesen/geschrieben werden. Generell ist jedoch die Kommunikationskomponente des entfernten Dateizugriffs (Remote File Access) durch das Zusammenspiel zweier Prozesse charakterisiert: einer, der eine Datei zum Lesen oder Schreiben anfordert und ein zweiter, der diese Anfrage erfüllt. Der Prozess, der den Zugriff auf die Datei anfordert, heißt *Client*, und derjenige, der den Zugriff unterstützt, wird als *Server* bezeichnet.

Will der Client eine Datei lesen, muss er eine kurze Anfragenachricht an einen Server senden. Der Server antwortet mit einer langen Nachricht, in der sich die Daten aus der angeforderten Datei befinden. Das Schreiben läuft umgekehrt ab: Der Client sendet eine lange Nachricht mit den zum Server zu schickenden Daten, und der Server reagiert mit einer kurzen Nachricht, mit der er bestätigt, dass die Daten auf Platte geschrieben wurden. Eine digitale Bibliothek, wie sie zum Beispiel das World Wide Web verkörpert, stellt eine andere Anwendung dar, die sich ganz ähnlich verhält: Ein Client-Prozess schickt eine Anfrage (Request) und ein Server-Prozess antwortet, indem er die gewünschten Daten zurücksendet.

In Kenntnis von File Transfer, einer digitalen Bibliothek und zwei Video-Anwendungen, die in der Einleitung beschrieben sind (Videokonferenz und Video-on-demand) als repräsentative Beispiele könnten wir uns dazu entschließen, die beiden folgenden Kanaltypen bereitzustellen: *Anfrage/Antwort*-Kanäle und *Nachrichtenstrom*-Kanäle. Der Anfrage/Antwort-Kanal würde sich für die Dateitransfer- und die digitale Bibliotheksanwendung eignen. Er würde gewährleisten, dass jede von einer Seite gesendete Nachricht am anderen Ende empfangen und nur jeweils eine Kopie einer Nachricht zugestellt wird. Der Anfrage/Antwort-Kanal könnte auch Datenschutz und -integrität bieten, sodass nicht autorisierte Benutzer die zwischen den Client- und Server-Prozessen ausgetauschten Daten nicht lesen oder ändern können.

Der Nachrichtenstrom-Kanal könnte von der Video-on-Demand- und Videokonferenzanwendung benutzt werden, falls er so parametrisiert wird, dass er sowohl Ein- als auch Zweiwegverkehr sowie verschiedene Verzögerungsmerkmale unterstützt. Der Nachrichtenstrom-Kanal müsste nicht unbedingt gewährleisten, dass alle Nachrichten zugestellt werden, da eine Videoanwendung angemessen funktioniert, auch wenn einige Frames nicht empfangen werden. Er müsste aber sicherstellen, dass die zugestellten Nachrichten in der gleichen Reihenfolge ankommen, in der sie gesendet wurden, damit alle Frames entsprechend der Bildfolge wiedergegeben werden. Wie der Anfrage/Antwort- müsste der Nachrichtenstrom-Kanal eventuell Datenschutz und -integrität der Videodaten sicherstellen. Schließlich sollte der Nachrichtenstrom-Kanal unter Umständen Multicast unterstützen, damit mehrere Parteien an der Telekonferenz teilnehmen bzw. das Video betrachten können.

In der Regel streben Netzwerkentwickler eine möglichst kleine Anzahl abstrakter Kanaltypen an, die eine möglichst große Anzahl von Anwendungen bedienen. Dabei besteht allerdings das Risiko, dass man versucht, mit zu wenigen Kanalabstraktionen auszukommen. Einfach ausgedrückt: Mit einem Hammer in der Hand kommt einem alles wie ein Nagel vor. Wenn beispielsweise nur Nachrichtenstrom- und Anfrage/Antwort-Kanäle zur Verfügung stehen, ist man versucht, sie für die nächste Anwendung zu benutzen, egal, um welche es sich handelt, auch wenn kein Kanaltyp eigentlich genau die von der Anwendung geforderte Semantik aufweist. Aus diesem Grund werden wahrscheinlich Netzwerkentwickler neue Kanaltypen erfinden und vorhandene Kanäle um zusätzliche Optionen erweitern – solange, wie Anwendungsprogrammierer immer wieder neue Anwendungen entwickeln.

Unabhängig davon, *welche* Funktionalität genau ein bestimmter Kanal bereitstellt, gilt es immer die Frage zu beantworten, *wo* diese Funktionalität implementiert werden soll. In vielen Fällen ist es am einfachsten, die Host-zu-Host-Konnektivität des zu Grunde liegenden Netzwerks schlichtweg als *Bit-Pipeline* zu betrachten, wobei die jeweilige Kommunikationssemantik von den beteiligten Hosts bereitgestellt wird. Diese Vorgehensweise hat den Vorteil, dass die Switche im Netzwerk so einfach wie möglich sein können. Sie leiten einfach Pakete weiter. Das bedeutet andererseits aber, dass die Hosts einen Großteil der Unterstützung der semantisch reichhaltigen Prozess-zu-Prozess-Kanäle übernehmen müssen. Die alternative Methode wäre, diese Funktionalität auf die Switche zu verlagern, sodass die Hosts als »dumme« Endgeräte (z.B. Telefonapparate) fungieren. Im weiteren Verlauf wird die Frage, wie die Erbringung verschiedener Netzdienste zwischen Paket-Switchen und Hosts (Geräten) aufgeteilt werden kann, als wiederkehrendes Thema im Netzwerkdesign behandelt.

Zuverlässigkeit

Aus den soeben betrachteten Beispielen wird deutlich, dass zuverlässige Nachrichtenzustellung eine der wichtigsten Funktionen eines Netzwerks sein kann. Ohne zu verstehen, wie und warum Netzwerke versagen können, lässt sich aber nur schwerlich ermitteln, wie diese Zuverlässigkeit bereitzustellen ist. Zuerst gilt es zu erkennen, dass Rechnernetze nicht in einer perfekten Welt existieren. Rechner stürzen ab und werden neu gestartet, Lichtwellenleiter brechen, elektrische Störungen verändern Bits in den übertragenen Daten, Switchen geht der Pufferspeicher aus, und als ob diese physikalischen Probleme noch nicht genug wären, verfrachtet die Software, die die Hardware steuert, Pakete manchmal ins virtuelle Niemandsland. Eine wichtige Anforderung an ein Netzwerk besteht deshalb darin, bestimmte Ausfallarten zu maskieren (verbergen), damit das Netzwerk den nutzenden Anwendungen zuverlässiger scheint, als es tatsächlich ist.

Ausfälle, mit denen sich Netzwerkentwickler befassen müssen, werden allgemein in drei Klassen aufgeteilt. Die erste Klasse betrifft die Bitebene. Wenn ein Paket über eine Verbindungsleitung übertragen wird, können in den Daten *Bitfehler* auftreten. Das bedeutet, dass eine 1 zu einer 0, und umgekehrt, vertauscht wird. Manchmal werden nur einzelne Bits verändert. Noch häufiger treten aber *Burstfehler* auf. Das heißt, es sind mehrere aufeinander folgende Bits betroffen. Bitfehler werden normalerweise durch Einwirkungen von außen verursacht, z.B. Blitzschlag, Stromstöße oder Mikrowellenherde, die störend auf die Datenübertragung einwirken. Andererseits kommen solche Bitfehler eher selten vor und beeinträchtigen im Durchschnitt nur eines von 10^6 bis 10^7 Bits in einem herkömmlichen Kupferkabel und eines von 10^{12} bis 10^{14} Bits in einem typischen Glasfaserkabel. An späterer Stelle werden Techniken beschrieben, mit denen diese Bitfehler mit hoher Wahrscheinlichkeit erkannt werden können. Nach der Erkennung können solche Fehler teilweise korrigiert werden, sofern wir wissen, welche Bits verfälscht wurden. In manchen Fällen dreht man sie einfach wieder um. In anderen Fällen ist der Schaden so groß, dass man das ganze Paket verwerfen muss. Dann muss der Sender das Paket erneut übertragen.

Die zweite Klasse betrifft die Paketebene. Konkret heißt das, dass das Netzwerk ein komplettes Paket verliert. Ein Grund dafür kann sein, dass die im Paket enthaltenen Bitfehler nicht korrigiert werden konnten, sodass das Paket verworfen werden musste. Eher wahrscheinlich ist aber, dass einer der Knoten, der das Paket handhaben muss, z.B. ein Switch, der es von einer Leitung auf eine andere befördert, derart überlastet ist, dass er das Paket nicht zwischenspeichern kann und es folglich wegwerfen muss. Dies betrifft das in Abschnitt 1.2.2 angesprochene Überlastungsproblem. Weniger häufig, aber dennoch möglich ist, dass die Software, die auf einem der Knoten läuft, die das Paket handhaben, einen Fehler macht. Beispielsweise schickt sie ein Paket irrtümlich auf der falschen Verbindung los, sodass es seinen Weg zum Ziel nie findet. An späterer Stelle wird die Handhabung von verlorenen Paketen beschrieben. Dabei ist eine der größten Schwierigkeiten, dass zwischen einem Paket, das wirklich verlorengegangen ist, und einem, das lediglich zu spät am Ziel ankommt, unterschieden werden muss.

Die dritte Fehlerklasse betrifft die Knoten- und Verbindungsebene. Beispielsweise kann eine Verbindungsleitung brechen oder ein angeschlossener Rechner stürzt ab. Dies kann durch abgestürzte Software, Stromausfall oder einen unbedarften Bediener verursacht werden. Solche Ausfälle lassen sich zwar mehr oder weniger schnell beheben, können aber eine länger andauernde verheerende Wirkung auf das Netzwerk haben. Das Netzwerk fällt dabei nicht unbedingt ganz aus. Bei einem paketvermittelten Netzwerk ist es beispielsweise möglich, den Datenverkehr um einen ausgefallenen Knoten oder eine defekte Leitung herumzuleiten. Eine der Schwierigkeiten bei dieser Fehlerklasse ist es, zwischen einem ausgefallenen und einem langsamen Rechner bzw. einer gebrochenen und einer qualitativ schlechten Verbindungsleitung, die viele Bitfehler verursacht, zu unterscheiden.

▶ Die wichtigste Erkenntnis dieses Abschnitts ist, dass man die Anforderungen der Anwendungen und die Grenzen der zu Grunde liegenden Technologie verstehen muss, um nützliche Kanäle definieren zu können. Die Herausforderung liegt darin, die Lücke zu füllen zwischen dem, was die jeweilige Anwendung erwartet, und dem, was die zu Grunde liegende Technologie bereitstellen kann. Dies nennt man manchmal auch die *semantische Lücke*.

1.3 Netzwerkarchitektur

Der Leser hat zweifellos bemerkt, dass im vorherigen Abschnitt recht umfangreiche Anforderungen an das Netzwerkdesign gestellt wurden. Ein Rechnernetz muss allgemeine, kostengünstige, faire, robuste und leistungsstarke Konnektivität für eine große Anzahl an Computern bereitstellen. Als wäre dies noch nicht genug, verharren Netzwerke nicht fest an einem bestimmten Entwicklungsstand, sondern müssen laufend entsprechend den Änderungen der zu Grunde liegenden Technologien und den Ansprüchen durch Anwendungsprogramme weiterentwickelt werden. Die Entwicklung eines Netzwerks, das diese Anforderungen erfüllt, ist also kein leichtes Unterfangen.

Um diese Komplexität bewältigen zu können, wurden generelle Pläne entwickelt, die man insgesamt als *Netzwerkarchitektur* bezeichnet. Dies ist eine Art Leitfaden für die Entwicklung und Implementierung von Netzwerken. In diesem Abschnitt wird anhand der wesentlichen Konzepte ausführlich erklärt, was wir mit Netzwerkarchitektur meinen. Weiterhin werden zwei der bekanntesten Architekturen – die OSI- und die Internet-Architektur – beschrieben.

1.3.1 Schichten und Protokolle

Wenn ein System zu komplex wird, führt der Systementwickler eine weitere Abstraktionsebene ein. Eine Abstraktion dient der Definition eines vereinheitlichenden Modells, das die wichtigsten Aspekte des Systems erfasst. Dieses Modell kann in einem Objekt gekapselt werden, welches ein Interface zur Manipulation durch andere Systemkomponenten bietet, und die Einzelheiten, wie das Objekt implementiert wird, vor den Nutzern des Objekts verbirgt. Die Herausforderung ist hier, Abstraktionen zu identifizieren, die einen Dienst bereitstellen, der sich in zahlreichen unterschiedlichen Fällen als nützlich erweist und im zu Grunde liegenden System effizient implementiert werden kann. Genau das haben wir mit der Einführung des Konzepts eines Kanals im vorherigen Abschnitt getan: Wir haben Anwendungen eine Abstraktion bereitgestellt, die die Komplexität des Netzwerks vor Anwendungsentwicklern verbirgt.

Abstraktionen führen oft zu Schichten, insbesondere in Netzwerksystemen. Die Grundidee ist dabei, dass man mit den Diensten beginnt, die von der zu Grunde liegenden Hardware geboten werden, und dann weitere Schichten hinzufügt, die jeweils eine höhere (abstraktere) Dienstebene bereitstellen. Die Dienste der hohen Schichten werden durch Verwendung der von den niedrigeren Schichten bereitgestellten Dienste implementiert. Greifen wir zur Veranschaulichung auf die im vorherigen Abschnitt beschriebenen Anforderungen zurück, können wir uns beispielsweise vorstellen, dass ein Netzwerk zwei Abstraktionsschichten umfasst, die zwischen dem Anwendungsprogramm und der zu Grunde liegenden Hardware liegen, wie aus Abb. 1.8 ersichtlich wird. Die Schicht unmittelbar oberhalb der Hardware stellt Host-zu-Host-Konnektivität bereit. Sie abstrahiert (verbirgt) dabei die Tatsache, dass zwischen zwei beliebigen Hosts eine komplexe Netztopologie liegen kann. Die nächsthöhere Schicht baut auf dem verfügbaren Host-zu-Host-Kommunikationsdienst auf und unterstützt Prozess-zu-Prozess-Kanäle. Sie verbirgt z.B. die Tatsache, dass das Netzwerk gelegentlich Nachrichten verliert.

Abb. 1.8:
Darstellung eines Netzwerksystems in Schichten

Die Auslegung eines Netzwerks in Schichten bietet zwei angenehme Merkmale: Erstens lässt sich ein Netzwerk in leichter handhabbare Komponenten zerlegen. Statt eine monolithische allumfassende Software zu implementieren, kann man mehrere Schichten implementieren, die jeweils einen ganz bestimmten Teil des Ganzen lösen. Zweitens erhält man ein modulares Design. Entscheidet man sich beispielsweise an irgendeinem Punkt, einen neuen Dienst hinzuzufügen, braucht man nur die

Funktionalität einer Schicht zu ändern und kann die auf allen übrigen Schichten vorhandenen Funktionen wiederverwenden.

Sich ein System als lineare Folge von Schichten vorzustellen, wäre nun aber eine allzu große Vereinfachung. Häufig gibt es mehrere Abstraktionen auf einer bestimmten Systemebene, die den höheren Schichten jeweils einen anderen Dienst bereitstellen, alle aber auf den gleichen Abstraktionen der unteren Ebenen aufbauen. Zur Verdeutlichung betrachten wir die beiden in Abschnitt 1.2.3 beschriebenen Kanaltypen: einer stellt einen Anfrage/Antwortdienst und der andere einen Nachrichtenstromdienst bereit. Diese beiden Kanäle können auf bestimmten Ebenen eines mehrschichtigen Netzwerksystems alternative Dienste bieten (siehe Abb. 1.9).

Abb. 1.9: Mehrschichtiges System mit alternativen Abstraktionen auf einer bestimmten Schicht

Mit diesem Grundlagenwissen über Schichtenmodelle können wir jetzt auf die Architektur eines Netzwerks näher eingehen. Für Neulinge gleich vorab: Die abstrakten Objekte, aus denen sich die Schichten eines Netzwerksystems zusammensetzen, nennt man *Protokolle*. Ein Protokoll bietet einen Kommunikationsdienst, den Objekte höherer Ebenen (z.B. Anwendungsprozesse oder vielleicht Protokolle höherer Ebenen) zum Austauschen von Nachrichten benutzen. Man kann sich beispielsweise ein Netzwerk vorstellen, das ein Anfrage/Antwortprotokoll und ein Nachrichtenstromprotokoll unterstützt, das den oben behandelten Anfrage/Antwort- und Nachrichtenstromkanälen entspricht.

Jedes Protokoll definiert zwei verschiedene Interfaces: Das erste ist ein *Dienst-Interface* zu den übrigen Objekten auf dem gleichen Computer, die seine Kommunikationsdienste nutzen wollen. Dieses Dienst-Interface definiert die Operationen, die lokale Objekte mit dem Protokoll ausführen können. Beispielsweise würde ein Anfrage/Antwortprotokoll Operationen unterstützen, durch die eine Anwendung Nachrichten senden und empfangen kann. Zweitens definiert ein Protokoll ein *Partner-Interface* zu seinem Gegenstück (*Peer* bzw. Partner) auf einem anderen Rechner. Dieses zweite Interface definiert Form und Bedeutung von Nachrichten, die zwischen Protokollpartnern ausgetauscht werden, um den Kommunikationsdienst zu implementieren. Dies würde die Art festlegen, in der ein Anfrage/

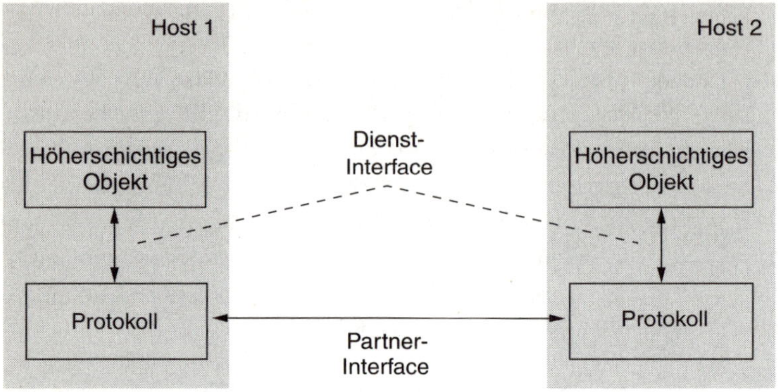

Abb. 1.10: Dienst- und Partner-Interface

Antwortprotokoll auf einem Rechner mit seinem Partner auf einem anderen kommuniziert. Mit anderen Worten: Ein Protokoll definiert einen Kommunikationsdienst, den es lokal anbietet, zusammen mit einer Reihe von Regeln für die Nachrichten, die das Protokoll mit seinem bzw. seinen Partner(n) austauscht, um diesen Dienst zu implementieren. Diese Situation ist in Abb. 1.10 dargestellt.

Abgesehen von der Hardwareebene, auf der die Partner direkt über eine Leitung miteinander kommunizieren, ist die Peer-zu-Peer-Kommunikation indirekt. Das heißt, jedes Protokoll kommuniziert mit *seinem* Partner durch Weitergabe von Nachrichten an das Protokoll einer niedrigeren Ebene, das seinerseits die Nachricht seinem Partner zustellt. Darüber hinaus gibt es potenziell mehrere Protokolle auf einer bestimmten Ebene, die jeweils einen anderen Kommunikationsdienst bieten. Wir stellen deshalb die Protokollfolge, aus der sich ein Netzwerksystem zusammensetzt, mit Hilfe eines *Protokollgraphen* dar. Die Knoten des Graphen entsprechen den Protokollen und die Verbindungslinien stellen eine *Abhängigkeitsbeziehung* dar. Abb. 1.11 zeigt z.B. einen Protokollgraphen für das oben beschriebene hypothetische Schichtensystem. Die Protokolle RRP (Request/Reply Protocol; Anfrage/Antwort-Protokoll) und MSP (Message Stream Protocol; Nachrichtenstromprotokoll) implementieren zwei unterschiedliche Arten von Prozess-zu-Prozess-Kanälen. Beide hängen vom HHP (Host-zu-Host-Protokoll) ab, das einen Verbindungsdienst zwischen zwei Hosts bereitstellt.

Bei diesem Beispiel wird davon ausgegangen, dass das Dateitransferprogramm auf Host 1 mit Hilfe des vom RRP-Protokoll gebotenen Kommunikationsdienstes eine Nachricht an seinen Partner auf Host 2 senden will. Die Anwendung der Datei fordert das RRP auf, die Nachricht zu senden. Um mit seinem Partner zu kommunizieren, ruft RRP dann die Dienste des HHP auf, das seinerseits die Nachricht an seinen Partner auf dem anderen Rechner überträgt. Nachdem die Nachricht beim HHP-Protokoll auf Host 2 angekommen ist, leitet HHP die Nachricht nach oben zum RRP weiter, das die Nachricht dem Dateitransferprogramm zustellt. Man sagt auch, die Anwendung benutzt einen so genannten *Protokoll-Stack* – in diesem Fall RRP/HHP.

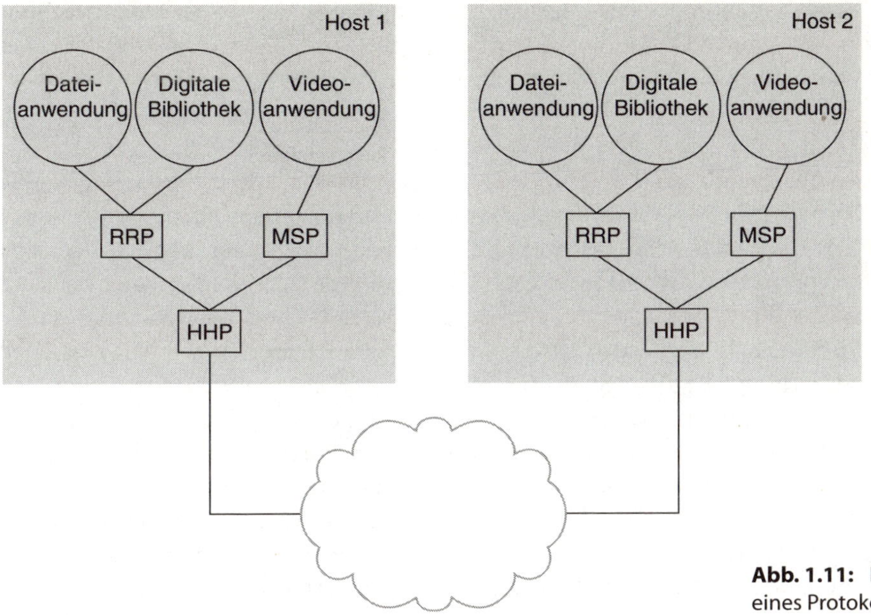

Abb. 1.11: Beispiel eines Protokollgraphen

Der Begriff *Protokoll* wird auf zweierlei Art verwendet. Zum einen bezieht er sich auf die abstrakten Interfaces, d.h. auf die vom Dienst-Interface definierten Operationen, sowie auf Form und Bedeutung der zwischen den Partnern ausgetauschten Nachrichten. Zum anderen bezieht er sich auf das Modul, das diese beiden Interfaces implementiert. Um zwischen den Interfaces und dem Modul, das diese Interfaces implementiert, zu unterscheiden, nennen wir erstere die *Protokollspezifikation*. Spezifikationen werden im Allgemeinen mit Hilfe einer Kombination aus Text, Pseudocode, Zustandsübergangsdiagrammen, Bildern von Paketformaten und anderen abstrakten Notationen ausgedrückt. Ein bestimmtes Protokoll kann von verschiedenen Programmierern auf unterschiedliche Art implementiert werden, solange sich jeder an die Spezifikation hält. Dabei muss sichergestellt werden, dass zwei verschiedene Implementierungen der gleichen Spezifikation erfolgreich Nachrichten austauschen können. Zwei oder mehr Protokollmodule, die eine Protokollspezifikation genau implementieren, können zusammenarbeiten und man sagt, sie *interoperieren*.

Man kann sich viele verschiedene Protokolle und Protokollgraphen vorstellen, die die Kommunikationsanforderungen einer Reihe von Anwendungen erfüllen. Glücklicherweise gibt es Standardisierungsgremien, z.B. die International Standards Organization (ISO) und die Internet Engineering Task Force (IETF), die Regeln und Richtlinien für bestimmte Protokollgraphen ausarbeiten. Insgesamt werden die Regeln, die Form und Inhalt eines Protokollgraphen vorgeben, *Netzwerkarchitektur* genannt. Standardisierungsaspekte gehen über Zweck und Umfang dieses Buchs hinaus. An dieser Stelle sei nur kurz erwähnt, dass Standardisierungsgremien wie ISO und IETF wohldefinierte Verfahren für die Einführung, Bewertung und Genehmigung von Protokollen in der jeweiligen Architektur spezifiziert haben. Wir beschreiben die von ISO und IETF definierten Architekturen kurz. Zuerst müssen aber zwei weitere Aspekte über die Mechanismen eines Protokollgraphen erklärt werden.

Kapselung

Was passiert bei dem Beispiel in Abb. 1.11, wenn eines der Anwendungsprogramme eine Nachricht an das RRP-Protokoll abgibt, um sie an seinen Partner zu senden? Aus Sicht des RRP ist die Nachricht, die es von der Anwendung erhalten hat, eine nicht zu interpretierende Byte-Kette. Das RRP kümmert sich nicht darum, ob diese Bytes ein ganzzahliges Array, eine E-Mail, ein digitales Bild oder etwas anderes darstellen. Es hat schlichtweg den Auftrag, sie an seinen Partner zu senden. Das RRP muss seinem Partner aber Steuerinformationen übergeben, um ihm mitzuteilen, wie die Nachricht bei Empfang zu behandeln ist. Das RRP fügt also einen *Header* (Kopfteil) ein. Im allgemeinen ist ein Header eine kleine Datenstruktur von einigen wenigen bis zu ein paar Dutzend Byte, die von den Partnern benutzt werden, um miteinander zu kommunizieren. Wie der Name andeutet, wird der Header immer der eigentlichen Nachricht vorangestellt. Manchmal werden diese Steuerinformationen aber auch an das Ende der Nachricht angehängt. In diesem Fall handelt es sich um einen *Trailer* (Endteil). Das genaue Format für den vom RRP angehängten Header ist in seiner Protokollspezifikation definiert. Die eigentliche Nachricht, also die im Auftrag der Anwendung zu übertragenden Daten, nennt man *Nutzdaten*. Die Daten der Anwendung werden in der vom RRP-Protokoll für die Übertragung vorbereiteten Nachricht *gekapselt*.

Diese Kapselung von Daten wird dann auf jeder Ebene des Protokollgraphen wiederholt. Das HHP kapselt die vom RRP erhaltene Nachricht beispielsweise, indem es seinen eigenen Header anfügt. Wenn wir jetzt davon ausgehen, dass das HHP die Nachricht über ein Netzwerk an seinen Partner sendet, wird die Nachricht nach ihrer Ankunft beim Ziel-Host in der entgegengesetzten Reihenfolge verarbeitet: Das HHP entfernt zuerst seinen Header von der Nachricht, interpretiert ihn (unternimmt also eine entsprechend dem Inhalt des Headers geeignete Aktion) und leitet die Nutzdaten der Nachricht zum RRP weiter, das den von seinem Partner angehängten Header liest, die darin angegebenen Aktionen ausführt und die Nutzdaten der Nachricht an das Anwendungsprogramm weitergibt. Die vom RRP an die Anwendung auf Host 2 weitergegebene Nachricht ist absolut identisch mit derjenigen, die das Anwendungsprogramm nach unten zum RRP auf Host 1 abgegeben hat. Die Anwendung bekommt nie einen der Header zu sehen, die angehängt wurden, um die Kommunikationsdienste auf der niedrigeren Ebene zu realisieren. Dieser gesamte Prozess ist in Abb. 1.12 dargestellt. Man beachte, dass bei diesem Beispiel Knoten im Netzwerk (z.B. Switche und Router) den der Nachricht vorangestellten HHP-Header zur Erfüllung ihrer Aufgaben einsehen können.

Wenn das Protokoll einer niedrigeren Ebene die ihm vom Protokoll einer höheren Ebene abgegebene Nachricht nicht interpretiert, meinen wir damit, dass es nicht weiß, wie es aus den in der Nachricht enthaltenen Daten irgendeine Bedeutung

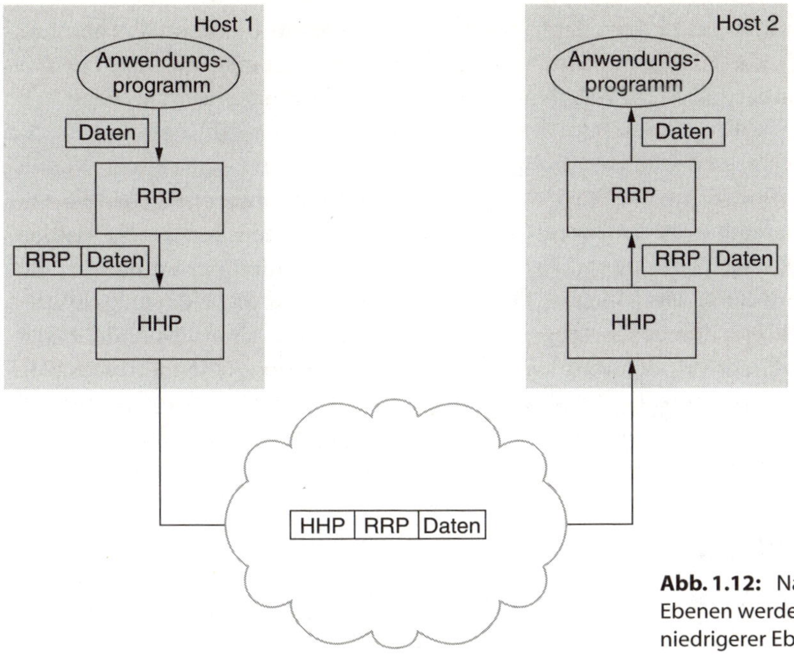

Abb. 1.12: Nachrichten höherer Ebenen werden in Nachrichten niedrigerer Ebenen gekapselt.

extrahieren kann. Manchmal jedoch wendet das Protokoll der niedrigeren Ebene eine einfache Operation auf die erhaltenen Daten an, um sie beispielsweise zu komprimieren oder zu verschlüsseln. In diesem Fall wandelt das Protokoll den gesamten Nutzdatenteil der Nachricht um, einschließlich der Daten der Ursprungsanwendung und aller Header, die von Protokollen höherer Ebenen an diese Daten angehängt wurden.

Multiplexen und Demultiplexen

Aus Abschnitt 1.2.2 ist bereits ein grundlegendes Konzept der Paketvermittlung bekannt: Das Multiplexen mehrerer Datenflüsse über eine einzige Verbindungsleitung. Das gleiche Konzept lässt sich nicht nur auf Vermittlungsknoten, sondern sowohl nach oben als auch nach unten im gesamten Protokollgraphen anwenden. Bei dem Beispiel in Abb. 1.11 könnte das RRP einen logischen Kommunikationskanal implementieren. Die Nachrichten würden von zwei unterschiedlichen Anwendungen über diesen Kanal am Quell-Host gemultiplext, um sie dann am Ziel-Host wieder auf die entsprechende Anwendung zu demultiplexen.

Aus praktischer Sicht bedeutet dies lediglich, dass der Header, den RRP an seine Nachrichten anhängt, einen Bezeichner enthält, der die Anwendung, an die die Nachricht gerichtet ist, identifiziert. Wir nennen diesen Bezeichner den *Demultiplexschlüssel* oder kurz *Demuxschlüssel* des RRP. Auf dem Quell-Host fügt das RRP den entsprechenden Demuxschlüssel in seinen Header ein. Wird die Nachricht dem RRP auf dem Ziel-Host zugestellt, entnimmt es seinen Header, prüft den Demuxschlüssel und demultiplext die Nachricht zur richtigen Anwendung.

Das RRP ist nicht das einzige Protokoll, das Multiplexen unterstützt. Fast jedes Protokoll benutzt diesen Mechanismus. Das HHP hat z.B. einen eigenen Demuxschlüssel, um festzustellen, welche Nachrichten zum RRP und welche zum MSP befördert werden sollen. Zwischen den Protokollen – auch nicht zwischen denen innerhalb einer einzelnen Netzarchitektur – besteht aber keine einheitliche Vereinbarung darüber, woraus genau ein Demuxschlüssel besteht. Einige Protokolle verwenden ein 8-Bit-Feld (was bedeutet, dass sie nur 256 Protokolle höherer Ebenen unterstützen können), während andere 16- oder 32-Bit-Felder verwenden. Ferner haben einige Protokolle ein einziges Demultiplexfeld in ihrem Header, während andere über mehrere solcher Felder verfügen. Ist nur ein Demultiplexfeld vorhanden, wird der gleiche Demuxschlüssel an beiden Enden der Kommunikation benutzt. Werden zwei Felder verwendet, benutzt jedes Ende einen anderen Schlüssel, um das Protokoll (bzw. Anwendungsprogramm) der höheren Ebene zu identifizieren, dem die Nachricht zuzustellen ist.

1.3.2 OSI-Architektur

Die ISO war eine der ersten Organisationen, die einen allgemeinen Weg, Computer zu verbinden, formal definiert hat. Die von der ISO definierte OSI-Architektur (*Open Systems Interconnection*) ist in Abb. 1.13 dargestellt. Sie spezifiziert die Aufteilung der Netzwerkfunktionalität in sieben Schichten, wobei eines oder mehrere Protokolle die Funktionalität einer bestimmten Schicht implementieren. In diesem Sinn ist die schematische Darstellung in Abb. 1.13 kein Protokollgraph an sich, sondern vielmehr ein *Referenzmodell* für einen Protokollgraphen. Die ISO hat, meist in Verbindung mit einer weiteren Standardisierungsorganisation, der International Telecommunications Union (ITU)[1], eine Reihe von Protokollspezifikationen auf der Grundlage der OSI-Architektur veröffentlicht. Diese Reihe nennt man auch »X Punkt«, weil Bezeichnungen wie X.25, X.400, X.500 usw. für die Protokolle vergeben wurden. Auf diesen Standards basieren verschiedene Netzwerke, darunter das öffentliche X.25-Netz und private Netzwerke wie Tymnet.

In der Betrachtung von unten nach oben handhabt die *Bitübertragungsschicht* (*Physical Layer*) die Übertragung eines Bitstroms über eine Verbindungsleitung. Die *Sicherungsschicht* (*Data Link Layer*) fasst Abschnitte dieses Bitstroms zu einem größeren Verbund zusammen, den man als *Frame* bezeichnet. Netzwerkadapter sowie Gerätetreiber, die Teil des Betriebssystem eines angeschlossenen Knotens sind, implementieren typischerweise die Sicherungsschicht. Dies bedeutet, dass den Hosts nicht der unstrukturierte Bitstrom, sondern Frames zugestellt werden. Die *Vermittlungsschicht* (*Network Layer*) handhabt das Routing zwischen den Knoten eines paketvermittelten Netzwerks. Auf dieser Schicht nennt man die zwischen Knoten ausgetauschte Dateneinheit nicht Frame, sondern *Paket*, obwohl kein fundamentaler Unterschied besteht. Die drei unteren Schichten werden in allen Netzknoten

1. Durch eine Untergruppe der ITU für Telekommunikation (ITU-T) wurde das ehemalige Comité Consultatif International de Télégraphique et Téléphonique (CCITT) abgelöst.

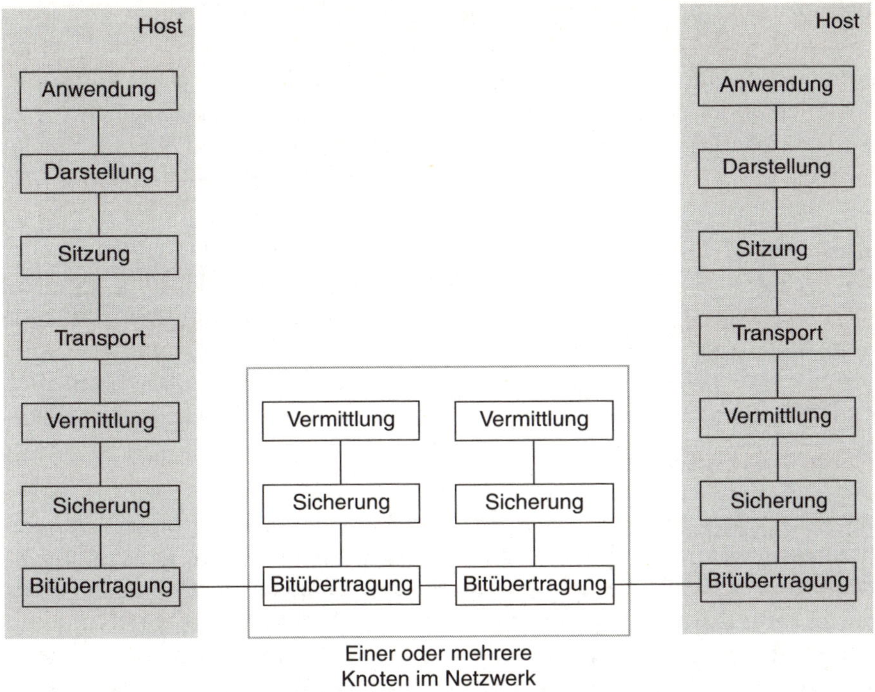

Abb. 1.13: OSI-Netzwerkarchitektur

sowie Switchen des Netzwerks implementiert. Die *Transportschicht* (*Transport Layer*) implementiert alles, was wir bisher mit »Prozess-zu-Prozess-Kanal« bezeichnet haben. Hier nennt man die ausgetauschte Dateneinheit *Nachricht* statt Paket oder Frame. Die Transportschicht und die höheren Schichten laufen normalerweise nur auf den Endsystemen und nicht auf den dazwischenliegenden Switchen oder Routern.

Über die Definition der oberen drei Schichten besteht weniger Einigkeit. Wir springen zur obersten (siebten) Schicht, der *Anwendungsschicht* (*Application Layer*). Ein Protokoll dieser Schicht ist z.B. das FTP (File Transfer Protocol), über das Dateitransfer-Anwendungen interoperieren können. Darunter befindet sich die *Darstellungsschicht* (*Presentation Layer*), die sich mit dem Format der zwischen Partnern ausgetauschten Daten beschäftigt, beispielsweise, ob eine Ganzzahl 16, 32 oder 64 Bit lang ist, das werthöchste Bit zuerst oder zuletzt übertragen wird, oder wie ein Videostrom formatiert werden muss. Schließlich bietet die *Sitzungsschicht* (*Session Layer*) einen Namensraum, der für die Verknüpfung potenziell unterschiedlicher Transportströme, die Teil einer einzelnen Anwendung sind, benutzt wird. Dies kann z.B. die Handhabung eines Audio- und Videostroms sein, die in einer Telekonferenzanwendung kombiniert werden müssen.

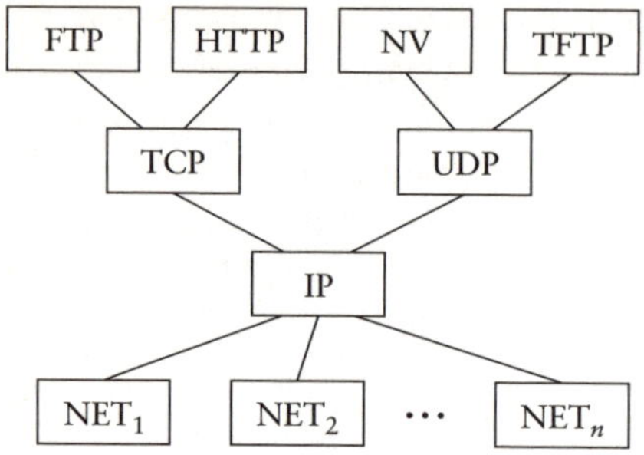

Abb. 1.14: Darstellung der Internet-Architektur als Protokollgraph

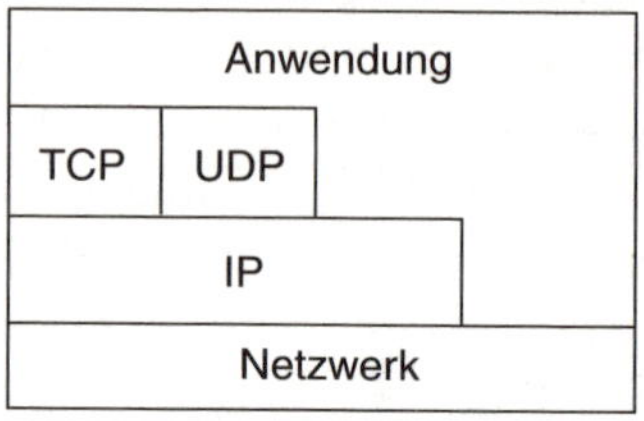

Abb. 1.15: Alternative Betrachtung der Internet-Architektur

1.3.3 Internet-Architektur

Die Internet-Architektur, die man nach ihren beiden wichtigsten Protokollen auch TCP/IP-Architektur nennt, ist in Abb. 1.14 wiedergegeben. Eine alternative Darstellung erscheint in Abb. 1.15. Die Internet-Architektur entstand aus Erfahrungen mit dem älteren paketvermittelten Netzwerk ARPANET. ARPANET und das Internet wurden von der Advanced Research Projects Agency (ARPA), im Rahmen von Forschungsprojekten des US-Verteidigungsministeriums gefördert. Sowohl das ARPANET als auch das Internet gab es schon vor der OSI-Architektur, sodass sie einen entscheidenden Einfluss auf das OSI-Referenzmodell hatten.

Die sieben Schichten des OSI-Modells lassen sich mit einem gewissen Maß an Vorstellungskraft auf die Internet-Architektur übertragen; sie umfasst aber nur vier Schichten. Auf der untersten Ebene gibt es zahlreiche Netzprotokolle, die als NET_1, NET_2 usw. bezeichnet werden. In der Praxis werden diese Protokolle dadurch implementiert, dass man Hardware (z.B. einen Netzadapter) und Software (z.B. einen Gerätetreiber für den Netzadapter) kombiniert. Man findet auf dieser Schicht beispielsweise Ethernet- oder FDDI-Protokolle (Fiber Distributed Data Interface). (Diese Protokolle können ihrerseits mehrere Unterschichten umfassen, die Internet-Architektur gibt für sie aber nichts vor.) Auf der zweiten Schicht gibt es nur das *Internet Protocol* (IP). Dieses Protokoll unterstützt den Zusammenschluss mehrerer Netztechnologien zu einem einzigen logischen Netzverbund (Internetwork). Die dritte Schicht umfasst das TCP (*Transmission Control Protocol*) und das UDP (*User Datagram Protocol*). Diese beiden wichtigen Protokolle stellen alternative logische Kanäle zu Anwendungsprogrammen bereit: TCP bietet einen zuverlässigen Byte-Strom-Kanal und UDP einen unzuverlässigen Datagramm-Kanal (*Datagram* ist lediglich ein anderer Begriff für »Nachricht«). Im Internet-Slang nennt man TCP und UDP auch *Ende-zu-Ende-Protokolle*, man kann sie aber auch als »Transportprotokolle« bezeichnen.

Oberhalb der Transportschicht laufen verschiedene Anwendungsprotokolle, z.B. FTP, TFTP (Trivial File Transport Protocol), Telnet (Remote Login) und SMTP (Simple Mail Transfer Protocol für E-Mail). Sie ermöglichen die Interoperation populärer Anwendungen. Um den Unterschied zwischen einem Protokoll der Anwendungsschicht und einer Anwendung zu verdeutlichen, stelle man sich die Vielzahl verfügbarer WWW-Browser (z.B. Mosaic, Netscape, Internet Explorer, Lynx usw.) vor. Es gibt eine ebenso große Anzahl an verschiedenen Implementierungen von Webservern. Der Grund dafür, dass man ein beliebiges dieser Anwendungsprogramme benutzen kann, um auf eine bestimmte Seite im Web zuzugreifen, liegt daran, dass sie alle dem gleichen Protokoll auf der Anwendungsschicht gehorchen – dem HTTP (HyperText Transport Protocol). Verwirrend ist manchmal, dass die gleiche Bezeichnung für eine Anwendung und ein Protokoll der Anwendungsschicht verwendet wird (z.B. FTP).

Die Internet-Architektur weist drei Merkmale auf, deren nähere Betrachtung sich lohnt. Wie aus Abb. 1.15 ersichtlich wird, impliziert die Internet-Architektur kein strenges Schichtenmodell. Einer Anwendung steht es frei, die definierten Transportschichten zu umgehen und IP oder eines der darunter liegenden Netzwerke direkt zu nutzen. Anders betrachtet, können Programmierer beliebig neue Kanalabstraktionen oder Anwendungen entwickeln, die auf irgendeinem der vorhandenen Protokolle aufsetzen.

Sieht man sich den Protokollgraphen in Abb. 1.14 genauer an, erkennt man die Form einer Eieruhr – oben breit, in der Mittel schmal und unten wieder breit. Diese Form spiegelt die zentrale Philosophie der Architektur wider. Sie besagt, dass IP als Mittelpunkt der Architektur dient. IP definiert eine gemeinsame Methode für den Austausch von Paketen zwischen unterschiedlichsten Netzwerken. Auf IP können beliebig viele Transportprotokolle aufsetzen, die Anwendungsprogrammen jeweils eine andere Kanalabstraktion bieten. Das heißt beispielsweise, dass die Frage der Zustellung von Nachrichten von einem Host zu einem anderen völlig abgetrennt ist von der Frage der Bereitstellung eines nützlichen Kommunikationsdienstes zwischen Prozessen. Unterhalb von IP lässt die Architektur beliebig viele unterschiedliche Netztechnologien zu, die von Ethernet über FDDI und ATM bis zu Punkt-zu-Punkt-Leitungen reichen.

Ein letztes Merkmal der Internet-Architektur (oder genauer, der IETF-Kultur) betrifft die Entwicklung neuer Protokolle. Möchte jemand einen Vorschlag für ein neues Protokoll in der Architektur berücksichtigt sehen, muss er eine Protokollspezifikation und mindestens eine (vorzugsweise zwei) repräsentative Implementierung der Spezifikation vorlegen. Voraussetzung für die Annahme eines Standards durch die IETF sind funktionierende Implementierungen. Dieses ungeschriebene Gesetz in der Entwicklungsgemeinde trägt zur Gewährleistung bei, dass die Protokolle der Architektur effizient implementiert werden können. Vielleicht wird der Wert, den die Inernet-Kultur für funktionierende Software hat, am besten durch ein Zitat illustriert, welches sich häufig auf den T-Shirts von Teilnehmern an IETF-Meetings findet:

> We reject kings, presidents, and voting. We believe in rough consensus and running code. Dave Clark

- Von diesen drei Attributen der Internet-Architektur ist die Philosophie des Sanduhr-Designs wichtig genug, um sie nochmal zu betonen. Die schlanke Taille der Sanduhr stellt eine minimale, sorgfältig gewählte Menge globaler Fähigkeiten dar, die es sowohl höherschichtigen Anwendungen als auch niederschichtigen Kommunikationstechnologien erlaubt, nebeneinander zu existieren, Fähigkeiten gemeinsam zu nutzen und sich rasch weiterzuentwickeln. Das Modell mit der schlanken Taille ist von entscheidender Bedeutung für die Fähigkeit des Internet, sich schnell an neue Benutzerforderungen und sich ändernde Technologien anzupassen.

1.4 Implementierung von Netzsoftware

Netzarchitekturen und Protokollspezifikationen sind wichtig, aber auch ein guter Entwurf reicht nicht aus, um den phänomenalen Erfolg des Internet zu erklären: Die Anzahl der an das Internet angeschlossenen Computer hat sich seit 1981 jedes Jahr verdoppelt und nähert sich heute etwa 200 Millionen. Schätzungsweise benutzen weit über 600 Millionen Menschen das Internet. Man nimmt an, dass die Anzahl der über das Internet übertragenen Bits die entsprechende Zahl beim konventionellen Telefonnetz etwa seit dem Jahre 2001 übertrifft.

Was erklärt den Erfolg des Internet? Sicherlich gibt es viele Faktoren, die dazu beitragen (einschließlich einer guten Architektur). Was dem Internet zu diesem nie dagewesenen Erfolg verholfen hat, ist aber die Tatsache, dass ein Großteil seiner Funktionalität von Software bereitgestellt wird, die auf jedem Allzweckcomputer läuft. Das bedeutet, dass jederzeit mit einem »geringem Programmieraufwand« neue Funktionalität hinzugefügt werden kann. Aus diesem Grund haben sich neue Anwendungen und Dienste, wie elektronischer Handel, Videokonferenz und Internet-Telefonie, um nur einige zu nennen, in derart raschem Tempo entwickelt.

Ein damit zusammenhängender Faktor ist die enorme Steigerung der Rechenleistung von Personalcomputern. Obwohl Rechnernetze im Prinzip immer in der Lage waren, diese Datenart, z.B. digitale Sprachmuster, digitalisierte Bilder usw., zu befördern, war dieses Potenzial nicht von besonderem Interesse, als die Computer, die Daten sendeten und empfingen, zu langsam waren, um mit den Informationen etwas anfangen zu können. Praktisch alle heutigen Computer sind in der Lage, digitalisierte Sprache in voller Geschwindigkeit wiederzugeben und Video in einer Geschwindigkeit und Auflösung darzustellen, die für einige (bei weitem aber nicht alle) Anwendungen nützlich sind. Die heutigen Netzwerke haben begonnen, Multimedia zu unterstützen, und diese Unterstützung wird sich natürlich verbessern, wenn die Rechnerhardware noch schneller wird.

Wir schlussfolgern daraus, dass es unabdingbar ist zu wissen, wie Netzwerksoftware richtig implementiert wird, um Rechnernetze voll zu verstehen. Vor diesem Hintergrund werden in diesem Abschnitt zuerst einige Punkte vorgestellt, die sich mit der Implementierung eines auf ein Netzwerk aufsetzenden Anwendungsprogramms befassen. Dann werden Fragen zur Implementierung der im Netzwerk laufenden Protokolle behandelt. In vielerlei Hinsicht ähneln sich Netzanwendungen und Netzprotokolle. Anwendungen nutzen die Dienste des Netzwerks ähnlich wie das Protokoll einer höheren Ebene die Dienste des Protokolls einer niedrigeren Ebene in Anspruch nimmt. Abschließend werden in diesem Abschnitt aber auch ein paar wichtige Unterschiede behandelt.

1.4.1 APIs und Sockets

Ein guter Ausgangspunkt bei der Implementierung einer Netzanwendung ist das vom Netzwerk angebotene Interface. Da die meisten Netzprotokolle in Software implementiert werden (insbesondere die oberen im Protokoll-Stack) und fast alle Computersysteme ihre Netzprotokolle als Teil des Betriebssystems implementieren, meinen wir mit dem Ausdruck »vom Netzwerk angebotenes Interface« im Allgemeinen das Interface, welches das Betriebssystem für sein Kommunikationssubsystem bereitstellt. Dieses Interface wird meist als *Netzwerk-API* (*Application Programming Interface*) bezeichnet.

Obwohl jedes Betriebssystem sein eigenes Netzwerk-API definieren kann (was bei den meisten der Fall ist), hat die Unterstützung einiger weniger dieser APIs im Lauf der Zeit stark zugenommen. Das heißt, sie wurden auf andere Betriebssysteme als nur ihr ursprüngliches portiert. Das genau passierte mit dem *Socket-Interface*, das ursprünglich in der Berkeley-Distribution von Unix enthalten war und heute von praktisch allen gängigen Betriebssystemen unterstützt wird. Die industrieweite Unterstützung eines einzelnen API hat den Vorteil, dass Anwendungen leichter von einem Betriebssystem auf ein anderes portiert werden können. Man darf hier aber nicht vergessen, dass Anwendungsprogramme normalerweise mit vielen Teilen des Betriebssystems interagieren, die nichts mit Vernetzung zu tun haben, z.B. Dateien lesen und schreiben, identische Kopien von Prozessen erzeugen oder Daten grafisch ausgeben. Allein auf Grund dessen, dass zwei Systeme das gleiche Netzwerk-API unterstützen, müssen ihre Dateisystem-, Prozess- und Grafik-Interfaces nicht unbedingt gleich sein. Dennoch bieten uns akzeptierte APIs wie die Unix-Sockets einen guten Ausgangspunkt.

Vor der Beschreibung des Socket-Interface ist es wichtig, zwei grundlegende Konzepte bewusst zu trennen. Jedes Protokoll bietet bestimmte *Dienste*, und das API bietet eine *Syntax*, mit der diese Dienste im betreffenden Betriebssystem aufgerufen werden können. Die Implementierung ist dann für die Abbildung der vom API definierten Operationen und Objekte auf die vom Protokoll definierten abstrakten Dienste zuständig. Ist ein Interface gut definiert, so ist es möglich, seine Syntax zu benutzen, um die Dienste vieler verschiedener Protokolle aufzurufen. Eine derartige Generalität war beim Socket-Interface sicherlich beabsichtigt, wenn es auch weit davon entfernt ist, perfekt zu sein.

Die wichtigste Abstraktion des Socket-Interface ist – wie könnte es anders sein – der Socket. Ein *Socket* kann man sich als Punkt vorstellen, an dem ein lokaler

Anwendungsprozess sich mit dem Netzwerk verbindet. Das Interface definiert Operationen zum Erstellen eines Sockets, Anbinden des Sockets an das Netzwerk, Senden/Empfangen von Nachrichten über den Socket und Schließen des Sockets. Der Einfachheit halber beschränken wir uns hier auf die Nutzung von Sockets mit TCP.
Im ersten Schritt wird mit folgender Operation ein Socket erzeugt:

```
int socket(int domain, int type, int protocol)
```

Diese Operation nimmt drei Argumente an, weil das Socket-Interface für die allgemeine Nutzung ausgelegt wurde, um beliebige Protokoll-Stacks zu unterstützen. Das Argument domain spezifiziert die zu verwendende Protokoll*familie*. PF_INET wird benutzt, um die Internet-Familie zu bezeichnen; PF_UNIX ist eine Alternative, mit der lokale Prozesskommunikation unter Unix bezeichnet wird. Das Argument type zeigt die Semantik der Kommunikation an. SOCK_STREAM wird benutzt, um einen Byte-Strom zu bezeichnen. SOCK-DGRAM ist eine Alternative, die einen nachrichtenorientierten Dienst, z.B. den vom UDP bereitgestellten, bezeichnet. Das Argument protocol identifiziert das benutzte Protokoll. In unserem Fall lautet dieses Argument UNSPEC, weil die Kombination aus PF_INET und SOCK_STREAM bereits eindeutig identifiziert, dass wir TCP benutzen. Schließlich ist der Rückgabewert von socket ein »*Handle*« für den neu erstellten Socket, also ein Bezeichner, mit dem wir künftig auf den Socket verweisen können. Er steht als Argument für nachfolgende Operationen auf diesem Socket zur Verfügung.

Der nächste Schritt hängt davon ab, ob wir es mit einem Client oder Server zu tun haben. Bei einem Server führt der Anwendungsprozess ein *passives* Öffnen durch. Das heißt, der Server teilt mit, dass er für die Annahme von Verbindungen bereit ist, baut aber keine Verbindung auf. Hierfür ruft der Server die folgenden drei Operationen auf:

```
int bind(int socket, struct sockaddr *address, int addr_len)
int listen(int socket, int backlog)
int accept(int socket, struct sockaddr *address, int *addr_len)
```

Wie der Name andeutet, bindet die Operation bind den neu erstellten Socket (socket) an die angegebene Adresse (address). Dies ist die Netzwerkadresse des lokalen Teilnehmers, also des Servers. Man beachte, dass address bei Benutzung der IP-Schicht eine Datenstruktur ist, die sowohl die IP-Adresse des Servers als auch eine TCP-Portnummer beinhaltet. (Wie in Kapitel 5 beschrieben wird, werden Ports benutzt, um Prozesse indirekt zu identifizieren. Sie sind mit den in Abschnitt 1.3.1 beschriebenen Demuxschlüsseln vergleichbar.) Die Portnummer ist normalerweise eine spezifische, für den anzubietenden Dienst wohlbekannte Nummer. Webserver nehmen beispielsweise Verbindungen über Port 80 an.

Die Operation listen definiert, wie viele Verbindungen am bezeichneten Socket (socket) anstehen können. Die Operation accept führt das passive Öffnen aus. Hierbei handelt es sich um eine blockierende Operation, die erst zurückkehrt, wenn ein entfernter Teilnehmer eine Verbindung aufgebaut hat. Bei ihrer Rückkehr gibt sie einen *neuen* Socket zurück, der der gerade aufgebauten Verbindung entspricht. Das Argument address enthält die Adresse des *entfernten* Teilnehmers. Wenn accept beendet ist, ist der ursprüngliche Socket, der als Argument weitergereicht wurde, immer noch vorhanden und steht nach wie vor zum passiven Öffnen zu künftigen Aufrufen von accept bereit.

Auf der Client-Maschine führt der Anwendungsprozess ein *aktives* Öffnen durch. Das heißt, er ruft die folgende Operation auf, um mitzuteilen, mit wem er kommunizieren möchte:

```
int connect(int socket, struct sockaddr *address, int addr_len)
```

Diese Operation kehrt erst zurück, wenn TCP erfolgreich eine Verbindung aufgebaut hat. Dann kann die Anwendung mit dem Senden von Daten beginnen. In diesem Fall enthält address die Adresse des entfernten Teilnehmers und überlässt es dem System, die lokalen Informationen einzutragen. Während ein Server normalerweise an einem bekannten Port auf Nachrichten wartet (listen), kümmert sich ein Client nicht darum, welchen Port er für sich selbst nutzt. Das Betriebssystem wählt einfach einen freien Port aus.

Nachdem eine Verbindung aufgebaut wurde, rufen die Anwendungsprozesse die folgenden beiden Operationen auf, um Daten zu senden und zu empfangen:

```
int send(int socket, char *message, int msg_len, int flags)
int recv(int socket, char *buffer, int buf_len, int flags)
```

Die erste Operation sendet die betreffende Nachricht (message) über den angegebenen Socket (socket), während die zweite eine Nachricht vom angegebenen Socket (socket) empfängt und im angegebenen Puffer (buffer) ablegt. Beide Operationen erlauben die Benutzung verschiedener Schalter (flags), die bestimmte Einzelheiten der Operation steuern.

1.4.2 Anwendungsbeispiel

Wir beschreiben die Implementierung eines einfachen Client/Server-Programms, das das Socket-Interface benutzt, um Nachrichten über eine TCP-Verbindung zu senden. Das Programm benutzt noch weitere netzwerkspezifische Unix-Utilities, die wir im Verlauf der Beschreibung erklären. Unsere Anwendung gestattet es einem Benutzer an einem Rechner, Text einzugeben und an einen anderen Benutzer an einem anderen Rechner zu senden. Es handelt sich um eine vereinfachte Version des Unix-Programms talk, welches wiederum als Vorläufer von Chat-Rooms im World Wide Web betrachtet werden kann.

Client

Wir beginnen mit dem Client, der den Namen des entfernten Hosts als Kommandozeilenargument übergeben bekommt. Er ruft die Unix-Utility gethostbyname auf, um diesen Namen in die IP-Adresse des entfernten Hosts zu übersetzen. Im nächsten

Schritt wird die Datenstruktur (sin) der Adresse initialisiert, die vom Socket-Interface erwartet wird. Diese Datenstruktur spezifiziert, dass wir den Socket für Verbindungen zum Internet (AF_INET) verwenden werden. In unserem Beispiel benutzen wir TCP-Port 5432 als Server-Port. Dieser Port wurde noch keinem anderen Internet-Dienst zugewiesen. Im letzten Schritt beim Einrichten der Verbindung werden socket und connect aufgerufen. Wenn die Operation connect zurückgekehrt, ist die Verbindung aufgebaut und das Client-Programm tritt in seine Hauptschleife ein, in der Text aus einer Standardeingabe gelesen und über den Socket gesendet wird.

```
#include <stdio.h>
#include <sys/types.h>
#include <sys/socket.h>
#include <netinet/in.h>
#include <netdb.h>
#define SERVER_PORT 5432
#define MAX_LINE 256

int
main(int argc, char * argv[])
{
  FILE *fp;
  struct hostent *hp;
  struct sockaddr_in sin;
  char *host;
  char buf[MAX_LINE];
  int s;
  int len;

if (argc==2) {
  host = argv[1];
}
else {
  fprintf(stderr, "usage: simplex-talk host\n");
  exit(1);
}

/* Übersetze Host-Name in IP-Adresse des Partners */
hp = gethostbyname(host);
if (!hp) {
  fprintf(stderr, "simplex-talk: unknown host: %s\n", host);
  exit(1);
}

/* Initialisiere die Datenstruktur für die Adresse */
bzero((char *)&sin, sizeof(sin));
sin.sin_family = AF_INET;
bcopy(hp->h_addr, (char *)&sin.sin_addr, hp->h_length);
sin.sin_port = htons(SERVER_PORT);
```

```
/* Aktives Öffnen */
if ((s = socket(PF_INET, SOCK_STREAM, 0)) < 0) {
  perror("simplex-talk: socket");
  exit(1);
}
if (connect(s, (struct sockaddr *)&sin, sizeof(sin)) < 0) {
  perror("simplex-talk: connect");
  close(s);
  exit(1);
}
/* Hauptschleife: Lies und sende Textzeilen */
while (fgets(buf, sizeof(buf), stdin)) {
  buf[MAX_LINE-1] = '\0';
  len = strlen(buf) + 1;
  send(s, buf, len, 0);
  }
}
```

Server

Der Server ist ebenso einfach. Er initialisiert zuerst die Datenstruktur für die Adresse, indem er seine eigene Portnummer (SERVER_PORT) einträgt. Da das Anwendungsprogramm keine IP-Adresse angibt, kann es Verbindungen auf jeder beliebigen IP-Adresse des lokalen Hosts annehmen. Anschließend führt der Server die Vorbereitungsschritte für ein passives Öffnen aus: Erstellen des Sockets, Binden des Sockets an die lokale Adresse und Einrichten der maximalen Anzahl anstehender Verbindungen. Schließlich wartet die Hauptschleife, bis ein entfernter Host versucht, eine Verbindung zum Server aufzubauen. Geschieht dies, gibt der Server den vom Client über die Verbindung gesendeten Text aus.

```
#include <stdio.h>
#include <sys/types.h>
#include <sys/socket.h>
#include <netinet/in.h>
#include <netdb.h>

#define SERVER_PORT 5432
#define MAX_PENDING 5
#define MAX_LINE    256

int
main()
{
  struct sockaddr_in sin;
  char buf[MAX_LINE];
  int len;
  int s, new_s;
```

```
    /* Initialisiere Datenstruktur für die Adresse */
    bzero((char *)&sin, sizeof(sin));
    sin.sin_family = AF_INET;
    sin.sin_addr.s_addr = INADDR_ANY;
    sin.sin_port = htons(SERVER_PORT);

    /* Richte passives Öffnen ein */
    if ((s = socket(PF_INET, SOCK_STREAM, 0)) < 0) {
      perror("simplex-talk: socket");
      exit(1);
    }
    if ((bind(s, (struct sockaddr *)&sin, sizeof(sin))) < 0) {
      perror("simplex-talk: bind");
      exit(1);
    }
    listen(s, MAX_PENDING);

    /* Warte auf Verbindung, dann empfange und drucke Text */
    while(1) {
      if ((new_s = accept(s, (struct sockaddr *)&sin, &len)) < 0) {
        perror("simplex-talk: accept");
        exit(1);
      }
      while (len = recv(new_s, buf, sizeof(buf), 0))
        fputs(buf, stdout);
      close(new_s);
    }
  }
```

1.4.3 Aspekte der Protokollimplementierung

Wie eingangs in diesem Abschnitt erwähnt, kann man die Art, wie Anwendungsprogramme mit dem zu Grunde liegenden Netzwerk interagieren, mit der Interaktion der Protokolle auf höherer und niedrigerer Ebene vergleichen. TCP benötigt beispielsweise ein Interface, um abgehende Nachrichten an IP zu senden. IP muss wiederum in der Lage sein, TCP ankommende Nachrichten zuzustellen. Das ist das in Abschnitt 1.3.1 beschriebene Dienst-Interface.

Da wir bereits über ein Netzwerk-API (z.B. Sockets) verfügen, sind wir möglicherweise versucht, das gleiche Interface zwischen jedem Protokollpaar im Protokoll-Stack zu benutzen. Das wäre sicherlich eine Möglichkeit, wird aber in der Praxis nicht so gehandhabt. Das liegt daran, dass das Socket-Interface einige Ineffizienzen aufweist, die von den Protokoll-implementierenden Entwicklern nicht toleriert werden. Anwendungsprogrammierern sind sie ganz bequem, weil sie ihre Programmieraufgabe vereinfachen und die Ineffizienzen jeweils nur einmal toleriert werden müssen. Die Entwickler, die die entsprechenden Protokolle implementieren, sind demgegenüber stark an der Performance interessiert und müssen berücksichtigen, dass eine Nachricht durch mehrere Protokollschichten zu befördern ist. Im restlichen Teil dieses Abschnitts werden zwei primäre Unterschiede zwischen Netzwerk-APIs und dem Interface zwischen zwei Protokollen, die sich tiefer im Protokollgraphen befinden, beschrieben. Außerdem werden einige häufig in Protokollimplementierungen benutzte Bibliotheksroutinen vorgestellt.

Prozessmodell

Die meisten Betriebssysteme bieten eine Abstraktion, die man als *Prozess* oder *Thread* bezeichnet. Jeder Prozess läuft größtenteils unabhängig von anderen Prozessen. Das Betriebssystem ist dafür zuständig, dass die entsprechenden Ressourcen wie Adressraum und CPU-Zyklen allen aktiven Prozessen zugeteilt werden. Die Prozessabstraktion vereinfacht die gleichzeitige Ausführung von Aufgaben auf einem Rechner. Beispielsweise muss jede Benutzeranwendung ihren eigenen Prozess ausführen, während verschiedene Aufgaben innerhalb des Betriebssystems andere Prozesse ausführen. Stoppt das Betriebssystem die Ausführung eines Prozesses in der CPU und beginnt es mit einem neuen, nennt man dies *Prozesswechsel* (Context Switch).

Bei der Entwicklung des Kommunikationssubsystems muss man frühzeitig die Frage beantworten: »Wo sind die Prozesse?« Im wesentlichen gibt es dabei zwei Möglichkeiten, wie aus Abb. 1.16 ersichtlich wird. Bei der ersten, die wir *Prozess-pro-Protokoll-Modell* nennen, wird jedes Protokoll durch einen getrennten Prozess implementiert. Das heißt, eine Nachricht, die sich im Protokoll-Stack nach oben oder unten bewegt, wird von einem Prozess/Protokoll zu einem anderen weitergegeben. Der Prozess, der Protokoll *i* implementiert, verarbeitet die Nachricht und gibt sie an Protokoll *i*-1 ab usw. Wie ein Prozess/Protokoll eine Nachricht an das nächste Pro-

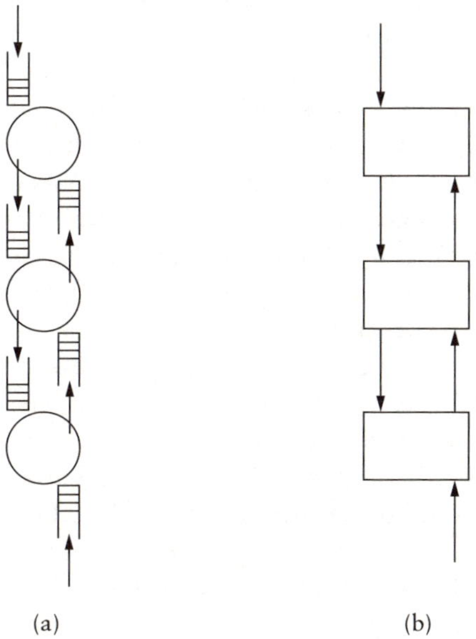

Abb. 1.16: Mögliche Prozessmodelle;
(a) Prozess-pro-Protokoll,
(b) Prozess-pro-Nachricht

zess/Protokoll-Paar abgibt, hängt davon ab, wie das Betriebssystem des Hosts die prozessübergreifende Kommunikation unterstützt. Meist ist ein einfacher Mechanismus vorhanden, mit dem sich eine Nachricht in die Warteschlange eines Prozesses einreihen lässt. Wichtig ist dabei, dass auf jeder Ebene des Protokollgraphen ein Prozesswechsel – eine relativ zeitaufwändige Operation – erforderlich ist.

Die zweite Möglichkeit, die wir *Prozess-pro-Nachricht-Modell* nennen, behandelt jedes Protokoll als statischen Code und verknüpft die Prozesse mit den Nachrichten. Das heißt, wenn eine Nachricht vom Netzwerk ankommt, teilt das Betriebssystem einem Prozess die Zuständigkeit für die Nachricht auf dem Weg nach oben im Protokollgraphen zu. Auf jeder Ebene wird die Prozedur aufgerufen, die das betreffende Protokoll implementiert, bis die letzte Ebene erreicht ist. Bei abgehenden Nachrichten ruft der Prozess der Anwendung die nötigen Prozeduren auf, bis die Nachricht zugestellt wurde. In beiden Richtungen wird der Protokollgraph in einer Folge von Prozeduraufrufen durchschritten.

Das Prozess-pro-Protokoll-Modell ist vom Konzept her leichter verständlich: »Ich implementiere mein Protokoll in meinem Prozess und du implementierst dein Protokoll in deinem Prozess«. Demgegenüber ist das Prozess-pro-Nachricht-Modell aus einem einfachen Grund generell effizienter: Auf den meisten Computern ist ein Prozeduraufruf um eine Größenordnung effizienter als ein Prozesswechsel. Beim ersten Modell ist auf jeder Ebene ein aufwändiger Prozesswechsel nötig, während beim zweiten Modell nur ein Prozeduraufruf pro Ebene erforderlich ist.

Nun stelle man sich die Beziehung zwischen dem oben definierten Dienst-Interface und dem Prozessmodell vor. Bei einer abgehenden Nachricht ruft das Protokoll der höheren Ebene eine send-Operation im Protokoll der niedrigeren Ebene auf. Da das höhere Protokoll beim Aufruf von send über die Nachricht verfügt, lässt sich diese Operation leicht als Prozeduraufruf implementieren. Ein Prozesswechsel ist nicht erforderlich. Bei ankommenden Nachrichten ruft das Protokoll der höheren Ebene die receive-Operation für das niedrigere Protokoll auf und muss dann warten, bis irgendwann eine Nachricht ankommt. Dadurch ist ein Prozesswechsel unabdingbar. Mit anderen Worten: Der laufende Prozess des höheren Protokolls empfängt eine Nachricht von dem Prozess, der im Protokoll der tieferen Ebene läuft. Das ist kein Problem, wenn nur der Anwendungsprozess Nachrichten vom Kommunikationssubsystem empfängt. Es ist ja das richtige Interface für das Netzwerk-API, weil Anwendungsprogramme ohnehin eine prozessorientierte Sicht der Dinge besitzen. Es hat aber große Auswirkungen auf die Leistung, wenn eine solche Prozessumschaltung auf jeder Ebene des Protokoll-Stacks erfolgt.

Aus diesem Grund wird in den meisten Protokollimplementierungen die receive- durch eine deliver-Operation ersetzt. Das heißt, das Protokoll der tieferen Ebene führt einen *Upcall* aus, ruft also eine Prozedur weiter oben im Protokoll-Stack auf, um die Nachricht dem höheren Protokoll zuzustellen. Abb. 1.17 zeigt das daraus resultierende Interface zwischen zwei benachbarten Protokollen, in diesem Fall TCP und IP. Im allgemeinen bewegen sich Nachrichten im Protokoll-Stack nach unten durch eine Reihe von send-Operationen und nach oben durch eine Reihe von deliver-Operationen.

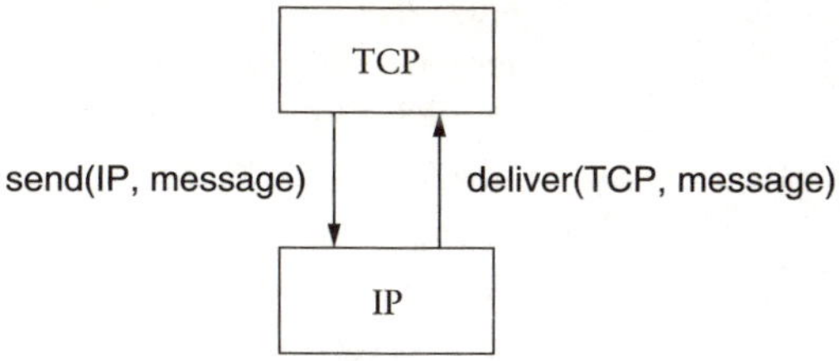

Abb. 1.17: Protokoll-zu-Protokoll-Interface

Nachrichtenpuffer

Eine weitere Ineffizienz des Socket-Interface ist, dass der Anwendungsprozess den Puffer bereitstellt, der die abgehende Nachricht beim Aufruf von send enthält. Genauso stellt er auch den Puffer bereit, in den eine ankommende Nachricht beim Aufruf der receive-Operation kopiert wird. Dies zwingt das oberste Protokoll dazu, die Nachricht vom Puffer der Anwendung in einen Netzwerkpuffer, und umgekehrt, zu kopieren, wie aus Abb. 1.18 ersichtlich wird. Das Kopieren von Daten von einem Puffer in einen anderen ist eine der aufwändigsten Aktionen einer Protokollimplementierung. Das liegt daran, dass die Geschwindigkeit von Speicherelementen bei weitem nicht so rasant fortschreitet wie bei Prozessoren.

Statt die Daten von Nachrichten auf jeder Ebene des Protokoll-Stacks von einem Puffer in einen anderen zu kopieren, definieren die meisten Kommunikationssubsysteme eine Nachrichtenabstraktion, die für alle Protokolle im Protokollgraphen verwendet wird. Diese Abstraktion ermöglicht nicht nur die Weitergabe von Nachrichten nach oben und unten im Protokollgraphen, ohne sie kopieren zu müssen, sondern bietet oft auch eine kopierfreie Möglichkeit, Nachrichten auf andere Weise zu manipulieren, z.B. Einfügen und Entnehmen von Headern, Aufteilen großer Nachrichten in mehrere kleine und Zusammensetzen dieser kleinen zu einer großen Nachricht. Die genaue Form dieser Nachrichtenabstraktion unterscheidet sich je nach Betriebssystem, sie enthält aber generell eine verlinkte Liste von Zeigern (Pointer), ähnlich wie es in Abb 1.19 dargestellt ist. Wir überlassen es dem Leser als Übung, eine allgemeine, kopienfreie Nachrichtenabstraktion zu definieren.

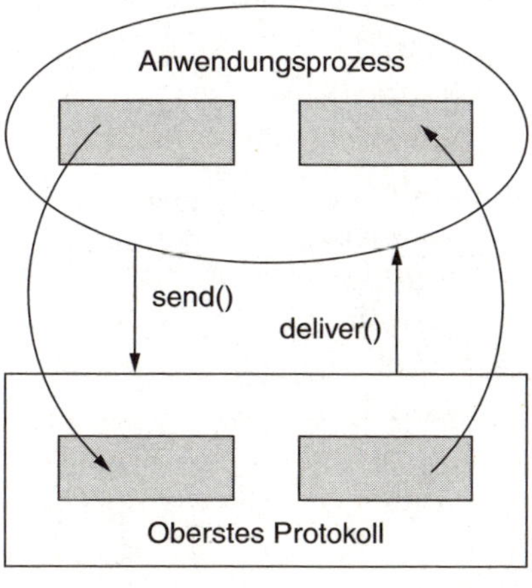

Abb. 1.18:
Kopieren ankommender/abgehender Nachrichten zwischen den Puffern der Anwendung und des Netzwerks

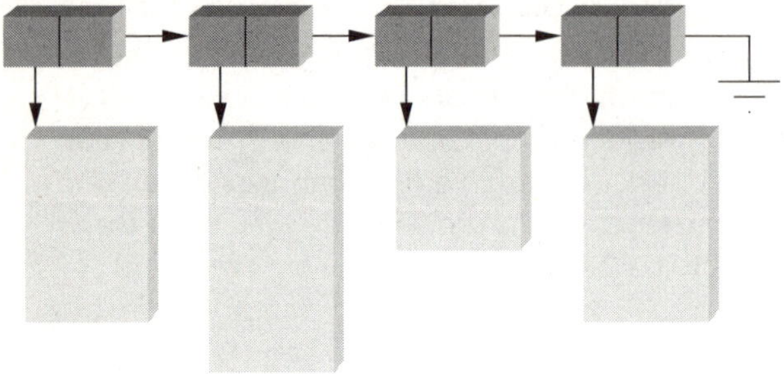

Abb. 1.19: Beispiel einer Nachrichtendatenstruktur

1.5 Leistung

Bis zu diesem Punkt haben wir uns vorwiegend auf die funktionalen Aspekte eines Netzwerks konzentriert. Allerdings wird wie von jedem Computersystem auch von Rechnernetzen erwartet, dass sie hohe Leistung erbringen, weil die Effektivität von über das Netz verteilten Berechnungen oft direkt von der Effizienz abhängt, mit der das Netzwerk Daten überträgt. Während das in Programmierkreisen althergebrachte Sprichwort, »Mach es zuerst richtig und dann schnell«, auf viele Umgebungen zutrifft, ist es im Netzwerkbereich normalerweise notwendig, von vornherein »mit Blick auf Leistung zu entwickeln«. Man muss daher unbedingt die verschiedenen Faktoren kennen, die sich auf die Netzleistung auswirken.

1.5.1 Bandbreite und Latenz

Die Leistung eines Netzwerks wird auf zwei grundlegende Arten gemessen: *Bandbreite* (auch *Durchsatz* genannt) und *Latenz* (auch als *Verzögerung* bezeichnet). Die Bandbreite eines Netzwerks wird durch die Anzahl von Bits angegeben, die innerhalb eines bestimmten Zeitraums im Netzwerk übertragen werden können. Beispielsweise kann ein Netzwerk über eine Bandbreite von 10 Millionen Bit/s (Mbit/s) verfügen, was bedeutet, dass es 10 Millionen Bits pro Sekunde übertragen kann. Manchmal ist es nützlich, sich Bandbreite in bezug darauf vorzustellen, wie lange es dauert, ein Datenbit zu übertragen. In einem 10-Mbit/s-Netzwerk sind das beispielsweise 0,1 Mikrosekunde (µs).

Bandbreite und Durchsatz

Bandbreite und *Durchsatz* sind zwei der verwirrendsten Themen im Netzwerkbereich. Wir können versuchen, beide Begriffe genau zu definieren. Wichtig ist zu wissen, wie andere sie verwenden, und dass sie oft als Synonyme gebraucht werden. Bandbreite ist praktisch ein Maß der Breite eines Frequenzbands. Eine Telefonleitung in Sprachqualität unterstützt z.B. einen Frequenzbandbereich von 300 bis 3.300 Hz. Man sagt, sie hat eine Bandbreite von 3.300 Hz – 300 Hz = 3.000 Hz. Wird das Wort »Bandbreite« in einer Situation benutzt, in der in Hertz gemessen wird, bezieht es sich wahrscheinlich auf den unterstützten Signalbereich.

Wenn wir von der Bandbreite einer Kommunikationsleitung sprechen, beziehen wir uns normalerweise auf die Anzahl der Bits pro Sekunde, die auf der Leitung übertragen werden können. Die Bandbreite einer Ethernet-Leitung kann z.B. 10 Mbit/s sein. Zwischen der auf der Leitung verfügbaren Bandbreite und der tatsächlich auf der Leitung übertragenen Bits pro Sekunde wird in der Praxis aber unterschieden. Wir verwenden das Wort »Durchsatz« für die *gemessene Leistung* eines Systems. Aufgrund verschiedener Ineffizienzen von Implementierungen können zwei über eine Leitung mit einer Bandbreite von 10 Mbit/s verbundene Knoten einen Durchsatz von nur 2 Mbit/s erreichen. Dies würde bedeuten, dass eine Anwendung auf einem Host Daten in 2 Mbit/s an den anderen Host senden kann.

Schließlich spricht man auch oft von den Bandbreiten*anforderungen* einer Anwendung. Das ist die Anzahl von Bits pro Sekunde, die sie benötigt, um im Netzwerk in akzeptabler Leistung zu übertragen. Bei einigen Anwendungen kann das die maximale Bandbreite sein, die sie bekommen kann. Bei anderen kann das eine feste Größe (vorzugsweise nicht mehr als die verfügbare Leitungsbandbreite) sein. In wieder anderen Fällen kann die Bandbreite mit der Zeit schwanken. Dieses Thema wird später in diesem Abschnitt ausführlicher behandelt.

Manchmal soll die Bandbreite eines Netzwerks nicht als Ganzes betrachtet werden, beispielsweise, um sich auf die Bandbreite einer bestimmten Verbindungsleitung oder eines logischen Prozess-zu-Prozess-Kanals zu konzentrieren. Auf der physikalischen Ebene verbessert sich die Bandbreite ständig, ohne dass ein Ende in Sicht wäre. Stellt man sich eine Sekunde als Entfernung vor, die man mit einem Lineal messen kann, und die Bandbreite dahingehend, wie viele Bits in diese Entfernung passen, kann man sich ein Bit als Impuls mit einer bestimmten Breite vorstellen. Ein Bit wäre in einer 1-Mbit/s-Leitung dann 1 µs und in einer 2-Mbit/s-Leitung 0,5 µs breit (siehe Abb. 1.20). Je ausgefeilter die Übertragungs- und Empfangstechnologie, um so schmäler wird ein Bit und um so höher die Bandbreite. Bei logischen Prozess-zu-Prozess-Kanälen wird die Bandbreite noch von weiteren Faktoren beeinflusst, u.a. wie oft die Software, die den Kanal implementiert, jedes Datenbit zu bearbeiten und möglicherweise umzuwandeln hat.

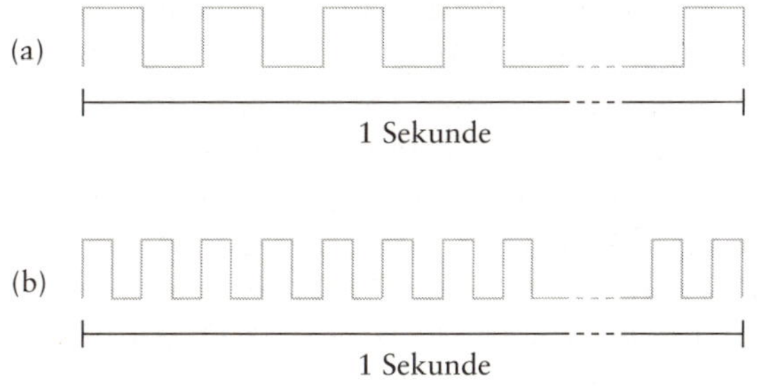

Abb. 1.20: In einer bestimmten Bandbreite übertragene Bits kann man sich mit einer gewissen Breite vorstellen: (a) in 1 Mbit/s übertragene Bits (jedes Bit ist 1 µs breit); (b) in 2 Mbit/s übertragene Bits (jedes Bit ist 0,5 µs breit).

Latenz entspricht als zweites Leistungsmaß der Dauer, bis eine Nachricht von einem Ende eines Netzwerks zum anderen gelangt. (Wie bei der Bandbreite können wir uns auf die Latenz einer einzelnen Leitung oder eines Ende-zu-Ende-Kanals beziehen.) Latenz wird strikt in Zeit gemessen. Ein transkontinentales Netzwerk kann beispielsweise eine Latenz von 24 Millisekunden (ms) aufweisen. Das heißt, eine Nachricht braucht von einem Ende Nordamerikas zum anderen 24 ms. In vielen Situationen genügt es uns aber nicht, die Latenzzeit in einer Richtung zu ermitteln. Vielmehr möchten wir zu wissen, wie lange es dauert, um eine Nachricht von einem Ende eines Netzwerks zum anderen und zurück zu senden. Man nennt dies die *Roundtrip-Zeit* (Round-Trip Time, *RTT*) des Netzwerks.

Die Latenz beinhaltet im Grunde drei Komponenten: Erstens die endliche Ausbreitungsgeschwindigkeit des Lichts. Die Verzögerung entsteht, weil nichts, auch kein Bit in einer Leitung, sich schneller als mit Lichtgeschwindigkeit bewegen kann. Kennt man die Entfernung zwischen zwei Punkten, kann man die durch die Lichtgeschwindigkeit bedingte Verzögerung berechnen. Man sollte dabei allerdings vorsichtig sein, weil sich Licht in verschiedenen Medien mit unterschiedlicher Geschwindigkeit ausbreitet, z.B. $3{,}0 \times 10^8$ m/s im Vakuum, $2{,}3 \times 10^8$ m/s in einem Kabel und $2{,}0 \times 10^8$ m/s in einem Lichtwellenleiter. Zweitens dauert es eine gewisse Zeit, um eine Dateneinheit zu übertragen. Dies ist eine Funktion der Netzbandbreite und der Größe des Pakets, in dem die Daten befördert werden. Drittens kann es im Netz zu Verzögerungen auf Grund von Wartezeiten kommen, weil Switche die Pakete im Allgemeinen eine gewisse Zeit lang speichern müssen, bevor sie sie auf einer abgehenden Leitung weitersenden (siehe Abschnitt 1.2.2). Wir können die gesamte Latenz also wie folgt definieren:

$$\text{Latenz} = \text{Ausbreitungsverzögerung} + \text{Übertragungsverzögerung} + \text{Wartezeit}$$

$$\text{Ausbreitungsverzögerung} = \text{Entfernung}/\text{Lichtgeschwindigkeit}$$

$$\text{Übertragungsverzögerung} = \text{Paketgröße}/\text{Bandbreite}$$

wobei Entfernung die Länge der Leitung, über die Daten gesendet werden, Lichtgeschwindigkeit die effektive Geschwindigkeit des Lichts in dieser Leitung, und Bandbreite die Bandbreite ist, in der das Paket übertragen wird. Enthält die Nachricht nur ein Bit und sprechen wir über eine einzelne Leitung (im Gegensatz zum gesamten Netzwerk), sind die Begriffe Übertragungsverzögerung und Wartezeit nicht relevant, und Latenz entspricht nur der Ausbreitungsverzögerung.

Bandbreite und Latenz zusammen definieren die Leistungsmerkmale einer bestimmten Leitung oder eines Kanals. Ihre relative Bedeutung hängt aber von der Anwendung ab. Bei einigen Anwendungen wird die Latenz von der Bandbreite beherrscht. Ein Client, der eine 1-Byte-Nachricht an einen Server sendet und eine ebensolche Nachricht empfängt, ist Latenz-bestimmt. Wenn bei der Vorbereitung der Antwort keine umfangreiche Berechnung erforderlich ist, ergibt sich eine andere Leistung der Anwendung, je nachdem, ob auf einem transkontinentalen Kanal mit einer RTT von 100 ms oder einem Kanal mit einer 1-ms-RTT, der sich nur über einen Raum erstreckt, übertragen wird. Ob der Kanal über 1 oder 100 Mbit/s verfügt, ist demgegenüber relativ unbedeutend, weil es bei 1 Mbit/s 8 µs dauert, um ein Byte zu übertragen (Übertragung) und 100 Mbit/s Übertragung = 0,08 µs implizieren.

Betrachtet man demgegenüber ein digitales Bibliotheksprogramm, das aufgefordert wird, ein 25 Megabyte (MB) großes Bild einzulesen, wird das Bild um so schneller am Bildschirm angezeigt, je mehr Bandbreite verfügbar ist. Hier wird die Leistung von der Bandbreite des Kanals beherrscht. Zur Verdeutlichung nehmen wir an, dass der Kanal über eine Bandbreite von 10 Mbit/s verfügt. Dann dauert es 20 Sekunden, um das Bild zu übertragen. Relativ unbedeutend ist dabei, ob sich das Bild auf der anderen Seite eines 1-ms- oder 100-ms-Kanals befindet. Der Unterschied zwischen einer Anwortzeit von 20,001 oder 20,1 Sekunden ist verschwindend gering.

Abb. 1.21 bietet einen Überblick darüber, wie Latenz oder Bandbreite die Leistung je nach Situation beeinflussen kann. Das Diagramm zeigt, wie lange es dauert, Objekte unterschiedlicher Größe (1 Byte, 2 KB, 1 MB) über Netzwerke mit RTTs von 1 bis 100 ms und Leitungsgeschwindigkeiten von 1,5 bzw. 10 Mbit/s zu befördern. Wir verwenden eine logarithmische Skala, um die relative Leistung darzustellen. Bei einem 1-Byte-Objekt (z.B. einem Tastenanschlag) bleibt die Latenz gegenüber der RTT fast genau gleich, sodass man nicht zwischen einem 1,5-Mbit/s- und einem 10-Mbit/s-Netzwerk unterscheiden kann. Bei einem 2-KB-Objekt (z.B. einer E-Mail) unterscheidet sich die Leitungsgeschwindigkeit deutlich zwischen einem Netzwerk mit einer 1-ms-RTT und einem mit einer 100-ms-RTT. Bei einem 1-MB-

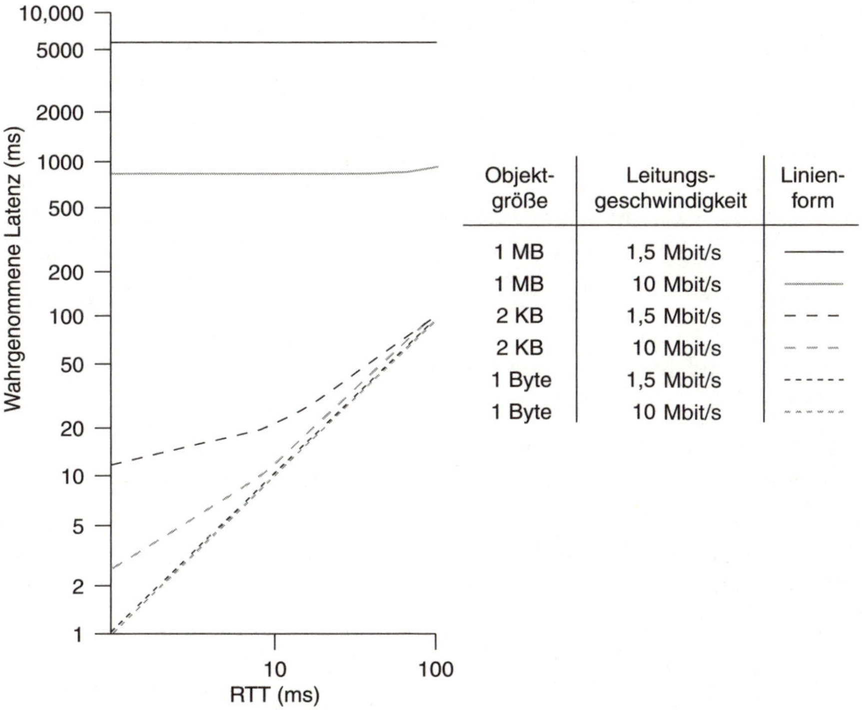

Abb. 1.21: Wahrgenommene Latenz (Antwortzeit) gegenüber Roundtrip-Zeit bei verschiedenen Objektgrößen und Leitungsgeschwindigkeiten

Objekt (z.B. einem digitalen Bild) bewirkt die RTT keinen Unterschied; hier wird die Leistung bei allen RTT-Werten nur von der Leitungsgeschwindigkeit beeinflusst.

Man beachte, dass wir die Begriffe *Latenz* und *Verzögerung* im gesamten Buch allgemein verwenden, d.h. wir bezeichnen damit, wie lange es dauert, um eine bestimmte Funktion, z.B. die Übersendung einer Nachricht oder eines Objekts, auszuführen. Wenn wir uns auf eine bestimmte Zeit beziehen, die es dauert, bis ein Signal von einem Ende einer Leitung zum anderen gelangt, verwenden wir den Begriff *Ausbreitungsverzögerung*. Wir verdeutlichen im jeweiligen Zusammenhang auch, ob wir uns auf Einweglatenz oder Roundtrip-Zeit beziehen.

Nebenbei bemerkt, werden Computer so schnell, dass man, wenn man sie an Netzwerke anschließt, zumindest bildhaft in *Instruktionen pro Kilometer* denken kann. Man stelle sich vor, was passiert, wenn ein Computer, der 200 Millionen Instruktionen pro Sekunde ausführt, eine Nachricht auf einen Kanal mit einer RTT von 100 ms abschickt. (Zur Vereinfachung der Rechenaufgabe gehe man davon aus, dass die Nachricht eine Entfernung von 5.000 Kilometer abdeckt.) Wartet dieser Computer 100 ms lang untätig auf eine Antwort, hat er die Gelegenheit verpasst, weitere 20 Millionen Instruktionen bzw. 4.000 Instruktionen pro Kilometer ausführen zu können. Angesichts einer solchen Verschwendung muss sich die Überquerung des Netzwerks auf jeden Fall lohnen.

1.5.2 Verzögerung-Bandbreite-Produkt

Es ist auch hilfreich, das so genannte *Verzögerung-Bandbreite-Produkt* zu betrachten. Wenn wir uns einen Kanal zwischen zwei Prozessen als hohle Pipeline (siehe Abb. 1.22) vorstellen, bei der die Latenz der Länge und die Bandbreite dem Durchmesser entspricht, ergibt das Verzögerung-Bandbreite-Produkt das Volumen der Pipeline, d.h. die Anzahl der enthaltenen Bits. Anders ausgedrückt: Wenn die Latenz der Länge entspricht, kann man anhand der Breite jedes Bits (ebenfalls in Zeit gemessen) berechnen, wie viele Bits in die Pipeline passen. Ein transkontinentaler Kanal mit einer Einweglatenz von 50 ms und einer Bandbreite von 45 Mbit/s nimmt ein Datenvolumen von

$$50 \times 10^{-3}\ \text{s} \times 45 \times 10^{6}\ \text{Bit/s} = 2{,}25 \times 10^{6}\ \text{Bit}$$

bzw. ca. 280 KB auf. Das bedeutet, dass der Kanal (die Pipeline) in diesem Beispiel so viele Bytes aufnehmen kann wie in den Speicher eines Personalcomputers aus dem Anfang der achtziger Jahre passen.

Es ist wichtig, das Verzögerung-Bandbreite-Produkt zu kennen, wenn man Hochleistungsnetze entwickelt, weil es angibt, wie viele Bits der Sender übertragen

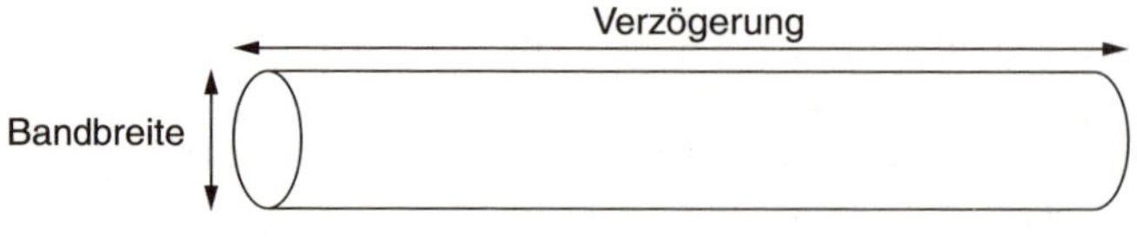

Abb. 1.22: Netzwerk als Pipeline

muss, bis das erste Bit beim Empfänger ankommt. Erwartet der Sender vom Empfänger irgendein Signal, dass die ersten Bits ankommen, und entsteht eine weitere Kanallatenz, bis dieses Signal zum Sender gelangt (wenn wir also nicht nur an der Einweglatenz, sondern auch an der RTT des Kanals interessiert sind), kann der Sender Daten im Umfang von zwei Verzögerung-Bandbreite-Produkten senden, bis er vom Empfänger erfährt, dass alles zum Besten steht. Die Bits in der Pipeline befinden sich auf dem »Transit«. Das heißt, wenn der Empfänger dem Sender bedeutet, er möge mit der Übertragung innehalten, müsste er noch ein Datenvolumen empfangen, das bis zu einem Verzögerung-Bandbreite-Produkt reicht, bis es dem Sender gelingt, zu antworten. In unserem obigen Beispiel entspricht dies einem Datenvolumen von $4{,}5 \times 10^6$ Bit (549 KB). Wenn der Sender demgegenüber die Pipeline nicht füllt, d.h. Daten im Umfang des Verzögerung-Bandbreite-Produkts sendet und dann zunächst unterbricht, um auf ein Signal zu warten, lastet er das Netzwerk nicht voll aus.

Man beachte, dass wir uns größtenteils auf das RTT-Szenario beziehen, wenn wir einfach vom Verzögerung-Bandbreite-Produkt sprechen, ohne ausdrücklich darauf hinzuweisen, dass dieses Produkt mit zwei multipliziert wird. Ob mit »Verzögerung« im Begriff »Verzögerung-Bandbreite-Produkt« Einweglatenz oder RTT gemeint ist, geht jeweils aus dem Zusammenhang hervor.

Wie groß ist ein Mega?

Es gibt mehrere Fallen, auf die man aufpassen muss, wenn man mit den üblichen Einheiten im Netzwerkbereich arbeitet: MB, Mbit/s, KB und Kbit/s. Als erstes müssen wir sorgfältig zwischen Bits und Bytes unterscheiden. In diesem Buch verwenden wir durchgängig ein kleines *b* für Bits und ein großes *B* für Bytes. Das zweite soll sicherstellen, dass Sie die entsprechende Definition von Mega (M) und Kilo (K) verwenden. *Mega* z.B. kann 2^{20} oder 10^6 bedeuten. Ähnlich kann *Kilo* entweder 2^{10} oder 10^3 sein. Noch schlimmer ist, dass wir im Netzwerkbereich beide Definitionen benutzen. Hier ist der Grund.

Die Netzwerkbandbreite, die oft in Mbit/s angegeben wird, hängt normalerweise von der Geschwindigkeit des Taktgebers ab, der die Übertragung der Bits taktet. Ein in 10 MHz laufender Taktgeber wird für die Übertragung von Bits in 10 Mbit/s benutzt. Da der Teil *Mega* in MHz 10^6 Hertz bedeutet, wird Mbit/s ebenfalls als 10^6 Bit pro Sekunde (und vergleichbar damit Kbit/s in 10^3 Bit/s) definiert. Wenn wir andererseits von einer zu übertragenden Nachricht sprechen, geben wir ihre Größe in Kilobyte an. Da Nachrichten im Speicher eines Computers gespeichert und Speicher generell in Potenzen von Zwei gemessen werden, bedeutet das *K* in KB 2^{10} (und vergleichbar damit MB 2^{20}). Fügt man beides zusammen, spricht man meist vom Senden einer 32-KB-Nachricht über einen 10-Mbit/s-Kanal. Dies bedeutet, dass $32 \times 2^{10} \times 8$ Bit in einer Rate von 10×10^6 Bit pro Sekunde übertragen werden. Soweit nicht ausdrücklich anders angegeben, benutzen wir diese Interpretation im gesamten Buch.

Das Gute daran ist, dass wir oft mit einer schnellen Überschlagsrechnung zufrieden sind. In diesem Fall ist es absolut angemessen, dass ein Byte 10 Bits enthält (sodass die Konvertierung zwischen Bits und Bytes einfacher ist) und dass 10^6 eigentlich 2^{20} entspricht (sodass es einfacher ist, zwischen den beiden Definitionen von Mega zu unterscheiden). Der erste Punkt führt einen Fehler von 20% und der zweite einen von nur 5% ein.

Um Ihre Rechenarbeit zu erleichtern, sei festgestellt, dass 100 ms eine angemessene Zahl für eine Roundtrip-Zeit ist, zumindest wenn es sich bei dem fraglichen Land um die USA handelt. Demgegenüber ist 1 ms eine gute Zahl für eine RTT in einem LAN. Im ersten Fall erhöhen wir die durch Lichtgeschwindigkeit in Glasfaser implizierte Roundtrip-Zeit von 48 ms auf 100 ms, weil es – wie gesagt – weitere Verzögerungsquellen gibt, z.B. die Verarbeitungszeit in den Switchen des Netzwerks. Sie können auch sicher sein, dass der von der Glasfaser zwischen zwei Punkten eingeschlagene Pfad keine gerade Linie darstellt.

1.5.3 Hochgeschwindigkeitsnetze

Die in den heutigen Netzwerken verfügbaren Bandbreiten steigen in atemberaubender Geschwindigkeit, und es herrscht ungebrochener Optimismus darüber, dass sich die Netzbandbreite laufend verbessert. Dies veranlasst Netzwerkentwickler, sich mit dem Gedanken zu befassen, was am Ende dieser Entwicklung steht oder, anders ausgedrückt, welche Auswirkung eine unendliche Bandbreite auf das Netzdesign hat.

Hochleistungsnetze führen zweifellos zu einer dramatischen Änderung der für Anwendungen verfügbaren Bandbreite. In vielerlei Hinsicht hat ihre Auswirkung auf unsere Vorstellung von Netzwerken aber mit etwas zu tun, das sich im Zuge steigender Bandbreiten *nicht* ändert: mit der Lichtgeschwindigkeit. Um Scotty aus *Star Trek* zu zitieren: »Du kannst die Gesetze der Physik nicht ändern.« Mit anderen Worten: »Hohe Geschwindigkeit« bedeutet nicht, dass sich die Latenz in gleichem Umfang wie die Bandbreite verbessert. Die transkontinentale RTT einer 1-Gbit/s-Leitung beträgt genauso 100 ms wie bei einer 1-Mbit/s-Leitung.

Um die Bedeutung ständig steigender Bandbreite angesichts fester Latenzzeiten richtig einschätzen zu können, stelle man die Überlegung an, was nötig ist, um eine 1-MB-Datei über ein 1-Mbit/s-Netzwerk im Gegensatz zu einem 1-Gbit/s-Netzwerk bei jeweils einer RTT von 100 ms zu übertragen. Beim 1-Mbit/s-Netzwerk dauert die Übertragung der Datei 80 Roundtrip-Zeiten, während die gleiche Datei nicht einmal annähernd 1 RTT der 1-Gbit/s-Leitung, die ein Verzögerung-Bandbreite-Produkt von 12,5 MB hat, füllt.

Aus Abb. 1.23 wird der Unterschied zwischen den beiden Netzwerken deutlich. Die 1-MB-Datei sieht wie ein Datenstrom aus, der über ein 1-Mbit/s-Netzwerk

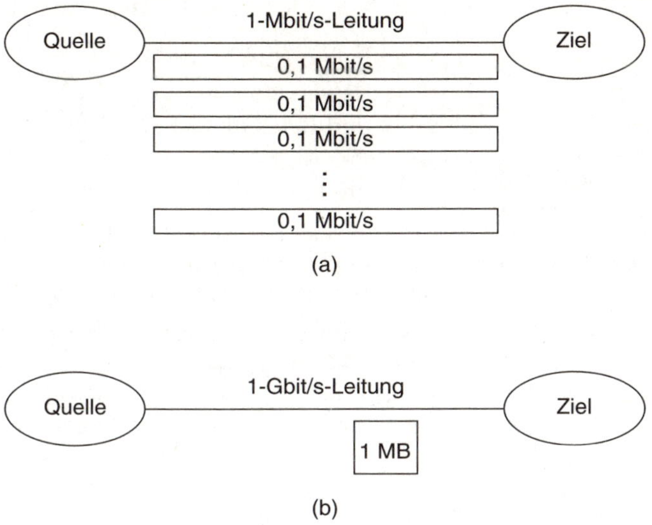

Abb. 1.23: Verhältnis zwischen Bandbreite und Latenz; bei einer 1-MB-Datei entspricht
(a) die 1-Mbit/s-Leitung 80 mit Daten gefüllten Pipelines und
(b) die 1-Gbit/s-Leitung einer zu einem 1/12 gefüllten Pipeline

übertragen werden muss, während sie bei einem 1-Gbit/s-Netzwerk den Anschein eines einzelnen Pakets erweckt. Um diesen Punkt zu verdeutlichen, stelle man sich vor, dass eine 1-MB-Datei für ein 1-Gbit/s-Netzwerk das ist, was ein 1-KB-*Paket* für ein 1-Mbit/s-Netzwerk ist.

▶ Man kann die Situation auch aus einem anderen Blickwinkel betrachten: Innerhalb jeder RTT können in einem Hochgeschwindigkeitsnetz mehr Daten übertragen werden, sodass eine einzelne RTT zu einem bedeutenden Zeitumfang wird. Während man über den Unterschied zwischen einem Dateitransfer, der 101 statt 100 RTT dauert (ein relativer Unterschied von nur 1%) kaum nachdenkt, wird einem die Bedeutung des Unterschiedes zwischen 1 und 2 RTT klar: eine Steigerung von 100%. Folglich beherrscht nun nicht der Durchsatz, sondern die Latenz unsere Vorstellung von Netzwerkdesign.

Die vielleicht verständlichste Art, den Unterschied zwischen Durchsatz und Latenz zu verdeutlichen, bietet eine Rückkehr zu den Grundlagen. Der effektive Ende-zu-Ende-Durchsatz, der in einem Netzwerk erreicht werden kann, wird durch das einfache Verhältnis

$$\text{Durchsatz} = \text{TransferGröße}/\text{TransferZeit}$$

angegeben, wobei TransferZeit nicht nur die Elemente der an früherer Stelle erklärten einwegigen Latenz, sondern auch jegliche zusätzliche Zeit für die Anfrage oder den Aufbau des Transfers beinhaltet. Im allgemeinen stellen wir dieses Verhältnis als

$$\text{TransferZeit} = \text{RTT} + 1/\text{Bandbreite} \times \text{TransferGröße}$$

dar. Wir benutzen RTT in dieser Berechnung für die Berücksichtigung einer Anfragenachricht, die über das Netzwerk gesendet wird, und die zurückgeschickten Daten.

Man betrachte z.B. einen Fall, in dem ein Benutzer eine 1-MB-Datei über ein 1-Gbit/s-Netzwerk mit einer Roundtrip-Zeit von 100 ms abrufen möchte. Transfer-Zeit beinhaltet die Übertragungszeit für 1 MB (1/1 Gbit/s × 1 MB = 8 ms) und die 100-ms-RTT, also eine Transferzeit von insgesamt 108 ms. Das bedeutet, dass der effektive Durchsatz

$$1 \text{ MB}/108 \text{ ms} = 74{,}1 \text{ Mbit/s}$$

und nicht 1 Gbit/s beträgt. Selbstverständlich verbessert sich der effektive Durchsatz bei Übertragung einer größeren Datenmenge. Im Grenzfall führt dann eine unendlich große Transfergröße dazu, dass der effektive Durchsatz gegen die Netzbandbreite konvergiert. Muss man andererseits mehr als 1 RTT aufwenden, um beispielsweise fehlende Pakete erneut zu übertragen, verschlechtert man den effektiven Durchsatz jeglichen Transfers mit endlicher Größe, was sich am deutlichsten bei kleinen Transfers bemerkbar macht.

1.5.4 Leistungsanforderungen von Anwendungen

In diesem Abschnitt wurde Leistung bisher nur aus Sicht des Netzwerks betrachtet, d.h. was eine bestimmte Verbindungsleitung oder ein Kanal unterstützen kann. Dabei wurde stillschweigend davon ausgegangen, dass die Anwendungsprogramme einfache Bedürfnisse haben – sie möchten soviel Bandbreite in Anspruch nehmen, wie das Netzwerk bereitstellen kann. Dies ist bei dem oben erwähnten digitalen Bibliotheksprogramm, das ein 25-MB-Bild abruft, sicherlich richtig. Je mehr Bandbreite verfügbar ist, um so schneller kann das Programm das Bild für den Benutzer ausgeben.

Einige Anwendungen sind demgegenüber in der Lage, eine obere Grenze der von ihnen benötigten Bandbreite anzugeben. Videoanwendungen sind dafür ein gutes Beispiel. Angenommen, Sie möchten ein Bild übertragen, das ein Viertel der Größe eines üblichen Fernsehbilds misst, d.h. eine Auflösung von 352 mal 240 Pixel besitzt. Wird jedes Pixel mit 24 Datenbits dargestellt, wie dies bei einer Farbtiefe von 24 Bit der Fall ist, hätte jeder Frame eine Größe von

$$(352 \times 240 \times 24 \text{ Bit}) / 8 = 247{,}5 \text{ Kilobyte (KB)}.$$

Eine Videoanwendung, die 30 Frames pro Sekunde übertragen soll, erfordert also eine Durchsatzrate von 75 Mbit/s. Die Fähigkeit des Netzwerks, noch mehr Bandbreite bereitzustellen, ist für eine solche Anwendung nicht von Belang, weil sie innerhalb eines bestimmten Zeitraums eben nur eine gewisse Datenmenge übertragen muss.

Leider ist die allgemeine Situation nicht ganz so einfach wie bei diesem Beispiel. Aufgrund des geringen Unterschieds zwischen zwei aufeinander folgenden Frames in einem Videostrom ist es möglich, das Video zu komprimieren. Beispielsweise dadurch, dass nur jeweils die Unterschiede zwischen aufeinander folgenden Frames übertragen werden. Dieses komprimierte Video fließt nicht in einer konstanten Rate, sondern schwankt im Lauf der Zeit entsprechend verschiedener Faktoren, z.B. Aktionsumfang und Details im Bild und verwendetem Kompressionsalgorithmus. Deshalb kann man zwar die durchschnittliche Anforderung an die Bandbreite abschätzen, die unmittelbare Rate kann jedoch eventuell höher oder niedriger sein.

Die wichtigste Frage hierbei ist das Zeitintervall, für das der Durchschnitt berechnet wird. Angenommen, die hier beispielhaft betrachtete Videoanwendung kann soweit komprimiert werden, dass sie im Durchschnitt nur 2 Mbit/s benötigt. Überträgt sie zuerst 1 Megabit in einem und dann 3 Megabit im nächsten 1-Sekunden-Intervall, überträgt sie innerhalb dieses 2-Sekunden-Intervalls mit einer durchschnittlichen Rate von 2 Mbit/s. Dies ist für einen Kanal, der für die Unterstützung von höchstens 2 Megabit pro Sekunde ausgelegt wurde, kaum ein Trost. Offensichtlich genügt es nicht immer, lediglich die durchschnittliche Anforderung einer Anwendung an die Bandbreite zu kennen.

Im allgemeinen ist es aber möglich, für die Größe eines Burst, den eine Anwendung wie diese aller Wahrscheinlichkeit nach sendet, eine obere Grenze zu setzen. Unter »Burst« versteht man entweder eine Spitzenrate, die über eine gewisse Zeitdauer aufrechterhalten wird oder mit der gesendet werden kann, bis eine gewisse Menge an Daten übertragen wurde. Ist diese Spitzenrate höher als die verfügbare Kanalkapazität, müssen die überschüssigen Daten irgendwo zwischengespeichert und später übertragen werden. Weiß der Netzwerkentwickler, in welchem Umfang Bursts auftreten können, kann er ausreichend Speicherkapazität zuweisen. Dieses Thema wird ausführlich in Kapitel 6 behandelt.

Ebenso wie die Anforderungen einer Anwendung an die Bandbreite anders gelagert sein können als nach dem Motto, »soviel sie nur bekommen kann«, können die Anforderungen einer Anwendung an die Verzögerung komplexer sein als schlicht »so gering wie möglich«. Bei der Verzögerung spielt es manchmal weniger eine Rolle, ob die Einweglatenz des Netzwerks 100 ms oder 500 ms beträgt, als vielmehr, dass die Latenz von Paket zu Paket variiert. Diese Schwankung in der Latenz nennt man *Jitter.*

Betrachten wir den Fall, bei dem die Quelle einmal alle 33 ms ein Paket sendet, wie das bei einer Videoanwendung, die 30 mal pro Sekunde Frames überträgt, der Fall ist. Kommen die Pakete im Abstand von 33 ms am Ziel an, können wir schlussfolgern, dass die Verzögerung jedes Pakets im Netzwerk genau gleich war. Ist der Abstand zwischen den am Ziel ankommenden Paketen – der so genannte *Interpacket-Gap* – variabel, muss natürlich auch die Verzögerung der einzelnen Pakete variabel gewesen sein. Das Netzwerk hat also Jitter in den Paketstrom eingeführt (siehe Abb. 1.24). Eine solche Schwankung kommt im Allgemeinen nicht auf einer

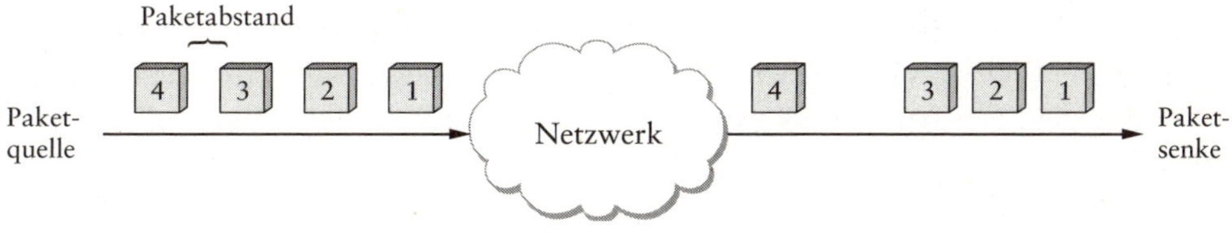

Abb. 1.24: Durch das Netzwerk erzeugter Jitter

einzelnen Verbindungsleitung, sondern nur dann vor, wenn Pakete in einem paketvermittelten Netzwerk mehrere Hops durchlaufen und dabei unterschiedliche Wartezeiten in Kauf nehmen müssen. Diese durch Wartezeiten entstandene Verzögerung entspricht der dritten – zeitlich schwankenden – Komponente der weiter oben definierten Latenz.

Um die Relevanz von Jitter besser zu verstehen, gehen wir davon aus, dass die im Netz übertragenen Pakete Video-Frames enthalten, und dass der Empfänger alle 33 ms einen neuen empfangen muss, damit er diese Frames am Bildschirm anzeigen kann. Kommt ein Frame zu früh an, kann der Empfänger ihn speichern, bis es Zeit ist, ihn darzustellen. Kommt ein Frame aber zu spät an, fehlt dem Empfänger der entsprechende Frame, um den Bildschirm rechtzeitig aufzufrischen. Dadurch wird die Videoqualität beeinträchtigt; es entsteht ein Ruckeleffekt. Man beachte dabei, dass Jitter nicht unbedingt vermieden werden muss; es genügt zu wissen, wie stark es ist. Das hat einen bestimmten Grund: Wenn der Empfänger die obere und untere Grenze der Latenz eines Pakets kennt, kann er den Zeitpunkt, an dem er mit der Wiedergabe des Videos beginnt (also den ersten Frame darstellt), solange hinauszögern, bis sichergestellt ist, dass er zu jedem Zeitpunkt aktuelle Frames präsentieren kann. Er speichert den Frame in einem Puffer, verzögert ihn also und glättet damit effektiv das Jitter. Dieses Thema wird ausführlich in Kapitel 9 behandelt.

1.6 Zusammenfassung

Rechnernetze wie das Internet haben im Laufe des letzten Jahrzehnts ein explosives Wachstum erfahren und sind heute in der Lage, Millionen von Benutzern eine breite Dienstpalette – fernen Dateizugriff, digitale Bibliotheken, Videokonferenzen – zu bieten. Ein Großteil dieses Wachstums ist auf den Allzweckcharakter von Rechnernetzen zurückzuführen, insbesondere aber auf die Fähigkeit, durch Entwicklung von Software, die auf preisgünstigen leistungsstarken Computern läuft, die Funktionalität des Netzwerks zu erweitern. Vor diesem Hintergrund liegt das vorrangige Ziel dieses Buchs darin, Rechnernetze in einer Art darzustellen, dass sich Leser nach der Lektüre in der Lage fühlen, mit einem schlagkräftigen Team von Programmierern an ihrer Seite von Grund auf ein voll funktionstüchtiges Rechnernetz entwickeln zu können. In diesem Kapitel wurde der Grundstein für die Realisierung dieses Ziels gelegt.

Der erste Schritt, den wir in Richtung dieses Ziels unternommen haben, ist die sorgfältige Identifizierung dessen, was wir von einem Netzwerk erwarten. Zuerst muss ein Netzwerk kostengünstige Konnektivität zwischen Computern bereitstellen. Dies wird durch einen Zusammenschluss von Knoten und Verbindungsleitungen und durch gemeinsame Nutzung dieser Hardwarebasis mittels statistischem Multiplexen erreicht. Daraus ergibt sich ein paketvermitteltes Netzwerk, für das wir dann eine Reihe von Diensten definieren, mit denen Prozesse miteinander kommunizieren können.

Im zweiten Schritt definieren wir eine aus Schichten bestehende Architektur, die uns als Entwurf für unser Design dient. Die zentralen Objekte dieser Architektur sind die Netzprotokolle. Protokolle bieten einen Kommunikationsdienst für die Protokolle der höheren Schichten und definieren sowohl Form als auch Bedeutung von Nachrichten, die sie mit ihren auf anderen Rechnern laufenden Partnern austauschen. In diesem Zusammenhang haben wir die OSI- und die Internet-Architektur als die beiden bekanntesten kurz beschrieben. Dieses Buch basiert strukturell und bezüglich der gewählten Beispiele vorrangig auf der Internet-Architektur.

Im dritten Schritt werden die Protokolle des Netzwerks und die Anwendungsprogramme – normalerweise als Software – implementiert. Sowohl die Protokolle als auch die Anwendungen benötigen ein Interface, über das sie die Dienste anderer Protokolle des Kommunikationssubsystems aufrufen können. Das Socket-Interface ist das am häufigsten benutzte Interface zwischen Anwendungsprogrammen und dem Kommunikationssubsystem. Innerhalb des letzteren wird aber meist ein Interface benutzt, das sich vom Socket-Interface geringfügig unterscheidet. Das Kommunikationssubsystem stellt außerdem eine Menge von Operationen bereit, die bei der Entwicklung von Protokollen immer wiederkehrende Aufgaben unterstützen sollen.

Schließlich muss das Netzwerk als Ganzes hohe Leistungsfähigkeit aufweisen, wobei wir vorrangig an Latenz und Durchsatz als den beiden wichtigsten Kenngrößen interessiert sind. Wie wir in späteren Kapiteln sehen werden, spielt das Produkt dieser beiden Größen – das so genannte Verzögerung-Bandbreite-Produkt – oft eine entscheidende Rolle beim Entwurf eines Netzwerks.

Offene Fragen

Allgegenwärtige Vernetzung

Es besteht kaum Zweifel darüber, dass Rechnernetze für sehr viele Menschen bald fester Bestandteil des täglichen Lebens werden. Was vor über 20 Jahren als Experiment mit Systemen wie dem ARPANET begann, als Großrechner über Telefonleitungen verbunden wurden, hat sich zum großen Geschäft gewandelt. Und wo viel Geld im Spiel ist, stellen sich viele Mitspieler ein. In diesem Fall sind das zum einen die Computerindustrie, die sich immer mehr mit der Unterstützung paketvermittelter Netzwerkprodukte beschäftigt, zum zweiten die Telefonbetreiber, die einen Markt für die Übertragung aller Datenarten, nicht nur Sprache, entdeckt haben, und zum dritten die Kabelfernsehbetreiber, die derzeit das unterhaltungsorientierte Segment dieses Markts beherrschen.

Wenn wir davon ausgehen, dass das Ziel »allgegenwärtige Vernetzung« ist, also die Vernetzung jedes Haushalts, muss man zuerst das Problem aufgreifen, wie die nötigen Verbindungsleitungen bereitzustellen sind. Viele sehen die Lösung letztendlich im Glasfaseranschluss jedes Haushalts. Bei einem geschätzten Kostenumfang von $1.000 pro Haus und 100 Millionen Privathäusern ergibt dies jedoch allein in den USA einen Investitionsaufwand von $100 Milliarden. Die derzeit meist diskutierten Alternativen nutzen entweder den vorhandenen Fernsehkabelanschluss oder die Kupferkabel des Telefonnetzes. Beide Ansätze weisen spezifische Schwächen auf. So sind die heutigen Kabelanschlüsse z.B. asymmetrisch. Das heißt, man kann jedem Haushalt zwar 150 Kanäle bereitstellen, die zurückgerichtete Bandbreite ist aber sehr begrenzt. Solch eine Asymmetrie bedeutet, dass es wenige Informationsanbieter und sehr viele Informationskonsumenten gibt: Viele Menschen würden jedoch fordern, dass in einer Demokratie jeder die gleichen Möglichkeiten zum Anbieten von Informationen erhalten sollte. Die DSL-Technologie (Digital Subscriber Line) muss nicht asymmetrisch sein, kann aber über die vorhandenen Telefonleitungen auch nur einer eingeschränkten Zahl von Verbrauchern Verbindungen mit hoher Bandbreite bieten.

Wie der Kampf zwischen Computerherstellern, Telefongesellschaften und Kabelbetreibern um Marktanteile letztendlich ausgeht, lässt sich kaum vorhersagen. (Wenn wir hier die Antwort geben könnten, würden wir für dieses Buch wesentlich mehr verlangen.) Wir wissen lediglich, dass es viele technische Hindernisse – Fragen über Konnektivität, Dienstebenen, Leistung, Zuverlässigkeit und Fairness – zu überwinden gilt, die zwischen dem heutigen Entwicklungsstand und dem globalen, allgegenwärtigen heterogenen Netzwerk stehen, das wir für möglich und wünschenswert halten. Genau das sind die Herausforderungen, die den Schwerpunkt dieses Buchs bilden.

1.7 Weiterführende Literatur

Rechnernetze sind nicht die erste kommunikationsorientierte Technologie, die ihren Weg in den Alltag unserer Gesellschaft gefunden hat. In der ersten Hälfte des 20. Jahrhunderts wurde das Telefon eingeführt, und in den fünfziger Jahren hielt das Fernsehen Einzug in die Haushalte. Wenn wir die Zukunft von Netzwerken betrachten, d.h. in welchem Umfang sie sich ausbreiten und wie wir sie benutzen werden, ist ein Rückblick in seine Geschichte aufschlussreich. Unser erster Literaturhinweis ist ein guter Ausgangspunkt dafür (das ganze Buch ist den ersten 100 Jahren der Telekommunikation gewidmet).

Bei der zweiten und dritten Quelle handelt es sich um fundamentale Beiträge über die OSI- bzw. Internet-Architektur. Die Arbeit von Zimmerman liefert eine Einführung in die OSI-Architektur, und bei der von Clark handelt es sich um eine Retrospektive. Die beiden letzten Quellen befassen sich nicht ausdrücklich mit Vernetzung, sollten aber zur Pflichtlektüre jedes Systementwicklers gehören. Die Arbeit von Saltzer et al. behandelt eine der am häufigsten angewandten Regeln des Systemdesigns – das *Ende-zu-Ende-Argument*. Mashey beschreibt die den RISC-Architekturen zu Grunde liegenden Konzepte. Wir werden in den nächsten Kapiteln feststellen, dass wohlüberlegte Strukturierung von Funktionalität in einem komplexen System den Kernpunkt eines Systemdesigns bildet.

- Pierce, J.: Telephony – A personal view, *IEEE Communications*, 22(5), 116–120, Mai 1984.

- Zimmerman, H.: OSI reference model – The ISO model of architecture for open systems interconnection, *IEEE Transactions on Communications*, COM-28(4), 425–432, April 1980.
- Clark, D.: The design philosophy of the DARPA Internet protocols, *Proceedings of the SIGCOMM '88 Symposium*, S. 106–114, August 1988.
- Saltzer, J., Reed, D. und Clark, D.: End-to-end arguments in system design, *ACM Transactions on Computer Systems*, 2(4), 277–288, November 1984.
- Mashey, J.: RISC, MIPS, and the motion of complexity, *UniForum 1986 Conference Proceedings*, S. 116–124, 1986.

Mehrere Lehrbücher bieten eine Einführung in Computervernetzung: Stallings bietet eine enzyklopädische Abhandlung des Themas mit Schwerpunkt auf den niedrigeren Schichten der OSI-Hierarchie [Sta00a], Tanenbaum benutzt die OSI-Architektur als Organisationsmodell [Tan02], Comer gibt einen Überblick über die Internet-Architektur [Com00] und Bertsekas und Gallager behandeln Vernetzung aus Sicht der Leistungsmodellierung [BG92].

Will man Rechnernetze in einem größeren Zusammenhang betrachten, sind zwei Bücher absolute Pflichtlektüre: *The Early History of Data Networks* von Holzmann und Pehrson [HP95] mit Blick in die Vergangenheit. Die Leser werden zu ihrer Überraschung feststellen, dass viele heutige, im vorliegenden Buch beschriebene Konzepte im 17. Jahrhundert erfunden wurden. Das zweite ist *Realizing the Information Future: The Internet and Beyond* vom Computer Science und Telecommunications Board des National Research Council [NRC94], in dem ein Blick in die Zukunft gewagt wird.

Will man die Geschichte des Internet von Anfang an nachvollziehen, lohnt sich die Durchsicht der Internet-Reihe *Request for Comments* (RFC). Diese Dokumente, die von der TCP-Spezifikation bis zu Aprilscherzen wirklich alles über das Internet enthalten, sind unter http://www.ietf.org/rfc.html verfügbar. Die Protokollspezifikationen für TCP, UDP und IP befinden sich z.B. in RFC 793, 768 bzw. 791.

Um einen besseren Einblick in die Internet-Philosophie und -Kultur zu erhalten, sollte man unbedingt die beiden folgenden Werke lesen: Padlipsky liefert eine gute Beschreibung der Anfänge, z.B. einen mit scharfer Feder gezogenen Vergleich der Internet- und OSI-Architektur [Pad85]. Boorsooks Artikel [Boo95] ist eine aktuellere Beschreibung dessen, was sich hinter den Kulissen der Internet Engineering Task Force tut.

Über die verschiedenen Aspekte von Protokollimplementierungen gibt es eine Fülle von Arbeiten. Einen guten Ausgangspunkt bietet die Beschreibung des Streams-Mechanismus von Unix-System V [Rit84] bzw. des x-Kernels [HP91]. Darüber hinaus beschreiben [LMKQ89] und [SW95] die populäre Berkeley-Unix-Implementierung von TCP/IP.

Aus eher allgemeiner Sicht werden Fragen über die Strukturierung und Optimierung von Protokollimplementierungen von folgenden Autoren behandelt: Clark befasst sich als einer der ersten Autoren mit der Beziehung zwischen modularem Design und Protokolleistung [Cla82] und in [Cla85] mit der Strukturierung von Protokollcode durch so genannte Upcalls. Der Protokoll-Overhead von TCP wird in [CJRS89] betrachtet. [WM87] befasst sich mit der Effizienzsteigerung durch angemessene Design- und Implementierungsentscheidungen.

In verschiedenen Arbeiten werden spezifische Techniken und Mechanismen für die Verbesserung der Leistung von Protokollen vorgestellt. [HMPT89] beschreibt einige im x-Kernel benutzte Mechanismen, [MD93] verschiedene Implementierungen von Demuxtabellen, [VL87] den für die Verwaltung von Protokollereignissen benutzten Timing-Wheel-Mechanismus und [DP93] eine effiziente Strategie zur Pufferverwaltung. Die Leistung von Protokollen auf parallelen Prozessoren (hierbei ist das zentrale Problem die gegenseitige Blockade) ist Themenschwerpunkt in [BG93] und [NYKT94].

Da viele Aspekte einer Protokollimplementierung von der Kenntnis der Grundlagen von Betriebssystemen abhängen, empfehlen wir die Lektüre von Finkel [Fin88], Bic und Shaw [BS88] und Tanenbaum [Tan01] als Einführung in Betriebssystemkonzepte.

Jedes Kapitel dieses Buchs endet mit einem Abschnitt über weiterführende Literatur und einer Reihe von URLs, die Informationen über das jeweilige Thema enthalten. Wir beschränken uns dabei auf Websites, die Software anbieten, einen Dienst bereitstellen oder über die Aktivitäten einer Arbeitsgruppe oder eines Standardisierungsgremiums berichten. Da es gut möglich ist, dass sie nicht über einen unbegrenzten Zeitraum hinweg zur Verfügung stehen, führen wir also nur Websites mit Material auf, das über andere Quellen nicht leicht zugänglich ist. Für dieses Kapitel haben wir folgende WWW-Quellen zusammengestellt:

- http://www.dpunkt.de/lehrbuch/netzwerke: Informationen zu diesem Buch, einschließlich Beilagen, Ergänzungen usw. (siehe auch http://www.mkp.com)
- http://www.acm.org/sigcomm/sos.html: Status verschiedener Netzwerkstandards, darunter die von IETF, ISO und IEEE
- http://www.ietf.org/: Informationen über die IETF und ihre Arbeitsgruppen
- http://www.cs.columbia.edu/~hgs/netbib/: Bibliographie netzspezifischer Forschungsarbeiten

1.8 Übungen

1. Stellen Sie über anonymes FTP eine Verbindung zu ftp.isi.edu (Verzeichnis in-notes) her und laden Sie den RFC-Index sowie die Protokollspezifikationen für TCP, IP und UDP herunter.

2. Sehen Sie sich auf der Webseite http://www.cs.princeton.edu/nsg um. Sie können dort aktuelle Forschungsarbeiten im Vernetzungsbereich an der Princeton-

Universität nachlesen. Die Seite enthält ein Bild des Autors Larry Peterson und einen Link, über den Sie zu einem Bild des Autors Bruce Davie gelangen.

3. Benutzen Sie ein Web-Suchwerkzeug, um nützliche allgemeine, nicht kommerzielle Informationen über folgende Themen zu finden: MBone, ATM, MPEG, IPv6 und Ethernet.

4. Die Unix-Utility whois kann benutzt werden, um den Domain-Namen einer Firma, oder umgekehrt, zu finden. Lesen Sie die Dokumentation über whois und experimentieren Sie damit. Versuchen Sie als Einstieg whois princeton.edu und whois princeton.

5. Berechnen Sie die Zeit, die insgesamt erforderlich ist, um eine 1000-KB-Datei in den folgenden Fällen zu übertragen. Gehen Sie von einer RTT von 100 ms, einer Paketgröße von 1 KB und von anfangs 2×RTT für das vor der Übertragung ablaufende »Handshaking« aus.

   a. Die Bandbreite beträgt 1,5 Mbit/s und Datenpakete können fortlaufend gesendet werden.

   b. Die Bandbreite beträgt 1,5 Mbit/s, nach der Übertragung jedes Pakets müssen wir aber eine RTT warten, bis das nächste gesendet werden kann.

   c. Die Bandbreite ist »unendlich«, was bedeutet, dass wir von einer Übertragungszeit von Null ausgehen, und dass bis zu 20 Pakete pro RTT gesendet werden können.

   d. Die Bandbreite ist unendlich, und während der ersten RTT können wir ein Paket (2^{1-1}), während der zweiten zwei Pakete (2^{2-1}), während der dritten vier (2^{3-1}) usw. senden. (Der Grund für die exponentielle Zunahme wird in Kapitel 6 erklärt.)

6. Berechnen Sie die Zeit, die insgesamt erforderlich ist, um eine 1,5-MB-Datei in den folgenden Fällen zu übertragen. Gehen Sie von einer RTT von 80 ms, einer Paketgröße von 1 KB und von anfangs 2×RTT für das vor der Übertragung ablaufende »Handshaking« aus.

   a. Die Bandbreite beträgt 10 Mbit/s und Datenpakete können fortlaufend gesendet werden.

   b. Die Bandbreite beträgt 10 Mbit/s, nach der Übertragung jedes Pakets müssen wir aber eine RTT warten, bis das nächste gesendet werden kann.

   c. Die Bandbreite ist »unendlich«, was bedeutet, dass wir von einer Übertragungszeit von Null ausgehen und dass bis zu 20 Pakete pro RTT gesendet werden können.

   d. Die Übertragungszeit sei Null wie in (c), aber während der ersten RTT können wir ein Pakete, während der zweiten zwei Pakete, während der dritten vier (2^{3-1}) senden usw. (Der Grund für die exponentielle Zunahme wird in Kapitel 6 erklärt.)

7. Betrachten Sie ein LAN mit einer maximalen Entfernung von 2 km. Bei welcher Bandbreite wäre die Ausbreitungsverzögerung (mit einer Geschwindigkeit von 2×10^8 m/s) bei 100-Byte-Paketen identisch mit der Übertragungsverzögerung? Wie hoch wäre sie bei 512-Byte-Paketen?

8. Betrachten Sie ein LAN mit einer maximalen Entfernung von 50 km. Bei welcher Bandbreite wäre die Ausbreitungsverzögerung (mit einer Geschwindigkeit von 2×10^8 m/s) bei 100-Byte-Paketen identisch mit der Übertragungsverzögerung? Wie hoch wäre sie bei 512-Byte-Paketen?

9. Welche Merkmale von Postadressen würde man höchstwahrscheinlich in ein Adressierschema für ein Netzwerk aufnehmen? Welche Unterschiede würden Sie erwarten? Welche Eigenschaften des Telefonnummernsystems würde man in das Adressierschema eines Netzwerks aufnehmen?

10. Adressen zeichnen sich vor allem dadurch aus, dass sie eindeutig sind. Wenn zwei Knoten die gleiche Adresse hätten, könnte man sie nicht unterscheiden. Welche weiteren Merkmale wären für Netzwerkadressen nützlich? Können Sie sich Fälle vorstellen, in denen Adressen eines Netzwerks (bzw. des Post- oder Telefonsystems) *nicht* eindeutig sind?

11. Führen Sie einen Beispielfall an, bei dem Multicast-Adressen vorteilhaft wären.

12. Auf welche Unterschiede in Verkehrsmustern ist die Tatsache zurückzuführen, dass STDM kostengünstiges Multiplexen für ein Sprachtelefonnetz und FDM kostengünstiges Multiplexen für Fernseh- und Radionetze bieten, obwohl wir beides für ein allgemeines Rechnernetz als nicht kostengünstig verwerfen?

13. Wie »breit« ist ein Bit in einer 1-Gbit/s-Verbindungsleitung? Wie lang ist ein Bit in einem Kupferkabel, wenn die Ausbreitungsgeschwindigkeit $2{,}3\times10^8$ m/s beträgt?

14. Wie lange dauert es, um x KB über eine y-Mbit/s-Verbindungsleitung zu übertragen? Geben Sie Ihre Lösung als Verhältnis von x und y an.

15. Angenommen, zwischen der Erde und einer neuen Mondkolonie wird eine Punkt-zu-Punkt-Leitung mit 100 Mbit/s eingerichtet. Die Entfernung vom Mond zur Erde beträgt ungefähr 385.000 km, und Daten fließen in Lichtgeschwindigkeit – 3×10^8 m/s – über die Leitung.

    a. Berechnen Sie die minimale RTT für die Verbindungsleitung.

b. Unter Verwendung der RTT als Verzögerung berechnen Sie das Verzögerung-Bandbreite-Produkt für die Verbindungsleitung.

c. Welche Bedeutung hat das in b. berechnete Verzögerung-Bandbreite-Produkt?

d. Eine in der Mondstation installierte Kamera nimmt Bilder von der Erde auf und speichert sie in digitalem Format auf Platte. Die Bodenstation möchte das neueste Bild, das 25 MB umfasst, herunterladen. Wie viel Zeit verstreicht mindestens vom Absenden der Anfrage nach den Daten bis zum Ende der Übertragung?

16. Angenommen, zwischen der Erde und einem Marslandefahrzeug wird eine Punkt-zu-Punkt-Leitung mit 128 kbit/s eingerichtet. Die Entfernung vom Mars zur Erde beträgt ungefähr 55×10^9 m, und Daten fließen in Lichtgeschwindigkeit – 3×10^8 m/s – über die Leitung.

a. Berechnen Sie die minimale RTT für die Verbindungsleitung.

b. Berechnen Sie das Verzögerung-Bandbreite-Produkt für die Verbindungsleitung.

c. Eine auf dem Fahrzeug installierte Kamera nimmt Bilder von der Umgebung auf und sendet sie zur Erde. Wie viel Zeit verstreicht mindestens vom Aufnehmen des Bildes bis zum Ende der Übertragung an die Bodenkontrolle? Gehen Sie von einer Bildgröße von 5 MB aus.

17. Erläutern Sie zu jeder der folgenden, auf einem entfernten Datei-Server laufenden Operationen, ob sie eher auf Verzögerung oder eher auf Bandbreite empfindlich reagiert:

a. Öffnen einer Datei.

b. Lesen des Inhalts einer Datei.

c. Auflisten des Inhalts eines Verzeichnisses.

d. Anzeigen der Attribute einer Datei.

18. Berechnen Sie die Latenz (vom ersten gesendeten bis zum letzten empfangenen Bit) für folgende Fälle:

a. 10-Mbit/s-Ethernet mit einem einzigen Speichervermittler (Store-and-Forward-Switch) auf der Strecke und einer Paketgröße von 5.000 Bit. Gehen Sie davon aus, dass jede Verbindungsleitung eine Ausbreitungsverzögerung von 10 µs einführt, und dass der Switch sofort, nachdem er das Paket vollständig empfangen hat, mit der erneuten Übertragung beginnt.

b. Wie in a., jedoch mit drei Switchen.

c. Wie in a., jedoch mit einem Switch, der »Cut-Through« implementiert, also in der Lage ist, mit der erneuten Übertragung des Pakets bereits zu beginnen, nachdem er beispielsweise die ersten 200 Bit empfangen hat.

19. Berechnen Sie die Latenz (vom ersten gesendeten bis zum letzten empfangenen Bit) für folgende Fälle:

a. 1-Gbit/s-Ethernet mit einem einzigen Speichervermittler (Store-and-Forward-Switch) auf der Strecke und einer Paketgröße von 5.000 Bit. Gehen Sie davon aus, dass jede Verbindungsleitung eine Ausbreitungsverzögerung von 10 µs einführt und dass der Switch sofort, nachdem er das Paket vollständig empfangen hat, mit der erneuten Übertragung beginnt.

b. Wie in a., jedoch mit drei Switchen.

c. Wie in b., jedoch mit einem Switch, der »Cut-Through« implementiert, also in der Lage ist, mit der erneuten Übertragung des Pakets bereits zu beginnen, nachdem er beispielsweise die ersten 128 Bit empfangen hat.

20. Berechnen Sie die effektive Bandbreite für folgende Fälle: Gehen Sie für a. und b. davon aus, dass permanent Daten zum Senden bereitstehen, und berechnen Sie für c. einfach den Durchschnitt aus 12 Stunden.

a. 10-Mbit/s-Ethernet und drei Speicher-Switche, wie in Übung 18b. Die Switche können über eine Verbindung senden, während sie über die andere empfangen.

b. Wie in a., jedoch muss der Sender auf ein 50 Byte großes Bestätigungspaket warten, nachdem er jeweils ein 5000 Bit großes Datenpaket gesendet hat.

c. Zustellung von 100 Compact-Disks (mit je 650 MB) über Nacht (12 Stunden).

21. Berechnen Sie das Verzögerung-Bandbreite-Produkt für die folgenden Verbindungsleitungen. Benutzen Sie eine Einwegverzögerung, gemessen ab dem ersten gesendeten bis zum ersten empfangenen Bit.

a. 10-Mbit/s-Ethernet mit einer Verzögerung von 10 µs.

b. 10-Mbit/s-Ethernet mit einem einzigen Speicher-Switch wie in Übung 18a, einer Paketgröße von 5.000 Bit und einer Ausbreitungsverzögerung von 10 µs pro Verbindungsleitung.

c. T1-Leitung mit 1,5 Mbit/s und einer transkontinentalen Einwegverzögerung von 50 ms.

d. T1-Leitung mit 1,5 Mbit/s über einen Satelliten im geosynchronen Orbit in einer Höhe von 35.900 km. Die einzige Verzögerung ist hier die Ausbreitungsverzögerung der Lichtgeschwindigkeit.

22. Hosts A und B sind je über 10-Mbit/s-Verbindungsleitungen an einen Switch S angeschlossen (siehe Abb. 1.25). Die Ausbreitungsverzögerung in jeder Verbindungsleitung beträgt 20 µs. S ist ein Store-and-Forward-Switch. Er beginnt mit der erneuten Übertragung eines empfangenen Pakets 35 µs nach dessen vollständigem Empfang. Berechnen Sie die Zeit, die insgesamt erforderlich ist, um 10.000 Bit von A nach B zu übertragen, wenn
    a. das Paket als Ganzes übertragen wird.
    b. zwei 5.000-Bit-Pakete direkt nacheinander gesendet werden.

Abb. 1.25: Diagramm für Übung 22

23. Ein Host möchte einem anderen Host eine 1-MB-Datei zusenden. Die Kompression der Datei beansprucht eine CPU-Zeit von 1 Sekunde bei 50% und 2 Sekunden bei 60%.
    a. Berechnen Sie die Bandbreite, in der beide Kompressionsoptionen die gleiche Gesamtzeit für Kompression und Übertragung beanspruchen.
    b. Erläutern Sie, warum Latenz keinen Einfluss auf Ihre Lösung hat.

24. Ein bestimmtes Kommunikationsprotokoll produziert einen Overhead von 100 Byte für Header und Rahmung pro Paket. Wir senden mit diesem Protokoll 1 Million Daten-Bytes. Ein Daten-Byte wurde allerdings fehlerhaft übertragen, sodass das gesamte Paket, in dem es sich befindet, verlorengeht. Ermitteln Sie die Gesamtzahl an Overhead- + Verlust-Bytes jeweils für eine Paketgröße von 1.000, 5.000, 10.000 und 20.000 Byte. Welche Größe ist optimal?

25. Nehmen Sie an, Sie möchten eine Datei der Größe n Byte über ein Netz übertragen, das aus der Quelle, dem Empfänger, 7 Punkt-zu-Punkt-Verbindungen und 5 Switches besteht. Jede Verbindung habe eine Ausbreitungsverzögerung von 2 ms, eine Bandbreite von 4 Mbit/s und unterstütze sowohl Leitungs- als auch Paketvermittlung. Daher können Sie entweder die Datei in 1-KB-Pakete aufteilen oder eine Verbindung über die Switche aufbauen und die Datei als Ganzes senden. Gehen Sie davon aus, dass die Pakete je 24 Byte an zusätzlichen Header-Informationen und 1000 Byte an Nutzdaten haben, dass die Store-and-Forward-Prozedur, nachdem das Paket im Switch eingetroffen ist, eine Verzögerung von 1 ms bedeutet und dass Pakete kontinuierlich geschickt werden können, ohne auf die Bestätigung warten zu müssen. Bei der Leitungsvermittlung ist zunächst eine 1 KB-Nachricht erforderlich, die hin und her transportiert werden muss, wobei sie eine Verzögerung von 1 ms an jedem Switch erfährt, nachdem sie dort vollständig empfangen worden ist, während die zu übertragenden Daten keiner Verzögerung an den Switches unterliegen. Sie können auch von einer Dateigröße von Viel-fachen von 1000 Byte ausgehen.

a. Bei welcher Dateigröße (n Byte) ist die insgesamt übertragene Datenmenge für Leitungsvermittlung kleiner als für Pakettransport?

b. Für welche Dateigröße (n Byte) ist die Gesamtverzögerung, die entsteht, bevor die Datei insgesamt empfangen wurde, für Leitungsvermittlung kleiner als für Paketvermittlung?

c. Wie wichtig ist für diese Ergebnisse die Anzahl der Switche, die Bandbreite der Übertragungswege bzw. das Verhältnis zwischen Paket- und Header-Größe?

d. Was glauben Sie: Wie genau ist dieses Modell in Bezug auf die relativen Vorzüge der beiden Vermittlungsarten? Werden wichtige Randbedingungen ignoriert, die gegen die eine oder andere Art sprechen? Falls ja: Welche könnten das sein?

26. Betrachten Sie ein in geschlossener Schleife ausgelegtes Netzwerk (z.B. Token-Ring) mit einer Bandbreite von 100 Mbit/s und einer Ausbreitungsgeschwindigkeit von 2×10^8 m/s. Welchen Umfang müsste die Schleife unter der Annahme haben, dass die Knoten keine Verzögerung einführen, um genau ein 250-Byte-Paket aufzunehmen? Welcher Umfang ist nötig, wenn sich alle 100 m ein Knoten befindet und jeder Knoten eine Verzögerung von 10 Bit einführt?

27. Vergleichen Sie die Kanalanforderungen für Sprachverkehr mit den Anforderungen für die Echtzeitübertragung von Musik hinsichtlich Bandbreite, Verzögerung und Jitter. Was müsste man verbessern? Um ungefähr wie viel? Könnte man eine Kanalanforderung lockern?

28. Gehen Sie bei den folgenden Fällen davon aus, dass keine Datenkompression angewandt wird, was in der Praxis fast nie der Fall ist. Berechnen Sie für a. bis c. die für die Übertragung in Echtzeit erforderliche Bandbreite:

a. Video mit einer Auflösung von 640 × 480 Pixel, 3 Byte/Pixel, 30 Frames/Sekunde.

b. Video mit einer Auflösung von 160 × 120 Pixel, 1 Byte/Pixel, 5 Frames/Sekunde.

c. Musik von einer CD-ROM; eine CD enthält Musik für eine Spieldauer von 75 Minuten und hat eine Kapazität von 650 MB.

d. Ein Fax überträgt ein 8 × 10 Zoll großes Schwarzweißbild mit einer Auflösung von 72 Pixel pro Zoll (ppi). Wie lange dauert die Übertragung mit einem 14,4-Kbit/s-Modem?

✓ 29. Nehmen Sie – wie in der vorhergehenden Übung – im Folgenden an, dass dabei keine Datenkomprimierung stattfindet. Bestimmen Sie die Bandbreite, die erforderlich ist, um diese Daten in Echtzeit zu übertragen:

a. HDTV-Video mit einer Auflösung von 1920 × 1080 Pixel, 24 Bit/Pixel und 30 Frames/s.

b. Telefondaten von 8-Bit-Einheiten bei 8 kHz.

c. GSM-Mobiltelefondaten von 260-Bit-Einheiten mit 50 Hz.

d. HDCD-Audiodaten von 24-Bit-Einheiten bei 88,2 kHz.

30. Erläutern Sie die relativen Leistungsanforderungen der folgenden Anwendungen hinsichtlich durchschnittlicher Bandbreite, Spitzenbandbreite, Latenz, Jitter und Verlusttoleranz:
    a. Datei-Server
    b. Druck-Server
    c. Digitale Bibliothek
    d. Routineüberwachung von entfernten Wetterinstrumenten
    e. Sprache
    f. Videoüberwachung eines Warteraums
    g. Fernsehsendung

31. Angenommen ein gemeinsam genutztes Medium M bietet Hosts A_1, A_2, ..., A_N im Rundumverfahren (»Round-Robin«) Gelegenheit, ein Paket zu übertragen. Hosts, die nichts zu übertragen haben, geben M sofort frei. In welcher Hinsicht unterscheidet sich dies von STDM? Wie verhält es sich mit der Netzauslastung dieser Methode im Vergleich zu STDM?

★ 32. Betrachten Sie ein einfaches Protokoll für die Übertragung von Dateien über eine Verbindungsleitung. Nach einer gewissen Anfangsverhandlung sendet A Datenpakete mit einer Größe von 1 KB an B. Darauf antwortet B mit einer Bestätigung. A wartet immer auf jede Bestätigung, bevor er das nächste Datenpaket sendet. Man nennt dies *Stop-and-Wait.* Bei überfälligen Paketen wird davon ausgegangen, dass sie verlorengegangen sind, und folglich erneut übertragen werden müssen.

    a. Erläutern Sie für den Fall, bei dem keine Pakete verlorengegangen sind und keine Übertragung wiederholt werden muss, warum es nicht nötig ist, eine »Sequenznummer« in die Paket-Header einzubeziehen.

    b. Die Verbindungsleitung kann gelegentlich Pakete verlieren, die ankommenden Pakete werden aber immer in der Reihenfolge empfangen, in der sie gesendet wurden. Genügt in diesem Fall eine 2-Bit-Sequenznummer (*N* mod 4), damit A und B eventuell verlorene Pakete erkennen und erneut senden können? Wäre eine 1-Bit-Sequenznummer ausreichend?

c. Die Verbindungsleitung stellt Pakete außer der Reihe zu, wobei ein Paket bis zu 1 Minute nach darauf folgenden Paketen eintreffen kann. Auf welche Weise ändern sich dadurch die Anforderungen an die Sequenznummer?

★ 33. Hosts A und B sind über eine Verbindungsleitung miteinander verbunden. Host A überträgt fortwährend die aktuelle Zeit von einer Hochpräzisionsuhr in einer gleichbleibenden Rate, die so hoch ist, dass die gesamte verfügbare Bandbreite verbraucht wird. Host B liest diese Zeitwerte und schreibt sie jeweils paarweise mit seiner eigenen Zeit, die er einer lokalen, auf die von A synchronisierten Uhr entnimmt. Führen Sie qualitative Beispiele von B's Ausgabe unter folgenden Bedingungen auf:

a. Hohe Bandbreite, hohe Latenz, niedriges Jitter

b. Geringe Bandbreite, hohe Latenz, hohes Jitter

c. Hohe Bandbreite, niedrige Latenz, niedriges Jitter, gelegentlicher Datenverlust
Beispielsweise kann eine Verbindungsleitung ohne Jitter, einer zum Schreiben jedes zweiten Zeittakts ausreichend hohen Bandbreite und einer Latenz von 1 Zeittakt etwas wie (0000, 0001), (0002, 0003), (0004, 0005) ergeben.

34. Verwenden Sie das als Beispiel im Buch angegebene Socket-Programm simplex-talk. Starten Sie einen Server und einen Client in getrennten Fenstern. Während dieser erste Client läuft, starten Sie 10 weitere Clients, die sich auf den gleichen Server aufschalten. Diese Clients sollten im Hintergrund gestartet und ihre Eingaben von einer Datei umgeleitet werden. Was passiert mit diesen 10 Clients? Schlägt ihre connect()-Operation fehl, läuft ein Timeout ab oder sind sie erfolgreich? Blockieren irgendwelche anderen Aufrufe? Beenden Sie nun den ersten Client. Was passiert? Versuchen Sie das auch mit einem auf 1 gesetzten Server-Wert MAX_PENDING.

35. Ändern Sie das Socket-Programm simplex-talk so ab, dass der Server jedes Mal, wenn der Client eine Zeile an ihn sendet, die Zeile an den Client zurückschickt. Client und Server müssen jetzt recv() und send() abwechselnd aufrufen.

36. Verändern Sie das Socket-Programm simplex-talk so, dass es statt TCP jetzt UDP als Transportprotokoll benutzt. Hierfür müssen Sie für den Client und für den Server SOCK_STREAM auf SOCK_DGRAM abändern. Anschließend entfernen Sie im Server die Aufrufe von listen() und accept() und ersetzen Sie die beiden verschachtelten Schleifen am Ende durch eine einzige Schleife, die recv() mit Socket s aufruft. Beobachten Sie das Verhalten, wenn sich zwei solche UDP-Clients gleichzeitig mit den gleichen UDP-Server verbinden, und vergleichen Sie es mit dem TCP-Verhalten.

37. Untersuchen Sie die verschiedenen Optionen und Parameter, die Sie bei einer TCP-Verbindung verändern können. (Starten Sie man tcp in Unix). Experimentieren Sie mit unterschiedlichen Parameter-Einstellungen, um den Einfluss auf die TCP-Performance zu untersuchen.

38. Die Unix-Utility ping kann benutzt werden, um die RTT zu anderen Internet-Hosts festzustellen. Lesen Sie die Seite über ping und benutzen Sie die Utility, um die RTT zu www.cs.princeton.edu in New Jersey und www.cisco.com in Kalifornien zu ermitteln. Messen Sie die RTT-Werte zu unterschiedlichen Tageszeiten und vergleichen Sie die Ergebnisse. Worauf sind die Unterschiede Ihrer Meinung nach zurückzuführen?

39. Die Unix-Utility traceroute bzw. ihr Windows-Gegenstück tracert kann benutzt werden, um die Reihenfolge von Routern, die eine Nachricht passieren muss, festzustellen. Ermitteln Sie mit einer der beiden Utilities den Weg von Ihrem Standort zu einem anderen. Wie korreliert die Anzahl von Hops im Vergleich zu den mit ping ermittelten RTT-Zeiten? Wie korreliert die Anzahl von Hops mit der geographischen Entfernung?

40. Benutzen Sie traceroute, um einige der Router Ihres Unternehmens zu identifizieren (bzw. zu zeigen, dass keine benutzt werden).

2 Direktverbindungsnetzwerke

Hosts physikalisch miteinander verbinden

Das einfachste mögliche Netzwerk ist eines, bei dem alle Hosts direkt über ein physikalisches Medium miteinander verbunden sind. Dies kann ein Kabel oder Lichtwellenleiter sein und es kann einen kleinen Bereich (z.B. ein Bürogebäude) oder einen großen (z.B. Übersee) abdecken. Die Verbindung zweier oder mehrerer Knoten mit einem geeigneten Medium ist aber nur der erste Schritt. Bevor Knoten erfolgreich Pakete austauschen können, müssen fünf weitere Probleme gelöst werden.

It is a mistake to look too far ahead. Only one link in the chain of destiny can be handled at a time.

– Winston Churchill

Das erste Problem ist die *Kodierung* von Bits für die Übertragung, sodass sie vom empfangenden Host verstanden werden können. Zum zweiten stellt sich die Frage, wie die Bitsequenzen, die übertragen werden, zu vollständigen Nachrichten zusammengefasst und dem Endknoten zugestellt werden können. Dies wird häufig als *»Framing«-Problem* bezeichnet, die übertragenen Nachrichteneinheiten als »Frames«. Das dritte Problem ist die *Fehlererkennung*, weil Frames manchmal während der Übertragung beschädigt werden, sodass entsprechende Maßnahmen nötig sind. Das vierte Problem ist die *zuverlässige Zustellung* trotz der Tatsache, dass eine Leitung von Zeit zu Zeit Frames beschädigt. Das fünfte Problem tritt auf in den Fällen, wenn die Verbindungsleitung – im Gegensatz zu einer einfachen Punkt-zu-Punkt-Verbindung – von mehreren Hosts gemeinsam genutzt wird. Die Regelung des Zugangs zu der Verbindung wird als *Medienzugriffssteuerung* bezeichnet.

Man könnte diese fünf Fragen – Kodierung, Frame-Erzeugung, Fehlererkennung, zuverlässige Zustellung und Zugriffssteuerung –

abstrakt diskutieren. Es handelt sich aber um sehr reale Probleme, die auf unterschiedliche Weise mit verschiedenen Netztechnologien gelöst werden können. In diesem Kapitel werden diese Probleme in Zusammenhang mit vier spezifischen Netztechnologien betrachtet: Punkt-zu-Punkt-Leitungen, CSMA-Netzwerke (Carrier Sense Multiple Access) mit dem Ethernet als bekanntestem Vertreter, Token-Ring (mit IEEE-Standard 802.5 und FDDI als bekanntesten Beispielen) und drahtlose Netzwerke mit dem kommenden Standard 802.11. Ziel dieses Kapitels ist es, einen Überblick über die verfügbaren Netztechnologien zu geben und dabei die genannten fünf grundlegenden Probleme zu untersuchen.

Bevor wir uns mit den spezifischen Fragen der Verbindung von Hosts befassen, beginnt dieses Kapitel mit einer Beschreibung der benutzten Bausteine: Knoten und Verbindungsleitungen. Dann werden die ersten drei Problemfelder – Kodierung, Frame-Erzeugung und Fehlererkennung – in Zusammenhang mit einer einfachen Punkt-zu-Punkt-Leitung beschrieben. Die in diesen drei Abschnitten vorgestellten Techniken sind allgemein und daher gleichermaßen auf Mehrfachzugriffsnetze anwendbar. Als Nächstes wird das Problem der zuverlässigen Zustellung behandelt. Da Zuverlässigkeit auf der Sicherungsschicht in Netzwerken mit gemeinsamem Zugriff normalerweise nicht implementiert wird, konzentriert sich diese Diskussion auf Punkt-zu-Punkt-Leitungen. Schließlich wird das Problem der Zugriffssteuerung in Zusammenhang mit CSMA-, Token-Ring- und drahtlosen Netzwerken behandelt.

Diese fünf Funktionen sind im Allgemeinen in einem Netzwerkadapter bzw. einer Netzwerkkarte implementiert. Das ist eine Steckkarte, die in den I/O-Bus eines Hosts eingesteckt wird und mit dem physikalischen Übertragungsmedium am anderen Ende verbunden ist. Mit anderen Worten: Bits werden zwischen Netzwerkkarten ausgetauscht, aber korrekte Frames zwischen den Knoten. Die Netzwerkkarte wird von Software gesteuert, die auf dem Knoten installiert ist. Das ist der Treiber, der in einem Protokollgraphen typischerweise als unterstes Protokoll dargestellt wird. Dieses Kapitel endet mit einem konkreten Beispiel einer Netzwerkkarte und eines entsprechenden Treibers.

2.1 Hardwarebausteine

In Kapitel 1 wurde erklärt, dass sich Netzwerke aus zwei Typen von Hardwarebausteinen zusammensetzen: aus *Knoten* und *Verbindungsleitungen*. Diese Aussage gilt ebenso für das einfachste Netzwerk, bei dem nur zwei Knoten über eine Punkt-zu-Punkt-Leitung miteinander verbunden sind, wie bei einem weltweiten Netzverbund. Dieser Abschnitt enthält einen Überblick über die Bedeutung von Knoten und Verbindungsleitungen. Dabei werden die zu Grunde liegenden Technologien definiert, die in den weiteren Kapiteln dieses Buchs immer wieder aufgegriffen werden.

2.1.1 Knoten

Bei Knoten handelt es sich meist um Allzweckcomputer, beispielsweise eine Desktop-Workstation, einen Mehrprozessor-Rechner oder einen PC. Wir gehen für unsere Zwecke von einem Rechner der Workstation-Klasse aus. Diese Workstation kann als Host dienen, auf dem Benutzer Anwendungsprogramme ausführen. Er kann innerhalb eines Netzwerks als Switch eingesetzt werden, um Nachrichten von einer Verbindungsleitung an eine andere weiterzuleiten. Er kann aber auch als Router konfiguriert werden, der Interent-Pakete von einem Netz an ein anderes weiterleitet. In manchen Fällen wird mit spezieller Hardware ein Netzwerkknoten – in der Regel ein Switch oder Router im Netzwerk – statt eines Hosts implementiert. Dies ist meist auf Leistungs- und Kostengründe zurückzuführen. Im allgemeinen kann Hardware so konstruiert werden, dass sie eine bestimmte Funktion schneller und billiger als ein Allzweckprozessor ausführt. Wir beschreiben zuerst die vom Knoten auszuführende Basisfunktion so, als wäre sie softwareseitig auf einer universellen Workstation implementiert. Danach erklären wir, warum und wie diese Funktionalität mit spezieller Hardware implementiert werden kann.

Wir könnten es dabei belassen – andererseits ist es nützlich, ein wenig darüber zu wissen, wie eine Workstation innen aussieht. Diese Information ist insbesondere wichtig, wenn wir uns mit der Leistung eines Netzwerks beschäftigen. Abb. 2.1 zeigt ein einfaches Blockdiagramm eines Rechners der Workstation-Klasse, das wir im ganzen Buch heranziehen. Diese Abbildung zeigt drei wichtige Merkmale.

Erstens ist der Arbeitsspeicher jedes Rechners endlich. Er kann über 4 oder 128 MB verfügen, ist aber niemals unendlich. Wie in Abschnitt 1.1.2 erwähnt, ist dies wichtig, weil Speicher (neben der Bandbreite der Leitung) eine der knappen Ressourcen eines Netzwerks ist, die sorgfältig verwaltet werden muss, wenn wir jedem Benutzer einen fairen Anteil an der Netzkapazität bieten wollen. Speicher ist eine knappe Ressource, weil Pakete im Speicher eines als Switch oder Router dienenden Knotens zwischengespeichert werden müssen, während sie darauf warten, über eine ausgehende Leitung übertragen zu werden.

Zweitens wird jeder Knoten über eine *Netzwerkkarte* mit dem Netzwerk verbunden. Dieser Netzadapter sitzt im Allgemeinen auf dem I/O-Bus des Systems und befördert Daten zwischen dem Speicher der Workstation und der Netzverbindung. Ein auf der Workstation laufendes Softwaremodul – der *Netzkartentreiber* – steuert

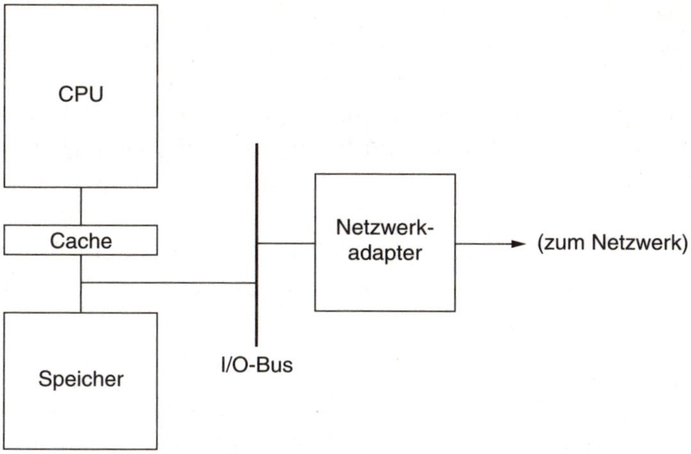

Abb. 2.1: Beispiel einer Workstation-Architektur

ihn. Er erteilt ihm Befehle, beispielsweise, von welcher Speicherstelle abgehende Daten übertragen und an welcher Speicherstelle ankommende Daten gespeichert werden sollen. Netzwerkkarten werden ausführlich in Abschnitt 2.9 behandelt.

Drittens werden zwar ständig schnellere CPUs angeboten, auf Speicher trifft dies aber leider nicht zu. Aktuelle Leistungstrends weisen darauf hin, dass sich die Prozessorgeschwindigkeiten alle 18 Monate verdoppeln, während sich die Speicherzugriffszeit nur um etwa 7% pro Jahr verbessert. Dieser Unterschied bedeutet, dass eine als Netzknoten benutzte Workstation in erster Näherung mit Speicher- und nicht mit Prozessorgeschwindigkeit läuft. Das heißt, dass die Netzwerksoftware vorsichtigen Gebrauch vom Speicher machen muss, insbesondere, wie oft sie darauf zugreift, um jede Nachricht zu verarbeiten. Wir können uns den Luxus eines nachlässigen Umgangs mit Speicher nicht leisten, nur weil Prozessoren immer schneller werden.

2.1.2 Verbindungsleitungen

Netzwerkleitungen basieren auf einer Vielzahl unterschiedlicher physikalischer Medien, darunter Twisted-Pair (die verdrillten Kupferkabel des herkömmlichen Telefonnetzes), Koaxialkabel (das Fernsehkabel), Lichtwellenleiter (das für Verbindungen über große Entfernungen mit hoher Bandbreite meistens eingesetzte Medium) und der leere Raum (durch den sich Radiowellen, Mikrowellen und Infrarotstrahlen ausbreiten). jedes dieser physikalischen Medien dient dazu, *Signale* zu verbreiten. Bei diesen Signalen handelt es sich um elektromagnetische Wellen, die sich mit Lichtgeschwindigkeit fortbewegen. (Lichtgeschwindigkeit ist allerdings vom Medium abhängig – elektromagnetische Wellen bewegen sich durch Kupfer und Glasfaser mit etwa zwei Dritteln der Lichtgeschwindigkeit in Vakuum.)

Ein wichtiges Merkmal einer elektromagnetischen Welle ist die *Frequenz*, mit der die Welle schwingt; sie wird in Hertz gemessen. Die Entfernung zwischen zwei benachbarten Maxima oder Minima einer Welle, die normalerweise in Metern gemessen wird, nennt man die *Wellenlänge*. Da sich alle elektromagnetischen Wellen in Lichtgeschwindigkeit ausbreiten, entspricht diese Geschwindigkeit, geteilt durch die Frequenz der Welle, ihrer Wellenlänge. Am Beispiel einer Telefonleitung mit Sprachqualität, die kontinuierliche elektromagnetische Signale im Bereich zwischen 300 und 3.300 Hz befördert, sehen wir, dass eine sich durch Kupfer ausbreitende 300-Hz-Welle eine Wellenlänge von

$$\begin{aligned} &\text{LichtgeschwindigkeitInKupfer} \div \text{Frequenz} \\ &= 2/3 \times 3 \times 10^8 \text{ m/s} \div 300 \text{ Hz} \\ &= 667 \text{ km} \end{aligned}$$

hat. Elektromagnetische Wellen im Allgemeinen erstrecken sich über einen sehr großen Frequenzbereich, d.h. von Funkwellen über Infrarot- und sichtbares Licht bis hin zu Röntgen- und Gammastrahlen. Abb. 2.2 zeigt das elektromagnetische Spektrum und die Medien, die im Allgemeinen in den jeweiligen Frequenzbändern benutzt werden.

Bis hierher betrachten wir eine Verbindungsleitung als physikalisches Medium, das Signale in Form elektromagnetischer Wellen überträgt. Solche Verbindungsleitungen bilden die Grundlage für die Übertragung aller Informationsarten, darunter die Datenart, an deren Übertragung wir interessiert sind – binäre Daten (Einsen und Nullen). Man sagt, Binärdaten werden im Signal *kodiert*. Diese Kodierung von Binärdaten in elektromagnetische Signale ist ein komplexes Thema. Wir gehen es zunächst einfach an, indem wir es uns in zwei Schichten vorstellen. Die untere Schicht beschäftigt sich mit der *Modulation* – Variieren von Frequenz, Amplitude oder Phase des Signals, um die Übertragung von Informationen zu beeinflussen. Ein einfaches Beispiel von Modulation ist die Variation der Leistung (Amplitude) einer bestimmten Wellenlänge. Dies ist etwa mit dem Ein- und Ausschalten von Licht vergleichbar. Da Modulation in unserem Zusammenhang mit Verbindungsleitungen als Baustein für Rechnernetze ein zweitrangiges Thema ist, nehmen wir einfach an, dass es möglich ist, zwei verschiedene Signale –»high« und »low« – zu übertragen. Wir

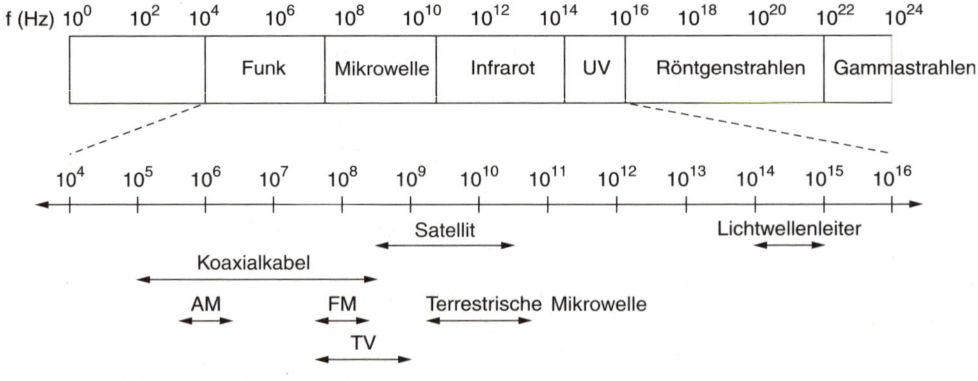

Abb. 2.2: Elektromagnetisches Spektrum

betrachten dann nur noch die obere Schicht, die das viel einfachere Problem der Kodierung von Binärdaten in diese beiden Signale betrifft. Diese Kodierung wird ausführlich in Abschnitt 2.2 behandelt.

Ein weiteres Attribut einer Verbindungsleitung ist, wie viele Bitströme zu einem bestimmten Zeitpunkt in ihr kodiert werden können. Ist es nur einer, müssen sich die an die Verbindungsleitung angeschlossenen Knoten den Zugriff darauf teilen. Das ist der Fall bei den in Abschnitt 2.6 und 2.7 beschriebenen Mehrfachzugriffsleitungen. Bei Punkt-zu-Punkt-Leitungen können aber meist zwei Bitströme gleichzeitig über die Verbindungsleitung übertragen werden – je einer in jede Richtung. In diesem Fall arbeitet die Verbindungsleitung im *Vollduplexbetrieb*. Eine Punkt-zu-Punkt-Leitung, die Datenfluss nur in jeweils eine Richtung unterstützt, arbeitet im *Halbduplexbetrieb*, und die beiden an die Verbindungsleitung angeschlossenen Knoten müssen sie abwechselnd nutzen. Für unsere Zwecke gehen wir bei allen Punkt-zu-Punkt-Leitungen immer von Vollduplex aus.

Das einzige weitere Attribut einer Verbindungsleitung, an dem wir in dieser Phase interessiert sind, ist pragmatisch: Wie realisieren wir sie? Die Antwort hängt davon ab, welche Reichweite die Verbindungsleitung abdecken soll, wie viel man dafür ausgeben muss und ob man weiß, wie man die zu Grunde liegende Maschinerie betreibt. In den folgenden Abschnitten werden unterschiedliche Leitungsarten beschrieben, die für den Aufbau eines Rechnernetzes in Frage kommen.

Kabel

Befinden sich die zu verbindenden Knoten im gleichen Raum, im gleichen Gebäude oder am gleichen Standort (z.B. einem Campus), kann man sich ein Kabel besorgen und die Knoten physikalisch miteinander verbinden. Welchen Kabeltyp Sie für die Installation wählen, hängt von der Technologie ab, mit der Sie Daten auf der Verbindungsleitung übertragen wollen. Später in diesem Kapitel werden verschiedene Beispiele aufgeführt. Vorläufig genügt die Übersicht über übliche Kabelarten in Tabelle 2.1.

Kabel	Typische Bandbreiten	Reichweite
Twisted-Pair Kategorie 5	10 bis 100 Mbit/s	100 m
Dünnes Koaxialkabel	10 bis 100 Mbit/s	200 m
Dickes Koaxialkabel	10 bis 100 Mbit/s	500 m
Multimode-Faser	100 Mbit/s	2 km
Singlemode-Faser	100 bis 2400 Mbit/s	40 km

Tabelle 2.1: Übliche Kabelarten für lokale Verbindungen

Von diesen Kabeln entwickelt sich das Twisted-Pair Kategorie 5 (Kat-5), das einen dickeren Durchmesser als das normalerweise in Privathäusern verlegte Kupferkabel hat, allmählich zum Standard innerhalb von Gebäuden. Aufgrund der Schwierigkeiten und Kosten für das Einziehen neuer Kabel durch ein Gebäude kann man erwarten, dass neue Technologien, wie z.B. das Gigabit-Ethernet, ebenfalls über Kategorie-5-Kabel laufen werden. Glasfaser wird meist für die Verbindung von verschiedenen Gebäuden eines Standorts verwendet.

Mietleitungen

Befinden sich die beiden zu verbindenden Knoten in jeweils einem anderen Teil des Landes oder auch nur am anderen Ende der Stadt, können Sie die Verbindungsleitung nicht selbst installieren. Sie haben einzig die Wahl, eine dedizierte Verbindungsleitung von einer Telefongesellschaft zu mieten, d.h. Sie müssen in diesem Fall lediglich die Verhandlungen mit dem Kundendienst der Telefongesellschaft selbst durchführen. Die üblichen, von einer Telefongesellschaft anmietbaren Dienste sind in Tabelle 2.2 aufgeführt. Im weiteren Verlauf dieses Kapitels werden Einzelheiten hierzu behandelt.

Dienst	Bandbreite
DS1	1,544 Mbit/s
DS3	44,736 Mbit/s
STS-1	51,840 Mbit/s
STS-3	155,250 Mbit/s
STS-12	622,080 Mbit/s
STS-48	2,488320 Gbit/s
STS-192	9,953280 Gbit/s

Tabelle 2.2:
Übliche, von Betreibern angebotene Bandbreiten

Diese Bandbreiten mögen als willkürlich gewählt erscheinen. Hinter dem Durcheinander steckt aber eine Methode. DS1 und DS3 (die auch als T1 bzw. T3 bezeichnet werden), sind relativ alte Technologien, die für Kupfermedien definiert wurden. DS1 entspricht der Aggregation von 24 digitalen Sprachleitungen mit je 64 Kbit/s und DS3 28 DS1-Leitungen. Bei allen STS-*N*-Leitungen wird Glasfaser verwendet (STS ist die Abkürzung von »Synchronous Transport Signal«). STS-1 ist die Basisleitung mit der niedrigsten Geschwindigkeit, und jede STS-*N* weist *N* mal die Bandbreite von STS-1 auf. Eine STS-*N*-Leitung wird auch OC-*N*-Leitung genannt (OC ist die Abkürzung von »Optical Carrier«). Der Unterschied zwischen STS und OC ist gering: STS bezieht sich auf die *elektrische* Übertragung von/zu den an die Verbindungsleitung angeschlossenen Geräten und OC auf das eigentliche *optische* Signal, das sich über die Glasfaser verbreitet.

Man beachte, dass die Telefongesellschaft die »Verbindungsleitung«, die wir gerade bestellt haben, nicht als einzelnes, durchgehendes Stück Kabel oder Glasfaser bereitstellt. Sie implementiert vielmehr die Verbindungsleitung in ihrem eigenen Netzwerk. Das Telefonnetz sah früher völlig anders als die in diesem Buch beschriebenen Netzwerke aus. Es wurde vorrangig gebaut, um Sprachdienste bereitzustellen, und nutzte die leitungsvermittelte Technologie. Auch hier geht der Trend heute aber hin in Richtung der in diesem Buch beschriebenen Netzwerke, darunter das in Kapitel 3 beschriebene ATM-Netz (Asynchronous Transfer Mode). Das dürfte angesichts des riesigen Marktpotenzials für die Übertragung von Daten, Sprache und Video nicht überraschen.

Gleichgültig, ob die Verbindungsleitung eine physikalische oder logische Verbindung im Telefonnetz ist, bleibt das Problem der Zusammenstellung eines Rechnernetzes oberhalb einer Reihe solcher Verbindungsleitungen gleich. Wir fahren deshalb so fort, als wäre jede Verbindungsleitung mit einem einzigen Kabel/ Lichtwellenleiter implementiert. Erst wenn wir das abgehandelt haben, befassen wir uns damit, ob unser Rechnernetz auf das zu Grunde liegende Telefonnetz aufsetzt oder selbst als Backbone für das Telefonnetz dienen kann.

Verbindungsleitungen im Anschlussbereich (Last Mile Link)

Wer sich keine dedizierte Mietleitung leisten möchte, die preislich zwischen ungefähr ¤ 1.000 pro Monat für eine DS1-Überlandleitung und »wer nach dem Preis fragt, kann es sich nicht leisten« liegt, dem stehen auch preisgünstigere Alternativen zur Verfügung. Das sind die so genannten Verbindungsleitungen im Anschlussbereich, die im Englischen »Last Mile« genannt werden, weil sie den Bereich zwischen der Vermittlungsstelle des Betreibers und der hausinternen Vermittlungsstelle beim Kunden abdecken. Diese in Tabelle 2.3 zusammengefassten Dienste verbinden in der Regel einen Hausanschluss mit einem bestehenden Netzwerk. Das bedeutet, dass sie sich höchstwahrscheinlich nicht für den Aufbau eines vollständigen Netzwerks eignen. Haben Sie aber bereits ein Netzwerk erfolgreich aufgebaut und sind Sie zufällig eine Telefon- oder Kabelgesellschaft, können Sie mit diesen Verbindungsleitungen Millionen Kunden erreichen.

Dienst	Bandbreite
Modem	28,8 bis 56 Kbit/s
ISDN	64 bis 128 Kbit/s
xDSL	16 Kbit/s bis 55,2 Mbit/s
Kabelmodem	20 bis 40 Mbit/s

Tabelle 2.3:
Übliche Dienste zum Hausanschluss

Die erste Alternative ist ein übliches Modem und ein herkömmlicher Telefonanschluss (Plain Old Telephone Service, POTS). Heute sind für ein paar hundert Euro Modems erhältlich, die Daten mit 56 Kbit/s über die übliche Telefonleitung übertragen. Die Technologie ist allerdings schon an ihre Bandbreitengrenze gestoßen. Dies hat zur Entwicklung der zweiten Alternative geführt: ISDN (Integrated Services Digital Network; diensteintegrierendes digitales Fernmeldenetz). Eine ISDN-Verbindung umfasst zwei 64-Kbit/s-Kanäle. Über einen werden Daten übertragen, und der andere kann für digitalisierte Sprache benutzt werden. (Ein Gerät, das analoge Sprache in eine digitale ISDN-Verbindung kodiert, nennt man CODEC für *Coder/Decoder.*) Wird der Sprachkanal nicht benutzt, kann er mit dem Datenkanal kombiniert werden, um eine Datenbandbreite von 128 Kbit/s zu unterstützen.

ISDN galt jahrelang als die Zukunft für bescheidene Bandbreiten zum Hausanschluss. Heute sieht es allerdings so aus, dass ISDN von zwei neueren Technologien überholt wird: xDSL (Digital Subscriber Line) und Kabelmodems. Bei xDSL handelt es sich um eine Reihe von Technologien, die Daten mit hohen Geschwindigkeiten über die in fast jedem Haushalt vorhandenen Kupferleitungen (Twisted-Pair) übertragen können. Die inzwischen am meisten verbreitete DSL-Technologie ist ADSL (Asymmetric Digital Subscriber Line). Wie die Bezeichnung andeutet, bietet ADSL eine andere Bandbreite vom Teilnehmer zur Vermittlungsstelle der Telefongesellschaft (Upstream-Richtung) als in entgegengesetzter Richtung (Downstream). Die genaue Bandbreite hängt von der Länge der Leitung zwischen dem Teilnehmer und der Vermittlungsstelle ab. Diese Leitungsstrecke wird als *Local Loop* bezeichnet. Sie ist in Abb. 2.3 dargestellt und führt über die vorhandenen Kupferkabel. In Downstream-Richtung sind Bandbreiten von 1,544 bis 8,448 Mbit/s möglich, und die in Upstream-Richtung reichen von 16 bis 640 Kbit/s.

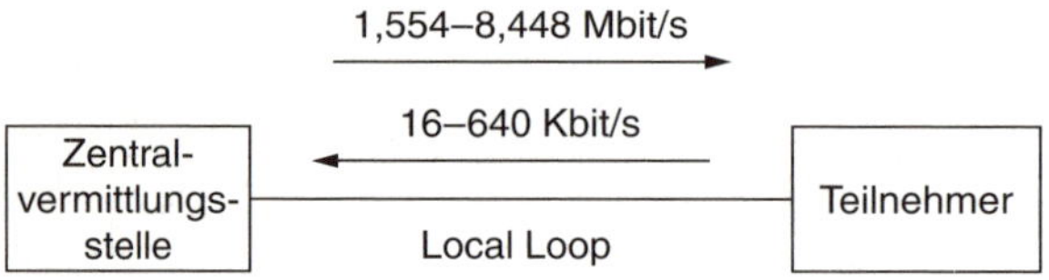

Abb. 2.3: ADSL verbindet den Teilnehmer über Local Loop mit der Vermittlungsstelle.

Eine weitere Technologie der DSL-Reihe befindet sich noch im Entwicklungsstadium: VDSL (Very-high Data rate Digital Subscriber Line) wird symmetrisch sein, und die Datenraten reichen von 12,96 bis 55,2 Mbit/s. VDSL kann über viel kürzere Entfernungen – zwischen 300 und 1.300 m – eingesetzt werden. Das bedeutet, dass VDSL nicht die Strecke vom Hausanschluss des Teilnehmers zur Vermittlungsstelle der Telefongesellschaft abdecken wird. Die Telefongesellschaft muss also VDSL-Hardware und andere Technologien (z.B. STS-*N* über Glasfaser) in den Wohngebieten installieren, um Verbindungen herzustellen (siehe Abb. 2.4). Dies nennt man im Gegensatz zu ehrgeizigeren Methoden wie »Fiber to the Home« und »Fiber to the Curb« auch »Fiber to the Neighborhood«.

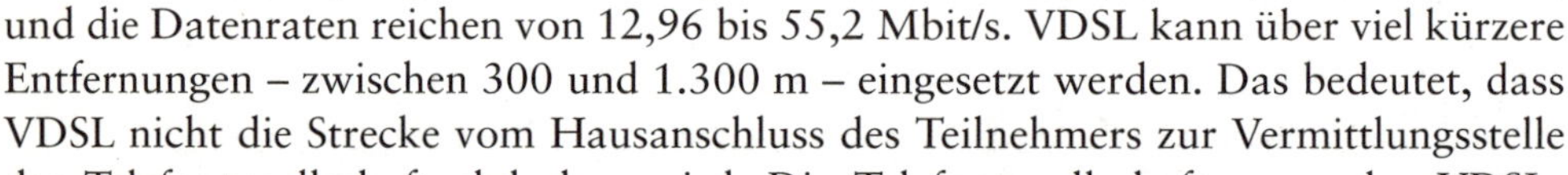

Abb. 2.4:
VDSL verbindet den Teilnehmer mit dem optischen, in das Wohngebiet reichenden Netzwerk.

Das Shannon-Theorem und das Modem

In den miteinander eng verknüpften Bereichen der Signalverarbeitung und der Informationstheorie wurden enorme Anstrengungen unternommen, um alles mögliche zu untersuchen, was mit der Art zusammenhängt, wie sich die Signale mit zunehmender Entfernung verschlechtern und wie viele Daten ein bestimmtes Signal effektiv befördern kann. Die herausragende Arbeit in diesem Bereich ist eine als *Shannon-Theorem* bezeichnete Formel. Einfach ausgedrückt, liefert das Shannon-Theorem eine obere Grenze für die Kapazität einer Leitung in Bits pro Sekunde (bit/s) als Funktion des Signal-Rausch-Abstands der Leitung, gemessen in Dezibel (dB).

Mit dem Shannon-Theorem kann die Datenrate bestimmt werden, in der ein Modem Binärdaten über eine Telefonleitung mit Sprachqualität übertragen kann, ohne eine zu hohe Fehlerrate zu erleiden. Wir nehmen als Beispiel an, dass eine Telefonverbindung mit Sprachqualität einen Frequenzbereich von 300 bis 3.300 Hz unterstützt.

Das Shannon-Theorem wird normalerweise mit folgender Formel angegeben:

$$C = B \log_2(1 + S/N)$$

wobei C die erreichbare Kanalkapazität, gemessen in Hertz, B die Bandbreite der Leitung (3.300 Hz – 300 Hz = 3.000 Hz), S die durchschnittliche Signalleistung und N die durchschnittliche Rauschleistung sind. Der Signal-Rausch-Abstand (S/N) wird in Dezibel wie folgt ausgedrückt:

$$dB = 10 \times \log_{10}(S/N)$$

Unter der Annahme eines typischen Dezibel-Abstands von 30 dB bedeutet das einen Signal-Rausch-Abstand von $S/N = 1.000$. Folglich erhalten wir

$$C = 3.000 \times \log_2(1.001)$$

was ungefähr 30 Kbit/s entspricht. Das ist in etwa die Grenze eines 28,8-Kbit/s-Modems.

Warum ist es angesichts dieser grundlegenden Grenze möglich, in jedem Elektronikladen 56-Kbit/s-Modems zu kaufen? Ein Grund ist der, dass solche Raten durch verbesserte Leitungsqualität, d.h. Signal-Rausch-Abstände von mehr als 30 dB, ermöglicht werden. Ein weiterer Grund ist, dass die auf eine Bandbreite von 3.300 Hz begrenzten Analogleitungen im Telefonnetz inzwischen größtenteils abgelöst wurden.

Kabelmodems gelten als Alternative zu den verschiedenen Typen von DSL. Bei dieser Technologie wird die Infrastruktur des Kabelfernsehens (CATV) benutzt, das derzeit in den USA 95% aller Haushalte abdeckt (von denen aber nur 65% den Kabelanschluss aktiv nutzen). Hierbei müssen eine Anzahl der verfügbaren CATV-Kanäle für die Übertragung digitaler Daten bereitgestellt werden. Dabei hat ein einzelner CATV-Kanal eine Bandbreite von 6 MHz. CATV wird – wie ADSL – asymmetrisch genutzt. Das bedeutet, dass die Raten in Downstream- viel höher als in Upstream-

Richtung sind. Nach dem derzeitigen Stand der Technologie lassen sich mit einem einzigen CATV-Kanal 40 Mbit/s in Downstream-Richtung erreichen, bei einem theoretischen Wert von 100 Mbit/s. Aufgrund einer tausendfachen Verringerung des Signal-Rausch-Abstands beträgt die Upstream- etwa die Hälfte der Downstream-Rate (also 20 Mbit/s). Außerdem werden dem Upstream-Verkehr viel weniger CATV-Kanäle als dem Downstream-Verkehr zugeteilt. Anders als bei DSL wird die Bandbreite von allen Teilnehmern innerhalb eines Wohngebiets gemeinsam genutzt (was zu einigen amüsanten Werbemaßnahmen von DSL-Anbietern führte). Das bedeutet, dass eine Methode für die Regelung des Zugriffs auf das gemeinsame Medium – vergleichbar mit den später in diesem Kapitel beschriebenen 802-Standards – erforderlich ist. Schließlich ist es wie bei DSL eher unwahrscheinlich, dass mit Kabelmodems ein beliebiger Knoten A an einem Standort mit Knoten B an einem anderen Standort verbunden wird. Vielmehr gelten Kabelmodems als ein Mittel, um Knoten A in einem Haushalt mit der Kabelgesellschaft zu verbinden, und die Kabelgesellschaft definiert dann, wie der Rest des Netzwerks aussieht.

Drahtlose Verbindungen

Der Bereich der drahtlosen Kommunikation erfährt sowohl in wirtschaftlicher als auch technologischer Hinsicht ein explosionsartiges Wachstum. Seit einigen Jahren ist AMPS (Advanced Mobile Phone System) der in den USA geltende Standard für Mobiltelefone. AMPS basiert auf analoger Technologie, weicht aber zusehends den digitalen Funksystemen, d.h. PCS (Personal Communication Services) in den USA/Kanada und GSM (Global Mobile System) im Rest der Welt. Alle drei Systeme setzen derzeit ein Mastensystem ein, um Signale zu übertragen. Allerdings sind umfangreiche Bemühungen gemacht worden, um diese Infrastruktur durch ein Gitternetz aus Satelliten im mittleren bis niedrigen Orbit zu ergänzen. Diese Projekte, zu denen ICO, Globalstar, Iridium und Teledesic zählen, waren unterschiedlich erfolgreich. Diejenigen, die noch aktiv sind, konzentrieren sich vor allem auf die Telefon-Versorgung der wenigen Gegenden auf der Welt, in denen zellulare Mobiltelefone nicht funktionieren.

Auf einer etwas weniger globalen Ebene können Frequenzbänder der Funk- und Infrarotbereiche des elektromagnetischen Spektrums benutzt werden, um drahtlose Verbindungen über kurze Entfernungen, z.B. in Bürogebäuden, Einkaufszentren, Gebäudekomplexen und Universitätsgeländen, bereitzustellen. Im Infrarotbereich lassen sich Signale mit Wellenlängen von 850 bis 950 Nanometer für die Übertragung von Daten mit Raten von 1 Mbit/s über Entfernungen von etwa 10 m benutzen. Diese Technologie setzt keine freie Sichtverbindung voraus, ist aber auf gebäudeinterne Umgebungen begrenzt. Im Bereich von Radiofrequenzen werden derzeit mehrere verschiedene Bänder für die Datenkommunikation zur Verfügung gestellt. Unter anderem werden Bänder auf 5,2 und 17 GHz in Europa dem HIPERLAN (High Performance European Radio LAN) zugeteilt. Vergleichbar dazu wird in vielen Ländern Bandbreite auf 2,4 GHz für drahtlose LANs des IEEE-Standards 802.11 reserviert. (Weitere Bandbreite ist auf 5 GHz zwar verfügbar, aber leider starken Störungen durch Mikrowellenherde ausgesetzt.) Der sich derzeit abzeichnende IEEE-Standard 802.11 unterstützt Datenraten von 1 und 2 Mbit/s und wird ausführlich in Abschnitt 2.8 behandelt.

Eine andere interessante Entwicklung im drahtlosen Bereich ist das Bluetooth-Funk-Interface für den Betrieb im 2,45-GHz-Frequenzband. Bluetooth ist für kurze Entfernungen (in der Größenordnung von 10 m) mit einer Bandbreite von 1 Mbit/s ausgelegt. Die entwickelnden Unternehmen planen die Implementierung dieses Interface in allen Geräten (z.B. Drucker, Workstations, Laptops, Projektoren, PDAs, Mobiltelefone), sodass keine Kabel mehr in Büros benötigt werden (oder vielleicht zwischen den verschiedenen Geräten, die Sie an Ihrem Körper tragen). Für ein aus solchen Geräten bestehendes Netzwerk kursiert bereits der Begriff *Piconet*.

2.2 Kodierung (NRZ, NRZI, Manchester, 4B/5B)

Im ersten Schritt unseres Vorhabens, aus Knoten und Verbindungsleitungen brauchbare Bausteine zu machen, müssen wir verstehen, wie wir sie so verbinden können, dass Bits von einem Knoten zu einem anderen übertragen werden können. Wie im vorherigen Abschnitt erwähnt, breiten sich Signale über Verbindungsleitungen aus. Die Aufgabe besteht daher darin, die Binärdaten, die der Quellknoten in Form von Signalen senden möchte, derart zu kodieren, dass sie von den Verbindungsleitungen übertragen werden können, und das Signal am empfangenden Knoten dann wieder in die entsprechenden Binärdaten zu dekodieren. Wir ignorieren dabei die Einzelheiten der Modulation und nehmen an, wir arbeiten mit zwei diskreten Signalen: high und low. In der Praxis können diese Level zwei unterschiedlichen Spannungen in einer Kupferleitung oder zwei unterschiedlichen Lichtpegeln in einer Glasfaserleitung entsprechen.

Bit- und Baudraten

Die Begriffe *Bitrate* und *Baudrate* werden oft gleichbedeutend verwendet, obwohl wir am Beispiel der Manchester-Kodierung sehen, dass sie nicht das gleiche bedeuten. Während die Manchester-Kodierung den Fall veranschaulicht, bei dem die Baudrate einer Leitung größer als ihre Bitrate ist, kann die Bitrate auch größer als die Baudrate sein. Das würde bedeuten, dass mehr als ein Bit pro auf der Leitung übertragenem Impuls kodiert werden kann.

Zur besseren Veranschaulichung nehmen wir an, wir können vier statt nur zwei unterschiedliche Signale über eine Leitung senden. Auf einer Analogleitung könnten diese vier Signale beispielsweise vier verschiedenen Frequenzen entsprechen. Mit vier verschiedenen Signalen ist es möglich, pro Signal zwei Datenbits zu kodieren. Das heißt, das erste Signal bedeutet 00, das zweite 01 usw. Ein Sender (Empfänger), der in der Lage ist, 1.000 Impulse pro Sekunde zu senden (zu erkennen), kann 2.000 Datenbits pro Sekunde senden (empfangen). Wir hätten es also mit einer 1.000-Baud-/2.000-bit/s-Leitung zu tun.

Wie bereits erwähnt, werden die meisten der in diesem Kapitel behandelten Funktionen von einer Netzwerkkarte bzw. einem Netzadapter ausgeführt. Dabei handelt es sich um ein Hardwareelement, das einen Knoten mit einer Leitung verbindet. Der Netzadapter enthält eine Signalisierungskomponente, die die eigentliche Kodierung von Bits in Signale am sendenden und die Dekodierung von Signalen in Bits am empfangenden Knoten durchführt. Wie aus Abb. 2.5 ersichtlich wird, fließen die Signale also über eine zwischen den beiden Signalisierungskomponenten befindliche Verbindungsleitung und die Bits zwischen Netzwerkadaptern.

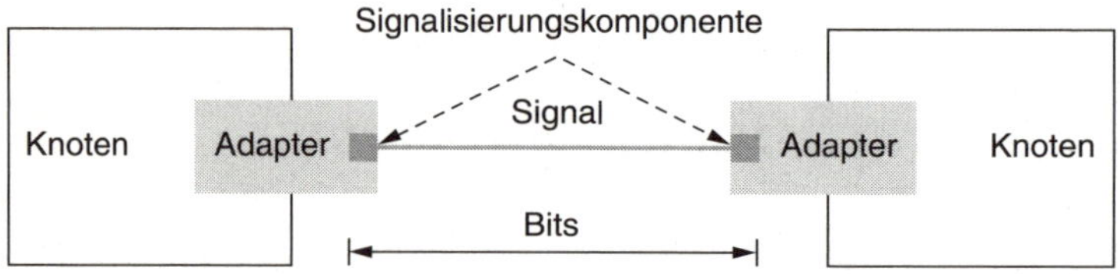

Abb. 2.5: Signale fließen zwischen Signalisierungskomponenten und Bits zwischen Netzwerkkarten.

Wir wenden uns nun der Kodierung von Bits in Signale zu. Nahe liegend ist hier, den Datenwert 1 auf das high-Signal und den Datenwert 0 auf das low-Signal abzubilden. Dies ist genau die von einem Kodierschema mit der rätselhaften Bezeichnung *Non-Return to Zero* (NRZ) angewandte Zuordnung. Abb. 2.6 zeigt ein schematisches Beispiel des NRZ-kodierten Signals (unten), das der Übertragung einer bestimmten Bitfolge (oben) entspricht.

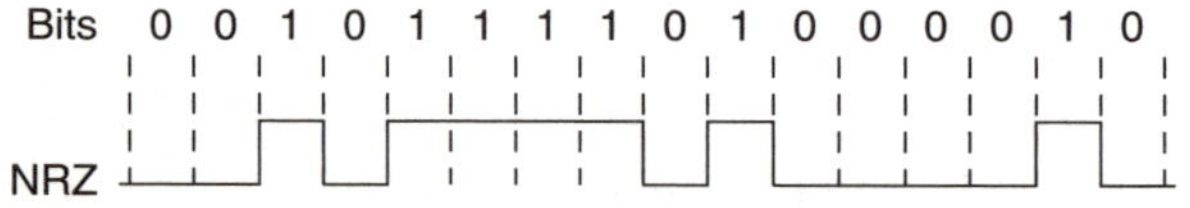

Abb. 2.6: NRZ-Kodierung eines Bitstroms

Problematisch ist bei NRZ, dass eine Folge mehrerer aufeinander folgender Einsen bedeutet, dass das Signal über eine längere Zeitdauer auf der Verbindungsleitung high bleibt, und andererseits mehrere aufeinander folgende Nullen bedeuten, dass das Signal längere Zeit low bleibt. Durch lange 1- und 0-Sequenzen entstehen zwei grundlegende Probleme: Erstens führt dies zu einer Situation, die man als *Baseline-Wander* bezeichnet. Das bedeutet, dass der Empfänger den Durchschnitt einer bestimmten Anzahl zuletzt empfangener Signale dazu verwendet, zwischen low- und high-Signalen zu unterscheiden. Sobald ein Signal weit unter diesem Durchschnitt liegt, schlussfolgert der Empfänger, dass er eine 0 gesehen hat, während er ein deutlich über dem Durchschnitt liegendes Signal als 1 interpretiert. Das Problem entsteht nun dadurch, dass zu viele aufeinander folgende Einsen oder Nullen dazu führen, dass sich der Durchschnitt verschiebt, sodass es schwieriger wird, eine signifikante Änderung im Signal zu erkennen.

Zweitens sind häufige Übergänge von high auf low und umgekehrt erforderlich, um *Taktwiederherstellung* (Clock Recovery) zu ermöglichen. Mit der Taktwiederherstellung ist das Problem gemeint, dass Kodier- und Dekodierprozess vom gleichen Takt gesteuert werden müssen. In jedem Taktzyklus überträgt der Sender ein Bit, und der Empfänger empfängt ein Bit. Der Takt des Senders und der des Empfängers müssen absolut synchron sein, damit der Empfänger die gleichen Bits rückgewinnen kann, die der Sender überträgt. Ist der Takt des Empfängers auch nur ganz geringfügig schneller oder langsamer als der des Senders, wird das Signal nicht richtig dekodiert. Man mag dies auf den ersten Blick so lösen wollen, dass man den Takt über eine getrennte Leitung zum Empfänger überträgt. Dies wird in der Regel aber nicht praktiziert, weil sich der Verkabelungsaufwand verdoppeln würde. Stattdessen leitet der Empfänger den Takt vom empfangenen Signal ab. Deshalb wird der Vorgang »Taktwiederherstellung« genannt. Sobald sich das Signal ändert, etwa bei einem Übergang von 1 auf 0 oder von 0 auf 1, erkennt der Empfänger eine Taktzyklusgrenze und kann sich selbst neu synchronisieren. Eine lange Zeitdauer ohne einen solchen Übergang führt zu einer Taktabweichung. Folglich hängt die Taktwiederherstellung von möglichst vielen Übergängen im Signal ab, egal, welche Daten gesendet werden.

Bei einer als *Non-Return to Zero Inverted* (NRZI) bezeichneten Methode zur Lösung dieses Problems wird der Sender zu einem Übergang vom aktuellen Signal zur Kodierung einer 1 und zum Verharren auf dem aktuellen Signal veranlasst, um eine 0 zu kodieren. Dadurch wird das Problem aufeinander folgender Einsen zwar gelöst, jedoch nichts für aufeinander folgende Nullen unternommen. NRZI ist in Abb. 2.7 dargestellt. Als weitere Methode überträgt die so genannte *Manchester-Kodierung* das exclusive-ODER (XOR) der NRZ-kodierten Daten und des Takts, um den Takt mit dem Signal zu mischen. (Man stelle sich den lokalen Takt als internes Signal vor, das von low auf high wechselt; ein low/high-Paar gilt als ein Taktzyklus.) Die Manchester-Kodierung ist ebenfalls in Abb. 2.7 dargestellt. Man beachte, dass 0 bei der Manchester-Kodierung als low/high-Übergang und 1 als high/low-Übergang kodiert wird. Da sowohl Nullen als auch Einsen zu einem Übergang im Signal führen, kann der Takt am Empfänger effektiv wiederhergestellt werden. (Es gibt noch eine Variante der Manchester-Kodierung, die so genannte *differenzielle Manchester-Kodierung*, bei der eine 1 mit der ersten Hälfte des Signals, das gleich ist wie die zweite Hälfte des Signals des vorangehenden Bits, eine 0 mit der

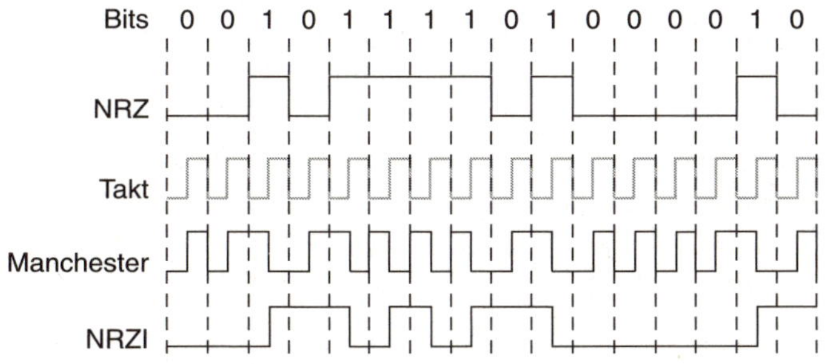

Abb. 2.7: Verschiedene Kodiermethoden

ersten Hälfte des Signals, das ungleich ist wie die zweite Hälfte des Signals des vorangehenden Bits, kodiert wird.)

Bei der Manchester-Kodierung entsteht das Problem, dass sie die Rate verdoppelt, in der Signalübergänge auf der Verbindungsleitung erfolgen. Das bedeutet, dass der Empfänger nur noch über die Hälfte der Zeit verfügt, um jeden Impuls des Signals zu erkennen. Die Rate, in der die Signale sich ändern, nennt man die *Baudrate* der Verbindungsleitung. Bei der Manchester-Kodierung beträgt die Bitrate die Hälfte der Baudrate, sodass der Kodierung eine Effizienz von nur 50% zugeschrieben wird. Wäre der Empfänger in der Lage, mit der schnelleren Baudrate, die von der Manchester-Kodierung gefordert wird (siehe Abb. 2.7), Schritt zu halten, könnte sowohl NRZ als auch NRZI in der gleichen Zeit zweimal so viele Bits übertragen.

Die letzte hier behandelte Kodierung nennt man *4B/5B*. Diese Methode versucht, die Ineffizienz der Manchester-Kodierung zu beseitigen, ohne längere Zeitspannen mit high- oder low-Signalen zu erleiden. Dem Konzept von 4B/5B zufolge werden in den Bitstrom zusätzliche Bits eingefügt, um lange Folgen von 0 oder 1 zu unterbrechen. Konkret werden jeweils 4 Bits der eigentlichen Daten in einen 5-Bit-Code kodiert, der dann an den Empfänger übertragen wird. Daher auch die Bezeichnung 4B/5B. Die 5-Bit-Codes werden so gewählt, dass jedes nicht mehr als eine führende und höchstens zwei nachgestellte Nullen hat. Bei der Übertragung im Wechsel führt also kein Paar von 5-Bit-Codes zur Übertragung von mehr als drei aufeinander folgenden Nullen. Die daraus resultierenden 5-Bit-Codes werden dann mit Hilfe der NRZI-Kodierung übertragen. Dies erklärt, warum sich der Code nur mit aufeinander folgenden Nullen befasst: NRZI löst ja bereits das Problem aufeinander folgender Einsen. Die 4B/5B-Kodierung erreicht eine Effizienz von 80%.

In Tabelle 2.4 werden die 5-Bit-Codes aufgeführt, die jeweils den 16 möglichen 4-Bit-Datensymbolen entsprechen. Da 5 Bit ausreichen, um 32 verschiedene Codes zu kodieren, und wir nur 16 davon für Daten benutzen, bleiben 16 Codes für andere Zwecke übrig. Davon wird Code 11111 benutzt, wenn die Leitung untätig ist. Code 00000 entspricht dem Zustand, in dem die Leitung tot ist, und 00100 wird als Halt interpretiert. Von den restlichen 13 Codes sind 7 nicht gültig, weil sie die Regel »eine führende und zwei nachgestellte Nullen« verletzen, während die übrigen 6 verschiedene Steuersymbole darstellen. Später in diesem Kapitel wird im Zusammenhang mit Sicherungsschichtprotokollen (z.B. FDDI) beschrieben, wie diese Steuersymbole benutzt werden können.

4-Bit-Datensymbol	5-Bit-Code
0000	11110
0001	01001
0010	10100
0011	10101
0100	01010
0101	01011
0110	01110
0111	01111
1000	10010
1001	10011
1010	10110
1011	10111
1100	11010
1101	11011
1110	11100
1111	11101

Tabelle 2.4: 4B/5B-Kodierung

2.3 Erzeugung von Frames

Wir wissen jetzt, wie eine Folge von Bits über eine Punkt-zu-Punkt-Leitung – von Netzwerkkarte zu Netzwerkkarte – übertragen wird und wenden uns dem in Abb. 2.8 dargestellten Szenario zu. Aus Kapitel 1 ist bekannt, dass wir uns auf paketvermittelte Netzwerke konzentrieren, was bedeutet, dass Datenblöcke (die auf dieser Ebene »Frames« genannt werden) und keine Bitströme zwischen Knoten ausgetauscht werden. Der Netzwerkadapter macht es möglich, dass die Knoten Frames austauschen können. Möchte Knoten A einen Frame an Knoten B übertragen, weist er seine Netzwerkkarte an, einen Frame aus seinem Speicher zu übertragen. Dies führt zu einer Bitfolge, die über die Verbindungsleitung gesendet wird. Die Netzwerkkarte an Knoten B nimmt die Bitfolge in Empfang und legt den entsprechenden

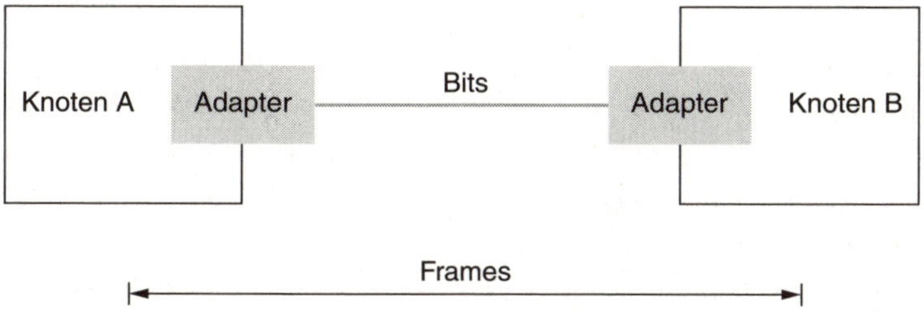

Abb. 2.8: Bits fließen zwischen Netzwerkkarten und Frames zwischen Hosts.

Frame im Speicher von B ab. Die zentrale Aufgabe, mit der sich die Netzwerkkarte dabei befassen muss, ist die Feststellung, wo der Frame beginnt und endet, aus welchen Bits er sich also zusammensetzt.

Für die Lösung dieses Problems gibt es mehrere Möglichkeiten. In diesem Abschnitt werden verschiedene Protokolle betrachtet, um die jeweiligen Designaspekte zu verdeutlichen. Wir besprechen hier zwar die Frame-Erzeugung in Zusammenhang mit Punkt-zu-Punkt-Leitungen, jedoch handelt es sich um ein grundlegendes Problem, das auch in Mehrfachzugriffsnetzen wie Ethernet und Token-Ring behandelt werden muss.

2.3.1 Byte-orientierte Protokolle (BISYNC, PPP, DDCMP)

Eine der ältesten Methoden für die Erzeugung von Frames, die auf die Verbindung von Bildschirmarbeitsplätzen mit Großrechnern zurückgeht, ist die Betrachtung jedes Frames als eine Sammlung von Bytes (Zeichen), und nicht als eine Sammlung von Bits. Diese *byte-orientierte* Methode wird beispielsweise vom BISYNC-Protokoll (Binary Synchronous Communication) umgesetzt, das von IBM Ende der sechziger Jahre entwickelt wurde. Eine weitere Methode dieser Art ist DDCMP (Digital Data Communication Message Protocol), das im DECNET der Digital Equipment Corporation benutzt wird. Teilweise gehen diese Protokolle von einem bestimmten Zeichensatz aus (BISYNC kann z.B. ASCII, EBCDIC und den IBM-eigenen 6-Bit-Transcode verwenden), dies muss aber nicht unbedingt der Fall sein.

Diese beiden Protokolle ähneln sich zwar in vielerlei Hinsicht, sind aber Beispiele von zwei unterschiedlichen Frame-Techniken: der Sentinel- und der Byte-Zählmethode.

Die Sentinel-Methode

Das BISYNC-Protokoll illustriert die Sentinel-Methode; das Frame-Format ist in Abb. 2.9 dargestellt. Diese Abbildung ist die erste einer Reihe, mit denen in diesem Buch Frame- oder Paketformate dargestellt werden. Deshalb sind hier ein paar Worte der Erklärung angebracht. Wir zeigen ein Paket als Gruppe beschrifteter Felder. Über jedem Feld steht eine Zahl, mit der die Länge des betreffenden Felds in Bits angegeben wird. Pakete werden immer beginnend mit dem linken Feld übertragen.

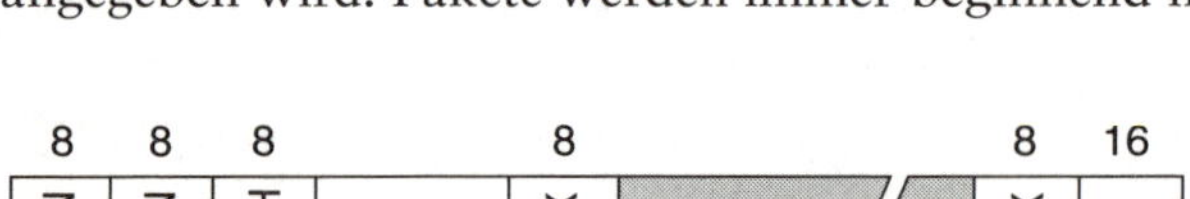

Abb. 2.9: BISYNC-Frame-Format

Der Anfang eines Frames wird durch Senden eines speziellen SYN-Zeichens (Synchronisation) markiert. Der Datenteil des Frames befindet sich zwischen speziellen *Sentinel-Zeichen*: STX (Start of Text) und ETX (End of Text). Das Feld SOH (Start of Header) dient mehr oder weniger dem gleichen Zweck wie das STX-Feld. Die Sentinel-Methode wirft das Problem auf, dass das ETX-Zeichen im Datenteil des Frames erscheinen kann. Bei BISYNC wird dies dadurch umgangen, dass das ETX-Zeichen maskiert wird, indem man ihm ein DLE-Zeichen (Data-Link-Escape) voranstellt, wann immer es im Rumpf eines Frames erscheint. Das DLE-Zeichen wird im Frame-Rumpf ebenfalls maskiert (indem man ihm ein zusätzliches DLE voranstellt). (C-Programmierer stellen jetzt sicherlich fest, dass dies der Verwendung eines Backslash zum Maskieren eines Anführungszeichens entspricht, wenn es innerhalb einer Zeichenkette vorkommt.) Diese Methode nennt man auch *Zeichenstopfen* (Character Stuffing), weil in den Datenteil des Frames zusätzliche Zeichen eingefügt werden.

Das Frame-Format beinhaltet auch ein Feld mit der Bezeichnung CRC (Cyclic Redundancy Check). Es wird zur Erkennung von Übertragungsfehlern benutzt. In Abschnitt 2.4 werden verschiedene, für die Fehlererkennung verwendete Algorithmen vorgestellt. Schließlich enthält der Frame weitere Header-Felder, die man unter anderem für einen Algorithmus für die zuverlässige Zustellung auf der Sicherungsschicht benutzt. Beispiele dieser Algorithmen sind in Abschnitt 2.5 enthalten.

Das neuere Point-to-Point-Protocol (PPP), das meist in Wählverbindungen über Telefonleitung und Modem benutzt wird, ähnelt dem BISYNC dahingehend, dass es Zeichenstopfen anwendet. Abb. 2.10 zeigt das Format eines PPP-Frames. Das spezielle SOT-Zeichen (Start of Text), das in Abb. 2.10 als Flag-Feld angegeben ist, lautet 01111110. Die Felder Address und Control enthalten normalerweise Vorgabewerte und sind daher uninteressant. Das Feld Protocol wird für das Demultiplexen benutzt. Es identifiziert das höhere Protokoll, z.B. IP oder IPX (ein mit IP vergleichbares Protokoll, das von Novell entwickelt wurde). Die Nutzteilgröße des Frames kann ausgehandelt werden, beträgt dem Standard zufolge aber 1.500 Byte. Das Feld Checksum ist entweder 2 (Standard) oder 4 Byte lang.

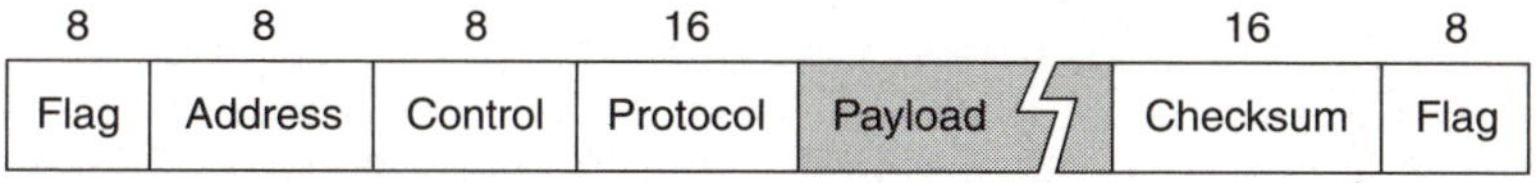

Abb. 2.10: PPP-Frame-Format

Das PPP-Frame-Format ist insofern ungewöhnlich, als mehrere Feldgrößen nicht feststehen, sondern ausgehandelt werden. Diese Verhandlung wird von einem Protokoll namens LCP (Link Control Protocol) durchgeführt. PPP und LCP arbeiten Hand in Hand: LCP sendet in PPP-Frames gekapselte Steuernachrichten. Sie werden durch einen LCP-Bezeichner im PPP-Feld Protocol gekennzeichnet. Dann wird das PPP-Frame-Format auf der Grundlage der in diesen Steuernachrichten enthaltenen Informationen geändert. LCP ist auch am Aufbau einer Verbindung zwischen zwei Partnern beteiligt, wenn beide Seiten das Trägersignal erkennen.

Die Byte-Zählmethode

Bereits im Informatik-Grundstudium erfährt man, dass als Alternative zur Kennzeichnung des Dateiendes mit einem Sentinel-Wert die Anzahl der in der Datei enthaltenen Elemente am Dateianfang angeben werden kann. Das gleiche trifft auch auf die Frame-Erzeugung zu. Man kann die Anzahl der in einem Frame enthaltenen Bytes als Feld in den Frame-Header einfügen. Das DDCMP-Protokoll in DECNET nutzt diese Methode, wie aus Abb. 2.11 ersichtlich wird. Bei diesem Beispiel spezifiziert das Feld COUNT, wie viele Bytes im Nutzdatenteil des Frames enthalten sind.

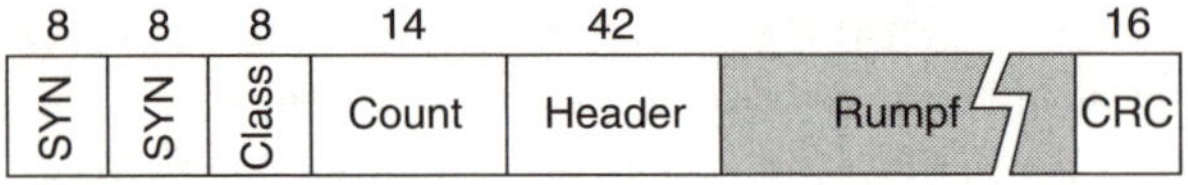

Abb. 2.11: DDCMP-Frame-Format

Ein Risiko ist bei dieser Methode, dass ein Übertragungsfehler das COUNT-Feld verändern kann. In diesem Fall kann das Ende des Frames nicht korrekt erkannt werden. (Ein ähnliches Problem kann auch bei der Sentinel-Methode auftreten, falls das ETX-Feld verfälscht wird.) Sollte dies passieren, kumuliert der Empfänger so viele Bytes wie das fehlerhafte COUNT-Feld angibt. Dann benutzt er das Fehlererkennungsfeld, um festzustellen, dass der Frame fehlerhaft ist. Dies nennt man auch *Frame-Fehler.* Der Empfänger wartet dann auf das nächste SYN-Zeichen und beginnt wieder mit dem Empfang der Bytes, aus denen sich der nächste Frame zusammensetzt. Daher ist es möglich, dass ein Frame-Fehler zu mehreren fehlerhaft empfangenen Frames führt.

Was ist eine Schicht?

Einer der wichtigsten Beiträge des in Kapitel 1 eingeführten OSI-Referenzmodells war die Bereitstellung eines Vokabulars für die Definition von Protokollen und Protokollschichten. Dieses Vokabular hat zahlreiche Diskussionen angefacht, etwa im Sinne von »Dein Protokoll führt Funktion X auf Schicht Y aus, während das OSI-Referenzmodell besagt, dass sie auf Schicht Z ausgeführt werden sollte, sodass es sich um eine Schichtverletzung handelt.« Tatsächlich ist es schwierig, die jeweils richtige Schicht für die Ausführung einer bestimmten Funktion festzulegen. Der Grund hierfür ist normalerweise tiefgehender als »Was steht im OSI-Modell?« Auch deshalb wird in diesem Buch ein strikter Ansatz nach dem Schichtenmodell vermieden. Stattdessen werden zahlreiche Funktionen beschrieben, die von Protokollen ausgeführt werden müssen, und es werden Wege dargestellt, wie sie erfolgreich implementiert worden sind.

Trotz unseres nicht auf Schichten ausgerichteten Ansatzes brauchen wir manchmal geeignete Verfahren, um über Protokollklassen zu diskutieren; die Bezeichnung der Schicht, auf der sie laufen, ist oft das beste. So konzentrieren wir uns in diesem Kapitel z.B. vorwiegend auf Protokolle der Sicherungsschicht. (Die in Abschnitt 2.2 beschriebene Bitkodierung bildet eine Ausnahme; sie gehört zur Bitübertragungsschicht.) Protokolle der Sicherungsschicht lassen sich dadurch identifizieren, dass sie über einzelne Verbindungsleitungen laufen, also über den in diesem Kapitel behandelten Netzwerktyp. Protokolle der Netzwerkschicht laufen demgegenüber in vermittelten Netzwerken, die zahlreiche über Vermittler verbundene Leitungen umfassen. Diese Protokolle sind Thema von Kapitel 3 und 4.

Protokollschichten sollen nützlich sein. Sie sind hilfreich, um Protokollklassen zu diskutieren und das Problem der Zusammenstellung von Netzwerken in handhabbare Teilaufgaben zu gliedern. Sie haben aber keine übermäßig restriktive Bedeutung. Allein die Tatsache, dass etwas eine Schichtverletzung darstellt, bedeutet nicht, dass man eine bestimmte Idee nicht weiterverfolgen soll. Anders ausgedrückt, ist die Unterteilung in Schichten ein guter Diener, aber ein schlechter Herr. Eine besonders interessante Diskussion über die beste Schicht, auf der eine bestimmte Funktion angeordnet werden sollte, wird in Zusammenhang mit Überlastkontrolle in Kapitel 6 angeschnitten.

2.3.2 Bitorientierte Protokolle (HDLC)

Im Gegensatz zu diesen byte-orientierten Protokollen muss sich ein bitorientiertes Protokoll nicht um Byte-Grenzen kümmern. Es betrachtet den Frame einfach als Sammlung von Bits. Diese Bits können aus einem Zeichensatz, z.B. ASCII, stammen, sie können Pixelwerte eines Bilds oder Instruktionen und Operanden einer ausführbaren Datei sein. Das von IBM entwickelte SDLC-Protokoll (Synchronous Data Link Control) ist ein Beispiel eines bitorientierten Protokolls. SDLC wurde später von der OSI unter der Bezeichnung HDLC (High-level Data Link Control) als Protokoll standardisiert. In der folgenden Darstellung benutzen wir HDLC als Beispiel; sein Frame-Format ist in Abb. 2.12 dargestellt.

Abb. 2.12: HDLC-Frame-Format

HDLC kennzeichnet Anfang und Ende eines Frames durch die spezielle Bitfolge 01111110. Diese Folge wird auch ständig übertragen, wenn die Verbindungsleitung untätig ist, sodass Sender und Empfänger ihren Takt synchronisieren können. Auf diese Weise nutzen beide Protokolle eigentlich die Sentinel-Methode. Da diese Folge aber auch irgendwo im Nutzdatenteil des Frames erscheinen kann, sich die Bits 01111110 also über Byte-Grenzen hinaus erstrecken können, nutzen bitorientierte Protokolle ein Analogon zum DLE-Zeichen, eine Technik, die man als *Bitstopfen (Bit Stuffing)* bezeichnet.

Bitstopfen funktioniert im HDLC-Protokoll wie folgt: Auf der sendenden Seite fügt der Sender jedes Mal, wenn fünf aufeinander folgende Einsen aus dem Rumpf der Nachricht (d.h. außer wenn der Sender versucht, die spezielle Folge 01111110 zu übertragen) übertragen wurden, eine 0 ein, bevor er das nächste Bit überträgt. Kommen an der empfangenden Seite fünf aufeinander folgende Einsen an, trifft der Empfänger auf der Grundlage des nächsten Bits (also das den fünf Einsen folgende Bit) eine Entscheidung. Ist dieses Bit eine 0, muss es gestopft worden sein. Folglich entfernt es der Empfänger. Ist das nächste Bit eine 1, trifft einer von zwei möglichen Fällen zu: entweder es handelt sich um eine Frame-Endemarkierung oder der Bitstrom enthält einen Fehler. Durch Ansehen des nächsten Bits kann der Empfänger zwischen den beiden Fällen unterscheiden: Erkennt er eine 0 (die letzten acht Bits waren also 01111110), handelt es sich um die Frame-Endemarkierung. Wenn er eine 1 erkennt (die letzten acht Bits also 01111111 waren), muss ein Fehler vorliegen und der gesamte Frame wird verworfen. In diesem Fall muss der Empfänger auf die nächsten 01111110 warten, bis er wieder empfangen kann. Folglich besteht auch hier die Möglichkeit, dass zwei aufeinander folgende Frames den Empfänger nicht erreichen. Selbstverständlich gibt es noch Fälle, in denen Frame-Fehler unerkannt bleiben, wenn beispielsweise ein vollständig falsches Frame-Endemuster durch Fehler erzeugt wird. Diese Fehler sind aber eher unwahrscheinlich. Robuste Methoden für die Erkennung von Fehlern werden in Abschnitt 2.4 behandelt.

Interessant ist beim Bitstopfen, aber auch beim Zeichenstopfen, dass die Größe eines Frames von den im Nutzdatenteil des Frames gesendeten Daten abhängt. Anders ausgedrückt: Es können nicht alle Frames genau die gleiche Größe haben, weil ein Frame eine beliebige Datenmenge enthalten kann. (Wenn Sie sich selbst davon überzeugen wollen, überlegen Sie, was passiert, wenn das letzte Byte eines Frame-Rumpfes das ETX-Zeichen ist.) Im nächsten Abschnitt wird eine Frame-Form beschrieben, bei der alle Frames garantiert die gleiche Größe haben.

2.3.3 Taktbasierte Erzeugung von Frames (SONET)

Ein gutes Beispiel der dritten Methode für die Erzeugung von Frames ist der SONET-Standard (Synchronous Optical Network). Mangels eines weithin akzeptierten allgemeinen Begriffs nennen wir diese Methode einfach *taktbasierte Erzeugung von Frames*. SONET wurde erstmals von Bell Communications Research (Bellcore) vorgeschlagen und dann vom American National Standards Institute (ANSI) für die digitale Übertragung über Glasfaser entwickelt. Der Standard wurde mittlerweile von der ITU-T übernommen. Uns interessiert jedoch nicht so sehr, wer was wann standardisiert hat, sondern vielmehr, dass es sich um den vorherrschenden Standard für die Fernübertragung von Daten über optische Netzwerke handelt.

Bevor wir uns näher mit SONET befassen, ist ein Hinweis wichtig: Die Spezifikation des Standards ist weit umfangreicher als dieses Buch. Zwangsläufig werden im Folgenden nur die wichtigsten Punkte des Standards angesprochen. Außerdem beinhaltet SONET sowohl Frame- als auch Kodierungsaspekte. Der Standard befasst sich auch mit einem Problem, das für Telefongesellschaften wichtig ist: Das Multiplexen mehrerer Verbindungsleitungen mit niedriger auf eine einzige mit hoher Geschwindigkeit. Wir beginnen mit der Erzeugung von Frames und gehen anschließend auf die weiteren Aspekte ein.

Wie bei den zuvor behandelten Methoden zur Erzeugung von Frames enthält ein SONET-Frame spezielle Informationen, durch die der Empfänger Anfang und Ende einzelner Frames erkennt. Da enden aber auch schon die Ähnlichkeiten. Man beachte, dass kein Bitstopfen angewandt wird, sodass die Länge eines Frames nicht von den übertragenen Daten abhängt. Es stellt sich also die Frage, wie der Empfänger wissen kann, wo jeder Frame beginnt und endet? Wir beantworten diese Frage anhand der SONET-Verbindung mit der niedrigsten Geschwindigkeit, die als »STS-1« bezeichnet wird und 51,84 Mbit/s unterstützt. Abb. 2.13 zeigt einen STS-1-Frame. Er ist in neun Zeilen mit je 90 Byte angeordnet. Die ersten 3 Bytes jeder Zeile sind Overhead; der Rest ist für Nutzdaten verfügbar. Die ersten 2 Bytes eines Frames enthalten ein spezielles Bitmuster. Genau diese beiden Bytes ermöglichen es dem Empfänger, den Frame-Anfang zu erkennen. Da kein Bitstopfen verwendet wird, kann dieses Muster gelegentlich auch im Nutzdatenteil des Frames vorkommen. Um dies zu verhindern, sucht der Empfänger ständig das spezielle Bitmuster in der Hoffnung, es alle 810 Byte vorzufinden, weil jeder Frame 9 × 90 = 810 Byte lang ist. Kommt das betreffende Muster oft genug an der richtigen Stelle vor, schlussfolgert der Empfänger, dass er synchron ist und den Frame richtig interpretiert.

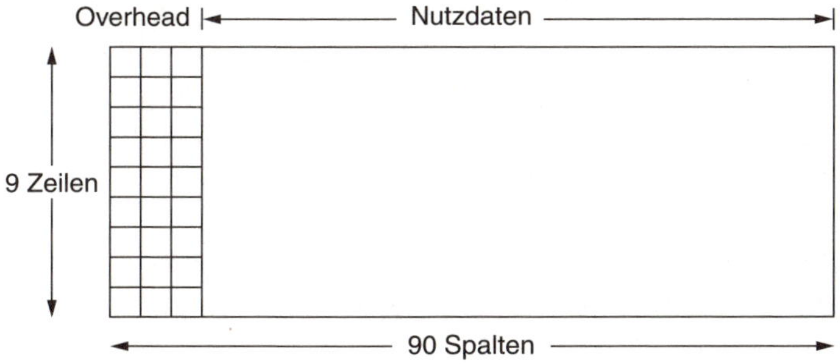

Abb. 2.13: STS-1-Frame des SONET-Standards

Was wir auf Grund der Komplexität des SONET-Standards unter anderem nicht beschreiben, ist die detaillierte Verwendung aller übrigen Overhead-Bytes. Ein Teil dieser Komplexität ist der Tatsache zuzuschreiben, dass SONET auf dem optischen Netzwerk eines Betreibers läuft, und nicht nur über eine einzelne Verbindungsleitung. (Wir übergehen hier die Tatsache, dass die Betreiber ein Netzwerk implementieren und konzentrieren uns stattdessen darauf, dass wir eine SONET-Verbindungsleitung von ihnen mieten und sie dann benutzen können, um unser eigenes paketvermitteltes Netzwerk zu bauen.) Weitere Komplexität ist dem Umstand zuzuschreiben, dass SONET viel reichhaltigere Dienste als den reinen Datentransfer bietet. So werden beispielsweise 64 Kbit/s der Kapazität einer SONET-Verbindungsleitung für einen Sprachkanal reserviert, der für Wartungsaufgaben benutzt wird.

Die Overhead-Bytes eines SONET-Frames werden mittels NRZ kodiert, also mit der einfachen oben beschriebenen Kodiermethode, bei der Einsen high und Nullen low sind. Um genügend Übergänge sicherzustellen, damit der Empfänger den Takt des Senders rückgewinnen kann, werden die Nutzdaten-Bytes *gemischt* (scrambled). Dies geschieht durch Berechnung des exclusive-ODER (XOR) der zu übertragenden Daten und Verwendung eines gut bekannten Bitmusters. Dieses Bitmuster ist 127 bit lang und umfasst zahlreiche Übergänge von 1 auf 0, sodass XOR mit den übertragenen Daten mit hoher Wahrscheinlichkeit ein Signal mit ausreichend Übergängen ergibt, um die Taktwiederherstellung zu ermöglichen.

SONET unterstützt das Multiplexen mehrerer Verbindungsleitungen mit niedriger Geschwindigkeit. Eine bestimmte SONET-Verbindungsleitung läuft beispielsweise mit einer Reihe von möglichen Raten, die von 51,84 Mbit/s (STS-1) bis 2488,32 Mbit/s (STS-48) und mehr reichen. (Tabelle 2.2 in Abschnitt 2.1 enthält alle SONET-Datenraten.) Diese Raten sind immer ganzzahlige Vielfache von STS-1. Die Raten sind für die Frame-Erzeugung wichtig, weil ein einzelner SONET-Frame auch Teil-Frames für mehrere Kanäle mit niedrigeren Raten enthalten kann. Ein zweites damit zusammenhängendes Merkmal ist, dass jeder Frame 125 µs lang ist. Das bedeutet, dass ein SONET-Frame in STS-1-Raten 810 Byte und in STS-3-Raten 2.430 Byte lang ist. Man beachte, dass das Zusammenspiel zwischen diesen beiden Merkmalen ergibt, dass drei STS-1-Frames genau in einen STS-3-Frame passen (3 × 810 = 2.430).

Als logische Folgerung stelle man sich den STS-*N*-Frame so vor, als bestünde er aus *N* STS-1-Frames, wobei die Bytes dieser Frames verzahnt sind. Das heißt, es wird ein Byte des ersten Frames, dann eines des zweiten übertragen, usw. Die Verzahnung (Interleaving) der Bytes eines jeden STS-*N*-Frames soll sicherstellen, dass die Bytes jedes STS-1-Frames den gleichen Abstand haben. Sie kommen beim Empfänger also gleichmäßig mit 51 Mbit/s an, und nicht alle auf einem Haufen innerhalb eines bestimmten *N*-ten Teils des 125-µs-Intervalls.

Obwohl ein STS-*N*-Signal benutzt werden kann, um *N* STS-1-Frames zu multiplexen, können die Nutzdaten aus diesen STS-1-Frames auch verkettet werden, um einen größeren STS-*N*-Nutzdatenteil zu bilden. Diese Verkettung nennt man STS-*N*c (*c* für *concatenated*, verkettet). Eines der Felder im Overhead wird eigens für diesen Zweck benutzt. Abb. 2.14 zeigt eine schematische Verkettung dreier STS-1-Frames, die zu einem STS-3c-Frame verkettet werden. Warum nun diese SONET-Verbindung als STS-3c und nicht als STS-3 bezeichnet wird, hat einen Grund: Im ersten Fall kann der Benutzer die Verbindung als einzelne 155,25-Mbit/s-Pipeline betrachten, während er es bei STS-3 im Grunde mit drei 51,84-Mbit/s-Verbindungsleitungen zu tun hat, die einen Lichtwellenleiter gemeinsam nutzen.

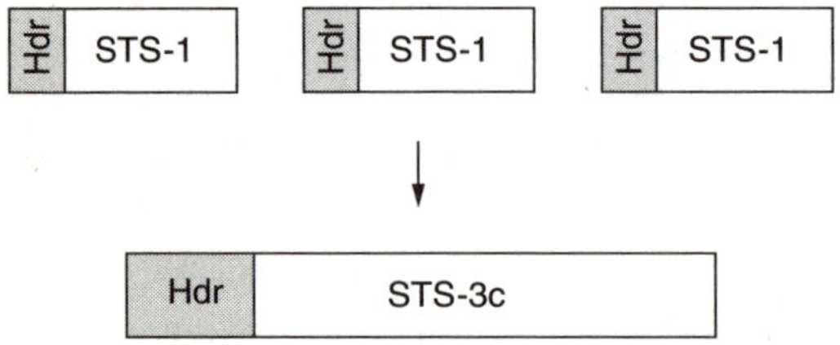

Abb. 2.14:
Drei auf einen STS-3c-Frame gemultiplexte STS-1-Frames

Schließlich bleibt zu erwähnen, dass die obige Beschreibung von SONET sehr vereinfacht ist, weil wir davon ausgegangen sind, dass sich die Nutzdaten jedes Frames vollständig innerhalb des Frames befinden. (Warum wird es nicht so sein?) Tatsache ist, dass wir uns den soeben beschriebenen STS-1-Frame lediglich als Platzhalter (für den eigentlichen Frame) vorstellen sollten, während die eigentlichen Nutzdaten möglicherweise quer über Rahmengrenzen hinweg *gleiten*. Diese Situation wird aus

Abb. 2.15 ersichtlich. Hier sehen wir die über zwei STS-1-Frames gleitenden STS-1-Nutzdaten und deren Verschiebung um einige Bytes nach rechts, sodass sie umlaufen. Eines der Felder im Frame-Overhead kennzeichnet den Anfang der Nutzdaten. Diese Eigenschaft vereinfacht die Taktsynchronisation im gesamten Netzwerk des Betreibers – eine Aufgabe, die letzteren generell viel Kopfzerbrechen bereitet.

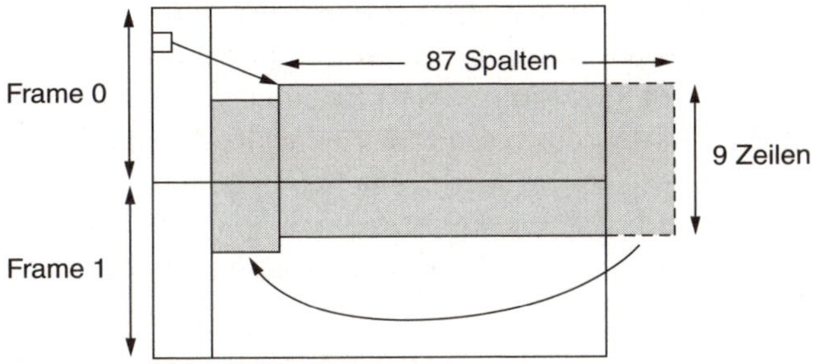

Abb. 2.15:
Phasenverschobene SONET-Frames

2.4 Fehlererkennung

Aus Kapitel 1 wissen wir, dass Frames manchmal Bitfehler enthalten können. Mögliche Gründe sind beispielsweise elektromagnetische Störungen oder thermisches Rauschen. Obwohl solche Fehler, insbesondere in Lichtwellenleitern, selten vorkommen, ist ein Mechanismus erforderlich, um sie zu erkennen und korrektive Maßnahmen durchführen zu können. Andernfalls wundert sich vielleicht ein Endbenutzer, warum das gerade erfolgreich kompilierte C-Programm nun plötzlich einen Syntaxfehler enthält, obwohl in der Zwischenzeit doch nichts passiert ist, außer dass es über ein Netzwerk kopiert wurde.

Die für die Behandlung von Bitfehlern in Computersystemen angewandten Techniken blicken auf eine lange Geschichte zurück. Sie datieren aus der Zeit der Hamming- und Reed/Solomon-Codes, die für die Speicherung von Daten auf Magnetplatten und auf den ersten Kernspeichern entwickelt wurden. In diesem Abschnitt werden einige der in Netzwerken am häufigsten angewandten Fehlererkennungstechniken beschrieben.

Die Erkennung von Fehlern ist die eine Seite des Problems. Die zweite ist die Korrektur erkannter Fehler. Es gibt zwei grundlegende Methoden, die angewandt werden können, wenn der Empfänger einer Nachricht einen Fehler erkennt. Bei der einen wird der Sender benachrichtigt, dass die Nachricht verfälscht wurde, und veranlasst, die Nachricht erneut zu übertragen. Bei der zweiten kommen bestimmte Fehlererkennungsalgorithmen zum Einsatz, mit denen der Empfänger eine verfälschte Nachricht wieder korrekt nachbilden kann. Solche Algorithmen basieren auf den nachfolgend beschriebenen *Fehlerkorrekturcodes*.

Eine der häufigsten Techniken für die Erkennung von Übertragungsfehlern wird als *CRC* (Cyclic Redundancy Check) bezeichnet. Sie wird in fast allen oben behandelten Protokollen der Sicherungsschicht, z.B. HDLC und DDCMP, aber auch in den später in diesem Kapitel beschriebenen CSMA- und Token-Ring-Protokollen benutzt. In Abschnitt 2.4.3 wird der grundlegende CRC-Algorithmus beschrieben. Zuvor betrachten wir aber zwei einfachere Methoden, die ebenso weit verbreitet sind: *zweidimensionale Parität* und *Prüfsummen*. Die erste dieser beiden Methoden wird im BISYNC-Protokoll bei der Übertragung von ASCII-Zeichen (CRC wird als Fehlercode benutzt, wenn BISYNC zur Übertragung des EBCDIC-Zeichensatzes herangezogen wird) und die zweite wird in mehreren Internet-Protokollen benutzt.

Jeder Fehlererkennungsmethode liegt das Konzept zugrunde, redundante Informationen in einen Frame einzufügen, mit denen dann ermittelt wird, ob Fehler entstanden sind. Im Extremfall kann man sich vorstellen, dass zwei vollständige Kopien der Daten übertragen werden. Kommen die beiden Kopien beim Empfänger identisch an, sind beide mit hoher Wahrscheinlichkeit richtig. Unterscheiden sie sich, enthält eine (oder beide) einen Fehler und werden verworfen. Das ist aus zwei Gründen eine sehr schlechte Fehlererkennungsmethode: Erstens werden n redundante Bits für eine n-Bit-Nachricht übertragen. Zweitens bleiben viele Fehler unerkannt, nämlich dann, wenn zufällig die gleichen Bitpositionen in beiden Kopien der Nachricht verfälscht werden.

Zum Glück stehen bessere Methoden zur Verfügung. Im allgemeinen können wir bereits recht starke Fehlererkennungsfähigkeiten bereitstellen, wenn wir nur k redundante Bits für eine n-Bit-Nachricht senden, wobei $k \ll n$. In einem Ethernet kommt ein Frame, der bis zu 12.000 Datenbits (1.500 Byte) enthält, beispielsweise mit einem 32 Bit langen CRC-Code aus (CRC-32, um den gebräuchlichen Begriff zu verwenden). Ein solcher Code fängt den Großteil der Fehler ab, wie wir später noch sehen werden.

Die zusätzlich gesendeten Bits nennen wir redundant, weil sie keine neuen Informationen zur Nachricht beitragen. Vielmehr werden sie mit Hilfe eines wohldefinierten Algorithmus unmittelbar von der ursprünglichen Nachricht abgeleitet. Sender und Empfänger wissen genau, um welchen Algorithmus es sich handelt. Der Sender wendet den Algorithmus auf die Nachricht an, um die redundanten Bits zu erzeugen. Dann überträgt er sowohl die Nachricht als auch die wenigen zusätzlichen Bits. Wendet der Empfänger den gleichen Algorithmus auf die empfangene Nachricht an, sollte er (sofern kein Fehler enthalten ist) auf das gleiche Ergebnis wie der Sender kommen. Er vergleicht das Ergebnis mit demjenigen, das der Sender übertragen hat. Stimmen sie überein, kann er (mit hoher Wahrscheinlichkeit) annehmen, dass während der Übertragung keine Fehler in die Nachricht eingeführt wurden. Stimmen sie nicht überein, kann er mit Sicherheit davon ausgehen, dass entweder die Nachricht oder die redundanten Bits verfälscht wurden. Er muss dann eine entsprechende Maßnahme einleiten, d.h. er verwirft die Nachricht oder korrigiert sie, falls möglich.

Hier ein Hinweis auf die für diese zusätzlichen Bits verwendete Terminologie. Im allgemeinen werden sie als Fehlererkennungscode bezeichnet. In besonderen Fällen, wenn der zum Erzeugen des Codes verwendete Algorithmus auf Addition basiert, werden sie *Prüfsumme* genannt. Wir werden später noch sehen, dass die Internet-Prüfsumme zurecht so bezeichnet wird: Es handelt sich um eine Fehlerprüfung basierend auf einem Summierungsalgorithmus. Leider wird mit dem Begriff »Prüfsumme« oft ungenau jegliche Form von Fehlererkennungscodes, einschließlich CRCs, bezeichnet. Da dies Verwirrung stiftet, legen wir Ihnen dringend nahe, das

Wort nur zur Bezeichnung der Codes zu verwenden, die tatsächlich auf Addition basieren, und die allgemeine, in diesem Abschnitt beschriebene Codeklasse »Fehlererkennungscode« zu nennen.

2.4.1 Zweidimensionale Parität

Zweidimensionale Parität ist genau das, was die Bezeichnung vermuten lässt. Sie basiert auf einer »einfachen« (eindimensionalen) Parität, die normalerweise die Addition eines zusätzlichen Bits zu einem 7-Bit-Code umfasst, um die Anzahl von Einsen im Byte auszugleichen. Beispielsweise setzt ungerade Parität das achte Bit nötigenfalls auf 1, damit die Anzahl der Einsen im Byte ungerade ist, während gerade Parität das achte Bit bei Bedarf auf 1 setzt, um eine gerade Anzahl von Einsen im Byte zu bewirken. Zweidimensionale Parität führt eine solche Berechnung für die jeweilige Bitposition quer über jedes im Frame enthaltene Byte durch. Dies ergibt ein zusätzliches Paritäts-Byte für den gesamten Frame, zusätzlich zu einem Paritätsbit für jedes Byte. Abb. 2.16 zeigt die Funktionsweise der zweidimensionalen geraden Parität an einem Beispiel-Frame, der 6 Daten-Bytes enthält. Z.B. ist das dritte Bit des Paritäts-Bytes 1, weil hier die dritten Bits aller 6 Bytes des Frames zusammen eine ungerade Anzahl von Einsen enthalten. Es lässt sich zeigen, dass die zweidimensionale Parität alle 1-, 2- und 3-Bit-Fehler sowie die meisten 4-Bit-Fehler erkennt. In diesem Fall haben wir 14 Bit an redundanten Informationen an eine 42-Bit-Nachricht angefügt. Trotzdem erreichen wir im Vergleich zum oben beschriebenen »Wiederholungscode« einen besseren Schutz vor häufigen Fehlern.

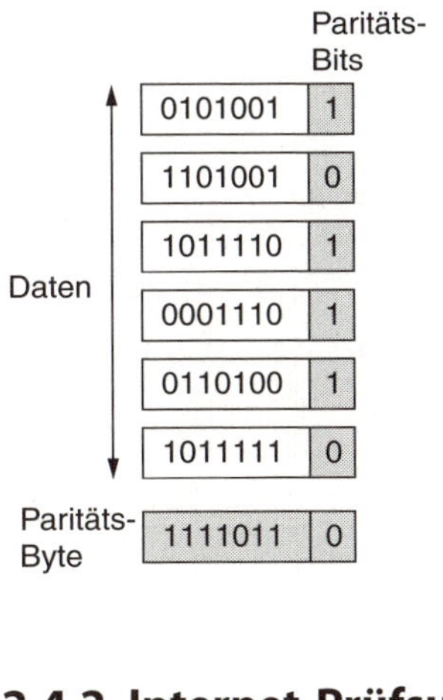

Abb. 2.16: Zweidimensionale Parität

2.4.2 Internet-Prüfsummenalgorithmus

Eine zweite Fehlererkennungsmethode wird am Beispiel der Internet-Prüfsumme dargestellt. Obwohl sie nicht auf der Sicherungsschicht angewandt wird, bietet sie die gleiche Funktionalität wie CRC und Parität. Deshalb wird sie hier behandelt. Die Abschnitte 4.1, 5.1 und 5.2 enthalten Beispiele dieser Methode.

Die Internet-Prüfsumme gründet auf einem sehr einfachen Konzept. Man addiert alle zu übertragenden Wörter und überträgt dann das Ergebnis dieser Summe, also die Prüfsumme. Der Empfänger führt die gleiche Berechnung mit den empfangenen Daten durch und vergleicht das Ergebnis mit der empfangenen Prüfsumme. Sind übertragene Daten oder die Prüfsumme selbst verfälscht, stimmen die Ergebnisse nicht überein, sodass der Empfänger weiß, dass ein Fehler vorliegt.

Man kann sich das Grundkonzept einer Prüfsumme in vielen verschiedenen Varianten vorstellen. Das in den Internet-Protokollen angewandte Schema funktioniert wie folgt: Man betrachte die einer Prüfsummenermittlung zu unterziehenden Daten als Folge von 16-Bit-Zahlen. Man addiere sie mit Hilfe der (unten erklärten) Einerkomplement-Arithmetik und verwende das Einerkomplement des Ergebnisses. Diese 16-Bit-Zahl ist die Prüfsumme.

Bei der Einerkomplement-Arithmetik wird eine negative Ganzzahl -*x* als Komplement von *x* dargestellt, indem jedes Bit von *x* invertiert wird. Addiert man die Zahlen in der Einerkomplement-Arithmetik, muss ein Übertrag aus dem werthöchsten Bit zum Ergebnis addiert werden. Man betrachte beispielsweise die Addition von -5 und -3 in der Einerkomplement-Arithmetik mit 4-Bit-Ganzzahlen. +5 ist 0101, -5 ist also 1010; +3 ist 0011, also ist -3 1100. Wenn wir 1010 und 1100 addieren und dabei den Übertrag ignorieren, erhalten wir 0110. In der Einerkomplement-Arithmetik müssen wir auf Grund der Tatsache, dass diese Operation einen Übertrag aus dem werthöchsten Bit ergibt, das Ergebnis inkrementieren, sodass wir 0111 erhalten. Wie erwartet, erhalten wir (durch Inversion der Bits in 1000) die Einerkomplement-Darstellung von -8.

Die folgende Routine stellt eine unkomplizierte Implementierung des Algorithmus der Internet-Prüfsumme dar. Das Argument `count` gibt die Länge von `buf` an, gemessen in 16-Bit-Einheiten. Die Routine nimmt an, dass `buf` bereits mit Nullen auf eine 16-Bit-Grenze aufgefüllt wurde.

```
u_short
cksum(u_short *buf, int count)
{
    register u_long sum = 0;

    while (count--)
    {
        sum += *buf++;
        if (sum & 0xFFFF0000)
        {
            /* Umbrechen, weil sich ein Übertrag ergeben hat */
               sum &= 0xFFFF;
            sum++;
        }
    }
    return ~ (sum & 0xFFFF);
}
```

Dieser Code stellt sicher, dass bei der Berechnung die Einerkomplement-Arithmetik und nicht das in den meisten Rechnern benutzte Zweierkomplement herangezogen wird. Man beachte, dass sich die `if`-Anweisung innerhalb der `while`-Schleife befindet. Ergibt sich ein Übertrag auf die oberen 16 Bit von `sum`, inkrementieren wir `sum` genauso wie im vorherigen Beispiel.

Bezüglich der verwendeten Zahl redundanter Bits – nur 16 für eine Nachricht beliebiger Länge – ist dieser Algorithmus dem Wiederholungscode überlegen, schneidet hinsichtlich Fehlererkennung aber schlechter ab. Zwei Einzelbitfehler, von denen einer ein Wort inkrementiert und der andere ein anderes Wort um den gleichen Betrag dekrementiert, würde beispielsweise unerkannt bleiben. Der Grund dafür, dass dieser Algorithmus trotz seines relativ schwachen Schutzes vor Fehlern (etwa im Vergleich zu einer CRC) verwendet wird, ist simpel: Dieser Algorithmus lässt sich viel einfacher in Software implementieren. Erfahrungen mit dem ARPANET hatten gezeigt, dass eine Prüfsumme dieser Art ausreichte. Das liegt daran, dass diese Prüfsumme die letzte »Verteidigungslinie« in einem Ende-zu-Ende-Protokoll ist. Der Großteil der Fehler wird auf der Sicherungsschicht von stärkeren Fehlererkennungsalgorithmen wie z.B. CRCs aufgefangen.

Einfache Wahrscheinlichkeitsrechnungen

Wenn wir uns mit Netzwerkfehlern und anderen (hoffentlich) unwahrscheinlichen Ereignissen beschäftigen, müssen wir uns oft einfacher Wahrscheinlichkeitsschätzungen bedienen. Ein nützlicher Ansatz dazu ist folgender: Wenn zwei unabhängige Ereignisse *kleine* Wahrscheinlichkeiten p und q haben, dann ist die Wahrscheinlichkeit, dass eines der beiden Ereignisse eintritt, $p + q$. Die genaue Antwort lautet $1 - (1 - p)(1 - q) = p + q - pq$. Bei $p = q = 0{,}01$ ist diese Schätzung 0,02, während der exakte Wert 0,0199 beträgt.

Um diese Näherung einfach anzuwenden, nehmen wir an, dass die Fehlerrate pro Bit auf einer Leitung 1 zu 10^7 beträgt. Unter der Annahme, dass alle vorkommenden Bitfehler unabhängig sind (was in Wirklichkeit nicht der Fall ist), beträgt die Wahrscheinlichkeit mindestens eines Fehlers pro 10.000-Bit-Paket näherungsweise $10^4/10^7 = 10^{-3}$. Die exakte Berechnung mit $1 - P$(keine Fehler) liefert $1 - (1 - 10^{-7})^{10.000} = 0{,}00099950$.

In einer etwas komplexeren Anwendung berechnen wir die Wahrscheinlichkeit von zwei Fehlern in einem solchen Paket. Dies ist die Wahrscheinlichkeit eines Fehlers, der sich durch die 1-Paritätsbit-Prüfsumme durchschleicht. Wenn E_{ij} das Ereignis ist, dass die Bits i und j fehlerhaft sind $(0 \leq i < j < 10^{4})$, beträgt die Wahrscheinlichkeit dieses Ereignisses ungefähr $p = 10^{-7} \times 10^{-7} = 10^{-14}$. Bei einem bestimmten Wert von j ist die Anzahl möglicher Ereignisse E_{ij}, für die gilt $i < j$, gerade gleich j. Addieren wir die Anzahl dieser Ereignisse für alle $j < 10^4$, erhalten wir $1 + 2 + \ldots + (10^4 - 1) \approx \frac{1}{2}\, 10^8$. Die endgültige Wahrscheinlichkeit ist folglich $\frac{1}{2}\, 10^8 \times 10^{-14} = \frac{1}{2}\, 10^{-6}$.

Wenn wir versucht hätten, *P*(zwei Fehler) = *P*(erster Fehler) × *P*(zweiter Fehler) zu schätzen und bei diesen letzten beiden von *P*(ein Fehler) = 10^{-3} ausgegangen wären, hätten wir hier 10^{-6} erhalten, womit wir ziemlich falsch liegen würden. Das Problem ist bei diesem Ansatz, dass nicht alle *i* mit gleicher Wahrscheinlichkeit die Position des ersten Fehlers bezeichnen. Anders betrachtet, haben wir die Wahrscheinlichkeit um einen Faktor von überschätzt, weil wir Fehler in Positionen (*i, j*) und (*j, i*) getrennt gezählt haben, während sie nur einmal gezählt werden müssen.

2.4.3 CRC (Zyklische Redundanzprüfung)

Inzwischen dürfte ein wichtiges Ziel bei der Entwicklung von Fehlererkennungsalgorithmen klar geworden sein: die Maximierung der Wahrscheinlichkeit, Fehler unter Verwendung einer kleinen Anzahl redundanter Bits zu erkennen. CRC (Cyclic Redundancy Check, zyklische Redundanzprüfung) erreicht dieses Ziel mit relativ mächtigen mathematischen Methoden. Eine 32-Bit-CRC bietet z.B. guten Schutz vor üblichen Bitfehlern in Nachrichten, die Tausende Byte lang sind. Die theoretische Basis der zyklischen Redundanzprüfung ist das, was Mathematiker »endliche Felder« nennen. Das hört sich komplizierter an, als es ist.

Wir stellen uns zunächst vor, dass eine Nachricht von $(n+1)$ Bit durch ein Polynom vom Grad n repräsentiert wird, d.h. ein Polynom, dessen Term höchster Ordnung x^n ist. Die Nachricht wird durch ein Polynom dargestellt, indem man den Wert jedes Bits der Nachricht als Koeffizient für jeden Term des Polynoms verwendet, beginnend mit dem werthöchsten Bit für den Term der höchsten Ordnung. Eine 8-Bit-Nachricht, die sich aus den Bits 10011010 zusammensetzt, entspricht beispielsweise dem Polynom

$$\begin{aligned} M(x) &= 1 \times x^7 + 0 \times x^6 + 0 \times x^5 + 1 \times x^4 + 1 \times x^3 + 0 \times x^2 + 1 \times x^1 + 0 \times x^0 \\ &= x^7 + x^4 + x^3 + x^1 \end{aligned}$$

Wir können uns folglich Senden und Empfangen als Austausch von Polynomen vorstellen.

Zum Zweck der Berechnung einer CRC müssen Sender und Empfänger ein *Divisor*-Polynom, $C(x)$, vereinbaren. $C(x)$ ist ein Polynom mit Grad k. Sei z.B. $C(x) = x^3 + x^2 + 1$, ist $k = 3$. Die Antwort auf die Frage, wo $C(x)$ herkommt, ist in den meisten praktischen Fällen: »Schlag es in einem Buch nach.« Wie wir später zeigen werden, hat die Wahl von $C(x)$ tatsächlich eine große Wirkung darauf, welche Fehlerarten zuverlässig erkannt werden können. Es gibt eine Reihe von Divisor-Polynomen, die sich für verschiedene Umgebungen sehr gut eignen. Die genaue Auswahl wird normalerweise im Rahmen des Protokolldesigns getroffen. Der Ethernet-Standard nutzt beispielsweise ein wohlbekanntes Polynom mit Grad 32.

Möchte ein Sender eine Nachricht $M(x)$ übertragen, die n+1 Bit lang ist, sendet er in Wirklichkeit die (n+1)-Bit-Nachricht plus k Bit. Für uns ist $P(x)$ die komplette Nachricht, einschließlich der redundanten Bits. Wir sorgen dafür, dass das Polynom, das $P(x)$ darstellt, genau durch $C(x)$ teilbar ist. Wie wir das erreichen, wird weiter unten erklärt. Wird $P(x)$ über eine Verbindungsleitung übertragen und werden während der Übertragung keine Fehler eingeführt, sollte der Empfänger in der Lage sein, $P(x)$ genau durch $C(x)$ zu teilen, ohne dass ein Rest bleibt. Erleidet $P(x)$ demgegenüber während der Übertragung einen Fehler, ist das empfangene Polynom aller Wahrscheinlichkeit nach nicht mehr durch $C(x)$ teilbar. Der Empfänger erhält also einen Rest ungleich Null, was bedeutet, dass ein Fehler vorgekommen ist.

Zum besseren Verständnis hilft es, ein wenig über Polynom-Arithmetik zu wissen. Sie unterscheidet sich nur geringfügig von der normalen Ganzzahlen-Arithmetik. Wir befassen uns hier mit einer Sonderklasse der Polynom-Arithmetik, bei der Koeffizienten nur Eins oder Null sein können, und Operationen auf den Koeffizienten mit Hilfe der Modulo-2-Arithmetik ausgeführt werden. Dies nennt man »polynomiale Modulo-2-Arithmetik.« Da dieses Buch von Netzwerken und nicht von Mathematik handelt, konzentrieren wir uns auf die Hauptmerkmale dieser Art von Arithmetik für unsere Zwecke (und bitten Sie, uns einfach Glauben zu schenken):

- Ein Polynom $B(x)$ kann durch ein Divisor-Polynom $C(x)$ geteilt werden, wenn $B(x)$ einen höheren Grad als $C(x)$ hat.
- Ein Polynom $B(x)$ kann einmal durch ein Divisor-Polynom $C(x)$ geteilt werden, wenn $B(x)$ den gleichen Grad wie $C(x)$ hat.
- Der durch die Division von $B(x)$ durch $C(x)$ erhaltene Rest wird ermittelt, indem man $C(x)$ von $B(x)$ subtrahiert.
- Um $C(x)$ von $B(x)$ zu subtrahieren, führen wir einfach die XOR-Operation (exclusive-ODER) auf jedes korrespondierende Koeffizientenpaar aus.

Das Polynom $x^3 + 1$ lässt sich beispielsweise durch $x^3 + x^2 + 1$ dividieren (weil beide Grad 3 haben) und der (durch Ausführung von XOR auf die Koeffizienten jedes Terms erhaltene) Rest wäre $0 \times x^3 + 1 \times x^2 + 0 \times x^1 + 0 \times x^0 = x^2$. Übertragen wir dies auf Nachrichten, könnte man z.B. 1001 durch 1101 dividieren und erhielte einen Rest von 0100. Daraus lässt sich leicht erkennen, dass der Rest einfach das bitweise XOR der beiden Nachrichten ist.

Da wir nun die Grundregeln für die Division von Polynomen kennen, können wir eine lange Division ausführen, die bei längeren Nachrichten notwendig ist. Nachfolgend ein Beispiel.

Wir erinnern uns, dass wir ursprünglich ein Polynom für die Übertragung erstellen wollten, das von der Originalnachricht $M(x)$ hergeleitet wird, k Bit länger als $M(x)$ und genau durch $C(x)$ teilbar ist. Wir erreichen dies auf folgende Weise:

1. Multipliziere $M(x)$ mit x^k, d.h. hänge k Nullen an das Ende der Nachricht an. Nenne dies die um Null erweiterte Nachricht $T(x)$.
2. Dividiere $T(x)$ durch $C(x)$ und ermittle den Rest.
3. Subtrahiere den Rest von $T(x)$.

Was an diesem Punkt übrigbleibt, ist natürlich eine Nachricht, die genau durch $C(x)$ teilbar ist. Wir können auch feststellen, dass die resultierende Nachricht aus $M(x)$, gefolgt von dem in Schritt 2 erhaltenen Rest besteht. Als wir nämlich den Rest (der nicht länger als k Bit sein kann) subtrahierten, führten wir nur XOR mit den in Schritt 1 angehängten k Nullen durch. Dieser Teil wird an einem Beispiel klarer.

Man betrachte die Nachricht $x^7 + x^4 + x^3 + x^1$ bzw. 10011010. Wir beginnen mit der Multiplikation mit x^3, da unser Divisor-Polynom Grad 3 hat. Das ergibt 10011010000. Wir dividieren dies durch $C(x)$, was in diesem Fall 1101 entspricht. Abb. 2.17 zeigt die lange polynomiale Division. Mit den oben beschriebenen Polynom-Arithmetik-Regeln verläuft die lange Division mehr oder weniger genauso als würden wir Ganzzahlen dividieren. Im ersten Schritt unseres Beispiels sehen wir also, dass der Divisor 1101 einmal in die ersten vier Bit der Nachricht (1001) passt, weil sie den gleichen Grad haben; es ergibt sich ein Rest von 100 (1101 XOR 1001). Im nächsten Schritt bringen wir ein Bit vom Nachrichten-Polynom herunter, bis wir ein weiteres Polynom mit dem gleichen Grad wie $C(x)$ erhalten – in diesem Fall 1001. Wir berechnen wieder den Rest (100) und fahren fort, bis die Berechnung vollständig ist. Man beachte, dass das »Ergebnis« der langen Division, das oben in der Berechnung erscheint, eigentlich nicht von Interesse ist; von Belang ist der Rest am Ende.

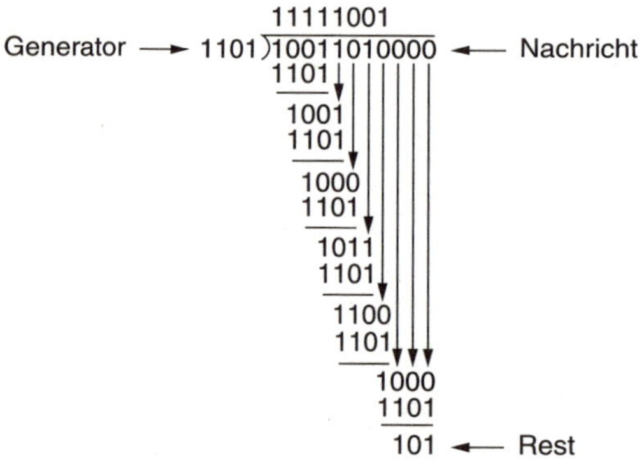

Abb. 2.17: CRC-Berechnung mit Hilfe der langen polynomialen Division

Ganz unten in Abb. 2.17 sehen wir, dass der Rest der Beispielberechnung 101 beträgt. Folglich wissen wir, dass 10011010000 minus 101 genau durch $C(x)$ teilbar ist, und genau das senden wir. Die Minusoperation in der Polynom-Arithmetik ist die logische XOR-Operation, sodass wir 10011010101 senden. Wie oben erwähnt, ist das lediglich die Originalnachricht mit dem angehängten Rest aus der langen Divisionsberechnung. Der Empfänger dividiert das empfangene Polynom durch $C(x)$ und schlussfolgert, dass keine Fehler entstanden sind, falls das Ergebnis 0 ist. Ist das Ergebnis ungleich Null, muss die fehlerhafte Nachricht möglicherweise verworfen werden. Mit manchen Codes ist es möglich, kleinere Fehler (z.B. einen, der sich nur auf ein Bit auswirkt) zu *korrigieren*. Ein solcher Code wird als *Fehlerkorrekturcode* (Error-Correcting Code, ECC) bezeichnet.

Fehlererkennung oder Fehlerkorrektur?

Wir haben erwähnt, dass man Codes benutzen kann, die Fehler nicht nur erkennen, sondern die Fehler auch korrigieren. Da die Details solcher Codes mathematisch noch komplexer sind, als für das Verständnis von CRCs nötig ist, wollen wir uns hier nicht damit aufhalten. Es lohnt sich aber, die Vorteile der Korrektur gegenüber der Erkennung zu betrachten.

Auf den ersten Blick scheint es, dass Korrektur immer besser ist, weil wir mit bloßer Erkennung gezwungen wären, die Nachricht zu verwerfen und in der Regel eine andere Kopie für die Übertragung anzufordern. Dadurch wird Bandbreite verbraucht, und das Warten auf die erneute Übertragung kann zu Latenz führen. Korrektur hat aber einen Nachteil: Es erfordert im Allgemeinen eine größere Anzahl redundanter Bits, um einen Fehlerkorrekturcode zu senden, der stärker als der Code ist, der Fehler nur erkennt. Während bei Fehlererkennung also mehr Bits gesendet werden müssen, wenn Fehler vorkommen, müssen bei der Fehlerkorrektur *immer* mehr Bits gesendet werden. Deshalb ist die Fehlerkorrektur am nützlichsten, wenn (1) Fehler wahrscheinlich sind, wie beispielsweise in einer drahtlosen Umgebung, oder (2) die Neuübertragung zu aufwändig ist, beispielsweise auf Grund der Latenz, die durch die Neuübertragung eines Pakets auf einer Satellitenverbindung entsteht.

Die Verwendung von Fehlerkorrekturcodes in Netzwerken wird auch als *Forward Error Correction* (*FEC*) bezeichnet, weil die Korrektur von Fehlern »im Voraus« durch Übertragung zusätzlicher Informationen erfolgt, also im Gegensatz dazu, dass man wartet, bis Fehler entstehen und sie dann durch Neuübertragung korrigiert.

Wir befassen uns nun mit der Frage, woher das Polynom $C(x)$ kommt. Vom Prinzip her wird dieses Polynom so gewählt, dass es sehr unwahrscheinlich ist, dass es ohne Rest eine mit Fehlern behaftete Nachricht teilt. Ist die übertragene Nachricht $P(x)$, stellen wir uns die Einführung von Fehlern als Addition eines weiteren Polynoms $E(x)$ vor, sodass der Empfänger $P(x) + E(x)$ erhält. Dieser Fehler könnte einzig und allein dann unerkannt bleiben, wenn die empfangene Nachricht durch $C(x)$ glatt teilbar wäre. Da wir wissen, dass $P(x)$ ohne Rest durch $C(x)$ teilbar ist, könnte dies passieren, wenn auch $E(x)$ glatt durch $C(x)$ dividiert werden kann. Wir wählen also $C(x)$ so, dass dies bei üblichen Fehlerarten sehr unwahrscheinlich ist.

Häufig sind etwa Einzelbitfehler, die als $E(x) = x^i$ ausgedrückt werden können, wenn sie sich auf Bitposition i auswirken. Wählen wir $C(x)$ so, dass der erste und letzte Term ungleich Null sind, verfügen wir bereits über ein zweigliedriges Polynom, durch das sich das nur aus einem Term bestehende $E(x)$ nicht glatt dividieren lässt. Mit diesem $C(x)$ werden daher alle Einzelbitfehler erkannt. Im allgemeinen lässt sich nachweisen, dass die folgenden Fehlerarten bei einem $C(x)$ mit den jeweils angegebenen Merkmalen erkannt werden können:

- Alle Einzelbitfehler, solange die Terme x^k und x^0 Koeffizienten ungleich Null haben.
- Alle Doppelbitfehler, solange $C(x)$ einen Faktor mit mindestens drei Termen hat.
- Jede ungerade Fehleranzahl, solange $C(x)$ den Faktor $(x + 1)$ enthält.
- Jeden Burstfehler (d.h. mehrere aufeinander folgende fehlerhafte Bits), bei denen die Burstlänge weniger als k Bit beträgt. (Die meisten Burstfehler mit mehr als k Bit können ebenfalls erkannt werden.)

In Protokollen auf der Sicherungsschicht werden häufig sechs bestimmte Versionen von $C(x)$ benutzt (siehe Tabelle 2.5). Die später in diesem Kapitel beschriebenen Ethernet- und 802.5-Netzwerke verwenden beispielsweise CRC-32, während CRC-CCITT in HDLC benutzt wird. ATM (siehe Kapitel 3) benutzt CRC-8, CRC-10 und CRC-32.

CRC	C(x)
CRC-8	$x^8 + x^2 + x^1 + 1$
CRC-10	$x^{10} + x^9 + x^5 + x^4 + x^1 + 1$
CRC-12	$x^{12} + x^{11} + x^3 + x^2 + 1$
CRC-16	$x^{16} + x^{15} + x^2 + 1$
CRC-CCITT	$x^{16} + x^{12} + x^5 + 1$
CRC-32	$x^{32} + x^{26} + x^{23} + x^{22} + x^{16} + x^{12} + x^{11}$ $+ x^{10} + x^8 + x^7 + x^5 + x^4 + x^2 + x + 1$

Tabelle 2.5:
Übliche CRC-Polynome

Schließlich bleibt festzustellen, dass der CRC-Algorithmus zwar komplex erscheint, sich aber leicht mit Hilfe eines k-Bit-Schieberegisters und XOR-Gattern in Hardware implementieren lässt. Die Bitanzahl im Schieberegister entspricht dem Grad des Generator-Polynoms (k). Abb. 2.18 zeigt die Hardware, die man für den Generator $x^3 + x^2 + 1$ aus unserem vorherigen Beispiel verwenden würde. Die Nachricht wird ab dem werthöchsten Bit von links eingeschoben und endet mit der Kette von k Nullen, die an die Nachricht angehängt wird, wie in dem Beispiel mit der langen Division. Wurden alle Bits eingeschoben und entsprechend einer XOR-Operation unterzogen, enthält das Register den Rest, d.h. die CRC (das werthöchste Bit rechts). Die Position der XOR-Gatter wird wie folgt bestimmt: Falls die Bits im

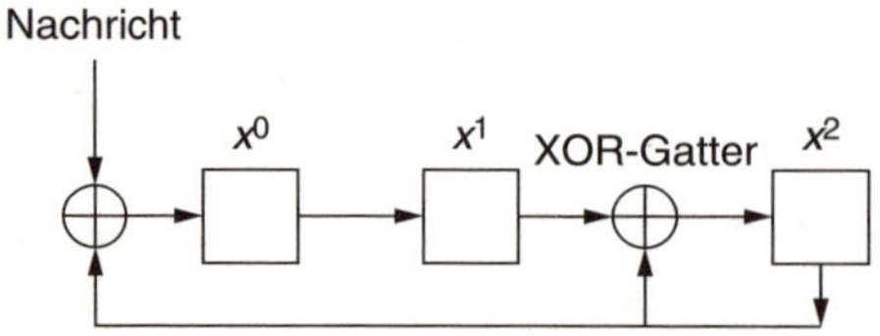

Abb. 2.18:
CRC-Berechnung mit Hilfe eines Schieberegisters

Schieberegister mit 0 bis k - 1 von links nach rechts beschriftet sind, so füge ein XOR-Gatter vor Bit n ein, wenn sich im Generator-Polynom ein Term x^n befindet. Folglich erhalten wir ein XOR-Gatter vor den Positionen 0 und 2 für den Generator $x^3 + x^2 + x^0$.

2.5 Zuverlässige Übertragung

Wir haben im vorherigen Abschnitt gesehen, dass Frames bei der Übertragung manchmal verfälscht werden. Einige Fehlercodes sind zwar ausreichend leistungsstark, um Fehler auch zu korrigieren. In der Praxis erweisen sich aber auch die neuesten Fehlerkorrekturcodes als ungenügend, um die verschiedenen Bit- und Burstfehler, die in einer Netzverbindung auftreten können, ohne übermäßigen Overhead zu handhaben. Als Ergebnis müssen verfälschte Frames verworfen werden. Ein Protokoll auf der Sicherungsschicht, das Frames zuverlässig zustellen möchte, muss irgendwie versuchen, diese verworfenen (verlorenen) Frames wiederherzustellen.

Dies geschieht normalerweise durch Verwendung einer Kombination aus zwei grundlegenden Mechanismen: *Bestätigungen* (Acknowledgments) und *Timeouts*. Eine Bestätigung (kurz ACK) ist ein kleiner Kontroll-Frame, den ein Protokoll seinem Partner zurücksendet und der ihm mitteilt, dass es einen früheren Frame erhalten hat. Ein Kontroll-Frame ist ein Header ohne weitere Daten, obwohl ein Protokoll auch im *Huckepackverfahren* (Piggyback) ein ACK an einen Daten-Frame anhängen kann, den es möglicherweise in entgegengesetzter Richtung sendet. Der Empfang eines ACK gibt dem Sender des Original-Frames zu verstehen, dass sein Frame erfolgreich zugestellt wurde. Erhält der Sender innerhalb eines angemessenen Zeitraums kein ACK, überträgt er den Original-Frame erneut. Diese angemessene Wartezeit oder Zeitsperre nennt man *Timeout*.

Die allgemeine, der Verwendung von Bestätigungen und Timeouts zu Grunde liegende Strategie, um zuverlässige Datenübertragung sicherzustellen, nennt man auch *Automatic Repeat Request* (mit der üblichen Abkürzung ARQ). In diesem Abschnitt werden drei verschiedene ARQ-Algorithmen mit Hilfe einer generischen Sprache beschrieben. Das heißt, wir beschreiben die Header-Felder eines bestimmten Protokolls nicht im Detail.

2.5.1 Stop-and-Wait-Algorithmus

Die einfachste ARQ-Methode ist der *Stop-and-Wait*-Algorithmus. Er basiert auf einem einfachen Konzept: Nach der Übertragung eines Frames wartet der Sender auf ein ACK, bevor er den nächsten Frame überträgt. Falls das ACK nicht innerhalb einer bestimmten Zeit eintrifft, läuft der Timeout des Senders ab und er überträgt den Original-Frame erneut.

Abb. 2.19 zeigt vier verschiedene Szenarien, die sich aus diesem grundlegenden Algorithmus ergeben. Diese Abbildung verwendet einen Zeitstrahl – die übliche Art,

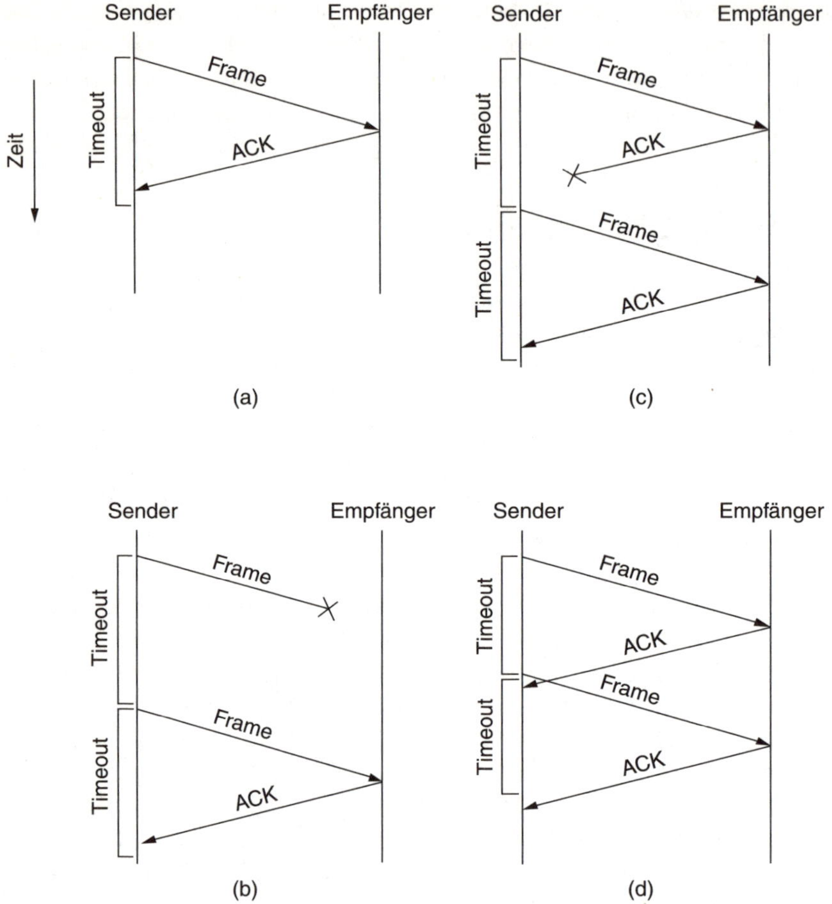

Abb. 2.19: Zeitlicher Ablauf bei vier Szenarien des Stop-and-Wait-Algorithmus; (a) ACK wird vor Ablauf des Timeout empfangen; (b) der Original-Frame geht verloren; (c) ACK geht verloren; (d) der Timer läuft zu früh ab.

um das Verhalten eines Protokolls darzustellen. Die sendende Seite ist links und die empfangende rechts dargestellt; die Zeit verläuft von oben nach unten. Abb. 2.19(a) zeigt den Fall, bei dem das ACK vor Ablauf des Timeout empfangen wird; (b) und (c) stellen den Fall dar, bei dem der Original-Frame bzw. das ACK verlorengeht, und bei dem in (d) dargestellten Fall läuft der Timeout zu früh ab. Mit »verloren« meinen wir, dass der Frame bei der Übertragung verfälscht wurde, dass dies durch einen Fehlercode im Empfänger erkannt wurde und dass der Rahmen demzufolge verworfen wurde.

Der Stop-and-Wait-Algorithmus weist eine wichtige Feinheit auf. Angenommen, der Sender überträgt einen Frame und der Empfänger bestätigt ihn, das ACK geht aber entweder verloren oder kommt verspätet an. Diese Situation ist durch die Situationen (c) und (d) in Abb. 2.19 dargestellt. In beiden Fällen läuft der Timer des Senders ab, sodass er den Original-Frame erneut überträgt. Der Empfänger nimmt aber an, es handele sich um den nächsten Frame, weil der erste korrekt empfangen und bestätigt wurde. Dadurch besteht die Möglichkeit, dass mehrere Kopien eines Frames zugestellt werden. Um dieses Problem zu lösen, beinhaltet der Header beim Stop-and-Wait-Protokoll normalerweise eine 1 Bit lange Sequenznummer, die den Wert 0 oder 1 annehmen kann. Wie aus Abb. 2.20 ersichtlich wird, ändert sich die Sequenznummer abwechselnd für jeden aufeinander folgenden Frame. Das heißt, wenn der Sender Frame 0 erneut überträgt, kann der Empfänger feststellen, dass es sich um eine erneute Kopie von Frame 0 oder nicht um eine von Frame 1 handelt. Er kann es daher ignorieren (bestätigt es aber dennoch für den Fall, dass das erste ACK verloren ging).

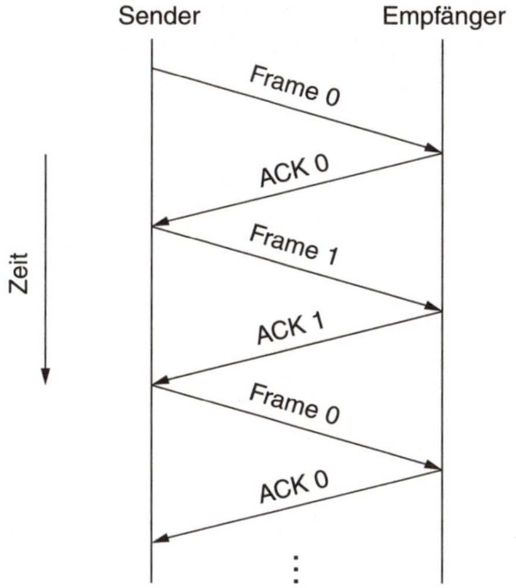

Abb. 2.20: Zeitlicher Ablauf des Stop-and-Wait-Protokolls mit einer 1-Bit-Sequenznummer

Der größte Nachteil des Stop-and-Wait-Algorithmus ist, dass er dem Sender nur jeweils einen ausstehenden Frame auf der Verbindungsleitung gestattet. Dies liegt möglicherweise weit unter der Kapazität der Verbindungsleitung. Eine Verbindungsleitung mit 1,5 Mbit/s und einer Roundtrip-Zeit (RTT) von 45 ms hat beispielsweise ein Verzögerung-Bandbreite-Produkt von 67,5 Kb bzw. etwa 8 KB. Da der Sender pro RTT jeweils nur einen Frame übertragen kann, beträgt die maximale Übertragungsrate bei einer Rahmengröße von 1 KB

$$\begin{aligned} &\text{BitsProFrame} \div \text{ZeitProFrame} \\ &= 1024 \times 8 \div 0{,}045 \\ &= 182 \text{ Kbit/s} \end{aligned}$$

d.h. etwa ein Achtel der Leitungskapazität. Um die Verbindungsleitung voll auszulasten, müsste der Sender die Möglichkeit haben, bis zu acht Frames zu übertragen, bevor er auf eine Bestätigung warten muss.

- Das Verzögerung-Bandbreite-Produkt stellt die maximale in der Übertragung befindliche Datenmenge dar. Das ist die Datenmenge, die wir senden können, ohne auf die erste Bestätigung warten zu müssen. Das hier zu Grunde liegende Prinzip wird oft mit *Keeping the Pipe full* – versuche, die Verbindungsleitung optimal auszulasten – umschrieben. Genau auf dieser Grundlage basieren die beiden in den folgenden Unterabschnitten beschriebenen Algorithmen.

2.5.2 Sliding-Window

Wir betrachten erneut das Szenario, bei dem die Verbindungsleitung ein Verzögerung-Bandbreite-Produkt von 8 KB hat und die Frames 1 KB groß sind. Wir gehen jetzt von der Bereitschaft des Senders aus, den neunten Frame etwa zur gleichen Zeit zu senden, zu der das ACK für den ersten Frame ankommt. Der Algorithmus, mit dem wir dies erreichen, heißt *Sliding-Window*; er ist in Abb. 2.21 dargestellt.

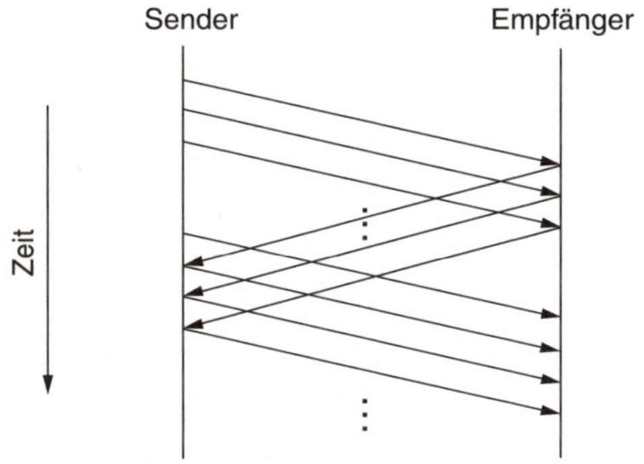

Abb. 2.21: Zeitlicher Ablauf beim Sliding-Window-Algorithmus

Der Sliding-Window-Algorithmus

Der Sliding-Window-Algorithmus funktioniert wie folgt: Zuerst weist der Sender jedem Frame eine *Sequenznummer* (Sequence Number) mit der Beschriftung SeqNum zu. Vorläufig ignorieren wir die Tatsache, dass SeqNum durch ein Header-Feld mit endlicher Größe implementiert wird. Wir gehen stattdessen davon aus, dass es unendlich wachsen kann. Der Sender verwaltet drei Variablen: Die Größe des *Sendefensters* (Send Window Size, SWS), welche die obere Grenze der Nummer von ausstehenden (nicht bestätigten) Frames bestimmt, die der Sender übertragen kann. Die *letzte empfangene Bestätigung* (Last Acknowledgment Received, LAR) und der *zuletzt gesendete Frame* (Last Frame Sent, LFS). Der Sender hält außerdem folgende Bedingung aufrecht:

$$\text{LFS} - \text{LAR} \leq \text{SWS}$$

Diese Situation ist in Abb. 2.22 dargestellt.

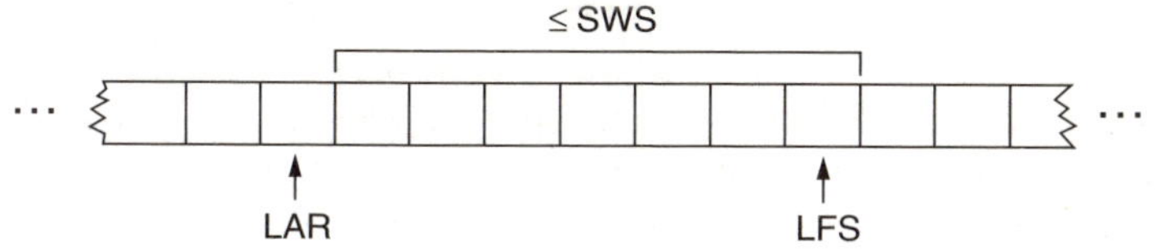

Abb. 2.22: Sliding-Window des Senders

Kommt eine Bestätigung an, schiebt der Sender LAR nach rechts und ermöglicht es damit dem Sender, einen weiteren Frame zu übertragen. Für jeden übertragenen Frame setzt der Sender auch einen Timer und überträgt einen Frame erneut, falls der Timer vor dem Eingang eines ACK abläuft. Man beachte, dass der Sender bereit sein muss, bis zu SWS Frames zwischenzuspeichern, weil er darauf vorbereitet sein muss, sie erneut übertragen zu müssen, bis sie alle bestätigt wurden.

Der Empfänger verwaltet die folgenden drei Variablen: Die *Empfangsfenstergröße* (Receive Window Size, RWS) für die obere Grenze der außer der Reihe vom Empfänger angenommenen Frames, die Sequenznummer des *größten annehmbaren Frames* (Largest Acceptable Frame, LAF) und die Sequenznummer des *zuletzt empfangenen Frames* (Last Frame Received, LFR). Darüber hinaus hält der Empfänger folgende Bedingung aufrecht:

$$\text{LAF} - \text{LFR} \leq \text{RWS}$$

Diese Situation wird aus Abb. 2.23 deutlich.

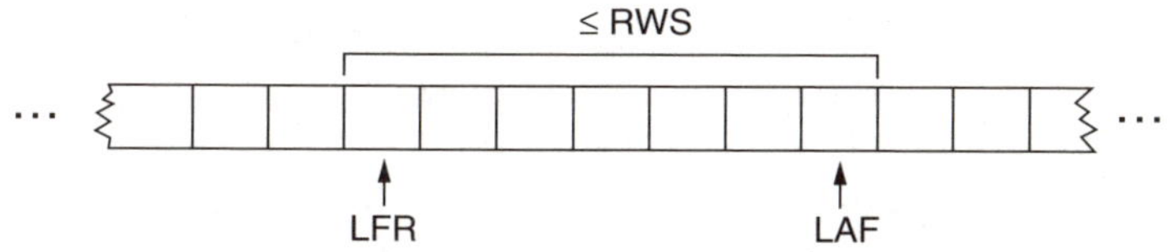

Abb. 2.23: Sliding-Window des Empfängers

Kommt ein Frame mit Sequenznummer SeqNum an, unternimmt der Empfänger folgende Aktion: Wenn SeqNum ≤ LFR oder SeqNum > LAF, liegt der Frame außerhalb des Empfängerfensters und wird verworfen. Wenn LFR < SeqNum ≤ LAF, ist der Frame innerhalb des Empfängerfensters und wird akzeptiert. Nun muss der Empfänger entscheiden, ob er ein ACK senden soll. Sei SeqNumToAck die größte noch nicht bestätigte Sequenznummer, sodass alle Frames mit Sequenznummern, die kleiner als oder gleich SeqNumToAck sind, empfangen wurden. Der Empfänger bestätigt den Erhalt von SeqNumToAck, auch wenn Pakete mit höheren Nummern eingegangen sind. Das wird als kumulative Bestätigung bezeichnet. Dann setzt er LFR = SeqNumToAck und berichtigt LAF = LFR + RWS.

Gehen wir beispielsweise von LFR = 5 (d.h. das zuletzt vom Empfänger gesendete ACK war für Sequenznummer 5) und RWS = 4 aus, was bedeutet, dass LAF = 9. Sollten Frames 7 und 8 ankommen, werden sie zwischengespeichert, weil sie innerhalb des Empfängerfensters liegen. Es muss aber kein ACK gesendet werden, weil Frame 6 noch aussteht. Frames 7 und 8 sind also außer der Reihe angekommen. (Aus technischer Sicht könnte der Empfänger ein ACK für Frame 5 erneut senden, wenn Frames 7 und 8 ankommen.) Sollte dann Frame 6 verspätet ankommen, weil er beim ersten Mal verlorenging und erneut übertragen werden musste oder weil er sich einfach verzögert hat, bestätigt der Empfänger Frame 8, und setzt LFR auf 8 und LAF auf 12. Ging Frame 6 tatsächlich verloren, ist beim Sender der Timer abgelaufen, was ihn veranlasst hat, den Frame erneut zu übertragen.

Wir stellen also fest, dass sich die in Übertragung befindliche Datenmenge vermindert, wenn ein Timeout erfolgt, weil der Sender sein Fenster erst weiterschieben kann, wenn Frame 6 bestätigt wurde. Das heißt also, dass diese Methode im Fall eines Paketverlustes die Verbindungsleitung nicht voll ausschöpft. Je länger es dauert, um den Verlust eines Pakets festzustellen, um so mehr verschärft sich dieses Problem.

Man beachte, dass der Empfänger bei diesem Beispiel eine *negative Bestätigung* (Negative Acknowledgment, NAK) für Frame 6 senden könnte, sobald Frame 7 ankommt. Das ist aber unnötig, weil der Timer des Senders ausreicht, um diesen Ausnahmefall aufzufangen. Außerdem erhöht sich durch Übertragen von NAKs die Komplexität für den Empfänger. Wie erwähnt, ist es absolut legitim, zusätzliche Bestätigungen für Frame 5 zu senden, wenn Frames 7 und 8 ankommen. In manchen Fällen kann der Sender ACK-Duplikate als Hinweis auf einen möglichen Rahmenverlust verwenden. Bei beiden Methoden verbessert sich die Leistung, da Paketverluste früh erkannt werden.

Bei einer weiteren Variante dieser Methode werden *selektive Bestätigungen* (Selective Acknowledgments) verwendet. Das heißt, der Empfänger kann genau nur die empfangenen Frames statt der in der richtigen Reihenfolge empfangenen Frames mit der höchsten Sequenznummer bestätigen. Im obigen Beispiel könnte der Empfänger den Erhalt der Frames 7 und 8 bestätigen. Erhält der Sender solche zusätzlichen Informationen, hat er eventuell die Möglichkeit, die Verbindungsleitung besser auszulasten. Allerdings wird die Implementierung dadurch komplexer.

Die Sendefenstergröße wird passend dazu gewählt, wie viele Frames zu einem Zeitpunkt auf der Verbindungsleitung ausstehen dürfen. SWS lässt sich also für ein bestimmtes Verzögerung-Bandbreite-Produkt[1] leicht berechnen. Andererseits kann der Empfänger RWS auf einen beliebigen Wert setzen. Häufige Einstellungen sind RWS = 1 (der Empfänger führt keine Zwischenspeicherung von außer der Reihe angekommenen Frames durch) und RWS = SWS (der Empfänger kann beliebige vom Sender übertragene Frames zwischenspeichern). Die Einstellung RWS > SWS ist unsinnig, weil es unmöglich ist, dass mehr als SWS Frames außer der Reihe ankommen.

1. »Einfach« natürlich nur, sofern wir Verzögerung und Bandbreite kennen. Manchmal ist das nicht der Fall, und sie zu schätzen, ist keine einfache Aufgabe für Protokolldesigner. Dieses Thema wird in Kapitel 5 ausführlich behandelt.

Endliche Sequenznummern und Sliding-Window

Wir kehren jetzt zu einer von uns in den Algorithmus eingeführten Vereinfachung zurück: unsere Annahme, dass Sequenznummern unendlich wachsen können. In der Praxis hat das Header-Feld, in dem die Sequenznummer eines Frames spezifiziert wird, natürlich eine bestimmte Größe. Ein 3-Bit-Feld bedeutet beispielsweise, dass es acht mögliche Werte, 0...7, gibt. Deshalb müssen Sequenznummern wiederverwendet werden, was man auch als *zyklischen Nummernumlauf* bezeichnet. Dadurch entsteht das Problem, dass man zwischen verschiedenen Instanzen der gleichen Sequenznummer unterscheiden können muss. Das heißt, die Anzahl der möglichen Sequenznummern muss größer als die der höchstzulässigen ausstehenden Frames sein. Das Stop-and-Wait-Protokoll ermöglicht beispielsweise nur je einen ausstehenden Frame und zwei unterschiedliche Sequenznummern.

Würde es ausreichen, wenn wir in unserem Nummernraum eine Nummer mehr als potenziell ausstehende Frame hätten, d.h. SWS ≤ MaxSeqNum – 1, wobei MaxSeqNum die Anzahl der verfügbaren Sequenznummern ist? Die Antwort hängt von RWS ab. Wenn RWS = 1, dann reicht MaxSeqNum ≥ SWS + 1 aus. Ist RWS gleich SWS, reicht eine um nur Eins größere MaxSeqNum als die Sendefenstergröße nicht aus. Betrachten wir als Nachweis die Situation, in der wir die acht Sequenznummern 0 bis 7 und SWS = RWS = 7 haben. Nehmen wir an, der Sender überträgt die Frames 0 bis 6, sie werden erfolgreich empfangen, die ACKs gehen aber verloren. Der Empfänger erwartet jetzt auf Frames 7, und wieder 0 bis 5. Beim Sender läuft inzwischen der Timer ab, sodass er Frame 0 bis 6 erneut sendet. Der Empfänger erwartet allerdings die zweite Instanz von Frame 0 bis 5, erhält stattdessen aber die erste. Genau diesen Fall möchten wir vermeiden.

Das Sendefenster darf also nicht mehr als halb so groß wie die Anzahl der verfügbaren Sequenznummern sein, wenn RWS = SWS, bzw. genauer

$$\text{SWS} < (\text{MaxSeqNum} + 1) / 2 .$$

Anschaulich gesprochen heißt das, dass das Sliding-Window-Protokoll ständig zwischen den beiden Hälften des Nummernraums wechselt, ebenso wie das Stop-and-Wait-Protokoll zwischen den Sequenznummern 0 und 1 permanent wechselt. Der einzige Unterschied ist, dass es sich kontinuierlich zwischen den beiden Hälften hin- und herbewegt, anstatt zwischen ihnen hin- und herzuspringen.

Diese Regel trifft spezifisch auf den Fall mit RWS = SWS zu. Wir überlassen den Lesern die Herleitung der allgemeineren Regel, die auf beliebige Werte von RWS und SWS zutrifft. Man beachte auch, dass die Beziehung zwischen der Fenstergröße und dem Nummernraum von einer so selbstverständlichen Annahme abhängt, dass sie leicht übersehen wird: nämlich dass Frames während der Übertragung nicht umgeordnet werden. Dies kann bei einer direkten Punkt-zu-Punkt-Leitung nicht passieren, weil ein Frame dabei keine Möglichkeit hat, einen anderen zu überholen. Wir werden jedoch in Kapitel 5 den Sliding-Window-Algorithmus noch einmal in einer anderen Umgebung betrachten, für die wir uns eine andere Regel ausdenken müssen.

Implementierung des Sliding-Window-Algorithmus

Die folgenden Routinen zeigen, wie die Sende- und Empfangsseite des Sliding-Window-Algorithmus implementiert werden kann. Die Routinen stammen aus einem echten Protokoll mit dem bezeichnenden Namen »Sliding Window Protocol« (SWP). Damit wir uns im Protokollgraphen nicht mit benachbarten Protokollen befassen müssen, nennen wir das oberhalb von SWP angesiedelte Protokoll schlicht HLP (High-Level Protocol) und das unter SWP befindliche LINK (Link-Level Protocol).

Wir beginnen mit der Definition zweier Datenstrukturen. Der Frame-Header ist sehr einfach. Er enthält eine Sequenznummer (SeqNum) und eine Bestätigungsnummer (AckNum) sowie ein Feld Flags, das Auskunft darüber gibt, ob der Frame eine Bestätigung ist oder Daten enthält.

```
typedef u_char SwpSeqno;

typedef struct {
    SwpSeqno    SeqNum;     /* Sequenznummer dieses Frames */
    SwpSeqno    AckNum;     /* ACK-Nummer des empfangenen Frames */
    u_char      Flags;      /* Flags im Umfang von bis zu to 8 Bit */
} SwpHdr;
```

Der Zustand des Sliding-Window-Algorithmus hat folgende Struktur: Für die Sendeseite des Protokolls beinhaltet dieser Zustand die weiter oben in diesem Abschnitt beschriebenen Variablen LAR und LFS sowie eine Warteschlange (sendQ), in der übertragene, aber noch nicht bestätigte Frames aufgereiht werden. Der Sendezustand umfasst auch eine *zählende Semaphore* namens sendWindowNotFull. Wie sie benutzt wird, folgt später. Allgemein ist eine Semaphore eine Synchronisationsprimitive, welche die Operationen semWait und semSignal unterstützt. Jeder Aufruf von semSignal inkrementiert die Semaphore um 1, und jeder Aufruf von semWait dekrementiert sie um 1. Dabei blockiert der Aufrufprozess, falls die Semaphore durch das Dekrement einen Wert kleiner als 0 annimmt. Ein während seines Aufrufs von semWait blockierter Prozess kann wiederaufgenommen werden, nachdem ausreichend semSignal-Operationen ausgeführt wurden, um den Wert der Semaphore über 0 anzuheben.

Für die Empfangsseite des Protokolls beinhaltet der Zustand die Variable NFE. NFE steht für *next frame expected* – der Frame mit der Sequenznummer, die eins über der von *last frame received* (LFR) liegt, die weiter oben in diesem Abschnitt beschrieben wurde. Es gibt außerdem eine Warteschlange (recvQ), die außer der Reihe empfangene Frames aufnimmt. Die Größe des Sende- und Empfangsfensters wird durch die Konstante SWS bzw. RWS (hier nicht dargestellt) definiert.

```
typedef struct {
    /* Zustand der Sendeseite: */
    SwpSeqno   LAR;     /* Sequenznummer (seqno) des letzten empfangenen ACK */
    SwpSeqno   LFS;     /* zuletzt gesendeter Frame */
```

```
    Semaphore  sendWindowNotFull;
    SwpHdr     hdr;     /* vorinitialisierter Header */
    struct sendQ_slot {
        Event  timeout; /* Ereignis in Verbindung mit dem Ablauf des Sende-Timers */
        Msg    msg;
    } sendQ[SWS];

    /* Zustand der Empfangsseite: */
    SwpSeqno   NFE;    /* Sequenznummer (seqno) des als nächstes erwarteten Frames */
    struct recvQ_slot {
        int    received; /* Ist die Nachricht (msg) gültig? */
        Msg    msg;
    } recvQ[RWS];
} SwpState;
```

Die Sendeseite von SWP wird mit der Prozedur sendSWP implementiert. Diese Routine ist recht einfach. Zuerst veranlasst semWait, dass dieser Prozess auf einer Semaphore blockiert, bis ein weiterer Frame gesendet werden kann. Sobald ein Fortfahren möglich ist, setzt sendSWP die Sequenznummer im Frame-Header, speichert eine Kopie des Frames in der Sendewarteschlange (sendQ), setzt ein Timeout für den Fall, dass der Frame nicht bestätigt wird, und sendet den Frame an das Protokoll der darunter liegenden Ebene, das wir LINK nennen.

Ein interessantes Detail ist hier der Aufruf von store_swp_hdr kurz vor dem Aufruf von msgAddHdr. Diese Routine übersetzt die C-Struktur, die den SWP-Header (state->hdr) enthält, in eine Byte-Kette, die problemlos an den Anfang der Nachricht angehängt werden kann (hbuf). Diese (hier nicht dargestellte) Routine muss jedes ganzzahlige Feld im Header in die Byte-Reihenfolge des Netzwerks übersetzen und eventuell vorhandene Füllzeichen entfernen, die der Compiler in die C-Struktur eingefügt hat. Das Thema »Byte-Reihenfolge« wird ausführlicher in Abschnitt 7.1 beschrieben. Vorläufig genügt es zu wissen, dass diese Routine das werthöchste Bit einer aus mehreren Speicherwörtern bestehenden Ganzzahl in das Byte mit der höchsten Adresse stellt. Wir nehmen außerdem einen abstrakten Datentyp Msg an, der eine Nachricht enthält. Der Typ Msg unterstützt Operationen wie msgAddHdr und msgSaveCopy.

Weitere Komplexität dieser Routine entsteht durch die Verwendung von semWait und der Semaphore sendWindowNotFull, die auf die Größe des Schiebefensters des Senders – SWS – initialisiert wird (die Initialisierung ist hier nicht dargestellt). Jedes Mal, wenn der Sender einen Frame überträgt, dekrementiert die semWait-Operation diesen Zähler und blockiert den Sender, falls der Zählerstand unter 0 sinkt. Bei jedem empfangenen ACK inkrementiert die in deliverSWP (siehe unten) aufgerufene Operation semSignal diesen Zähler, sodass die Blockierung des Senders, falls zutreffend, aufgehoben wird.

```
static int
sendSWP(SwpState *state, Msg *frame)
{
    struct sendQ_slot *slot;
    hbuf[HLEN];

    /* Warte, bis Sendefenster offen ist */
    semWait(&state->sendWindowNotFull);
    state->hdr.SeqNum = ++state->LFS;
    slot = &state->sendQ[state->hdr.SeqNum % SWS];
    store_swp_hdr(state->hdr, hbuf);
    msgAddHdr(frame, hbuf, HLEN);
    msgSaveCopy(&slot->msg, frame);
    slot->timeout = evSchedule(swpTimeout, slot,
        SWP_SEND_TIMEOUT);
    return send(LINK, frame);
}
```

Nun zu SWP's protokollspezifischer Implementierung der Operation deliver, die in der Prozedur deliverSWP angegeben wird. Diese Routine handhabt zwei unterschiedliche Arten ankommender Nachrichten: ACKs für bereits von diesem Knoten gesendete Frames und bei diesem Knoten ankommende Daten-Frames. In gewissem Sinn ist die ACK-Hälfte dieser Routine das Gegenstück zur Sendeseite des in sendSWP angegebenen Algorithmus. Die Entscheidung, ob es sich bei der ankommenden Nachricht um ein ACK oder einen Daten-Frame handelt, wird durch Überprüfung des Flags-Felds im Header getroffen. Man beachte, dass diese spezifische Implementierung nicht die Übertragung von ACKs für Daten-Frames im Huckepackverfahren unterstützt.

Ist der ankommende Frame ein ACK, sucht sich deliverSWP in der Sendewarteschlange (sendQ) den Zeitschlitz, der diesem ACK entspricht, annulliert den gesetzten Timeout und gibt den in diesem Zeitschlitz gespeicherten Frame frei. Diese Arbeit erfolgt in einer Schleife, weil ACK kumulativ sein kann. Der einzige weitere an diesem Fall beachtenswerte Aspekt ist der Aufruf der Subroutine swpInWindow. Diese unten aufgeführte Subroutine gewährleistet, dass die Sequenznummer des zu bestätigenden Frames innerhalb des ACK-Bereichs liegt, dessen Empfang der Sender momentan erwartet.

Enthält der ankommende Frame Nutzdaten, ruft deliverSWP zuerst msgStripHdr und load_swp_hdr auf, um den Header aus dem Frame zu nehmen. Die Routine load_swp_hdr ist das Gegenstück zu store_swp_hdr (siehe oben). Sie übersetzt eine Byte-Kette in die C-Datenstruktur, die den SWP-Header enthält. deliverSWP ruft dann swpInWindow auf, um sicherzustellen, dass die Sequenznummer des Frames innerhalb des erwarteten Nummernbereichs liegt. Trifft dies zu, iteriert die Routine über die aufeinander folgend empfangenen Frames und ruft die Routine deliverHLP auf, um sie an das Protokoll der höheren Ebene weiterzuleiten. Außerdem sendet sie ein kumulatives ACK an den Sender zurück, iteriert dabei aber über die Empfangswarteschlange (und benutzt nicht die weiter oben im Text beschriebene Variable SeqNumToAck).

```
static int
deliverSWP(SwpState state, Msg *frame)
{
    SwpHdr  hdr;
    char    *hbuf;

    hbuf = msgStripHdr(frame, HLEN);
    load_swp_hdr(&hdr, hbuf)
    if (hdr->Flags & FLAG_ACK_VALID)
    {
        /* Bestätigung empfangen – bearbeite Sendeseite */
        if (swpInWindow(hdr.AckNum, state->LAR + 1,
            state->LFS))
        {
            do
            {
                struct sendQ_slot *slot;

                slot = &state->sendQ[++state->LAR % SWS];
                evCancel(slot->timeout);
                msgDestroy(&slot->msg);
                semSignal(&state->sendWindowNotFull);
            } while (state->LAR != hdr.AckNum);
        }
    }

    if (hdr.Flags & FLAG_HAS_DATA)
    {
        struct recvQ_slot *slot;

        /* Datenpaket empfangen – bearbeite Empfangsseite */
        slot = &state->recvQ[hdr.SeqNum % RWS];
        if (!swpInWindow(hdr.SeqNum, state->LFR,
            state->LFR + RWS - 1))
        {
            /* Verwerfe die Nachricht */
            return SUCCESS;
        }
        msgSaveCopy(&slot->msg, frame);
        slot->received = TRUE;
        if (hdr.SeqNum == state->LFR)
        {
            Msg m;
            while (slot->received)
            {
```

```
                deliver(HLP, &slot->msg);
                msgDestroy(&slot->msg);
                slot->received = FALSE;
                slot = &state->recvQ[++state->LFR % RWS];
            }
            /* Sende ACK: */
            prepare_ack(&m, state->LFR - 1);
            send(LINK, &m);
            msgDestroy(&m);
        }
    }
    return SUCCESS;
}
```

Abschließend ist swpInWindow eine einfache Subroutine, die prüft, ob eine bestimmte Sequenznummer zwischen einer minimalen und einer maximalen Sequenznummer liegt.

```
static bool
swpInWindow(SwpSeqno seqno, SwpSeqno min, SwpSeqno max)
{
    SwpSeqno pos, maxpos;

    pos = seqno - min;          /* pos *sollte* im Bereich [0..MAX) liegen */
    maxpos = max - min + 1;     /* maxpos ist im Bereich [0..MAX] */
    return pos < maxpos;
}
```

Frame-Reihenfolge und Flusskontrolle

Das Sliding-Window ist einer der am besten bekannten Algorithmen im Bereich der Rechnervernetzung. An diesem Algorithmus ist allerdings etwas verwirrend, dass er für drei verschiedene Aufgaben benutzt werden kann. Die erste Aufgabe ist die, auf die wir uns in diesem Abschnitt konzentriert haben: die zuverlässige Zustellung von Frames über eine unzuverlässige Verbindungsleitung. (Allgemeiner kann der Algorithmus für die zuverlässige Zustellung von Nachrichten über ein unzuverlässiges Netzwerk benutzt werden.) Das ist die Kernfunktion des Algorithmus.

Die zweite Aufgabe des Sliding-Window-Algorithmus dient der Einhaltung der Reihenfolge, in der die Frames übertragen werden. Dies ist beim Empfänger einfach. Da jeder Frame eine Sequenznummer hat, braucht er nur sicherzustellen, dass er keinen Frame an das Protokoll der nächsthöheren Ebene weitergibt, bis er alle Frames mit einer kleineren Sequenznummer abgegeben hat. Das bedeutet, dass der Empfänger außer der Reihe ankommende Frames zwischenspeichert (statt weiterleitet). Die in diesem Abschnitt beschriebene Version des Sliding-Window-Algorithmus wahrt die Frame-Reihenfolge. Man könnte sich aber eine Variante vorstellen, bei der die Frames vom Empfänger an das nächste Protokoll abgegeben werden, ohne dass er auf die Ankunft aller früheren Frames wartet. Hier sollte man sich die Frage stellen, ob das Sliding-Window-Protokoll wirklich nötig ist, um die Reihenfolge der Frames einzuhalten, oder ob dies auf der Sicherungsschicht eine unnötige Funktionalität ist. Leider haben wir noch nicht genug von der Netzwerkarchitektur kennengelernt, um diese Frage beantworten zu können. Wir müssen zuerst verstehen, wie eine Folge von Punkt-zu-Punkt-Verbindungen über Vermittler verbunden werden, um einen Ende-zu-Ende-Pfad zu bilden.

Die dritte vom Sliding-Window-Algorithmus manchmal übernommene Aufgabe ist die *Flusskontrolle*. Das ist ein Rückmeldemechanismus, durch den der Empfänger den Sender drosseln kann. Dabei wird der Sender daran gehindert, mehr Daten zu übertragen als der Empfänger verarbeiten kann. Dies wird gewöhnlich dadurch erreicht, dass man das Sliding-Window-Protokoll so erweitert, dass der Empfänger nicht nur die empfangenen Frames bestätigt, sondern den Sender auch informiert, für wie viele Frames er Platz hat. Die Anzahl der Frames, die der Empfänger annehmen kann, hängt vom freien Speicherplatz seines Puffers ab. Wie im Fall der reihenfolgegerechten Zustellung müssen wir zuerst feststellen, ob Flusskontrolle auf der Sicherungsschicht erforderlich ist, bevor wir sie im Sliding-Window-Protokoll implementieren.

▶ Aus dieser Diskussion können wir ein wichtiges Konzept für das Prinzip des Systemdesigns ableiten, das man als *Aufgabentrennung* (Separation of Concerns) bezeichnen könnte. Das heißt, dass wir sorgfältig zwischen verschiedenen Funktionen unterscheiden müssen, die manchmal in einem einzigen Mechanismus zusammenfließen. Außerdem muss man feststellen, ob eine Funktion wirklich nötig ist und auf effektivste Weise unterstützt wird. In unserem speziellen Fall werden zuverlässige Zustellung, reihenfolgegerechte Zustellung und Flusskontrolle manchmal in einem einzigen Sliding-Window-Protokoll kombiniert. Wir sollten uns in diesem Zusammenhang die Frage stellen, ob diese Vorgehensweise auf der Sicherungsschicht richtig ist. Vor diesem Hintergrund betrachten wir den Sliding-Window-Algorithmus in Kapitel 3 (wo seine Verwendung in X.25-Netzwerken beschrieben wird, um eine »hop-by-hop« Flusskontrolle zu implementieren) und wiederum in Kapitel 5 (in dem seine Verwendung in TCP beschrieben wird, um einen zuverlässigen Byte-Stromkanal zu implementieren).

2.5.3 Gleichzeitige logische Kanäle

Das im ARPANET auf der Sicherungsschicht benutzte Protokoll bietet eine interessante Alternative zum Sliding-Window-Protokoll, indem es die Verbindungsleitung trotz Verwendung des einfachen Stop-and-Wait-Algorithmus vollständig auslastet. Dieser Ansatz hat die wichtige Folge, dass die über eine gegebene Verbindungsleitung gesendeten Frames nicht in einer bestimmten Reihenfolge erhalten werden. Das Protokoll gibt auch nichts über Flusskontrolle vor.

Das dem ARPANET-Protokoll zu Grunde liegende Konzept *gleichzeitiger logischer Kanäle* (Concurrent Logical Channels) multiplext mehrere logische Kanäle auf eine Punkt-zu-Punkt-Leitung und führt den Stop-and-Wait-Algorithmus auf jedem dieser logischen Kanäle aus. Zwischen den auf verschiedenen logischen Kanälen gesendeten Frames wird keine Beziehung gewährleistet. Da aber auf jedem der verschiedenen logischen Kanäle ein anderer Frame ausstehen kann, kann der Sender die Verbindungsleitung voll auslasten.

Genauer gesagt, verwaltet der Sender 3 Zustandsbits pro Kanal: eines, das zu erkennen gibt, ob der Kanal momentan belegt ist, eine 1-Bit-Sequenznummer für den nächsten über diesen logischen Kanal zu sendenden Frame und die nächste erwartete Sequenznummer eines auf diesem Kanal ankommenden Frames. Hat der Knoten einen Frame zu senden, benutzt er den niedrigsten ungenutzten Kanal; andernfalls verhält er sich wie beim Stop-and-Wait üblich.

In der Praxis unterstützte das ARPANET ursprünglich 8 logische Kanäle über eine terrestrische Leitung und 16 über eine Satellitenleitung. Für die erdgebundene Leitung beinhaltete der Header jedes Frames eine 3-Bit-Kanalnummer und eine 1-Bit-Sequenznummer, insgesamt also 4 Bit. Das ist genau die Bitanzahl, die das Sliding-Window-Protokoll benötigt, um bis zu acht in der Verbindungsleitung anstehende Frames zu unterstützen, wenn RWS = SWS.

2.6 Ethernet (802.3)

Ethernet ist die bei weitem erfolgreichste LAN-Technologie (Local Area Network) der letzten 20 Jahre. Das Mitte der siebziger Jahre am Xerox Palo Alto Research Center (PARC) entwickelte Ethernet ist ein konkretes Beispiel der allgemeineren LAN-Technologie CSMA/CD (Carrier Sense Multiple Access with Collision Detect).

Ethernet ist ein Mehrfachzugriffsnetz, was bedeutet, dass mehrere Knoten über eine gemeinsamen Verbindungsleitung Frames senden und empfangen können. Man kann ein Ethernet deshalb als Bus verstehen, an den mehrere Stationen angeschlossen sind. Der Begriff »Carrier Sense« in CSMA/CD bedeutet, dass alle Knoten zwischen einer untätigen und besetzten Verbindungsleitung unterscheiden können, während »Collision Detect« bedeutet, dass ein Knoten gleichzeitig übertragen und erkennen kann, ob der von ihm gesendete Frame mit einem anderen, von einem anderen Knoten übertragenen Frame kollidiert.

Die Ursprünge des Ethernet gehen auf das erste paketvermittelte Funknetz zurück. Es hieß Aloha und wurde an der Universität Hawaii zur Unterstützung eines computerbasierten Netzwerks zwischen den Hawaii-Inseln entwickelt. Wie damals das Aloha-Netzwerk hat das Ethernet das grundsätzliche Problem zu lösen, wie der Zugriff auf ein gemeinsam genutztes Medium fair und effizient geregelt werden soll. (In Aloha war das Medium die Atmosphäre und in Ethernet beim es ein Koaxialkabel.) Das entscheidende Konzept ist daher bei beiden ein Algorithmus, der steuert, wann ein Knoten übertragen kann.

Digital Equipment Corporation und Intel Corporation stießen 1978 zu Xerox hinzu, um gemeinsam einen Standard für ein 10-Mbit/s-Ethernet zu definieren. Dieser Standard bildete dann die Grundlage für den IEEE-Standard 802.3. Mit einer in Abschnitt 2.6.2 beschriebenen Ausnahme kann man den Ethernet-Standard von 1978 getrost als Untermenge des 802.3-Standards betrachten. 802.3 definiert zusätzlich eine viel breitere Auswahl an physikalischen Medien für das Ethernet. Kürzlich wurde er um eine 100-Mbit/s-Version – das »Fast-Ethernet« – und eine 1000-Mbit/s-Version mit der Bezeichnung »Gigabit-Ethernet« erweitert. Der Rest dieses Abschnitts konzentriert sich auf 10-Mbit/s-Ethernet, weil diese Variante normalerweise im Mehrfachzugriffsbetrieb benutzt wird und wir daran interessiert sind, wie sich mehrere Hosts eine Verbindungsleitung teilen. Die beiden neueren Ethernet-Versionen, Fast-Ethernet (mit 100 Mbit/s) und Gigabit-Ethernet, wurden eigens für Punkt-zu-Punkt-Konfigurationen mit Vollduplexbetrieb ausgelegt, was bedeutet, dass sie vorwiegend in vermittelten Netzwerken eingesetzt werden, wie sie im nächsten Abschnitt beschrieben werden.

2.6.1 Physikalische Eigenschaften

Ein Ethernet-Segment besteht aus einem Koaxialkabel mit einer Länge von bis zu 500 m. Dieses Kabel ähnelt dem Fernsehkabel, hat aber normalerweise eine Impedanz von 50 Ohm gegenüber 75 Ohm beim Fernsehkabel. Das Ethernet-Segment wird sozusagen »angezapft«, um Hosts anzuschließen. Diese so genannten Taps müssen dabei mindestens 2,5 m auseinander liegen. Ein kleines, direkt an den Tap angeschlossenes Gerät, das man als *Transceiver* bezeichnet, erkennt, wenn die Leitung ungenutzt ist und steuert das Signal, wenn der Host überträgt. Der Transceiver empfängt auch ankommende Signale. Er wird seinerseits an eine Ethernet-Netzwerkkarte angeschlossen, die in den Host eingesteckt wird. Die gesamte Logik des Ethernet-Protokolls – das Thema dieses Abschnitts – wird in der Netzwerkkarte (und nicht im Transceiver) implementiert. Diese Konfiguration wird aus Abb. 2.24 deutlich.

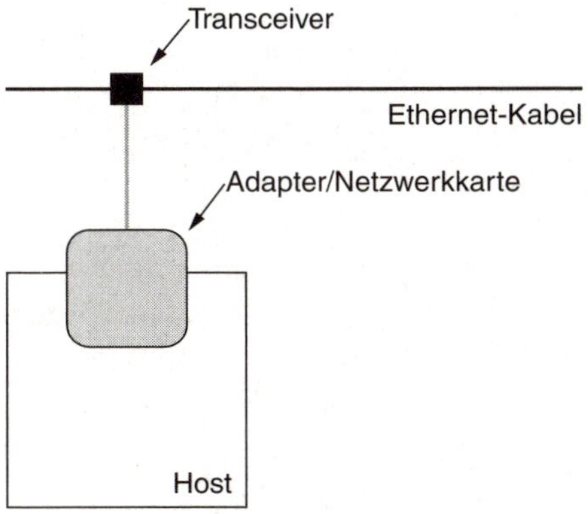

Abb. 2.24:
Ethernet-Transceiver und -Netzwerkkarte

Mit einem *Repeater* können mehrere Ethernet-Segmente zusammengeschlossen werden. Ein Repeater ist ein Gerät, das digitale Signale weiterleitet, ähnlich wie ein Verstärker das bei analogen Signalen macht. Zwischen je zwei Hosts können maximal vier Repeater positioniert werden, was bedeutet, dass ein Ethernet eine Gesamtreichweite von nur 2.500 m hat. Benutzt man beispielsweise nur zwei Repeater zwischen je zwei Hosts, ähnelt diese Konfiguration derjenigen von Abb. 2.25, also mit einem Rückgrat, das sich über die Höhe eines Gebäudes erstreckt, und je einem Segment pro Stockwerk. Insgesamt kann ein Ethernet maximal 1.024 Hosts unterstützen.

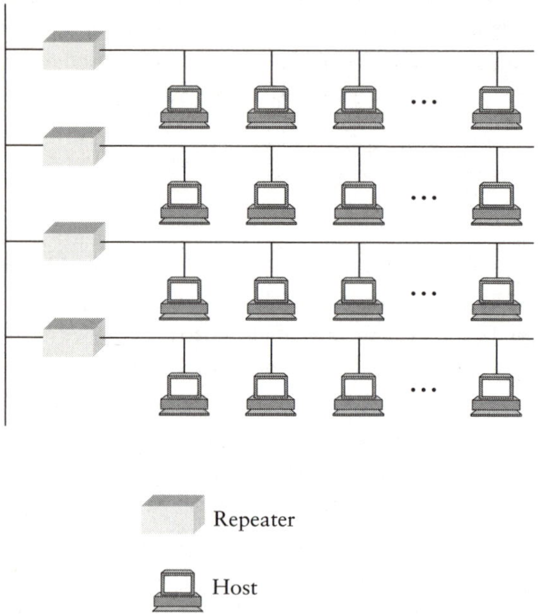

Abb. 2.25:
Ethernet-Repeater

Jedes von einem Host auf das Ethernet gelegte Signal wird über das gesamte Netzwerk ausgesendet (Broadcasting). Das heißt, das Signal breitet sich in beide Richtungen aus, und Repeater leiten es auf alle angeschlossenen Segmente weiter. Ein am Ende jedes Segments befestigter Terminator absorbiert das Signal und verhindert, dass es reflektiert wird und dadurch nachfolgende Signale stört. Ethernet benutzt die in Abschnitt 2.2 beschriebene Manchester-Kodierung.

Abgesehen von Ethernet-Systemen mit den eben beschriebenen Segmenten und Repeatern wurden im Lauf der Jahre weitere Technologien eingeführt. Statt eines 50-ohmigen Koaxialkabels kann für Ethernet ein dünneres Kabel benutzt werden, das man als »10Base2« bezeichnet. Die ursprüngliche Kabelart hieß »10Base5« (die beiden Kabel werden auch *Thinnet* bzw. *Thicknet* genannt). Die »10« in der Bezeichnung bedeutet, dass das Netzwerk mit 10 Mbit/s läuft, »Base« bezieht sich darauf, dass das Kabel in einem *Basisbandsystem* benutzt wird, und »2« bzw. »5« heißt, dass ein Segment nicht länger als 200 m bzw. 500 m sein kann. Inzwischen wird vorwiegend eine neuere Version namens 10BaseT benutzt, wobei das »T« für Twisted-Pair (Kupferdoppelader) steht. In der Regel wird Twisted-Pair der Kategorie 5 verwendet. Ein 10BaseT-Segment ist normalerweise auf eine Länge von weniger als 100 m begrenzt. (100- und 1000-Mbit/s-Ethernet unterstützen ebenfalls Twisted-Pair Kategorie 5 für Entfernungen bis 100 m).

Die 10Base2- oder 10BaseT-Kabel sind beide sehr dünn, sodass man sie nicht auf die gleiche Weise anzapfen kann wie ein 10Base5-Kabel. Beim 10Base2 wird ein T-Stück in das Kabel gespleißt. 10Base2 wird in der Regel benutzt, um mehrere Hosts mit einer Busstruktur zu verbinden. Bei 10BaseT dagegen besteht die übliche Konfiguration in mehreren Punkt-zu-Punkt-Verbindungen, die von einem mehrwegigen Repeater (*Hub* genannt; siehe Abb. 2.26), direkt zu den angeschlossenen Hosts verlaufen. Ein Hub kann auch mehrere Ethernet-Segmente mit 100 Mbit/s verbinden; dies funktioniert bei 1000 Mbit/s aber nicht mehr.

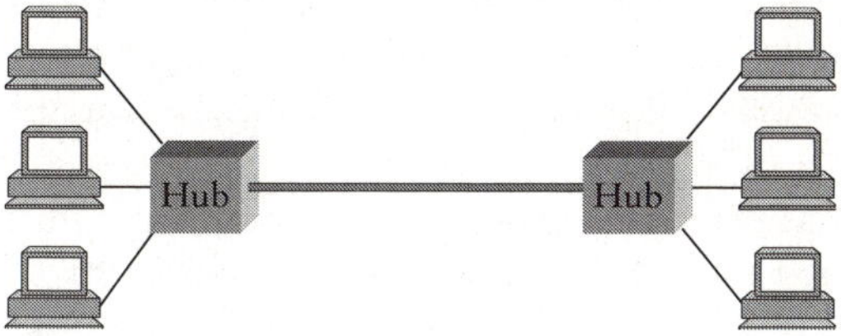

Abb. 2.26: Ethernet-Hub

Wichtig ist hier, dass die von einem Host über ein Ethernet übertragenen Daten immer alle übrigen Hosts erreichen, gleichgültig, ob sich das Ethernet über ein einzelnes Segment, eine lineare Sequenz von Segmenten, die über Repeater verbunden sind, oder mehrere in einer Sternkonfiguration über einen Hub verbundene Segmente erstreckt. Das ist die gute Nachricht. Die schlechte Nachricht ist, dass alle diese Hosts um die gleiche Verbindungsleitung »kämpfen«. Deshalb sagt man, sie befinden sich in der gleichen *Kollisionsdomäne.*

2.6.2 Medienzugriffssteuerung (MAC)

Wir wenden uns jetzt dem Algorithmus zu, der den Zugriff auf das gemeinsame Ethernet-Netzwerk steuert. Diesen Algorithmus nennt man *Medienzugriffssteuerung* (Media Access Control, MAC). Er wird normalerweise als Hardware in der Netzwerkkarte implementiert. Wir beschreiben hier nicht die Hardware an sich, sondern den damit implementierten Algorithmus. Zuerst werden Frame-Format und -Adressen des Ethernet beschrieben.

Frame-Format

Jeder Ethernet-Frame wird durch das in Abb. 2.27 dargestellte Format definiert. Die 64-Bit-Präambel ermöglicht es dem Empfänger, sich mit dem Signal zu synchronisieren; es ist eine Folge von abwechselnden Nullen und Einsen. Quell- und Ziel-Host

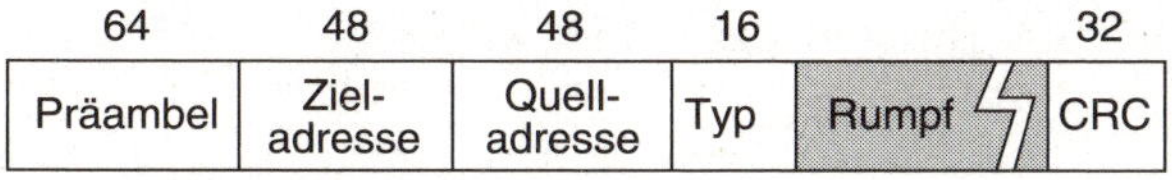

Abb. 2.27: Ethernet-Frame-Format

werden mit einer 48-Bit-Adresse identifiziert. Das Pakettypfeld dient als Demuxschlüssel. Das heißt, es identifiziert das darüberliegende Protokoll, dem dieser Frame zugestellt werden soll. Jeder Frame enthält maximal 1.500 Daten-Bytes. Er muss aber mindestens 46 Daten-Bytes enthalten, auch wenn das bedeutet, dass der Host den Frame vor der Übertragung auffüllen muss. Diese minimale Frame-Größe wurde festgesetzt, weil der Frame ausreichend lang sein muss, um eine Kollision erkennen zu können. Dieser Punkt wird weiter unten beschrieben. Ferner beinhaltet jeder Frame eine 32-Bit-CRC. Wie das in Abschnitt 2.3.2 beschriebene HDLC-Protokoll basiert das Ethernet auf einer bitorientierten Frame-Erzeugung. Aus Sicht des Hosts hat ein Ethernet-Frame einen 14-Byte-Header: zwei 6 Byte große Adressen und ein 2 Byte großes Typfeld. Die sendende Netzwerkkarte hängt vor der Übertragung die Präambel, die CRC und die Postambel an, die der empfangende Netzadapter am anderen Ende wieder entfernt.

Das soeben beschriebene Frame-Format stammt aus dem von Digital, Intel und Xerox gemeinsam definierten Ethernet-Standard. Das Frame-Format gemäß 802.3 ist genau gleich, außer dass es das 16-Bit-Typfeld durch ein 16-Bit-Längenfeld ersetzt. 802.3 wird normalerweise mit einem Kapselungsstandard kombiniert, der ein Typfeld definiert, das zum Demultiplexen ankommender Frames benutzt wird. Dieses Typfeld ist das erste Element im Datenteil von 802.3-Frames. Es folgt also unmittelbar dem 802.3-Header. Da der Ethernet-Standard keine Typwerte benutzt, die kleiner als 1.500 sind (die maximale Länge, die in einem 802.3-Header vorkommen kann) und sich die Typ- und Längenfelder an der gleichen Stelle im Header befinden, kann eine Netzwerkkarte beide Formate akzeptieren, und der auf dem Host laufende Kartentreiber kann die letzten 16 Bit des Headers als Typ oder Länge interpretieren. In der Praxis folgen die meisten Hosts dem Digital/Intel/Xerox-Format und interpretieren dieses Feld als Frame-Typ.

Adressen

Jeder Host in einem Ethernet oder, besser gesagt, jeder Ethernet-Host der Welt hat eine eindeutige Ethernet-Adresse. Aus technischer Sicht gehört die Adresse zur Netzwerkkarte und nicht zum Host. Sie wird normalerweise in das ROM eingebrannt. Ethernet-Adressen werden in der Regel in einer von Menschen lesbaren Form als Folge von sechs durch einen Doppelpunkt getrennten Zahlen geschrieben. Jede Zahl entspricht einem Byte der 6-Byte-Adresse und wird durch zwei hexadezimale Ziffern angegeben, d.h. eine pro 4-Bit-Nibble im Byte. Führende Nullen werden weggelassen. Beispielsweise ist 8:0:2b:e4:b1:2 die Darstellung der Ethernet-Adresse

00001000 00000000 00101011 11100100 10110001 00000010

Um sicherzustellen, dass jede Netzwerkkarte eine eindeutige Adresse erhält, wird jedem Hersteller von Ethernet-Netzwerkkarten ein anderes Präfix zugewiesen, das der Adresse seiner Netzwerkkarten vorangestellt wird. Advanced Micro Devices hat beispielsweise das 24-Bit-Präfix x080020 (bzw. 8:0:20). Der Hersteller muss dann darauf achten, dass sein Adresssuffix eindeutig ist.

Jeder in einem Ethernet übertragene Frame wird von jedem an dieses Ethernet angeschlossenen Netzadapter empfangen. Jeder Adapter erkennt die an ihn adressierten Frames und gibt nur diese Frames an den Host weiter. (Ein Netzadapter kann für den Betrieb im *Promiscuous Mode* programmiert werden. In diesem Fall stellt er dem Host alle empfangenen Frames zu.) Zusätzlich zu diesen *Unicast*-Adressen wird eine nur aus Einsen bestehende Ethernet-Adresse als *Broadcast*-Adresse behandelt. Alle Netzwerkkarten leiten einen an die Broadcast-Adresse gerichteten Frame an ihre Hosts weiter. Ist das erste Bit einer Adresse auf 1 gesetzt, obwohl es sich nicht um eine Broadcast-Adresse handelt, nennt man sie *Multicast*-Adresse. Ein bestimmter Host kann seine Netzwerkkarte so programmieren, dass sie nur bestimmte Multicast-Adressen annimmt. Multicast-Adressen werden benutzt, um Nachrichten an spezifische Hosts in einem Ethernet (z.B. nur Datei-Server) zu senden. Zusammenfassend kann man also sagen, dass eine Ethernet-Netzwerkkarte alle Frames empfängt und danach nur folgende an den Host weitergibt:

- alle an seine Adresse gerichteten Frames
- alle an die Broadcast-Adresse gerichteten Frames
- alle an eine Multicast-Adresse gerichteten Frames, falls er entsprechend programmiert wurde
- alle Frames, wenn er im Promiscuous Mode arbeitet

Sendealgorithmus

Wir haben gerade gesehen, dass die Empfangsseite des Ethernet-Protokolls recht einfach ist. Die Intelligenz wird auf der Sendeseite implementiert. Der Sendealgorithmus ist wie folgt definiert:

Hat die Netzwerkkarte einen Frame zu senden und ist die Verbindungsleitung untätig, überträgt sie den Frame sofort; es erfolgt keine Verhandlung mit den übrigen Netzadaptern. Die obere Grenze von 1.500 Byte in der Nachricht bedeutet, dass die Netzwerkkarte die Verbindungsleitung nur über eine bestimmte Zeitdauer belegen kann.

Hat eine Netzwerkkarte einen Frame zu senden und ist die Verbindungsleitung besetzt, wartet sie, bis die Leitung frei wird, dann überträgt sie sofort.[1] Das Ethernet gilt als *1-Persistent*-Protokoll, weil ein Netzadapter mit einem zu sendenden Frame mit Wahrscheinlichkeit 1 überträgt, sobald eine besetzte Leitung frei wird. Im allgemeinen überträgt ein *p-Persistent*-Algorithmus mit Wahrscheinlichkeit $0 \leq p \leq 1$, wenn die Leitung frei wird, und wartet mit Wahrscheinlichkeit $q = 1 - p$ ab. Der Grund für die Auswahl eines $p < 1$ ist, dass möglicherweise mehrere Netzwerkkarten darauf warten, bis die Leitung frei wird, und verhindert werden soll, dass sie

1. Genauer gesagt, warten alle Adapter 9,6 µs nach dem Ende eines Frames, bevor sie mit der Übertragung des nächsten beginnen. Dies gilt sowohl für den Sender des ersten Frames als auch für die Knoten, die darauf warten, bis die Leitung frei wird.

gleichzeitig mit der Übertragung beginnen. Wenn jeder Netzadapter sofort mit einer Wahrscheinlichkeit von beispielsweise 33% überträgt, können bis zu drei auf ihre Gelegenheit warten und die Chancen stehen gut, dass nur einer damit beginnt, wenn die Leitung frei wird. Dennoch überträgt eine Ethernet-Netzwerkkarte immer sofort nach der Feststellung, dass das Netzwerk frei geworden ist, was sich als sehr effektiv erwiesen hat.

Mit $p < 1$ bei p-Persistent-Protokollen mag man sich vielleicht fragen, wie lange ein in Wartestellung ausharrender Sender tatsächlich warten muss, bis er übertragen kann. Beim Aloha-Netzwerk, bei dem diese Protokollart erstmals eingesetzt wurde, wird die Zeit in diskrete Zeitschlitze aufgeteilt, und jeder Zeitschlitz entspricht der Dauer für die Übertragung eines vollen Frames. Sobald ein Knoten einen Frame zu übertragen hat und einen leeren (unbelegten) Zeitschlitz erkennt, überträgt er mit Wahrscheinlichkeit p bzw. wartet auf den nächsten Zeitschlitz mit Wahrscheinlichkeit $q = 1 - p$. Ist dieser nächste Schlitz ebenfalls leer, entscheidet der Knoten erneut mit Wahrscheinlichkeit p bzw. q, ob er übertragen bzw. warten soll. Ist der nächste Zeitschlitz nicht leer, d.h. wenn sich eine andere Station zur Übertragung entschlossen hat, wartet der Knoten einfach auf den nächsten freien Zeitschlitz, und der Algorithmus beginnt von vorn.

Zurück zum Ethernet: Da es keine zentrale Steuerung gibt, kann es passieren, dass zwei (oder mehr) Netzwerkkarten gleichzeitig mit der Übertragung beginnen, weil sie entweder beide festgestellt haben, dass die Leitung frei ist, oder weil beide gewartet haben, bis die Leitung frei wurde. Wenn dies passiert, *kollidieren* die beiden (oder mehr) Frames im Netzwerk. Ethernet unterstützt Kollisionserkennung, sodass jeder Sender feststellen kann, dass eine Kollision stattfindet. Sobald ein Netzadapter erkennt, dass sein Frame mit einem anderen kollidiert, überträgt er ein 32-Bit-Stausignal und stoppt die Übertragung. Ein Sender überträgt im Fall einer Kollision also minimal 96 Bit: die 64-Bit-Präambel und das 32-Bit-Stausignal.

Bei diesen 96 Bit – im Englischen auch als *Runt-Frame* bezeichnet – bleibt es zum Beispiel dann, wenn die beiden Hosts nahe beieinander liegen. Wären die beiden Hosts weiter voneinander entfernt, müssten sie länger übertragen und somit mehr Bits senden, bis eine Kollision erkannt wird. Das Worst-Case-Szenario tritt ein, wenn sich die beiden Hosts an entgegengesetzten Enden im Ethernet befinden. Um mit Sicherheit festzustellen, dass der gerade gesendete Frame nicht mit einem anderen kollidiert, muss der Sender unter Umständen bis zu 512 Bit senden. Nicht zufällig besitzt jeder Ethernet-Frame eine Länge von 512 Bit (64 Byte): 14 Byte für den Header, 46 Byte für Daten und 4 Byte für CRC.

Warum gerade 512 Bit? Die Antwort hat mit einer weiteren Frage über Ethernet zu tun: Warum ist seine Länge auf nur 2.500 m begrenzt? Warum nicht 10 oder 1.000 km? Die Beantwortung beider Fragen gründet auf der Tatsache, dass es um so länger dauert, bis ein Frame von einem zum anderen Host gelangt, je weiter die beiden Knoten voneinander entfernt sind, und dass das Netzwerk während dieser Zeit kollisionsanfällig ist.

Abb. 2.28 zeigt das Szenario des ungünstigsten Falls, bei dem Hosts A und B an entgegengesetzten Enden im Netzwerk liegen. Angenommen, Host A beginnt mit

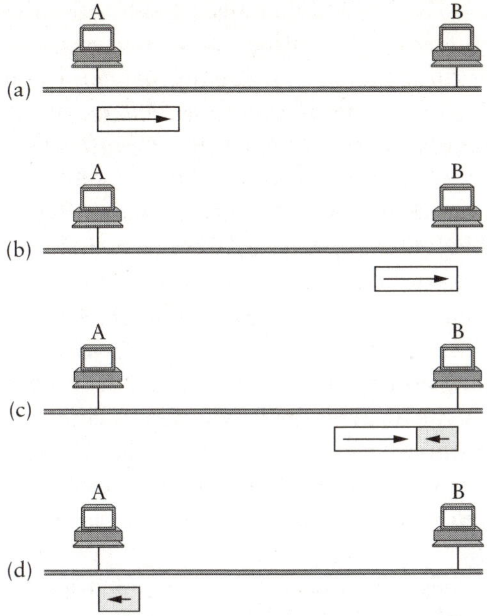

Abb. 2.28:
Worst-Case-Szenario:
(a) A sendet einen Frame zum Zeitpunkt t;
(b) A's Frame kommt bei B zum Zeitpunkt t + d an;
(c) B beginnt bei t + d mit der Übertragung eines Frames, der mit dem von A kollidiert;
(d) B's Frame (32 Bit) kommt nach t + 2d bei A an.

der Übertragung eines Frames zum Zeitpunkt t, wie in (a) dargestellt. Der Frame hat eine medienbedingte Verzögerung oder Einweglatenz (sei sie d), bis er Host B erreicht. Das erste Bit von A's Frames kommt bei B also in $t + d$ an, wie in (b) dargestellt. Nehmen wir weiter an, dass Host B mit der Übertragung eines Frames beginnt, kurz bevor der Frame von Host A ankommt (B sieht also immer noch eine unbelegte Leitung). B's Frame kollidiert sofort mit dem von A, und diese Kollision wird von Host B (c) erkannt. Host B sendet das 32-Bit-Stausignal, wie oben beschrieben. Leider stellt Host A die Kollision erst fest, wenn B's Frame bei ihm ankommt, was eine Einweglatenz später, also in $t + 2 \times d$ (d) geschieht. Host A muss bis zu diesem Zeitpunkt weiter übertragen, bevor er die Kollision erkennen kann. Anders ausgedrückt: Host A muss $2 \times d$ lang übertragen, bis er mit Sicherheit alle möglichen Kollisionen erkennen kann. Bedenkt man, dass ein maximal konfiguriertes Ethernet 2.500 m lang ist und zwischen zwei Hosts bis zu vier Repeater liegen können, erhält man eine Roundtrip-Verzögerung von 51,2 µs, was bei einem 10-Mbit/s-Ethernet 512 Bit entspricht. Betrachtet man diese Situation aus anderer Sicht, muss man die maximale Latenz des Ethernet auf einen relativ kleinen Wert (z.B. 51,2 µs) begrenzen, damit der Zugriffsalgorithmus funktioniert. Die maximale Länge eines Ethernet muss also bei etwa 2.500 m liegen.

Hat eine Netzwerkkarte eine Kollision erkannt und demzufolge ihre Übertragung abgebrochen, wartet sie eine gewisse Zeit und versucht es dann erneut. Nach jedem fehlgeschlagenen Übertragungsversuch verdoppelt der Netzadapter die Wartezeit für den erneuten Versuch. Diese Strategie der Verdopplung des Verzögerungsintervalls zwischen den einzelnen Neuübertragungen ist eine allgemeine, als *Exponential Backoff* bezeichnete Technik. Genauer betrachtet, versucht der Adapter zuerst, entweder 0 oder 51,2 µs durch Zufallsauswahl zu verzögern. Schlägt dieser

Versuch fehl, wartet er 0, 51,2, 102,4 oder 153,6 µs (zufällig ausgewählt), bis er es wieder versucht; also $k \times 51{,}2$ µs für $k = 0..3$. Nach der dritten Kollision wartet er wieder per Zufallsentscheidung $k \times 51{,}2$ µs für $k = 0..2^3 - 1$. Im allgemeinen wählt der Algorithmus zufällig ein k zwischen 0 und $2^n - 1$ und wartet $k \times 51{,}2$ µs, wobei n die Anzahl der bisher vorgekommenen Kollisionen ist. Nach einer bestimmten Anzahl von Versuchen gibt die Netzwerkkarte auf und meldet dem Host einen Übertragungsfehler. Netzwerkkarten versuchen es normalerweise bis zu 16 mal, obwohl der Backoff-Algorithmus in der obigen Formel n nie größer als 10 werden lässt.

2.6.3 Erfahrung mit Ethernet

Da Ethernet-Netzwerke seit Jahrzehnten im Einsatz und sehr beliebt sind, wurden umfangreiche Erfahrungen im Umgang mit ihnen gesammelt. Zu den wichtigsten gewonnenen Beobachtungen zählt, dass sie unter geringer Last am besten arbeiten. Das liegt daran, dass unter hohen Belastungen (normalerweise gilt eine Auslastung von über 30% bei einem Ethernet als hoch) viel Netzkapazität durch Kollisionen vergeudet wird.

Bei den meisten Ethernet-Installationen liegt die Auslastung recht niedrig. An Ethernet-Netzwerke sind in der Regel weniger als 200 Hosts angeschlossen, was weit unter dem Maximum von 1.024 liegt. (Versuchen Sie, ob Sie in Kapitel 4 den Grund für die übliche Obergrenze von etwa 200 Hosts herausfinden.) Außerdem liegt die Gesamtlänge bei den meisten Ethernet-Netzwerken unter 2.500 m, mit einer Roundtrip-Verzögerung von eher 5 µs als 51,2 µs. Ein weiterer Faktor, der Ethernet-Netzwerke handhabbar macht, obwohl Ethernet-Netzwerkkarten keine Flusskontrolle auf der Sicherungsschicht implementieren, ist der, dass Hosts normalerweise einen derartigen Mechanismus auf Ende-zu-Ende-Basis bereitstellen. Deshalb findet man selten Fälle vor, in denen ein Host kontinuierlich Frames in das Netzwerk pumpt.

Schließlich lohnen sich an dieser Stelle ein paar Worte darüber, warum Ethernet-Netzwerke so erfolgreich sind, um die Merkmale zu verstehen, die wir mit jeder LAN-Technologie nachahmen sollten, die irgendwann Ethernet ersetzen könnte. Erstens lässt sich ein Ethernet extrem einfach verwalten und warten. Es gibt keine Switche, die ausfallen können, kein Routing und keine Konfigurationstabellen, die laufend aktualisiert werden müssen, und ein neuer Host lässt sich mühelos an das Netz anschließen. Es dürfte eine größere Herausforderung sein, die im nächsten Kapitel beschriebenen vermittelten Netzwerke mit einer derart einfachen Betriebsweise auszustatten. Zweitens ist es kostengünstig: Verbindungskabel sind billig, und die einzigen weiteren Kosten entstehen durch den Netzadapter in jedem Host. In jedem Fall erfordert ein vermitteltes Netzwerk beträchtliche Investitionen in eine teure Infrastruktur (Switche), zusätzlich zu den jeweiligen Kosten pro Netzwerkkarte. Wie wir im nächsten Abschnit sehen werden, basiert die heute erfolgreichste LAN-Switching-Technologie selbst auf Ethernet.

2.7 Token-Ring (802.5, FDDI)

Neben Ethernet sind Token-Ring-Netze die andere wichtige Klasse von Netzwerken mit gemeinsam genutztem Medium. Dabei gibt es von Token-Ring-Netzen mehr unterschiedliche Typen als von Ethernet-Netzen. In diesem Abschnitt wird der vorherrschende Typ behandelt, der IBM-Token-Ring. Wie das Xerox-Ethernet gründet IBM's Token-Ring auf einem fast identischen IEEE-Standard – 802.5. Soweit erforderlich, weisen wir auf die Unterschiede zwischen IBM- und 802.5-Token-Ring-Netzen hin.

Die allgemeinen Prinzipien von Token-Ring-Netzen werden leicht verständlich, wenn man sich die IBM- und 802.5-Standards näher ansieht. Der FDDI-Standard (Fiber Distributed Data Interface) – ein neuerer, schnellerer Token-Ring – verdient allerdings ebenfalls Beachtung. Deshalb wird er am Ende dieses Abschnitts kurz beschrieben. Während der Entstehung dieses Buches steht ein anderer Token-Ring-Standard kurz vor seiner Fertigstellung: der so genannte Resilient Packet Ring (802.17).

Ein Token-Ring-Netz besteht aus einer Reihe von Knoten, die in einem Ring verbunden sind (siehe Abb. 2.29). Daten fließen immer in einer bestimmten Richtung um den Ring. Jeder Knoten empfängt Frames von seinem in Upstream-Richtung befindlichen Nachbarn und leitet sie an seinen in Downstream-Richtung folgenden Nachbarn weiter. Diese Ringtopologie unterscheidet sich grundlegend von der Bustopologie beim Ethernet. Wie beim Ethernet wird der Ring aber als einziges gemeinsames Medium betrachtet. Er verhält sich also nicht wie eine Sammlung unabhängiger Punkt-zu-Punkt-Verbindungen, die zufällig in einer Schleife konfiguriert wurden. Folglich weisen Token-Ring- und Ethernet-Netze zwei wichtige gemeinsame Merkmale auf: Erstens die Notwendigkeit eines verteilten Algorithmus, der steuert, wann jeder Knoten übertragen darf, und zweitens die Tatsache, dass alle Frames alle Knoten passieren, wobei der im Frame-Header als Ziel identifizierte Knoten eine Kopie des Frames speichert.

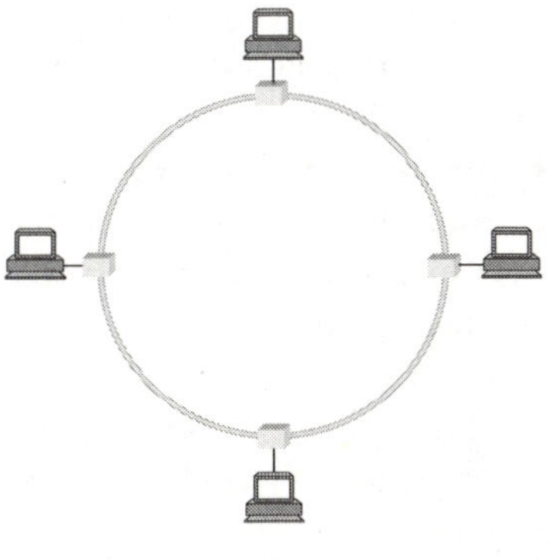

Abb. 2.29:
Token-Ring-Netz

Das Wort »Token« in Token-Ring ist auf die Art zurückzuführen, wie der gemeinsame Ring verwaltet wird. Dem Konzept zufolge kreist ein Token, bei dem es sich lediglich um eine spezielle Bitfolge handelt, um den Ring. Jeder Knoten empfängt das

Token und gibt es wieder an den nächsten weiter. Erhält ein Knoten, der einen Frame zu übertragen hat, das Token, nimmt er es aus dem Ring (d.h. er gibt das spezielle Bitmuster nicht weiter) und fügt stattdessen seinen Frame in den Ring ein. Jeder Knoten entlang der Strecke leitet den Frame einfach weiter. Der Zielknoten speichert eine Kopie und gibt die Nachricht an den nächsten Knoten im Ring weiter. Hat der Frame seine Strecke rundum zum Sender zurückgelegt, nimmt dieser Knoten seinen Frame vom Ring (statt ihn weiterzugeben) und fügt das Token erneut ein. Auf diese Weise haben nun andere Knoten in Downstream-Richtung die Möglichkeit, einen Frame zu übertragen. Der Medienzugriffsalgorithmus ist also insofern fair, als jeder Knoten Gelegenheit zum Übertragen erhält, während das Token den Ring umkreist.

2.7.1 Physikalische Eigenschaften

Als erstes muss man bei einer Ringtopologie bedenken, dass ein Leitungs- oder Knotenausfall das gesamte Netzwerk lahmlegt. Dieses Problem wird dadurch gelöst, dass jede Station mit Hilfe eines elektromechanischen Relais an den Ring angeschlossen wird. Solange die Station aktiv ist, bleibt das Relais offen und die Station wird in den Ring einbezogen. Liefert die Station keine Leistung mehr, schließt das Relais und die Station wird im Ring automatisch übergangen. Dies ist in Abb. 2.30 dargestellt.

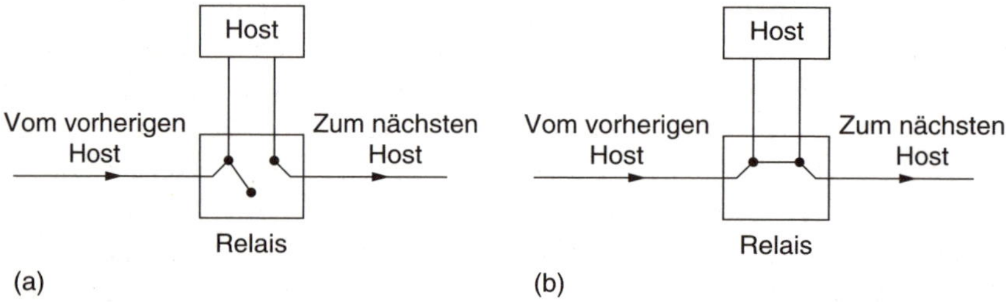

Abb. 2.30: Token-Ring mit Relais: (a) Relais offen – Host aktiv; (b) Relais geschlossen – Host wird übergangen

Normalerweise befinden sich mehrere solche Relais in einer Box, die man »MSAU« (Multi-Station Access Unit) nennt. Das hat die interessante Auswirkung, dass ein Token-Ring eher die in Abb. 2.31 dargestellte Sterntopologie aufweist. Außerdem wird es dadurch sehr einfach, Hosts an das Netzwerk anzuschließen oder zu entfernen. Man steckt sie einfach in die nächste MSAU ein oder aus, während die Gesamtverkabelung des Netzwerks unverändert bleibt. Ein kleiner Unterschied zwischen der Spezifikation des IBM- und des 802.5-Standards ist, dass nur beim IBM-Standard die Verwendung von MSAUs erforderlich ist. In der Praxis werden MSAUs aber fast immer benutzt, weil sie dem Netzwerk mehr Robustheit verleihen und sich Stationen leicht anschließen und abkoppeln lassen.

802.5- und IBM-Token-Rings weisen natürlich noch weitere Charakteristika auf. Die Datenrate kann 4 oder 16 Mbit/s betragen. Die Kodierung von Bits erfolgt nach der differentiellen Manchester-Kodierung (siehe Abschnitt 2.2). In einem IBM-

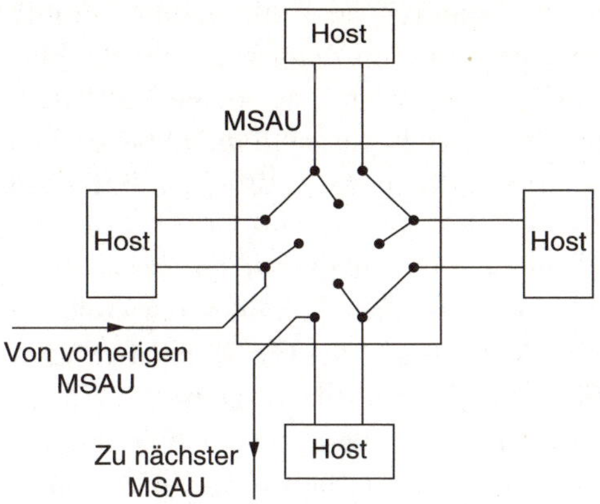

Abb. 2.31:
Token-Ring mit MSAU

Token-Ring können bis zu 260 Stationen an einen Ring angeschlossen werden, während diese Zahl beim 802.5-Netz auf 250 begrenzt ist. Als Medium wird beim IBM ein Twisted-Pair verwendet, während beim 802.5 keines spezifiziert ist.

2.7.2 MAC beim Token-Ring

Wir befassen uns nun damit, wie das MAC-Protokoll bei einem Token-Ring arbeitet. Beim Token-Ring enthält die Netzwerkkarte einen Empfänger, einen Sender und einen dazwischenliegenden Datenspeicher in der Größe eines oder mehrerer Bits. Hat keine der an den Ring angeschlossenen Stationen etwas zu übertragen, umkreist das Token den Ring. Der Ring muss natürlich ausreichend »Speicherkapazität« haben, um ein gesamtes Token aufnehmen zu können. Beim 802.5 ist das Token z.B. 24 Bit lang. Wenn jede Station nur 1 Bit aufnehmen kann (was bei 802.5-Netzen die Norm ist) und die Stationen nahe genug beieinander liegen, sodass für die Verbreitung eines Bits von einer Station zur anderen kaum Zeit verstreicht, wären mindestens 24 Stationen im Ring nötig, damit er korrekt funktionieren kann. Diese Situation wird dadurch umgangen, dass man eine so genannte *Monitorstation* konfiguriert, die bei Bedarf zusätzliche Verzögerungsbits zur Verfügung stellen. Der Betrieb der Monitorstation wird unten ausführlicher beschrieben.

Während das Token den Ring umkreist, kann jede sendewillige Station das Token »ergreifen« und mit der Übertragung beginnen. Bei 802.5-Netzen bedeutet die Ergreifung des Tokens lediglich, dass 1 Bit im zweiten Byte des Tokens modifiziert wird. Die ersten 2 Byte des modifizierten Tokens dienen dann als Präambel für das nächste Datenpaket. Die Station, die gerade das Token besitzt, kann eines oder mehrere Pakete senden. Die genaue Anzahl hängt von verschiedenen Faktoren ab, die unten beschrieben werden.

Jedes übertragene Paket enthält die Zieladresse des Empfängers. Es kann auch eine Multi- oder Broadcast-Adresse enthalten, falls die Absicht besteht, mehr als einen (oder alle) Empfänger zu erreichen. Während das Paket an jedem im Ring befindlichen Knoten vorbei fließt, prüft der jeweilige Knoten das Paket, um festzustellen, ob er der Empfänger ist. Trifft dies zu, kopiert er das Paket in einen Puffer, wenn es die Netzwerkkarte passiert, nimmt es aber nicht aus dem Ring. Für die Entnahme des Pakets aus dem Ring ist die sendende Station zuständig. Bei jedem Paket, das länger als die im Ring speicherbare Bitanzahl ist, zieht die sendende Station den ersten Teil des Pakets bereits aus dem Ring, während sie den restlichen Teil noch sendet.

Wir müssen uns nun damit beschäftigen, wie viele Daten ein bestimmter Knoten jedes Mal, wenn er im Besitz des Tokens ist, übertragen darf. Anders ausgedrückt: Wie lange darf ein Knoten das Token behalten? Wir nennen dies die *Token-Haltezeit* (Token Holding Time, THT). Wenn wir annehmen, dass die meisten Knoten im Netzwerk die meiste Zeit keine Daten zu senden haben (eine vernünftige Annahme, die zumindest auch für das Ethernet richtig ist), wäre es sicherlich sinnvoll, den Knoten, in dessen Besitz sich das Token befindet, all seine Daten übertragen zu lassen, bevor er das Token an den nächsten Knoten abgeben muss. Das würde bedeuten, dass man eine unendliche THT setzt. In diesem Fall wäre es unsinnig, einen Knoten nur eine einzelne Nachricht senden und dann warten zu lassen, bis das Token den ganzen Ring umkreist hat, bevor er erneut Gelegenheit zum Übertragen einer weiteren Nachricht erhält. »All seine Daten« ist natürlich riskant, weil es bedeutet, dass eine bestimmte Station das Token endlos lange in Anspruch nehmen könnte. Wir könnten die THT auf jeden Fall aber auf eine Dauer setzen, die deutlich länger als die Übertragung eines einzigen Pakets ist.

Je mehr Bytes ein Knoten während der Zeit, in der er im Besitz des Tokens ist, senden kann, um so besser wird der Ring ausgelastet, solange nur ein Knoten übertragen will. Diese Strategie funktioniert natürlich nicht mehr gut, wenn mehrere Knoten übertragen wollen. Sie begünstigt Knoten mit vielen zu sendenden Daten gegenüber denen, die nur eine kleine Nachricht senden wollen, die jedoch vielleicht wichtig ist und so schnell wie möglich zugestellt werden soll. Vergleichen Sie das z.B. damit, dass Sie in der Bank einen Scheck einreichen möchten, vor Ihnen ein Kunde aber einen Finanzierungskredit für ein Auto beantragt. In 802.5-Netzwerken beträgt die Standard-THT 10 ms.

Die Verwendung der THT birgt eine kleine Feinheit. Bevor ein Paket in den Ring eingespeist wird, muss die Station prüfen, ob die für die Übertragung ihres Pakets erforderliche Zeit möglicherweise die Token-Haltezeit überschreitet. Sie muss also darüber Buch führen, wie lange sie das Token bereits hält und wie lang das nächste von ihr zu sendende Paket ist.

Aus der Token-Haltezeit können wir eine weitere nützliche Messgröße ableiten: die *Token-Umlaufzeit* (Token Rotation Time, TRT). Das ist die Zeit, die es dauert, bis ein Token aus Sicht eines bestimmten Knotens den Ring umrundet. Hier lässt sich leicht erkennen, dass

$$\text{TRT} \leq \text{AktiveKnoten} \times \text{THT} + \text{RingLatenz}$$

ist, wobei RingLatenz der Zeit entspricht, in der das Token den Ring umkreist, wenn keiner Daten sendet, und AktiveKnoten die Anzahl der Knoten ist, die Daten zu übertragen haben.

Das 802.5-Protokoll bietet eine Form der zuverlässigen Zustellung mit Hilfe von 2 im Paket-Trailer befindlichen Bits – den A- und C-Bits. Beide stehen anfangs auf 0. Erkennt eine Station einen an sie adressierten Frame, setzt sie das A-Bit im Frame. Wenn sie den Frame in ihre Netzwerkkarte kopiert hat, setzt sie das C-Bit. Erkennt die sendende Station, dass der Frame erneut im Ring auftaucht, während das A-Bit noch auf 0 steht, weiß sie, dass der Empfänger ausgefallen oder anderweitig beschäftigt ist. Ist das A-Bit, nicht aber das C-Bit gesetzt, bedeutet das, dass das Ziel den Frame aus irgendeinem Grund (z.B. mangels Speicherplatz) nicht annehmen konnte. Der Frame wird also später erneut übertragen in der Hoffnung, dass inzwischen Speicherplatz verfügbar geworden ist.

Ein weiteres Detail des 802.5-Protokolls betrifft die Unterstützung verschiedener Prioritätsstufen. Das Token enthält ein 3 Bit großes Prioritätsfeld, hat also zu einem bestimmten Zeitpunkt eine gewisse Priorität *n* inne. Jedes sendewillige Gerät weist seinen Paketen eine Priorität zu. Das Gerät kann das Token nur dann ergreifen, um ein Paket zu übertragen, wenn dessen Priorität mindestens der des Tokens entspricht. Die Priorität des Tokens ändert sich mit der Zeit auf Grund der Verwendung von drei *Reservierungsbits* im Frame-Header. Eine Station X wartet beispielsweise, um ein Paket mit Priorität *n* zu senden. Sie kann nun diese Bits auf *n* setzen, wenn sie erkennt, dass ein Daten-Frame vorbei fließt und die Bits noch nicht auf einen höheren Wert gesetzt wurden. Dies veranlasst die Station, in deren Besitz sich das Token momentan befindet, dessen Priorität auf *n* zu erhöhen, wenn sie es freigibt. Station X ist dafür verantwortlich, die Token-Priorität auf den alten Wert herabzusetzen, sobald sie fertig ist.

Man beachte, dass dies in dem Sinn ein *striktes* Prioritätsschema ist, dass keine Pakete mit niedrigerer Priorität gesendet werden, solange Pakete mit höherer Priorität warten. Das kann dazu führen, dass Pakete mit niedriger Priorität über längere Zeit vom Zugriff auf den Ring ausgesperrt werden, wenn viele Pakete mit hoher Priorität anstehen.

Ein letzter Punkt zum MAC-Protokoll betrifft die Frage, wann genau der sendende Knoten das Token freigibt. Wie aus Abb. 2.32 ersichtlich wird, kann der Sender das Token in den Ring zurückgeben, sobald sein Frame übertragen wurde (in

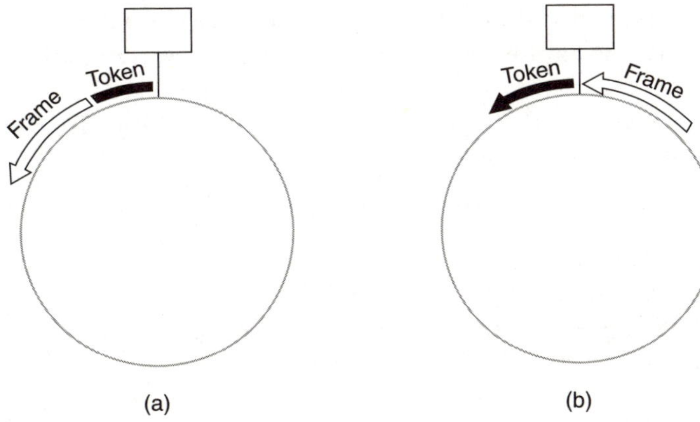

Abb. 2.32:
Token-Freigabe:
(a) früh und
(b) verzögert

diesem Fall spricht man von *früher Freigabe*) oder erst nachdem der von ihm übertragene Frame den gesamten Ring durchlaufen hat und wieder entfernt wurde (in diesem Fall spricht man von *verzögerter Freigabe*). Bei der frühen Freigabe wird selbstverständlich die Bandbreite besser ausgenutzt, insbesondere bei großen Ringen. 802.5 verwendete ursprünglich die verzögerte Token-Freigabe, unterstützt inzwischen aber auch die frühe Freigabe.

2.7.3 Token-Ring-Wartung

Wie oben festgestellt, verfügen Token-Ring-Netze über eine spezielle Monitorstation. Ihre Aufgabe ist es, sich um das einwandfreie Funktionieren des Rings zu kümmern. Jede Station des Rings kann als Monitorstation konfiguriert werden, und es gibt definierte Prozeduren, mit denen sie ausgewählt wird, wenn der Ring erstmals in Betrieb genommen wird oder die momentane Monitorstation ausfällt. Eine intakte Monitorstation zeigt periodisch ihre Anwesenheit durch eine spezielle Steuernachricht an. Falls eine Station eine solche Nachricht über eine gewisse Zeit hinweg nicht zu sehen bekommt, geht sie davon aus, dass die Monitorstation ausgefallen ist und versucht ihrerseits, Monitorstation zu werden. Die Prozeduren für die Festlegung einer Monitorstation sind die gleichen, egal, ob der Ring eben hochgefahren wurde oder die aktive Monitorstation ausgefallen ist.

Beschließt eine Station, dass eine neue Monitorstation nötig ist, überträgt sie einen »Claim«-Frame, mit dem sie ihre Absicht ankündigt, als neue Monitorstation fungieren zu wollen. Kreist dieses Token zum Sender zurück, kann dieser davon ausgehen, dass er als Monitorstation akzeptiert wurde. Versucht es eine andere Station ebenfalls zum gleichen Zeitpunkt, sieht der Sender möglicherweise eine Claim-Token-Nachricht von dieser Station zuerst. In diesem Fall muss anhand einer gut definierten Regel, z.B. »die höchste Adresse gewinnt«, ein eindeutige Entscheidung erfolgen.

Ist eine Monitorstation erst einmal festgelegt, übernimmt sie mehrere Rollen. Wir haben bereits gesehen, dass sie möglicherweise eine zusätzliche Verzögerung in den Ring einfügen muss. Außerdem muss sie sicherstellen, dass im Ring immer ein Token vorhanden ist, das entweder kreist oder momentan im Besitz einer Station ist. Es sollte klar sein, dass ein Token aus mehreren Gründen verschwinden kann, z.B. durch einen Bitfehler oder weil die Station, die es gerade besaß, abgestürzt ist. Um ein fehlendes Token zu bemerken, wacht die Monitorstation über vorbeilaufende Token und startet jeweils einen Timer, der mit der maximal möglichen Token-Umlaufzeit übereinstimmt. Dieses Intervall entspricht

$$\text{AnzahlStationen} \times \text{THT} + \text{RingLatenz}$$

wobei AnzahlStationen die Zahl der am Ring angeschlossenen Stationen und RingLatenz die gesamte Ausbreitungsverzögerung des Rings sind. Läuft der Timer ab, ohne dass die Monitorstation wieder ein Token empfangen hat, erzeugt sie ein neues.

Die Monitorstation prüft auch auf Vorhandensein verfälschter oder »verwaister« Frames. Verfälschte Frames haben Prüfsummenfehler oder ungültige Formate und könnten ohne Monitoreingriff ewig im Ring kreisen. Die Monitorstation zieht sie aus dem Ring, bevor sie das Token erneut einfügt. Verwaiste Frames sind solche, die zwar korrekt im Ring übertragen wurden, deren »Eltern« aber gestorben sind. Das heißt, die sendende Station ist abgestürzt, bevor sie den Frame aus dem Ring nehmen konnte. Diese Frames werden mit Hilfe des ebenfalls im Header befindlichen Monitorbits erkannt. Es ist bei der Übertragung 0 und wird auf 1 gesetzt, wenn das Paket erstmals an der Monitorstation vorbeikommt. Bei einem mit diesem Bit gesetzten Paket weiß die Monitorstation, dass es bereits zum zweiten Mal vorbeikam und zieht es aus dem Ring.

Als weitere Ringwartungsfunktion werden tote Stationen erkannt. Die im MSAU befindlichen Relais können eine abgekoppelte oder ausgeschaltete Station automatisch umgehen, erkennen aber keine sonstigen Ausfallursachen. Hat eine Station den Verdacht, dass im Ring eine Störung vorliegt, kann sie einen *Beacon*-Frame an die vermutlich verursachende Zielstation senden. Je nachdem, wie weit dieser Frame kommt, wird der Zustand des Rings ermittelt, und fehlerhafte Stationen werden anschließend von den Relais in der MSAU umgangen.

2.7.4 Frame-Format

Wir sind jetzt soweit, das Format eines 802.5-Frames zu definieren, das in Abb. 2.33 dargestellt ist. Wie oben erwähnt, wird im 802.5 die Manchester-Kodierung angewandt. Diese Tatsache wird im Frame-Format genutzt, d.h. es werden im Anfangs- und Endbegrenzer »ungültige« Manchester-Codes verwendet. Nach dem Anfangsbegrenzer folgt das Zugriffssteuer-Byte, das die Frame- und Reservierungspriorität beinhaltet. Beim Frame-Steuer-Byte handelt es sich um einen Demuxschlüssel, der das Protokoll der höheren Ebene identifiziert.

Abb. 2.33: Format eines 802.5-/Token-Ring-Frames

Wie beim Ethernet sind 802.5-Adressen 48 Bit lang. Der Standard lässt eigentlich kleinere 16-Bit-Adressen zu, meist werden aber 48-Bit-Adressen verwendet und genauso wie beim Ethernet interpretiert. Der Frame beinhaltet auch eine 32-Bit-CRC und ein Frame-Zustands-Byte, das die A- und C-Bits für zuverlässige Zustellung beinhaltet.

2.7.5 FDDI

In vielerlei Hinsicht ähnelt FDDI einem 802.5- und IBM-Token-Ring. Auf der anderen Seite bestehen aber beträchtliche Unterschiede, von denen sich einige dadurch ergeben, dass Glasfaser statt der Kupferdoppelader verwendet wird. Andere entstanden durch Neuerungen seit der Erfindung des IBM-Token-Rings. Im folgenden werden einige der wichtigen Unterschiede beschrieben.

Physikalische Eigenschaften

Im Gegensatz zu 802.5-Netzen besteht ein FDDI-Netz aus einem Doppelring, d.h. aus zwei unabhängigen Ringen, in denen Daten in entgegengesetzter Richtung übertragen werden, wie aus Abb. 2.34(a) ersichtlich wird. Der zweite Ring wird im Normalbetrieb nicht genutzt, sondern kommt erst beim Ausfall des primären Rings zum Einsatz; dies ist in Abb. 2.34(b) dargestellt. In diesem Fall wird auf den zweiten Ring zurückgegriffen, um wieder einen vollständigen Ring zu erhalten. Daher ist ein FDDI-Netz in der Lage, einen einzelnen Kabelbruch oder den Ausfall einer Station zu tolerieren.

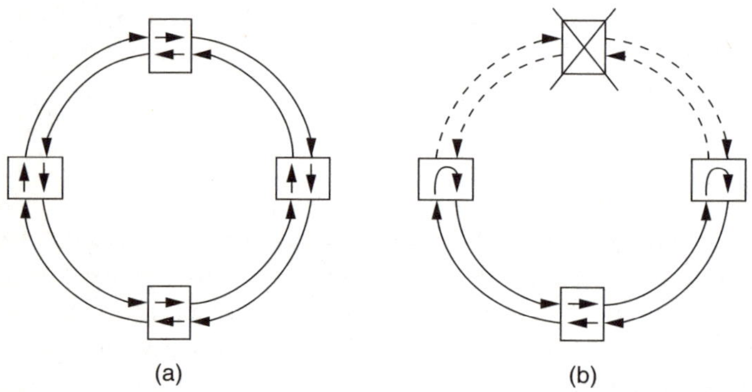

Abb. 2.34: FDDI-Netz: (a) Normalbetrieb; (b) Ausfall des primären Rings

Aufgrund der aufwändigen Konfiguration als Doppelring ist es beim FDDI möglich, Knoten mit einem Einzelkabel an das Netz anzuschließen. Solche Knoten nennt man *Einzelanschlussstationen* (Single Attachment Station, SAS) und ihre doppelt verbundenen Gegenstücke logischerweise *Doppelanschlussstationen* (Dual Attachment Station, DAS). Um mehrere SASs an den Doppelring anzuschließen, wird ein Konzentrator benutzt (siehe Abb. 2.35). Er bildet mit dem einzelnen (doppelfasrigen)

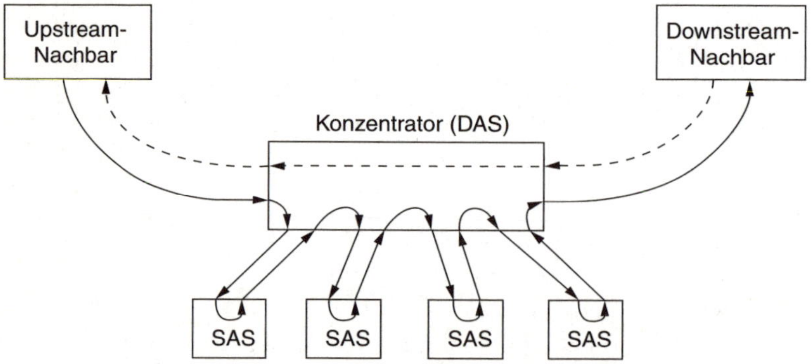

Abb. 2.35: Mit einem Konzentrator verbundene Einzelanschlussstationen

Kabelanschluss an eine SAS ein Verbindungsstück des Rings. Der Konzentrator kann erkennen, wenn diese SAS ausfällt, und isoliert sie mit Hilfe eines *optischen Schalters* (Optical Bypass), sodass der Ring betriebsfähig bleibt. Das ist vergleichbar mit den in MSAUs bei in 802.5-Ringen benutzten Relais. Beachten Sie, dass in der Abbildung der zweite Ring (der als Backup dient) durch eine gepunktete Linie dargestellt ist.

Wie im 802.5 speichert jede Netzwerkkarte eine gewisse Bitanzahl zwischen ihrem Ein- und Ausgangs-Interface. Im Gegensatz zu 802.5 kann der Puffer jeder Station aber eine unterschiedliche Größe haben, allerdings nie weniger als 9 und nie mehr als 80 Bit. Außerdem kann eine Station mit der Übertragung von Bits aus diesem Puffer beginnen, bevor er voll ist. Selbstverständlich ist die Zeit, die ein Token insgesamt braucht, um das ganze Netzwerk zu durchlaufen, eine Funktion der Größe dieser Puffer. Da FDDI ein 100-Mbit/s-Netzwerk ist, hat es eine »Bitzeit« von 10 Nanosekunden (ns), d.h. jedes Bit ist 10 ns breit. Verfügt jede Station z.B. über einen 10-Bit-Puffer und wartet, bis der Puffer halb voll ist, bevor sie mit der Weiterleitung beginnt, erhöht sie die Ringumlaufzeit um 5 × 10 ns = 50 ns.

FDDI hat weitere physikalische Merkmale. Der Standard begrenzt z.B. ein einzelnes Netzwerk auf maximal 500 Stationen (Hosts), wobei die Höchstentfernung zwischen je zwei Stationen 2 km beträgt. Insgesamt ist das Netzwerk auf eine Glasfaserstrecke von 200 km begrenzt. Das heißt, dass die Gesamtlänge des Kabels, mit dem alle Stationen verbunden sind, auf Grund der dualen Auslegung des Rings auf 100 km begrenzt ist. Obwohl das »F« in FDDI andeutet, dass Glasfaser (Fiber) als Übertragungsmedium dient, wurde der Standard für den Betrieb mit einer Reihe unterschiedlicher Medien definiert, darunter Koaxialkabel und Twisted-Pair. Natürlich muss man auch bei Verwendung dieser Medien die vom Ring abgedeckte Gesamtreichweite beachten. Später wird noch beschrieben, dass die Zeit, die ein Token für die Durchquerung des Netzwerks braucht, beim Zugriffssteueralgorithmus eine wichtige Rolle spielt.

FDDI nutzt die in Abschnitt 2.2 beschriebene 4B/5B-Kodierung. Da FDDI die erste populäre Netztechnologie war, bei der Glasfaser verwendet wurde, und 4B/5B-Bausteine mit FDDI-Geschwindigkeiten innerhalb kürzester Zeit zur Verfügung standen, hat 4B/5B als Kodiermethode für Glasfaser große Verbreitung erlangt.

Timed-Token-Algorithmus

Die den Token-Haltezeiten zu Grunde liegenden Regeln sind in FDDI etwas komplexer als in 802.5. Die THT jedes Knotens wird wie zuvor definiert und auf einen geeigneten Wert konfiguriert. Um sicherzustellen, dass ein Knoten innerhalb einer bestimmten Zeit Gelegenheit zum Übertragen erhält, definieren wir zusätzlich eine *Token-Sollumlaufzeit* (Target Token Rotation Time, TTRT), die eine obere Grenze für die TRTs der beteiligten Knoten darstellt. Alle Knoten müssen innerhalb der Grenzen dieser TTRT zurechtkommen. (Wie sich die Knoten auf eine bestimmte TTRT einigen, wird im nächsten Unterabschnitt beschrieben.) Genauer gesagt, misst jeder Knoten die Zeit zwischen zwei aufeinander folgenden Ankünften des Token. Das ist die *gemessene TRT* bzw. Token-Istumlaufzeit (measured TRT) des Knotens.

Ist diese gemessene TRT größer als die vereinbarte TTRT, ist das Token zu spät und der Knoten überträgt keine Daten. Liegt die gemessene TRT unter der TTRT, ist das Token zu früh, und der Knoten darf es über die Differenzzeit zwischen der TTRT und der gemessenen TRT behalten.

Obwohl es den Anschein haben mag, dass wir das Thema nun abschließen können, fehlt noch etwas: Der soeben entwickelte Algorithmus stellt nicht sicher, dass ein sendewilliger Knoten nach einer endlichen Verzögerung tatsächlich dazu in der Lage ist zu senden. Das Problem ist, dass ein Knoten mit einer großen zu sendenden Datenmenge, der ein zu frühes Token erkennt, dieses möglicherweise sehr lange behält, sodass die gemessene TRT eines in Downstream-Richtung liegenden Knotens die TTRT erreicht oder überschreitet, bevor das Token bei ihm ankommt. Das bedeutet, dass dieser Knoten seinen Frame nicht übertragen kann. Um dies zu berücksichtigen, definiert FDDI zwei Verkehrsklassen: *synchron* und *asynchron*.[1] Erhält ein Knoten das Token, darf er synchrone Daten immer senden, ungeachtet dessen, ob es sich um ein frühes oder spätes Token handelt. Demgegenüber kann ein Knoten asynchrone Daten nur dann senden, wenn das Token zu früh eintrifft.

Die Begriffe *synchron* und *asynchron* sind hier etwas irreführend. Mit synchron ist in Zusammenhang mit FDDI gemeint, dass der Verkehr verzögerungsempfindlich ist. Sprache und Video würde man beispielsweise in einem FDDI-Netz als synchronen Verkehr senden. Demgegenüber bedeutet asynchron hier, dass die Anwendung mehr am Durchsatz als an der Verzögerung interessiert ist. Eine Dateitransferanwendung ist ein Beispiel für asynchronen FDDI-Verkehr.

Sind wir jetzt fertig? Noch nicht ganz. Da synchroner Verkehr ungeachtet dessen, ob das Token zu früh oder zu spät ist, übertragen werden kann, mag es den Anschein haben, dass die Token-Istumlaufzeit (TTRT) bedeutungslos wird, wenn jeder Knoten eine beträchtliche Menge an synchronen Daten senden möchte. Um dies zu berücksichtigen, wird die Gesamtmenge der synchronen Daten, die innerhalb eines Token-Umlaufs gesendet werden können, ebenfalls durch die TTRT begrenzt. Das bedeutet im schlechtesten Fall, dass zuerst die Knoten mit asynchronen und dann die mit synchronen Daten eine TTRT verbrauchen, was bedeutet, dass die gemessene TRT an jedem beliebigen Knoten bis zu 2 × TTRT betragen kann. Falls der synchrone Verkehr bereits eine TTRT verbraucht hat, senden die Knoten mit asynchronem Verkehr keine Daten, weil das Token zu spät ankommt. Während es also möglich ist, dass ein einziger Token-Umlauf bis zu 2 × TTRT dauern kann, sind keine direkt aufeinander folgenden Umläufe möglich, die 2 × TTRT dauern.

Eine letzte Frage besteht darin, wie ein Knoten feststellt, ob er asynchronen Verkehr senden kann. Wie bereits erwähnt, sendet ein Knoten, wenn die gemessene TRT kleiner als die TTRT ist. Die Frage lautet dann: »Was passiert, wenn die gemessene TRT um eine derart geringfügige Zeit kleiner als die TTRT ist, dass keine ganze

1. Ursprünglich definierte FDDI zwei Unterklassen für asynchronen Verkehr: *eingeschränkt* und *uneingeschränkt* (restricted bzw. unrestricted). In der Praxis wird der eingeschränkte asynchrone Fall aber nicht unterstützt, sodass wir mit »asynchron« nur den uneingeschränkten Fall beschreiben.

Nachricht gesendet werden kann, ohne die TTRT zu überschreiten«? In diesem Fall wird dem Knoten das Senden einfach gestattet. Folglich wird die gemessene TRT effektiv durch die TTRT zuzüglich der für die Übertragung eines vollen FDDI-Frames erforderlichen Zeit begrenzt.

Token-Wartung

Die für die Gewährleistung, dass immer ein gültiges Token im Umlauf ist, verwendeten FDDI-Mechanismen unterscheiden sich ebenfalls von denen in 802.5, weil sie mit der Einstellung der TTRT verflochten sind. Erstens überwachen alle Knoten in einem FDDI-Ring den Ring, um sicherzustellen, dass das Token nicht verlorengegangen ist. In einem korrekt funktionierenden Ring sollte jeder Knoten eine gültige Übertragung – entweder eines Daten-Frames oder des Tokens – in gewissem Abstand zu sehen bekommen. Die längste Periode zwischen gültigen Übertragungen, die ein bestimmter Knoten erleben sollte, entspricht der Ringumlaufzeit, zuzüglich der Zeitdauer, bis ein voller Frame übertragen ist. Das entspricht bei einem größenmäßig bis zum Maximum ausgelegten Ring etwas weniger als 2,5 ms. Deshalb setzt jeder Knoten einen Timer auf 2,5 ms. Läuft er ab, vermutet der Knoten, dass etwas schief gelaufen ist, und überträgt einen »Claim«-Frame. Bei jedem Empfang einer gültigen Übertragung setzt der Knoten seinen Timer aber auf 2,5 ms zurück.

Die in FDDI benutzten Claim-Frames unterscheiden sich von denen in 802.5, weil sie das *»Gebot«* eines Knotens für die TTRT enthalten, d.h. die Token-Umlaufzeit, die der Knoten benötigt, damit seine Anwendungen ihre Zeitbeschränkungen einhalten können. Ein Knoten kann einen Claim-Frame auch senden, wenn er das Token nicht hält. Dies ist normalerweise der Fall, wenn er eine Störung vermutet oder neu angeschlossen wird. Schafft dieser Claim-Frame eine komplette Umrundung des Rings, wird er vom Sender entnommen, weil dieser nun weiß, dass sein TTRT-Gebot das niedrigste war. Dieser Knoten hält nun das Token, d.h. er ist für das Einfügen eines gültigen Tokens in den Ring verantwortlich und kann dann mit dem normalen Token-Algorithmus fortfahren.

Empfängt ein Knoten einen Claim-Frame, prüft er, ob das darin enthaltene TTRT-Gebot geringer als sein eigenes ist. Trifft dies zu, setzt der Knoten seine lokale Einstellung der TTRT auf die im Claim-Frame angegebene und leitet den Frame an den nächsten Knoten weiter. Ist die angebotene TTRT größer als die von diesem Knoten geforderte Mindest-TTRT, wird der Claim-Frame aus dem Ring genommen. Der Knoten speist daraufhin seinen eigenen Claim-Frame mit seinem »Gebot« in den Ring. Sollte die angebotene TTRT der von anderen Knoten benötigten TTRT entsprechen, vergleicht er die Adresse des Senders des Claim-Frames mit seiner eigenen, und die höhere Adresse gewinnt. Schafft es also ein Claim-Frame rundum bis zum ursprünglichen Sender, weiß dieser, dass er der einzige aktiv Bietende ist und das Token risikolos nehmen kann. Gleichzeitig haben sich damit jetzt alle Knoten auf eine TTRT geeinigt, die kurz genug für alle Knoten ist.

Frame-Format

Das in Abb. 2.36 dargestellte FDDI-Frame-Format unterscheidet sich nur geringfügig von dem im 802.5 benutzten. Da FDDI statt der Manchester- die 4B/5B-Kodierung benutzt, werden hier im Anfangs- und Endbegrenzer 4B/5B-Steuersymbole an Stelle ungültiger Manchester-Symbole verwendet. Ein weiterer wichtiger Unterschied ist ein Bit im Header, mit dem synchroner von asynchronem Verkehr unterschieden wird. Dagegen fehlen die in 802.5 benutzten Zugriffssteuerbits.

8	8	48	48		32	8	24
Frame-Anfang	Steuerung	Zieladresse	Quelladresse	Rumpf	CRC	Frame-Ende	Zustand

Abb. 2.36: FDDI-Frame-Format

2.8 Drahtlose Netze (802.11)

Die drahtlose Vernetzung entwickelt sich in rasantem Tempo zu einer Technologie für die Verbindung von Computern. Wie wir an früherer Stelle dieses Kapitels gesehen haben, sind die Möglichkeiten für den Aufbau drahtloser Netzwerke nahezu endlos. Sie reichen von der Verwendung von Infrarotsignalen in einem einzelnen Gebäude bis zum Aufbau eines globalen Netzwerks mit Satelliten im niedrigen Orbit. In diesem Abschnitt wird eine spezifische Technologie näher betrachtet, die auf dem an Bedeutung zunehmenden IEEE-Standard 802.11 gründet. Wie die Ethernet- und Token-Ring-Standards wurde auch 802.11 für die Nutzung in einem begrenzten geografischen Bereich (Haushalte, Bürogebäude, Firmen- oder Universitätsgelände) ausgelegt. Die vorrangige Herausforderung liegt in der Bereitstellung des Zugangs zu einem gemeinsamen Kommunikationsmedium – in diesem Fall Signale, die sich durch den Raum ausbreiten. 802.11 unterstützt zusätzliche Leistungsmerkmale (z.B. fristenbasierte Dienste, Power-Management und Sicherheitsmechanismen), wir konzentrieren uns aber auf die Grundfunktionalität.

2.8.1 Physikalische Eigenschaften

802.11 wurde für den Betrieb mit drei verschiedenen physikalischen Medien ausgelegt: Zwei basieren auf (Spreizspektrum-) Funk- und eines auf Infrarotübertragung. Die funkbasierten Arten verwenden zur Zeit Übertragungsraten von 11 oder 54 Mbit/s.

Das Konzept des »Spreizspektrums« (Spread Spectrum) basiert darauf, dass das Signal über ein breiteres Frequenzband als üblich ausgedehnt wird, um die Auswirkung von Störungen durch andere Geräte zu minimieren. (Das Spreizspektrum wurde ursprünglich für Militäranwendungen entwickelt, was bedeutet, dass diese »anderen Geräte« oft vorsätzlich Störungen versuchten.) Das *Frequenzsprungverfahren* (Frequency Hopping) ist z.B. eine Spreizspektrumtechnik, bei der das

Signal auf ein ständig die Frequenz wechselndes Trägersignal moduliert wird. Der Frequenzwechsel ist dabei nicht wirklich zufällig, sondern wird algorithmisch durch einen Pseudozufallszahlen-Generator berechnet. Sender und Empfänger benutzen den gleichen Algorithmus und initialisieren ihn mit dem gleichen Ausgangswert. Folglich kann der Empfänger mit dem Sender synchron zwischen Frequenzen wechseln, um den Frame korrekt zu empfangen.

Die so genannte *Direct-Sequence* ist eine weitere Spreizspektrumtechnik, bei der die gleiche Wirkung dadurch erreicht wird, dass jedes Bit im Frame durch mehrere Bits im übertragenen Signal dargestellt wird. Für jedes Bit, das der Sender übertragen möchte, wird tatsächlich das exclusive-ODER des betreffenden Bits mit n Zufallsbits gesendet. Wie beim Frequenzsprungverfahren wird die Zufallsbitfolge durch einen Pseudozufallszahlen-Generator erzeugt, den Sender und Empfänger kennen. Die übertragenen Werte, also der aus n Bit bestehende *Chipping-Code*, spreizt das Signal über ein Frequenzband, das n mal breiter ist als für den Frame normalerweise nötig wäre. Abb. 2.37 zeigt ein Beispiel einer 4 Bit langen Chipping-Folge.

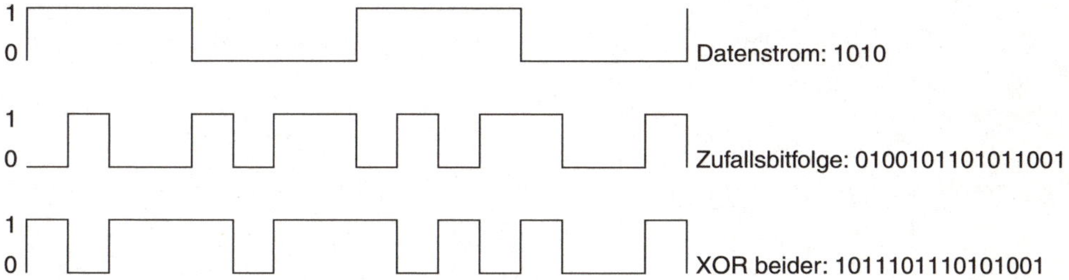

Abb. 2.37: Beispiel einer 4-Bit-Chipping-Folge

802.11 umfasst eine Definition für die Bitübertragungsschicht auf der Grundlage des Frequenzsprungverfahrens (über 79 1-MHz-Frequenzbandbreiten) und eine zweite unter Verwendung der Direct-Sequence (mit einer 11 Bit langen Chipping-Folge). In beiden Fällen weist das Spreizspektrum das interessante Merkmal auf, dass das Signal jedem Empfänger, der die Pseudozufallsfolge nicht kennt, wie Rauschen vorkommt.

Der dritte physikalische Standard für 802.11 basiert auf Infrarotsignalen. Die Übertragung erfolgt diffus, was bedeutet, dass Sender und Empfänger nicht aufeinander ausgerichtet sein müssen und keine klare Sichtverbindung benötigen. Diese Technologie hat eine Reichweite von etwa 10 m und ist ausschließlich auf den Innenbereich von Gebäuden begrenzt.

2.8.2 Kollisionsvermeidung

Auf den ersten Blick scheint es, dass ein drahtloses Protokoll genau dem gleichen Algorithmus wie das Ethernet folgt: warten, bis die Verbindungsleitung frei wird, dann übertragen und sich im Fall einer Kollision zurückziehen. In erster Näherung ist das bei 802.11 auch genau der Fall. Ein drahtloses Netzwerk ist allerdings etwas komplizierter, weil sich nicht jeder Knoten immer innerhalb der Reichweite der anderen befindet.

Man betrachte die Situation in Abb. 2.38. Hier kann jeder der vier Knoten Signale senden und empfangen, die gerade noch die Knoten unmittelbar links und rechts daneben erreichen. B kann z.B. Frames mit A und C, nicht aber mit D austauschen, während C zwar B und D, aber nicht A erreicht. (Die Reichweite von A und D ist in der Abbildung nicht dargestellt.) Angenommen, A und C möchten mit B kommunizieren und senden je einen Frame. A und C wissen nicht voneinander, weil ihre Signale nicht so weit reichen. Die beiden Frames kollidieren bei B. Im Gegensatz zu einem Ethernet merkt aber weder A noch C etwas von dieser Kollision. A und C sind füreinander so genannte *verborgene Knoten* (Hidden Nodes).

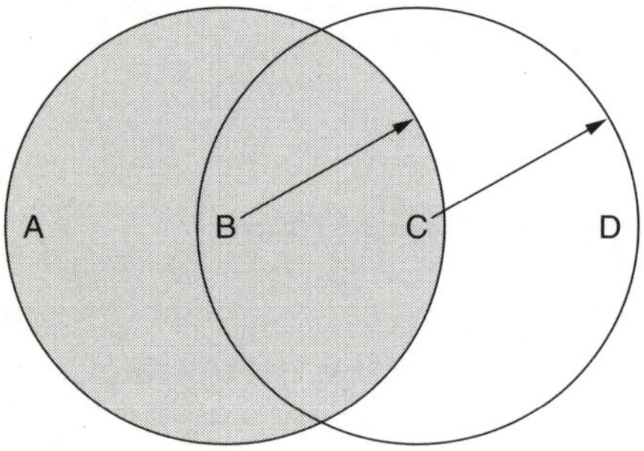

Abb. 2.38:
Beispiel eines drahtlosen Netzwerks

Ein verwandtes Problem, das der *exponierten Knoten* (Exposed Nodes), tritt unter folgenden Umständen auf: Angenommen, B sendet in dem Beispiel von Abb. 2.38 an A. Knoten C weiß von dieser Kommunikation, weil er die Übertragung von B hört. Für C wäre es falsch zu glauben, dass er an niemanden übertragen kann, nur weil er die Übertragung von B mitbekommt. Nehmen wir z.B. an, C möchte an Knoten D übertragen. Das ist kein Problem, weil die Übertragung von C an D die Fähigkeit von A nicht beeinträchtigt, von B zu empfangen. (Sie würde die Übertragung von A nach B stören, aber in unserem Beispiel überträgt B.)

802.11 löst beide Probleme mit einem Algorithmus, den man als *Multiple Access with Collision Avoidance* (MACA) bezeichnet. Diesem Konzept zufolge tauschen Sender und Empfänger Steuer-Frames aus, bevor der Sender mit der Übertragung von Daten beginnt. Dadurch werden alle benachbarten Knoten informiert, dass demnächst eine Übertragung beginnt. Der Ablauf ist wie folgt: Der Sender überträgt einen RTS-Frame (*Request To Send*) an den Empfänger. Der RTS-Frame beinhaltet ein Feld, das angibt, wie lange der Sender das Medium benutzen will (d.h. es spezifiziert die Länge des zu übertragenden Daten-Frames). Der Empfänger antwortet mit einem CTS-Frame (*Clear To Send*). Dieser Frame reicht das Längenfeld an den Sender zurück. Sieht ein anderer Knoten den CTS-Frame, weiß er, dass er nahe beim Empfänger liegt und daher solange nicht übertragen kann, bis ein Frame mit der spezifizierten Länge übertragen wurde. Ein Knoten, der zwar den RTS-, nicht aber den

CTS-Frame sieht, befindet sich nicht nahe genug beim Empfänger, um diesen zu stören, sodass er nach Belieben übertragen kann.

Um das Bild abzurunden, fehlen uns noch zwei Einzelheiten. Erstens sendet der Empfänger nach erfolgreichem Erhalt eines Frames ein ACK an den Sender. Alle Knoten müssen auf dieses ACK warten, bis sie übertragen können.[1] Zweitens kollidieren die RTS-Frames von zwei oder mehr Knoten, wenn sie einen freien Kanal erkannt haben und gleichzeitig versuchen, einen RTS-Frame zu übertragen. 802.11 unterstützt keine Kollisionserkennung. Stattdessen wissen die Sender, dass eine Kollision eingetreten ist, wenn sie nach einer bestimmten Zeitdauer keinen CTS-Frame erhalten. In diesem Fall warten sie eine zufallsgesteuerte Zeitspanne, bis sie es wieder versuchen. Diese Wartezeit wird durch den gleichen Algorithmus des »Exponential Backoff« wie beim Ethernet (siehe Abschnitt 2.6.2) definiert.

2.8.3 Verteilsystem

Der bisherigen Beschreibung zufolge würde sich 802.11 für eine beliebige Konfiguration von Knoten eignen, die möglicherweise mit allen übrigen Knoten kommunizieren können, je nachdem, wie weit sie auseinander liegen. Da ein drahtloses Netzwerk unter anderem den Vorteil bietet, dass sich Knoten frei bewegen können, also nicht durch Kabel fixiert sind, kann sich die Menge der direkt erreichbaren Knoten im Lauf der Zeit ändern. Um diese Mobilität und die nur zeitweise Konnektivität zu ermöglichen, definiert 802.11 zusätzliche Strukturen für eine Knotengruppe. Knoten können zwar direkt – wie eben beschrieben – frei miteinander kommunizieren, arbeiten in der Praxis aber innerhalb dieser Struktur.

Statt alle Knoten gleich auszulegen, dürfen einige vagabundieren (z.B. Ihr Laptop), während andere an eine festverdrahtete Netzstruktur angeschlossen sind. Letztere nennt man *Anschlusspunkte* (Access Points, AP); sie sind über ein so genanntes *Verteilsystem* (Distribution System) miteinander verbunden. Abb. 2.39 zeigt ein Verteilsystem mit drei verbundenen Anschlusspunkten, die jeweils die Knoten eines bestimmten Gebiets versorgen. Diese Regionen sind analog zu Zellen in einem Mobiltelefonsystem, wobei die APs die gleiche Rolle wie eine Basisstation spielen. Die Einzelheiten des Verteilsystems sind in diesem Zusammenhang nicht wichtig. Es könnte z.B. ein Ethernet oder Token-Ring sein. Der einzig wichtige Punkt hierbei ist, dass das Verteilnetz auf Schicht 2 der ISO-Architektur läuft. Es hängt also nicht von irgendwelchen Protokollen der höheren Schichten ab.

Obwohl zwei Knoten direkt miteinander kommunizieren können, sofern sie innerhalb ihrer jeweiligen Reichweite liegen, sieht das Konzept dieser Konfiguration vor, dass sich jeder Knoten als zu einem Anschlusspunkt zugehörig betrachtet. Will z.B. Knoten A mit Knoten E kommunizieren, sendet A zuerst einen Frame an seinen Anschlusspunkt (AP-1), der ihn über das Verteilsystem an AP-3 weiterleitet, von wo er schließlich an E übertragen wird. Auf welche Weise AP-1 erfährt, dass er die

1. Dieses ACK war im ursprünglichen MACA-Algorithmus nicht enthalten, sondern wurde in der erweiterten Version MACAW (MACA for Wireless LANs) vorgeschlagen.

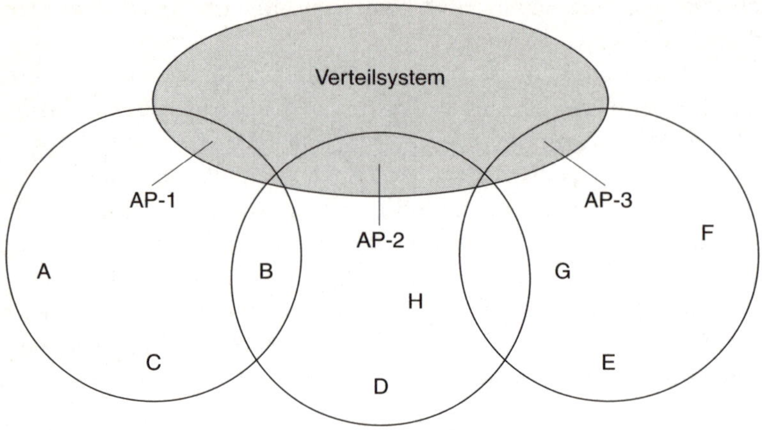

Abb. 2.39: Mit einem Verteilnetz verbundene Anschlusspunkte

Nachricht an AP-3 weiterleiten muss, liegt außerhalb der Spezifikationen von 802.11. Er könnte z.B. das in Abschnitt 3.2 beschriebene Bridging-Protokoll benutzen. 802.11 definiert, wie Knoten ihren Anschlusspunkt wählen und wie dieser Algorithmus angesichts sich von einer Zelle zur anderen bewegenden Knoten funktioniert.

Die für die Auswahl eines AP angewandte Technik nennt man *Scanning*; sie umfasst die folgenden vier Schritte:

1. Der Knoten sendet einen Probe-Frame.

2. Alle APs innerhalb der Reichweite antworten mit einem Probe-Response-Frame.

3. Der Knoten wählt einen Anschlusspunkt aus und sendet ihm einen Association-Request-Frame.

4. Der AP antwortet mit einem Association-Response-Frame.

Wann immer ein Knoten in das Netzwerk eintritt oder mit seinem gegenwärtigen AP nicht zufrieden ist, bemüht er dieses Protokoll. Letzteres kann beispielsweise passieren, weil sich das Signal vom momentanen AP abschwächt, wenn sich der Knoten von ihm entfernt. Erwirbt ein Knoten einen neuen AP, benachrichtigt der neue den alten AP (in Schritt 4) über das Verteilsystem.

Wir betrachten als Beispiel die Situation in Abb. 2.40. Knoten C bewegt sich von der von AP-1 hin zu der von AP-2 versorgten Zelle. Während er sich entfernt, sendet er Probe-Frames, die letztendlich zu Probe-Response-Frames von AP-2 führen. An einem bestimmten Punkt gibt C AP-2 den Vorzug vor AP-1, assoziiert sich also mit diesem Anschlusspunkt.

Bei dem eben beschriebenen Mechanismus handelt es sich um »aktives Scanning«, weil der Knoten aktiv nach einem Anschlusspunkt sucht. Davon abgesehen senden APs periodisch einen Beacon-Frame aus, mit dem sie ihre Fähigkeiten, unter anderem die von ihnen unterstützten Übertragungsraten, anpreisen. In diesem Fall

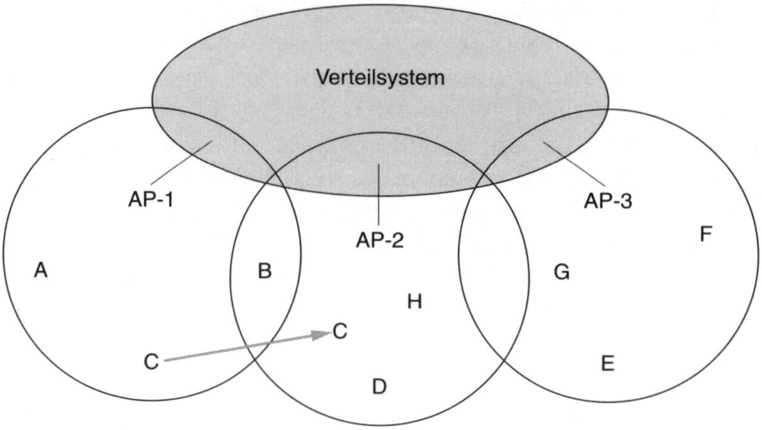

Abb. 2.40: Knotenmobilität

spricht man von »passivem Scanning«. Ein Knoten kann auf der Grundlage des Beacon-Frames zu diesem AP wechseln, indem er einen Association-Request-Frame an den Anschlusspunkt zurücksendet.

2.8.4 Frame-Format

Der Großteil des 802.11-Frame-Formats (siehe Abb. 2.41) sieht genauso wie erwartet aus. Der Frame enthält die Adressen des Quell- und Zielknotens, die jeweils 48 Bit lang sind, einen Datenteil mit bis zu 2.312 Byte und eine 32-Bit-CRC. Das Feld Control umfasst drei interessante (nicht dargestellte) Teilfelder: Ein 6 Bit langes Type-Feld, das bezeichnet, ob der Frame Daten führt, ein RTS- oder CTS-Frame ist oder vom Scanning-Algorithmus verwendet wird, sowie zwei 1-Bit-Felder mit der Bezeichnung ToDS und FromDS, die nachfolgend beschrieben werden.

16	16	48	48	48	16	48	0–18.496	32
Control	Dauer	Addr1	Addr2	Addr3	SeqCtrl	Addr4	Nutzdaten	CRC

Abb. 2.41: 802.11-Frame-Format

Auffällig am 802.11-Frame-Format ist, dass es nicht zwei, sondern vier Adressen enthält. Wie diese Adressen interpretiert werden, hängt von der Einstellung der ToDS- und FromDS-Bits im Control-Feld des Frames ab. Dabei wird die Möglichkeit berücksichtigt, dass der Frame über das Verteilsystem weitergeleitet werden musste, was bedeutet, dass der ursprüngliche Sender nicht unbedingt mit dem zuletzt übertragenden Knoten identisch ist. Dies gilt auch für die Zieladresse. Im einfachsten Fall, bei dem ein Knoten direkt an einen anderen sendet, haben beide DS-Bits den Wert 0, Addr1 identifiziert den Ziel- und Addr2 den Quellknoten. Im komplexesten Fall werden beide DS-Bits auf 1 gesetzt. Das bedeutet, dass die Nachricht von einem drahtlosen Knoten zum Verteilsystem und von dort zu einem anderen drahtlosen Knoten übertragen wurde. Sind beide Bits gesetzt, identifiziert Addr1 das endgültige Ziel und Addr2 den Zwischensender (derjenige, der den Frame vom Verteilsystem zum endgültigen Ziel befördert hat). Addr3 identifiziert das Zwischenziel (dasjenige, das den Frame von einem drahtlosen Knoten angenommen und über das Verteilsystem weitergereicht hat) und Addr4 identifiziert die ursprüngliche Quelle. Angewandt auf das Beispiel in Abb. 2.39, entspricht Addr1 E, Addr2 identifiziert AP-3, Addr3 entspricht AP-1 und Addr4 identifiziert A.

2.9 Netzwerkkarten

Fast alle der in diesem Kapitel beschriebenen Funktionen eines vernetzten Knotens werden in der Netzwerkkarte[1] implementiert: Frame-Erzeugung, Fehlererkennung und Medienzugriffsprotokoll. Die einzigen Ausnahmen bilden die in Abschnitt 2.5 beschriebenen ARQ-Methoden zwischen zwei Punkten, die normalerweise im Protokoll der niedrigsten Schicht, das auf dem Host läuft, implementiert wird. Wir schließen dieses Kapitel mit einer Beschreibung des Designs einer generischen Netzwerkkarte und der zu deren Steuerung verwendeten Treibersoftware ab.

Beachten Sie bei der Lektüre dieses Abschnitts, dass keine Netzwerkkarte wie die andere ist. Sie unterscheiden sich in unzähligen kleinen Details. Wir konzentrieren uns daher auf allgemeine Merkmale, führen aber zusätzlich einige Beispiele einer realen Netzwerkkarte hinzu, um das Thema anschaulicher darzustellen.

2.9.1 Komponenten

Eine Netzwerkkarte fungiert als Schnittstelle zwischen Host und Netzwerk und besteht folglich aus zwei Komponenten: einem Bus-Interface, um mit dem Host zu kommunizieren, und einem Leitungs-Interface, welches das Protokoll des Netzwerks korrekt beherrscht. Zwischen diesen beiden Komponenten ist ein Kommunikationsweg erforderlich, über den ankommende und abgehende Daten fließen. Ein einfaches Blockdiagramm einer Netzwerkkarte ist in Abb. 2.42 dargestellt.

Netzwerkkarten werden immer für einen speziellen I/O-Bus entwickelt, sodass sie häufig nur in den Rechnern bestimmter Hersteller verwendet werden können.[2] Jeder Bus definiert ein Protokoll, das von der Host-CPU verwendet wird, um die Netzwerkkarte zu programmieren, und das von der Netzwerkkarte verwendet wird, um Interrupts an die Host-CPU zu schicken und den Speicher des Hosts lesen und schreiben zu können. Eines der wichtigsten Merkmale eines I/O-Busses ist die von ihm unterstützte Datentransferrate. Ein typischer Bus hat z.B. einen 32 Bit breiten

1. Eine andere Bezeichnung für »Network Adapter« ist »NIC« (Network Interface Controller).
2. Zum Glück gibt es wie für die Vernetzung auch für das Busdesign Standards, sodass einige Adapter in den Rechnern verschiedener Hersteller benutzt werden können.

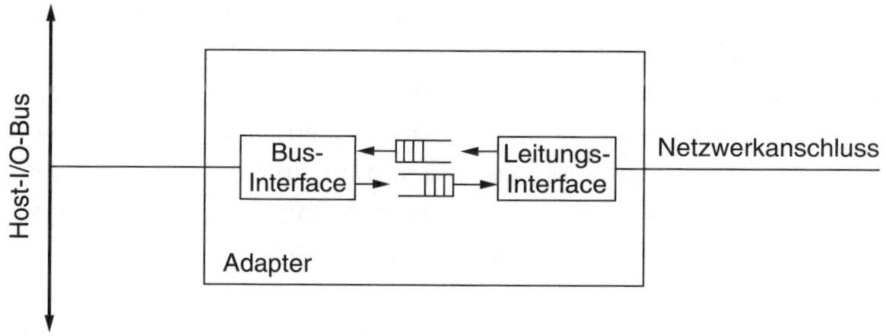

Abb. 2.42: Blockdiagramm einer typischen Netzwerkkarte

Datenpfad (er kann also gleichzeitig 32 Datenbits übermitteln) und ist mit 33 MHz getaktet (hat also eine Zykluszeit von 33 ns), sodass er eine Spitzentransferrate von 1 Gbit/s erreicht. Das wäre ausreichend, um eine (unidirektionale) STS-12-Leitung mit 622 Mbit/s zu unterstützen. Selbstverständlich sagt die Spitzenrate fast nichts über die Durchschnittsrate aus, die wesentlich niedriger sein kann.

Die Netzanschlussseite der Netzwerkkarte implementiert das Protokoll der Sicherungsschicht. Bei relativ ausgereiften Technologien wie Ethernet wird diese Komponente der Karte mit einem auf dem Markt erhältlichen Chip implementiert. Für neuere Verbindungstechnologien muss das Protokoll der Sicherungsschicht aber möglicherweise in Software mittels eines universellen Mikroprozessors oder mit einer programmierbaren Hardware, z.B. einem FPGA (Field-Programmable Gate Array) implementiert werden. Diese Methoden erhöhen im Allgemeinen die Kosten der Netzwerkkarte, machen sie aber flexibler. Software lässt sich leichter ändern als Hardware und FPGAs lassen sich leichter umprogrammieren als Platinen neu entwickeln.

Da der Host-Bus und die Netzleitung aller Wahrscheinlichkeit nach mit unterschiedlichen Geschwindigkeiten laufen, ist zwischen den beiden Hälften der Netzwerkkarte ein kleiner Puffer erforderlich. In der Regel genügt ein kleiner FIFO-Speicher (Byte-Warteschlange), um die Asynchronität zwischen Bus und Leitung auszugleichen.

2.9.2 Sicht des Hosts

Wir haben im Großteil dieses Kapitels verschiedene Protokolle behandelt, die auf der Netzanschlussseite der Netzwerkkarte implementiert werden. Nun betrachten wir die Netzwerkkarten aus Sicht des Hosts.

Das Control-Status-Register

Eine Netzwerkkarte wird letztlich wie jedes andere Gerät mit Software programmiert, die auf der CPU läuft. Aus Sicht der CPU bietet die Netzwerkkarte ein *Control-Status-Register* (CSR) an, das von der CPU lesbar und schreibbar ist. Das CSR befindet sich normalerweise an einer bestimmten Adresse im Speicher, sodass die CPU es wie jede andere Speicherstelle lesen und schreiben kann. Die CPU schreibt in das CSR, um es anzuweisen, einen Frame zu senden und/oder zu empfangen, und liest aus dem CSR den aktuellen Zustand der Netzwerkkarte.

Das folgende Beispiel ist das CSR von Lance Ethernet, eine von Advanced Microsystem Devices (AMD) hergestellte Netzwerkkarte. Lance hat eigentlich vier verschiedene Control-Status-Register. Im folgenden werden die Bitmasken für die Interpretation des 16-Bit-CSR0 aufgeführt. Um in der Netzwerkkarten ein Bit zu setzen, führt die CPU auf CSR0 und die Maske, die dem zu setzenden Bit entspricht, ein inclusive-ODER aus. Um festzustellen, ob ein bestimmtes Bit gesetzt ist, vergleicht die CPU das AND des Inhalts von CSR0 und der Maske mit 0.

```
/*
 * Steuer- und Zustandsbits für CSR0.
 *
 * Legende:
 *   RO  - Read Only (nur lesen)
 *   RC  - Read/Clear (1 löscht, 0 hat keine Wirkung)
 *   RW  - Read/Write
 *   W1  - Write-1-only (1 setzt, 0 hat keine Wirkung)
 *   RW1 - Read/Write-1-only (1 setzt, 0 hat keine Wirkung)
 */

#define LE_ERR    0x8000    /* RO BABL | CERR | MISS | MERR */
#define LE_BABL   0x4000    /* RC Übertragung zu vieler Bits */
#define LE_CERR   0x2000    /* RC Kein Herzschlag */
#define LE_MISS   0x1000    /* RC Ankommendes Paket verloren */
#define LE_MERR   0x0800    /* RC Speicherfehler; keine Bestätigung (ACK) */
#define LE_RINT   0x0400    /* RC Interrupt für empfangenes Paket */
#define LE_TINT   0x0200    /* RC Interrupt für gesendetes Paket */
#define LE_IDON   0x0100    /* RC Initialisierung fertig */
#define LE_INTR   0x0080    /* RO BABL|MISS|MERR|RINT|TINT|IDON */
#define LE_INEA   0x0040    /* RW Interrupt ermöglichen */
#define LE_RXON   0x0020    /* RO Empfänger an */
#define LE_TXON   0x0010    /* RO Sender an */
#define LE_TDMD   0x0008    /* W1 Sendenachfrage (sende es jetzt) */
#define LE_STOP   0x0004    /* RW1 Stop */
#define LE_STRT   0x0002    /* RW1 Start */
#define LE_INIT   0x0001    /* RW1 initialisiere */
```

Diese Definitionen bedeuten beispielsweise, dass der Host in das wertniedrigste Bit von CSR0 eine 1 (0x0001) schreibt, um den Lance-Chip zu initialisieren. Sieht der Host eine 1 im sechsten (0x0020) und im fünften Bit (0x0010), weiß er, dass der Lance-Chip eingeschaltet und bereit ist, Frames zu empfangen bzw. zu senden.

Interrupts

Die Host-CPU könnte das Control-Status-Register der Netzwerkkarte in kurzen Abständen immer wieder lesen, bis etwas Interessantes passiert, und dann die entsprechende Maßnahme einleiten. Bei dem Lance-Chip könnte sie beispielsweise fortlaufend auf eine 1 im 11. Bit (0×0400) prüfen, da es bedeutet, dass gerade ein Frame angekommen ist. Dies nennt man *Polling*. Obwohl dies in bestimmten Situationen (z.B. bei einem Router, der nichts besseres zu tun hat, als auf den nächsten Frame zu warten) nicht unvernünftig ist, wird dieses Design normalerweise nicht bei Hosts verwendet, die ihre Zeit besser mit der Ausführung von Anwendungsprogrammen verbringen sollten.

Statt Polling durchzuführen, achten die meisten Hosts lediglich darauf, ob die Netzwerkkarte einen Interrupt beim Host anfordert. Dies geschieht, wenn ein Ereignis eingetreten ist, das den Eingriff des Hosts erforderlich macht, z.B. wenn ein Frame erfolgreich übertragen oder empfangen wurde oder ein Fehler aufgetreten ist, als die Netzwerkkarte versuchte, einen Frame zu senden oder zu empfangen. Die Host-Architektur beinhaltet einen Mechanismus, der eine bestimmte Prozedur im Betriebssystem aufruft, wenn ein solcher Interrupt erfolgt. Diese Prozedur nennt man *Interrupt-Handler*. Sie prüft das CSR, um die Ursache für den Interrupt festzustellen und entsprechend zu reagieren.

Während der Host einen Interrupt bedient, unterbindet er normalerweise jeden weiteren Interrupt (*disable*). Dadurch wird verhindert, dass der Netzwerkkartentreiber mehrere Interrupts gleichzeitig bedienen muss. Aus diesem Grund muss er seine Arbeit aber rasch erledigen (er hat keine Zeit, den gesamten Protokoll-Stack auszuführen) und kann es sich unter keinen Umständen leisten, zu blockieren (d.h. die Ausführung unterbrechen und auf ein anderes Ereignis warten). Dies lässt sich beispielsweise dadurch erreichen, dass man den Interrupt-Handler einen Prozess aktivieren lässt, der sich um den Frame kümmert und dann zurückkehrt. Der Handler stellt damit sicher, dass der Frame verarbeitet wird, ohne wertvolle Zeit mit der eigentlichen Verarbeitung des Frames zu verbrauchen.

DMA versus PIO

Einer der wichtigsten Aspekte bei jedem Netzkartendesign ist, wie die Bytes eines Frames zwischen der Karte und dem Host-Speicher übertragen werden. Dafür gibt es zwei grundlegende Mechanismen: *Direct Memory Access* (DMA) und *Programmed I/O* (PIO). Bei DMA liest und schreibt die Netzwerkkarte direkt in den Host-Speicher, ohne die CPU einzuschalten. Der Host gibt einfach eine Speicheradresse, und die Netzwerkkarte liest von dort aus (bzw. schreibt dorthin). Bei PIO ist die CPU direkt für die Bewegung von Daten zwischen Netzwerkkarte und Host-Speicher zuständig. Um einen Frame zu senden, geht die CPU in eine nicht unterbrechbare Schleife, in der sie zuerst ein Speicherwort vom Host-Speicher liest und dann in die Netzwerkkarte schreibt. Um einen Frame zu empfangen, liest die CPU Speicherwörter aus der Netzwerkkarte und schreibt sie in den Speicher. Wir betrachten jetzt DMA und PIO genauer.

Wird DMA angewendet, besteht keine Notwendigkeit, Frames in der Netzwerkkarte zwischenzuspeichern. Sie liest und schreibt vom/zum Host-Speicher. (Einige wenige Puffer-Bytes sind notwendig, um Daten zwischen dem Bus- und Leitungs-Interface, wie oben beschrieben, vorübergehend zwischenzuspeichern. Es werden aber keine vollständigen Frames in der Netzwerkkarte zwischengespeichert.) Daher ist die CPU dafür verantwortlich, dem Adapter zwei *Pufferlisten* (Buffer Descriptor Lists) zu übergeben: Von einer wird gesendet und in die andere wird empfangen. Bei diesen Listen handelt es sich um Arrays aus Adressen/Längen-Paaren (siehe Abb. 2.43).

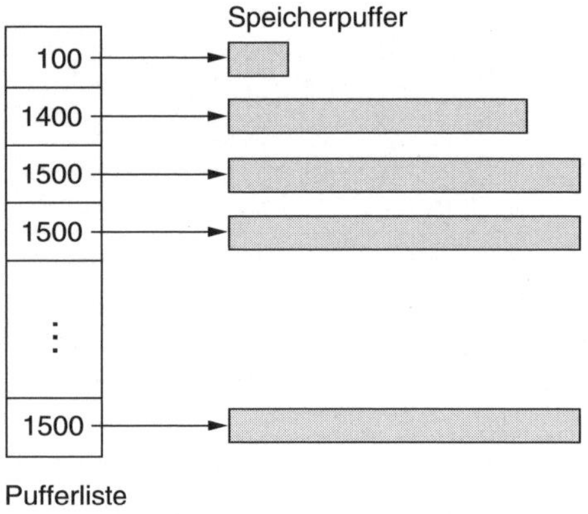

Abb. 2.43: Pufferliste

Wenn die Netzwerkkarte Frames empfängt, benutzt sie so viele Puffer wie nötig, um die ankommenden Frames aufzunehmen. Die Liste in Abb. 2.43 würde z.B. eine Ethernet-Netzwerkkarte, die versucht hat, einen 1.450-Byte-Frame zu empfangen, dazu veranlassen, die ersten 100 Byte in den ersten und die nächsten 1.350 Byte in den zweiten Puffer zu schreiben. Falls unmittelbar nach dem ersten ein zweiter 1.500-Byte-Frame ankommt, würde er ihn vollständig in den dritten Puffer speichern. Das heißt, separate Frames werden in getrennte Puffer geschrieben. Ein einzelner Frame kann aber auch über mehrere Puffer verteilt werden. Dieses Merkmal nennt man auch *Scatter-Read*. In der Praxis wird Scatter-Read angewandt, wenn die maximale Frame-Größe des Netzwerks so groß ist, dass es Verschwendung wäre, alle Puffer ausreichend groß zu dimensionieren, um den größtmöglichen ankommenden Frame aufzunehmen. Man würde dann eine betriebssystemspezifische Datenstruktur ähnlich der in Abschnitt 1.4.3 beschriebenen verwenden, um alle Puffer zu verknüpfen, die einen Teil eines großen Frames enthalten. Scatter-Read wird normalerweise für Ethernet nicht benutzt, weil die Zuteilung von 1.500-Byte-Puffern im Voraus nicht übermäßig viel Speicher vergeudet.

Die Ausgabe funktioniert auf ähnliche Weise. Hat der Host einen Frame zu übertragen, setzt er einen Zeiger auf den Puffer, in dessen Sendeliste der zu übertragende Frame steht. Netzwerkkarten, die das so genannte *Gather-Write* unterstützen, ermöglichen die Fragmentierung des Frames, also dessen Aufteilung auf mehrere physische Puffer. In der Praxis wird Gather-Write häufiger als Scatter-Read benutzt, weil abgehende Frames oft stückchenweise gebildet werden, und dabei mehr als ein Protokoll zu einem Puffer beiträgt. Wenn z.B. eine Nachricht ihren Weg abwärts durch den Protokoll-Stack zurückgelegt hat und für die Übertragung bereit ist, setzt sie sich aus einem Puffer, der den Aggregat-Header (die Sammlung aller Header, die von den verschiedenen Protokollen, die diese Nachricht verarbeitet haben, angehängt wurden) enthält und einem weiteren Puffer zusammen, in dem sich die Anwendungsdaten befinden.

Frames, Puffer und Nachrichten

Wie in diesem Abschnitt beschrieben, ist der Netzwerkadapter die Stelle, an der das Netzwerk physisch mit dem Host in Berührung kommt. Vor allem ist das die Stelle, an der drei Welten aufeinandertreffen: das Netzwerk, die Host-Architektur und das Host-Betriebssystem. In diesen drei Welten werden für die gleichen Dinge unterschiedliche Begriffe verwendet.

Aus Sicht des Netzwerks werden *Frames* vom und zum Host über den Adapter übertragen. Der Großteil dieses Kapitels wird aus Netzwerksicht dargestellt, sodass die Leser wissen, was »Frame« in dieser Welt bedeutet. Aus Sicht der Host-Architektur werden Frames von und zu einem *Puffer* übertragen. Das ist einfach ein Bereich im Hauptspeicher, der eine gewisse Länge hat und an einer bestimmten Adresse beginnt. Aus Sicht des Betriebssystems ist eine *Nachricht* ein abstraktes Objekt, in dem sich Netzwerk-Frames befinden. Nachrichten werden mit einer Datenstruktur implementiert, die Zeiger (Pointer) auf verschiedene Speicherstellen (Puffer) beinhaltet. Kapitel 1 enthält ein Beispiel einer Nachrichten-Datenstruktur.

Im Fall von PIO muss die Netzwerkkarte eine gewisse Zwischenspeicherung zur Verfügung stellen. Die CPU kopiert Frames zwischen dem Host-Speicher und dem Speicher dieses Adapters, wie aus Abb. 2.44 ersichtlich wird. Zwischenspeicherung ist notwendig, weil man bei den meisten Betriebssystemen nie ganz sicher sein kann, wann die CPU etwas bestimmtes ausführen wird. Folglich muss man auf Wartezeiten gefasst sein. Hier muss die wichtige Frage geklärt werden, wie viel Speicher die Netzwerkkarte benötigt. Mit Sicherheit besteht Bedarf an Speicherplatz für mindestens je einen Frame in Sende- und Empfangsrichtung. Darüber hinaus verfügen Netzwerkkarten bei PIO normalerweise über zusätzlichen Speicher, um eine kleine

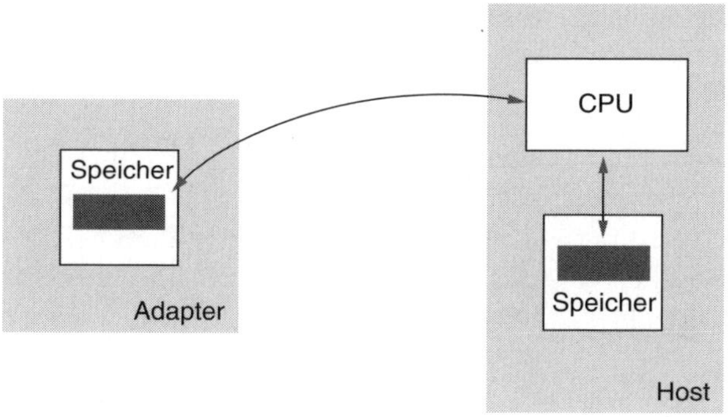

Abb. 2.44:
PIO-Mechanismus für eine Netzwerkkarte

Zahl ankommender Frames solange zwischenzuspeichern, bis die CPU sie in den Host-Speicher kopiert. Der Computergrundsatz, dass »Speicher billig ist«, und man die Netzwerkkarten daher mit einem riesigen Speicher ausstatten könnte, ist hier nicht so einfach anwendbar, weil die teurere Dual-Port-Variante erforderlich ist, da die CPU *und* die Netzwerkkarte auf diesen Speicher zugreifen können müssen. Auf PIO basierte Netzwerkkarten haben meist einen Speicher in der Größenordnung von 64 bis 256 KB, es gibt aber auch Karten mit 1 MB Speicherkapazität.

Netzwerkkartentreiber

Ein Netzwerkkartentreiber ist eine Sammlung von Betriebssystemroutinen, die den Protokollgraphen letztendlich an die Netzhardware »andocken«. Er umfasst normalerweise Routinen für die Initialisierung der Netzwerkkarte, die Übertragung von Frames auf der Verbindungsleitung und die Behandlung von Interrupts. Der Code ist voller gerätespezifischer Einzelheiten und daher meist schwer lesbar, die eigentliche Logik ist aber recht einfach.

Die Übertragungsroutine wird z.B. aufgerufen, um sicherzustellen, dass es freien Sendepuffer auf dem Gerät gibt, das die Nachricht weiterleiten soll. Falls das nicht der Fall ist, muss sie den Prozess so lange blockieren, bis ausreichend Puffer zur Verfügung steht. Ist ein Sendepuffer verfügbar, schützt sich der aufrufende Prozess vor Störungen durch andere Übertragungsprozesse. Die Routine übersetzt dann die Nachricht vom internen Format in das von der Netzwerkkarte erwartete, setzt das CSR, sodass die Karte zum Übertragen veranlasst wird, und aktiviert die Interrupts.

Die Logik für den Interrupt-Handler ist ebenso einfach. Zuerst schaltet er alle weiteren Interrupts aus, die auf die Verarbeitung dieses Interrupts störend einwirken könnten. Dann prüft er das CSR, um festzustellen, was den Interrupt verursacht hat. Hierfür gibt es drei Möglichkeiten: (1) Ein Fehler ist aufgetreten, (2) eine Sendeanfrage wurde ausgeführt oder (3) ein Frame wurde empfangen. Im ersten Fall gibt der Handler eine Nachricht aus und löscht die Fehlerbits. Im zweiten Fall wurde eine zuvor in die Warteschlange gestellte Sendeanfrage ausgeführt, sodass jetzt freier Pufferplatz wieder verwendet werden kann. Im dritten Fall ruft der Handler die Empfangsroutine auf, um den ankommenden Frame aus der Empfangspufferliste zu nehmen, in die interne Datenstruktur des Betriebssystems für Nachrichten zu stellen und dann einen Prozess zu starten, der die Nachricht im Protokollgraphen nach oben geleitet.

2.9.3 Speicher-Flaschenhals

Aus Abschnitt 2.1.1 wissen wir, dass die Speicherleistung oft die Netzleistung einschränkt. Nirgendwo ist diese potenzielle Einschränkung kritischer als am Host/Adapter-Interface. Bei näherer Betrachtung von Abb. 2.45 wird dieser Punkt deutlich. Dieses Diagramm zeigt die zwischen verschiedenen Komponenten eines modernen PCs verfügbare Bandbreite. Obwohl der I/O-Bus schnell genug ist, um Frames

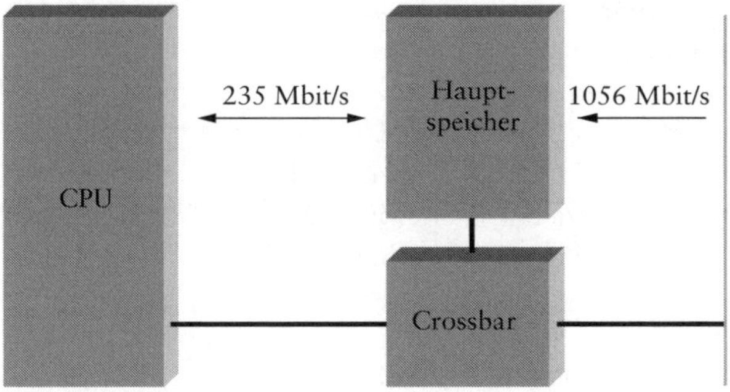

Abb. 2.45: Speicherbandbreite einer eines modernen PCs

zwischen Netzwerkkarte und Host-Speicher in, sagen wir, Gigabit-Raten zu übertragen, können potenziell zwei Probleme auftreten.

Das erste hat damit zu tun, dass die angegebene Geschwindigkeit des I/O-Busses seiner Spitzenbandbreite entspricht; diese ist das Produkt aus seiner Busbreite und Taktfrequenz (z.B. hat ein 32-Bit-breiter Bus bei einer Taktrate von 33 MHz eine Spitzenbandbreite von 1056 Mbit/s). Die eigentliche Einschränkung ist die Größe des Datenblocks, der über den I/O-Bus übertragen werden soll, weil bei jedem Bustransfer ein gewisser Overhead einberechnet werden muss. Bei einigen Architekturen dauert es z. B. 8 Taktzyklen, um Zugriff auf den Bus für die Übertragung von Daten vom Adapter zum Host-Speicher zu erhalten. Dieser Overhead ist von den übertragenen Daten-Bytes unabhängig. Möchte man also Nutzdaten im Umfang von 64 Byte – was der Mindestgröße eines Ethernet-Pakets entspricht – über den I/O-Bus übertragen, dauert der gesamte Transfer 24 Zyklen: 8 für die Ergreifung des Busses und 16 für die Übertragung der Daten. (Der Bus ist 32 Bit breit, was bedeutet, dass er in jedem Taktzyklus ein 4-Byte-Wort übertragen kann; 64 Byte geteilt durch 4 Byte pro Zyklus ergibt 16 Zyklen.) Man kann also eine maximale Bandbreite von

$$16 \div (8 + 16) \times 1056 = 704 \text{ Mbit/s}$$

und nicht die Spitze von 1056 Mbit/s erreichen.

Das zweite Problem ist, dass die Speicher-/CPU-Bandbreite von 235 MB/s (1880 Mbit/s) in der gleichen Größenordnung wie die des I/O-Busses liegt. Allerdings ist das ein Messwert und keine angegebene Spitzenrate. Während es also möglich ist, Frames durch den I/O-Bus und in den Speicher und dann die Daten aus dem Speicher in die CPU-Register in Netzbandbreiten zu befördern, ist es für Kartentreiber, Betriebssystem und Anwendung unpraktisch, für jedes in einem Netzpaket enthaltene Wort mehrmals auf den Speicher zuzugreifen, weil es möglicherweise die Daten von einem Puffer in einen anderen kopieren muss. Wenn also der Speicher/CPU-Weg in Lese- oder Schreibrichtung n mal überquert wird, kann man bestenfalls einen Durchsatz von $235/n$ MB/s erwarten. (Der Wert könnte höher liegen, wenn die Daten gecacht werden, aber häufig helfen Caches wenig bei Daten, die über ein Netzwerk ankommen.) Müssen mehrere Softwareschichten die Nachricht viermal von einem Puffer in einen anderen kopieren, was bei heutigen Systemen nicht selten der Fall ist, kann die Anwendung bestenfalls auf einen Durchsatz von 58,75 MB/s

(470 Mbit/s) hoffen. Damit liegen wir natürlich extrem weit unter den 1056 Mbit/s, die wir von dieser Maschine erwartet hätten.

▶ **Als Einschub sei hier auf die Analogie hingewiesen, die es zwischen der Bewegung einer Nachricht von und zum Speicher und andererseits durch ein Netzwerk gibt. Insbesondere wird der effektive Durchsatz durch das Speichersystem mit den gleichen beiden, in Abschnitt 1.1.4 beschriebenen Formeln definiert.**

Durchsatz = TransferGröße/TransferZeit

TransferZeit = RTT + 1/Bandbreite × TransferGröße

Beim Speichersystem entspricht die Transferzeit hierbei der Größe einer Dateneinheit, die wir in einem Buszyklus befördern können (d.h. Cache-Zeile versus kleine Zellen versus große Nachricht), und die RTT entspricht der Speicherlatenz, welche davon abhängt, ob es sich bei dem Speicher um Cache-Speicher auf dem Chip (On-Chip-Cache) oder vom Chip entfernten Speicher (Off-Chip-Cache) oder aber um Arbeitspeicher handelt. Wie beim Netzwerk gilt hier: Je größer die Transfergröße und je kleiner die Latenz, um so besser ist der effektive Durchsatz. Weiterhin gilt ähnlich wie beim Netzwerk: Der effektive Speicherdurchsatz entspricht nicht unbedingt der Spitzenbandbreite des Speichers (d.h. der Bandbreite, die sich mit einer unendlichen Transfergröße erreichen ließe).

Der wichtigste Punkt dieser Diskussion ist, dass wir uns mit den Grenzen, die der Netzleistung durch die Speicherbandbreite auferlegt werden, befassen müssen. Bei sorgfältigem Design kann das System diese Grenzen durchaus überwinden. So ist es beispielsweise möglich, die Datenpuffer, die von Netzwerkkartentreiber, Betriebssystem und Anwendung benutzt werden, so zu integrieren, dass das Kopieren von Daten minimiert wird. Dem System muss auch mitgeteilt werden, wann Daten in den Cache zu überführen sind, damit es alle erforderlichen Operationen auf die Daten ausführen kann, bevor diese aus dem Cache wieder entfernt werden. Die Einzelheiten darüber, wie dies erreicht werden kann, gehen über den Umfang dieses Buchs hinaus. Sie werden teilweise in der am Schluss dieses Kapitels angegebenen Literatur beschrieben.

Schließlich gibt es eine zweite wichtige Tatsache aus dieser Diskussion zu entnehmen: Wenn die Performance des Netzwerks nicht so hoch ist, wie man es erwarten würde, liegt das nicht in jedem Falle am Netzwerk selbst. Häufig ist der wirkliche Flaschenhals eine der Maschinen, die mit dem Netz verbunden sind. Wenn es etwa bei einer Webseite sehr lange dauert, bis sie auf dem Bildschirm erscheint, so kann dies eine Verstopfung des Netzwerks sein – genausogut kann es aber daran liegen, dass der Server am anderen Ende des Netzwerkes überlastet ist.

2.10 Zusammenfassung

In diesem Kapitel wurden die Hardwarebausteine eines Rechnernetzes – Knoten und Verbindungsleitungen – eingeführt und die fünf wichtigsten Probleme beschrieben, die gelöst werden müssen, damit zwei oder mehr direkt über eine Leitung verbundene Knoten Nachrichten austauschen können.

Physikalische Verbindungsleitungen übertragen Signale. Deshalb müssen die Bits, aus denen sich eine binäre Nachricht zusammensetzt, am Quellknoten in das Signal kodiert werden. Am empfangenden Knoten muss das Signal wieder in Bits umgewandelt werden. Das ist die Aufgabe der Kodierung, die durch die Notwendigkeit erschwert wird, dass der Sender- und Empfängertakt synchronisiert werden müssen. Wir haben vier Kodiermethoden – NRZ, NRZI, Manchester und 4B/5B – beschrieben. Sie unterscheiden sich größtenteils darin, wie sie Taktinformationen und die zu übertragenden Daten kodieren. Eines der wichtigsten Attribute einer Kodiermethode ist ihre Effizienz, d.h. das Verhältnis zwischen Signalimpulsen und kodierten Bits.

Um Bits zwischen Knoten zu übertragen, müssen diese Bits im nächsten Schritt in Frames verpackt werden. Das ist das Problem der Frame-Erzeugung, das im Wesentlichen darin besteht, dass Frame-Anfang und -ende erkannt werden müssen. Wiederum haben wir verschiedene Techniken – byte-orientierte, bitorientierte und taktbasierte Protokolle – beschrieben.

Unter der Annahme, dass jeder Knoten die in einem Frame enthaltenen Bits erkennen kann, muss im dritten Schritt ermittelt werden, ob diese Bits korrekt sind oder möglicherweise bei der Übertragung verfälscht wurden. Das ist die Aufgabe der Fehlerkorrektur, für die wir drei Methoden behandelt haben: zyklische Redundanzprüfung (CRC), zweidimensionale Parität und Prüfsummen. Von diesen Methoden bietet die CRC die höchste Gewähr und wird auch auf der Sicherungsschicht am häufigsten angewandt.

Da einige beim Zielknoten ankommende Frames Fehler enthalten können und daher verworfen werden, lautet die nächste Aufgabe, wie man solche Fehler beheben kann. Das Ziel ist dabei, die Verbindungsleitung zuverlässig erscheinen zu lassen. Die allgemeine Lösung ist ARQ. Sie umfasst die kombinierte Verwendung von Bestätigungen (ACK) und Timeouts. Wir haben drei spezifische ARQ-Algorithmen beschrieben: Stop-and-Wait, Sliding-Window und gleichzeitige logische Kanäle. Interessant an diesen Algorithmen ist, wie effizient sie die Verbindungsleitung nutzen.

Die letzte Aufgabe ist für Punkt-zu-Punkt-Verbindungen nicht relevant, bei Mehrfachzugriffsverbindungen aber ein zentraler Punkt: Wie soll der Zugriff auf eine gemeinsame Verbindungsleitung gehandhabt werden, damit alle Knoten irgendwann Gelegenheit erhalten, ihre Daten zu übertragen. Hier haben wir drei Medienzugriffsprotokolle – Ethernet, Token-Ring und drahtlose Übertragung – beschrieben, die in lokalen Netzwerken (LANs) verwendet werden. Diese Technologien haben gemeinsam, dass die Kontrolle über das Netzwerk auf alle daran angeschlossenen Knoten verteilt wird. Es besteht keine Abhängigkeit von einer zentralen Zugriffsregelung.

Abschließend wurde in diesem Kapitel festgestellt, dass die meisten Algorithmen, mit denen sich diese fünf Aufgaben lösen lassen, in der Praxis in einer Netzwerkkarte implementiert werden, über die der Host an die Verbindungsleitung angeschlossen wird. Wir haben festgestellt, dass das Design dieses Netzadapters für die Leistung des Netzwerks insgesamt von entscheidender Bedeutung ist.

Offene Fragen

Gehört das in die Hardware?

Eine der wichtigsten Fragen beim Design eines Computersystems lautet: »Was gehört zur Hardware und was zur Software?« Bei Netzwerken bildet die Netzwerkkarte den Mittelpunkt dieser Frage. Warum wird beispielsweise der in Abschnitt 2.6 beschriebene Ethernet-Algorithmus vorwiegend in der Netzwerkkarte implementiert, nicht aber die in späteren Abschnitten behandelten Protokolle der höheren Ebenen?

Es ist sicherlich möglich, die Netzwerkkarte mit einem universellen Mikroprozessor auszustatten, um die höheren Protokolle, z.B. TCP/IP, dorthin zu verlagern. Der Grund dafür, dass dies normalerweise nicht gemacht wird, ist kompliziert, hat insgesamt aber mit gutem Haushalten der Ressourcen eines Computersystems zu tun: Der Host-Prozessor ist normalerweise der schnellste Prozessor in einem Computer. Es wäre eine Schande, ihn auf einen langsameren Adapter-Prozessor warten zu lassen, um z.B. TCP/IP auszuführen, wenn er das selbst viel schneller erledigen könnte.

Andererseits gehören bestimmte Protokollverarbeitungen zum Netzadapter. Die allgemeine Faustregel lautet, dass jeder Verarbeitungsschritt, für den ein gegebener Prozessor mit der Geschwindigkeit der Verbindungsleitung Schritt halten kann (ein schnellerer Prozessor würde also die Lage nicht verbessern) ein guter Kandidat für die Auslagerung auf die Netzwerkkarte ist. Anders ausgedrückt: Eine Funktion, die im Gegensatz zum Host-Prozessor bereits durch die Geschwindigkeit der Verbindungsleitung beschränkt ist, könnte effektiv im Netzadapter implementiert werden.

Historisch gesehen war die Frage, welche Funktionalität zur Netzwerkkarte und was zum Host gehört, schwierig zu beantworten, und sie löste einiges an Forschung aus. In modernen Systemen ist in der Regel die MAC-Schicht und alle Schichten darunter in der Netzwerkkarte enthalten, während die IP-Schicht und alles darüber vom Host übernommen wird. Interessanterweise erhebt sich nun aber die gleiche Debatte in Bezug auf den Aufbau von Switches und Routern. Die Frage, wie viel Hardware-Unterstützung oberhalb der MAC-Schicht erforderlich ist, wird uns in den nächsten beiden Kapiteln beschäftigen.

Unabhängig davon, welche Protokolle genau im Netzadapter implementiert werden, finden die Daten im Allgemeinen ihren Weg zum Host-Prozessor. Die Effizienz, mit der die Daten dabei zwischen dem Netzadapter und dem Speicher des Computers bewegt werden, ist äußerst wichtig. Wir wissen aus Abschnitt 2.9.4, dass Speicherbandbreite – die Rate, in der Daten von einer Speicherstelle zu einer anderen bewegt werden können – generell die Leistung eines Rechners der Workstation-Klasse begrenzt. Ein ineffizienter Datentransfermechanismus zwischen Host und Netzadapter kann folglich die von den auf dem Host laufenden Anwendungsprogrammen erwartete Durchsatzrate stark einschränken. Erstens muss die Entscheidung getroffen werden, ob sich DMA oder PIO besser eignet. Je nach Umgebung weisen beide gewisse Vorteile auf. Zweitens muss man abwägen, wie gut der Netzadapter in den Puffermechanismus des Betriebssystems integriert ist. Ein sorgfältig integriertes System ist normalerweise in der Lage, häufiges Kopieren von Daten auf höheren Schichten des Protokollgraphen zu vermeiden und damit den Durchsatz zwischen Anwendungen zu verbessern.

2.11 Weiterführende Literatur

Einer der wichtigsten Beiträge im Bereich der Rechnervernetzung in den letzten 20 Jahren ist die Arbeit von Metcalf und Boggs (1976) zur Einführung des Ethernet. Viele Jahre später berichteten Boggs, Mogul und Kent (1988) über ihre praktischen Erfahrungen mit Ethernet und entlarvten viele Mythen, die im Lauf der Jahre ihren Weg in die Literatur gefunden hatten. Beide Arbeiten gelten als Pflichtlektüre. Die dritte und vierte Arbeit behandeln Fragen zur Integration von Hochgeschwindigkeits-Netzwerkkarten in Systemsoftware.

- Metcalf, R. und Boggs, D.: Ethernet: Distributed packet switching for local computer networks, *Communications of the ACM*, 19(7), S. 395–403, Juli 1976.
- Boggs, D., Mogul, J. und Kent, C.: Measured Capacity of an Ethernet, *Proceedings of the SIGCOMM '88 Symposium*, S. 222–234, August 1988.
- Metcalf, R: Computer/network interface design lessons from Arpanet and Ethernet, *IEEE Journal of Selected Areas in Communication* (*JSAC*) 11(2), S. 173–180, Februar 1993.
- Druschel, P., Abbot, M., Pagels, M. und Peterson, L. L.: Network subsystem design, *IEEE Network (Special Issue on End-System Support for High Speed Networks)*, 7(4), 8–17, Juli 1993.

Es gibt zahlreiche Fachbücher mit Schwerpunkt auf den niedrigeren Ebenen der Netzhierarchie, insbesondere im Bereich der Telekommunikation, also Vernetzung aus Sicht von Telefongesellschaften. Die Bücher von Spragins u.a. [SHP91] sowie Minoli [Min93] sind zwei gute Beispiele. Viele weitere Bücher konzentrieren sich auf verschiedene LAN-Technologien, von denen das umfassendste von Stallings [Sta00b] ist, während Jain [Jai94] eine ausführliche Beschreibung von FDDI liefert.

Jains Buch enthält auch eine Einführung in die unteren Ebenen der optischen Datenübertragung. Außerdem wird FDDI zusammenfassend in einem Artikel von Ross [Ros86] beschrieben.

Einen guten Einstieg in die Informationstheorie bietet Blahut [Bla87] und die bahnbrechende Arbeit über die Kapazität von Verbindungsleitungen von Shannon [Sha48].

Für eine allgemeine Einführung in die Mathematik von Fehlercodes empfiehlt sich Rao und Fujiwara [RF89]. Die Mathematik hinter CRCs sowie weitere Informationen über die für deren Berechnung benutzte Hardware wird von Peterson und Brown behandelt [PB61].

Über das Design von Netzwerkkarten wurden Anfang der neunziger Jahre viele Arbeiten von Forschern über Versuche veröffentlicht, Hosts an immer schnellere Netzwerke anzuschließen. Abgesehen von den beiden Beispielen in der obigen Liste sind folgende Autoren zu nennen: Traw und Smith [TS93], Ramakrishnan [Ram93], Edwards u.a. [EWL+94], Druschel u.a. [DPD94], Kanakia und Cheriton [KC88], Cohen u.a. [CFFD93], und Steenkiste [Ste94a]. In letzter Zeit kommt vermehrt eine neue Generation von Netzwerkkarten mit so genannten Netzwerk-Prozessoren auf den Markt. Spalink et al. erklären, wie diese Prozessoren programmiert werden können, um unterschiedliche Netzwerkfunktionen übernehmen zu können [SKPG01].

Das hervorragende Buch von Hennessy und Patterson [HP02] enthält allgemeine Grundlagen der Computerarchitektur.

Schließlich empfehlen wir die Durchsicht laufend aktualisierter Informationen unter:

- http://standards.ieee.org/

über den Status verschiedener IEEE-Netzwerk-Standards.

2.12 Übungen

1. Geben Sie die NRZ-, Manchester- und NRZI-Kodierung für das in Abb. 2.46 dargestellte Bitmuster an. Gehen Sie davon aus, dass das NRZI-Signal auf low beginnt.

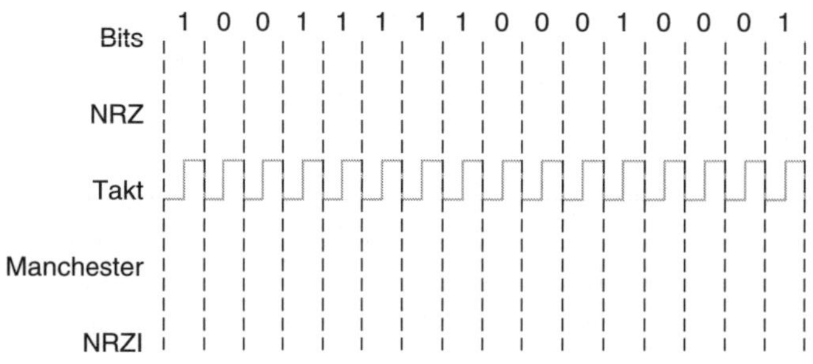

Abb. 2.46: Diagramm für Übung 1

2. Geben Sie die 4B/5B-Kodierung und das sich daraus ergebende NRZI-Signal für die folgende Bitfolge an:

   1110 0101 0000 0011

3. Geben Sie die 4B/5B-Kodierung und das sich daraus ergebende NRZI-Signal für die folgende Bitfolge an:

   1101 1110 1010 1101 1011 1110 1110 1111

4. Bei der 4B/5B-Kodierung (Tabelle 2.4) enden nur zwei der benutzten 5-Bit-Codes mit zwei Nullen. Wie viele mögliche 5-Bit-Folgen erfüllen die strengere Einschränkung, mindestens eine führende und höchstens eine nachgezogene 0 zu enthalten (ungeachtet dessen, ob sie im vorhandenen Code benutzt werden oder nicht)? Könnten alle 4-Bit-Sequenzen auf solche 5-Bit-Sequenzen abgebildet werden?

5. Geben Sie für ein Frame-Protokoll, das Bitstopfen anwendet, die über die Verbindungsleitung übertragene Bitfolge an, wenn der Frame folgende Bitfolge enthält:

   110101111101011111101011111110

   Markieren Sie die gestopften Bits.

6. Angenommen, folgende Bitfolge kommt über eine Verbindungsleitung an:

   1101011111010111110010111110110

   Geben Sie den sich daraus ergebenden Frame an, nachdem eventuell vorhandene gestopfte Bits entfernt wurden. Weisen Sie auf möglicherweise in den Frames eingeführte Fehler hin.

7. Angenommen, folgende Bitfolge kommt über eine Verbindungsleitung an:

   011010111110101001111111011001111110

   Geben Sie den sich daraus ergebenden Frame an, nachdem eventuell vorhandene gestopfte Bits entfernt wurden. Weisen Sie auf möglicherweise in den Frames eingeführte Fehler hin.

8. Sie möchten mit Hilfe des Frame-Protokolls BISYNC Daten senden. Die letzten 2 Byte Ihrer Daten sind DLE und ETX. Welche Byte-Folge müsste unmittelbar vor der CRC übertragen werden?

9. Nennen Sie für jedes der folgenden Frame-Protokolle ein Beispiel einer Byte-/Bitfolge, die nie in einer Übertragung erscheinen sollte.

   a. BISYNC

   b. HDLC

10. Ein bestimmter SONET-Empfänger synchronisiert seinen Takt jedes Mal neu, wenn ein 1-Bit ankommt. Andernfalls tastet er das Signal in der Mitte dessen ab, was er für den Zeitschlitz des Bits hält.

    a. Welche relative Genauigkeit des Takts von Sender und Empfänger ist erforderlich, um 48 Null-Bytes (den Gegenwert einer ATM-AAL5-Zelle) hintereinander korrekt zu empfangen?

    b. Eine über eine SONET-STS-1-Leitung weiterleitende Station A empfängt Frames von B am Downstream-Ende und überträgt dann erneut in Upstream-Richtung. Welche relative Genauigkeit des Takts von A und B ist erforderlich, um A daran zu hindern, mehr als einen zusätzlichen Frame pro Minute anzuhäufen?

11. Zeigen Sie, dass die zweidimensionale Parität alle 3-Bit-Fehler erkennt.

12. Geben Sie ein Beispiel eines 4-Bit-Fehlers, den die zweidimensionale Parität (siehe Abb. 2.16) nicht erkennen würde. Unter welchen allgemeinen Umständen würden 4-Bit-Fehler unerkannt bleiben?

13. Erklären Sie, dass die zweidimensionale Parität dem Empfänger ausreichend Informationen liefert, um einen 1-Bit-Fehler (unter der Annahme, dass der Empfänger weiß, dass nur 1 Bit fehlerhaft ist), jedoch keinen 2-Bit-Fehler zu korrigieren.

14. Erklären Sie, dass die Internet-Prüfsumme nur 0xFFFF sein kann (d.h. der endgültige Wert der Summe ist nicht 0x0000), wenn jedes Byte im Puffer 0 ist. (Internet-Spezifikationen setzen tatsächlich voraus, dass eine Prüfsumme von 0x0000 als 0xFFFF übertragen wird. Der Wert 0x0000 wird damit für eine unterlassene Prüfsumme reserviert. Beachten Sie, dass bei der Einerkomplement-Arithmetik sowohl 0x0000 als auch 0xFFFF die Zahl 0 darstellen.)

15. Zeigen Sie, dass die Berechnung der Internet-Prüfsumme, die im Kapitel beschrieben wurde, unabhängig von der Byte-Reihenfolge ist (beim Host oder beim Netz), mit Ausnahme des Falles, dass die Bytes in der letztlichen Prüfsumme erst später in die richtigen Reihenfolge gebracht werden. Zeigen Sie insbesondere, dass die Summe von 16-bit Integerzahlen in jedweder Byte-Reihenfolge berechnet werden kann. Wenn z.B. die Summe der 1-er Komplemente (als +´ dargestellt) von 16-bit Worten als

    [A,B] +´ [C,D] +´ ... +´[Y,Z]

    dargestellt ist, so ergibt die folgende invertierte Summe den gleichen Wert:

    [B,A] +´ [D,C] +´ ... +´[Z,Y]

16. Angenommen, ein Byte in dem durch den Internet-Prüfsummenalgorithmus abgedeckten Puffer muss dekrementiert werden (z.B. ein Header-Feld, das die Hops zählt). Nennen Sie einen Algorithmus zur Berechnung der revidierten Prüfsumme, jedoch ohne erneutes Scanning des gesamten Puffers. Ihr Algorithmus sollte beachten, ob sich das fragliche Byte in low oder high order befindet.

17. Zeigen Sie, dass die Internet-Prüfsumme wie folgt berechnet werden kann: Man berechnet zunächst die 32-Bit-Einerkomplementsumme des in 32-Bit-Einheiten aufgeteilten Puffers, bildet dann die 16-Bit-Einerkomplementsumme aus den beiden Halbworten des Ergebnisses und führt dann noch eine Komplementierung dieser 16-Bit-Summe durch. (Um eine 32-Bit-Summe des Einerkomplements mit einer auf 32-Bit-Zweierkomplement basierten Hardware zu verwenden, benötigen Sie Zugriff auf das »Überlaufbit«.)

18. Sie wollen die Nachricht 11001001 übertragen und sie mit Hilfe des CRC-Polynoms $x^3 + 1$ vor Fehlern schützen.

    a. Verwenden Sie die lange Polynom-Division, um die zu übertragende Nachricht zu ermitteln.

    b. Nehmen Sie an, dass das höchstwertige Bit der Nachricht durch Rauschen in der Verbindungsleitung umgedreht wurde. Wie lautet das Ergebnis für die CRC-Berechnung des Empfängers? Woher weiß der Empfänger, dass ein Fehler vorgekommen ist?

19. Sie wollen die Nachricht 1011001001001011 übertragen und sie mit Hilfe des CRC-8-Polynoms $x^8 + x^3 + x^2 + 1$ vor Fehlern schützen.

    a. Verwenden Sie die lange Polynom-Division, um die zu übertragende Nachricht zu ermitteln.

    b. Nehmen Sie an, dass das höchstwertige Bit der Nachricht durch Rauschen in der Verbindungsleitung umgedreht wurde. Wie lautet das Ergebnis für die CRC-Berechnung des Empfängers? Woher weiß der Empfänger, dass ein Fehler aufgetreten ist?

20. Der in diesem Kapitel dargestellte CRC-Algorithmus benötigt umfangreiche Bitmanipulationen. Es ist allerdings möglich, eine polynomische lange Division mit jeweils mehreren Bits gleichzeitig durchzuführen, und zwar über eine tabellengesteuerte Methode, die effiziente Softwareimplementierungen von CRC erlaubt. Die lange Division umfasse hier 3 Bits auf einmal (siehe Tabelle 2.6). In der Praxis würden wir je 8 Bits dividieren, und die Tabelle hätte 256 Einträge.

    Sei das Divisor-Polynom $C = C(x) = x^3 + x^2 + 1$ oder 1101. Um die Tabelle für C zusammenzustellen, hängen wir drei Nullen an das Ende jeder 3-Bit-Folge p an.

Dann ermitteln wir den Quotienten $q = p \frown 000 \div C$, wobei wir den Rest ignorieren. Die dritte Spalte ist das Produkt $C \times q$, dessen erste 3 Bit gleich p sein sollten.

a. Verifizieren Sie für $p = 110$, dass die Quotienten $p \frown 000 \div C$ und $p \frown 111 \div C$ gleich sind. Die nachgezogenen Bits spielen also keine Rolle.

b. Tragen Sie die fehlenden Einträge in die Tabelle ein.

c. Teilen Sie mit Hilfe dieser Tabelle 101 001 011 001 100 durch C. Hinweis: Die ersten 3 Bit des Dividenden sind $p = 101$. Folglich sind die entsprechenden ersten 3 Bit des Quotienten aus der Tabelle $q = 110$. Schreiben Sie 110 oberhalb der zweiten 3 Bit des Dividenden und subtrahieren Sie $C \times q = 101$ 110, wiederum aus der Tabelle, von den ersten 6 Bit des Dividenden. Fahren Sie so in Gruppen von je 3 Bit fort. Es sollte kein Rest übrigbleiben.

p	$q = p \frown 000 \div C$	$C \times q$
000	000	000 000
001	001	001 101
010	011	010 ____
011	0___	011 ____
100	111	100 011
101	110	101 110
110	100	110 ____
111	____	111 ____

Tabelle 2.6: Tabellen-gesteuerte CRC-Berechnung

★ 21. Mit einer 1-Bit-Parität können wir alle 1-Bit-Fehler erkennen. Beweisen Sie für die folgenden Fälle, dass eine Generalisierung fehlschlägt:

a. Wenn die m Nachrichten 8 Bit lang sind, gibt es keinen Fehlererkennungscode $e = e(m)$ mit einer Größe von 2 Bit, der alle 2-Bit-Fehler erkennt. Hinweis: Berücksichtigen Sie die Menge M aller 8-Bit-Nachrichten mit einem einzigen 1-Bit-Fehler. Beachten Sie, dass eine Nachricht aus M mit einem 2-Bit-Fehler in jede andere umgewandelt werden kann und zeigen Sie, dass ein beliebiges Nachrichtenpaar m_1 und m_2 in M den gleichen Fehlercode e haben muss.

b. Ermitteln Sie ein (nicht unbedingt minimales) N, sodass kein auf N-Bit-Blöcke angewandter 32-Bit-Fehlererkennungscode alle Fehler, die bis zu 8 Bit ändern, erkennen kann.

22. Gegeben sei ein ARQ-Protokoll, das nur negative Bestätigungen (NAKs), aber keine positiven Bestätigungen (ACKs) benutzt. Beschreiben Sie, welche Timeout-Werte gesetzt werden müssten. Erklären Sie, warum ein ACK-basiertes Protokoll einem NAK-basierten Protokoll normalerweise vorzuziehen ist.

23. Gegeben sei ein ARQ-Algorithmus, der über eine 20 km lange Punkt-zu-Punkt-Verbindungsleitung (Glasfaser) läuft.

    a. Berechnen Sie für diese Verbindungsleitung die Ausbreitungsverzögerung unter der Annahme, dass die Lichtgeschwindigkeit in der Glasfaser 2×10^8 m/s beträgt.

    b. Schlagen Sie einen geeigneten Timeout-Wert für den ARQ-Algorithmus vor.

    c. Warum könnte der Timer des ARQ-Algorithmus mit diesem Timeout-Wert trotzdem ablaufen, sodass ein Frame erneut übertragen wird?

24. Sie entwerfen ein Sliding-Window-Protokoll für eine Punkt-zu-Punkt-Leitung mit 1 Mbit/s zum Mond; sie hat eine einwegige Latenz von 1,25 Sekunden. Angenommen, jeder Frame führt Daten im Umfang von 1 KB. Wie viele Bit brauchen Sie mindestens für die Sequenznummern?

25. Sie entwerfen ein Sliding-Window-Protokoll für eine Punkt-zu-Punkt-Leitung mit 1 Mbit/s zu einem stationären Satelliten, der die Erde in 30.000 km Höhe umkreist. Angenommen, jeder Frame führt Daten im Umfang von 1 KB. Wie viele Bit brauchen Sie in den folgenden Fällen mindestens für die Sequenznummern? (Die Lichtgeschwindigkeit beträgt 3×10^8 m/s.)
    a. RWS = 1
    b. RWS = SWS

26. Im Textteil wurde gesagt, dass das Sliding-Window-Protokoll für die Implementierung der Flusskontrolle benutzt werden kann. Wir könnten dies dadurch realisieren, dass wir den Empfänger ACKs verzögern lassen. Das heißt, er sendet das ACK erst, wenn Pufferplatz für den nächsten Frame frei ist. Dadurch würde jedes ACK gleichzeitig den Empfang des letzten Frames bestätigen und der Quelle mitteilen, dass jetzt Pufferplatz für den nächsten Frame verfügbar ist. Erklären Sie, warum diese Art der Implementierung der Flusskontrolle keine gute Idee ist.

27. Die Stop-and-Wait-Szenarien in Abb. 2.19 implizieren, dass der Empfänger sein ACK unmittelbar nach Erhalt des doppelten Daten-Frames erneut überträgt. Nehmen Sie stattdessen an, dass der Empfänger seinen eigenen Timer führt und sein ACK erst erneut überträgt, wenn der nächste erwartete Frame nicht innerhalb des Timeout-Intervalls ankommt. Zeichnen Sie Zeitstrahlen für die Szenarien von Abb. 2.19 (b) – (d). Gehen Sie davon aus, dass der Timeout-Wert des Empfängers doppelt so hoch wie der des Senders ist. Zeichnen Sie außerdem (c) neu unter der Annahme, dass der Timeout-Wert des Empfängers halb so hoch wie der des Senders ist.

28. Beim Stop-and-Wait überträgt sowohl der Sender als auch der Empfänger erneut jeweils seinen letzten Frame unmittelbar nach Erhalt eines Duplikats (ACK oder

Daten-Frame). Diese Strategie ist auf den ersten Blick angemessen, weil der Empfang eines solchen Duplikats höchstwahrscheinlich bedeutet, dass bei der anderen Seite der Timer abgelaufen ist.

a. Zeichnen Sie einen Zeitstrahl der Ereignisse, wenn der erste Daten-Frame irgendwie dupliziert wird, aber kein Frame verlorengeht. Wie lange dauert das Duplizieren an? Diese Situation nennt man »Sorcerer's Apprentice Bug«[1].

b. Angenommen, ACKs werden wie Daten erneut übertragen, wenn innerhalb des Timeout-Intervalls keine Antwort ankommt. Beide Seiten verwenden das gleiche Timeout-Intervall. Arbeiten Sie ein entsprechendes Szenario aus, um den Sorcerer's Apprentice Bug auszulösen.

29. Beschreiben Sie, wie man Flusskontrolle in das Sliding-Window-Protokoll einbinden kann, wenn ACKs zusätzliche Informationen enthalten, durch die sich die SWS reduziert, sobald dem Empfänger der Pufferplatz ausgeht. Belegen Sie Ihr Protokoll mit einem Zeitstrahl für eine Übertragung. Der anfängliche SWS- und RWS-Wert sei 4, die Leitungsgeschwindigkeit unendlich, und der Empfänger könne Puffer in einer Rate von 1/Sekunde freigeben (d.h. der Empfänger ist der Flaschenhals). Erläutern Sie, was in $T = 0$, $T = 1$, ..., $T = 4$ Sekunden passiert.

30. Beschreiben Sie ein Protokoll, das den Sliding-Window-Algorithmus mit selektiven ACKs kombiniert. Ihr Protokoll sollte prompt neu übertragen, jedoch nicht, wenn ein Frame lediglich um eine oder zwei Positionen außer der Reihe ankommt. Es sollte außerdem eine Maßnahme für den Fall festlegen, dass mehrere aufeinander folgende Frames verlorengehen.

31. Zeichnen Sie ein Zeitstrahldiagramm für den Sliding-Window-Algorithmus mit SWS = RWS = 3 Frames für die beiden folgenden Situationen. Verwenden Sie ein Timeout-Intervall von etwa 2 × RTT.

a. Frame 4 geht verloren.

b. Frames 4 bis 6 gehen verloren.

✓ 32. Zeichnen Sie ein Zeitstrahldiagramm für den Sliding-Window-Algorithmus mit SWS = RWS = 4 Frames für die beiden folgenden Situationen. Nehmen Sie an, dass der Empfänger Duplikate der Empfangsbestätigung verschickt, wenn er nicht den erwarteten Frame erhält. Z. B. wird er DUPACK[2] senden, wenn er FRAME[2] erwartet, jedoch FRAME[3] erhält. Außerdem sendet der Empfänger eine Sammelbestätigung, wenn er alle Frames erhalten hat. Z. B. sendet er

1. Anm. d. Übers.: Ein Protokollfehler, bei dem der Empfang einer Nachricht unter gewissen Umständen dazu führt, dass mehrere Nachrichten gesendet werden, die bei Empfang jeweils den gleichen Fehler auslösen. Die Bezeichnung ist eine Anlehnung an Goethes »Zauberlehrling«.

ACK[5], wenn er den verlorengegangenen FRAME[2] erhält, nachdem er die Frames [3], [4] und [5] bereits erhalten hat. Verwenden Sie ein Timeout-Intervall von etwa 2 × RTT.

a. Frame 2 geht verloren. Die Wiederübertragung beginnt (wie üblich) nach dem Timeout-Intervall.

b. Frames 4 bis 6 gehen verloren. Die Wiederübertragung beginnt nach dem Empfang des ersten DUPACK oder nach dem Timeout. Reduziert dieses Schema die Übertragungszeit? Beachten Sie, dass die Ende-zu-Ende-Protokolle (z.B. Varianten von TCP) ein ähnliches Schema für die Übertragung verwenden.

33. Wir möchten den Sliding-Window-Algorithmus mit SWS = RWS = 3 und MaxSeqNum = 5 ausführen. Das *N*-te Paket DATA[N] enthält folglich N mod 5 in seinem Nummernfeld. Führen Sie ein Beispiel an, bei dem der Algorithmus durcheinander kommt. Das heißt, ein Szenario, bei dem der Empfänger DATA[5] erwartet, stattdessen aber DATA[0] (das die gleiche übertragene Sequenznummer hat) entgegennimmt. Es dürfen keine Paket außer der Reihe ankommen. Bemerkung: Dies zeigt, dass MaxSeqNum ≥ 6 sowohl notwendig als auch hinreichend ist.

34. Verwenden Sie den Sliding-Window-Algorithmus mit SWS = RWS = 3, keine außer der Reihe ankommenden Pakete und Sequenznummern mit unendlicher Genauigkeit. Zeigen Sie:

a. Wenn sich DATA[6] im Empfangsfenster befindet, kann DATA[0] (bzw. generell beliebige ältere Daten) nicht beim Empfänger ankommen (sodass MaxSeqNum = 6 genügt hätte).

b. Wenn ACK[6] gesendet werden kann (bzw. wenn sich DATA[5] im Sendefenster befindet), kann ACK[2] (oder älter) nicht empfangen werden.

Dies beweist die Formel in Abschnitt 2.5.2 für den Fall mit SWS = 3. Teil (b) impliziert, dass das Szenario der vorherigen Aufgabe nicht umgekehrt werden kann, um einen Fehlschlag bei der Unterscheidung zwischen ACK[0] und ACK[5] einzubeziehen.

35. Der Sliding-Window-Algorithmus soll mit SWS = 5 und RWS = 3 ausgeführt werden. Es dürfen keine Pakete außer der Reihe ankommen.

a. Ermitteln Sie den kleinsten Wert für MaxSeqNum. Sie können davon ausgehen, dass es ausreicht, die kleinste MaxSeqNum zu finden, sodass DATA[0] nicht mehr ankommen kann, falls sich DATA[MaxSeqNum] im Empfangsfenster befindet.

b. Belegen Sie anhand eines Beispiels, dass MaxSeqNum – 1 nicht ausreicht.

c. Nennen Sie eine allgemeine Regel für die minimale MaxSeqNum hinsichtlich SWS und RWS.

36. A und B sind über einen Router R wie in Abb. 2.47 miteinander verbunden. Die A-R- und R-B-Verbindungen senden und empfangen nur ein Paket pro Sekunde in jeder Richtung (sodass zwei Pakete 2 Sekunden benötigen); die beiden Richtungen übertragen unabhängig voneinander. A sendet an B unter Verwendung des Sliding-Window-Protokolls mit SWS = 4.

    a. Geben Sie für die Zeit = 0, 1, 2, 3, 4, 5 Sekunden an, welche Pakete an jedem Knoten ankommen und ihn verlassen bzw. beschriften Sie sie in einem Zeitstrahl.

    b. Was passiert, wenn die Verbindungsleitungen eine Ausbreitungsverzögerung von 1,0 Sekunden haben, jedoch immer alle vorgesetzten Pakete annehmen (d.h. Latenz = 1 Sekunde, aber die Bandbreite ist unendlich)?

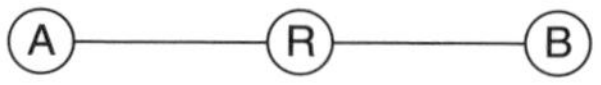

Abb. 2.47:
Diagramm für die Übungen 36 bis 38

37. A ist mit B wie in der obigen Übung über einen Router R verbunden. Die A-R-Verbindung ist schnell, während die R-B-Verbindung nur je ein Paket pro Sekunde überträgt (sodass zwei Pakete 2 Sekunden benötigen). A sendet an B unter Verwendung des Sliding-Window-Protokolls mit SWS = 4. Nennen Sie für die Zeit = 0, 1, 2, 3, 4 Sekunden, welche Pakete von A und B empfangen und welche gesendet werden. Auf welchen Umfang wächst die Warteschlange (Queue) in R an?

38. Betrachten Sie erneut die Situation der vorherigen Übung, gehen Sie diesmal jedoch davon aus, dass der Router eine Warteschlangengröße von 1 hat. Das heißt, er kann (in jede Richtung) zusätzlich zu dem Paket, das er sendet, ein weiteres aufnehmen. Das Timeout von A ist auf 5 Sekunden gesetzt; SWS ist wiederum 4. Erläutern Sie, was in jeder Sekunde von $T = 0$ passiert, bis alle vier Pakete der ersten vollen Fenstermenge erfolgreich zugestellt werden.

39. Warum ist bei Protokollen, die auf das Ethernet aufsetzen, ein Längenfeld im Header wichtig, das die Länge der Nachricht angibt?

40. Welche Probleme können auftreten, wenn zwei Hosts im selben Ethernet die gleiche Hardware-Adresse besitzen? Beschreiben Sie, was geschieht und warum das ein Problem darstellt.

41. Die Ethernet-Spezifikation von 1982 erlaubt zwischen zwei Stationen Koaxialkabel mit einer Länge von bis zu 1.500 m, ein weiteres Punkt-zu-Punkt-Verbindungskabel von 1.000 m, und zwei Repeater. Jede Station und jeder

Repeater wird mit einem »Drop-Kabel« von bis zu 50 m an das Koaxialkabel angeschlossen. Die üblichen Verzögerungen jedes dieser Elemente sind in Tabelle 2.7 aufgeführt (wobei *c* = Lichtgeschwindigkeit in Vakuum = 3×10^8 m/s).

Element	Verzögerung
Koaxialkabel	Ausbreitungsgeschwindigkeit = 0,77c
Verbindungsleitung/Drop-Kabel	Ausbreitungsgeschwindigkeit = 0,65c
Repeater	je ca. 0,6 µs
Transceiver	je ca. 0,2 µs

Tabelle 2.7: Typische Verzögerungen in Verbindung mit verschiedenen Netzkomponenten

Welche Roundtrip-Verzögerung, gemessen in Bit, ergibt sich im schlechtesten Fall auf Grund der in der Tabelle aufgeführten Quellen? (Diese Liste ist nicht vollständig; zu weiteren Verzögerungsursachen zählen Leitungsabfrage- und Signaleinschwingzeit.)

★ 42. Ethernet mit Koaxialkabel wurde auf maximal 500 m zwischen Repeatern begrenzt, die das Signal zu 100% seiner Originalamplitude regenerieren. Entlang eines 500-m-Segments könnte das Signal auf bis zu 14% seines ursprünglichen Werts (8,5 dB) abklingen. Über eine Strecke von 1.500 m würde die Dämpfung dann $(0,14)^3 = 0,3\%$ betragen. Auch über eine Strecke von 2.500 m ist ein solches Signal immer noch stark genug, dass es gelesen werden kann. Warum ist also alle 500 m ein Repeater erforderlich?

43. Angenommen, die Roundtrip-Verzögerung eines Ethernet beträgt 46,4 µs. Dies ergibt eine minimale Paketgröße von 512 Bit (464 Bit auf Grund der Ausbreitungsverzögerung plus 48 Bit für das Jam-Signal).

    a. Was passiert mit der minimalen Paketgröße, wenn die Verzögerungszeit konstant gehalten wird und die Signalrate auf 100 Mbit/s steigt?

    b. Welche Nachteile ergeben sich durch eine derartige minimale Paketgröße?

    c. Wie könnte man die Spezifikationen schreiben, um eine kleinere minimale Paketgröße zu ermöglichen, wenn Kompatibilität kein zu berücksichtigender Faktor wäre?

★ 44. Zwei Stationen A und B versuchen, über ein Ethernet zu übertragen. Beide haben ständig zu sendende Frames ausstehen. Die Frames von A werden mit A_1, A_2 usw. durchnumeriert, und die von B auf analoge Weise. Die Basiseinheit des Exponential Backoff sei $T = 51{,}2$ µs.

    Angenommen, A und B versuchen gleichzeitig, Frame 1 zu senden. Die Frames kollidieren und wählen zufällig Ausweichzeiten von $0 \times T$ bzw. $1 \times T$. Das bedeutet, dass A das Rennen gewinnt und A_1 überträgt, während B wartet. B versucht am Ende dieser Übertragung, B_1 erneut zu übertragen, während A nun mit der Übertragung von A_2 beginnt. Diese Versuche kollidieren zwar ebenfalls, jetzt weicht A aber um entweder $0 \times T$ oder $1 \times T$ aus, während B sich über eine Zeit zurückzieht, die einem Wert aus $0 \times T, ..., 3 \times T$ entspricht.

a. Ermitteln Sie die Wahrscheinlichkeit, dass A dieses zweite Rennen sofort nach der ersten Kollision gewinnt. Das heißt, die erste Auswahl der Ausweichzeit $k \times 51{,}2$ µs von A ist kleiner als die von B.

b. Angenommen, Station A gewinnt dieses zweite Rennen. A überträgt also A_3. Wenn sie fertig ist, kollidieren A und B wieder, weil A nun versucht, A_4 zu senden, während B ein weiteres mal versucht, B_1 zu übertragen. Mit welcher Wahrscheinlichkeit kann A dieses dritte Rennen sofort nach der ersten Kollision gewinnen?

c. Nennen Sie eine sinnvolle untere Grenze für die Wahrscheinlichkeit, dass A in allen verbleibenden Rennen gewinnt.

d. Was passiert dann mit Frame B_1?

Dieses Szenario nennt man den *Capture-Effect* in einem Ethernet.

45. Der Ethernet-Übertragungsalgorithmus soll wie folgt modifiziert werden: Nach jedem erfolgreichen Übertragungsversuch wartet ein Host einen oder zwei Zeitschlitze, bevor er mit einer Neuübertragung beginnt; andernfalls weicht er auf die übliche Weise aus.

a. Erklären Sie, warum der Capture-Effect der vorherigen Übung jetzt viel weniger wahrscheinlich ist.

b. Erläutern Sie, auf welche Weise die obige Strategie jetzt dazu führen kann, dass zwei Hosts das Ethernet in Beschlag nehmen (Capturing), abwechselnd übertragen und einen dritten aussperren.

c. Schlagen Sie eine alternative Methode vor, z.B. durch Modifizierung des Exponential Backoff. Welche Aspekte des vergangenen Verhaltens einer Station könnte man als Parameter für die modifizierte Methode verwenden?

46. Ethernets benutzen die Manchester-Kodierung. Angenommen, dass Hosts an einem gemeinsamen Ethernet nicht perfekt synchronisiert sind: Wieso erlaubt dieser Zustand, Kollisisonen bereits zu entdecken, kurz nachdem sie aufgetreten sind, ohne dass man auf die CRC am Ende eines Pakets warten muss?

47. Angenommen, A, B und C wollen übertragen und starten folglich gleichzeitig ihre erste Leitungsabfrage (Carrier Sense), während eine vierte Station D gerade überträgt. Zeichnen Sie einen Zeitstrahl, der eine Abfolge möglicher Übertragungen, Übertragungsversuche, Kollisionen und Exponential Backoffs dar-

stellt. Ihr Zeitstrahl sollte außerdem folgende Kriterien erfüllen: 1) Die ersten Übertragungsversuche sollen in der Reihenfolge A, B, C erfolgen, die erfolgreichen Übertragungen aber in der Reihenfolge C, B, A; und 2) es sollten mindestens vier Kollisionen entstehen.

48. Wiederholen Sie die obige Übung, diesmal jedoch bei einem p-persistenten Ethernet mit $p = 0{,}33$ ist (d.h. eine wartende Station überträgt sofort nach Freiwerden der Leitung mit Wahrscheinlichkeit p; andernfalls wartet sie einen Zeitschlitz von 51,2 µs ab und wiederholt den Vorgang). Ihr Zeitstrahl sollte Kriterium 1) aus der vorigen Übung erfüllen. Statt Kriterium 2) stellen Sie aber dar, dass mindestens eine Kollision und mindestens eine Folge von vier Aufschüben trotz einer ungenutzten Leitung vorkommen. Hinweis: Auch hier sind wieder mehrere Lösungen möglich.

★ 49. Lösen Sie folgende Aufgaben unter der Annahme, dass physikalische Ethernet-Adressen zufällig ausgewählt werden:

a. Mit welcher Wahrscheinlichkeit sind zwei Adressen bei einem Netzwerk mit 1.024 Hosts gleich?

b. Mit welcher Wahrscheinlichkeit tritt das obige Ereignis in einem oder mehreren von 2^{20} Netzwerken ein?

c. Welche Wahrscheinlichkeit besteht, dass zwei der 2^{30} Hosts in allen Netzwerken von b. die gleiche Adresse haben?

Hinweis: Die Berechnung für a. und c. ist eine Variante derjenigen, die für die Lösung des so genannten Geburtstags-Problems benutzt wird: Welche Wahrscheinlichkeit besteht bei einer Gruppe von N Personen, dass zwei Personen aus dieser Gruppe am gleichen Tag Geburtstag haben? Bei der zweiten Person ist die Wahrscheinlichkeit $1 - \frac{1}{365}$, dass sie einen anderen Geburtstag als die erste hat. Bei der dritten ist die Wahrscheinlichkeit $1 - \frac{2}{365}$, dass sie einen anderen Geburtstag als die ersten beiden hat, usw. Die Wahrscheinlichkeit, dass alle Geburtstage unterschiedlich sind, ist folglich

$$\left(1-\frac{1}{365}\right) \times \left(1-\frac{2}{365}\right) \times \cdots \times \left(1-\frac{N-1}{365}\right)$$

was bei kleinen N angenähert folgendes ergibt:

$$1-\frac{1+2+\ldots+(N-1)}{365}$$

50. Angenommen fünf Stationen in einem Ethernet warten darauf, dass ein anderes Paket fertig ist. Unmittelbar danach übertragen alle gleichzeitig und kollidieren.

a. Simulieren Sie diese Situation bis zu dem Punkt, an dem eine der fünf wartenden Stationen Erfolg hat. Verwenden Sie Münzwürfe oder ein anderes Zufallsverfahren, um das Ausweichverhalten (Backoff) zu ermitteln. Wenden Sie folgende Vereinfachungen an: Ignorieren Sie den Abstand zwischen einzelnen Frames und die Schwankung der Kollisionszeiten (sodass die erneute Übertragung immer genau nach einem ganzzahligen Mehrfachen des Zeitschlitzes von 51,2 µs erfolgt) und nehmen Sie an, dass jede Kollision genau einen Zeitschlitz belegt.

b. Diskutieren Sie die Auswirkungen der obigen Vereinfachungen in Ihrer Simulation im Vergleich zum Verhalten eines echten Ethernet.

51. Schreiben Sie ein Programm für die Implementierung der obigen Simulation, diesmal mit N auf die Übertragung wartenden Stationen. Modellieren Sie Zeit wieder als Ganzzahl T in Zeitschlitzeinheiten. Kollisionen sollen wiederum einen Zeitschlitz belegen (sodass eine Kollision in Zeit T, gefolgt von einem Backoff mit $k = 0$, in Zeit T + 1 zu einer versuchten Neuübertragung führt). Ermitteln Sie die durchschnittliche Verzögerung, bis eine Station erfolgreich übertragen kann, für $N = 20$, $N = 40$ und $N = 100$. Unterstützen Ihre Daten die Vermutung, dass die Verzögerung in N linear ist? Hinweis: Verfolgen Sie die Werte von NextTimeToSend und CollisionCount jeder Station. Die Aufgabe ist gelöst, wenn Sie eine Zeit T erreichen, zu der nur bei einer Station NextTimeToSend == T ist. Gibt es keine solche Station, inkrementieren Sie T. Gibt es zwei oder mehr, so planen Sie die Neuübertragungen ein und versuchen es erneut.

52. N Ethernet-Stationen, die alle gleichzeitig mit dem Senden beginnen, erfordern $N/2$ Zeitschlitze, um auszuhandeln, wer als Nächstes überträgt. Gehen Sie von einer durchschnittlichen Paketgröße von 5 Zeitschlitzen aus und drücken Sie die verfügbare Bandbreite als Funktion von N aus.

53. Betrachten Sie folgendes Ethernet-Modell: Übertragungsversuche erfolgen zu zufälligen Zeiten mit einem durchschnittlichen Abstand von λ Zeitschlitzen. Insbesondere ist das Intervall zwischen aufeinander folgenden Versuchen eine exponentielle Zufallsvariable $x = -\lambda \log u$, wobei u zufällig aus dem Intervall $0 \leq u \leq 1$ gewählt wird. Ein Versuch zur Zeit t führt zu einer Kollision, wenn ein anderer Versuch im Intervall von $t - 1$ bis $t + 1$ erfolgt, wobei t in Einheiten des Zeitschlitzes von 51,2 µs angegeben wird; andernfalls ist der Versuch erfolgreich.

a. Schreiben Sie ein Programm, um für einen bestimmten Wert von λ die bis zu einer erfolgreichen Übertragung durchschnittlich benötigte Anzahl von Zeitschlitzen zu simulieren. Nennen wir dies das *Konkurrenzintervall*. Ermitteln Sie den Mindestwert für dieses Konkurrenzintervall. Beachten Sie, dass Sie einen Versuch weiter als bis zum erfolgreichen gehen müssen, um feststellen zu können, ob eine Kollision stattgefunden hat. Ignorieren Sie dabei Neuübertragungen, die wahrscheinlich in das obige Zufallsmodell nicht passen.

b. Das Ethernet wechselt ständig zwischen Konkurrenzintervallen und erfolgreichen Übertragungen. Angenommen, die erfolgreiche Übertragung dauert durchschnittlich 8 Zeitschlitze (512 Byte). Nehmen Sie Ihre Mindestlänge für das obige Konkurrenzintervall zu Hilfe und ermitteln Sie, welcher Bruchteil der theoretischen Bandbreite von 10 Mbit/s für Übertragungen verfügbar ist.

54. Welche Bedingungen müssten zutreffen, damit ein verfälschter Frame ewig in einem Token-Ring ohne Monitorstation kreist? Wie könnte man dieses Problem mit einer Monitorstation beheben?

55. Ein Token-Ring IEEE 802.5 umfasst fünf Stationen und eine Kabellänge von insgesamt 230 m. Wie viele Verzögerungsbits müsste die Monitorstation in den Ring einfügen? Lösen Sie diese Aufgabe für 4 und 16 Mbit/s. Verwenden Sie eine Ausbreitungsrate von $2{,}3 \times 10^8$ m/s.

56. Bei einem bestimmten Token-Ring-Netz wie FDDI darf eine Station das Token über eine gewisse Zeit (die *Token-Haltezeit* bzw. THT) behalten. Sei RingLatenz die Zeit, die es dauert, bis das Token das Netzwerk vollständig umkreist, wenn keine der Stationen Daten zu senden hat.

    a. Drücken Sie die Effizienz dieses Netzwerks mit Hilfe von THT und RingLatenz aus, wenn nur eine einzige Station aktiv ist.

    b. Welche Einstellung von THT wäre für ein Netzwerk optimal, bei dem nur jeweils eine Station aktiv ist (Daten zum Senden hat)?

    c. Nennen Sie eine obere Grenze der Token-Umlaufzeit (Token Rotation Time, TRT) für das Netzwerk, wenn *N* Stationen aktiv sind.

57. Ein Token-Ring habe eine Ringlatenz von 200 µs. Zum Einsatz kommt die Strategie der verzögerten Token-Freigabe. Welche effektive Durchsatzrate kann erreicht werden, wenn der Ring eine Bandbreite von 4 Mbit/s hat? Welche effektive Durchsatzrate lässt sich erreichen, wenn der Ring eine Bandbreite von 100 Mbit/s hat? Lösen Sie beide Aufgaben jeweils für einen aktiven Host und für »viele« Hosts. Gehen Sie beim zweiten Fall davon aus, dass ausreichend viele Hosts übertragen, sodass man die für die Weitergabe des Tokens aufgewendete Zeit ignorieren kann. Die Größe eines Pakets ist 1 KB.

58. Bei einem Token-Ring-Netz mit 100 Mbit/s und einer Token-Umlaufzeit (TRT) von 200 µs darf jede Station jedes Mal, wenn sie im Besitz des Tokens ist, ein 1-KB-Paket übertragen. Berechnen Sie die maximale effektive Durchsatzrate, die jeder Host erreichen kann. Gehen Sie dabei von a) sofortiger Freigabe und b) verzögerter Freigabe aus.

59. Ein bestimmtes Token-Ring-Netz mit 100 Mbit/s, das die verzögerte Token-Freigabe verwendet, umfasst 10 Stationen. Es weist eine Ringlatenz von 30 µs und eine vereinbarte TTRT von 350 µs auf.

a. Wie viele synchrone Frame-Bytes könnte jede Station unter der Annahme senden, dass allen die gleiche Menge zugeteilt wird?

b. Angenommen, die Stationen A, B und C befinden sich in aufsteigender Reihenfolge im Ring. Aufgrund des einheitlichen synchronen Verkehrs beträgt die TRT ohne asynchrone Daten 300 µs. B sendet einen asynchronen Frame von 200 µs (2,5 Kb). Welche TRT ergibt sich dann für A, B und C bei der nächsten Messung? Wer darf einen solchen Frame als Nächstes übertragen?

3 Paketvermittlung

Nicht alle Netzwerke sind direkt verbunden

Die in Kapitel 2 beschriebenen direkt verbundenen Netzwerke leiden unter zwei Beschränkungen. Erstens ist die Anzahl der Hosts, die angeschlossen werden können, begrenzt. An eine Punkt-zu-Punkt-Leitung können nur zwei und an ein Ethernet beispielsweise maximal 1.024 Hosts angeschlossen werden. Zweitens ist die geografische Reichweite eines einzelnen Netzwerks begrenzt. Ein Ethernet kann maximal 2.500 m abdecken, und Punkt-zu-Punkt-Leitungen können zwar recht lang sein, aber bedienen im Grunde den Bereich zwischen den beiden Enden nicht. Da wir auf Netzwerke abzielen, die sich auf globale Ausmaße skalieren lassen, müssen wir uns als Nächstes mit dem Problem befassen, wie Hosts miteinander kommunizieren können, die nicht direkt verbunden sind.

Nature seems . . . to reach many of her ends by long circuitous rotes.

– Rudolph Lotze

Dieses Problem ähnelt in gewisser Weise demjenigen im Telefonnetz: Ihr Telefon ist nicht direkt mit jedem Teilnehmer, den Sie möglicherweise anrufen möchten, verbunden, sondern wird über einen *Switch* vermittelt. Ein solcher Switch (oder Vermittler) erzeugt den Eindruck, dass Sie mit dem Gesprächsteilnehmer direkt verbunden sind. Ähnlich werden in Rechnernetzen *Paket-Switche* (im Unterschied zu den *Leitungs-Switchen* in der Telefonie) benutzt, damit Pakete zwischen Hosts ausgetauscht werden können, auch wenn zwischen den Hosts keine direkte Verbindung besteht. In diesem Kapitel werden die wichtigsten Konzepte der Paketvermittlung eingeführt.

Ein Paket-Switch ist ein Gerät mit mehreren Ein- und Ausgängen von und zu den Hosts, die der Switch verbindet. Als seine

Hauptaufgabe empfängt ein Switch Pakete an einem Eingang und leitet sie an den richtigen Ausgang weiter, sodass sie ihr jeweiliges Ziel erreichen. Für die Art, wie der Switch den »richtigen« Ausgang für ein Paket ermittelt, gibt es mehrere Möglichkeiten, die sich grob in verbindungslose und verbindungsorientierte Methoden gliedern lassen.

Ein wichtiges Problem, das ein Switch lösen muss, ist die endliche Bandbreite seiner Ausgänge. Kommt ein für einen bestimmten Ausgang vorgesehenes Paket beim Switch an und übersteigt die Eingangsrate die Kapazität dieses Ausgangs, entsteht das Problem des *Konkurrenzbetriebs*. Solange dieser Zustand anhält, stellt der Switch die Pakete in Warteschlangen (Puffern) ab. Dauert der Konkurrenzbetrieb aber zu lange, geht dem Switch der Pufferplatz aus und er ist gezwungen, Pakete zu verwerfen. Wenn Pakete zu häufig verworfen werden, sagt man, der Switch ist *überlastet*. Die Fähigkeit, Konkurrenzbetrieb zu handhaben, gilt als einer seiner wichtigsten Leistungsaspekte. Viele Hochleistungs-Switche nutzen exotische Hardware, um die Auswirkungen von Konkurrenzbetrieb zu reduzieren.

In diesem Kapitel werden Fragen bezüglich Weiterleitung und Konkurrenzbetrieb in Paket-Switchen behandelt. Größtenteils wird dabei von verschiedenen paketvermittelten Technologien ausgegangen, von denen zwei besondere Beachtung verdienen: Erstens die *LAN-Vermittlung*, die aus dem *Ethernet-Bridging* entstanden und heute eine der vorherrschenden Technologien in LAN-Umgebungen ist. Die zweite bemerkenswerte Switching-Technologie ist das bei Telekommunikationsanbietern in Wide Area Networks beliebte ATM (*Asynchronous Transfer Mode*). Schließlich werden wir uns mit einigen Aspekten des Switch-Designs beschäftigen, die beim Aufbau von großen Netzwerken berücksichtigt werden müssen.

3.1 Vermittlung und Weiterleitung

Auf einfachste Weise ausgedrückt, ist Vermittlung der Mechanismus, der die Zusammenschaltung von Verbindungsleitungen ermöglicht, um so ein größeres Netzwerk zu bilden. Ein Vermittler (Switch) ist ein Gerät, das über mehrere Ein- und Ausgänge verfügt. Es transferiert Pakete von einem Eingang zu einem oder mehreren Ausgängen. Zusätzlich zu den in Kapitel 2 behandelten Topologien, d.h. Punkt-zu-Punkt-Leitung, Bus (Ethernet) und Ring (802.5 und FDDI), erhalten wir mit einem Switch die Sterntopologie (siehe Abb. 3.1). Eine Sterntopologie weist mehrere attraktive Eigenschaften auf:

- Obwohl ein Switch eine feste Anzahl von Ein- und Ausgängen hat, welche die Anzahl der an ihn anschließbaren Hosts beschränken, lassen sich durch Zusammenschluss mehrerer Switche große Netzwerke bauen.
- Mittels Punkt-zu-Punkt-Leitungen können Switche untereinander sowie mit Hosts verbunden werden, was bedeutet, dass sich Netzwerke mit einer großen geografischen Reichweite bauen lassen.
- Der Anschluss eines neuen Hosts an das Netzwerk durch Verbinden desselben mit einem Switch bedeutet nicht notwendigerweise, dass dadurch die bereits angeschlossenen Hosts eine schwächere Netzwerkleistung erhalten.

Die letzte Aussage trifft nicht auf die in Kapitel 2 behandelten Netzwerke mit gemeinsamer Nutzung von Übertragungsmedien zu. So können z.B. zwei Hosts im gleichen Ethernet nicht dauernd mit 10 Mbit/s übertragen, weil sie das gleiche Übertragungsmedium nutzen. Jeder Host in einem vermittelten Netzwerk hat seine eigene Verbindung zum Switch, sodass es absolut möglich sein kann, viele Hosts mit der vollen Leitungsgeschwindigkeit (Bandbreite) anzuschließen, sofern der betreffende Switch mit ausreichend Gesamtkapazität ausgelegt wurde. Die Bereitstellung eines hohen Gesamtdurchsatzes ist eines der Designziele für Switche; weiter unten kommen wir auf dieses Thema zurück. Im allgemeinen gelten vermittelte Netzwerke

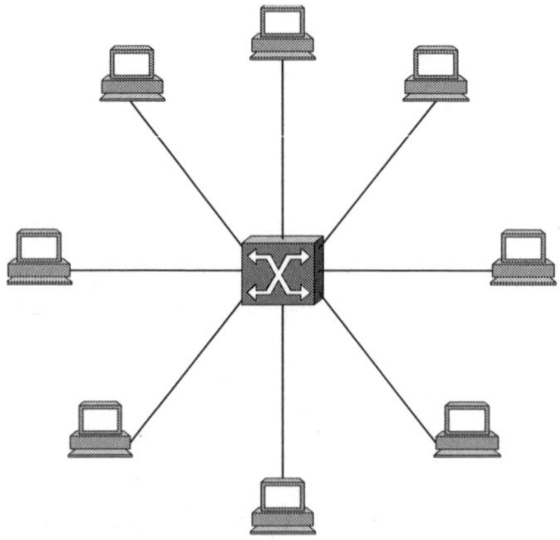

Abb. 3.1:
Ein Switch ermöglicht eine Sterntopologie.

im Vergleich zu Netzwerken mit gemeinsamen Übertragungsmedien als besser *skalierbar* (d.h. sie sind in der Lage, auf eine größere Anzahl von Knoten anzuwachsen), weil sie viele Hosts gleichzeitig mit voller Geschwindigkeit unterstützen.

An einen Switch sind mehrere Verbindungsleitungen angeschlossen. Für jede dieser Leitungen läuft auf dem Switch ein entsprechendes Protokoll der Sicherungsschicht, um mit dem Knoten am anderen Ende der Leitung zu kommunizieren. Als seine primäre Aufgabe empfängt der Switch die auf einer Leitung ankommenden Pakete und überträgt sie über eine andere Leitung. Diese Funktion nennt man *Vermittlung* (Switching) bzw. *Weiterleitung* (Forwarding). Sie ist, wenn wir der OSI-Architektur folgen, die wichtigste Funktion auf der Vermittlungsschicht. Abb. 3.2 zeigt den Protokollgraphen eines Switches, an den zwei T3- und eine STS-1-Leitung (SONET) angeschlossen sind. Der gleiche Switch ist in Abb. 3.3 dargestellt. In dieser Abbildung haben wir die Ein- und Ausgänge jeder Leitung aufgeteilt, und jeder Ein- und Ausgang wird als Port bezeichnet. (Im allgemeinen gehen wir davon aus, dass jede Verbindungsleitung bidirektional ist und folglich Ein- und Ausgang unterstützt.) Anders ausgedrückt, verfügt dieser Beispiel-Switch über drei Eingangs- **und** drei Ausgangs-Ports.

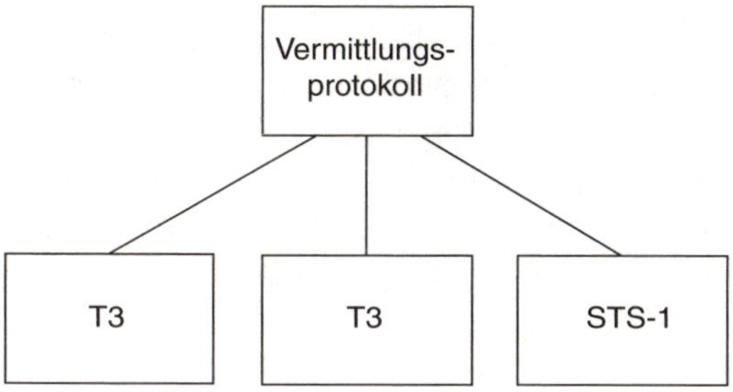

Abb. 3.2:
Beispiel des Protokollgraphen eines Switches

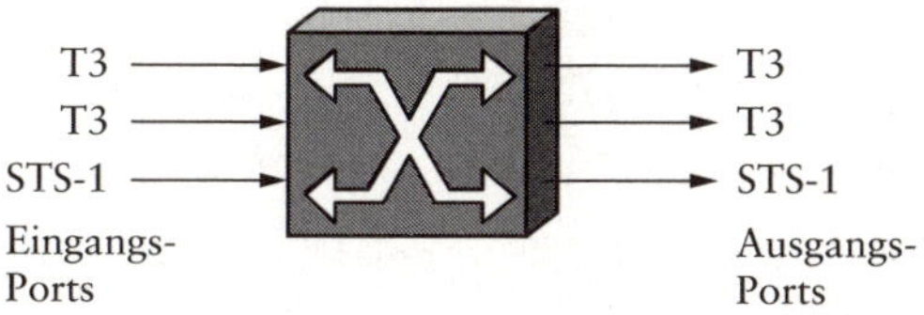

Abb. 3.3:
Beispiel-Switch mit drei Ein- und drei Ausgangs-Ports

Nun ist die Frage, wie der Switch entscheidet, welchem Ausgangs-Port er ein Paket zuweist. Die allgemeine Antwort lautet, dass er im Header des Pakets nach einem Bezeichner (Identifier) sucht, um diese Entscheidung zu treffen. Die Verwendung dieses Bezeichners unterscheidet sich in den Details, es gibt aber zwei übliche Methoden. Die erste ist die *verbindungslose* Methode mit *Datagrammen* und die zweite die *verbindungsorientierte* mit *virtuellen Leitungen*. Eine dritte Methode, das *Source-Routing*, ist weniger üblich, jedoch einfach zu erklären und besitzt einige nützliche Anwendungen.

Bei allen Netzwerken brauchen wir eine Möglichkeit, um die Endknoten zu identifizieren. Solche Bezeichner nennt man normalerweise *Adressen*. In Kapitel 2 wurden Adressen bereits behandelt, z.B. die 48-Bit-Adresse im Ethernet. Die einzige Anforderung bei Ethernet-Adressen ist, dass kein Knoten die gleiche Adresse wie ein anderer haben darf. Um dies zu erreichen, wird sichergestellt, dass alle Ethernet-Karten einen *global eindeutigen* Bezeichner erhalten. Im weiteren Verlauf gehen wir davon aus, dass jeder Host eine global eindeutige Adresse hat. Später werden weitere nützliche Merkmale einer Adresse beschrieben. Die globale Eindeutigkeit ist aber unser Ausgangspunkt.

Weiterhin muss man für jeden Switch die Ein- und Ausgangs-Ports identifizieren können. Hierfür gibt es mindestens zwei Möglichkeiten: Bei der ersten wird jeder Port numeriert und bei der zweiten wird der Port mit dem Namen des Knotens (Switch oder Host), zu dem er führt, bezeichnet. Vorläufig verwenden wir die Numerierung der Ports.

3.1.1 Datagramme

Datagramme basieren auf einem unglaublich einfachen Konzept: Man stellt einfach sicher, dass jedes Paket ausreichend Informationen enthält, damit jeder Switch entscheiden kann, wie er es an sein Ziel befördern muss. Das heißt, jedes Paket enthält die vollständige Zieladresse. Man betrachte das Beispielnetz in Abb. 3.4, bei dem die Hosts die Adressen A, B, C usw. haben. Um die Weiterleitung eines Pakets festzulegen, schaut der Switch in einer *Weiterleitungstabelle* (meist auch *Routing-Tabelle* genannt) nach. Das in Tabelle 3.1 aufgeführte Beispiel einer solchen Tabelle enthält die Weiterleitungsinformationen, wie Switch 2 die Datagramme im Beispielnetz wei-

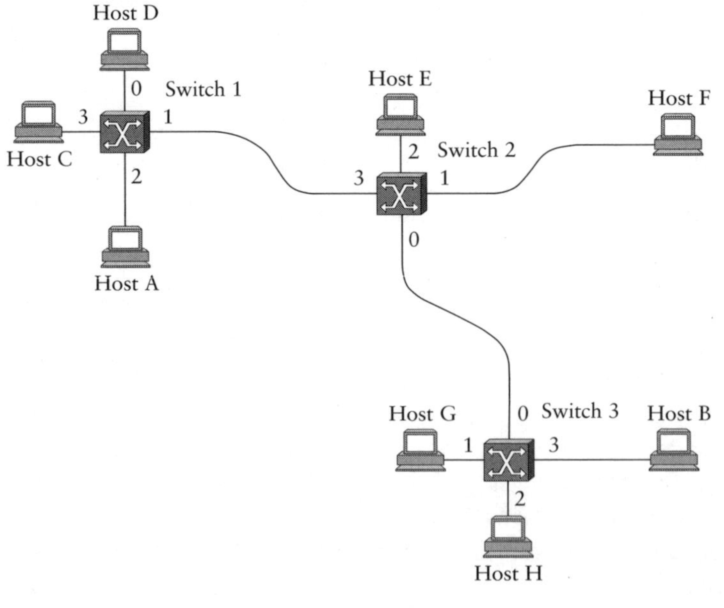

Abb. 3.4: Beispielnetz mit Weiterleitung von Datagrammen

terleiten muss. Eine solche Tabelle lässt sich recht leicht zusammenstellen, wenn man die Topologie eines einfachen Netzwerks wie des hier dargestellten genau kennt. Wir könnten uns vorstellen, dass ein Netzbetreiber die Tabellen statisch konfiguriert. In großen komplexen Netzwerken mit sich dynamisch ändernden Topologien und mehrfachen Wegen zwischen gleichen Zielen ist die Erstellung der Weiterleitungstabellen viel schwieriger. Diese komplexe Aufgabe wird als *Routing* bezeichnet und ist Thema von Abschnitt 4.2. Mit Routing ist ein Prozess gemeint, der im Hintergrund abläuft und dafür sorgt, dass bereits die richtigen Informationen in der Weiterleitungstabelle stehen, um das Paket weiterleiten bzw. vermitteln zu können, wenn ein Paket ankommt.

Ziel	Port
A	3
B	0
C	3
D	3
E	2
F	1
G	0
H	0

Tabelle 3.1: Weiterleitungstabelle für Switch 2

Verbindungslose (Datagramm-) Netzwerke weisen folgende Merkmale auf:

- Ein Host kann ein Paket jederzeit zu jedem Ort schicken, weil jedes Paket, das bei einem Switch ankommt, (unter der Annahme einer korrekt aufgestellten Weiterleitungstabelle) sofort weitergeleitet werden kann. Wir werden noch sehen, dass dies im Gegensatz zu den meisten verbindungsorientierten Netzwerken steht, bei denen ein bestimmter »Verbindungszustand« hergestellt werden muss, bevor das erste Datenpaket gesendet werden kann.
- Sendet ein Host ein Paket, hat er keine Möglichkeit festzustellen, ob das Netzwerk es zustellen kann, oder gar, ob der Ziel-Host in Betrieb ist.
- Jedes Paket wird unabhängig von vorherigen Paketen, die möglicherweise an das gleiche Ziel gesendet wurden, weitergeleitet. Zwei aufeinander folgende Pakete von Host A an Host B können also völlig unterschiedliche Wege einschlagen (weil sich vielleicht die Weiterleitungstabelle eines Switches im Netzwerk geändert hat).
- Der Ausfall eines Switches oder einer Verbindungsleitung muss sich nicht unbedingt verheerend auf die Kommunikation auswirken, wenn eine alternative Route, bei der sich der Ausfallpunkt umgehen lässt, gefunden und die Weiterleitungstabelle entsprechend aktualisiert werden kann.

Der letzte Punkt ist historisch betrachtet besonders wichtig für Datagramm-Netzwerke. Eines der vorrangigen Ziele beim ARPANET, dem Vorläufer des Internet, war die Entwicklung einer robusten Netztechnologie für militärische Anwendungen, bei denen Verbindungsleitungen und Knoten bei kriegerischen Auseinandersetzungen jederzeit ausfallen können. Die Fähigkeit, Datenverkehr um Ausfallpunkte herumzuleiten, führte zum Design auf der Basis von Datagrammen.

3.1.2 Virtuelle Leitungsvermittlung

Eine für die Paketvermittlung häufig angewandte Technik, die sich stark vom Datagramm-Modell unterscheidet, ist das Konzept der *virtuellen Leitung* (Virtual Circuit, VC). Diese als »verbindungsorientiertes Modell« bezeichnete Methode setzt voraus, dass man zuerst eine virtuelle Verbindung vom Quell- zum Ziel-Host aufbaut. Das Konzept wird in Abb. 3.5 verdeutlicht. Bei diesem Beispiel möchte wieder Host A Pakete an Host B senden. Wir können uns dies als zweistufigen Prozess vorstellen. In der ersten Stufe wird die »Verbindung« aufgebaut, und in der zweiten erfolgt der Datentransfer.

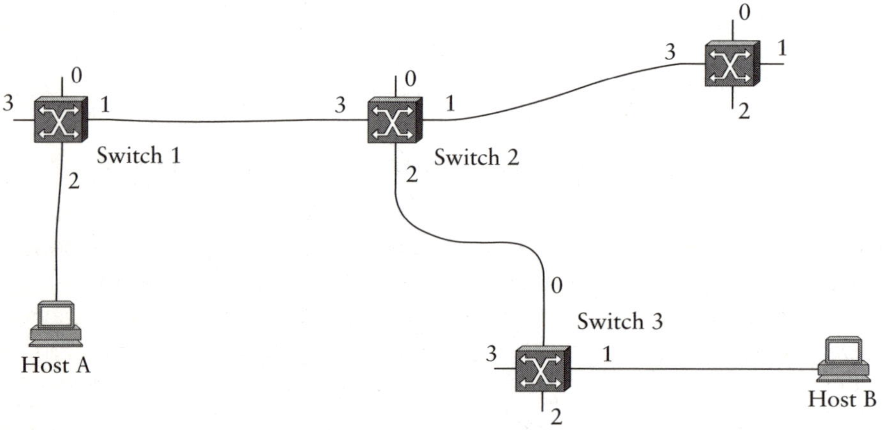

Abb. 3.5: Beispiel eines virtuell vermittelten Netzwerks

In der Phase des Verbindungsaufbaus muss in jedem Switch zwischen Quell- und Ziel-Host ein »Verbindungszustand« aufgebaut werden. Für den Zustand jeder Verbindung enthält der Switch, der an der Verbindung beteiligt ist, einen Eintrag in seiner VC-Tabelle. Jeder Eintrag enthält:

- einen *virtuellen Leitungsbezeichner* (Virtual Circuit Identifier, VCI), der die Verbindung an diesem Switch eindeutig identifiziert und der im Header in den Paketen dieser Verbindung enthalten ist,
- das Interface, über das Pakete für diesen VC am Switch ankommen,

- das Ausgangs-Interface, über das die Pakete dieses VC den Switch verlassen,
- einen möglicherweise verschiedenen VCI für abgehende Pakete.

Die Bedeutung eines solchen Eintrags ist folgende: Wenn ein Paket an dem jeweiligen Eingangs-Interface ankommt und es den passenden VCI-Wert im Header enthält, dann soll dieses Paket an das angegebene Ausgangs-Interface mit dem angegebenen Ausgangs-VCI, der zuerst in seinen Header geschrieben wurde, weitergesendet werden.

Die Kombination von Eingangs-VCI der Pakete, wie sie im Switch empfangen werden, *und* dem Eingangs-Interface, an dem sie eintreffen, identifiziert die virtuelle Verbindung eindeutig. Es können natürlich parallel viele virtuelle Verbindungen an einem Switch bestehen. Wir stellen außerdem fest, dass die Werte des Eingangs- und Ausgangs-VCI im Allgemeinen nicht gleich sind. Der VCI ist folglich kein global eindeutiger Bezeichner für die Verbindung; er hat nur Bedeutung für einen jeweiligen Link, er besitzt also nur lokale Reichweite (*link local scope*).

Immer, wenn eine neue Verbindung aufgebaut wird, müssen wir dieser Verbindung einen neuen VCI zuweisen, und zwar für jeden Link, der an dieser Verbindung beteiligt ist. Wir müssen außerdem dafür Sorge tragen, dass der gewählte VCI in einem jeweiligen Link nicht bereits von einer anderen bestehenden Verbindung genutzt wird.

Für den Aufbau dieses Zustands gibt es zwei große Klassen von Methoden. Bei der ersten wird der Zustand von einem Netzadministrator konfiguriert. In diesem Fall ist die virtuelle Leitung »permanent«. Selbstverständlich kann sie der Netzadministrator auch wieder löschen. Deshalb sollte man sich eine permanente virtuelle Leitung (Permanent Virtual Circuit, PVC) am besten als langlebigen VC vorstellen. Bei der zweiten Methode kann ein Host Nachrichten im Netz versenden, um diesen Zustand aufzubauen. Dies nennt man *Signalisierung*, und die daraus resultierenden virtuellen Leitungen sind *vermittelt*. Das herausragende Merkmal einer vermittelten virtuellen Leitung (Switched Virtual Circuit, SVC) ist, dass ein Host einen solchen VC dynamisch ohne Eingriff des Netzadministrators einrichten und löschen kann. »Signalisiert« wäre eigentlich eine bessere Bezeichnung für einen SVC als »vermittelt«, weil es die Signalisierung (nicht die Vermittlung) ist, wodurch sich ein SVC von einem PVC unterscheidet.

Nehmen wir an, der Netzwerkadministrator möchte manuell eine virtuelle Verbindung von Host A zu Host B aufbauen. Dazu muss er zunächst einen Weg durch das Netz von A nach B identifizieren. In dem Beispielnetz in Abb. 3.5 gibt es nur einen möglichen Weg, aber das ist im Allgemeinen nicht der Fall. Der Adminstrator wählt nun VCI-Werte aus, die momentan für keine der Leitungen der bestehenden Verbindungen benutzt werden. Für unser Beispiel nehmen wir an, dass der VCI-Wert 5 für die Leitung von A zu Switch 1 und 11 für die Leitung von Switch 1 zu Switch 2 gewählt wurde. In diesem Fall braucht der Switch 1 einen Eintrag in seiner VC-Tabelle wie in Tab. 3.2 (a) dargestellt.

Ebenso nehmen wir an, dass die VCI-Werte 7 für die Leitung von Switch 2 zu Switch 3 und 4 für die Leitung zu Host B gewählt werden. In diesem Fall muss jeder

Switch mit den VC-Tabelleneinträgen aus Tabelle 3.2 konfiguriert werden. Man beachte, dass der Ausgangs-VCI an einem Switch der Eingangs-VCI am nächsten Switch ist.

Eingangs-Interface	Eingangs-VCI	Ausgangs-Interface	Ausgangs-VCI
2	5	1	11
.	.	.	.
.	.	.	.
	.	.	.

(a) VC-Tabelle in Switch 1

Eingangs-Interface	Eingangs-VCI	Ausgangs-Interface	Ausgangs-VCI
3	11	0	7
.	.	.	.
.	.	.	.
.	.	.	.

(b) VC-Tabelle in Switch 2

Eingangs-Interface	Eingangs-VCI	Ausgangs-Interface	Ausgangs-VCI
0	7	3	4
.	.	.	.
.	.	.	.
.	.	.	

(c) VC-Tabelle in Switch 3

Tabelle 3.2: VC-Tabelleneinträge für drei Switche

Nachdem die VC-Tabellen eingerichtet wurden, kann man zur Datentransferphase übergehen (Abb. 3.6). Für jedes Paket, das A an Host B senden möchte, setzt er den VCI-Wert im Paket-Header auf 5 und sendet es an Switch 1. Switch 1 empfängt alle diese Pakete an Interface 2 und benutzt die Kombination aus Interface und VCI im Paket-Header, um den entsprechenden VC-Tabelleneintrag zu finden. Wir sehen in Tabelle 3.2, dass der Tabelleneintrag in diesem Fall Switch 1 anweist, das Paket auf Interface 1 weiterzuleiten und dafür den VCI-Wert 11 zu verwenden. Das Paket kommt also bei Switch 2 an Interface 3 an und trägt den VCI-Wert 11. Switch 2 findet Interface 3 und VCI-Wert 11 in seiner VC-Tabelle (wie in Tab. 3.2 gezeigt) und sendet das Paket weiter an Switch 3, nachdem er den VCI-Wert im Paket-Header korrekt aktualisiert hat (Abb. 3.7). Dieser Vorgang setzt sich fort, bis es bei Host B mit einem VCI-Wert von 4 ankommt. Aus Sicht von Host B weist sich das Paket damit als von Host A kommend aus.

In realen Netzwerken mit entsprechender Größe wäre der Aufwand für die korrekte Konfiguration von VC-Tabellen bei einer großen Anzahl von Switchen sehr schnell sehr hoch. Deshalb wird fast immer die eine oder andere Art der »Signalisie-

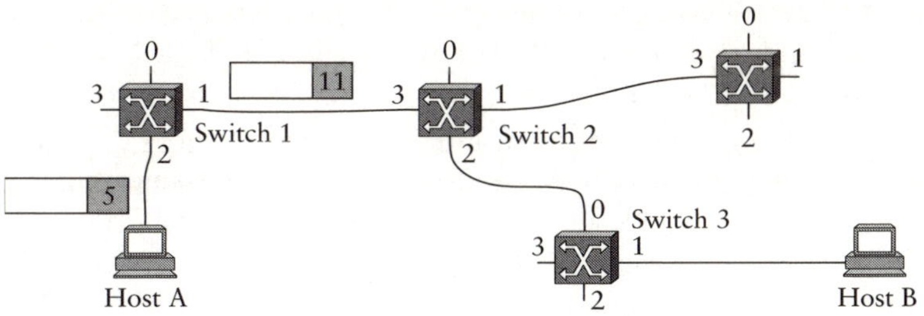

Abb. 3.6: Ein Paket wird in ein VC-Netzwerk gesendet.

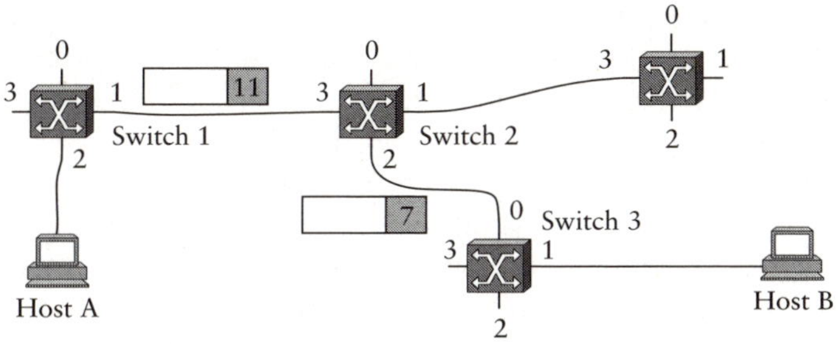

Abb. 3.7: Ein Paket findet seinen Weg durch das VC-Netzwerk.

rung« angewandt, auch wenn man »permanente« VCs einrichtet. Im Fall von PVCs erfolgt die Signalisierung durch den Netzadministrator, während SVCs normalerweise mit Hilfe der Signalisierung durch einen der Hosts eingerichtet werden. Wir betrachten nun, wie man den soeben beschriebenen VC mittels Signalisierung vom Host aus aufbauen kann.

Um den Signalisierungsprozess einzuleiten, speist Host A eine Aufbaunachricht ins Netzwerk ein; in diesem Fall an Switch 1. Die Nachricht enthält u.a. die vollständige Zieladresse von Host B. Sie muss den gesamten Weg zu B zurücklegen, um den notwendigen Verbindungszustand in jedem Switch auf dem Weg zu erzeugen. Die Beförderung der Aufbaunachricht an B ist mit der Übertragung eines Datagramms an B vergleichbar, in der Hinsicht, dass die Switche wissen müssen, über welchen Ausgang die Nachricht zu senden ist, damit sie letztendlich B erreicht. Vorläufig nehmen wir an, dass die Switche genug über die Netzwerktopologie wissen, um herauszufinden, wie die Aufbaunachricht über die Switche 2 und 3 geleitet werden und schließlich Host B erreichen kann.

Wenn Switch 1 die Verbindungsanfrage empfängt, sendet er sie an Switch 2 und erstellt für diese neue Verbindung einen neuen Eintrag in seiner VC-Tabelle. Dieser Eintrag ist genau der gleiche wie vorher in Tabelle 3.2 gezeigt. Der entscheidende Unterschied besteht darin, dass nun die Aufgabe, dem Interface einen ungenutzten VCI zuzuweisen, vom Switch übernommen wird. Bei unserem Beispiel wählt der Switch den Wert 5. Die VC-Tabelle enthält jetzt folgende Informationen: »Wenn Pakete mit Bezeichner 5 an Port 2 ankommen, sende sie von Port 1 ab.« Selbstverständlich muss der Switch Host A anweisen, in allen Paketen, die er an B senden will, den VCI-Wert auf 5 zu setzen. Wie er dies bewerkstelligt, wird unten beschrieben.

Wenn Switch 2 die Aufbaunachricht empfängt, führt er einen ähnlichen Prozess durch. Bei diesem Beispiel wählt er den Wert 11 als Eingangs-VCI. Switch 3 wählt 7 als Wert für seinen Eingangs-VCI. Jeder Switch kann eine beliebige Nummer auswählen, solange diese Nummer noch nicht für eine andere Verbindung über den gleichen Port benutzt wird. Wie bereits erwähnt, haben VCIs keine globale, sondern nur lokale Bedeutung.

Schließlich kommt die Aufbaunachricht bei Host B an. Sofern B bereit und willens ist, eine Verbindung von Host A anzunehmen, weist er ebenfalls einen Eingangs-VCI-Wert zu – in diesem Fall 4. B kann diesen VCI-Wert benutzen, um alle von Host A kommenden Pakete zu identifizieren.

Um die Verbindung fertigzustellen, muss jeder Komponente mitgeteilt werden, welchen VCI ihr jeweiliger Nachbar in Downstream-Richtung für diese Verbindung verwendet. Host B sendet eine Bestätigung über die Einrichtung der Verbindung an Switch 3 und bindet darin den gewählten VCI (4) ein. Switch 3 kann nun den VC-Tabelleneintrag für diese Verbindung fertigstellen, weil er weiß, dass der Ausgangs-VCI 4 sein muss. Switch 3 sendet die Bestätigung an Switch 2 und gibt darin einen VCI von 7 an. Switch 2 sendet die Nachricht an Switch 1 und gibt 11 als VCI an. Schließlich leitet Switch 1 die Bestätigung an Host A weiter und weist ihn an, für diese Verbindung VCI 5 zu benutzen.

An diesem Punkt verfügt jeder über alle notwendigen Informationen, damit der Verkehr von Host A nach Host B fließen kann. Jeder Switch hat einen kompletten VC-Tabelleneintrag für die Verbindung. Außerdem verfügt Host A über eine feste Zusicherung, dass alles über die Strecke bis zu Host B funktioniert. Im Ergebnis sind die Tabelleneinträge für die Verbindung in allen drei Switchen genau wie in dem obigen, administrativ konfigurierten Beispiel eingerichtet, der gesamte Prozess lief aber automatisch als Reaktion auf die von A ausgesendete Signalisierungsnachricht ab. Nun kann die Datentransferphase beginnen; sie ist mit derjenigen im PVC-Fall identisch.

Wenn Host A keine Daten an Host B mehr senden möchte, baut er die Verbindung dadurch ab, dass er eine Abbaunachricht an Switch 1 sendet. Der Switch entfernt den entsprechenden Eintrag aus seiner Tabelle und leitet die Nachricht an die übrigen Switche auf der Verbindung weiter, die dann ihrerseits die entsprechenden Tabelleneinträge löschen. Möchte Host A jetzt ein Paket mit VCI 5 an Switch 1 senden, würde er abgewiesen werden, als hätte die Verbindung nie existiert.

Bei der virtuellen Leitungsvermittlung sind folgende Punkte wichtig:

- Da Host A warten muss, bis die Verbindungsanfrage die Gegenseite erreicht hat und von dort zurückkehrt, bevor er sein erstes Datenpaket senden kann, entsteht eine Verzögerung von mindestens einer RTT, bevor irgendwelche Daten gesendet werden.[1]

1. Dies trifft nur beschränkt zu; einige schlagen das »optimistische« Übertragen eines Datenpakets unmittelbar nach dem Senden der Verbindungsanfrage vor. Bei den meisten heutigen Implementierungen wird aber mit dem Übertragen von Daten gewartet, bis der Verbindungsaufbau abgeschlossen ist.

- Während die Verbindungsanfrage die volle Adresse von Host B enthält (die recht umfangreich sein kann, weil sie ein globaler Bezeichner im Netzwerk ist), enthält jedes Datenpaket nur einen kleinen, für die jeweilige Leitung eindeutigen Bezeichner. Dadurch verringert sich der durch den Header verursachte Overhead pro Paket verglichen mit dem Datagramm-Modell.

- Fällt ein Switch oder eine Leitung einer Verbindung aus, ist diese Verbindung unterbrochen und es muss eine neue aufgebaut werden. Die alte muss außerdem ordentlich abgebaut werden, um die Tabellen und damit den erforderlichen Speicherplatz in den Switchen freizugeben.

- Die Frage, wie ein Switch entscheidet, über welche Leitung er die Verbindungsanfrage weiterleiten soll, wurde bisher übergangen. Im Kern ist dies das gleiche Problem wie der Aufbau der Weiterleitungstabelle für Datagramme, wofür eine Art von *Routing-Algorithmus* benötigt wird. Routing wird in Abschnitt 4.2 ausführlich behandelt und die Algorithmen, die dort vorgestellt werden, sind im Allgemeinen auf beide Bereiche anwendbar.

Einer der angenehmen Aspekte von virtuellen Leitungen ist, dass der Host ab dem Zeitpunkt, an dem er grünes Licht für die Datenübertragung erhält, bereits ziemlich viel über das Netzwerk weiß. Beispielsweise weiß er, dass es tatsächlich einen Pfad zum Empfänger gibt, und dass dieser willens und in der Lage ist, Daten zu empfangen. Außerdem ist es möglich, Ressourcen bereits beim Aufbau der virtuellen Leitung zuzuweisen. Das paketvermittelte, verbindungsorientierte X.25-Netzwerk wendet z.B. die folgende dreiteilige Strategie an:

1. Jeder virtuellen Leitung werden bei ihrer Initialisierung Puffer zugewiesen.

2. Zwischen jedem Knotenpaar entlang der virtuellen Leitung wird das Sliding-Window-Protokoll ausgeführt. Es wird um eine Flusskontrolle ergänzt, um den sendenden Knoten davon abzuhalten, die am empfangenden Knoten zugeteilten Puffer zum Überlaufen zu bringen.

3. Die virtuelle Leitung wird bei der Verbindungsanfrage von einem Knoten abgewiesen, wenn dieser nicht genügend Puffer verfügbar hat.

Durch diese drei Schritte wird für jeden Knoten sichergestellt, dass er über den nötigen Pufferplatz verfügt, um die auf dieser Leitung ankommenden Pakete in eine Warteschlange einzureihen. Die dabei zu Grunde liegende Strategie nennt man *Hop-by-Hop-Flusskontrolle* (Hop-by-Hop Flow Control).

Was ist Überlast?

Wir fassen hier noch einmal den Unterschied zwischen Konkurrenzbetrieb und Überlast zusammen: Konkurrenzbetrieb findet statt, wenn mehrere Pakete in einem Switch in einer Warteschlange abgestellt werden müssen, weil sie für die gleiche Ausgangsleitung bestimmt sind. Überlast bedeutet, dass die Anzahl der bei einem Switch in der Warteschlange stehenden Pakete derart groß ist, dass ihm der Pufferplatz ausgeht, sodass er Pakete verwerfen muss. Überlast wird ausführlich in Kapitel 6 behandelt, nachdem wir uns mit der Transportprotokoll-Komponente der Netzarchitektur befasst haben. Vorläufig genügt die Feststellung, dass die Entscheidung, ob ein Netzwerk VCs oder Datagramme benutzt, eine Auswirkung darauf hat, wie man Überlast behandeln muss.

Wenn einerseits jeder Switch ausreichend Puffer zuweist, um die zu jedem seiner VCs gehörenden Pakete abzuwickeln, wie in einem X.25-Netzwerk, hat das Netzwerk das Problem der Überlast beseitigt. Ein Switch kann nie in die Lage geraten, dass bei ihm mehr Pakete anstehen als Pufferplatz vorhanden ist, weil er nicht zulässt, dass eine Verbindung aufgebaut wird, wenn er nicht genügend Ressourcen dafür hat. Leider ist dieser Ansatz zu konservativ. Es ist eher unwahrscheinlich, dass alle Leitungen alle ihnen zugeteilten Puffer gleichzeitig benötigen. Als Folge davon wird der Switch zu schwach ausgelastet.

Andererseits scheint das Datagramm-Modell Überlast geradezu herauszufordern. Man kann Überlast erst feststellen, wenn der Pufferplatz ausgeht. An diesem Punkt ist es zu spät, Überlast zu verhindern; man kann nur noch versuchen, sie zu beheben. Von Vorteil ist dabei natürlich, dass die Switche besser ausgelastet werden, weil sie keinen Pufferplatz für das eher unwahrscheinliche Worst-Case-Szenario reservieren.

Wie so oft ist auch hier nicht alles nur Schwarz oder Weiß. Es gibt Design-Vorteile, um Überlast zu vermeiden (wie beim X.25-Modell) oder sich erst um Überlast zu kümmern, wenn sie vorliegt (wie beim einfachen Datagramm-Modell). Einige dieser Design-Vorteile werden in Kapitel 6 beschrieben.

Im Vergleich dazu verfügt ein mit Datagrammen arbeitendes Netzwerk über keine Verbindungsaufbauphase, und jeder Switch verarbeitet jedes Paket unabhängig. Wie ein auf Datagrammen basiertes Netzwerk auf vernünftige Weise Ressourcen zuteilt, ist daher weniger offensichtlich. Stattdessen konkurriert jedes ankommende Paket mit allen übrigen Paketen um Pufferplatz. Sind keine Puffer mehr frei, muss das ankommende Paket verworfen werden. Andererseits sendet auch bei einem Datagramm-basierten Netzwerk ein Quell-Host oft eine Folge von Paketen an den gleichen Ziel-Host. Jeder Switch kann die momentan in der Warteschlange stehenden Pakete anhand des Quelle/Ziel-Paars unterscheiden. Folglich kann der Switch sicherstellen, dass die zu einem bestimmten Quelle/Ziel-Paar gehörenden Pakete einen gerechten Anteil an seinem Gesamtpuffer erhalten. Dieses Konzept wird ausführlicher in Kapitel 6 behandelt.

Beim VC-Modell kann man sich vorstellen, dass jede Leitung mit einer unterschiedlichen *Dienstgüte* (Quality of Service, QoS) bereitgestellt wird. In diesem Zusammenhang bedeutet der Begriff »Dienstgüte« normalerweise, dass das Netzwerk dem Benutzer eine Garantie über eine gewisse Netzqualität gibt, was wiederum bedeutet, dass die Switche die nötigen Ressourcen reservieren, um diese Garantien zu erfüllen. Die Switche entlang einer bestimmten virtuellen Leitung können beispielsweise einen prozentualen Anteil der Bandbreite jeder abgehenden Leitung für die betreffende Verbindung reservieren. Als weiteres Beispiel könnten die Switche sicherstellen, dass Pakete, die zu einer bestimmten virtuellen Leitung gehören, um nicht mehr als eine bestimmte Zeit verzögert (in die Warteschlange gestellt) werden. Dieses Thema wird ausführlich in Abschnitt 6.5 behandelt.

Die bekanntesten VC-Technologien sind Frame-Relay und Asynchronous Transfer Mode (ATM). ATM weist eine Reihe interessanter Merkmale auf, die in Abschnitt 3.3 beschrieben werden. Frame-Relay ist eine eher einfach strukturierte Implementierung der VC-Technologie und daher sehr beliebt. Viele Netzwerk-Service-Provider bieten PVC-Dienste über Frame-Relay an. Eine übliche Anwendung von Frame-Relay ist der Aufbau *virtueller privater Netzwerke* (Virtual Private Networks, VPNs), die in Abschnitt 4.1.8 beschrieben werden.

Frame-Relay bietet eine gewisse Dienstgüteunterstützung und Vermeidung von Überlastsituationen, im Vergleich zu X.25 und ATM allerdings in sehr begrenztem Umfang. Das Paketformat von Frame-Relay (siehe Abb. 3.8) liefert ein gutes Beispiel eines für die virtuelle Leitungsvermittlung benutzten Pakets.

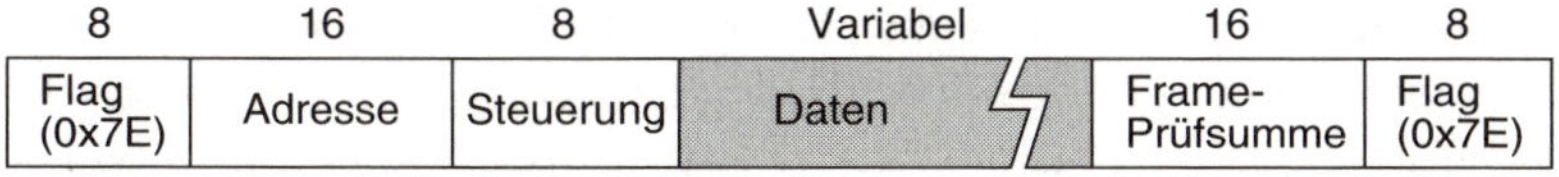

Abb. 3.8: Paketformat in Frame-Relay

3.1.3 Source-Routing

Eine dritte Vermittlungsmethode, bei der weder virtuelle Leitungen noch Datagramme verwendet werden, ist das so genannte *Source-Routing*. Die Bezeichnung ist darauf zurückzuführen, dass alle Informationen über die Netztopologie, die für die Vermittlung eines Pakets durch das Netzwerk erforderlich sind, vom Quell-Host (Source) bereitgestellt werden.

Source-Routing kann auf unterschiedliche Weise implementiert werden. Bei einer Variante wird jedem Ausgang jedes Switches eine Nummer zugewiesen. Diese Nummern werden dann in den Header des Pakets eingefügt. Die darauf basierende Vermittlungsfunktion ist nun sehr einfach: Bei jedem an einem Eingang ankommenden Paket liest der Switch die Portnummer im Header und befördert das Paket zu dem darin angegebenen Ausgang. Da auf dem Weg zwischen dem sendenden und dem empfangenden Host normalerweise aber mehr als ein Switch angesiedelt sind, muss der Paket-Header ausreichend Informationen enthalten, damit jeder Switch bestimmen kann, an welchen Ausgang das Paket zu senden ist. Eine Möglichkeit ist es, eine geordnete Liste mit Switch-Ports im Header zu speichern und diese Liste zyklisch zu vertauschen, sodass der nächste Switch auf der Strecke immer am Anfang der Liste steht. Abb. 3.9 stellt dieses Konzept anschaulich dar.

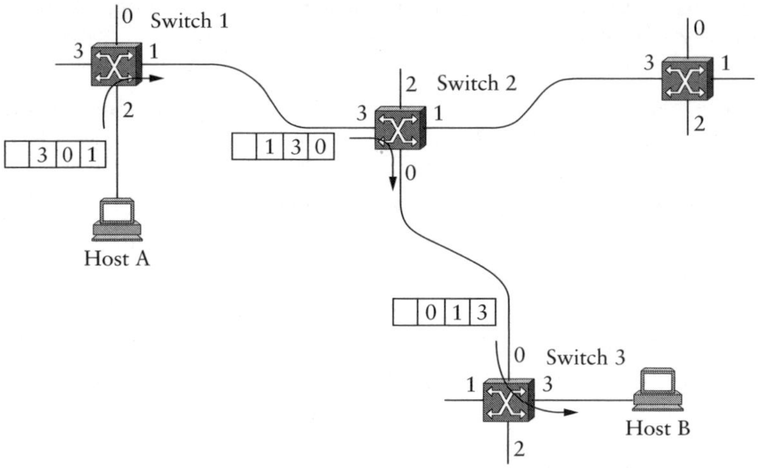

Abb. 3.9: Source-Routing in einem vermittelten Netzwerk (Der Switch liest die Nummer ganz rechts.)

Bei diesem Beispiel muss das Paket drei Switche durchlaufen, um von Host A zu Host B zu gelangen. An Switch 1 muss es über Port 1, am nächsten über Port 0 und am dritten über Port 3 laufen. Wenn das Paket Host A verlässt, enthält es also die Portliste (3, 0, 1), wobei wir davon ausgehen, dass jeder Switch jeweils das rechte Element in der Liste liest. Um sicherzustellen, dass der nächste Switch die entsprechenden Informationen erhält, rotiert jeder Switch die Liste um einen Eintrag, nachdem er seinen eigenen Eintrag gelesen hat. Bei Verlassen von Switch 1 auf dem Weg zu Switch 2 steht im Paket-Header nun also (1, 3, 0). Switch 2 führt eine weitere Rotation durch und sendet ein Paket mit (0, 1, 3) im Header ab. Switch 3 führt dann noch eine (hier nicht dargestellte) Rotation durch, sodass der Header wieder in den Zustand versetzt wird, der bestand, als Host A ihn abgesendet hatte.

Optische Vermittlung

Für einen Gelegenheitsbeobachter der Netzwerkindustrie mag es im Lauf des Jahres 2000 ausgesehen haben, als sei die optische Vermittlung die interessanteste Vermittlungsart überhaupt. Tatsächlich hat sich die optische Vermittlung Ende der neunziger Jahre auf Grund eines Zusammentreffens mehrerer Faktoren zu einer wichtigen Technologie entwickelt. Ein Faktor war die kommerzielle Verfügbarkeit von DWDM-Anlagen (Dense Wavelength Division Multiplexing), durch die es möglich wurde, haufenweise Informationen gleichzeitig über zahlreiche verschiedene optische Wellenlängen (bzw. Farben) zu senden. Konkret heißt das beispielsweise, dass Sie Daten auf 100 oder mehr unterschiedlichen

Wellenlängen senden können, wobei jede Wellenlänge eine Datenrate von sage und schreibe 10 Gbit/s befördern kann.

Ein zweiter Faktor war die kommerzielle Verfügbarkeit optischer Verstärker. Optische Signale werden gedämpft, während sie sich durch die Faser fortbewegen, und nach einer gewissen Strecke (etwa 40 km) müssen sie auf irgendeine Art verstärkt werden. Vor dem Aufkommen optischer Verstärker mussten auf dem Pfad so genannte Repeater installiert werden, um das optische Signal zu empfangen, es in ein digitales elektronisches Signal umzuwandeln und es dann wieder in ein optisches Signal zu konvertieren. Bevor man Daten in einen Repeater einspeisen konnte, musste man sie mit Hilfe eines DWDM-Terminals demultiplexen. Folglich war eine große Zahl von DWDM-Terminals erforderlich, nur um ein einzelnes Faserpaar über eine große Entfernung zu unterstützen. Im Gegensatz zu Repeatern sind optische Verstärker analoge Geräte, die jedes auf der Faser versendete Signal verstärken, auch wenn es auf hundert verschiedenen Wellenlängen gesendet wird. Optische Verstärker machen die DWDM-Ausrüstung deshalb viel attraktiver, weil dadurch zwei DWDM-Terminals miteinander kommunizieren können, auch wenn sie Hunderte von Kilometern auseinanderliegen. Des Weiteren kann man seine DWDM-Ausrüstung sogar an beiden Enden aufrüsten, ohne die mitten auf dem Pfad liegenden optischen Verstärker anrühren zu müssen, weil diese 100 Wellenlängen genauso gut verstärken wie 50.

Mit DWDM und optischen Verstärkern wurde es möglich, optische Netzwerke mit einer riesigen Kapazität zu konstruieren. Damit diese Netzwerke nützlich sind, braucht es aber mindestens noch einen weiteren Gerätetyp: einen optischen Switch. Die meisten optischen Switche bewerkstelligen heute ihre eigentliche Vermittlungsfunktion elektronisch. Aus Sicht der Architektur ähneln sie also eher den leitungsvermittelten Switchen des Telefonnetzes als den in diesem Kapitel beschriebenen paketvermittelten Switchen. Ein typischer optischer Switch verfügt über viele Interfaces, die SONET-Framing und das Cross-Connect eines SONET-Kanals von einem ankommenden zu einem abgehenden Interface unterstützen. Mit einem optischen Switch wird es folglich möglich, SONET-Kanäle von Punkt A zu Punkt B über Punkt C bereitzustellen, auch wenn es von A zu B keine direkte Faser gibt. Es bedarf lediglich eines Pfads von A zu C, einen Switch auf C und einen Pfad von C zu B. In dieser Hinsicht ähnelt ein optischer Switch in gewisser Weise den in Abbildung 3.5 dargestellten Switches dahingehend, dass er die Illusion einer Verbindung zwischen zwei Punkten erzeugt, obwohl es zwischen ihnen keine direkte physische Verbindung gibt. Allerdings bieten optische Switche keine virtuellen, sondern »echte« Leitungen (z. B. einen SONET-Kanal). Einige neuere optische Switch-Typen verwenden sogar mikroskopische Spiegel, um das gesamte Licht von einem Switch-Port zu einem anderen abzulenken, sodass es von Punkt A zu Punkt B einen ununterbrochenen optischen Kanal geben kann.

Wir behandeln optische Vernetzung in diesem Buch aus Platzgründen nicht ausführlich. Für viele praktische Zwecke können Sie sich optische Netzwerke als Teil der Infrastruktur vorstellen, die es Telefongesellschaften ermöglicht, SONET- oder andere Leitungstypen bereitzustellen, wo und wann diese benötigt werden. Man sollte aber beachten, dass viele der später in diesem Buch diskutierten Technologien, wie z. B. Routing-Protokolle und Multiprotokoll-Label-Switching, auch in der Welt der optischen Vernetzung angewandt werden.

An dieser Methode lassen sich mehrere Dinge feststellen: Erstens basiert sie auf der Annahme, dass Host A genügend über die Netztopologie weiß, um einen Header bilden zu können, der alle richtigen Anweisungen für alle auf dem Weg befindlichen Switche enthält. Das ist in etwa vergleichbar mit dem Aufbau der Weiterleitungstabellen bei einem auf Datagrammen basierten Netzwerk oder der Ermittlung, wohin ein Aufbaupaket in einem VC-Netz zu senden ist. Zweitens lässt sich nicht vorhersagen, wie groß der Header sein muss, weil er für jeden auf dem Weg zu durchquerenden Switch Informationen enthalten muss. Das bedeutet, dass die Header eine variable Länge ohne obere Grenze haben müssen, wenn man die maximale Anzahl der von den Paketen durchquerten Switche nicht mit absoluter Gewißheit vorhersagen kann. Drittens gibt es diese Methode in mehreren Varianten. Statt den Header zyklisch zu vertauschen, könnte z.B. jeder Switch nach Gebrauch einfach das erste Element entfernen. Die Rotation weist gegenüber dieser Variante aber einen Vorteil auf: Host B erhält eine Kopie des vollständigen Headers, was bei der Ermittlung, wie er Host A kontaktieren kann, hilfreich ist. Bei einer weiteren Variante enthält der Header einen Zeiger auf den aktuellen Eintrag des nächsten Ports. Das bedeutet, dass jeder Switch lediglich den Zeiger aktualisiert, den Header aber nicht mehr drehen muss. Diese Variante lässt sich meist effizienter implementieren. Die drei Varianten sind in Abb. 3.10 dargestellt. In jedem dieser Fälle muss der erste Switch Eintrag A lesen und der nächste Switch Eintrag B.

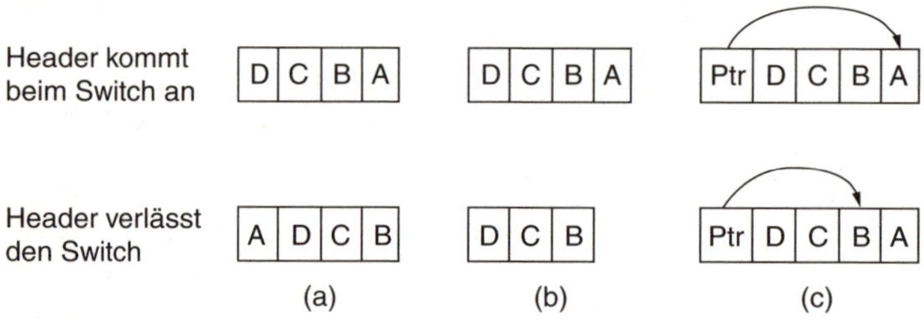

Abb. 3.10: Drei Header-Varianten für das Source-Routing:
(a) Zyklisches Vertauschen; (b) Entnahme; (c) Zeiger

Source-Routing kann sowohl in Netzwerken, die auf Datagrammen basieren, als auch in VC-Netzwerken benutzt werden. Das auf Datagramm-basierte Internet-Protokoll beinhaltet beispielsweise eine Option, mit der ausgewählte Pakete mit Hilfe des Source-Routing übertragen werden können, während die Mehrheit als herkömmliche Datagramme vermittelt werden. Source-Routing wird auch in einigen VC-Netzwerken angewandt, um die anfängliche Aufbauanfrage von der Quelle zum Ziel zu befördern.

Zum Abschluss halten wir noch fest, dass Source-Routing an einem Skalierungsproblem leidet. In einem verhältnismäßig großen Netzwerk ist es für einen Host sehr schwierig, die vollständigen Pfadinformationen einzuholen, die er für die korrekte Zusammenstellung des Headers benötigt.

3.2 Bridges und LAN-Switche

Wir haben einige grundlegende Vermittlungskonzepte behandelt und können uns nun auf spezifische Vermittlungstechnologien konzentrieren. Wir beginnen mit der Betrachtung einer Switch-Klasse, die für die Weiterleitung von Paketen in LANs mit gemeinsamen Medien, z.B. Ethernet-Netzen, benutzt und deshalb meist als »LAN-Switche« bezeichnet werden. Ursprünglich wurden sie auch »Bridges« genannt.

Angenommen, wir möchten zwei Ethernet-Netze verbinden. Eine mögliche Methode wäre, zwischen den beiden Netzwerken einen Repeater zu installieren, wie in Kapitel 2 beschrieben wurde. Dies wäre jedoch keine praktikable Lösung, falls dadurch die physikalischen Beschränkungen des Ethernet überstiegen würden. (Bekanntlich können ja nicht mehr als zwei Repeater zwischen je zwei Hosts und nicht mehr als eine Reichweite von insgesamt 2.500 m realisiert werden.) Eine Alternative wäre, zwischen den beiden Ethernet-Netzwerken einen Knoten zu installieren, der die Frames zwischen den beiden Netzwerken weiterleitet. Dieser Knoten würde im »Promiscuous Mode« arbeiten, also alle in dem einen Ethernet übertragenen Frames annehmen und sie an das andere weiterleiten.

Einen solchen Knoten nennt man *Bridge* (Brücke), und mehrere über eine oder mehrere Bridges verbundene LANs werden als »erweitertes LAN« bezeichnet. In ihren einfachsten Varianten nehmen Bridges lediglich LAN-Frames an ihren Eingängen entgegen und leiten sie über alle Ausgänge weiter. Diese einfache Strategie wurde in den ersten Bridges umgesetzt, inzwischen aber verfeinert, sodass Bridges heute als effektiver Mechanismus für den Zusammenschluss mehrerer LANs gelten. Einige interessante Details werden im Rest dieses Abschnitts beschrieben.

Eine Bridge entspricht unserer Definition eines Switches aus dem vorherigen Abschnitt: ein Gerät mit mehreren Ein- und Ausgängen, das Pakete von einem Eingang an einen oder mehrere Ausgänge weiterleitet. Wie bereits erwähnt, bietet dies eine Möglichkeit, die Gesamtebandbreite eines Netzwerks zu erhöhen: Während ein einziges Ethernet-Segment beispielsweise einen Gesamtverkehr von nur 10 Mbit/s befördern kann, erreicht eine Ethernet-Bridge $10n$ Mbit/s, wobei n die Anzahl ihrer Ports (Ein- und Ausgänge) ist.

3.2.1 Lernende Bridges

Als erste Optimierung einer Bridge nutzen wir die Tatsache, dass sie nicht unbedingt alle Frames, die sie empfängt, weiterleiten muss. Betrachten wir als Beispiel die Bridge in Abb. 3.11. Wenn ein an Host B adressierter Frame von Host A an Port 1 ankommt, besteht für die Bridge keine Notwendigkeit, ihn über Port 2 weiterzuleiten. Die Frage lautet also, wie wir einer Bridge beibringen können, an welchen Port die verschiedenen Hosts angeschlossen sind?

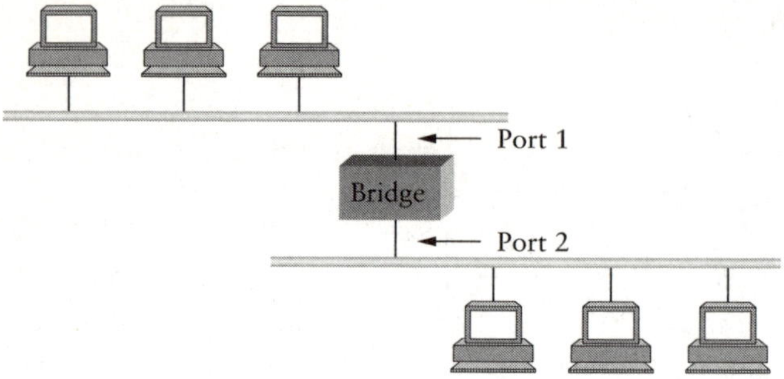

Abb. 3.11:
Darstellung einer lernenden Bridge

Bei einer möglichen Lösung lassen wir eine mit Tabelle 3.3 vergleichbare Tabelle von einem Administrator auf die Bridge laden. Wann immer die Bridge dann an Port 1 einen an Host A adressierten Frame empfängt, würde sie diesen nicht über Port 2 weitergeben. Es bestünde keine Notwendigkeit dafür, weil Host A den Frame bereits direkt von dem an Port 1 angeschlossenen LAN empfangen hätte. Sobald ein an Host A adressierter Frame an Port 2 empfangen wird, würde die Bridge ihn über Port 1 weiterreichen.

Host	Port
A	1
B	1
C	1
X	2
Y	2
Z	2

Tabelle 3.3:
Weiterleitungstabelle einer Bridge

Man beachte, dass eine Bridge, die eine solche Tabelle verwendet, das in Abschnitt 3.1.1 beschriebene Datagramm- oder verbindungslose Modell anwendet. Jedes Paket enthält eine globale Adresse. Die Bridge schlägt diese Adresse in ihrer Weiterleitungstabelle nach und entscheidet dementsprechend, an welchen Ausgang ein Paket zu senden ist.

Die Pflege dieser Tabelle durch einen Administrator ist recht umständlich, insbesondere, wenn man bedenkt, dass ein einfacher Trick genügt, um es der Bridge zu ermöglichen, sich dieses Wissen selbst anzueignen. Die Idee besteht darin, dass jede Bridge die *Quelladresse* in allen von ihr empfangenen Frames prüfen muss. Wenn Host A also einen Frame an einen Host irgendwo an einem anderen Ende der Bridge sendet, empfängt die Bridge diesen Frame und merkt sich, dass er von Host A an Port 1 einging. Auf diese Weise kann die Bridge mit der Zeit eine Weiterleitungstabelle wie Tabelle 3.3 zusammenstellen.

Beim Hochfahren der Bridge ist diese Tabelle leer; die Einträge werden erst im Lauf der Zeit erfasst. Für jeden Eintrag wird außerdem ein Timeout gesetzt, und die

Bridge verwirft diesen Eintrag nach Ablauf der eingestellten Zeit. Dadurch werden Situationen berücksichtigt, in denen ein Host und als Folge auch seine LAN-Adresse von einem Netzwerkteil in ein anderes verschoben wird. Folglich ist diese Tabelle nicht unbedingt vollständig. Sollte die Bridge einen Frame empfangen, der an einen momentan nicht in der Tabelle enthaltenen Host adressiert ist, leitet sie den Frame an alle übrigen abgehenden Ports weiter. Das heißt, diese Tabelle ist lediglich eine Optimierung, die einige Frames herausfiltert, für das Funktionieren ist sie aber nicht unbedingt erforderlich.

Implementierung

Der Code, mit dem sich der Algorithmus für eine lernende Bridge implementieren lässt, ist relativ einfach und wird hier beschrieben. Die Struktur BridgeEntry definiert einen einzelnen Eintrag in der Weiterleitungstabelle der Bridge. Die Einträge werden in einer Map-Struktur (die die Operationen mapCreate, mapBind und MapResolve unterstützt) gespeichert, um effizient auf die Einträge zugreifen zu können, wenn Pakete von Quellen ankommen, die bereits in der Tabelle stehen. Die Konstante MAX_TTL spezifiziert, wie lange ein Eintrag in der Tabelle verbleibt.

```
#define BRIDGE_TAB_SIZE  1024  /* maximale Größe der Bridge-Tabelle */
#define MAX_TTL           120  /* Dauer (in Sekunden), bevor ein Eintrag entfernt wird */

typedef struct {
    MacAddr destination;        /* MAC-Adresse eines Knotens */
    int ifnumber;               /* Schnittstelle, über die er erreichbar ist */
    u_short TTL;                /* Lebensdauer */
    Binding binding;            /* Binding in der Map */
} BridgeEntry;

int     numEntries = 0;
Map     bridgeMap = mapCreate(BRIDGE_TAB_SIZE, sizeof(BridgeEntry));
```

Die Routine, welche die Weiterleitungstabelle bei Ankunft eines neuen Pakets aktualisiert, wird durch updateTable bereitgestellt. Die übergebenen Argumente sind die im Paket enthaltene MAC-Adresse der Quelle und die Nummer des Interface, über das es ankam. Eine weitere, hier nicht dargestellte Routine wird in regelmäßigen Abständen aufgerufen. Sie prüft die Einträge der Weiterleitungstabelle, dekrementiert das Feld TTL (Lebensdauer) in jedem Eintrag und verwirft Einträge, in denen die TTL 0 erreicht hat. Die TTL wird jedes Mal, wenn ein Paket ankommt, auf MAX_TTL zurückgesetzt, um einen vorhandenen Tabelleneintrag aufzufrischen und das Interface, über welches das Ziel erreichbar ist, auf das jeweils zuletzt empfangene Paket zu setzen.

```
void
updateTable (MacAddr src, int inif)
{
    BridgeEntry *b;

    if (mapResolve(bridgeMap, &src, (void **)&b) == FALSE )
    {
```

```
        /* Diese Adresse ist nicht in der Tabelle; versuche daher, sie einzufügen */
        if (numEntries < BRIDGE_TAB_SIZE)
        {
            b = NEW(BridgeEntry);
            b->binding = mapBind( bridgeMap, &src, b);
            /* Verwende die Quelladresse des Pakets als Zieladresse in der Tabelle */
            b->destination = src;
            numEntries++;
            }
        else
        {
            /* Diese Adresse passt jetzt nicht in die Tabelle, also gib auf */
            return;
        }
    }
    /* Setze TTL zurück und verwende das letzte Eingangs-Interface */
    b->TTL = MAX_TTL;
    b->ifnumber = inif;
}
```

Man beachte, dass diese Implementierung eine einfache Strategie verwendet, falls die Bridge-Tabelle voll ist: sie schlägt einfach fehl bei dem Versuch, eine neue Adresse einzufügen. Wir wissen, dass Vollständigkeit der Bridge-Tabelle für die korrekte Weiterleitung nicht notwendig ist, sondern lediglich die Leistung verbessert. Befindet sich in der Tabelle ein momentan nicht benutzter Eintrag, läuft irgendwann sein Timeout ab, sodass er entfernt werden kann, um Platz für einen neuen Eintrag zu schaffen. Bei einer anderen Methode verwendet man einen Cache-Ersetzungsalgorithmus, wenn man feststellt, dass die Tabelle voll ist. Wir könnten beispielsweise den Eintrag mit der kleinsten TTL suchen und entfernen, um einen neuen Eintrag unterzubringen.

3.2.2 Spanning-Tree-Algorithmus

Die oben beschriebene Strategie funktioniert so lange, wie das erweiterte LAN keine Schleife enthält. Dann versagt sie kläglich: Frames können unter Umständen für immer im erweiterten LAN kreisen. Dies lässt sich leicht an dem Beispiel in Abb. 3.12 erkennen, bei dem die Bridges B1, B4 und B6 eine Schleife bilden. Wie kann in einem erweiterten LAN eine Schleife entstehen? Eine Grund ist, dass das Netzwerk von mehr als einem Administrator verwaltet wird, weil es sich beispielsweise über mehrere Abteilungen eines Unternehmens erstreckt. In einer solchen Umgebung ist es möglich, dass nie eine einzelne bestimmte Person die gesamte Konfiguration des Netzwerks kennt. Das bedeutet, dass eine Bridge, die eine Schleife erzeugt, hinzugefügt wird, ohne dass jemand dies bemerkt. Ein weiterer, eher wahrscheinlicher Fall ist, dass die Schleife absichtlich in das Netzwerk eingefügt wird, um für den Fall von Störungen Redundanz bereitzustellen.

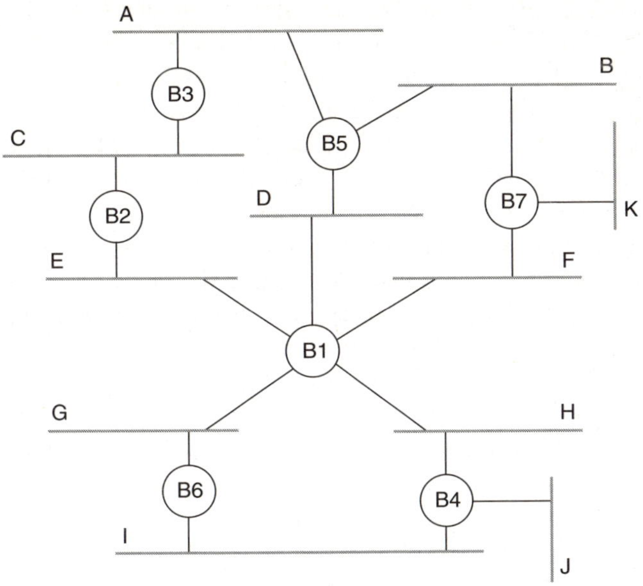

Abb. 3.12:
Erweitertes LAN mit Schleifen

Wie auch immer: Bridges müssen in der Lage sein, Schleifen korrekt zu handhaben. Eine bekannte Lösung dafür ist, die Bridges einen verteilten *Spanning-Tree-Algorithmus* durchführen zu lassen. Stellt man sich das erweiterte LAN als Graphen vor, der möglicherweise Schleifen (Zyklen) umfasst, ist ein Spanning-Tree ein Teilgraph dieses Graphen, der alle Knoten abdeckt, aber keine Zyklen enthält. Das heißt, ein Spanning-Tree behält alle Knoten des Originalgraphen, entfernt aber einige der Kanten. Abb. 3.13 zeigt als Beispiel einen zyklischen Graphen links und einen aus möglicherweise vielen Spanning-Trees rechts.

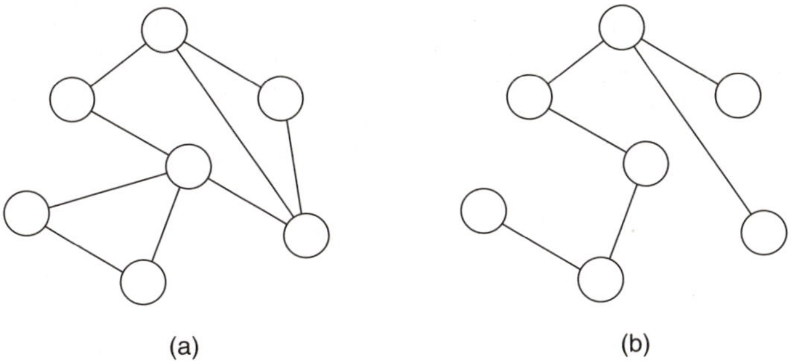

Abb. 3.13: (a) Beispiel eines zyklischen Graphen; (b) entsprechender Spanning-Tree

Der von Radia Perlman bei DEC entwickelte Spanning-Tree-Algorithmus ist ein Protokoll, das einer Gruppe von Bridges angewandt wird, um sich über einen Spanning-Tree für ein bestimmtes erweitertes LAN zu einigen. (Die IEEE-Spezifikation 802.1 für LAN-Bridges basiert auf diesem Algorithmus.) In der Praxis bedeutet das, dass jede Bridge sich auf die Ports festlegt, über die sie Frames weiterleiten will. In gewissem Sinn wird dabei das erweiterte LAN durch Entfernen von Ports aus der Topologie auf einen zyklenfreien Baum[2] (Tree) reduziert. Es ist sogar möglich, dass eine Bridge an der Weiterleitung von Frames überhaupt nicht teilnimmt. Dies mag etwas seltsam erscheinen, wenn man bedenkt, dass man Schleifen in einem Netzwerk absichtlich bildet, um Redundanz bereitzustellen. Der Algorithmus ist aber dynamisch, was bedeutet, dass die Bridges stets darauf vorbereitet sind, sich wieder in einem neuen Spanning-Tree zu konfigurieren, falls eine ausfällt.

Als wichtigstes Konzept des Spanning-Tree sollen die Bridges die Ports auswählen, über die sie Frames weiterleiten. Der Algorithmus erledigt dies folgendermaßen: Jede Bridge hat einen eindeutigen Bezeichner. Wir verwenden für unsere Zwecke die Bezeichnungen B1, B2, B3 usw. Der Algorithmus wählt zuerst die Bridge mit der kleinsten Kennung als Wurzel (root) des Baums. Wie genau diese Auswahl abläuft, wird weiter unten beschrieben. Die Wurzel-Bridge leitet Frames immer über alle ihre Ports weiter. Als Nächstes berechnet jede Bridge den kürzesten Weg zur Wurzel und notiert sich denjenigen ihrer Ports, der auf diesem Weg liegt. Dieser Port wird auch als der bevorzugte Weg von der Bridge zur Wurzel gewählt. Schließlich wählen alle an ein bestimmtes LAN angeschlossene Bridges eine einzelne *designierte* Bridge, die für die Weiterleitung von Frames in Richtung Wurzel-Bridge zuständig sein wird. Die designierte Bridge jedes LAN ist diejenige, die der Wurzel am nächsten liegt. Befinden sich zwei oder mehr Bridges in gleichem Abstand zur Wurzel, gewinnt die mit der kleinsten Kennung. Selbstverständlich ist jede Bridge an mehr als ein LAN angeschlossen, sodass jede an der Auswahl einer designierten Bridge für jedes LAN, an das sie angeschlossen ist, teilnimmt. Das bedeutet, dass jede Bridge für jeden Port entscheidet, ob sie die designierte Bridge ist. Die Bridge leitet Frames über die Ports weiter, für die sie die designierte Bridge ist.

Abb. 3.14 zeigt den Spanning-Tree, der dem erweiterten LAN in Abb. 3.12 entspricht. Bei diesem Beispiel ist B1 die Wurzel-Bridge, weil sie die kleinste Kennung hat. Man beachte, dass B3 und B5 an LAN A angeschlossen sind, B5 aber die designierte Bridge ist, weil sie näher an der Wurzel liegt. B5 und B7 sind an LAN B angeschlossen, jedoch ist hier B5 die designierte Bridge, weil sie die kleinere Kennung hat; beide befinden sich in gleicher Entfernung von B1.

2. Die Darstellung eines erweiterten LAN als abstrakter Graph ist ein wenig seltsam. Im Grunde entsprechen die Bridges und LANs den Knoten und die Ports den Kanten des Graphen. Der von uns für diesen Graphen berechnete Spanning-Tree muss aber nur die Knoten überspannen, die den Netzwerken entsprechen. Knoten, die Bridges entsprechen, könnten vom restlichen Graphen abgekoppelt werden. Bei dieser Situation werden alle Ports, über die eine Bridge mit verschiedenen Netzwerken verbunden ist, vom Algorithmus entfernt.

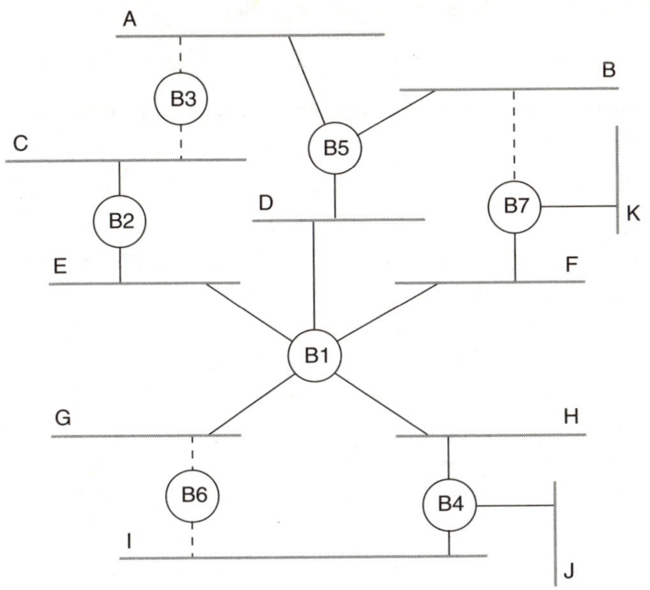

Abb. 3.14:
Spanning-Tree mit einigen nicht ausgewählten Ports

Während es für einen Menschen möglich ist, das in Abb. 3.12 dargestellte erweiterte LAN zu betrachten und daraus den Spanning-Tree wie in Abb. 3.14 entsprechend den obigen Regeln zu berechnen, verfügen die Bridges in einem erweiterten LAN nicht über die Fähigkeit, die Topologie des gesamten Netzwerks sehen zu können, ganz zu schweigen von einem Blick in andere Bridges, um deren Kennung zu sehen. Stattdessen müssen die Bridges Konfigurationsnachrichten untereinander austauschen und auf deren Basis dann entscheiden, ob sie die Wurzel oder eine designierte Bridge sind.

Die Konfigurationsnachrichten enthalten insbesondere drei Informationen:

1. Die Kennung der Bridge, welche die Nachricht sendet.
2. Die Kennung der Bridge, welche die sendende Bridge für die Wurzel-Bridge hält.
3. Die Entfernung von der sendenden zur Wurzel-Bridge in »Hops«.

Jede Bridge hält die momentan »beste« (wird unten definiert) der Konfigurationsnachrichten fest, die an einem ihrer Ports aufgetauchen. Dies betrifft Nachrichten, die sie von anderen Bridges erhält, und Nachrichten, die sie selbst übertragen hat.

Anfangs hält sich jede Bridge für die Wurzel und sendet daher eine Konfigurationsnachricht über alle Ports, mit der sie sich unter Angabe einer Entfernung zur Wurzel von 0 als Wurzel identifiziert. Bei Erhalt einer Konfigurationsnachricht über einen bestimmten Port prüft die Bridge, ob diese neue Nachricht besser als die momentan für diesen Port aufgezeichnete beste Konfigurationsnachricht ist. Die neue Konfigurationsnachricht gilt als »besser« als die momentan vorhandene, wenn

- sie eine Wurzel mit einer kleineren Kennung identifiziert, oder
- eine Wurzel mit gleicher Kennung, jedoch kürzerer Entfernung identifiziert, oder
- Wurzelkennung und Entfernung gleich sind, die sendende Bridge aber eine kleinere Kennung hat.

Ist die neue Nachricht besser als die momentan aufgezeichnete, verwirft die Bridge die alten Informationen und speichert die neuen. Sie addiert aber zuerst 1 auf das Entfernung-zur-Wurzel-Feld, weil sie selbst einen Hop weiter von der Wurzel entfernt ist als die Bridge, von der die Nachricht stammt.

Empfängt eine Bridge eine Konfigurationsnachricht, in der angegeben wird, dass sie nicht die Wurzel-Bridge ist (d.h. die Nachricht stammt von einer Bridge mit einer kleineren Kennung), bricht sie das Erzeugen von Konfigurationsnachrichten ab und leitet stattdessen nur Konfigurationsnachrichten von anderen Bridges weiter, nachdem sie zuerst 1 auf das Entfernungsfeld addiert. Empfängt demgegenüber eine Bridge eine Konfigurationsnachricht, in der angegeben wird, dass sie nicht die designierte Bridge für diesen Port ist (d.h. die Nachricht stammt von einer Bridge, die entweder näher an der Wurzel liegt oder gleich weit von ihr entfernt ist, aber eine kleinere Kennung hat), hört die Bridge mit dem Senden von Konfigurationsnachrichten über diesen Port auf. Nachdem sich das System stabilisiert hat, erzeugt nur noch die Wurzel-Bridge Konfigurationsnachrichten, während die übrigen Bridges diese Nachrichten lediglich über die Ports, für die sie jeweils die designierte Bridge sind, weiterleiten.

Wir betrachten als konkretes Beispiel nochmals Abb. 3.14 in einer Situation, in der gerade die Stromversorgung im Gebäude, das dieses Netzwerk enthält, wiederhergestellt wurde. Alle Bridges booten also gleichzeitig und mit dem Anspruch, sie seien die Wurzel. Wir bezeichnen eine Konfigurationsnachricht von Knoten *X*, mit der er beansprucht, seine Entfernung vom Wurzelknoten *Y* sei *d*, mit *(Y, d, X)*. Konzentriert man sich auf die Aktivität an Knoten B3, erkennt man folgende Abfolge von Ereignissen:

1. B3 empfängt (B2, 0, B2).
2. Da 2 < 3, wird B2 von B3 als Wurzel akzeptiert.
3. B3 addiert 1 zu der von B2angekündigten Entfernung (0) und sendet folglich (B2, 1, B3) in Richtung B5.
4. Inzwischen wird B1 von B2 als Wurzel akzeptiert, weil sie die kleinere Kennung hat; B2 sendet (B1, 1, B2) in Richtung B3.
5. B5 akzeptiert B1 als Wurzel und sendet (B1, 1, B5) in Richtung B3.
6. B3 akzeptiert B1 als Wurzel und stellt fest, dass B2 und B5 näher als sie selbst an der Wurzel liegen. B3 bricht daraufhin die Weiterleitung von Nachrichten an ihren beiden Interfaces ab.

In der Konsequenz sind bei B3 beide Ports nicht ausgewählt, wie Abb. 3.14 zeigt.

Die Wurzel-Bridge fährt auch nach der Stabilisierung des Systems mit dem periodischen Aussenden von Konfigurationsnachrichten fort, und die übrigen Bridges leiten diese Nachrichten weiterhin wie oben beschrieben weiter. Sollte eine bestimmte Bridge ausfallen, erhalten die in Downstream-Richtung liegenden Bridges diese Konfigurationsnachrichten nicht mehr. Nach Ablauf einer bestimmten Wartezeit geben sie sich wieder jeweils als Wurzel aus, und der gesamte Algorithmus beginnt von vorn mit der Auswahl einer neuen Wurzel und neuer designierter Bridges.

Eine wichtige Eigenschaft an diesem Algorithmus ist, dass er zwar in der Lage ist, bei Ausfall einer Bridge den Spanning-Tree neu zu konfigurieren, jedoch keine Frames über alternative Wege weiterleiten und dabei eine überlastete Bridge umgehen kann.

3.2.3 Broadcast und Multicast

Bisher haben wir uns darauf konzentriert, wie Bridges Unicast-Frames von einem LAN zu einem anderen weiterleiten. Da das Ziel einer Bridge die transparente Erweiterung eines LAN über mehrere Netzwerke hinweg ist, und die meisten LANs Broadcast und Multicast unterstützen, müssen auch Bridges diese beiden Dienste unterstützen. Broadcast ist einfach: Jede Bridge sendet einen Frame mit der Broadcast-Adresse über jeden aktiven (ausgewählten) Port ab, mit Ausnahme des Ports, über den der Frame empfangen wurde.

Multicast lässt sich auf genau die gleiche Weise implementieren. Hier entscheidet lediglich jeder Host selbst, ob er die Nachricht annehmen will oder nicht. Genau so wird es in der Praxis auch gemacht. Man beachte aber, dass es eine bessere Lösung gibt, weil nicht alle LANs eines erweiterten LAN unbedingt einen Host haben, der Mitglied einer bestimmten Multicast-Gruppe ist. Konkret heißt das, dass der Spanning-Tree-Algorithmus so erweitert werden kann, dass Netzwerke, über die keine Multicast-Frames gesendet werden müssen, ausgeklammert werden. Man betrachte in Abb. 3.14 einen von einem Host in LAN A an die Gruppe M gesendeten Frame. Befindet sich in LAN J kein Host, der zur Gruppe M gehört, besteht für Bridge B4 keine Notwendigkeit, die Frames über dieses Netzwerk zu leiten. Andererseits bedeutet die Tatsache, dass kein Host in LAN H zur Gruppe M gehört, nicht unbedingt, dass Bridge B1 die Weiterleitung von Multicast-Frames über LAN H ausklammern kann. Das hängt nämlich auch davon ab, ob sich in den LANs I und J Mitglieder von Gruppe M befinden.

Wie lernt eine bestimmte Bridge, ob sie einen Multicast-Frame über einen bestimmten Port leiten soll? Sie lernt das auf genau die gleiche Weise, wie eine Bridge lernt, ob sie einen Unicast-Frame über einen bestimmten Port versenden soll: durch Beobachten der *Quelladressen*, die sie über diesen Port empfängt. Natürlich sind Gruppen normalerweise nicht die Quelle von Frames. Deshalb müssen wir ein wenig schummeln: Jeder Host, der Mitglied von Gruppe M ist, muss periodisch einen Frame mit der Adresse von Gruppe M im Quellfeld des Frame-Headers versenden. Dieser Frame hat dann als Zieladresse die Multicast-Adresse für die Bridges.

Die gerade beschriebene Multicast-Erweiterung wurde zwar bereits vorgeschlagen, in der Praxis jedoch noch nicht in nennenswertem Umfang übernommen. Multicast wird in den heutigen erweiterten LANs genauso wie Broadcast implementiert.

3.2.4 Beschränkungen von Bridges

Die oben beschriebene, auf Bridges basierte Lösung wird generell in einer relativ begrenzten Umgebung benutzt, d.h. zur Verbindung einer Handvoll gleichartiger LANs. Die wesentlichen Beschränkungen von Bridges werden augenscheinlich, wenn man sich mit Fragen wie Skalierung und Heterogenität befasst.

Hinsichtlich Skalierung ist es nicht realistisch, mehr als ein paar LANs mit Bridges zu verbinden. In der Praxis bedeutet »ein paar« einige Zehn und mehr. Das hat zum einen den Grund, dass der Spanning-Tree-Algorithmus linear skaliert. Das heißt, es gibt im erweiterten LAN keine Möglichkeit für den Aufbau einer Hierarchie. Ein weiterer Grund ist, dass Bridges alle Broadcast-Frames weiterleiten. Während dies für alle Hosts in einer begrenzten Umgebung (z.B. innerhalb einer Abteilung) angemessen erscheinen mag, ist es unwahrscheinlich, dass alle Hosts in einer größeren Umgebung (z.B. einer großen Firma oder Universität) alle Broadcast-Nachrichten erhalten möchten, die nicht an sie gerichtet sind. Mit anderen Worten: Broadcast skaliert nicht, sodass sich auch das erweiterte LAN nicht skalieren lässt.

Ein Ansatz zur Erhöhung der Skalierbarkeit von erweiterten LANs ist das *virtuelle LAN* (VLAN). Hierdurch lässt sich ein einzelnes erweitertes LAN in mehrere scheinbar getrennte LANs aufteilen. Jedem virtuellen LAN wird ein Bezeichner (den man auch *Farbe* (color) nennt) zugewiesen, und Pakete können von einem Segment zu einem anderen fließen, wenn beide Segmente den gleichen Bezeichner haben. Dies führt zur Einschränkung der Anzahl von Segmenten in einem erweiterten LAN, die ein bestimmtes Broadcast-Paket empfangen.

Wir erläutern die Funktionsweise eines VLAN anhand eines Beispiels. Abb. 3.15 zeigt vier Hosts an vier verschiedenen LAN-Segmenten. Ohne VLAN würde ein Broadcast-Paket von einem Host alle übrigen Hosts erreichen. Wir definieren nun die Segmente, an die Hosts W und X angeschlossenen sind, als ein VLAN, das wir VLAN 100 nennen. Ferner definieren wir die Segmente, an die Hosts Y und Z angeschlossen sind, als VLAN 200. Hierfür müssen wir einen Bezeichner (VLAN-ID) an jedem Port der Bridges B1 und B2 konfigurieren. Die Verbindungsleitung zwischen B1 und B2 wird von beiden VLANs benutzt.

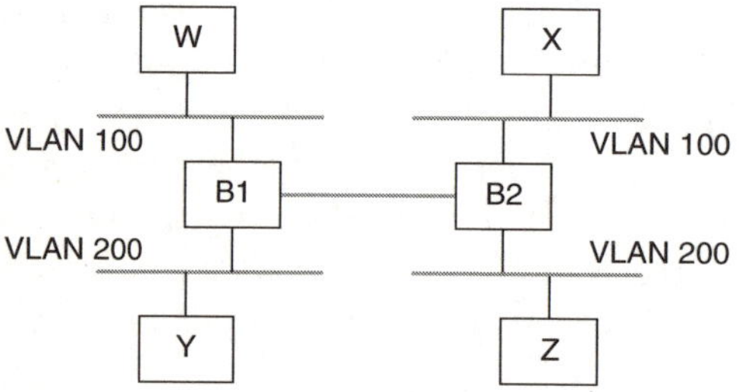

Abb. 3.15:
Zwei virtuelle LANs teilen sich ein Backbone.

Kommt ein von Host X gesendetes Paket bei Bridge B2 an, stellt die Bridge fest, dass es an einem in VLAN 100 konfigurierten Port ankam. Sie fügt einen VLAN-Header zwischen dem Ethernet-Header und den Nutzdaten ein. Interessant am VLAN-Header ist die VLAN-ID; in diesem Fall wird sie auf 100 gesetzt. Die Bridge wendet nun ihre normalen Regeln für die Weiterleitung des Pakets an und beachtet dabei zusätzlich, dass das Paket nicht über ein Interface abgeschickt werden kann, das nicht zum VLAN 100 gehört. Unter keinen Umständen wird das Paket also über das Interface zu Host Z verschickt, auch wenn es sich um ein Broadcast-Paket handelt, weil Z zu VLAN 200 gehört. Das Paket wird aber zu Bridge B1 weitergeleitet; sie gehorcht den gleichen Regeln und leitet folglich das Paket an Host W, nicht aber an Host Y weiter.

VLANs weisen das attraktive Merkmal auf, dass es möglich ist, die logische Topologie zu ändern, ohne Adressen ändern oder Kabel umstecken zu müssen. Möchten wir beispielsweise das mit Host Z verbundene Segment in VLAN 100 verlegen, sodass sich X, W und Z dann im gleichen virtuellen LAN befinden, müssten wir nur die Konfiguration in Bridge B2 teilweise ändern.

Was Heterogenität anbelangt, sind Bridges relativ stark eingeschränkt hinsichtlich der Netzwerktechnologien, die sie verbinden können. Insbesondere verwenden Bridges den Frame-Header des Netzwerks, sodass sie nur Netzwerke unterstützen können, die genau das gleiche Adressformat verwenden. Folglich können Bridges benutzt werden, um Ethernet- mit Ethernet-, 802.5- mit 802.5- und Ethernet- mit 802.5-Ringen zu verbinden, weil beide Netzwerke das gleiche, 48 Bit große Adressformat benutzen. Das bedeutet, dass sich Bridges nicht leicht für andere Netzwerke, z.B. ATM[3], generalisieren lassen.

Trotz ihrer Einschränkungen spielen Bridges in der Welt der Netze eine wichtige Rolle. Ihr größter Vorteil ist, dass sie den transparenten Zusammenschluss mehrerer LANs ermöglichen. Das heißt, die Netzwerke können verbunden werden, ohne dass auf den Hosts ein zusätzliches Protokoll ausgeführt werden muss (oder dass sie überhaupt davon Kenntnis nehmen). Die einzige mögliche Ausnahme ist, dass u.U. von den Hosts erwartet wird, ihre Mitgliedschaft in einer Multicast-Gruppe (wie in Abschnitt 3.2.3 beschrieben) anzugeben.

Diese Transparenz birgt allerdings eine gewisse Gefahr. Wenn ein Host, oder genauer gesagt, die Anwendung und das Transportprotokoll auf diesem Host unter der Annahme programmiert werden, dass er in einem einfachen LAN läuft, kann die Installation von Bridges zwischen Quell- und Ziel-Hosts unerwartete Folgen haben. Ist eine Bridge z.B. überlastet, muss sie möglicherweise Frames verwerfen. Demgegenüber ist es selten, dass in einem einfachen Ethernet jemals Frames verworfen werden. Als weiteres Beispiel wäre die Latenz zwischen Host-Paaren in einem erweiterten LAN zu nennen: sie erhöht sich und schwankt stark. Im Gegensatz dazu ist die Latenz durch die physikalischen Einschränkungen eines einfachen Ethernet

3. Wir werden in Abschnitt 3.3.5 noch sehen, dass es Techniken gibt, durch die ATM-Netzwerke eher wie »konventionelle« LANs, z.B. Ethernet-Netze, erscheinen und Bridges in einer solchen Umgebung eine Rolle spielen.

gering und vorhersagbar. Als letztes Beispiel für die Konsequenz von Bridges ist es möglich (allerdings unwahrscheinlich), dass die Reihenfolge von Frames in einem erweiterten LAN verändert wird. Demgegenüber wird diese Reihenfolge in einem einfachen Ethernet nie verändert. Wir schließen daraus, dass es nie sicher ist, Netzsoftware unter der Annahme zu entwickeln, dass sie nur in einem einzigen Ethernet-Segment läuft. Es gibt eben auch Bridges.

3.3 Zellenvermittlung (ATM)

Eine weitere Vermittlungstechnologie, die besondere Aufmerksamkeit verdient, ist *Asynchronous Transfer Mode* (ATM). ATM entwickelte sich in den achtziger und Anfang der neunziger Jahre aus verschiedenen Gründen als wichtige Technologie, nicht zuletzt, weil sie von der Telefonindustrie übernommen wurde, die historisch in der Datenkommunikation weniger aktiv war, außer als Anbieter von Verbindungsleitungen, auf die andere ihre Netzwerke aufsetzten. ATM kam als Vermittlungstechnologie mit hohen Geschwindigkeiten auch gerade zum richtigen Zeitpunkt auf den Markt, als Protokolle wie Ethernet und 802.5 mit ihren gemeinsamen genutzten Übertragungsmedien für viele Benutzer von Rechnernetzen zu langsam erschienen. In gewisser Weise konkurriert ATM mit Ethernet-Switching, die Anwendungsbereiche dieser beiden Technologien überlappen sich aber nur teilweise.

ATM ist eine verbindungsorientierte, paketvermittelte Technologie, was bedeutet, dass sie virtuelle Leitungen auf ähnliche Weise benutzt, wie in Abschnitt 3.1.2 beschrieben wurde. In der ATM-Terminologie wird die Phase des Verbindungsaufbaus als *Signalisierung* bezeichnet. Das wichtigste Signalisierungsprotokoll für ATM ist Q.2931. Abgesehen von der Ermittlung einer geeigneten Route durch ein ATM-Netzwerk ist Q.2931 auch für die Zuweisung von Ressourcen in den Switches entlang der Leitung zuständig. Dies soll sicherstellen, dass die Leitung eine bestimmte Dienstgüte (Quality of Service, QoS) aufweist. Tatsächlich sind die QoS-Fähigkeiten von ATM eine der größten Stärken dieser Technologie. Dieses Thema wird in Kapitel 6 ausführlich behandelt.

Wenn eine virtuelle Verbindung eingerichtet wird, ist es notwendig, die Zieladresse in die Signalisierungsnachricht einzubinden. In ATM sind für diese Adresse mehrere Formate möglich. Die gebräuchlichsten sind E.164 und NSAP (Network Service Access Point). Die Einzelheiten dieser Formate sind hier nicht besonders wichtig, festzuhalten bleibt nur, dass sie sich von den in herkömmlichen LANs benutzten MAC-Adressen unterscheiden.

ATM zeichnet sich insbesondere dadurch aus, dass die in einem ATM-Netzwerk vermittelten Pakete eine feste Länge haben: 53 Byte – 5 Byte für den Header und 48 für die Nutzdaten. Diese recht interessante Festlegung wird weiter unten ausführlich erklärt. Um diese Pakete mit fester Länge von den in Rechnernetzen üblicheren mit variabler Länge zu unterscheiden, bezeichnet man sie als *Zellen*. Mithin kann man ATM als Paradebeispiel der Zellenvermittlung betrachten.

3.3.1 Zellen

Alle bisher behandelten paketvermittelten Technologien nutzen Pakete mit variabler Länge. Pakete mit variabler Länge sind normalerweise auf bestimmte Grenzen beschränkt. Die untere Grenze ist gegeben durch die minimale Informationsmenge, die im Paket aufgenommen werden muss. Dies ist normalerweise ein Header ohne optionale Erweiterungen. Die obere Grenze kann von verschiedenen Faktoren abhängen. Die maximale FDDI-Paketgröße bestimmt z.B., wie lange jede Station bis zur Weitergabe des Tokens übertragen darf. Sie bestimmt damit, wie lange eine Station eventuell warten muss, bis das Token sie erreicht. Zellen demgegenüber besitzen eine konstante, relativ geringe Länge. Diese Designentscheidung scheint einfach, gründet aber auf verschiedenen Faktoren, die in den folgenden Abschnitten erklärt werden.

Zellengröße

Pakete mit variabler Länge weisen einige angenehme Merkmale auf. Hat man nur 1 Byte zu übertragen (z.B. um den Erhalt eines Pakets zu bestätigen), bildet man ein Paket mit minimaler Größe. Eine größere Datei kann man in beliebig viele Pakete mit maximaler Größe aufteilen. Das heißt, man muss im ersten Fall keine extra Füll-Bytes senden, und im zweiten wird das Verhältnis zwischen Header- und Daten-Bytes heruntergeschraubt und damit die Bandbreiteneffizienz erhöht. Außerdem kann man die Gesamtzahl der gesendeten Pakete minimieren, was bedeutet, dass sich der pro Paket anfallende Verarbeitungsaufwand insgesamt reduziert. Dies kann besonders wichtig sein, um hohen Durchsatz zu erreichen, weil viele Netzkomponenten nicht dadurch begrenzt sind, wie viele *Bit* pro Sekunde, sondern wie viele *Pakete* pro Sekunde sie verarbeiten können.

Warum also Zellen mit fester Länge? Einer der Hauptgründe war, die Implementierung von Hardware-Switchen zu vereinfachen. Als ATM Mitte bis Ende der achtziger Jahre entwickelt wurde, galt das 10-Mbit/s-Ethernet hinsichtlich Geschwindigkeit als die führende Technologie. Um eine höhere Geschwindigkeit zu erreichen, dachte man damals vor allem an Hardware-Lösungen. Außerdem denken Leute in der Telefonwelt in großen Dimensionen, wenn sie sich Switche vorstellen. Telefon-Switche bedienen oft viele tausend Kunden. Pakete mit fester Länge erweisen sich als äußerst hilfreich, wenn man schnelle, gut skalierbare Switche bauen will. Dafür gibt es zwei Hauptgründe:

1. Es ist leichter, Hardware für einfache Aufgaben zu entwickeln, und die Verarbeitung von Paketen ist einfacher, wenn man im Voraus weiß, wie groß sie sind.

2. Wenn alle Pakete die gleiche Länge haben, kann man viele Vermittlungselemente die gleiche Aufgabe parallel ausführen lassen, wobei jedes für die Durchführung seiner Aufgabe gleich lange braucht.

Der zweite Grund, also die Möglichkeit von Parallelität, verbessert die Skalierbarkeit von Switch-Designs. Es wäre falsch zu sagen, dass schnelle, parallele Hardware-

Switche nur bei Verwendung von Zellen mit fester Länge gebaut werden können. Mit Sicherheit lässt sich aber sagen, dass Zellen die Entwicklung solcher Hardware vereinfachen und dass zu der Zeit, als die ATM-Standards definiert wurden, bereits umfangreiches Wissen darüber verfügbar war, wie solche Zellen-Switche in Hardware realisiert werden konnten.

Ein weiteres günstiges Merkmal von Zellen hat mit dem Verhalten von Warteschlangen zu tun. Warteschlangen bilden sich in einem Switch, wenn Datenverkehr von mehreren Eingängen für ein und denselben Ausgang vorgesehen ist. Nimmt man ein Paket aus einer Warteschlange, um es zu übertragen, muss man im Allgemeinen solange fortfahren, bis das gesamte Paket übertragen ist – es wäre nicht sinnvoll, die Übertragung zu unterbrechen. Die längste Zeit, die ein Warteschlangenausgang besetzt sein kann, entspricht demnach der Zeit, bis ein Paket mit maximaler Größe übertragen ist. Zellen mit fester Länge bedeuten, dass ein Warteschlangenausgang nie länger als für die Dauer der Übertragung einer Zelle besetzt ist. Dies ist mit großer Sicherheit kürzer als bei einem Paket mit maximaler Größe in einem Netzwerk für Pakete mit variabler Länge. Ist also straffe Kontrolle der Latenz beim Durchgang von Zellen durch eine Warteschlange wichtig, bieten Zellen einen gewissen Vorteil. Selbstverständlich können trotzdem lange Warteschlangen entstehen, und die Tatsache, dass einige Zellen warten müssen, lässt sich nicht vermeiden. Was man mit Zellen erreicht, sind nicht wesentlich kürzere Warteschlangen, sondern eine genauere Kontrolle über ihr Verhalten.

Wir erläutern dieses Konzept anhand eines Beispiels. Gegeben sei ein Netzwerk mit Paketen variabler Länge; die maximale Paketlänge beträgt 4 KB, und die Geschwindigkeit der Verbindungsleitung ist 100 Mbit/s. Die Übertragung eines Pakets mit maximaler Größe dauert $4096 \times 8/100 = 327{,}68$ µs. Ein Paket mit hoher Priorität, das ankommt, kurz nachdem der Switch mit der Übertragung eines 4-KB-Pakets begonnen hat, muss also 327,68 µs in der Warteschlange verharren und für den Zugriff auf die Verbindungsleitung warten. Würde der Switch demgegenüber 53-Byte-Zellen übermitteln, wäre die längste Wartezeit $53 \times 8/100 = 4{,}24$ µs. Dies mag auf den ersten Blick kein sehr großer Vorteil sein. Die Fähigkeit, Verzögerung und vor allem ihre zeitliche Schwankung (Jitter) zu kontrollieren, kann sich bei einigen Anwendungen aber als wichtig erweisen.

Die Warteschlangen sind bei Verwendung von Zellen auch aus folgendem Grund etwas kürzer als bei Paketen: Kommt ein Paket bei einer leeren Warteschlange an, muss der Switch normalerweise warten, bis das gesamte Paket empfangen wurde, bevor er mit dessen Weiterleitung über eine abgehende Verbindung beginnen kann. Das bedeutet, dass die Verbindungsleitung während der Ankunft eines Pakets ungenutzt ist. Stellt man sich statt eines großen Pakets eine Reihe kleiner Zellen vor, wird klar, dass der Switch die erste Zelle übertragen kann, sobald sie in die Warteschlange eingetreten ist. Was würde im obigen Beispiel passieren, wenn zwei 4-KB-Pakete gleichzeitig in einer Warteschlange ankommen? Die Verbindungsleitung bliebe 327,68 µs lang ungenutzt, während diese beiden Pakete ankommen, und nach Ablauf dieser Zeit hätten wir 8 KB in der Warteschlange. Erst dann ist das Abarbeiten dieser Daten aus der Warteschlange möglich. Würde man die gleichen beiden

Pakete als Reihe von Zellen senden, könnte die Übertragung der Zellen 4,24 µs nach Ankunft der ersten beginnen. Nach Ablauf von 327,68 µs wäre die Verbindungsleitung über etwas mehr als 323 µs lang aktiv gewesen, und in der Warteschlange wären nun knapp über 4 KB statt 8 KB übrig. Kürzere Warteschlangen bedeuten geringere Verzögerung des gesamten Verkehrs.

Nachdem man sich entschlossen hat, kleine Pakete mit fester Länge zu verwenden, lautet die nächste Frage, welche Länge die richtige ist. Sind die Pakete zu kurz, nimmt der Header im Verhältnis zu der in eine Zelle passenden Datenmenge zu, sodass der prozentuale Anteil der Bandbreite der Verbindungsleitung für die Übertragung von Nutzdaten sinkt. Diese Situation verschärft sich, wenn man an Geräte denkt, die Zellen nur mit einer bestimmten maximalen Zellenanzahl pro Sekunde verarbeiten können. Das heißt dann, je kürzer die Zellen, um so mehr sinkt in direktem Verhältnis zur Zellengröße die Gesamtdatenrate. Ein solches Gerät ist z.B. ein Netzwerkkarte, die Zellen zu größeren Einheiten zusammensetzt, bevor sie sie an den Host weitergibt. Die Leistung eines solchen Geräts hängt unmittelbar von der Zellengröße ab. Legt man andererseits die Zellen zu groß aus, wird Bandbreite vergeudet weil die übertragenen Zellen auf eine vollständige Zelle aufgefüllt werden müssen. Nimmt die Zelle z.B. Nutzdaten im Umfang von 48 Byte auf, während man nur 1 Byte senden will, muss man 47 Füll-Bytes übertragen. Kommt dies häufig vor, ist die Auslastung der Verbindungsleitung sehr gering.

Der 48-Byte-Kompromiss

Die Erklärung, warum der Nutzdatenteil einer ATM-Zelle 48 Byte beträgt, ist eine ausgezeichnete Fallstudie von Standardisierungsverfahren. Während der Ausarbeitung des ATM-Standards drängten die US-Telefongesellschaften auf eine Zellengröße von 64 Byte, während die europäischen Gesellschaften für 32-Byte-Zellen waren. Die Europäer bevorzugten die kleinere Größe, weil viele der betreffenden Länder so klein sind, dass die jeweilige Telefongesellschaft keine Echokompensatoren installieren musste, wenn sie in der Lage war, die durch die Erzeugung einer vollständigen kleinen Zelle eingeführte Latenz gering zu halten. Für diesen Zweck galten 32-Byte-Zellen als angemessen. Im Gegensatz dazu müssen Telefongesellschaften in den USA große Gebiete abdecken, sodass sie ohnehin Echokompensatoren installieren mussten. Daher entsprach die höhere Zellengröße dem Wunsch, das Header/Nutzdaten-Verhältnis zu verbessern.

Im Endeffekt wurde ein Kompromiss gefunden: 47 Byte ist der Durchschnitt von 64 und 32 Byte. Um nicht den falschen Eindruck zu erwecken, dass es sich dabei um einen Einzelfall handelt, weisen wir darauf hin, dass beim siebenschichtigen OSI-Modell ein Kompromiss zwischen sechs und acht Schichten gefunden wurde.

Die effiziente Auslastung von Verbindungsleitungen ist nicht der einzige Faktor, der die Zellengröße beeinflusst. Die Zellengröße hat z.B. eine besondere Wirkung auf Sprachübertragung, und da ATM aus dem Telefonbereich stammt, war eines der vorrangigen Ziele die effektive Übertragung von Sprache. Die dem Standard-Digitalkodierung von Sprache erfolgt in 64 Kbit/s (8-Bit-Signale, die in 8 kHz abgetastet werden). Um maximale Effizienz zu erreichen, sollte man Sprachdaten im Umfang einer vollen Zelle sammeln, bevor man diese überträgt. Eine Abtastrate von 8 kHz bedeutet, dass alle 125 µs ein Byte an Daten anfällt. Es dauert also $n \times 125$ µs, um eine n-Byte-Zelle mit Sprachdaten zu füllen. Bei Zellen mit einer Länge von beispielsweise 1.000 Byte würde es also 125 ms dauern, um genügend Daten für eine volle Zelle zu sammeln, bevor man überhaupt mit der Übertragung an den Empfänger beginnen kann. Eine derartige Latenz macht sich für einen menschlichen Zuhörer stark bemerkbar. Doch auch wesentlich geringere Latenzen sind bei Sprachübertragungen problematisch, insbesondere in der Form von Echos. Echos lassen sich zwar mit Hilfe von so genannten Echokompensatoren unterdrücken, was aber die Kosten in einem Telefonnetz erhöht und viele Netzbetreiber daher eher vermeiden möchten.

Alle oben genannten Faktoren führten zu lebhaften Debatten in den internationalen Standardisierungsgremien, als ATM standardisiert werden sollte. Die Tatsache, dass keine Länge für alle Fälle perfekt war, wurde von den ATM-Gegnern als Argument angeführt, um zu belgen, dass Zellen mit fester Länge ohnehin eine schlechte Idee seien. Wie so oft wurde auch bei diesem Standard im Endeffekt ein Kompromiss gefunden, der fast niemand gefiel: Man entschied sich für 48 Byte als Länge für den Nutzdatenteil der ATM-Zelle. Das wahrscheinlich größte Problem dabei ist, dass diese Zahl keine Potenz von Zwei ist, was bedeutet, dass sie schlecht mit fast allen Objekten zusammenpasst, die Computer handhaben, wie beispielsweise Seiten und Cache-Zeilen. Demgegenüber weniger kontrovers wurde der Header auf 5 Byte festgesetzt. Abb. 3.16 zeigt das Format einer ATM-Zelle. In dieser Abbildung sind die Feldlängen in Bit angegeben.

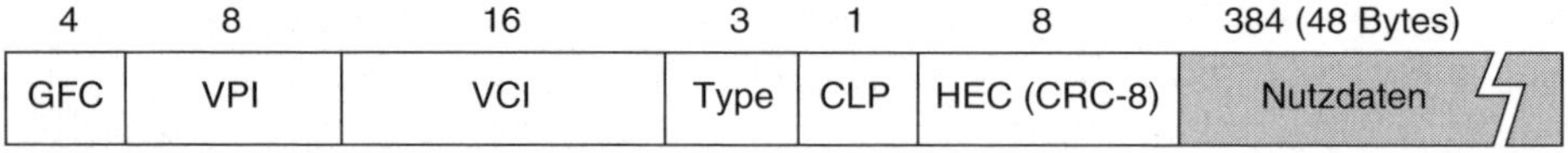

Abb. 3.16: ATM-Zellenformat am UNI

Zellenformat

Die ATM-Zelle kann eigentlich zwei verschiedene Formate annehmen, je nachdem, von wo man das Netzwerk betrachtet. In Abb. 3.16 ist das UNI- (User-Network Interface) Format dargestellt. Die Alternative wird am Network-Network Interface benutzt und entsprechend als NNI-Format bezeichnet. Das UNI wird meist an der Schnittstelle zwischen Telefongesellschaft und Teilnehmer eingesetzt, das NNI demgegenüber meist zwischen zwei Telefongesellschaften. Hinsichtlich der Zellenformate liegt der einzige bedeutende Unterschied darin, dass das GFC-Feld beim NNI-Format durch 4 zusätzliche Bits für den VPI ersetzt wird. Um die ATM-Technologie zu verstehen, muss man vor allem die zahlreich in ATM verwendeten, drei-buchstabigen Abkürzungen kennen.

Beginnend vom ganz linken Byte der Zelle (das als erstes übertragen wird), umfassfasst die UNI-Zelle 4 Bit für eine generische Flusskontrolle (Generic Flow Control, GFC). Diese Bits werden nicht häufig benutzt; sie sind nur für einen lokalen Standort bedeutsam und können im Netzwerk überschrieben werden. Die GFC-Bits gründen auf dem Konzept, eine Möglichkeit für die Regelung des Zugriffs auf die Verbindungsleitung bereitzustellen für den Fall, dass am lokalen Standort mehrere Geräte über ein gemeinsames Medium an ATM angeschlossen sind.

Die nächsten 24 Bit enthalten einen 8 Bit großen VPI (Virtual Path Identifier) und einen 16 Bit großen VCI (Virtual Circuit Identifier). Der Unterschied zwischen den beiden Bezeichnern wird später erklärt. Vorläufig genügt zu wissen, dass man sie als zusammengehörigen 24-Bit-Bezeichner benutzt, um eine virtuelle Verbindung (wie in Abschnitt 3.1.2) zu identifizieren. Weiterhin gibt es ein 3-Bit-Feld Type, das acht mögliche Werte annehmen kann. Vier davon – wenn das erste Bit im Feld gesetzt ist – beziehen sich auf Verwaltungsfunktionen. Ist dieses Bit nicht gesetzt, heißt das, dass die Zelle Nutzdaten enthält. In diesem Fall ist das zweite das EFCI- (Explicit Forward Congestion Indication) und das dritte das »Benutzersignalisierungsbit«. Ersteres kann von einem überlasteten Switch gesetzt werden, um seinen Zustand einem Endknoten mitzuteilen. Dieses Bit hat seinen Ursprung in dem in Abschnitt 6.4.1 beschriebenen DECbit. In ATM wird es für die Überlastkontrolle in Verbindung mit dem in Abschnitt 6.5.4 beschriebenen ABR-Dienst (Available Bit Rate) benutzt. Das dritte Bit wird vorwiegend in Verbindung mit der ATM-Adaptionsschicht 5 benutzt, um Frames abzugrenzen (siehe unten).

Das nächste Bit bezeichnet die Priorität bei Zellenverlust (Cell Loss Priority, CLP). Ein Benutzer oder Netzelement kann dieses Bit setzen, um Zellen zu kennzeichnen, die im Falle einer Überlast vorzugsweise verworfen werden sollen. Für eine Videoanwendung kann man dieses Bit z.B. für Zellen setzen, durch deren Verwerfen sich die Qualität des Videos nicht erheblich verschlechtern würde. Ein Netzelement kann dieses Bit für Zellen setzen, die von einem Benutzer über die vereinbarte Menge hinaus übertragen wurden.

Das letzte Byte im Header ist eine 8-Bit-CRC, hier als Header Error Check (HEC) bezeichnet. Es verwendet das in Abschnitt 2.4.3 beschriebene CRC-8-Polynom und dient der Fehlererkennung. Darüber hinaus bietet es die Fähigkeit, Einzelbitfehler zu korrigieren, allerdings nur im Zellen-Header. Der Schutz des Zellen-Headers ist besonders wichtig, weil ein Fehler im VCI dazu führt, dass die Zelle einem falschen Ziel zugestellt wird.

3.3.2 Segmentierung und Reassemblierung

Bis zu diesem Punkt sind wir davon ausgegangen, dass ein Protokoll auf einer niedrigeren Schicht das von einem höher angesiedelten Protokoll weitergereichte Paket einfach akzeptiert, seinen eigenen Header anhängt und es nach unten weitergeben kann. Bei ATM ist dies nicht möglich, weil die von oben durchgereichten Pakete oft größer als 48 Byte sind, sodass sie nicht in den Nutzdatenbereich einer ATM-Zelle passen. Dieses Problem wird durch *Fragmentierung* der Nachricht an der Quelle in Pakete für niedrigere Ebenen gelöst. Dann werden die Pakete über das Netzwerk übertragen und am Ziel wieder zu einer vollständigen Nachricht zusammengesetzt. Diese Technik wird als *Fragmentierung und Reassemblierung* bezeichnet, im Zusammenhang mit ATM meist als *Segmentierung* und Reassemblierung (Segmentation and Reassembly, SAR) .

Segmentierung ist keine spezielles Problem der ATM-Technologie, aber es stellt sich hier stärker als bei einem Netzwerk mit einer maximalen Paketgröße, von z.B. 1.500 Byte. Um dieses Problem zu lösen, wurde zwischen ATM und darauf aufsetzenden Protokollen mit Paketen variabler Länge, z.B. IP, eine Protokollschicht eingefügt. Das ist die so genannte »ATM-Adaptionsschicht« (ATM Adaptation Layer, AAL). Der AAL-Header enthält die vom Empfänger benötigten Informationen, um die einzelnen Zellen wieder in die Originalnachricht zusammenzusetzen. Die Beziehung zwischen AAL und ATM wird aus Abb. 3.17 ersichtlich.

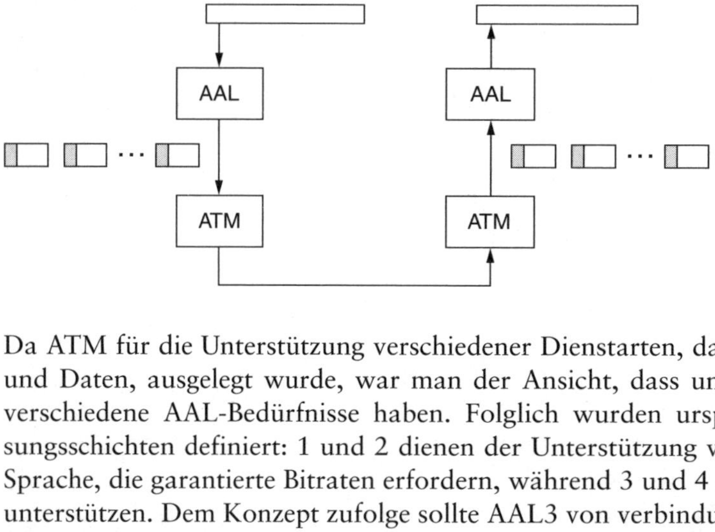

Abb. 3.17: Segmentierung und Reassemblierung in ATM

Da ATM für die Unterstützung verschiedener Dienstarten, darunter Sprache, Video und Daten, ausgelegt wurde, war man der Ansicht, dass unterschiedliche Dienste verschiedene AAL-Bedürfnisse haben. Folglich wurden ursprünglich vier Anpassungsschichten definiert: 1 und 2 dienen der Unterstützung von Anwendungen wie Sprache, die garantierte Bitraten erfordern, während 3 und 4 Paketdaten über ATM unterstützen. Dem Konzept zufolge sollte AAL3 von verbindungsorientierten Paketdiensten (z.B. X.25) und AAL4 von verbindungslosen Diensten (z.B. IP) benutzt werden. Letztendlich erwiesen sich die Gründe für verschiedene AALs für diese beiden Dienstarten aber als nicht ausreichend, sodass sie unter der Bezeichnung AAL3/4 verschmolzen wurden. Später führte die Feststellung einiger Unzulänglichkeiten in AAL3/4 zum Vorschlag einer fünften AAL mit der Bezeichnung AAL5. Damit gibt es nun vier AALs: 1, 2, 3/4 und 5. Die beiden AALs für computergestützte Kommunikationsdienste werden nachfolgend beschrieben.

ATM-Adaptionsschicht 3/4

Als wichtigste Funktion bietet die AAL3/4 ausreichend Informationen, damit Pakete mit variabler Länge als Reihe von Zellen mit fester Länge im ATM-Netz transportiert werden können. Das heißt, diese AAL unterstützt Segmentierung und Reassemblierung. Da wir jetzt mit einer neuen Schicht innerhalb der Netzhierarchie arbeiten, verlangt die Konvention von uns die Einführung eines neuen Namens für ein Paket. In diesem Fall nennen wir es *Protokolldateneinheit* (Protocol Data Unit, PDU). Der Segmentierungs- und Reassemblierungsschritt umfasst zwei verschiedene Paketformate. Das erste ist die Protokolldateneinheit der *Konvergenzteilschicht* (Convergence Sublayer Protocol Data Unit, CS-PDU); diese ist in Abb. 3.18 dargestellt. Die CS-PDU definiert eine Methode der Kapselung von PDUs mit variabler Länge vor der Segmentierung in Zellen. Die der AAL-Schicht übergebene PDU wird mit einem Header und einem Trailer gekapselt, dann wird die resultierende CS-PDU in ATM-Zellen segmentiert.

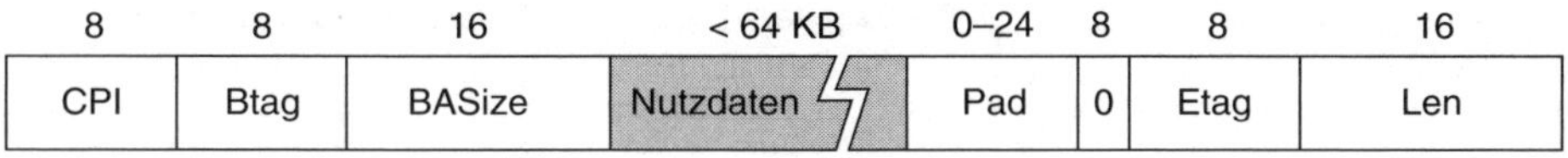

Abb. 3.18: Paketformat der ATM-Adaptionsschicht 3/4

Das CS-PDU-Format beginnt mit einem 8 Bit großen CPI-Feld (Common Part Indicator), das die Version des CS-PDU-Formats bezeichnet. Derzeit ist nur Wert 0 definiert. Das nächste 8-Bit-Feld Btag (Beginning Tag) bezeichnet den Anfang und Etag (End Tag) das Ende einer bestimmten PDU. Dies schützt vor Fällen, in denen der Verlust der letzten Zelle einer PDU und der ersten Zelle der nächsten dazu führt, dass zwei PDUs versehentlich zusammengefügt und an die nächste Protokollschicht nach oben weitergereicht werden. Das Feld BASize (Buffer Allocation Size) bezeichnet nicht unbedingt die Länge der PDU (die im Trailer steht). Es soll vielmehr einen Hinweis liefern, wie viel Pufferplatz für die Reassemblierung zuzuweisen ist. dass die tatsächliche Länge nicht enthalten ist, hat den Grund, dass der sendende Host möglicherweise nicht wußte, wie lang die CS-PDU ist, als er den Header übertragen hat. Vor der Einfügung des CS-PDU-Trailers werden die Nutzdaten auf ein Byte weniger als ein Mehrfaches von 4 Byte aufgefüllt; es werden also bis zu 3 Byte als Füll-Bytes eingefügt. Diese und das mit 0 gefüllte Byte stellen sicher, dass der Trailer an eine 32-Bit-Grenze angepasst ist, was eine effizientere Verarbeitung ermöglicht. Der CS-PDU-Trailer selbst enthält den Etag-Wert und die wirkliche Länge der PDU (Len).

Zusätzlich zum CS-PDU-Header und -Trailer spezifiziert AAL3/4 einen Header und einen Trailer, die in jeder Zelle mitgeführt werden (siehe Abb. 3.19). Die CS-PDU wird also eigentlich in 44-Byte-Stücke segmentiert. In jede Zelle wird je ein AAL3/4-Header und -Trailer eingefügt, sodass man letztendlich 48 Byte erhält, die dann als Nutzdaten einer ATM-Zelle übertragen werden.

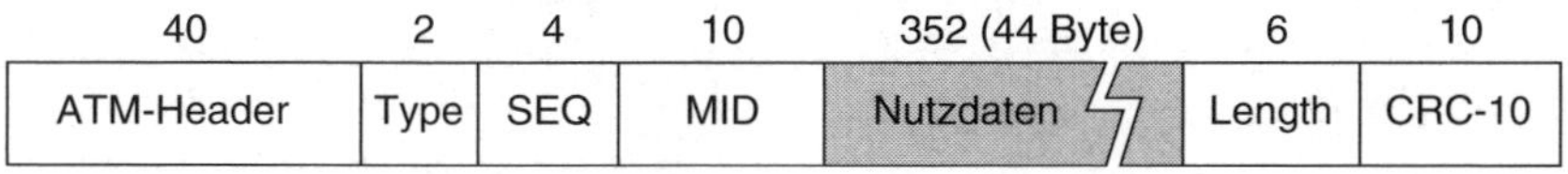

Abb. 3.19: ATM-Zellenformat für AAL3/4

Die ersten beiden Bits des AAL3/4-Headers enthalten das Feld Type, das bezeichnet, ob es sich um die erste oder letzte Zelle einer CS-PDU, eine Zelle in der Mitte einer CS-PDU oder der einzigen Zelle einer PDU (in diesem Fall also die erste und letzte) handelt. Die offiziellen Bezeichnungen für diese vier Bedingungen und die entsprechenden Bitkodierungen sind in Tabelle 3.4 aufgeführt.

Wert	Name	Bedeutung
10	BOM	Beginning Of Message (Anfang der Nachricht)
00	COM	Continuation Of Message (Mittelteil der Nachricht)
01	EOM	End Of Message (Ende der Nachricht)
11	SSM	Single-Segment Message (Einzelsegment-Nachricht)

Tabelle 3.4: Typfeld des AAL3/4-Formats

Als Nächstes folgt eine 4-Bit-Sequenznummer (SEQ), die der einfacheren Erkennung eines Zellenverlusts oder einer falschen Reihenfolge der Zellen dient, sodass die Reassemblierung notfalls abgebrochen werden kann. Selbstverständlich übersieht eine derart kleine Sequenznummer den einen oder anderen Zellenverlust, wenn entsprechend viele Zellen verlorengehen. Anschließend folgt ein Multiplexbezeichner (Multiplexing Identifier, MID), der benutzt werden kann, um mehrere PDUs auf eine Verbindung zu multiplexen. Das 6 Bit große Feld Length zeigt die Anzahl der in der Zelle enthaltenen Bytes. Es muss bei BOM- und COM-Zellen den Wert 44 besitzen. Schließlich wird eine 10 Bit große CRC benutzt, um Fehler in den 48 Byte des Nutzdatenteils der Zelle erkennen zu können.

Abb. 3.20 zeigt den gesamten Kapselungs- und Segmentierungsprozess für AAL3/4. Im oberen Teil werden die Nutzdaten mit dem CS-PDU-Header und -Trailer gekapselt. Dann wird die CS-PDU in 44 Byte große Nutzdatenteile segmentiert. Diesen wird der AAL3/4-Header und -Trailer sowie der 5 Byte große ATM-Header hinzugefügt, d.h. sie werden in ATM-Zellen gekapselt. Die letzte Zelle wird nur teil-

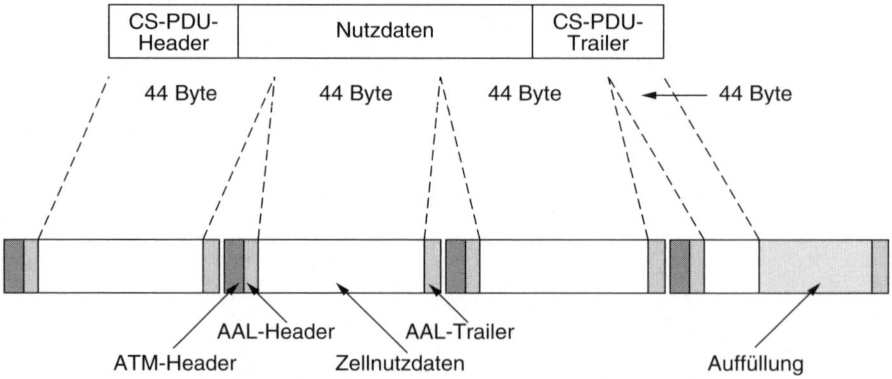

Abb. 3.20: Kapselung und Segmentierung für AAL3/4

weise gefüllt, wenn die CS-PDU nicht genau einem Mehrfachen von 44 Byte entspricht.

Auffällig an AAL3/4 ist, dass das Format den festgelegten Overhead pro Zelle enorm verschlimmert. Mit 44 Daten-Bytes gegenüber einem 9 Byte großen Header lässt sich bestenfalls eine Bandbreitenauslastung von 83% erreichen. Die Effizienz kann auf Grund der CS-PDU-Kapselung und der nur teilweisen Auffüllung der letzten Zelle tatsächlich aber noch weit darunter liegen, wie aus Abb. 3.20 ersichtlich wird.

ATM-Adaptionsschicht 5

Sie haben in der obigen Behandlung von AAL3/4 wahrscheinlich festgestellt, dass anscheinend viele Felder notwendig sind und daher viel Overhead entsteht, um die konzeptionell einfache Funktion der Segmentierung und Reassemblierung auszuführen. Die gleiche Feststellung haben viele andere Leute bei den Anfängen von ATM gemacht. Deshalb wurden mehrere konkurrierende Vorschläge für eine AAL zur Bereitstellung computergestützter Kommunikation über ATM gemacht. Unter anderem gab es eine Initiative, die informell als »Back the Bit« bekannt war und wie folgt argumentierte: Wenn wir nur 1 Bit im ATM-Header (im Gegensatz zum AAL-Header) definieren könnten, um das Frame-Ende abzugrenzen, ließen sich Segmentierung und Reassemblierung bewerkstelligen, ohne etwas von den 48 Byte langen ATM-Nutzdaten für Informationen zur Segmentierung und Reassemblierung heranziehen zu müssen. Diese Initiative führte letztendlich zur Definition des oben beschriebenen Benutzersignalisierungsbits und zur Standardisierung von AAL5.

AAL5 ersetzt das 2 Bit lange Feld Type von AAL3/4 durch eine 1 Bit große Frame-Information im Header der ATM-Zelle. Durch Setzen dieses Bits lässt sich die letzte Zelle einer PDU identifizieren. Dann wird davon ausgegangen, dass die nächste Zelle die erste der nächsten PDU und die folgenden Zellen COM-Zellen sind, bis eine weitere Zelle ankommt, in der das Benutzersignalisierungsbit gesetzt ist. Alle Teile von AAL3/4, die Schutz vor Verlust, Verfälschung oder falscher Zellenanordnung bieten, einschließlich des Verlusts einer EOM-Zelle, werden von dem in Abb. 3.21 dargestellten Paketformat der CS-PDU gemäß AAL5 bereitgestellt.

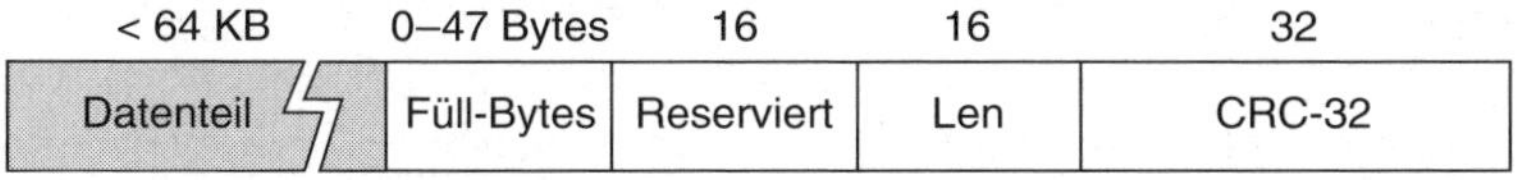

Abb. 3.21: AAL5-Paketformat

Die gemäß AAL5 spezifizierte CS-PDU setzt sich schlicht aus dem Datenteil (der vom höheren Protokoll weitergereichten PDU) und einem 8-Byte-Trailer zusammen. Um sicherzustellen, dass der Trailer immer am Ende einer ATM-Zelle steht, können bis zu 47 Füll-Bytes zwischen Nutzdaten und Trailer eingefügt werden. An das Ende einer Zelle muss ein Trailer gesetzt werden, weil die Einheit, welche die Reassemblierung der CS-PDU durchführt, andernfalls den Trailer nicht finden könnte. Die ersten 2 Byte des Trailers sind derzeit reserviert und müssen 0 sein. Das Feld Len (Länge) enthält die Anzahl der in der PDU enthaltenen Bytes, ohne Trailer und Füll-Bytes. Schließlich gibt es noch eine 32-Bit-CRC.

Abb. 3.22 zeigt den Kapselungs- und Segmentierungsprozess für AAL5. Genau wie bei AAL3/4 werden die Benutzerdaten gekapselt, um eine CS-PDU zu bilden (hier aber nur mit einem Trailer). Die resultierende PDU wird dann in 48-Byte-Stücke zerlegt, die direkt im Innern der Nutzdaten von ATM-Zellen ohne weitere Kapselung übertragen werden.

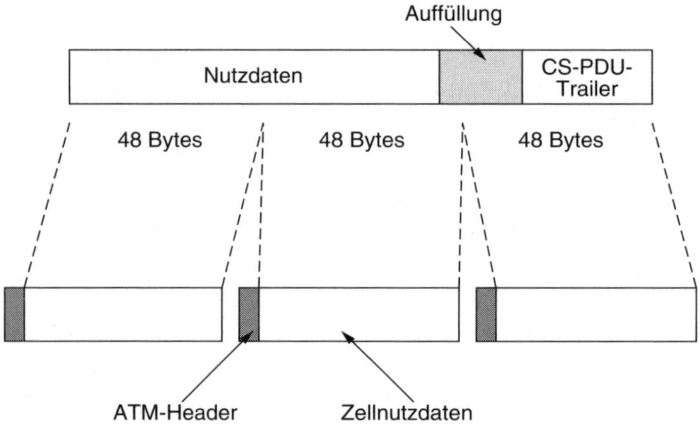

Abb. 3.22: Kapselung und Segmentierung für AAL5

Interessanterweise bietet AAL5 fast die gleiche Funktionalität wie AAL3/4, ohne zusätzlich 4 Byte in jeder Zelle zu verwenden. CRC-32 erkennt z.B. verlorene oder falsch geordnete Zellen sowie Bitfehler in den Daten. Eine Prüfsumme über die gesamte PDU statt auf der Grundlage einzelner Zellen wie in AAL3/4 bietet sogar größeren Schutz. Beispielsweise besteht in AAL5 Schutz vor dem Verlust 16 aufeinander folgender Zellen. Dieses Ereignis würde von der mittels Sequenznummer durchgeführten Prüfung in AAL3/4 nicht erkannt werden. Im Vergleich zu einer 10-Bit-CRC schützt eine 32-Bit-CRC außerdem vor längeren Burst-Fehlern.

Als wichtigstes fehlt in AAL5 die Fähigkeit, eine zusätzliche Multiplexschicht für eine virtuelle Leitung mit Hilfe des MID-Felds bereitzustellen. Ob es sich hier um einen großen Verlust handelt, ist jedoch fraglich. Es ist auch in AAL5 möglich, durch Verwendung eines Demuxschlüssels den Verkehr von vielen Anwendungen und höheren Protokollen (siehe Abschnitt 1.3.1) auf eine virtuelle Leitung zu multiplexen. Es ist lediglich notwendig, paketweise statt zellenweise zu multiplexen.

Das Multiplexen des Verkehrs vieler verschiedener Anwendungen auf eine einzelne virtuelle Leitung hat Vor- und Nachteile. Wird beispielsweise für jede virtuelle Leitung, die man über ein Netzwerk einrichtet, eine Gebühr berechnet, kann sich das Multiplexen des Verkehrs vieler verschiedener Anwendungen auf eine Verbindung als Vorteil erweisen. Dieses Vorgehen hat andererseits den Nachteil, dass sich alle Anwendungen mit der jeweils für die eine Verbindung gewählten Dienstgüte (z.B. garantierte Verzögerung und Bandbreite) zufriedengeben müssen. Das kann bedeuten, dass einige Anwendungen nicht den nötigen oder erwarteten Dienst erhalten.

Im allgemeinen wurde AAL5 von der Computer-Kommunikationsgemeinde mit großer Mehrheit angenommen (zumindest von dem Teil, der überhaupt ATM akzeptiert hat). So ist AAL5 z.B. die von der IETF bevorzugte ATM-Adaptionsschicht für die Übertragung von IP-Datagrammen über ATM. Effizientere Nutzung der Bandbreite und einfaches Design sind die Hauptmerkmale, die AAL5 gegenüber AAL3/4 attraktiver erscheinen lassen.

3.3.3 Virtuelle Pfade

Wie bereits erwähnt, nutzt ATM einen 24-Bit-Bezeichner für virtuelle Leitungen. Diese Leitungen arbeiten fast genau wie die in Abschnitt 3.1.2 beschriebenen. Der 24-Bit-Bezeichner wird allerdings in zwei Teile zerlegt: einen 8-Bit-VPI (Virtual Path Identifier) und einen 16-Bit-VCI (Virtual Circuit Identifier). Dadurch entsteht effektiv eine aus zwei Ebenen bestehende Hierarchie virtueller Verbindungen. Um zu verstehen, wie eine solche Hierarchie funktioniert, betrachten wir folgendes Beispiel. (Wir ignorieren dabei, dass es an einigen Stellen ein NNI (Network-Network Interface) mit einem VPI unterschiedlicher Größe geben kann, und gehen einfach davon aus, dass nur 8-Bit-VPIs benutzt werden.)

Angenommen, ein Unternehmen hat zwei Standorte, die über ein öffentliches ATM-Netz verbunden sind. Jeder Standort des Unternehmens verfügt über ein Netzwerk aus ATM-Switchen. Man könnte zwischen den beiden Standorten allein mit dem VPI-Feld einen virtuellen Weg aufbauen. Folglich würden die Switche im öffentlichen Netzwerk den VPI als einziges Feld benutzen, um die Entscheidung über die Weiterleitung von Paketen zu treffen. Aus ihrer Sicht ist dies ein VC-Netzwerk mit 8-Bit-Bezeichnern für die Leitungen. Der 16-Bit-VCI ist für diese öffentlichen Switche uninteressant. Sie benutzen das Feld weder für die Vermittlung, noch wird es durch sie überschrieben. Innerhalb der Unternehmensstandorte wird jedoch der volle 24-Bit-Raum für die Vermittlung benutzt. Der gesamte Datenverkehr zwischen den beiden Standorten wird an einen Switch geleitet, der eine Verbindung zum öffentlichen Netz hat, und seine oberen 8 Bit (der VPI) werden auf den entsprechenden Wert abgebildet, um die Daten zum anderen Standort zu befördern. Dieses Konzept ist in Abb. 3.23 dargestellt. Der virtuelle Weg fungiert hier wie eine dicke Pipeline, die ein Bündel virtueller Leitungen umfasst, die alle die gleichen 8 Bit in ihrem werthöchsten Byte haben.

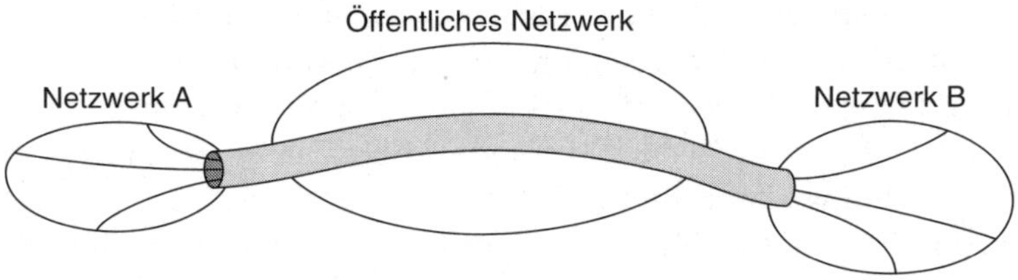

Abb. 3.23: Beispiel eines virtuellen Pfads

Der Vorteil dieses Ansatzes ist klar: Obwohl es in einem öffentlichen Netzwerk Tausende oder gar Millionen virtueller Verbindungen geben kann, verhalten sich die Switche im öffentlichen Netzwerk, als wäre nur eine Verbindung vorhanden. Das bedeutet, dass wesentlich weniger Informationen über den Verbindungszustand in den Switchen gespeichert werden müssen und keine aufwändigen Tabellen für VCI-Informationen erforderlich sind.

3.3.4 Bitübertragungsschichten für ATM

Das Schichtenmodell für Protokolldesign lässt auf den ersten Blick vermuten, dass wir uns über die Art der Punkt-zu-Punkt-Leitung, auf die ATM aufsetzt, keine Gedanken machen müssen. Dies erweist sich jedoch als falsch. Aus pragmatischen Gründen ist der ATM-Adapter, den man für eine Workstation oder einen ATM-Switch kauft, mit einem bestimmten Übertragungsmedium kombiniert, über das die ATM-Zellen gesendet werden sollen. Selbstverständlich trifft das auch auf andere Netzprotokolle, wie 802.5 und Ethernet, zu. Wie diese Protokolle kann auch ATM mit verschiedenen physikalischen Medien und Bitübertragungsprotokollen betrieben werden.

Zu Beginn der Standardisierung von ATM wurde angenommen, dass ATM auf der SONET-Bitübertragungsschicht (siehe Abschnitt 2.3.3) aufsetzen würde. Oft werden ATM und SONET sogar verwechselt, weil sie über so lange Zeit hinweg sehr eng gekoppelt waren. Es wurden zwar Standards für die Übertragung von ATM-Zellen in einem SONET-Frame definiert, und ATM-über-SONET-Produkte werden auf dem Markt angeboten, beide sind aber völlig unabhängig voneinander. Man kann beispielsweise eine SONET-Leitung von einer Telefongesellschaft mieten und beliebig Daten darüber versenden, darunter Pakete mit variabler Länge. Man kann auch ATM-Zellen über viele andere Bitübertragungsschichten außer SONET übertragen, und Standards wurden (bzw. werden) für diese Kapselungsarten definiert. Eine der ersten Bitübertragungsschichten für ATM war TAXI, die in FDDI benutzte Bitübertragungsschicht (Abschnitt 2.7). Ferner werden auch drahtlose Bitübertragungsschichten für ATM definiert.

Versendet man ATM-Zellen über ein physikalisches Medium, lautet die wichtigste Frage, wie man die Grenzen der ATM-Zellen findet. Das ist das in Kapitel 2 beschriebene Frame-Erzeugungsproblem. Bei SONET lassen sich die Grenzen durch zwei einfache Methoden finden. Eines der Overhead-Bytes im SONET-Frame kann als Zeiger zum Anfang einer ATM-Zelle in den SONET-Nutzdaten verwendet werden. Hat man den Anfang einer Zelle gekennzeichnet, ist klar, dass die nächste Zelle 53 Byte später in den SONET-Nutzdaten beginnt, usw. Theoretisch braucht man diesen Zeiger nur einmal zu lesen. In der Praxis ist es jedoch sinnvoll, ihn jedes Mal zu lesen, wenn der SONET-Overhead vorbeifließt, sodass man Fehler erkennen oder bei Bedarf die Synchronisation wiederherstellen kann.

Bei der zweiten Methode wird die Tatsache genutzt, dass jede Zelle im fünften Byte der Zelle eine CRC enthält. Führt man also eine CRC-Berechnung auf die letzten 5 empfangenen Byte durch und erhält man ein fehlerfreies Ergebnis, hat man mit großer Wahrscheinlichkeit gerade einen ATM-Header gelesen. Passiert dies mehrmals in einer Folge von 53-Byte-Intervallen, kann man mit ziemlicher Sicherheit davon ausgehen, die Zellengrenze gefunden zu haben.

3.3.5 ATM im LAN

Wir haben oben erwähnt, dass ATM der Telefongemeinde entstammt, die diese Technologie als Möglichkeit betrachtete, große öffentliche Netzwerke für die Übertragung von Sprache, Video und Daten zu entwickeln. ATM wurde später aber von Teilen der Computer- und Datenindustrie als eine in LANs verwendbare Technologie aufgegriffen – zur Ablösung von Ethernet und 802.5. Seine Beliebtheit in diesem Bereich kann damals im Wesentlichen zwei Faktoren zugeschrieben werden:

- ATM ist eine vermittelte Technologie im Gegensatz zu Ethernet und 802.5, die ursprünglich als Technologien mit gemeinsamer Mediennutzung angesehen wurden.
- ATM wurde für den Betrieb über Leitungen mit Geschwindigkeiten von 155 Mbit/s und höher ausgelegt, verglichen mit den Geschwindigkeiten von ursprünglich 10 Mbit/s bei Ethernet und 4 oder 16 Mbit/s beim Token Ring.

Als die ersten ATM-Switche auf den Markt kamen, boten sie beträchtliche Vorteile gegenüber den bestehenden Lösungen. Insbesondere haben vermittelte Netzwerke einen großen Leistungsvorteil vor Netzwerken mit gemeinsamer Mediennutzung: Ein einzelnes Netzwerk mit gemeinsamem Medium hat eine fest Gesamtbandbreite, die sich alle angeschlossenen Hosts teilen müssen. Demgegenüber erhält jeder Host in einem vermittelten Netzwerk seine eigene dedizierte Leitung zum Switch. Folglich besitzen vermittelte Netzwerke gegenüber denen mit gemeinsamen Übertragungsmedien eine besser skalierbare Leistungsfähigkeit auf.

Andererseits kann man feststellen, dass die Unterscheidung zwischen vermittelten Netzwerken und solchen mit gemeinsamem Medium nicht so eindeutig ist. Eine Bridge, die eine Reihe von Netzwerken mit gemeinsamem Medium verbindet, ist ebenfalls ein Switch. So ist es möglich (und recht üblich), nur einen Host an ein Segment anzuschließen, womit er dedizierten Zugang zu dieser Bandbreite hat. Etwa zur gleichen Zeit, als ATM-Switche erschienen, wurden leistungsstarke Ethernet-Switche auf dem Markt eingeführt. Diese Geräte verfügen über zahlreiche Ports und einen hohen Gesamtdurchsatz. Mit der Definition des 100-Mbit/s-Ethernet-Standards näherte sich die Leitungsgeschwindigkeit von Ethernet über Twisted-Pair derjenigen von ATM.

All dies reichte nicht aus, um ATM aus der LAN-Welt völlig zu verdrängen. Ein Vorteil von ATM gegenüber Ethernet blieb die uneingeschränkte Reichweite der ATM-Leitungen. Außerdem wurden bald ATM-Leitungen mit höherer Kapazität (z.B. 622 Mbit/s) verfügbar. Dadurch wurde ATM als leistungsstärkerer »Backbone« größerer LANs relativ beliebt. Eine verbreitete Konfiguration bestand aus Hosts, die an Ethernet-Switche angeschlossen sind, die ihrerseits über ATM-Switche miteinander verbunden werden konnten, wie aus Abb. 3.24 ersichtlich wird. Hochleistungs-Server können ebenfalls direkt an den ATM-Switch angeschlossen werden, wie Host H7 in diesem Beispiel.

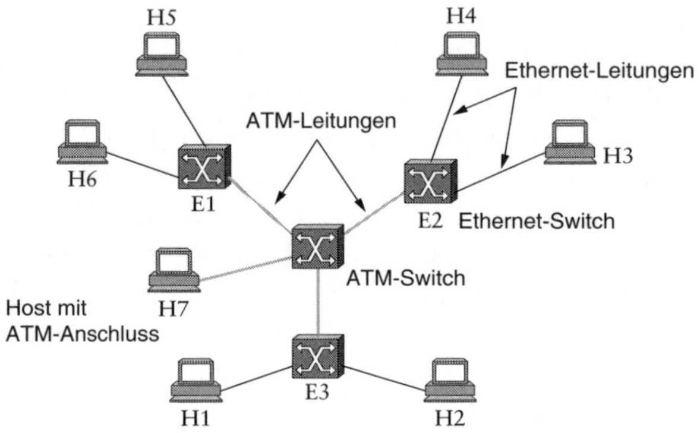

Abb. 3.24: Einsatz von ATM als LAN-Backbone

In jüngster Vergangenheit hat das Gigabit-Ethernet für LAN-Backbones und Server-Verbindungen ATM den Rang abgelaufen. Gigabit-Ethernet basiert auf dem gleichen Frame-Format wie konventionelles Ethernet, nutzt aber vorwiegend Punkt-zu-Punkt-Glasfaserverbindungen und unterstützt relativ große Reichweiten (bis zu mehreren Kilometern). Mit dem grundsätzlich gleichen Ansatz wird die Geschwindigkeit mittlerweile auf 10-Gbit/s ausgedehnt.

Ein entscheidendes Problem mit ATM im LAN ist, dass es nicht wie ein »herkömmliches« LAN aussieht. Da die meisten LANs (d.h. Ethernet und Token-Ring) auf der gemeinsamen Mediennutzung basieren (d.h. jeder Knoten im LAN ist an die gleiche Verbindungsleitung angeschlossen), lassen sich Broadcast (Senden an alle) und Multicast (Senden an eine Gruppe) leicht implementieren. Folglich hängen viele der in LANs benutzten Protokolle (z.B. das in Abschnitt 4.1.5 beschriebene ARP (Address Resolution Protocol)) von der Fähigkeit des LANs ab, Multicast und Broadcast zu unterstützen. Aufgrund seiner verbindungsorientierten und vermittelten Natur verhält sich ATM aber anders als ein LAN mit gemeinsamem Medium. Wie kann man in einem ATM-LAN beispielsweise eine Nachricht an alle Knoten rundsenden, wenn man nicht alle ihre Adressen kennt, und wie richtet man virtuelle Leitungen an alle ein?

Für dieses Problem gibt es zwei in der Praxis erprobte Lösungen. Bei einer wird das Design derjenigen Protokolle geändert, insoweit es auf Annahmen über LANs basiert, die für ATM nicht zutreffen. Folglich gibt es z.B. ein neues Protokoll, das ATMARP, das im Gegensatz zum herkömmlichen ARP nicht von Broadcast abhängt. Wir werden dies in Abschnitt 4.1.5 besprechen. Bei der anderen Alternative wird dafür gesorgt, dass sich ATM hinsichtlich der Unterstützung von Multicast und Broadcast mehr wie ein LAN mit gemeinsamer Mediennutzung verhält, ohne jedoch die Leistungsvorteile eines vermittelten Netzwerks einzubüßen. Diese Methode wurde vom ATM-Forum als »LAN-Emulation« bzw. LANE spezifiziert (man müsste es richtiger aber »Emulation für gemeinsame Mediennutzung« nennen). Diese Spezifikation zielt darauf ab, ATM-LANs funktionell zu erweitern, sodass alles, was über ein LAN mit gemeinsamer Mediennutzung läuft, auch in einem ATM-LAN eingesetzt werden kann. Obwohl LANE inzwischen als historische Kuriosität angesehen werden kann, stellt es doch eine interessante Fallstudie dazu dar, wie der Schichtenansatz in Netzwerken funktioniert. Indem man die »ATM-Schicht« dem Ethernet ähnlich machte, funktionierten die Protokolle der höheren Schichten, die mit Ethernet liefen, auch hier ohne Änderungen.

Ein eher verwirrender Aspekt der LAN-Emulation ist die Verschiedenartigkeit der benutzten Adressen und Bezeichner. Alle ATM-Geräte müssen eine ATM-Adresse haben, die bei der Signalisierung für den Aufbau einer virtuellen Leitung benutzt wird. Wie oben erwähnt, unterscheiden sich diese Adressen von den in Ethernet-, Token-Ring- und ähnlichen Netzwerken verwendeten MAC-Adressen gemäß IEEE-Standard (IEEE 802 MAC). Möchten wir das Verhalten dieser LAN-Arten emulieren, braucht jedes Gerät also eine MAC-Adresse (48 Bit, global eindeutig). Schließlich unterscheidet sich auch ein VCI deutlich von einer Adresse. Der VCI ist die Kurzbezeichnung, die benutzt wird, um Zellen über eine aufgebaute Verbindung zu befördern. Man muss aber zuerst eine Verbindung aufbauen, und hierfür braucht man eine ATM-Adresse.

Durch die LAN-Emulation ändert sich nicht die Funktionalität von ATM-Switchen. Sie erweitert vielmehr die Funktionalität des Netzwerks durch eine Reihe von Servern. Die an das ATM-Netzwerk angeschlossenen Geräte – Hosts, Bridges, Router – gelten als LAN Emulation Clients (LECs). Die Interaktion zwischen LECs und den verschiedenen Servern führt zu einem Netzverhalten, das sich aus Sicht eines höheren Protokolls nicht von dem eines Ethernet- oder Token-Ring-Netzes unterscheidet. Abb. 3.25 zeigt die Protokollschichten in einem Fall, bei dem zwei Hosts über ein ATM-Netz, das ein LAN emuliert, kommunizieren. Mit »Ethernet-ähnlichem Interface« ist gemeint, dass die auf den höheren Schichten angebotenen Dienste mit denen eines Ethernet identisch sind: Frames können einer beliebigen MAC-Adresse im LAN zugestellt, an alle Ziele im LAN rundgesendet (Broadcast) werden usw.

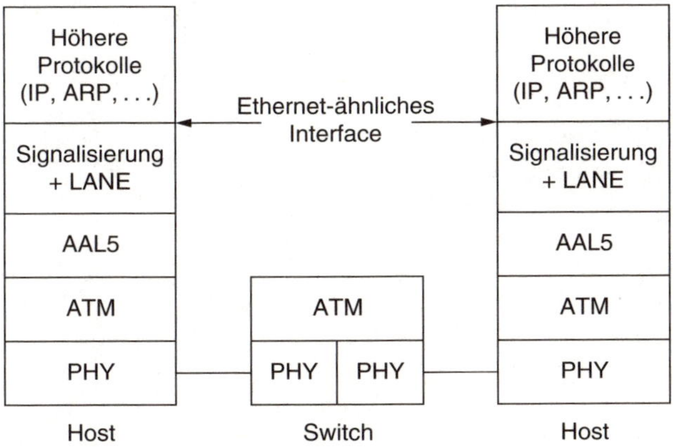

Abb. 3.25: Protokollschichten in einer LAN-Emulation

Für die Einrichtung eines emulierten LAN sind folgende Server erforderlich:

- LAN Emulation Configuration Server (LECS)
- LAN Emulation Server (LES)
- Broadcast and Unknown Server (BUS)

Diese Server können sich physisch in einem oder mehreren Geräten, möglicherweise in einem der Hosts, oder in anderen an das ATM-Netz angeschlossenen Geräten befinden. LECS und LES führen vorwiegend Konfigurationsfunktionen aus, während der BUS eine zentrale Rolle dabei spielt, den Datentransfer in einem ATM-Netz dem eines LAN mit gemeinsamer Mediennutzung ähneln zu lassen.

Der LECS versorgt einen neu angeschlossenen oder hochgefahrenen LAN Emulation Client (z.B. einen Host) mit einigen wichtigen Informationen. Zunächst muss der Client den LECS jedoch finden. Er kann dies durch Verwendung eines wohlbekannten vordefinierten VC, der immer aufgebaut bleibt. Alternativ benötigt der Client vorab Kenntnis der ATM-Adresse des LECS, damit er einen VC dorthin aufbauen kann. Steht die Verbindung zum LECS, übergibt der Client dem LECS seine ATM-Adresse, und der LECS antwortet, indem er dem Client die emulierte LAN-Art (Ethernet oder Token-Ring), die maximale Paketgröße und die ATM-Adresse des LES mitteilt. Ein einzelner LECS kann viele getrennte emulierte LANs unterstützen.

Dann signalisiert der Client dem LES, dessen ATM-Adresse er gerade erfahren hat, den Wunsch, eine Verbindung zu ihm aufzubauen. Steht die Verbindung zum LES, registriert der Client seine MAC- und ATM-Adresse beim LES. Unter anderem liefert der LES dem Client die ATM-Adresse des BUS.

Der BUS unterhält einen einzelnen Punkt-zu-Multipunkt-VC, über den er mit allen registrierten Clients verbunden ist. Damit wird augenscheinlich, dass der BUS und dieser Multipunkt-VC für die LAN-Emulation entscheidend sind: Sie ermöglichen die Broadcast-Fähigkeit herkömmlicher LANs in einer VC-Umgebung. Verfügt ein LEC über die ATM-Adresse des BUS, baut er eine Verbindung zum BUS auf. Der BUS fügt im Gegenzug den LEC zum Punkt-zu-Multipunkt-VC hinzu. Anschließend kann der LEC am Datentransfer teilnehmen. Eine Anordnung, bei der zwei Hosts mit dem LES und dem BUS verbunden sind, und der BUS den Punkt-zu-Multipunkt-VC zu beiden aufgebaut hat, wird aus Abb. 3.26 ersichtlich. Der LECS ist nicht dargestellt.

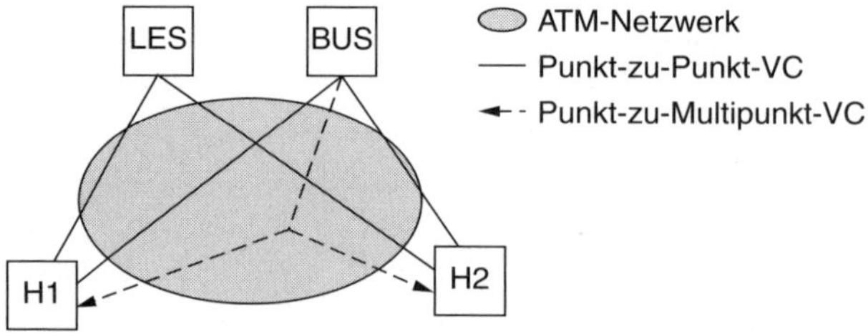

Abb. 3.26:
Server und Clients in einem emulierten LAN

Die Verbindung des LEC mit dem BUS mag aufwändig erscheinen, lohnt sich aber, weil die Aufteilung von Funktionen auf die Server aus Sicht der Netzadministration vorteilhaft ist. Beispielsweise lassen sich viele Informationen in einem LECS zentral verwalten, statt sie auf viele LES zu verteilen. So wird der Umfang spezieller Konfigurationen in jedem Host auf ein Mindestmaß reduziert.

Es dürfte klar sein, dass der BUS die Stelle ist, an die jedes Paket zu richten ist, das an alle Clients im LAN rundgesendet werden soll. Der BUS könnte zwar auch dazu benutzt werden, Unicast-Pakete zu übermitteln, dies wäre jedoch ineffizient. Stattdessen werden Unicast-Pakete wie folgt gehandhabt: Ein Host möchte ein Paket an eine bestimmte MAC-Adresse senden. In einem herkömmlichen LAN könnte man das Paket auf die Leitung legen, und der Empfänger würde es entgegennehmen. In einem emulierten LAN muss das Paket dem Empfänger über eine virtuelle Leitung zugestellt werden. Ein neu angeschlossener Host hätte eine virtuelle Leitung zum LES und BUS, nicht aber zum Empfänger. Noch schlimmer: er würde die ATM-Adresse des Empfängers, die für den Aufbau einer virtuellen Leitung nötig ist, nicht kennen. Der Host führt also folgende Schritte durch:

- Er sendet das Paket an den BUS, weil er weiß, dass dieser das Paket über seinen Punkt-zu-Multipunkt-VC an das Ziel übertragen kann.
- Er sendet eine Anfrage für die »Adressauflösung« an den LES, etwa in der Form: »Welche ATM-Adresse entspricht dieser MAC-Adresse?«

Da die MAC- und ATM-Adressen aller Clients normalerweise beim LES registriert sind, kann der LES die Anfrage beantworten und dem Client eine ATM-Adresse mitteilen. Der Client kann dem Empfänger nun den Aufbau eines VC signalisieren und dann die *folgenden* Frames über diesen VC an das Ziel senden. Das erste Paket wird unter Zuhilfenahme des BUS gesendet, um die Verzögerung zu minimieren, weil es eine gewisse Zeit dauern kann, bis eine Antwort vom LES zurückkommt und ein VC aufgebaut ist.

Dieses Verfahren birgt das Detailproblem, dass LANs normalerweise Frames nicht in falscher Reihenfolge zustellen dürfen, was auch von einem emulierten LAN erwartet wird. Wenn aber einige Frames über den BUS und weitere dann später über eine Direktverbindung übertragen werden, kommt die Reihenfolge möglicherweise durcheinander. Die Verfahren der LAN-Emulation beinhalten daher einen »Flush-Mechanismus«, der sicherstellt, dass das zuletzt auf dem einen Pfad gesendete Paket angekommen ist, bevor ein weiteres auf einem neuen Pfad gesendet wird.

Bei dem obigen Verfahren würde ein Client letztendlich über direkte virtuelle Leitungen zu allen Zielen verfügen, an die er je Daten gesendet hat. Das könnte zu einer übermäßigen Anzahl an virtuellen Leitungen führen. Deshalb kann ein Client einen Caching-Algorithmus anwenden, um sich aller nicht mehr aktiven virtuellen Leitungen zu entledigen. Ein »Cache-Fehlschlag« (d.h. die Ankunft eines Pakets, das an ein Ziel gesendet werden muss, für das keine virtuelle Leitung vorhanden ist) wird dadurch gehandhabt, dass das Paket an den BUS gesendet wird.

3.4 Implementierung und Leistung

Bisher haben wir uns damit beschäftigt, was ein Switch tut, ohne auf das Wie einzugehen. Ein Switch lässt sich recht einfach aufbauen: Man kauft eine Workstation und stattet sie mit einer Reihe von Netzwerkkarten aus. Ein solches, mit der entsprechenden Software ausgestattetes Gerät kann Pakete über eines seiner Interfaces empfangen, die oben beschriebenen Vermittlungsfunktionen ausführen und Pakete über ein anderes Interfaces senden. Das ist tatsächlich eine beliebte Vorgehensweise beim Aufbau experimenteller Switche, wenn man bestimmte Aufgaben wie die Entwicklung neuer Routing-Protokolle untersuchen will, weil sie hohe Flexibilität und eine vertraute Programmierumgebung bietet. Sie ist auch nicht allzu weit von der Architektur vieler einfacher Router entfernt (die, wie wir im nächsten Kapitel sehen werden, viele Gemeinsamkeiten mit Switchen haben.)

Die in Abb. 3.27 dargestellte Workstation mit drei Netz-Interfaces dient als Switch. Aus der Abbildung wird der Pfad ersichtlich, den ein Paket ab Ankunft an Interface 1 bis zum Ausgang an Interface 2 einschlagen kann. Wir gehen hier davon aus, dass die Workstation über einen Mechanismus verfügt, um Daten direkt von einem Interface in den Arbeitsspeicher zu bewegen, ohne sie von der CPU kopieren zu lassen. Wir haben es hier also mit dem in Abschnitt 2.9 beschriebenen Direktspeicherzugriff (DMA) zu tun. Befindet sich das Paket einmal im Speicher, prüft die CPU den Header, um festzustellen, über welches Interface das Paket übermittelt werden soll. Dann wird das Paket mittels DMA an das entsprechende Interface befördert. In Abb. 3.27 ist das zur CPU fließende Paket nicht dargestellt, weil die CPU nur den Paket-Header prüft. Sie muss nicht jedes im Paket enthaltene Daten-Byte lesen.

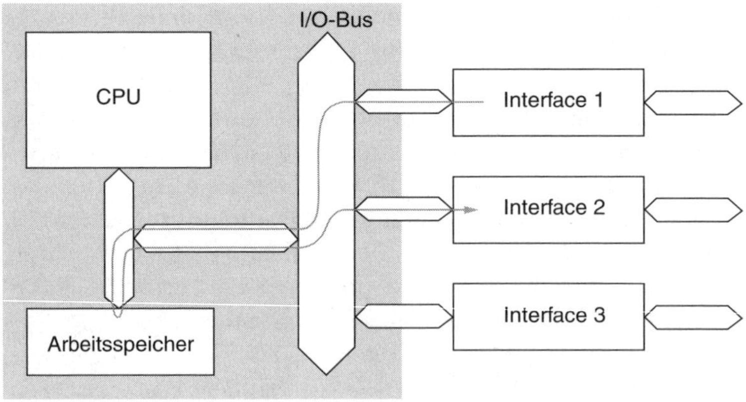

Abb. 3.27: Verwendung einer Workstation als Paket-Switch

Problematisch bei der Verwendung einer Workstation als Switch ist vor allem ihre Performance, weil diese dadurch begrenzt wird, dass alle Pakete einen gemeinsamen »Flaschenhals« durchlaufen müssen. Im dargestellten Beispiel kreuzt jedes Paket den

I/O-Bus zweimal und wird je einmal in den Arbeitsspeicher geschrieben sowie von dort gelesen. Die obere Grenze für den Gesamtdurchsatz eines solchen Geräts (die gesamte unterstützbare Datenrate, summiert über alle Eingänge) beträgt also entweder die Hälfte der Geschwindigkeit des Arbeitsspeichers oder die Hälfte der Bandbreite des I/O-Busses, je nachdem, welcher Wert geringer ist (normalerweise ist das die Bandbreite des I/O-Busses). So kann z.B. eine Workstation mit einem 33 MHz-schnellen und 32-Bit-breiten I/O-Bus Daten mit einer Spitzenrate von etwas mehr als 1 Gbit/s transportieren. Da zum Weiterleiten eines Pakets der Bus 2-mal passiert werden muss, liegt die tatsächliche Rate bei 500 Mbit/s, was ausreichend ist, um fünf 100-Mbit/s-Ethernet-Karten zu unterstützen. In der Praxis wird diese Spitzenrate aber nicht dauernd erreicht, sodass es wahrscheinlicher ist, dass solch eine Workstation lediglich drei oder vier Netzwerkkarten unterstützen kann.

Bei dieser Obergrenze sind wir außerdem davon ausgegangen, dass die Verschiebung von Daten das einzige Problem ist. Diese Annahme ist bei längeren Paketen sicherlich gerechtfertigt, bei kurzen aber falsch. In letzterem Fall nämlich dürften die Kosten für die Verarbeitung jedes Pakets – Analyse des Headers und Feststellung der für die Übertragung zu verwendenden Ausgangsleitung – dominieren. Man betrachte als Beispiel eine Workstation, die 500.000 Pakete pro Sekunde vermitteln kann. Dies nennt man auch die *pps*-Rate (Pakete pro Sekunde). (Diese Zahl gibt etwa einen Mittelwert für heutige PCs der oberen Leistungsklasse.) Ist das Durchschnittspaket kurz, z.B. 64 Byte, wäre das mit der Formel

$$\begin{aligned}\text{Durchsatz} &= \text{pps} \times (\text{BitProPaket})\\ &= 500 \times 10^3\ \text{pps} \times 64 \times 8\ \text{bit/Paket}\\ &= 256 \times 10^6\ \text{bit/s}\end{aligned}$$

ein Durchsatz von 256 Mbit/s, also weit unter dem Bereich, den Benutzer heute von ihren Netzwerken erwarten. Man beachte, dass diese 256 Mbit/s von allen an den Switch angeschlossenen Benutzern geteilt werden, vergleichbar zu den 10 Mbit/s eines Ethernet, die von allen an das gemeinsame Medium angeschlossenen Benutzern gemeinsam benutzt werden. Ein 10-Port-Switch z.B. kann bei diesem Gesamtdurchsatz jedem Port nur eine Datenrate von 25,6 Mbit/s zur Verfügung stellen.

Um dieses Problem zu lösen, wurden zahlreiche verschiedene Switch-Designs entworfen, die Flaschenhälse weitgehend eliminieren und einen hohen Gesamtdurchsatz bieten. Man beachte, dass eine gewisse Konkurrenz unvermeidbar ist: Hat jeder Eingang Daten an einen einzigen Ausgang zu senden, können dies nicht alle gleichzeitig tun. Kommen aber Daten, die für unterschiedliche Ausgänge bestimmt sind, an verschiedenen Eingängen an, so kann ein gut ausgelegter Switch diese parallel von Ein- zu Ausgängen schieben, und damit den Gesamtdurchsatz erhöhen.

3.4.1 Ports

Durchsatz

Die Definition des Durchsatzes eines Switch erweist sich als sehr schwierig. Intuitiv würde man meinen, dass der Durchsatz eines Switch mit *n* Eingängen und je einer Geschwindigkeit von s_n einfach die Summe aller s_n sein muss. Das ist tatsächlich der bestmögliche Durchsatz, den ein solcher Switch bietet, den aber keiner im praktischen Betrieb gewährleisten kann. Der Grund dafür ist leicht verständlich. Angenommen, der gesamte über eine bestimmte Zeit beim Switch ankommende Verkehr muss an den gleichen Ausgang gesendet werden. Solange die Bandbreite dieses Ausgangs kleiner als die Summe der Eingangsbandbreiten ist, muss ein Teil des Verkehrs entweder zwischengespeichert oder verworfen werden. Bei diesem spezifischen Verkehrsmuster kann der Switch keinen Durchsatz erzielen, der höher als die Leitungsgeschwindigkeit dieses Ausgangs ist. Ein Switch könnte aber den in voller Leitungsgeschwindigkeit an allen Eingängen ankommenden Verkehr bewältigen, wenn er sich über alle Ausgänge gleichmäßig verteilt. Das wäre die optimale Situation.

Als weiterer Faktor wirkt sich die Größe der an den Eingängen ankommenden Pakete auf die Leistung von Switchen aus. Bei einem ATM-Switch ist das normalerweise keine Frage, weil alle »Pakete« (Zellen) gleich lang sind. Bei Ethernet-Switchen oder IP-Routern sind demgegenüber Pakete in verschiedenen Größen möglich. Manche der von einem Switch durchzuführenden Operationen verursachen einen konstanten Overhead pro Paket, sodass ein Switch höchstwahrscheinlich eine unterschiedliche Leistung erbringt, je nachdem, ob alle ankommenden Pakete sehr kurz, sehr lang oder gemischt sind. Aus diesem Grund werden Router oder Switche, die Pakete mit variabler Länge weiterleiten, oft nach der *pps*-Rate (*packet per second*) sowie einem Durchsatz in Bit pro Sekunde charakterisiert. Die pps-Rate wird normalerweise in Paketen minimaler Größe gemessen.

Als erstes fällt einem bei dieser Beschreibung auf, dass der Durchsatz des Switch eine Funktion des Verkehrs ist, den er bewältigen muss. Beim Design von Switchen verbringen die Entwickler meist viel Zeit mit dem Versuch, Verkehrsmodelle zu entwerfen, die annähernd das Verhalten des echten Datenverkehrs aufweisen. Es hat sich gezeigt, dass es extrem schwierig ist, akkurate Modelle auszuarbeiten. Bei einem Verkehrsmodell sind mehrere Elemente zu beachten: 1. wann die Pakete ankommen, 2. für welche Ausgänge sie bestimmt sind, und 3. wie groß sie sind.

Die Verkehrsmodellierung ist in der Telekommunikation eine bestens etablierte Methode, die sich in der Welt der Telefonie gut bewährt hat. Sie ermöglicht es Telefongesellschaften, ihre Netzwerke so auszulegen, dass das erwartete Aufkommen effizient bedient werden kann. Das ist teilweise darauf zurückzuführen, dass sich das Verhalten der Menschen beim Telefonieren im Lauf der Zeit kaum geändert hat: Die Häufigkeit der geführten Gespräche, ihre

Dauer und die üblichen Spitzenzeiten, z.B. an Feiertagen, sind seit Jahren immer gleich.[a] Demgegenüber ist die computergestützte Kommunikationstechnik durch eine rapide Evolution gekennzeichnet. Fast über Nacht kann eine neue Anwendung wie das World Wide Web die Verkehrsmuster völlig verändern, sodass die effektive Modellierung von Rechnernetzen viel schwieriger ist. Dennoch gibt es einige hervorragende Bücher und Artikel zu diesem Thema (siehe Literaturhinweise am Ende dieses Kapitels).

Abgesehen von der Schwierigkeit, gute Verkehrsmodelle auszuarbeiten, ist *Konkurrenzbetrieb* eines der größten Probleme bei der Entwicklung eines Switches. Das obige Beispiel (den gesamten Verkehr an den gleichen Ausgang zu senden) verdeutlicht die Konkurrenz um einen Ausgang. Diese Art der Konkurrenz lässt sich kaum vermeiden: Man kann einfach nicht mehr Verkehr in eine Ausgangsleitung »stopfen« als diese fassen kann. Die meisten Switch-Designs sind aber auch in gewissem Umfang einer internen Konkurrenz ausgesetzt. Der Konkurrenzumfang unter verschiedenen Verkehrslasten bestimmt die Leistung des Switch.

Um eine Vorstellung von dem Bereich des Durchsatzes zu geben, über den sich Designer Gedanken machen müssen, betrachte man einen Router im oberen Leistungsbereich, wie er derzeit im Internet eingesetzt wird. Er unterstützt beispielsweise 10 OC-192-Leitungen mit einem Durchsatz von ca. 100 Gbit/s. Man beachte, dass ein 100-Gbit/s-Switch, der einen konstanten Strom von 64-Byte-Paketen bearbeiten soll, eine pps-Rate von

$$100 \times 10^9 \text{ bit/s} \div (64 \times 8 \text{ bit/Paket}) = 195 \times 10^6 \text{ pps}$$

aufweisen müsste.

a. Diese Aussage kann man seit kurzem auf Grund der Verbreitung von Faxgeräten und Computermodems zum Internet-Anschluss so uneingeschränkt nicht mehr treffen.

Die meisten Switche sehen konzeptionell so ähnlich aus wie der in Abb. 3.28. Sie bestehen aus einer Reihe von *Ein- und Ausgangs-Ports* sowie einem *Schaltnetzwerk* (Switching Fabric). In der Regel gibt es mindestens einen Steuerprozessor, der für den Switch verantwortlich ist und der direkt oder via Schaltnetzwerk mit den Ports kommuniziert. Die Ports wiederum kommunizieren mit der Außenwelt. Sie können optische Empfänger und Laser, Puffer für die Zwischenspeicherung von Paketen (Zellen) und oft eine beträchtliche Menge anderer Schaltungen beinhalten. Das Schaltnetzwerk erfüllt eine einfache, gut definierte Aufgabe: Wird ihm ein Paket vorgesetzt, muss es dieses an den richtigen Ausgang befördern.

Die Ports haben dabei unter anderem die Aufgabe, die Komplexität der realen Welt derart zu bewältigen, dass das Schaltnetzwerk seine relativ einfache Aufgabe durchführen kann. Nehmen wir beispielsweise an, dieser Switch unterstützt ein Kommunikationsmodell mit virtuellen Leitungen. Im Allgemeinen enthalten die

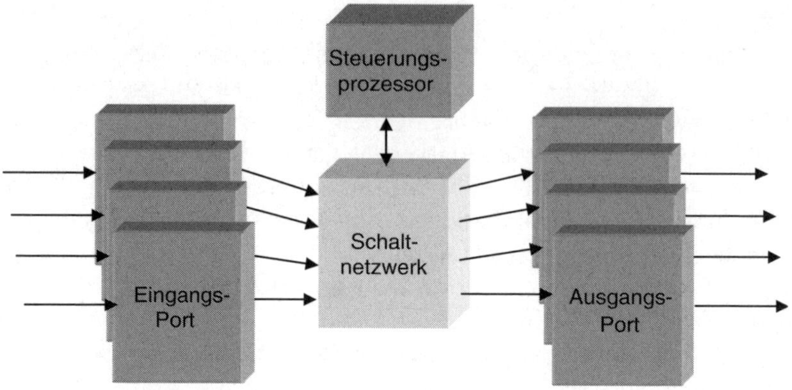

Abb. 3.28: Aufbau eines 4×4-Switch

Ports auch die Tabellen mit den Verbindungszuständen der virtuellen Leitungen (VCs), die in Abschnitt 3.1.2 beschrieben wurden. Die Ports verwalten Tabellen mit den momentan benutzten virtuellen Leitungsbezeichnern (VCIs), die Informationen darüber enthalten, an welchen Ausgang ein Paket für einen bestimmten VCI zu senden und wie der VCI umzuschreiben ist, um Eindeutigkeit auf der abgehenden Leitung sicherzustellen. Auf ähnliche Weise können die Ports eines Ethernet-Switch Tabellen speichern, in denen die Ethernet-Adressen auf Ausgangs-Ports und umgekehrt abgebildet werden (also die in Abschnitt 3.2 beschriebenen, von Bridges verwendeten Weiterleitungstabellen). Gelangt ein Paket von einem Eingangs-Port zum Schaltnetzwerk, weiß der Port im Allgemeinen, wohin das Paket geschickt werden muss. Er konfiguriert das Schaltnetzwerk dann entweder entsprechend, indem er ihm einige Steuerinformationen übergibt oder ausreichend Informationen direkt an das Paket anhängt (z.B. die Nummer eines Ausgangs-Ports), damit das Schaltnetzwerk seine Arbeit automatisch verrichten kann. Die so arbeitenden Schaltnetzwerke gelten als »eigenvermittelnd« (*self-routing*), weil sie für das Weiterleiten von Paketen keine externe Steuerung benötigen. Ein Beispiel für ein eigenvermittelndes Schaltnetzwerk wird im Folgenden besprochen.

Der Eingangs-Port ist die erste Stelle, an der man Leistungsengpässe vorfindet. Er muss einen andauernden Strom von Paketen empfangen, Informationen im Header eines jeden analysieren, um den bzw. die richtigen Ausgangs-Ports für das Paket zu ermitteln, und das Paket an das Schaltnetzwerk weitergeben. Welche Header-Analyse im Einzelfall durchgeführt wird, reicht von einer einfachen Tabellensuche nach einem VCI bis zu komplexen Matching-Algorithmen, mit denen viele Felder im Header überprüft werden. Diese Operationen erweisen sich gelegentlich als problematisch, wenn die durchschnittliche Paketgröße sehr klein ist. Zum Beispiel müssen 64-Byte-Pakete, die über eine OC-48-Leitung an einem Port eintreffen, mit einer Rate von

$$2{,}48 \times 109 \text{ bit/s} / (64 \times 8 \text{ bit/Paket}) = 4{,}83 \times 106 \text{ pps}$$

verarbeitet werden. Mit anderen Worten: Wenn kleine Pakete mit maximaler Rate auf dieser Leitung eintreffen (das ist der Worst-Case, auf den die meisten Ports ausgelegt sind), so hat der Eingangs-Port etwa 200 Nanosekunden zur Verarbeitung jedes Paketes zur Verfügung.

Eine weitere wichtige Funktion von Ports ist die Zwischenspeicherung (*buffering*). Diese kann sowohl im Eingangs- als auch im Ausgangs-Port erfolgen. Sie kann auch innerhalb des Schaltnetzwerks stattfinden. Im letzten Fall nennt man sie *interne Zwischenspeicherung*. Einfache Eingangspufferung unterliegt einigen bedeutenden Einschränkungen. Stellen Sie sich einen Eingangspuffer vor, der als FIFO-Speicher aufgebaut ist. Pakete kommen beim Switch an und werden in den Eingangspuffer gestellt. Der Switch versucht dann, die Pakete vom Kopfende jeder FIFO-Schlange an den entsprechenden Ausgangs-Port weiterzuleiten. Sind die Pakete am Kopfende mehrerer Eingangs-Ports aber gleichzeitig für den gleichen Ausgangs-Port bestimmt, kann nur eines davon übermittelt werden;[4] der Rest muss im jeweiligen Eingangspuffer bleiben.

Dies hat vor allem den Nachteil, dass die am Kopfende des Eingangspuffers verbleibenden Pakete andere Pakete weiter hinten im Puffer daran hindern, ihre Ausgänge möglichst schnell zu erreichen, auch wenn um diese Ausgänge momentan nicht konkurriert wird. Dieses Phänomen nennt man *Head-of-Line-Blocking*. Ein einfaches Beispiel dieser Blockierung wird aus Abb. 3.29 ersichtlich. Dabei wird ein für Port 1 bestimmtes Paket durch ein für Port 2 anstehendes Paket blockiert. Folgende Aussage kann man beweisen: Wenn Verkehr gleichmäßig auf die Ausgänge verteilt ist, reduziert das Head-of-Line-Blocking den Durchsatz eines Switch mit Eingangspuffern auf 59% des theoretischen Maximums (welches die Summe der Bandbreite aller Leitungen des Switch ist). Folglich nutzen die meisten Switche entweder die reine Ausgangszwischenspeicherung oder eine Mischung aus interner und Ausgangszwischenspeicherung. Diejenigen, die Eingangspufferung verwenden, benötigen ausgefeilte Speicherverwaltungsroutinen, um das Head-of-Line-Blocking zu vermeiden.

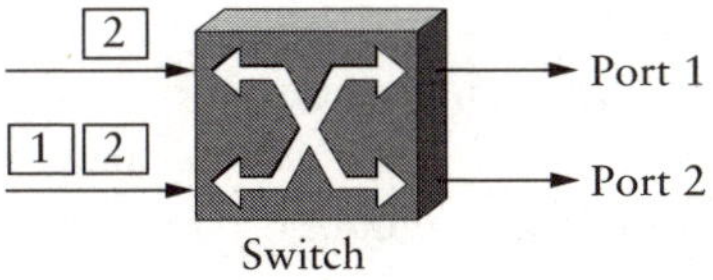

Abb. 3.29:
Einfache Darstellung des Head-of-Line-Blocking

Im Grunde geht der Aufgabenbereich von Puffern über das Zwischenspeichern von Paketen, die auf ihre Übertragung warten, hinaus. Puffer stellen die Hauptursache für Verzögerungen in einem Switch dar. Hier ist auch die Wahrscheinlichkeit am

4. Bei einem einfachen Switch mit Eingangspuffer kann jeweils ein Paket an einen bestimmten Ausgangs-Port gesendet werden. Man kann aber Switche entwickeln, die mehr als ein Paket gleichzeitig an den gleichen Ausgang leiten können. Dadurch erhöht sich natürlich die Komplexität des Switch. Außerdem besteht hinsichtlich der Anzahl von Paketen mit gleichem Ausgangs-Port immer eine Obergrenze.

größten, dass Pakete verloren gehen, weil kein Platz zum Zwischenspeichern vorhanden ist. Die Puffer sind daher die entscheidende Stelle, an der die von einem Switch gebotene Dienstgüte bestimmt wird. Wurde ein bestimmtes Paket beispielsweise über einen VC gesendet, für den eine garantierte Verzögerung besteht, kann es sich nicht leisten, für lange Zeit in einem Puffer zu warten. Das bedeutet, dass die Puffer im Allgemeinen mit Hilfe von Paket-Scheduling und Puffer-Management-Algorithmen verwaltet werden müssen, die zahlreiche Dienstgüteanforderungen unterstützen. Dieses Thema wird ausführlich in Kapitel 6 behandelt.

3.4.2 Schaltnetzwerke

Obwohl es eine Unmenge von Forschungsarbeiten zum Design von effizienten und skalierbaren Schaltnetzwerken gegeben hat, ist es für unsere Zwecke ausreichend, die Eigenschaften eines solches Schaltnetzwerks auf einem relativ abstrakten Niveau zu verstehen. Ein Schaltnetzwerk soll dazu in der Lage sein, Pakete mit geringster Verzögerung vom Eingangs- zum Ausgangs-Port zu befördern, sodass dabei die Durchsatzanforderungen für den Switch erfüllt werden. Das bedeutet in der Regel, dass das Schaltnetzwerk einen bestimmten Grad an Parallelverarbeitung ermöglichen muss. Ein Hochleistungsschaltnetzwerk mit n Ports ist meist in der Lage, ein Paket von jedem seiner Ports gleichzeitig zum jeweiligen Ausgangs-Port zu schicken. Folgende Typen von Schaltnetzwerken sind von Bedeutung:

- *Gemeinsamer Bus*: Dieser Typ von »Schaltnetzwerk« findet sich in üblichen Workstations, die als Switch verwendet werden (wie weiter oben beschrieben). Da die Bandbreite des Busses den Durchsatz des Switchs bestimmt, besitzen Hochleistungs-Switche in der Regel speziell entwickelte Busse und nicht die in Standard-PCs verwendeten.
- *Gemeinsamer Speicher*: In einem Switch mit gemeinsamem Speicher, werden die Pakete durch den Eingangs-Port in einen Speicherbereich geschrieben und vom Ausgangs-Port dort wieder ausgelesen. Hierbei ist es die Speichergeschwindigkeit, die den Durchsatz bestimmt. Man verwendet daher meist große und schnelle Speicherelemente für diesen Typ. Ein Switch mit gemeinsamem Speicher ähnelt im Prinzip dem mit gemeinsamem Bus, nur dass er meist einen speziell entwickelten, schnellen Speicherbus statt eines I/O-Busses verwendet.
- *Crossbar*: Ein Crossbar-Switch enthält eine Matrix von Verbindungen, die so geschaltet werden kann, dass jeder Eingang mit jedem Ausgang verbunden ist. Abb. 3.30 zeigt einen 4×4-Crossbar-Switch. Das Hauptproblem dabei ist, dass dieser – in seiner einfachsten Form – erfordert, dass jeder Ausgangs-Port direkt von jedem Eingangs-Port Pakete empfangen kann und daher jeder Port eine Speicherbandbreite haben muss, die dem gesamten Durchsatz des Switchs entspricht. In der Praxis werden daher komplexere Entwürfe verwendet. (Siehe z.B. den Knockout-Switch oder den Ansatz mit virtueller Ausgangspufferung von McKeown in den Literaturhinweisen am Ende dieses Kapitels.)

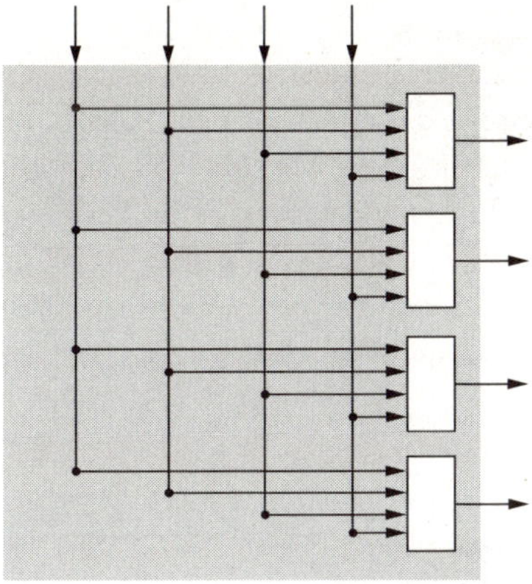

Abb. 3.30:
Aufbau eines 4×4-Crossbar-Switch

- *Eigenvermittelnde Schaltnetzwerke*: Wie oben beschrieben, basieren eigenvermittelte Schaltnetzwerke auf einigen Informationen im Paket-Header, um die Pakete zum richtigen Ausgang zu bringen. Üblicherweise wird im Eingangs-Port ein spezieller »Eigenvermittlungs-Header« dem eigentlichen Header vorangestellt, sobald einmal festgestellt wurde, zu welchem Ausgang das Paket soll (Abb. 3.31). Dieser Zusatz-Header wird am Ausgangs-Port wieder entfernt, bevor das Paket den Switch verlässt. Eigenvermittelnde Schaltnetzwerke setzen sich oft aus einer Vielzahl von 2×2-Schaltelementen zusammen, die in bestimmten Mustern konfiguriert sind, wie etwa beim *Banyan*-Schaltnetzwerk (Abb. 3.32). Weitere Beispiele für eigenvermittelnde Schaltnetzwerke finden sich bei den Literaturhinweisen.

Eigenvermittelnde Schaltnetzwerke stellen eine der flexibelsten Architekturen für Schaltnetzwerke dar. Über die umfangreichen Forschungen hierzu finden sich Angaben bei den Literaturhinweisen. Viele eigenvermittelnde Schaltnetzwerke ähneln dem in Abb. 3.32 dargestellten und setzen sich aus 2×2-Schaltelementen zusammen. Die 2×2-Schaltelemente im Banyan-Netzwerk beispielsweise übernehmen eine einfache Aufgabe: Sie betrachten nur ein Bit in jedem Paket-Header und leiten das Paket zum oberen Ausgang weiter, wenn das Bit nicht gesetzt ist, oder zum unteren Ausgang, wenn es gesetzt ist. Kommen zwei Pakete gleichzeitig an einem Banyan-Element an und ist bei beiden dieses Bit auf den gleichen Wert gesetzt, müssen beide natürlich an den gleichen Ausgang weitergeleitet werden. In diesem Fall ergibt sich eine Kollision. Ein wichtiger Aspekt im Design eines eigenvermittelnden Switch ist deshalb die Frage, wie solche Kollisionen verhindert oder behoben werden können. Das Banyan-Netzwerk weist eine clevere Anordnung von 2×2-Schaltelementen auf, die alle Pakete ohne Kollisionen an den richtigen Ausgang befördern, wenn die Pakete in aufsteigender Reihenfolge ankommen.

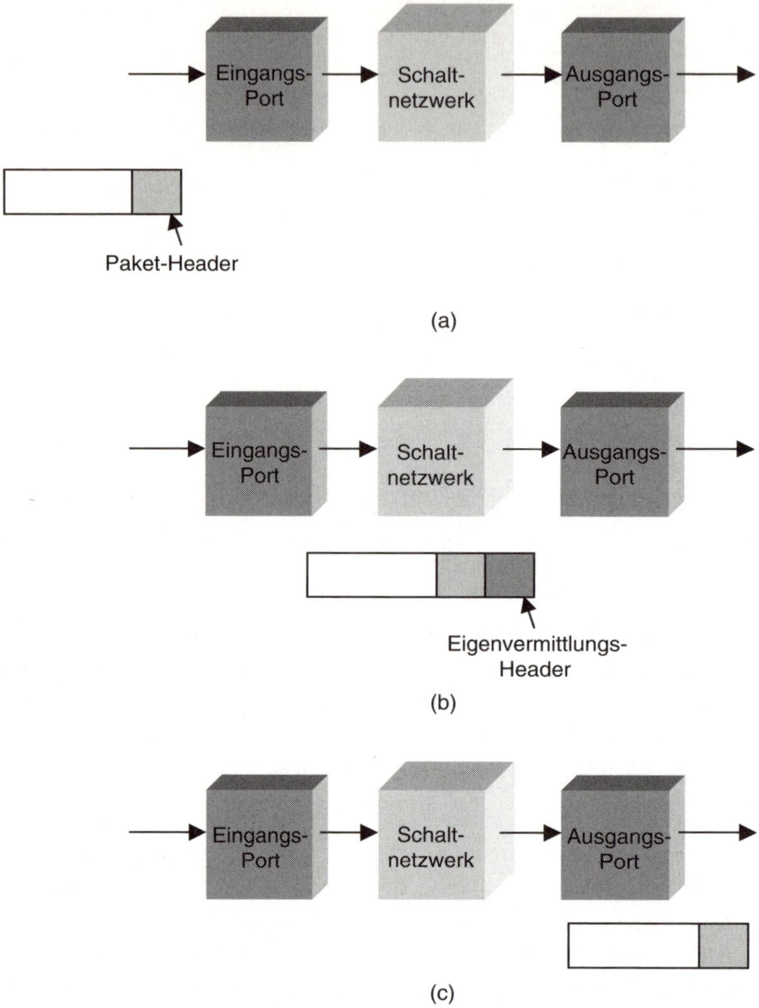

Abb. 3.31: Ein Eigenvermittlungs-Header wird dem Paket-Header am Eingang vorangestellt, damit das Schaltnetzwerk weiß, zu welchem Ausgang das Paket soll. Dort wird dieser Zusatz-Header wieder entfernt. (a) Das Paket trifft beim Eingangs-Port ein. (b) Der Eingangs-Port fügt den Eigenvermittlungs-Header hinzu. (c) Der Eigenvermittlungs-Header wird am Ausgangs-Port wieder entfernt.

Wie dies funktioniert, sehen wir an dem Beispiel in Abb. 3.32, wo der Eigenvermittlungs-Header die Ausgangs-Port-Nummer in binärer Form enthält. Die Schaltelemente lesen das werthöchste Bit in der ersten Spalte der im Eigenvermittlungs-Header angegebenen Ausgangs-Port-Nummer und befördern die Pakete nach oben, wenn das Bit auf 0 gesetzt ist, bzw. nach unten, wenn es auf 1 gesetzt ist. Die Schaltelemente in der zweiten Spalte lesen das zweite Bit und die in der letzten Spalte lesen das wertniedrigste Bit. Man erkennt bei diesem Beispiel, dass die Pakete ohne Kollisionen an den richtigen Ziel-Port befördert werden. Alle oberen Ausgänge der ersten

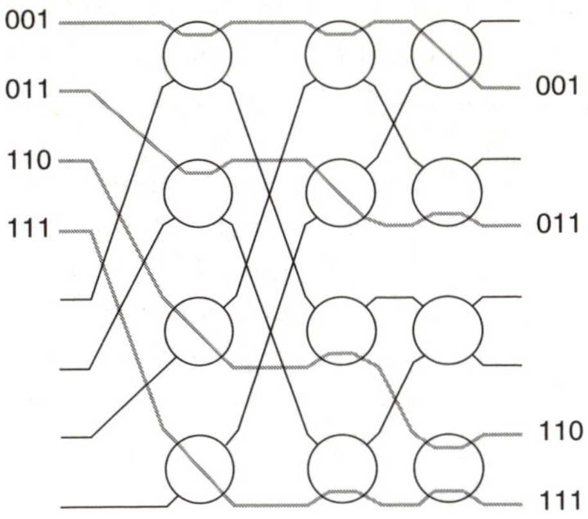

Abb. 3.32:
Weiterleitung von Paketen in einem Banyan-Netzwerk: Die 3-Bit-Zahlen stellen die Werte in den Eigenvermittlungs-Headern der vier ankommenden Pakete dar.

Schaltelementphase führen zur oberen Hälfte des Netzwerks, sodass Pakete mit Portnummern 0 bis 3 zur richtigen Hälfte des Netzwerks gelangen. Die nächste Phase befördert Pakete in das richtige Viertel des Netzwerks und die letzte Phase zum richtigen Ausgangs-Port. Clever daran ist die Art, wie Schaltelemente angeordnet sind, um Kollisionen zu vermeiden. Die Anordnung beinhaltet ein Schaltmuster nach dem Motto »perfekte Mischung« am Anfang des Netzwerks.

Um einen kompletten Switch auf der Basis eines Banyan-Schaltnetzwerks zu konstruieren, muss man noch einige Komponenten hinzufügen, die dafür sorgen, dass die ankommenden Pakete zunächst sortiert werden. Der *Batcher-Banyan-Switch* ist ein gutes Beispiel hierfür. Das Batcher-Schaltnetzwerk ist ebenfalls aus 2×2-Schaltelementen zusammengesetzt und sortiert die Pakete der Reihenfolge nach. Wenn die Pakete das Schaltnetz verlassen, liegen sie in der richtigen Reihenfolge vor und können vom Banyan-Schaltnetz, korrekt und ohne Kollisionen verarbeitet werden.

Eine der interessanten Tatsachen beim Switch-Entwurf ist, dass eine große Breite von unterschiedlichen Switch-Typen gebaut werden können, die alle auf der selben Technologie basieren. Sowohl die Ethernet- und ATM-Switche, die in diesem Kapitel besprochen wurden, als auch die Internet-Router, die im folgenden Kapitel behandelt werden, basieren auf Entwürfen wie sie in diesem Abschnitt dargestellt wurden.

3.5 Zusammenfassung

Am Anfang dieses Kapitels wurden einige Fragen bezüglich der Entwicklung großer skalierbarer Netzwerke mit Hilfe von Switchen, zusätzlich zu den reinen Verbindungsleitungen, für den Zusammenschluss von Hosts betrachtet. Für die Vermittlung von Paketen gibt es mehrere unterschiedliche Möglichkeiten. Die beiden wichtigsten sind das verbindungslose Modell mit Datagrammen und das verbindungsorientierte Modell mit virtuellen Leitungen.

Ein wichtiger Anwendungsbereich der Vermittlung ist der Zusammenschluss von LANs mit Nutzung gemeinsamer Übertragungsmedien. LAN-Switche bzw. -Bridges wenden Techniken wie das Erlernen von Quelladressen an, um eine effizientere Weiterleitung zu erreichen, und Spanning-Tree-Algorithmen, um Schleifen zu vermeiden. Diese Switche sind sehr verbreitet in Rechenzentren, bei Universitäts- und Firmennetzwerken.

Die am meisten verbreitete Anwendung der virtuellen Leitungsvermittlung findet sich in Frame-Relay- und ATM-Switchen. ATM basiert auf der Verwendung von Zellen bzw. kurzen Paketen mit fester Länge. Die Verfügbarkeit von ATM-Switchen mit relativ hohem Durchsatz trug zur raschen Akzeptanz der Technologie bei, obwohl sie entgegen Erwartungen einiger Fachleute die vorhandenen Technologien nicht verdrängen konnte. Eines der Haupteinsatzgebiete von ATM heutzutage besteht in der Verbindung von weit auseinander liegenden Teilen von Firmennetzen.

Switche müssen unabhängig von den spezifischen Einzelheiten der Vermittlungstechnologie Pakete von Eingängen mit hoher Geschwindigkeit an Ausgänge weiterleiten. Unter bestimmten Umständen müssen Switche gut skalierbar sein, um Hunderte oder Tausende von Ports zu unterstützen. Die Entwicklung von Switchen, die sowohl Skalierbarkeit als auch hohe Leistungsfähigkeit zu annehmbaren Kosten bieten, wird durch das Problem des Konkurrenzbetriebs erschwert. Als Folge davon werden Switche oft mit spezieller Hardware ausgelegt, statt Universal-Workstations dafür zu verwenden.

Abgesehen von den hier behandelten Fragen bezüglich Konkurrenzbetrieb hat sich im Verlauf dieses Kapitels das damit zusammenhängende Problem der Überlast angedeutet. Das Thema »Überlaststeuerung« wird ausführlich in Kapitel 6 beschrieben, nachdem wir uns tiefer mit Netzarchitektur beschäftigt haben. Der Grund für die spätere Behandlung dieses Themas liegt daran, dass man Überlast (als Problem und dessen mögliche Lösungen) erst richtig einschätzen kann, wenn man besser versteht, was im Innern des Netzwerks (das Thema dieses und des nächsten Kapitels) und an den Rändern des Netzwerks (Thema von Kapitel 5) passiert.

Offene Fragen

Die Zukunft von ATM

ATM wurde ursprünglich von seinen Erfindern als Grundstein für das so genannte »Broadband Integrated Services Digital Network« (Breitband-ISDN) erdacht. In einigen Fachkreisen hat man erwartet, dass ATM alle übrigen Netztechnologien ablösen würde. Diesen Erwartungen zufolge sollten Hosts mit ATM-Adaptern statt Ethernet-Ports ausgestattet werden, um »ATM bis zum Desktop« zu ermöglichen. Telefongesellschaften überall in der Welt sollten ATM als einzige Technologie einsetzen, die alle Medienarten – Sprache, Video und Daten – unterstützen würde, sodass keine anderen Netzwerkarten mehr benötigt würden.

Inzwischen weiß man, dass dieses Szenario sehr unwahrscheinlich ist. Vor allem der Erfolg von Ethernet-Switchen hat die Bewegung »ATM bis zum Desktop« größtenteils zunichte gemacht. Gigabit-Ethernet und 10-Gigabit-Ethernet sind erfolgreich im Einsatz bei Server-Verbindungen, wo einst ATM hätte genutzt werden können. Tatsächlich wird ATM heute bereits als »Legacy«-Protokoll bezeichnet, so wie zu dessen Hochzeiten ATM-Enthusiasten ältere Protokolle titulierten.

Ein weiterer Faktor, der die Akzeptanz von ATM einschränkt, ist der Erfolg des Internet. Heute ist es erwiesen, dass die Leute bereit sind, für einen Internet-Anschluss zu bezahlen, was bedeutet, dass man einen Dienst verkaufen kann, der IP-Pakete zustellt. Während ATM eingesetzt werden kann, um die Bereitstellung dieses Dienstes zu unterstützen (wie es z.B. in vielen DSL-Netzwerken der Fall ist), würden sich allein mit dem Verkauf von ATM-Verbindungen die Kundenbedürfnisse nicht erfüllen lassen. Eine nennenswerte Ausnahme sind Firmenkunden, die mehrere Standorte miteinander verbinden möchten. Hierfür könnten ATM-VCs gerade richtig sein, um Mietleitungen wirtschaftlich günstiger zu ersetzen. Tatsächlich ist dies heutzutage die wichtigste Nische für ATM – es wird (in Verbindung mit Frame Relay) dafür eingesetzt, Dienste für virtuelle Weitverkehrs-Verbindungen für verteilte Firmennetze anzubieten.

Die Zukunft von ATM wird daher davon abhängen, wie sich diese Dienste entwickeln. Die Nachfrage danach wird nicht so schnell verschwinden, aber die Rolle von ATM wird möglicherweise durch anderen Technologien wie verschlüsselte IP-Tunnel und Multiprotocol Label Switching (MPLS) übernommen. Beide Technologien werden im nächsten Kapitel vorgestellt.

3.6 Weiterführende Literatur

Die klassische Abhandlung über Bridges, insbesondere des Spanning-Tree-Algorithmus, ist der unten genannte Artikel von Perlman. Es gibt eine Fülle von Überblicksdarstellungen zu ATM. Der Artikel von Turner, einem ATM-Pionier, ist einer der ersten, der vorschlägt, ein Zell-basiertes Netzwerk für integrierte Dienste aufzubauen. Die dritte Arbeit beschreibt den Sunshine-Switch. Sie ist besonders interessant, weil sie Einblicke in die wichtige Rolle der Verkehrsanalyse beim Switch-Design bietet. Die Sunshine-Entwickler zählten zu den ersten, die erkannten, dass Zellen an einem Switch nicht in einer völlig unkorrelierten Weise ankommen, und diese Korrelationen in ihr Design einbezogen. McKeowns Arbeit schließlich beschreibt einen Ansatz für das Design eines Switch, der intern auf Zellen basiert, der aber kommerziell in Hochleistungs-Routern eingesetzt wurde, die Pakete unterschiedlicher Länge weiterleiten können.

- Perlman, R.: An algorithm for distributed computation of spanning trees in an extended LAN, *Proceedings of the Ninth Data Communications Symposium*, S. 44–53, September 1985.

- Turner, J.S. Design of an integrated services packet network. Proc. of the Ninth data Communications Symposium, S. 124-132, Sept. 1985
- Giacopelli, J. N. u.a.: Sunshine: A high-performance self-routing broadband packet-switching architecture, *IEEE Journal of Selected Areas in Communications (JSAC)*, 9 (8), S. 1289–1298, Oktober 1991.
- McKeown, N. The iSLIP scheduling algorithm for input-queued switches. *IEEE Transaction on Networking 7(2)*: 188-201, April 1999

Eine gute allgemeine Übersicht über Bridges ist in einer anderen Arbeit von Perlman enthalten [Per00]. Für eine ausführliche Beschreibung vieler Aspekte von ATM mit Schwerpunkt auf dem Aufbau realer Netzwerke empfehlen wir das Buch von Ginsburg [Gin99]. Als eines der wichtigsten ATM-Standardisierungsgremien produziert das ATM-Forum neue Spezifikationen für ATM; die Spezifikation für das User Network Interface (UNI) Version 4.1 ist die derzeit aktuellste (siehe WWW-Quelle unten).

Über Switch-Architekturen wurden buchstäblich Tausende von Arbeiten veröffentlicht. In einer frühen Arbeit erklärt der Erfinder selbst seine Batcher-Netzwerke [Bat68]. Sortiernetze werden von Drysdale und Young [DY75], und der Knockout-Switch wird von Yeh u.a. [YHA87] beschrieben. Eine Untersuchung der Architekturen von ATM-Switchen gibt Partridge [Par94], und Robertazzi [Rob93] liefert einen guten Überblick über die Leistung verschiedener Schaltnetzwerke. Ein Beispiel eines modernen nicht-ATM Switch findet sich in Gopal und Guerin [GG94].

Optische Netze stellen ein eigenes weites Feld dar mit eigenen Fachzeitschriften und Konferenzen usw. Wir empfehlen als gute Einführung in dieses Thema das Buch von Ramaswami und Sivarajan [RS01].

Das Buch von Kleinrock [Kle75], einem der Pioniere des ARPANET, ist eine ausgezeichnete Fachlektüre für alle, die sich für die mathematische Analyse der Leistung von Netzwerken interessieren. Über die Anwendung der Warteschlangentheorie für die Paketvermittlung wurden zahlreiche Arbeiten veröffentlicht. Wir empfehlen den Artikel von Paxson und Floyd [PF94] als neueren Beitrag mit Schwerpunkt auf dem Internet, und einen von Leland u.a. [LTWW94] – eine interessante Arbeit, die das wichtige Konzept »weit reichender Abhängigkeit« (Long-range Dependence) und die schlechte Eignung vieler herkömmlicher Lösungen für die Verkehrsmodellierung beschreibt.

Schließlich empfehlen wir folgende WWW-Quelle:

- http://www.atmforum.com (laufende Aktivitäten des ATM-Forums)

3.7 Übungen

1. Verwenden Sie das Beispielnetz in Abb. 3.33 und arbeiten Sie die VC-Tabellen für alle Switche aus, nachdem jeweils die folgenden Verbindungen aufgebaut wurden. Gehen Sie von der Annahme aus, dass die Folge der Verbindungen kumulativ ist, d.h. die erste Verbindung ist noch aktiv, wenn die zweite aufgebaut wird, usw.

Gehen Sie weiterhin davon aus, dass die VCI-Zuweisung immer den niedrigsten unbenutzten VCI jeder Leitung beginnend mit 0 auswählt.

a. Verbindung von Host A zu Host B.

b. Verbindung von Host C zu Host G.

c. Verbindung von Host E zu Host I.

d. Verbindung von Host D zu Host B.

e. Verbindung von Host F zu Host J.

f. Verbindung von Host H zu Host A.

2. Verwenden Sie das Beispielnetz in Abb. 3.33 und arbeiten Sie die VC-Tabellen für alle Switche aus, nachdem jeweils die folgenden Verbindungen aufgebaut wurden. Gehen Sie von der Annahme aus, dass die Folge der Verbindungen kumulativ ist, d.h. die erste Verbindung ist noch aktiv, wenn die zweite aufgebaut wird, usw. Gehen Sie weiterhin davon aus, dass die VCI-Zuweisung immer den niedrigsten unbenutzten VCI jeder Leitung beginnend mit 0 auswählt.

a. Verbindung von Host D zu Host H.

b. Verbindung von Host B zu Host G.

c. Verbindung von Host F zu Host A.

d. Verbindung von Host H zu Host C.

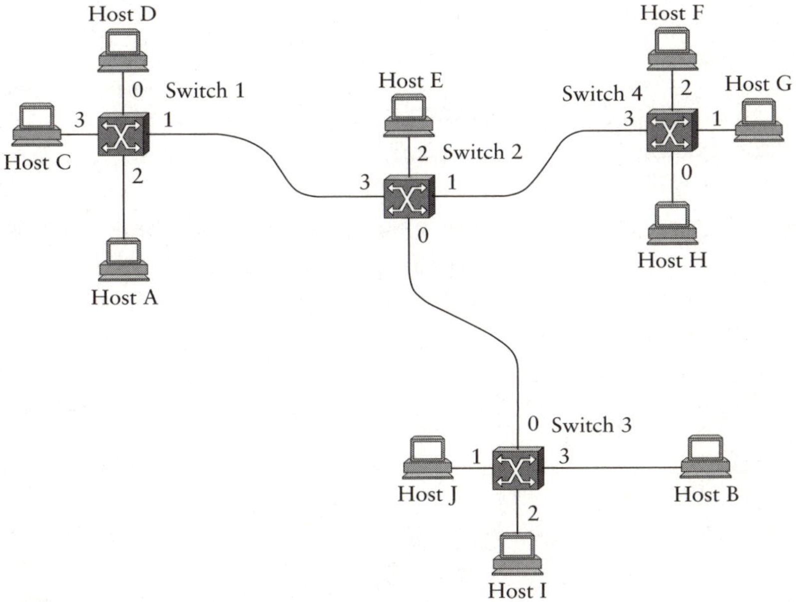

Abb. 3.33: Beispielnetz für Übungen 1 und 2

e. Verbindung von Host I zu Host E.

f. Verbindung von Host H zu Host J.

3. Erstellen Sie für das Netzwerk in Abb. 3.34 die Datagramm-Weiterleitungstabelle für jeden Knoten. Die Verbindungsleitungen sind gemäß relativen Kosten beschriftet. Ihre Tabellen sollten jedes Paket über den kostengünstigsten Weg zu seinem Ziel befördern.

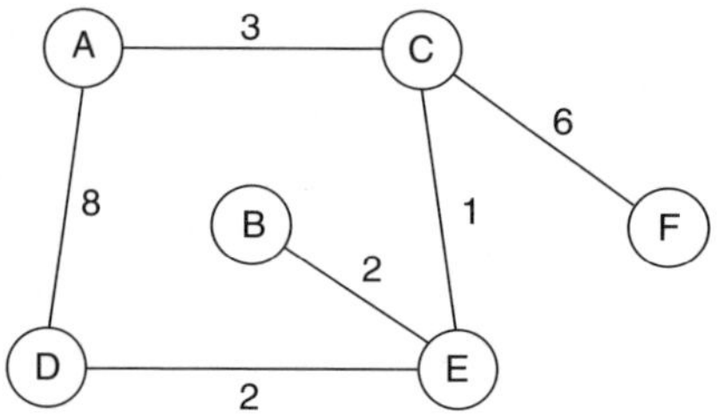

Abb. 3.34: Beispielnetz für Übung 3

4. Erstellen Sie Weiterleitungstabellen für die Switche S1-S4 in Abb. 3.35. Jeder Switch sollte einen »Standardeintrag« für das Routing haben, der gewählt wird, um Pakete mit unbekannter Zieldresse in Richtung OUT zu senden. Eventuell vom Standardeintrag bereits abgedeckte Tabelleneinträge mit spezifischem Ziel sollten dann eliminiert werden.

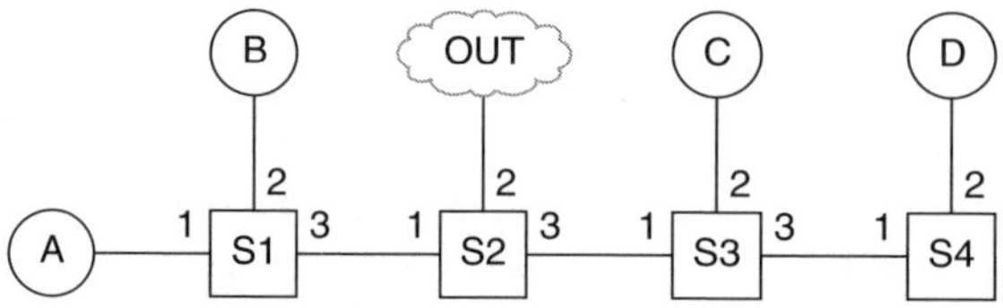

Abb. 3.35: Diagramm für Übung 4

5. Betrachten Sie die VC-Switche in Abb. 3.36. In Tabelle 3.5 sind für jeden Switch die verbundenen Paare, d.h. <Port, VCI> (oder <VCI, Interface>), aufgeführt. Die Verbindungen sind bidirektional. Erstellen Sie eine Liste aller Ende-zu-Ende-Verbindungen.

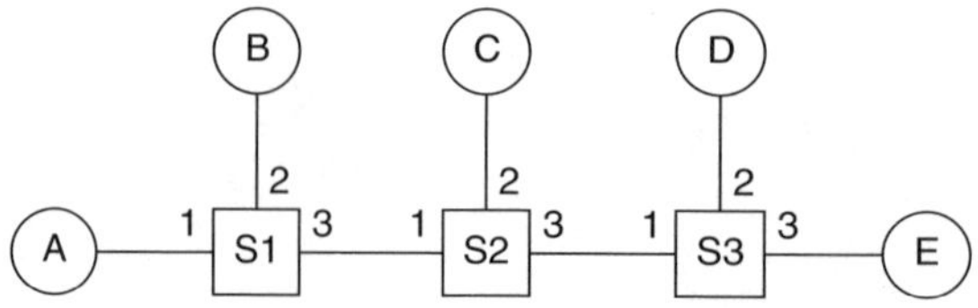

Abb. 3.36: Diagramm für Übung 5

Switch S1				Switch S2				Switch S3			
Port	VCI	Port	VCI	Port	VCI	Port	VCI	Port	VCI	Port	VCI
1	2	3	1	1	1	3	3	1	3	2	1
1	1	2	3	1	2	3	2	1	2	3	1
2	1	3	2								

Tab. 3.5: VCI-Tabelle zu Abb. 3.36

6. Bei dem Beispiel über Source-Routing in Abschnitt 3.1.3 ist die von B empfangene Adresse nicht reversibel und hilft B nicht festzustellen, wie er A erreichen kann. Schlagen Sie eine Änderung des Übermittlungsmechanismus vor, sodass er reversibel ist. Ihr Mechanismus sollte *nicht* voraussetzen, dass alle Switche global eindeutige Namen erhalten.

7. Schlagen Sie einen Mechanismus vor, den VC-Switche benutzen können, wenn ein Switch seinen Zustand hinsichtlich aller Verbindungen verliert, damit der Sender von Paketen auf einem Pfad durch diesen Switch über dessen Ausfall informiert wird.

8. Schlagen Sie einen Mechanismus vor, der von Datagramm-Switchen benutzt werden kann, wenn ein Switch seine Weiterleitungstabelle ganz oder teilweise verliert, damit die Sender über den Ausfall informiert werden.

9. Der in Abschnitt 3.1.2 beschriebene VC-Mechanismus basiert auf der Annahme, dass jede Verbindungsleitung eine Punkt-zu-Punkt-Leitung ist. Erweitern Sie den Weiterleitungsalgorithmus für die Verwendung von Verbindungsleitungen mit Nutzung gemeinsamer Übertragungsmedien, z.B. Ethernet.

10. Angenommen, das Beispiel in Abb. 3.4 wird um eine neue Verbindungsleitung erweitert, die Port 1 von Switch 3 (wo sich jetzt G befindet) mit Port 0 von Switch 1 (wo sich jetzt D befindet) verbunden wird. Keiner der Switche wird über diese Verbindungsleitung »informiert«. Außerdem geht Switch 3 von der falschen Annahme aus, dass Host B über Port 1 erreicht wird.

    a. Was passiert, wenn Host A versucht, mittels Datagramm-Weiterleitung an Host B zu senden?

    b. Was passiert, wenn Host A versucht, sich mit Hilfe des im Text beschriebenen VC-Aufbaumechanismus mit Host B zu verbinden?

11. Geben Sie ein Beispiel einer funktionierenden virtuellen Leitung, deren Weg eine bestimmte Verbindungsleitung zweimal überquert. Über diesen Weg gesendete Datagramme sollten aber *nicht* unendlich kreisen.

12. In Abschnitt 3.1.2 wählt jeder Switch den VCI-Wert für die ankommende Verbindungsleitung. Zeigen Sie die Möglichkeit auf, dass jeder Switch den VCI-Wert für die abgehende Verbindungsleitung wählt, und dass die gleichen VCI-Werte von beiden Methode gewählt werden. Falls jeder Switch den abgehenden VCI wählt, ist es trotzdem notwendig, eine RTT lang zu warten, bevor Daten gesendet werden?

13. Ermitteln Sie bei dem in Abb. 3.37 dargestellten erweiterten LAN, welche Ports nicht vom Spanning-Tree-Algorithmus ausgewählt werden.

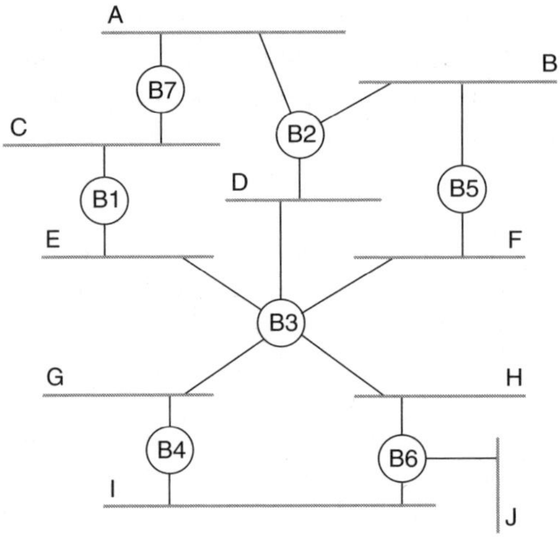

Abb. 3.37:
Netzwerk für Übung 13 und 14

14. Gehen Sie von dem in Abb. 3.37 dargestellten erweiterten LAN aus und nehmen Sie an, dass die Bridge B1 ausfällt. Zeigen Sie, welche Ports nicht vom Spanning-Tree-Algorithmus ausgewählt werden, wenn der Wiederherstellungsprozess abgeschlossen ist und ein neuer Baum aufgebaut wurde.

15. Betrachten Sie die Anordnung lernender Bridges in Abb. 3.38. Unter der Annahme, dass alle anfangs leer sind, erstellen Sie die Weiterleitungstabellen für jede der Bridges B1-B4 nach den folgenden Übertragungen:

    A sendet an C.

    C sendet an A.

    D sendet an C.

    Führen Sie die Ports auf, von denen ein eindeutiger Nachbar direkt erreicht werden kann. Das heißt, die Ports für B1 sind mit »A« und »B2« beschriftet.

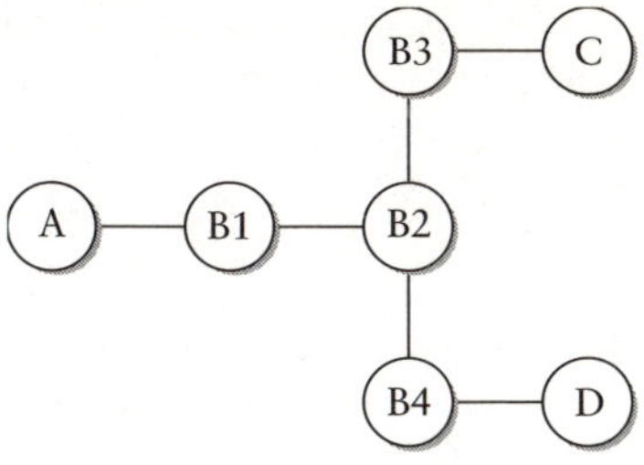

Abb. 3.38:
Netzwerk für Übung 15 und 16

16. Betrachten Sie wie in der vorhergehenden Aufgabe die Anordnung lernender Bridges in Abb. 3.38. Unter der Annahme, dass alle anfangs leer sind, erstellen Sie die Weiterleitungstabellen für jede der Bridges B1-B4 nach den folgenden Übertragungen:

    D sendet an C.

    C sendet an D.

    A sendet an C.

17. Betrachten Sie die Hosts X, Y, Z und W und die lernenden Bridges B1, B2 und B3 mit anfangs leeren Weiterleitungstabellen in Abb. 3.39.

    a. Angenommen, X sendet an Z. Welche Bridges lernen, wo X ist? Sieht das Netzwerk-Interface von Y dieses Paket?

    b. Angenommen, Z sendet jetzt an X. Welche Bridges lernen, wo Z ist? Sieht das Netzwerk-Interface von Y dieses Paket?

    c. Angenommen, Y sendet jetzt an X. Welche Bridges lernen, wo Y ist? Sieht das Netzwerk-Interface von Z dieses Paket?

    d. Angenommen, Z sendet an Y. Welche Bridges lernen, wo Z ist? Sieht das Netzwerk-Interface von W dieses Paket?

18. Erstellen Sie den für das erweiterte LAN in Abb. 3.40 entstehenden Spanning-Tree und erläutern Sie, wie man möglicherweise auftretende Blockierungen auflösen kann.

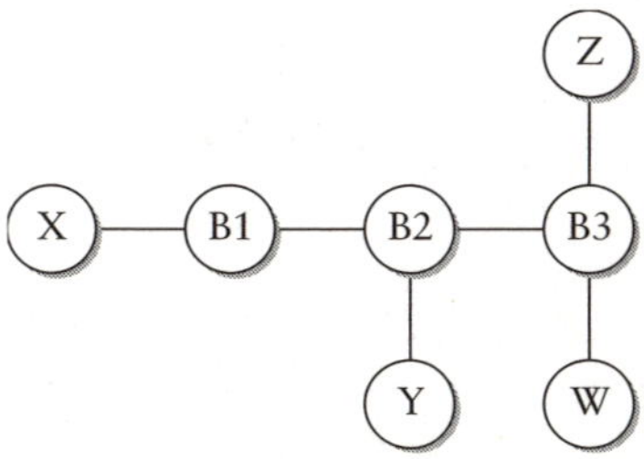

Abb. 3.39:
Diagramm für Übung 17

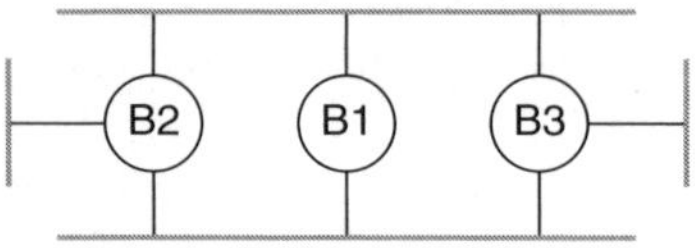

Abb. 3.40:
Erweitertes LAN für Übung 18

19. Zwei lernende Bridges B1 und B2 bilden eine Schleife, wie in Abb. 3.41; sie implementieren *nicht* den Spannung-Tree-Algorithmus. Jede Bridge verwaltet eine einzige Tabelle mit Paaren aus <*Adresse, Interface*>.

    a. Was passiert, wenn M an L sendet?

    b. Angenommen, L antwortet M kurze Zeit später. Führen Sie eine Folge von Ereignissen auf, die dazu führen, dass ein Paket von M und eines von L die Schleife in entgegengesetzter Richtung umkreisen.

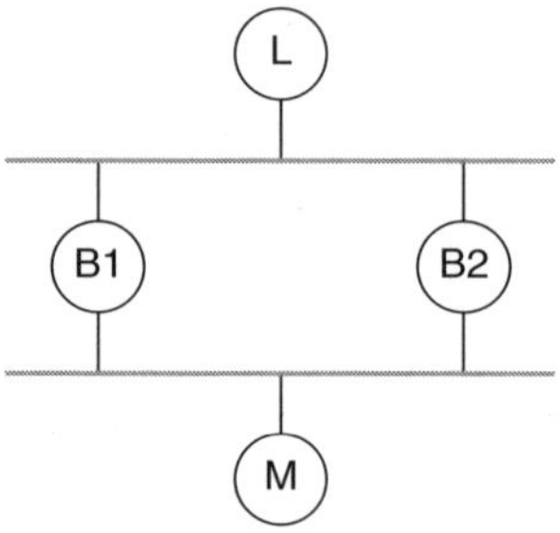

Abb. 3.41:
Schleife für die Übungen 19 und 20

20. Angenommen, M in Abb. 3.41 sendet an sich selbst (was normalerweise nie vorkommt). Erläutern Sie, was unter folgenden Annahmen passiert:

    a. Der Lernalgorithmus der Bridge muss den neuen Eintrag <*Quelladresse, Interface*> installieren (oder aktualisieren), *bevor* die Tabelle nach der Zieladresse durchsucht wird.

    b. Die neue Quelladresse wird installiert, *nachdem* die Zieladresse gesucht wird.

21. Betrachten Sie das erweiterte LAN in Abb. 3.12. Was passiert im Spanning-Tree-Algorithmus, wenn Bridge B1 nicht teilnimmt und

    a. einfach alle Spanning-Tree-Algorithmus-Nachrichten weiterleitet?

    b. alle Spanning-Tree-Nachrichten verwirft?

22. Angenommen, statt Bridges sind einige Repeater (Hubs) in einer Schleife verbunden.

    a. Was passiert, wenn jemand etwas überträgt?

    b. Warum wäre die Implementierung des Spanning-Tree-Mechanismus mit Repeatern schwierig oder unmöglich?

c. Schlagen Sie einen Mechanismus vor, durch den Repeater Schleifen erkennen und einige Ports schließen können, um die Schleife zu entfernen. Ihre Lösung muss nicht zu jedem Zeitpunkt funktionieren.

23. Angenommen, eine Bridge hat zwei ihrer Ports am gleichen Netzwerk. Wie kann die Bridge dies erkennen und korrigieren?

24. Welcher prozentuale Anteil an der Gesamtbandbreite einer ATM-Leitung wird von den Headern der ATM-Zellen verbraucht? Welcher prozentuale Anteil der gesamten Bandbreite wird von allen Overhead-Bits in AAL3/4 und AAL5 verbraucht, wenn die Nutzdaten 512 Byte lang sind?

25. Erklären Sie, warum AAL3/4 den Verlust von 16 aufeinander folgenden Zellen einer einzigen PDU nicht erkennt.

26. Das IP-Datagramm für eine TCP-ACK-Nachricht ist 40 Byte lang. Es enthält einen TCP- und einen IP-Header im Umfang von jeweils 20 Byte. Angenommen, dieses ACK überquert ein ATM-Netzwerk, das AAL5 benutzt, um IP-Pakete zu kapseln. Wie viele ATM-Pakete sind nötig, um das ACK zu befördern? Wie viele sind nötig, wenn stattdessen AAL3/4 benutzt wird?

27. Die CS-PDU bei AAL5 enthält bis zu 47 Füll-Bytes, während sie bei AAL3/4 nur maximal 3 Füll-Bytes enthält. Erklären Sie, warum die effektive Bandbreite von AAL5 immer gleich oder höher als die von AAL3/4 bei einer PDU mit einer bestimmten Größe ist.

28. Wie zuverlässig mussfass eine ATM-Verbindung sein, um eine Verlustrate von weniger als eins pro einer Million bei einer höherschichtigen PDU im Umfang von 20 Zellen zu wahren? Gehen Sie von AAL5 aus.

29. Gehen Sie wieder von dem 20-Zellen-Paket und AAL5 aus der vorherigen Übung aus und nehmen Sie an, an das Ende der PDU wird eine weitere Zelle angehängt, die das XOR aller vorherigen Zellen der PDU ist. Dies ermöglicht die Wiederherstellung des Pakets nach dem Verlust einer Zelle. Welche Zellenverlustrate würde jetzt zu einer Nettoverlustrate von eins pro einer Million bei PDUs mit je 20 Datenzellen führen?

★ 30. Wir wissen, dass bei AAL3/4 am Ende jeder Zelle eine CRC-10-Prüfsumme und bei AAL5 am Ende der PDU eine einzelne CRC-32-Prüfsumme steht. Wenn eine PDU in 12 AAL3/4-Zellen befördert wird, widmet AAL3/4 gegenüber AAL5 fast viermal so viele Bits der Fehlererkennung.

a. Angenommen, Fehler träten in Bursts auf, wobei jeder Burst auf eine einzige Zelle begrenzt sei. Ermitteln Sie die Wahrscheinlichkeit, dass AAL3/4 bei der

Fehlererkennung fehlschlägt, wenn genau zwei Zellen davon betroffen sind. Führen Sie die gleiche Aufgabe für drei Zellen durch. Ist AAL3/4 unter diesen Bedingungen mehr oder weniger zuverlässig als AAL5? Nehmen Sie an, eine *N*-Bit-CRC schlägt bei der Erkennung eines Fehlers mit Wahrscheinlichkeit $1/2^N$ (was genau genommen nur zutrifft, wenn alle Fehler gleich wahrscheinlich sind) fehl.

b. Können Sie sich eine Fehlerverteilung vorstellen, bei der AAL3/4 mit größerer Wahrscheinlichkeit als AAL5 einen Fehler erkennt? Glauben Sie, dass solche Umstände wahrscheinlich sind?

31. Zellenvermittlungsmethoden nutzen im Wesentlichen immer VC- statt Datagramm-Routing. Erklären Sie dies anhand eines konkreten Arguments.

32. Angenommen, eine Workstation habe eine I/O-Busgeschwindigkeit von 800 Mbit/s und eine Speicherbandbreite von 2 Gbit/s. Die Ein- und Ausgaben erfolgen mittels Direktspeicherzugriff (DMA) auf den Arbeitsspeicher. Wie viele Schnittstellen zu T3-Leitungen mit 45 Mbit/s kann ein Switch auf der Grundlage dieser Workstation unterstützen?

33. Eine Workstation habe eine I/O-Bus-Geschwindigkeit von 1 Gbit/s und eine Speicherbandbreite von 2 Gbit/s. Die Ein- und Ausgaben erfolgen mittels Direktspeicherzugriff (DMA) auf den Arbeitsspeicher. Wie viele Schnittstellen zu T3-Leitungen mit 45 Mbit/s kann ein Switch auf der Grundlage dieser Workstation unterstützen?

34. Angenommen. ein Workstation-basierter Switch kann Pakete in einer Rate von 100.000 pro Sekunde weiterleiten, ungeachtet der (innerhalb bestimmter Grenzen liegenden) Größe. Die Workstation basiert auf den in der vorherigen Aufgabe beschriebenen Parametern. Bei welcher Paketgröße würde die Busbandbreite der begrenzende Faktor werden?

35. Ein Switch habe sowohl am Eingang als auch am Ausgang FIFO-Puffer. Wenn Pakete am Eingangs-Port ankommen, werden sie an das Ende des FIFO-Speichers gehängt. Der Switch versucht nun, die Pakete vom Beginn jedes FIFO-Eingangsspeichers zum Ende des richtigen Ausgangs-FIFOs zu schicken.

    (a) Erklären Sie, wie es dazu kommen kann, dass ein Switch ein Paket verliert, das für einen Ausgangs-Port mit leerem FIFO bestimmt ist.

    (b) Wie nennt man dieses Verhalten?

    (c) Angenommen, der FIFO-Speicher kann frei aufgeteilt werden. Schlagen Sie eine Neuverteilung der Puffer vor, die obiges Problem vermeidet, und erklären Sie, wieso das so ist.

36. Eine Phase eines $n \times n$-Banyan-Netzwerks besteht aus $(n/2)$ 2×2-Schaltelementen. Die erste Phase dirigiert Pakete an die richtige Hälfte des Netzwerks, die nächste Phase an das richtige Viertel usw., bis das Paket am richtigen Ausgang abgegeben wird. Leiten Sie einen Ausdruck für die Anzahl von 2×2-Schaltelementen ab, die erforderlich sind, um ein $n \times n$-Banyan-Netzwerk zu bauen. Verifizieren Sie Ihre Lösung für $n = 8$.

37. Beschreiben Sie, wie ein Batcher-Netzwerk funktioniert. (Siehe weiterführende Literatur). Erklären Sie, wie ein Batcher-Netzwerk mit einem Banyan-Netzwerk zu einem Switch kombiniert werden kann.

38. Ein Ethernet-Switch ist einfach eine Bridge mit der Fähigkeit, eine bestimmte Zahl von Paketen gleichzeitig weiterzuleiten unter der Annahme, dass sich alle Ein- und Ausgangs-Ports unterscheiden. Wir nehmen an, dass zwei solcher N-Port-Switches bei einem großen Wert von N jeweils in der Lage sind, einzeln bis zu drei Pakete gleichzeitig weiterzuleiten. Dann werden sie miteinander verbunden, d.h. von je einem Port der beiden Switche werden Verbindungsleitungen gezogen. Diese Verbindungsleitung ist natürlich der Flaschenhals, weil sie nur je ein Paket befördern kann.

    a. Angenommen, wir wählen zufällig zwei Verbindungen durch diesen kombinierten Switch. Welche Wahrscheinlichkeit ergibt sich, dass auf beiden Verbindungen gleichzeitig weitergeleitet werden kann? Hinweis: Das ist die Wahrscheinlichkeit, dassmuss höchstens eine der Verbindungen die Verbindungsleitung zwischen den Switches durchquert.

    b. Wie sieht das Ergebnis aus, wenn drei Verbindungen zufällig gewählt werden?

39. Ein Hub (Repeater) in einem 10-Mbit/s-Ethernet wird durch einen 10-Mbit/s-Switch in einer Umgebung ersetzt, in der der gesamte Verkehr zwischen einem einzigen Server und N »Clients« fließt. Da der gesamte Verkehr trotzdem durch die Verbindungsleitung zwischen Server und Switch fließen muss, ergibt sich nominell keine Verbesserung der Bandbreite.

    a. Würden Sie irgendeine Verbesserung der Bandbreite erwarten? Falls ja, warum?

    b. Wie würde Ihre Antwort lauten, wenn sich der ursprüngliche Hub nicht in einem Ethernet, sondern in einem Token-Ring befände?

    c. Welche weiteren Vor- und Nachteile würden sich bei einem Switch im Gegensatz zu einem Hub ergeben?

4 Internetworking

Es gibt mehr als ein Netzwerk

Wir haben in den bisherigen Kapiteln gesehen, wie man mit Hilfe von Punkt-zu-Punkt-Leitungen, gemeinsamen Übertragungsmedien und Switchen ein einzelnes Netzwerk bauen kann. Das Problem ist, dass viele Leute Netzwerke mit verschiedenen Technologien gebaut haben, und alle miteinander, nicht nur mit den Benutzern innerhalb eines Netzwerks, kommunizieren möchten. In diesem Kapitel wird die Verbindung mehrerer Netzwerke behandelt.

Every seeming equality conceals a hierarchy.

– Mason Cooley

In diesem Zusammenhang müssen zwei wichtige Probleme gelöst werden: Heterogenität und Skalierung. Einfach ausgedrückt, haben wir es bei Heterogenität damit zu tun, dass die Benutzer eines Netzwerktyps mit Benutzern anderer Netzwerktypen kommunizieren möchten. Um die Situation weiter zu erschweren, erfordert Konnektivität zwischen den Hosts zweier unterschiedlicher Netzwerke möglicherweise die Durchquerung mehrerer dazwischenliegender Netzwerke, bei denen es sich wieder um andere Typen handeln kann. Dies können Ethernet- und Token-Ring-Netze, Punkt-zu-Punkt-Leitungen oder vermittelte Netzwerke unterschiedlicher Art sein, die jeweils ein anderes Adressierungsschema, andere Medienzugriffsprotokolle, Dienstmodelle usw. benutzen. Um das Problem der Heterogenität zu lösen, muss ein nützlicher und relativ gut vorhersagbarer Host-zu-Host-Dienst quer durch diese Mischung an unterschiedlichen Netzwerken bereitgestellt werden. Um das Problem der Skalierung zu verstehen, lohnt sich ein Blick auf das Anwachsen des Internet, das sich seit nunmehr 20 Jahren jedes Jahr verdoppelt. Wachstum in dieser Größenordnung zwingt uns, eine Reihe von Herausforderungen aufzugreifen, darunter *Routing*: Wie kann man einen effizienten Pfad durch ein Netzwerk mit Millionen oder vielleicht Milliarden von Knoten finden? Eng damit verbunden ist das Problem der *Adressierung*, d.h. die Bereitstellung geeigneter Bezeichner für alle diese Knoten.

In diesem Kapitel werden verschiedene Ansätze für den Zusammenschluss mehrerer Netzwerke und die dabei zu lösenden Probleme betrachtet. Unter anderem beschreiben wir die Evolution des auf TCP/IP basierten Internet, um die Probleme der Heterogenität und Skalierung im Detail zu verstehen, sowie grundlegende, dafür geeignete Techniken.

Im ersten Abschnitt wird das Internet-Protokoll (IP) und seine Verwendung für den Bau eines skalierbaren heterogenen Internetworks beschrieben. Außerdem wird das Dienstmodell und das hierarchische Adressierungsschema des Internet beschrieben.

Ein zentraler Aspekt beim Aufbau großer heterogener Internetworks ist das Problem, effiziente, schleifenfreie Pfade durch die zu Grunde liegenden Netzwerke zu finden. Im zweiten Abschnitt werden die Grundlagen des Routing und Skalierungsprobleme von Routing-Protokollen anhand einiger Routing-Protokollen des Internet als Beispiele behandelt.

Im dritten Abschnitt werden mehrere Probleme (»Wachstumsbeschwerden«) behandelt, die das Internet im Laufe der Jahre erfahren hat, und es werden verschiedene Techniken vorgestellt, die zur Lösung dieser Probleme angewandt wurden. Die aus der Verwendung dieser Techniken gewonnene Erfahrung führte zur Entwicklung von IP-Version 6 (IPv6). Im Verlaufe dieser Diskussion wird die Bedeutung von Hierarchie beim Aufbau skalierbarer Netzwerke deutlich.

Das Kapitel endet mit der Betrachtung zweier wichtiger Erweiterung der Internet-Fähigkeiten. Als erstes ist die Übertragung von Multicast-Paketen eine Erweiterung der grundlegenden Dienste. Wir zeigen, wie Multicast – die Fähigkeit, Pakete effizient an mehrere Empfänger zu übertragen – in ein Internetwork integriert werden kann, und wir beschreiben einige der Routing-Protokolle, die für die Unterstützung von Multicast entwickelt wurde. Die zweite Erweiterung, MPLS (Multprotocol Label Switching), verändert den Weiterleitungsmechanismus von IP-Netzwerken. Diese Erweiterung impliziert einige Änderungen in der Art, wie IP-Routing umgesetzt wird, und bei den Diensten, die von IP-Netzwerken angeboten werden.

4.1 Einfaches Internetworking (IP)

Im vorherigen Kapitel haben wir gesehen, dass mit Hilfe von Bridges und LAN-Switchen verhältnismäßig große LANs gebaut werden können, dass diese Methoden aber hinsichtlich Skalierbarkeit und Heterogenität begrenzt sind. In diesem Kapitel werden einige Möglichkeiten beschrieben, die über die Beschränkungen der auf Bridges basierten Netzwerke hinausgehen und es ermöglichen, große heterogene Netzwerke mit relativ effizientem Routing zu bauen. Wir nennen solche Netzwerke *Internetworks*. In den folgenden Abschnitten gehen wir stetig zu einem immer größeren Internetwork über. Wir beginnen mit der grundlegenden Funktionalität der derzeit eingesetzten Version des Internet-Protokolls (IP). Dann werden verschiedene Techniken untersucht, die entwickelt wurden, um die Skalierbarkeit des Internet (Abschnitt 4.3) zu verbessern. Dieses Thema wird abschließend mit einer Beschreibung der IP-Version 6 (IPv6), auch als das IP der »nächsten Generation« (IPnG) bekannt, abgeschlossen. Bevor wir uns mit den Einzelheiten eines Protokolls für Internetworks befassen, wollen wir die Bedeutung des Begriffs »Internetwork« sorgfältiger betrachten.

4.1.1 Was ist ein Internetwork?

Wir verwenden den Begriff »Internetwork«, um eine beliebige Anzahl zusammengeschalteter Netzwerke, die Pakete zwischen Hosts übertragen können, zu bezeichnen. Ein Unternehmen mit zahlreichen Standorten kann beispielsweise ein privates Internetwork bilden, indem es die an den verschiedenen Standorten vorhandenen LANs über einige von der Telefongesellschaft gemietete Punkt-zu-Punkt-Leitungen miteinander verbindet. Wenn wir von dem globalen »Internet« sprechen, an das heute ein hoher Prozentsatz von Netzwerken angeschlossen ist, geht dies aus dem Zusammenhang hervor. Wir betonen an dieser Stelle erneut, dass der Schwerpunkt dieses Buchs die Vermittlung der Prinzipien von Internetworks ist, verwenden aber reale Beispiele aus dem globalen Internet.

Als weitere klärungsbedürftige Terminologie ist der Unterschied zwischen Netzwerken, Subnetzen und Internetworks zu nennen. Wir vermeiden Subnetze (Subnetworks) vollständig bis Abschnitt 4.3. Vorläufig meinen wir mit *Netzwerk* entweder ein Direktverbindungs- oder ein vermitteltes Netzwerk der in den letzten beiden Kapiteln behandelten Art. Ein solches Netzwerk basiert auf einer Technologie wie 802.5, Ethernet oder ATM. Ein *Internetwork* besteht aus mehreren solchen Netzwerken, die miteinander verbunden sind. Um Zweideutigkeit zu vermeiden, bezeichnen wir die zu Grunde liegenden Netzwerke, die wir untereinander verbinden, auch als *physikalische* Netzwerke. Ein Internetwork ist ein *logisches* Netzwerk, das aus mehreren physikalischen Netzwerken besteht. In diesem Zusammenhang betrachten wir auch mehrere über Bridges oder Switche verbundene Ethernet-Netze nach wie vor als ein einzelnes Netzwerk.

Abb. 4.1 zeigt ein Beispiel eines Internetworks. Ein Internetwork wird oft auch als »Netz von Netzen« bezeichnet, weil es sich aus vielen kleineren Netzwerken

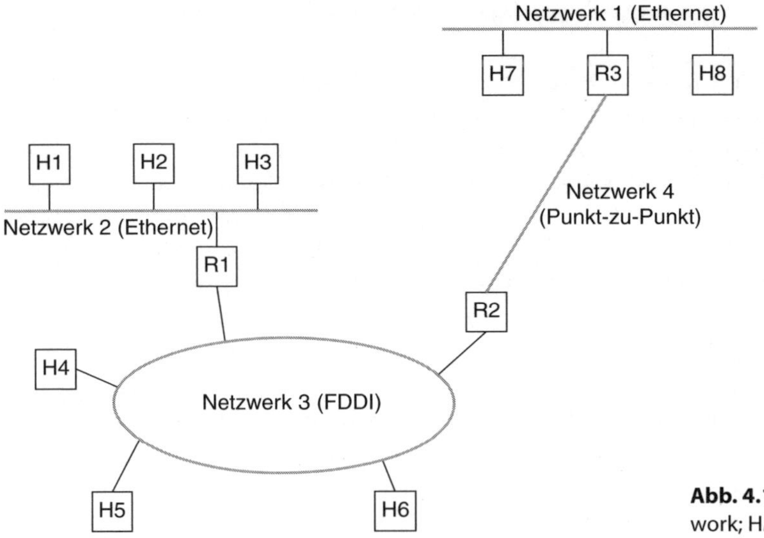

Abb. 4.1: Einfaches Internetwork; H*n* = Host, R*n* = Router

zusammensetzt. In dieser Abbildung sehen wir Ethernet-Netze, einen FDDI-Ring und eine Punkt-zu-Punkt-Leitung. Sie alle sind aus technologischer Sicht jeweils einheitliche, einzelne Netzwerke. Die Knoten, die die einzelnen Netzwerke miteinander verbinden, nennt man *Router*. Sie werden manchmal auch »Gateways« genannt. Da dieser Begriff aber mehrere Bedeutungen haben kann, beschränken wir uns hier auf Router.

Das Internet-Protokoll (IP) ist das heute wichtigste Werkzeug, um skalierbare, heterogene Internetworks zusammenzustellen. Es wurde ursprünglich nach seinen Erfindern »Kahn-Cerf-Protokoll« genannt. IP läuft auf allen Knoten (sowohl Hosts als auch Router) jedes physikalischen Netzwerks und definiert die Infrastruktur, die es diesen Knoten und Netzwerken erlaubt, wie ein einziges logisches Internetwork zu funktionieren. Abb. 4.2 zeigt beispielsweise, wie Hosts H1 und H8 logisch über das in Abb. 4.1 dargestellte Internetwork verbunden sind, einschließlich des Protokollgraphen, der auf jedem Knoten läuft. Man beachte, dass

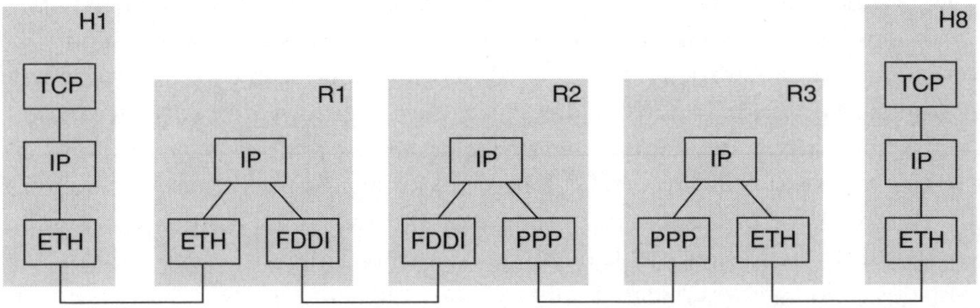

Abb. 4.2: Einfaches Internetwork mit den Protokollschichten, die H1 mit H8 in Abb. 4.1 verbinden; ETH ist das im Ethernet laufende Protokoll

höhere Protokolle, wie z.B. TCP und UDP, normalerweise in Hosts auf IP aufsetzen.

Der Großteil dieses Kapitels behandelt verschiedene Aspekte von IP. Es ist sicherlich möglich, ein Internetwork zu bauen, das nicht IP nutzt. Novell unterstützt z.B. ein Protokoll namens IPX, das seinerseits auf dem von Xerox entwickelten XNS-Internetwork basiert. IP ist aber das interessanteste Fallbeispiel, allein schon wegen der Größe des Internet. Anders ausgedrückt: Nur das auf IP basierte Internet hat eine globale Skalierung wirklich erlebt. Folglich eignet es sich am besten für die Untersuchung eines skalierbaren Internetwork-Protokolls.

4.1.2 Dienstmodell

Ein guter Ausgangspunkt für den Bau eines Internetwork ist die Definition seines *Dienstmodells*, also der zwischen den angeschlossenen Hosts vom Internetwork bereitzustellenden Dienste. Als wichtigste Frage bei der Definition eines Dienstmodells für ein Internetwork müssen wir klären, dass wir einen Host-zu-Host-Dienst nur bereitstellen können, wenn dieser Dienst irgendwie oberhalb jedes zu Grunde liegenden physikalischen Netzwerks bereitgestellt werden kann. Die Entscheidung, dass unser Internetwork-Dienstmodell garantierte Zustellung jedes Pakets in 1 ms oder weniger bieten soll, wäre z.B. sinnlos, wenn die zu Grunde liegenden Netztechnologien Pakete beliebig verzögern können. Die bei der Definition des IP-Dienstmodells angewandte Philosophie lautet deshalb, es so anspruchslos wie möglich auszulegen, sodass nahezu jede Netztechnologie, die in einem Internetwork auftauchen kann, den nötigen Dienst bereitstellen kann.

Das IP-Dienstmodell setzt sich aus zwei Teilen zusammen: einem Adressierungsschema, mit dessen Hilfe alle Hosts im Internetwork identifiziert werden können, und einem (verbindungslosen) Datagramm-Modell für die Datenzustellung. Dieses Dienstmodell wird auch als »Best Effort« bezeichnet, weil sich IP zwar bemüht, Datagramme auszuliefern, jedoch ohne für die Zustellung zu garantieren. Wir stellen die Behandlung des Adressierungsschemas vorläufig zurück und betrachten zuerst das Datenübertragungsmodell.

Datagramm-Übertragung

Das IP-Datagramm ist grundlegender Bestandteil des Internet-Protokolls. Wir wissen aus Abschnitt 3.1.1, dass ein Datagramm eine Paketart ist, die auf verbindungslose Weise über ein Netzwerk versendet wird. Jedes Datagramm enthält ausreichend Informationen, damit das Netzwerk das Paket zum richtigen Ziel befördern kann. Es besteht keine Notwendigkeit für einen Mechanismus, der das Netzwerk im Voraus anweist, was zu tun ist, wenn das Paket ankommt. Man sendet es einfach ab, und das Netzwerk befördert es nach dem Best-Effort-Modell an das gewünschte Ziel. »Best-Effort« heißt hier nicht, dass das Netzwerk eingreift, wenn etwas schief läuft und das Paket verlorengeht, verfälscht oder falsch zugestellt wird oder auf andere Weise sein Ziel verfehlt. Es bemüht sich, und das ist auch schon alles. Es unternimmt keinen Versuch, einen Fehlschlag zu beheben. Dies nennt man auch einen *unzuverlässigen* Dienst.

Ein Best-Effort- und verbindungsloser Dienst ist der einfachste, den man von einem Internetwork verlangen kann, und das ist eine große Stärke. Stellt man beispielsweise einen Best-Effort-Dienst über ein Netzwerk bereit, das einen zuverlässigen Dienst bietet, ist das sehr schön; man erhält letztendlich einen Best-Effort-Dienst, der zufällig immer die Pakete zustellt. Möchte man andererseits ein zuverlässiges Dienstmodell in einem unzuverlässigen Netzwerk realisieren, müsste man viel zusätzliche Funktionalität in die Router stecken, um die Mängel des zu Grunde liegenden Netzwerks auszugleichen. Eines der ursprünglichen Designziele von IP war jedoch, die Router so einfach wie möglich zu halten.

Die Fähigkeit von IP, »über alles mögliche« laufen zu können, wird oft als eines seiner wichtigsten Merkmale genannt. Es ist bemerkenswert, dass viele Technologien, über die IP heute läuft, bei seiner Erfindung noch nicht existierten. Bisher wurde keine Netzwerktechnologie entwickelt, die sich für IP als zu exotisch herausstellte. Es wird sogar scherzhaft behauptet, IP könne über ein Netzwerk laufen, das Nachrichten mit Brieftauben versendet.

Best-Effort-Übertragung heißt nun aber nicht nur, dass Pakete verlorengehen können. Manchmal werden sie außer der Reihe oder auch doppelt zugestellt. Die höheren, oberhalb von IP laufenden Protokolle oder Anwendungen müssen alle diese potenziellen Fehlerarten beachten.

Paketformat

Ein wichtiger Teil des IP-Dienstmodells ist natürlich die Art der Pakete, die befördert werden können. Das IP-Datagramm besteht wie die meisten Pakete aus einem Header, gefolgt von einer Reihe von Daten-Bytes. Das Format des Headers wird aus Abb. 4.3 ersichtlich. Man beachte, dass wir hier Pakete in einer anderen Art darstellen als in den vorherigen Kapiteln. Der Grund liegt darin, dass Paketformate auf der

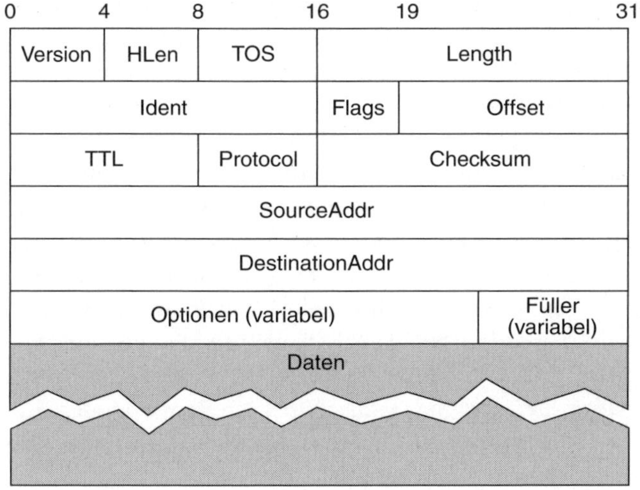

Abb. 4.3:
IPv4-Paket-Header

Internetwork-Schicht und darüber, auf die wir uns in den nächsten Kapiteln konzentrieren, fast immer auf 32-Bit-Grenzen ausgerichtet werden, um ihre Verarbeitung durch Programme zu vereinfachen. Die übliche Art, sie darzustellen (wie beispielsweise in den Internet Requests for Comments) ist es also, sie als aufeinander folgende 32-Bit-Wörter zu zeichnen. Das oberste Wort ist dasjenige, das als erstes übertragen wird, und das höchstwertige Byte jedes Worts ist das, das als erstes übertragen wird. Bei dieser Darstellung lassen sich leicht Felder erkennen, die ein Mehrfaches von 8 Bit lang sind. Sollte dies in höchst seltenen Fällen nicht zutreffen, lässt sich die Feldlänge dadurch bestimmen, dass man sich über dem Paket gekennzeichneten Bitpositionen ansieht.

Betrachtet man die einzelnen Felder des IP-Headers nacheinander, erkennt man, dass das »einfache« Modell der Best-Effort-Übertragung von Datagrammen doch auch einige Feinheiten aufweist. Das Feld Version spezifiziert die IP-Version. Die aktuelle IP-Version ist 4, die auch IPv4[1] genannt wird. Die Tatsache, dass sich dieses Feld direkt am Anfang des Datagramms befindet, macht es einfacher, alles übrige im Paketformat in späteren Versionen neu zu definieren. Die Verarbeitung des Headers durch ein Programm beginnt mit der Überprüfung der Version und verzweigt sich dann, um den Rest des Pakets dem entsprechenden Format zufolge zu verarbeiten. Das Feld HLen spezifiziert die Header-Länge in 32-Bit-Wörtern. Sind keine Optionen gesetzt, was meist der Fall ist, ist der Header 5 Wörter (20 Byte) lang. Das 8-Bit-Feld TOS (Type Of Service) hatte im Laufe der Zeit bereits unterschiedliche Definitionen. Als grundlegende Funktion ermöglicht es aber, Pakete je nach Bedarf der Anwendungen unterschiedlich zu behandeln. Der TOS-Wert kann z.B. bestimmen, ob ein Paket in eine spezielle Warteschlange mit niedriger Verzögerung gestellt werden soll. Die Verwendung dieses Felds (unter einem neuen Namen) wird ausführlicher in Abschnitt 6.5.3 behandelt.

Die nächsten 16 Bit des Headers enthalten die Länge (Length) des Datagramms, einschließlich des Headers. Im Gegensatz zum Feld HLen zählt das Feld Length keine Wörter, sondern Byte. Die maximale Größe eines IP-Datagramms ist also 65.535 Byte. Das physikalische Netzwerk, über das IP läuft, unterstützt möglicherweise aber keine derart langen Pakete. Aus diesem Grund erlaubt IP einen Fragmentierungs- und Reassemblierungsprozess. Das zweite Wort des Headers enthält Informationen zur möglichen Fragmentierung (siehe nächster Abschnitt »Fragmentierung und Reassemblierung«).

Beim dritten Wort des Headers angekommen, ist das nächste Byte das Feld TTL (Time To Live). Diese Bezeichnung hat eher historische Bedeutung und lässt nicht direkt auf die heutige Benutzung des Felds schließen. Dieses Feld dient dazu, Pakete aufzufangen, die in Routing-Schleifen kreisen, und sie zu vernichten, statt sie unendlich Ressourcen verbrauchen zu lassen. Ursprünglich wurde TTL auf eine bestimmte Anzahl von Sekunden gesetzt, die der erlaubten Lebensdauer des Pakets entspra-

1. Die nächste Generation von IP, die später in diesem Kapitel behandelte wird, hat die Versionsnummer 6 und wird IPv6 genannt. Versionsnummer 5 wurde für ein experimentelles Protokoll (ST-II) benutzt, welches nicht sehr verbreitet war.

chen. Router entlang der Strecke dekrementierten dieses Feld, bis es 0 erreichte. Da es aber selten vorkam, dass ein Paket 1 Sekunde lang in einem Router verweilte, und da nicht alle Router Zugriff auf eine gemeinsame Uhr hatten, dekrementierten die meisten Router bei der Weiterleitung des Pakets den TTL-Wert um 1. Deshalb hat es sich eher zu einem Hop- als einem Zeitzähler entwickelt, was immer noch eine sehr gute Möglichkeit ist, in Schleifen kreisende Pakete abzufangen. Eine Finesse birgt die anfängliche Einstellung dieses Felds durch den sendenden Host: Setzt er es zu hoch, könnten Pakete zu lange kreisen, bis sie abgefangen werden. Setzt er es zu niedrig, werden sie möglicherweise ihr Ziels nicht erreichen. Der derzeitige Standardwert ist 64.

Das Feld Protocol ist ein Demuxschlüssel, der das höhere Protokoll identifiziert, dem das betreffende IP-Paket weitergegeben werden soll. Es gibt definierte Werte für TCP (6), UDP (17) und viele weitere Protokolle, die sich im Protokollgraphen direkt oberhalb von IP befinden können.

Für die Berechnung der Prüfsumme (Checksum) wird der gesamte IP-Header als Folge von 16-Bit-Wörtern betrachtet. Dann werden die Wörter mittels Einerkomplement-Arithmetik addiert, und das Einerkomplement dieser Summe stellt die Prüfsumme dar. Das ist der in Abschnitt 2.4 beschriebene IP-Prüfsummenalgorithmus. Das heißt, wenn ein Bit im Header bei der Übertragung verfälscht wird, enthält die Prüfsumme bei Empfang des Pakets nicht den richtigen Wert. Da ein verfälschter Header einen Fehler in der Zieladresse enthalten kann und daher möglicherweise falsch ausgeliefert wurde, ist es sinnvoll, Pakete mit falscher Prüfsumme zu verwerfen. Man beachte, dass diese Prüfsumme nicht so starke Fehlererkennungseigenschaften wie eine CRC hat, sich aber einfacher programmieren lässt.

Die beiden letzten im Header erforderlichen Felder sind SourceAddr und DestinationAddr, d.h. die Quell- und Zieladresse des Pakets. Die Zieladresse ist der Schlüssel für die Datagramm-Zustellung: Jedes Paket enthält die volle Adresse des Ziels, sodass an jedem Router Weiterleitungsentscheidungen getroffen werden können. Die Quelladresse ist erforderlich, damit Empfänger entscheiden können, ob sie das Paket annehmen, und sie ermöglicht es zu antworten. IP-Adressen werden ausführlich in Abschnitt 4.1.3 behandelt. Wichtig ist vorläufig, dass IP unabhängig von den physikalischen Netzwerken, über die es läuft, seinen eigenen globalen Adressraum definiert. Wir werden noch sehen, dass das eines der wichtigsten Merkmale für die Unterstützung von Heterogenität ist.

Am Ende des Headers können verschiedene Optionen angefügt werden. Ob Optionen vorhanden sind, wird aus der Header-Länge (Feld HLen) ermittelt. Optionen werden zwar relativ wenig benutzt, eine komplette IP-Implementierung muss sie aber alle handhaben können.

Fragmentierung und Reassemblierung

Eines der Probleme bei der Bereitstellung eines einheitlichen Dienstmodells von Host zu Host über mehrere heterogene Netzwerke ist, dass jede Netztechnologie ihre eigenen Vorstellungen von der maximalen Größe eines Pakets hat. Ein Ethernet kann beispielsweise Pakete mit einer Länge von bis zu 1.500 Byte annehmen, während

FDDI-Pakete 4.500 Byte lang sein können. Das stellt das IP-Dienstmodell vor zwei Alternativen: Sicherstellen, dass alle IP-Datagramme klein genug sind, um in ein Paket einer beliebigen Netztechnologie zu passen, oder eine Methode bereitzustellen, durch die Pakete fragmentiert und wieder zusammengesetzt werden können, wenn sie zu groß sind, um über eine bestimmte Netztechnologie transportiert zu werden. Die zweite Alternative erweist sich als die bessere, insbesondere, wenn man sich überlegt, dass laufend neue Netztechnologien eingeführt werden, und IP über alle funktionieren muss. Dies würde es erschweren, eine für alle Technologien geeignete Grenze für die Datagramm-Größe auszuwählen. Das bedeutet auch, dass ein Host keine unnötig kleinen Pakete versendet, die Bandbreite vergeuden und Verarbeitungsressourcen verbrauchen, weil pro gesendetem Daten-Byte der Overhead durch Header steigt. Zwei an FDDI-Netze angeschlossene Hosts z.B., die über eine Punkt-zu-Punkt-Leitung miteinander verbunden sind, müssten also keine kleineren Pakete senden, nur damit diese in ein Ethernet passen.

Das zentrale Konzept ist hier, dass es bei jeder Netzart eine *maximale Übertragungseinheit* (Maximum Transmission Unit, MTU) gibt, die dem größten IP-Datagramm entspricht, das in einem Frame befördert werden kann. Dieser Wert ist kleiner als die größte Paketgröße im jeweiligen Netzwerk, weil das IP-Datagramm in den *Nutzdatenbereich* (Payload) des Frames auf der Sicherungsschicht passen muss. Insbesondere ist in ATM-Netzen der »Frame« die CS-PDU und nicht die ATM-Zelle. Für IP ist es transparent, dass CS-PDUs in Zellen segmentiert werden.

Das heißt also, wenn ein Host ein IP-Datagramm sendet, kann er die von ihm bevorzugte Größe wählen. Eine vernünftige Wahl ist die MTU des Netzwerks, an das der Host direkt angeschlossen ist. Dann ist Fragmentierung nur erforderlich, wenn der Weg zum Ziel ein Netzwerk mit einer kleineren MTU umfasst. Sollte das Transportprotokoll, das auf IP aufsetzt, IP ein größeres Paket als der lokalen MTU entspricht übergeben, muss es der Quell-Host fragmentieren.

Die Fragmentierung erfolgt normalerweise in einem Router, wenn er ein Datagramm empfängt, das über ein Netzwerk weitergeleitet werden muss, dessen MTU kleiner als das empfangene Datagramm ist. Damit diese Fragmente am empfangenden Host wieder zusammengefügt werden können, tragen sie alle den gleichen Bezeichner im Feld `Ident`. Dieser Bezeichner wird vom sendenden Host gewählt und ist unter allen Datagrammen, die von dieser Quelle im Verlauf einer angemessenen Dauer am Ziel ankommen, eindeutig. Da alle Fragmente des Original-Datagramms diesen Bezeichner enthalten, ist der zusammenfügende Host in der Lage, die zusammengehörenden Fragmente zu erkennen. Sollten nicht alle Fragmente beim empfangenden Host ankommen, gibt er den Reassemblierungsprozess auf und verwirft die bereits angekommenen Fragmente. IP versucht nicht, den fehlende Fragmente wiederzubeschaffen.

Um dies alles richtig zu verstehen, betrachten wir den Fall, bei dem Host H1 ein Datagramm in dem Beispiel-Internetwork von Abb. 4.1 an Host H8 sendet. Unter der Annahme, dass die MTU der beiden Ethernet-Netze 1.500 Byte, die des FDDI-Netzes 4.500 Byte und die des Punkt-zu-Punkt-Netzwerks 532 Byte groß ist, schafft ein 1.420-Byte-Datagramm (20 Byte für den IP-Header zuzüglich 1.400 Daten-

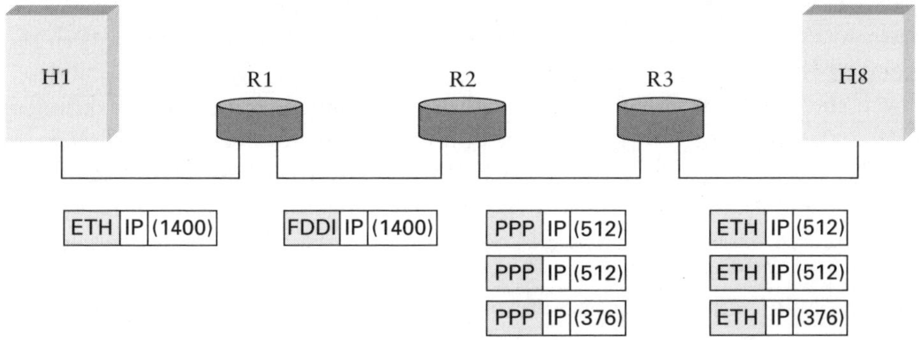

Abb. 4.4: IP-Datagramme beim Durchqueren der in Abb. 4.1 dargestellten Netzwerke

Bytes) von H1 seinen Weg durch das erste Ethernet und das FDDI-Netz ohne Fragmentierung. Bei Router R2 muss es aber in drei Datagramme fragmentiert werden. Diese drei Fragmente werden dann über das zweite Ethernet von Router R3 an den Ziel-Host gesendet. Diese Situation wird aus Abb. 4.4 ersichtlich. Diese Abbildung hebt auch zwei wichtige Punkte hervor:

1. Jedes Fragment ist ein in sich abgeschlossenes IP-Datagramm, das unabhängig von anderen Fragmenten über eine Reihe physikalischer Netzwerke übertragen wird.

2. Jedes IP-Datagramm wird für jedes durchquerte physikalische Netzwerk erneut gekapselt.

Einzelheiten des Fragmentierungsprozesses werden anhand der in jedem Datagramm enthaltenen Header-Felder (siehe Abb. 4.5) deutlich. Das oben dargestellte nicht fragmentierte Paket umfasst 1.400 Daten-Bytes und einen 20 Byte langen IP-Header. Wenn das Paket bei Router R2 ankommt, der eine MTU von 532 Byte hat, muss es fragmentiert werden. Bei einer 532-Byte-MTU bleiben nach dem 20 Byte langen IP-Header 512 Daten-Bytes übrig, sodass das erste Fragment 512 Daten-Bytes umfasst. Der Router setzt das M-Bit im Feld Flags (siehe Abb. 4.3), was bedeutet, dass weitere Fragmente folgen. Dann setzt er Offset auf 0, weil dieses Fragment den ersten Teil des Original-Datagramms enthält. Die im zweiten Fragment enthaltenen Daten beginnen ab dem 513. Byte der Originaldaten, sodass das Offset-Feld in diesem Header auf 64, also 512 / 8, gesetzt wird. Warum diese Division durch 8? Weil die entwickler von IP festgelegt haben, dass die Fragmentierung immer in 8-Byte-Dateneinheiten stattfinden soll. Das bedeutet, dass das Offset-Feld 8-Byte-Dateneinheiten statt einzelner Bytes zählt. (Wir überlassen es den Lesern, als Übung herauszufinden, warum dies so festgelegt wurde.) Im dritten Fragment werden die letzten 376 Daten-Bytes aufgenommen, und der Offset ist hier 2 × 512 / 8 = 128. Dies ist das letzte Fragment, folglich wird das M-Bit nicht gesetzt.

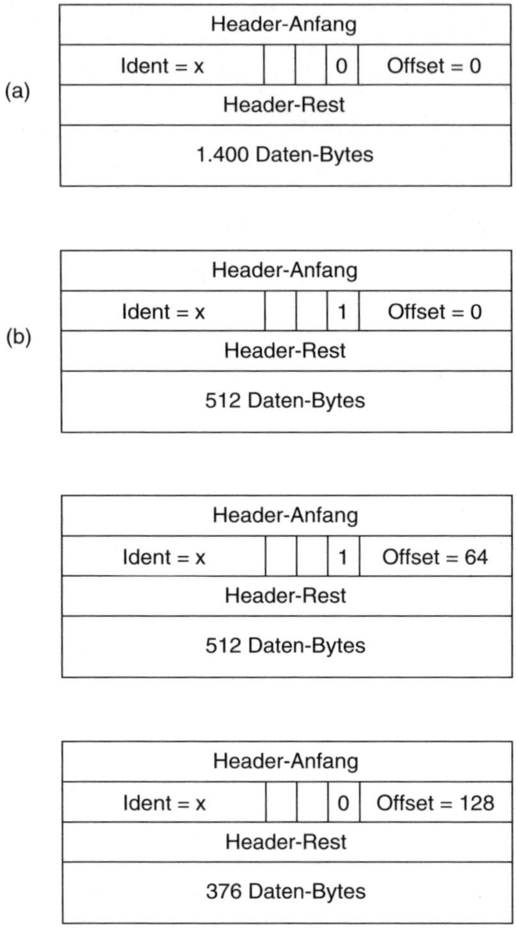

Abb. 4.5:
Bei der IP-Fragmentierung benutzte Header-Felder:
(a) nicht fragmentiertes Paket
(b) fragmentierte Pakete

Der Fragmentierungsprozess wird so ausgeführt, dass er wiederholt werden kann, falls ein Fragment bei einem weiteren Netzwerk mit einer noch kleineren MTU ankommt. Die Fragmentierung erzeugt kleinere gültige IP-Datagramme, die bei Empfang leicht wieder in das Original-Datagramm zusammengesetzt werden können, und zwar unabhängig von der Reihenfolge ihrer Ankunft. Die Reassemblierung geschieht am empfangenden Host und nicht an einem Router.

Implementierung

Wir schließen die Beschreibung der IP-Fragmentierung und -Reassemblierung mit einem Codefragment, welches die Reassemblierung durchführt. Wir führen gerade diesen Code hier auf, weil er für einen großen Teil von Netzwerk-Software repräsentativ ist. Er führt kaum mehr als mühsame »Buchführung« aus.

Zuerst definieren wie die wichtige Datenstruktur (FragList), die benutzt wird, um die einzelnen am Ziel ankommenden Fragmente aufzunehmen. Ankommende Fragmente werden in dieser Datenstruktur gespeichert, bis alle Fragmente des Original-

Datagramms vorliegen. Zu diesem Zeitpunkt werden sie zu einem vollständigen Datagramm zusammengesetzt und an ein höheres Protokoll übergeben. Man beachte, dass jedes Element in FragList entweder ein Fragment oder ein »Loch« enthält.

```
#define FRAGOFFMASK              0x1fff
#define FRAGOFFSET(fragflag)     ((fragflag) & FRAGOFFMASK)
#define INFINITE_OFFSET          0xffff

/* Struktur zur Aufnahme der Felder, die Fragmente des gleichen IP-Datagramms
   eindeutig identifizieren */

typedef struct fid {
    IpHost source;
    IpHost dest;
    u_char prot;
    u_char pad;
    u_short ident;
} FragId;

typedef struct hole {
    u_int first;
    u_int last;
} Hole;

#define HOLE  1
#define FRAG  2

/* Struktur zur Aufnahme eines Fragments oder Lochs */

typedef struct fragif {
    u_char type;
    union {
        Hole   hole;
        Msg    frag;
    }u;
    struct fragif *next, *prev;
} FragInfo;

/* Struktur zur Aufnahme aller Fragmente und Löcher eines bestimmten,
   zusammenzusetzenden IP-Datagramms */

typedef struct FragList {
    u_short    nholes;
    FragInfo   head;     /* Blinder Header-Knoten */
    Binding    binding;
    bool gcMark;         /* Schalter für Garbage-Collection */
} FragList;
```

Die Reassemblierungsroutine ipReassemble nimmt ein ankommendes Datagramm (dg) und den IP-Header für dieses Datagramm (hdr) als Argumente entgegen. Das dritte Argument, fragMap, ist eine Map-Struktur (die mapBind-, mapRemove- und mapResolve-Operationen unterstützt), die für die effiziente Abbildung des ankommenden Datagramms auf die entsprechende FragList benutzt wird. (Die Gruppe der zusammenzusetzenden Fragmente wird eindeutig durch mehrere Felder im IP-Header identifiziert, wie durch die Struktur FragId vorgegeben.)

Die eigentliche, von ipReassemble durchgeführte Arbeit ist recht einfach. Wie bereits erwähnt, handelt es sich vorwiegend um Buchführung. Zuerst extrahiert die Routine die Felder aus dem IP-Header, die das zusammenzusetzende Datagramm eindeutig identifizieren. Dann bildet sie aus diesen Feldern einen Schlüssel und schlägt diesen Schlüssel in fragMap nach, um die entsprechende FragList zu ermitteln. Handelt es sich um das erste Fragment des Datagramms, muss eine neue FragList erstellt und initialisiert werden. Als Nächstes fügt die Routine das neue Fragment in diese FragList ein. Dieser Schritt umfasst den Vergleich der Summe aus Offset und Länge des Fragments mit dem Offset des nächsten Fragments in der Liste. Ein Teil dieser Arbeit erfolgt in der Subroutine hole_create, die unten aufgeführt wird. Schließlich prüft ipReassemble, ob alle Löcher gefüllt sind. Sind alle Fragmente vorhanden, ruft sie die Routine msgReassemble auf, um die Fragmente zu einem ganzen Datagramm zusammenzusetzen. Dann ruft sie deliver auf, um das Datagramm im Protokollgraphen an ein höheres, durch HLP bezeichnetes Protokoll weiterzugeben.

```
ipReassemble(Msg *dg, IpHdr *hdr, Map fragMap)
{
    FragId      fragid;
    FragList    *list;
    FragInfo    *fi, *prev;
    Hole        *hole;
    u_short     offset, len;

    /* Extrahiere Fragmentierungsinfo aus dem Header
       (Offset und Fragmentlänge) */
    offset = FRAGOFFSET(hdr->frag)*8;
    len = hdr->dlen - GET_HLEN(hdr) * 4;

    /* Erzeuge eindeutige Kennung (ID) für dieses Fragment */
    bzero((char *)&fragid, sizeof(FragId));
    fragid.source = hdr->source;
    fragid.dest = hdr->dest;
    fragid.prot = hdr->prot;
    fragid.ident = hdr->ident;

    /* Suche Reassemblierungsliste für dieses Fragment; erzeuge neue,
       falls nicht vorhanden */
    if (mapResolve( fragMap, &fragid, (void **)&list) == FALSE )
    {
```

```
        /* Erstes Fragment des Datagramms – benötige neue FragList */
        list = NEW(FragList);

        /* Füge sie in Map-Struktur ein */
        list->binding = mapBind( fragMap, &fragid, list );

        /* Initialisiere Liste mit einem einzigen Loch, das sich über das
           gesamte Datagramm erstreckt */
        list->nholes = 1;
        list->head.next = fi = NEW(FragInfo);
        fi->next = 0;
        fi->type = HOLE;
        fi->u.hole.first = 0;
        fi->u.hole.last = INFINITE_OFFSET;
    }

    /* Kennzeichne aktuelle FragList als nicht für die Garbage-Collection
       in Frage kommend */
    list->gcMark = FALSE;

    /* Durchsuche FragList nach dem richtigen Loch für dieses Fragment */
    prev = &list->head;
    for ( fi = prev->next; fi != 0; prev = fi, fi = fi->next )
    {
        if ( fi->type == FRAG )
        {
            continue;
        }
        hole = &fi->u.hole;
        if ( (offset < hole->last) && ((offset + len) > hole->first) )
        {
            /* Prüfe, ob Fragment zuvor empfangene Fragmente überlappt */
            if ( offset < hole->first )
            {
                /* Schneide Nachricht von links ab */
                msgStripHdr(dg, hole->first - offset);
                offset = hole->first;
            }
            if ( (offset + len) > hole->last )
            {
                /* Schneide Nachricht von rechts ab */
                msgTruncate(dg, hole->last - offset);
                len = hole->last - offset;
            }
            /* Prüfe jetzt, ob ein oder mehrere Löcher nötig sind */
```

```
            if (((offset + len) < hole->last) &&
                (hdr->frag & MOREFRAGMENTS))
            {
                /* Erzeuge neues Loch oberhalb */
                hole_create(prev, fi, (offset+len), hole->last);
                list->nholes++;
            }
            if ( offset > hole->first )
            {
                /* Erzeuge neues Loch unterhalb */
                hole_create(fi, fi->next, hole->first, (offset));
                list->nholes++;
            }

            /* Ändere diese FragInfo-Struktur auf FRAG ab */
            list->nholes--;
            fi->type = FRAG;
            msgSaveCopy(&fi->u.frag, dg);
            break;
        } /* Falls Loch vorgefunden */
    } /* for-Schleife */

    /* Prüfe, ob wir fertig sind; falls Ja, reiche Datagramm nach oben weiter */
    if ( list->nholes == 0 )
    {
        Msg fullMsg;

        /* Jetzt haben wir ein vollständiges Datagramm */
        for( fi = list->head.next; fi != 0; fi = fi->next )
        {
            msgReassemble(&fullMsg, &fi->u.frag, &fullMsg);
        }

        /* Entferne FragList und zugehörigen Map-Eintrag */
        mapRemove(fragMap, list->binding);
        ipFreeFragList(list);
        deliver(HLP, &fullMsg);
        msgDestroy(&fullMsg);
    }
    return SUCCESS;
}
```

Die Subroutine hole_create erzeugt ein neues Loch in der Fragmentliste, das am Offset first beginnt und am Offset last endet. Sie verwendet die Utility NEW, die eine Instanz der gegebenen Struktur erzeugt.

```
static int
hole_create(FragInfo *prev, FragInfo *next, u_int first, u_int last)
{
    FragInfo *fi;

    /* Erzeuge neues Loch von first bis last */
    fi = NEW(FragInfo);
    fi->type = HOLE;
    fi->u.hole.first = first;
    fi->u.hole.last = last;
    fi->next = next;
    prev->next = fi;
}
```

Abschließend merken wir an, dass diese Routinen nicht das gesamte Bild der Reassemblierung wiedergeben. Hier nicht dargestellt ist ein Hintergrundprozess, der (anhand des Felds gcMark) periodisch prüft, ob für ein Datagramm kürzlich Aktivitäten stattgefunden haben. Falls nicht, löscht er die entsprechende FragList. IP versucht nicht, eine Situation zu beheben, bei der eines oder mehrere Fragmente nicht ankommen. Es gibt einfach auf und gibt den für die Reassemblierung benutzten Speicher frei.

Man bemerkt am Beispiel dieses Codes, dass die IP-Reassemblierung alles andere als ein einfacher Vorgang ist. Geht z.B. ein einzelnes Fragment verloren, versucht der Empfänger trotzdem, das Datagramm zusammenzusetzen. Schließlich gibt er jedoch auf und veranlasst die Bereinigung (Garbage-Collection) der Ressourcen, die für die Durchführung der fehlgeschlagenen Reassemblierung benutzt wurden. Aus diesem und ähnlichen Gründen wird die IP-Fragmentierung im Allgemeinen vermieden. Heute lässt man Hosts bevorzugt den Prozess der »Path MTU Discovery« durchführen, sodass keine Fragmentierung nötig ist. Stattdessen werden entsprechend kleine Pakete gesendet, um die Verbindungsleitung mit der kleinsten MTU auf der Strecke vom Sender zum Empfänger zu durchqueren.

4.1.3 Globale Adressen

In der obigen Beschreibung des IP-Dienstmodells wurde erwähnt, dass es ein Adressierungsschema bereitstellt. Letztlich möchte man in der Lage sein, Daten an einen beliebigen Host in einem beliebigen Netzwerk zu senden. Dafür muss es eine Möglichkeit geben, jeden Host zu identifizieren. Wir benötigen also ein globales Adressierungsschema, bei dem jeder Host eine eindeutige Adresse hat. Die globale Eindeutigkeit ist die erste Eigenschaft, die ein Adressierungsschema bieten soll.

Ethernet-Adressen sind global eindeutig. Das allein reicht für ein Adressierungsschema in einem großen Internetwork aber nicht aus. Ethernet-Adressen sind *flach*, was bedeutet, dass sie keine Struktur haben und kaum Hinweise für Routing-Protokolle[2] bieten. Demgegenüber sind IP-Adressen *hierarchisch*, was bedeutet, dass sie sich aus mehreren Teilen zusammensetzen, die einer Hierarchie im Internetwork entsprechen. Insbesondere bestehen IP-Adressen aus zwei Teilen, einem Netzwerk- und einem Host-Teil. Das ist eine relativ logische Struktur für ein Internetwork, das aus vielen untereinander verbundenen Netzwerken besteht. Der Netzwerkteil einer IP-Adresse identifiziert das Netzwerk, an das der Host angeschlossen ist. Alle an das gleiche Netzwerk angeschlossenen Hosts haben in ihrer IP-Adresse also den gleichen Netzwerkteil. Der Host-Teil identifiziert dann jeden Host im jeweiligen Netzwerk eindeutig. Folglich haben die Adressen der Hosts in Netzwerk 1 in dem einfachen Internetwork von Abb. 4.1 z.B. alle den gleichen Netzwerk- und einen unterschiedlichen Host-Teil.

Man beachte, dass die Router in Abb. 4.1 an zwei Netzwerke angeschlossen sind. Sie brauchen für jedes Netzwerk eine Adresse – eine für jede Schnittstelle. Router R1, der sich zwischen Netzwerk 2 und Netzwerk 3 befindet, hat beispielsweise eine IP-Adresse an der Schnittstelle zu Netzwerk 2, die den gleichen Netzwerkteil wie die Hosts an Netzwerk 2 hat, und eine IP-Adresse an der Schnittstelle zu Netzwerk 3, die den gleichen Netzwerkteil wie die Hosts an Netzwerk 3 hat. Wenn man sich also vor Augen hält, dass ein Router als Host mit zwei Netz-Interfaces implementiert werden kann, sollte man sich IP-Adressen dahingehend vorstellen, dass sie eher zu Interfaces als zu Hosts gehören.

Wie sehen diese hierarchischen Adressen aus? Im Gegensatz zu anderen Formen von hierarchischen Adressen sind die beiden Teile hier nicht bei allen Adressen gleich groß. Stattdessen werden IP-Adressen in drei verschiedene Klassen unterteilt, wie aus Abb. 4.6 ersichtlich wird. Jede definiert einen Netzwerk- und einen Host-Teil mit einer unterschiedlichen Größe. (Es gibt auch Adressen der Klasse D für Multicast-Gruppen, die in Abschnitt 4.4 beschrieben werden, und Adressen der Klasse E, die derzeit nicht benutzt werden.) In allen Fällen ist die Adresse 32 Bit lang.

Die Klasse einer IP-Adresse wird in den werthöchsten Bits identifiziert. Ist das erste Bit 0, handelt es sich um eine Adresse der Klasse A. Ist das erste Bit 1 und das

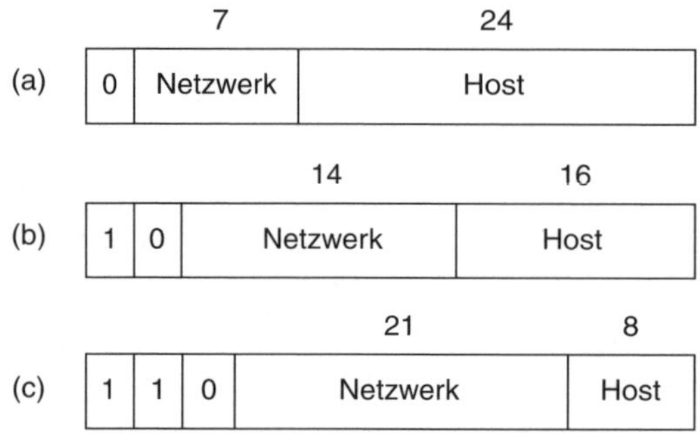

Abb. 4.6:
IP-Adressen:
(a) Klasse A
(b) Klasse B
(c) Klasse C

2. Wie bereits festgehalten wurde, haben Ethernet-Adressen eine Struktur für die *Zuweisung* – die ersten 24 Bit identifizieren den Hersteller. Dies liefert aber keine nützlichen Informationen für Routing-Protokolle, weil diese Struktur nichts mit der Netztopologie zu tun hat.

zweite 0, ist es eine Adresse der Klasse B. Sind die ersten beiden Bits 1 und das dritte 0, haben wir es mit einer Adresse der Klasse C zu tun. Folglich gehören von den ungefähr 4 Milliarden möglichen IP-Adressen die Hälfte zu Klasse A, ein Viertel zu Klasse B und ein Achtel zu Klasse C. Jede Klasse ordnet eine bestimmte Anzahl von Bits dem Netzwerkteil und den Rest dem Host-Teil der Adresse zu. Netzwerke der Klasse A haben 7 Bit für den Netzwerkteil und 24 Bit für den Host-Teil, was bedeutet, dass es nur 126 Netzwerke der Klasse A geben kann (die Werte 0 und 127 sind reserviert). Jedes davon kann aber bis zu $2^{24} - 2$ (ca. 16 Millionen) Hosts aufnehmen (auch hier gibt es wieder zwei reservierte Werte). Die Adressen der Klasse B ordnen 14 Bit für das Netzwerk und 16 Bit für den Host zu, was bedeutet, dass jedes Netzwerk der Klasse B Platz für 65.534 Hosts hat. Die Adressen der Klasse C haben nur 8 Bit für den Host und 21 für den Netzwerkteil. Deshalb kann ein Netzwerk der Klasse C nur 256 eindeutige Host-Bezeichner haben, d.h. nur 254 angeschlossene Hosts (der Host-Bezeichner 255 ist für Broadcast reserviert und 0 ist keine gültige Host-Nummer). Das Adressierungsschema unterstützt also 2^{21} Netzwerke der Klasse C.

Insgesamt betrachtet, bietet dieses Adressierungsschema viel Flexibilität dahingehend, dass es ermöglicht, Netzwerke vieler verschiedener Größen effizient unterzubringen. Das ursprüngliche Konzept war, dass das Internet aus einer kleinen Zahl von Weitverkehrsnetzen (WANs, die zur Klasse A gehören), einer moderaten Anzahl von Campusnetzwerken (die zur Klasse B gehören) und einer großen Zahl von LANs (Netzwerke der Klasse C) bestehen würde. Wie wir in Abschnitt 4.3 noch sehen werden, war jedoch mehr Flexibilität notwendig, und einige hierfür entwickelte Methoden sind heute in Gebrauch. Da eine dieser Techniken die Unterscheidung zwischen Adressklassen aufhebt, nennt man das soeben beschriebene Adressierungsschema jetzt »klassenbehaftet« und den neueren Ansatz »klassenlos«.

Bevor wir näher betrachten, wie IP-Adressen benutzt werden, ist es hilfreich, sich mit einigen praktischen Dingen zu befassen, beispielsweise, wie man sie notiert. Der Konvention zufolge werden IP-Adressen als vier durch Punkte getrennte *dezimale* Ganzzahlen geschrieben. Jede Ganzzahl stellt den in einem Byte der Adresse enthaltenen Dezimalwert dar, beginnend mit dem werthöchsten. Die Adresse des Computers, auf dem dieses Manuskript getippt wurde, lautet beispielsweise 171.69.210.245.

Wichtig ist, IP-Adressen nicht mit Internet-Domain-Namen zu verwechseln, die ebenfalls hierarchisch sind. Domain-Namen sind durch Punkte getrennte ASCII-Zeichenfolgen, z.B. cs.princeton.edu. Sie werden in Abschnitt 9.1 behandelt. Wichtig an IP-Adressen ist, dass sie in den Headern von IP-Paketen befördert werden und die Adressen sind, die benutzt werden, um Weiterleitungsentscheidungen zu treffen.

4.1.4 Weiterleitung von Datagrammen in IP

Wir sind jetzt bereit, uns den grundlegenden Mechanismus anzusehen, durch den IP-Router Datagramme in einem Internetwork weiterleiten. Wir wissen aus Kapitel 3, dass *Weiterleitung* der Vorgang ist, bei dem ein Paket von einem Eingang angenommen und über den entsprechenden Ausgang versendet wird, während *Routing* der

Vorgang ist, bei dem Tabellen zusammengestellt werden, mit denen es möglich ist, den richtigen Ausgang für ein Paket zu ermitteln. Wir konzentrieren uns hier auf die Weiterleitung. Routing wird in Abschnitt 4.2 beschrieben.

Nachfolgend die wichtigsten Punkte bei der Weiterleitung von IP-Datagrammen:

- Jedes IP-Datagramm enthält die IP-Adresse des Ziel-Hosts.
- Der »Netzwerkteil« einer IP-Adresse identifiziert ein bestimmtes physikalisches Netzwerk, das Teil eines größeren Internetworks ist, eindeutig.
- Alle Hosts und Router, deren Adresse den gleichen Netzwerkteil enthält, sind an das gleiche physikalische Netzwerk angeschlossen und können somit untereinander dadurch kommunizieren, dass sie Frames über das Netzwerk versenden.
- Jedes physikalische Netzwerk, das Teil des Internetworks ist, umfasst mindestens einen Router, der gemäß Definition ebenfalls an mindestens ein weiteres physikalisches Netzwerk angeschlossen ist. Dieser Router kann Pakete mit Hosts oder Routern in beiden Netzwerken austauschen.

Die Weiterleitung von IP-Datagrammen lässt sich also auf folgende Weise handhaben: Ein Datagramm wird von einem Quell- an einen Ziel-Host gesendet. Es durchläuft auf der Strecke möglicherweise mehrere Router. Jeder Knoten, ungeachtet dessen, ob es sich um einen Host oder einen Router handelt, versucht zuerst festzustellen, ob er an das gleiche physikalische Netzwerk wie das Ziel angeschlossen ist. Hierfür vergleicht er den Netzwerkteil der Zieldresse mit dem der Adresse jeder seiner Netzschnittstellen. (Hosts haben normalerweise nur ein Interface, während Router meist zwei oder mehr haben, weil sie in der Regel an zwei oder mehr Netzwerke angeschlossen sind.) Wird eine Übereinstimmung gefunden, bedeutet das, dass das Ziel im gleichen physikalischen Netzwerk wie das Interface liegt. Das Paket kann dann direkt über dieses Netzwerk übertragen werden. In Abschnitt 4.1.5 werden einige Einzelheiten dieses Vorgangs erklärt.

Ist der Knoten nicht am gleichen physikalischen Netzwerk wie der Zielknoten angeschlossen, muss er das Datagramm an einen Router senden. Im allgemeinen kann jeder Knoten einen Router aus mehreren auswählen. Er wählt also den besten oder zumindest denjenigen, der eine vernünftige Chance hat, das Datagramm näher an sein Ziel zu befördern. Den gewählten Router bezeichnet man als *Next-Hop*-Router. Der Router findet den korrekten nächsten Hop dadurch, dass er seine Weiterleitungstabelle durchsieht. Die Weiterleitungstabelle ist konzeptionell lediglich eine Liste mit Paaren von <NetworkNum, NextHop>. (Wir werden weiter unten noch sehen, dass Weiterleitungstabellen in der Praxis oft zusätzliche Informationen über den nächsten Hop enthalten.) Normalerweise gibt es auch einen Default-Router, der benutzt wird, wenn keiner der Einträge in der Tabelle mit der Netzwerknummer des Ziels übereinstimmt. Für einen Host kann es angemessen sein, nichts außer einem Default-Router zu haben. Das bedeutet, dass alle Datagramme für Hosts, die nicht am gleichen physikalischen Netzwerk wie der sendende Host angeschlossen sind, durch den Default-Router versendet werden.

Der Weiterleitungsalgorithmus für Datagramme lässt sich wie folgt beschreiben:

```
if (NetworkNum of destination = NetworkNum of one of my interfaces) then
    deliver packet to destination over that interface
else
    if (NetworkNum of destination is in my forwarding table) then
        deliver packet to NextHop router
    else
        deliver packet to default router
```

Für einen Host mit nur einem Interface und nur einem Default-Router in seiner Weiterleitungstabelle reduziert sich dies auf

```
if (NetworkNum of destination = my NetworkNum) then
    deliver packet to destination directly
else
    deliver packet to default router
```

Wir wollen uns jetzt am Beispiel des Internetworks von Abb. 4.1 ansehen, wie es funktioniert. Zuerst gehen wir davon aus, dass H1 ein Datagramm an H2 senden möchte. Da sich beide im gleichen physikalischen Netzwerk befinden, haben H1 und H2 die gleiche Netzwerknummer in ihrer IP-Adresse. Folglich schlussfolgert H1, dass er das Datagramm direkt über das Ethernet an H2 senden kann. Als einzige Frage muss geklärt werden, wie H1die richtige Ethernet-Adresse für H2 findet. Das ist der in Abschnitt 4.1.5 beschriebene Adressauflösungsmechanismus.

Wie nehmen als Nächstes an, dass H1 ein Datagramm an H8 senden möchte. Da diese Hosts an unterschiedliche physikalische Netzwerke angeschlossen sind, haben sie verschiedene Netzwerknummern. H1 schlussfolgert deshalb, dass er das Datagramm an einen Router senden muss. R1 ist als Default-Router die einzige Möglichkeit. Deshalb sendet H1 das Datagramm über das Ethernet an R1. R1 weiß seinerseits, dass er kein Datagramm direkt an H8 übertragen kann, weil sich weder seine noch die Schnittstelle von H8 im gleichen Netzwerk befinden. Angenommen, der Default-Router von R1 ist R2. R1 sendet also das Datagramm an R2 über das Token-Ring-Netz. Unter der Annahme, dass R2 über die in Tabelle 4.1 enthaltene Weiterleitungstabelle verfügt, kann er die Netzwerknummer (Netzwerk 1) von H8 nachsehen und das Datagramm an R3 weiterleiten. Da sich R3 im gleichen Netzwerk wie H8 befindet, liefert er das Datagramm direkt an H8 aus.

NetworkNum	NextHop
1	R3
2	R1

Tabelle 4.1: Beispiel einer Weiterleitungstabelle für Router R2 in Abb. 4.1

Bridges, Switche und Router

Leicht entsteht Verwirrung, wenn man versucht, zwischen Bridges, Switchen und Routern zu unterscheiden. Für diese Verwirrung besteht guter Grund, weil sie alle auf irgendeiner Ebene Nachrichten von einer Leitung an eine andere befördern. Manche unterscheiden sie auf der Grundlage von Schichten: Bridges sind Knoten auf der Sicherungsschicht (sie leiten Frames von einer Leitung an eine andere weiter, um ein erweitertes LAN zu implementieren), Switche sind Knoten auf der Vermittlungsschicht (sie leiten Pakete von einer Leitung an eine andere weiter, um ein paketvermitteltes Netzwerk zu implementieren) und Router sind Knoten auf der Internetwork-Schicht (sie leiten Datagramme von einem Netzwerk an ein anderes weiter, um ein Internetwork zu implementieren). In gewissem Sinn ist das allerdings eine künstliche Unterscheidung. Netzwerkunternehmen fragen sicherlich keine »Schichtenpolizei« um Erlaubnis, wenn sie neue Produkte vertreiben, die nicht genau in irgendeine Schicht passen.

Beispielsweise haben wir bereits gesehen, dass eine Multiport-Bridge oft »Ethernet-Switch« oder »LAN-Switch« genannt wird. Folglich ist die Unterscheidung zwischen Bridges und Switchen alles andere als klar. Aus diesem Grund werden Bridges und Switche oft als »Schicht-2-Geräte« zusammengefasst, wobei Schicht 2 in diesem Zusammenhang »oberhalb der Bitübertragungsschicht und unterhalb der Internetwork-Schicht« bedeutet.

Andererseits gibt es ein wichtiges Unterscheidungsmerkmal zwischen LAN-Switchen (oder -Bridges) und ATM-Switchen (und anderen Switchen, die in WANs benutzt werden, z.B. Frame-Relay- und X.25-Switche). LAN-Switche und -Bridges hängen vom Spanning-Tree-Algorithmus ab, während WAN-Switche im Allgemeinen Routing-Protokolle ausführen, durch die jeder Switch die Topologie des gesamten Netzwerks lernen kann. Dieses Unterscheidungsmerkmal ist wichtig, weil die Switche durch Kenntnis der gesamten Netzwerktopologie verschiedene Routen unterscheiden können, während der Spanning-Tree-Algorithmus in einem einzigen Baum, über den Nachrichten weitergeleitet werden, blockiert. Außerdem ist der Spanning-Tree-Ansatz nicht gut skalierbar.

Was ist mit Switchen und Routern? Sind sie grundsätzlich gleich oder unterscheiden sie sich in einem wichtigen Punkt? Hier ist der Unterschied viel weniger klar. Da beispielsweise eine einzelne Punkt-zu-Punkt-Leitung selbst ein legitimes Netzwerk ist, können mehrere solche Leitungen mit einem Router verbunden werden. In diesem Fall ist der Router zufällig ein Switch, der IP-Pakete mit Hilfe eines Datagramm-Weiterleitungsmodells und IP-Routing-Protokollen weiterleitet. Wir werden noch weitere Ähnlichkeiten dieser Art feststellen, wenn wir uns am Ende dieses Abschnitts mit Router-Implementierung befassen werden.

Ein großer Unterschied zwischen einem aus Switchen gebauten ATM-Netz und dem aus Routern gebauten Internet ist der, dass das Internet Heterogenität unterstützt, während ATM aus homogenen Leitungen besteht. Diese Unterstützung von Heterogenität ist einer der Hauptgründe, warum sich das Internet derart ausbreiten kann.

Man beachte, dass es möglich ist, die Information über direkt angeschlossene Netzwerke mit in die Weiterleitungstabelle aufzunehmen. Wir könnten beispielsweise die Netzschnittstellen von Router R2 mit Interface 0 für die Punkt-zu-Punkt-Leitung (Netzwerk 4) und Interface 1 für das Token-Ring (Netzwerk 3) beschriften. Dann würde R2 über die in Tabelle 4.2 gezeigte Weiterleitungstabelle verfügen.

NetworkNum	NextHop
1	R3
2	R1
3	Interface 1
4	Interface 0

Tabelle 4.2: Vollständige Weiterleitungstabelle für Router R2 in Abb. 4.1

R2 weiß also bei jeder Netzwerknummer, die er in einem Paket vorfindet, was er zu tun hat. Entweder ist das Netzwerk direkt mit R2 verbunden, dann kann er das Paket über dieses Netzwerk an das Ziel senden, oder das Netzwerk ist über einen Next-Hop-Router erreichbar, den R2 über ein Netzwerk erreichen kann, an das er angeschlossen ist. In beiden Fällen benutzt R2 die unten beschriebene ARP-Methode, um die MAC-Adresse des Knotens zu finden, an den das Paket als Nächstes zu senden ist.

Die von R2 benutzte Weiterleitungstabelle ist recht einfach, sodass man sie auch manuell konfigurieren könnte. Normalerweise sind diese Tabellen aber viel komplexer und werden durch Ausführung eines Routing-Protokolls erzeugt wie sie in Abschnitt 4.2 beschriebenen sind. Außerdem sind die Netzwerknummern in der Praxis länger (z.B. 128.96).

Wir können jetzt sehen, wie die hierarchische Adressierung – die Aufteilung der Adresse in Netzwerk- und Host-Teil – die Skalierbarkeit eines großen Netzwerks verbessert. Router können Weiterleitungstabellen enthalten, die nur eine Reihe von Netzwerknummern statt aller im Netzwerk angeschlossenen Knoten auflistet. In unserem einfachen Beispiel bedeutet das, dass R2 die von ihm benötigten Informationen, um alle Hosts im Netzwerk (insgesamt acht) zu erreichen, in einer Tabelle mit vier Einträgen speichern kann. Auch wenn an jedem physikalischen Netzwerk 100 Hosts angeschlossen wären, käme R2 mit diesen vier Einträgen aus. Das ist ein guter erster Schritt (bei weitem aber nicht der letzte), um Skalierbarkeit zu erzielen.

▶ Dies zeigt eines der wichtigsten Prinzipien beim Design skalierbarer Netzwerke auf: Um Skalierbarkeit zu erzielen, muss man die Informationsmenge, die in jedem Knoten gespeichert ist und zwischen den Knoten ausgetauscht wird, reduzieren. Die hierfür am häufigsten angewandte Methode ist die *hierarchische Aggregation*. IP führt eine aus zwei Ebenen bestehende Hierarchie ein, bei der sich Netzwerke auf der oberen und Knoten auf der unteren Ebene befinden. Wir erhalten dadurch aggregierte Informationen, dass wir Router sich nur damit beschäftigen lassen, jeweils das richtige Netzwerk zu erreichen. Die Information, die ein Router benötigt, um ein Datagramm an einen Knoten in einem bestimmten Netzwerk zu senden, wird durch einen einzigen aggregierten Eintrag dargestellt.

Router Implementierung

In Abschnitt 3.4 haben wir eine Vielzahl von Möglichkeiten betrachtet, um einen Switch zu konstruieren, von einer Allzweck-Workstation mit einer geeigneten Anzahl von Netzwerk-Interfaces bis zu einigen ausgeklügelten Hardware-Designs. Im Allgemeinen ist die gleiche Palette an Optionen für die Konstruktion von Routern verfügbar, von denen die meisten etwa wie in Abbildung 4.7 aussehen. Der Kontrollprozessor ist für die Ausführung der *Routing-Protokolle* (siehe Abschnitt 4.2) zuständig und fungiert generell als zentraler Kontrollpunkt des Routers. Die Switching-Fabric (Vermittlungseinheit) überträgt Pakete von einem Port zu einem anderen, genauso wie in einem Switch, und die Ports stellen verschiedene Funktionalitäten bereit, die es dem Router ermöglichen, sich mit Leitungen unterschiedlichen Typs (z. B. Ethernet, SONET usw.) zu koppeln.

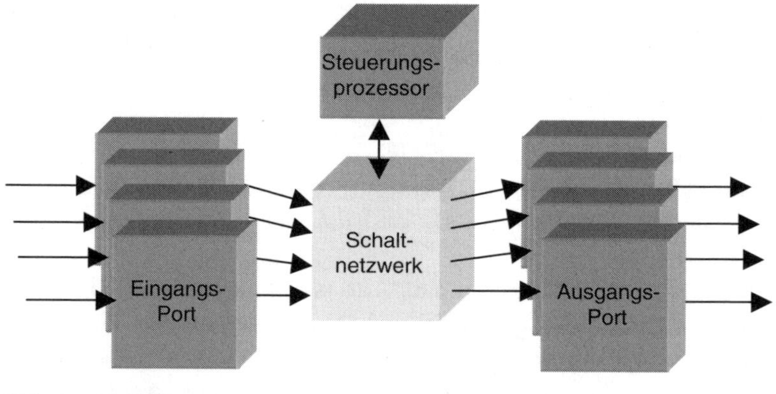

Abb. 4.7: Blockdiagramm eines Routers

An dieser Stelle lohnt es sich, ein paar Punkte über das Router-Design und wie es sich vom Switch-Design unterscheidet, zu betrachten. Erstens müssen Router für die Handhabung von Paketen mit variabler Länge ausgelegt werden. Diese Einschränkung trifft nicht auf ATM-Switche, wohl aber auf Ethernet- oder Frame-Relay-Switche zu. Es hat sich gezeigt, dass viele Hochleistungs-Router zellbasierte Switching-Fabrics nutzen. In solchen Fällen müssen die Ports in der Lage sein, Pakete mit variabler Länge in Zellen – und wieder zurück – zu konvertieren. Das ähnelt stark dem Problem mit der Segmentierung und Reassemblierung (SAR) nach dem ATM-Standard (siehe Abschnitt 3.3.2).

Als weitere Konsequenz von IP-Datagrammen mit variabler Länge kann es im Vergleich zu einem Switch, der nur Zellen weiterleitet, schwieriger sein, die Leistung eines Routers zu charakterisieren. Router können normalerweise eine bestimmte Anzahl von Paketen pro Sekunde weiterleiten, was impliziert, dass der Gesamtdurchsatz in *Bit* pro Sekunde von der Paketgröße abhängt. Router-Designer müssen im Allgemeinen eine Entscheidung treffen, welche Paketlänge sie bei einer bestimmten *Leitungsrate* (Line Rate) unterstützen wollen. Das heißt, wenn pps (Paket pro Sekunde) die Rate ist, in der Pakete, die auf einem bestimmten Port ankommen, weitergeleitet werden können, und Leitungsrate die physische Geschwindigkeit des Ports in Bit pro Sekunde ist, dann gilt für die Paketgröße in Bit:

$$\text{Paketgröße} \times \text{pps} = \text{Leitungsrate}$$

Das ist die Paketgröße, die der Router bei gegebener Leitungsrate weiterleiten kann; er ist wahrscheinlich in der Lage, diese Leitungsrate für längere, nicht aber für kürzere Pakete aufrechtzuerhalten. Manche Designer sind vielleicht der Ansicht, dass 40 Byte die richtige Paketgröße ist, die es zu unterstützen gilt, weil das der Mindestgröße eines IP-Pakets mit einem angehängten TCP-Header entspricht. Ein weiteres Auswahlkriterium kann die erwartete *durchschnittliche* Paketgröße sein, die sich durch Untersuchung des Netzwerkverkehrs ermitteln lässt. Messungen im Internet-Backbone lassen beispielsweise darauf schließen, dass das durchschnittliche IP-Paket etwa 300 Byte lang ist. Allerdings würde ein auf diese Größe gesetzter Router nicht mehr folge können und anfangen, Pakete zu verwerfen, wenn eine lange Sequenz kurzer Pakete auf ihn zukommt. Solche Sequenzen sind statistisch von Zeit zu Zeit und auch dann möglich, wenn der Router einer Daten-Attacke (siehe Kapitel 8) ausgesetzt ist. Design-Entscheidungen dieser Art hängen stark von Kostenüberlegungen und der beabsichtigten Router-Anwendung ab.

Was die Weiterleitung von IP-Paketen anbelangt, so können Router grob dahingehend charakterisiert werden, ob sie entweder auf einem zentralen oder verteilten Weiterleitungsmodell basieren. Im zentralen Modell ist der in einem früheren Abschnitt dieses Kapitels beschriebene IP-Weiterleitungsalgorithmus in einer einzelnen Verarbeitungseinheit implementiert, die den Verkehr aller Ports abwickelt. Demgegenüber verfügt ein verteiltes Modell über mehrere Verarbeitungseinheiten, vielleicht eine pro Port, häufig aber eine pro Leitungskarte, wobei eine Leitungskarte einen oder mehrere physische Ports bedienen kann. Beide Modelle haben Vor- und Nachteile. Unter gleichen Voraussetzungen sollte ein verteiltes Weiterleitungsmodell in der Lage sein, mehr Pakete pro Sekunde durch den Router weiterzuleiten, weil insgesamt mehr Verarbeitungskapazität vorhanden ist. Andererseits verkompliziert ein verteiltes Modell die Software-Architektur, weil jede Weiterleitungseinheit typischerweise eine eigene Kopie der Weiterleitungstabelle benötigt, was bedeutet, dass der Kontrollprozessor sicherstellen muss, dass die Weiterleitungstabellen konsistent und zeitgerecht aktualisiert werden.

In den letzten Jahren wurde beträchtliches Interesse an der Möglichkeit beobachtet, Netzwerkprozessoren zu entwickeln, die man in Routern und anderer Vernetzungshardware einsetzen kann. Ein Netzwerkprozessor ist ein Gerät, das sich so gut wie eine Standard-Workstation oder ein PC-Prozessor programmieren lässt, das aber stark für Vernetzungsaufgaben optimiert ist. Ein Netzwerkprozessor könnte

z. B. Instruktionen verwenden, die sich besonders gut zur Durchführung von IP-Adresssuchen oder Berechnung von Prüfsummen für IP-Datagramme eignen.

Eine der interessanteren aktuellen Debatten über Netzwerkprozessoren ist die, ob sie besser als die Alternativen sind. Können Netzwerkprozessoren z. B. mit den fortwährenden, beachtlichen Verbesserungen der Leistung konventioneller Prozessoren und der gigantischen Industrie, die hinter diesen Verbesserungen steht, Schritt halten? Und kann ein Gerät, das Generalität anstrebt, so gut sein wie ein speziell entworfener Chip, der meinetwegen nichts außer IP-Weiterleitung tut? Die Antwort auf Fragen wie diese hängt teilweise davon ab, was man mit »besser als ...« meint. Beispielsweise müssen zwischen Hardware-Kosten, Marktgängigkeit, Leistung und Flexibilität – die Möglichkeit, die von einem fertig konstruierten Router unterstützten Features zu ändern – immer Kompromisse gefunden werden. Wir werden im weiteren Verlauf dieses Kapitels und in späteren Kapiteln noch sehen, wie unterschiedlich die Anforderungen an Router-Funktionalität wirklich sein können. Man kann mit einiger Sicherheit davon ausgehen, dass es in absehbarer Zukunft viele Router-Designs geben wird und dass Netzwerkprozessoren eine gewisse Rolle dabei spielen werden.

4.1.5 Adressübersetzung (ARP)

Im vorherigen Abschnitt haben wir beschrieben, wie IP-Datagramme zum richtigen physikalischen Netzwerk gelangen, die Frage aber übergangen, wie ein Datagramm einem bestimmten Host oder Router in diesem Netzwerk übermittelt wird. Der wichtigste Punkt ist dabei, dass IP-Datagramme IP-Adressen enthalten, während die physikalische Interface-Hardware auf dem Host oder Router, an den man das Datagramm senden will, nur das Adressierungsschema eines bestimmten Netzwerks versteht. Wir müssen also die IP-Adresse in eine Adresse der Sicherungsschicht übersetzen, die dieses Netzwerk versteht (z.B. eine 48 Bit lange Ethernet-Adresse). Dann können wir das IP-Datagramm in einen Frame kapseln, der die Adresse der Sicherungsschicht enthält, und es entweder an das endgültige Ziel oder an einen Router senden, der verspricht, das Datagramm dem endgültigen Ziel zuzustellen.

Eine einfache Methode zur Abbildung einer IP-Adresse in die Adresse eines physikalischen Netzwerks besteht darin, die physikalische Adresse eines Hosts im Host-Teil seiner IP-Adresse zu kodieren. Einem Host mit der physikalischen Adresse 00010001 00101001 (die den Dezimalwert 33 im oberen und 81 im unteren Byte hat) könnte man z.B. die IP-Adresse 128.96.33.81 geben. Diese Lösung wird zwar in einigen Netzwerken angewandt, ist aber dahingehend begrenzt, dass die physikalischen Adressen des Netzwerks (wie bei diesem Beispiel) nicht länger als 16 Bit sein können. In einem Netzwerk der Klasse C können sie aber auch nur 8 Bit lang sein. Dies funktioniert natürlich nicht mit 48 Bit langen Ethernet-Adressen.

Bei einer allgemeineren Lösung kann ein Host eine Tabelle mit Adresspaaren verwalten. Das heißt, die Tabelle würde IP-Adressen auf physikalische Adressen abbilden. Diese Tabelle könnte zentral von einem Systemadministrator verwaltet und dann auf jeden im Netzwerk angeschlossenen Host kopiert werden. Eine bessere

Methode wäre aber, jeden Host dynamisch den Inhalt der Tabelle während der Benutzung des Netzwerks lernen zu lassen. Dies lässt sich mit Hilfe des *Adressauflösungsprotokolls* (Address Resolution Protocols, ARP) erreichen. ARP ermöglicht es jedem Host in einem Netzwerk, eine Mapping-Tabelle zur Abbildung von IP-Adressen auf Adressen der Sicherungsschicht zu erstellen. Da sich diese Abbildungen im Lauf der Zeit ändern (z.B. weil eine Ethernet-Karte in einem Host ausfällt und durch eine neue mit einer neuen Adresse ersetzt wird), enthält die Tabelle mit der Zeit überholte Einträge, die entfernt werden müssen. Dies geschieht alle 15 Minuten. Die Einstellung der momentan in einem Host gespeicherten Abbildungen wird als »ARP-Cache« oder »ARP-Tabelle« bezeichnet.

ARP macht sich die Tatsache zunutze, dass viele Netztechnologien auf der Sicherungsschicht, z.B. Ethernet und Token-Ring, Broadcast unterstützen. Möchte ein Host ein IP-Datagramm an einen Host (oder Router) senden, von dem er mit Sicherheit weiß, dass er sich im gleichen Netzwerk befindet (d.h. der sendende und der empfangende Knoten haben die gleiche IP-Netzwerknummer), sucht er zuerst eine passende Abbildung im Cache. Ist keine vorhanden, startet er das Adressauflösungsprotokoll über das Netzwerk. Dies bewirkt er durch Rundsenden einer ARP-Anfrage über das Netzwerk. Diese Anfrage enthält die fragliche IP-Adresse (die »IP-Zieladresse«). Jeder Host empfängt die Anfrage und sieht nach, ob es seine IP-Adresse ist. Trifft dies zu, sendet der Host eine Antwortnachricht, die seine Adresse der Sicherungsschicht enthält, an den Anfrager zurück. Der Anfrager fügt die in dieser Antwort enthaltene Information in seine ARP-Tabelle ein.

Die Anfragenachricht beinhaltet auch die IP- und Sicherungsschichtadresse des sendenden Hosts. Wenn ein Host also eine Anfragenachricht rundsendet, kann jeder Host im Netzwerk die Sicherungsschicht- und IP-Adresse des Senders lernen und diese Information in seine ARP-Tabelle einfügen. Nicht alle Hosts fügen diese Information aber in ihre ARP-Tabelle ein. Verfügt der Host bereits über einen Eintrag für den betreffenden Host in seiner Tabelle, frischt er diesen Eintrag auf. Das bedeutet, dass er den Timer, der ablaufen muss, bis er den Eintrag entfernt, zurücksetzt. Ist dieser Host das Ziel der Anfrage, fügt er die Information über den Sender in seine Tabelle ein, auch wenn für diesen Host noch kein Eintrag vorhanden war. Der Grund liegt darin, dass der Quell-Host mit einiger Wahrscheinlichkeit eine Nachricht auf Anwendungsebene sendet, und möglicherweise eine Antwort oder ein ACK an die Quelle zurückgeschickt werden muss. Hierfür braucht er die physikalische Adresse der Quelle. Ist der Host nicht das Ziel und hat er noch keinen Eintrag für die Quelle in seiner ARP-Tabelle, fügt er in diesem Fall keinen Eintrag für die Quelle ein, weil er keinen Grund zu der Annahme hat, dass er jemals die Sicherungsschichtadresse der Quelle benötigt. Er vermeidet dadurch, seine ARP-Tabelle mit solchen Informationen unnötig aufzublähen.

Abb. 4.8 zeigt das ARP-Paketformat für die Abbildung von IP- in Ethernet-Adressen. ARP kann für viele weitere Adress-Mappings benutzt werden. Der wesentliche Unterschied liegt in den Adressgrößen. Zusätzlich zu den IP- und Sicherungsschichtadressen des Senders und des Ziels enthält das Paket

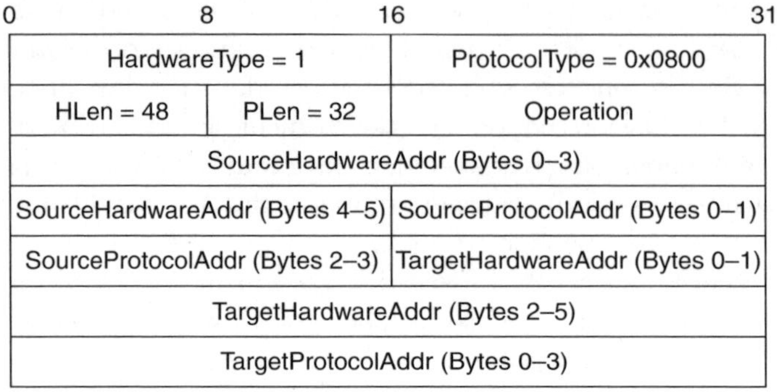

Abb. 4.8: ARP-Paketformat für die Abbildung von IP-Adressen auf Ethernet-Adressen

- das Feld HardwareType, das die Art des physikalischen Netzwerks (z.B. Ethernet) spezifiziert.
- das Feld ProtocolType, das das höhere Protokoll (z.B. IP) spezifiziert.
- die Felder HLen (»hardwareseitige« Adresslänge) und PLen (»protokollseitige« Adresslänge), die die Länge der Adresse der Sicherungsschicht bzw. des höheren Protokolls spezifizieren.
- das Feld Operation, das spezifiziert, ob es sich um eine Anfrage oder Antwort handelt.
- die der Quell- und Zieladressen der Hardware (Ethernet) und des Protokolls (IP).

Man beachte, dass die Ergebnisse des ARP-Prozesses als zusätzliche Spalte in eine Weiterleitungstabelle wie die in Tabelle 4.1 eingefügt werden kann. Muss R2 beispielsweise ein Paket an Netzwerk 2 weiterleiten, findet er nicht nur R1 als nächsten Hop, sondern auch die MAC-Adresse, die er dann in den Frame einfügt und ihn an R1 sendet.

ATMARP

Es sollte klar sein: Wenn ein ATM-Netzwerk als Teil eines IP-Internetwork eingesetzt wird, muss es ebenfalls eine Form von ARP bereitstellen. Die oben beschriebene Prozedur funktioniert dann aber natürlich nicht mit einem einfachen ATM-Netzwerk, weil sie darauf beruht, dass ARP-Pakete an alle Hosts in einem Netzwerk rundgesendet werden können. Eine mögliche Lösung besteht in der in Abschnitt 3.3.5 beschriebenen LAN-Emulation. Da diese Emulationsprozeduren zum Ziel haben, dass sich ein ATM-Netzwerk wie ein LAN mit gemeinsam genutzten Übertragungsmedien verhält, was die Unterstützung von Broadcast beinhaltet, lässt sich ARP auf dieses zuvor gelöste Problem zurückführen.

Andererseits gibt es Situationen, in denen es möglicherweise nicht wünschenswert ist, ein ATM-Netzwerk als emuliertes LAN zu behandeln. Insbesondere kann die LAN-Emulation in einem großen ATM-Netzwerk recht ineffizient sein. Bekanntlich müssen in einem emulierten LAN möglicherweise viele Pakete an den Broadcast-and-Unknown-Server (BUS) gesendet werden, der diese Pakete dann an alle Knoten im emulierten LAN verteilt. Selbstverständlich sind der Skalierbarkeit dieses Netzwerks Grenzen gesetzt. Die Erweiterung eines an sich nicht broadcastfähigen Netzwerks um Broadcast-Fähigkeiten ist unter gewissen Umständen vielleicht nützlich, im Grunde aber übertrieben, wenn Broadcasting nur für die Adressauflösung benötigt wird.

Aus diesem Grund gibt es eine andere ARP-Prozedur, die in einem ATM-Netzwerk benutzt werden kann, ohne vom Broadcasting oder von der LAN-Emulation abzuhängen. Diese als *ATMARP* bezeichnete Prozedur ist Teil des Modells *Classical IP over ATM*. Warum dieses Modell als »klassisch« gilt, wird in Kürze deutlich. Wie die LAN-Emulation basiert ATMARP auf der Nutzung eines Servers, um Adressen aufzulösen. In diesem Fall nennt man ihn ARP-Server, und sein Verhalten wird unten beschrieben.

Ein wichtiges Konzept des Classical IP over ATM ist das *Logical IP Subnet* (LIS). Die LIS-Abstraktion ermöglicht es, ein großes ATM-Netzwerk in mehrere kleinere Subnetze aufzuteilen. (Wir definieren den Begriff »Subnetz« in Abschnitt 4.3.1 genauer; in dem hier beschriebenen Fall verhält sich ein Subnetz wie ein einzelnes Netzwerk.) Alle Knoten im gleichen Subnetz haben die gleiche IP-Netzwerknummer. Und genau wie beim »klassischen« IP können zwei Knoten (Hosts oder Router), die an das gleiche Subnetz angeschlossen sind, direkt über das ATM-Netzwerk miteinander kommunizieren, während zwei Knoten, die sich an unterschiedlichen Subnetzen befinden, über einen oder mehrere Router kommunizieren müssen. Abb. 4.9 zeigt ein Beispiel eines in zwei LIS aufgeteilten ATM-Netzwerks. Man beachte, dass die IP-Adresse von Host H1 die Netzwerknummer 10 hat, ebenso wie die Schnittstelle des Routers, der an das linke LIS angeschlossen ist, während H2 und die rechte Schnittstelle des Routers die Netzwerknummer 12 haben. Das heißt, H1 und der Router sind an das gleiche LIS (LIS 10) angeschlossen, während H2 an ein anderes Subnetz (LIS 12) angeschlossen ist, an das der Router ebenfalls angeschlossen ist.

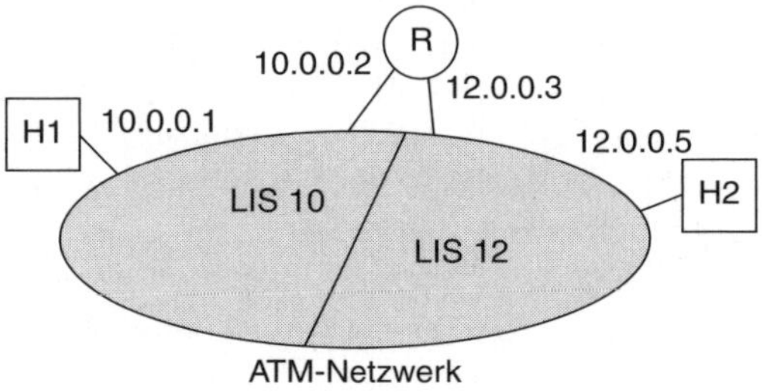

Abb. 4.9:
Logische IP-Subnetze

Das LIS-Modell bietet den Vorteil, dass man zahlreiche Hosts und Router an ein großes ATM-Netzwerk anschließen kann, ohne ihnen allen unbedingt Adressen aus dem gleichen IP-Netzwerk geben zu müssen. Dies kann die Verwaltung der Adresszuweisung vereinfachen, z.B. in dem Fall, wenn nicht alle an das ATM-Netzwerk angeschlossenen Knoten unter der Kontrolle der gleichen administrativen Instanz liegen. Die Aufteilung des ATM-Netzwerks in eine Reihe von LISs verbessert auch die Skalierbarkeit durch Begrenzung der Anzahl von Knoten, die von einem einzelnen ARP-Server unterstützt werden müssen.

Als grundlegende Funktion ermöglicht ein ARP-Server den Knoten eines LIS, IP-Adressen in ATM-Adressen aufzulösen, ohne Broadcasting anzuwenden. Jeder Knoten im LIS muss mit der ATM-Adresse des ARP-Servers konfiguriert werden, sodass er beim Booten eine virtuelle Leitung (VC) zum Server aufbauen kann. Verfügt er über eine virtuelle Leitung zum Server, sendet der Knoten eine Registrierungsnachricht an den ARP-Server, die sowohl die IP- als auch die ATM-Adresse des registrierenden Knotens enthält. Auf diese Weise stellt der ARP-Server eine komplette Datenbank aller Adresspaare (IP- und ATM-Adresse) zusammen. Anschließend kann jeder Knoten, der ein Paket an eine IP-Adresse senden will, beim ARP-Server die entsprechende ATM-Adresse anfragen. Nach deren Erhalt kann der sendende Knoten mit Hilfe der ATM-Signalisierung eine virtuelle Leitung zu dieser ATM-Adresse aufbauen und das Paket senden. Wie bei der konventionellen ARP-Methode kann ein Cache mit Abbildungen von IP- in ATM-Adressen gepflegt werden. Außerdem kann der Knoten eine zu diesem ATM-Ziel aufgebaute virtuelle Leitung aufrechterhalten, solange ausreichend Verkehr darüber fließt, um dies zu rechtfertigen. Er vermeidet dadurch die Verzögerung, die durch einen erneuten Aufbau der virtuellen Leitung für ein weiteres Paket entstehen würde.

Das Modell »Classical IP over ATM« hat die interessante Konsequenz, dass zwei im gleichen ATM-Netzwerk befindliche Knoten keine direkten virtuellen Leitungen zwischen sich aufbauen können, wenn sie an unterschiedliche Subnetze angeschlossen sind. Dies würde die Regel verletzten, dass die Kommunikation von einem Subnetz zu einem anderen über einen Router laufen muss. Die Hosts H1 und H2 in Abb. 4.8 können z.B. im Rahmen des klassischen Modells keine direkte virtuelle Leitung aufbauen. Vielmehr benötigt jeder eine virtuelle Leitung zu Router R. Dies lässt sich einfach dadurch erklären, dass IP-Routing, in nicht-ATM-Netzwerken, bekanntermaßen gut funktioniert, wenn diese Regel beachtet wird. Inzwischen wurden neue Techniken entwickelt, um diese Regel zu umgehen, sie führen aber zu beträchtlicher Komplexität und sind hinsichtlich Robustheit problematisch.

▶ Wir haben jetzt die von IP für die Behandlung von Heterogenität und Skalierung bereitgestellten grundlegenden Mechanismen kennengelernt. Hinsichtlich Heterogenität beginnt IP mit der Definition eines Best-Effort-Dienstmodells, das minimale Annahmen über die zu Grunde liegenden Netzwerke trifft. Vor allem basiert dieses Dienstmodell auf dem unzuverlässigen Datagramm-Dienst. Dann erweitert IP diesen Ausgangspunkt um zwei wichtige Merkmale: 1) ein gemeinsames Paketformat (Fragmentierung/Reassemblierung ist der Mechanismus, durch den dieses Format über Netzwerke mit unterschiedlichen MTUs funktioniert) und 2) einen globalen Adressraum für die Identifizierung aller Hosts (ARP ist der Mechanismus, durch den dieser globale Adressraum über Netzwerke mit unterschiedlichen physikalischen Adressierungsschemata funktioniert). Hinsichtlich

Skalierung nutzt IP eine hierarchische Aggregation, um den Umfang an Informationen, die für die Weiterleitung von Paketen benötigt werden, zu reduzieren. Insbesondere werden IP-Adressen in Netzwerk- und Host-Komponenten aufgeteilt. Dabei werden Pakete zuerst in Richtung Zielnetz und dann dem richtigen Host in diesem Netzwerk übermittelt.

4.1.6 Host-Konfiguration (DHCP)

In Abschnitt 2.6 haben wir festgestellt, dass Ethernet-Adressen vom Hersteller im Netzadapter konfiguriert werden. Dieser Prozess wird entsprechend geregelt, um sicherzustellen, dass alle Adressen global eindeutig sind. Diese Bedingung reicht natürlich aus, um sicherzustellen, dass alle an ein einzelnes Ethernet (einschließlich eines erweiterten LAN) angeschlossenen Hosts eindeutige Adressen haben. Außerdem ist Eindeutigkeit alles, was wir von Ethernet-Adressen verlangen.

IP-Adressen müssen demgegenüber in einem bestimmten Internetwork nicht nur eindeutig sein, sondern auch die Struktur des Internetworks widerspiegeln. Wie oben erwähnt, enthalten sie einen Netzwerk- und einen Host-Teil. Der Netzwerkteil muss für alle Hosts im selben Netzwerk gleich sein. Folglich kann eine IP-Adresse nicht bei der Fertigung im Host fest eingestellt werden, weil dies bedeuten würde, dass der Hersteller weiß, an welches Netzwerk welche Hosts letztendlich angeschlossen werden. Es würde auch bedeuten, dass ein einmal an ein Netzwerk angeschlossener Host nie in ein anderes Netzwerk verlegt werden könnte. Aus diesem Grund müssen IP-Adressen konfigurierbar sein.

Zusätzlich zu einer IP-Adresse benötigt ein Host weitere Informationen, bevor er Pakete senden kann. Die wichtigste davon ist die Adresse eines Default-Routers, also die Stelle, an die er Pakete senden kann, deren Zieladresse nicht im gleichen Netzwerk wie die des sendenden Hosts ist.

Die meisten Betriebssysteme bieten dem Systemadministrator oder gar einem Benutzer eine Möglichkeit, die von einem Host benötigten IP-Informationen manuell zu konfigurieren. Eine solche manuelle Konfiguration hat aber offensichtliche Nachteile. Zum einen ist es einfach sehr aufwändig, alle Hosts in einem großen Netzwerk direkt zu konfigurieren, vor allem, wenn man bedenkt, dass solche Hosts erst nach der Konfiguration über ein Netzwerk erreichbar sind. Noch wichtiger ist, dass der Konfigurationsprozess sehr fehleranfällig ist, weil man sicherstellen muss, dass jeder Host die richtige Netzwerknummer erhält und niemals zwei Hosts die gleiche IP-Adresse haben dürfen. Aus diesen Gründen sind automatische Konfigurationsmethoden erforderlich. Bei der bekanntesten Methode wird ein Protokoll namens *Dynamic Host Configuration Protocol* (DHCP) angewandt.

DHCP basiert auf dem Vorhandensein eines DHCP-Servers, der für die Bereitstellung von Konfigurationsinformationen für Hosts zuständig ist. Innerhalb einer administrativen Domain gibt es mindestens einen DHCP-Server. Auf der einfachsten Ebene kann der DHCP-Server wie eine zentrale Datenbasis (Repository) für Host-Konfigurationsdaten fungieren. Man betrachte z.B. das Problem der Verwaltung von Adressen im Internetwork eines Großunternehmens. DHCP erspart es dem

Netzadministrator, sich mit einer Liste von Adressen und dem Netzlayout in der Hand von einem Host zum anderen begeben und jeden manuell konfigurieren zu müssen. Stattdessen können die Konfigurationsinformationen für jeden Host im DHCP-Server gespeichert und von jedem Host beim Hochfahren oder beim erstmaligen Anschluss automatisch abgerufen werden. Der Administrator würde nach wie vor die Adresse, die jeder Host erhält, heraussuchen, sie aber lediglich im Server speichern. Bei diesem Modell werden die Konfigurationsinformationen für jeden Host in einer Tabelle gespeichert, die durch eine Art eindeutigen Client-Bezeichner indiziert wird; dies ist typischerweise die »Hardwareadresse« (z.B. die Ethernet-Adresse des Netzadapters).

Bei einer ausgefeilteren Implementierung von DHCP muss der Netzadministrator den einzelnen Hosts nicht einmal mehr Adressen zuweisen. Hierbei pflegt der DHCP-Server einen Pool mit verfügbaren Adressen, die er auf Anfrage den Hosts ausgibt. Dadurch reduzieren sich die durch einen Administrator durchzuführenden Konfigurationskosten beträchtlich, weil es nun nur noch nötig ist, jedem Netzwerk eine Reihe von IP-Adressen (alle mit der gleichen Netzwerknummer) zuzuweisen.

Da DHCP zum Ziel hat, den Umfang der nötigen manuellen Konfiguration eines Hosts zu minimieren, würde es diesen Zweck verfehlen, wenn jeder Host mit der Adresse eines DHCP-Servers konfiguriert werden müsste. Das erste Problem, das DHCP also lösen muss, ist das Auffinden des Servers (Server-Discovery).

Um einen DHCP-Server zu kontaktieren, sendet ein neu gestarteter oder neu angeschlossener Host eine Nachricht DHCPDISCOVER an die IP-Broadcast-Adresse (255.255.255.255). Das bedeutet, dass sie von allen Hosts und Routern in diesem Netzwerk empfangen wird. (Router leiten solche Pakete nicht an andere Netzwerke weiter, um zu verhindern, dass sie durch das gesamte Internet verbreitet werden.) Im einfachsten Fall fungiert einer dieser Knoten als DHCP-Server für das Netzwerk. Der Server würde dann dem Host, der die Discovery-Nachricht erzeugt hat, antworten (während alle übrigen Knoten diese Nachricht ignorieren). Eigentlich ist es nicht wünschenswert, in jedem Netzwerk einen DHCP-Server einzurichten, weil dies unter Umständen eine große Anzahl von Servern erzeugen würde, die korrekt und konsistent konfiguriert werden müssten. Deshalb nutzt DHCP das Konzept eines *Relaisagenten* (Relay Agent). In jedem Netzwerk gibt es mindestens einen Relaisagenten, der mit nur einer Information konfiguriert wird: der IP-Adresse des DHCP-Servers. Empfängt ein Relaisagent eine DHCPDISCOVER-Nachricht, sendet er sie im Unicast-Verfahren an den DHCP-Server und wartet auf die Antwort, die dann an den anfragenden Client zurückgeschickt wird. Die Weitervermittlung einer Nachricht von einem Host an einen entfernten DHCP-Server ist in Abb. 4.10 dargestellt.

Abb. 4.11 zeigt das Format einer DHCP-Nachricht. Die Nachricht wird mit Hilfe eines Protokolls namens »UDP« (User Datagram Protocol) gesendet, das oberhalb von IP läuft. UDP wird ausführlich im nächsten Kapitel behandelt. Interessant daran ist vorläufig in diesem Zusammenhang, dass es einen Demuxschlüssel bietet, der sagt: »Dies ist ein DHCP-Paket.«

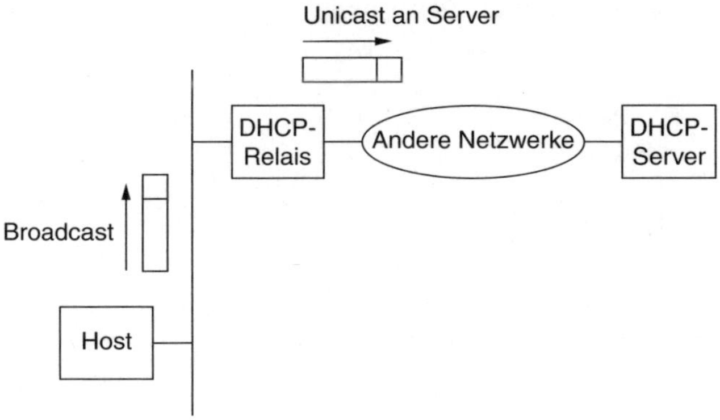

Abb. 4.10:
Ein DHCP-Relaisagent empfängt eine DHCPDISCOVER-Nachricht durch Broadcasting von einem Host und sendet dem DHCP-Server eine ebensolche Nachricht im Unicast-Verfahren.

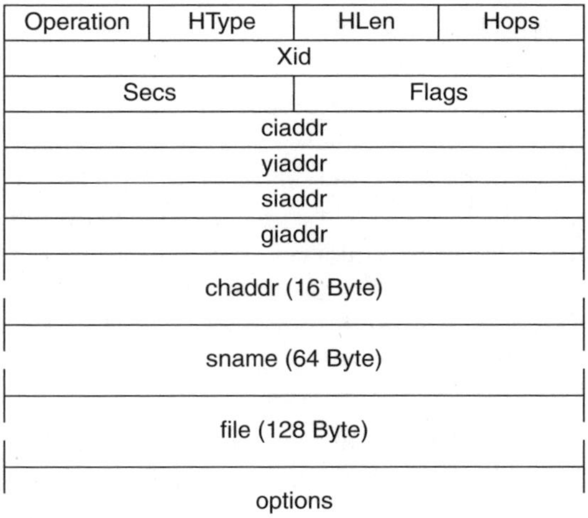

Abb. 4.11:
DHCP-Paketformat

DHCP ist eigentlich der Nachfolger eines älteren Protokolls, das als BOOTP bezeichnet wird, und einige der Paketfelder sind daher für die Host-Konfiguration nicht unbedingt relevant. Bei dem Versuch, Konfigurationsinformationen einzuholen, setzt der Client seine Hardwareadresse (z.B. seine Ethernet-Adresse) in das Feld chaddr. Der DHCP-Server antwortet damit, dass er das Feld yiaddr (»your« [deine] IP-Adresse) ausfüllt und es an den Client zurücksendet. Weitere Informationen, z.B. der von diesem Client benutzte Default-Router, können in das Feld options eingebunden werden.

Falls DHCP Hosts dynamisch IP-Adressen zuteilt, bedeutet dies, dass sie ihre Adressen nicht ewig behalten können. Dies würde irgendwann den Adresspool des Servers erschöpfen. Andererseits kann man von einem Host nicht zuverlässig erwarten, dass er seine Adresse zurückgibt, wenn er abgestürzt ist, vom Netzwerk abgekoppelt oder ausgeschaltet wurde. Deshalb ermöglicht DHCP das »Mieten« von Adressen für eine begrenzte Zeitdauer. Läuft die Mietdauer ab, steht es dem Server frei, die Adresse seinem Pool zurückzugeben. Ein Host mit einer gemieteten Adresse muss seine Mietvereinbarung natürlich periodisch verlängern, solange er noch an das Netzwerk angeschlossen ist und korrekt funktioniert.

- DHCP verdeutlicht einen wichtigen Skalierungsaspekt: Die Skalierung des Netzwerkmanagements. Während sich Diskussionen über Skalierung oft darauf konzentrieren, die Zustandsdaten in Netzwerkgeräten nicht zu schnell anwachsen zu lassen, sollte man unbedingt auch darauf achten, in welchem Umfang die Komplexität der Netzwerkadministration zunimmt. Dadurch, dass Netzwerkmanager einen IP-Adressbereich pro Netzwerk statt eine IP-Adresse pro Host konfigurieren können, verbessert DHCP die Handhabbarkeit eines Netzwerks.

DHCP kann die Komplexität des Netzwerkmanagements in gewissem Umfang aber auch erhöhen, weil es ein dynamischeres Verhältnis zwischen physikalischen Hosts und IP-Adressen ermöglicht. Dies kann die Arbeit des Netzwerkmanagers erschweren, z.B. wenn es nötig ist, einen fehlerhaften Host zu finden.

4.1.7 Fehlermeldung (ICMP)

Die nächste Frage betrifft die Art, wie das Internet Fehler behandelt. Obwohl IP immer bereit ist, Datagramme in schwierigen Lagen zu verwerfen, z.B. wenn ein Router nicht weiß, wie er das Datagramm weiterleiten soll, oder wenn ein Fragment eines Datagramms nicht am Ziel ankommt, so geschieht das nicht stillschweigend. IP wird immer zusammen mit einem »Partnerprotokoll« konfiguriert, das als *Internet Control Message Protocol* (ICMP) bezeichnet wird. Es definiert eine Reihe von Fehlernachrichten, die an den Quell-Host zurückgesendet werden, wenn ein Router oder Host ein IP-Datagramm nicht erfolgreich verarbeiten kann. Unter anderem definiert ICMP z.B. Fehlernachrichten, die darauf hinweisen, dass der Ziel-Host (möglicherweise auf Grund eines Leitungsausfalls) nicht erreichbar ist, dass der Reassemblierungsprozess fehlgeschlagen ist, die TTL 0 erreicht hat oder dass die Prüfsumme im IP-Header nicht übereinstimmt usw.

ICMP definiert auch eine Reihe von Steuernachrichten, die ein Router an einen Quell-Host zurücksenden kann. Eine der hilfreichsten Steuernachrichten wird als »ICMP-Redirect« bezeichnet. Sie teilt dem Quell-Host mit, dass es eine bessere Route zum Ziel gibt. ICMP-Redirect-Nachrichten werden in folgender Situation benutzt: Ein Host ist z.B. an ein Netzwerk angeschlossen, an das auch zwei Router, R1 und R2, angeschlossen sind. Der Host benutzt R1 als seinen Default-Router. Sollte R1 ein Datagramm vom Host empfangen, und stellt er in seiner Weiterleitungstabelle fest, dass R2 für diese Zieladresse eine bessere Alternative wäre, sendet er eine ICMP-Redirect-Nachricht an den Host zurück. Mit dieser Nachricht weist er ihn an, R2 für alle weiteren an das betreffende Ziel adressierten Datagramme zu benutzen. Der Host fügt dann die neue Route in seine Weiterleitungstabelle ein.

4.1.8 Virtuelle Netzwerke und Tunnel

Wir schließen unsere Einführung in IP mit der Betrachtung eines Themas, das man hier möglicherweise nicht erwartet, das aber immer wichtiger wird. Bis hierher haben wir uns darauf konzentriert, es Knoten in unterschiedlichen Netzwerken zu ermöglichen, miteinander uneingeschränkt zu kommunizieren. Dies ist normalerweise das Ziel im Internet. Jeder möchte an jeden E-Mail senden, und der Autor einer neuen Website möchte das größtmögliche Publikum erreichen. Andererseits gibt es aber viele Situationen, in denen eine stärker kontrollierte Konnektivität erforderlich ist. Ein wichtiges Beispiel einer solchen Situation ist das *virtuelle private Netzwerk* (Virtual Private Network, VPN).

Der Begriff »VPN« wird mit recht unterschiedlichen Definitionen überladen. Intuitiv können wir ein VPN dadurch definieren, dass wir uns zuerst das Konzept eines privaten Netzwerks ansehen. Unternehmen mit vielen Standorten richten oft private Netzwerke ein, indem sie von einer Telefongesellschaft Übertragungsleitungen mieten und über diese Leitungen ihre Standorte miteinander verbinden. In einem solchen Netzwerk ist die Kommunikation nur auf die Standorte des Unternehmens begrenzt, was aus Sicherheitsgründen ja oft wünschenswert ist. Um ein privates Netzwerk virtuell zu machen, ersetzt man die gemieteten Übertragungsleitungen, die von keinem anderen Unternehmen gleichzeitig benutzt werden, durch ein gemeinsam genutztes Netzwerk. Eine virtuelle Leitung (VL) ist eine sehr vernünftige Alternative zu einer Mietleitung, weil sie nach wie vor eine logische Punkt-zu-Punkt-Verbindung zwischen den Standorten des Unternehmens bietet. Hat Firma X beispielsweise eine virtuelle Leitung von Standort A zu Standort B, können die beiden einander natürlich Pakete zusenden. Es besteht aber keine Möglichkeit für Firma Y, ihre Pakete an Standort B zu senden, ohne zuerst ihrerseits eine virtuelle Leitung zu Standort B einzurichten. Der Aufbau einer solchen virtuellen Leitung kann administrativ verhindert werden, was bedeutet, dass unerwünschte Konnektivität zwischen Firma X und Firma Y unterbunden wird.

Abb. 4.12(a) zeigt zwei private Netzwerke zweier getrennter Firmen. In Abb. 4.12(b) sind beide auf ein virtuelles Leitungsnetzwerk übergegangen. Die begrenzte Konnektivität eines echten privaten Netzwerks wird gewahrt. Da die privaten Netzwerke nun aber die gleichen Übertragungseinrichtungen und Switche gemeinsam nutzen, wurden zwei virtuelle private Netzwerke erstellt.

In Abb. 4.12 wird ein Frame-Relay- oder ATM-Netzwerk benutzt, um kontrollierte Konnektivität zwischen den angeschlossenen Standorten bereitzustellen. Außerdem ist es möglich, eine ähnliche Funktion mit Hilfe eines IP-Netzwerks bzw. eines Internetworks zu realisieren, um Konnektivität bereitzustellen. Wir können aber nicht einfach die verschiedenen Standorte der Firmen zu einem einzigen Internetwork verbinden, weil dies Konnektivität zwischen Firma X und Firma Y ermöglichen würde, die wir vermeiden wollen. Um dieses Problem zu lösen, müssen wir ein neues Konzept einführen, das als *IP-Tunnel* bezeichnet wird.

Ein IP-Tunnel ist eine virtuelle Punkt-zu-Punkt-Leitung zwischen zwei Knoten, die eigentlich durch eine beliebige Anzahl von Netzwerken voneinander getrennt sind. Die virtuelle Verbindungsleitung wird innerhalb des Routers am Eingang zum

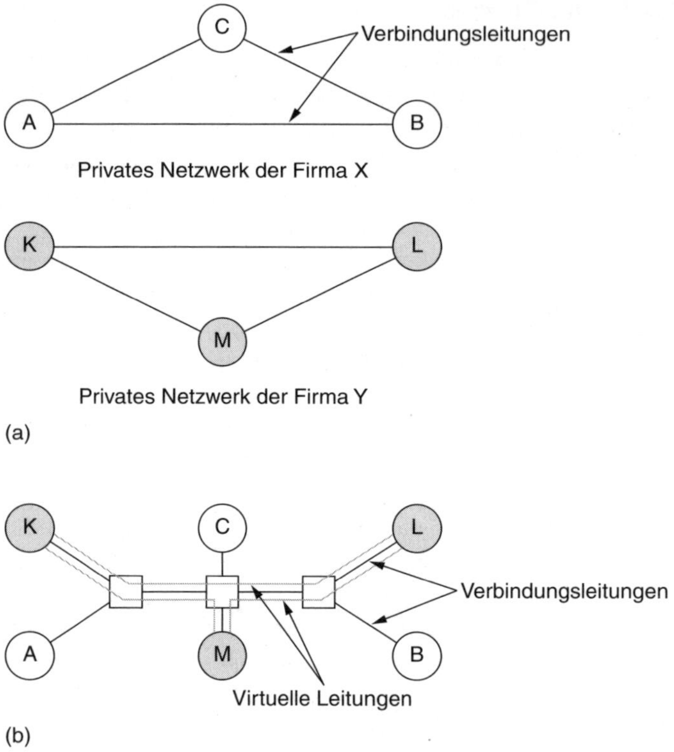

Abb. 4.12: Beispiel virtueller privater Netzwerke: (a) zwei getrennte private Netzwerke (b) zwei virtuelle private Netzwerke mit gemeinsamen Switchen

Tunnel realisiert. Hierfür wird die IP-Adresse des Routers am fernen Ende des Tunnels bereitgestellt. Möchte der Router am Eingang des Tunnels ein Paket über diese virtuelle Verbindungsleitung senden, kapselt er das Paket in ein IP-Datagramm. Die Zieladresse im IP-Header ist die Adresse des Routers am fernen Tunnelende, während die Quelladresse die des kapselnden Routers ist.

In der Weiterleitungstabelle des Routers am Eingang des Tunnels sieht diese virtuelle Leitung mehr oder weniger wie eine normale Verbindungsleitung aus. Man betrachte z.B. das Netzwerk in Abb. 4.13. Von R1 zu R2 wurde ein Tunnel konfigu-

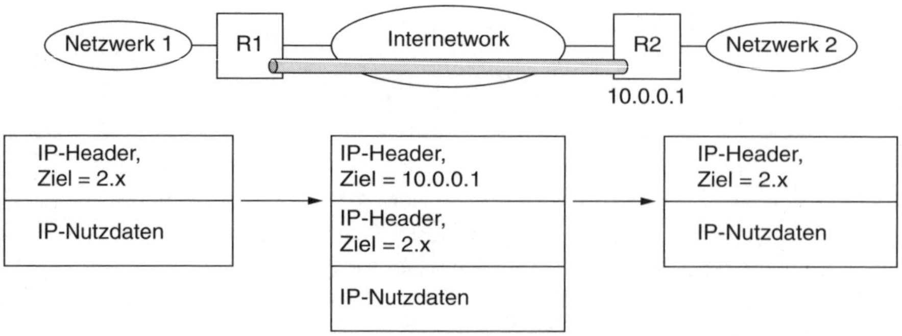

Abb. 4.13: Ein Tunnel durch ein Internetwork

riert und die virtuelle Schnittstellennummer 0 zugewiesen. Die Weiterleitungstabelle in R1 kann daher wie die in Tabelle 4.3 aussehen.

NetworkNum	NextHop
1	Interface 0
2	Virtuelles Interface 0
Default	Interface 1

Tabelle 4.3: Weiterleitungstabelle für Router R1 in Abb. 4.13

R1 hat zwei physikalische Interfaces. Interface 0 ist mit Netzwerk 1 und Interface 1 mit einem großen Internetwork verbunden und damit die Default-Stelle für den gesamten Verkehr, der mit keinen spezifischeren Angaben in der Weiterleitungstabelle übereinstimmt. Außerdem hat R1 ein virtuelles Interface, das zum Tunnel führt. Angenommen, R1 empfängt ein Paket von Netzwerk 1, das eine zu Netzwerk 2 gehörende Adresse enthält. Die Weiterleitungstabelle besagt, dass dieses Paket über das virtuelle Interface 0 abgesendet werden sollte. Um ein Paket über dieses Interface zu übertragen, fügt der Router einen an R2 adressierten IP-Header in das Paket ein. Dann leitet er das Paket so weiter, als hätte er es gerade erst empfangen. Die Adresse von R2 lautet 10.0.0.1. Da die Netzwerknummer dieser Adresse 10 und nicht 1 oder 2 ist, wird ein an R2 gerichtetes Paket über das Default-Interface an das Internetwork weitergeleitet.

Nachdem das Paket R1 verlassen hat, sieht es für den Rest der Welt wie ein normales IP-Paket mit Ziel R2 aus und wird entsprechend weitergeleitet. Alle Router im Internetwork leiten es mit Hilfe der üblichen Methoden weiter, bis es bei R2 ankommt. Wenn R2 das Paket empfängt, stellt er fest, dass es seine Adresse enthält. Folglich entfernt er den IP-Header und sieht sich die Nutzdaten des Pakets an. Was er vorfindet, ist ein vollständiges IP-Paket, dessen Zieladresse in Netzwerk 2 liegt. R2 verarbeitet jetzt dieses Paket wie jedes andere ankommende IP-Paket. Da R2 direkt an Netzwerk 2 angeschlossen ist, leitet er das Paket an dieses Netzwerk weiter. Abb. 4.13 zeigt die Änderung der Kapselung des Pakets auf seinem Weg durch das Netzwerk.

Während sich R2 wie ein Endpunkt des Tunnels verhält, hindert ihn natürlich nichts daran, die üblichen Funktionen eines Routers auszuführen. Er kann beispielsweise Pakete empfangen, die nicht durch den Tunnel geflossen sind, aber an Netzwerke adressiert sind, die er erreichen kann. Er würde sie also auf dem üblichen Weg weiterleiten.

Man mag sich fragen, warum sich jemand die Mühe machen sollte, einen Tunnel zu errichten und die Kapselung eines Pakets auf seinem Weg durch ein Internetwork zu ändern. Ein Grund ist Sicherheit, die ausführlich in Kapitel 8 behandelt wird. Ein um Verschlüsselung erweiterter Tunnel kann sich als gut geschützte private Leitung durch ein öffentliches Netzwerk erweisen. Ein weiterer Grund könnte sein, dass R1 und R2 über Fähigkeiten verfügen, die in den dazwischenliegenden Netzwerken nicht verfügbar sind, wie beispielsweise Multicast-Routing. Durch Verbindung dieser Router mit einem Tunnel können wir ein virtuelles Netzwerk aufbauen, in dem alle Router mit dieser Fähigkeit direkt miteinander verbunden zu sein scheinen. Genau auf diese Weise wurde der so genannte MBone (Multicast-Backbone) realisiert (siehe Abschnitt 4.4). Ein dritter Grund für die Realisierung von Tunneln ist, Pakete von anderen Protokollen als IP über ein IP-Netzwerk befördern zu lassen. Solange die Router an beiden Enden des Tunnels wissen, wie sie diese Protokolle behandeln müssen, sieht der IP-Tunnel für sie aus wie eine Punkt-zu-Punkt-Leitung, über die sie IP-fremde Pakete versenden können. Tunnel bieten auch einen Mechanismus, mit dem wir die Auslieferung von Paketen an einen bestimmten Empfänger erzwingen können, auch wenn der Original-Header – derjenige, der im Inneren des Tunnel-Headers eingekapselt ist – etwas anderes bestimmt. Eine Anwendung dieser Eigenschaft werden wir in Abschnitt 4.2.5 kennenlernen, in dem es um mobile Hosts geht. Tunneling ist also eine leistungsstarke und relativ generelle Technik für die Einrichtung virtueller Verbindungsleitungen über Internetworks.

Tunneling hat aber auch Nachteile. Es erhöht z.B. die Länge von Paketen, was bei kurzen Paketen stark ins Gewicht fallen kann. Ferner kann es auch Auswirkungen auf die Leistung der Router an beiden Tunnelenden geben, weil sie ja zusätzliche Arbeit verrichten müssen, indem sie Tunnel-Header hinzufügen bzw. entfernen. Schließlich entstehen Verwaltungskosten für die administrative Einheit, die für die Einrichtung der Tunnel zuständig ist und sicherstellt, dass sie von den Routing-Protokollen korrekt gehandhabt werden.

4.2 Routing

In diesem und im vorherigen Kapitel gehen wir von der Annahme aus, dass die Switche und Router ausreichend Kenntnis von der Netztopologie haben, sodass sie den richtigen Port wählen können, an den ein Paket ausgegeben werden sollte. Im Falle virtueller Leitungen ist das Routing nur für das Paket relevant, mit dem eine Verbindungsanfrage gestellt wird. Alle nachfolgenden Pakete schlagen den gleichen Weg wie die Anfrage ein. In Datagramm-Netzwerken, einschließlich IP-Netzwerken, ist Routing für jedes Paket relevant. In beiden Fällen muss ein Switch oder Router die Zieladresse im Paket nachsehen und dann ermitteln können, welcher Ausgangs-Port sich am besten eignet, um das Paket an diese Adresse zu befördern. Wir wissen aus Abschnitt 3.1.1, dass der Switch diese Entscheidung anhand einer Weiterleitungstabelle trifft. Das grundlegende Problem beim Routing ist, wie die Switche und Router die Information in ihren Weiterleitungstabellen erhalten.

▶ Wir betonen erneut die wichtige, oft vernachlässigte Unterscheidung zwischen *Weiterleitung* und *Routing*. Weiterleitung besteht darin, dass die Zieladresse eines Pakets in einer Tabelle nachgesehen wird. Dann wird das Paket in die Richtung versendet, die von dieser Tabelle vorgegeben wird. Wir haben im vorherigen Abschnitt mehrere Beispiele hierzu betrachtet. Routing ist der Prozess, bei dem die Weiterleitungstabellen erstellt werden. Wir stellen auch fest, dass Weiterleitung ein relativ gut definierter Prozess ist, der lokal in einem Knoten ausgeführt wird, während Routing von komplexen verteilten Algorithmen abhängt, die sich im Verlauf der Geschichte von Netzwerken ständig weiterentwickeln.

Die Begriffe *Weiterleitungstabelle* und *Routing-Tabelle* werden zwar oft gleichbedeutend verwendet, wir machen hier aber einen Unterschied. Die Weiterleitungstabelle wird benutzt, wenn ein Paket weitergeleitet wird und daher ausreichend Informationen enthalten muss, damit die Weiterleitungsfunktion ausgeführt werden kann. Das bedeutet, dass eine Zeile in der Weiterleitungstabelle die Abbildung von einer Netzwerknummer auf ein abgehendes Interface und bestimmte MAC-Informationen, z.B. die Ethernet-Adresse des nächsten Hop, beinhaltet. Die Routing-Tabelle ist demgegenüber eine Tabelle, die durch die Routing-Algorithmen als Grundlage für die Zusammenstellung der Weiterleitungstabelle aufgebaut wird. Sie enthält im Allgemeinen Abbildungen von Netzwerknummern auf nächste Hops. Sie kann auch Angaben darüber enthalten, wie diese Information erlernt wurde, sodass der Router entscheiden kann, wann er einen solchen Eintrag entfernen kann.

Ob die Routing- und Weiterleitungstabelle tatsächlich getrennte Strukturen sind, ist eine Entscheidung bei der Implementierung. Es gibt aber zahlreiche Gründe, sie getrennt zu halten. Die Weiterleitungstabelle muss beispielsweise entsprechend strukturiert werden, um die Suche einer Netzwerknummer bei der Weiterleitung eines Pakets zu optimieren, während die Routing-Tabelle für die Berechnung von Änderungen in der Topologie optimiert werden muss. In manchen Fällen kann die Weiterleitungstabelle sogar in spezieller Hardware implementiert werden, während dies bei der Routing-Tabelle höchst selten praktiziert wird. Tabelle 4.4 enthält einige Beispieleinträge aus beiden Tabellenarten. In diesem Fall sagt uns die Routing-Tabelle, dass Netzwerk 10 über den einen Hop entfernten Router mit der IP-Adresse 171.69.245.10 erreicht wird, während die Weiterleitungstabelle die genaue Information darüber enthält, wie ein Paket zu diesem nächsten Hop weiterzuleiten ist: »Sende es über Interface 0 mit der MAC-Adresse 8:0:2b:e4:b:1:2 ab«. Dieser letzte Informationsteil wird vom Adressauflösungsprotokoll (ARP) bereitgestellt.

Netzwerknummer	Nächster Hop
10	171.69.245.10

(a)

Netzwerknummer	Interface	MAC-Adresse
10	if0	8:0:2b:e4:b:1:2

(b)

Tabelle 4.4: Beispieleinträge aus (a) einer Routing- und (b) einer Weiterleitungstabelle

Bevor wir uns mit den Einzelheiten des Routing befassen, müssen wir uns erneut die Kernfrage stellen, die wir uns bei der Entwicklung eines jeden Mechanismus für das Internet stellen müssen: »Skaliert diese Lösung?« Die Antwort lautet bei den in diesem Abschnitt beschriebenen Algorithmen und Protokollen »Nein«. Sie sind für Netzwerke relativ bescheidener Größe ausgelegt, d.h. in der Praxis weniger als hundert Knoten. Die von uns beschriebenen Lösungen dienen aber als Baustein für eine hierarchische Routing-Infrastruktur, die heute im Internet benutzt wird. Die in diesem Abschnitt beschriebenen Protokolle werden insgesamt als *Intradomain*-Routing- oder *Interior-Gateway-Protokolle* (IGPs) bezeichnet. Um diese Begriffe zu verstehen, müssen wir eine Routing-*Domain* definieren: Eine gute Arbeitsdefinition ist ein Internetwork, bei dem sich alle Router unter der gleichen administrativen Kontrolle (z.B. ein einzelner Universitätscampus) befinden. Die Relevanz dieser Definition wird im nächsten Abschnitt deutlich, wenn wir uns mit *Interdomain*-Routing-Protokollen befassen. Vorläufig ist wichtig, dass wir das Problem des Routing im Zusammenhang kleiner bis mittlerer Netzwerke, und nicht für ein Netzwerk von der Größe des Internet betrachten.

4.2.1 Netzwerk als Graph

Routing ist im Wesentlichen ein graphentheoretisches Problem. Abb. 4.14 zeigt einen Graphen, der ein Netzwerk darstellt. Die mit A bis F beschrifteten Knoten des Graphen können Hosts, Switche, Router oder Netzwerke sein. Für den Anfang konzentrieren wir uns auf den Fall, bei dem die Knoten Router sind. Die Kanten des Graphen entsprechen den Netzverbindungen. Mit jeder Kante stehen *Kosten* in Verbindung, die einen Hinweis darauf geben, ob es wünschenswert ist, Verkehr über diese Verbindungsleitung zu senden. In Abschnitt 4.2.4 wird beschrieben, wie die jeweiligen Kantenkosten zugeordnet werden.[3]

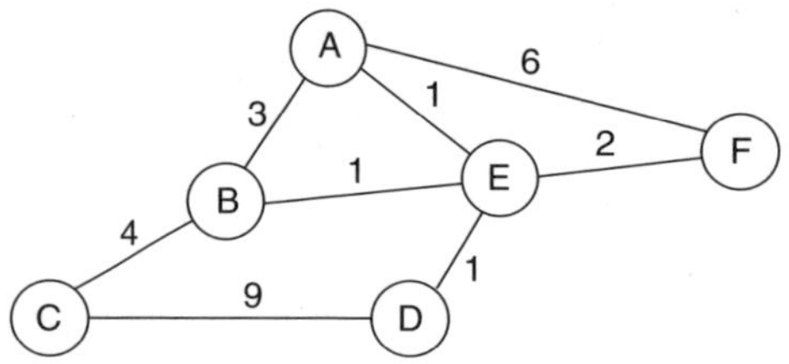

Abb. 4.14:
Darstellung eines Netzwerks als Graph

Als grundlegendes Problem muss man beim Routing den Weg zwischen je zwei Knoten mit den geringsten Kosten finden. Dabei entsprechen die Kosten eines Wegs der Summe der Kosten aller Kanten, aus denen sich der Weg zusammensetzt. Bei einem einfachen Netzwerk wie dem in Abb. 4.14 könnte man einfach alle kürzesten Wege

3. Bei den in diesem Kapitel verwendeten Beispielnetzen (Graphen) benutzen wir ungerichtete Kanten und weisen jeder Kante Kosten zu. Das ist eigentlich eine Vereinfachung. Genauer wären gerichtete Kanten, was normalerweise bedeutet, dass es zwischen jedem Knoten zwei Kanten gibt – eine in jede Richtung und jede mit ihren eigenen Kosten.

berechnen und sie in einen persistenten Speicher in jeden Knoten laden. Diese statische Methode hat aber mehrere Nachteile:

- Sie behandelt keine Knoten- oder Leitungsausfälle.
- Sie berücksichtigt nicht den Anschluss neuer Knoten oder Verbindungsleitungen.
- Sie impliziert, dass sich die Kantenkosten nicht ändern, während man vernünftigerweise wünschen mag, vorübergehend einer stark belasteten Verbindungsleitung höhere Kosten zuzuweisen.

Aus diesen Gründen wird Routing in den meisten praktischen Netzwerken dadurch realisiert, dass man Routing-Protokolle zwischen den Knoten ausführt. Diese Protokolle bieten eine verteilte dynamische Lösung für das Problem, den Weg mit den niedrigsten Kosten zu ermitteln, und zwar unter Berücksichtigung des Ausfalls einer Verbindungsleitung oder eines Knotens und Änderung von Kantenkosten. Man beachte das Wort »verteilt« im letzten Satz: Es ist schwierig, zentralisierte Lösungen skalierbar zu machen, daher verwenden alle guten Routing-Protokolle verteilte Algorithmen.

Die verteilte Natur von Routing-Algorithmen ist einer der Hauptgründe, warum dies ein derart reichhaltiges Gebiet für Forschung und Entwicklung ist. Es gilt, vielen Herausforderungen zu begegenen, damit verteilte Algorithmen gut funktionieren. Verteilte Algorithmen bergen beispielsweise die Möglichkeit, dass zwei Router plötzlich verschiedene Vorstellungen von dem kürzesten Weg zu einem bestimmten Ziel haben. Jeder könnte meinen, dass der jeweils andere näher am Ziel liegt, sodass sie sich gegenseitig Pakete zusenden. Selbstverständlich enden diese Pakete in einer Endlosschleife, bis die Diskrepanz zwischen den beiden Routern aufgelöst wird; dies sollte auch so schnell wie möglich geschehen. Das ist ein Beispiel für die Art von Problemen, die Routing-Protokolle berücksichtigen müssen.

Wir beginnen unsere Analyse mit der Annahme, dass die Kantenkosten im Netzwerk bekannt sind. Wir prüfen die beiden Hauptklassen der Routing-Protokolle: *Distanzvektor* und *Link-State*. In Abschnitt 4.2.4 kommen wir auf das Problem der Berechnung von sinnvollen Kantenkosten zurück.

4.2.2 Distanzvektor-Routing (RIP)

Der Distanzvektor-Algorithmus basiert auf dem Konzept, dass jeder Knoten ein eindimensionales Array (Vektor) bildet, das die jeweilige »Entfernung«[4] (Kosten) zu allen übrigen Knoten enthält, und diesen Vektor zu seinen unmittelbaren Nachbarn verteilt. Distanzvektor-Routing geht davon aus, dass jeder Knoten die Kosten der Verbindungsleitung zu jedem seiner direkt angeschlossenen Nachbarn kennt. Einer ausgefallenen Verbindungsleitung werden unendliche Kosten zugewiesen.

4. Im Englischen »distance«, daher die Bezeichnung; üblich ist auch die Bezeichnung »Bellman-Ford« nach den Erfindern des Algorithmus.

Um zu sehen, wie Routing auf der Grundlage des Distanzvektor-Algorithmus funktioniert, betrachten wir das Beispiel in Abb. 4.15. Bei diesem Beispiel sind die Kosten jeder Verbindungsleitung auf 1 gesetzt, sodass schlicht der Weg mit den wenigsten Hops derjenige mit den geringsten Kosten ist. (Da alle Kanten die gleichen Kosten haben, stellen wir die Kosten in diesem Graphen nicht dar.) Wir können die Kenntnis jedes Knotens über die Entfernung zu allen übrigen Knoten als Tabelle darstellen, z.B. wie in Tabelle 4.5. Man beachte, dass jeder Knoten nur die Information einer Zeile der Tabelle (diejenige mit seinem Namen in der linken Spalte) kennt. Kein einzelner Punkt im Netzwerk hat tatsächlich die globale Sicht, die wir hier darstellen.

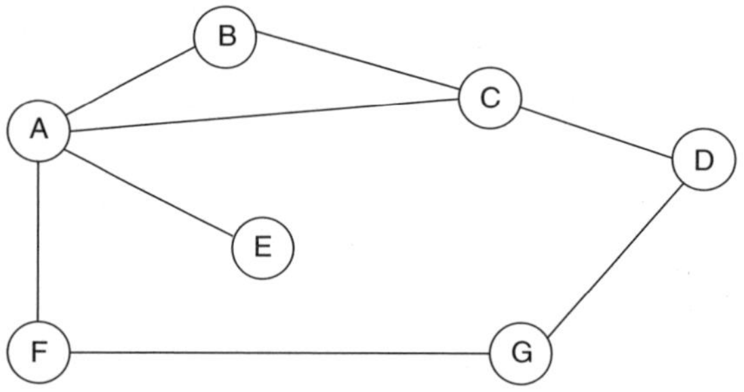

Abb. 4.15: Beispiel eines Netzwerks mit Distanzvektor-Routing

Im Knoten gespeicherte Information	Entfernung zu Knoten						
	A	B	C	D	E	F	G
A	0	1	1	∞	1	1	∞
B	1	0	1	∞	∞	∞	∞
C	1	1	0	1	∞	∞	∞
D	∞	∞	1	0	∞	∞	1
E	1	∞	∞	∞	0	∞	∞
F	1	∞	∞	∞	∞	0	1
G	∞	∞	∞	1	∞	1	0

Tabelle 4.5: In jedem Knoten anfangs gespeicherte Entfernung (globale Sicht)

Wir können jede Zeile in Tabelle 4.5 als Liste der Entfernungen von einem Knoten zu allen übrigen betrachten, wobei dies die Darstellung der momentanen Annahme des jeweiligen Knotens ist. Anfangs setzt jeder Knoten Kosten von 1 zu seinen direkt angeschlossenen Nachbarn und ∞ zu allen übrigen Knoten. Folglich glaubt A anfangs, dass er B in einem Hop und D überhaupt nicht erreichen kann. Die in A gespeicherte Routing-Tabelle spiegelt diese Annahmen wider und beinhaltet den Namen des nächsten Hops, den A einschlagen würde, um einen erreichbaren Knoten zu erreichen. Anfangs würde die Routing-Tabelle von A also wie in Tabelle 4.6 aussehen.

Ziel	Kosten	Nächster Hop
B	1	B
C	1	C
D	∞	–
E	1	E
F	1	F
G	∞	–

Tabelle 4.6: Anfängliche Routing-Tabelle in Knoten A

Im nächsten Schritt des Distanzvektor-Routing sendet jeder Knoten eine Nachricht mit seiner persönlichen Entfernungsliste an seine direkt angeschlossenen Nachbarn. Knoten F teilt Knoten A beispielsweise mit, dass er Knoten G mit Kosten von 1 erreichen kann. A weiß auch, dass er F mit Kosten von 1 erreichen kann. Deshalb summiert er diese beiden Kostenposten, um die Kosten für die Erreichung von G über F zu ermitteln. Diese Gesamtkosten von 2 sind weniger als die momentanen unendlichen Kosten. A zeichnet also auf, dass er G mit Kosten von 2 über F erreichen kann. Weiterhin erfährt A von C, dass D von C aus mit Kosten von 1 erreicht werden kann. Er addiert dies zu den Kosten für die Erreichung von C (1) und entscheidet, dass D über C mit Kosten von 2 erreicht werden kann, was besser als die bisherigen unendlichen Kosten ist. Gleichzeitig erfährt A von C, dass B über C mit Kosten von 1 erreichbar ist. Er schlussfolgert also, dass er B über C mit Kosten von 2 erreichen kann. Da dies schlechter als die momentanen Kosten für die Erreichung von B (1) ist, ignoriert er diese neue Information.

An diesem Punkt kann A seine Routing-Tabelle bezüglich Kosten und nächste Hops für alle Knoten im Netzwerk fortschreiben. Das Ergebnis ist in Tabelle 4.7 enthalten.

Ziel	Kosten	Nächster Hop
B	1	B
C	1	C
D	2	C
E	1	E
F	1	F
G	2	F

Tabelle 4.7: Aktualisierte Routing-Tabelle in Knoten A

Solange keine Topologieänderungen erfolgen, müssen nur einige wenige Informationen zwischen den Nachbarn ausgetauscht werden, bis ein Knoten eine komplette Routing-Tabelle zusammengestellt hat. Das Verbreiten konsistenter Routing-Informationen über alle Knoten wird als *Konvergenz* bezeichnet. Tabelle 4.8 zeigt eine aktualisierte Aufstellung der Kosten von jedem Knoten zu allen übrigen nach der Konvergenz des Routing. Hier muss nochmal betont werden, dass kein einzelner Knoten im Netzwerk über alle Informationen dieser Tabelle verfügt. Vielmehr kennt jeder Knoten nur den Inhalt seiner eigenen Routing-Tabelle. Ein verteilter Algorithmus wie dieser hat den Vorteil, dass er es allen Knoten ermöglicht, eine konsistente Sicht des Netzwerks ohne jegliche zentrale Autorität zu erwerben.

Im Knoten gespeicherte Information	Entfernung zu Knoten						
	A	B	C	D	E	F	G
A	0	1	1	2	1	1	2
B	1	0	1	2	2	2	3
C	1	1	0	1	2	2	2
D	2	2	1	0	3	2	1
E	1	2	2	3	0	2	3
F	1	2	2	2	2	0	1
G	2	3	2	1	3	1	0

Tabelle 4.8: In jedem Knoten letztendlich gespeicherte Entfernung (globale Sicht)

Um unsere Erörterung des Distanzvektor-Routing abzuschließen, müssen noch einige Einzelheiten untersucht werden. Zuerst bleibt festzustellen, dass es zwei unterschiedliche Anlässe gibt, bei denen ein bestimmter Knoten sich entscheidet, seinen Nachbarn eine Routing-Aktualisierung zu senden. Einer dieser Anlässe ist die *periodische* Aktualisierung. Dabei sendet jeder Knoten hin und wieder automatisch eine Aktualisierungsnachricht, auch wenn sich nichts geändert hat. Dadurch wird den anderen Knoten mitgeteilt, dass der sendende Knoten noch läuft. Außerdem wird sichergestellt, dass alle laufend die Informationen erhalten, die sie möglicherweise benötigen, wenn ihre aktuellen Routen unbrauchbar werden. Die Häufigkeit dieser periodischen Aktualisierungen schwankt von einem Protokoll zum anderen. Normalerweise liegt sie aber in der Größenordnung mehrerer Sekunden bis zu mehreren Minuten. Der zweite Mechanismus, den man auch *angestoßene* (triggered) Aktualisierung nennt, findet jedes Mal dann statt, wenn ein Knoten eine Aktualisierung von einem seiner Nachbarn empfängt, die zu einer Änderung einer Route in seiner Routing-Tabelle führt. Das heißt, sobald sich die Routing-Tabelle eines Knotens ändert, sendet er eine Aktualisierung an seine Nachbarn, was zu einer Änderung ihrer Tabellen führen kann, sodass diese dann eine Aktualisierung an ihre Nachbarn senden.

Nun betrachten wir, was passiert, wenn eine Verbindungsleitung oder ein Knoten ausfällt. Die Knoten, die dies zuerst feststellen, senden ihren Nachbarn neue Entfernungslisten. Anschließend stabilisiert sich das System normalerweise recht schnell in einem neuen Zustand. Was die Frage anbelangt, wie ein Knoten einen Ausfall erkennt, gibt es mehrere mögliche Antworten. Bei einer Methode prüft ein Knoten laufend die Verbindungsleitung zu einem anderen Knoten dadurch, dass er ein Steuerpaket aussendet und daraufhin eine Bestätigung erwartet. Bei einer anderen Methode erkennt ein Knoten den Ausfall der Verbindungsleitung (oder des Knotens am anderen Ende der Verbindungsleitung), wenn er entgegen seiner Erwartung keine periodische Routing-Aktualisierung über ein paar Aktualisierungszyklen hinweg erhält.

Um diesen Vorgang besser zu verstehen, betrachten wir, was passiert, wenn F erkennt, dass seine Verbindungsleitung zu G ausgefallen ist. Zuerst setzt F seine neue Entfernung zu G auf unendlich und gibt diese Information an A weiter. Da A weiß, dass sein 2-Hop-Weg zu G über F führt, würde A also seine Entfernung zu G auf unendlich setzen. Mit der nächsten Aktualisierung von C würde A aber erfahren, dass C über einen 2-Hop-Weg zu G verfügt. Folglich würde A wissen, dass er G in 3 Hops über C erreichen kann. Das ist weniger als unendlich, sodass A nun seine Tabelle entsprechend aktualisieren würde. Kündigt er dies F an, würde F erfahren, dass er G mit Kosten von 4 über A erreichen kann. Das ist wiederum weniger als unendlich, sodass sich das System wieder stabilisieren würde.

Leider kann das Netzwerk in einem geringfügig abweichenden Fall an der Stabilisierung gehindert werden. Nehmen wir beispielsweise an, dass die Verbindungsleitung von A nach E ausfällt. In der nächsten Aktualisierungsrunde gibt A eine unendliche Entfernung zu E an, während B und C aber eine Entfernung von 2 zu E angeben. Je nach der genauen zeitlichen Ereignisabfolge kann folgendes passieren: Nachdem Knoten B erfahren hat, dass E von C aus in 2 Hops erreichbar ist, schlussfolgert er, dass er E in 3 Hops erreichen kann, und gibt dies A bekannt. Knoten A schlussfolgert, dass er E in 4 Hops erreichen kann, und gibt dies C bekannt. Knoten C schlussfolgert, dass er E in 5 Hops erreichen kann, usw. Dieser Zyklus stoppt erst, wenn die Entfernung eine Zahl erreicht, die als unendlich betrachtet wird. In der Zwischenzeit weiß eigentlich keiner der Knoten, dass E unerreichbar ist. Folglich stabilisieren sich die Routing-Tabellen des Netzwerks nicht. Diese Situation wird als *Count-to-Infinity-Problem* bezeichnet.

Für dieses Problem gibt es mehrere Teillösungen. Bei der ersten wird eine relativ kleine Zahl als Annäherung an Unendlichkeit benutzt. Man kann beispielsweise festsetzen, dass die maximale Anzahl der Hops für die Überquerung eines bestimmten Netzwerks nie mehr als 16 beträgt. Wir können also 16 als Wert für Unendlichkeit bestimmen. Das begrenzt zumindest die Zeit, die es dauert, um bis ins Unendliche zu zählen. Selbstverständlich könnte dies trotzdem ein Problem aufwerfen, wenn unser Netzwerk auf ein Maß anwächst, an dem einige Knoten um mehr als 16 Hops voneinander getrennt sind.

Eine andere Technik zur Verbesserung der Stabilisierungszeit beim Routing wird als *Split-Horizon* bezeichnet. Sendet ein Knoten hierbei eine Routing-Aktualisierung an seine Nachbarn, schickt er nicht die Routen mit, die er von dem jeweiligen Nachbarn erfahren hat. Steht z.B. in der Routing-Tabelle von B die Route <E, 2, A>, weiß er, dass er diese Route von A erfahren haben muss. Jedes Mal, wenn B eine Routing-Aktualisierung an A sendet, schließt er die Route <E, 2> also nicht in diese Aktualisierung mit ein. In einer stärkeren Variante des Split-Horizon, die man als *Split-Horizon with Poison Reverse* bezeichnet, sendet B diese Route doch an A zurück, belegt die Route aber mit negativen Informationen, um sicherzustellen, dass A nicht doch B benutzt, um zu E zu gelangen. B sendet z.B. die Route <E, ∞> an A. Diese beiden Techniken sind dahingehend problematisch, dass sie nur bei Routing-Schleifen genau zweier Knoten funktionieren. Bei größeren Routing-Schleifen sind drastischere Maßnahmen nötig. Angenommen, B und C in dem obigen Beispiel hätten eine Weile gewartet, nachdem sie über den Ausfall der Verbindungsleitung von A erfahren haben, bevor sie E Routen bekanntgaben. Sie hätten in diesem Fall festgestellt, dass keiner von ihnen eigentlich eine Route zu E hat. Durch diesen Ansatz verzögert sich jedoch die Konvergenz des Protokolls. Schnelle Konvergenz ist einer der größten Vorteile seiner Konkurrenz, dem Link-State-Routing, das in Abschnitt 4.2.3 beschrieben wird.

Implementierung

Der Code, mit dem dieser Algorithmus implementiert wird, ist relativ einfach. Wir führen hier nur einige der Grundlagen auf. Die Struktur Route definiert jeden Eintrag in der Routing-Tabelle. Die Konstante MAX_TTL spezifiziert, wie lange ein Eintrag in der Tabelle verbleibt; anschließend wird er entfernt.

```
#define MAX_ROUTES   128     /* Maximale Größe der Routing-Tabelle */
#define MAX_TTL      120     /* Zeit (in Sekunden), bis die Route verfällt */

typedef struct {
    NodeAddr  Destination;   /* Adresse des Ziels */
    NodeAddr  NextHop;       /* Adresse des nächsten Hops */
    int       Cost;          /* Distanzmetrik */
    u_short   TTL;           /* Lebensdauer (Time To Live) */
} Route;

int    numRoutes = 0;
Route  routingTable[MAX_ROUTES];
```

Die Routine, mit der die Routing-Tabelle des lokalen Knotens basierend auf einer neuen Route aktualisiert wird, stellt mergeRoute bereit. Eine hier nicht dargestellte Timer-Funktion prüft periodisch die Routenliste in der Routing-Tabelle des Knotens, dekrementiert das Feld TTL (Lebensdauer) jeder Route und löscht Routen mit einer TTL von 0. Man beachte aber, dass das TTL-Feld jedes Mal auf MAX_TTL zurückgesetzt wird, wenn die Route durch eine Aktualisierungsnachricht von einem benachbarten Knoten bestätigt wird.

```
void
mergeRoute (Route *new)
{
    nt i;

    for (i = 0; i < numRoutes; ++i)
    {
        if (new->Destination == routingTable[i].Destination)
        {
            if (new->Cost +1 < routingTable[i].Cost)
            {
                /* Habe eine bessere Route gefunden: */
                break;
            } else if (new->NextHop == routingTable[i].NextHop) {
                /* Die Metrik für den aktuellen nächsten Hop kann sich
                   geändert haben: */
                break;
            } else {
                /* Route ist uninteressant – einfach ignorieren */
                return;
            }
        }
    }


    if (i == numRoutes)
    {
        /* Das ist eine ganz neue Route; ist Platz dafür vorhanden? */
        if (numRoutes < MAXROUTES)
        {
            ++numRoutes;
        } else {
            /* Gebe auf, weil diese Route nicht in die Tabelle passt */
            return;
        }
    }
    routingTable[i] = *new;
    /* Setze TTL zurück */
    routingTable[i].TTL = MAX_TTL;
    /* Berücksichtige Hop zum nächsten Knoten */
    ++routingTable[i].Cost;
}
```

Schließlich ist die Prozedur updateRoutingTable die Hauptroutine, die mergeRoute aufruft, um alle in einer Routing-Aktualisierung zu integrieren, die von einem nächsten Nachbarn empfangen wurden.

```
void
updateRoutingTable (Route *newRoute, int numNewRoutes)
{
    int i;

    for (i=0; i < numNewRoutes; ++i)
    {
        mergeRoute(&newRoute[i]);
    }
}
```

Routing Information Protocol (RIP)

Eines der in IP-Netzwerken am häufigsten verwendete Routing-Protokoll ist das *Routing Information Protocol* (RIP). Seine weite Verbreitung ist größtenteils der Tatsache zuzuschreiben, dass es zusammen mit der beliebten Unix-Version der Berkeley Software Distribution (BSD), aus der viele kommerzielle Unix-Varianten abgeleitet wurden, verteilt wurde. Es ist zudem sehr einfach. RIP ist das Paradebeispiel eines auf dem oben beschriebenen Distanzvektor-Algorithmus beruhenden Routing-Protokolls.

Die in Internetworks verwendeten Routing-Protokolle unterscheiden sich nur sehr geringfügig von dem eben dargestellten, idealisierten Graphen. In einem Internetwork sollen die Router lernen, wie sie Pakete an verschiedene *Netzwerke* weiterleiten sollen. Statt die Kosten für die Erreichung anderer Router bekanntzugeben, teilen die Router die Kosten für die Erreichung von Netzwerken mit. In Abb. 4.16 würde Router C beispielsweise Router A die Tatsache bekanntgeben, dass er die Netzwerke 2 und 3 erreichen kann (an die er direkt angeschlossen ist). Die Kosten wären dabei 0, während er die Netzwerke 5 und 6 mit Kosten von 1 und Netzwerk 4 mit Kosten von 2 erreichen kann.

Abb. 4.16:
Beispiel eines Netzwerks unter Verwendung von RIP

Durch das RIP-Paketformat wird dies verdeutlicht (Abb. 4.17). Der Großteil des Pakets wird mit <Netzwerk/Adresse, Entfernung> -Paaren ausgefüllt. Die Prinzipien des Routing-Algorithmus sind aber genau die gleichen. Erfährt z.B. Router A von Router B, dass Netzwerk X über B mit geringeren Kosten als über den in der Routing-Tabelle existierenden nächsten Hop erreicht werden kann, aktualisiert A die

Informationen über Kosten und nächsten Hop für die Netzwerknummer entsprechend.

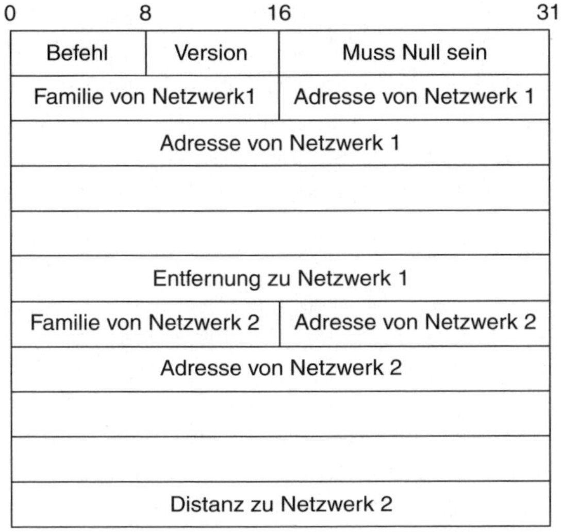

Abb. 4.17:
Das RIP-Paketformat

RIP ist eine recht einfache Implementierung des Distanzvektor-Routing. Router, auf denen RIP läuft, senden ihre Ankündigungen alle 30 Sekunden. Ein Router sendet außerdem jedes Mal eine Aktualisierungsnachricht, wenn eine Aktualisierung von einem anderen Router ihn zu einer Änderung seiner Routing-Tabelle veranlasst,. Ein interessanter Punkt ist, dass RIP neben IP verschiedene Adressfamilien unterstützt. Der Teil Netzwerk/Adresse der Ankündigung wird als Paar <Familie, Adresse> dargestellt. RIP weist in Version 2 (RIPv2) einige Merkmale bezüglich Skalierbarkeit auf, die im nächsten Abschnitt behandelt werden.

Wie wir weiter unten sehen werden, kann man eine Reihe verschiedener Metriken bzw. Kostenansätze für die Verbindungsleitungen in einem Routing-Protokoll benutzen. RIP wendet die einfachste Methode an, bei der die Kosten jeder Verbindungsleitung 1 entsprechen, genau wie bei unserem obigen Beispiel. Folglich versucht es immer, die Route mit den wenigsten Hops zu finden. Gültige Entfernungen sind 1 bis 15, wobei 16 unendlich bedeutet. Dadurch ist RIP auf verhältnismäßig kleine Netzwerke, d.h. solche mit Wegen von maximal 15 Hops, begrenzt.

4.2.3 Link-State-Routing (OSPF)

Die zweite wichtige Klasse von Intradomain-Routing-Protokollen ist das Link-State-Routing. Die grundlegenden Annahmen sind beim Link-State-Routing mit denen des Distanzvektor-Routing vergleichbar. Jeder Knoten nimmt an, dass er den Zustand der Verbindungsleitung zu seinen Nachbarn (intakt oder unterbrochen) und die Kosten jeder Verbindungsleitung herausfinden kann. Auch hier möchten wir wieder jedem Knoten ausreichend Informationen bereitstellen, damit er den Weg der geringsten Kosten zu einem beliebigen Ziel finden kann. Link-State-Protokolle basieren auf einem recht einfachen Grundkonzept: Jeder Knoten weiß, wie er seine direkt verbundenen Nachbarn erreichen kann. Wenn wir außerdem sicherstellen, dass die Gesamtheit dieser Informationen an jeden Knoten propagiert wird, verfügen alle über ausreichend Kenntnisse über das Netzwerk, um sich eine komplette Abbildung desselben zu erstellen. Das ist ganz klar eine hinreichende (allerdings keine notwendige) Bedingung, um den kürzesten Weg zu einem beliebigen Punkt im Netzwerk zu finden. Folglich basieren Link-State-Protokolle auf zwei Mechanismen: zuverlässige Verbreitung von Link-State-Informationen und Berechnung von Routen aus der Summe all dieser Daten.

Zuverlässiges Fluten

Zuverlässiges Fluten ist ein Prozess, der sichergestellt, dass alle am Routing-Protokoll teilnehmenden Knoten eine Kopie der Link-State-Informationen von allen übrigen erhalten. Wie der Begriff »Fluten« vermuten lässt, sendet ein Knoten nach diesem Grundkonzept seine Link-State-Informationen über alle seine direkt angeschlossenen Verbindungsleitungen, und jeder Knoten, der diese Informationen empfängt, leitet sie über alle *seine* Verbindungsleitungen weiter. Dieses Prozess wird solange fortgesetzt, bis die Informationen alle Knoten im Netzwerk erreicht haben.

Genauer gesagt, erzeugt jeder Knoten ein Aktualisierungspaket, das auch »Link-State-Paket« (LSP) genannt wird und folgende Informationen enthält:

- Die Kennung (ID) des Knotens, der das LSP erzeugt hat.
- Eine Liste der direkt mit diesem Knoten verbundenen Nachbarn, mit den Kosten der Verbindungsleitung zu jedem einzelnen.
- Eine Sequenznummer
- Eine Lebensdauer für dieses Paket

Die ersten beiden Elemente sind für die Routenberechnung notwendig. Durch die letzten beiden wird das Fluten des Pakets an alle Knoten zuverlässig. Zuverlässigkeit beinhaltet auch die Sicherstellung, dass man jeweils über die jüngste Kopie der Informationen verfügt, weil mehrere widersprüchliche LSPs von einem Knoten im Netzwerk im Umlauf sein können. Das Fluten zuverlässig auszulegen, hat sich als recht schwierig erwiesen. (Eine frühe, im ARPANET benutzte Version des Link-State-Routing verursachte 1981 beispielsweise den Ausfall dieses Netzwerks.)

Fluten funktioniert wie folgt: Erstens wird die Übertragung von LSPs zwischen benachbarten Routern mit Hilfe von Bestätigungen und Neuübertragungen zuverlässig gemacht, genau wie bei dem in Abschnitt 2.5 beschriebenen Protokoll der Sicherungsschicht. Um ein LSP zuverlässig an alle Knoten in einem Netzwerk fluten zu lassen, sind aber mehrere weitere Schritte erforderlich.

Man betrachte einen Knoten X, der eine Kopie eines LSP empfängt, das ein anderer Knoten namens Y gesendet hat. Y kann ein anderer Router in der gleichen Routing-Domain wie X sein. X vergewissert sich, ob er bereits eine Kopie eines LSP von Y gespeichert hat. Ist dies nicht der Fall, speichert er das LSP. Verfügt er bereits über eine Kopie, vergleicht er die Sequenznummern. Hat das neue LSP eine größere Sequenznummer, vermutet er, dass es neuer sein muss, speichert es und ersetzt dadurch das alte LSP. Eine kleinere (oder gleich große) Sequenznummer würde bedeuten, dass das neu angekommene LSP älter (oder gleich alt) als das vorhandene ist. Es würde folglich verworfen werden und keine weitere Aktion nach sich ziehen. Ist das empfangene LSP das neuere, sendet X eine Kopie dieses LSP an alle seine Nachbarn, außer an den, von dem er das LSP gerade empfangen hat. Die Tatsache, dass das LSP nicht an den Knoten, von dem es empfangen wurde, zurückgesendet wird, sorgt mit für ein Ende des LSP-Flutens. Da X das LSP an alle seine Nachbarn weiterleitet, die ihrerseits das gleiche tun, erreicht jeweils die jüngste Kopie des LSP letztendlich alle Knoten.

Abb. 4.18 zeigt das Fluten eines LSP in einem kleinen Netzwerk. Jeder schattiert dargestellte Knoten speichert das neue LSP. In Abb. 4.18(a) kommt das LSP bei Knoten X an, der es in Abb. 4.18(b) an seine Nachbarn A und C sendet. A und C senden es nicht an X zurück, sondern leiten es an B weiter. Da B zwei identische Kopien des LSP empfängt, akzeptiert er dasjenige, das als erstes ankommt, und ignoriert das zweite als Duplikat. Dann leitet er das LSP an D weiter. Er hat keine Nachbarn, an die er es fluten könnte, also ist der Prozess abgeschlossen.

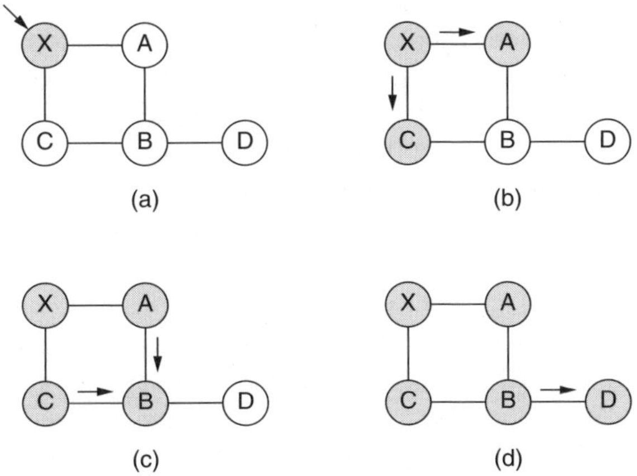

Abb. 4.18:
Fluten von Link-State-Paketen:
(a) Ein LSP kommt bei Knoten X an,
(b) X flutet das LSP zu A und C,
(c) A und C fluten das LSP zu B (aber nicht zu X),
(d) das Fluten ist abgeschlossen.

Wie bei RIP erzeugt jeder Knoten LSPs unter zwei Bedingungen: Entweder bei Ablauf eines periodischen Timers oder auf Grund einer Änderung in der Topologie. Der einzige, auf der Topologie basierende Grund für einen Knoten, ein LSP zu erzeugen, ist allerdings, wenn eine seiner direkt angeschlossenen Verbindungsleitungen oder einer seiner direkten Nachbarn ausgefallen ist. Der Ausfall einer Verbindungsleitung kann in manchen Fällen vom Protokoll der Sicherungsschicht erkannt werden. Der Ausfall eines Nachbarn oder der Verbindung zu diesem Nachbarn lässt sich durch periodische »Hello«-Pakete erkennen. Jeder Knoten sendet solche Pakete an seine unmittelbaren Nachbarn in vorher festgelegten Intervallen. Verstreicht eine bestimmte Zeit, ohne dass ein »Hello« von einem Nachbarn ankommt, wird die

Verbindungsleitung zu diesem Nachbarn als ausgefallen deklariert, und ein neues LSP wird zur Bekanntgabe dieser Tatsache erzeugt.

Eines der wichtigsten Designziele beim Flutmechanismus eines Link-State-Protokolls ist, dass die jeweils neueste Information so schnell wie möglich an alle Knoten geflutet wird und dass die alte Information aus dem Netzwerk entfernt werden muss und nicht zirkulieren darf. Außerdem ist es natürlich wünschenswert, die Gesamtmenge des Routing-Verkehrs, der durch das Netzwerk gesendet wird, zu minimieren. Schließlich ist dies aus Sicht derjenigen, die das Netzwerk für ihre Anwendungen nutzen, nur »Overhead«. In den nächsten Absätzen werden einige Möglichkeiten beschrieben, um diese Ziele zu realisieren.

Eine einfache Möglichkeit, Overhead zu reduzieren, besteht darin, die Erzeugung von LSPs auf das unbedingt nötige Maß einzuschränken. Dies lässt sich durch sehr lange Timer – oft in der Größenordnung von Stunden – für die periodische Erzeugung von LSPs erreichen. Unter der Annahme, dass das Flutprotokoll wirklich zuverlässig arbeitet, wenn sich die Topologie ändert, kann man mit Sicherheit davon ausgehen, dass Nachrichten mit dem Hinweis, es habe »sich nichts geändert«, nicht sehr oft gesendet werden müssen.

Um sicherzustellen, dass alte Informationen durch neuere ersetzt werden, tragen LSPs Sequenznummern. Jedes Mal, wenn ein Knoten ein neues LSP erzeugt, inkrementiert er die Sequenznummer um 1. Im Gegensatz zu den normalerweise in Protokollen benutzten Sequenznummern dürfen diese nicht überlaufen, sodass das Feld relativ groß sein muss (etwa 64 Bit). Kehrt ein Knoten nach einem Ausfall in den aktiven Betriebszustand zurück, beginnt er mit einer Sequenznummer von 0. War der Knoten lange außer Betrieb, sind inzwischen alle alten LSPs für diesen Knoten (wie unten beschrieben) abgelaufen. Andernfalls empfängt dieser Knoten irgendwann eine Kopie seines eigenen LSP mit einer höheren Sequenznummer, die er dann inkrementieren und als seine neue Sequenznummer verwenden kann. Dies stellt sicher, dass sein neues LSP eventuell aus der Zeit vor seinem Ausfall noch übrige alte LSPs ersetzt.

LSPs enthalten auch eine Lebensdauer (Time To Live, TTL). Damit wird sichergestellt, dass alte Link-State-Informationen letztendlich aus dem Netzwerk entfernt werden. Ein Knoten dekrementiert die TTL eines neu empfangenen LSP immer, bevor er es an seine Nachbarn flutet. Außerdem lässt er das LSP »altern«, während es im Knoten gespeichert ist. Erreicht die TTL 0, flutet der Knoten das LSP erneut mit einer TTL von 0, was von allen Knoten im Netzwerk als Hinweis interpretiert wird, dieses LSP zu löschen.

Routenberechnung

Verfügt ein bestimmter Knoten über eine Kopie der LSPs von allen anderen Knoten, kann er eine vollständige Abbildung der Netztopologie berechnen. Mit Hilfe dieser Abbildung kann er die beste Route zu jedem Ziel ermitteln. Die Frage lautet dann, wie er das konkret tut. Die Lösung basiert auf einem aus der Graphentheorie gut bekannten Algorithmus – dem Algorithmus der kürzesten Pfade von Dijkstra.

Wir definieren den Dijkstra-Algorithmus zunächst in graphentheoretischen Begriffen. Gegeben sei ein Knoten, der aus allen empfangenen LSPs eine grafische Darstellung des Netzwerks konstruiert, bei der N die im Graphen vorhandene Knotenmenge ist, $l(i, j)$ die nicht negativen Kosten (Gewichtung) jeder Kante zwischen Knoten $i, j \in N$ bezeichnet, und $l(i, j) = \infty$, falls keine Kante i und j verbindet. In der folgenden Beschreibung bezeichnen wir mit $s \in N$ den Knoten, der den Algorithmus ausführt, um die kürzesten Wege zu allen übrigen Knoten in N zu ermitteln. Außerdem verwaltet der Algorithmus die beiden folgenden Variablen: M bezeichnet die bisher vom Algorithmus erfasste Knotenmenge und $C(n)$ die Kosten des Wegs von s zu jedem Knoten n. Mit diesen Begriffsbestimmungen wird der Algorithmus wie folgt definiert:

```
M = {s}
für alle n aus N – {s}
  C(n) = l(s, n)
solange (N ≠ M)
  M = M ∪ {w}, sodass C(w) das Minimum für alle w aus (N – M) ist
  für alle n aus (N – M)
    C(n) = MIN(C(n), C(w) + l(w, n))
```

Im Grunde funktioniert der Algorithmus wie folgt: Wir beginnen damit, dass M den Knoten s enthält und Kostentabelle (die $C(n)$s) zu anderen Knoten initialisiert. Hierfür verwendet M zunächst die jeweils bekannten Kosten zu direkt verbundenen Knoten. Dann ermitteln wir den Knoten, der mit den geringsten Kosten (w) erreichbar ist, und fügen ihn zu M hinzu. Schließlich aktualisieren wir die Kostentabelle unter Berücksichtigung der Kosten, die entstehen, um Knoten über w zu erreichen. In der letzten Zeile des Algorithmus wählen wir eine neue Route zu Knoten n über Knoten w, wenn die Gesamtkosten für die Strecke von der Quelle zu w und dann nach n geringer als die alte Route zu n sind. Dieses Verfahren wird solange wiederholt, bis alle Knoten in M integriert wurden.

In der Praxis berechnet jeder Switch seine Routing-Tabelle direkt aus den gesammelten LSPs. Hierfür benutzt er eine als *Forward-Search-Algorithmus* bezeichnete Realisierung des Dijkstra-Algorithmus. Konkret heißt das, dass jeder Switch zwei Listen – eine `tentative` und eine `bestätigte` – verwaltet. Beide Listen enthalten Einträge in der Form `<Ziel, Kosten, NächsterHop>`. Der Algorithmus funktioniert wie folgt:

1. Initialisiere die `bestätigte` Liste mit einem Eintrag für mich selbst. Dieser Eintrag hat Kosten von 0.
2. Nenne den im obigen Schritt in die `bestätigte` Liste eingefügten Knoten `Nächster` und wähle sein LSP.
3. Berechne für jeden Nachbarn (`Nachbar`) von `Nächster` die Kosten (`Kosten`), um diesen Nachbarn zu erreichen, als Summe der Kosten von mir selbst zu `Nächster` und von `Nächster` zu `Nachbar`.
   a Falls `Nachbar` momentan weder in der `bestätigten` noch in der `tentativen` Liste steht, füge `<Nachbar, Kosten, NächsterHop>` in die `tentative` Liste ein, wobei `NächsterHop` die Richtung ist, die ich auf dem Weg zu `Nächster` einschlage.

b Falls Nachbar momentan in der tentativen Liste steht und Kosten geringer als die für den Nachbarn momentan in der Liste stehenden Kosten sind, ersetze den vorhandenen Eintrag durch <Nachbar, Kosten, NächsterHop>, wobei NächsterHop die Richtung ist, die ich auf dem Weg zu Nächster einschlage.

4. Beende den Algorithmus, wenn die tentative Liste leer ist. Andernfalls verschiebe den Eintrag mit den geringsten Kosten von der tentativen in die bestätigte Liste und kehre zu Schritt 2 zurück.

Dieser Ablauf wird anhand eines Beispiels, dem Netzwerk in Abb. 4.19, besser verständlich. Im Gegensatz zu unserem vorherigen Beispiel umfasst dieses Netzwerk eine Reihe unterschiedlicher Kantenkosten. Die Schritte für den Aufbau der Routing-Tabelle für Knoten D sind in Tabelle 4.9 aufgeführt. Wir bezeichnen die beiden Ausgänge von D mit den Namen der Knoten, an die sie angeschlossen sind, also B und C. Der Algorithmus läuft zunächst scheinbar in die falsche Richtung (z.B. der Weg mit den Kosten von 11 zu B, der als erstes in die tentative Liste eingefügt wurde); zum Schluss liefert er aber die Wege mit den jeweils geringsten Kosten zu allen anderen Knoten.

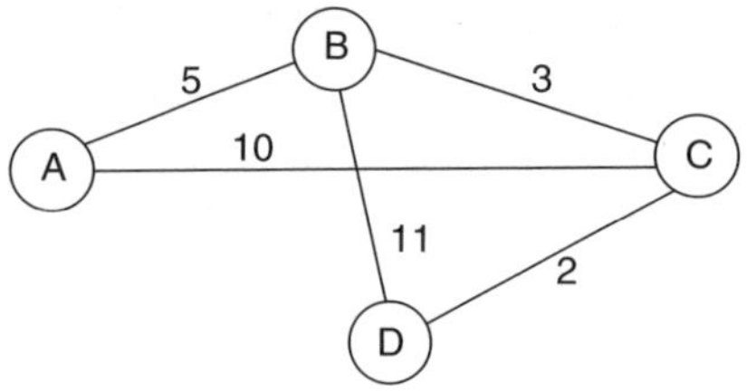

Abb. 4.19:
Beispiel eines Netzwerks unter Verwendung des Link-State-Routing

Schritt	Bestätigt	Tentativ	Kommentare
1	(D,0,–)		Da D das einzige neue Mitglied der bestätigten Liste ist, lies sein LSP.
2	(D,0,–)	(B,11,B) (C,2,C)	Das LSP von D besagt, dass wir B mit Kosten 11 über B erreichen können. Das ist besser als alles andere in beiden Listen, also setze es auf die tentative Liste; das gleiche gilt für C.
3	(D,0,–) (C,2,C)	(B,11,B)	Setze das Mitglied mit den geringsten Kosten von der tentativen (C) auf die bestätigte Liste. Anschließend prüfe das LSP des neu bestätigten Mitglieds (C).
4	(D,0,–) (C,2,C)	(B,5,C) (A,12,C)	Die Kosten, um B über C zu erreichen, betragen 5, ersetze also (B,11,B). Das LSP von C besagt, dass wir A mit Kosten 12 erreichen können.
5	(D,0,–) (C,2,C) (B,5,C)	(A,12,C)	Verschiebe das Mitglied mit den geringsten Kosten von der tentativen (B) auf die bestätigte Liste; dann prüfe sein LSP.

Tabelle 4.9: Schritte für die Zusammenstellung der Routing-Tabelle für Knoten D (Abb. 4.19)

Tabelle 4.9: (Fortsetzung)

6	(D,0,–) (C,2,C) (B,5,C)	(A,10,C)	Da wir A mit Kosten 5 über B erreichen können, ersetze den tentativen Eintrag.
7	(D,0,–) (C,2,C) (B,5,C) (A,10,C)		Verschiebe das Mitglied mit den geringsten Kosten von der tentativen (A) auf die bestätigte Liste; und damit sind wir fertig.

Der Link-State-Algorithmus weist viele angenehme Merkmale auf: Er stabilisiert sich nachweislich schnell, erzeugt nicht viel Verkehr und reagiert rasch auf Topologieänderungen oder Knotenausfälle. Nachteilig ist der Umfang an Informationen, die in jedem Knoten gespeichert werden müssen (ein LSP für jeden Knoten im Netzwerk). Das ist eines der grundlegenden Probleme beim Routing und ein Aspekt des allgemeineren Problems der Skalierbarkeit. Einige Lösungen für das spezifische Problem (der an jedem Knoten potenziell erforderliche Speicherumfang) und das allgemeine Problem (die Skalierbarkeit) werden im nächsten Abschnitt behandelt.

▶ Der Distanzvektor- und der Link-State-Algorithmus unterscheiden sich also wie folgt: Beim Distanzvektor-Algorithmus kommuniziert jeder Knoten nur mit seinen direkt verbundenen Nachbarn, teilt ihnen aber alles mit, was er erlernt hat (d.h. die Entfernung zu allen Knoten). Beim Link-State-Algorithmus kommunizieren alle Knoten untereinander, teilen sich gegenseitig aber nur mit, was sie mit Sicherheit wissen (d.h. nur den Zustand ihrer direkt angeschlossenen Verbindungsleitungen).

Open Shortest Path First Protocol (OSPF)

Eines der am häufigsten benutzten Link-State-Protokolle ist OSPF (Open Shortest Path First Protocol). Das Wort »Open« in der Bezeichnung bezieht sich darauf, dass es sich um einen offenen, nicht proprietären Standard handelt, der innerhalb der IETF entwickelt wurde. Der Namensteil »SPF« stammt von einer anderen Bezeichnung für Link-State-Routing. OSPF erweitert den grundlegenden, oben beschriebenen Link-State-Algorithmus um mehrere Merkmale, darunter:

- *Authentifikation von Routing-Nachrichten*: Das ist ein nützliches Merkmal, weil es bei einem falsch konfigurierten Host häufig vorkommt, dass er glaubt, er könne jeden Host im Universum mit Kosten von 0 erreichen. Gibt der Host dies bekannt, aktualisiert jeder Router in der näheren Umgebung seine Weiterleitungstabelle, um auf diesen Host zu zeigen, und besagter Host empfängt eine Fülle von Daten, mit denen er überhaupt nichts anzufangen weiß. Er verwirft sie dann normalerweise alle und bringt damit das Netzwerk zum Stillstand. Ein solches Desaster lässt sich in vielen Fällen dadurch abwenden, dass man die Authentifikation von Routing-Aktualisierungen fordert. Ältere Versionen von OSPF benutzten ein einfaches, 8 Byte langes Passwort für die Authentifikation.

Dies ist keine ausreichend starke Authentifikationsform, um böswillige Benutzer abzuwehren, erleichtert aber viele durch Fehlkonfiguration entstandene Probleme. (Eine ähnliche Form der Authentifikation wurde in RIP-Version 2 eingebunden.) Starke Authentifikation auf der Grundlage von Verschlüsselung, wie die in Abschnitt 8.2.1 beschriebenen Methoden, wurde später hinzugefügt.

- *Zusätzliche Hierarchie*: Hierarchien bilden eines der grundlegenden Werkzeuge, um Systeme skalierbarer auszulegen. OSPF bietet eine weitere hierarchische Schicht innerhalb des Routing dadurch, dass es ermöglicht, eine Domain in *Bereiche* (Areas) aufzuteilen. Das bedeutet, dass ein Router innerhalb einer Domain nicht unbedingt wissen muss, wie er jedes Netzwerk derselben erreichen kann. Es genügt, wenn er weiß, wie er in den richtigen Bereich gelangt. Dadurch reduziert sich der Informationsumfang, der übertragen und in den Knoten gespeichert werden muss. Wir behandeln Bereiche ausführlich in Abschnitt 4.3.4.

- *Lastausgleich*: OSPF ermöglicht es, mehreren Routen zum gleichen Standort die gleichen Kosten zuzuweisen, und sorgt dafür, dass sich der Verkehr gleichmäßig über diese Routen verteilt.

Es gibt mehrere Arten von OSPF-Nachrichten, die aber alle mit dem gleichen Header beginnen (siehe Abb. 4.20). Das Feld Version ist derzeit auf 2 gesetzt, und das Feld Type kann einen Wert zwischen 1 und 5 annehmen. SourceAddr identifiziert den Sender der Nachricht, und AreaId ist ein 32-Bit-Bezeichner des Bereichs, in dem sich der Knoten befindet. Das gesamte Paket, außer die Authentifikationsdaten, ist durch eine 16-Bit-Prüfsumme geschützt; sie basiert auf dem gleichen Algorithmus wie der IP-Header (siehe Abschnitt 2.4). Das Feld Authentication type ist 0, wenn keine Authentifikation benutzt wird; andernfalls kann es 1 sein, was bedeutet, dass ein einfaches Passwort verwendet wird, oder 2, was bedeutet, dass eine kryptographische Prüfsumme für die Authentifikation von der in Abschnitt 8.2.1 beschriebenen Art verwendet wird. In den beiden letzten Fällen enthält das Feld Authentication das Passwort oder die kryptographische Prüfsumme.

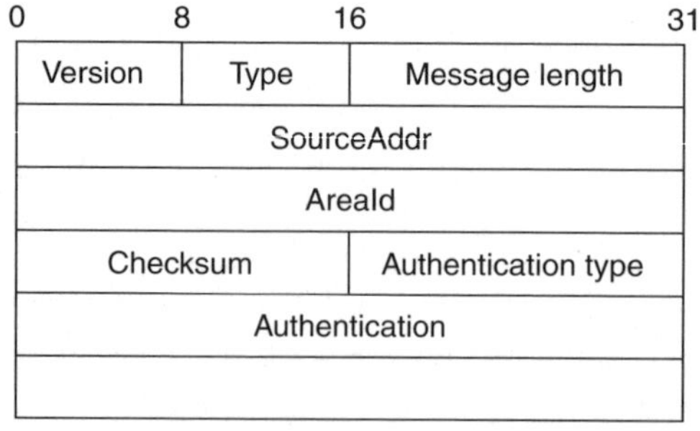

Abb. 4.20:
Format des OSPF-Headers

Von den fünf OSPF-Nachrichtentypen ist Typ 1 die »Hello«-Nachricht, die ein Router an seine Partner sendet, um sie auf die oben beschriebene Art darauf aufmerksam zu machen, dass er noch »lebt« und angeschlossen ist. Die restlichen Typen werden für Anfragen, Übertragungen und Bestätigungen von Link-State-Nachrichten verwendet. Der grundlegende Baustein von Link-State-Nachrichten in OSPF ist Link-State Advertisement (LSA). Eine Nachricht kann viele LSAs enthalten. Wir beschreiben im Folgenden einige Details des LSA.

Wie jedes in Internetworks benutzte Routing-Protokoll muss OSPF Informationen darüber bereitstellen, wie die zusammengeschlossenen Netzwerke erreichbar sind. Folglich muss OSPF ein wenig mehr Informationen als das oben beschriebene einfache, auf allgemeinen Graphen basierende Protokoll bieten. Insbesondere darf ein Router, der OSPF ausführt, Link-State-Pakete erzeugen, die Advertisements für eines oder mehrere der direkt mit ihm verbundenen Netzwerke beinhalten. Darüber hinaus muss ein Router, der mit einem anderen direkt verbunden ist, die Kosten angeben, die für die Erreichung dieses Routers über die Verbindungsleitung anfallen. Diese beiden Arten von Advertisements sind erforderlich, damit alle Router in einer Domain die Kosten ermitteln können, die entstehen, um alle Netzwerke in dieser Domain und den entsprechenden nächsten Hop für jedes Netzwerk zu erreichen.

Abb. 4.21 zeigt das Paketformat für ein Link-State-Advertisement vom »Typ 1«. Ein Typ-1-LSA kündigt die Kosten für Verbindungen zwischen Routern an. Typ-2-LSAs werden benutzt, um Netzwerke anzukündigen, an die der anzeigende Router angeschlossen ist, während andere Typen benutzt werden, um die im nächsten Abschnitt beschriebene zusätzliche Hierarchie zu unterstützen. Viele Felder eines LSA sind bereits aus früheren Abschnitten bekannt. Das Feld LS Age entspricht einer Lebensdauer (TTL), außer dass es aufwärts zählt und das LSA abläuft, wenn sein Alter einen definierten Höchstwert erreicht. Das Feld Type gibt Auskunft darüber, dass es sich hier um ein Typ-1-LSA handelt.

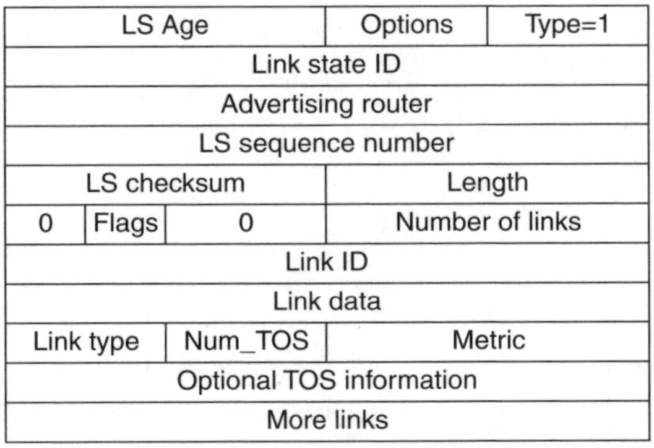

Abb. 4.21:
Paketformat eines OSPF-LSA

Bei einem Typ-1-LSA sind die Felder Link state ID und Advertising router identisch. Beide enthalten einen 32-Bit-Bezeichner für den Router, der das LSA erzeugt hat. Während verschiedene Zuweisungsstrategien angewandt werden können, um diese ID zuzuweisen, muss immer darauf geachtet werden, dass sie innerhalb der Routing-Domain eindeutig ist und ein bestimmter Router durchgängig die gleiche Router-ID benutzt. Bei einem möglichen Ansatz der Auswahl einer Router-ID, der diese Anforderungen erfüllt, wählt man die niedrigste IP-Adresse aus allen diesem Router zugeteilten IP-Adressen aus. (Man erinnere sich, dass ein Router für jedes seiner Interfaces über eine andere IP-Adresse verfügen kann.)

Das Feld LS sequence number wird genau wie oben beschrieben benutzt, d.h. um alte oder doppelte LSAs zu erkennen. Das Feld LS checksum ist vergleichbar mit den in Abschnitt 2.4 und in Zusammenhang mit anderen Protokollen beschriebenen Prüfsummenfeldern. Es wird natürlich benutzt, um zu überprüfen, ob möglicherweise Daten verfälscht wurden. Es deckt alle Felder des Pakets mit Ausnahme von LS Age ab, sodass es nicht nötig ist, jedes Mal, wenn LS Age inkrementiert wird, eine Prüfsumme erneut zu berechnen. Length ist die Länge des kompletten LSA in Byte. Wir gehen nun zur eigentlichen Link-State-Information über. Sie ist wegen der Angabe des TOS (Type Of Service) etwas komplizierter. Ignorieren wir das für einen Augenblick, wird jede Verbindungsleitung in dem LSA durch drei Felder – Link ID, Link data und Metric – dargestellt. Die ersten beiden Felder identifizieren die Verbindungsleitung. Normalerweise geschieht dies durch Verwendung der ID des Routers am entfernten Ende der Verbindung als Link ID sowie Verwendung von Link data, um notfalls Mehrdeutigkeit bei mehreren parallelen Verbindungen auszuschließen. Das Feld Metric gibt die Kosten der Verbindung an. Type gibt Auskunft über die Verbindungsleitung, z.B. ob es sich um eine Punkt-zu-Punkt-Leitung handelt.

Die TOS-Information ist vorhanden, damit OSPF verschiedene Routen für IP-Pakete je nach Wert im jeweiligen TOS-Feld wählen kann. Statt einer Verbindungsleitung eine einzelne Metrik zuzuweisen, besteht die Möglichkeit, je nach dem TOS-Wert der Daten verschiedene Metriken zu vergeben. Haben wir in unserem Netzwerk z.B. eine Verbindungsleitung, die sich sehr gut für verzögerungsempfindlichen Datenverkehr eignet, könnten wir ihr eine niedrige Metrik für den TOS-Wert, der niedrige Verzögerung darstellt, und für alles übrige eine hohe Metrik zuweisen. OSPF würde dann für die Pakete, deren TOS-Feld auf diesen Wert gesetzt ist, einen anderen kürzesten Weg ermitteln. Diese Fähigkeit wurde zur Zeit der Entstehung dieses Buches allerdings noch nicht häufig angewandt[5].

4.2.4 Metriken

Bei der obigen Erörterung wurde davon ausgegangen, dass die Kosten bzw. die Metriken von Verbindungsleitungen bei Ausführung des Routing-Algorithmus bekannt sind. In diesem Abschnitt betrachten wir einige Möglichkeiten für die Berechnung der Kosten von Verbindungsleitungen, die sich in der Praxis bewährt haben. Bei einem bereits behandelten Beispiel, das auch recht vernünftig und sehr einfach ist, werden allen Verbindungsleitungen Kosten von 1 zugewiesen. Dabei wird die Route mit den geringsten Kosten dann diejenige mit den wenigsten Hops sein. Diese Methode hat allerdings mehrere Nachteile. Erstens berücksichtigt sie

5. Beachten Sie, dass sich die Bedeutung des TOS-Feldes verändert hat, seit die OSPF-Spezifikation verfasst wurde. Dieser Punkt wird in Abschnitt 6.5.3 besprochen.

keine unterschiedlichen Laufzeiten von Verbindungsleitungen. Folglich sieht für das Routing-Protokoll eine Satellitenverbindung mit einer Verzögerung von 250 ms genauso attraktiv aus wie eine terrestrische Leitung mit einer Verzögerung von 1 ms. Zweitens berücksichtigt sie nicht unterschiedliche Kapazität von Verbindungen, sodass eine 9,6-KBit/s-Leitung ebenso gut wie eine 45-MBit/s-Leitung aussieht. Drittens unterscheidet sie nicht zwischen Verbindungsleitungen auf der Grundlage ihrer momentanen Last, sodass es unmöglich ist, überlasteten Leitungen auszuweichen. Es hat sich erwiesen, dass das letzte Problem das schwierigste ist, weil man versucht, die komplexen und dynamischen Merkmale einer Verbindungsleitung in einer einzigen skalaren Größe zu erfassen.

Das ARPANET war das Versuchsfeld für eine Reihe verschiedener Ansätze für die Berechnung der Kosten von Verbindungsleitungen. (Es war auch das Netzwerk, in dem die überlegene Stabilität des Link-State- gegenüber dem Distanzvektor-Routing demonstriert wurde. Der ursprüngliche Mechanismus basierte auf dem Distanzvektor-Routing, während in einer späteren Version das Link-State-Routing verwendet wurde.) In der folgenden Beschreibung wird die Evolution der Routing-Metrik im ARPANET nachvollzogen. Dabei werden auch die versteckten Aspekte des Problems aufgedeckt.

Die Routing-Metrik des ARPANET basierte ursprünglich auf der Messung der Anzahl von Paketen, die in einer Warteschlange auf die Übertragung an jeder Verbindungsleitung warteten. Das bedeutete, dass einer in der Warteschlange stehenden Verbindungsleitung mit 10 Paketen eine höhere Kostengewichtung als einer mit 5 wartenden Paketen zugewiesen wurde. Die Verwendung der Warteschlangenlänge als Routing-Metrik funktionierte nicht gut, weil sie ein künstliches Maß der Last ist, d.h. sie verschiebt Pakete in Richtung kürzeste Warteschlange statt in Richtung Ziel. Diese Situation ist uns allen gut vertraut, wenn wir im Supermarkt von einer Kassenschlange in die andere wechseln. Das heißt, der ursprüngliche Routing-Mechanismus im ARPANET litt daran, dass er weder die Bandbreite noch die Verzögerung der Verbindungsleitung in Betracht zog.

Bei einer zweiten Version des Routing-Algorithmus im ARPANET, den man auch »Neuen Routing-Mechanismus« nannte, wurden Bandbreite und Verzögerung der Verbindungsleitung berücksichtigt, und als Maß für die Last wurde neben der Warteschlangenlänge auch die Gesamtverzögerung herangezogen. Dies wurde wie folgt erreicht: Erstens wurde jedes ankommende Paket mit einem Zeitstempel im Router versehen (ArrivalTime). Ebenso wurde seine Abreisezeit vom Router erfasst (DepartTime). Zweitens berechnete der Knoten die Gesamtverzögerung, nachdem ein ACK-Paket auf der Sicherungsschicht empfangen wurde, als

Gesamtverzögerung = (DepartTime – ArrivalTime) + Übertragungszeit + Latenz

wobei Übertragungszeit und Latenz für die Verbindungsleitung statisch definiert sind und die Bandbreite bzw. Latenz der Verbindungsleitung widerspiegeln. Man beachte in diesem Fall, dass DepartTime – ArrivalTime die Zeit darstellt, um die sich das Paket auf Grund der Last im Knoten verzögerte (in der Warteschlange). Falls kein ACK ankam und der Timer für das Paket ablief, wurde DepartTime auf die Zeit zurückgesetzt, zu der das Paket *erneut übertragen* wurde. In diesem Fall erfasst DepartTime – ArrivalTime die Zuverlässigkeit der Verbindungsleitung. Je häufiger Pakete erneut übertragen werden müssen, um so weniger zuverlässig ist die Verbindungsleitung, und um so mehr muss man diese meiden. Schließlich wurde die jeder Verbindungsleitung zugewiesene Gewichtung aus der durchschnittlichen Verzögerung hergeleitet, der die zuletzt über diese Verbindungsleitung gesendeten Pakete ausgesetzt waren.

Diese Methode bot gegenüber dem ursprünglichen Mechanismus zwar eine Verbesserung, warf aber auch eine Menge Probleme auf. Unter geringer Last funktionierte sie relativ gut, weil die beiden statischen Faktoren der Verzögerung den Großteil der Kosten ausmachten. Unter hoher Last begann eine verstopfte Verbindungsleitung aber mit der Anzeige sehr hoher Kosten. Dies führte dazu, dass der gesamte Verkehr diese Verbindungsleitung mied und sie dadurch ungenutzt blieb. Sie kündigte daraufhin ihrerseits niedrige Kosten an, zog damit den gesamten Verkehr wieder auf sich zurück, und so weiter. Diese Instabilität hatte zur Folge, dass viele Verbindungsleitungen unter hoher Last häufig lange ungenutzt blieben, etwas, was man ja auf keinen Fall erreichen möchte.

Ein weiteres Problem war die zu große Vielfalt an Verbindungsleistungen. Eine stark belastete 9,6-KBit/s-Leitung konnte z.B. 127 Mal »teurer« als eine leicht belastete 56-KBit/s-Leitung aussehen. Das bedeutet, dass der Routing-Algorithmus einem Weg mit 126 Hops über leicht belastete 56-KBit/s-Leitungen den Vorzug vor einem Weg über eine 9,6-KBit/s-Leitung mit einem Hop gab. Während es wünschenswert ist, einen gewissen Verkehrsanteil von einer überlasteten Leitung abzuziehen, ist es nicht sinnvoll, diese Leitung derart uninteressant erscheinen zu lassen, dass sie den gesamten Verkehr verliert. Die Verwendung von 126 Hops, wenn ein Hop ausreicht, ist generell eine schlechte Ausnutzung der Netzressourcen. Außerdem wurden Satellitenleitungen ungebührlich bestraft, weil eine ungenutzte Satellitenleitung mit 56 KBit/s aufwändiger als eine ungenutzte terrestrische Leitung mit 9,6 KBit/s aussah, obwohl erstere für Anwendungen mit hohem Bandbreitenbedarf eine viel bessere Leistung bieten würde.

Mit einer dritten Methode, die man »revidierte ARPANET-Routing-Metrik« nannte, wurden diese Probleme angegangen. Als wichtigste Änderungen wurden der dynamische Bereich der Metrik beträchtlich komprimiert, der Leitungstyp einbezogen und die zeitlichen Schwankungen der Metrik im Verlauf der Zeit geglättet.

Diese Glättung wurde durch mehrere Mechanismen erreicht. Erstens wurde statt der Verzögerung die Leitungsauslastung bewertet. Von dieser Zahl wurde der Durchschnitt mit der zuletzt gemeldeten Auslastung gebildet, um plötzliche Änderungen zu unterdrücken. Zweitens wurde ein straffes Limit dafür gesetzt, um wie viel sich die Metrik von einem Messzyklus zum anderen ändern darf. Durch diese Glättung der Änderungen der Kosten wurde die Wahrscheinlichkeit, dass alle Knoten eine Teilroute gleichzeitig verlassen, stark reduziert.

Die Komprimierung des dynamischen Bereichs wurde dadurch erreicht, dass die gemessene Auslastung, der Leitungstyp und die Leitungsgeschwindigkeit in eine Funktion eingingen, die in Abb. 4.22 grafisch dargestellt ist. Man beachte dabei folgende Punkte:

- Eine stark belastete Verbindungsleitung weist nie Kosten von mehr als dem Dreifachen ihrer Kosten im ungenutzten Zustand auf.
- Die »teuerste« Verbindungsleitung hat nur das Siebenfache der Kosten der günstigsten.
- Eine Satellitenleitung mit hoher Geschwindigkeit ist attraktiver als eine terrestrische mit niedriger Geschwindigkeit.
- Die Kosten sind eine Funktion der Leitungsauslastung, aber nur bei mittleren bis hohen Lasten.

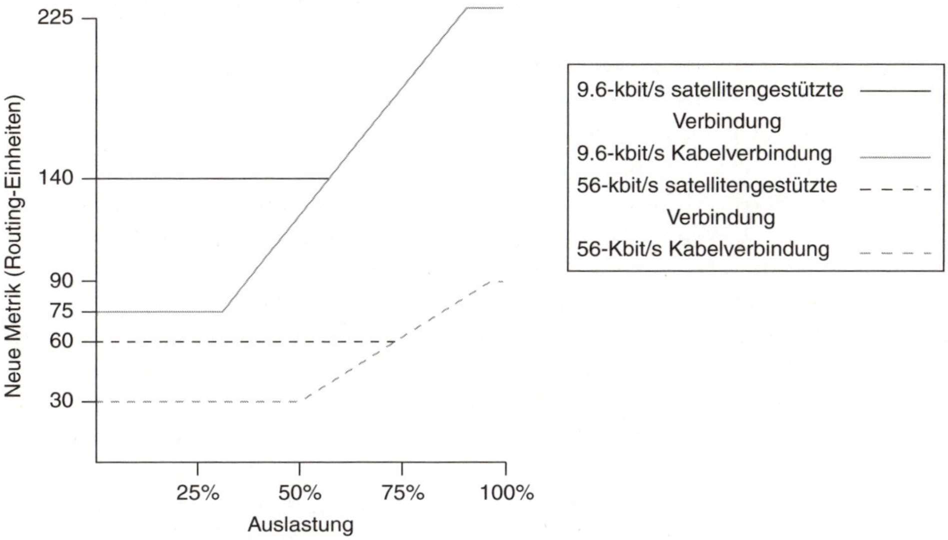

Abb. 4.22: Revidierte ARPANET-Routing-Metrik als Funktion der Leitungsauslastung

Alle diese Faktoren führen dazu, dass eine Verbindungsleitung mit viel geringerer Wahrscheinlichkeit von allen gleichzeitig verlassen wird, weil sie selbst durch eine dreifache Steigerung der Kosten zwar eventuell für einige Wege uninteressant wird, für andere nach wie vor aber die beste Wahl bleibt. Die Steigungen, Abstände und Knickstellen der Kurven in Abb. 4.22 wurden nach reichlichem Experimentieren festgelegt und sorgfältig abgestimmt, um eine gute Leistung zu erzielen.

Es gibt einen letzten Punkt in Bezug auf das Thema Kosten, nämlich das Intervall, in dem jeder Knoten die Gewichtungen für seine Leitungen berechnet. Hier sind zwei Dinge zu beachten. Erstens ist keine Metrik unmittelbar messbar. Das heißt, gleichgültig, ob ein Knoten die Warteschlangenlänge, die Verzögerung oder die Auslastung misst, berechnet er im Grunde immer einen Durchschnitt über eine bestimmte Zeitdauer. Zweitens, nur weil sich eine Metrik ändert, bedeutet es nicht, dass der Knoten deshalb eine Aktualisierungsnachricht sendet. In der Praxis werden Aktualisierungen nur gesendet, wenn die Änderung einer Kantengewichtung eine bestimmte Schranke übersteigt.

4.2.5 Routing für mobile Hosts

Bei einem Rückblick auf die vorherige Beschreibung der Funktionsweise von IP-Adressierung und -Routing stellt man fest, dass eine implizite Annahme über die Mobilität von Hosts bzw. genauer: deren Immobilität vorliegt. Die Adresse eines Hosts setzt sich aus einer Netzwerknummer und einem Host-Teil zusammen. Die Netzwerknummer gibt Auskunft über das Netzwerk, an das der Host angeschlossen ist. IP-Routing-Algorithmen sagen den Routern, wie Pakete an das richtige Netzwerk zu übermitteln sind. Sie erweitern die Skalierbarkeit des Routing-Systems also dadurch, dass sie Host-spezifische Informationen von den Routern fernhalten. Was würde aber passieren, wenn ein Host von einem Netz abgekoppelt und an ein anderes angeschlossen wird? Wenn wir die IP-Adresse des Hosts nicht ändern, ist der Host nicht mehr erreichbar. Alle an diesen Host adressierten Pakete würden an das Netzwerk gesendet werden, das zu der entsprechenden Netzwerknummer gehört. Wenn der bzw. die Router in diesem Netzwerk versuchen, das Paket an den Host auszuliefern, wäre dieser nicht da, um es in Empfang zu nehmen.

Eine offensichtliche Lösung dieses Problems besteht darin, den Host mit einer neuen Adresse auszustatten, wenn er an ein neues Netzwerk angeschlossen wird. Mit Techniken wie DHCP (siehe Abschnitt 4.1.6) ist dies relativ einfach. In vielen Situationen ist diese Lösung ausreichend, in anderen aber nicht. Nehmen wir z.B. an, dass die Benutzerin eines mit einem drahtlosen Netzadapter ausgestatteten PC auf einem Ausflug aufs Land eine Anwendung ausführt. Der PC koppelt sich vielleicht irgendwann von einem Netzwerk ab und schließt sich an ein anderes mit einer anderen Frequenz an, was die Benutzerin nicht sonderlich stört. Sie erwartet vielmehr, dass die Anwendung, die sie ausführte, als der PC an Netzwerk A angeschlossen war, ohne Unterbrechung weiterläuft, wenn er sich mit Netzwerk B verbindet. Ändert der PC einfach nur seine IP-Adresse mitten in der Ausführung der Anwendung, kann diese nicht weiterlaufen, weil das entfernte Ende nicht wissen kann, dass es nun die Pakete an eine neue IP-Adresse senden muss. Im Idealfall sollte die Bewegung des PC für die entfernte Anwendung transparent sein. Die für die Lösung dieses Problems entwickelten Prozeduren werden insgesamt als »Mobile IP« (benannt nach der IETF-Arbeitsgruppe, die sie definiert hat) bezeichnet.

Überwachung des Routing-Verhaltens

Angesichts der Komplexität des Routing von Paketen durch ein Netzwerk mit dem Ausmaß des Internet müssen wir uns fragen, wie gut das System funktioniert. Wir wissen, dass es zeitweilig funktioniert, weil es uns gelingt, mit Sites überall in der Welt eine Verbindung herzustellen. Wir hegen aber den Verdacht, dass es nicht immer funktioniert, weil es uns manchmal nicht gelingt, mit bestimmten Sites eine Verbindung aufzubauen. Das wirkliche Problem ist herauszufinden, welcher Teil des Systems die Ursache dafür ist, wenn eine Verbindung fehlschlägt: hat eine Routing-Maschinerie versagt, ist der entfernte Server überlastet, ist eine Leitung ausgefallen oder ist der Host abgestürzt?

Im Grunde handelt es sich dabei um eine Frage des Netzwerkmanagements. Systemadministratoren stehen zwar zahlreiche Tools zur Verfügung, um ihre eigenen Netzwerke zu verwalten, z.B. das in Abschnitt 9.2.3 beschriebene SNMP, das Problem ist für das Internet als Ganzes aber ungelöst. Obwohl das Internet größtenteils aus von Menschen geschaffenen deterministischen Teilen besteht, hat es ein derartig komplexes Wachstum erfahren, dass wir es fast als lebenden Organismus oder Naturphänomen betrachten, das zu untersuchen sich lohnt. Das heißt, wir versuchen, das dynamische Verhalten des Internet zu verstehen, indem wir Experimente mit ihm ausführen und Modelle ausarbeiten, mit denen wir unsere Beobachtungen erklären.

Ein ausgezeichnetes Beispiel solcher Untersuchungen wurde 1995 von Vern Paxson, heute am AT&T Center for Internet Research, durchgeführt. Paxson benutzte das Unix-Tool traceroute, um 40.000 Ende-zu-Ende-Routen zwischen 37 Internet-Sites zu untersuchen. Er versuchte dabei, Fragen darüber zu beantworten, warum Routen ausfallen, wie stabil Routen im Verlauf der Zeit sind, und ob sie symmetrisch sind. Unter anderem fand Paxson heraus, dass ein Benutzer mit einer Wahrscheinlichkeit von 1:30 auf ein schwerwiegendes Ende-zu-Ende-Routing-Problem stößt, und dass solche Probleme normalerweise etwa 30 Sekunden andauern. Er hat außerdem festgestellt, dass zwei Drittel der Internet-Routen über Tage oder Wochen fortbestanden. Ferner zeigte sich, dass bei etwa einem Drittel der Nutzungsdauer einer Route von Host A zu Host B mindestens eine Routing-Domain überquert wird, die sich von der Route unterscheidet, die benutzt wurde, um von Host B zu Host A zu gelangen. Paxson schlussfolgerte aus diesen Ergebnissen, dass Internet-Routing mit der Zeit immer weniger vorhersagbar wird.

Die Mobile-IP-Arbeitsgruppe traf zu Beginn einige wichtige Designentscheidungen. Vor allem ging es um die Anforderung, dass die Lösung funktionieren sollte, ohne die Software nicht mobiler Hosts oder der Mehrheit der Router im Internet ändern zu müssen. Dieser Ansatz wird im Internet häufig angewandt. Jede neue Technologie, die eine Änderung der Mehrheit von Routern oder Hosts voraussetzt, bevor sie in Betrieb genommen werden kann, dürfte einen schweren Kampf um Akzeptanz führen.

Während die Mehrheit der Router unverändert bleibt, setzt die Unterstützung von Mobilität eine neue Funktionalität zumindest in einem Router voraus, den man als *Heimatagent* (Home Agent) des mobilen Knotens bezeichnet. Dieser Router befindet sich im »Heimatnetz« des mobilen Hosts. Vom mobilen Host wird angenommen, er habe eine permanente IP-Adresse. Das ist seine *Heimatadresse* mit der Netzwerknummer des Heimatnetzes und folglich des Heimatagenten. Diese Adresse wird von anderen Hosts benutzt, wenn sie Pakete an den mobilen Host senden. Da sie sich nicht ändert, kann sie von langlebigen Anwendungen benutzt werden, während der Host sich bewegt.

In vielen Fällen ist auch der so genannte *Fremdagent* (Foreign Agent), ein zweiter Router mit erweiterter Funktionalität, erforderlich. Dieser Router befindet sich in einem Netzwerk, an das sich der mobile Knoten auf seiner Reise fern von seinem Heimatnetz anschließt. Wir beschreiben zuerst die Funktionsweise von Mobile IP bei Benutzung eines Fremdagenten. Ein Beispiel eines Netzwerks mit Heimat- und Fremdagent wird aus Abb. 4.23 ersichtlich.

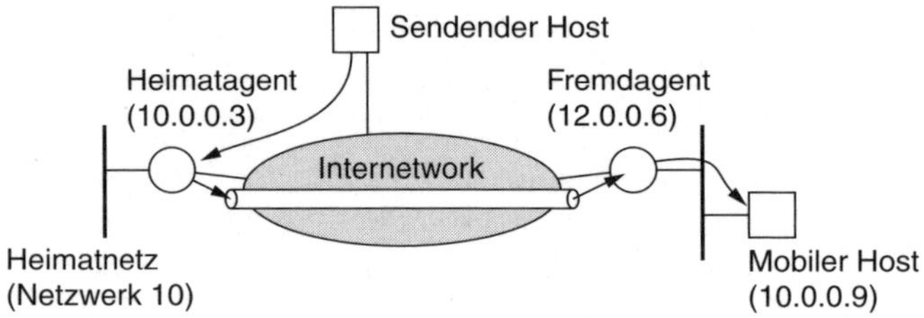

Abb. 4.23: Mobiler Host und Agenten, die dessen Mobilität ermöglichen

Heimat- und Fremdagent kündigen mittels Agenten-Advertisements periodisch ihre Anwesenheit in den Netzwerken an, an die sie angeschlossen sind. Ein mobiler Host kann aber auch eine »Anzeige« anfordern, wenn er sich an ein neues Netzwerk ankoppelt. Das Advertisement des Heimatagenten ermöglicht es einem mobilen Host, dessen Adresse zu erfahren, bevor er sein Heimatnetz verlässt. Wenn sich der mobile Host an ein fremdes Netzwerk anschließt, hört er das Advertisement eines Fremdagenten und registriert sich bei ihm, wobei er ihm die Adresse seines Heimatagenten mitteilt. Der Fremdagent kontaktiert dann den Heimatagent und übergibt ihm eine *c/o-Adresse* (care-of address). Das ist normalerweise die IP-Adresse des Fremdagenten.

An diesem Punkt können wir sehen, dass ein Host, wenn er ein Paket an den mobilen Host senden möchte, als Zieladresse die Heimatadresse dieses Knotens verwendet. Durch die normale IP-Weiterleitung wird veranlasst, dass das Paket beim Heimatnetz des mobilen Knotens ankommt, in dem der Heimatagent sitzt. Wir können die Aufgabe der Übertragung des Pakets an den mobilen Knoten also in drei Teile aufgliedern:

1. Wie fängt der Heimatagent ein Paket ab, das an den mobilen Knoten gerichtet ist?
2. Wie kann der Heimatagent das Paket beim Fremdagenten ausliefern?
3. Wie kann der Fremdagent das Paket beim mobilen Knoten ausliefern?

Das erste Problem sieht einfach aus, wenn man nur Abb. 4.23 betrachtet. Bei diesem Beispiel ist der Heimatagent natürlich der einzige Weg zwischen dem sendenden Host und dem Heimatnetz, und empfängt folglich Pakete, die an den mobilen Knoten gerichtet sind. Was aber, wenn sich der sendende Knoten in Netzwerk 10 befände oder an Netzwerk 10 ein anderer Router angeschlossen wäre, der versucht, das Paket zu übertragen, ohne es durch den Heimatagenten zu schleusen? Um dieses Problem zu lösen, registriert der Heimatagent den mobilen Knoten mit Hilfe einer Technik, die als »Proxy-ARP« bezeichnet wird. Dies funktioniert wie das in

Abschnitt 4.1.5 beschriebene ARP, außer dass der Heimatagent die IP-Adresse des mobilen Knotens statt seiner eigenen in die ARP-Nachrichten einfügt. Er benutzt seine eigene Hardwareadresse, sodass alle Knoten im gleichen Netzwerk lernen, die Hardwareadresse des Heimatagenten mit der IP-Adresse des mobilen Knotens zu assoziieren. Eine Feinheit ist bei diesem Prozess, dass ARP-Informationen möglicherweise in anderen Knoten im Netzwerk zwischengespeichert werden. Um sicherzustellen, dass diese Caches rechtzeitig für ungültig erklärt werden, gibt der Heimatagent eine ARP-Nachricht aus, sobald sich der mobile Knoten bei einem Fremdagenten anmeldet. Da die ARP-Nachricht keine Antwort auf eine normale ARP-Anfrage ist, wird sie »Gratuitous ARP« genannt.

Das zweite Problem ist die Übertragung des abgefangenen Pakets an den Fremdagenten. Hier verwenden wir die in Abschnitt 4.1.8 beschriebene Tunneltechnik. Der Heimatagent »wickelt« das Paket einfach in einen IP-Header ein, der an den Fremdagenten adressiert ist, und überträgt es im Internetwork. Alle dazwischenliegenden Router sehen lediglich ein IP-Paket mit der IP-Adresse des Fremdagenten. Aus einer anderen Perspektive könnte man auch sagen, es wird ein IP-Tunnel zwischen dem Heimat- und dem Fremdagenten aufgebaut, und der Heimatagent schleust die an den mobilen Knoten gerichteten Pakete in diesen Tunnel.

Kommt ein Paket schließlich beim Fremdagenten an, entfernt dieser den zusätzlichen IP-Header und findet darin ein IP-Paket vor, das an den mobilen Knoten gerichtet ist. Selbstverständlich kann der Fremdagent dieses Paket nicht wie jedes andere IP-Paket behandeln, weil dies verursachen würde, dass es an das Heimatnetz zurückgeschickt wird. Er muss vielmehr die Adresse als diejenige eines registrierten mobilen Knotens erkennen. Dann überträgt er das Paket an die Hardwareadresse des mobilen Knotens (z.B. seine Ethernet-Adresse), die er im Rahmen des Registrierungsprozesses gelernt hat.

An diesen Prozeduren ist zu beachten, dass sich Fremdagent und mobiler Knoten in der gleichen »Box« befinden können. Das heißt, ein mobiler Knoten kann auch selbst die Funktion des Fremdagenten ausüben. Damit dies funktioniert, muss der mobile Knoten allerdings in der Lage sein, eine IP-Adresse, die sich im Adressraum des fremden Netzwerks befindet, dynamisch zu erwerben. Diese wird dann als *vorübergehende* Adresse (wie »c/o« bei der Post) benutzt. Bei unserem Beispiel müsste das eine Adresse mit der Netzwerknummer 12 sein. Wir haben bereits eine Möglichkeit gesehen, bei der ein Host eine korrekte IP-Adresse mit Hilfe von DHCP (Abschnitt 4.1.6) dynamisch erwerben kann. Diese Methode hat den Vorteil, dass sich mobile Knoten an Netzwerke anschließen können, die über keine Fremdagenten verfügen. Folglich genügt die Erweiterung des mobilen Knotens um neue Software und die Einführung eines Heimatagenten, um Mobilität zu erzielen (unter der Voraussetzung, dass DHCP im fremden Netzwerk eingesetzt wird).

Was passiert nun aber mit dem Verkehr in die Gegenrichtung (also vom mobilen zum festen Knoten)? Dies erweist sich als viel einfacher. Der mobile Knoten setzt einfach die IP-Adresse des festen Knotens in das Zielfeld seiner IP-Pakete und seine permanente Adresse in das Quellfeld, und schon werden die Pakete unter Einsatz der normalen Methoden an den festen Knoten weitergeleitet. Selbstverständlich werden die oben beschriebenen Prozeduren in jeder Richtung benutzt, wenn beide kommunizierenden Knoten mobil sind.

Routenoptimierung im mobilen IP

Die obige Methode weist einen entscheidenden Nachteil auf, der den Benutzern von Handys vertraut sein dürfte. Die Route vom sendenden zum mobilen Knoten kann äußerst suboptimal sein. Ein extremes Beispiel wäre, wenn sich mobiler und sendender Knoten im gleichen Netzwerk befinden, das Heimatnetz des mobilen Knotens aber auf der »entgegengesetzten Seite« des Internet liegt. Der sendende Knoten adressiert alle Pakete an das Heimatnetz. Sie überqueren das Internet zum Heimatagenten, der sie seinerseits im Tunnel durch das Internet zurückschleust, um den Fremdagenten zu erreichen. Selbstverständlich wäre es gut, wenn der sendende Knoten feststellen könnte, dass sich der mobile Knoten tatsächlich im gleichen Netzwerk befindet und das Paket direkt zustellen würde. Generell ist das Ziel, Pakete so direkt wie möglich vom sendenden zum mobilen Knoten zu übermitteln, ohne einen Heimatagenten passieren zu müssen. Das bezeichnet man auch als das »Triangle-Routing-Problem«, weil der Weg vom Sender zum mobilen Knoten über den Heimatagenten zwei Seiten eines Dreiecks darstellt, während der direkte Weg auf der dritten Seite entlang führen würde.

Die Lösung für das Triangle-Routing-Problem basiert darauf, dass man dem sendenden Knoten die c/o-Adresse des mobilen Knotens bekanntgibt. Der sendende Knoten kann dann seinen eigenen Tunnel zum Fremdagenten aufbauen. Das gilt als Optimierung des oben beschriebenen Prozesses. Wurde der Sender mit der nötigen Software ausgestattet, um die c/o-Adresse lernen und seinen eigenen Tunnel aufbauen zu können, lässt sich die Route optimieren. Andernfalls folgen die Pakete einfach der schlechten Route.

Sieht ein Heimatagent ein Paket, das an einen der von ihm unterstützten Knoten gerichtet ist, kann er daraus ableiten, dass der Sender nicht die optimale Route benutzt. Deshalb schickt er eine »Binding-Update«-Nachricht an die Quelle zurück. Außerdem leitet er das Datenpaket an den Fremdagenten weiter. Soweit möglich, benutzt die Quelle dieses Binding-Update, um einen Eintrag in einem »Binding-Cache« zu erstellen, der eine Liste mit Abbildungen von mobilen Knotenadressen auf c/o-Adressen enthält. Bei der nächsten Übertragung eines Datenpakets von dieser Quelle an den gleichen mobilen Knoten findet sie das Binding im Cache vor und kann das Paket direkt zum Fremdagenten schicken.

Diese Methode weist ein offensichtliches Problem auf: Der Binding-Cache kann inkonsistent werden, wenn sich der mobile Host in ein neues Netzwerk begibt. Wird der überholte Cache-Eintrag benutzt, empfängt der Fremdagent Pakete für einen mobilen Knoten, der nicht mehr in seinem Netzwerk registriert ist. In diesem Fall sendet er eine »Binding-Warning«-Nachricht an den Sender zurück und weist ihn an, diesen Cache-Eintrag nicht mehr zu benutzen. Diese Methode funktioniert aber nur, falls der Fremdagent nicht selbst der mobile Knoten ist. Aus diesem Grund müssen Cache-Einträge nach einer gewissen Zeit gelöscht werden. Die genaue Dauer wird in der Binding-Update-Nachricht vorgegeben.

Mobiles Routing ist mit einigen interessanten Herausforderungen in Bezug auf Sicherheit behaftet. Will ein Angreifer beispielsweise die an einen anderen Knoten in einem Internetwork adressierten Pakete abfangen, kann er den Heimatagenten dieses Knotens kontaktieren und sich als dessen neuer Fremdagent ausgeben. Dadurch wird klar, dass Authentifikationsmechanismen erforderlich sind. Solche Mechanismen werden in Kapitel 8 erklärt.

Schließlich stellen wir bei der mobilen Vernetzung viele offene Fragen fest. Die Sicherheits- und Leistungsaspekte von mobilen Netzwerken könnten beispielsweise erfordern, dass Routing-Algorithmen mehrere Faktoren berücksichtigen, wenn sie eine Route für einen mobilen Host ermitteln. Es kann z.B. wünschenswert sein, eine Route zu finden, die nicht durch ein bestimmtes, nicht vertrauenswürdiges Netzwerk führt. Außerdem besteht das Problem mobiler »ad-hoc«-Netzwerke, die es einer Gruppe mobiler Knoten erlauben, auch ohne fester Knoten ein Netzwerk zu bilden. Dies sind Bereiche aktiver Forschung.

4.3 Das globale Internet

Bis hierher haben wir gesehen, wie heterogene Netzwerke zu einem Internetwork zusammengeschlossen werden, und wie die einfache Hierarchie von IP-Adressen benutzt wird, um ein Internetwork relativ skalierbar auszulegen. Wir sagen »relativ« skalierbar, weil die einzelnen Router zwar nichts über alle an das Internetwork angeschlossenen Hosts, bei dem bisher beschriebenen Modell aber alles über die an das Internetwork angeschlossenen Netzwerke wissen müssen. An das Internet sind heute Tausende von Netzwerken angeschlossen. Routing-Protokolle wie die eben behandelten skalieren nicht in dieser Größenordnung. In diesem Abschnitt werden einige Techniken beschrieben, durch die sich die Skalierbarkeit beträchtlich steigern lässt, und durch die das Internet seine derzeitigen Dimensionen annehmen konnte.

Bevor wir uns diesen Techniken zuwenden, benötigen wir ein allgemeines Bild dessen, wie das globale Internet aussieht. Es besteht nicht nur aus zufällig verbundenen Ethernet-Netzen, sondern hat eine Form, welche die Tatsache widerspiegelt, dass es viele verschiedene Organisationen verbindet. Abb. 4.24 bietet einen Überblick über den Zustand des Internet im Jahr 1990. Seither ist seine Topologie weit komplexer geworden als diese Abbildung suggeriert. Abschnitt 4.3.3 und Abb. 4.29 bieten ein genaueres Bild des heutigen Internet. Vorläufig genügt uns aber dieser grundlegende Überblick.

Eines der herausragenden Merkmale dieser Topologie ist, dass sie sich aus »Endbenutzerstandorten« (z.B. Stanford-Universität) zusammensetzt, die an »Service-Provider«-Netzwerke angeschlossen sind (z.B. war BARRNET ein Provider-Netz, das die Bay-Area um San Francisco bediente). 1990 bedienten viele Provider einen begrenzten geografischen Bereich und galten damit als regionale Netzwerke. Die regionalen Netzwerke waren ihrerseits über einen landesweiten Backbone verbunden. 1990 wurde dieser Backbone noch von der National Science Foundation (NSF) gefördert und deshalb »NSFNET-Backbone« genannt. Aus dieser Abbildung geht nicht hervor, dass diese Provider-Netze vorwiegend aus einer großen Zahl von

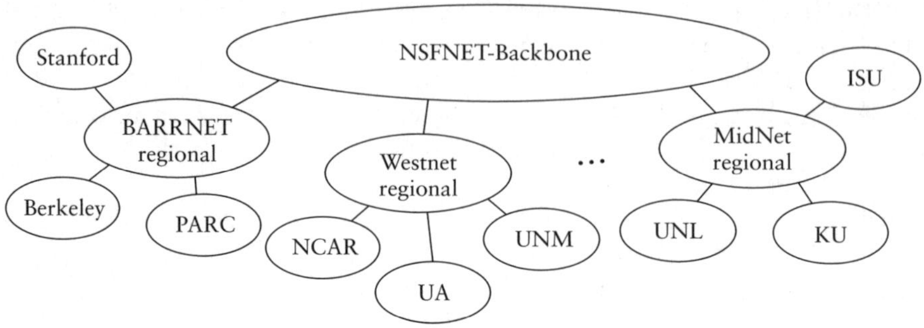

Abb. 4.24: Die Baumstruktur des Internet 1990

Punkt-zu-Punkt-Leitungen (z.B. DS-3 oder OC-3) bestanden, die an Router angeschlossen waren. Des weiteren waren die einzelnen Endbenutzerstandorte in der Regel nicht an ein einziges Netzwerk angeschlossen, sondern bestanden aus mehreren physikalischen, über Router und Bridges verbundenen Netzwerken.

Man beachte in Abb. 4.24, dass jeder Provider und Endbenutzer eine verwaltungstechnisch unabhängige Instanz war. Dies hat für das Routing einige wichtige Auswirkungen. Beispielsweise haben die verschiedenen Provider höchstwahrscheinlich unterschiedliche Vorstellungen vom besten Routing-Protokoll für ihre Netzwerke und von der Zuweisung von Metriken für Verbindungsleitungen. Aufgrund dieser Unabhängigkeit ist das Netzwerk jedes Providers gewöhnlich ein einzelnes *autonomes System* (AS). Dieser Begriff wird in Abschnitt 4.3.3 genau definiert. Vorläufig genügt es, sich ein AS als ein Netzwerk vorzustellen, das unabhängig von anderen AS verwaltet wird.

Die Tatsache, dass das Internet eine erkennbare Struktur hat, lässt sich zu unserem Vorteil nutzen, wenn wir das Problem der Skalierbarkeit angehen. Tatsächlich müssen wir uns mit zwei zusammenhängenden Skalierungsfragen beschäftigen. Die erste ist die Skalierbarkeit des Routing. Wir müssen Möglichkeiten finden, um die Anzahl der Netzwerknummern, die in Routing-Protokollen versendet und in den Routing-Tabellen von Routern gespeichert werden, zu minimieren. Zweitens die Verwendung von Adressen: Wir müssen sicherstellen, dass der IP-Adressraum nicht zu schnell aufgebraucht wird.

Im gesamten Verlauf dieses Abschnitts wird das Prinzip der Hierarchiebildung immer wieder aufgegriffen, um die Skalierbarkeit zu verbessern. Wir beginnen mit Subnetting, mit dem vorwiegend die Benutzung des Adressraums optimiert wird. Anschließend führen wir klassenloses Routing (oder auch Supernetting) ein, welches sowohl die Adressverwendung als auch die Routing-Skalierbarkeit verbessert. Dann betrachten wir noch, wie Hierarchiebildung die Skalierbarkeit des Routing sowohl auf Internet-Domain- als auch Intra-Domain-Basis verbessert. Im letzten Unterabschnitt werden neue Standards für die IP-Version 6 betrachtet. Dabei handelt es sich um die künftige Version von IP, die größtenteils auf Grund offener Skalierbarkeitsfragen entstand.

4.3.1 Subnetting

Mit IP-Adressen wurde ursprünglich beabsichtigt, durch den Netzwerkteil ein physikalisches Netzwerk eindeutig zu identifizieren. Es hat sich herausgestellt, dass dieser Ansatz eine Reihe von Nachteilen birgt. Man stelle sich einen großen Campus vor, der viele interne Netzwerke hat und sich entschließt, sich ans Internet anzuschließen. Ungeachtet der Größe würde der Standort für jedes Netzwerk mindestens eine Netzadresse der Klasse C benötigen. Schlimmer noch: für jedes Netzwerk mit mehr als 255 Hosts wäre eine Adresse der Klasse B nötig. Dies mag nicht als großes Problem erscheinen, und war es bei der Entstehung des Internet auch nicht. Die Netzwerknummern sind aber begrenzt und es gibt weit weniger Adressen der Klasse B als C. Adressen der Klasse B sind besonders gefragt, weil man oft nicht wissen kann, ob ein Netzwerk auf mehr als 255 Knoten anwächst. Deshalb ist es oft besser, gleich von Anfang an Adressen der Klasse B zu verwenden, als später, wenn die Adressen eines Netzwerks der Klasse C ausgehen, alle Hosts neu numerieren zu müssen. Wir stellen hier eine Ineffizienz der Adresszuweisung fest: Ein Netzwerk mit zwei Knoten benutzt die Adressen einer gesamten Klasse C und vergeudet dabei 253 Adressen. Ein Netzwerk der Klasse B mit knapp über 255 Hosts verschwendet über 64.000 Adressen.

Bei der Vergabe einer Netzwerknummer pro physikalischem Netzwerk wird folglich der IP-Adressraum viel schneller als nötig aufgebraucht. Wir müssten über 4 Milliarden Hosts anschließen, um alle gültigen Adressen zu belegen, aber nur 2^{14} (ca. 16.000) Netzwerke der Klasse B, um diesen Teil des Adressraums aufzubrauchen. Deshalb muss man eine Möglichkeit finden, die Netzwerknummern effizienter zu nutzen.

Die Zuweisung vieler Netzwerknummern hat einen weiteren Nachteil, der sich offenbart, wenn man sich mit Routing befasst. Wir wissen, dass der Umfang der gespeicherten Zustände in einem Router, der an einem Routing-Protokoll teilnimmt, proportional zur Anzahl anderer Knoten ist, und dass Routing in einem Internetwork aus dem Aufbauen von Weiterleitungstabellen besteht, die einem Router mitteilen, wie er verschiedene Netzwerke erreichen kann. Je mehr Netzwerknummern in Gebrauch sind, um so größer werden natürlich die Weiterleitungstabellen. Große Weiterleitungstabellen erhöhen die Kosten von Routern. Sie sind im Vergleich zu kleineren Tabellen auch weniger effizient zu durchsuchen. Folglich sinkt auch die Leistung der Router. Dies ist ein weiterer Anlass für die sorgfältige Zuweisung von Netzwerknummern.

Subnetting bietet eine elegante einfache Möglichkeit, die Gesamtzahl der zuzuweisenden Netzwerknummern zu reduzieren. Bei dem zu Grunde liegenden Konzept wird eine einzelne IP-Netzwerknummer verwendet. Die IP-Adressen mit dieser Netzwerknummer werden mehreren physikalischen Netzwerken zugeteilt, die dann *Subnetze* (Subnets) genannt werden. Damit dies funktioniert, sind mehrere Faktoren zu beachten. Erstens sollten die Subnetze möglichst nahe beieinander liegen. Das liegt daran, dass sie an einem entfernten Punkt im Internet wie ein einziges Netzwerk aussehen, weil sie alle die gleiche Netzwerknummer haben. Dies bedeutet, dass ein Router alle diese Subnetze durch eine einzige Netzwerknummer repräsentiert. Deshalb sollten sie vorzugsweise generell in der gleichen »Richtung« liegen. Eine perfekter Anwendungsbereich für Subnetting ist ein großer Campus oder ein Großunternehmen, das über viele physikalische Netzwerke verfügt. Von außerhalb des Unternehmens muss man nur wissen, wo das Unternehmen an den Rest des Internet angeschlossen ist, um eines seiner Subnetze zu erreichen. Das ist oft ein einzelner Punkt. Deshalb genügt ein Eintrag in der Weiterleitungstabelle. Doch auch wenn das Unternehmen über mehrere Punkte an das Internet angeschlossen ist, genügt es oft, einen davon zu erreichen.

Der Mechanismus, durch den eine einzige Netzwerknummer von mehreren Netzwerken gemeinsam benutzt werden kann, umfasst die Konfiguration aller Knoten in jedem Subnetz mit einer *Subnetzmaske*. Bei einfachen IP-Adressen müssen alle Hosts im gleichen Netzwerk die gleiche Netzwerknummer haben. Die Subnetzmaske ermöglicht es uns, eine *Subnetznummer* einzuführen. Alle Hosts im gleichen physikalischen Netzwerk erhalten die gleiche Subnetznummer, was bedeutet, dass Hosts aus verschiedenen physikalischen Netzwerken trotzdem die gleiche Netzwerknummer haben können.

Was die Subnetzmaske tatsächlich bewirkt, ist die Einführung einer weiteren Hierarchieebene in die IP-Adresse. Angenommen, wir möchten eine einzige Adresse der Klasse B für mehrere physikalische Netzwerke verwenden. Wir könnten die Subnetzmaske 255.255.255.0 verwenden. (Subnetzmasken werden im gleichen Format wie IP-Adressen geschrieben. Diese Maske besteht daher aus Einsen in den oberen 24 Bit und Nullen in den unteren 8 Bit.) Das bedeutet, dass die oberen 24 Bit (in denen die Maske nur Einsen hat) jetzt als Netzwerknummer und die unteren 8 Bit (in denen die Maske Nullen hat) als Host-Nummer definiert werden. Da die oberen 16 Bit das Netzwerk als Klasse B identifizieren, besteht die Adresse nicht aus zwei, sondern drei Teilen: einem Netzwerk-, einem Subnetz- und einem Host-Teil. Wir haben also den eigentlichen Host-Teil in einen Subnetz- und einen Host-Teil aufgespalten (siehe Abb. 4.25).

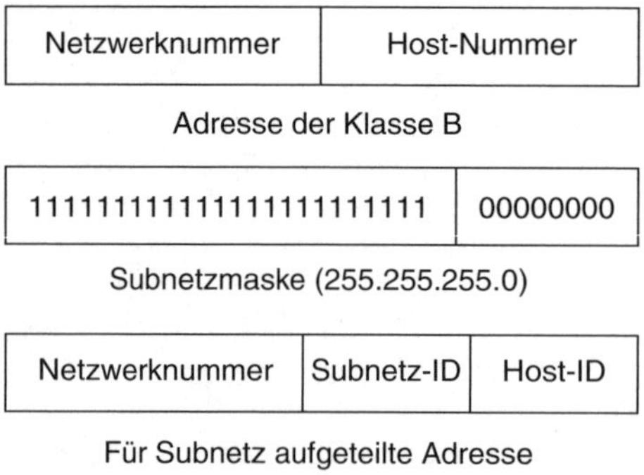

Abb. 4.25:
Adressierung von Subnetzen

Subnetting bedeutet für einen Host, dass er mit einer IP-Adresse und einer Subnetzmaske für das Subnetz, an das er angeschlossen ist, konfiguriert wird. Host H1 in Abb. 4.26 wurde z.B. mit der Adresse 128.96.34.15 und der Subnetzmaske

255.255.255.128 konfiguriert. (Alle Hosts in einem bestimmten Subnetz werden mit der gleichen Maske definiert, d.h. es gibt genau eine Subnetzmaske pro Subnetz.) Das bitweise AND dieser beiden Nummern definiert die Subnetznummer dieses und aller übrigen Hosts im gleichen Subnetz. In diesem Fall ist 128.96.34.15 AND 255.255.255.128 gleich 128.96.34.0; das ist die Subnetznummer für das oberste Subnetz in der Abbildung.

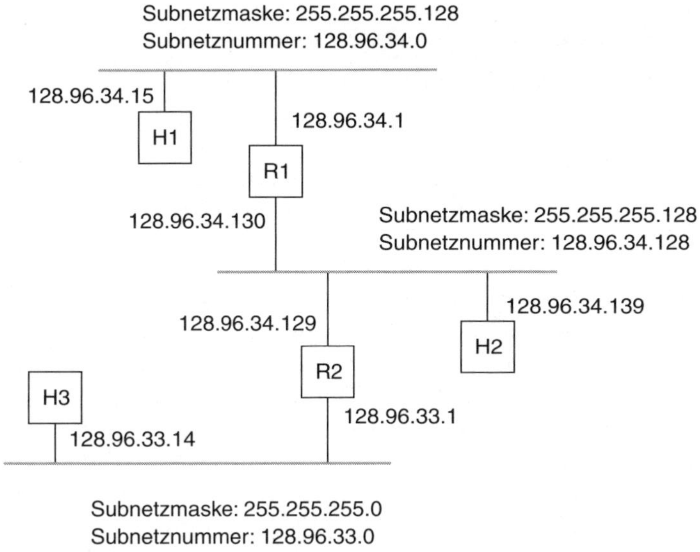

Abb. 4.26: Beispiel der Unterteilung in Subnetze

Möchte der Host ein Paket an eine bestimmte IP-Adresse senden, führt er als erstes ein bitweises AND zwischen seiner eigenen Subnetzmaske und der IP-Adresse des Ziels durch. Stimmt das Ergebnis mit der Subnetznummer des sendenden Hosts überein, weiß dieser, dass der Ziel-Host am gleichen Subnetz angeschlossen ist und das Paket direkt über das Subnetz übertragen werden kann. Ist das Ergebnis nicht gleich, muss das Paket an einen Router gesendet werden, der es an ein anderes Subnetz weiterleitet. Überträgt H1 beispielsweise an H2, führt H1 ein bitweises AND zwischen seiner Subnetzmaske (255.255.255.128) und der Adresse von H2 (128.96.34.139) durch und erhält 128.96.34.128. Dieses Ergebnis stimmt nicht mit der Subnetznummer von H1 (128.96.34.0) überein. Folglich weiß H1, dass sich H2 an einem anderen Subnetz befindet. Da H1 das Paket nicht direkt über das Subnetz an H2 senden kann, übermittelt er es an seinen Default-Router R1.

Man beachte, dass ARP von der Änderung in der Adressstruktur größtenteils unbeeinflusst bleibt. Hat ein Host oder Router herausgefunden, welcher Knoten seines Netzwerks ein Paket erhalten soll, führt er ARP aus, um die MAC-Adresse dieses Knotens zu ermitteln.

Bei der Aufteilung in Subnetze ändert sich auch die Aufgabe eines Routers. Wir wissen, dass ein Router beim einfachen IP über eine Weiterleitungstabelle verfügt, die sich aus Einträgen im Format <Netzwerknummer, NächsterHop> zusammensetzt. Für die Unterstützung von Subnetting muss die Tabelle nun Einträge im Format <Subnetznummer, Subnetzmaske, NächsterHop> enthalten. Um den richtigen Eintrag in der Tabelle zu finden, führt der Router ein AND zwischen der Zieladresse des Pakets und der Subnetzmaske jedes Eintrags nacheinander durch. Stimmt das Ergebnis mit der Subnetznummer eines Eintrags überein, ist dies der zu verwendende Eintrag, und er leitet das Paket an den dadurch bezeichneten Router weiter. Bei dem Beispielnetz in Abb. 4.26 verfügt Router R1 über die in Tabelle 4.10 aufgeführten Einträge.

Subnetznummer	Subnetzmaske	NächsterHop
128.96.34.0	255.255.255.128	Interface 0
128.96.34.128	255.255.255.128	Interface 1
128.96.33.0	255.255.255.0	R2

Tabelle 4.10: Weiterleitungstabelle für die Unterteilung in Subnetze von Abb. 4.26

Wenn wir mit dem Beispiel eines Datagramms von H1 an H2 fortfahren, würde R1 ein AND zwischen der Adresse von H2 (128.96.34.139) und der Subnetzmaske des ersten Eintrags (255.255.255.128) durchführen und das Ergebnis (128.96.34.128) mit der Netzwerknummer dieses Eintrags (128.96.34.0) vergleichen. Da die beiden Werte nicht übereinstimmen, fährt er mit dem nächsten Eintrag fort. Diesmal findet er einen Treffer. R1 sendet das Datagramm also über Interface 1 an H2, weil es mit dem gleichen Netzwerk wie H2 verbunden ist.

Wir können jetzt den Weiterleitungsalgorithmus für Datagramme wie folgt beschreiben:

```
D = IP-Adresse des Ziels
für jeden Eintrag <Subnetznummer, Subnetzmaske, NächsterHop>
in der Routing-Tabelle
    D1 = Subnetzmaske & D
    Falls D1 = Subnetznummer
        Falls  NächsterHop ist Interface
            sende Datagramm direkt ans Ziel
        sonst
            sende Datagramm an NächsterHop (ein Router)
```

In diesem Beispiel ist nicht dargestellt, dass normalerweise auch ein Default-Router in die Tabelle eingetragen und benutzt wird, wenn keine Übereinstimmungen vorgefunden werden. Nebenbei bemerkt, wäre die naive Implementierung dieses Algorithmus nicht sehr effizient, bei der man ständig die Zieladresse mittels AND mit einer Subnetzmaske vergleicht, die nicht unbedingt jedes Mal anders ist, und eine lineare Tabellensuche durchführt.

Ein paar Feinheiten über Subnetting sind an dieser Stelle angebracht. Wir haben bei der obigen Beispielmaske von 255.255.255.128 (25 Einsen, gefolgt von 7 Nullen) bereits gesehen, dass die Subnetzmaske nicht unbedingt an einer Byte-Grenze ausgerichtet sein muss. Noch verwirrender ist, dass eine Subnetzmaske nicht notwendigerweise aus einem zusammenhängenden Block von Einsen bestehen muss. Es wäre z.B. auch möglich, die Subnetzmaske 255.255.1.0 zu verwenden. Trotzdem sollten alle oben beschrieben Mechanismen funktionieren. Man kann sich jetzt aber nicht mehr einen zusammenhängenden Teil der IP-Adresse ansehen und sagen, »Das ist die Subnetznummer.« Dadurch erschwert sich die Verwaltung. Außerdem schlägt dies möglicherweise bei Implementierungen fehl, die davon ausgehen, dass niemand nicht zusammenhängende Masken benutzt. Deshalb wird diese Vorgehensweise in der Praxis nicht empfohlen.

Wir können auch mehrere Subnetze in einem einzigen physikalischen Netzwerk konfigurieren. Dies hätte zur Wirkung, dass Hosts im gleichen Netzwerk gezwungen sind, über einen Router miteinander zu kommunizieren. Dies kann aus verwaltungstechnischer Sicht nützlich sein, beispielsweise, um eine Trennung zwischen verschiedenen Abteilungen, die das gleiche LAN benutzen, zu bewirken.

Ein dritter Punkt ist, dass verschiedene Teile des Internetworks die Welt völlig anders sehen. Von außerhalb unseres hypothetischen Campus sehen Router ein einziges Netzwerk. Bei dem obigen Beispiel sehen die Router außerhalb des Campus alle Netze von Abb. 4.26 insgesamt nur als Netzwerk 128.96. Sie führen nur einen Eintrag in ihrer Weiterleitungstabelle, der Auskunft darüber gibt, wie sie dieses Netzwerk erreichen. Router innerhalb des Unternehmens müssen jedoch in der Lage sein, Pakete an das richtige Subnetz weiterzuleiten. Folglich verfügen nicht alle Teile des Internetworks über die gleichen Routing-Informationen. Im nächsten Abschnitt wird betrachtet, wie Routing-Informationen im Internet verbreitet werden.

▶ Wir schließen daraus, dass Subnetting hilft, Skalierbarkeitsprobleme in zwei Richtungen zu lösen. Erstens verbessert es die Effizienz der Adresszuweisung dadurch, dass man nicht jedes Mal eine ganze Adresse der Klasse C oder B aufbraucht, wenn man ein neues physikalisches Netzwerk anschließt. Zweitens ist es bei der Aggregation von Informationen nützlich. Aus angemessener Entfernung kann man eine komplexe Sammlung physikalischer Netzwerke wie ein einziges Netzwerk aussehen lassen, sodass sich die in den Routern zu speichernde Informationsmenge, um diesen Netzwerken Datagramme übermitteln zu können, reduzieren lässt.

4.3.2 Klassenloses Routing (CIDR)

Das Classless Interdomain Routing (CIDR, sprich »Cider«; Englisch für »Apfelwein«) ist eine Technik, die zwei Skalierungsaspekte im Internet aufgreift: das Anwachsen der Routing-Tabellen in Backbones im Zuge einer zunehmenden Anzahl von Netzwerknummern und die Gefahr, dass sich der 32-Bit-IP-Adressraum erschöpft, lange bevor der viermilliardste Host an das Internet angeschlossen wird. Wir haben das Problem, das zum völligen Aufbrauchen dieses Adressraums führen kann, bereits erwähnt: ineffiziente Adresszuweisung. Die Ineffizienz entsteht durch die IP-Adressstruktur mit Adressen der Klassen A, B und C, weil sie uns zwingt, den Adressraum in festen Anteilen dreier sehr unterschiedlicher Größen zu vergeben. Ein Netzwerk mit zwei Hosts braucht eine Adresse der Klasse C, was bei der Adresszuweisung eine Effizienz von 2/255 = 0,78% ergibt. Ein Netzwerk mit 256 Hosts braucht eine Adresse der Klasse B, was eine Effizienz von nur 256/65.535 = 0,39% ergibt. Subnetting hilft uns zwar bei der sorgfältigen Zuweisung von Adressen, kann aber die Tatsache, dass jedes autonome System mit mehr als 255 Hosts oder eines, das erwartungsgemäß künftig diesen Bedarf hat, eine Adresse der Klasse B benötigt, auch nicht abwenden.

Es hat sich gezeigt, dass der Verbrauch des IP-Adressraums hauptsächlich mit dem der Netzwerknummern der Klasse B zusammenhängt. Eine mögliche Lösung wäre es, jede Anforderung eines AS nach einer Adresse der Klasse B abzulehnen, falls kein Bedarf für nahezu 64K Adressen nachgewiesen wird, und stattdessen eine entsprechende Anzahl von Klasse C-Adressen zuzuteilen, um die erwartete Anzahl an Hosts abzudecken. Da wir dabei Adressraum in Anteilen von je 256 Adressen vergeben würden, könnten wir den Umfang an verbrauchtem Adressraum besser an die Größe des AS anpassen. Für jedes AS mit mindestens 256 Hosts (was dem Großteil aller AS entspricht) könnte man eine Adressauslastung von mindestens 50% garantieren, üblicherweise noch weit darüber.

Diese Lösung wirft allerdings ein anderes, nicht minder kritisches Problem auf: übermäßiger Speicherbedarf in den Routern. Hat ein einzelnes AS z.B. 16 Netzwerknummern der Klasse C, heißt das, dass jeder Backbone-Router im Internet für dieses AS 16 Einträge in seiner Routing-Tabelle aufnehmen muss. Das trifft sogar dann zu, wenn der Weg zu jedem einzelnen dieser Netzwerke gleich ist. Würden wir dem AS eine Adresse der Klasse B zuweisen, könnten die gleichen Routing-Informationen in einem einzigen Tabelleneintrag gespeichert werden. Die Adresszuweisung hätte dann aber eine Effizienz von nur 16 × 255/65.536 = 6,2%.

Mit CIDR wird versucht, die nötige Minimierung der Anzahl von Routen, die ein Router kennen muss, mit der möglichst effizienten Vergabe von Adressen in Einklang zu bringen. Konkret lassen sich mit CIDR Routen *aggregieren*. Man kann also mit einem einzigen Eintrag in einer Weiterleitungstabelle festlegen, wie viele verschiedene Netzwerke erreicht werden können. Aus der Bezeichnung lässt sich bereits ableiten, dass dies dadurch geschieht, dass man die engen Grenzen zwischen den Adressklassen aufbricht. Um zu verstehen, wie das funktioniert, betrachte man unser hypothetisches AS mit 16 Netzwerknummern der Klasse C. Statt der willkürlichen Vergabe von 16 Adressen können wir einen Block *zusammenhängender* Adressen der Klasse C vergeben. Angenommen, wir weisen die Netzwerknummern der C-Klasse aus 192.4.16 bis 192.4.31 zu. Man beachte, dass die oberen 20 Bit aller Adressen in diesem Bereich gleich sind (11000000 00000100 0001). Wir haben also effektiv eine 20-Bit-Netzwerknummer erzeugt. Hinsichtlich der Anzahl von Hosts, die sich damit unterstützen lassen, liegen wir damit zwischen einer Netzwerknummer der Klasse B und einer der Klasse C. Anders ausgedrückt: Wir erzielen sowohl hohe Effizienz bei der blockweisen Vergabe von Adressen für 256 Knoten und erhalten ein einziges Netzwerkpräfix, das in den Weiterleitungstabellen benutzt werden kann. Damit diese Methode funktioniert, müssen wir Adressen der Klasse C allerdings in Blöcken mit einem gemeinsamen Präfix ausgeben, was bedeutet, dass jeder Block eine Anzahl von Klasse-C-Netzwerken enthalten muss, die eine Potenz von Zwei ist.

Um durch CIDR unsere Probleme zu lösen, brauchen wir nur noch ein Routing-Protokoll, das mit diesen »klassenlosen« Adressen zurechtkommt. Das heißt, es muss verstehen, dass eine Netzwerknummer eine beliebige Länge haben kann. Über genau dieses Wissen verfügen moderne Routing-Protokolle (wie das weiter unten beschriebene BGP-4). Die bei einem solchen Routing-Protokoll verwendeten Netzwerknummern werden einfach durch Paare von <Länge, Wert> angibt, wobei Länge die Anzahl von Bits im Netzwerkpräfix (im obigen Beispiel 20) darstellt. Diese Art der Darstellung einer Netzadresse ist vergleichbar mit der beim Subnetting benutzten Methode mit <Maske, Wert>, solange die Masken ab dem werthöchsten Bit aus zusammenhängenden Bits bestehen. Man beachte auch, dass wir Subnetting benutzt haben, um eine Adresse auf mehrere physikalische Netzwerke aufzuteilen, während CIDR darauf abzielt, mehrere Adressen, die man einem einzigen AS zuweisen würde, auf eine Adresse zu reduzieren. Die Ähnlichkeit der beiden Methoden zeigt sich in der ursprünglichen Bezeichnung für CIDR – Supernetting.

Die Fähigkeit, Routen auf die soeben aufgezeigte Art zu aggregieren, ist allerdings erst der erste Schritt. Man stelle sich das Netzwerk eines Internet-Service-Providers vor, dessen primäre Aufgabe es ist, Internet-Anschluss für viele Unternehmen und Campusse bereitzustellen. Würde man den Unternehmen Netzwerknummern so zuweisen, dass alle an das Provider-Netzwerk angeschlossenen Unternehmen ein gemeinsames Adresspräfix haben, könnte man eine noch größere Aggregation von Routen erzielen. Man betrachte das Beispiel in Abb. 4.27. Den beiden vom Provider-Netzwerk bedienten Unternehmen wurden angrenzende 20-Bit-Netzpräfixe zugewiesen. Da beide Unternehmen durch das gleiche Provider-Netzwerk erreichbar sind, kann dieses eine einzelne Route zu beiden bekanntgeben, indem es einfach das gemeinsame 19-Bit-Präfix weiterleitet. Im allgemeinen ist es möglich, Routen wiederholt zu aggregieren, falls die Adressen sorgfältig zugewiesen werden. Das bedeutet, dass wir bei dieser Methode darauf achten müssen, an welchen Provider ein Unternehmen angeschlossen ist, bevor wir eine Adresse zuweisen. Ein möglicher Ansatz ist, einen Teil des Adressraums dem Provider zuzuweisen. Dann lässt man den Netzwerk-Provider Adressen aus diesem Raum seinen Kunden zuweisen.

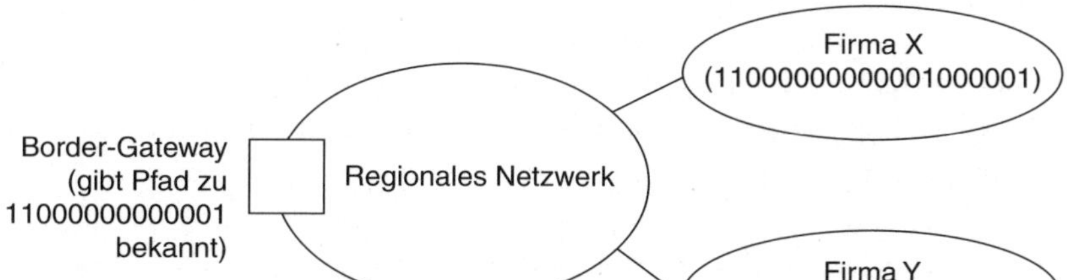

Abb. 4.27: Aggregation von Routen mit CIDR

IP-Weiterleitung im Rückblick

In der gesamten bisherigen Behandlung der IP-Weiterleitung sind wir davon ausgegangen, dass wir die Netzwerknummer in einem Paket vorfinden und diese Nummer dann in einer Weiterleitungstabelle nachschlagen. Nachdem wir nun CIDR eingeführt haben, müssen wir diese Annahme neu prüfen. CIDR bedeutet, dass Präfixe eine beliebige Länge zwischen 2 und 32 Bit haben können. Außerdem ist es gelegentlich möglich, dass sich die Präfixe in einer Weiterleitungstabelle »überlappen«, und zwar dahingehend, dass einige Adressen zu mehr als einem Präfix passen. So könnte man beispielsweise in der Weiterleitungstabelle für einen bestimmten Router 171.69 (ein 16-Bit-Präfix) und 171.69.10 (ein 24-Bit-Präfix) vorfinden. In diesem Fall stimmt ein Paket mit Ziel 171.69.10.5 natürlich mit beiden Präfixen überein. Die Regel basiert hier auf dem Prinzip der »längsten Übereinstimmung«, d.h. das Paket gehört zum längsten Präfix, in diesem Beispiel also 171.69.10. Andererseits würde ein Paket mit Ziel 171.69.20.5 auf 171.69, *nicht* aber auf 171.69.10 zutreffen. Mangels eines weiteren passenden Eintrags in der Routing-Tabelle wäre 171.69 die längste Übereinstimmung.

Die Aufgabe der effizienten Ermittlung der längsten Übereinstimmung zwischen einer IP-Adresse und den Präfixen mit variabler Länge in der Weiterleitungstabelle ist seit einigen Jahren ein ergiebiger Forschungsbereich, und in den Literaturhinweisen am Ende dieses Kapitels werden einige Referenzen genannt. Der am weitesten bekannte Algorithmus basiert auf dem so genannten PATRICIA-Baum, der lange vor CIDR entwickelt wurde.

4.3.3 Interdomain Routing (BGP)

Am Anfang dieses Abschnitts führten wir das Konzept ein, nach dem das Internet in autonomen Systemen organisiert ist, die sich jeweils unter der Kontrolle einer administrativen Instanz befinden. Das komplexe interne Netzwerk eines Unternehmens kann ein solches AS sein, ebenso wie das Netzwerk eines Internet-Service-Providers. Abb. 4.28 zeigt ein einfaches Netzwerk mit zwei autonomen Systemen.

Ihrem Grundkonzept zufolge bieten autonome Systeme eine weitere Möglichkeit für die hierarchische Aggregation von Routing-Informationen in einem großen Internetwork und verbessern damit dessen Skalierbarkeit. Wir teilen nun das Routing-Problem in zwei Teile auf: Routing innerhalb eines einzelnen autonomen Systems und zwischen autonomen Systemen. Da autonome Systeme im Internet auch Routing-*Domains* genannt werden, bezeichnen wir die beiden Teile der Routing-Aufgabe als Interdomain- und Intradomain-Routing. Zusätzlich zur Verbesserung der Skalierbarkeit koppelt das AS-Modell das Intradomain-Routing eines AS von dem eines anderen ab. Folglich kann jedes AS frei wählen, welche Protokolle es für das Intradomain-Routing ausführen möchte. Es kann sogar statische Routen oder mehrere Protokolle verwenden. Interdomain-Routing heißt dann, dass verschiedene AS Erreichbarkeitsinformationen untereinander austauschen.

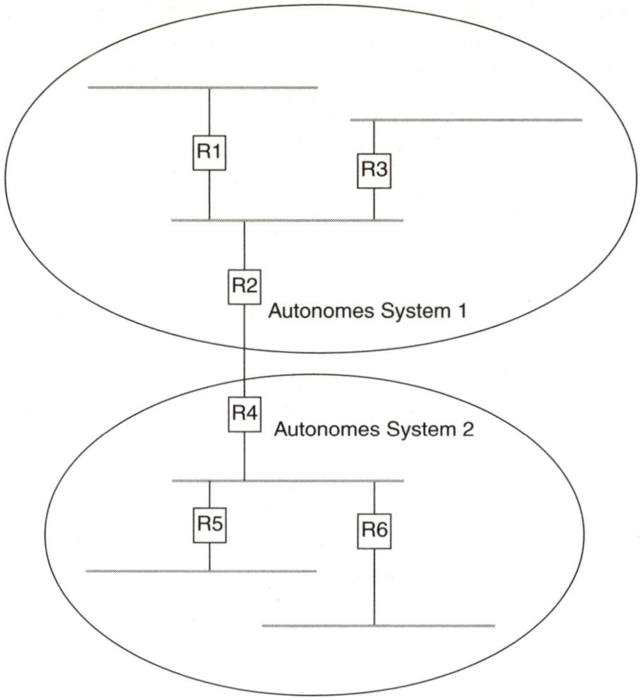

Abb. 4.28: Netzwerk mit zwei autonomen Systemen

Eines der Merkmale des Konzepts autonomer Systeme ist, dass einige AS die Möglichkeit erhalten, den Umfang der von ihnen zu verwaltenden Routing-Informationen durch Verwendung von *Default-Routen* stark zu reduzieren. Ist ein Unternehmensnetzwerk beispielsweise mit dem Rest des Internet über einen einzigen Router verbunden (den man dann normalerweise *Border-Router* nennt, weil er sich an der Grenze zwischen dem AS und dem übrigen Internet befindet), kann ein Host oder Router *innerhalb* des autonomen Systems recht einfach herausfinden, wohin er Pakete senden sollte, die an ein Ziel *außerhalb* dieses AS gerichtet sind: die Pakete fließen zuerst zum Border-Router des AS. Das ist die Default-Route. Ebenso kann ein regionaler Internet-Service-Provider verfolgen, wie die Netzwerke seiner direkt angeschlossenen Kunden erreicht werden können, und er kann eine Default-Route zu einem anderen Provider (meist einem Backbone-Provider) für alle anderen Ziele haben. Selbstverständlich muss dieses Weitergeben der Zuständigkeit an irgendeinem Punkt enden. Letztendlich wird das Paket einen Router erreichen, der an ein Backbone-Netz angeschlossen ist und weiß, wie man alle möglichen Ziele erreichen kann. Die Verwaltung der Routing-Informationen in den Backbones ist eine wichtige Frage, die unten behandelt wird.

In der jüngeren Geschichte des Internet wurden zwei wichtige Protokolle für das Interdomain-Routing eingeführt. Das erste war das »Exterior Gateway Protocol« (EGP), das eine Reihe von Einschränkungen aufwies, die sich vor allem auf die Topologie des Internet auswirkten. EGP zwang dem Internet im Grunde eine Baumtopologie auf, oder besser gesagt, es wurde entwickelt, als das Internet eine Baumtopologie aufwies (siehe Abb. 4.24). EGP ließ keine allgemeinere Topologie zu. Bei einer solchen einfachen Baumstruktur gibt es nur einen Backbone, und autonome Systeme sind nur als Eltern und Kinder, nicht aber als gleichwertige Partner verbunden.

Das EGP wurde durch das »Border Gateway Protocol« (BGP) abgelöst, das bei Drucklegung dieses Buchs in seiner vierten Version (BGP-4) existierte. BGP gilt als eher komplexes Protokoll. Die wesentlichen Merkmale des BGP werden im Folgenden beschrieben.

BGP basiert vor allen Dingen auf der Annahme, dass das Internet ein beliebiger Zusammenschluss von autonomen Systemen ist. Dieses Modell ist ausreichend allgemein, um Internetworks zu unterstützen, die keine Baumstruktur aufweisen, wie die vereinfachte Abbildung des heutigen Internet mit vielen Backbones in Abb. 4.29[6] zeigt.

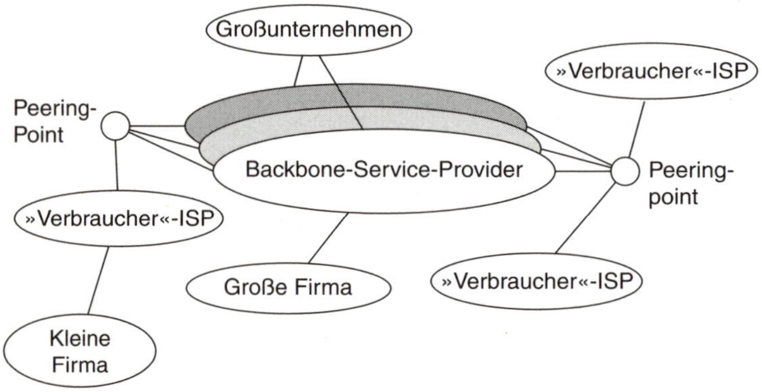

Abb. 4.29: Darstellung des heutigen Internet mit mehreren Backbones

Im Gegensatz zu dem einfachen, als Baum strukturierten Internet in Abb. 4.24 besteht das heutige Internet aus einem Zusammenschluss mehrerer Backbone-Netzwerke (die man gewöhnlich *Service-Provider-Netzwerke* nennt und die häufig von privaten Firmen und nicht mehr von staatlichen Behörden betrieben werden). Die Standorte sind beliebig miteinander verbunden. Einige Großunternehmen sind direkt an eines oder mehrere der Backbones angeschlossen, während andere an kleinere Service-Provider angeschlossen sind. Viele Service-Provider existieren hauptsächlich, um »Verbrauchern« (Privatleuten mit einem PC zu Hause) Dienste anzubieten. Diese Provider müssen sich ebenfalls an Backbone-Provider anschließen. Häufig treffen viele Provider an einem einzigen so genannten »Peering-Point« zusammen. Kurz: im heutigen Internet lässt sich nur schwerlich eine Struktur erkennen.

6. Das Internet umfasst heute mehrere Backbones (»Rückgrat«), nachdem es den größten Teil seines Lebens mit nur einem auskam. Den Autoren ist kein anderes Tier bekannt, das dieses Merkmal aufweist.

Wenn wir vor dem Hintergrund dieser groben Skizze des Internet definieren, dass *lokaler Verkehr* von Knoten innerhalb eines AS stammt oder dort endet, und *Transitverkehr* durch ein AS fließt, können wir drei AS-Typen klassifizieren:

- *Stub-AS*: Ein AS, das nur eine Verbindung zu einem anderen AS hat und nur lokalen Verkehr führt. Die kleine Firma in Abb. 4.29 ist ein Beispiel dieses AS-Typs.
- *Multihome-AS*: Ein AS, das Verbindungen zu mehr als einem anderen AS hat, sich aber weigert, Transitverkehr zu befördern. Die große Firma oben in Abb. 4.29 ist ein Beispiel dafür.
- *Transit-AS*: Ein AS, das Verbindungen zu mehr als einem anderen AS hat und dafür ausgelegt ist, sowohl Transit- als auch lokalen Verkehr zu führen, beispielsweise wie die Backbone-Provider in Abb. 4.29.

Während sich die Beschreibung von Routing in Abschnitt 4.2 darauf konzentrierte, optimale Wege auf der Grundlage der Minimierung von Leitungsmetriken der einen oder anderen Art zu finden, erweist sich die Aufgabe des Interdomain-Routing als derart schwierig, dass man bescheidenere Ziele verfolgt. Das wichtigste Ziel ist hier, *irgendeinen* Weg ohne Schleifenbildung zum beabsichtigten Ziel zu finden. Das heißt, man befasst sich mehr mit Erreichbarkeit als mit Optimierung. Die Ermittlung eines Wegs, der auch nur annähernd optimal ist, kann als große Leistung gelten. In Zusammenhang mit der ausführlicheren Beschreibung des BGP wird der Grund dafür deutlich.

Es gibt mehrere Gründe dafür, warum Interdomain-Routing so schwierig ist. Der erste ist einfach eine Sache der Skalierung. Ein Backbone-Router muss in der Lage sein, jedes an ein beliebiges Ziel gerichtete Paket im Internet weiterzuleiten. Das bedeutet, er benötigt eine Routing-Tabelle mit einem passenden Eintrag für jede gültige IP-Adresse. Obwohl CIDR hilfreich dabei ist, die Anzahl der unterschiedlichen Präfixe, die im Backbone-Routing des Internet geführt werden, in Grenzen zu halten, werden unvermeidbar umfangreiche Routing-Informationen herumgereicht. Bei Drucklegung lagen sie in der Größenordnung von 140.000 Präfixen.

Die zweite Herausforderung im Interdomain-Routing entsteht durch die autonome Natur der Domains. Man beachte, dass jede Domain möglicherweise ihre eigenen internen Routing-Protokolle ausführt und eine Methode ihrer Wahl benutzt, um Metriken für Wege zuzuweisen. Deshalb ist es unmöglich, die Kosten von Wegen, die mehrere AS durchlaufen, auf sinnvolle Weise zu bestimmen. Kosten von 1.000 für einen Teilpfad durch einen Provider hindurch können für diesen einen ausgezeichneten Wert bedeuten, können für einen anderen aber auch ein unannehmbar schlechter sein. Aus diesem Grund gibt Interdomain-Routing nur »Erreichbarkeit« bekannt. Das Konzept der Erreichbarkeit ist im Grunde eine Aussage, dass »man dieses Netzwerk durch dieses AS erreichen kann.« Das bedeutet, dass es beim Interdomain-Routing eigentlich unmöglich ist, einen optimalen Weg zu finden.

Die dritte Herausforderung hat mit Vertrauen zu tun. Provider A ist möglicherweise nicht bereit, bestimmte Informationen von Provider B zu übernehmen, aus

Furcht, Provider B könnte fehlerhafte Routing-Informationen propagieren. So kann es beispielsweise katastrophale Folgen haben, wenn Provider B hervorragende Routen zu allen möglichen Zielen im Internet bekanntgibt, und es sich dann herausstellt, dass er bei der Konfiguration seiner Router einen Fehler gemacht hat oder über ungenügend Kapazität verfügt, um den Verkehr zu befördern.

Mit diesem Aspekt eng verbunden ist die Notwendigkeit, äußerst flexible Regelungen im Interdomain-Routing zu unterstützen. Ein allgemein gültiger Grundsatz ist das Vermeiden von Durchgangsverkehr. So möchte z.B. die Firma mit mehreren Standorten (Abb. 4.29) nicht den Datenverkehr über die beiden Provider leiten, mit denen sie verbunden ist. In einem etwas komplexeren Beispiel möchte etwa Provider A Regeln implementieren, die sagen: »Benutze Provider B nur, um diese Adressen zu erreichen«, »Benutze den Weg, der die kleinste Anzahl von AS durchkreuzt« oder »Gib AS *x* den Vorzug vor AS *y*«. Damit sollen Regelungen spezifiziert werden, die zu »guten«, wenn auch nicht notwendigerweise optimalen Wegen führen.

Bei der Konfiguration des BGP sucht sich der Administrator jedes AS mindestens einen Knoten aus, der als »BGP-Sprecher« bzw. als Sprecher für das gesamte AS fungiert. Dieser BGP-Sprecher baut BGP-Sitzungen zu anderen BGP-Sprechern anderer AS auf. Diese Sitzungen werden benutzt, um Informationen über die Erreichbarkeit zwischen den AS auszutauschen.

Zusätzlich zu den BGP-Sprechern hat das AS einen oder mehrere »Border-Gateways«, die nicht unbedingt mit den Sprechern identisch sein müssen. Die Border-Gateways sind die Router, durch die Pakete das AS erreichen und verlassen. Bei unserem einfachen Beispiel in Abb. 4.28 sind die Router R2 und R4 Border-Gateways. Wir haben den Begriff »Gateway« bis hierher vermieden, weil er eher verwirrend ist. Wir können ihn hier auf Grund der Bezeichnung des beschriebenen Protokolls aber wohl kaum umgehen. Wichtig ist im Zusammenhang mit Interdomain-Routing, dass ein Border-Gateway einfach ein IP-Router ist, der mit der Aufgabe betraut wird, Pakete zwischen AS weiterzuleiten.

Das BGP gehört nicht zu den beiden Hauptklassen der in Abschnitt 4.2 beschriebenen Routing-Protokolle (Distanzvektor- und Link-State-Protokolle). Im Gegensatz zu diesen Protokollen verbreitet BGP vollständige Wege als numerierte Liste von AS an, um ein bestimmtes Netzwerk zu erreichen. Das ist notwendig, damit die oben beschriebenen Einschränkungen in Übereinstimmung mit den Wünschen eines bestimmten AS getroffen werden können. Es ermöglicht zudem das rasche Erkennen von Routing-Schleifen.

Um zu sehen, wie dies funktioniert, betrachten wir das Beispielnetz in Abb. 4.30. Angenommen, die Provider betreiben Transitnetze, während die Netze ihrer Kunden Stubs darstellen. Ein BGP-Sprecher des AS von Provider A (AS 2) wäre in der Lage, Erreichbarkeitsinformationen für jede Netzwerknummer, die den Kunden P und Q zugewiesen wurden, bekanntzugeben. Er würde folglich mitteilen: »Die Netzwerke 128.96, 192.4.153, 192.4.32 und 192.4.3 können direkt von AS 2 aus erreicht werden«. Bei Empfang dieses Advertisements kann das Backbone-Netz folgendes bekanntgeben: »Die Netzwerke 128.96, 192.4.153, 192.4.32 und 192.4.3 können über den Weg <AS 1, AS 2> erreicht werden«. Darüber hinaus könnte es aber auch

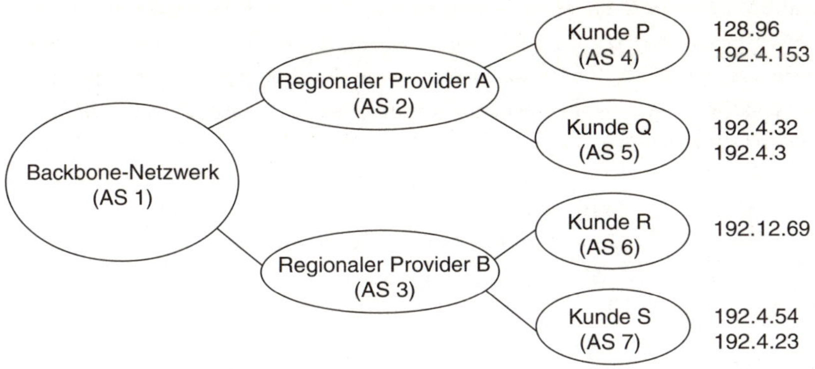

Abb. 4.30: Beispiel eines Netzwerks mit BGP

mitteilen: »Die Netzwerke 192.12.69, 192.4.54 und 192.4.23 lassen sich über den Weg <AS 1, AS 3> erreichen«.

Eine wichtige Aufgabe von BGP ist es, die Entstehung von Routing-Schleifen zu verhindern. Man betrachte beispielsweise drei zusammengeschlossene AS, 1, 2 und 3. AS 1 erfährt, dass es Netzwerk 10.0.1 durch AS 2 erreichen kann. Es gibt dies AS 3 bekannt, das diese Tatsache seinerseits AS 2 mitteilt. AS 2 könnte nun AS 3 für die Stelle halten, an die Pakete für 10.0.1 zu senden sind. AS 3 sendet sie an AS 1. AS 1 sendet sie an AS 2 zurück, und so würden sie ewig in einer Schleife kreisen. Dies wird dadurch verhindert, dass in den Routing-Meldungen der komplette AS-Weg angegeben wird. In diesem Fall würde das von AS 3 an AS 2 gesendete Advertisement den AS-Weg <AS 3, AS 1, AS 2> enthalten. AS 2 sieht sich selbst auf diesem Weg und schließt daraus, dass es diesen Weg nicht benutzen soll.

Anhand des Beispiels oben kann man verstehen, dass die im BGP geführten AS-Nummern eindeutig sein müssen. AS 2 kann sich selbst im AS-Weg nur erkennen, wenn kein anderes AS die gleiche Nummer hat. AS-Nummern sind 16 Bit lang und werden von einer zentralen Stelle zugewiesen, um Eindeutigkeit sicherzustellen. Die Größe von 16 Bit ermöglicht nur etwa 65.000 AS, was nicht gerade viel erscheinen mag. Stub-AS benötigen jedoch keine eindeutige AS-Nummer, und sie machen den Großteil aller nicht von Providern betriebenen Netzwerke aus.

Bemerkenswert ist, dass ein gegebener AS nur Wege bekanntgibt, die er für gut genug auch für sich selbst hält. D.h., wenn ein BGP-Sprecher die Wahl zwischen verschiedenen Routen zu einem Ziel hat, so wird er diejenige weitergeben, die am besten mit seinen Grundsätzen übereinstimmt. Außerdem ist ein BGP-Sprecher nicht verpflichtet, einen Weg zum Ziel bekannt zu machen, selbst wenn er einen kennt. Auf diese Weise kann der Grundsatz umgesetzt werden, keinen Durchgangsverkehr zuzulassen – indem die Bekanntgabe von Routen zu Prefixen verweigert wird, die nicht in dem AS enthalten sind, selbst wenn er weiß, wie diese zu erreichen wären.

Abgesehen von der Bekanntgabe von Wegen müssen BGP-Sprecher in der Lage sein, zuvor bekanntgegebene Wege zu annullieren, falls eine wichtige Leitung oder ein Knoten auf einem Weg ausfällt. Dies geschieht in der Form einer negativen Meldung, die man als *Withdrawn-Route* bezeichnet. Sowohl positive als auch negative Erreichbarkeitsinformationen werden in einer BGP-Aktualisierungsnachricht übermittelt, deren Format aus Abb. 4.31 ersichtlich wird. (Man beachte, dass die Felder in dieser Abbildung im Gegensatz zu anderen in diesem Kapitel beschriebenen Paketformate Mehrfache von 16 Bit sind.)

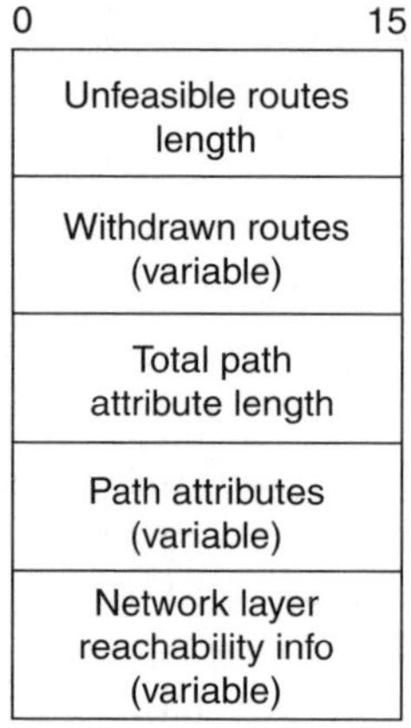

Abb. 4.31:
Format des BGP-4-Aktualisierungspakets

Beachtenswert ist an BGP-4, dass es speziell für die Behandlung der in Abschnitt 4.3.2 beschriebenen klassenlosen Adressen entwickelt wurde. Das bedeutet, dass die »Netzwerke«, die im BGP bekanntgegeben werden, eigentlich Präfixe mit beliebiger Länge sind. Die Aktualisierungen enthalten deshalb sowohl das Präfix selbst als auch seine Länge in Bit. Bei Drucklegung war es üblich, Präfix/Länge zu schreiben. Ein CIDR-Präfix, das mit 192.4.16 beginnt und 20 Bit lang ist, wird z.B. als 192.4.16/20 geschrieben.

Ein letzter erwähnenswerter Punkt ist, dass BGP so definiert wurde, dass es auf Basis von TCP laufen kann, welches sich als zuverlässiges Transportprotokoll erwiesen hat (Abschnitt 5.2). Weil BGP-Sprecher sich auf TCP verlassen können, braucht jegliche Infomation von einem Sprecher zum anderen nur einmal geschickt zu werden. Solange sich also nichts verändert, muss ein BGP-Srecher lediglich von Zeit zu Zeit eine »Bin-am-Leben-Nachricht« senden, die letztlich bedeutet: »Ich bin noch hier und es hat sich nichts verändert.« Wenn der Router nicht mehr läuft, so würden keine derartige Nachrichten mehr eintreffen und die anderen Router, die daraus ihre Routing-Tabellen abgeleitet haben, wüssten, dass diese Routen nicht mehr gültig sind.

Abgesehen von dem Hinweis, dass BGP-4 nur spezifiziert, wie Erreichbarkeitsinformationen unter autonomen Systemen ausgetauscht werden sollten, wollen wir uns hier nicht weiter mit diesem Protokoll beschäftigen. BGP-Sprecher erhalten bei diesem Austausch ausreichend Informationen, um schleifenfreie Routen zu allen erreichbaren Netzwerken zu berechnen. Wie sie die »besten« Routen wählen, wird größtenteils den AS selbst überlassen.

- Wir wenden uns wieder dem Kern der Frage zu: Wie können wir uns all dies zu nutze machen, um skalierbare Netzwerke zu erstellen? Erstens bewegt sich die Anzahl der am BGP teilnehmenden Knoten in der Größenordnung der AS-Anzahl, die viel kleiner als die Anzahl der Netzwerke ist. Zweitens reduziert sich die Ermittlung einer guten Interdomain-Route auf das Problem, nur einen Weg zum richtigen Border-Router herauszufinden, von denen es pro AS nur wenige gibt. Folglich haben wir das Routing-Problem fein säuberlich in handhabbare Teile aufgeteilt, indem wir wiederum eine neue Hierarchieebene verwenden, um die Skalierbarkeit zu erhöhen. Die Komplexität des Interdomain-Routing liegt jetzt in der Größenordnung der AS-Anzahl, und die des Intradomain-Routing bewegt sich in der Größenordnung der Anzahl von Netzwerken in einem einzelnen AS.

Integration von Interdomain- und Intradomain-Routing

Während im vorherigen Abschnitt beschrieben wurde, wie ein BGP-Sprecher Interdomain-Routing-Informationen lernt, wurde die Frage, wie alle übrigen Router in einer Domain diese Information erhalten, noch nicht beantwortet. Dieses Problem lässt sich auf mehrere Arten lösen.

Wir haben bereits eine einfache Situation angesprochen, die auch sehr häufig ist. Im Fall eines Stub-AS, das nur an einem einzigen Punkt mit anderen AS verbunden ist, kommt als einzige Wahl für alle Routen mit Zielen außerhalb des AS natürlich nur der Border-Router in Frage. Ein solcher Router kann eine Default-Route in das Intradomain-Routing-Protokoll »injizieren«. Dies bedeutet, dass jedes Netzwerk, das nicht ausdrücklich im Intradomain-Protokoll bekanntgegeben wurde, über den Border-Router erreichbar ist. Wir wissen aus der Beschreibung der IP-Weiterleitung in Abschnitt 4.1, dass der Default-Eintrag in der Weiterleitungstabelle hinter allen spezifischeren Einträgen steht und für alles gilt, das nicht zu einem spezifischen Eintrag passt.

Als nächste Stufe der Komplexität lässt man die Border-Router spezifische Routen injizieren, die sie von außerhalb des AS gelernt haben. Man betrachte z.B. den Border-Router eines Provider-AS, das mit einem Kunden-AS verbunden ist. Dieser Router könnte erfahren haben, dass sich das Netzwerkpräfix 192.4.54/24 im Kunden-AS befindet. Er erfährt dies entweder durch BGP oder weil die Information im Border-Router konfiguriert ist. Er könnte eine Route zu diesem Präfix in das Routing-Protokoll, das im Provider-AS läuft, injizieren. Dies wäre eine Nachricht von der Art: »Ich habe eine Verbindung zu 192.4.54/24 mit Kosten von X«. Dadurch würden andere Router im Provider-AS erfahren, dass Pakete für dieses Präfix an diesen Border-Router zu senden sind.

Die letzte Stufe der Komplexität tritt in Backbone-Netzwerken auf, die soviel Routing-Informationen von BGP erhalten, dass es zu aufwändig wird, sie in das Intradomain-Protokoll zu injizieren. Möchte ein Border-Router beispielsweise 10.000 Präfixe injizieren, die er von einem anderen AS erfahren hat, müsste er sehr große Link-State-Pakete an die übrigen Router in diesem AS senden, deren Berechnungen der kürzesten Wege dann sehr komplex wären. Aus diesem Grund benutzen die Router in einem Backbone-Netzwerk eine BGP-Variante, die als »Interior BGP« (IBGP) bezeichnet wird. Über dieses Protokoll können sie die Informationen, die sie von den BGP-Sprechern an den Rändern des AS erfahren haben, zu allen übrigen Routern im AS effektiv verteilen. IBGP ermöglicht es jedem Router im AS, den besten Border-Router für die Übermittlung eines Pakets an eine bestimmte Adresse ausfindig zu machen. Gleichzeitig verfolgt jeder Router im AS, wie er die einzelnen Border-Router erreichen kann. Hierfür benutzt er ein konventionelles Intradomain-Protokoll ohne injizierte Informationen. Durch Kombination dieser beiden Informationsquellen kann jeder Router im AS den richtigen nächsten Hop für alle Präfixe ermitteln.

4.3.4 Routing-Bereiche

Als hätten wir noch nicht genug Hierarchieebenen, bieten einige Link-State-Protokolle für das Intradomain-Routing die Möglichkeit zur Aufteilung einer Routing-Domain in *Bereiche* (Areas). (Die Terminologie wechselt etwas zwischen den Protokollen; hier verwenden wir die der OSPF.) Durch Hinzufügung dieser weiteren Hierarchieebene können einzelne Domains wachsen, ohne die Intradomain-Routing-Protokolle zu überlasten.

Ein Bereich umfasst eine Reihe von Routern, die administrativ so konfiguriert werden, dass sie Link-State-Informationen untereinander austauschen. Es gibt einen speziellen Bereich – das ist der Backbone-Bereich (oder auch »Bereich 0«). Abb. 4.32 zeigt ein Beispiel einer in Bereiche aufgeteilten Routing-Domain. Die Router R1, R2 und R3 sind Mitglieder des Backbone-Bereichs. Sie sind außerdem Mitglieder von mindestens einem weiteren Bereich. R1 ist Mitglied der Bereiche 1 und 2. Ein Router, der Mitglied des Backbone- und eines weiteren Bereichs ist, wird »Area-Border-Router« (ABR) genannt. Diese Router unterscheiden sich von denen, die sich am Rand eines AS befinden. Zur besseren Unterscheidung werden letztere als »AS-Border-Router« bezeichnet.

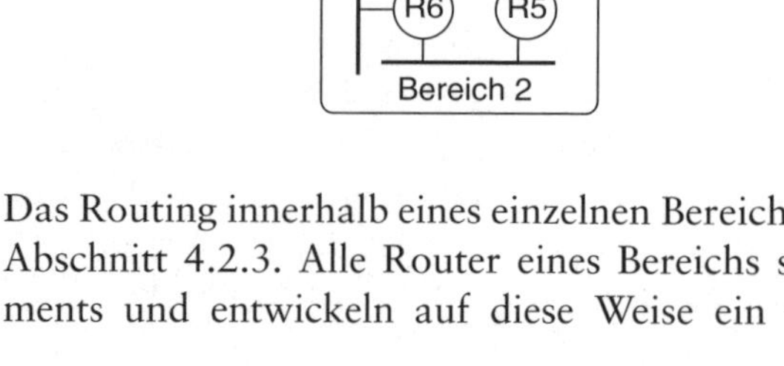

Abb. 4.32:
Eine in Bereiche aufgeteilte Domain

Das Routing innerhalb eines einzelnen Bereichs entspricht genau der Beschreibung in Abschnitt 4.2.3. Alle Router eines Bereichs senden einander Link-State-Advertisements und entwickeln auf diese Weise ein vollständiges, konsistentes Bild ihres

Bereichs. Die Link-State-Advertisements von Routern, die keine Area-Border-Router sind, verlassen allerdings nicht ihren Bereich. Dadurch wird sowohl das Fluten als auch die Routenberechnung wesentlich besser skalierbar. Router R4 in Bereich 3 würde z.B. nie ein Link-State-Advertisement von Router R8 in Bereich 1 erhalten. Als Folge davon weiß er nichts über die detaillierte Topologie von Bereichen, außer seines eigenen.

Wie ermittelt nun ein Router in einem Bereich den richtigen nächsten Hop für ein Paket, das an ein Netzwerk in einem anderen Bereich zu senden ist? Die Antwort darauf wird klar, wenn wir uns den Weg eines Pakets, das von einem Nicht-Backbone-Bereich in einen anderen fließt, in drei Abschnitten vorstellen. Zuerst fließt es von seinem Quellnetzwerk zum Backbone-Bereich, dann überquert es den Backbone und fließt vom Backbone zum Zielnetzwerk. Damit dies funktioniert, fassen die Area-Border-Router Routing-Informationen zusammen, die sie von einem Bereich gelernt haben, und stellen sie in ihren Advertisements anderen Bereichen zur Verfügung. R1 empfängt z.B. Link-State-Advertisements von allen Routern in Bereich 1 und kann dadurch ermitteln, mit welchen Kosten er ein Netzwerk in Bereich 1 erreichen kann. Wenn R1 Link-State-Advertisements in Bereich 0 schickt, gibt er die Kosten zu den Netzwerken in Bereich 1 so an, als wären diese alle direkt an ihn angeschlossen. Dadurch erfahren alle Router in Bereich 0 die Kosten, um alle Netzwerke in Bereich 1 zu erreichen. Die Area-Border-Router fassen dann diese Informationen zusammen und geben sie ihren Nicht-Backbone-Bereichen bekannt. Auf diese Weise lernen alle Router, wie sie die Netzwerke in der Domain erreichen können.

Man beachte, dass es in Bereich 2 zwei ABR gibt und die Router in Bereich 2 entscheiden müssen, welchen sie benutzen, um den Backbone zu erreichen. Das ist relativ einfach, weil sowohl R1 als auch R2 die Kosten zu den verschiedenen Netzwerken bekanntgeben, sodass die Router in Bereich 2 leicht die bessere Wahl treffen können, wenn sie ihren Shortest-Path-Algorithmus ausführen. So ist z.B. klar, dass R1 für Ziele in Bereich 1 besser als R2 geeignet ist.

Bei der Aufteilung einer Domain in Bereiche macht der Netzadministrator einen Kompromiss zwischen Skalierbarkeit und Optimierung des Routing. Durch die Benutzung von Bereichen müssen alle Pakete von einem Bereich in einen anderen über den Backbone-Bereich fließen, auch wenn ein kürzerer Pfad verfügbar wäre. Wenn z.B. R4 und R5 direkt verbunden wären, würden Pakete trotzdem nicht zwischen ihnen fließen, weil sie sich in unterschiedlichen Nicht-Backbone-Bereichen befinden. Oftmals ist jedoch Skalierbarkeit wichtiger als die Benutzung des absolut kürzesten Pfads.

▶ Dies unterstreicht ein wichtiges Prinzip beim Netzwerkdesign. Häufig muss ein Kompromiss zwischen Optimierung und Skalierbarkeit getroffen werden. Bei der Einführung einer Hierarchieebene werden Informationen vor einigen Knoten im Netzwerk verborgen, sodass sie an absolut optimalen Entscheidungen gehindert werden. Das Verbergen von Informationen ist für Skalierbarkeit wichtig, weil dadurch nicht alle Knoten globales Wissen erlangen müssen. Für alle großen Netzwerke gilt, dass Skalierbarkeit ein dringlicheres Designziel als perfekte Optimierung ist.

Schließlich bleibt anzumerken, dass Netzadministratoren durch einen Kniff flexibler entscheiden können, welche Router zu Bereich 0 gehören sollen. Dieser Kniff nutzt das Konzept einer »virtuellen Verbindungsleitung« zwischen Routern. Eine solche virtuelle Verbindungsleitung erhält man, wenn man einen Router, der nicht direkt an Bereich 0 angeschlossen ist, konfiguriert, um Backbone-Routing-Informationen mit einem Router auszutauschen, der mit Bereich 0 verbunden ist. Man könnte z.B. eine virtuelle Verbindungsleitung von R8 zu R1 konfigurieren, sodass R8 Teil des Backbones wird. R8 würde jetzt am Fluten von Link-State-Advertisements mit den anderen Routern in Bereich 0 teilnehmen. Die Kosten für die virtuelle Verbindungsleitung von R8 zu R1 werden durch den Austausch von Routing-Informationen in Bereich 1 bestimmt. Durch diese Technik lässt sich das Routing optimieren.

4.3.5 IP-Version 6 (IPv6)

In vielerlei Hinsicht entspricht die Motivation für eine neue IP-Version derjenigen für die im letzten Abschnitt beschriebenen Techniken: Handhabung von Skalierungsproblemen, die durch das massive Wachstum des Internet verursacht werden. Subnetting und CIDR sind hilfreich, den Verbrauch des Internet-Adressraums (das Problem des Verbrauchs der Adressen) in Grenzen zu halten bzw. das Wachstum der Informationen in Routing-Tabellen, die in den Routern des Internet gespeichert werden müssen (das Problem der Routing-Informationen) zu kontrollieren. Früher oder später wird aber ein Punkt erreicht, an dem diese Techniken nicht mehr genügen. Insbesondere ist es praktisch unmöglich, eine Effizienz der Adressnutzung von 100% zu erreichen, sodass der Adressraum erschöpft sein wird, lange bevor der viermilliardste Host an das Internet angeschlossen sein wird. Doch auch wenn wir in der Lage wären, alle 4 Milliarden Adressen zu verwenden, kann man sich leicht vorstellen, dass auch diese Zahl nicht ausreicht, beispielsweise bei Vergabe von IP-Adressen für Set-Top-Boxen des Kabelfernsehens oder für Stromzähler. Alles spricht dafür, dass früher oder später ein größerer Adressraum als der mit 32 Bit nötig sein wird.

Historische Entwicklung

Die IETF begann 1991, sich mit dem Problem der Erweiterung des IP-Adressraums zu befassen, und es wurden mehrere Alternativen vorgeschlagen. Da die IP-Adresse im Header jedes IP-Pakets enthalten ist, erfordert die Erhöhung der Adressgröße eine Änderung des Paket-Headers. Das bedeutet eine neue Version des Internet-Protokolls und als Folge davon neue Software für jeden Host und Router im Internet. Das ist natürlich keine Kleinigkeit. Es handelt sich vielmehr um eine bedeutende Änderung, die sorgfältig durchdacht werden muss.

Die Arbeit an der Definition einer neuen IP-Version wurde zuerst »IP Next Generation« bzw. »IPnG« genannt. Im Verlauf der Arbeit wurde eine offizielle IP-Versionsnummer vergeben, sodass IPnG heute als »IPv6« bezeichnet wird. Bisher in diesem Kapitel wurde nur IP-Version 4 (IPv4) beschrieben. Die Lücke in der Numerierung ist darauf zurückzuführen, dass Versionsnummer 5 vor ein paar Jahren für ein experimentelles Protokoll verwendet wurde.

Die Bedeutung des Wechsels auf eine neue IP-Version löste einen Schneeballeffekt aus. Unter Netzdesignern herrschte allgemein die Ansicht vor, dass man bei einer Änderung dieses Ausmaßes gleichzeitig auch möglichst viele andere in IP bestehende Probleme beheben sollte. Folglich forderte die IETF jeden Interessierten zu Beiträgen auf, um Merkmale vorzuschlagen, die in der neuen Version von IP gewünscht werden. Abgesehen von der Notwendigkeit, skalierbares Routing und skalierbare Adressierung zu unterstützen, standen folgende Punkte für IPnG auf der Wunschliste ganz oben:

- Unterstützung von Echtzeitdiensten
- Unterstützung von Sicherheitsmerkmalen
- Automatische Konfiguration (d.h. die Fähigkeit von Hosts, sich automatisch mit Informationen wie ihrer eigenen IP-Adresse und ihrem Domain-Namen zu konfigurieren)
- Erweiterte Routing-Funktionalität, darunter Unterstützung mobiler Hosts

Interessant ist dabei, dass viele dieser Merkmale zu dem Zeitpunkt in IPv4 fehlten, als mit der Entwicklung von IPv6 begonnen wurde, inzwischen aber alle in IPv4 eingeflossen sind.

Zusätzlich zu der Wunschliste galt als absolut unverzichtbares Merkmal für IPng, dass es einen Übergangsplan für die Umstellung von der aktuellen IP-Version (Version 4) auf die neue Version geben muss. Angesichts der Größe des Internet und dem Fehlen einer zentralen Kontrolle wäre es völlig unmöglich, einen »Stichtag« einzuführen, an dem jeder seine Hosts und Router abschaltet und eine neue IP-Version installiert. Folglich gibt es wahrscheinlich eine lange Übergangszeit, in der einige Hosts und Router nur IPv4, einige IPv4 und IPv6 und wieder andere nur IPv6 ausführen.

Unter der Bezeichnung »IPng Directorate« gründete die IETF einen Ausschuss für die Bearbeitung aller eingereichten IPng-Anforderungen und die Auswertung der Vorschläge für das künftige IPng-Protokoll. Im Verlauf der Tätigkeit dieses Ausschusses wurden verschiedene Vorschläge gemischt. Letztendlich wählte der Ausschuss einen als Grundlage für IPng aus. Diesen Vorschlag nannte man »SIPP« (Simple Internet Protocol Plus). SIPP erforderte ursprünglich eine Verdopplung der Größe von IP-Adressen auf 64 Bit. Als das Directorate SIPP auswählte, wurden mehrere Änderungen vorgenommen, darunter eine weitere Verdopplung der Adressgröße auf 128 Bit (16 Byte). Etwa zur gleichen Zeit wurde die Versionsnummer 6 vergeben. Im restlichen Teil dieses Abschnitts werden einige der wichtigsten Merkmale von IPv6 beschrieben. Bei Drucklegung befanden sich die meisten wichtigen Spezifikationen für IPv6 bei der IETF im Status des »Proposed« oder »Draft Standard«.

Adressen und Routing

Als wichtigstes Merkmal bietet IPv6 einen 128 Bit großen Adressraum, im Gegensatz zu 32 Bit in Version 4. Während Version 4 also potenziell 4 Milliarden Knoten adressieren kann, wenn die Effizienz der Adressausnutzung 100% erreicht, kann

IPv6 $3{,}4 \times 10^{38}$ Knoten adressieren, wiederum unter der Annahme einer Effizienz von 100%. Wir haben aber bereits gesehen, dass eine Effizienz von 100% bei der Adresszuweisung kaum möglich ist. Analysen anderer Adressiermethoden, z.B. derjenigen der französischen und US-amerikanischen Telefonnetze sowie der von IPv4, haben einige empirische Zahlen hinsichtlich der Effizienz der Adresszuweisung geliefert. Auf der Grundlage pessimistischster Schätzungen der Effizienz aus diesen Studien dürfte der IPv6-Adressraum pro Quadratmeter Erdoberfläche über 15.000 Adressen bereitstellen, was darauf hindeutet, dass es auch dann noch genügend sind, wenn Toaster auf der Venus über IP-Adressen verfügen sollten.

Zuteilung des Adressraums

IPv6-Adressen haben keine Klassen, der Adressraum wird aber dennoch auf der Grundlage der führenden Bits auf unterschiedliche Arten aufgeteilt. Statt verschiedene Adressklassen spezifizieren die führenden Bits einen unterschiedlichen Gebrauch der IPv6-Adresse. Die aktuelle Zuweisung von Präfixen ist in Tabelle 4.11 aufgeführt.

Tabelle 4.11: Zuweisung von Präfixen für IPv6-Adressen

Präfix	Gebrauch
0000 0000	reserviert
0000 0001	nicht zugewiesen
0000 001	für die NSAP-Zuteilung reserviert
0000 010	für die IPX-Zuteilung reserviert
0000 011 0000 1 0001	nicht zugewiesen nicht zugewiesen nicht zugewiesen
001	aggregierbare globale Unicast-Adressen
010 011 100 101 110 1110 1111 0 1111 10 1111 110 1111 1110 0	nicht zugewiesen nicht zugewiesen nicht zugewiesen nicht zugewiesen nicht zugewiesen nicht zugewiesen nicht zugewiesen nicht zugewiesen nicht zugewiesen nicht zugewiesen
1111 1110 10	link-local-Adressen
1111 1110 11	site-local-Adressen
1111 1111	Multicast-Adressen

Diese Zuteilung des Adressraums ist viel übersichtlicher, als es auf den ersten Blick aussieht. Erstens ist die gesamte Funktionalität der drei wichtigsten Adressklassen von IPv4 (A, B und C) im Präfix 001 enthalten. Wie wir gleich sehen werden, ähneln aggregierbare globale Unicast-Adressen den klassenlosen IPv4-Adressen, sie sind nur viel länger. Diese sind im Moment die wichtigsten, und ein Achtel des Adressraums ist dieser Adressform zugeteilt. Offensichtlich wurden große Abschnitte des Adressraums mit Blick auf künftiges Wachstum und neue Merkmale nicht zugeteilt. Zwei Teile des Adressraums (0000 001 und 0000 010) wurden für die Kodierung anderer (IP-fremder) Adressierungsmethoden reserviert. NSAP-Adressen werden von den ISO-Protokollen und IPX-Adressen für die Novell-Protokolle auf der Vermittlungsschicht benutzt.

Die link-local-Adressen sollen es einem Host ermöglichen, eine Adresse zu bilden, die in dem Netzwerk funktioniert, an das er angeschlossen ist, ohne sich um die globale Eindeutigkeit der Adresse kümmern zu müssen. Dies kann für die automatische Konfiguration nützlich sein, wie wir später noch sehen werden. Die site-local-Adressen sollen es ermöglichen, gültige Adressen an einem Standort zu bilden (z.B. in einem privaten Unternehmensnetz), der nicht an das Internet angeschlossen ist. Auch hier muss die globale Eindeutigkeit nicht beachtet werden.

Schließlich dient der Multicast-Adressraum für Multicast, spielt also die gleiche Rolle wie die Adressen der Klasse D in IPv4. Multicast-Adressen lassen sich hier leicht erkennen: sie beginnen mit einem gänzlich aus Einsen bestehenden Byte. Wie diese Adressen benutzt werden, wird in Abschnitt 4.4 beschrieben.

Innerhalb des reservierten Adressraums (Adressen, die mit einem Byte aus Nullen beginnen) befinden sich einige wichtige Sonderarten von Adressen. Einem Knoten kann eine »IPv4-kompatible IPv6-Adresse« dadurch zugewiesen werden, dass man eine 32 Bit große IPv4-Adresse vorne mit Nullen auf 128 Bit auffüllt. Einem Knoten, der nur IPv4 interpretiert, kann man eine »IPv4-auf-IPv6-Adresse« zuweisen, indem man der 32 Bit langen IPv4-Adresse 2 nur aus Einsen bestehende Byte voranstellt und dann vorne mit Nullen auf 128 Bit auffüllt. Diese beiden Sonderadressen werden beim Übergang von IPv4 zu IPv6 benutzt (siehe Kasten zu diesem Thema).

Adressnotation

Wie bei IPv4 gibt es auch bei der neuen IP-Version eine besondere Notation. Die Standarddarstellung ist x:x:x:x:x:x:x:x, wobei »x« eine hexadezimale Darstellung eines 16-Bit-Teils der Adresse ist, z.B.:

```
47CD:1234:4422:AC02:0022:1234:A456:0124
```

Mit dieser Notation lässt sich jede IPv6-Adresse aufschreiben. Da es ein paar Sondertypen von IPv6-Adressen gibt, gibt es auch einige spezielle Notationen, die gelegentlich nützlich sein können. Beispielsweise kann eine Adresse mit einer großen Zahl aufeinander folgender Nullen kompakter geschrieben werden, wenn man alle 0-Felder weglässt. Aus

```
47CD:0000:0000:0000:0000:0000:A456:0124
```

wird dann z.B.

```
47CD::A456:0124
```

Selbstverständlich kann diese Kurzform nur für eine Reihe aufeinander folgender Nullen in einer Adresse benutzt werden, um Zweideutigkeit zu vermeiden.

Da es zwei Arten von IPv6-Adressen gibt, die eine eingebettete IPv4-Adresse enthalten, haben sie eine eigene spezielle Notation, durch die sich die Extraktion der IPv4-Adresse vereinfacht. Die »IPv4-auf-IPv6-Adresse« eines Hosts, dessen IPv4-Adresse 128.96.33.81 ist, kann z.B. wie folgt geschrieben werden:

```
::FFFF:128.96.33.81
```

Man sieht, dass die letzten 32 Bit in der IPv4-Notation und nicht als Paar hexadezimaler, durch einen Doppelpunkt getrennter Zahlen geschrieben werden. Zwei Doppelpunkte am Anfang bedeuten nicht dargestellte führende Nullen.

Übergang von IPv4 zu IPv6

Angesichts der Größe des Internet und des Fehlens einer zentralen Kontrolle wäre es völlig unmöglich, einen »Stichtag« einzuführen, an dem jeder seine Hosts und Router abschaltet und eine neue IP-Version installiert. Folglich gibt es wahrscheinlich eine lange Übergangszeit, in der einige Hosts und Router nur IPv4, einige IPv4 und IPv6 und wieder andere nur IPv6 ausführen. Im Idealfall sollten IPv4-Knoten in der Lage sein, mit anderen IPv4-Knoten sowie IPv6-Knoten für eine unbegrenzt lange Dauer zu sprechen. Ferner sollten IPv6-Hosts mit anderen IPv6-Knoten sprechen können, auch wenn ein Teil der dazwischenliegenden Infrastruktur möglicherweise nur IPv4 unterstützt. Um diesen Übergang zu erleichtern, wurden zwei Mechanismen definiert: *Dual-Stack-Operation* und *Tunneling*.

Das Dual-Stack-Konzept ist recht einfach: IPv6-Knoten führen sowohl IPv6 als auch IPv4 aus und benutzen das Feld Version, um festzustellen, welcher Stack ein ankommendes Paket verarbeiten sollte. In diesem Fall könnte die IPv6-Adresse unabhängig von der IPv4-Adresse vorhanden sein oder auf die IPv4-Adresse abgebildet werden.

Bei der grundlegenden Tunneling-Technik wird ein IP-Paket im *Nutzdatenteil* eines anderen IP-Pakets gesendet (siehe Abschnitt 4.1). Für den IP-Übergang wird Tunneling benutzt, um ein IPv6-Paket über den Teil des Netzwerks zu senden, der nur IPv4 versteht. Das bedeutet, dass das IPv6-Paket in einem IPv4-*Header* gekapselt wird, in dem sich die Adresse des Tunnel-Endpunkts befindet, und am Endpunkt dann entkapselt wird. Beim Endpunkt kann es sich um einen Router oder Host handeln. In beiden Fällen muss er IPv6-fähig sein, um das IPv6-Paket nach der Entkapselung verarbeiten zu können. Ist der Endpunkt ein Host mit einer auf IPv4 abgebildeten IPv6-Adresse, kann das Tunneling automatisch erfolgen. Das heißt, die IPv4-Adresse wird aus der IPv6-Adresse extrahiert und benutzt, um den IPv4-Header zu bilden. Andernfalls muss der Tunnel manuell konfiguriert werden. In diesem Fall muss der kapselnde Knoten die IPv4-Adresse des anderen Tunnelendes wissen, weil sie nicht aus dem IPv6-Header entnommen werden kann. Aus IPv6-Sicht sieht das andere Tunnelende wie ein üblicher IPv6-Knoten aus, der nur einen Hop entfernt liegt, während zwischen den Tunnel-Endpunkten tatsächlich viele Hops mit IPv4-Infrastruktur liegen können.

Aggregierbare globale Unicast-Adressen

Das bei weitem Wichtigste, das IPv6 bereitstellen muss, wenn es flächendeckend eingesetzt wird, ist die simple alte Unicast-Adressierung. Es muss sie auf eine Art bereitstellen, die den schnellen Anschluss neuer Hosts und skalierbares Routing entsprechend der Zunahme physikalischer Netzwerke im Internet unterstützt. In IPv6 hat deshalb der Zuteilungsplan für Unicast-Adressen zentrale Bedeutung. Er bestimmt, wie die mit dem Präfix 001 beginnenden Adressen Service-Providern, autonomen Systemen, Netzwerken, Hosts und Routern zugewiesen werden.

Der für Unicast-Adressen in IPv6 vorgeschlagene Adresszuteilungsplan ähnelt stark dem von CIDR in IPv4. Um zu verstehen, wie dies funktioniert und wie damit Skalierbarkeit unterstützt wird, müssen zuvor einige neue Begriffe definiert werden. Wir können uns ein Nicht-Transit-AS (d.h. ein Stub- oder Multihome-AS) als *Teilnehmer* und ein Transit-AS als *Provider* vorstellen. Ferner können wir Provider in *direkte* und *indirekte* unterteilen. Die ersteren sind direkt mit den Teilnehmern und die zweiten vorwiegend mit anderen Providern verbunden und werden auch *Backbone-Netzwerke* genannt.

Mit diesen Begriffsbestimmungen können wir verstehen, dass das Internet nicht einfach ein beliebiger Zusammenschluss von AS ist. Es weist eine intrinsische Hierarchie auf. Die Schwierigkeit liegt darin, diese Hierarchie auszunutzen, ohne Mechanismen zu verwenden, die nicht funktionieren, wenn die Hierarchie nicht strikt eingehalten wird (was mit EGP der Fall war). Die Unterscheidung zwischen direkten und indirekten Providern wird z.B. zunehmend verwischt, wenn sich ein Teilnehmer an einen Backbone anschließt oder ein direkter Provider mit vielen anderen Providern verbunden ist.

Wie bei CIDR wird mit dem Zuteilungsplan für IPv6-Adressen die Zielsetzung verfolgt, Aggregation von Routing-Informationen zu unterstützen, um die Last auf Intradomain-Router zu reduzieren. Das Grundkonzept ist auch hier wieder die Verwendung eines Adresspräfixes, d.h. einer Reihe aufeinander folgender Bits, beginnend am werthöheren Ende der Adresse, um Erreichbarkeitsinformationen über zahlreiche Netzwerke und sogar zahlreiche AS zu aggregieren. Bei der hauptsächlich angewandten Methode wird einem direkten Provider ein Adresspräfix zugewiesen. Dieser direkte Provider weist dann seinerseits längere Präfixe seinen Teilnehmern zu, deren Adressen dann mit diesem Präfix beginnen. Genau das haben wir bereits in Abb. 4.27 gesehen. Ein Provider braucht also allen seinen Teilnehmern nur ein einziges Präfix bekanntzugeben.

Dies hat selbstverständlich einen Nachteil: Wenn ein Teilnehmer den Provider wechselt, muss er ein neues Adresspräfix erwerben und alle Knoten an seinem Standort neu numerieren. Das kann sich als enormes Unterfangen erweisen, Grund genug für viele, ihren Provider nie zu wechseln. Daher wird an anderen Adressiermethoden geforscht, z.B. an einer geografischen Adressierung, bei der die Adresse eines Standorts von seiner geografischen Lage und nicht vom Provider abhängt. Derzeit ist die Provider-basierte Adressierung aber noch notwendig, damit das Routing effizient funktioniert.

Während die Zuweisung von IPv6-Adressen im Wesentlichen der Adresszuweisung in IPv4 seit Einführung von CIDR ähnelt, weist IPv6 den bedeutenden Vorteil auf, dass es keinen großen Bestand installierter Adressen gibt, die berücksichtigt werden müssen.

Eine Frage lautet, ob es sinnvoll ist, hierarchische Aggregation auf anderen Ebenen der Hierarchie anzuwenden. Sollten beispielsweise alle Provider ihre Adresspräfixe aus einem Präfix ableiten, das dem Backbone zugeteilt wurde, an den sie angeschlossen sind? Da die meisten Provider an mehrere Backbones angeschlossen sind, ist das wahrscheinlich nicht sinnvoll. Da es außerdem viel weniger Provider als Standorte gibt, ist eine Aggregation auf dieser Ebene weniger dringlich.

Sinnvoll könnte eine Aggregation auf nationaler oder kontinentaler Ebene sein. Kontinentale Grenzen bilden natürliche Einheiten in der Internet-Topologie. Hätten alle Adressen in Europa beispielsweise ein gemeinsames Präfix, ließe sich eine umfassende Aggregation erzielen, sodass die meisten Router in anderen Kontinenten nur einen Eintrag in der Routing-Tabelle für alle Netzwerke mit dem europäischen Präfix benötigen würden. Bei dieser Methode könnte eine IPv6-Adresse wie in Abb. 4.33 aussehen. RegistryID könnte dann eine Kennung sein, die einem europäischen Adressen-Registry entspräche, wobei anderen Kontinenten oder Ländern andere Kennungen zugewiesen würden. Die Präfixe könnten bei diesem Szenario aber unterschiedlich lang sein. Ein Provider mit ein paar Kunden hätte möglicherweise ein längeres Präfix (und folglich insgesamt weniger Adressraum verfügbar) als einer mit vielen Kunden.

3	m	n	o	p	125–m–n–o–p
010	RegistryID	ProviderID	SubscriberID	SubnetID	InterfaceID

Abb. 4.33: IPv6-Unicast-Adresse auf Provider-Basis

Eine knifflige Situation könnte sich einstellen, wenn ein Teilnehmer an mehr als einen Provider angeschlossen ist. Welches Präfix sollte der Teilnehmer für seinen Standort benutzen? Für dieses Problem gibt es keine perfekte Lösung. Ist ein Teilnehmer z.B. an zwei Provider X und Y angeschlossen, und verwendet er das Präfix von X, muss Y ein Präfix bekanntgeben, das in keiner Beziehung zu dem anderer Teilnehmer steht und als Folge davon nicht aggregiert werden kann. Numeriert der Teilnehmer einen Teil seines AS mit dem Präfix von X und einen anderen mit dem Präfix von Y, besteht das Risiko, dass die Hälfte seines Standorts unerreichbar wird, wenn die Verbindung zu einem Provider ausfällt. Eine Lösung, die recht gut funktioniert, wenn X und Y viele gemeinsame Teilnehmer haben, ist, drei Präfixe zu verwenden: eines nur für Teilnehmer von X, eines nur für Teilnehmer von Y und eines für die Standorte, die Teilnehmer von X und Y sind.

Paketformat

Trotz der Tatsache, dass IPv6 in mehrfacher Hinsicht IPv4 erweitert, ist das Header-Format einfacher. Diese Einfachheit ist auf vereinte Bemühungen zurückzuführen, unnötige Funktionalität aus dem Protokoll zu entfernen. Das Ergebnis wird aus Abb. 4.34 ersichtlich. (Siehe das Header-Format in Abb. 4.3 zum Vergleich mit IPv4.)

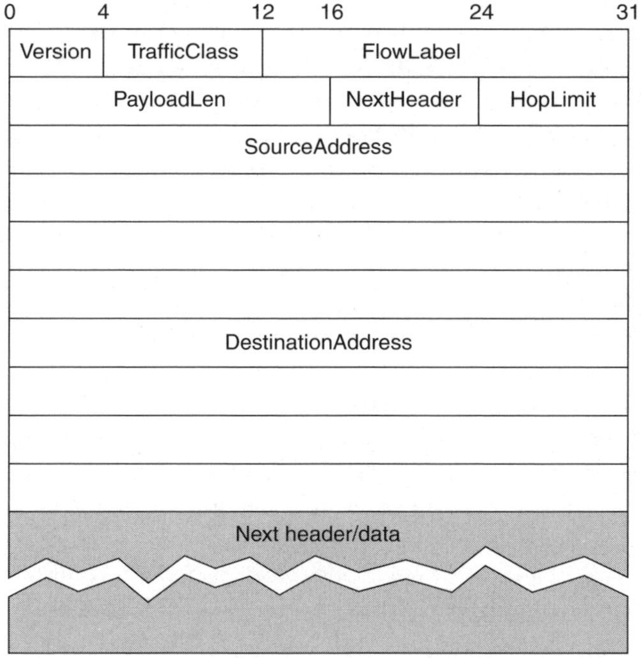

Abb. 4.34: IPv6-Paket-Header

Wie viele Header beginnt auch dieser mit dem Feld Version, das für IPv6 auf 6 gesetzt wird. Dieses Feld befindet sich bezüglich des Header-Anfangs an der gleichen Stelle wie bei IPv4, sodass die verarbeitende Software sofort entscheiden kann, mit welchem Header-Format sie zu tun hat. Die Felder TrafficClass und FlowLabel beziehen sich auf Mechanismen zur Dienstgüteunterstützung (siehe Abschnitt 6.5).

Das Feld PayloadLen spezifiziert die Paketlänge ohne IPv6-Header in Byte. Das Feld NextHeader ersetzt auf clevere Weise die IP-Optionen und das Feld Protocol von IPv4. Sind Optionen erforderlich, werden sie in einen oder mehrere spezielle Header nach dem IP-Header eingefügt; dies wird dann durch den Wert des Feldes NextHeader gekennzeichnet. Werden keine speziellen Header benutzt, ist das Feld NextHeader der Demuxschlüssel, der das Protokoll der nächsthöheren Schicht spezifiziert, das auf IP aufsetzt (z.B. TCP oder UDP). Es erfüllt also den gleichen Zweck wie das Feld Protocol in IPv4. Außerdem wird in der neuen Version die Fragmentierung durch einen optionalen Header gehandhabt. Das heißt, dass die mit der Fragmentierung zusammenhängenden Felder von IPv4 im IPv6-Header nicht enthalten sind. Das Feld HopLimit entspricht der TTL von IPv4; es wurde lediglich umbenannt, um die eigentliche Art der Nutzung widerzuspiegeln.

Den Großteil des Headers nehmen Quell- und Zieladresse ein, die jeweils 16 Byte (128 Bit) lang sind. Der IPv6-Header ist also immer 40 Byte lang. Bedenkt man, dass IPv6-Adressen viermal so lang wie die von IPv4 sind, ergibt sich im Vergleich zum IPv4-Header, der ohne Optionen 20 Byte lang ist, ein relativer Vorteil.

Eine Verbesserung gegenüber IPv4 zeigt sich deutlich in der Art, wie IPv6 Optionen behandelt. Waren bei IPv4 Optionen vorhanden, musste jeder Router das gesamte Feld Options analysieren, um zu sehen, ob einige davon für ihn relevant sind. Das liegt daran, dass alle Optionen am Ende des IP-Headers als ungeordnete Sammlung von Tupeln <Typ, Länge, Wert> angehängt sind. Demgegenüber behandelt IPv6 Optionen als *Erweiterungs-Header*, die, falls vorhanden, in einer bestimmten Reihenfolge erscheinen müssen. Das bedeutet, dass jeder Router rasch feststellen kann, ob für ihn relevante Optionen dabei sind. In den meisten Fällen trifft das nicht zu. Normalerweise kann dies einfach dadurch ermittelt werden, dass das Feld NextHeader gelesen wird. Im Ergebnis lassen sich Optionen in IPv6 viel effizienter verarbeiten, was für die Router-Leistung ein wichtiger Faktor ist. Darüber hinaus bedeutet die neue Formatierung von Optionen als Erweiterungs-Header, dass sie eine beliebige Länge haben können, während sie in IPv4 auf 44 Byte begrenzt waren. Im folgenden wird beschrieben, wie einige der Optionen benutzt werden.

Jede Option hat einen eigenen Typ von Erweiterungs-Header. Der jeweilige Typ wird durch den Wert des Feldes NextHeader im vorhergehenden Header identifiziert. Jeder Erweiterungs-Header enthält das Feld NextHeader, das den ihm folgenden Header identifiziert. Dem letzten Erweiterungs-Header folgt ein Header der Transportschicht (z.B. TCP). In diesem Fall ist der Wert des Feldes NextHeader identisch mit dem Wert, den das Feld Protocol in einem IPv4-Header hätte. Das Feld NextHeader erfüllt also einen doppelten Zweck. Es kann entweder den Typ des folgenden Erweiterungs-Headers identifizieren oder im letzten Erweiterungs-Header als Demuxschlüssel dienen, um das auf IPv6 aufsetzende Protokoll zu identifizieren.

Man betrachte das Beispiel eines Fragmentierungs-Headers in Abb. 4.35. Dieser Header bietet eine mit den Fragmentierungsfeldern im IPv4-Header (siehe Abschnitt 4.1.2) vergleichbare Funktionalität, ist aber nur vorhanden, wenn Fragmentierung notwendig ist. Falls dies der einzige vorhandene Erweiterungs-Header ist, enthält das Feld NextHeader des IPv6-Headers den Wert 44. Das ist der Wert, mit dem der Fragmentierungs-Header bezeichnet wird. Das Feld NextHeader des Fragmentierungs-Headers selbst enthält einen Wert, der den nächsten Header beschreibt. Sind keine weiteren Erweiterungs-Header vorhanden, kann der nächste der TCP-Header sein, was bedeutet, dass NextHeader den Wert 6 enthält, genau wie beim Feld Proto-

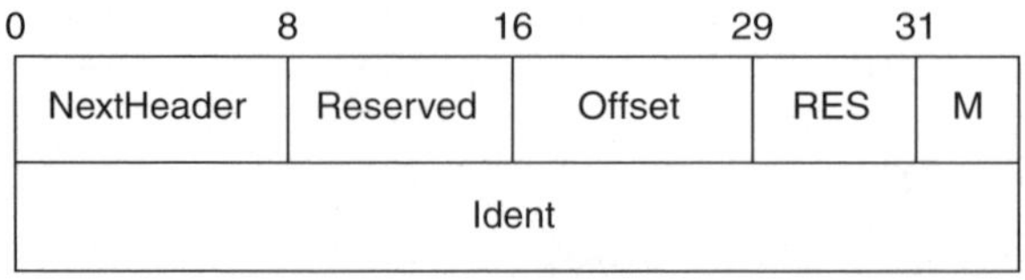

Abb. 4.35:
Fragmentierungs-Header in IPv6

col in IPv4. Folgt dem Fragmentierungs-Header z.B. ein Authentifikations-Header, enthält das Feld NextHeader des Fragmentierungs-Headers den Wert 51.

Autokonfiguration

Während das Wachstum des Internet sehr beeindruckend ist, hat ein Faktor die noch schnellere Akzeptanz der Technologie gebremst: die Tatsache, dass der Anschluss an das Internet meist gewisse Erfahrung in der Systemadministration erforderte. Insbesondere muss jeder Host, der an das Internet angeschlossen wird, mit einer bestimmten Mindestmenge an Informationen, z.B. einer gültigen IP-Adresse, einer Subnetzmaske für die Verbindungsleitung, an die er angeschlossen wird, und der Adresse eines Name-Servers konfiguriert werden. Folglich ist es nicht möglich, einen neuen Computer auszupacken und ihn ohne Vorkonfiguration an das Internet anzuschließen. Eine weitere Zielsetzung war beim IPv6 deshalb die Unterstützung einer automatischen Konfiguration, die man auch »Plug-and-Play-Operation« nennt.

Wir haben in Abschnitt 4.1.6 gesehen, dass automatische Konfiguration auch bei IPv4 möglich ist, jedoch vom Vorhandensein eines Servers abhängt, der für die Ausgabe von Adressen und anderen Konfigurationsinformationen an DHCP-Clients konfiguriert ist. Das längere Adressformat in IPv6 ist hilfreich bei der Bereitstellung einer neuen Form der Autokonfiguration, der so genannten *zustandslosen* Autokonfiguration, bei der kein Server erforderlich ist.

Wir wissen, dass Unicast-Adressen in IPv6 hierarchisch aufgebaut sind und die Interface-ID sich im wertniedrigeren Teil befindet. Folglich können wir die Aufgabe der Autokonfiguration in zwei Schritte aufteilen:

1. Einholung einer Interface-ID, die auf der Verbindungsleitung, an die der Host angeschlossen wird, eindeutig ist.

2. Einholung des korrekten Adresspräfixes für dieses Subnetz.

Der erste Teil ist einfach, weil jeder Host an einer Verbindungsleitung eine eindeutige Adresse auf der Sicherungsschicht haben muss. Alle Hosts in einem Ethernet haben z.B. eine eindeutige, 48 Bit lange Ethernet-Adresse. Sie lässt sich in eine gültige link-local-Adresse umwandeln, wenn man das entsprechende Präfix aus Tabelle 4.11 (1111 1110 10) und ausreichend Nullen, um sie auf 128 Bit aufzufüllen, hinzufügt. Bei einigen Geräten, z.B. Druckern oder Hosts in einem kleinen Netzwerk ohne Router, die an keine anderen Netzwerke angeschlossen sind, ist diese Adresse meist ausreichend. Die Geräte, die eine global gültige Adresse benötigen, hängen von einem Router im gleichen physikalischen Netzwerk ab, der das entsprechende Präfix für die Verbindungsleitung bekanntgibt. Selbstverständlich setzt dies voraus, dass der Router mit dem korrekten Adresspräfix konfiguriert ist und dieses Präfix so gewählt wird, dass am Ende ausreichend Platz verfügbar ist (z.B. 48 Bit), um eine entsprechende Adresse der Sicherungsschicht anhängen zu können.

Die Fähigkeit, Adressen der Sicherungsschicht mit einer Länge von bis zu 48 Bit in IPv6-Adressen einbetten zu können, war einer der Gründe für die Wahl eines derart langen Adressformats. Die Länge von 128 Bit erlaubt nicht nur das Einbetten, sondern lässt auch reichlich Platz für die oben beschriebene, aus mehreren Ebenen bestehende Hierarchie der Adressierung übrig.

Übersetzung von Netzadressen (NAT)

Während die Entwicklung von IPv6 durch die Besorgnis angeregt wurde, dass die steigende Nutzung von IP zur Erschöpfung des Adressraums führen kann, hat sich eine andere Technologie als Möglichkeit verbreitet, mit dem IP-Adressraum sparsam umzugehen. Diese Technologie ist die Übersetzung von Netzwerkadressen (Network Address Translation, NAT), durch deren häufige Verwendung es durchaus möglich erscheint, dass sich die Notwendigkeit der Einführung von IPv6 erheblich verzögern kann. NAT wird von vielen aus Sicht der Architektur als »unelegant« betrachtet, ist aber im Vernetzungsbereich so alltäglich geworden, dass es sich nicht mehr ignorieren lässt.

NAT basiert auf dem Grundkonzept, dass nicht alle Hosts, die miteinander über das Internet kommunizieren wollen, eine global eindeutige Adresse brauchen. Stattdessen kann einem Host eine »private Adresse« zugewiesen werden, die nicht unbedingt global eindeutig sein muss. Es genügt, dass sie innerhalb eines begrenzteren Bereichs eindeutig ist, beispielsweise in dem Unternehmensnetz, zu dem der Host gehört. Die Netzwerknummer 10 der Klasse A wird oft für diesen Zweck benutzt, weil sie dem ARPANET zugeteilt war und heute nicht mehr als global eindeutige Adresse benutzt wird. Solange der Host nur mit anderen Hosts im selben Unternehmensnetz kommuniziert, reicht eine lokal eindeutige Adresse aus. Will er mit einem Host außerhalb dieses Unternehmensnetzes kommunizieren, kann er das über die so genannte »NAT-Box«. Das ist ein Gerät, das die private Adresse eines Hosts in eine global eindeutige Adresse übersetzen kann, die der NAT-Box zugewiesen wurde. Da eine Reihe von Hosts eines Unternehmens irgendwann früher oder später die Dienste der NAT-Box in Anspruch nehmen müssen, kann die NAT-Box mit einem kleinen Pool global eindeutiger Adressen auskommen, d.h. mit viel weniger Adressen als man benötigen würde, wenn man jedem Host des Unternehmens eine global eindeutige Adresse vergeben müsste.

Wir können uns also vorstellen, dass eine NAT-Box, die IP-Pakete von einem Host innerhalb des Unternehmens empfängt, die IP-Quelladresse einer privaten Adresse (z.B. 10.0.1.5) in eine global eindeutige Adresse (z.B. 171.69.210.246) übersetzt. Kommen Pakete von dem entfernten Host mit der Adresse 171.69.210.246 zurück, übersetzt die NAT-Box die Zieladresse in 10.0.1.5 und leitet das Paket zu diesem Host weiter.

NAT hat aber den entscheidenden Nachteil, dass die Technik eine wichtige Annahme des IP-Dienstmodells bricht: dass alle Knoten global eindeutige Adressen haben müssen. Es erweist sich, dass viele Anwendungen und Protokolle auf dieser Annahme gründen. Insbesondere tragen viele Protokolle, die über IP laufen (z.B. Anwendungsprotokolle), IP-Adressen in ihren Nachrichten. Diese Adressen müssen ebenfalls von einer NAT-Box übersetzt werden, damit das höhere Protokoll korrekt funktionieren kann. Deshalb geht die Komplexität der NAT-Boxen weit über die reine Übersetzung von IP-Headern hinaus. Sie müssen unter Umständen eine ständig steigende Zahl von höheren Protokollen verstehen. Dies stellt wiederum ein Hindernis bei der Einführung neuer Anwendungen dar. Man kann mit einiger Sicherheit sagen, dass es Netzwerken ohne NAT besser ginge. Das Verschwinden dieser Technik ist allerdings sehr unwahrscheinlich. Eine breitangelegte Einführung von IPv6 würde hier Abhilfe schaffen.

Erweiterte Routing-Fähigkeiten

Ein anderer Erweiterungs-Header von IPv6 ist der Routing-Header. Ohne diesen Header unterscheidet sich das Routing von IPv6 kaum von IPv4 mit CIDR. Der Routing-Header enthält eine Liste mit IPv6-Adressen, die Knoten oder topologische Bereiche darstellen, die ein Paket auf seinem Weg an sein Ziel passieren sollte. Ein topologischer Bereich kann z.B. das Netzwerk eines Backbone-Providers sein. Festzulegen, dass Pakete dieses Netzwerk besuchen müssen, wäre eine Möglichkeit, die Auswahl eines Providers zu implementieren. Folglich könnte ein Host sagen, dass einige Pakete durch einen kostengünstigen Provider, andere durch einen Provider, der hohe Zuverlässigkeit bietet, und wieder andere durch einen Provider, dem auf Grund hoher Sicherheitsmaßnahmen vertraut wird, fließen sollen.

Um die Spezifikation topologischer Instanzen statt individueller Knoten zu ermöglichen, definiert IPv6 eine *Anycast*-Adresse. Diese Adresse wird einer Reihe von Interfaces zugewiesen. Pakete, die an diese Adresse gesendet werden, fließen zum nächstliegenden dieser Interfaces, wobei »nächstliegend« von den Routing-Protokollen bestimmt wird. Allen Routern eines Backbone-Providers könnte z.B. eine einzige Anycast-Adresse zugewiesen werden, die im Routing-Header benutzt werden würde.

Die Anycast-Adresse und der Routing-Header dürften wahrscheinlich auch dazu benutzt werden, erweiterte Routing-Unterstützung für mobile Hosts bereitzustellen. Die exakten Mechanismen für die Bereitstellung dieser Unterstützung werden derzeit noch definiert.

Weitere Merkmale

Wie am Anfang dieses Abschnitts erwähnt, war die vorrangige Motivation für die Entwicklung von IPv6 die Unterstützung des rasanten Wachstums des Internet. Nachdem der IP-Header auf Grund der Adressen geändert werden musste, war die Tür für eine Vielfalt weiterer Änderungen offen. Zwei davon wurden soeben beschrieben: Autokonfiguration und Source-Routing. IPv6 beinhaltet darüber hinaus mehrere Merkmale, von denen die meisten an anderer Stelle in diesem Buch behandelt werden: Mobilität ist Thema von Abschnitt 4.2.5, Netzsicherheit wird in Kapitel 8 behandelt und in Abschnitt 6.5 wird ein neues Dienstmodell für das Internet beschrieben. Interessanterweise sind die Fähigkeiten von IPv4 und IPv6 in Bezug auf die meisten der dort beschriebenen Einsatzgebiete im Grunde identisch. Der Hauptantrieb für IPv6 bleibt daher der Bedarf nach mehr Adressen.

4.4 Multicast

Wir haben in Kapitel 2 gesehen, dass Mehrfachzugriffsnetze wie Ethernet und Token-Ring Multicast Hardware-technisch unterstützen. In diesem Abschnitt wird beschrieben, wie Multicast durch Software-Lösungen auf ein Internetwork solcher Netzwerke erweitert werden kann. Die hier beschriebene Methode basiert auf einer Implementierung des heute im Internet benutzten Multicast (basierend auf IPv4). Multicast wird auch in der nächsten IP-Generation (IPv6) unterstützt, wobei sich die wichtigsten Unterschiede auf das Adressformat beschränken.

Die Entwicklung von Multicast wurde dadurch motiviert, dass es Anwendungen gibt, die ein Paket an mehr als einen Ziel-Host senden möchten. Statt den Quell-Host zu zwingen, das gleiche Paket jeweils getrennt an jeden Ziel-Host zu senden, soll er in die Lage versetzt werden, ein einzelnes Paket an eine *Multicast-Adresse* zu senden. Das Netzwerk – in diesem Fall ein Internetwork – soll eine Kopie dieses Pakets an jeden Host einer Gruppe ausliefern. Den Hosts steht es dann frei, dieser Gruppe beizutreten oder sie zu verlassen, ohne sich mit anderen Mitgliedern der Gruppe synchronisieren oder Vereinbarungen treffen zu müssen. Ein Host kann auch gleichzeitig in mehr als einer Gruppe Mitglied sein.

Im Internet kann Multicast für eine Reihe von Netzwerken, die Hardware-Multicast (oder Broadcast) unterstützen, dadurch implementiert werden, dass die Routing- und Weiterleitungsfunktionen erweitert werden, die von den an diese Netzwerke angeschlossenen Routern implementiert werden. In diesem Abschnitt werden drei solche Erweiterungen beschrieben: Die erste basiert auf dem Distanzvektor-Routing (Abschnitt 4.2.2), die zweite auf dem Link-State-Routing (Abschnitt 4.2.3) und die dritte auf beliebigen zu Grunde liegenden Routing-Protokollen, weswegen sie als »Protocol Independent Multicast« (PIM) bezeichnet wird.

Bevor wir uns eines dieser Multicast-Routing-Protokolle genauer ansehen, müssen wir einen Blick auf das Dienstmodell für IP-Multicast werfen. Wir könnten uns vorstellen, dass ein Host, der ein Paket an einige Hosts im Internetwork senden möchte, alle ihre Adressen auflistet. Dies wäre bei einer großen Zahl von Empfängern aber bald nicht mehr skalierbar. Man denke z.B. an die Benutzung des Internet, um einen Pay-per-view-Spielfilm auszustrahlen. Aus diesem Grund nutzt IP-Multicast das Konzept einer *Multicast-Gruppe*, der Empfänger beliebig beitreten können. Jeder Gruppe wird eine spezielle Adresse zugewiesen, und die an die Gruppe sendenden Hosts benutzen diese Adresse als Zieladresse für ihre Pakete. In IPv4 werden diese Adressen aus dem Adressraum der Klasse D gewählt. IPv6 enthält in seinem Adressraum ebenfalls einen für Multicast-Adressen reservierten Teil.

Hosts können einer Multicast-Gruppe unter Verwendung des so genannten »Internet Group Management Protocol« (IGMP) beitreten. Über dieses Protokoll benachrichtigen sie einen Router in ihrem lokalen Netzwerk über den Wunsch, an eine bestimmte Multicast-Gruppe gesendete Pakete zu empfangen. Die unten beschriebenen Protokolle regeln, wie Pakete an die entsprechenden Router verteilt werden. Die Auslieferung von Paketen vom Router des »letzten Hops« zum Host wird durch die zu Grunde liegenden Multicast-Fähigkeit des Netzwerks abgewickelt (siehe Abschnitt 2.6).

Die Frage ist nun, wie Sender und Empfänger von Multicast-Adressen erfahren. Dies wird normalerweise durch Out-of-band-Mechanismen gehandhabt, und es gibt recht anspruchsvolle Werkzeuge, um die Bekanntgaben von Gruppenadressen im Internet zu ermöglichen.

4.4.1 Link-State-Multicast

Die Erweiterung eines Link-State-Algorithmus um Multicast ist relativ einfach, daher beschreiben wir sie zuerst. Wir wissen, dass beim Link-State-Routing jeder Router den Zustand der direkt an ihn angeschlossenen Verbindungsleitungen überwacht und eine Aktualisierungsnachricht an alle übrigen Router sendet, sobald sich der Zustand ändert. Da jeder Router ausreichend Informationen erhält, um die gesamte Topologie des Netzwerks zu rekonstruieren, kann er mit Hilfe des Dijkstra-Algorithmus den Spanning-Tree des kürzesten Pfads mit sich selbst als Wurzel berechnen, um alle möglichen Ziele zu erreichen. Der Router benutzt diesen Baum dann, um den besten nächsten Hop für jedes von ihm weitergeleitete Paket zu ermitteln.

Um diesen Algorithmus nun so zu erweitern, dass er Multicast unterstützt, muss man lediglich die Gruppen, die Mitglieder an einer bestimmten Verbindungsleitung (LAN) haben, zu dem »Zustand« dieser Verbindungsleitung hinzufügen. Die einzige Frage lautet nun, wie jeder Router feststellt, welche Gruppen Mitglieder an welchen Verbindungsleitungen haben. Wie in Abschnitt 3.2.3 angedeutet, besteht die Lösung darin, dass man jeden Host periodisch dem LAN die Gruppen, denen er angehört, melden lässt. Der Router überwacht einfach das LAN nach solchen Meldungen. Sollten solche Advertisements nach einer bestimmten Zeit nicht mehr auftreten, nimmt der Router an, dass der Host die Gruppe verlassen hat.

Bei voller Kenntnis darüber, welche Gruppen Mitglieder an welchen Verbindungsleitungen haben, kann jeder Router – eben mit dem Dijkstra-Algorithmus – den *Multicast-Baum der kürzesten Pfade* von jeder Quelle zu jeder Gruppe berechnen. Bei dem Internetwork in Abb. 4.36, in der die schattierten Hosts zu Gruppe G gehören, würden die Router z.B. für die Quellen A, B und C die Multicast-Bäume

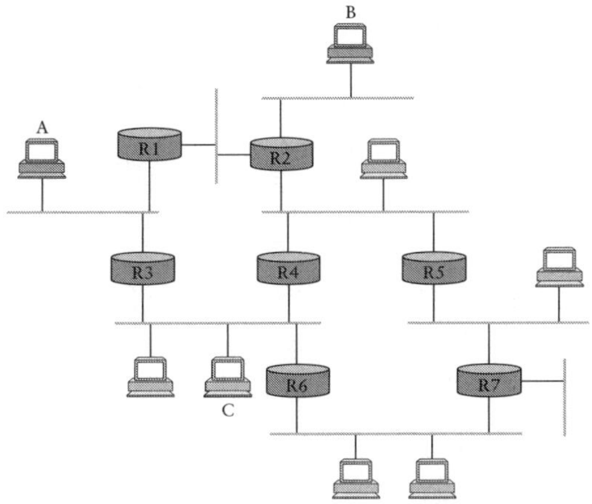

Abb. 4.36:
Beispiel eines Internetworks; die Mitglieder von Gruppe G sind schattiert.

der kürzesten Pfade von Abb. 4.37 berechnen. Die Router würden anhand dieser Bäume entscheiden, wie die an die Multicast-Gruppe G adressierten Pakete weiterzuleiten sind. Beispielsweise würde Router R3 ein Paket von Host A für Gruppe G an R6 weiterleiten.

Man beachte, dass jeder Router unter Umständen einen getrennten Multicast-Baum für die kürzesten Pfade von jeder Quelle zu jeder Gruppe verwalten muss. Das

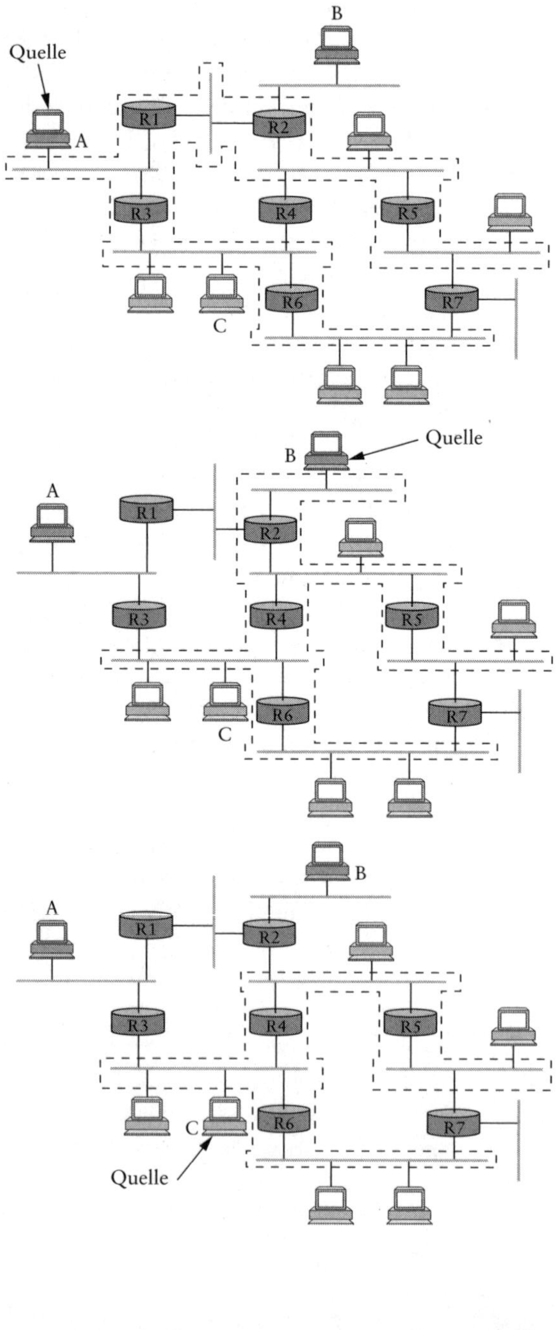

Abb. 4.37:
Beispiel mit Multicast-Bäumen für die kürzesten Pfade

ist natürlich sehr aufwändig. Deshalb berechnet der Router diese Bäume nur einmal und speichert sie in einem Cache – einen Baum für jedes momentan aktive Quelle/Gruppe-Paar.

4.4.2 Distanzvektor-Multicast

Die Erweiterung des Distanzvektor-Algorithmus um Multicast-Unterstützung ist etwas kniffliger, weil die Router nicht die gesamte Topologie des Internetworks kennen. Wie wir wissen, führt jeder Router vielmehr eine Tabelle aus Tupeln mit <Ziel, Kosten, Nächster Hop> und tauscht eine Liste mit <Ziel, Kosten>-Paaren mit seinen direkt verbundenen Nachbarn aus. Die Erweiterung dieses Algorithmus um Multicast ist ein zweistufiger Prozess. Zuerst müssen wir einen Broadcast-Mechanismus entwickeln, mit dem wir ein Paket an alle Netzwerke des Internetworks weiterleiten können. Danach müssen wir diesen Mechanismus so verfeinern, dass er Netzwerke ausklammert, von denen kein Host zur Multicast-Gruppe gehört.

Reverse-Path Broadcast (RPB)

Jeder Router weiß, dass der momentan kürzeste Pfad zu einem bestimmten Ziel über den nächsten Hop führt. Wenn der Router also ein Multicast-Paket von Quelle S empfängt, leitet er das Paket an alle abgehenden Verbindungsleitungen (außer derjenigen, auf der das Paket angekommen ist) weiter, falls das Paket auf der Verbindungsleitung angekommen ist, die der kürzeste Pfad zu S ist (d.h. das Paket kam *von* dem nächsten Hop, der für S in der Routing-Tabelle angegeben ist). Diese Strategie flutet Pakete von S auswärts, leitet aber keine Pakete zurück in Richtung S.

Diese Methode weist zwei entscheidende Nachteile auf. Erstens flutet sie wirklich das Netzwerk. Sie trifft keine Vorkehrungen für die Umgehung von LANs, die keine Mitglieder in der Multicast-Gruppe haben. Wir greifen dieses Problem im nächsten Unterabschnitt auf. Zweitens wird ein bestimmtes Paket über ein LAN von jedem an dieses LAN angeschlossenen Router weitergeleitet. Das ist auf die Weiterleitungsstrategie zurückzuführen, nach der Pakete auf alle Verbindungsleitungen geflutet werden, außer auf die, über die das Paket angekommen ist, ungeachtet dessen, ob diese Verbindungsleitungen Teil des von der Quelle ausgehenden Baums der kürzesten Pfade sind oder nicht.

Diese zweite Einschränkung lässt sich dadurch lösen, dass die doppelten Broadcast-Pakete vermieden werden, die erzeugt werden, wenn mehr als ein Router an ein bestimmtes LAN angeschlossen ist,. Ein möglicher Ansatz hierzu besteht darin, einen Router in bezug zur Quelle als »Eltern-Router« für jede Verbindungsleitung festzulegen, wobei es nur dem Eltern-Router gestattet ist, Multicast-Pakete von dieser Quelle über das LAN weiterzuleiten. Der Router, der über den kürzesten Pfad zu Quelle S verfügt, wird als Eltern-Router gewählt. Bei gleichem Abstand für zwei Router würde derjenige Router gewählt, der die kleinste Adresse hat. Anhand der Distanzvektor-Nachrichten, die ein bestimmter Router mit seinen Nachbarn austauscht, kann er erfahren, ob er (wieder in bezug zu jeder möglichen Quelle) der Eltern-Router für das LAN ist.

Diese Verfeinerung setzt voraus, dass jeder Router für jede Quelle ein Bit für jede seiner eigenen Verbindungsleitungen verwaltet, das anzeigt, ob er der Eltern-Router für ein Quelle/Verbindungsleitung-Paar ist. Man beachte, dass eine »Quelle« bei einem Internetwork ein Netzwerk und kein Host ist, weil ein Internetwork-Router nur daran interessiert ist, Pakete zwischen Netzwerken weiterzuleiten. Der sich daraus ergebende Mechanismus wird auch »Reverse-Path Broadcast« (RPB) genannt.

Reverse-Path Multicast (RPM)

RPB implementiert Broadcast der kürzesten Pfade. Wir möchten nun die Anzahl der Netzwerke verringern, welche die an Gruppe G adressierten Pakete empfangen, also jene ausschließen, deren Hosts nicht Mitglieder von G sind. Dies lässt sich in zwei Stufen erreichen. Erstens müssen wir erkennen, ob ein *Blattnetzwerk* (Leaf network) keine Gruppenmitglieder hat. Ob es sich bei einem Netzwerk um ein Blatt handelt, lässt sich leicht ermitteln: Falls der Eltern-Router – wie in RPB beschrieben – der einzige Router im Netzwerk ist, ist das Netzwerk ein Blatt. Ob sich in dem Netzwerk Gruppenmitglieder befinden, wird dadurch ermittelt, dass man jeden Host, der Mitglied von Gruppe G ist, periodisch diese Tatsache über das Netzwerk melden lässt, wie in Zusammenhang mit dem Link-State-Multicast bereits beschrieben. Der Router benutzt diese Information dann bei der Entscheidung, ob er ein an G adressiertes Multicast-Paket über dieses LAN weiterleitet.

Bei der zweiten Stufe wird diese Information – »keine Mitglieder von G hier« – über den Baum der kürzesten Pfade nach oben propagiert. Dies geschieht dadurch, dass der Router die Paare <Ziel, Kosten>, die er an seine Nachbarn sendet, um die Gruppen erweitert, an deren Empfang von Multicast-Paketen das Blattnetzwerk interessiert ist. Diese Information kann dann von Router zu Router weiter propagiert werden, sodass ein Router für jede seiner Verbindungsleitungen weiß, für welche Gruppen er Multicast-Pakete weiterleiten soll.

Man beachte, dass die Einbeziehung all dieser Informationen in die Routing-Aktualisierung ein relativ aufwändiges Unterfangen ist. Deshalb werden diese Informationen in der Praxis nur ausgetauscht, wenn eine Quelle damit beginnt, Pakete an diese Gruppe zu senden. Anders ausgedrückt: RPB wird benutzt, weil dadurch der grundlegende Distanzvektor-Algorithmus nur um einen geringen Overhead erhöht wird, bis eine bestimmte Multicast-Adresse aktiv wird. An diesem Punkt melden sich die Router, die nicht am Empfang von Paketen für diese Gruppe interessiert sind, und diese Information wird an die übrigen Router propagiert.

4.4.3 Protokollunabhängiges Multicast (PIM)

PIM wurde als Reaktion auf die Skalierungsprobleme existierender Multicast-Routing-Protokolle entwickelt. Vor allem erkannte man, dass die existierenden Protokolle nicht gut in Umgebungen skalieren, in denen ein relativ kleiner Anteil der Router Verkehr für eine bestimmte Gruppe empfangen möchte. Das Broadcasting von Verkehr an alle Router, bis diese ausdrücklich dazu auffordern, vom Verteiler entfernt zu werden, ist z.B. kein geeignetes Design, wenn die meisten Router von

Anfang an den Verkehr nicht empfangen wollen. Diese Situation tritt häufig genug auf, sodass PIM den Problemraum in »Sparse-« und »Dense-Mode« aufteilt. Da sich die existierenden Protokolle schlecht für die Sparse-Umgebung eignen, wurde dem Sparse-Mode des PIM viel Aufmerksamkeit gewidmet, und unsere Beschreibung in diesem Absatz konzentriert sich ebenfalls darauf.

Beim »PIM-Sparse-Mode« (PIM-SM) benutzen die Router so genannte Join- und Prune-Nachrichten des PIM-Protokolls, um einer Multicast-Gruppe ausdrücklich beizutreten bzw. sie zu verlassen. Die interessante Frage ist nun, wohin sie diese Nachrichten senden. Als Lösung weist PIM jeder Gruppe einen *Rendezvouspunkt* (RP) zu. Im allgemeinen werden mehrere Router in einer Domain als Kandidaten für RP konfiguriert, und PIM definiert eine Reihe von Prozeduren, mit denen alle Router einer Domain sich auf den Router einigen können, der als RP für eine bestimmte Gruppe benutzt werden soll. Diese Prozeduren sind eher komplex, weil sie viele verschiedene Szenarien bewältigen müssen, z.B. den Ausfall eines potenziellen RP und die Aufteilung einer Domain in zwei getrennte Netzwerke auf Grund einer Reihe von Leitungs- oder Knotenausfällen. In der restlichen PIM-Beschreibung gehen wir davon aus, dass alle Router in einer Domain die Unicast-IP-Adresse des RP einer bestimmten Gruppe kennen.

Ein Multicast-Weiterleitungsbaum wird dadurch aufgebaut, dass Router Join-Nachrichten an den RP senden. PIM-SM unterstützt die Bildung zweier Baumtypen: ein *gemeinsamer* Baum, der von allen Sendern benutzt werden darf, und ein *quellenspezifischer* Baum, bei dem dies nur von einem speziellen sendenden Host aus der Fall ist. Im normalen Betriebsmodus wird zuerst ein gemeinsamer Baum erzeugt. Anschließend werden einer oder mehrere quellenspezifische Bäume aufgebaut, falls dies durch ausreichend Verkehr angebracht erscheint. Da durch den Aufbau von Bäumen in den Routern entlang des Baums ein Zustand erzeugt wird, ist es wichtig, dass die Default-Lösung nur einen Baum für eine Gruppe und nicht einen für jeden Sender an eine Gruppe vorsieht.

Wenn ein Router eine Join-Nachricht in Richtung des RP einer Gruppe G sendet, wird sie mittels normalem IP-Unicast übertragen. Dies wird aus Abb. 4.38(a) deutlich, bei der Router R4 eine Join-Nachricht an den Rendezvouspunkt einer bestimmten Gruppe sendet. In der anfänglichen Join-Nachricht werden »Wildcards« verwendet, d.h. sie trifft auf alle Sender zu. Eine Join-Nachricht muss natürlich eine Reihe von Routern durchlaufen, bevor sie den RP (z.B. R2) erreicht. Jeder Router auf dem Weg sieht sich den Join an und erzeugt für den gemeinsamen Baum den Eintrag (*, G) in der Weiterleitungstabelle, wobei * »alle Sender« bedeutet. Um diesen Eintrag in der Weiterleitungstabelle zu erzeugen, sieht er sich das Interface an, über welches der Join angekommen ist, und kennzeichnet es als dasjenige, über das er Datenpakete für diese Gruppe weiterleiten soll. Dann bestimmt er das Interface, über das er den Join in Richtung RP weiterleiten muss. Das ist dann später das einzige akzeptable Interface für ankommende Pakete, die an diese Gruppe gesendet werden. Anschließend schickt er den Join zum RP. Wenn die Nachricht beim RP ankommt, ist die Baumstruktur fertiggestellt. Der so gebildete gemeinsame Baum ist in Abb. 4.38(a) als durchgezogene Linie vom RP zu R4 dargestellt.

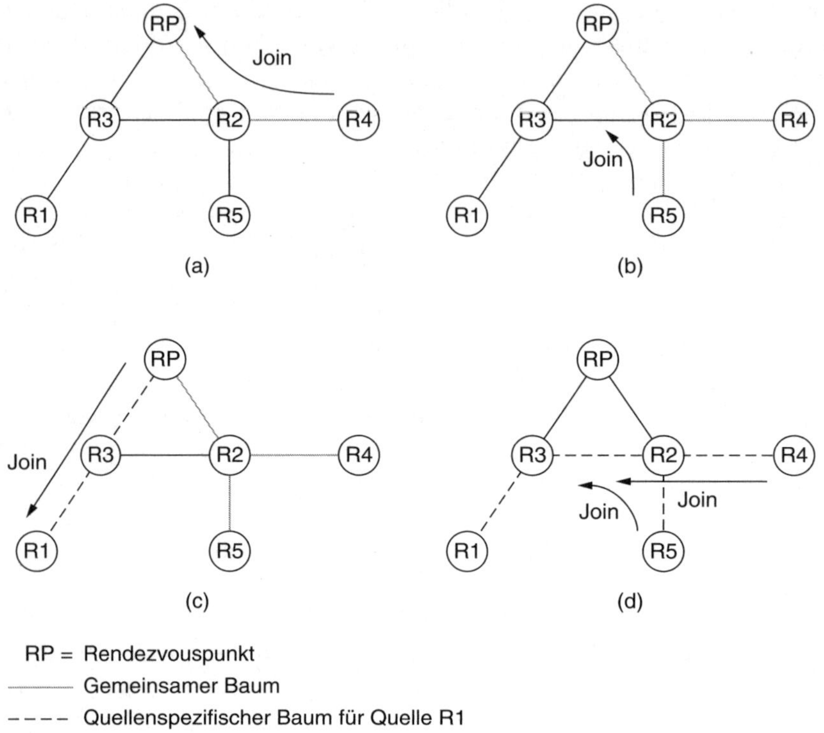

Abb. 4.38: PIM-Operation: (a) R4 sendet Join an den RP und tritt dem gemeinsamen Baum bei; (b) R5 tritt dem gemeinsamen Baum bei; (c) RP sendet Join an R1 und baut damit einen quellenspezifischen Baum zu R1; (d) R4 und R5 senden je einen Join an R1 und bauen damit einen quellenspezifischen Baum zu R1.

Jeder Join, der von einem Router an den RP gesendet wird, fügt eine weitere Verzweigung zum Baum hinzu, wie aus Abb. 4.38(b) ersichtlich wird. Man beachte, dass der Join in diesem Fall nur zu R2 fließen muss, der den Baum um eine neue Verzweigung einfach dadurch erweitern kann, dass er ein neues abgehendes Interface in den für diese Gruppe erzeugten Eintrag in der Weiterleitungstabelle einfügt. R2 muss den Join nicht an den RP weiterleiten. Man beachte auch, dass dieser Prozess letztendlich zum Aufbau eines Baums führt, der seine Wurzel im RP hat.

Möchte nun ein Host eine Nachricht an die Gruppe senden, erzeugt er ein Paket mit der Adresse der entsprechenden Multicast-Gruppe als Zieladresse und sendet es an einen Router in seinem lokalen Netzwerk. Dieser Router wird als *designierter Router* (DR) bezeichnet. Angenommen, der DR in Abb. 4.38 sei Router R1. Es gibt keinen Zustand für diese Multicast-Gruppe zwischen R1 und dem RP zu diesem Zeitpunkt. Statt das Multicast-Paket also einfach weiterzuleiten, »tunnelt« es R1 zum RP. Das heißt, R1 kapselt das Multicast-Paket in einem Unicast-IP-Paket, das er an die Unicast-IP-Adresse des RP sendet. Wie bei dem in Abschnitt 4.1.8 beschriebenen Tunnel-Endpunkt empfängt der RP das an ihn adressierte Paket, sieht sich die Nutzdaten des Unicast-Pakets an und findet darin ein an die Multicast-Adresse dieser Gruppe adressiertes IP-Paket. Der RP weiß natürlich, was er mit einem solchen Paket anzufangen hat. Er überträgt es über den gemeinsamen Baum, dessen Wurzel der RP ist. Bei dem Beispiel in Abb. 4.38 bedeutet das, dass der RP das Paket an R2 sendet, der seinerseits in der Lage ist, es an R4 und R5 weiterzuleiten. Die komplette Zustellung eines Pakets von R1 bis R4 und R5 wird aus Abb. 4.39 ersichtlich. Wir sehen das Paket auf seinem Weg von R1 zum RP. Dort wird es mit einem zusätzlichen IP-Header ausgestattet, der die Unicast-Adresse des RP enthält. Dann wird das an G adressierte Multicast-Paket über den gemeinsamen Baum zu R4 und R5 auf den Weg geschickt.

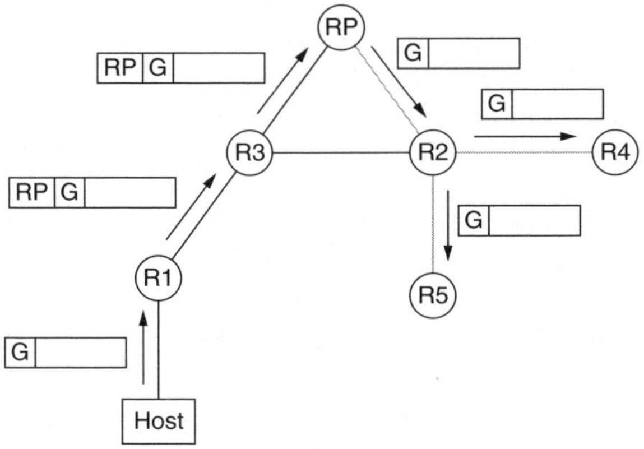

Abb. 4.39:
Übertragung eines Pakets über einen gemeinsamen Baum; R1 tunnelt das Paket an den RP, der es über den gemeinsamen Baum an R4 und R5 weiterleitet.

An diesem Punkt könnte man versucht sein, von einem Erfolg zu sprechen, da alle Hosts auf diese Weise an alle Empfänger senden können. Die Kapselung und Entkapselung von Paketen auf dem Weg zum RP führt aber zu einiger Ineffizienz hinsichtlich Bandbreite und Verarbeitung, sodass der RP die Wahl hat, den dazwischenliegenden Routern mehr Kenntnis über diese Gruppe zu geben, um das Tunneling zu vermeiden. Seine Entscheidung über das Wahrnehmen dieser Option basiert auf der Datenrate, in der Pakete von einer bestimmten Quelle ankommen. Nur wenn diese Rate so hoch ist, dass sich der Aufwand lohnt, tritt der RP in Aktion. In diesem Fall sendet er eine Join-Nachricht zum sendenden Host (Abb. 4.38(c)). Auf seinem Weg zum Host veranlasst dieser Join die Router auf dem Weg (R3), von der Gruppe Kenntnis zu nehmen, sodass der DR das Paket als »natives« (d.h. nicht getunneltes) Multicast-Paket an die Gruppe senden kann.

Ein wichtiges Detail sollte an diesem Punkt erwähnt werden: Die vom RP an den sendenden Host geschickte Join-Nachricht ist für diesen Sender spezifisch, während die vorher von R4 und R5 gesendeten auf alle Sender zutreffen. Der neue Join hat also zur Wirkung, in den Routern zwischen der identifizierten Quelle und dem RP einen *senderspezifischen* Zustand zu erzeugen. Das ist ein Zustand (S, G), der, weil er einen Sender an eine Gruppe betrifft, im Gegensatz zum Zustand (*, G) zwischen den Empfängern und dem RP installiert wurde und auf alle Sender zutrifft. In Abb. 4.38(c) sehen wir folglich eine quellenspezifische Route von R1 zum RP (durch die gestrichelte Linie gekennzeichnet) und einen Baum, der für alle Sender vom RP zu den Empfängern gültig ist (durch die durchgezogene Linie gekennzeichnet).

Als nächste mögliche Optimierung wird der gesamte gemeinsame Baum durch einen quellenspezifischen ersetzt. Das ist wünschenswert, weil der Weg vom Sender zum Empfänger über den RP wesentlich länger als der kürzestmögliche Pfad sein kann. Dies wird wiederum üblicherweise durch eine hohe Datenrate ausgelöst, die für einen Sender beobachtet wird. In diesem Fall sendet ein Router an dem von der Quelle abgewandten Ende des Baumes – in unserem Beispiel R4 – einen quellenspezifischen Join zur Quelle. Da die Nachricht auf dem kürzesten Pfad zum Ziel fließt, erzeugen die Router auf dem Weg den Zustand (S, G) für diesen Baum. Das Ergebnis ist ein Baum mit seiner Wurzel an der Quelle und nicht beim RP. Wenn R4 und R5 auf den quellenspezifischen Baum wechseln, erhalten wir den in Abb. 4.38(d) dargestellten Baum. Man beachte, dass RP in diesem Baum überhaupt nicht mehr einbezogen ist. Wir haben den gemeinsamen Baum der Einfachheit halber aus diesem Diagramm entfernt. In Wirklichkeit müssen aber alle Router mit Empfängern einer Gruppe für den Fall im gemeinsamen Baum bleiben, dass neue Sender auftauchen.

Daraus wird deutlich, warum PIM »protokollunabhängig« ist. Alle seine Mechanismen für den Aufbau und die Erhaltung von Bäumen hängen von dem in der Domain benutzten Unicast-Routing-Protokoll ab. Die Bildung von Bäumen wird gänzlich durch die Wege von Join-Nachrichten bestimmt. Welche Wege sie einschlagen, wird wiederum von der Wahl der kürzesten Pfade des Unicast-Routing bestimmt. Genauer gesagt, ist PIM also im Vergleich zu den übrigen in diesem Abschnitt beschriebenen Multicast-Routing-Protokollen, die entweder vom Link-State- oder vom Distanzvektor-Routing abgeleitet sind, »vom Unicast-Routing-Protokoll unabhängig«. Man beachte, dass PIM eng mit dem Internet-Protokoll verbunden ist, d.h. es ist bezüglich der Protokolle der Vermittlungsschicht nicht protokollunabhängig.

Das PIM-Design verdeutlicht erneut die Herausforderungen bei der Entwicklung skalierbarer Netzwerke, und wie Skalierbarkeit manchmal gegen die eine oder andere Art von Optimierung abgewogen werden muss. Der gemeinsame Baum ist sicherlich besser skalierbar als ein quellenspezifischer, da er die in Routern erfassten Zustände auf die Zahl der Gruppen gegenüber der Zahl der Sender mal der Zahl der Gruppen reduziert. Andererseits ist der quellenspezifische Baum oftmals notwendig, um effizientes Routing zu erzielen.

4.5 Multiprotocol Label Switching (MPLS)

Wir schließen unsere IP-Diskussion mit der Beschreibung einer Idee, die ursprünglich als Möglichkeit zur Leistungsverbesserung des Internet betrachtet wurde. Mit dieser als Multiprotocol Label Switching (MPLS) bezeichneten Idee wird versucht, einige Eigenschaften virtueller Leitungen mit der Flexibilität und Robustheit von Datagrammen zu kombinieren. Einerseits ist MPLS sehr eng mit der datagrammbasierten Architektur des Internet-Protokolls verbunden – es verlässt sich bei der

Ausübung seiner Aufgaben auf IP-Adressen und IP-Routing-Protokolle. Andererseits leiten MPLS-fähige Router Pakete auch durch Überprüfung von Labeln mit relativ kurzer, fester Länge weiter, und diese Label haben lokale Reichweite (local scope), genauso wie bei einem virtuellen leitungsbasierten Netzwerk. Vielleicht ist diese Vermählung zweier scheinbar gegensätzlicher Technologien die Ursache, dass MPLS in der Internet-Entwicklergemeinde eine etwas gemischte Aufnahme erfährt.

Bevor wir uns die Funktionsweise von MPLS ansehen, ist es angemessen, sich folgende Frage zu stellen: »Wozu ist es gut?« Für MPLS gibt es viele Argumente, jedoch insbesondere drei Dinge, für die es heute benutzt wird:

- Ermöglichung von IP-Fähigkeiten bei Geräten, die keine IP-Datagramme auf die übliche Weise weiterleiten können.
- Weiterleitung von IP-Paketen entlang »expliziter Routen« – vorberechnete Routen, die nicht unbedingt mit denen übereinstimmen, die normale IP-Routing-Protokolle wählen würden.
- Unterstützung bestimmter Arten virtueller privater Netzwerkdienste.

An dieser Stelle sollte beachtet werden, dass eines der ursprünglichen Ziele – Leistungsverbesserung – nicht auf der Liste steht. Dies hat eine Menge mit den Fortschritten zu tun, die in den letzten Jahren bei Weiterleitungsalgorithmen für IP-Router erzielt wurden, und mit den komplexen Faktoren in Bezug auf Header-Verarbeitung, die die Leistung bestimmen.

Am leichtesten lässt sich die Funktionsweise von MPLS verstehen, wenn man einige praktische Beispiele betrachtet. In den nächsten drei Abschnitten betrachten wir Beispiele, um die drei oben erwähnten Anwendungen von MPLS zu verdeutlichen.

4.5.1 Zielbasierte Weiterleitung

Eine der ersten Veröffentlichungen zur Einführung der Idee, Label an IP-Pakete anzuhängen, war die Arbeit von Chandranmenon und Varghese, in der die Autoren eine Methode namens »Threaded Indices« beschrieben. Eine sehr ähnliche Idee wird derzeit in MPLS-fähigen Routern implementiert. Das folgende Beispiel zeigt, wie sie funktioniert.

Man betrachte das Netzwerk in Abbildung 4.40. Jeder der beiden Router ganz rechts (R3 und R4) ist mit einem Netzwerk mit den Präfixen 10.1.1/24 bzw. 10.3.3/24 verbunden. Die übrigen Router (R1 und R2) haben Routing-Tabellen, die angeben, welche abgehende Schnittstelle jeder Router benutzen würde, um Pakete an eines dieser beiden Netzwerke weiterzuleiten.

Wenn MPLS in einem Router aktiviert ist, weist der Router jedem Präfix in seiner Routing-Tabelle ein Label zu und gibt seinen Nachbar-Routern sowohl das Label als auch den Präfix, den es darstellt, bekannt. Dieses »Advertisement« wird im »Label Distribution Protocol« transportiert (Abb. 4.41). Router R2 hat den Label-Wert 15 für das Präfix 10.1.1 und den Label-Wert 16 für das Präfix 10.3.3 zugewie-

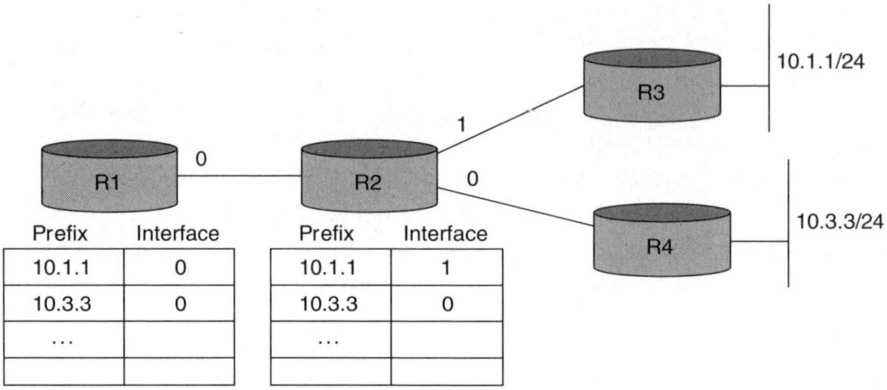

Abb. 4.40: Routing-Tabellen im Beispielnetzwerk

sen. Diese Label kann der zuweisende Router nach Belieben wählen; man kann sie sich als Indizes zur Routing-Tabelle vorstellen. Nach der Zuweisung der Label gibt R2 seinen Nachbarn die Label-Bindings bekannt; in diesem Fall sehen wir, dass R2 ein Binding zwischen Label 15 und Präfix 10.1.1 R1 bekannt gibt. Ein solches Advertisement bedeutet, dass R2 tatsächlich sagt, »Bitte hänge Label 15 an alle Pakete an, die an mich geschickt werden und für Präfix 10.1.1 bestimmt sind.« R1 speichert das Label in einer Tabelle zusammen mit dem Präfix, das es als »entferntes« oder »abgehendes« Label für Pakete darstellt, die er an dieses Präfix sendet.

In Abbildung 4.41(c) sehen wir ein weiteres Label-Advertisement von Router R3 an R2 für Präfix 10.1.1, und R2 ersetzt das »entfernte« Label, das er von R3 erfahren hat, an der entsprechenden Stelle in seiner Tabelle.

An diesem Punkt können wir sehen, was passiert, wenn ein Paket in diesem Netzwerk weitergeleitet wird. Angenommen, ein für die IP-Adresse 10.1.1.5 bestimmtes Paket kommt von links beim Router R1 an. R1 wird in diesem Fall als *Label Edge Router* (LER) bezeichnet. Ein LER führt eine komplette IP-Suche (IP Lookup) auf ankommende IP-Pakete durch und wendet als Ergebnis der Suche dann Label auf diese an. In diesem Fall würde R1 sehen, dass 10.1.1.5 mit dem Präfix 10.1.1 in seiner Weiterleitungstabelle übereinstimmt, und dass dieser Eintrag sowohl eine abgehende Schnittstelle als auch einen entfernten Label-Wert enthält. R1 hängt folglich das entfernte Label 15 an das Paket an, bevor er es verschickt.

Wenn das Paket bei R2 ankommt, sieht sich R2 das Label im Paket an. Die Weiterleitungstabelle in R2 weist darauf hin, dass Pakete, die mit einem Label-Wert von 15 ankommen, über Schnittstelle 1 abgeschickt werden sollen, und dass sie den Label-Wert 24 tragen sollten, gemäß Advertisement von Router R3. Deshalb schreibt bzw. kehrt R2 das Label um und leitet es an R3 weiter.

Was wurde mit all dieser Anwendung und Umkehrung (Swapping) von Labeln erreicht? Man beachte folgendes: Wenn R2 das Paket in diesem Beispiel weiterleitet, muss er tatsächlich nie die IP-Adresse prüfen. Stattdessen sah sich R3 nur das

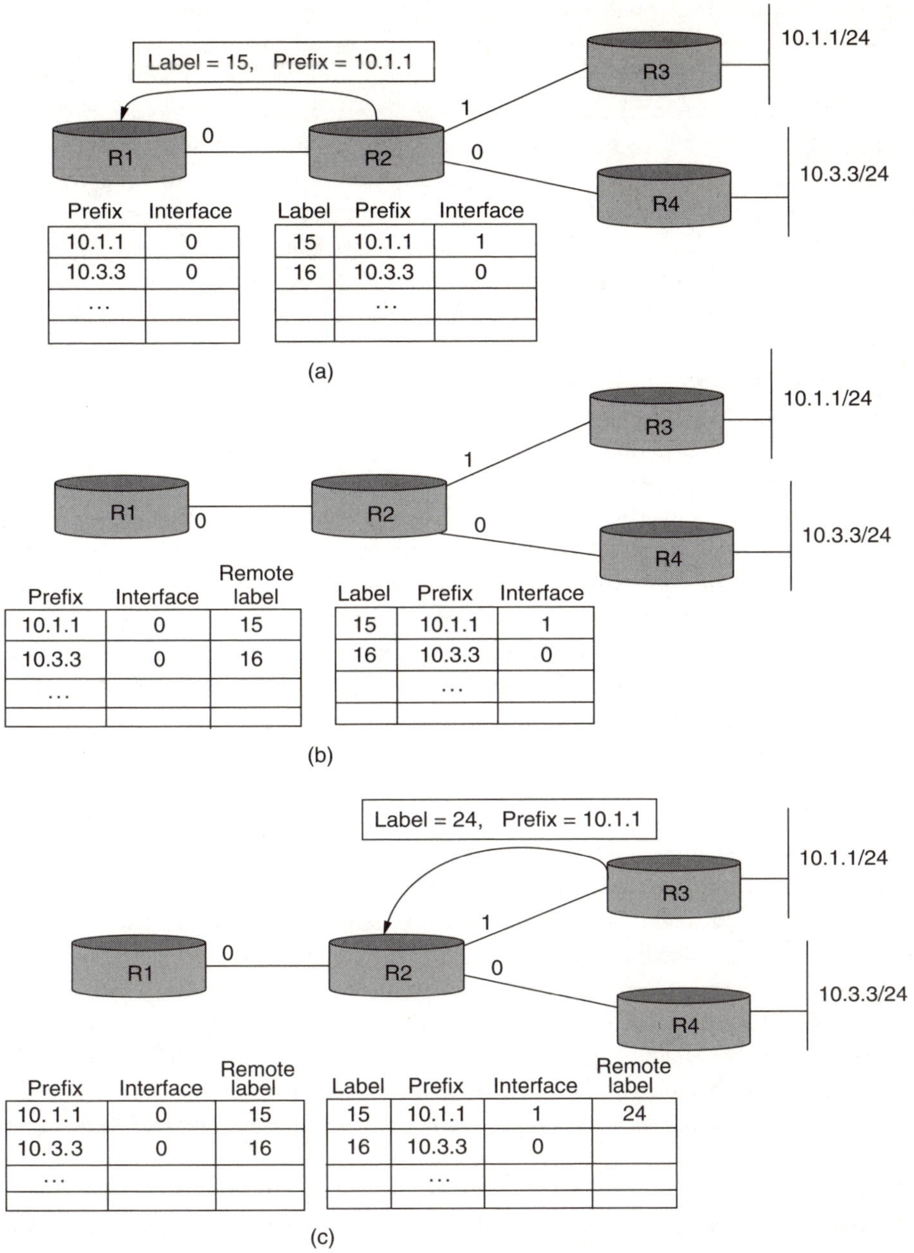

Abb. 4.41: (a) R2 weist Label zu und gibt R1 die Bindings bekannt. (b) R1 speichert die empfangenen Label in einer Tabelle. (c) R3 gibt ein weiteres Binding bekannt, und R2 speichert das empfangene Label in einer Tabelle.

ankommende Label an. Folglich haben wir die normale IP-Zieladresssuche durch eine Label-Suche ersetzt. Um zu verstehen, warum dies bedeutsam ist, rufen wir uns ins Gedächtnis, dass IP-Adressen immer die gleiche, IP-Präfixe aber eine variable

Länge haben und der IP-Zieladresssuchalgorithmus die *größte Übereinstimmung* – das längste Präfix, das mit den höherwertigen Bits in der IP-Adresse des weiterzuleitenden Pakets übereinstimmt – finden muss. Demgegenüber ist der eben beschriebene Label-Weiterleitungsmechanismus ein *exakter Übereinstimmungs*algorithmus. Es ist möglich, einen sehr einfachen, genauen Übereinstimmungsalgorithmus zu implementieren, z. B. durch Verwendung des Labels als Index auf ein Array, wobei jedes Element im Array einer Zeile in der Weiterleitungstabelle entspricht.

Man beachte auch, dass der Weiterleitungsalgorithmus zwar von der längsten auf eine genaue Übereinstimmung abgeändert wurde, der Routing-Algorithmus aber jeder IP-Standard-Routing-Algorithmus (z. B. OSPF) sein kann. Der Pfad, den ein Paket in dieser Umgebung verfolgen würde, ist genau der gleiche Pfad, den es verfolgen würde, wenn MPLS nicht im Spiel wäre – der von den IP-Routing-Algorithmen gewählte Pfad. Alles, was sich geändert hat, ist der Weiterleitungsalgorithmus.

Die größte Auswirkung der Änderung des Weiterleitungsalgorithmus ist, dass Geräte, die normalerweise nicht wissen, wie man IP-Pakete weiterleitet, in einem MPLS-Netzwerk benutzt werden können. Die beachtenswerteste frühe Anwendung dieses Ergebnisses fand in ATM-Switchen statt, die MPLS unterstützen können, ohne ihre Weiterleitungshardware ändern zu müssen. ATM-Switche unterstützen den gerade beschriebenen Label-Swapping-Weiterleitungsalgorithmus, und durch Ausstattung dieser Switche mit IP-Routing-Protokollen und einer Methode zur Verteilung von Label-Bindings könnten sie in *Label Switching Router* (LSR) – Geräte, die IP-Kontrollprotokolle ausführen, jedoch den Label-Switching-Weiterleitungsalgorithmus anwenden – umfunktioniert werden. Seit Kurzem wird die gleiche Idee auf optische Switches von der Art, die in Abschnitt 3.1.2 beschrieben wurden, angewandt.

Bevor wir die angeführten Vorteile der Umwandlung eines ATM-Switch in einen LSR betrachten, sollten wir einige Dinge klären. Wir haben gesagt, dass Label an Pakete »angehängt« werden, doch wo genau werden sie angehängt? Die Antwort hängt von der Art der Verbindung ab, über die Pakete transportiert werden. Zwei übliche Methoden für die Beförderung von Labeln an Paketen sind in Abbildung 4.42 dargestellt. Wenn IP-Pakete als komplette Rahmen (Frames) befördert werden, was bei den meisten Verbindungsarten, wie z. B. Ethernet, Token-Ring und PPP, üblich ist, wird das Label als »Keil« zwischen dem Header der Schicht 2 und dem IP-Header (oder einem anderen Header der Schicht 3) eingefügt, wie in Abbildung 4.42(b) dargestellt.

Soll ein ATM-Switch allerdings als MPLS LSR funktionieren, muss das Label dort vorhanden sein, wo es der Switch benutzen kann, und das heißt, dass es im ATM-Zellen-Header genau dort sein muss, wo man normalerweise die VCI- und VPI-Felder findet, wie in Abbildung 4.42(a) dargestellt.

Welche Schicht ist MPLS?

Es gibt viele Debatten darüber, wohin MPLS in den geschichteten Protokollarchitekturen, die in Abschnitt 1.3 beschrieben wurden, gehört. Da der MPLS-Header normalerweise zwischen Headern der Schichten 3 und 2 in einem Paket angesiedelt ist, wird er manchmal auch als Schicht-2,5-Protokoll bezeichnet. Einige argumentieren, dass MPLS »unterhalb« von IP liegen muss, weil IP-Pakete in MPLS-Headern verkapselt werden, womit es ein Schicht-2-Protokoll wäre. Andere argumentieren, dass sich MPLS auf der gleichen Schicht wie IP (d. h. Schicht 3) befinden muss, weil die Kontrollprotokolle für MPLS größtenteils die gleichen Protokolle wie IP sind – MPLS benutzt IP-Routing-Protokolle und IP-Adressierung. Wie in Abschnitt 1.3 erwähnt, sind geschichtete Architekturen nützliche Werkzeuge, können aber nicht immer die wirkliche Welt genau beschreiben. MPLS ist ein gutes Beispiel dafür, wo strikte schichtenorientierte Ansichten nur schwerlich mit der Wirklichkeit vereinbar sind.

Nachdem wir uns nun ein Schema ausgedacht haben, mit dem ein ATM-Switch als LSR funktionieren kann, stellt sich die Frage, was wir gewonnen haben. Eine Sache, die es festzustellen gilt, ist, dass wir jetzt ein Netzwerk bauen könnten, das eine Mischung aus konventionellen IP-Routern, Label-Edge-Routern und als LSR funktionierenden ATM-Switchen verwendet, wobei alle diese Router und Switche die gleichen Routing-Protokolle benutzen würden. Um die Vorteile der Verwendung der gleichen Protokolle zu verstehen, betrachten wir eine Alternative. In Abbildung 4.43(a) sehen wir eine Reihe von Routern, die durch virtuelle Leitungen über ein ATM-Netzwerk miteinander verbunden sind, eine Konfiguration also, die man als »Overlay«-Netzwerk bezeichnet. Zu einem bestimmten Zeitpunkt wurden Netzwerke dieses Typs häufig gebaut, weil die kommerziell erhältlichen ATM-Switche insgesamt einen höheren Durchsatz als Router boten. Heute sind Netzwerke wie dieses weniger üblich, weil Router die ATM-Switche eingeholt haben und teilweise sogar übertreffen. Diese Netzwerke sind allerdings auf Grund des beträchtlichen Installationsbestands an ATM-Switches in Netzwerk-Backbones immer noch vorhanden. Dies ist teilweise darauf zurückzuführen, dass ATM eine Reihe von Fähigkeiten, wie z. B. Leitungsemulation und virtuelle Leitungsdienste, unterstützt.

In einem Overlay-Netzwerk würde man jeden Router potenziell mit jedem der übrigen Router über eine virtuelle Leitung verbinden, der besseren Verständlichkeit halber haben wir in diesem Fall aber nur die Leitungen von R1 zu allen seinen Partner-Routern dargestellt. R1 hat fünf Routing-Nachbarn und muss mit allen von ihnen Routing-Protokoll-Nachrichten austauschen. Wir sagen, dass R1 fünf Routing-Anrainer (Adjacencies) hat. Demgegenüber wurden die ATM-Switche in Abbildung 4.43(b) durch LSR abgelöst. Zum Zusammenschluss der Router gibt es keine virtuellen Leitungen mehr. Somit hat R1 nur einen Anrainer, nämlich LSR1. In größeren Netzwerken führt die Benutzung von MPLS in den Switches zu einer beträcht-

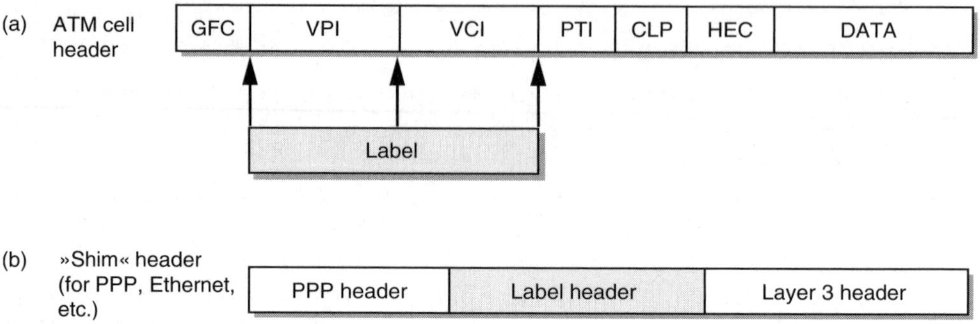

Abb. 4.42: (a) Label auf einem ATM-gekapselten Paket. (b) Label auf einem Rahmen-gekapselten Paket

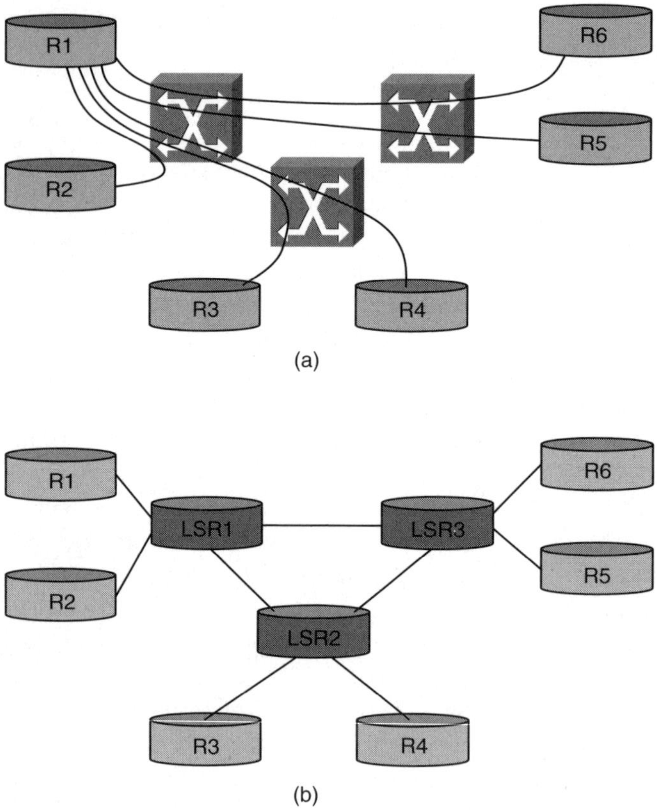

Abb. 4.43: (a) Router sind miteinander über ein »Overlay« aus virtuellen Leitungen verbunden. (b) Unmittelbare Router-Partnerschaften mit LSR.

lichen Reduzierung der Anzahl von Anrainern, die jeder Router verwalten muss. Außerdem kann sich der Arbeitsumfang, den die Router haben, um sich gegenseitig über Topologieänderungen zu informieren, erheblich verringern.

Ein zweiter Vorteil der Ausführung der gleichen Routing-Protokolle in Edge-Routern und LSR ist, dass die Edge-Router jetzt eine vollständige Kenntnis der Netzwerktopologie haben. Dies bedeutet, dass die Edge-Router eine bessere Möglichkeit haben, einen guten neuen Pfad zu wählen, wenn eine Verbindung oder ein Knoten im Netzwerk ausfällt, als wenn die ATM-Switches um die betroffenen virtuellen Leitungen herumleiten, ohne dass die Edge-Router davon Kenntnis erlangen.

Man beachte, dass die »Ablösung« von ATM-Switches durch LSR tatsächlich durch Änderung der Protokolle, die in den Switches laufen, erreicht wird, während normalerweise keine Änderung der Weiterleitungshardware erforderlich ist. Das heißt, ein ATM-Switch kann oft allein durch Aufrüstung seiner Software in einen MPLS LSR konvertiert werden. Des weiteren kann ein MPLS LSR bei Bedarf weiterhin ATM-Standardfähigkeiten unterstützen und gleichzeitig die MPLS-Kontrollprotokolle ausführen.

Vor Kurzem wurde die Idee der Ausführung von IP-Kontrollprotokollen in Geräten, die von Haus aus keine IP-Pakete weiterleiten können, auf optische Switches und TDM-Geräte, wie z. B. SONET-Multiplexer, erweitert. Dies wird als *generalisiertes MPLS* (GMPLS) bezeichnet. Ein Teil der Motivation für GMPLS war die Bereitstellung von Routern mit topologischer Kenntnis eines optischen Netzwerks, genau wie im ATM-Fall. Sogar noch wichtiger war die Tatsache, dass es für die Steuerung von optischen Geräten keine Standardprotokolle gibt, sodass MPLS ein natürlicher Kandidat für diesen Job schien.

4.5.2 Explizites Routing

In Abschnitt 3.1.3 führten wir das Konzept des Source-Routing ein. IP hat eine Source-Routing-Option, die aber aus mehreren Gründen nicht häufig benutzt wird, u. a. auf Grund der Tatsache, dass nur eine begrenzte Anzahl von Hops spezifiziert werden kann, und weil sie in den meisten Routern normalerweise außerhalb des »Fast Path« verarbeitet wird.

MPLS bietet eine bequeme Möglichkeit, Fähigkeiten hinzuzufügen, die mit dem Source-Routing in IP-Netzwerken vergleichbar sind, obwohl dies häufiger »explizites Routing« als »Source-Routing« genannt wird. Ein Grund für diese Unterscheidung ist, dass es normalerweise nicht die wirkliche Quelle eines Pakets ist, die die Route auswählt. Häufiger ist es einer der Router im Innern eines Service-Provider-Netzwerks. Abbildung 4.44 zeigt ein Beispiel, wie die explizite Routing-Fähigkeit von MPLS angewandt werden kann. Diese Art von Netzwerk wird auf Grund ihrer Form oft als »Fisch«-Netz bezeichnet (die Router R1 und R2 bilden den Schwanz und R7 ist am Kopf).

Angenommen, der Betreiber des Netzwerks in Abbildung 4.44 hat entschieden, dass der von R1 zu R7 fließende Verkehr den Pfad R1-R3-R6-R7 und der von R2 zu R7 fließende Verkehr den Pfad R2-R3-R4-R7 verfolgen sollten. Ein Grund für eine solche Entscheidung wäre eine sinnvolle Auslastung der Kapazität, die auf den beiden Pfaden von R3 zu R7 verfügbar ist. Dies lässt sich mit normalem IP-Routing

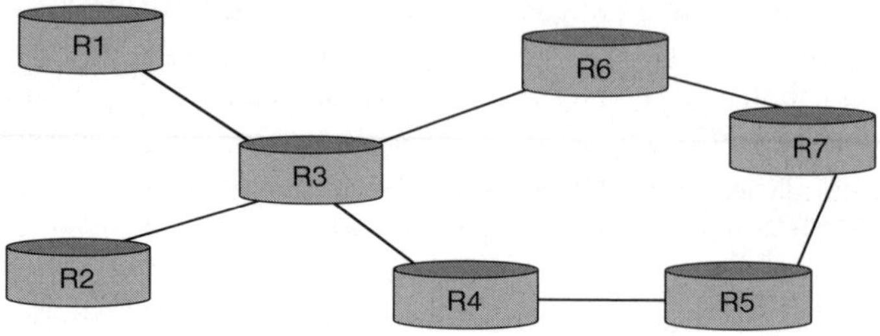

Abb. 4.44: Ein Netzwerk, das explizites Routing erfordert

nicht leicht erreichen, weil es R3 nicht kümmert, woher der Verkehr kam, wenn er seine Weiterleitungsentscheidungen trifft.

Da MPLS zur Weiterleitung von Paketen Label-Swapping verwendet, ist es recht einfach, mit MPLS-fähigen Routern das gewünschte Routing zu erreichen. Wenn R1 und R2 Label an Pakete anhängen, bevor sie diese an R3 senden, kann R3 die Pakete von R1 und R2 auf unterschiedlichen Pfaden weiterleiten. Die dann zu beantwortende Frage ist, »Wie einigen sich alle Router im Netzwerk auf die Verwendung welcher Label und wie sollen sie Pakete mit bestimmten Labeln weiterleiten?« Selbstverständlich können wir nicht die gleichen Prozeduren verwenden, die im vorherigen Abschnitt beschrieben wurden, um Label zu verteilen, weil diese Prozeduren Label festlegen, die Pakete dazu veranlassen, die normalen, vom IP-Routing ausgewählten Pfade zu benutzen, also genau das tun, was wir zu vermeiden versuchen. Stattdessen ist ein neuer Mechanismus erforderlich. Bei dem für diese Aufgabe benutzten Protokoll handelt es sich um das Resource Reservation Protocol (RSVP). Wir befassen uns mit diesem Protokoll näher in Abschnitt 6.5.2. Vorläufig genügt zu wissen, dass es möglich ist, eine RSVP-Nachricht auf einem explizit spezifizierten Pfad (z. B. R1-R3-R6-R7) zu versenden und sie zu benutzen, um auf dem Weg über diesen Pfad Label-Einträge in die Weiterleitungstabelle zu schreiben. Dies ähnelt sehr dem Prozess der Einrichtung einer virtuellen Leitung (siehe Abschnitt 3.1.2).

Eine der Anwendungen für explizites Routing ist »Traffic-Engineering«, das sicherstellen soll, dass in einem Netzwerk ausreichend Ressourcen verfügbar sind, um die an dieses Netzwerk gestellten Anforderungen zu erfüllen. Die genaue Kontrolle der Pfade, über die der Verkehr fließt, ist ein wichtiger Teil des Traffic-Engineering. Explizites Routing kann auch helfen, Netzwerke robuster gegen Ausfälle zu gestalten, indem man eine Fähigkeit namens *Fast Reroute* benutzt. Beispielsweise ist es möglich, einen Pfad von Router A zu Router B im Voraus zu berechnen, der ausdrücklich eine bestimmte Verbindung L umgeht. Sollte diese Verbindung L ausfallen, könnte Router A den gesamten, an B gerichteten Verkehr über den vorberechneten Pfad senden. Die Kombination der Vorausberechnung des »Backup-Pfads« mit dem expliziten Routing von Paketen auf diesem Pfad bedeutet, dass A nicht auf Routing-Protokoll-Pakete auf ihrem Weg durch das Netzwerk oder auf die Ausführung von Routing-Algorithmen durch verschiedene andere Knoten im Netzwerk warten muss. Unter bestimmten Umständen kann dies die Zeit, die nötig ist, um Pakete um einen Ausfallpunkt herumzuleiten, erheblich reduzieren.

Ein letzter beachtenswerter Punkt über explizites Routing ist, dass explizite Routen nicht wie im obigen Beispiel von einem Netzwerkbetreiber berechnet werden müssen. Es gibt eine Reihe von Algorithmen, die Router verwenden können, um explizite Routen automatisch zu berechnen. Der häufigste dieser Algorithmen wird als *Constrained Shortest Path First* (CSPF) bezeichnet, der den in Abschnitt 4.2.3 beschriebenen Link-State-Algorithmen ähnelt, der aber auch »Einschränkungen« (Constraints) berücksichtigt. Wenn es beispielsweise erforderlich ist, einen Pfad von R1 zu R7 zu finden, der eine angebotene Last von 100 Mbit/s befördern kann, könnten wir sagen, die »Einschränkung« besteht darin, dass jede Verbindung eine verfügbare Kapazität von mindestens 100 Mbit/s haben muss. CSPF greift diese Art von Problemen auf. Weitere Einzelheiten über CSPF und die Anwendungen für explizites Routing findet der Leser im Abschnitt »Weiterführende Literatur« am Ende dieses Kapitels.

4.5.3 Virtuelle private Netzwerke und Tunnel

Wir haben in Abschnitt 4.1.8 erstmals von virtuellen privaten Netzwerken (VPNs) gesprochen und angemerkt, dass die Verwendung von Tunneln eine Möglichkeit ist, sie aufzubauen. MPLS stellt eine prinzipielle Möglichkeit für den Aufbau von Tunneln dar und eignet sich daher für den Aufbau von VPNs unterschiedlicher Typen.

Die am leichtesten zu verstehende Form eines MPLS-VPN ist ein VPN der »Schicht 2«. Bei diesem VPN-Typ wird MPLS benutzt, um Daten der Schicht 2 (z. B. Ethernet-Rahmen oder ATM-Zellen) durch ein aus MPLS-fähigen Routern bestehendes Netzwerk zu schleusen. Wir wissen aus Abschnitt 4.1.8, dass einer der Gründe für Tunnel die Bereitstellung eines Netzwerkdienstes (z. B. Multicast) ist, der von einigen Routern im Netzwerk nicht unterstützt wird. Die gleiche Logik trifft hier zu: IP-Router sind keine ATM-Switches, sodass wir keinen ATM-VC-Dienst in einem Netzwerk mit konventionellen Routern bereitstellen können. Wenn wir allerdings zwei durch einen Tunnel verbundene Router hätten, könnten diese Router ATM-Zellen durch den Tunnel senden und eine ATM-Leitung emulieren. Diese Technik wird innerhalb der IETF als *Pseudowire Emulation* bezeichnet. Abbildung 4.45 zeigt die Idee.

Wir haben bereits gesehen, wie IP-Tunnel aufgebaut werden: Der Router am Eingang des Tunnels wickelt die durch den Tunnel zu schleusenden Daten in einen IP-Header (den »Tunnel-Header«) ein, der die Adresse des Routers am anderen Ende des Tunnels enthält, und versendet die Daten wie jedes andere IP-Paket. Der empfangende Router nimmt das Paket mit seiner eigenen Adresse im Header entgegen, streift den Tunnel-Header ab, und findet die durch den Tunnel geschleusten Daten, die er dann verarbeitet. Was genau er mit diesen Daten macht, hängt davon ab, um was es sich bei diesen Daten handelt. Handelt es sich beispielsweise um ein weiteres IP-Paket, würde er es wie ein normales IP-Paket weiterleiten. Es muss aber kein IP-Paket sein, solange der empfangende Router weiß, was er mit anderen als IP-Paketen machen muss. Wir wenden uns der Frage, wie IP-fremde Daten behandelt werden, in einem Augenblick wieder zu.

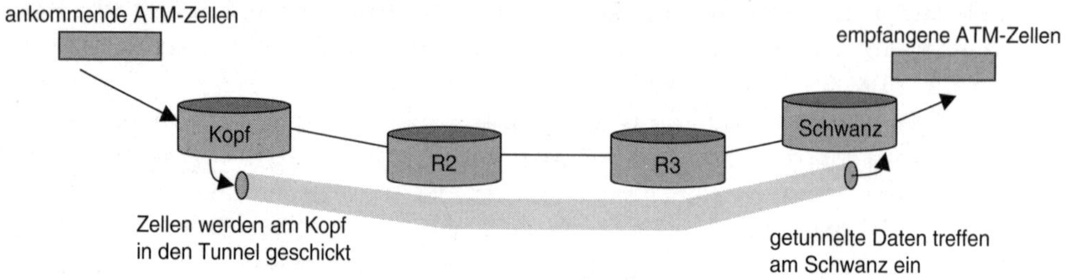

Abb. 4.45: Eine ATM-Leitung wird von einem Tunnel emuliert.

Ein MPLS-Tunnel ist nichts viel anderes als ein IP-Tunnel, außer dass der »Tunnel-Header« aus einem MPLS-Header statt einem IP-Header besteht. Wir werfen einen Blick zurück zu unserem ersten Beispiel in Abbildung 4.41. Wir haben gesehen, dass Router R1 an jedes Paket, das er in Richtung Präfix 10.1.1 sendet, ein Label (15) anhängt. Ein solches Paket würde dann den Pfad R1-R2-R3 verfolgen, wobei jeder Router auf dem Pfad nur das MPLS-Label prüfen würde. Folglich besteht keine Anforderung, dass R1 nur IP-Pakete auf diesem Pfad sendet – beliebige Daten könnten in den MPLS-Header eingewickelt werden, und diese würden den gleichen Pfad verfolgen, weil die dazwischenliegenden Router nie über den MPLS-Header hinaussehen. In dieser Hinsicht verhält sich ein MPLS-Header genau wie ein IP-Tunnel-Header.[7] Das einzige Problem beim Versenden von IP-fremdem Verkehr durch einen Tunnel, mit oder ohne MPLS, ist folgendes: Was fangen wir mit IP-fremdem Verkehr an, wenn er das Ende des Tunnels erreicht? Die generelle Lösung ist es, mit den Tunnel-Nutzdaten eine Art Demultiplex-Identifizierer mitzuschicken, der dem Router am Ende des Tunnels sagt, was er machen soll. Ein MPLS-Label eignet sich hervorragend als solcher Identifizierer. Ein Beispiel soll dies verdeutlichen.

Angenommen, wir möchten ATM-Zellen über einen Tunnel von einem Router zu einem anderen durch ein Netzwerk mit MPLS-fähigen Routern senden, wie in Abbildung 4.45. Des weiteren nehmen wir an, dass es unser Ziel ist, eine virtuelle ATM-Leitung zu emulieren, d. h. Zellen kommen am Eingang oder Kopf des Tunnels auf einem bestimmten Eingangs-Port mit einem bestimmten VCI an und sollen das andere Ende des Tunnels über einen bestimmten Ausgangs-Port und mit einem potenziell unterschiedlichen VCI verlassen. Dies lässt sich durch Konfiguration des »Kopf«- und »Schwanz«-Routers wie folgt erreichen:

- Der Kopf-Router muss mit dem Eingangsport, dem Eingangs-VCI, dem »Demultiplex-Label« für diese emulierte Leitung und der Adresse des Tunnelende-Routers konfiguriert werden.
- Der Schwanz-Router muss mit dem Ausgangsport, dem Ausgangs-VCI und dem Demultiplex-Label konfiguriert werden.

7. Man beachte aber, dass ein MPLS-Header nur 4 Byte lang ist, während ein IP-Header 20 Byte umfasst, was darauf hindeutet, dass sich mit MPLS Bandbreite einsparen lässt.

Nachdem die Router mit diesen Informationen versorgt wurden, können wir sehen, wie eine ATM-Zelle weitergeleitet werden würde. Abbildung 4.46 zeigt die Schritte.

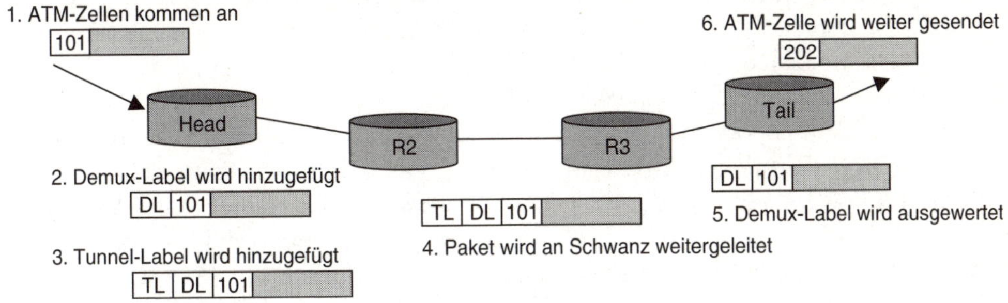

Abb. 4.46: Weiterleitung von ATM-Zellen durch einen Tunnel

1 Eine ATM-Zelle kommt auf dem bezeichneten Eingangs-Port mit dem entsprechenden VCI-Wert (in diesem Beispiel 101) an.

2 Der Kopf-Router hängt das Demultiplex-Label an, das die emulierte Leitung identifiziert.

3 Der Kopf-Router hängt dann ein zweites Label an, bei dem es sich um das Tunnel-Label handelt, das dafür sorgt, dass das Paket den Schwanz-Router erreicht. Dieses Label wird durch Mechanismen bekannt gegeben, die den in Abschnitt 4.5.1 beschriebenen ähneln.

4 Router zwischen dem Kopf und dem Schwanz leiten das Paket nur unter Verwendung des Tunnel-Labels weiter.

5 Der Schwanz-Router entfernt das Tunnel-Label, findet das Demultiplex-Label und erkennt die emulierte Leitung.

6 Der Schwanz-Router modifiziert den ATM-VCI auf den korrekten Wert (in diesem Fall 202) und versendet ihn über den richtigen Port.

Ein Punkt in diesem Beispiel dürfte überraschen: An das Paket wurden zwei Label angehängt. Das ist eines der interessanten Merkmale von MPLS – Label können in jeder beliebigen Tiefe an einem Paket »gestapelt« werden. Dies bietet einige nützliche Skalierungsmöglichkeiten. In diesem Beispiel ermöglicht es, dass ein einziger Tunnel für eine potenziell große Anzahl emulierter Leitungen dienen kann.

Die gleichen Techniken wie hier beschrieben können angewandt werden, um viele andere Dienste der Schicht 2 zu emulieren, darunter Frame-Relay und Ethernet. Man beachte, dass praktisch identische Fähigkeiten mit Hilfe von IP-Tunneln bereitgestellt werden können. Der wesentliche Vorteil von MPLS ist hier der kürzere Tunnel-Header.

Bevor MPLS benutzt wurde, um Schicht-2-Dienste durch Tunnel anzubieten, wurde es auch zur Unterstützung von *Schicht-3-VPNs* benutzt. Wir wollen uns an dieser Stelle nicht mit den Einzelheiten von Schicht-3-VPNs befassen, die recht komplex sind. Der Leser findet einige gute Quellen für weitere Informationen im Abschnitt »Weiterführende Literatur« am Ende dieses Kapitels. Wir wollen aber darauf hinweisen, dass Schicht-3-VPNs heute eine der beliebtesten Verwendungen von MPLS darstellen. Sie nutzen MPLS-Label auch in Stapeln, um Pakete durch ein IP-Netzwerk zu schleusen. Die durch Tunnel beförderten Pakete sind allerdings IP-Pakete – daher die Bezeichnung »Schicht-3-VPNs«. In einem Schicht-3-VPN betreibt ein einzelner Service-Provider ein Netzwerk aus MPLS-fähigen Routern und bietet einer beliebigen Zahl von Einzelkunden einen »virtuellen privaten« IP-Netzwerkdienst. Das heißt, jeder Kunde des Providers verfügt über eine gewisse Anzahl an Standorten, und der Service-Provider schafft für jeden Kunden die Illusion, dass es keine weiteren Kunden im Netzwerk gibt. Der Kunde sieht ein IP-Netzwerk, das lediglich seine und keine anderen Standorte untereinander verbindet. Dies bedeutet, dass jeder Kunde hinsichtlich des Routing und der Adressierung von allen übrigen Kunden isoliert ist. Kunde A kann keine Pakete direkt an Kunde B senden, und umgekehrt.[8] Kunde A kann sogar IP-Adressen benutzen, die auch von Kunde B benutzt werden. Das grundlegende Konzept ist in Abbildung 4.47 dargestellt. Wie in Schicht-2-VPNs wird MPLS benutzt, um Pakete von einem Standort zu einem anderen durch Tunnel zu befördern. Die Konfiguration der Tunnel erfolgt allerdings

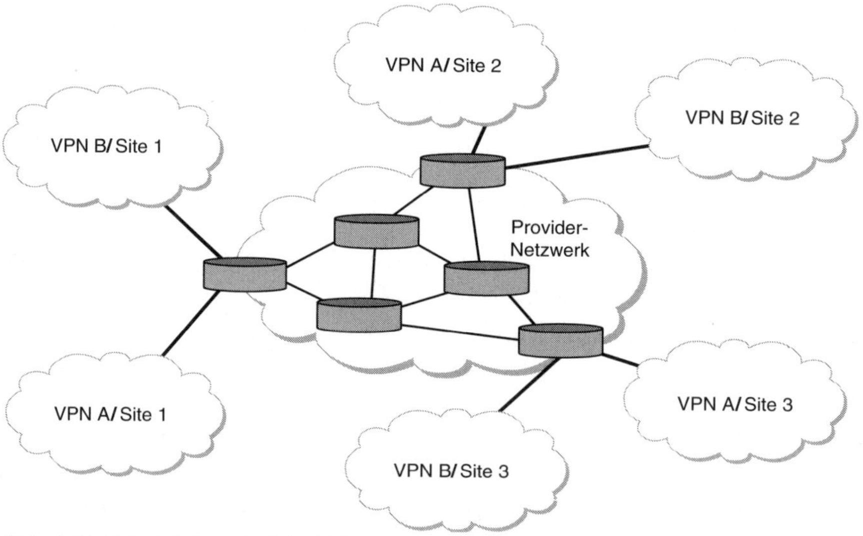

Abb. 4.47: Beispiel eines Schicht-3-VPN. Die Kunden A und B erhalten je einen virtuellen privaten IP-Dienst von ein und demselben Provider.

8. Tatsächlich *kann* Kunde A normalerweise Daten an Kunde B in begrenztem Umfang senden. Höchstwahrscheinlich haben die Kunden A und B einen Anschluss zum globalen Internet, sodass es für Kunde A möglich ist, beispielsweise E-Mail-Nachrichten an den Mail-Server im Netzwerk von Kunde B zu schicken. Die von einem VPN gebotene »Vertraulichkeit« hindert Kunde A am unbegrenzten Zugang zu allen Maschinen und Subnetzwerken im Netzwerk von Kunde B.

automatisch durch eine relativ ausgefeilte Verwendung von BGP, deren Darstellung über Zweck und Umfang dieses Buchs hinausgehen würde.

Zusammenfassend kann man sagen, dass MPLS ein recht vielseitiges Werkzeug ist, das in vielen Bereichen zur Lösung unterschiedlicher Vernetzungsprobleme angewandt wird. Es kombiniert den Label-Swapping-Weiterleitungsmechanismus, der normalerweise mit virtuellen Leitungsnetzwerken in Verbindung steht, mit den Routing- und Kontrollprotokollen von IP-Datagramm-Netzwerken, um eine Netzwerkklasse zu erzeugen, die irgendwo zwischen den beiden konventionellen Extremen liegt. Dies erweitert die Fähigkeiten von IP-Netzwerken u. a. auf eine genauere Routing-Kontrolle und die Unterstützung einer Reihe von VPN-Diensten.

4.6 Zusammenfassung

Als Hauptthema dieses Kapitels wurde beschrieben, wie große Netzwerke durch Zusammenschluss mehrerer kleinerer entwickelt werden. Wir haben uns im letzten Kapitel mit Bridges befasst, bei denen es sich aber um eine Technik handelt, die vorwiegend für den Zusammenschluss einer kleinen bis mittleren Anzahl gleichartiger Netzwerke benutzt wird. Bridges eignen sich nicht gut für die Lösung zweier eng zusammenhängender Probleme beim Aufbau sehr großer Netzwerke: Heterogenität und Skalierung. Das wichtigste Werkzeug für die Lösung dieses Problems ist das Internet-Protokoll (IP), auf dem die meisten Beispiele dieses Kapitel gründen.

IP unterstützt Heterogenität dadurch, dass es ein einfaches gemeinsames Dienstmodell für ein Internetwork definiert, das auf der bestmöglichen Übertragung von IP-Datagrammen basiert. Ein wichtiger Teil des Dienstmodells ist das globale Adressierschema, das es zwei beliebigen Knoten in einem Internetwork ermöglicht, sich gegenseitig eindeutig zu identifizieren, um Daten auszutauschen. Das IP-Dienstmodell ist einfach, sodass es von jeder bekannten Netzwerktechnologie unterstützt werden kann. Der ARP-Mechanismus wird benutzt, um globale IP-Adressen in lokale Sicherungsschicht-Adressen zu übersetzen.

Ein wichtiger Aspekt eines Internetwork ist die Ermittlung effizienter Routen zu allen möglichen Zielen. Internet-Routing-Algorithmen lösen dieses Problem auf verteilte Weise. In diesem Kapitel wurden die beiden wichtigsten Klassen von Algorithmen vorgestellt: der Link-State- und der Distanzvektor-Algorithmus, jeweils mit Anwendungsbeispielen (RIP und OSPF). Außerdem wurden Erweiterungen des IP-Routing beschrieben, die mobile Hosts unterstützen.

Anschließend befassten wir uns mit einer Reihe von Skalierungsproblemen und den Möglichkeiten, mit denen IP sie zu lösen versucht. Die wichtigsten Skalierungsfragen sind die effiziente Verwendung des Adressraums und das Anwachsen der Routing-Tabellen mit zunehmender Größe des Internet. Das hierarchische IP-Adressformat mit seinem Netzwerk- und Host-Teil bietet uns bereits eine Hierarchieebene, um Skalierung zu unterstützen. Subnetting ermöglicht uns jedoch die effizientere Verwendung von Netzwerknummern und hilft uns bei der Zusammenfassung von Routing-Informationen. Es erweitert die Adresse um eine weitere

Hierarchieebene. Das klassenlose Routing (CIDR) ermöglicht uns die Einführung zusätzlicher Hierarchieebenen und einer weiteren Routing-Aggregation. Autonome Systeme ermöglichen es uns, das Routing-Problem in zwei Teile aufzuteilen: Interdomain- und Intradomain-Routing. Die beiden Teile sind leichter lösbar als das Routing-Problem insgesamt. Diese Mechanismen ermöglichen dem Internet heute sein bemerkenswertes Wachstum.

Letzten Endes sind aber alle diese Mechanismen wohl nicht in der Lage, mit dem Wachstum des Internet Schritt zu halten, sodass ein neues Adressformat erforderlich wird. Dies setzt ein neues IP-Datagrammformat und eine neue Protokollversion voraus. Dieses ursprünglich als Next Generation IP (IPnG) bezeichnete neue Protokoll heißt jetzt IPv6 und wird eine 128-Bit-Adresse mit Adressierung und Routing ähnlich wie CIDR bereitstellen. Gleichzeitig wird es das IP um wichtige Funktionalität erweitern, darunter zustandslose Autokonfiguration, Multicast-Unterstützung und ausgefeilte Routing-Fähigkeiten. Während IPv6 viele neue Eigenschaften zugeschrieben werden, liegt sein größter Vorteil nach wie vor in seiner Fähigkeit, eine extrem große Zahl an adressierbaren Geräten zu unterstützen.

Offene Fragen
Installation von IPv6

Mehr als zehn Jahre sind vergangen, seit die Knappheit des IPv4-Adressraums so schwerwiegend geworden war, dass man Vorschläge für eine neue IP-Version für nötig hielt. Die ursprüngliche IPv6-Spezifikation ist inzwischen mehr als sieben Jahre alt. IPv6-fähige Host-Betriebssysteme sind heute hinlänglich verfügbar, und die großen Router-Hersteller bieten Produkte mit IPv6-Unterstützung in unterschiedlichem Umfang. Dennoch hat die Installation von IPv6 im Internet bei Drucklegung noch nicht in nennenswertem Umfang begonnen. Man darf sich fragen, wann die Installation ernsthaft beginnen und wodurch sie veranlasst wird.

Ein Grund, warum IPv6 *nicht* schneller benötigt wird, ist die umfangreiche Nutzung von NAT (Network Address Translation – an früherer Stelle in diesem Kapitel beschrieben). Weil die Provider IPv4-Adressen als knappe Ressource betrachteten, verteilten sie weniger davon an ihre Kunden oder richteten ihre Tarife nach der Anzahl der benutzten Adressen. Die Kunden reagierten durch Verbergen vieler ihrer Geräte hinter einer NAT-Box mit einer einzigen IPv4-Adresse. Beispielsweise ist es wahrscheinlich, dass die meisten Heimnetzwerke mit mehr als einem IP-fähigen Gerät die eine oder andere Art von NAT im Netzwerk haben, um Adressen zu sparen. Ein Faktor, der also die IPv6-Installation vorantreiben könnte, wären Anwendungen, die sich nicht gut mit NAT vertragen. Während Client/Server-Anwendungen relativ gut funktionieren, wenn die Client-Adresse hinter einer NAT-Box »verborgen« ist, gelingt dies Peer-to-Peer-Anwendungen viel weniger gut. Beispiele von Anwendungen, die ohne NAT besser funktionieren würden und deshalb aus einer liberaleren Adresszuteilungspolitik Vorteile ziehen würden, sind Multiplayer-Spiele und IP-Telefonie.

Der Erhalt von IPv4-Adressblöcken wird schon seit Jahren immer schwieriger, insbesondere in Ländern außerhalb den Vereinigten Staaten. Mit zunehmender Schwierigkeit steigt natürlich der Anreiz für Provider, ihren Kunden IPv6-Adressen anzubieten. Gleichzeitig bedeutet das Anbieten von IPv6 für bestehende Provider beträchtliche zusätzliche Kosten, weil sie die Unterstützung von IPv4 nicht einfach einstellen können, wenn sie mit dem Angebot von IPv6 beginnen. Dies bedeutet beispielsweise, dass die Größe der Routing-Tabellen eines Providers anfangs zunehmen wird, weil sie alle bestehenden IPv4-Präfixe und die neuen IPv6-Präfixe verwalten müssen.

Derzeit vollzieht sich die IPv6-Installation fast ausschließlich in Forschungsnetzen. Einige wenige Service-Provider haben begonnen, es (oftmals durch einen Anreiz durch nationale Regierungen) anzubieten. Es scheint schwer vorstellbar, dass das Internet ohne umfangreichere IPv6-Installation unendlich weiterwachsen kann, es scheint aber auch wahrscheinlich, dass die überwältigende Mehrheit von Hosts und Netzwerken in nächster Zukunft weiterhin IPv4 nutzen werden.

4.7 Weiterführende Literatur

Über das Internet wurden selbstverständlich unzählige Arbeiten über verschiedene Aspekte verfasst. Wir empfehlen aus dieser Fülle zwei Arbeiten als Pflichtlektüre: In der Arbeit von Cerf und Kahn wurde erstmals die TCP/IP-Architektur eingeführt; sie empfiehlt sich allein schon auf Grund ihres historischen Werts. Die Arbeit von Bradner und Mankin bietet einen informativen Überblick darüber, wie das schnelle Wachstum des Internet die Skalierbarkeit der ursprünglichen Architektur an ihre Leistungsgrenzen führte, was letztlich zum Next-Generation-IP geführt hat. Die Arbeit von Paxson enthält eine Untersuchung, wie sich Router im Internet verhalten. Sie ist außerdem ein gutes Beispiel dafür, wie Wissenschaftler heute das dynamische Verhalten des Internet untersuchen. Die letzte Arbeit behandelt Multicast und stellt einen Multicast-Ansatz vor, der ursprünglich in MBone benutzt wurde.

- Cerf, V. und Kahn, R.: A protocol for packet network intercommunication, *IEEE Transactions on Communications*, COM-22(5), S. 637–648, Mai 1974.
- Bradner, S. und Mankin, A.: The recommendation for the next generation IP protocol, *Request for Comments*, 1752, Januar 1995.
- Paxson, V.: End-to-end routing behavior in the Internet, *SIGCOMM '96*, S. 25–38, August 1996.
- Deering, S. und Cheriton, D.: Multicast routing in datagram internetworks and extended LANs, *ACM Transactions on Computer Systems*, 8(2), 85–110, Mai 1990.

Über diese Arbeiten hinaus liefert Perlman eine ausgezeichnete Erklärung des Routing in einem Internetwork, einschließlich einer Beschreibung von Bridges und Routern [Per92]. Das Buch von Lynch und Rose bietet allgemeine Informationen über die Skalierbarkeit des Internet [Cha93]. Einige interessante Untersuchungen über das Verhalten von Internet-Routing-Verfahren sind in [LAAJ00] dargestellt.

Zahlreiche Techniken und Protokolle, die für die Skalierung des Internet entwickelt wurden, sind in RFCs beschrieben: Subnetting wird in Mogul und Postel [MP85], CIDR in Fuller u.a. [FLYV93], RIP in Hedrick [Hed88] und Malkin [Mal93], OSPF in Moy [Moy98] und BGP-4 in Rekhter und Li [RL95] beschrieben. Die über 200 Seiten starke OSPF-Spezifikation ist einer der längsten RFCs und enthält auch eine ungewöhnliche Fülle von Einzelheiten über die Implementierung eines Protokolls. Eine RFC-Sammlung über IPv6 befindet sich in Bradner und Mankin [BM95], und die neueste IPv6-Spezifikation wird von Deering und Hinden [DH98] beschrieben. Die Gründe für die Vermeidung der IP-Fragmentierung werden in Kent und Mogul [KM87] geprüft, und »Path MTU Discovery« wird in Mogul und Deering [MD90] beschrieben. Das protokollunabhängige Multicast (PIM) wurde von Deering et al. beschrieben [DEF+96] und [EFH+98].

Ferner wurden zahlreiche Arbeiten über die Entwicklung von Algorithmen, die von Routern für die schnelle Suche von IP-Adressen benutzt werden können, veröffentlicht. (Man erinnere sich an das in diesem Kapitel beschriebene Problem, dass ein Router das längste Präfix in der Weiterleitungstabelle abgleichen muss.) Der PATRICIA-Baum ist einer der ersten Algorithmen zur Lösung dieses Problems [Mor68]. Jüngere Arbeiten werden in [DBCP98, WVTP97, LS98, SVSW98] vorgestellt. Ein Überblick über die Verwendung dieser Algorithmen für die Entwicklung eines Hochgeschwindigkeits-Routers ist in Partridge u.a. [Par98] enthalten.

MPLS und die mit seiner Entwicklung zusammenhängenden Protokolle wurden von Chandranmenon und Varghese [CV95], von Rekhter et al. [RDR+97] sowie Davie und Rekhter [DR00] beschrieben. Letztere Quelle beschreibt zahlreiche Anwendungen von MPLS wie z.B. Verkehrssteuerung, schnelles Wiederherstellen nach Netzwerkausfällen und virtuelle private Netzwerke. [RR99] enthält die Spezifikationen von MPLS/BGP-basierten VPNs, eine Art von VPN auf Schicht 3, die in MPLS-Netzwerken realisiert werden kann.

Schließlich empfehlen wir folgende WWW-Quelle:

- http://www.ietf.org: Home-Page der IETF, von der RFCs, Internet Drafts und Ziele von spezifischen Arbeitsgruppen erhältlich sind.
- http://playground.sun.com/pub/ipng/html/ipng-main.html: Aktueller Status des IPv6.

4.8 Übungen

1. Welcher Aspekt von IP-Adressen macht eine Adresse pro Netzschnittstelle statt nur einer pro Host erforderlich? Warum toleriert IP Punkt-zu-Punkt-Interfaces, die keine eindeutigen oder überhaupt keine Adressen haben?

2. Warum wird das Feld Offset im IP-Header in 8-Byte-Einheiten gemessen? (Hinweis: Denken Sie daran, dass das Feld Offset 13 Bit lang ist.)

3. Manche Signalisierungsfehler können dazu führen, dass ganze Bereiche von Bits in einem Paket von nur Nullen oder nur Einsen überschrieben werden. Nehmen sie an, alle Bits in einem Paket einschließlich der Internet-Prüfsumme wären überschrieben worden. Könnte ein Paket, das ausschließlich aus Nullen oder aus Einsen besteht, eine gültiges IPv4-Paket sein? Kann der Fehler anhand der Internet-Prüfsumme aufgedeckt werden? Begründen Sie!

4. Angenommen, eine TCP-Nachricht, die Daten im Umfang von 2.048 Byte und einen TCP-Header von 20 Byte enthält, wird an IP für die Auslieferung über zwei Netzwerke im Internet (d.h. vom Quell-Host über einen Router zum Ziel-Host) weitergereicht. Das erste Netzwerk benutzt 14-Byte-Header und hat eine MTU von 1.024 Byte. Das zweite benutzt 8-Byte-Header mit einer MTU von 512 Byte. Die MTUs der beiden Netzwerke geben die gesamtpaketgröße an, die gesendet werden kann, einschließlich des Netzwerk-Headers. Nennen Sie die Größe und den Offset der Fragmente, die bei der Vermittlungsschicht am Ziel-Host ausgeliefert werden. Gehen Sie davon aus, dass alle IP-Header 20 Byte lang sind.

✓ 5. Die Weg-MTU ist die kleinste MTU von irgendeiner Leitung auf dem aktuellen Weg (Route) zwischen zwei Hosts. Nehmen Sie an, wir wüssten die Weg-MTU des Weges im vorhergehenden Beispiel und würden deren Wert für alle Wegabschnitte verwenden. Nennen Sie die Größe und den Offset der Fragmente, die bei der Vermittlungsschicht am Ziel-Host ausgeliefert werden.

★ 6. Angenommen, ein IP-Paket wird in 10 Fragmente mit einer (unabhängigen) Verlustwahrscheinlichkeit von je 1% aufgeteilt. Das bedeutet mehr oder weniger, dass ein Risiko von 10% besteht, dass das gesamte Paket auf Grund eines verlorenen Fragments verlorengeht. Wie hoch ist die Wahrscheinlichkeit eines Verlustes des gesamten Pakets, wenn das Paket zweimal übertragen wird?

   a. Lösen Sie die Aufgabe unter der Annahme, dass alle empfangenen Fragmente Teil der gleichen Übertragung gewesen sein müssen.

   b. Lösen Sie die Aufgabe unter der Annahme, dass ein bestimmtes Fragment Teil der ersten oder zweiten Übertragung gewesen sein kann.

   c. Erklären Sie, wie man das Feld Ident hier benutzen könnte.

7. Angenommen, alle Fragmente von Abb. 4.5(b) durchlaufen einen weiteren Router auf einer Verbindungsleitung mit einer MTU von 380 Byte, ohne den Link-Header mitzuzählen. Führen Sie die dabei erzeugten Fragmente auf. Wie viele Fragmente würden produziert werden, wenn das Paket ursprünglich für diese MTU fragmentiert worden wäre?

8. Wie hoch ist die maximale Bandbreite, bei der ein IP-Host innerhalb von 60 Sekunden 576-Byte-Pakete senden kann, ohne dass das Ident-Feld überläuft? Angenommen, die maximale Segmentlebensdauer (Maximum Segment Lifetime, MSL) des IP beträgt 60 Sekunden. Das heißt, verzögerte Pakete können um höchstens 60 Sekunden zu spät ankommen. Was würde bei Überschreiten der obigen Bandbreite passieren?

9. ATM-AAL3/4 benutzt die Felder Btag/Etag, BASize/Len, Type, SEQ, MID, Length und CRC-10, um Segmentierung in Zellen zu implementieren. IPv4 benutzt unter anderem die Felder Ident, Offset und das M-Bit in Flags. Welches sind die IP-Entsprechungen für jedes AAL3/4-Feld, falls zutreffend? Gibt es für jedes hier aufgeführte IP-Feld eine AAL3/4-Entsprechung? Wie weit entsprechen sich diese Felder?

10. Warum wird Ihrer Meinung nach in IPv4 die Reassemblierung von Fragmenten am Endpunkt und nicht im nächsten Router durchgeführt? Warum enthält IPv6 überhaupt keine Fragmentierung mehr? Hinweis: Denken Sie an die Unterschiede zwischen der Fragmentierung auf der IP-Schicht und auf der Sicherungsschicht.

11. Der Timeout von ARP-Tabelleneinträgen nach 10 bis 15 Minuten ist ein Versuch, einen angemessenen Kompromiss zu finden. Beschreiben Sie die möglicherweise auftretenden Probleme, wenn der Timeout-Wert zu klein oder zu groß ist.

12. Zur Zeit werden bei IP 32-Bit-Adressen verwendet. Wenn wir IP neu entwerfen könnten und stattdessen die 6-Byte-MAC-Adressen verwenden könnten: Könnten wir ARP dann überflüssig machen? Begründen Sie!

13. Angenommen, den Hosts A und B wurde die gleiche IP-Adresse im gleichen Ethernet, in dem ARP benutzt wird, zugewiesen. B startet nach A. Was passiert mit den bei A existierenden Verbindungen? Erklären Sie, wie man mit »Self-ARP« (Abfrage des Netzwerks beim Start, um die eigene IP-Adresse zu erfragen) dieses Problem lösen könnte.

14. Eine bestimmte IP-Implementierung hält sich exakt an den folgenden Algorithmus bei Empfang eines Pakets P, das an die IP-Adresse D gerichtet ist:

```
wenn (<Ethernet-Adresse für D ist im ARP-Cache>)
   <sende P>
sonst
   <schicke eine ARP-Anfrage für D ab>
   <stelle P in eine Warteschlange, bis die Antwort ankommt>
```

a. Auf welche Weise könnte dieser Algorithmus unnötig Ressourcen vergeuden, wenn die IP-Schicht einen Burst an Paketen für D empfängt?

b. Entwerfen Sie eine verbesserte Version.

c. Angenommen, wir verwerfen P einfach, nachdem eine Anfrage versendet wurde, wenn die Cache-Suche fehlschlägt. Welches Verhalten würde sich dadurch ergeben? ARP-Implementierungen haben dies angeblich so gehandhabt.)

15. Erstellen Sie für das Netzwerk in Abb. 4.48 globale Distanzvektor-Tabellen (wie in den Tabellen 4.5 und 4.8), wenn

  a. jeder Knoten nur die Entfernungen zu seinen unmittelbaren Nachbarn kennt.

  b. jeder Knoten die Information, über die er im vorherigen Schritt verfügte, seinen unmittelbaren Nachbarn gemeldet hat.

  c. Schritt b. ein zweites Mal passiert.

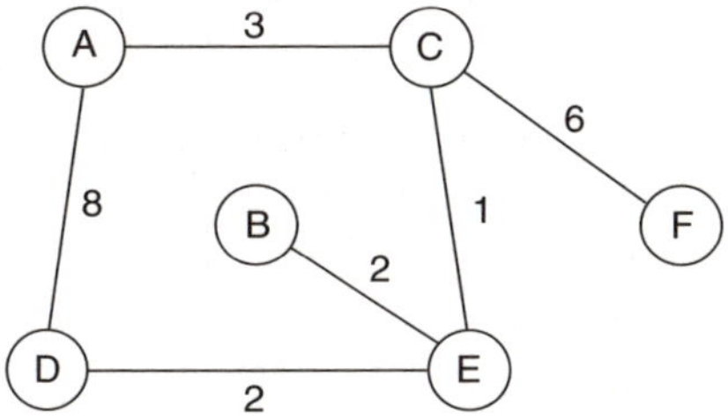

Abb. 4.48:
Netzwerk für die Übungen 15, 17 und 20

16. Erstellen Sie für das Netzwerk in Abb. 4.49 globale Distanzvektor-Tabellen (wie in den Tabellen 4.5 und 4.8), wenn

  a. jeder Knoten nur die Entfernungen zu seinen unmittelbaren Nachbarn kennt,

  b. jeder Knoten die Information, über die er im vorherigen Schritt verfügte, seinen unmittelbaren Nachbarn gemeldet hat,

  c. Schritt b. ein zweites Mal passiert.

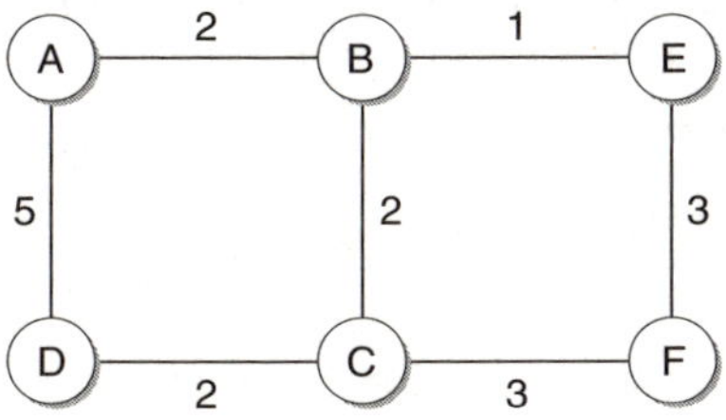

Abb. 4.49:
Netzwerk für die Übungen 16

17. Beschreiben Sie, wie der Link-State-Algorithmus bei dem in Abb. 4.48 dargestellten Netzwerk die Routing-Tabelle für Knoten D aufbaut.

18. Angenommen, wir verfügen über die in Tabelle 4.12 aufgeführten Weiterleitungstabellen für Knoten A und F in einem Netzwerk, bei dem alle Verbindungsleitungen Kosten von 1 haben. Erstellen Sie ein Diagramm für das kleinste, mit diesen Tabellen konsistente Netzwerk.

A			F		
Knoten	**Kosten**	**Nächster Hop**	**Knoten**	**Kosten**	**Nächster Hop**
B	1	B	A	3	E
C	2	B	B	2	C
D	1	D	C	1	C
E	2	B	D	2	E
F	3	D	E	1	E

Tabelle 4.12: Weiterleitungstabellen für Übung 18

✓ 19. Angenommen, wir verfügen über die in Tabelle 4.13 aufgeführten Weiterleitungstabellen für Knoten A und F in einem Netzwerk, bei dem alle Verbindungsleitungen Kosten von 1 haben. Erstellen Sie ein Diagramm für das kleinste, mit diesen Tabellen konsistente Netzwerk.

A			F		
Knoten	**Kosten**	**Nächster Hop**	**Knoten**	**Kosten**	**Nächster Hop**
B	1	B	A	2	C
C	1	C	B	3	C
D	2	B	C	1	C
E	3	C	D	2	C
F	2	C	E	1	E

Tabelle 4.13: Weiterleitungstabellen für Übung 19

20. Angenommen, die Weiterleitungstabellen für das Netzwerk in Abb. 4.48 sind wie in Übung 15 aufgebaut worden und die C-E-Verbindungsleitung fällt aus. Arbeiten Sie für diese Situation folgendes aus:

    a. Die Tabellen von A, B, D und F, nachdem C und E die Nachricht gemeldet haben.

    b. Die Tabellen von A und D nach ihrem nächsten gegenseitigen Austausch.

    c. Die Tabelle von C nach dessen Austausch mit A.

21. Ein Router hat die Routing-Tabelle von Tabelle 4.14 aufgebaut. Er kann Pakete direkt über die Interfaces 0 und 1 ausliefern oder an Router R2, R3 oder R4 weiterleiten. Beschreiben Sie, was der Router mit einem Paket anfängt, das jeweils an das folgende Ziel adressiert ist:

    a. 128.96.39.10
    b. 128.96.40.12
    c. 128.96.40.151
    d. 192.4.153.17
    e. 192.4.153.90

Subnetznummer	Subnetzmaske	NächsterHop
128.96.39.0	255.255.255.128	Interface 0
128.96.39.128	255.255.255.128	Interface 1
128.96.40.0	255.255.255.128	R2
192.4.153.0	255.255.255.192	R3
(default)		R4

Tabelle 4.14: Routing-Tabelle für Übung 21

22. Ein Router hat die Routing-Tabelle von Tabelle 4.15 aufgebaut. Er kann Pakete direkt über die Interfaces 0 und 1 ausliefern oder an Router R2, R3 oder R4 weiterleiten. Nehmen Sie an, dass der Router nach der längsten Prefixübereinstimmung sucht. Beschreiben Sie, was der Router mit einem Paket anfängt, das jeweils an das folgende Ziel adressiert ist:

    a. 128.96.171.92
    b. 128.96.167.151
    c. 128.96.163.151
    d. 128.96.169.192
    e. 128.96.165.121

Subnetznummer	Subnetzmaske	NächsterHop
128.96.170.0	255.255.254.0	Interface 0
128.96.168.0	255.255.254.0	Interface 1
128.96.166.0	255.255.254.0	R2
128.96.164.0	255.255.252.0	R3
(default)		R4

Tabelle 4.15: Routing-Tabelle für Übung 22

23. Betrachten Sie das einfache Netzwerk in Abb. 4.50, bei dem A und B Informationen gemäß dem Distanzvektor-Routing austauschen. Alle Verbindungsleitungen haben Kosten von 1. Lösen Sie folgendes unter der Annahme, dass die A-E-Verbindungsleitung ausfällt:

    a. Führen Sie eine Sequenz von Aktualisierungen der Routing-Tabelle auf, die zu einer Routing-Schleife zwischen A und B führt.

    b. Schätzen Sie die Wahrscheinlichkeit des Szenarios in a. unter der Annahme, dass A und B zu zufälligen Zeiten Routing-Aktualisierungen in jeweils der gleichen durchschnittlichen Rate versenden.

    c. Schätzen Sie die Wahrscheinlichkeit der Entstehung einer Schleife, wenn A innerhalb von einer Sekunde und B nach Feststellung des A-E-Ausfalls einen aktualisierten Bericht rundsendet und B periodisch alle 60 Sekunden einen Broadcast durchführt.

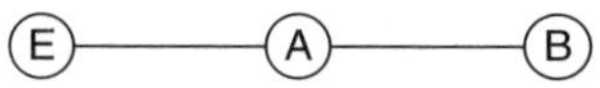

Abb. 4.50: Einfaches Netzwerk für Übung 23

24. Betrachten Sie die Situation, in der eine Routing-Schleife in dem Netzwerk von Abb. 4.15 erzeugt wird, wenn die A-E-Verbindungsleitung ausfällt. Listen Sie *alle* Sequenzen der Tabellen-Aktualisierungen zwischen A, B und C bezüglich Ziel E auf, die zu der Schleife führen. Gehen Sie davon aus, dass je eine Tabellen-Aktualisierung durchgeführt wird, dass die Split-Horizon-Technik von allen Teilnehmern benutzt wird, und dass A seinen ersten Bericht über die Erreichbarkeit von E vor C an B sendet. Sie können Aktualisierungen, die zu keinen Änderungen führen, ignorieren.

25. Nun nehme man an, eine Menge von Routern benutzt die Split-Horizon-Technik. Wir betrachten hier, unter welchen Umständen sich ein Unterschied ergibt, wenn sie zusätzlich die Poison-Reverse-Technik anwenden.

    a. Beschreiben Sie die Situation, in der sich durch die Verwendung der Poison-Reverse-Technik kein Unterschied in der Entstehung der Routing-Schleife in den beiden in Abschnitt 4.2.2 beschriebenen Beispielen ergibt; die beiden betroffenen Hosts benutzen Split-Horizon.

    b. Die mit der Split-Horizon-Technik arbeitenden Router A und B erreichen irgendwie einen Zustand, in dem sie sich gegenseitig Verkehr für ein bestimmtes Ziel X zusenden. Beschreiben Sie, wie sich diese Situation mit und ohne Verwendung der Poison-Reverse-Technik weiterentwickelt.

    c. Geben Sie eine Folge von Ereignissen an, die dazu führen, dass A und B in einen Schleifenzustand wie in b. geraten, obwohl die Poison-Reverse-Technik angewandt wird. Hinweis: Nehmen Sie an, dass B und A über eine sehr langsame Verbindungsleitung verbunden sind. Beide erreichen X durch einen dritten Knoten C und kündigen sich gegenseitig ihre Routen gleichzeitig an.

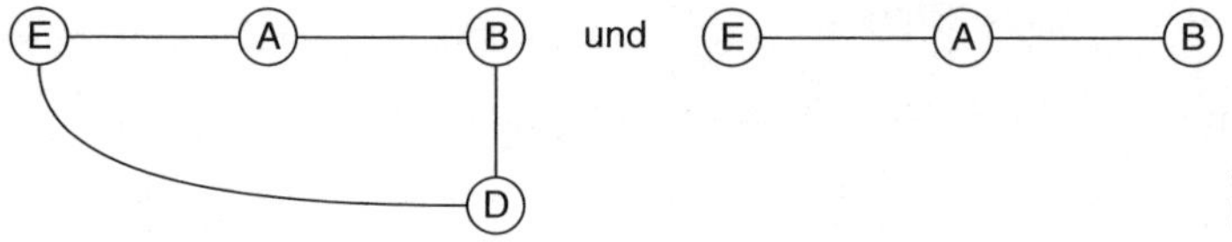

Abb. 4.51:
Netzwerke für Übung 26

26. Eine weitere Distanzvektor-Technik zur Vermeidung von Schleifen ist *Hold-Down*. Die Hosts ignorieren dabei Aktualisierungen über eine bestimmte Dauer, bis Nachrichten über einen Leitungsausfall propagiert wurden. Betrachten Sie die Netzwerke in Abb. 4.51, bei denen alle Verbindungsleitungen Kosten von 1 haben; die einzige Ausnahme bildet E-D mit Kosten von 10. Angenommen, die E-A-Verbindungsleitung bricht zusammen, und B meldet A unmittelbar danach seine schleifenbildende E-Route (das ist die falsche Route über A). Spezifizieren Sie die Einzelheiten einer Hold-Down-Interpretation und verwenden Sie diese, um das Entstehen der Routing-Schleife in beiden Netzwerken zu beschreiben. In welchem Umfang kann Hold-Down die Schleife in dem EAB-Netzwerk verhindern, ohne das Entdecken der alternativen Route im EABD-Netzwerk zu verzögern?

27. Angenommen, bei dem Netzwerk in Abb. 4.52, das Link-State-Routing benutzt, fällt die B-F-Verbindungsleitung aus und folgende Ereignisse treten dann nacheinander ein:

    a. Knoten H wird auf der rechten Seite mit einer Leitung zu G hinzugefügt.

    b. Knoten D wird auf der linken Seite mit einer Leitung zu C hinzugefügt.

    c. Es wird eine neue Verbindung D-A aufgebaut.

    Nun wird die Verbindung B-F wieder hergestellt. Beschreiben Sie, welche Link-State-Pakete hin und her geschickt werden. Gehen Sie davon aus, dass die anfängliche Sequenznummer bei allen Knoten 1 ist, der Timeout bei keinem Paket abläuft und beide Enden einer Verbindungsleitung die gleiche Sequenznummer in ihrer LSP für diese Verbindungsleitung benutzen, die größer als jede zuvor benutzte Sequenznummer ist.

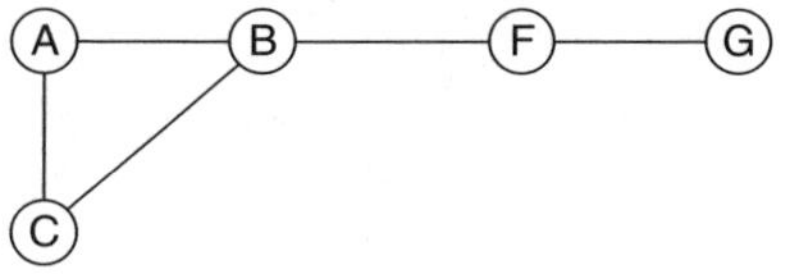

Abb. 4.52:
Netzwerk für Übung 27

28. Führen Sie entsprechend Tabelle 4.9 die Schritte auf, die der Forward-Search-Algorithmus vollzieht, wenn er die Routing-Datenbank für Knoten A in dem in Abb. 4.53 dargestellten Netzwerk aufbaut.

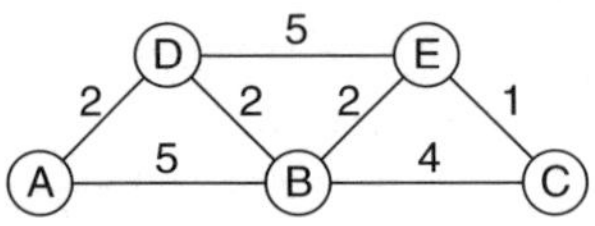

Abb. 4.53:
Netzwerk für Übung 28

29. Führen Sie entsprechend Tabelle 4.9 die Schritte auf, die der Forward-Search-Algorithmus vollzieht, wenn er die Routing-Datenbank für Knoten A in dem in Abb. 4.54 dargestellten Netzwerk aufbaut.

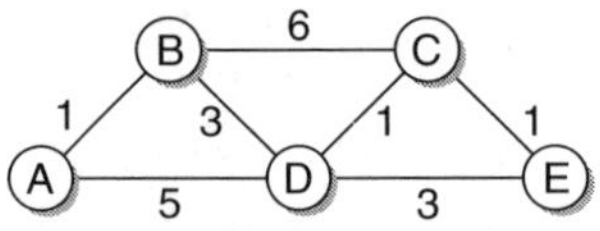

Abb. 4.54:
Netzwerk für Übung 29

30. Angenommen, die Knoten in dem Netzwerk von Abb. 4.55 nehmen am Link-State-Routing teil und C empfängt widersprüchliche LSPs: Von A kommt eines an, in dem behauptet wird, die A-B-Verbindungsleitung sei ausgefallen, während von B eines ankommt, demzufolge die A-B-Verbindungsleitung in Betrieb sei.

    a. Wie kann das passieren?

    b. Was könnte C unternehmen? Was kann C erwarten?

    Die LSPs enthalten keinen synchronisierten Zeitstempel.

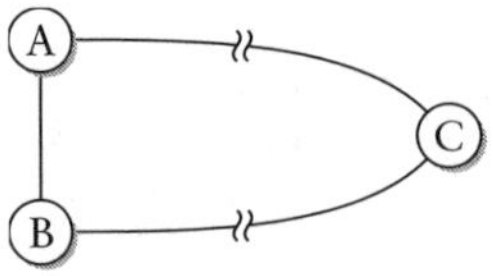

Abb. 4.55:
Netzwerk für Übung 30

31. Bei dem Netzwerk in Abb. 4.56 stellen die horizontalen Linien Transit-Provider und die numerierten vertikalen Linien Verbindungsleitungen zwischen Providern dar.

    a. Wie viele Routen zu P könnten die BGP-Sprecher von Provider Q empfangen?

    b. Angenommen, Q und P arbeiten nach der Regelung, dass abgehender Verkehr an die dem Provider des Ziels am nächsten liegende Verbindungsleitung geleitet wird, um so seine eigenen Kosten zu minimieren. Welche Wege schlägt der Verkehr von Host A zu Host B und von Host B zu Host A ein?

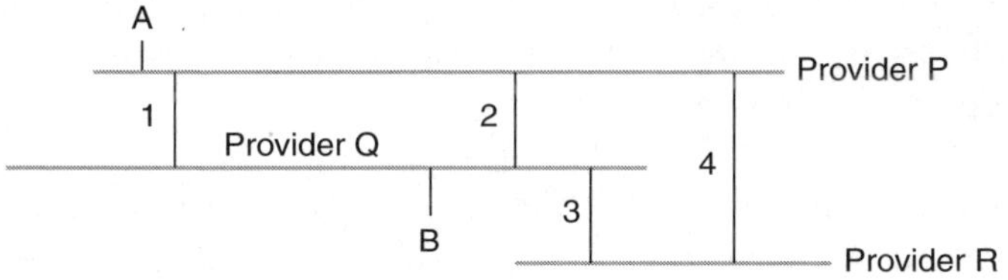

Abb. 4.56: Netzwerk für Übung 31

c. Was könnte Q unternehmen, damit der Verkehr von B nach A die nähere Verbindungsleitung 1 benutzt?

d. Was könnte Q unternehmen, damit der Verkehr von B nach A durch R fließt?

32. Arbeiten Sie ein Beispiel einer Anordnung von Routern aus, die derart in autonomen Systemen gruppiert sind, dass der Pfad mit den geringsten Hops von einem Punkt A zu einem anderen Punkt B das gleiche AS zweimal überquert. Erklären Sie, was BGP mit dieser Situation anfangen würde.

★ 33. Sei A die Anzahl der autonomen Systeme im Internet und D (Diameter) die maximale AS-Pfadlänge.

a. Nennen Sie ein Konnektivitätsmodell, bei dem D die Ordnung $\log A$ und ein weiteres, bei dem D die Ordnung $\sqrt{A}$ hat.

b. Angenommen, jede AS-Nummer ist 2 Byte und jede Netzwerknummer ist 4 Byte lang. Schätzen Sie die Datenmenge, die ein BGP-Sprecher empfangen muss, um den AS-Weg zu jedem Netzwerk zu pflegen. Drücken Sie Ihre Lösung in Bezug auf A, D und die Anzahl der Netzwerke N aus.

34. Man nehme an, dass IP-Router auf dieselbe Weise über IP-Netzwerke und Subnetze erfahren haben, wie lernende Bridges in Ethernet über Hosts lernen: Durch Aufzeichnen neu angeschlossener Hosts und der Interfaces, über die sie ankommen. Vergleichen Sie dies mit dem Lernen eines Distanzvektor-Routers

a. für einen Randstandort mit einem einzigen Anschluss an das Internet, und

b. für die interne Verwendung eines Unternehmens, das nicht an das Internet angeschlossen ist.

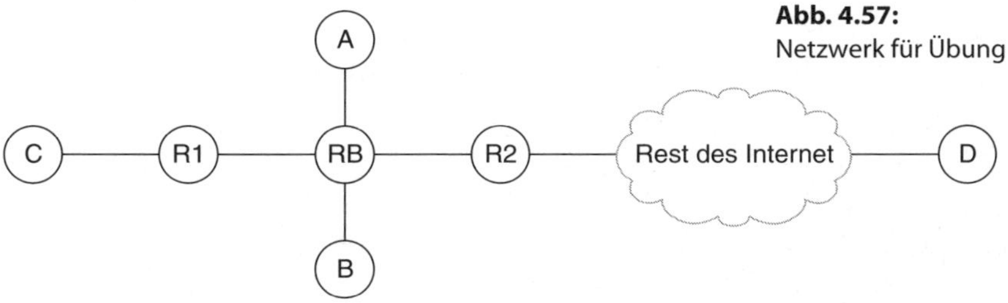

Abb. 4.57: Netzwerk für Übung 39

Gehen Sie davon aus, dass die Router nur Meldungen über neue Netzwerke von anderen Routern und die sendenden Router ihre IP-Netzinformationen mittels Konfiguration erhalten.

35. IP-Hosts, die keine Router sind, *müssen* falsch an sie adressierte Pakete verwerfen, auch wenn sie in der Lage wären, sie korrekt weiterzuleiten. Was würde ohne diese Anforderung passieren, wenn ein an IP-Adresse A adressiertes Paket versehentlich auf der Sicherungsschicht rundgesendet (Broadcasting) wird? Welche weiteren Rechtfertigungen können Sie sich für diese Anforderung vorstellen?

36. Lesen Sie die man-Page oder eine andere Dokumentation über die Unix/Windows-Utility netstat. Benutzen Sie netstat, um die aktuelle IP-Routing-Tabelle an Ihrem Host anzuzeigen. Erklären Sie den Zweck jedes Eintrags. Wie hoch ist die praktische Mindestzahl an Einträgen?

37. Benutzen Sie die Unix-Utility traceroute (bzw. tracert unter Windows), um festzustellen, wie viele Hops auf der Strecke von Ihrem Host zu anderen Hosts im Internet (z.B. cs.princeton.edu oder www.cisco.com) liegen. Wie viele Router überqueren Sie allein schon, um aus Ihrem lokalen Standort heraus zu gelangen? Lesen Sie die Beschreibung über traceroute in der man-Page bzw. in einer anderen Dokumentation nach und erklären Sie, wie es implementiert wird.

38. Was passiert, wenn man traceroute benutzt, um den Weg zu einer nicht zugewiesenen Adresse zu finden? Spielt es eine Rolle, ob der Netzwerkteil oder nur der Host-Teil nicht zugewiesen ist?

39. Abb. 4.57 zeigt einen Standort; R1 und R2 sind Router. R2 verbindet mit der Außenwelt. Einzelne LANs sind Ethernet-Netze. RB ist ein *Bridge-Router*; er leitet den an ihn adressierten Verkehr weiter und fungiert als Bridge für anderen Verkehr. Subnetting wird innerhalb des Standorts benutzt. ARP wird für jedes Subnetz benutzt. Leider wurde Host A falsch konfiguriert und benutzt keine Subnetze. Welchen der Hosts B, C und D kann A erreichen?

40. Ein Unternehmen verfügt über ein Netzwerk 200.1.1 der Klasse C und möchte für vier Abteilungen Subnetze mit folgenden Hosts einrichten:

A	72 Hosts
B	35 Hosts
C	20 Hosts
D	18 Hosts

Insgesamt sind also 145 Hosts geplant.

a. Nennen Sie eine mögliche Anordnung von Subnetzmasken, um diesen Plan umzusetzen.

b. Schlagen Sie vor, was das Unternehmen tun kann, wenn Abteilung D auf 34 Hosts anwächst.

41. Angenommen, die Hosts A und B befinden sich in einem Ethernet-LAN mit IP-Netzadresse 200.0.0 der Klasse C. Man möchte einen Host C an das Netzwerk über eine direkte Verbindung zu B (siehe Abb. 4.58) anschließen. Erklären Sie, wie dies mit Subnetzen realisiert werden kann. Führen Sie ein Beispiel mit Subnetz-Zuweisungen auf. Gehen Sie davon aus, dass keine weitere Netzadresse verfügbar ist. Welche Wirkung hat dies auf die Größe des Ethernet-LAN?

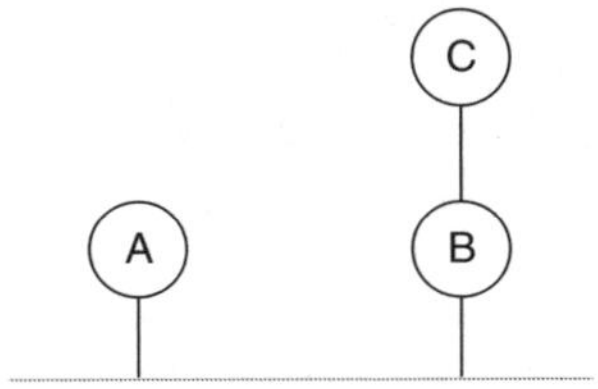

Abb. 4.58:
Netzwerk für Übung 41

42. Bei einer alternativen Methode für den Anschluss von Host C in Übung 41 wird *Proxy-ARP* und Routing benutzt. B vereinbart, den Verkehr von und zu C weiterzuleiten, und auch ARP-Anfragen für C, die über das Ethernet eingehen, zu beantworten.

    a. Nennen Sie alle gesendeten Pakete mit den physikalischen Adressen, wenn A mit Hilfe von ARP C findet und dann ein Paket dorthin sendet.

    b. Geben Sie die Routing-Tabelle von B an. Welche Besonderheit muss sie enthalten?

43. Schlagen Sie einen plausiblen Adressierungsplan für IPv6 vor, dem die Bits ausgehen. Erstellen Sie ein mit dem in Abb. 4.33 vergleichbares Diagramm, möglicherweise mit zusätzlichen ID-Feldern, das mehr als 128 Bit benötigt. Führen Sie plausible Rechtfertigungen für die Größe jedes Felds mit auf. Sie können davon ausgehen, dass die Felder an Byte-Grenzen ausgerichtet sind und die InterfaceID 64 Bit lang ist. Hinweis: Ziehen Sie Felder in Betracht, die sich nur unter ungewöhnlichen Umständen der maximalen Zuteilung nähern würden. Können Sie dies bewerkstelligen, wenn die InterfaceID 48 Bit lang ist?

44. Zwei bestimmte Subnetze teilen sich das gleiche physikalische LAN. Die Hosts beider Subnetze sehen die Broadcast-Pakete des jeweils anderen.

    a. Was bewirkt DHCP, wenn zwei Server, je einer von jedem Subnetz, in dem gemeinsamen LAN koexistieren? Welche Probleme entstehen? Hinweis: Es entstehen wirklich welche!

    b. Wirkt sich eine solche gemeinsame Nutzung auf ARP aus?

45. Tabelle 4.16 ist eine Routing-Tabelle unter Verwendung von CIDR. Die Adress-Bytes sind hexadezimal. Die Notation »/12« in C4.50.0.0/12 bezeichnet eine Netzwerkmaske mit 12 führenden 1-Bits, d.h. FF.F0.0.0. Die letzten drei Einträge decken jede Adresse ab und dienen somit an Stelle einer Default-Route. Nennen Sie den jeweils nächsten Hop, dem Folgendes zugestellt wird:

   a. C4.5E.13.87

   b. C4.5E.22.09

   c. C3.41.80.02

   d. 5E.43.91.12

   e. C4.6D.31.2E

   f. C4.6B.31.2E

46. Tabelle 4.17 ist eine Routing-Tabelle unter Verwendung von CIDR. Die Adress-Bytes sind hexadezimal. Die Notation »/12« in C4.50.0.0/12 bezeichnet eine Netzwerkmaske mit 12 führenden 1-Bits, d.h. FF.F0.0.0. Nennen Sie den jeweils nächsten Hop, dem Folgendes zugestellt wird:

   a. C4.4B.31.2E

   b. C4.5E.05.09

   c. C4.4D.31.2E

   d. C4.5E.03.87

   e. C4.5E.7F.212

   f. C4.5E.D1.02

Netz/Maskenlänge	Nächster Hop
C4.50.0.0/12	A
C4.5E.10.0/20	B
C4.60.0.0/12	C
C4.68.0.0/14	D
80.0.0.0/1	E
40.0.0.0/2	F
00.0.0.0/2	G

Tabelle 4.16: Routing-Tabelle für Übung 45

Netz/Maskenlänge	Nächster Hop
C4.5E.2.0/23	A
C4.5E.4.0/22	B
C4.5E.C0.0/19	C
C4.5E.40.0/18	D
C4.4C0.0/14	E
C0.0.0.0/2	F
80.0.0.0/1	G

Tabelle 4.17: Routing-Tabelle für Übung 46

47. P, Q und R sind Netzwerk-Service-Provider mit den zugewiesenen CIDR-Adressen C1.0.0.0/8, C2.0.0.0/8 und C3.0.0.0/8 (gleiche Notation wie in Übung 45). Die Kunden jedes Providers erhalten anfangs Adresszuteilungen, die zu einem Subnetz des jeweiligen Providers gehören. P hat folgende Kunden:

    PA mit Zuteilung C1.A3.0.0/16 und

    PB mit Zuteilung C1.B0.0.0/12.

    Q hat folgende Kunden:

    QA mit Zuteilung C2.0A.10.0/20 und

    QB mit Zuteilung C2.0B.0.0/16.

    Gehen Sie davon aus, dass es keine weiteren Provider und Kunden gibt.

    a. Erstellen Sie Routing-Tabellen für P, Q und R unter der Annahme, dass jeder Provider an die jeweils anderen beiden angeschlossen ist.

    b. Nehmen Sie jetzt an, dass P an Q und Q an R angeschlossen sind, dass P und R aber nicht direkt miteinander verbunden sind. Erstellen Sie die Tabellen für P und R.

    c. Zusätzlich zu den vorhandenen Verbindungsleitungen erwirbt Kunde PA eine direkte Verbindungsleitung zu Q und Kunde QA eine zu P. Erstellen Sie die Tabellen für P und Q, aber nicht für R.

48. Gehen Sie bei der vorherigen Übung davon aus, dass jeder Provider an die beiden anderen angeschlossen ist. Nun wechselt Kunde PA zu Provider Q und Kunde QB zu Provider R. Benutzen Sie die CIDR-Regel »Longest-Match«, um Routing-Tabellen für alle drei Provider zu erstellen, die PA und QB den Provider-Wechsel ohne neue Numerierung ermöglichen.

49. Gehen Sie von der Annahme aus, der Großteil des Internet würde eine Form der geografischen Adressierung anwenden, dass aber ein internationales Großunternehmen eine einzige IP-Netzadresse hat und seinen internen Verkehr über seine eigenen Verbindungsleitungen leitet.

a. Erklären Sie die Routing-Ineffizienz für den ankommenden Verkehr des Unternehmens, die sich durch diese Situation ergibt.

b. Erklären Sie, wie das Unternehmen dieses Problem für abgehenden Verkehr lösen könnte.

c. Was müsste passieren, damit Ihre obige Methode auch für ankommenden Verkehr funktionieren würde?

d. Das Großunternehmen möchte jetzt seine Adressierung auf getrennte geografische Adressen für jedes Büro abändern. Wie müsste seine interne Routing-Struktur aussehen, wenn der interne Verkehr nach wie vor intern weitergeleitet werden soll?

50. Das Telefonsystem nutzt die geografische Adressierung. Warum wurde dies Ihrer Meinung nach nicht als Selbstverständlichkeit im Internet übernommen?

51. Standort A ist dahingehend *multi-homed*, dass er über zwei Internet-Verbindungen von zwei verschiedenen Providern P und Q verfügt. Die Provider-basierte Adressierung von Übung 39 wird angewandt, und A erhält seine Adresse von P zugewiesen. Q hat einen CIDR-Routing-Eintrag für A.

a. Beschreiben Sie, welcher ankommende Verkehr über die A-Q-Verbindung fließen kann. Ziehen Sie jeweils den Fall in Betracht, bei dem Q dem Rest der Welt Informationen über A mittels BGP bekanntgibt, und bei dem er dies nicht tut.

b. Welche minimalen Angaben über seine Route zu A muss Q bekanntgeben, damit der gesamte ankommende Verkehr A über Q erreichen kann, falls die P-A-Verbindungsleitung ausfällt?

c. Welche Probleme müssen überwunden werden, wenn A beide Verbindungsleitungen für seinen abgehenden Verkehr benutzten möchte?

52. Ein ISP mit einer Class-B-Adresse möchte einer neuen Firma basierend auf CIDR einen Teil des Adressraumes zur Verfügung stellen. Die Firma benötigt IP-Adressen für Rechner in drei Abteilungen des Firmennetzes: Produktion, Marketing und Vertrieb. Die Abteilungen planen folgendes Wachstum: Die Produktion hat zu Beginn 5 Rechner und möchte pro Jahr einen weiteren hinzufügen; das Marketing wird ständig mit nicht mehr als 16 Rechnern auskommen und der Vertrieb benötigt pro zwei Kunden einen Rechner. Zu Beginn hat das Unternehmen keine Kunden, nach seiner Planung wird es aber am Anfang von Jahr 2 sechs Kunden haben. Danach wird es pro Woche mit einer Wahrscheinlichkeit von 60% einen neuen Kunden hinzugewinnen, mit einer Wahrscheinlichkeit von 20% einen wieder verlieren oder die gleiche Anzahl von Kunden mit einer Wahrscheinlichkeit von 20% behalten.

a. Welcher Adressraum wird erforderlich sein, um die Wachstumspläne des Unternehmens für mindestens 7 Jahre zu unterstützen, wenn das Marketing seine 16 Adressen verwendet und ansonsten das Wachstum wie geplant verläuft?

b. Wie lange wird diese Adresszuordnung reichen? Wie können die Adressen den drei Bereichen zugeordnet werden, wenn der Adressraum verbraucht sein wird?

c. Falls CIDR für den 7-Jahres-Plan nicht zur Verfügung stünde: Welche Möglichkeiten hätte die Firma, um genügend Adressen zu erhalten?

53. Schlagen Sie einen Suchalgorithmus für eine CIDR-Weiterleitungstabelle vor, die kein lineares Durchsuchen der gesamten Tabelle voraussetzt, um den »Longest-Match« zu finden.

★ 54. Ein Netzwerk N in einem größeren Unternehmen A erwirbt seine eigene Direktverbindung zu einem Internet-Service-Provider (ISP) zusätzlich zu der vorhandenen Verbindung zu A. Sei R1 der Router, über den N an seinen eigenen Provider und R2 der Router, über den N mit dem Rest von A angeschlossen ist.

a. Wie sollten R1 und R2 unter der Vorgabe konfiguriert werden, dass N ein Subnetz von A bleibt? Welche Einschränkungen würden auch dann noch bestehen, wenn N seine separate Verbindung benutzt? Wäre A daran gehindert, die Verbindung von N zu benutzen? Spezifizieren Sie Ihre Konfiguration dahingehend, was R1 und R2 bekanntgeben sollten und mit welchen Pfaden. Gehen Sie davon aus, dass ein mit BGP vergleichbarer Mechanismus verfügbar ist.

b. Nehmen Sie jetzt an, dass N seine eigene Netzwerknummer erhält. Welche Änderung Ihrer Lösung zu a. ergibt sich dadurch?

✓ 55. Betrachten Sie das Beispiel eines Internetworks in Abb. 4.59, bei dem die Quellen D und E Pakete an die Multicast-Gruppe G senden, deren Mitglieder grau schattiert sind. Zeigen Sie die Multicast-Bäume der kürzesten Pfade für jede Quelle.

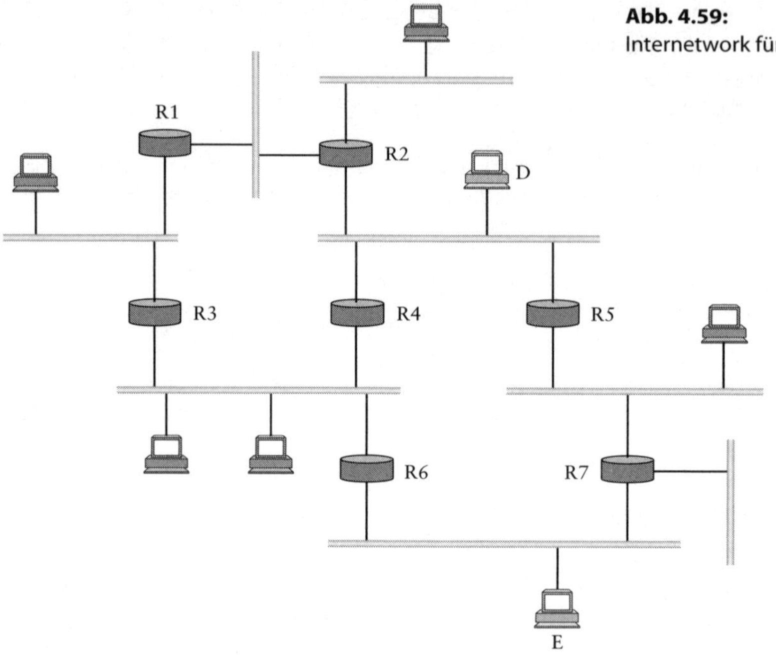

Abb. 4.59:
Internetwork für Übung 55

56. Betrachten Sie das Beispiel eines Internetworks in Abb. 4.60, bei dem die Quellen S1 und S2 Pakete an die Multicast-Gruppe G senden, deren Mitglieder grau schattiert sind. Zeigen Sie die Multicast-Bäume der kürzesten Pfade für jede Quelle.

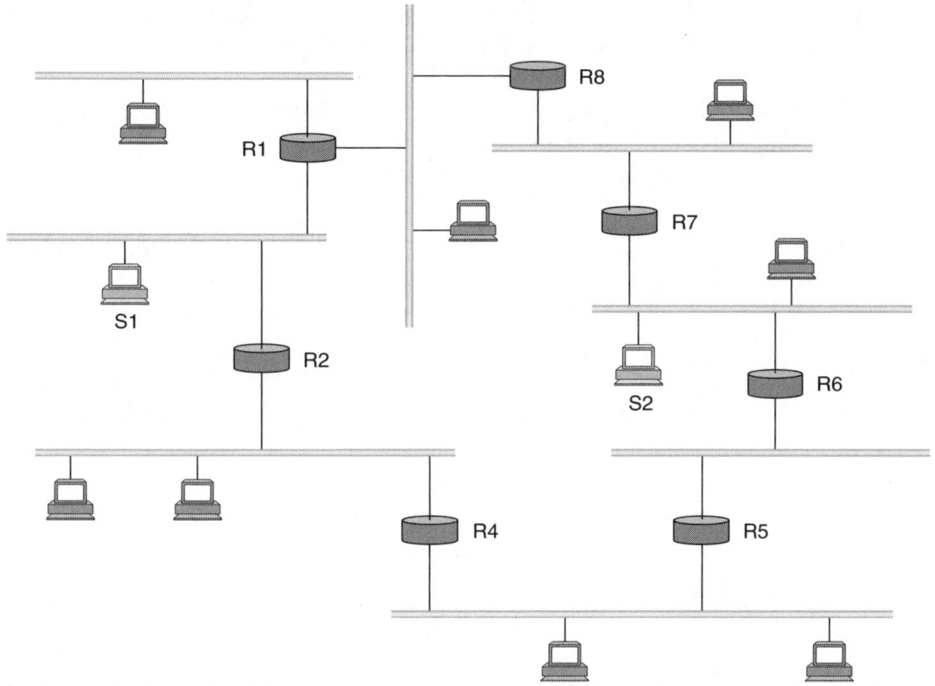

Abb. 4.60: Internetwork für Übung 56

57. Ein Host A sendet an eine Multicast-Gruppe. Bei den Empfängern handelt es sich um Blattknoten eines Baums mit Wurzel in A und einer Tiefe N, bei dem jeder Knoten, der kein Blatt ist, k Kinder hat. Folglich gibt es k^N Empfänger.
    a. Wie viele einzelne Leitungsübertragungen sind nötig, wenn A eine Multicast-Nachricht an alle Empfänger sendet?
    b. Wie viele einzelne Leitungsübertragungen sind nötig, wenn A Unicast-Nachrichten an jeden einzelnen Empfänger sendet?
    c. A sendet jetzt an alle Empfänger, aber einige Nachrichten gehen verloren und müssen erneut übertragen werden. Wie viele Unicast-Neuübertragungen entsprechen hinsichtlich einzelner Leitungsübertragungen einer Multicast-Neuübertragung an alle Empfänger?

58. Bestimmen Sie, ob die folgenden IPv6-Adressen korrekt sind:
    a. ::0F53:6282:Ab00:67DB:BB27:7332
    b. 7803:42F2:::88EC:D4BA:B75D:11CD
    c. ::4BA8::95CC::DB97:4EAB
    d. 74DC::02BA
    e. ::00FF:128.112.92.116

59. Ermitteln Sie, ob Ihr Standort mit dem MBone verbunden ist. Trifft dies zu, experimentieren Sie mit MBone-Tools wie sdr, vat und vic.

60. MPLS-Label sind normalerweise 20 Bit lang. Erklären Sie, warum dies ausreicht, um genügend Labels zu erzeugen, wenn MPLS für zielbasierte Weiterleitung eingesetzt wird.

61. MPLS wurde manchmal nachgesagt, es würde die Router-Leistung verbessern. Erklären Sie, warum das wahr sein könnte, warum es aber wohl in der Praxis nicht der Fall ist.

62. Nehmen Sie an, dass es 32 Bit erfordert, um ein MPLS-Label, das zu einem Paket hinzugefügt wird, zu transportieren, wenn ein „Keil"-Header wie in Abb. 4.42(b) benutzt wird.

    a. Wieviele zusätzliche Bytes werden benötigt, um ein Paket mit den MPLS-Techniken nach Abschnitt 4.5.3 zu tunneln?

    b. Wieviele zusätzliche Bytes werden mindestens benötigt, um ein Paket mit einem zusätzlichen IP-Header nach Abschnitt 4.1.8 zu tunneln?

    c. Berechnen Sie die effektive Bandbreite bei beiden Ansätzen, wenn die mittlere Paketgröße 300 Byte beträgt. Wiederholen Sie mit 64-Byte-Paketen. Die effektive Bandbreite ist definiert als
    (Anzahl der Nuzt-Bytes) / (Gesamtzahl der übertragenen Bytes)

63. RFC 791 beschreibt das Internet-Protokoll und beinhaltet zwei Möglichkeiten für Quell-Routing. Beschreiben Sie drei Nachteile, wenn man IP-Quell-Routing verwendet im Vergleich zum expliziten Routing mit MPLS. (Hinweis: Der IP-Header kann einschließlich der Optionen höchstens 15 Wörter lang sein.)

5 Ende-zu-Ende-Protokolle

Wie Prozesse miteinander kommunizieren

Victory is the beautiful, bright coloured flower. Transport is the stem without which it could never have blossomed.

– Winston Churchill

In den letzten drei Kapiteln wurden verschiedene Technologien beschrieben, die benutzt werden können, um mehrere Computer zu verbinden: Direktverbindungen (darunter LAN-Technologien wie Ethernet und Token-Ring), paketvermittelte Netzwerke (darunter auf Zellen basierende Netzwerke wie ATM) und Internetworks. Das nächste Problem ist nun, aus diesem Host-zu-Host-Paketübertragungsdienst einen Prozess-zu-Prozess-Kommunikationskanal zu machen. Das ist die von der *Transportschicht* der Netzwerkarchitektur übernommene Rolle, die manchmal als *Ende-zu-Ende*-Protokoll bezeichnet wird, weil sie die Kommunikation zwischen den Anwendungsprogrammen unterstützt. Zwei Kräfte formen das Ende-zu-Ende-Protokoll. Von oben stellen die Prozesse auf Anwendungsebene, die seine Dienste nutzen, bestimmte Anforderungen. Einige der üblichen Eigenschaften, die von einem Transportprotokoll erwarten werden, sind:

- Garantierte Übertragung von Nachrichten
- Übertragung von Nachrichten in der gleichen Reihenfolge, in der sie gesendet wurden
- Übertragung von mindestens einer Kopie jeder Nachricht
- Unterstützung beliebig großer Nachrichten
- Unterstützung von Synchronisation zwischen Sender und Empfänger
- Möglichkeit des Empfängers, den Sendefluss zu kontrollieren
- Unterstützung mehrerer Anwendungsprozesse auf jedem Host

Man beachte, dass diese Aufstellung nicht die gesamte Funktionalität umfasst, die Anwendungsprozesse vom Netzwerk erwarten. Unter anderem wird Sicherheit nicht aufgeführt, die normalerweise von Protokollen oberhalb der Transportschicht bereitgestellt wird.

Von unten weist das zu grunde liegende Netzwerk, auf dem das Transportprotokoll läuft, bestimmte Einschränkungen hinsichtlich des Dienstumfangs auf, den es bereitstellen kann. Übliche Einschränkungen des Netzwerks sind z.B.:

- Verwerfen von Nachrichten
- Umstellen der Reihenfolge von Nachrichten
- Übertragen mehrerer Kopien einer Nachricht
- Einschränken von Nachrichten auf eine bestimmte Größe
- Übertragen von Nachrichten mit einer beliebig langen Verzögerung

Ein solches Netzwerk bietet – wie z.B. das Internet – einen so genannten *Best-Effort*-Dienst.

Die Herausforderung ist daher die Entwicklung von Algorithmen, die die weniger wünschenswerten Eigenschaften des zu grunde liegenden Netzwerks in den von Anwendungsprogrammen geforderten höheren Dienstumfang umwandeln. Unterschiedliche Transportprotokolle wenden verschiedene Kombinationen dieser Algorithmen an. Diese Algorithmen werden in diesem Kapitel in Zusammenhang mit drei repräsentativen Diensten – einem einfachen asynchronen Demultiplexdienst, einem zuverlässigen Byte-Strom-Dienst und einem Anfrage/Antwort-Dienst – beschrieben.

Im Fall der Demultiplex- und Byte-Strom-Dienste verwenden wir das UDP- bzw. das TCP-Protokoll des Internet, um die Art der Bereitstellung dieser Dienste in der Praxis zu beschreiben. Im dritten Fall führen wir zuerst einige Algorithmen auf, mit denen die Anfrage/Antwort-Dienste (sowie weitere zusammenhängende Dienste) implementiert werden. Dann zeigen wir, wie sich diese Algorithmen kombinieren lassen, um ein RPC-Protokoll (Remote Procedure Call) zu implementieren. Diese Diskussion endet mit einer Beschreibung zweier häufig benutzter RPC-Protokolle – SunRPC und DCE-RPC. Im letzten Abschnitt dieses Kapitels wird die Leistungsfähigkeit (Performance) der verschiedenen Transportprotokolle behandelt.

5.1 Einfacher Demultiplexer (UDP)

Das denkbar einfachste Transportprotokoll erweitert den Host-zu-Host-Kommunikationsdienst des zu grunde liegenden Netzes auf einen Prozess-zu-Prozess-Dienst. Normalerweise laufen auf einem Host viele Prozesse, sodass das Protokoll eine Demultiplexebene hinzufügen muss, damit mehrere Anwendungsprozesse auf jedem Host das Netz gemeinsam nutzen können. Abgesehen von dieser Anforderung fügt das Transportprotokoll keine weitere Funktionalität zu dem vom zu grunde liegenden Netz gebotenen Best-Effort-Dienst hinzu. Das *User Datagram Protocol* (UDP) im Internet ist ein Beispiel eines solchen Transportprotokolls.

Die einzige interessante Frage bei einem solchen Protokoll ist die Form der Adresse, die für die Identifizierung des Zielprozesses benutzt wird. Obwohl es Prozessen möglich ist, sich gegenseitig durch eine vom Betriebssystem zugewiesene Prozess-ID (PID) *direkt* zu identifizieren, ist ein solcher Ansatz nur in einem »geschlossenen« verteilten System, bei dem auf allen Hosts das gleiche Betriebssystem läuft und jedem Prozess eine eindeutige ID zugewiesen wird, praktisch umsetzbar. Bei einem üblicheren Ansatz, der auch von UDP angewandt wird, identifizieren sich die Prozesse gegenseitig *indirekt* mit Hilfe eines abstrakten Zugangspunkts, der meist *Port* oder *Mailbox* genannt wird. Dem zufolge sendet ein Quellprozess eine Nachricht an einen Port, und der Zielprozess empfängt die Nachricht von einem Port.

Der Header eines Ende-zu-Ende-Protokolls, das diese Demultiplexfunktion implementiert, enthält normalerweise einen Bezeichner (Port) für den Sender (Quelle) und den Empfänger (Ziel) der Nachricht. Abb. 5.1 stellt den UDP-Header dar. Bei UDP ist das Port-Feld nur 16 Bit lang. Das bedeutet, dass es bis zu 64K mögliche Ports gibt, was natürlich nicht ausreicht, um alle Prozesse aller Hosts im Internet zu identifizieren. Zum Glück werden Ports nicht quer durch das gesamte Internet interpretiert, sondern nur auf einem einzigen Host. Das heißt, ein Prozess wird eigentlich durch einen Port auf einem bestimmten Host identifiziert, also durch ein Paar <Port, Host>. Dieses Paar ist der Demuxschlüssel für das UDP-Protokoll.

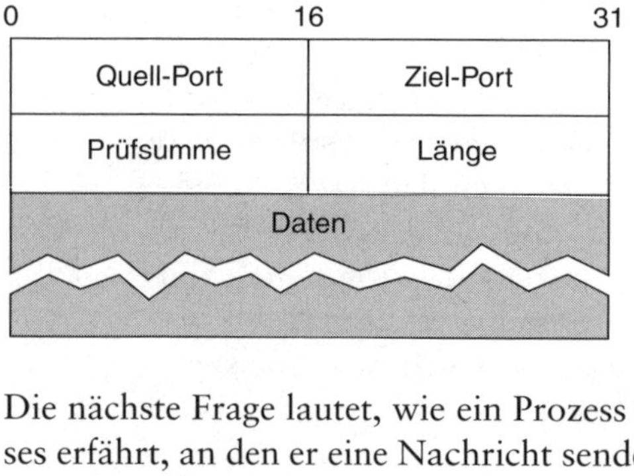

Abb. 5.1:
Format des UDP-Headers

Die nächste Frage lautet, wie ein Prozess etwas über den Port eines anderen Prozesses erfährt, an den er eine Nachricht senden möchte. Normalerweise initiiert ein Client-Prozess einen Nachrichtenaustausch mit einem Server-Prozess. Nachdem ein Client mit einem Server Kontakt aufgenommen hat, kennt der Server den Port des Clients (er war im Nachrichten-Header enthalten) und kann darauf antworten. Das eigentliche Problem ist deshalb, wie der Client zunächst vom Port des Servers erfährt. Eine übliche Methode besteht darin, dass der Server Nachrichten an einem *wohlbekannten Port* akzeptiert. Das heißt, jeder Server empfängt an einem festen, öffentlich bekannten Port, vergleichbar mit der Telefonnummer der Notrufzentrale (z.B. 110 oder 112). Im Internet empfängt z.B. der Domain-Name-Server (DNS) Nachrichten am wohlbekannten Port 53 jedes Hosts, der Mail-Server horcht auf Nachrichten am Port 25, das talk-Programm unter Unix akzeptiert Nachrichten am wohlbekannten Port 517 usw. Diese Zuordnung wird periodisch in einem RFC veröffentlicht und ist auf den meisten Unix-Systemen in der Datei /etc/services zu finden. Manchmal ist ein wohlbekannter Port lediglich der Ausgangspunkt für die Kommunikation: Client und Server benutzen ihn, um sich auf einen anderen Port zu einigen, den sie für die weitere Kommunikation benutzen. Sie verlassen dann den wohlbekannten Port, sodass er für andere Clients zugänglich wird.

Eine andere Strategie wäre es, diese Idee zu verallgemeinern, sodass es nur einen einzigen wohlbekannten Port gibt – denjenigen, an dem ein »Port-Mapper«-Dienst Nachrichten akzeptiert. Ein Client würde eine Nachricht an den wohlbekannten Port des Port-Mappers schicken und fragen, welcher Port für seinen speziellen Dienst offen steht. Der Port-Mapper würde dann den richtigen Port mitteilen. Diese Strategie würde es einfach machen, einen Port, der mit einem bestimmten Dienst verbunden ist, zu ändern, und ebenso könnte jeder Host einem bestimmten Dienst unterschiedliche Ports zuweisen.

Wie erwähnt, ist ein Port also eine reine Abstraktion. Wie er im Detail implementiert wird, unterscheidet sich von einem System zum anderen bzw. von einem Betriebssystem zum anderen. Zum Beispiel ist die Socket-API, die in Kapitel 1 beschrieben wird, eine Implementierung von Ports. Normalerweise wird ein Port durch eine Nachrichtenwarteschlange wie in Abb. 5.2 implementiert. Kommt eine Nachricht an, hängt das Protokoll (z.B. UDP) die Nachricht an das Ende der Warteschlange an. Ist die Warteschlange voll, wird die Nachricht abgewiesen. Es gibt keinen Flusskontrollmechanismus, der den Sender verlangsamen würde. Möchte ein Anwendungsprozess eine Nachricht empfangen, wird diese vom Anfang der Warteschlange entfernt. Ist die Warteschlange leer, blockiert der Prozess solange, bis eine Nachricht verfügbar wird.

Obwohl UDP keine Flusskontrolle oder zuverlässige/geordnete Übertragung implementiert, führt es außer dem einfachen Demultiplexen von Nachrichten für einen Anwendungsprozess doch ein wenig mehr Arbeit durch: Es stellt die Korrektheit der Nachricht durch Verwendung einer Prüfsumme sicher. (Die UDP-Prüfsumme ist heute im Internet optional, wird mit IPv6 aber wahrscheinlich zwingend.) UDP berechnet seine Prüfsumme über den UDP-Header, den Inhalt der Nachricht und den so genannten *Pseudo-Header*. Der Pseudo-Header besteht aus drei Feldern des IP-Headers – Protokollnummer, IP-Quelladresse und IP-Zieladresse – sowie dem UDP-Längenfeld. (Ja, das UDP-Längenfeld ist in der Prüfsummenberechnung zweimal enthalten.) UDP benutzt den gleichen Prüfsummenalgorithmus wie IP (siehe Abschnitt 2.4.2). Mit dem Pseudo-Header wird geprüft, ob die Nachricht zwischen den beiden richtigen Endpunkten übermittelt wurde. Hat sich beispielsweise die IP-

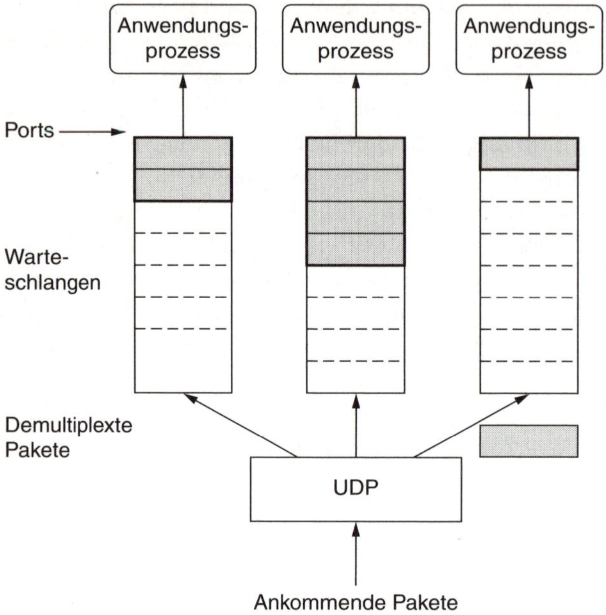

Abb. 5.2: Warteschlange für UDP-Nachrichten

Zieladresse geändert, während das Paket übertragen wurde (wodurch das Paket falsch zugestellt werden würde), wird dies durch die UDP-Prüfsumme erkannt.

5.2 Zuverlässiger Byte-Strom (TCP)

Im Gegensatz zu einem einfachen Demultiplexprotokoll wie UDP bietet ein ausgefeilteres Transportprotokoll einen zuverlässigen, verbindungsorientierten Byte-Strom-Dienst. Ein solcher Dienst hat sich bei einer vielfältigen Reihe von Anwendungen als nützlich erwiesen, weil er die Anwendung davon befreit, sich um fehlende oder umgeordnete Daten kümmern zu müssen. Das *Transmission Control Protocol* (TCP) im Internet ist das wahrscheinlich am häufigsten benutzte Protokoll dieser Art, und auch das am sorgfältigsten optimierte. Aus diesen beiden Gründen wird TCP in diesem Abschnitt ausführlich behandelt. Am Ende des Abschnitts werden alternative Designoptionen vorgestellt und erläutert.

Hinsichtlich der Merkmale von Transportprotokollen, die am Anfang des Kapitels erwähnt sind, gewährleistet TCP die zuverlässige, geordnete Übertragung eines Byte-Stroms. Es handelt sich um ein Vollduplexprotokoll, was bedeutet, dass jede TCP-Verbindung zwei Byte-Ströme – einen in jede Richtung – unterstützt. Es umfasst außerdem einen Flusskontrollmechanismus für jeden der beiden Byte-Ströme, der es dem Empfänger ermöglicht, die Datenmenge zu begrenzen, die ein Sender zu einem bestimmten Zeitpunkt senden kann. Außerdem unterstützt TCP wie UDP einen Demultiplexmechanismus, der es mehreren Anwendungsprogrammen auf einem bestimmten Host ermöglicht, gleichzeitig mit ihren Partnern zu kommunizieren. Zusätzlich zu diesen Merkmalen implementiert TCP auch einen hochgradig optimierten Mechanismus zur Überlastkontrolle. Dieser Mechanismus drosselt die Geschwindigkeit, in der TCP Daten sendet, allerdings nicht, um den Sender am Überfluten des Empfängers, sondern am Überlasten des Netzwerks zu hindern. Eine Beschreibung des Mechanismus zur Überlastkontrolle im TCP wird bis Kapitel 6 hinausgeschoben, in dem in größerem Zusammenhang beschrieben wird, wie Netzressourcen fair zugeteilt werden.

▶ Da Überlastkontrolle oft mit Flusskontrolle verwechselt wird, weisen wir hier noch einmal auf den Unterschied hin. *Flusskontrolle* hindert Sender daran, die Kapazität von Empfängern zu überschreiten. *Überlastkontrolle* verhindert, dass zu viele Daten in das Netzwerk eingespeist und dadurch Vermittler oder Verbindungsleitungen überlastet werden. Folglich ist Flusskontrolle ein Ende- zu- Ende-Problem und Überlastkontrolle betrifft die Interaktion zwischen Hosts und Netzwerken.

5.2.1 Ende-zu-Ende-Fragen

Im Kern von TCP befindet sich der Sliding-Window-Algorithmus. Dabei handelt es sich zwar um den gleichen grundlegenden Algorithmus wie in Abschnitt 2.5.2, aber weil TCP über das Internet und nicht über eine Punkt-zu-Punkt-Leitung läuft, bestehen viele wichtige Unterschiede, die in diesem Unterabschnitt identifiziert werden. Hier wird zunächst erklärt, warum TCP dadurch komplizierter wird. In den folgenden fünf Unterabschnitten wird beschrieben, wie TCP diesen Komplikationen begegnet.

Erster Unterschied: Im Gegensatz zu dem in Abschnitt 2.5.2 beschriebenen Sliding-Window-Algorithmus, der über eine einzelne physikalische Verbindungsleitung läuft, die immer die gleichen beiden Computer verbindet, unterstützt TCP logische Verbindungen zwischen Prozessen, die auf zwei beliebigen Computern im Internet laufen. Das bedeutet, dass TCP eine Phase des Verbindungsaufbaus benötigt, in der die beiden Seiten der Verbindung sich über den Datenaustausch untereinander einigen. Als Analogie dieses Unterschieds könnte man anführen, dass man beim Telefonnetz ebenso zwischen einer Standleitung und Wählverbindungen unterscheiden muss, wo die Gegenstelle erst angewählt werden muss. Außerdem umfasst TCP eine Phase des Verbindungsabbaus. Während des Aufbaus einer Verbindung bauen die beiden Teilnehmer unter anderem einen gemeinsamen Zustand auf, damit der Sliding-Window-Algorithmus beginnen kann. Ebenso ist der Abbau einer Verbindung erforderlich, damit jeder Host weiß, dass er diesen Zustand wieder freigeben kann.

Zweiter Unterschied: Während eine einzelne physikalische Verbindungsleitung, die immer die beiden gleichen Computer miteinander verbindet, eine feste RTT aufweist, haben TCP-Verbindungen normalerweise sehr unterschiedliche RTT. Eine TCP-Verbindung zwischen einem Host in San Francisco und einem in Boston, die durch mehrere Tausend Kilometer voneinander getrennt sind, kann eine RTT von 100 ms haben, während eine RTT zwischen zwei Hosts im selben Raum, die nur wenige Meter voneinander entfernt sind, vielleicht nur 1 ms beträgt. Das gleiche TCP-Protokoll muss diese beiden Verbindungen unterstützen können. Um die Lage noch zu verschlimmern, kann die TCP-Verbindung zwischen den beiden Hosts in San Francisco und Boston eine RTT von 100 ms um 3 Uhr morgens, jedoch eine von 500 ms um 15 Uhr haben. RTT-Schwankungen sind sogar innerhalb einer einzigen TCP-Verbindung möglich, die nur ein paar Minuten dauert. Das bedeutet für den Sliding-Window-Algorithmus, dass der Timeout-Mechanismus, der Neuübertragungen auslöst, adaptiv sein muss. (Selbstverständlich muss der Timeout auch für eine Punkt-zu-Punkt-Leitung ein einstellbarer Parameter sein. Es ist aber nicht notwendig, diesen Timer häufig anzupassen.)

Dritter Unterschied: Pakete können auf dem Weg durch das Internet umgeordnet werden. Dies ist auf einer Punkt-zu-Punkt-Leitung, bei der das erste, am einen Ende eingespeiste Paket am anderen Ende als erstes auftauchen muss, nicht möglich. Geringfügig umgeordnete Pakete verursachen kein Problem, weil sie der Sliding-Window-Algorithmus anhand der Sequenznummer wieder richtig einordnen kann. Das eigentliche Problem ist hier, in welchem Umfang die Ordnung der Pakete durcheinander gerät oder, anders ausgedrückt, wie spät ein Paket am Ziel ankommen kann. Im schlechtesten Fall kann sich ein Paket im Internet derart verzögern, dass das TTL-Feld (Time To Live, Lebensdauer) des IP abläuft. Zu diesem Zeitpunkt wird das Paket verworfen (sodass keine Gefahr mehr besteht, dass es zu spät ankommt). In dem Wissen, dass IP Pakete nach Ablauf ihrer TTL verwirft, geht TCP davon aus, dass jedes Paket eine maximale Lebensdauer hat. Die Wahl der genauen Lebensdauer, die man *maximale Segmentlebensdauer* (Maximum Segment Lifetime, MSL) nennt, ist eine Frage der Protokollimplementierung. Die gegenwärtig empfohlene Einstellung ist 120 Sekunden. Man beachte, dass IP diesen Wert nicht direkt erzwingt. Es handelt sich lediglich um eine konservative Schätzung, die TCP darüber trifft, wie lange ein Paket im Internet leben kann. Die Wirkung ist aber beträchtlich: TCP muss darauf vorbereitet sein, dass beim Empfänger plötzlich sehr alte Pakete auftauchen und unter Umständen den Sliding-Window-Algorithmus verwirren können.

Vierter Unterschied: Die über eine Punkt-zu-Punkt-Leitung miteinander verbundenen Computer sind im allgemeinen so eingerichtet, dass sie die Verbindungsleitung unterstützen. Wird z.B. das Verzögerung-Bandbreite-Produkt mit 8 KB ermittelt, bedeutet dies, dass eine Fenstergröße ausgewählt wird, die zu einem gegebenen Zeitpunkt eine nicht bestätigte Datenmenge von bis zu 8 KB ermöglicht, was wiederum dazu führt, dass die Computer an den beiden Enden der Verbindungsleitung fähig sein müssen, bis zu 8 KB an Daten zwischenzuspeichern. Eine andere Auslegung des Systems wäre dumm. Im Gegensatz dazu kann fast jeder Computertyp an das Internet angeschlossen werden, sodass sich eine hohe Variabilität hinsichtlich der Ressourcen ergibt, die einer bestimmten TCP-Verbindung zur Verfügung gestellt werden. Dies trifft insbesondere zu, wenn man bedenkt, dass jeder Host potenziell Hunderte von TCP-Verbindungen gleichzeitig unterstützen kann. Das bedeutet, dass TCP einen Mechanismus beinhalten muss, den beide Seiten benutzen, um zu »lernen«, welche Ressourcen (z.B. wie viel Pufferplatz) die andere Seite für die Verbindung bereitstellen kann.

Fünfter Unterschied: Da die übertragende Seite einer Direktverbindungsleitung nicht schneller senden kann als es die Bandbreite der Leitung zulässt, und nur jeweils ein Host Daten in die Leitung »pumpt«, kann sich praktisch keine unerwartete Überlastung der Leitung ergeben. Anders ausgedrückt: Die Belastung der Leitung ist in der Form einer Warteschlange von Paketen beim Sender erkennbar. Demgegenüber hat die sendende Seite einer TCP-Verbindung keine Ahnung, welche Verbindungsleitungen durchlaufen werden, um das Ziel zu erreichen. Der sendende Computer kann z.B. direkt an ein relativ schnelles Ethernet angeschlossen sein, sodass er Daten in einer Rate von 100 Mbit/s senden kann, während an einer anderen Stelle irgendwo im Netzwerk eine T1-Leitung mit 1,5 Mbit/s überquert werden muss. Diese Lage wird dadurch noch verschlimmert, dass die von vielen verschiedenen Quellen erzeugten Daten möglicherweise versuchen, die gleiche langsame Leitung zu durchlaufen. Dies führt zu Überlastung des Netzwerks. Dieses Thema wird jedoch erst in Kapitel 6 behandelt.

Wir schließen unsere Diskussion der Ende-zu-Ende-Fragen mit einem Vergleich des TCP-Ansatzes zur Bereitstellung eines Dienstes für die zuverlässige/geordnete Übertragung mit dem Ansatz, der in X.25-Netzwerken angewandt wird. In TCP wird davon ausgegangen, dass das zu grunde liegende IP-Netzwerk unzuverlässig ist und Nachrichten ungeordnet ausliefert. TCP benutzt den Sliding-Window-Algorithmus auf Ende-zu-Ende-Grundlage, um eine zuverlässige/geordnete Übertragung zu bieten. Demgegenüber benutzen X.25-Netzwerke das Sliding-Window-Protokoll innerhalb des Netzwerks auf Hop-zu-Hop-Basis. Dieser Ansatz gründet auf dem Prinzip, dass der Ende-zu-Ende-Dienst auch zuverlässige/geordnete Übertragung gewährleistet, falls Nachrichten zuverlässig und in der richtigen Reihenfolge zwischen jedem Knotenpaar auf dem Weg zwischen Quell- und Ziel-Host ausgeliefert werden.

Der letztgenannte Ansatz erweist sich jedoch als problematisch, weil Hop-zu-Hop-Garantien nicht unbedingt auf eine Ende-zu-Ende-Gewährleistung hinauslaufen. Das hat mehrere Gründe. Erstens: Wenn eine weitere heterogene Verbindungsleitung (z.B. über ein Ethernet) an einem Ende des Wegs hinzugefügt wird, besteht keine Gewähr, dass dieser Hop den gleichen Dienst wie die übrigen einhält. Zweitens: Nur weil das Sliding-Window-Protokoll garantiert, Nachrichten von Knoten A zu Knoten B und dann von Knoten B zu Knoten C korrekt auszuliefern, heißt das nicht, dass sich Knoten B perfekt verhält. Netzknoten können bekanntlich Fehler in Nachrichten einführen, während sie diese von einem Eingangs- an einen Ausgangspuffer übertragen. Es kann auch passieren, dass Nachrichten zufällig umgeordnet werden. Als Folge dieser kleinen Verwundbarkeiten sind echte Ende-zu-Ende-Kontrollen notwendig, um einen zuverlässigen/geordneten Dienst zu gewährleisten, obwohl auch die niedrigeren Systemebenen diese Funktionalität bereits implementieren.

▶ Diese Diskussion soll eines der wichtigsten Prinzipien im Systemdesign aufzeigen: das *Ende-zu-Ende-Argument.* Kurz gesagt, bedeutet das Ende-zu-Ende-Argument, dass eine Funktion (in unserem Beispiel die zuverlässige/geordnete Übertragung) nur auf den niedrigeren Systemebenen bereitgestellt werden soll, falls sie sich auf dieser Ebene vollständig und korrekt implementieren lässt. Deshalb spricht diese Regel für den TCP/IP-Ansatz. Sie ist aber nicht absolut, sie ermöglicht vielmehr eine Leistungsoptimierung durch teilweise Bereitstellung von Funktionen auf einer niedrigen Ebene. Deshalb ist die Fehlererkennung (z.B. CRC) auf Hop-zu-Hop-Basis völlig konsistent mit dem Ende-zu-Ende-Argument. Die Erkennung und Neuübertragung eines einzelnen verfälschten Pakets über einen Hop ist der Neuübertragung einer gesamten Datei von Ende zu Ende sicherlich vorzuziehen.

5.2.2 Segmentformat

TCP ist ein Byte-orientiertes Protokoll, was bedeutet, dass der Sender Bytes in eine TCP-Verbindung schreibt, die der Empfänger ausliest. Obwohl »Byte-Strom« den Dienst beschreibt, den TCP Anwendungsprozessen bietet, überträgt TCP selbst nicht einzelne Bytes über das Internet. Stattdessen puffert TCP am Quell-Host ausreichend Bytes vom sendenden Prozess, bis ein Paket einer angemessenen Größe zusammenkommt; dann sendet es dieses Paket an seinen Partner auf dem Ziel-Host. TCP auf dem Ziel-Host speichert den Inhalt des Pakets in einen Empfangspuffer, und der empfangende Prozess liest aus diesem Puffer zum gewünschten Zeitpunkt. Diese Situation geht aus Abb. 5.3 hervor, die den Datenfluss der Einfachheit halber nur in eine Richtung darstellt. Im allgemeinen unterstützt eine einzelne TCP-Verbindung Byte-Ströme in beide Richtungen.

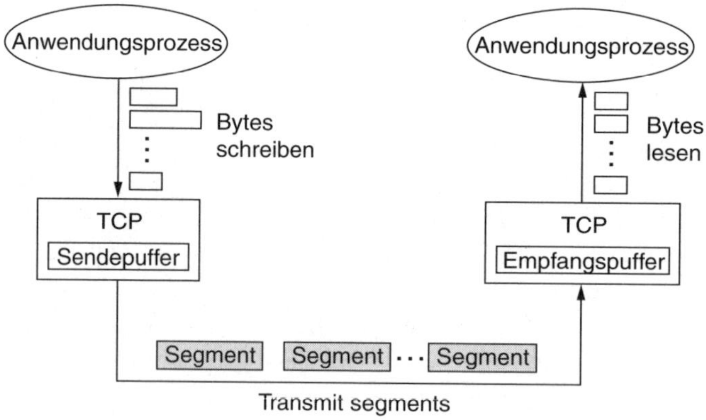

Abb. 5.3: Behandlung eines Byte-Stroms durch TCP

Die in Abb. 5.3 zwischen den TCP-Partnern ausgetauschten Pakete werden *Segmente* genannt, weil jedes ein Segment des Byte-Stroms befördert. Jedes TCP-Segment enthält den in Abb. 5.4 schematisch dargestellten Header. Die Relevanz der meisten dieser Felder wird im weiteren Verlauf dieses Abschnitts deutlich. Vorläufig werden sie nur vorgestellt.

Die Felder SrcPort und DstPort identifizieren den Quell- bzw. Ziel-Port, genau wie beim UDP. Diese beiden Felder sowie die IP-Adressen von Quelle und Ziel bilden in

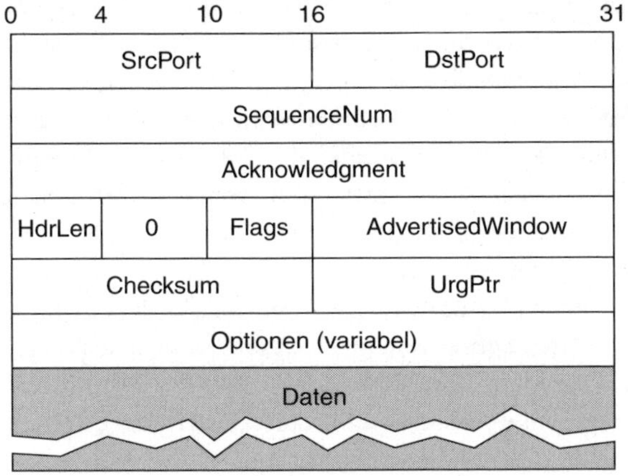

Abb. 5.4: Format des TCP-Headers

Kombination den eindeutigen Bezeichner einer TCP-Verbindung. Das heißt, der Demuxschlüssel von TCP wird durch das 4-Tupel

<SrcPort, SrcIPAddr, DstPort, DstIPAddr>

angegeben. Da TCP-Verbindungen kommen und gehen, ist es möglich, dass eine Verbindung zwischen einem bestimmten Port-Paar aufgebaut, für das Senden und Empfangen von Daten benutzt, abgebaut und dann später für das gleiche Port-Paar ein zweites Mal aufgebaut wird. Es entstehen also zwei verschiedene *Inkarnationen* der gleichen Verbindung.

Die Felder Acknowledgment, SequenceNum und AdvertisedWindow betreffen den Sliding-Window-Algorithmus in TCP. Da TCP ein byte-orientiertes Protokoll ist, hat jedes Daten-Byte eine Sequenznummer. Das Feld SequenceNum enthält die Sequenznummer des ersten, im betreffenden Segment befindlichen Bytes. Die Felder Acknowledgment und AdvertisedWindow führen Informationen über den Datenfluss in die andere Richtung. Um unsere Abhandlung hier zu vereinfachen, ignorieren wir die Tatsache, dass Daten in beide Richtungen fließen können. Wir konzentrieren uns auf Daten mit einer bestimmten Sequenznummer (SequenceNum), die in eine Richtung fließen, und Werte für Acknowledgment und AdvertisedWindow, die in die entgegengesetzte Richtung fließen (Abb. 5.5). Die Verwendung dieser drei Felder wird in Abschnitt 5.2.4 ausführlicher beschrieben.

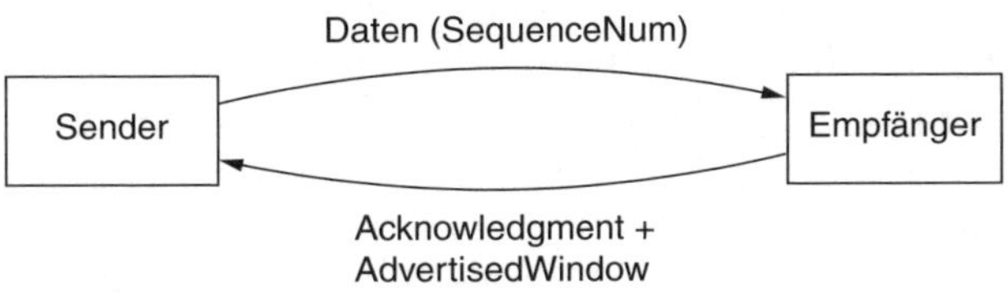

Abb. 5.5: Vereinfachte Darstellung (nur eine Richtung) des TCP-Prozesses, bei dem Daten in die eine und Bestätigungen (ACK) in die andere Richtung fließen

Das 6-Bit-Feld Flags wird benutzt, um Steuerinformationen zwischen TCP-Partnern auszutauschen. Zu den möglichen Flags zählen SYN, FIN, RESET, PUSH, URG und

ACK. Die Flags SYN und FIN werden für den Auf- bzw. Abbau einer TCP-Verbindung benutzt. Ihre Verwendung wird in Abschnitt 5.2.3 beschrieben. Das Flag ACK wird jedes Mal gesetzt, wenn das Feld Acknowledgment gültig ist, was bedeutet, dass es vom Empfänger beachtet werden sollte. Das Flag URG bedeutet, dass das Segment dringende Daten enthält. Ist dieses Flag gesetzt, bezeichnet das Feld UrgPtr, wo die im Segment enthaltenen nicht dringenden Daten beginnen. Dringende Daten befinden sich am Anfang des Segmentes bis einschließlich zu einem Wert von UrgPtr Byte. Das Flag PUSH bedeutet, dass der Sender die Push-Operation aufgerufen hat, wodurch die Empfangsseite des TCP erkennt, dass es den empfangenden Prozess von dieser Tatsache benachrichtigen sollte. Diese beiden letztgenannten Merkmale werden in Abschnitt 5.2.6 behandelt. Das Flag RESET bedeutet, dass der Empfänger durcheinandergeraten ist, weil er beispielsweise ein unerwartetes Segment erhalten hat und aus diesem Grund die Verbindung abbrechen möchte.

Das Feld Checksum wird genauso wie in UDP benutzt. Es wird über den TCP-Header, die TCP-Daten und den Pseudo-Header, der sich aus Quell- und Zieladresse sowie dem Längenfeld des IP-Headers zusammensetzt, berechnet. Die Prüfsumme ist für TCP sowohl in IPv4 als auch in IPv6 erforderlich. Da der TCP-Header eine variable Länge hat (nach den Pflichtfeldern können Optionen angehängt werden), ist ein HdrLen-Feld enthalten, das die Header-Länge in 32-Bit-Wörtern angibt. Es ist auch als Offset-Feld bekannt, weil es den Offset vom Paketanfang bis zum Beginn der Daten misst.

5.2.3 Auf- und Abbau von Verbindungen

Eine TCP-Verbindung beginnt damit, dass ein Client (der rufende Teilnehmer) einen Server (den gerufenen Teilnehmer) aktiv öffnet. Unter der Annahme, dass der Server dann ein passives Öffnen durchgeführt hat, beginnen die beiden Seiten mit dem Austausch von Nachrichten, um die Verbindung aufzubauen. (Wir wissen aus Kapitel 1, dass ein Teilnehmer, der eine Verbindung einleiten möchte, ein aktives Öffnen durchführt, während der für die Annahme einer Verbindung bereite Teilnehmer ein passives Öffnen durchführt.) Erst nach Beendigung dieser Verbindungsaufbauphase beginnen die beiden Seiten mit dem Senden von Daten. Sobald dann ein Teilnehmer mit der Übertragung fertig ist, schließt er eine Richtung der Verbindung, was TCP dazu veranlasst, eine Runde mit Nachrichten für den Verbindungsabbau einzuleiten. Der Verbindungsaufbau ist eine asymmetrische Aktivität (eine Seite führt ein passives und die andere ein aktives Öffnen durch), während die Verbindung symmetrisch abgebaut wird (jede Seite muss die Verbindung unabhängig schließen)[1]. Deshalb ist es möglich, dass eine Seite die Verbindung geschlossen hat bzw. keine Daten mehr sendet, während die andere Seite die andere Hälfte der bidirektionalen Verbindung offen hält und weiterhin Daten sendet.

---

1. Genau genommen, kann der Verbindungsaufbau symmetrisch sein. Dabei versuchen beide Seiten gleichzeitig, die Verbindung zu öffnen. Üblich ist aber, dass eine Seite ein aktives und die andere ein passives Öffnen durchführt.

Drei-Wege-Handshake

Der vom TCP für den Auf- und Abbau einer Verbindung verwendete Algorithmus wird als *Drei-Wege-Handshake* bezeichnet. Wir beschreiben zuerst den grundlegenden Algorithmus und erläutern dann, wie er in TCP umgesetzt wird. Beim Drei-Wege-Handshake werden drei Nachrichten zwischen Client und Server ausgetauscht, wie der Zeitstrahl in Abb. 5.6 zeigt.

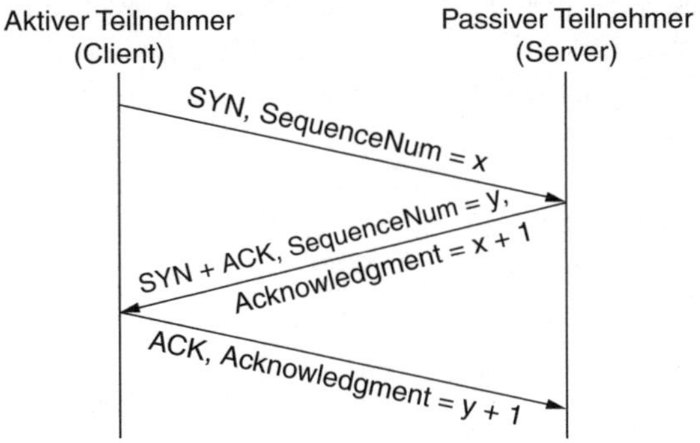

Abb. 5.6:
Zeitstrahl für den Algorithmus des Drei-Wege-Handshakes

Das Konzept basiert darauf, dass zwei Parteien sich auf eine Reihe von Parametern einigen. Beim Öffnen einer TCP-Verbindung sind das die anfänglichen Sequenznummern, die die beiden Seiten für ihren jeweiligen Byte-Strom benutzen wollen. Im allgemeinen können die Parameter beliebige Ereignisse sein, die eine Seite der anderen bekanntgeben möchte. Der Client (der aktive Teilnehmer) sendet ein Segment an den Server (den passiven Teilnehmer), in dem er die von ihm beabsichtigte anfängliche Sequenznummer angibt (Flags = SYN, SequenceNum = x). Der Server antwortet mit einem einzelnen Segment, das die Sequenznummer des Clients bestätigt (Flags = ACK, Ack = $x + 1$) und seine eigene anfängliche Sequenznummer angibt (Flags = SYN, SequenceNum = y). In dieser zweiten Nachricht werden also die Bits SYN und ACK im Feld Flags gesetzt. Schließlich antwortet der Client mit einem dritten Segment, mit dem er die Sequenznummer des Servers bestätigt (Flags = ACK, Ack = $y + 1$). Der Grund dafür, warum jede Seite eine Sequenznummer bestätigt, die um Eins höher als die gesendete ist, besteht darin, dass das Feld Acknowledgment eigentlich die »nächste erwartete Sequenznummer« identifiziert, wodurch stillschweigend alle früheren Sequenznummern bestätigt werden. Für die ersten beiden Segmente wird ein (im obigen Zeitstrahl nicht dargestellter) Timer gesetzt, sodass das Segment erneut übertragen wird, wenn die erwartete Antwort nicht ankommt.

Man fragt sich vielleicht jetzt, warum Client und Server beim Aufbau der Verbindung anfängliche Sequenznummern austauschen müssen. Wäre es nicht einfacher, wenn jede Seite einfach mit dem Senden einer »wohlbekannten« Sequenznummer, z.B. 0, beginnen würde? Die TCP-Spezifikation setzt voraus, dass jede Seite einer Verbindung eine anfängliche Sequenznummer zufällig auswählt. Damit wird der Zweck verfolgt, zwei Inkarnationen der gleichen Verbindung daran zu hindern, die gleichen Sequenznummern zu schnell wiederzuverwenden, d.h. während immer noch die Möglichkeit besteht, dass ein Segment aus einer früheren Inkarnation einer Verbindung existiert und eine spätere Inkarnation der Verbindung stört.

Zustandsübergangsdiagramm

Die TCP-Spezifikation ist ausreichend komplex, um auch ein Zustandsübergangsdiagramm zu enthalten. Dieses Diagramm ist in Abb. 5.7 dargestellt. Es zeigt nur die beim Öffnen (alles oberhalb von ESTABLISHED) und Schließen (alles unterhalb von ESTABLISHED) einer Verbindung vorkommenden Zustände. Alle während einer geöffneten Verbindung ablaufenden Ereignisse, d.h. der Betrieb des Sliding-Window-Algorithmus, ist im Zustand ESTABLISHED verborgen.

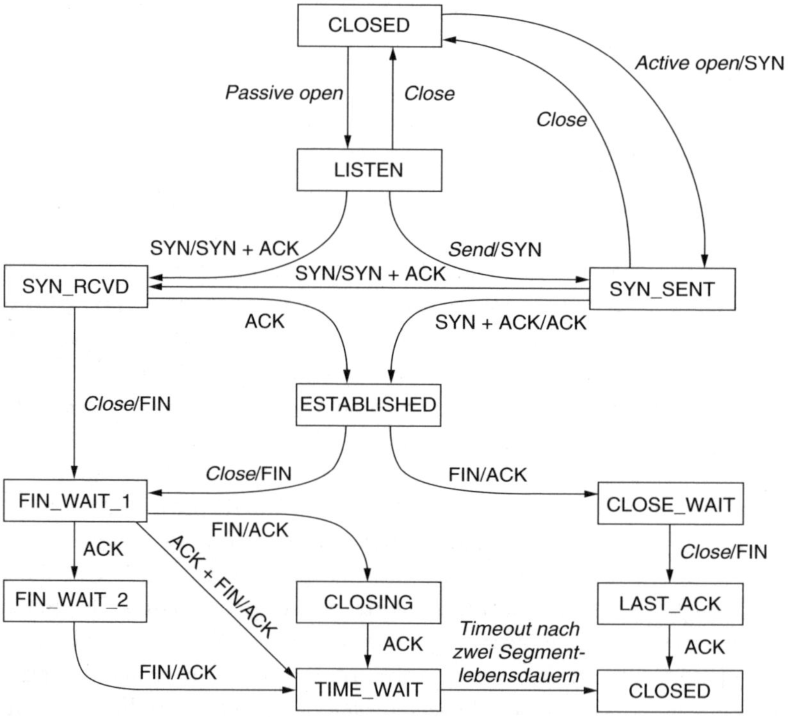

Abb. 5.7: TCP-Zustandsübergangsdiagramm

Das Zustandsübergangsdiagramm von TCP ist relativ leicht verständlich. Jede Box bezeichnet einen Zustand, in dem sich ein Ende einer TCP-Verbindung befinden kann. Alle Verbindungen beginnen mit dem Zustand CLOSED. Im weiteren Verlauf der Verbindung bewegt sie sich entsprechend den Pfeilen von einem Zustand zu einem anderen. Jeder Pfeil ist mit einer Bezeichnung in der Form *Ereignis/Aktion* beschriftet. Befindet sich also eine Verbindung im Zustand LISTEN und kommt ein Segment SYN an (d.h. ein Segment, in dem das SYN-Flag gesetzt ist), geht die Verbindung in den Zustand SYN_RCVD über und führt die entsprechende Aktion aus, in diesem Fall das Versenden einer Antwort mit dem Segment ACK + SYN.

Ein Zustandsübergang kann durch zwei Ereignisarten ausgelöst werden: 1) Ein Segment kommt vom Partner an (z.B. das Ereignis des Pfeils von LISTEN zu SYN_RCVD) oder 2) der lokale Anwendungsprozess ruft eine TCP-Operation auf (z.B. das Ereignis *Active open* auf dem Pfeil von CLOSE zu SYN_SENT). Mit anderen Worten: Das Zustandsübergangsdiagramm von TCP definiert effektiv die *Semantik* seiner Schnittstelle von Partner zu Partner und seines Dienstes (siehe Abschnitt 1.3.1). Die *Syntax* dieser beiden Schnittstellen wird durch das Segmentformat (siehe Abb. 5.4) bzw. durch ein API (siehe Beispiel in Abschnitt 1.4.1) vorgegeben.

Wir vollziehen jetzt die typischen Übergänge durch das Diagramm von Abb. 5.7 nach. An jedem Ende der Verbindung führt TCP unterschiedliche Übergänge von Zustand zu Zustand durch. Beim Öffnen einer Verbindung ruft der Server zuerst eine Passive-Open-Operation auf TCP aus, wodurch TCP veranlasst wird, sich in den Zustand LISTEN zu begeben. Zu einem späteren Zeitpunkt führt der Client ein aktives Öffnen durch, was dazu führt, dass sein Ende der Verbindung ein SYN-Segment an den Server sendet und sich in den Zustand SYN_SENT versetzt. Kommt das SYN-Segment beim Server an, wechselt dieser in den Zustand SYN_RCVD und antwortet mit einem Segment SYN + ACK. Bei Ankunft dieses Segments wechselt der Client in den Zustand ESTABLISHED und sendet ein ACK an den Server. Kommt dieses ACK an, versetzt sich der Server schließlich in den Zustand ESTABLISHED. Wir haben mit diesem Ablauf das Drei-Wege-Handshake nachvollzogen.

Drei Punkte gilt es, beim Verbindungsaufbau des Zustandsübergangsdiagramms zu beachten. Erstens: Auch wenn das ACK des Clients zum Server verlorengeht, was dem dritten Abschnitt des Drei-Wege-Handshakes entspricht, funktioniert die Verbindung noch korrekt. Das liegt daran, dass die Client-Seite sich bereits im Zustand ESTABLISHED befindet, sodass der lokale Anwendungsprozess mit dem Senden von Daten an das andere Ende beginnen kann. Bei jedem dieser Datensegmente ist das Flag ACK gesetzt, und das Feld Acknowledgment enthält den richtigen Wert, sodass der Server bei Ankunft des ersten Datensegments in den Zustand ESTABLISHED übergeht. Damit haben wir einen wichtigen Punkt des TCP angeschnitten: Jedes Segment meldet, welche Sequenznummer der Sender als Nächstes erwartet, auch wenn sich dabei die gleiche Sequenznummer wiederholt, die in einem oder mehreren vorherigen Segmenten enthalten war.

Zweitens gibt es einen merkwürdigen Übergang aus dem Zustand LISTEN heraus, wenn der lokale Prozess eine *send*-Operation auf TCP ausführt. Das heißt, ein passiver Teilnehmer kann beide Enden der Verbindung identifizieren (sich selbst und den entfernten Teilnehmer, der willens ist, die Verbindung anzunehmen). Er kann sich dann aber anders besinnen und die Verbindung aktiv aufbauen, statt auf den Aufbau durch die andere Seite zu warten. Unseres Wissens ist das ein TCP-Merkmal, dessen Benutzung keine systemspezifische Schnittstelle dem Anwendungsprozess gestattet.

Der dritte wichtige Punkt sind die Pfeile, die nicht dargestellt sind. Konkret bedeutet das, dass die meisten Zustände, die beim Senden eines Segments an die Gegenseite vorkommen, auch einen Timeout setzen, der letztendlich das Segment neu überträgt, falls die erwartete Antwort nicht ankommt. Diese Neuübertragungen sind im Zustandsübergangsdiagramm nicht dargestellt. Wenn nach mehreren Versuchen die erwartete Antwort nicht eintrifft, gibt TCP auf und wechselt in den CLOSED-Zustand.

Wir richten unsere Aufmerksamkeit nun auf den Abbau einer Verbindung. Hierbei ist wichtig, dass der Anwendungsprozess auf beiden Seiten der Verbindung unabhängig seine Hälfte der Verbindung schließen muss. Schließt nur eine Seite die Verbindung, heißt das, dass sie keine weiteren Daten mehr zu senden hat, für den Empfang von Daten von der anderen Seite aber immer noch verfügbar ist. Dadurch wird das Zustandsübergangsdiagramm komplizierter, weil die Möglichkeit einbezogen werden muss, dass beide Seiten gleichzeitig den *close*-Operator aufrufen. Ferner besteht die Möglichkeit, dass zuerst eine Seite und später die andere close aufruft. Folglich gibt es auf beiden Seiten drei mögliche Kombinationen von Übergängen, die eine Verbindung vom ESTABLISHED- in den CLOSED-Zustand versetzen:

- Die eine Seite schließt zuerst:
  ESTABLISHED → FIN_WAIT_1 → FIN_WAIT_2 → TIME_WAIT → CLOSED.
- Die andere Seite schließt zuerst:
  ESTABLISHED → CLOSE_WAIT → LAST_ACK → CLOSED.
- Beide Seiten schließen gleichzeitig:
  ESTABLISHED → FIN_WAIT_1 → CLOSING TIME_WAIT → CLOSED.

Eigentlich gibt es eine vierte, allerdings seltene Folge von Übergängen, die zum CLOSED-Zustand führt. Sie verläuft auf dem Pfeil von FIN_WAIT_1 zu TIME_WAIT. Wir überlassen es den Lesern als Übung herauszufinden, welche Kombination von Umständen zu dieser vierten Möglichkeit führt.

Wichtig ist beim Verbindungsabbau, dass eine Verbindung erst vom Zustand TIME_WAIT in den Zustand CLOSED übergehen kann, nachdem sie zweimal die maximale Dauer gewartet hat, die ein IP-Datagramm im Internet leben kann (d.h. 120 Sekunden). Der Grund liegt darin, dass die lokale Seite der Verbindung zwar ein ACK in Beantwortung des FIN-Segments der anderen Seite gesendet hat, aber nicht weiß, ob das ACK erfolgreich ausgeliefert wurde. Deshalb sendet die andere Seite ihr FIN-Segment möglicherweise erneut; dieses zweite FIN-Segment kann sich im Netzwerk verzögern. Würde man der Verbindung den direkten Übergang in den CLOSED-Zustand gestatten, könnten zwei andere Anwendungsprozesse die gleiche Verbindung öffnen (d.h. die gleichen beiden Port-Nummern benutzen), und das verzögerte FIN-Segment aus der früheren Inkarnation der Verbindung würde unmittelbar die Beendigung der späteren Inkarnation dieser Verbindung einleiten.

5.2.4 Nochmals: Sliding-Window

Wir sind jetzt bereit, die TCP-Variante des Sliding-Window-Algorithmus zu diskutieren, der mehreren Zwecken dient: Er gewährleistet 1) die zuverlässige Übertragung von Daten, 2) die Übertragung der Daten in der richtigen Reihenfolge, und 3) eine Flusskontrolle zwischen Sender und Empfänger. Die Verwendung des Sliding-Window-Algorithmus in TCP ist die gleiche wie in Abschnitt 2.5.2, was die ersten beiden dieser drei Funktionen anbelangt. TCP unterscheidet sich von dem vorher beschriebenen Algorithmus dahingehend, dass es Flusskontrolle integriert. Vor allen Dingen wird kein Sliding-Window fester Größe verwendet, sondern dem Sender vom Empfänger *advertised (bekannt gemacht)*. Dies geschieht durch Verwendung des Felds AdvertisedWindow im TCP-Header. Noch nicht bestätigte Daten können beim Sender dann jeweils nur bis zu einem Wert von AdvertisedWindow ausstehen. Der Empfänger wählt einen geeigneten Wert für AdvertisedWindow auf der Grundlage des Speicherplatzes aus, der der Verbindung für die Zwischenspeicherung von Daten zugewiesenen ist . Dieses Konzept verhindert, dass der Sender den Puffer des Empfängers zum Überlauf bringt. Dieses Thema wird unten ausführlicher erklärt.

Zuverlässige und geordnete Übertragung

Die Situation in Abb. 5.8 zeigt, wie die sendende und die empfangende Seite von TCP interagieren, um eine zuverlässige und geordnete Übertragung zu implementieren. Das TCP auf der sendenden Seite verwaltet einen Sendepuffer. Dieser Puffer wird benutzt, um Daten zu speichern, die bereits gesendet, aber noch nicht bestätigt wurden, sowie Daten, die von der sendenden Anwendung geschrieben, aber noch nicht übertragen wurden. Auf der empfangenden Seite führt TCP einen Empfangspuffer. Dieser Puffer nimmt die außer der Reihe ankommenden Daten sowie solche auf, die sich zwar in der richtigen Reihenfolge befinden, die der Anwendungsprozess aber noch nicht gelesen hat.

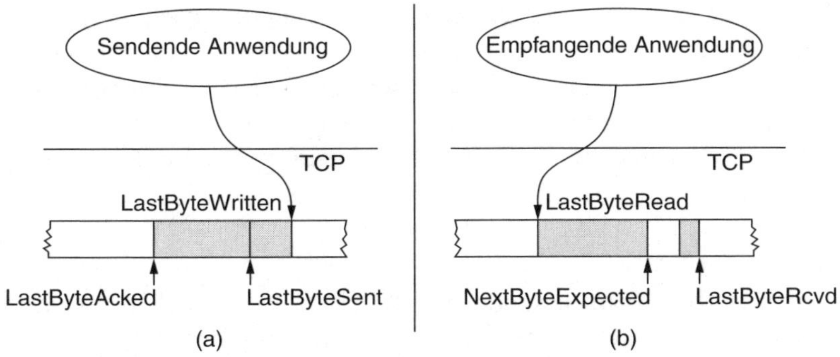

Abb. 5.8: Beziehung zwischen Sende- (a) und Empfangspuffer (b) bei TCP

Zur Vereinfachung der folgenden Diskussion ignorieren wir zunächst die Tatsache, dass sowohl die Puffer als auch die Sequenznummern eine endliche Größe haben und folglich irgendwann überlaufen. Außerdem unterscheiden wir nicht zwischen einem Zeiger zu einem Puffer, in dem ein bestimmtes Daten-Byte gespeichert ist, und der Sequenznummer dieses Bytes.

Auf der Sendeseite gibt es drei Zeiger zum Sendepuffer: LastByteAcked, LastByteSent und LastByteWritten für das zuletzt bestätigte, das zuletzt gesendete bzw. das zuletzt geschriebene Byte. Selbstverständlich gilt

$$\text{LastByteAcked} \leq \text{LastByteSent},$$

weil der Empfänger kein Byte bestätigen kann, das noch nicht angekommen ist, und

$$\text{LastByteSent} \leq \text{LastByteWritten},$$

weil TCP kein Byte senden kann, das der Anwendungsprozess noch nicht geschrieben hat. Außerdem ist festzustellen, dass keines der Bytes links von LastByteAcked im Puffer gespeichert werden muss, weil sie bereits bestätigt wurden, und keines der Bytes rechts neben LastByteWritten im Puffer gespeichert werden muss, weil sie noch nicht erzeugt wurden.

Ähnliche Zeiger (Sequenznummern) werden auf der Empfangsseite geführt: LastByteRead, NextByteExpected und LastByteRcvd. Die Ungleichheiten sind hier aufgrund des Problems der ungeordneten Übertragung allerdings weniger intuitiv. Die erste Beziehung

$$\text{LastByteRead} < \text{NextByteExpected}$$

trifft zu, weil ein Byte von der Anwendung erst gelesen werden kann, wenn es empfangen und auch alle vorherigen Bytes empfangen wurden. NextByteExpected zeigt auf das Byte unmittelbar nach dem letzten empfangenen, um dieses Kriterium zu erfüllen. Zweitens gilt

$$\text{NextByteExpected} \leq \text{LastByteRcvd} + 1,$$

weil NextByteExpected auf das Byte nach LastByteRcvd zeigt, wenn die Daten in der richtigen Reihenfolge angekommen sind. Demgegenüber zeigt NextByteExpected bei Ankunft von Daten außer der Reihe auf den Beginn der ersten Lücke in den Daten, wie aus Abb. 5.8 ersichtlich wird. Man beachte, dass Bytes links neben LastByteRead nicht zwischengespeichert werden müssen, weil sie bereits vom lokalen Anwendungsprozess gelesen wurden, und Bytes rechts neben LastByteRcvd nicht zwischengespeichert werden müssen, weil sie noch nicht angekommen sind.

Flusskontrolle

Der Großteil der obigen Diskussion ähnelt der von Abschnitt 2.5.2. Als einzigen Unterschied sind wir diesmal näher auf die Tatsache eingegangen, dass der sendende und der empfangende Anwendungsprozess ihren lokalen Puffer füllen bzw. leeren. (In der früheren Diskussion wurde die Tatsache übergangen, dass Daten, die von einem Upstream-Knoten ankommen, den Sendepuffer füllen, und die an einen Downstream-Knoten übertragenen Daten dem Empfangspuffer entnommen werden.)

Dieser wichtige Punkt sollte unbedingt klar sein, bevor man fortfährt, weil man jetzt an den Punkt gelangt, an dem sich die beiden Algorithmen stärker unterscheiden. Es folgt nun die erneute Einführung der Tatsache, dass beide Puffer eine endliche Größe – MaxSendBuffer und MaxRcvBuffer – haben, wir gehen aber nicht auf die Einzelheiten ihrer Implementierung ein. Konkret sind wir nur daran interessiert, wie viele Bytes, nicht aber, wo sie tatsächlich zwischengespeichert werden.

Wir erinnern uns, dass die Fenstergröße bei einem Sliding-Window-Protokoll die Datenmenge bestimmt, die gesendet werden kann, ohne auf eine Bestätigung vom Empfänger warten zu müssen. Folglich drosselt der Empfänger den Sender dadurch, dass er ihm eine Fenstergröße bekanntgibt, die nicht größer als die Datenmenge ist, die er speichern kann. Man beachte, dass das TCP auf der Empfangsseite

$$\text{LastByteRcvd} - \text{LastByteRead} \leq \text{MaxRcvBuffer}$$

verwalten muss, um Pufferüberlauf zu vermeiden. Der Empfänger propagiert deshalb eine Fenstergröße von

$$\text{AdvertisedWindow} = \text{MaxRcvBuffer} - ((\text{NextByteExpected} - 1) - \text{LastByteRead})$$

was den in seinem Puffer noch verfügbaren Speicherplatz darstellt. Ankommende Daten werden vom Empfänger bestätigt, sofern auch alle vorhergehenden Bytes angekommen sind. Darüber hinaus wird LastByteRcvd nach rechts verschoben (also inkrementiert), was bedeutet, dass das Advertised Window potenziell schrumpft. Ob es wirklich schrumpft, hängt davon ab, wie schnell der lokale Anwendungsprozess Daten konsumiert. Liest er sie ebenso schnell wie sie ankommen (sodass LastByteRead in der gleichen Rate wie LastByteRcvd inkrementiert wird), bleibt das Advertised Window offen (d.h. AdvertisedWindow = MaxRcvBuffer). Hinkt der empfangende Prozess hinterher, weil er möglicherweise eine sehr aufwendige Operation auf jedem gelesenen Daten-Byte ausführt, wird das Advertised Window mit jedem ankommenden Segment kleiner, bis es schließlich 0 erreicht.

Auf der Sendeseite muss sich TCP dann an das vom Empfänger propagierte AdvertisedWindow halten. Das bedeutet, dass der Sender zu jeder Zeit folgendes sicherstellen muss:

$$\text{LastByteSent} - \text{LastByteAcked} \leq \text{AdvertisedWindow}$$

Anders ausgedrückt, berechnet der Sender ein *effektives* Fenster, das die Datenmenge begrenzt, die er senden kann:

$$\text{EffectiveWindow} = \text{AdvertisedWindow} - (\text{LastByteSent} - \text{LastByteAcked})$$

Natürlich muss das effektive Fenster (EffectiveWindow) größer als 0 sein, damit die Quelle weitere Daten senden kann. Es ist daher möglich, dass ein ankommendes Segment x Byte bestätigt, wodurch der Sender LastByteAcked um x inkrementieren kann. Da der empfangende Prozess aber noch keine Daten gelesen hat, ist das Advertised Window jetzt x Byte kleiner als das vorige Mal. In einer solchen Situation kann der Sender Pufferplatz freimachen, aber keine weiteren Daten senden.

Während des Ablaufs all dieser Schritte muss die Sendeseite zusätzlich sicherstellen, dass der lokale Anwendungsprozess den Sendepuffer nicht zum Überlaufen bringt, d.h. also

LastByteWritten – LastByteAcked ≤ maxSendBuffer

Falls der sendende Prozess versucht, *y* Byte zu TCP zu schreiben, und wenn

(LastByteWritten – LastByteAcked) + y > MaxSendBuffer

gilt, blockiert TCP den sendenden Prozess und lässt keine weitere Datenerzeugung mehr zu.

Dies verdeutlicht, wie ein langsam empfangender Prozess letztendlich einen schnell sendenden unterbricht. Zuerst füllt sich der Empfangspuffer, sodass das Advertised Window auf 0 schrumpft. Ein Advertised Window von 0 bedeutet, dass die Sendeseite keine Daten übertragen kann, auch wenn die von ihr zuvor gesendeten Daten erfolgreich bestätigt wurden. Die Tatsache, dass keine Daten mehr übertragen werden können, bedeutet, dass sich der Sendepuffer füllt, was schließlich TCP dazu veranlasst, den sendenden Prozess zu blockieren. Sobald der empfangende Prozess mit dem Lesen von Daten fortfährt, kann TCP auf der Empfangsseite sein Fenster wieder öffnen, sodass TCP auf der Sendeseite Daten aus seinem Puffer übertragen kann. Nachdem diese Daten bestätigt wurden, wird LastByteAcked inkrementiert, der von diesen bestätigten Daten belegte Pufferplatz freigegeben und der Sendeprozess fortgesetzt.

Es bleibt nur ein Detail übrig, das gelöst werden muss: Wie weiß die Sendeseite, dass das Advertised Window nicht mehr auf 0 steht? Wie oben erwähnt, sendet TCP immer ein Segment in Beantwortung eines empfangenen Datensegments. Diese Antwort enthält die letzten Werte der Felder Acknowledge und AdvertisedWindow, auch wenn sie sich seit dem letztmaligen Senden nicht geändert haben. Das Problem besteht in folgendem: Nachdem die Empfangsseite eine Fenstergröße von 0 propagiert hat, ist es dem Sender nicht gestattet, weitere Daten zu senden. Er hat also keine Möglichkeit, später festzustellen, dass das Advertised Window nicht mehr 0 ist. TCP auf der Empfangsseite sendet nicht spontan Segmente, die keine Daten enthalten. Es sendet sie nur als Antwort auf ein ankommendes Datensegment.

TCP verfährt in dieser Situation wie folgt: Wenn die andere Seite eine Fenstergröße von 0 propagiert, besteht die Sendeseite auf der Übertragung eines Segments mit einem Daten-Byte in gewissen Abständen. Sie weiß, dass diese Daten wahrscheinlich nicht akzeptiert werden, versucht es aber trotzdem, weil jedes dieser 1-Byte-Segmente eine Antwort auslöst, die das aktuelle Fenster enthält. Irgendwann löst eine dieser 1-Byte-Versuche eine Antwort aus, die eine Fenstergröße von ungleich Null meldet.

▶ Das periodische Aussenden dieses »Sondensegments« durch die Sendeseite ist dadurch begründet, dass das TCP-Design vorsieht, die Empfangsseite so einfach wie möglich zu halten. Sie soll lediglich auf die vom Sender ankommenden Segmente reagieren und nie von sich aus eine Aktivität einleiten. Dies ist ein Beispiel einer allgemein anerkannten (wenn auch nicht universell angewandten) Regel für Protokolldesigns, die man mangels einer besseren Bezeichnung *smart sender/dumb receiver rule* (Regel des klugen Senders/dummen Empfängers) nennt. Wir haben zuvor ein Beispiel dieser Regel in Zusammenhang mit NAKs in Abschnitt 2.5.2 kennengelernt.

Schutz vor Überlauf (Wraparound)

In diesem und im nächsten Abschnitt beschäftigen wir uns mit der Größe der Felder SequenceNum und AdvertisedWindow und den Auswirkungen ihrer Größe auf Korrektheit und Leistung von TCP. Das Feld SequenceNum ist in TCP 32 Bit und das Feld AdvertisedWindow 16 Bit lang. TCP erfüllt folglich leicht die Anforderung des Sliding-Window-Algorithmus, dass der Sequenznummernraum doppelt so groß wie die Fenstergröße sein muss, da $2^{32} >> 2 \times 2^{16}$. Diese Anforderung ist aber nicht das Interessante an diesen beiden Feldern. Wir beschreiben die beiden Felder nacheinander.

Relevant ist am 32 Bit langen Sequenznummernraum, dass die in einer bestimmten Verbindung benutzte Sequenznummer überlaufen kann. Das heißt, ein Byte mit Sequenznummer x wird zu einem bestimmten Zeitpunkt gesendet, und später dann ein zweites Byte mit der gleichen Sequenznummer. Auch hier gehen wir wieder davon aus, dass Pakete im Internet nicht über die empfohlene MSL hinaus leben können. Folglich müssen wir sicherstellen, dass die Sequenznummer nicht innerhalb einer 120-Sekunden-Dauer überläuft. Ob dies tatsächlich passiert, hängt davon ab, wie schnell Daten im Internet übertragen werden können bzw. wie schnell der 32 Bit-Sequenznummernraum aufgebraucht wird. (Wir gehen dabei davon aus, den Sequenznummernraum so schnell wie möglich aufzubrauchen, was wir natürlich erreichen, indem wir unsere Aufgabe, den Übertragungskanal zu füllen, erledigen.) Tabelle 5.1 zeigt, wie lange es bei Netzwerken mit verschiedenen Bandbreiten dauert, bis die Sequenznummer überläuft.

Bandbreite	Zeit bis zum Überlauf
T1 (1,5 Mbit/s)	6,4 Stunden
Ethernet (10 Mbit/s)	57 Minuten
T3 (45 Mbit/s)	13 Minuten
FDDI (100 Mbit/s)	6 Minuten
STS-3 (155 Mbit/s)	4 Minuten
STS-12 (622 Mbit/s)	55 Sekunden
STS-24 (1,2 Gbit/s)	28 Sekunden

Tabelle 5.1: Zeit, bis der 32-Bit-Sequenznummernraum überläuft

Wie man sieht, ist der 32-Bit-Sequenznummernraum für heutige Netzwerke angemessen. Angesichts der OC-48-Leitungen, die neuerdings im Internet-Backbone installiert werden, wird es aber nicht lange dauern, bis einzelne TCP-Verbindungen in den Geschwindigkeiten von 622 Mbit/s oder höher laufen. Zum Glück hat die IETF bereits eine Erweiterung für TCP ausgearbeitet, die den Sequenznummernraum effektiv erweitert, um den Überlauf von Sequenznummern zu verhindern. Diese und damit zusammenhängende Erweiterungen werden in Abschnitt 5.2.8 beschrieben.

Den Übertragungskanal gefüllt halten

Das 16-Bit-Feld AdvertisedWindow muss groß genug sein, damit der Sender den Übertragungskanal gefüllt halten kann. Selbstverständlich steht es dem Empfänger frei, das Fenster nicht auf die vom Feld AdvertisedWindow vorgegebene Größe zu öffnen. Wir sind an der Situation interessiert, in der der Empfänger über ausreichend Pufferplatz verfügt, um Daten im Umfang des größtmöglichen Advertised Window zu bewältigen.

In diesem Fall wird die Größe des Feldes AdvertisedWindow nicht nur von der Bandbreite des Netzwerks, sondern auch vom Verzögerung-Bandbreite-Produkt vorgegeben. Das heißt, das Fenster muss weit genug geöffnet werden, um die einem vollen Verzögerung-Bandbreite-Produkt entsprechende Datenmenge übertragen zu können. Unter der Annahme einer RTT von 100 ms (ein typischer Wert bei einer Leitung quer durch die USA), wird in Tabelle 5.2 das Verzögerung-Bandbreite-Produkt für verschiedene Netztechnologien aufgeführt.

Bandbreite	Verzögerung-Bandbreite-Produkt
T1 (1,5 Mbit/s)	18 KB
Ethernet (10 Mbit/s)	122 KB
T3 (45 Mbit/s)	549 KB
FDDI (100 Mbit/s)	1,2 MB
STS-3 (155 Mbit/s)	1,8 MB
STS-12 (622 Mbit/s)	7,4 MB
STS-24 (1,2 Gbit/s)	14,8 MB

Tabelle 5.2: Erforderliche Fenstergröße bei einer RTT von 100 ms

Wie man sieht, ist das TCP-Feld AdvertisedWindow in einer noch schlechteren Lage als das SequenceNum-Feld. Es ist nicht einmal groß genug, um eine T3-Verbindung über den US-amerikanischen Kontinent zu bewältigen, weil wir mit einem 16 Bit großen Feld ein Fenster von nur 64 KB propagieren können. Die bereits erwähnte TCP-Erweiterung (siehe Abschnitt 5.2.8) bietet ebenfalls einen Mechanismus für die effektive Erhöhung der Größe des Advertised Window.

5.2.5 Übertragung anstoßen

Als Nächstes betrachten wir einen überraschend subtilen Punkt: Wie entscheidet TCP, ein Segment zu übertragen? Wie an früherer Stelle beschrieben, unterstützt TCP eine Byte-Strom-Abstraktion, d. h. Anwendungsprogramme schreiben Bytes in den Datenstrom und TCP steht es dann frei, zu entscheiden, ob es genügend Bytes hat, um ein Segment zu senden. Welchen Faktoren unterliegt diese Entscheidung?

Wenn wir mögliche Flusskontrolle ignorieren, d. h., wenn wir annehmen, dass das Fenster weit geöffnet ist, wie dies der Fall wäre, wenn eine Verbindung erstmals startet, dann verfügt TCP über drei Mechanismen, um die Übertragung eines Segment anzustoßen. Erstens verwaltet TCP eine Variable, die typischerweise als maximale Segmentgröße (Maximum Segment Size – MSS) bezeichnet wird, und sendet ein Segment, sobald es MSS Byte aus dem sendenden Prozess angesammelt hat. MSS wird normalerweise auf die Größe des größten Segments gesetzt, das TCP senden kann, ohne das lokale IP zur Fragmentierung zu veranlassen. Das heißt, MSS wird auf die MTU des direkt angeschlossenen Netzwerks, abzüglich der Größe der TCP- und IP-Header, gesetzt. Der zweite Faktor, der TCP zur Übertragung eines Segments veranlasst, ist, dass der sendende Prozess dies ausdrücklich angefordert hat. Genauer gesagt unterstützt TCP eine *Push*-Operation, und der sendende Prozess ruft diese Operation auf, um den Puffer nicht gesendeter Bytes auszuspülen (flush). Der dritte auslösende Mechanismus für die Übertragung eines Segments ist, dass ein Timer abläuft. Das resultierende Segment enthält so viele Bytes wie momentan für die Übertragung bereitstehen. Wie wir bald sehen werden, ist dieser »Timer« aber nicht genau das, was man erwarten würde.

Silly-Window-Syndrom

Selbstverständlich können wir Flusskontrolle nicht einfach ignorieren, denn sie spielt eine wichtige Rolle in Bezug auf das Drosseln des Senders. Wenn der Sender MSS Daten-Bytes zu senden hat und das Fenster um mindestens so viel offen ist, überträgt der Sender ein volles Segment. Nehmen wir aber an, dass der Sender Bytes zum Senden kumuliert, das Fenster momentan aber geschlossen ist. Nun nehmen wir an, dass ein ACK ankommt, wodurch das Fenster ausreichend geöffnet wird, sodass der Sender – sagen wir MSS/2 Byte – übertragen kann. Soll der Sender ein halb volles Segment übertragen oder warten, bis das Fenster auf eine volle MSS geöffnet ist? Die ursprüngliche Spezifikation schwieg sich über diesen Punkt aus, und in den ersten TCP-Implementierungen entschloss man sich, auch halb volle Segmente zu übertragen. Schließlich kann man nicht sagen, wie lange es dauern wird, bis sich das Fenster weiter öffnet.

Wie sich herausstellte, führt die Strategie der aggressiven Ausnutzung jedes beliebig verfügbaren Fensters zu einer Situation, die heute als *Silly-Window-Syndrom* bezeichnet wird. Abbildung 5.9 zeigt, was in dieser Situation passiert. Wenn man sich einen TCP-Strom als Förderband mit »vollen« Containern (Datensegmenten),

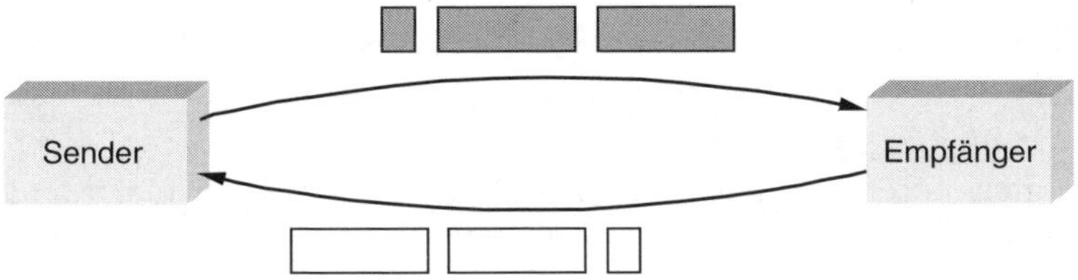

Abb. 5.9: Das Silly-Window-Syndrom

die in eine Richtung wandern, und leeren Containern (ACKs), die in die Umkehrrichtung gehen, vorstellt, dann entsprechen Segmente in MSS-Größe großen Containern und 1-Byte-Segmente sehr kleinen Containern. Füllt der Sender aggressiv einen leeren Container, sobald dieser ankommt, verbleibt ein in das System eingeführter kleiner Container für immer und ewig im System. Das heißt, er wird an jedem Ende sofort gefüllt und geleert und verschmilzt nie mit benachbarten Containern, um große Container zu bilden. Dieses Szenario wurde entdeckt, als frühe TCP-Implementierungen regelmäßig dabei ertappt wurden, dass sie das Netzwerk mit winzigen Segmenten füllten.

Man beachte, dass das Silly-Window-Syndrom nur ein Problem darstellt, wenn entweder der Sender ein kleines Segment überträgt oder der Empfänger das Fenster nur wenig öffnet. Wenn weder das eine noch das andere eintritt, wird der kleine Container nie in den Strom eingespeist. Es ist nicht möglich, das Senden kleiner Segmente gänzlich zu unterbinden. Beispielsweise könnte die Anwendung eine *Push*-Operation ausführen, nachdem sie ein einziges Byte gesendet hat. Allerdings ist es möglich, den Empfänger daran zu hindern, einen kleinen Container (d. h. ein kleines offenes Fenster) einzuführen. Die Regel lautet wie folgt: Nachdem ein Fenster mit Größe Null bekannt gegeben wurde, muss der Empfänger solange warten, bis Platz im Umfang von einer MSS vorhanden ist, bevor er ein offenes Fenster bekannt gibt.

Da wir die Möglichkeit, dass ein kleiner Container in den Strom eingespeist wird, nicht gänzlich ausräumen können, benötigen wir Mechanismen, um sie zu verschmelzen. Der Empfänger kann dies dadurch bewirken, dass er ACKs verzögert – also ein kombiniertes ACK statt vieler kleiner sendet. Dies ist aber nur eine Teillösung, weil der Empfänger keine Möglichkeit hat festzustellen, wie lange die Verzögerung sicher ist, während er entweder auf die Ankunft eines anderen Segments wartet oder bis die Anwendung weitere Daten gelesen hat (und somit das Fenster öffnet). Die letztendliche Lösung verbleibt beim Sender, was uns wieder zu unserem Ausgangspunkt zurückführt: Wann entscheidet der TCP-Sender, ein Segment zu übertragen?

Der Nagle-Algorithmus

Wir wenden uns dem TCP-Sender zu und stellen uns folgende Frage: Wenn Daten zur Übertragung anstehen, das Fenster aber weniger als MSS geöffnet ist, können wir eine gewisse Zeit warten, bis wir die verfügbaren Daten senden – doch wie lange? Wenn wir zu lange warten, beeinträchtigen wir interaktive Anwendungen, wie z. B. Telnet. Warten wir demgegenüber nicht lange genug, riskieren wir, dass ein Haufen winziger Pakete gesendet wird und das Silly-Window-Syndrom entsteht. Die Lösung liegt in der Einführung eines Timers und der Übertragung, wenn der Timer abläuft.

Obwohl wir einen auf einer Uhr basierten Timer, z. B. einen, der alle 100 ms abläuft, benutzen könnten, führte Nagle eine elegante *selbsttaktende* Lösung ein. Die zu grunde liegende Idee ist, dass der Sender irgendwann ein ACK empfangen wird, solange TCP Daten unterwegs hat. Dieses ACK kann wie ein Timerablauf behandelt werden, wobei die Übertragung von mehr Daten angestoßen wird. Der

Nagle-Algorithmus bietet eine einfache, einheitliche Regel für die Entscheidung, wann übertragen werden soll:

```
Wenn die Anwendung sendebereite Daten produziert,
    falls sowohl die verfügbaren Daten als auch das Fenster ≥ MSS,
        sende ein volles Segment
    andernfalls
        falls unbestätigte Daten anstehen
        puffere die neuen Daten, bis ein ACK ankommt
    andernfalls
        sende alle neuen Daten jetzt.
```

Anders ausgedrückt: Es ist immer in Ordnung, ein volles Segment zu senden, wenn es das Fenster erlaubt. Es ist ebenfalls in Ordnung, eine kleine Datenmenge sofort zu senden, wenn sich momentan keine Segmente im Transit befinden. Befindet sich aber irgendetwas auf dem Weg, muss der Sender auf ein ACK warten, bevor er das nächste Segment überträgt. Folglich wird eine interaktive Anwendung wie Telnet, die laufend jeweils ein Byte schreibt, ihre Daten in einer Rate senden, die einem Segment pro RTT entspricht. Einige Segmente enthalten möglicherweise ein einziges Byte, während andere die Byte-Menge enthalten, die der Benutzer innerhalb einer Roundtrip-Zeit tippen konnte. Da sich einige Anwendungen eine solche Verzögerung für jede ihrer Schreiboperationen in eine TCP-Verbindung nicht leisten können, erlaubt es die Socket-Schnittstelle einer Anwendung, den Nagle-Algorithmus durch Setzen der TCP_NODELAY-Option auszuschalten. Das Setzen dieser Option bedeutet, dass Daten so bald wie möglich übertragen werden.

5.2.6 Adaptive Neuübertragung

Da TCP die zuverlässige Übertragung von Daten garantiert, überträgt es jedes Segment erneut, falls innerhalb einer bestimmten Zeit kein ACK empfangen wird. TCP setzt diesen Timeout als Funktion der RTT, die es zwischen den beiden Enden der Verbindung erwartet. Leider ist die Wahl eines angemessenen Timeout-Werts angesichts der zahlreichen möglichen RTTs zwischen zwei beliebigen Hosts im Internet und der zeitlichen RTT-Schwankung zwischen denselben zwei Hosts nicht ganz einfach. Um dieses Problem zu lösen, benutzt TCP einen Mechanismus für die adaptive Neuübertragung. Wir beschreiben nun diesen Mechanismus und seine Weiterentwicklung im Laufe der Zeit, während die Internet-Gemeinde mehr Erfahrungen mit TCP gewonnen hat.

Originalalgorithmus

Wir beginnen mit einem einfachen Algorithmus für die Berechnung eines Timeout-Werts zwischen zwei Hosts. Dieser Algorithmus wurde in der ursprünglichen TCP-Spezifikation definiert, und die folgende Beschreibung gründet auf dieser Definition. Er könnte aber auch für jedes andere Ende-zu-Ende-Protokoll benutzt werden.

Das Konzept besteht darin, ständig einen gleitendenDurchschnitt der RTT zu ermitteln und dann denTimeout als Funktion dieser RTT zu berechnen. Genauer: Jedes Mal, wenn TCP ein Datensegment sendet, zeichnet es die Zeit auf. Kommt ein ACK für dieses Segment an, registriert TCP erneut die Zeit und verwendet die Differenz zwischen diesen beiden Zeiten als SampleRTT. TCP berechnet anschließend eine EstimatedRTT als gewichteten Durchschnitt zwischen der vorherigen Schätzung und dem neuen Wert, also

$$\text{EstimatedRTT} = \alpha \times \text{EstimatedRTT} + (1 - \alpha) \times \text{SampleRTT}$$

Der Parameter α wird gewählt, um EstimatedRTT zu *glätten*. Bei einem kleinen Wert von α folgt sie Änderungen der RTT gut, wird aber unter Umständen zu stark von momentanen Schwankungen beeinflusst. Andererseits bedeutet ein großer Wert von α mehr Stabilität, kann sich möglicherweise aber nicht schnell genug an die realen Änderungen anpassen. In der ursprünglichen TCP-Spezifikation wurde eine Einstellung für α zwischen 0,8 und 0,9 empfohlen. TCP benutzt EstimatedRTT, um den Timeout relativ konservativ zu berechnen:

$$\text{TimeOut} = 2 \times \text{EstimatedRTT}$$

Karn/Partridge-Algorithmus

Nach mehreren Jahren Erfahrung mit dem Internet wurde ein Schwachpunkt in diesem einfachen Algorithmus entdeckt. Das Problem lag darin, dass ein ACK in Wirklichkeit keine Übertragung, sondern den Empfang von Daten bestätigt. Mit anderen Worten: Wenn ein Segment erneut übertragen wird und anschließend ein ACK beim Sender ankommt, lässt sich nicht feststellen, ob dieses ACK mit der ersten oder der zweiten Übertragung des Segments in Verbindung gebracht werden soll, um die SampleRTT zu bestimmen. Man muss jedoch unbedingt wissen, zu welcher Übertragung es gehört, damit man eine genaue SampleRTT berechnen kann. Aus Abb. 5.10 wird folgendes deutlich: Geht man davon aus, dass das ACK für die ursprüngliche

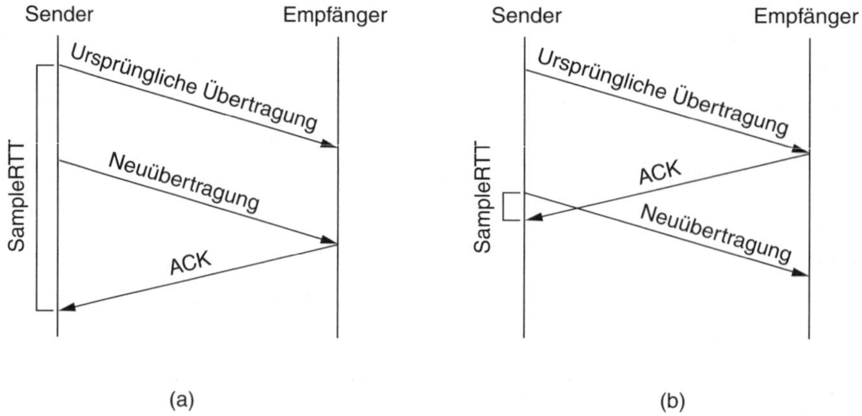

Abb. 5.10: Zusammenhang des ACK mit (a) der ursprünglichen und (b) der Neuübertragung

Übertragung gilt, während es zur zweiten gehört, ist die SampleRTT zu groß (a). Nimmt man andererseits an, dass das ACK zur zweiten Übertragung gehört, während es tatsächlich zur ersten gehört, ist die SampleRTT zu klein (b).

Die Lösung ist überraschend einfach. Wann immer TCP ein Segment erneut überträgt, setzt es die Messung der RTT aus. Es misst SampleRTT nur für Segmente, die einmal gesendet wurden. Diese Lösung wird nach ihren Erfindern *Karn/Partridge-Algorithmus* genannt. Die damit vorgeschlagene Korrektur beinhaltet auch eine zweite kleine Änderung des Timeout-Mechanismus im TCP. Jedes Mal, wenn TCP erneut überträgt, setzt es den nächsten Timeout auf das Doppelte des letzten, statt auf die letzte EstimatedRTT. Das heißt, Karn und Partridge schlugen – ähnlich wie im Ethernet – die Verwendung des exponentiellen Backoff in TCP vor. Die Motivation für die Verwendung des exponentiellen Backoff ist einfach: Überlast ist die wahrscheinlichste Ursache für verlorene Segmente, was bedeutet, dass die TCP-Quelle nicht zu aggressiv auf einen Timeout reagieren sollte. Je häufiger der Timeout einer Verbindung abläuft, um so vorsichtiger sollte die Quelle sich verhalten. Wir begegnen diesem Konzept erneut in Kapitel 6 in Zusammenhang mit einem wesentlich komplexeren Mechanismus.

Jacobson/Karels-Algorithmus

Der Karn/Partridge-Algorithmus wurde zu einer Zeit eingeführt, als das Internet an starker Netzüberlast litt. Der Ansatz der beiden Entwickler zielte darauf ab, einige Ursachen dieser Überlast zu beheben. Obwohl eine Verbesserung erzielt wurde, konnte die Überlast nicht beseitigt werden. Einige Jahre später schlugen zwei andere Wissenschaftler – Jacobson und Karels – eine drastischere Änderung des TCP vor, um Überlast zu bekämpfen. Der Großteil dieser Änderung wird in Kapitel 6 beschrieben. Vorläufig konzentrieren wir uns auf den Aspekt dieses Vorschlags, der sich darauf bezieht, wann der Timeout ablaufen und ein Segment erneut übertragen werden soll.

Der Zusammenhang zwischen Timeout-Mechanismus und Überlast sollte inzwischen klar sein: Wenn der Timeout zu früh abläuft, wird ein Segment möglicherweise unnötig erneut übertragen, wodurch das Netzwerk noch stärker belastet wird. Wir werden in Kapitel 6 sehen, dass ein genauer Timeout-Wert aus einem weiteren Grund notwendig ist: Durch den Timeout lässt sich implizit Überlast feststellen, sodass dann ein Überlastkontrollmechanismus ausgelöst wird. Schließlich bleibt festzustellen, dass die Timeout-Berechnung von Jacobson und Karels nichts enthält, das spezifisch nur auf TCP anwendbar wäre. Sie könnte für jedes Ende-zu-Ende-Protokoll benutzt werden.

Das Hauptproblem bei der ursprünglichen Berechnung ist, dass sie die Varianz der SampleRTTs nicht in Betracht zieht. Weichen die Messwerte (Samples) nur wenig voneinander ab, dürfte die EstimatedRTT (geschätzte RTT) zuverlässig und damit ist kein Grund vorhanden sein, diese Schätzung mit 2 zu multiplizieren, um den Timeout zu berechnen. Wenn andererseits große Schwankung der SampleRTT auftreten, kann man vermuten, dass der Timeout-Wert nicht zu nahe bei der EstimatedRTT liegen sollte.

Bei dem neuen Ansatz misst der Sender eine neue SampleRTT, wie oben. Dann bezieht er diese neue Messung in der Timeout-Berechnung wie folgt ein:

$$\text{Difference} = \text{SampleRTT} - \text{EstimatedRTT}$$

$$\text{EstimatedRTT} = \text{EstimatedRTT} + (\delta \times \text{Difference})$$

$$\text{Deviation} = \text{Deviation} + \delta(|\text{Difference}| - \text{Deviation})$$

wobei δ eine Zahl zwischen 0 und 1 ist. Das heißt, wir berechnen sowohl die mittlere RTT als auch die Schwankung dieses Mittelwerts.

TCP berechnet den Timeout-Wert als Funktion von EstimatedRTT und Deviation (Abweichung) wie folgt:

$$\text{TimeOut} = \mu \times \text{EstimatedRTT} + \phi \times \text{Deviation}$$

wobei μ der Erfahrung zufolge meist auf 1 und ϕ auf 4 gesetzt werden. Bei geringeren Schwankungen liegt TimeOut nahe der EstimatedRTT; eine große Schwankung bedeutet, dass der Term Deviation die Berechnung beherrscht.

Implementierung

Zwei Punkte sind bei der Implementierung von Timeouts in TCP bemerkenswert: Erstens ist es möglich, die Berechnung für EstimatedRTT und Deviation ohne Gleitkommaarithmetik zu implementieren. Stattdessen wird die gesamte Berechnung mit 2^n skaliert, wobei δ als $1/2^n$ gewählt wird. Dadurch können wir Ganzzahlarithmetik benutzen, also Multiplikation und Division mittels Verschiebungen realisieren und dadurch eine besser Performance erzielen. Die daraus resultierende Berechnung wird durch folgendes Codefragment gegeben, wobei $n = 3$ (d.h. $\delta = 1/8$). Man beachte, dass EstimatedRTT und Deviation in ihren skalierten Formen gespeichert werden, während der Wert von SampleRTT am Anfang und TimeOut am Ende des Codes reale, nicht skalierte Werte sind. Wer den Code unübersichtlich findet, kann versuchen, einige realistische Zahlen einzufügen, um zu überprüfen, ob sich die gleichen Ergebnisse wie bei den obigen Gleichungen ergeben.

```
{
    SampleRTT -= (EstimatedRTT >> 3);
    EstimatedRTT += SampleRTT;
    if (SampleRTT < 0)
        SampleRTT = -SampleRTT;
    SampleRTT -= (Deviation >> 3);
    Deviation += SampleRTT;
    TimeOut = (EstimatedRTT >> 3) + (Deviation >> 2);
}
```

Der zweite bemerkenswerte Punkt ist, dass der Jacobson/Karels-Algorithmus nur so gut wie die Uhr ist, von der die aktuelle Zeit abgelesen wird. Bei einer typischen Unix-Implementierung kann die Auflösung der Zeitmessung bis zu 500 ms betragen, was wesentlich mehr ist als der Durchschnitt bei einer Überland-RTT von irgendwo zwischen 100 und 200 ms. Erschwert wird dies zusätzlich noch dadurch, dass die Unix-Implementierung von TCP nur bei jedem Ticken dieser 500-ms-Uhr prüft, ob sie einen Timeout auslösen soll; außerdem nimmt sie pro RTT nur eine Messung dieser Roundtrip-Zeit. Diese beiden Faktoren zusammen bewirken oft, dass ein Timeout 1 Sekunde nach der Übertragung eines Segments erfolgt. Auch hier beinhalten die vorgeschlagenen TCP-Erweiterungen einen Mechanismus, durch den diese RTT-Berechnung ein wenig genauer wird.

5.2.7 Datensatzgrenzen

Da TCP ein Byte-Strom-Protokoll ist, so ist die Anzahl der Bytes, die der Sender schickt, nicht notwendigerweise dieselbe wie die Anzahl der vom Empfäger gelesenen Bytes. So kann es z.B. sein, dass die Anwendung zuerst 8, dann 2 und schließlich 20 Byte in eine TCP-Verbindung schreibt, während die Anwendung auf der Empfangsseite jeweils 5 Byte liest, die er in einer Schleife 6 Mal durchläuft. TCP setzt zwischen dem 8. und 9. Byte sowie zwischen dem 10. und 11. Byte keine Datensatzgrenzen ein. Dies steht im Gegensatz zu einem nachrichtenorientierten Protokoll, z.B. UDP, bei dem die gesendete und die empfangene Nachricht genau die gleiche Länge haben.

Obwohl TCP ein Byte-Strom-Protokoll ist, weist es zwei Merkmale auf, die vom Sender benutzt werden können, um Datensatzgrenzen in diesen Byte-Strom einzufügen und dadurch den Empfänger zu informieren, wie der Byte-Strom in Datensätze aufgeteilt werden kann. (Die Möglichkeit, Datensatzgrenzen zu kennzeichnen, ist z.B. in vielen Datenbankanwendungen nützlich.) Beide Merkmale waren in TCP ursprünglich aus völlig anderen Gründen enthalten. Sie werden für diesen Zweck aber erst in letzter Zeit benutzt.

Das erste Merkmal ist ein Mechanismus zur Kennzeichnung dringender Daten, wie dies mit dem Flag URG und dem Feld UrgPtr im TCP-Header implementiert wird. Ursprünglich wurde dieser Mechanismus ausgelegt, damit die sendende Anwendung *Out-of-Band*-Daten an ihr Gegenüber senden kann. Mit »Out-of-Band« meinen wir Daten, die vom normalen Datenfluss getrennt sind (z.B. ein Befehl, um eine bereits laufende Operation zu unterbrechen). Diese Out-of-Band-Daten wurden in dem Segment mit Hilfe des Felds UrgPtr identifiziert und dem empfangenden Prozess unmittelbar nach Ankunft zugestellt, auch wenn das die Übertragung vor anderen Daten mit einer früheren Sequenznummer bedeutete. Im Lauf der Zeit wurde dieses Merkmal aber nicht mehr benutzt, sodass man heute damit statt »dringender« »spezielle« Daten kennzeichnet, z.B. eine Datensatzmarkierung. Diese Verwendung ist entstanden, weil TCP wie bei der Push-Operation auf der Empfangsseite die Anwendung informieren muss, dass »dringende Daten« angekommen sind. Das heißt, die dringenden Daten an sich sind weniger wichtig als die Tatsache, dass der sendende Prozess effektiv ein wichtiges Signal an den Empfänger senden kann.

Der zweite Mechanismus für das Einfügen von Datensatzende-Markern in ein Byte ist die *Push*-Operation. Dieser Mechanismus wurde ursprünglich entwickelt, damit der sendende Prozess TCP anweisen kann, die von ihm angesammelten Bytes an seinen Partner zu senden. Er wurde und wird auch heute noch von interaktiven Anwendungen wie Telnet benutzt, weil jedes Byte unmittelbar nach dem Eintippen gesendet werden muss. Push kann aber auch benutzt werden, um Datensatzgrenzen zu implementieren, weil die Spezifikation besagt, dass TCP die an der Quelle zwischengespeicherten Daten senden muss, wenn die Anwendung Push benutzt. Wahlweise benachrichtigt TCP die Anwendung am Ziel, wenn in einem ankommenden Segment das PUSH-Flag gesetzt ist. Unterstützt die Empfangsseite diese Option (das Socket-Interface tut das nicht), kann die Push-Operation dazu benutzt werden, den TCP-Strom in Datensätze aufzuteilen.

Selbstverständlich steht es dem Anwendungsprogramm immer frei, Datensatzgrenzen ohne Hilfe von TCP einzufügen. Es kann beispielsweise ein Feld senden, das die Länge des als Nächstes folgenden Datensatzes angibt, oder seine eigenen Datensatzendemarkierungen in den Datenstrom einfügen.

5.2.8 TCP-Erweiterungen

Wir haben an drei verschiedenen Stellen in diesem Abschnitt erwähnt, dass die für TCP vorgeschlagenen Erweiterungen einige Probleme mildern können, mit denen TCP zu kämpfen hat, wenn das darunter liegende Netzwerk schneller wird. Diese Erweiterungen sollen möglichst geringe Auswirkung auf TCP haben. Sie werden als Optionen realisiert, die im TCP-Header hinzugefügt werden können. (Wir haben vorher einen Punkt übergangen: Der Grund für das Feld HdrLen im TCP-Header ist, dass der Header eine variable Länge haben kann. Der variable Teil des TCP-Headers enthält die hinzugefügten Optionen.) Diese Erweiterungen werden absichtlich als Optionen definiert, statt den Kern des TCP-Headers zu ändern, damit auch Hosts mit TCP kommunizieren können, die diese Optionen nicht implementieren. Hosts, die die optionalen Erweiterungen implementieren, können einen Nutzen daraus ziehen. Die beiden Seiten einigen sich während der Phase des Verbindungsaufbaus auf die zu benutzenden Optionen.

Die erste Erweiterung hilft, den Timeout-Mechanismus von TCP zu verbessern. Statt die RTT mit Hilfe eines grobgranularen Ereignisses zu messen, kann TCP die tatsächliche Systemuhr lesen, wenn es ein Segment sendet, und diese Zeit – man denke dabei an einen 32-Bit-*Zeitstempel* – in den Header des Segments einfügen. Der Empfänger gibt diesen Zeitstempel in seiner Bestätigung an den Sender zurück. Der Sender zieht ihn von der aktuellen Zeit ab, um die RTT zu messen. Im wesentlichen bietet die Zeitstempeloption eine bequeme Stelle für TCP, die Information, wann ein Segment übertragen wurde, zu »speichern«: Es speichert die Zeit im Segment selbst. Man beachte, dass die Endpunkte der Verbindung ihre Uhren nicht synchronisieren müssen, weil der Zeitstempel nur am selben Ende der Verbindung geschrieben und gelesen wird.

Die zweite Erweiterung greift ein Problem auf, das dadurch entsteht, dass das 32 Bit große Feld SequenceNum von TCP in einem Hochgeschwindigkeitsnetz zu schnell überläuft. Statt ein neues 64 Bit großes Feld für die Sequenznummer zu definieren, benutzt TCP den 32-Bit-Zeitstempel, wie oben beschrieben, um den

Sequenznummernraum effektiv zu erweitern. TCP entscheidet also anhand eines 64-Bit-Bezeichners, der das Feld SequenceNum in den niederwertigen 32 Bit und den Zeitstempel in den höherwertigen 32 Bit hat, ob es ein Segment annimmt oder abweist. Da sich der Zeitstempel immer erhöht, dient er dazu, zwischen zwei verschiedenen Inkarnationen der gleichen Sequenznummer zu unterscheiden. Der Zeitstempel wird in dieser Einstellung aber nur benutzt, um Überlauf zu verhindern. Er wird nicht als Teil der Sequenznummer für die Anordnung oder Bestätigung von Daten behandelt.

Die dritte Erweiterung erlaubt TCP ein größeres Advertisement-Fenster, sodass es größere Verzögerung-Bandbreite-Pipelines füllen kann, die durch Hochgeschwindigkeitsnetze ermöglicht werden. Diese Erweiterung ist eine Option, die einen *Skalierungsfaktor* für das Advertised Window definiert. Das heißt, statt die im Feld AdvertisedWindow erscheinende Zahl als Anzahl der unbestätigten Bytes zu interpretieren, die beim Sender vorliegen dürfen,, können die beiden TCP-Seiten mit Hilfe dieser Option vereinbaren, dass das Feld AdvertisedWindow größere Einheiten (z.B. wie viele 16-Byte-Einheiten an unbestätigten Daten der Sender haben darf) zählt. Mit anderen Worten: Die Fensterskalieroption spezifiziert, um wie viele Bit die beiden Seiten das Feld AdvertisedWindow jeweils nach links verschieben sollen, bevor sein Inhalt zur Berechnung eines effektiven Fensters herangezogen wird.

5.2.9 Alternative Designoptionen

TCP hat sich zwar als robustes Protokoll bewährt, das die Anforderungen vieler Anwendungen erfüllt, der Designraum für Transportprotokolle ist aber recht groß. TCP ist keinesfalls der einzige gültige Punkt in diesem Designraum. Wir schließen unsere Diskussion von TCP mit einer Betrachtung alternativer Designs. Wir erklären zwar, warum die TCP-Entwickler ihre Wahl getroffen haben, überlassen aber den Lesern die Entscheidung, ob möglicherweise Raum für alternative Transportprotokolle vorhanden ist.

Erstens weisen wir seit dem ersten Kapitel dieses Buchs immer wieder darauf hin, dass es mindestens zwei interessante Klassen von Transportprotokollen gibt: stromorientierte Protokolle wie TCP und Anfrage/Antwort-Protokolle wie RPC. Mit anderen Worten: Wir haben ausdrücklich den Designraum in zwei Hälften geteilt und TCP deutlich in die stromorientierte Hälfte gestellt. Wir könnten die stromorientierten Protokolle in zwei weitere Gruppen unterteilen – zuverlässige und unzuverlässige. TCP würde in die erste fallen, während die zweite für interaktive Videoanwendungen geeignet wäre, die eher einen Frame verwerfen, als die durch eine Neuübertragung entstehende Verzögerung hinzunehmen.

Dieser Versuch des Aufbaus einer Taxonomie für Transportprotokolle ist interessant und könnte zunehmend im Detail fortgesetzt werden. Die Welt lässt sich aber nicht so leicht in Schwarz und Weiß unterteilen. Man betrachte z.B. die Eignung von TCP als Transportprotokoll für Anfrage/Antwort-Anwendungen. TCP ist ein Vollduplexprotokoll, sodass es einfach wäre, eine TCP-Verbindung zwischen Client und Server zu öffnen und dann die Anfragenachricht in eine Richtung und die Antwortnachricht in die andere zu senden. Dabei würden aber zwei Komplikationen entstehen. Erstens ist TCP ein *byte-* und kein *nachrichtenorientiertes* Protokoll, und Anfrage/Antwort-Anwendungen tauschen immer Nachrichten aus. (Wir untersuchen die Frage, ob Bytes oder Nachrichten weiter unten noch ausführlicher.) Zweitens benötigt ein gut ausgelegtes Anfrage/Antwort-Protokoll nur zwei Pakete, wenn Anfrage- und Antwortnachricht in ein einzelnes Netzpaket passen, um den Austausch zu implementieren, während TCP mindestens neun benötigen würde: drei für den Aufbau der Verbindung, zwei für den Nachrichtenaustausch und vier, um die Verbindung abzubauen. Selbstverständlich gilt: Wenn die Anfrage- oder Antwortnachricht so groß ist, dass sie mehrere Netzpakete erfordert (z.B. 100 Pakete, um eine Antwortnachricht mit 100.000 Byte zu senden), wird der Overhead für den Auf- und Abbau der Verbindung vernachlässigbar. Es ist also nicht immer der Fall, dass ein bestimmtes Protokoll eine bestimmte Funktionalität ganz und gar nicht unterstützen kann. Manchmal ist jedoch ein Design unter gewissen Umständen effizienter als ein anderes.

Zweitens kann man sich, wie bereits angedeutet, die Frage stellen, warum TCP einen zuverlässigen *Byte-* statt eines zuverlässigen *Nachrichten*stromdienstes bereitstellt. Nachrichten wären die natürliche Wahl für eine Datenbankanwendung, die Datensätze austauschen möchte. Auf diese Frage gibt es zwei Antworten. Erstens muss ein nachrichtenorientiertes Protokoll der Definition zufolge eine obere Grenze für die Nachrichtengröße aufstellen. Schließlich ist eine unendlich lange Nachricht ein Byte-Strom. Zu jeder von einem Protokoll fest gewählten Nachrichtengröße gibt es Anwendungen, die noch größere Nachrichten senden wollen, wodurch das Transportprotokoll nutzlos wird und die Anwendung gezwungen ist, ihre eigenen transportähnlichen Dienste zu implementieren. Zweitens sind nachrichtenorientierte Protokolle zwar definitiv besser geeignet für Anwendungen, die Datensätze untereinander austauschen möchten,. Man kann in einen Byte-Strom aber leicht Datensatzgrenzen einfügen, um diese Funktionalität zu implementieren, wie in Abschnitt 5.2.7 beschrieben wurde.

Drittens implementiert TCP explizite Auf-/Abbauphasen; dies ist aber nicht unbedingt nötig. Beim Verbindungsaufbau wäre es sicherlich möglich, alle erforderlichen Verbindungsparameter zusammen mit der ersten Datennachricht zu senden. TCP basiert auf einem konservativeren Ansatz, der dem Empfänger Gelegenheit gibt, die Verbindung abzuweisen, bevor Daten ankommen. Beim Abbau könnten wir stillschweigend eine Verbindung schließen, die über längere Zeit untätig war. Das würde aber für Anwendungen wie Telnet, die unter Umständen eine Verbindung über Wochen aufrecht erhalten möchten, Komplikationen bedeuten. Solche Anwendungen wären gezwungen, »lebenserhaltende« Out-of-Band-Nachrichten zu senden, um den Verbindungszustand am anderen Ende aufrechtzuerhalten.

Schließlich ist TCP ein fensterbasiertes Protokoll; das ist aber nicht die einzige Möglichkeit. Die Alternative ist ein *ratenbasiertes* Design, bei dem der Empfänger dem Sender die Rate – ausgedrückt in Byte oder Paketen pro Sekunde – mitteilt, in der er ankommende Daten empfangen möchte. Beispielsweise kann der Empfänger den Sender informieren, dass er 100 Pakete pro Sekunde annehmen will. Zwischen

Fenster und Rate besteht eine interessante Dualität, weil die Anzahl von Paketen (Byte) im Fenster, geteilt durch die RTT, genau die Rate ergibt. Eine Fenstergröße von beispielsweise 10 Paketen und eine RTT von 100 ms impliziert, dass der Sender in einer Rate von 100 Paketen pro Sekunde übertragen kann. Durch Erhöhen oder Verringern der Advertised-Window-Größe erhöht bzw. senkt der Empfänger im Effekt die Rate, in der der Sender übertragen kann. Bei TCP wird diese Information im Feld AdvertisedWindow des ACK für jedes Segment zum Sender zurückgeschickt. Eine der wichtigsten Fragen bei einem ratenbasierten Protokoll ist, wie oft die gewünschte Rate, die sich im Lauf der Zeit ändern kann, zur Quelle zurückgeschickt wird: pro Paket, einmal pro RTT oder nur bei einer Änderung der Rate? Während wir gerade Fenster versus Rate im Zusammenhang mit Flusskontrolle betrachtet haben, wird die gleiche Frage im Zusammenhang mit Überlastkontrolle, die in Kapitel 6 behandelt wird, noch ausführlicher diskutiert.

5.3 Remote Procedure Call (RPC)

Wie in Kapitel 1 beschrieben, ist das Anfrage/Antwort-Paradigma ein übliches, von Anwendungsprogrammen häufig benutztes Kommunikationsmuster, das auch *Nachrichtentransaktion* genannt wird: Ein Client sendet eine Anfragenachricht an einen Server, der Server reagiert mit einer Antwortnachricht, und der Client blockiert (unterbricht die Ausführung), während er auf diese Antwort wartet. Abb. 5.11 zeigt die grundlegende Interaktion zwischen Client und Server in einer solchen Nachrichtentransaktion.

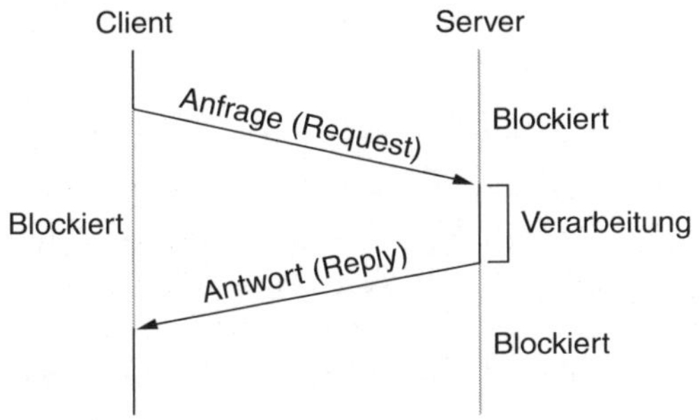

Abb. 5.11: Zeitstrahl für RPC

Ein Transportprotokoll, das das Anfrage/Antwort-Paradigma unterstützt, ist viel mehr als eine UDP-Nachricht, die in eine Richtung fließt, gefolgt von einer UDP-Nachricht, die in die andere Richtung fließt. Es umfasst auch die Überwindung aller Grenzen des zu grunde liegenden Netzwerks, wie eingangs in diesem Kapitel erwähnt wurde. Während TCP diese Grenzen dadurch überwindet, dass es einen zuverlässigen Byte-Strom-Dienst bereitstellt, fügt es sich in das Anfrage/Antwort-Paradigma nicht gut ein, weil der Aufwand des Aufbaus einer TCP-Verbindung, nur um ein paar Nachrichten auszutauschen, übertrieben erscheint. In diesem Abschnitt wird ein drittes Transportprotokoll – *Remote Procedure Call* (RPC) – beschrieben, das den Anforderungen einer Anwendung, die mit Anfrage/Antwort-Nachrichtenaustausch arbeitet, eher entspricht.

RPC ist eigentlich mehr als nur ein Protokoll. Es ist ein beliebter Mechanismus für die Strukturierung verteilter Systeme. RPC ist beliebt, weil es auf der Semantik eines lokalen Prozeduraufrufs basiert: Das Anwendungsprogramm ruft eine Prozedur ungeachtet dessen auf, ob sie lokal oder entfernt ist, und blockiert solange, bis der Aufruf zurückkehrt. Dies hört sich einfach an, es entstehen aber zwei wesentliche Probleme, durch die RPC komplizierter als lokale Prozeduraufrufe ist:

- Das Netzwerk zwischen dem aufrufenden und dem aufgerufenen Prozess hat viel komplexere Eigenschaften als die Backplane eines Computers. Beispielsweise kann es Nachrichtengrößen begrenzen und neigt häufig dazu, Nachrichten zu verlieren oder deren Reihenfolge zu vertauschen.
- Die Computer, auf denen der aufrufende und der aufgerufene Prozess laufen, weisen unter Umständen völlig unterschiedliche Architekturen und Datendarstellungsformate auf.

Folglich umfasst ein vollständiger RPC-Mechanismus zwei wichtige Komponenten:

1. Ein Protokoll, das die zwischen den Client- und Server-Prozessen ausgetauschten Nachrichten verwaltet und sich mit potenziell unerwünschten Eigenschaften des zu grunde liegenden Netzwerks befasst.
2. Unterstützung von Programmiersprachen und Compilern, um die Argumente auf der Client-Maschine in eine Anfragenachricht zu verpacken und diese Nachricht dann auf der Server-Maschine in die Argumente zurückzuübersetzen; dasselbe gilt umgekehrt für den Rückgabewert (dieser Teil des RPC-Mechanismus wird *Stub-Compiler* genannt).

Abb. 5.12 stellt schematisch den Ablauf dar, wenn ein Client eine entfernte Prozedur aufruft. Zuerst ruft der Client einen lokalen Stub für die Prozedur auf, wobei er die von der Prozedur benötigten Argumente übergibt. Dieser Stub verbirgt die Tatsache, dass die Prozedur entfernt ist, weil die Argumente in eine Anfragenachricht übersetzt und dann ein RPC-Protokoll aktiviert wird, um die Anfragenachricht an die Server-Maschine zu senden. Beim Server übergibt das RPC-Protokoll die Anfragenachricht dem Server-Stub, der sie in die für die Prozedur nötigen Argumente übersetzt und die lokale Prozedur aufruft. Wenn die Server-Prozedur fertig ist, gibt sie die Antwort an den Server-Stub zurück, der diesen Rückgabewert in eine Antwortnachricht verpackt und dem RPC-Protokoll für die Übertragung zum Client übergibt. Das RPC-Protokoll beim Client leitet diese Nachricht zum Client-Stub weiter, der sie in einen Rückgabewert übersetzt und an das Client-Programm zurückgibt.

In diesem Abschnitt werden nur die protokollbezogenen Aspekte eines RPC-Mechanismus beschrieben. Das heißt, wir ignorieren die Stubs und konzentrieren uns stattdessen auf das RPC-Protokoll, das Nachrichten zwischen Client und Server

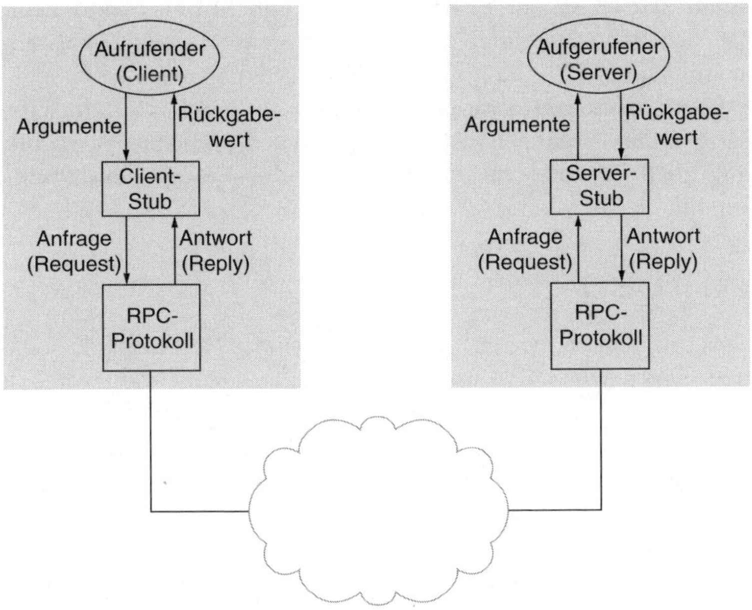

Abb. 5.12: Vollständiger RPC-Mechanismus

überträgt. Die Umwandlung von Argumenten in Nachrichten, und umgekehrt, wird in Kapitel 7 beschrieben. Da RPC außerdem ein allgemeiner Begriff und kein spezifischer Standard wie TCP ist, verfahren wir nach einem anderen Ansatz als im vorherigen Abschnitt. Statt die Diskussion auf einen bestehenden Standard (z.B. TCP) aufzubauen und dann auf alternative Designs hinzuweisen, führen wir Sie durch den gedanklichen Ablauf bei der Entwicklung eines RPC-Protokolls. Das heißt, wir werden unser eigenes RPC-Protokoll von Anfang an entwickeln und dabei in jedem Schritt die Designoptionen betrachten. Danach beschreiben wir einige häufig benutzte RPC-Protokolle durch Vergleich und Gegenüberstellung mit dem zuvor von uns entwickelten Protokoll.

Bevor wir uns auf die Details stürzen, bleibt festzustellen, dass ein RPC-Protokoll eine recht komplizierte Menge von Funktionen ausführt. Statt RPC als einzelnes, monolithisches Protokoll zu behandeln, entwickeln wir es als »Stack« dreier kleinerer Protokolle: BLAST, CHAN und SELECT. Jedes dieser kleineren, so genannten *Mikroprotokolle* enthält einen einzelnen Algorithmus, der eines der eingangs in diesem Kapitel erwähnten Probleme aufgreift. Als kurze Übersicht:

- BLAST: fragmentiert und reassembliert große Nachrichten
- CHAN: synchronisiert Anfrage- und Antwortnachrichten
- SELECT: schickt Anfragenachrichten an den richtigen Prozess

Diese Mikroprotokolle sind vollständige, in sich geschlossene Protokolle, die in unterschiedlichen Kombinationen benutzt werden können, um verschiedene Ende-zu-Ende-Dienste bereitzustellen. In Abschnitt 5.3.4 wird beschrieben, wie sie für die Implementierung eines RPC kombiniert werden können.

Um es noch einmal klar zu sagen: BLAST, CHAN und SELECT sind keine Standardprotokolle in dem Sinn wie TCP, UDP und IP. Sie sind einfach von uns erfundene Protokolle, mit denen sich die für die Implementierung eines RPC benötigten Algorithmen gut demonstrieren lassen. Da dieser Abschnitt nicht auf die Konstruktionen dessen, was in der Vergangenheit entwickelt wurde, beschränkt ist, bietet er eine besonders gute Gelegenheit, die Prinzipien des Protokolldesigns zu untersuchen.

5.3.1 Bulk-Transfer (BLAST)

Als erstes gehen wir das Problem an, wie ein zu grunde liegendes Netzwerk, das relativ kleine Nachrichten (sagen wir 1 KB) überträgt, in einen Dienst umgewandelt wird, der wesentlich größere Nachrichten (z.B. 32 KB) übertragen kann. 32 KB sind zwar nicht »beliebig groß«, reichen aber für viele praktische Anwendungen aus, darunter die meisten verteilten Dateisysteme. Letztlich wird ein strombasiertes Protokoll wie TCP (siehe Abschnitt 5.2) benötigt, um eine beliebig große Nachricht zu unterstützen, weil jedes nachrichtenorientierte Protokoll notwendigerweise eine obere Grenze für die Größe der von ihm handhabbaren Nachricht haben muss. Somit ist es immer denkbar, dass eine Nachricht übertragen werden muss, die diese Grenze überschreitet.

Wir haben die grundlegende Technik, die benutzt wird, um eine große Nachricht über ein Netzwerk, das nur kleinere Nachrichten unterstützt, bereits beschrieben: Fragmentierung und Reassemblierung. Wir beschreiben jetzt das BLAST-Protokoll, das diese Technik benutzt. Eines der besonderen Merkmale von BLAST ist, wie stark es versucht, alle Fragmente einer Nachricht auszuliefern. Im Gegensatz zum Segmentierungs-/Reassemblierungsmechanismus in ATM/AAL (siehe Abschnitt 3.3) oder in IP (siehe Abschnitt 4.1) versucht BLAST, verworfene Fragmente durch Neuübertragung wieder herzustellen. BLAST geht aber nicht soweit, dass es die Übertragung von Nachrichten *garantiert*. Die Bedeutung dieser Designoption wird später in diesem Abschnitt deutlich.

Auf welcher Schicht ist RPC angesiedelt?

Wiederum gilt es die Frage zu klären, auf welcher Schicht dies oder jenes angesiedelt ist. Für viele Leute, insbesondere jene, die sich strikt an die Internet-Architektur halten, wird RPC oberhalb eines Transportprotokolls (normalerweise UDP) implementiert und kann daher (definitionsgemäß) nicht selbst ein Transportprotokoll sein. Gleichermaßen gilt aber auch das Argument, dass das Internet ein RPC-Protokoll haben sollte, weil es einen Prozess-zu-Prozess-Dienst bietet, der sich grundlegend von demjenigen, den TCP und UDP bieten, unterscheidet. Die übliche Antwort darauf lautet aber, dass die Internet-Architektur es Netzwerkdesignern nicht verbietet, ihr eigenes RPC-Protokoll oberhalb von UDP zu implementieren. (Generell gilt UDP als »Schlupfloch« der Internet-Architektur, weil es IP lediglich um eine weitere Schicht zum Demultiplexen erweitert.) Ungeachtet dessen, ob man ein offizielles RPC-Protokoll für das Internet befürwortet oder ablehnt, sagt die Art, wie man RPC in der Internet-Architektur implementiert, nichts darüber aus, ob RPC als Transportprotokoll betrachtet werden soll oder nicht.

Wieder andere Leute sind der Ansicht, dass RPC das interessanteste Protokoll der Welt ist, und TCP/IP lediglich für Abwege gut sei. Dies ist die vorherrschende Meinung der Betriebssystemgemeinde, die unzählige Betriebssystem-Kernels für verteilte Systeme entwickelt hat, die immer genau ein Protokoll beinhalten. Ja, Sie haben es erraten: das RPC, das auf einen Netzwerkgerätetreiber aufsetzt. Die Gewässer werden noch trüber, wenn man RPC als Kombination aus drei verschiedenen Mikroprotokollen implementiert, was wir in diesem Abschnitt getan haben. In einer solchen Situation fragt man sich, welches der drei das »Transportprotokoll« ist. Unsere Antwort auf diese Frage lautet, dass sich jedes Protokoll, das im Gegensatz zu einem Knoten-zu-Knoten- oder Host-zu-Host-Dienst einen Prozess-zu-Prozess-Dienst bietet, als Transportprotokoll qualifiziert. Demzufolge ist RPC ein Transportprotokoll, das sich effektiv mit einer Kombination aus Mikroprotokollen, die selbst gültige Transportprotokolle sind, implementieren lässt.

BLAST-Algorithmus

Das Grundkonzept von BLAST besteht darin, dass der Sender eine große, ihm von einem höheren Protokoll übergebene Nachricht in mehrere kleinere Fragmente aufteilt. Dann überträgt er diese Fragmente direkt nacheinander über das Netzwerk; daher auch die Bezeichnung BLAST (»losdonnern«). Das Protokoll wartet nicht, bis Fragmente bestätigt werden, bevor es weitere sendet. Der Empfänger sendet dann ein *Selective Retransmission Request* (SRR) zum Sender zurück, in dem er angibt, welche Fragmente angekommen sind und welche nicht. (Die SRR-Nachricht wird auch *teilweise* oder *selektive* Bestätigung genannt.) Schließlich überträgt der Sender die fehlenden Fragmente erneut. Sind alle Fragmente angekommen, dient das SRR als volle Bestätigung der Nachricht. Abb. 5.13 zeigt einen repräsentativen Zeitstrahl für das BLAST-Protokoll.

Wir betrachten jetzt die Sende- und Empfangsseite von BLAST genauer. Auf der Sendeseite setzt der Sender nach der Fragmentierung der Nachricht und der Übertragung der Fragmente einen Timer, den wir DONE (fertig) nennen. Kommt ein SRR an, überträgt der Sender die angeforderten Fragmente nochmals und setzt den Timer DONE erneut. Sollte das SRR anzeigen, dass alle Fragmente angekommen sind, gibt der Sender seine Kopie der Nachricht frei und annulliert den Timer DONE. Läuft der Timer DONE jemals ab, gibt der Sender seine Kopie der Nachricht ebenfalls frei, d.h. er gibt auf.

Kommt auf der Empfangsseite das erste Fragment einer Nachricht an, initialisiert der Empfänger eine Datenstruktur, um die einzelnen Fragmente bei ihrer Ankunft

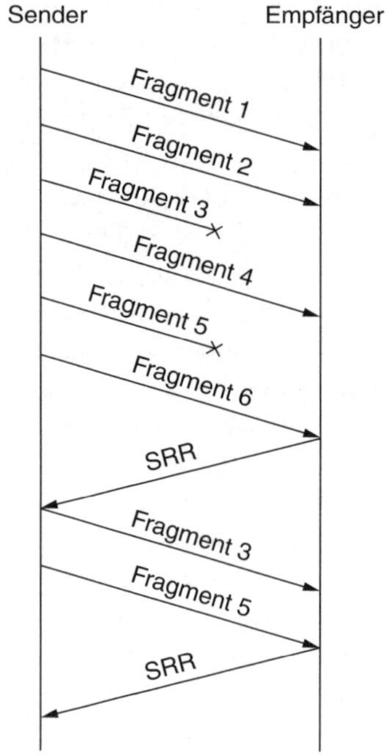

Abb. 5.13:
Repräsentativer Zeitstrahl für BLAST

zwischenzuspeichern, und setzt einen Timer LAST_FRAG. Dieser Timer erfasst die Zeit, die seit Ankunft des letzten Fragments vergangen ist. Jedes Mal, wenn ein Fragment für diese Nachricht ankommt, fügt sie der Empfänger in diese Datenstruktur ein. Sind alle Fragmente vorhanden, setzt er sie zu einer kompletten Nachricht zusammen und gibt diese Nachricht an das höhere Protokoll weiter. Dabei überwacht der Empfänger vier Ausnahmebedingungen:

- Wenn das letzte Fragment ankommt (das letzte ist besonders gekennzeichnet), die Nachricht aber noch nicht vollständig ist, ermittelt der Empfänger die fehlenden Fragmente und sendet dem Sender ein SRR. Außerdem setzt er einen Timer RETRY.
- Läuft der Timer LAST_FRAG ab, stellt der Empfänger die fehlenden Fragmente fest und sendet dem Sender ein SRR. Außerdem setzt er den Timer RETRY.
- Läuft der Timer RETRY das erste oder zweite Mal ab, ermittelt der Empfänger die noch fehlenden Fragmente und überträgt erneut eine SRR-Nachricht.
- Läuft der Timer RETRY das dritte Mal ab, gibt der Empfänger die angekommenen Fragmente frei und annulliert den Timer LAST_FRAG, gibt also auf.

Drei Aspekte von BLAST sind interessant. Erstens lösen zwei unterschiedliche Ereignisse die anfängliche Übertragung eines SRR aus: Die Ankunft des letzten Fragments und das Ablaufen des Timers LAST_FRAG. Da das Netzwerk Pakete umordnen kann, bedeutet die Ankunft des letzten Fragments im ersten Fall nicht unbedingt, dass ein früheres Fragment fehlt (es kommt vielleicht nur später an). Da dies aber die wahrscheinlichste Erklärung ist, reagiert BLAST aggressiv und sendet eine SRR-Nachricht. Im zweiten Fall schlussfolgert es, dass das letzte Fragment entweder verlorengegangen ist oder zu lange verzögert wird.

Zweitens hängt die Leistung von BLAST nicht unbedingt davon ab, wie genau die Timer gesetzt werden. Der Timer DONE wird nur für die Entscheidung benutzt, ob es Zeit ist aufzugeben und die momentan bearbeitete Nachricht zu löschen. Dieser Timer kann auf einen relativ großen Wert gesetzt werden, weil er nur den einen Zweck erfüllt, Speicherplatz zurückzufordern. Der Timer RETRY wird nur für die erneute Übertragung einer SRR-Nachricht benutzt. Wenn die Situation so schlecht ist, dass ein Protokoll einen fehlgeschlagenen Wiederherstellungsprozess erneut ausführt, nimmt es am wenigsten auf die Performance Rücksicht. Schließlich hat der Timer LAST_FRAG zwar einen Einfluss auf die Performance, denn er löst manchmal das Senden einer SRR-Nachricht durch den Empfänger aus. Dies ist aber eher unwahrscheinlich: Es passiert nur, wenn das letzte Fragment der Nachricht im Netzwerk verworfen wurde.

Drittens ist BLAST in der Anfrage um Neuübertragung fehlender Fragmente beharrlich, garantiert aber nicht, dass die komplette Nachricht übertragen wird. Um dies zu verstehen, nehmen wir an, dass eine Nachricht aus nur einem oder zwei Fragmenten besteht und diese Fragmente verlorengehen. Der Empfänger wird nie ein SRR senden, und der Timer DONE des Senders läuft irgendwann ab, was den Sender dazu veranlasst, die Nachricht freizugeben. Um die Übertragung zu gewährleisten, müsste bei BLAST der Timeout des Senders ablaufen, wenn er kein SRR erhält und dann die zuletzt von ihm übertragenen Fragmente erneut übertragen. Man hätte BLAST sicherlich so auslegen können. Wir haben uns aber anders entschieden, weil der Zweck von BLAST die Übertragung großer Nachrichten und nicht die Garantie der Übertragung von Nachrichten ist. Um Nachrichtenübertragung zu gewährleisten, können andere Protokolle entworfen und auf BLAST aufgesetzt werden. Man fragt sich vielleicht, warum wir BLAST überhaupt mit der Möglichkeit von Neuübertragungen ausgelegt haben, wenn wir ohnehin einen Mechanismus für die Gewährleistung der Übertragung auf BLAST aufsetzen müssen. Der Grund ist, dass wir es vorziehen, nur die verlorengegangenen Fragmente erneut zu übertragen, statt die gesamte Nachricht bei Verlust eines Fragments erneut übertragen zu müssen. Wir erhalten die Garantien also vom höheren Protokoll, gleichzeitig aber eine verbesserte Effizienz durch die Neuübertragung von Fragmenten in BLAST.

BLAST-Nachrichtenformat

Der BLAST-Header muss mehrere Informationen übermitteln. Erstens muss er eine Art Nachrichtenbezeichner enthalten, damit alle zur gleichen Nachricht gehörenden Fragmente identifiziert werden können. Zweitens muss es eine Möglichkeit geben, um festzustellen, wohin die einzelnen Fragmente in der Originalnachricht passen, und ein SRR muss darauf hinweisen können, welche Fragmente angekommen sind und welche fehlen. Drittens muss es eine Möglichkeit der Unterscheidung des letzten

Fragments geben, damit der Empfänger weiß, wann es Zeit ist zu prüfen, ob alle Fragmente angekommen sind. Schließlich muss es möglich sein, eine Datennachricht von einer SRR-Nachricht zu unterscheiden. Einige dieser Elemente werden in einem Header-Feld kodiert, während es für andere verschiedene Möglichkeiten gibt. Abb. 5.14 zeigt das in BLAST benutzte Header-Format. In der folgenden Beschreibung werden die verschiedenen Felder erklärt und alternative Designs diskutiert.

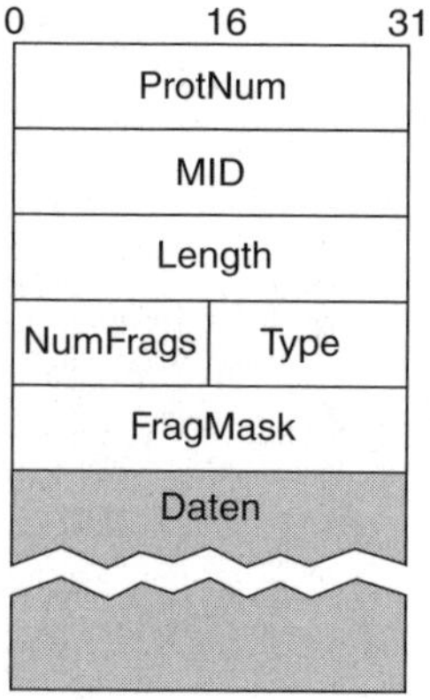

Abb. 5.14:
Header-Format für BLAST-Nachrichten

Das Feld MID identifiziert eine Nachricht eindeutig. Bei allen zur gleichen Nachricht gehörenden Fragmenten hat das MID-Feld den gleichen Wert. Es muss nur geklärt werden, wie viele Bit für dieses Feld erforderlich sind. Das ist vergleichbar mit der Frage, wie viele Bit im Feld SequenceNum in TCP nötig sind. Der zentrale Punkt bei der Entscheidung, wie viele Bit für das Feld MID zu verwenden sind, ist die Dauer, bis dieses Feld überläuft und das Protokoll beginnt, Nachrichtenbezeichner wieder zu verwenden. Ist das zu früh der Fall, d.h. wenn das MID-Feld nur wenige Bit lang ist, kann das Protokoll bei einer im Netzwerk verzögerten Nachricht durcheinandergeraten, sodass eine alte Inkarnation des gleichen Nachrichtenbezeichners irrtümlich als neue des gleichen Bezeichners betrachtet wird. Wie viele Bit reichen also aus, um sicherzustellen, dass die Zeit bis zum Überlauf des MID-Feldes länger als die Zeit ist, die eine Nachricht potenziell im Netzwerk verzögert werden kann?

Im schlechtesten Fall enthält jede BLAST-Nachricht ein einzelnes, ein Byte langes Fragment. Das heißt, dass BLAST für jedes gesendete Byte eine neue MID generieren muss. Bei einem 10-Mbit/s-Ethernet würde das bedeuten, dass etwa jede Mikrosekunde eine neue MID erzeugt wird, während bei einer STS-24-Leitung mit 1,2 Gbit/s alle 7 Nanosekunden eine neue MID erzeugt werden müsste. Selbstverständlich ist das eine viel zu pessimistische Berechnung: Der für die Vorbereitung einer Nachricht entstehende Overhead wäre mehr als eine Mikrosekunde. Nimmt man daher an, dass in jeder Mikrosekunde ein neuer MID erforderlich ist und sich eine Nachricht im Netzwerk um bis zu 60 Sekunden verzögern kann (unsere generelle Annahme für den schlechtesten Fall im Internet), müssen wir sicherstellen, dass es mehr als 60 Millionen MID-Werte gibt. Obwohl ein 26-Bit-Feld ($2^{26} = 67.108.864$) ausreichen würde, lassen sich Header-Felder, die gerade Mehrfache eines Bytes sind, leichter handhaben. Wir verwenden deshalb ein 32 Bit großes MID-Feld.

- Diese konservative (man könnte sagen paranoide) Analyse des MID-Felds unterstreicht einen wichtigen Punkt. Beim Design eines Transportprotokolls ist man versucht, sich die Aufgabe zu vereinfachen, weil nicht alle Netzwerke an allen eingangs in diesem Kapitel genannten Problemen leiden. Beispielsweise werden in einem Ethernet Nachrichten nicht 60 Sekunden verzögert, und es ist physikalisch unmöglich, Nachrichten in einem Ethernet-Segment umzuordnen. Diese Denkart ist aber problematisch, weil man ein Transportprotokoll für den *schlechtesten Fall entwickeln* muss, damit es für jede Art von Netzwerk verwendet werden kann. Die Gefahr, beispielsweise von einem Ethernet auszugehen, welches Pakete nicht umordnen kann, wird offensichtlich, wenn man bedenkt, was passiert, wenn plötzlich irgend jemand eine Bridge oder einen Router anschließt.

Wir beschreiben nun die weiteren Felder des BLAST-Headers. Das Feld Type bezeichnet, ob es sich um eine Daten- (DATA) oder SRR-Nachricht handelt. Wir benötigen sicherlich keine 16 Bit, um diese beiden Typen darzustellen, möchten als allgemeine Regel aber die Header-Felder auf 32-Bit- bzw. Wortgrenzen ausrichten, um die Verarbeitungseffizienz zu verbessern. Das Feld ProtNum bezeichnet das höhere, auf BLAST aufsetzende Protokoll. Ankommende Nachrichten werden für dieses Protokoll demultiplext. Das Feld Length bezeichnet, wie viele Daten-Bytes sich in *diesem* Fragment befinden. Es hat nichts mit der Länge der gesamten Nachricht zu tun. Das Feld NumFrags bezeichnet, wie viele Fragmente die Nachricht umfasst. Dieses Feld wird zur Feststellung benutzt, wann das letzte Fragment empfangen wurde. Als Alternative kann ein Flag benutzt werden, das nur für das letzte Fragment gesetzt wird.

Das Feld FragMask wird benutzt, um die einzelnen Fragmente zu unterscheiden. Es ist ein 32-Bit-Feld, das als Bitmaske benutzt wird. Für Nachrichten mit Type = DATA ist das i-te Bit 1 (und alle übrigen sind 0), um zu bezeichnen, dass diese Nachricht das i-te Fragment enthält. Für Nachrichten mit Type = SRR ist das i-te Bit 1, was bedeutet, dass das i-te Fragment angekommen ist; es wird auf 0 gesetzt, wenn das i-te Fragment fehlt. Man beachte, dass es für die Identifizierung von Fragmenten mehrere Möglichkeiten gibt. Der Header könnte beispielsweise ein einfaches Feld »Fragment-ID« enthalten. Dieses Feld würde man auf i setzen, um das i-te Fragment zu bezeichnen. Knifflig ist bei diesem Ansatz im Gegensatz zu einem Bitvektor, wie ein SRR spezifiziert, welche Fragmente angekommen sind und welche nicht. Wird eine n-Bit-Zahl benutzt, um jedes fehlende Fragment zu identifizieren, im Gegensatz zu einem einzelnen Bit in einem Bitvektor mit fester Größe, dann hat die SRR-Nachricht eine variable Länge, je nachdem, wie viele Fragmente fehlen. Header mit variabler Länge sind zwar zulässig, ihre Verarbeitung ist aber etwas schwieriger. Andererseits bedeutet eine Beschränkung des obigen BLAST-Headers, dass die Länge des Bitvektors jede Nachricht auf höchstens 32 Fragmente begrenzt. Hat das zu grunde liegende Netzwerk eine MTU von 1 KB, reicht dies aus, um Nachrichten mit bis zu 32-KB Länge zu senden.

5.3.2 Anfrage/Antwort (CHAN)

Das nächste Mikroprotokoll, CHAN, implementiert den Anfrage/Antwort-Algorithmus, der den Kern des RPC bildet. Hinsichtlich der üblichen Merkmale von Transportprotokollen, die eingangs in diesem Kapitel erwähnt wurden, gewährleistet CHAN die Nachrichtenübertragung, garantiert die Übertragung genau einer Kopie jeder Nachricht und ermöglicht es den kommunizierenden Prozessen, sich zu synchronisieren. Die Synchronisation, die wir dabei anstreben, simuliert das Verhalten eines Prozeduraufrufs – der Aufrufer (Client) blockiert und wartet auf eine Antwort vom Aufgerufenen (Server).

At-Most-Once-Semantik

Die Bezeichnung CHAN stammt daher, dass das Protokoll einen logischen Anfrage/Antwort-*Kanal* (Channel) zwischen zwei Teilnehmern implementiert. Auf einem bestimmten Kanal kann jeweils nur eine Nachrichtentransaktion aktiv sein. Wie bei dem Protokoll gleichzeitiger logischer Kanäle (Concurrent Logical Channels), das in Abschnitt 2.5.3 beschrieben wurde, müssen die Anwendungsprogramme mehrere Kanäle öffnen, wenn sie gleichzeitig mehrere Anfrage/Antwort-Transaktionen untereinander führen wollen.

Das wichtigste Merkmal jedes Kanals ist, dass er eine als *at-most-once* (höchstens einmal) bezeichnete Semantik wahrt. Das bedeutet, dass für jede Anfragenachricht, die der Client sendet, höchstens eine Kopie dieser Nachricht dem Server zugestellt wird. Hinsichtlich des RPC-Mechanismus, für dessen Unterstützung CHAN ausgelegt ist, wird jede entfernte, vom Client aufgerufene Prozedur höchstens einmal auf der Server-Maschine aktiviert. Wir sagen »höchstens einmal« statt »genau einmal«, weil immer die Möglichkeit besteht, dass entweder das Netzwerk oder der Server ausfällt, sodass nicht einmal eine Kopie der Anfragenachricht übertragen werden kann.

So selbstverständlich sich »höchstens einmal« anhört, unterstützen doch nicht alle RPC-Protokolle dieses Verhalten. Einige unterstützen eine Semantik, die auch *zero-or-more* genannt wird, was bedeutet, dass jeder Aufruf durch den Client zu einer entfernten Prozedur führt, die null Mal oder häufiger aktiviert wird. Es ist nicht schwer zu verstehen, dass dies bei einer entfernten Prozedur zu Problemen führt, die eine lokale Zustandsvariable (z.B. Inkrementieren eines Zählers) ändert oder bei jedem Aufruf extern sichtbare Auswirkungen (z.B. Abschießen einer Rakete) aufweist. Ist die entfernte Prozedur jedoch *idempotent* – mehrere Aufrufe haben die gleiche Wirkung wie einer – aktiviert, braucht der RPC-Mechanismus keine at-most-once-Semantik zu unterstützen. Eine einfachere (möglicherweise schnellere) Implementierung würde dann genügen.

CHAN-Algorithmus

Der Anfrage/Antwort-Algorithmus weist mehrere subtile Aspekte auf; deshalb entwickeln wir ihn in Stufen. Der grundlegende Algorithmus ist einfach, wie aus der Zeitlinie in Abb. 5.15 ersichtlich wird. Der Client sendet eine Anfragenachricht und

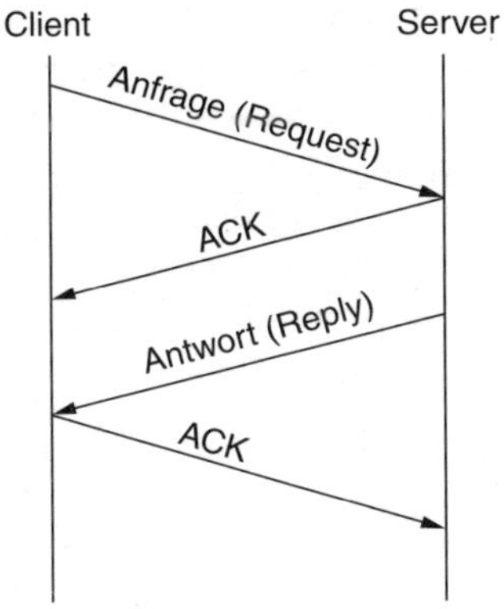

Abb. 5.15:
Einfacher Zeitverlauf bei CHAN

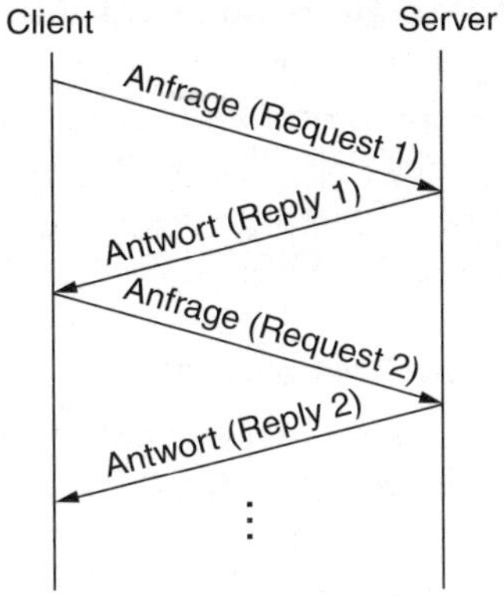

Abb. 5.16: Zeitverlauf für CHAN bei Verwendung impliziter Bestätigungen

der Server bestätigt sie. Nach der Ausführung der Prozedur sendet der Server eine Antwortnachricht und der Client bestätigt die Antwort.

Da die Antwortnachricht oft mit einer geringen Verzögerung zurückkommt, und der Client manchmal eine zweite Anfrage auf dem gleichen Kanal unmittelbar nach Erhalt der ersten Antwort sendet, lässt sich dieses Szenario mit Hilfe einer als *implizite Bestätigungen* bezeichneten Technik optimieren. Wie in Abb. 5.16 dargestellt, dient die Antwortnachricht als Bestätigung für die Anfragenachricht, und eine anschließende Anfrage bestätigt die vorherige Antwort.

Dieses rosige Bild kann durch zwei Faktoren erschwert werden: Erstens kann es passieren, dass entweder eine Datennachricht (eine Anfrage- oder Antwortnachricht) oder das ACK, das als Bestätigung dieser Nachricht gesendet wurde, im Netzwerk verlorengeht. Um diese Möglichkeit in Betracht zu ziehen, speichern Client und Server eine Kopie jeder gesendeten Nachricht, bis ein ACK dafür ankommt. Außerdem setzen beide Seiten einen RETRANSMIT-Timer und senden die Nachricht erneut, falls dieser Timer abläuft. Beide Seiten setzen diesen Timer zurück und versuchen es in der zuvor vereinbarten Häufigkeit erneut, bis sie aufgeben und die Nachricht freigeben.

Aus Abschnitt 2.5.1 ist uns die Bedeutung dieser Bestätigung/Timeout-Strategie bekannt: Es können doppelte Kopien einer Nachricht ankommen, d.h. die Originalnachricht kommt an, das ACK geht verloren und dann kommt die erneut übertragene Nachricht an. Folglich muss sich der Empfänger daran erinnern, welche Nachrichten er bereits gelesen hat, und Duplikate verwerfen. Dies geschieht durch Verwendung eines MID-Felds im Header. Eine Nachricht, deren MID-Feld nicht mit der als Nächstes erwarteten MID übereinstimmt, wird verworfen und nicht zum höheren, auf CHAN aufsetzenden Protokoll weitergegeben.

Zweitens kann der Server beliebig lange Zeit in Anspruch nehmen, um das Ergebnis zu produzieren oder noch schlimmer, entweder der Prozess oder die ganze Maschine stürzt ab, bevor die Antwort erzeugt wird. Man beachte, dass wir hier über die Zeit sprechen, nachdem der Server die Anfrage bestätigt und bevor er die Antwort gesendet hat. Damit der Client zwischen einem langsamen und einem toten

Server unterscheiden kann, sendet die Client-Seite von CHAN periodisch eine Nachricht »Lebst du noch?« an den Server, und die Server-Seite von CHAN antwortet mit einem ACK. Alternativ kann der Server Nachrichten »Ich lebe noch« senden, ohne dass der Client solche Nachrichten anfordern muss. Wir bevorzugen aber den vom Client eingeleiteten Ansatz, weil der Server dadurch so einfach wie möglich gehalten werden kann (d.h. er hat einen Timer weniger zu verwalten).

CHAN-Nachrichtenformat

Abb. 5.17 zeigt das CHAN-Nachrichtenformat. Wie bei BLAST spezifiziert das Type-Feld den Nachrichtentyp. In diesem Fall sind die möglichen Typen REQ, REP, ACK und PROBE (PROBE ist die oben erwähnte Nachricht »Lebst du noch?«). Das Feld ProtNum identifiziert auch hier das höhere Protokoll, das von CHAN abhängt.

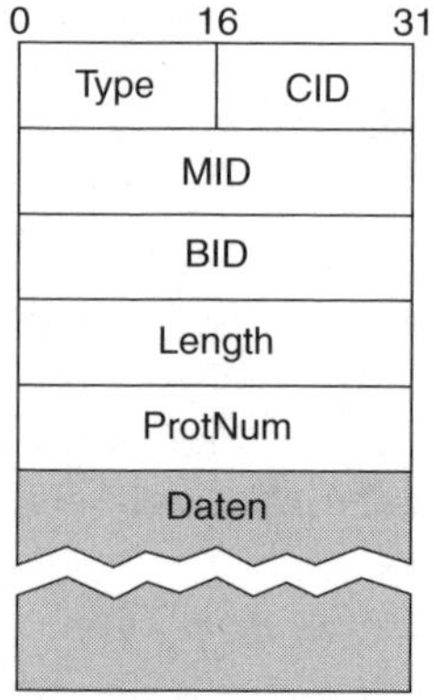

Abb. 5.17:
Header-Format für CHAN-Nachrichten

Das Feld CID identifiziert eindeutig den logischen Kanal, zu dem die betreffende Nachricht gehört. Es ist ein 16-Bit-Feld, was bedeutet, dass CHAN bis zu 64K gleichzeitige Anfrage/Antwort-Transaktionen zwischen zwei beliebigen Hosts unterstützt. Selbstverständlich kann ein bestimmter Host Kanäle zu vielen anderen Hosts gleichzeitig offen haben.

Das MID-Feld identifiziert eindeutig jedes Anfrage/Antwort-Paar. Die Antwortnachricht hat die gleiche MID wie die Anfrage. Da CHAN nur jeweils eine Nachrichtentransaktion auf einem bestimmten Kanal zulässt, möchte man glauben, dass ein 1 Bit großes MID-Feld ausreicht – wie bei dem in Abschnitt 2.5.1 beschriebenen Stop-and-Wait-Algorithmus. Wie bei BLAST müssen wir uns aber darüber Gedanken machen, dass Nachrichten über längere Zeit durch das Netzwerk wandern können, dann plötzlich am Ziel auftauchen und CHAN verwirren. Deshalb benutzen wir für CHAN mehr oder weniger aus dem gleichen Grund wie in Abschnitt 5.3.1 ein 32 Bit großes MID-Feld.

Das BID-Feld enthält die *Boot-ID* für den Host. Die Boot-ID einer Maschine ist eine Nummer, die bei jedem Start der Maschine inkrementiert wird. Diese Nummer wird bei der Startprozedur der Maschine von der Platte gelesen, inkrementiert und auf die Platte zurückgeschrieben. Dann wird sie in jede von diesem Host gesendete

Nachricht eingefügt. Das BID-Feld spielt im Grunde die gleiche Rolle wie das große MID-Feld: Es schützt davor, dass alte Nachrichten plötzlich am Ziel auftauchen, wobei die alte Nachricht in diesem Fall nicht auf irgendeine Verzögerung im Netzwerk, sondern auf eine abgestürzte und neu gestartete Maschine zurückzuführen ist.

Um die Verwendung der Boot-ID zu verstehen, betrachte man folgenden pathologischen Fall: Ein Client sendet eine Anfragenachricht mit MID = 0, stürzt ab, wird neu gestartet und sendet dann eine neue, andere Anfragenachricht, ebenfalls mit MID = 0. Der Server hat möglicherweise keine Ahnung von Absturz und Neustart des Clients, erhält die Anfragenachricht mit MID = 0, bestätigt sie und verwirft sie als Duplikat. Um dies zu verhindern, stellt jede CHAN-Seite sicher, dass das Paar <BID, MID> und nicht nur MID mit dem Erwarteten übereinstimmt. BID ist ebenfalls ein 32-Bit-Feld. Wenn wir also davon ausgehen, dass es mindestens 10 Minuten dauert, um eine Maschine neu zu starten, erfolgt ein Überlauf des Felds einmal alle 40 Milliarden Minuten (ca. 80.000 Jahre). Tatsächlich bilden BID und MID zusammen eine eindeutige 64-Bit-ID für jede Transaktion. Die niederwertigen 32 Bit werden bei jeder Transaktion inkrementiert, beim Neustart der Maschine aber auf 0 zurückgesetzt, und die höherwertigen 32 Bit werden bei jedem Neustart der Maschine inkrementiert.

Timeouts

CHAN umfasst drei verschiedene Timer: je einen RETRANSMIT-Timer beim Client und Server und einen PROBE-Timer beim Client. Der PROBE-Timer ist für die Performance nicht entscheidend und kann daher auf einen großen Wert – in der Größenordnung von mehreren Sekunden – gesetzt werden. Der RETRANSMIT-Timer hat allerdings Einfluss auf die Leistung von CHAN. Wird er auf einen zu großen Wert gesetzt, muss CHAN eventuell unnötig lange warten, bis eine im Netzwerk verlorene Nachricht erneut übertragen werden kann. Dies wirkt sich natürlich auf die Leistung aus. Wird der RETRANSMIT-Timer andererseits auf einen zu kleinen Wert gesetzt, belastet CHAN das Netzwerk möglicherweise mit unnötigem Verkehr.

Wird CHAN für die Ausführung ausschließlich in einem LAN oder auch in einem erweiterten Campus-LAN ausgelegt, kann RETRANSMIT auf einen festen Wert gesetzt werden. Etwas in der Größenordnung von 20 Millisekunden wäre angemessen. Der Grund liegt darin, dass die RTT eines LAN nicht variabel ist. Soll CHAN im Internet laufen, ist die Auswahl eines geeigneten Werts für RETRANSMIT mit dem gleichen Problem wie bei TCP verbunden. Folglich würde CHAN den RETRANSMIT-Timeout mit Hilfe eines Mechanismus berechnen, der demjenigen in Abschnitt 5.2.6 ähnelt. Als einzigen Unterschied müsste CHAN die Tatsache berücksichtigen, dass die Größe der von ihm gesendeten Nachrichten zwischen 1 Byte und 32 KB schwanken kann, während TCP immer Segmente in ungefähr der gleichen Größe überträgt.

Synchrone gegenüber asynchronen Protokollen

Eine Möglichkeit für die Charakterisierung eines Protokolls ist die Unterteilung in *synchron* und *asynchron*. Diese beiden Begriffe haben sehr unterschiedliche Bedeutungen, je nachdem, an welcher Stelle in der Protokollhierarchie sie benutzt werden. Auf der Transportschicht sollte man sie sich als Endpunkte eines Spektrums von Möglichkeiten und nicht als zwei Alternativen vorstellen. Das wichtigste Attribut irgendeines Punkts entlang dieses Spektrums ist dabei, wie viel der Sender weiß, nachdem die send-Operation zurückkehrt. Mit anderen Worten: Wenn wir annehmen, dass ein Anwendungsprogramm eine send-Operation für ein Transportprotokoll aufruft, lautet die Frage: Was genau ist der Anwendung über den Erfolg der Operation bekannt, wenn die send-Operation zurückkehrt?

Am *asynchronen* Ende des Spektrums weiß die Anwendung absolut nichts nach der Rückkehr von send. Sie weiß nicht nur nicht, ob die Nachricht von ihrem Gegenüber empfangen wurde, sie ist nicht einmal sicher, ob die Nachricht erfolgreich die lokale Maschine verlassen hat. Am *synchronen* Ende des Spektrums gibt die send-Operation normalerweise eine Antwortnachricht zurück. Das heißt, die Anwendung weiß nicht nur, dass die von ihr gesendete Nachricht von ihrem Gegenüber empfangen wurde, sondern auch, dass das Gegenüber eine Antwort zurückgegeben hat. Folglich implementieren synchrone Protokolle die Anfrage/Antwort-Abstraktion, während asynchrone Protokolle benutzt werden, wenn der Sender in der Lage sein möchte, viele Nachrichten zu übertragen, ohne auf eine Antwort warten zu müssen. Dieser Definition zufolge ist CHAN ein synchrones Protokoll.

Zwischen diesen beiden Extremen gibt es interessante Punkte, die in diesem Kapitel noch nicht angesprochen wurden. Beispielsweise kann man das Transportprotokoll so implementieren, dass send solange blockiert (nicht zurückkehrt), bis die Nachricht auf der entfernten Maschine erfolgreich empfangen wurde, jedoch zurückkehrt, bevor das Gegenüber des Senders auf dieser Maschine sie verarbeitet und darauf geantwortet hat. Dies nennt man auch *zuverlässiges Datagramm-Protokoll.*

Implementierung von CHAN

Wir schließen unsere Beschreibung von CHAN mit Fragmenten eines C-Codes, mit dem die Client-Seite implementiert wird. Code zu lesen kann langweilig sein, aber wenn man es sorgfältig macht, kann es das Verständnis davon erleichtern, wie ein System funktioniert. Im Falle von CHAN dient es dazu, all die verschiedenen Teile zu verstehen, die in die Protokoll-Implementierung eingehen, und wie diese zusammenarbeiten: die Routine, die eine Ausgangsnachricht losschickt, die Routine, die eine Nachricht erneut überträgt, und die Routine, die eingehende Nachrichten verarbeitet.

Wir beginnen mit den beiden wichtigsten Datenstrukturen: ChanHdr und ChanState. Die Felder in ChanHdr wurden bereits erklärt. Die Fenster in ChanState werden durch den folgenden Code erläutert. ChanState beinhaltet ein Feld hdr_template, das eine Kopie des CHAN-Headers ist. Viele Felder im CHAN-Header bleiben bei allen über diesen Kanal gesendeten Nachrichten gleich. Diese Felder werden ausgefüllt, wenn der Kanal erstellt wird (nicht dargestellt). Nur die sich ändernden Felder werden modifiziert, bevor eine bestimmte Nachricht übertragen wird.

```
typedef struct {
    u_short    Type;          /* Nachrichtentyp: REQ, REP, ACK, PROBE */
    u_short    CID;           /* Eindeutige Kanal-ID */
    int        MID;           /* Eindeutige Nachrichten-ID */
    int        BID;           /* Eindeutige Boot-ID */
    int        Length;        /* Länge der Nachricht */
    int        ProtNum;       /* Nummer des höheren Protokolls */
} ChanHdr;

typedef struct {
    u_char     type;          /* Sitzungsart: CLIENT oder SERVER */
    u_char     status;        /* Sitzungszustand: BUSY oder IDLE */
    Event      event;         /* Stelle zum Speichern eines
                                 Timeout-Ereignisses */
    int        timeout;       /* Timeout-Wert */
    int        retries;       /* Häufigkeit der Neuübertragung */
    int        ret_val;       /* Stelle zum Speichern des Rückgabewerts */
    Msg        *request;      /* Stelle zum Speichern der Anfragenachricht */
    Msg        *reply;        /* Stelle zum Speichern der Antwortnachricht */
    Semaphore  reply_sem;     /* Semaphore, bei der der Client blockiert */
    int        mid;           /* Nachrichten-ID für diesen Kanal */
    int        bid;           /* Boot-ID dieses Kanals */
    ChanHdr    hdr_template;  /* Header-Maske für diesen Kanal */
    BlastState blast;         /* Zeiger auf das BLAST-Protokoll */
} ChanState;
```

Wir richten unsere Aufmerksamkeit nun auf die die Routine, die Anfragenachrichten schickt. Da CHAN Protokollen auf darüberliegenden Schichten eine synchrone Schnittstelle anbietet – der Aufrufer blockiert bis eine Antwort zurückgegeben werden kann – wird die send-Routine, die wir uns seit Kapitel 1 vorgestellt haben, nicht funktionieren. Wir führen daher eine neue Schnittstellen-Operation ein, der wir den generischen Namen call geben und die blockiert, bis eine Antwortnachricht zur Verfügung steht, und diese dann dem aufrufenden Prozess übergibt. Das erste Argument identifiziert den Kanal, der genutzt werden soll. Es umfasst alle Informationen, die für das Senden der Nachricht an den richtigen Empfänger erforderlich sind. Das zweite und dritte Argument bezieht sich auf den abstrakten Datentyp (ADT) für Nachrichten. Sie stellen die eingehenden bzw. ausgehenden Nachrichten dar. Wir setzen voraus, dass dieser ADT die offensichtlichen Operationen unterstützt (z.B. msgSaveCopy und msgLength).

```
int
callCHAN(ChanState *state, Msg *msg, Msg *rmsg)
{
    ChanHdr     *hdr;
    char        hbuf[HLEN];

    /* Garantiere nur eine Transaktion pro Kanal */
    if ((state->status != IDLE))
       return FAILURE;
    state->status = BUSY;

    /* Speichere eine Kopie der Anfragenachricht und zeige auf die Antwort-
nachricht */
    msgSaveCopy(&state->request, msg);
    state->reply = rmsg;

    /* Fülle die Header-Felder aus */
    hdr = state->hdr_template;
    hdr->Length = msgLength(msg);
    if (state->mid == MAX_MID)
        state->mid = 0;
    hdr->MID = ++state->mid;

    /* Hänge den Header an die Nachricht an, und versende sie */
    store_chan_hdr(hdr, hbuf);
    msgAddHdr(msg, hdr, HLEN);
    send(BLAST, msg);

    /* Setze Zeit für das erste Timeout-Ereignis */
    state->retries = 1;
    state->event = evSchedule(retransmit, state, state->timeout);

    /* Blockiere und warte auf die Antwortnachricht */
    semWait(&state->reply_sem);

    /* Bereinige den Zustand und kehre zurück */
    flush_msg(state->request);
    state->status = IDLE;
    return state->ret_val;
}
```

Als erstes fällt auf, dass das an callCHAN als Argument weitergegebene ChanState das Feld status beinhaltet, das darauf hinweist, ob der betreffende Kanal benutzt wird oder nicht. Falls er momentan benutzt wird, gibt callCHAN einen Fehler zurück. Als alternatives Design könnte man den aufrufenden Prozess solange blockieren, bis der Kanal untätig wird. Wir haben uns dafür entschieden, die Zuständigkeit für die Blockierung von Prozessen, die besetzte Kanäle benutzen wollen, einem höheren Protokoll zu überlassen; in unserem Fall ist das SELECT.

Als Nächstes fällt an callCHAN auf, dass der aufrufende Prozess nach dem Ausfüllen des Nachrichten-Headers und der Übertragung der Anfragenachricht über BLAST an einer Semaphore (reply_sem) blockiert; semWait ist die in Abschnitt 1.3 eingeführte Semaphoren-Operation. Kommt die Antwortnachricht an, wird sie von der CHAN-Routine deliverCHAN (siehe unten) verarbeitet, welche die Antwortnachricht in die Zustandsvariable reply kopiert und dies dem blockierten Prozess signalisiert. Jetzt kehrt der Prozess zurück. Sollte die Antwortnachricht nicht ankommen, wird die Timeout-Routine retransmit aufgerufen (siehe unten). Dieses Ereignis wird im Rumpf von callCHAN eingeplant.

Die nächste Routine retransmit wird jedes Mal aufgerufen, wenn der RETRANSMIT-Timer abläuft. Sie wird erstmals in callCHAN gesetzt, aber jedes Mal, wenn sie aufgerufen wird, setzt sie sich selbst erneut. Nachdem die Anfragenachricht viermal übertragen wurde, gibt CHAN auf: Es setzt den Rückgabewert auf FAILURE und weckt den blockierten Client-Prozess auf. Schließlich muss es jedes Mal, wenn retransmit ausgeführt und eine weitere Kopie der Anfragenachricht gesendet wird, die Nachricht erneut in der Zustandsvariablen request speichern. Das ist deshalb so, weil wir davon ausgehen, dass jedes Mal, wenn ein Protokoll eine Nachricht an ein niedrigeres Protokoll übergibt, es seinen Bezug zur Nachricht verliert.

```
static void
retransmit(Event ev, int *arg)
{
    ChanState    *state = (ChanState *)arg;
    Msg          tmp;

    /* Hebe nach dem 4. Versuch die Blockierung des Client-Prozesses auf */
    if (++state->retries > 4)
    {
       state->ret_val = FAILURE;
       semSignal(state->rep_sem);
       return;
    }

    /* Übertrage die Anfragenachricht erneut */
    msgSaveCopy(&tmp, &state->request);
    send(BLAST, &tmp);

    /* Setze Zeit für das Ereignis erneut mit exponentiellem Backoff */
    state->timeout = 2*state->timeout;
    state->event = evSchedule(retransmit, state, state->timeout);
}
```

Schließlich betrachten wir die CHAN-Routine deliver. Als erstes fällt auf, dass CHAN ein asymmetrisches Protokoll ist: Der Code, mit dem CHAN auf der Client-Maschine implementiert wird, ist völlig anders als derjenige, mit dem CHAN auf der Server-Maschine implementiert wird. Diese Tatsache ist in der CHAN-Zustandsvariablen (type) gespeichert. Folglich muss die deliver-Routine als erstes prüfen, ob sie auf einem Server (sie erwartet REQ-Nachrichten) oder auf einem Client (sie erwartet REP-Nachrichten) läuft. Dann ruft sie die entsprechende Client- oder Server-spezifische Routine auf. Hier stellen wir die Client-spezifische Routine deliverClient dar.

```
static int
deliverClient(ChanState *state, Msg *msg)
{
    ChanHdr hdr;
    char        *hbuf;

    /* Entnehme den Header und prüfe auf Richtigkeit */
    hbuf = msgStripHdr(msg, HLEN);
    load_chan_hdr(&hdr, hbuf);
    if (!clnt_msg_ok(state, &hdr))
        return FAILURE;

    /* Annulliere das Timeout-Ereignis für die Neuübertragung */
    evCancel(state->event);

    /* Falls es sich um ein ACK handelt, setze den PROBE-Timer und beende */
    if (hdr.Type == ACK)
    {
       state->event = evSchedule(probe, s, PROBE);
       return SUCCESS;
    }

    /* Die Nachricht ist ein REP; speichere sie und signalisiere
       blockierten Client */
    msgSaveCopy(state->reply, msg);
    state->ret_val = SUCCESS;
    semSignal(&state->reply_sem);

    return SUCCESS;
}
```

Die Routine deliverClient prüft zuerst, ob sie die erwartete Nachricht empfangen hat, z.B. ob sie den richtigen MID und BID hat und ob der Nachrichtentyp REP oder ACK ist. Diese Prüfung erfolgt in der Subroutine clnt_msg_ok (nicht dargestellt). Handelt es sich um eine gültige Bestätigungsnachricht, annulliert deliverClient den RETRANSMIT-Timer und setzt den PROBE-Timer. Der hier nicht dargestellte PROBE-Timer ähnelt dem RETRANSMIT-Timer. Ist die Nachricht eine gültige Antwort, annulliert deliverClient den RETRANSMIT-Timer, speichert eine Kopie der Antwortnachricht in der Zustandsvariablen reply und weckt den blockierten Client-Prozess auf. Dieser Client-Prozess gibt die Antwortnachricht an das höhere Protokoll weiter. Der Prozess, der deliverClient aufgerufen hat, kehrt einfach zur Protokollverarbeitung zurück.

5.3.3 Dispatcher (SELECT)

Das letzte hier behandelte Mikroprotokoll namens SELECT verteilt Anfragenachrichten auf die entsprechenden Prozeduren. Es ist die Version eines Demultiplexprotokolls (wie UDP) für den RPC-Protokollstack. Der wesentliche Unterschied besteht darin, dass es ein synchrones und kein asynchrones Protokoll ist. Das bedeutet, dass SELECT auf der Client-Seite die Nummer einer Prozedur erhält, die der Client aufrufen möchte, diese Nummer in seinen Header einfügt und dann die call-Operation eines zu grunde liegenden Anfrage/Antwort-Protokolls wie CHAN aufruft. Kehrt dieser Aufruf zurück, gibt SELECT lediglich den Rückgabewert zum Client weiter. Es hat keine echte Demultiplexarbeit durchzuführen. Auf der Server-Seite benutzt SELECT die im Header vorgefundene Prozedurnummer und wählt die aufzurufende lokale Prozedur aus. Kehrt diese Prozedur zurück, kehrt SELECT einfach zu dem niedrigeren Protokoll zurück, von dem es soeben aufgerufen wurde.

SELECT ist so einfach, dass es sich scheinbar nicht lohnt, es als getrenntes Protokoll zu behandeln. Schließlich verfügt CHAN bereits über sein eigenes Demultiplexfeld, das benutzt werden könnte, um ankommende Anfragenachrichten an die entsprechende Prozedur zu senden. Wenn wir SELECT als separates, in sich geschlossenes Protokoll behandeln, hat dies zwei Gründe.

Erstens erhalten wir dadurch die Möglichkeit, den Adressraum, mit dem Prozeduren identifiziert werden, einfach dadurch zu ändern, dass im Protokollgraphen eine unterschiedliche Version von SELECT konfiguriert wird. Unter gewissen Umständen genügt es, einen *flachen* Adressraum für Prozeduren zu definieren. Beispielsweise kann man mit einem 16 Bit großen Selektorfeld eine Menge von 64K unterschiedlicher Prozeduren identifizieren. In anderen Situationen eignet sich ein flacher Adressraum aber nicht gut. Wer entscheidet, welche Prozedur welche Nummer erhält? In diesem Fall ist ein hierarchischer Adressraum, d.h. eine zweiteilige Prozedurnummer, besser geeignet. Erstens könnte man jedem Programm eine Programmnummer geben, wobei ein Programm in etwa einem »Datei-Server« oder einem »Name-Server« entspricht. Als Nächstes könnte man jedem Programm die Zuständigkeit übertragen, eindeutige Prozedurnummern für seine eigenen Prozeduren zu vergeben. Innerhalb des Datei-Server-Programms könnte z.B. read Prozedur 1, write Prozedur 2, seek Prozedur 3 usw. sein, während innerhalb des Name-Server-Programms insert Prozedur 1 und lookup Prozedur 2 sein könnte.

Zweitens implementieren wir SELECT als eigenständiges Protokoll, weil es eine gute Stelle für die Behandlung von Nebenläufigkeit ist. Wir erinnern uns, dass CHAN at-most-once-Kanäle unterstützt. Angenommen, wir möchten Anwendungen, die auf diesem Host laufen, mehrere ausstehende Aufrufe der gleichen entfernten Prozedur gestatten. Da CHAN jeweils nur einen ausstehenden Aufruf ermöglicht, besteht die einzige Möglichkeit darin, mehrere Kanäle zum gleichen Server zu öffnen. Jedes Mal, wenn ein aufrufender Prozess SELECT aufruft, verweist dieses den Prozess auf einen ungenutzten Kanal. Sind zu einem Zeitpunkt alle Kanäle aktiv, blockiert SELECT den aufrufenden Prozess, bis ein Kanal frei wird.

5.3.4 Von den Teilen zum Ganzen (SunRPC, DCE)

Wir sind jetzt bereit, aus den in den drei vorherigen Abschnitten beschriebenen Mikroprotokollen einen RPC-Stack zu bilden. Ebenfalls in diesem Abschnitt werden zwei häufig benutzte RPC-Protokolle – SunRPC und DCE-RPC – auf der Basis unserer drei Mikroprotokolle erklärt.

Ein einfacher RPC-Stack

Abb. 5.18 zeigt einen einfachen Protokoll-Stack, der RPC implementiert. Unten sind die Protokolle, die das zu grunde liegende Netzwerk implementieren. Obwohl dieser Stack Protokolle enthalten könnte, die jeder beliebigen der in den drei vorherigen Kapiteln behandelten Netztechnologien entsprechen, benutzen wir der Einfachheit halber IP auf einem Ethernet.

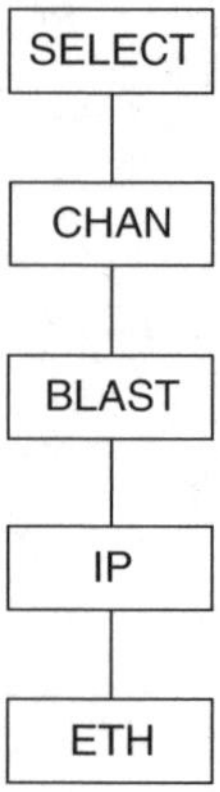

Abb. 5.18:
Einfacher RPC-Stack

Auf IP setzt BLAST auf, das aus der kleinen Nachrichtengröße des darunter liegenden Netzwerks einen Kommunikationsdienst macht, der Nachrichten in einer Länge von bis zu 32 KB unterstützt. Genau genommen stimmt es nicht, dass das zu grunde liegende Netzwerk nur kleine Nachrichten bereitstellt. IP kann Nachrichten mit bis zu 64 KB handhaben. Da IP solche großen Nachrichten aber fragmentieren muss, bevor es sie im Ethernet versendet, und der Fragmentierungs-/Reassemblierungsalgorithmus von BLAST demjenigen von IP überlegen ist (weil er in der Lage ist, fehlende Fragmente selektiv neu zu übertragen), behandeln wir IP vorzugsweise so, als unterstütze es genau die gleiche MTU wie das zu grunde liegende physikalische Netzwerk. Dies überlässt BLAST die Aufgabe der Fragmentierung/Reassemblierung, es sei denn, IP muss eine Fragmentierung irgendwo mitten im Netzwerk durchführen.

Als Nächstes implementiert CHAN den Anfrage/Antwort-Algorithmus. Wir hatten uns ja dafür entschieden, keine zuverlässige Übertragung in BLAST zu implementieren, sondern diese Aufgabe auf ein höheres Protokoll zu verlagern. In diesem Fall stellt der Timeout- und Bestätigungsmechanismus von CHAN sicher, dass Nachrichten zuverlässig übertragen werden. Andere Protokolle verwenden vielleicht unterschiedliche Techniken, um die Übertragung zu garantieren, oder bieten überhaupt keine zuverlässige Übertragung. Dies ist ein Beispiel des Ende-zu-Ende-Arguments aus praktischer Sicht: tue nicht auf niedrigeren Ebenen des Systems (z.B. BLAST), was auf höheren Ebenen (z.B. CHAN) ohnehin getan werden muss.

Schließlich definiert SELECT einen Adressraum für die Identifizierung entfernter Prozeduren. Wie in Abschnitt 5.3.3 angedeutet, könnte man verschiedene Versionen von SELECT, die je eine andere Methode für die Identifizierung von Prozeduren definieren, konfigurieren und auf CHAN aufsetzen. Tatsächlich wäre es sogar möglich, eine Version von SELECT zu schreiben, die für Prozeduren den Adressraum eines existierenden RPC-Pakets (z.B. SunRPC) simuliert, und dann CHAN und BLAST unterhalb dieses neuen SELECT benutzen, um den Rest des RPC-Stacks zu implementieren. Dieser neue Stack würde nicht mit dem Originalprotokoll interoperieren, es uns aber ermöglichen, ein neues RPC-System unter eine vorhandene Sammlung entfernter Prozeduren zu schieben, ohne die Schnittstelle ändern zu müssen. SELECT unterstützt zudem Nebenläufigkeit.

SunRPC

SELECT, CHAN und BLAST sind zwar vollständige, korrekt funktionierende Protokolle, wurden aber weder standardisiert noch in großem Umfang eingesetzt. Wir wenden uns jetzt einem häufig benutzten RPC-Protokoll zu: SunRPC. Ironischerweise wurde SunRPC ebenfalls von keinem Standardisierungsgremium genehmigt, hat sich aber dank seiner großen Verbreitung auf Sun-Workstations und seiner zentralen Rolle in Suns beliebtem Network File System (NFS) als De-facto-Standard etabliert. Bei Drucklegung erwägte die IETF die offizielle Übernahme von SunRPC als Internet-Standardprotokoll.

Im Grunde genommen muss sich jedes RPC-Protokoll um drei Faktoren kümmern: Fragmentierung großer Nachrichten, Synchronisation von Anfrage- und Antwortnachrichten und Versendung von Anfragenachrichten an die entsprechende Prozedur. SunRPC bildet dabei keine Ausnahme. Im Gegensatz zum SELECT/CHAN/BLAST-Stack greift SunRPC diese drei Funktionen aber in einer anderen Reihenfolge auf und verwendet geringfügig abweichende Algorithmen. Der grundlegende SunRPC-Protokollgraph ist in Abb. 5.19 dargestellt.

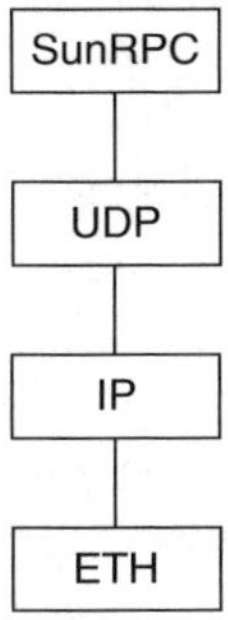

Abb. 5.19:
Protokollgraph für SunRPC

Zunächst implementiert SunRPC den zentralen Anfrage/Antwort-Algorithmus – das CHAN-Gegenstück. SunRPC unterscheidet sich von CHAN aber dahingehend, dass es technisch keine at-most-once-Semantik garantiert. Es gibt obskure Umstände, unter denen dem Server ein Duplikat einer Anfragenachricht zugestellt wird (siehe unten). Zweitens ist die Rolle von SELECT zwischen UDP und SunRPC aufgeteilt: UDP steuert das richtige Programm und SunRPC die richtige Prozedur innerhalb des Programms an. (Wir beschreiben weiter unten genauer, wie die Prozeduren identifiziert werden.) Schließlich wird die Fähigkeit, Anfrage- und Antwortnachrichten senden zu können, die größer als die Netzwerk-MTU sind (was der in BLAST implementierten Funktionalität entspricht), von IP bereitgestellt. Man beachte aber, dass IP hinsichtlich der Implementierung der Fragmentierung nicht so beharrlich wie BLAST ist. BLAST benutzt im Gegensatz zu IP die selektive Neuübertragung.

Wie oben erwähnt, benutzt SunRPC zweischichtige Adressen, um entfernte Prozeduren zu identifizieren: eine 32-Bit-Programm- und eine 32-Bit-Prozedurnummer. (Es gibt auch eine 32-Bit-Versionsnummer, die wir in der folgenden Abhandlung aber ignorieren.) Dem NFS-Server wurde beispielsweise die Programmnummer x00100003 zugewiesen, und innerhalb dieses Programms ist getattr Prozedur 1, setattr Prozedur 2, read Prozedur 6, write Prozedur 8, usw. Jedes Programm ist dadurch erreichbar, dass man eine Nachricht an einen UDP-Port sendet. Kommt eine Anfragenachricht an diesem Port an, nimmt SunRPC sie entgegen und ruft die entsprechende Prozedur auf.

Um festzustellen, welcher Port einer bestimmten SunRPC-Programmnummer entspricht, steht das als »Port-Mapper« bezeichnete separate SunRPC-Programm zur Verfügung, das Programm- auf Port-Nummern abbildet. Der Port-Mapper selbst hat ebenfalls eine Programmnummer (x00100000), die in einen UDP-Port übersetzt werden muss. Zum Glück ist der Port-Mapper immer an einem wohlbekannten UDP-Port (111) präsent. Das Port-Mapper-Programm unterstützt mehrere Prozeduren, von denen eine (Prozedurnummer 3) die Abbildung von Programm- auf Port-Nummern durchführt.

Will ein Client also eine Anfragenachricht an die read-Prozedur des NFS senden, richtet er zuerst eine Anfrage an den Port-Mapper am wohlbekannten UDP-Port 111, um Prozedur 3 aufzurufen, um Programmnummer x00100003 auf den UDP-Port abzubilden, an dem das NFS-Programm momentan residiert. (In der Praxis ist NFS ein derart wichtiges Programm, dass es seinen eigenen wohlbekannten UDP-Port erhält, sodass der Port-Mapper ihn nicht suchen muss.) Dann sendet der Client eine SunRPC-Anfragenachricht mit Prozedurnummer 6 an diesen UDP-Port, und das SunRPC-Modul, das diesen Port abhört, ruft die read-Prozedur des NFS auf. Der Client speichert die Programm-/Port-Nummern-Abbildung in seinem Cache, sodass er sich nicht jedes Mal, wenn er das NFS-Programm kontaktieren möchte, an den Port-Mapper wenden muss.

Der eigentliche SunRPC-Header wird durch eine komplexe Verschachtelung von Datenstrukturen definiert. Abb. 5.20 zeigt die wesentlichen Details für den Fall, bei dem der Aufruf problemlos durchgeführt werden kann. XID ist ein eindeutiger Transaktionsbezeichner, der dem MID-Feld in CHAN ähnelt. Dass SunRPC keine at-most-once-Semantik garantieren kann, liegt daran, dass SunRPC auf der Server-Seite nach der erfolgreichen Durchführung der Transaktion sich nicht merkt, dass er bereits einen bestimmten XID gesehen hat. Dies ist aber nur ein Problem, wenn der Client eine Anfragenachricht als Ergebnis eines Timeout erneut überträgt und die Anfragenachricht genau zur gleichen Zeit wie die Antwort auf die ursprüngliche Anfrage vom Server zurück zum Client übertragen wird. Kommt die erneut übertragene Anfrage beim Server an, sieht sie wie eine neue Transaktion aus, weil der Server glaubt, die Transaktion mit diesem XID bereits fertiggestellt zu haben. Wenn die Antwort beim Client vor dem Timeout ankommt, wird die Anfrage natürlich nicht erneut übertragen. Kommt die erneut übertragene Anfrage andererseits beim Server an, bevor die Antwort erzeugt wurde, erkennt der Server, dass der Transaktions-XID bereits verarbeitet wird und weist die doppelte Anfragenachricht ab. Dieses fehlerhafte Verhalten ist also eher unwahrscheinlich. Man beachte, dass das Kurzzeitgedächtnis des Servers bezüglich XIDs auch bedeutet, dass er sich nicht selbst vor Nachrichten schützen kann, die lange Zeit im Netzwerk verzögert wurden. Dies war beim SunRPC aber bisher kein Problem, weil er ursprünglich für die Verwendung in einem LAN ausgelegt wurde.

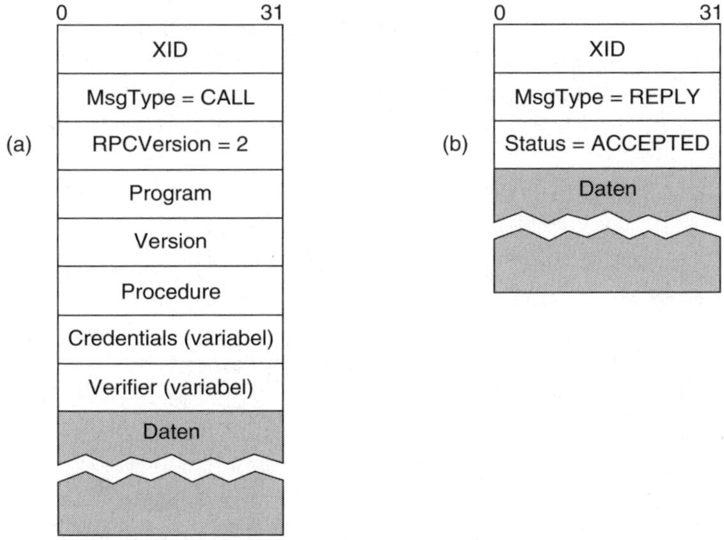

Abb. 5.20: Header-Formate in SunRPC: (a) Anfrage (b) Antwort

Im Header-Format von SunRPC enthält die Anfragenachricht die Felder Credentials und Verifier mit variabler Länge. Beide werden vom Client benutzt, um sich selbst beim Server zu authentifizieren, d.h. den Nachweis zu erbringen, dass er das Recht hat, den Server aufzurufen. Wie sich ein Client bei einem Server authentifiziert, ist eine allgemeine Frage, die von jedem Protokoll geklärt werden muss, das ein vernünftiges Maß an Sicherheit bieten will. Dieses Thema wird ausführlicher in Kapitel 6 behandelt.

DCE

Das Distributed Computing Environment (DCE) definiert ein weiteres häufig benutztes RPC-Protokoll, das wir DCE-RPC nennen. DCE besteht aus einer Reihe von Standards und Software für die Entwicklung verteilter Systeme. Es wurde von der Open Software Foundation (OSF) definiert, einem aus Computerherstellern bestehenden Konsortium, zu dem ursprünglich IBM, Digital und Hewlett-Packard zählten. Die OSF heißt heute Open Group. DCE-RPC ist das RPC-Protokoll im Kern des DCE-Systems. Es kann mit dem in Kapitel 7 beschriebenen Stub-Compiler Network Data Representation (NDR) benutzt werden, dient aber auch als zu grunde liegendes RPC-Protokoll für CORBA (Common Object Request Broker Architecture), einen industrieweiten Standard für die Entwicklung objektorientierter verteilter Systeme.

DCE-RPC wurde für die Ausführung oberhalb von UDP ausgelegt. Es ähnelt SunRPC dahingehend, dass es ein zweischichtiges Adressierungsschema definiert: UDP demultiplext auf den korrekten Server, DCE-RPC aktiviert eine bestimmte, von diesem Server angebotene Prozedur und Clients bemühen einen »Endpunkt-Abbildungsdienst« (vergleichbar mit dem Port-Mapper in SunRPC), um zu erfahren, wie ein bestimmter Server erreicht werden kann. Im Gegensatz zu SunRPC implementiert DCE-RPC aber die at-most-once-Semantik für Aufrufe. Es bewerkstelligt dies in einem einzigen Protokoll, das im wesentlichen die Algorithmen von BLAST und CHAN kombiniert. Wir konzentrieren unsere Beschreibung von DCE-RPC auf diesen Aspekt. (In Wirklichkeit unterstützt DCE-RPC mehrere Aufruf-Semantiken, einschließlich einer mit SunRPC vergleichbaren Idempotent-Semantik; das Standardverhalten ist aber at-most-once.)

Abb. 5.21 zeigt einen Zeitstrahl für den typischen Austausch von Nachrichten, wobei jede Nachricht mit ihrem DCE-RPC-Typ beschriftet ist. Das Muster ähnelt dem von CHAN: Der Client sendet eine Anfragenachricht (Request), der Server antwortet irgendwann mit einer Antwortnachricht (Response) und der Client bestätigt (Ack) die Antwort. Statt dass der Server Anfragenachrichten bestätigtsendet vielmehr der Client periodisch eine Ping-Nachricht an den Server, der mit einer Working-Nachricht reagiert, um darauf hinzuweisen, dass die entfernte Prozedur noch läuft. Darüber hinaus werden weitere, in der Abbildung nicht dargestellte Nachrichtentypen unterstützt. Beispielsweise kann der Client eine Quit-Nachricht an den Server senden, um ihn zum Abbruch eines früheren, noch laufenden Aufrufs aufzufordern. Der Server antwortet mit einer Quack-Nachricht (Abbruchbestätigung). Außerdem kann der Server auf eine Anfrage- mit einer Reject-Nachricht (womit er den Aufruf abweist) und auf eine Ping- mit einer Nocall-Nachricht antworten (womit der Server zum Ausdruck bringt, dass er nie vom Aufrufer gehört hat).

Zusätzlich zum Nachrichtentyp beinhalten Anfrage- und Antwortnachrichten vier Schlüsselfelder, die benutzt werden, um sowohl die Fragmentierungs-/Reassemblierungsaspekte von BLAST als auch die Nachrichtentransaktionsaspekte von CHAN zu implementieren. Hierzu zählen ServerBoot, ActivityId, SequenceNum und FragmentNum.

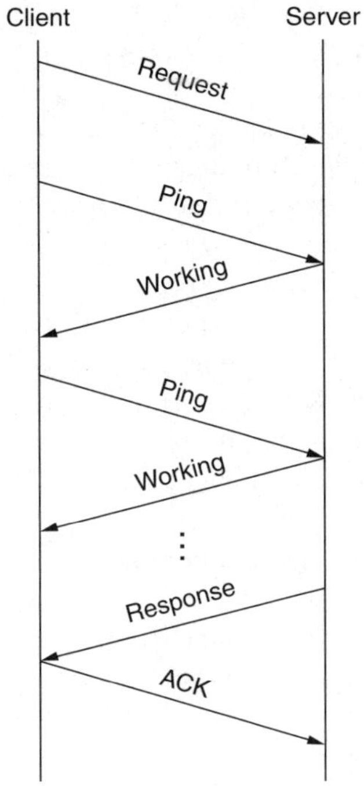

Abb. 5.21:
Typischer Nachrichtenaustausch in DCE-RPC

Das Feld ServerBoot dient dem gleichen Zweck wie das BID-Feld (Boot-ID) in CHAN: Der Server zeichnet bei jedem Start seine Startzeit in einer globalen Variablen auf und fügt diese Variable in jeden von ihm bedienten Aufruf ein. Das Feld ActivityId ähnelt dem CID-Feld (Channel-ID) von CHAN: Es identifiziert eine logische Verbindung zwischen Client und Server, über die eine Reihe von Aufrufen erfolgt. Das Feld SequenceNum unterscheidet dann zwischen Aufrufen, die als Teil der gleichen Aktivität erfolgen. Es dient dem gleichen Zweck wie die Felder MID (Message-ID) in CHAN und XID (Transaction-ID) in SunRPC. Wie CHAN (und gegensätzlich zu SunRPC) merkt DCE-RPC sich die letzte Sequenznummer, die als Teil einer bestimmten Aktivität benutzt wurde, um die at-most-once-Semantik sicherzustellen.

Da sowohl Anfrage- als auch Antwortnachrichten größer als die Paketgröße des zu grunde liegenden Netzwerks sein können, werden sie möglicherweise in mehrere Pakete fragmentiert. Das Feld FragmentNum identifiziert eindeutig jedes Fragment, das zu einer bestimmten Anfrage- oder Antwortnachricht gehört. Im Gegensatz zu BLAST, das einen Bitvektor zur Identifizierung von Fragmenten benutzt, wird jedem Fragment in DCE-RPC eine eindeutige Fragmentnummer (z.B. 0, 1, 2, 3 usw.) zugewiesen. Sowohl der Client als auch der Server implementieren einen selektiven Bestätigungsmechanismus, der wie folgt funktioniert: (Wir beschreiben den Mechanismus als Szenario, bei dem ein Client eine fragmentierte Anfragenachricht an den Server sendet. Der gleiche Mechanismus wird angewendet, wenn ein Server dem Client eine Fragmentantwort sendet.)

Erstens enthält jedes Fragment, aus dem die Anfragenachricht besteht, sowohl eine eindeutige Fragmentnummer (FragmentNum) als auch ein Flag, das spezifiziert, ob dieses Paket ein Fragment (frag) oder das letzte Fragment (last_frag) eines Aufrufs ist. Anfragenachrichten, die in ein einziges Paket passen, tragen das Flag no_frag. Der Server weiß, dass er die vollständige Anfragenachricht empfangen hat, wenn ihm das Paket last_frag vorliegt und die Fragmentnummern lückenlos sind. Zweitens sendet der Server in Beantwortung jedes ankommenden Fragments dem Client eine Fack-Nachricht (Fragmentbestätigung). Diese Bestätigung identifiziert die höchste Fragmentnummer, die der Server erfolgreich empfangen hat. Die Bestätigung ist also wie in TCP kumulativ. Darüber hinaus bestätigt der Server aber selektiv eventuell außer der Reihe empfangene Fragmentnummern. Er bewerkstelligt dies mit einem Bitvektor, der diese außer der Reihe angekommenen Fragmente in bezug zum höchsten in der richtigen Reihenfolge empfangenen Fragment identifiziert. Schließlich antwortet der Client durch Neuübertragung der fehlenden Fragmente.

Wie dies alles abläuft, wird aus Abb. 5.22 ersichtlich. Angenommen, der Server hat Fragmente bis einschließlich der Nummer 20 sowie die Fragmente 23, 25 und 26 erfolgreich empfangen. Er antwortet mit einem Fack, das Fragment 20 als in der richtigen Reihenfolge angekommenes Fragment mit der höchsten Nummer identifiziert, und mit einem Bitvektor (SelAck), in dem das dritte (23 = 20 + 3), das fünfte (25 = 20 + 5) und das sechste (26 = 20 + 6) Bit eingeschaltet sind. Um einen (fast) beliebig langen Bitvektor zu unterstützen, wird die Größe des Vektors (gemessen in 32-Bit-Wörtern) im Feld SelAckLen angegeben.

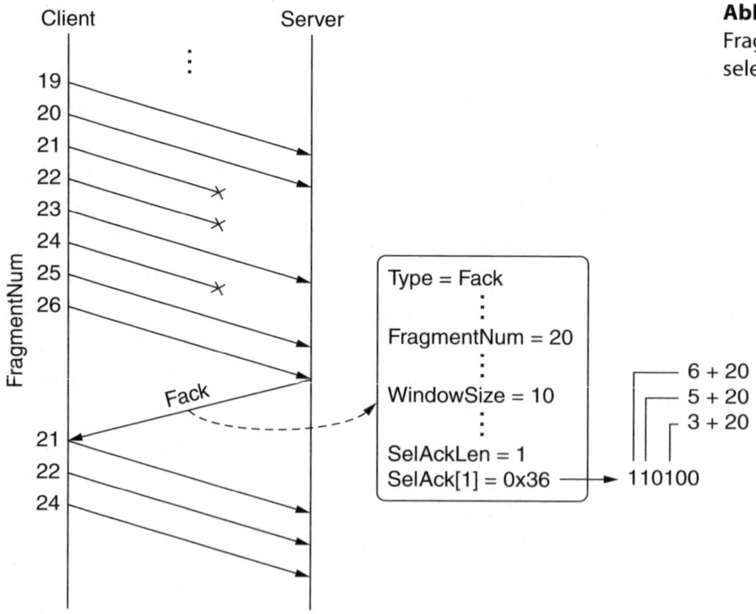

Abb. 5.22: Fragmentierung mit selektiven Bestätigungen

Angesichts der Unterstützung sehr großer Nachrichten in DCE-RPC (das Feld FragmentNum ist 16 Bit lang, sodass es also 64K-Fragmente unterstützen kann) kann das Protokoll nicht so schnell alle Fragmente, aus denen sich eine Nachricht zusammensetzt, wie BLAST befördern, weil dies zu einem Überlauf des Empfängers führen könnte. Stattdessen implementiert DCE-RPC einen Flusskontrollalgorithmus, der dem von TCP ähnelt. Insbesondere bestätigt jede Fack-Nachricht nicht nur empfangene Fragmente, sondern informiert den Sender auch, wie viele Fragmente er jetzt senden kann. Das ist der Zweck des Feldes WindowSize in Abb. 5.22, vergleichbar mit dem Feld AdvertisedWindow in TCP, außer dass es Fragmente statt Bytes zählt. DCE-RPC implementiert außerdem einen Mechanismus zur Überlastkontrolle, vergleichbar mit dem in TCP, der in Kapitel 6 beschrieben wird.

5.4 Netzwerkleistung (Performance)

In Kapitel 1 wurden zwei quantitative Metriken vorgestellt, mit denen die Netzwerkleistung bewertet wird: Latenz und Durchsatz. Diese Metriken werden nicht nur durch die zu grunde liegende Hardware (z.B. Ausbreitungsverzögerung und Leitungsbandbreite), sondern auch von Software-Overheads beeinflusst. Da uns nun ein kompletter, auf Software basierender Protokollgraph zur Verfügung steht, der alternative Transportprotokolle beinhaltet, können wir uns damit befassen, wie seine Leistung aussagefähig gemessen werden kann. Wichtig ist dass diese Messungen die Performance aus Sicht der Anwendungsprogramme darstellen.

Wie es sich für einen Bericht über experimentelle Ergebnisse gebührt, beginnen wir mit einer Beschreibung unserer experimentellen Methode. Diese beinhaltet die in den Experimenten benutzte Hardware. Wir haben unsere Experimente mit zwei 733-MHz-Pentium-Rechnern durchgeführt, die über ein dediziertes 100-Mbit/s-Ethernet verbunden sind. Die Länge des Netzes betrug nur wenige Meter, sodass eine Ausbreitungsverzögerung vernachlässigbar war. Es wurden also nur Prozessor- und Software-Performance gemessen. Als Betriebssystem war auf beiden Rechnern Linux (Kernel 2.4) installiert. Ein Testprogramm, dass auf den Sockets der Rechner aufsetzte, reflektierte Nachrichten zwischen den beiden Maschinen. In Abb. 5.23 ist ein Roundtrip zwischen den beiden Testprogrammen skizziert.

Jedes Experiment umfasste die Ausführung von drei identischen Instanzen des gleichen Tests. In jedem Test wurde eine Nachricht einer spezifischen Größe zwischen zwei Maschinen 10.000 Mal hin und her gesendet. Die Systemuhr wurde am Anfang und Ende jedes Tests gelesen, und der Unterschied zwischen diesen beiden Zeitpunkten wurde durch 10.000 geteilt, um die Zeit für einen einzelnen Roundtrip zu ermitteln. Der Durchschnitt dieser drei Zeiten (der drei Testläufe) wird für jedes Experiment unten angegeben. In jedem Experiment wurden Nachrichten unterschiedlicher Länge betrachtet. Die Latenzwerte wurden für Nachrichtengrößen von 1 Byte, 100 Byte, 200 Byte, ..., 1.000 Byte gemessen. Die Durchsatzergebnisse wurden für Nachrichtengrößen von 1 KB, 2 KB, 4 KB, 8 KB, ..., 32 KB ermittelt.

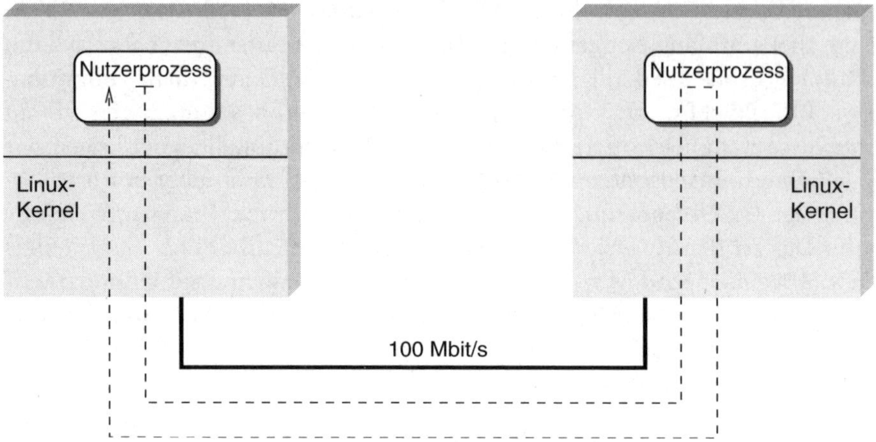

Abb. 5.23: Das gemessene System: Zwei Pentium-Workstations mit Linux-Betriebssystem sind mit einem 100 Mbit/s-Ethernet verbunden.

Die Ergebnisse des Latenztests sind in Tabelle 5.3 aufgeführt. Den Erwartungen zufolge erhöht sich die Latenz mit der Nachrichtenlänge. Ungeachtet mancher Sonderfälle, in denen man an der Latenz einer bestimmten, z.B. 200 Byte großen Nachricht interessiert ist, sind die wichtigsten Latenzangaben die für Nachrichten mit einer Länge von 1 Byte. Der Grund liegt darin, dass der 1-Byte-Fall den bei der Verarbeitung jeder Nachricht entstehenden Overhead darstellt, der nicht von der in der Nachricht enthaltenen Datenmenge abhängt. Normalerweise ist das die untere Latenzgrenze, die Faktoren wie Ausbreitungsverzögerung des Lichts und Dauer der Header-Verarbeitung darstellt.

Nachrichtengröße (Byte)	UDP	TCP
1	58	66
100	76	84
200	93	104
300	111	124
400	132	136
500	150	159
600	167	176
700	184	194
800	203	210
900	223	228
1000	239	249

Tabelle 5.3: Gemessene Roundtrip-Latenzen (in μs) für verschiedene Nachrichtengrößen und Protokolle

Wir beobachten ferner, dass zwischen der mit den zwei verschiedenen Protokollen gemessenen Latenz nur ein geringer Unterschied besteht. UDP ist ein wenig schneller als TCP, was aber durchaus den Erwartungen entspricht, weil TCP mehr Funktionalität bietet.

Die Ergebnisse des Durchsatztests sind in Abb. 5.24 dargestellt. Hier zeigen wir nur die Ergebnisse für UDP. Auffällig ist an dieser Grafik, dass sich der Durchsatz mit zunehmender Größe der Nachricht verbessert. Das ist auch logisch, weil jede Nachricht einen gewissen Overhead erzeugt, was bedeutet, dass sich dieser Overhead mit zunehmender Byte-Menge pro Nachricht besser verteilt. Die Durchsatzkurve flacht bei etwa 16 KB ab. An diesem Punkt wird der Overhead pro Nachricht unbedeutend im Vergleich zu der großen Anzahl von Bytes, die der Protokoll-Stack zu verarbeiten hat.

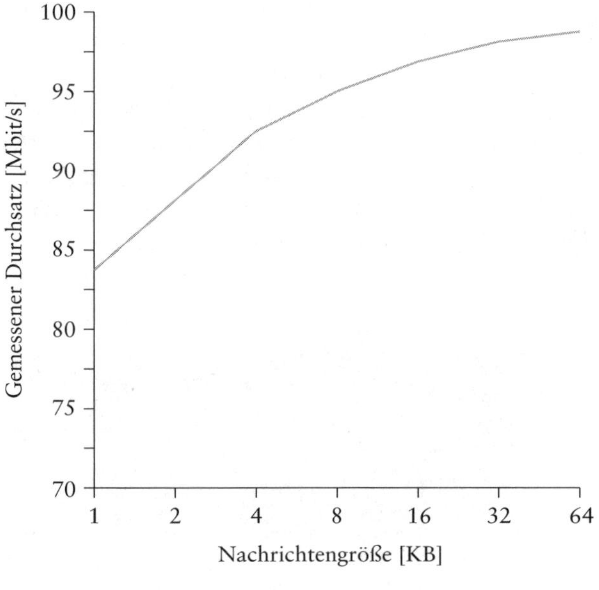

Abb. 5.24: Gemessener Durchsatz bei Verwendung von UDP mit verschiedenen Nachrichtengrößen

Zweitens fällt auf, dass die Durchsatzkurve schon unterhalb von 100 Mbit/s ihre Maximum erreicht und dann fast flach verläuft. Der Faktor, der unser System daran hindert, in voller Ethernet-Geschwindigkeit zu laufen, lässt sich aus diesen Messungen zwar nicht direkt erkennen, besteht aber offensichtlich in einer Beschränkung der Netzwerkkarte und nicht in der Software.

5.5 Zusammenfassung

In diesem Kapitel wurden drei sehr verschiedene Ende-zu-Ende-Protokolle und ihre jeweilige Leistung beschrieben. Beim ersten untersuchten Protokoll handelt es sich um einen einfachen Demultiplexer; UDP wurde als typisches Beispiel beschrieben. Ein solches Protokoll sendet lediglich Nachrichten anhand einer Port-Nummer an den entsprechenden Anwendungsprozess. Es verbessert in keiner Weise das Best-Effort-Dienstmodell des zu grunde liegenden Netzwerks. Es bietet also einen unzuverlässigen verbindungslosen Datagramm-Dienst für Anwendungsprogramme.

Der zweite Typ ist ein zuverlässiges Byte-Strom-Protokoll und wurde mit TCP als spezifischem Beispiel beschrieben. Die bei einem solchen Protokoll zu lösenden Herausforderungen sind die Wiederherstellung von Nachrichten, die im Netzwerk verlorengegangen sind, die Übertragung von Nachrichten in der gleichen Reihenfolge, in der sie gesendet wurden, und eine Möglichkeit der Flusskontrolle für den Empfänger. TCP benutzt als Grundlage den Sliding-Window-Algorithmus, erweitert diese Funktionalität aber um ein Advertised Window. Ein weiterer wichtiger Punkt an diesem Protokoll ist die Bedeutung eines möglichst präzisen Timeout/Neuübertragungsmechanismus. Obwohl TCP ein einziges Protokoll ist, umfasst es mindestens fünf verschiedene Algorithmen – Sliding-Window, Nagle, Drei-Wege-Handshake, Karn/Partridge und Jacobson/Karels –, die jeweils für jedes Ende-zu-Ende-Protokoll von Nutzen sein können.

Beim dritten untersuchten Transportprotokoll wurde ein Anfrage/Antwort-Protokoll anhand von RPC beschrieben. In diesem Fall wurde der Anfrage/Antwortdienst mit einer Kombination aus drei verschiedenen Algorithmen angewandt: einer für die selektive Neuübertragung, der große Nachrichten fragmentiert und reassembliert, einer für synchrone Kanäle, der die Anfrage- mit der Antwortnachricht paart, und schließlich einer, der den Aufruf der korrekten entfernten Prozedur bewirkt.

Offene Fragen
Anwendungsspezifische Protokolle

Nach der Lektüre dieses Kapitels sollte klar sein, dass das Design von Transportprotokollen ein kniffliges Unterfangen ist. Wir haben gesehen, dass es schon schwierig ist, ein Transportprotokoll von Grund auf richtig auszulegen. Wenn sich die äußeren Bedingungen ändern, wird dies noch erschwert. Hier müssen also Möglichkeiten gefunden werden, um Anpassungen für diese Änderungen zu finden.

Unsere Erfahrung im Gebrauch eines Protokolls kann dies ändern. Wie wir beim Timeout-Mechanismus von TCP gesehen haben, führten praktische Erfahrungen zu einer Reihe von Verfeinerungen dahingehend, wie TCP Entscheidungen über die Neuübertragung eines Segments trifft. Man beachte, dass sich keine dieser Änderungen auf das Format des TCP-Headers auswirkten, sodass man sie alle nach und nach in die verschiedenen Implementierungen von TCP aufnehmen konnte. Das heißt, es bestand keine Notwendigkeit für alle Nutzer, ihre Version von TCP am gleichen Tag aufzurüsten.

Die Merkmale des zu grunde liegenden Netzwerks können sich ebenfalls ändern. Jahrelang waren die 32-Bit-Sequenznummer und das 16 Bit große Advertised Window von TCP mehr als ausreichend. Die in letzter Zeit entwickelten Netzwerke mit höherer Bandbreite bedeuten aber, dass die Sequenznummer nicht groß genug ist, um Wraparound zu verhindern, und das Advertised Window zu klein ist, um sicherstellen, dass der Sender die Netzwerk-Pipeline gefüllt halten kann. Eine Lösung scheint sich dadurch anzubieten, dass man den TCP-Header neu definiert, um ein 64 Bit großes Feld für die Sequenznummer und ein 32 Bit großes Feld für das Advertised Window einzubinden. Dies hätte aber zu einem enormen Problem dahingehend geführt, wie Millionen Internet-Hosts den Übergang vom derzeitigen zu diesem neuen Header bewältigen sollten. Solche Übergänge wurden zwar mit einigen Netzen durchgeführt, darunter auch im Telefonnetz, sie bedeuten aber ein riesiges Unterfangen. Man hat sich deshalb dafür entschieden, die nötigen Erweiterungen als Optionen zu implementieren und es Hosts zu gestatten, die Verwendung der Optionen bei jeder Verbindung auszuhandeln.

Dieser Ansatz funktioniert natürlich nicht ewig, weil der TCP-Header nur Platz für Optionen im Umfang von 44 Byte hat. (Der Grund liegt darin, dass das Feld HdrLen 4 Bit lang ist, sodass die gesamte Länge des TCP-Headers 16 × 32 Bit-Wörter bzw. 64 Byte nicht überschreiten kann.) Selbstverständlich ist eine TCP-Option, die den für Optionen verfügbaren Raum erweitert, eine Möglichkeit. Man muss sich allerdings fragen, wie weit man dies im Hinblick auf Abwärtskompatibilität treiben soll.

Die vielleicht am schwierigsten umsetzbaren Änderungen sind die Anpassungen an den von Anwendungsprogrammen geforderten Dienste-Umfang. Unvermeidbar müssen einige Anwendungen gewisse Abweichungen von den Standarddiensten verlangen. Einige Anwendungen benötigen z.B. vorwiegend RPC, möchten aber gelegentlich in der Lage sein, einen Strom von Anfragenachrichten zu senden, ohne auf Antworten zu warten. Dies ist aus technischer Sicht nicht mehr die Semantik von RPC. Üblicherweise wird aber ein vorhandenes RPC-Protokoll entsprechend modifiziert, um diese Flexibilität zu bieten. Als weiteres Beispiel ist Video eine stromorientierte Anwendung, die in der Regel versucht, TCP als Transportprotokoll zu nutzen. TCP garantiert aber Zuverlässigkeit, was für eine Videoanwendung nicht sonderlich wichtig ist. Tatsächlich würde eine Videoanwendung eher einen Frame (Segment) verwerfen, als darauf zu warten, bis er erneut übertragen wird. Statt ein neues Transportprotokoll von Grund auf zu erfinden, haben einige Entwickler vorgeschlagen, TCP um eine Option zu erweitern, die seine Zuverlässigkeitsfunktion ausschaltet. Man kann ein solches Protokoll vielleicht nicht mehr TCP nennen; hier geht es aber um einen praktikablen Ansatz, eine Anwendung zum Laufen zu bringen.

Das Design von Transportprotokollen, die sich weiterentwickeln lassen, um die Anforderungen verschiedener Anwendungen zu erfüllen, ist schwierig. Möglicherweise liegt die Antwort auf dieses Problem letztendlich in einem Stil nach dem Motto »eine Funktion pro Protokoll«, der beispielhaft von den von uns für die Implementierung von RPC verwendeten Mikroprotokollen repräsentiert wird. Oder es wird einen vergleichbaren Mechanismus geben, durch den es dem Anwendungsprogrammierer möglich ist, das Transportprotokoll zu programmieren, zu konfigurieren oder anderweitig zu verändern.

5.6 Weiterführende Literatur

Zweifellos ist TCP ein komplexes Protokoll und weist Feinheiten auf, die in diesem Kapitel nicht durchleuchtet wurden. Deshalb beinhaltet die empfohlene Literatur für dieses Kapitel die TCP-Originalspezifikation. Unsere Motivation für die Einbindung dieser Spezifikation ist nicht so sehr, die fehlenden Einzelheiten auszugleichen, sondern vielmehr zu zeigen, wie eine wirkliche Protokollspezifikation aussieht. Die beiden weiteren Arbeiten in der empfohlenen Leseliste konzentrieren sich auf RPC. Die Arbeit von Birrell und Nelson ist der fundamentale Beitrag zum Thema, während die Arbeit von O'Malley und Peterson die Designphilosophie »eine Funktion pro Protokoll« ausführlicher beschreibt.

- USC-ISI, Transmission Control Protocol, *Request for Comments*, 793, September 1981.
- Birrell, A. und Nelson, B.: Implementing remote procedure calls, *ACM Transactions on Computer Systems*, 2(1), 39–59, Februar 1984.
- O'Malley, S. und Peterson, L.: A Dynamic Network Architecture, *ACM Transactions on Computer Systems*, 10(2), 110–143, Mai 1992.

Abgesehen von der Protokollspezifikation bieten [Ste94b] und [SW95] die umfassendste Beschreibung von TCP, einschließlich seiner Implementierung in Unix. Der dritte Band der TCP/IP-Buchreihe von Comer und Stevens beschreibt, wie Client/Server-Anwendungen oberhalb von TCP und UDP mit Hilfe des Posix-Socket-Interface [CS00], mit dem Windows-Socket-Interface[CS97] bzw. dem TLI-Interface von Unix System V [CS94] entwickelt werden.

Mehrere Arbeiten bewerten die Leistung verschiedener Transportprotokolle sehr ausführlich. Beispielsweise misst der Artikel von Clark u.a. [CJRS89] die Verarbeitungs-Overheads von TCP, eine Arbeit von Mosberger u.a. [MPBO96] erforscht die Grenzen der Protokollverarbeitungs-Overheads und Thekkath und Levy [TL93] sowie Schroeder und Burrows [SB89] prüfen die RPC-Leistung im Detail.

Die ursprüngliche Berechnung des TCP-Timeout wurde in der TCP-Spezifikation (siehe oben) beschrieben. Der Karn/Partridge-Algorithmus wurde in [KP91] und der Jacobson/Karels-Algorithmus in [Jac88] vorgeschlagen. Die TCP-Erweiterungen werden von Jacobson u.a. [JBB92] definiert, während O'Malley und Peterson [OP91] argumentieren, dass diese Art der TCP-Erweiterung nicht der richtige Ansatz zur Lösung des Problems sei.

Schließlich gibt es mehrere verteilte Betriebssysteme, für die ein eigenes RPC-Protokoll definiert wurde. Zu den bemerkenswerten Beispielen zählen das von Cheriton und Zwaenepoel [CZ85] beschriebene V-System, das von Ousterhout u.a. [OCD+88] beschriebene Sprite und das von Mullender [Mul90] behandelte Amoeba. Die neueste von Srinivasan [Sri95a] definierte SunRPC-Version ist ein »Proposed Standard« für das Internet.

5.7 Übungen

1. Wird ein UDP-Datagramm von Host A, Port P, an Host B, Port Q gesendet, bei Host B aber kein Prozess an Port Q abgehört, muss B eine ICMP-Nachricht mit der Mitteilung »Port Unreachable« (Port nicht erreichbar) an A zurückschicken. Wie alle ICMP-Nachrichten wird diese an A als Ganzes und nicht an Port P von A adressiert.

   a. Führen Sie ein Beispiel auf, wann eine Anwendung den Empfang solcher ICMP-Nachrichten erwartet würde.

   b. Stellen Sie fest, was eine Anwendung unter dem Betriebssystem Ihrer Wahl tun muss, um solche Nachrichten zu empfangen.

   c. Warum ist es möglicherweise keine gute Idee, solche Nachrichten direkt an den sendenden Port P von A zurückzuschicken?

2. Betrachten Sie ein einfaches, auf UDP basiertes Protokoll für die Anfrage von Dateien (ähnlich dem Trivial File Transport Protocol, TFTP). Der Client sendet eine anfängliche Dateianfrage und der Server antwortet (falls die Datei gesendet werden kann) mit dem ersten Datenpaket. Client und Server fahren dann mit einem Stop-and-Wait-Übertragungsmechanismus fort.

   a. Beschreiben Sie ein Szenario, bei dem ein Client eine Datei anfordert, jedoch eine andere erhält. Sie können es der Client-Anwendung gestatten, abrupt abzubrechen und mit dem gleichen Port erneut zu starten.

   b. Schlagen Sie eine Änderung des Protokolls vor, durch die diese Situation weniger wahrscheinlich wird.

3. Entwerfen Sie ein einfaches, auf UDP basiertes Protokoll für das Retrieval von Dateien von einem Server. Es wird keine Authentifikation verlangt. Die Stop-and-Wait-Übertragung der Daten kann benutzt werden. Ihr Protokoll sollte folgende Punkte berücksichtigen:

   a. Das Duplizieren des ersten Pakets sollte nicht die »Verbindung« duplizieren.

   b. Der Verlust des letzten ACK sollte den Server nicht unbedingt im Zweifel darüber lassen, ob der Transfer erfolgreich war.

   c. Ein von einer früheren Verbindung spät angekommenes Paket sollte nicht als Teil einer laufenden Verbindung interpretiert werden können.

4. In diesem Kapitel werden drei Sequenzen von Zustandsübergängen während des Abbaus einer TCP-Verbindung erklärt. Es gibt eine vierte mögliche Sequenz, die einen zusätzlichen (in Abb. 5.7 nicht dargestellten) Pfeil von FIN_WAIT_1 zu TIME_WAIT mit der Beschriftung FIN + ACK/ACK überquert. Erklären Sie die Umstände, die zu dieser vierten Abbausequenz führen.

5. Warum ist der Timeout mit einer Lebenszeit von zwei Segmenten beim Schließen einer TCP-Verbindung beim Übergang von LAST_ACK zu CLOSED nicht nötig?

6. Ein Sender in einer TCP-Verbindung, der ein Advertised Window von 0 empfängt, belauscht periodisch den Empfänger, um festzustellen, wann das Fenster ungleich Null wird. Warum würde der Empfänger einen zusätzlichen Timer benötigen, wenn er für die Meldung zuständig wäre, dass das Advertised Window ungleich Null geworden ist (d.h. wenn der Sender nicht testet)?

7. Schlagen Sie die Beschreibung über die Unix/Windows-Utility netstat im entsprechenden Handbuch nach. Benutzen Sie netstat, um den Zustand der lokalen TCP-Verbindungen anzusehen. Stellen Sie fest, wie lange schließende Verbindungen in TIME_WAIT verweilen.

8. Das Sequenznummernfeld im TCP-Header ist 32 Bit lang, also ausreichend, um über 4 Milliarden Daten-Bytes abzudecken. Warum würde die Sequenznummer dennoch von $2^{32} - 1$ auf 0 umspringen, auch wenn man diese Byte-Menge nie über eine einzelne Verbindung übertragen würde?

9. Sie haben den Auftrag erhalten, ein zuverlässiges Byte-Strom-Protokoll zu entwickeln, das ein Sliding-Window (wie TCP) benutzt. Dieses Protokoll soll über ein 100-Mbit/s-Netzwerk laufen. Die RTT des Netzwerks beträgt 100 ms und die maximale Segmentlebensdauer 60 Sekunden.

   a. Wie viele Bit würden Sie in die Felder AdvertisedWindow und SequenceNum Ihres Protokoll-Headers einbeziehen?

   b. Wie würden Sie die obigen Zahlen ermitteln und welche Werte wären weniger sicher?

✓ 10. Sie haben den Auftrag erhalten, ein zuverlässiges Byte-Strom-Protokoll zu entwickeln, das ein Sliding-Window (wie TCP) benutzt. Dieses Protokoll soll über ein 1-Gbit/s-Netzwerk laufen. Die RTT des Netzwerks beträgt 140 ms und die maximale Segmentlebensdauer 60 Sekunden. Wie viele Bits würden Sie in die Felder AdvertisedWindow und SequenceNum Ihres Protokoll-Headers einbeziehen?

11. Angenommen, ein Host möchte die Zuverlässigkeit einer Leitung durch Übersenden von Paketen und Messen des empfangenen Prozentwerts feststellen, wie das beispielsweise bei Routern durchgeführt wird. Erklären Sie die Schwierigkeit, die dabei über eine TCP-Verbindung entsteht.

12. Angenommen, TCP läuft über eine 1-Gbit/s-Leitung.

   a. Wie lange würde es dauern, bis die TCP-Sequenznummern komplett überlaufen, wenn TCP ständig die volle Bandbreite nutzen könnte?

b. Angenommen, ein hinzugefügtes 32-Bit-Feld für den Zeitstempel wird während der von Ihnen oben festgestellten Umlaufzeit 1.000 Mal inkrementiert. Wie lange würde es dauern, bis der Zeitstempel überläuft?

13. Angenommen, TCP läuft über eine STS-768-Leitung mit 40-Gbit/s.

 a. Wie lange würde es dauern, bis die TCP-Sequenznummern komplett überlaufen, wenn TCP ständig die volle Bandbreite nutzen könnte?

 b. Angenommen, ein hinzugefügtes 32-Bit-Feld für den Zeitstempel wird während der von Ihnen oben festgestellten Umlaufzeit 1.000 Mal inkrementiert. Wie lange würde es dauern, bis der Zeitstempel überläuft?

14. Wenn Host A über den gleichen Port zwei SYN-Pakete vom entfernten Host B empfängt, könnte es sich beim zweiten um eine Neuübertragung des Originals oder aber eine völlig neue Verbindungsanfrage handeln, falls B abgestürzt ist und neu gestartet wurde.

 a. Beschreiben Sie den Unterschied zwischen diesen beiden Fällen aus Sicht von Host A.

 b. Erstellen Sie eine algorithmische Beschreibung dessen, was die TCP-Schicht bei Empfang eines SYN-Pakets tun muss. Betrachten Sie den obigen Fall des Duplikat- bzw. neuen Pakets und der Möglichkeit, dass kein Prozess auf dem Ziel-Port wartet.

15. Angenommen, x und y sind zwei TCP-Sequenznummern. Schreiben Sie (in der in *Request for Comments* 793 empfohlenen Notation »$x =< y$«) eine Funktion zur Feststellung, ob x vor oder nach y kommt. Ihre Lösung sollte sogar dann funktionieren, wenn Sequenznummern überlaufen.

16. Angenommen, zwischen Sockets A und B besteht eine ungenutzte TCP-Verbindung. Eine dritte Partei hat sie belauscht und kennt die Sequenznummer an beiden Enden.

 a. Angenommen, die dritte Partei sendet A ein gefälschtes, vermeintlich von B stammendes Paket mit 100 Byte an neuen Daten. Was passiert? Hinweis: Schlagen Sie in *Request for Comments* 793 nach, was TCP unternimmt, wenn es ein ACK empfängt, bei dem es sich nicht um ein »akzeptables ACK« handelt.

 b. Angenommen, die dritte Partei sendet jedem Ende ein solches gefälschtes 100-Byte-Datenpaket, das vermeintlich jeweils vom anderen Ende kommt. Was passiert jetzt? Was würde passieren, wenn A später 200 Daten-Bytes an B schickt?

17. Eine Partei A hat über Wählverbindung/IP-Server (z.B. SLIP oder PPP) Anschluss zum Internet. Angenommen, sie hat mehrere offene Telnet-Verbindungen (mittels TCP) und wird unterbrochen. Partei B wählt sich erneut ein und erhält die gleiche IP-Adresse, die A zuvor hatte. Gehen Sie von der Annahme aus, dass B erraten konnte, mit welchem bzw. welchen Hosts A verbunden war, und beschreiben Sie eine Testsequenz, die B in die Lage versetzen würde, ausreichend Zustandsinformationen zu erhalten, um mit den Verbindungen von A fortzufahren.

18. Diagnoseprogramme sind allgemein verfügbar, die z.B. von jeder TCP-Verbindung zu einem bestimmten <Host, Port> die ersten 100 Byte aufzeichnen. Beschreiben Sie, was jedes empfangene TCP-Paket P tun muss, um festzustellen, ob es Daten enthält, die zu den ersten 100 Byte einer Verbindung mit Host HOST, Port PORT gehören. Gehen Sie davon aus, dass der IP-Header P.IPHEAD und der TCP-Header P.TCPHEAD ist, und die Header-Felder die gleichen Namen wie in den Abb. 4.3 und 5.4 haben. Hinweis: Um die anfänglichen Sequenznummern (Initial Sequence Numbers, ISNs) zu erhalten, müssen Sie jedes Paket prüfen, bei dem das SYN-Bit gesetzt ist. Ignorieren Sie die Tatsache, dass Sequenznummern letztendlich wiederverwendet werden.

19. Falls ein Paket mit der Quelladresse von B bei Host A ankommt, könnte es genauso gut von einem dritten Host C gefälscht worden sein. Nimmt A aber eine TCP-Verbindung von B an, dann hat A während des Drei-Wege-Handshakes ISN_A an die Adresse von B gesendet und eine Bestätigung dafür erhalten. Ist C nicht so positioniert, dass er in der Lage ist, ISN_A zu belauschen, könnte man meinen, dass C die Antwort von B nicht gefälscht haben konnte.
Der Algorithmus für die Auswahl von ISN_A gibt aber anderen nicht betroffenen Hosts eine faire Chance, sie zu erraten. A wählt vor allem ISN_A auf der Grundlage eines Taktwerts zur Verbindungszeit. *Request for Comments* 793 spezifiziert, dass dieser Taktwert alle 4 µs inkrementiert wird. Übliche Berkeley-Implementierungen vereinfachten dies irgendwann einmal auf die Inkrementierung um 250.000 (bzw. 256.000) einmal pro Sekunde.

    a. Erläutern Sie anhand dieser vereinfachten Implementierung (ein Inkrement pro Sekunde), wie sich ein beliebiger Host C zumindest bei der Öffnung einer TCP-Verbindung als B ausgeben könnte. Sie können davon ausgehen, dass B nicht auf Pakete SYN + ACK antwortet, die A arglistig entlockt wurden.

    b. Gehen Sie davon aus, dass reelle RTTs auf 40 ms genau geschätzt werden können. Wie viele Versuche wären Ihrer Meinung nach nötig, um die Strategie von Teil a. ohne die vereinfachte TCP-Implementierung (»inkrementiere alle 4 µs«) zu implementieren?

20. Der in den meisten TCP-Implementierungen eingebaute Nagle-Algorithmus erfordert vom Sender, die Datenmenge eines partiellen Segments (auch bei

Anwendung von PUSH) solange zu halten, bis entweder ein volles Segment aufgelaufen ist oder das jüngste ausstehende ACK ankommt.

a. Angenommen, die Buchstaben abcdefghi werden je einzeln pro Sekunde über eine TCP-Verbindung mit einer RTT von 4,1 Sekunden gesendet. Zeichnen Sie einen Zeitstrahl, der aufzeigt, wann jedes Paket gesendet wird und was es enthält.

b. Was würde der Benutzer sehen, wenn man obiges über eine Telnet-Verbindung im Vollduplexbetrieb eintippen würde?

c. Angenommen, Änderungen der Mausposition würden über die Verbindung gesendet werden. Wie würde ein Benutzer die Mausbewegung mit und ohne den Nagle-Algorithmus wahrnehmen, wenn pro RTT mehrere Positionsänderungen gesendet werden?

21. Angenommen, ein Client C verbinde sich über TCP wiederholt mit einem bestimmten Port von Server S, und das Schließen würde jedes Mal von C eingeleitet werden.

    a. Wie viele TCP-Verbindungen gelingen C hier pro Sekunde, bevor alle seine verfügbaren Ports im Zustand TIME_WAIT sind? Gehen Sie davon aus, dass die kurzlebigen Ports des Clients im Bereich von 1024 bis 5119 liegen und TIME_WAIT 60 Sekunden dauert.

    b. Von Berkeley abgeleitete TCP-Implementierungen erlauben normalerweise das erneute Öffnen eines im Zustand TIME_WAIT befindlichen Sockets, bevor TIME_WAIT abläuft, falls die höchste von der alten Inkarnation der Verbindung benutzte Sequenznummer kleiner als die von der neuen Inkarnation benutzte ISN ist. Dies löst das Problem der Entgegennahme alter Daten als neue. TIME_WAIT erfüllt aber auch den Zweck, zu spät ankommende letzte FINs zu behandeln. Was müsste eine solche Implementierung tun, um dies zu beheben, gleichzeitig aber die strikte Übereinstimmung mit der TCP-Anforderung einzuhalten, dass ein irgendwann vor oder während des TIME_WAIT einer Verbindung gesendetes FIN die gleiche Antwort erhält?

22. Erklären Sie, warum TIME_WAIT etwas problematischer ist, wenn der Server das Schließen vor dem Client einleitet. Beschreiben Sie eine Situation, in der dies höchstwahrscheinlich passiert.

23. Welche Rechtfertigung besteht für die exponentielle Erhöhung des von Karn und Partridge vorgeschlagenen Timeout-Werts? Warum ist vor allem eine lineare (bzw. langsamere) Erhöhung weniger wünschenswert?

24. ★ Der Jacobson/Karels-Algorithmus setzt TimeOut auf 4 durchschnittliche Abweichungen oberhalb des Mittelwerts. Angenommen, dass die Roundtrip-Zeiten

einzelner Pakete einer statistischen Normalverteilung folgen, bei der 4 durchschnittlich Abweichungen π Standardabweichungen entsprechen. Welche Wahrscheinlichkeit besteht z.B. bei Verwendung von Statistik-Tabellen, dass ein Paket länger als TimeOut braucht, bis es ankommt?

25. Angenommen, eine TCP-Verbindung mit Fenstergröße 1 verliert jedes zweite Paket. Diejenigen, die ankommen, haben RTT = 1 Sekunde. Was passiert? Was geschieht mit TimeOut? Führen Sie die Aufgabe für zwei Fälle durch:

    a. Nachdem ein Paket letztendlich empfangen wird, fahren wir fort, indem wir EstimatedRTT auf seinen Wert vor dem Timeout und mit doppeltem TimeOut initialisieren.

    b. Nachdem ein Paket letztendlich empfangen wird, fahren wir fort, indem wir TimeOut auf den letzten exponentiellen Backoff-Wert initialisieren, der für das Timeout-Intervall benutzt wurde.

    Die folgenden drei Übungen umfassen einfache Berechnungen mittels Tabellenkalkulation.

26. Gehen Sie auf der Grundlage des adaptiven Neuübertragungsmechanismus von TCP davon aus, dass EstimatedRTT zu einem gewissen Zeitpunkt 4,0 beträgt und alle danach gemessenen RTTs 1,0 sind. Wie lange dauert es, bis der vom Jacobson/Karels-Algorithmus berechnete TimeOut-Wert unter 4,0 fällt? Verwenden Sie einen plausiblen Anfangswert für Deviation (Abweichung). Wie sensitiv ist Ihre Antwort auf diese Wahl? Verwenden Sie δ = 1/8.

27. Gehen Sie auf der Grundlage des adaptiven Neuübertragungsmechanismus von TCP davon aus, dass EstimatedRTT zu einem gewissen Zeitpunkt 90 beträgt und alle danach gemessenen RTTs 200 sind. Wie lange dauert es, bis der vom Jacobson/Karels-Algorithmus berechnete TimeOut-Wert unter 300 fällt? Verwenden Sie als Anfangswerte 25 für Deviation und δ = 1/8.

28. Angenommen, die gemessene RTT von TCP ist 1,0; nur jede *N*-te RTT ist 4,0. Welches ist ungefähr das größte *N*, das im stationären Zustand nicht zu Timeouts führt (d.h. für die der Jacobson/Karels-Timeout größer als 4,0 bleibt)? Verwenden Sie δ = 1/8.

29. Angenommen, TCP misst RTTs von 1,0 Sekunde mit einer mittleren Abweichung von 0,1 Sekunde. Plötzlich springt die RTT auf 5,0 Sekunden ohne Schwankungen. Vergleichen Sie das Verhalten des Original- mit dem Jacobson/Karels-Algorithmus für die Berechnung des Timeout. Wie viele Timeouts kommen bei jedem Algorithmus vor? Welcher ist der größte berechnete Timeout? Verwenden Sie δ = 1/8.

30. Wenn ein TCP-Segment mehr als einmal gesendet wird, nehmen wir SampleRTT als die Zeit zwischen der Originalübertragung und dem ACK, wie in Abb. 5.10(a). Zeigen Sie folgendes: Wenn eine Verbindung mit einem 1-Paket-Fenster jedes zweite Paket verliert (d.h. jedes Paket wird zweimal übertragen), geht EstimatedRTT gegen unendlich. Gehen Sie von TimeOut = EstimatedRTT aus. Beide im Textteil dargestellten Algorithmen setzen TimeOut immer noch höher. Hinweis: EstimatedRTT = Estimated RTT + β × (SampleRTT – EstimatedRTT).

31. Wenn ein TCP-Segment mehr als einmal gesendet wird, nehmen wir SampleRTT als die Zeit zwischen der letzten Übertragung und dem ACK, wie in Abb. 5.10(b). Gehen Sie von TimeOut = 2 × EstimatedRTT aus. Entwerfen Sie ein Szenario, bei dem keine Pakete verlorengehen, sondern EstimatedRTT auf ein Drittel der reellen RTT konvergiert, und stellen Sie den endgültigen Dauerzustand als Diagramm dar. Hinweis: Beginnen Sie mit einem plötzlichen Sprung der wirklichen RTT auf knapp über den ermittelten Timeout.

32. Lesen Sie in *Request for Comments* 793 nach, wie TCP reagieren soll, wenn ein FIN oder RST mit einer Sequenznummer ankommt, die nicht mit NextByteExpected übereinstimmt. Betrachten Sie zwei Fälle: wenn die Sequenznummer innerhalb des Empfangsfensters liegt und wenn dies nicht zutrifft.

33. TIME_WAIT dient unter anderem der Behandlung des Falls, wenn ein Datenpaket von einer ersten Inkarnation einer Verbindung sehr spät ankommt und als Daten für die zweite Inkarnation angenommen wird.
    a. Erklären Sie, warum die betroffenen Hosts mehrere Pakete in Folge nach dem Senden des verzögerten Pakets, jedoch vor dessen Zustellung austauschen müssten, damit dies (in Abwesenheit von TIME_WAIT) eintritt.
    b. Schlagen Sie ein Netzwerkszenario vor, das eine solche späte Zustellung in Betracht ziehen kann.

34. Schlagen Sie eine TCP-Erweiterung vor, durch die eine Seite einer Verbindung ihr Ende einem dritten Host übergeben kann. Das heißt, wenn A mit B verbunden ist und A seine Verbindung an C abgibt, wäre anschließend C und nicht A mit B verbunden. Spezifizieren Sie die neuen Zustände und Übergänge, die im TCP-Zustandsübergangsdiagramm nötig sind, und eventuell neue Pakettypen, soweit nötig. Sie können davon ausgehen, dass alle Parteien diese neue Option verstehen. In welchen Zustand sollte A unmittelbar nach der Abgabe der Verbindung wechseln?

35. Das von TCP unterstützte gleichzeitige Öffnen wird selten benutzt.
    a. Schlagen Sie eine TCP-Änderung vor, durch die dieses Merkmal unzulässig wird. Weisen Sie darauf hin, welche Änderungen im Zustandsdiagramm (und, falls nötig, in den nicht im Diagramm dargestellten Ereignisantworten) durchgeführt werden müssten.

b. Könnte TCP auf sinnvolle Art und Weise das gleichzeitige Schließen unzulässig machen?

c. Schlagen Sie eine TCP-Änderung vor, durch die gleichzeitig zwischen zwei Hosts ausgetauschte SYNs zu zwei getrennten Verbindungen führen. Stellen Sie heraus, welche Änderungen im Zustandsdiagramm und im Header dadurch notwendig sind. Beachten Sie, dass dies jetzt auch bedeutet, dass mehr als eine Verbindung über ein bestimmtes Paar von <Host, Port> bedeutet. (Sie können den ersten »Diskussionspunkt« in *Request for Comments* 1122 auf Seite 87 nachlesen.)

36. TCP ist ein sehr symmetrisches Protokoll, was man vom Client/Server-Modell nicht behaupten kann. Betrachten Sie ein asymmetrisches, mit TCP vergleichbares Protokoll, bei dem nur der Server-Seite eine Port-Nummer zugewiesen wird, die für die Anwendungsschichten sichtbar ist. Sockets auf der Client-Seite wären lediglich Abstraktionen, die mit Serverports verbunden werden können.

    a. Schlagen Sie Header-Daten und Verbindungssemantik vor, um dies zu unterstützen. Was würden Sie benutzen, um die Client-Port-Nummer zu ersetzen?

    b. Welche Form nimmt TIME_WAIT nun an? Wie würde man dies durch das Programmier-Interface sehen? Gehen Sie davon aus, dass ein Client-Socket jetzt beliebig oft erneut mit einem bestimmten Server-Port verbunden werden kann, sofern die nötigen Ressourcen vorhanden sind.

    c. Sehen Sie sich das rsh/rlogin-Protokoll an. Auf welche Weise würde es durch Obiges verletzt werden?

37. Die folgende Übung betrifft den TCP-Zustand FIN_WAIT_2 (siehe Abb. 5.7).

    a. Beschreiben Sie, wie ein Client einen geeigneten Server unendlich im Zustand FIN_WAIT_2 verweilen lassen kann. Welches Merkmal des Protokolls auf Server-Seite ist hier für dieses Szenario erforderlich?

    b. Versuchen Sie dies mit einem entsprechenden existierenden Server. Schreiben Sie entweder einen Stub-Client oder verwenden Sie einen vorhandenen Telnet-Client, mit dem Sie eine Verbindung zu einem beliebigen Port aufbauen können. Benutzen Sie die Utility netstat, um zu prüfen, ob sich der Server im Zustand FIN_WAIT_2 befindet.

38. Der *Request for Comments* 1122 enthält folgende Aussage (über TCP):

    a. Ein Host KANN eine TCP-Schließen-Sequenz in »Halbduplex« implementieren, sodass eine Anwendung, die CLOSE aufgerufen hat, nicht mit dem Lesen von Daten über die Verbindung fortfahren kann. Führt ein solcher Host einen CLOSE-Aufruf aus, während im TCP noch empfangene Daten anstehen, oder werden neue Daten nach dem CLOSE-Aufruf empfangen, sollte TCP mit einem RST den Verlust von Daten anzeigen.

b. Entwerfen Sie ein Szenario unter Berücksichtigung dieser Aussage, bei dem Daten vom (*nicht zum!*) schließenden Host verloren gehen. Sie können davon ausgehen, dass der entfernte Host bei Empfang einer RST alle empfangenen Daten verwirft, die sich noch ungelesen in Puffern befinden.

39. Wenn TCP ein <SYN, SequenceNum = x> oder <FIN, SequenceNum = x> sendet, hat das sich daraus ergebende ACK Acknowledgment = $x + 1$. Das heißt, SYNs und FINs belegen je eine Einheit im Sequenznummernraum. Ist dies nötig? Falls ja, geben Sie ein Beispiel einer Zweideutigkeit, die entstehen würde, wenn das entsprechende ACK x statt $x + 1$ wäre. Falls nein, erklären Sie den Grund.

40. Suchen Sie das generische Format für TCP-Header-Optionen aus dem *Request for Comments* 793 [USC81] heraus.

    a. Entwerfen Sie eine Strategie, die den für Optionen verfügbaren Raum über die derzeitige Grenze von 44 Byte hinaus erweitern würde.

    b. Schlagen Sie eine TCP-Erweiterung vor, durch die der Sender einer Option spezifizieren kann, was der Empfänger tun sollte, wenn die Option nicht verstanden wird. Führen Sie mehrere nützliche Empfängeraktionen auf und versuchen Sie, ein Anwendungsbeispiel für jede zu geben.

41. Der TCP-Header hat im Gegensatz zu CHAN kein BID-Feld. Wie schützt sich TCP vor dem Absturz/Neustart-Szenario, aufgrund dessen BID in CHAN definiert wurde? Warum wendet CHAN diese Strategie nicht an?

42. Angenommen, wir müssten das Laden eines entfernten Dateisystems mit Hilfe eines unzuverlässigen RPC-Protokolls, das die zero-or-more-Semantik bietet, implementieren. Wird eine Antwort auf eine Nachricht empfangen, verbessert es sich auf die at-least-once-Semantik. Wir definieren read() zur Rückgabe des spezifizierten N-ten statt des nächsten Blocks in Folge. Auf diese Weise bedeutet einmal read genau das gleiche wie zweimal read, und die at-least-once-Semantik ist folglich genau das gleiche wie exactly-once.

    a. Bei welchen anderen Dateisystemoperationen besteht kein Unterschied zwischen der at-least-once- und der exactly-once-Semantik? Erwägen Sie open, create, write, seek, opendir, readdir, mkdir, delete (aka unlink) und rmdir.

    b. Bei welchen der verbleibenden Operationen kann die Semantik geändert werden, um Äquivalenz von at-least-once und excactly-once zu erreichen? Welche Dateisystemoperationen sind mit der at-least-once-Semantik unvereinbar?

    c. Angenommen, die Semantik des Systemaufrufs rmdir ist jetzt dergestalt, dass das betreffende Verzeichnis bei Vorhandensein entfernt wird und andernfalls nichts geschieht. Wie könnten Sie ein Programm für das Löschen von Verzeichnissen schreiben, das zwischen diesen beiden Fällen unterscheidet?

43. Die Leistung von write des auf RPC basierten entfernten Dateisystems »NFS« wird oftmals als langsamer als erwartet empfunden. Beim NFS bedeutet die RPC-Antwort eines Servers auf die write-Anfrage eines Clients, dass die Daten physisch auf die Server-Platte geschrieben und nicht nur in eine Warteschlange gestellt werden.

    a. Erklären Sie den zu erwartenden Flaschenhals, auch bei unendlicher Bandbreite, wenn der Client alle seine write-Anfragen durch einen einzigen logischen CHAN-Kanal sendet, und warum die Verwendung eines Kanal-Pools Abhilfe schaffen würde. Hinweis: Einige Kenntnisse über Platten-Controller sind hier hilfreich.

    b. Angenommen, die Antwort des Servers bedeutet lediglich, dass die Daten in die Warteschlange der Platte eingereiht wurden. Erklären Sie, wie dies zu einem Datenverlust führen könnte, der bei einer lokalen Platte nicht vorkommen kann. Beachten Sie, dass ein Systemabsturz unmittelbar nach dem Einreihen der Daten in die Warteschlange nicht zählt, weil dies auch bei einer lokalen Platte zum Datenverlust führen würde.

    c. Alternativ könnte der Server sofort mit einer Bestätigung der write-Anfrage reagieren und seine eigene getrennte CHAN-Anfrage später senden, um die physische write-Operation zu bestätigen. Schlagen Sie eine unterschiedliche CHAN-RPC-Semantik vor, um die gleiche Wirkung zu erzielen, jedoch mit einer einzigen logischen Anfrage/Antwort.

44. Das BLAST- und das CHAN-Protokoll haben ein MID-Feld.

    a. Unter welchen Umständen können diese bei mehreren in Reihe folgenden Paketen gleich sein?

    b. Im Textteil wurden diese Felder sequenziell inkrementiert. Kann eines dieser Felder eine Zufallszahl sein?

★ 45. Angenommen, BLAST wird über eine Leitung mit einer Verlustrate von 10% pro Paket benutzt. Verluste sind unabhängige Ereignisse. Die Reihenfolge von ankommenden Fragmenten wird aber nicht vertauscht. Nachrichten bestehen aus sechs Fragmenten.

    a. Welche Wahrscheinlichkeit besteht grob, dass LAST_FRAG abläuft? Gehen Sie davon aus, dass dies nur passiert, wenn das letzte Fragment verlorengeht.

    b. Welche Wahrscheinlichkeit besteht, dass das letzte Fragment ankommt, andere aber nicht, wodurch eine SRR ausgelöst wird?

    c. Welche Wahrscheinlichkeit besteht, dass keine Fragmente ankommen?

46. Betrachten Sie einen Client und Server, die einen RPC-Mechanismus benutzen, der CHAN beinhaltet.

a. Beschreiben Sie ein Szenario, das einen Server-Neustart umfasst, bei dem eine RPC-Anfrage zweimal vom Client gesendet und zweimal vom Server ausgeführt wird, jedoch mit nur einem ACK.

b. Wie kann der Client wissen, dass das passiert ist? Könnte der Client dies mit Sicherheit wissen?

47. Angenommen, es wird eine RPC-Anfrage in der Form »Inkrementiere den Wert von Feld X von Plattenblock N um 10%« gestellt. Spezifizieren Sie einen Mechanismus, den der ausführende Server benutzen kann, um zu garantieren, dass eine ankommende Anfrage genau einmal ausgeführt wird, auch wenn der Server mitten in der Operation abstürzt. Gehen Sie davon aus, dass einzelne Schreiboperationen auf den Plattenblock entweder vollständig sind oder der Block unverändert bleibt. Sie können auch davon ausgehen, dass einige designierte »undo-log«-Blöcke verfügbar sind. Ihr Mechanismus sollte vorsehen, wie der RPC-Server sich beim Neustart verhalten soll.

48. Wir nehmen an, dass ein SunRPC-Client eine Anfrage an einen Server sendet.

a. Unter welchen Umständen kann der Client sicher sein, dass seine Anfrage genau einmal ausgeführt wurde?

b. Angenommen, wir möchten SunRPC um die at-most-once-Semantik erweitern. Welche Änderungen müssten durchgeführt werden? Erklären Sie, warum das Hinzufügen eines oder mehrerer Felder in die vorhandenen Header nicht ausreichen würde.

49. Angenommen, TCP wird als zu grunde liegender Transport in einem RPC-Protokoll benutzt. Eine TCP-Verbindung soll einen Strom aus Anfragen und Antworten befördern. Welches sind die Entsprechungen, falls zutreffend, der CHAN-Felder CID, MID und BID sowie der Typwerte REQ, REP, ACK und PROBE? Welche davon müsste das überlagernde RPC-Protokoll bereitstellen? Besteht eine gewisse Analogie zu impliziten Bestätigungen?

50. Wir nehmen an, dass BLAST über ein 10-Mbit/s-Ethernet läuft und 32K-Nachrichten sendet.

a. Wie viele Ethernet-Pakete sind pro Nachricht erforderlich, falls die Ethernet-Pakete 1.500 Daten-Bytes aufnehmen können und IP-Header ohne Optionen sowie BLAST-Header benutzt werden?

b. Berechnen Sie die Verzögerung durch die Übertragung einer 32K-Nachricht über das Ethernet

(i) direkt

(ii) in Stücke wie in a. aufgeteilt, mit einer Brücke

Ignorieren Sie Ausbreitungsverzögerungen, Header, Kollisionen und Lücken zwischen einzelnen Paketen.

51. Schreiben Sie ein Testprogramm, welches das Socket-Interface benutzt, um Nachrichten zwischen zwei Unix-Workstations auszutauschen, die über ein LAN (z.B. Ethernet, ATM oder FDDI) verbunden sind. Benutzen Sie dieses Testprogramm, um folgende Experimente durchzuführen:

    a. Messen Sie die Roundtrip-Latenz von TCP und UDP für unterschiedliche Nachrichtengrößen (z.B. 1 Byte, 100 Byte, 200 Byte, ..., 1.000 Byte).

    b. Messen Sie den Durchsatz von TCP und UDP für 1-KB-, 2-KB-, 3-KB-, ..., 32-KB-Nachrichten. Zeichnen Sie den gemessenen Durchsatz als Funktion der Nachrichtengröße auf.

    c. Messen Sie den Durchsatz von TCP dadurch, dass Sie Daten im Umfang von 1 MB von einem Host zu einem anderen senden. Führen Sie dies in einer Schleife durch, die eine Nachricht einer bestimmten Größe sendet, z.B. 1.024 Iterationen einer Schleife, die 1-KB-Nachrichten sendet. Wiederholen Sie das Experiment mit unterschiedlichen Nachrichten und zeichnen Sie die Ergebnisse auf.

6 Überlastkontrolle und Ressourcenzuteilung

The hand that hath made you fair hath made you good.

– William Shakespeare

Bis hierher haben wir genügend Schichten der Netzprotokollhierarchie betrachtet, um zu verstehen, wie Daten verschiedener Prozesse über heterogene Netzwerke übertragen werden können. Wir wenden uns nun einem Problem zu, das sich über den gesamten Protokoll-Stack erstreckt: die effektive und faire Zuteilung von Ressourcen unter mehreren konkurrierenden Benutzern. Die gemeinsam zu nutzenden Ressourcen beinhalten die Bandbreite der Leitungen und die Puffer in den Routern oder Switchen, wo Pakete bis zur Übertragung in einer Warteschlange abgestellt werden. Pakete *bewerben* sich an einem Router für die Benutzung einer Leitung, wobei jedes mitbewerbende Paket in eine Warteschlange gestellt wird und dort auf seine Übertragung wartet. Wenn sich zu viele Pakete für die gleiche Leitung bewerben, läuft die Warteschlange über und Pakete müssen verworfen werden. Kommt dies häufig vor, gilt das Netzwerk als *überlastet*. Die meisten Netzwerke bieten einen *Überlastkontrollmechanismus*, um eine solche Situation zu handhaben.

Überlastkontrolle und Ressourcenzuteilung sind die beiden Seiten ein und derselben Sache. Wenn das Netzwerk eine aktive Rolle bei der Zuteilung von Ressourcen übernimmt, z.B. das Scheduling, welcher VC eine bestimmte physikalische Leitung innerhalb eines bestimmten Zeitraums benutzen darf, könnte Überlast vermieden werden, sodass Überlastkontrolle unnötig wird. Die genaue Zuteilung von Netzwerkressourcen ist schwierig, weil die in Frage kommenden Ressourcen durch das gesamte Netzwerk verteilt sind; das Scheduling muss mehrere Leitungen, mit denen mehrere Router verbunden sind, berücksichtigen. Andererseits kann man Quellen immer so viele Daten senden lassen, wie sie möchten, und dann eine eventuell eintretende Überlast beheben. Das ist der einfachere

Ansatz, der allerdings zu Unterbrechungen führen kann, weil das Netzwerk möglicherweise viele Pakete verwirft, bis die Überlast kontrolliert werden kann. Außerdem ist genau das der Zeitpunkt, wenn das Netzwerk überlastet ist, d.h. die Ressourcen im Verhältnis zur Nachfrage also zu knapp geworden sind, an dem die Notwendigkeit einer Ressourcenzuteilung unter konkurrierenden Benutzern am stärksten empfunden wird. Zwischen den beiden Extremen gibt es Lösungen, bei denen ungenaue Zuteilungsentscheidungen getroffen werden. Überlast kann aber immer noch eintreten, sodass einige Mechanismen zu deren Behebung erforderlich sind. Ob man eine solche Mischlösung Überlastkontrolle oder Ressourcenzuteilung nennt, spielt im Grunde keine Rolle. In gewissem Sinn ist sie beides.

Überlastkontrolle und Ressourcenzuteilung betreffen sowohl Hosts als auch Netzelemente wie Router. In Netzelementen können verschiedene Queuing-Disziplinen benutzt werden, um die Reihenfolge zu steuern, in der Pakete übertragen und verworfen werden. Die Queuing-Disziplin kann auch Verkehr isolieren, was bedeutet, dass die Pakete eines Benutzers daran gehindert werden, sich nachteilig auf die eines anderen auszuwirken. Auf Seiten der Hosts bestimmt der Überlastkontrollmechanismus, wie schnell Quellen Pakete senden dürfen. Dies geschieht in dem Bemühen, Überlast vor vornherein zu vermeiden bzw. zu mildern, falls sie dennoch eintritt.

Dieses Kapitel beginnt mit einer Einführung in Überlastkontrolle und Ressourcenzuteilung. Anschließend werden verschiedene Queuing-Disziplinen diskutiert, die in den Routern des Netzwerks implementiert werden können. Danach wird der von TCP auf den Hosts bereitgestellte Überlastkontroll-Algorithmus beschrieben. Im vierten Abschnitt werden verschiedene Techniken für Router und Hosts erläutert, die auf die Vermeidung von Überlast abzielen. Schließlich wird der breitgefächerte Bereich der Dienstgüte (Quality of Service, QoS) behandelt. Wir betrachten in diesem Zusammenhang die Anforderungen von Anwendungen hinsichtlich unterschiedlicher Ebenen der Ressourcenzuteilung im Netzwerk und beschreiben mehrere Möglichkeiten, wie sie diese Ressourcen anfordern können und wie das Netzwerk diese Anforderungen erfüllen kann.

6.1 Ressourcenzuteilung

Ressourcenzuteilung und Überlastkontrolle sind komplexe Themen, die seit der Entwicklung des ersten Netzwerks Gegenstand umfangreicher Untersuchungen sind. Diese Fragen sind vor allem deswegen komplex, weil sie nicht auf eine Ebene einer Protokollhierarchie begrenzt sind. Die Zuteilung von Ressourcen wird teilweise in den Routern oder Switchen innerhalb des Netzwerks und teilweise in dem auf den Hosts laufenden Transportprotokoll implementiert. Endsysteme benutzen Signalisierungsprotokolle, um ihren Ressourcenbedarf an Netzknoten zu übermitteln, die dann wiederum mit Informationen über die Verfügbarkeit von Ressourcen antworten. Eines der Hauptziele dieses Kapitels ist die Definition eines Rahmenwerks, in dem diese Mechanismen verstanden werden können, und die Beschreibung der relevanten Details über eine repräsentative Auswahl von Mechanismen.

Bevor wir fortfahren, müssen wir unsere Terminologie erklären. Mit »Ressourcenzuteilung« ist der Prozess gemeint, durch den Netzelemente versuchen, die konkurrierenden Nachfragen von Anwendungen für Netzressourcen zu erfüllen; dies sind vorrangig die Leitungsbandbreite und der Pufferplatz in Routern oder Switchen. Selbstverständlich ist es oft nicht möglich, alle Nachfragen zu erfüllen. Das bedeutet, dass einige Benutzer bzw. Anwendungen weniger Netzressourcen erhalten, als sie wünschen. Ein Teil des Problems der Ressourcenzuteilung ist die Entscheidung, wann man wem »Nein« sagt.

Wir benutzen den Begriff »Überlastkontrolle« für die Beschreibung der Bemühungen von Netzknoten, Überlastbedingungen zu verhindern oder zu bewältigen. Da Überlast im Allgemeinen für alle schlecht ist, muss sie vorrangig gemildert oder von vornherein verhindert werden. Dies lässt sich natürlich einfach dadurch erreichen, dass man einige wenige Hosts davon überzeugt, mit dem Senden aufzuhören, sodass sich die Lage für alle übrigen verbessert. Üblicher ist bei Mechanismen für die Überlastkontrolle allerdings, eine gewisse Fairness walten zu lassen. Das heißt, man versucht, die »die schmerzlichen Einschnitte« auf alle Benutzer gleichmäßig zu verteilen, statt einige wenige zu stark leiden zu lassen. Wir sehen also, dass viele Mechanismen für die Überlastkontrolle das eine oder andere Konzept von Ressourcenzuteilung beinhalten.

Außerdem ist es wichtig, den Unterschied zwischen Datenflusskontrolle und Überlastkontrolle zu verstehen. Wie wir in Abschnitt 2.5 gesehen haben, hält Datenflusskontrolle einen schnellen Sender vom Überschwemmen eines langsamen Empfängers ab. Überlastkontrolle dient demgegenüber dazu, eine Reihe von Sendern auf Grund knapper Ressourcen an irgendeinem Punkt davon abzuhalten, zu viele Daten *in das Netzwerk* einzuspeisen. Diese beiden Konzepte werden oft verwechselt. Wir werden noch sehen, dass sie auch einige gemeinsame Mechanismen verwenden.

6.1.1 Netzwerkmodell

Wir beginnen mit der Definition drei besonders wichtiger Merkmale der Netzarchitektur. Größtenteils handelt es sich dabei um eine Zusammenfassung der in den vorherigen Kapiteln dargestellten Sachverhalte, die für die Ressourcenzuteilung relevant sind.

Paketvermitteltes Netzwerk

Wir betrachten die Ressourcenzuteilung in einem paketvermittelten Netzwerk (oder Internetwork), das aus mehrere Leitungen und Vermittlern (Switchen oder Routern) besteht. Da die meisten in diesem Kapitel beschriebenen Mechanismen für die Verwendung im Internet entwickelt wurden und daher ursprünglich für Router und nicht Switche definiert wurden, verwenden wir durchgängig den Begriff »Router«. Das Problem ist bei einem Netzwerk oder einem Internetwork im Grunde gleich.

In einer solchen Umgebung kann eine bestimmte Quelle mehr als ausreichend Kapazität auf der unmittelbar abgehenden Leitung haben, um ein Paket zu senden. Irgendwo in der Mitte eines Netzwerks können die Pakete aber möglicherweise auf eine Leitung stoßen, die von vielen unterschiedlichen Verkehrsquellen benutzt wird. Diese Situation ist in Abb. 6.1 dargestellt. Hier fließen zwei Hochgeschwindigkeitsleitungen in eine Leitung mit niedriger Geschwindigkeit. Dies steht im Gegensatz zu Netzwerken mit gemeinsamem Zugriff, wie Ethernet und Token-Ring, wo die Quelle den Verkehr im Netzwerk direkt beobachten und dementsprechend entscheiden kann, ob sie ein Paket sendet oder nicht. Wir haben die Algorithmen, die für die Zuteilung von Bandbreite in Netzwerken mit gemeinsamem Zugriff benutzt werden, bereits beschrieben (Kapitel 2). Diese Zugriffssteuerungsalgorithmen sind in gewissem Sinn mit den Algorithmen für die Überlastkontrolle in einem vermittelten Netzwerk vergleichbar.

▶ **Man beachte, dass Überlastkontrolle nicht gleich Routing ist. Sicherlich kann man einer überlasteten Leitung hohe Kantenkosten innerhalb des Routing-Protokolls zuweisen und als Folge davon Pfade um diese Leitung herumleiten. Das »Herumleiten« um eine überlastete Leitung löst aber nicht das Überlastproblem. Um dies zu verdeutlichen, müssen wir nur das einfache, in Abb. 6.1 dargestellte Netzwerk betrachten. Bei diesem Beispiel muss der gesamte Verkehr durch den gleichen Router fließen, um das Ziel zu erreichen. Obwohl es ein Extrembeispiel ist, kommt es dennoch häufig vor, einen bestimmten Router zu haben, der nicht umgangen werden kann.[1] Dieser Router kann überlastet werden, und der Routing-Mechanismus kann nichts dagegen unternehmen. Diesen überlasteten Router nennt man auch »*Bottleneck*«-Router.**

1. Hier ist anzumerken, dass die Komplexität des Routing im Internet so hoch ist, dass eine direkte schleifenfreien Route das Beste ist, was man sich erhoffen kann. Das Routing um eine Überlast herum kann derzeit als utopisch angesehen werden.

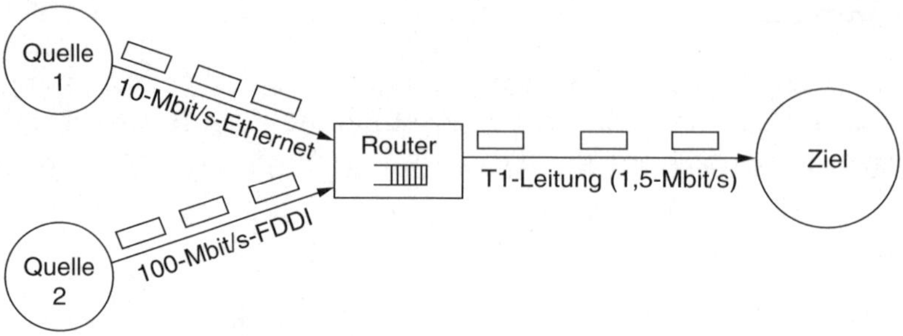

Abb. 6.1: Überlast in einem paketvermittelten Netzwerk

Verbindungslose Datenflüsse

Bei unserer Diskussion nehmen wir meistens an, dass das Netzwerk im Wesentlichen verbindungslos ist und irgendein verbindungsorientierter Dienst in genau dem Transportprotokoll implementiert ist, das auf den Hosts läuft. (Wir erklären die Qualifizierung von »im Wesentlichen« im nächsten Absatz.) Dies ist genau das Modell des Internet, bei dem IP einen verbindungslosen Datagramm-Übertragungsdienst bereitstellt und TCP eine Abstraktion einer Ende-zu-Ende-Verbindung implementiert. Diese Annahme schließt aber frühe Netzwerke wie X.25 aus, bei denen die Abstraktion einer virtuellen Leitung über eine Reihe von Routern aufrechterhalten wird (siehe Abschnitt 3.1.2). Bei solchen Netzwerken überquert eine Verbindungsaufbaunachricht das Netzwerk, wenn eine Verbindung aufgebaut wird. Diese Aufbaunachricht reserviert eine Reihe von Puffern für die Verbindung in jedem Router und stellt damit eine gewisse Form der Überlastkontrolle bereit. Das heißt, eine Verbindung wird nur aufgebaut, falls dafür ausreichend Puffer in jedem Router zugeteilt werden können. Der größte Nachteil dieser Methode ist, dass sie zu einer möglichen Unterauslastung von Ressourcen führt. Die für eine bestimmte Verbindung reservierten Puffer sind nicht für die Verwendung durch anderen Verkehr verfügbar, auch wenn sie momentan von der innehabenden Verbindung nicht benutzt werden. Das Hauptaugenmerk ist in diesem Kapitel auf Methoden für die Zuteilung von Ressourcen gerichtet, die auf ein Internetwork anwendbar sind. Wir konzentrieren uns also hauptsächlich auf verbindungslose Netzwerke. Die einzige Ausnahme bildet die Diskussion der ATM-Dienstgütemechanismen in Abschnitt 6.5.4, bei denen es sich um eine interessante Alternative zum Internet-Modell handelt.

Wir müssen den Begriff »verbindungslos« modifizieren, weil unsere Klassifikation von Netzwerken in entweder verbindungslos oder verbindungsorientiert ein wenig zu restriktiv ist; dazwischen gibt es eine Grauzone. Insbesondere ist die Implikation, dass bei einem verbindungslosen Netzwerk alle Datagramme völlig unabhängig sind, übertrieben. Die Datagramme werden sicherlich unabhängig vermittelt, normalerweise fließt aber ein Datagramm-Strom zwischen zwei Hosts durch bestimmte Router. Dieses Konzept eines *Datenflusses* – eine Folge von Paketen, die zwischen einem Quell- und Ziel-Host ausgetauscht werden und der gleichen Route durch das Netzwerk folgen – ist eine wichtige Abstraktion in Zusammenhang mit der Ressourcenzuteilung, und es ist diejenige, die in diesem Kapitel benutzt werden soll.

Eine der Stärken des Datenfluss-Konzeptes ist es, dass Datenflüsse mit verschiedenen Granularitäten definiert werden können. Z.B. kann ein Datenfluss Host-zu-Host (d.h. mit derselben Quelle/Empfänger-Host-Adresse) oder Prozess-zu-Prozess stattfinden (d.h. mit denselben Quelle/Empfänger Host/Port-Paaren). Im letzteren Fall ist ein Datenfluss im Wesentlichen das gleiche wie ein Kanal, dem bisher durchgängig in diesem Buch benutzten Begriff. Dass wir nun einen neuen Begriff einführen, ist darin begründet, dass ein Datenfluss für die Router innerhalb des Netzwerks sichtbar ist, während ein Kanal eine Ende-zu-Ende-Abstraktion ist. Abb. 6.2 zeigt mehrere Datenflüsse, die verschiedene Router durchlaufen.

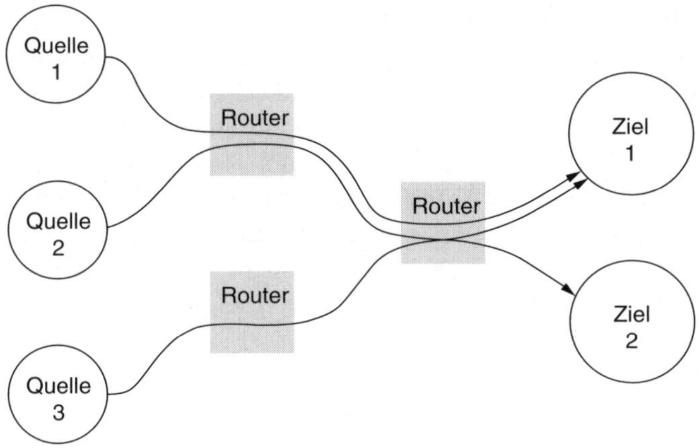

Abb. 6.2: Mehrere Datenflüsse durchlaufen einige Router

Da mehrere zusammenhängende Pakete durch jeden Router fließen, ist es manchmal sinnvoll, gewisse Zustandsinformationen für jeden Datenfluss zu speichern, d.h. Informationen, die für Entscheidungen hinsichtlich der Zuteilung von Ressourcen für die zu dem Datenfluss gehörenden Pakete benutzt werden können. Diesen Zustand nennt man auch *Soft-State*, der sich vom »Hard-State« hauptsächlich darin unterscheidet, dass er nicht immer ausdrücklich durch Signalisierung erzeugt und entfernt werden muss. Der Soft-State bildet einen Kompromiss zwischen einem rein verbindungslosen Netzwerk, das *keinen* Zustand (State) in den Routern hält, und einem rein verbindungsorientierten Netzwerk, das einen Hard-State in den Routern hält. Im allgemeinen hängt das korrekte Arbeiten des Netzwerks nicht von dem vorhandenen Soft-State ab (jedes Paket wird ungeachtet dieses Zustands korrekt weitergeleitet). Gehört ein Paket aber zu einem Datenfluss, für den der Router momentan einen Soft-State hält, kann der Router das Paket besser weiterleiten.

Man beachte, dass ein Datenfluss entweder implizit definiert oder explizit aufgebaut werden kann. Im ersten Fall hält jeder Router Ausschau nach Paketen, die zufällig zwischen dem gleichen Quelle/Ziel-Paar fließen. Er bewerkstelligt dies durch Inspizieren der Adressen im Header und behandelt Pakete, die zum gleichen Datenfluss gehören, hinsichtlich der Überlastkontrolle als zusammengehörig. Im zweiten

Fall sendet die Quelle eine Datenflussaufbaunachricht durch das Netzwerk, mit der sie erklärt, dass gleich ein Paketfluss gestartet wird. Während sich explizite Datenflüsse nicht von einer Verbindung über ein verbindungsorientiertes Netzwerk zu unterscheiden scheinen, machen wir darauf aufmerksam, dass auch beim expliziten Aufbau eines Datenflusses keine Ende-zu-Ende-Semantik impliziert wird, vor allem keine zuverlässige und geordnete Bereitstellung einer virtuellen Leitung. Er existiert einfach für den Zweck der Zuteilung von Ressourcen. Wir werden in diesem Kapitel noch Beispiele von impliziten und expliziten Datenflüssen sehen.

Dienstmodell

Im ersten Teil dieses Kapitels konzentrieren wir uns auf Mechanismen, die vom Best-Effort-Dienstmodell des Internet ausgehen. Beim Best-Effort-Dienst wird jedes Paket genau auf die gleiche Weise behandelt. Die Hosts erhalten keine Gelegenheit, vom Netzwerk bestimmte Garantien für ihre Datenflüsse zu verlangen. Die Definition eines Dienstmodells, das eine gewisse Garantie unterstützt, z.B. die Zusicherung der für einen Videostrom benötigten Bandbreite, ist Thema von Abschnitt 6.5. Ein solches Dienstmodell stellt mehrere *Dienstgüten* (QoS) bereit. Wir werden noch sehen, dass es ein Spektrum von Möglichkeiten gibt, das vom reinen Best-Effort-Dienstmodell zu quantitativen QoS-Garantien für einzelne Datenflüsse reicht. Eine der größten Herausforderungen ist die Definition eines Dienstmodells, das die Anforderungen zahlreicher Anwendungen erfüllt und sich sogar für Anwendungen eignet, die erst künftig entwickelt werden.

6.1.2 Taxonomie

Es gibt zahllose verschiedene Mechanismen für die Zuteilung von Ressourcen, was eine durchgängige Taxonomie erschwert. Vorläufig beschreiben wir drei Bereiche mit den entsprechenden Mechanismen für die Zuteilung von Ressourcen. Feinere Unterscheidungen werden im weiteren Verlauf dieses Kapitels herausgestellt.

Router- oder Host-zentrisch

Mechanismen für die Zuteilung von Ressourcen können in zwei grobe Gruppen klassifiziert werden: jene, die das Problem innerhalb des Netzwerks (d.h. bei den Routern oder Switchen) angehen, und jene, die es vom Rand des Netzwerks aus (d.h. in den Hosts und möglicherweise innerhalb des Transportprotokolls) lösen. Da sowohl die Router im Innern als auch die Hosts am Rand des Netzwerks an der Zuteilung von Ressourcen teilnehmen, ist die entscheidende Frage, wer den Großteil der Last übernimmt.

Bei einem routerzentrischen Design übernimmt jeder Router die Verantwortung für die Entscheidung, wann Pakete weitergeleitet und welche Pakete verworfen werden, und für die Mitteilung an Hosts, die den Netzverkehr erzeugen, wie viele Pakete sie senden dürfen. Bei einem Host-zentrischen Design beobachten die Hosts die Netzbedingungen (z.B. wie viele ihrer Pakete erfolgreich durch das Netzwerk gelangen) und passen ihr Verhalten entsprechend an. Diese beiden Gruppen schließen sich nicht gegenseitig aus. Ein Netzwerk, das beispielsweise die primäre Last für die Behandlung von Überlast den Routern auferlegt, erwartet dennoch von den Hosts, dass sie sich an Weisungsnachrichten halten, die von den Routern gesendet werden, während die Router in Netzwerken mit Ende-zu-Ende-Überlastkontrolle nach wie vor, wenn auch auf noch so einfache Weise entscheiden, welche Pakete verworfen werden, wenn ihre Warteschlangen überlaufen.

Reservierung oder Feedback

Eine zweite Art, Mechanismen für die Zuteilung von Ressourcen zu klassifizieren, ist zu unterscheiden, ob sie *Reservierungen* oder *Feedback* benutzen. Bei einem auf Reservierung basierenden System fordern die Hosts vom Netzwerk eine gewisse Kapazität zum Zeitpunkt eines Datenflussaufbaus. Jeder Router teilt dann ausreichend Ressourcen (Puffer und/oder einen prozentualen Anteil an der Leitungsbandbreite) zu, um diese Anfrage zu erfüllen. Kann die Anfrage bei einem Router nicht befriedigt werden, weil dies zu einer Überbuchung seiner Ressourcen führen würde, lehnt der Router den Datenfluss ab. Eine Analogie dazu wäre das Besetztzeichen, wenn man versucht, eine Rufnummer zu erreichen. Bei einem auf Feedback basierenden Ansatz beginnen die Hosts zu senden, ohne vorher Kapazitäten zu reservieren. Sie passen dann ihre Senderate entsprechend dem erhaltenen Feedback an. Dieses Feedback kann entweder *explizit* (d.h., ein überlasteter Router gibt dem Host durch eine Nachricht zu verstehen, er möge »bitte langsamer machen«) oder *implizit* sein (d.h., der Host passt seine Senderate entsprechend dem extern beobachtbaren Verhalten des Netzwerks, z.B. Paketverluste, an).

Ein auf Reservierung basierenden System impliziert immer einen routerzentrischen Mechanismus für die Zuteilung von Ressourcen. Das liegt daran, dass jeder Router dafür verantwortlich ist, die bei ihm bereits reservierte Kapazität zu behalten und die Einhaltung der Reservierungen durch die jeweiligen Hosts sicherzustellen. Sendet ein Host Daten schneller als er bei Reservierung angegeben hat, sind die Pakete dieses Hosts gute Kandidaten dafür, dass sie bei einer Überlast des Routers zuerst verworfen werden. Andererseits kann ein auf Feedback basierendes System entweder einen router- oder einen Host-zentrischen Mechanismus implizieren. Beim expliziten Feedback ist der betreffende Router in den meisten Fällen zumindest in gewissem Umfang an der Ressourcenzuteilung beteiligt. Beim impliziten Feedback fällt fast die gesamte Last auf den Host. Die Router verwerfen Pakete stillschweigend, wenn sie überlastet werden.

Fenster- oder ratenbasiert

Eine dritte Art, Mechanismen für die Zuteilung von Ressourcen zu charakterisieren, richtet sich danach, ob sie *fenster-* oder *ratenbasiert* sind. Das ist einer der oben erwähnten Bereiche, bei denen ähnliche Mechanismen und Begriffe sowohl für die Datenfluss- als auch die Überlastkontrolle verwendet werden. Mechanismen für die Datenflusskontrolle und die Zuteilung von Ressourcen müssen dem Sender irgendwie bekanntgeben können, wie viele Daten er übertragen darf. Hierfür gibt es zwei allgemeine Arten: mittels *Fenster* oder *Rate*. Wir haben fensterbasierte Transportprotokolle wie TCP bereits beschrieben, bei denen der Empfänger dem Sender ein Fenster anbietet. Dieses Fenster entspricht dem beim Empfänger verfügbaren Pufferplatz und begrenzt die Datenmenge, die der Sender übertragen kann. Dabei wird also Datenflusskontrolle unterstützt. Ein ähnlicher Mechanismus – das Window-Advertisement – kann innerhalb des Netzwerks benutzt werden, um Pufferplatz zu reservieren. Das heißt, es wird Ressourcenzuteilung unterstützt. Dies erfolgt im Wesentlichen in X.25.

Es ist auch möglich, das Verhalten eines Senders mittels Rate zu steuern, d.h., wie viele Bit pro Sekunde der Empfänger oder das Netzwerk aufnehmen kann. Wir haben in diesem Buch zwar bisher keine ratenbasierten Transportprotokolle beschrieben (was wir in Kapitel 9 tun werden), könnten uns aber ein solches Protokoll für die Unterstützung von Video vorstellen: Der Empfänger gibt bekannt, dass er Video-Frames mit einer Rate von 1 Mbit/s verarbeiten kann, und der Sender hält sich an diese Rate. Wir werden später in diesem Kapitel noch sehen, dass die ratenbasierte Charakterisierung von Datenflüssen für ein auf Reservierung basierenden System, das verschiedene Dienstgüten unterstützt, eine logische Wahl ist. Der Sender reserviert eine bestimmte Anzahl Bit pro Sekunde, und jeder Router entlang der Strecke ermittelt, ob er diese Rate unter Berücksichtigung der bereits für andere Datenflüsse eingegangenen Verpflichtungen unterstützen kann.

Taxonomie der Ressourcenzuteilung – Zusammenfassung

Die Klassifizierung der Ressourcenzuteilung an zwei verschiedenen Punkten innerhalb dreier Bereiche, wie wir das soeben getan haben, kann zu der Schlussfolgerung führen, dass es acht eindeutige Strategien gibt. Während diese acht verschiedenen Ansätze durchaus möglich sind, stellt man in der Praxis fest, dass zwei allgemeine Strategien vorherrschen. Diese beiden Strategien sind mit dem zu Grunde liegenden Dienstmodell des Netzwerks verknüpft.

Auf der einen Seite impliziert ein Best-Effort-Dienstmodell normalerweise, dass Feedback benutzt wird, weil ein solches Modell den Benutzern nicht gestattet, Netzkapazität zu reservieren. Das bedeutet wiederum, dass der Großteil der Verantwortung für die Überlastkontrolle bei den Hosts liegt, möglicherweise unter gewisser Zu Hilfe der Router. In der Praxis benutzen solche Netzwerke fensterbasierte Informationen. Das ist die allgemeine, im Internet angewandte Strategie, die in den Abschnitten 6.3 und 6.4 beschrieben wird.

Demgegenüber impliziert ein QoS-basiertes Dienstmodell meist eine gewisse Form der Reservierung.[2] Die Unterstützung dieser Reservierungen dürfte wahrscheinlich umfangreiche Einbeziehung der Router voraussetzen, z.B., um Pakete je nach Umfang der reservierten Ressourcen unterschiedlich in Warteschlangen einzureihen. Selbstverständlich werden solche Reservierungen in Raten ausgedrückt, weil Fenster nur indirekt in Beziehung dazu stehen, wie viel Bandbreite ein Benutzer vom Netzwerk benötigt. Dieses Thema wird in Abschnitt 6.5 behandelt.

---

2. Wir werden in Abschnitt 6.5 noch sehen, dass Ressourcen vom Netzwerkmanagement an Stelle von Hosts reserviert werden können.

6.1.3 Bewertungskriterien

Die letzte Frage hat damit zu tun, ob ein Mechanismus für die Zuteilung von Ressourcen gut ist oder nicht. Im Problemteil am Anfang dieses Kapitels haben wir die Frage gestellt, wie ein Netzwerk seine Ressourcen *effektiv* und *fair* zuteilen kann. Dies lässt auf mindestens zwei grobe Maßstäbe schließen, mit denen sich Methoden der Ressourcenzuteilung bewerten lassen. Diese beiden Maßstäbe werden in den nächsten beiden Unterabschnitten beschrieben.

Effektive Ressourcenzuteilung

Ein guter Ausgangspunkt für die Bewertung der Effektivität einer Methode für die Zuteilung von Ressourcen sind die beiden wichtigsten Metriken für Netzwerke: Durchsatz und Verzögerung. Natürlich wünschen wir uns möglichst viel Durchsatz und wenig Verzögerung. Auf den ersten Blick mag man glauben, dass die Erhöhung des Durchsatzes eine Reduzierung der Verzögerung bedeutet; dies ist aber nicht der Fall. Ein Algorithmus zur Ressourcenzuteilung kann den Durchsatz mit Sicherheit erhöhen, wenn man so viele Pakete wie möglich in das Netzwerk zulässt, sodass die Auslastung aller Leitungen auf 100% steigt. Wir würden damit vermeiden, dass eine Leitung ungenutzt bleibt, weil eine ungenutzte Leitung notwendigerweise den Durchsatz verschlechtert. Problematisch ist bei dieser Strategie, dass sich durch Erhöhung der Paketanzahl im Netzwerk auch die Länge der Warteschlangen in jedem Router erhöht. Längere Warteschlangen bedeuten wiederum, dass Pakete länger im Netzwerk verzögert werden.

Um diesen Zusammenhang zu beschreiben, haben einige Netzwerkdesigner das Verhältnis zwischen Durchsatz und Verzögerung als Metrik für die Bewertung der Effektivität einer Methode zur Ressourcenzuteilung vorgeschlagen. Dieses Verhältnis wird auch als *Leistung* des Netzwerks[3] bezeichnet:

$$\text{Leistung} = \text{Durchsatz/Verzögerung}$$

Man beachte, dass Leistung nicht unbedingt die richtige Metrik sein muss, um die Effektivität der Ressourcenzuteilung zu beurteilen. Zum einen beruht die der Leistung zu Grunde liegende Theorie auf einem M/M/1-Netzwerk[4], das von unendlichen Warteschlangen ausgeht. Praktische Netzwerke haben demgegenüber endliche Puffer und verwerfen manchmal Pakete. Zum anderen wird Leistung normalerweise in bezug zu einer einzigen Verbindung (Datenfluss) definiert. Es ist nicht klar, wie

3. Die eigentliche Definition ist Leistung = $\text{Durchsatz}^{\alpha}/\text{Verzögerung}$, wobei $0 < \alpha < 1$; $\alpha = 1$ führt dazu, dass sich die Leistung am Wendepunkt der Verzögerungskurve maximiert. Der Durchsatz wird in Dateneinheiten (z.B. Bit) pro Sekunde und die Verzögerung in Sekunden gemessen.

4. Da es sich hier nicht um ein Buch über Warteschlangentheorie handelt, erklären wir eine M/M/1-Warteschlange ganz kurz. Die 1 bedeutet, dass das Netzwerk einen einzigen Server umfasst, und die beiden M besagen, dass es sich hier bei der Paketankunft und den Dienstzeiten um eine Poisson- bzw. exponentielle Verteilung und somit um Markoff-Prozesse handelt.

sich dies bei mehreren konkurrierenden Verbindungen darstellt. Trotz dieser recht großen Einschränkungen hat aber keine Alternative nennenswerte Akzeptanz erzielt, sodass Leistung weiterhin als Metrik benutzt wird.

Das Ziel liegt in der Maximierung dieses Verhältnisses, das eine Funktion der dem Netzwerk aufgebürdeten Last ist. Die Last wird ihrerseits durch den Mechanismus der Ressourcenzuteilung festgesetzt. Bei der repräsentativen Leistungskurve von Abb. 6.3 arbeitet der Mechanismus zur Ressourcenzuteilung idealerweise an der Spitze dieser Kurve. Links neben der Spitze ist der Mechanismus zu konservativ, d.h., er lässt nicht genügend Pakete zu, um die Leitungen auszulasten. Rechts neben der Spitze werden so viele Pakete in das Netzwerk zugelassen, dass zunehmende Verzögerungszeiten auf Grund des Queuing allmählich gegenüber kleinen Durchsatzgewinnen überwiegen.

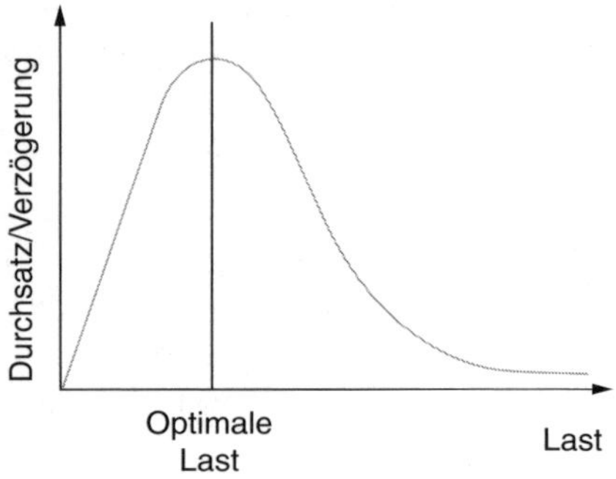

Abb. 6.3: Verhältnis zwischen Durchsatz und Verzögerung als Funktion der Last

Interessant ist, dass diese Leistungskurve aussieht wie die Durchsatzkurve eines Multitasking-Computersystems. Der Systemdurchsatz verbessert sich, je mehr Jobs in das System eingegeben werden, bis ein Punkt erreicht ist, an dem so viele Jobs laufen, dass das System mit dem so genannten Thrashing beginnt (also seine ganze Zeit damit verbringt, Speicherseiten umzulagern), und der Durchsatz sinkt.

Wir sehen in späteren Abschnitten dieses Kapitels, dass viele Methoden für die Überlastkontrolle lediglich in der Lage sind, Last auf sehr grobe Art zu steuern. Das heißt, es ist einfach nicht möglich, den »Hahn« ein wenig aufzudrehen und nur eine kleine Zahl zusätzlicher Pakete in das Netzwerk fließen zu lassen. Als Folge davon müssen sich Netzwerkdesigner damit befassen, was passiert, wenn das System unter extrem hoher Last läuft, was dem Ende der Kurve ganz rechts außen in Abb. 6.3 entspricht. Im Idealfall möchte man die Situation vermeiden, in der auf Grund des Thrashing im System der Systemdurchsatz auf Null sinkt. Im Netzwerkbereich wünschen wir uns, dass ein System *stabil* ist, was bedeutet, dass Pakete weiterhin durch das Netzwerk befördert werden, auch wenn das Netzwerk unter hoher Last arbeitet. Ein instabiler Mechanismus kann zu einem *Überlastkollaps* des Netzwerks führen.

Faire Zuteilung von Ressourcen

Die effektive Auslastung von Netzwerkressourcen ist nicht das einzige Kriterium für die Bewertung einer Methode zur Ressourcenzuteilung. Wir müssen auch die Frage der Fairness berücksichtigen. Bei der Definition, was genau eine faire Zuteilung von Ressourcen ist, geraten wir allerdings schnell in trübe Gewässer. Eine auf Reservierung basierende Methode der Ressourcenzuteilung bietet beispielsweise eine explizite Art, kontrollierte Unfairness zu schaffen. Bei einer solchen Methode können wir Reservierungen benutzen, um es einem Videostrom zu ermöglichen, 1 Mbit/s über eine Leitung zu empfangen, während ein Dateitransfer über die gleiche Leitung nur 10 Kbit/s erhält.

Ohne explizite anders lautende Informationen möchten wir, wenn mehrere Flüsse eine bestimmte Leitung gemeinsam benutzen, es jedem Datenfluss gestatten, einen gleichen Anteil an der Bandbreite zu erhalten. Bei dieser Definition wird davon ausgegangen, dass ein *fairer* Anteil ein *gleicher* Anteil an der Bandbreite bedeutet. Doch auch ohne Reservierungen sind gleiche Anteile nicht unbedingt gleichbedeutend mit fairen Anteilen. Sollten wir auch die Länge der zu vergleichenden Pfade in Betracht ziehen? Was ist beispielsweise in Abb. 6.4 fair, wenn ein 4-Hop-Datenfluss mit drei 1-Hop-Flüssen konkurriert?

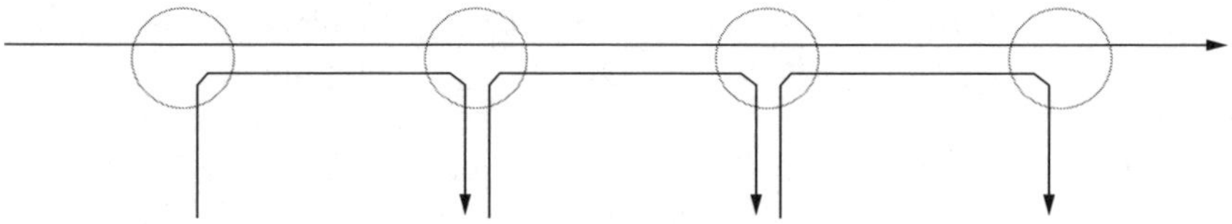

Abb. 6.4: Ein 4-Hop-Datenfluss konkurriert mit drei 1-Hop-Flüssen

Unter der Annahme, dass fair und gleich dieselbe Bedeutung haben und alle Pfade gleich lang sind, hat Raj Jain eine Metrik vorgeschlagen, mit der sich die Fairness eines Mechanismus für die Überlastkontrolle quantifizieren lässt. Jains Fairnessindex ist wie folgt definiert: Gegeben sei eine Menge von Datenflussdurchsätzen (x_1, x_2, ..., x_n) (gemessen in konsistenten Einheiten, z.B. Bit/Sekunde), dann weist folgende Funktion den Datenflüssen einen Fairnessindex zu:

$$f(x_1, x_2, \ldots, x_n) = \frac{(\sum_{i=1}^{n} x_i)^2}{n \sum_{i=1}^{n} x_i^2}$$

Der Fairnessindex ergibt immer eine Zahl zwischen 0 und 1, wobei 1 die höchste Fairness darstellt. Um die Logik hinter dieser Metrik zu verstehen, betrachte man den Fall, bei dem alle n Datenflüsse einen Durchsatz von 1 Dateneinheit pro Sekunde erhalten. In diesem Fall ist der Fairnessindex wie folgt:

$$\frac{n^2}{n \times n} = 1$$

Wenn wir nun annehmen, dass ein Datenfluss einen Durchsatz von $1 + \Delta$ erhält, ist der Fairnessindex

$$\frac{((n-1)+1+\Delta)^2}{n(n-1+(1+\Delta)^2)}$$
$$=\frac{n^2+2n\Delta+\Delta^2}{n^2+2n\Delta+n\Delta^2}$$

Man beachte, dass der Nenner den Zähler um $(n-1)\Delta^2$ übersteigt. Das heißt, ungeachtet dessen, ob der andersartige Datenfluss mehr oder weniger als alle übrigen Datenflüsse (Δ positiv oder negativ) erhält, ist der Fairnessindex nun unter Eins gesunken. Als weiteren einfachen Fall betrachte man den, bei dem nur k der n Datenflüsse den gleichen Durchsatz und die restlichen $n-k$ Benutzer keinen erhalten; in diesem Fall sinkt der Fairnessindex auf k/n.

6.2 Queuing-Disziplinen

Ungeachtet dessen, wie einfach oder ausgeklügelt der Rest des Mechanismus für die Zuteilung von Ressourcen ist, muss jeder Router die eine oder andere Art von Queuing-Disziplin implementieren, die regelt, wie Pakete zwischengespeichert werden, während sie auf ihre Übertragung warten. Der Queuing-Algorithmus bewirkt vom Konzept her die Zuteilung von Bandbreite (welche Pakete übertragen werden) und Pufferplatz (welche Pakete abgewiesen werden). Er wirkt sich auch direkt auf die von einem Paket erfahrene Verzögerung aus, da er bestimmt, wie lange ein Paket auf seine Übertragung wartet. In diesem Abschnitt werden zwei übliche Queuing-Algorithmen – First-In-First-Out (FIFO) und faires Queuing – sowie mehrere vorgeschlagene Variationen davon beschrieben.

6.2.1 FIFO

Das Konzept des FIFO-Queuing ist einfach: Das erste bei einem Router ankommende Paket wird als erstes übertragen. Abb. 6.5(a) zeigt eine FIFO-Warteschlange mit »Slots« für acht Pakete. Da der Pufferplatz in jedem Router endlich ist, verwirft der Router ein ankommendes Paket, wenn die Warteschlange (Pufferplatz) voll ist (siehe Abb. 6.5(b)). Dies geschieht ohne Rücksicht darauf, zu welchem Datenfluss das Paket gehört oder wie wichtig es ist. Dies nennt man auch *Tail-Drop*, weil Pakete, die am Schwanzende der FIFO ankommen, verworfen werden.

Man beachte, dass Tail-Drop und FIFO zwei völlig getrennte Konzepte sind. FIFO ist eine *Scheduling-Disziplin*; sie bestimmt die Reihenfolge, in der Pakete übertragen werden. Tail-Drop ist eine *Drop-Regel*; sie legt fest, welche Pakete verworfen werden. Da FIFO und Tail-Drop die einfachsten Instanzen der Scheduling-Disziplin bzw. Drop-Regel sind, werden sie manchmal als Bündel betrachtet: die so genannte Vanilla-Queuing-Implementierung. Leider wird das Bündel oft einfach als »FIFO-

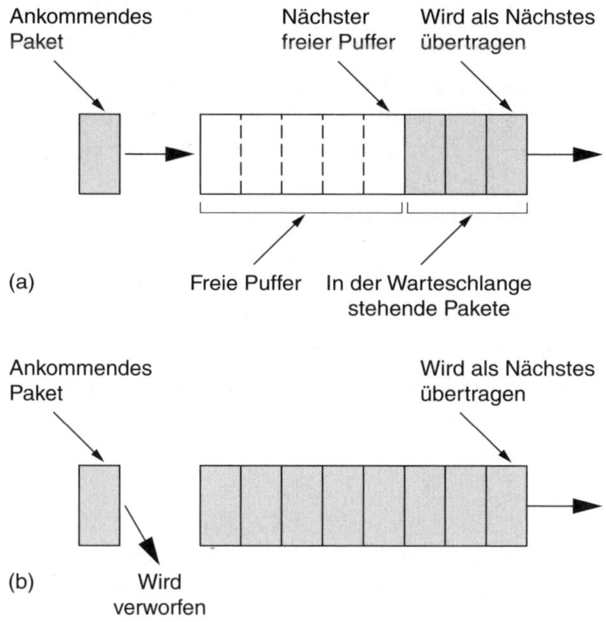

Abb. 6.5:
(a) FIFO-Queuing;
(b) Tail-Drop an einer FIFO-Warteschlange

Queuing« bezeichnet, während es genauer »FIFO mit Tail-Drop« genannt werden sollte. Abschnitt 6.4 enthält ein Beispiel einer weiteren Drop-Regel, die einen komplexeren Algorithmus als »Ist noch freier Puffer vorhanden?« benutzt, um zu entscheiden, wann Pakete zu verwerfen sind. Eine solche Drop-Regel kann mit FIFO oder mit komplexeren Scheduling-Disziplinen benutzt werden.

FIFO mit Tail-Drop als der einfachste aller Queuing-Algorithmen wurde bei Drucklegung dieses Buchs im Internet bei weitem am häufigsten benutzt. Dieser einfache Warteschlangenansatz schiebt die gesamte Verantwortung für Überlastkontrolle und Ressourcenzuteilung an den Rand des Netzwerks. Folglich sieht die vorherrschende Form der Überlastkontrolle im Internet derzeit keine Hilfe von den Routern vor: TCP übernimmt die Verantwortung für die Erkennung und Behandlung von Überlast. Die genaue Funktionsweise wird in Abschnitt 6.3 beschrieben.

Eine einfache Variation des grundlegenden FIFO-Queuing ist das Prioritäts-Queuing. Diesem Konzept zufolge wird jedes Paket mit einer Priorität markiert. Die Markierung kann beispielsweise im TOS-Feld (Type of Service) des IP-Headers vorgenommen werden. Die Router implementieren dann mehrere FIFO-Warteschlangen – je eine für jede Prioritätsklasse. Der Router überträgt Pakete immer aus der Warteschlange mit der höchsten Priorität, falls sie nicht leer ist, und fährt dann mit der Warteschlange der nächsten Priorität fort. Innerhalb jeder Priorität werden Pakete nach wie vor auf FIFO-Weise verwaltet. Dieses Konzept ist eine geringe Abweichung vom Modell der Best-Effort-Übertragung, geht aber nicht so weit, dass es einer bestimmten Prioritätsklasse Garantien bietet. Es ermöglicht lediglich Paketen mit höherer Priorität, an den Anfang der Schlange zu springen.

Problematisch ist beim Prioritäts-Queuing natürlich, dass die Warteschlange mit der höheren Priorität alle übrigen Warteschlangen »aushungern« kann. Das heißt, so lange es mindestens ein Paket in der Warteschlange mit hoher Priorität gibt, werden Warteschlangen mit niedrigerer Priorität nicht bedient. Damit dies praktisch durchführbar ist, müssen harte Grenzen dahingehend gesetzt werden, wie viel Verkehr mit hoher Priorität in die Warteschlange gestellt wird. Selbstverständlich wird dadurch klar, dass wir es Benutzern nicht gestatten können, ihre eigenen Pakete auf unkontrollierte Weise mit hoher Priorität zu versehen. Wir müssen Sie entweder vollständig daran hindern oder eine Form der »Zurückweisung« bereitstellen. Offensichtlich lässt sich dies über Gebühren bewerkstelligen: Das Netzwerk könnte für Pakete mit hoher Priorität mehr als für die mit niedrigerer Priorität berechnen. Die Implementierung eines solchen Schemas in einer dezentralen Umgebung wie dem Internet stellt aber eine beträchtliche Herausforderung dar.

Prioritäts-Queuing wird im Internet vorwiegend zum Schutz der wichtigsten Pakete angewandt. Typischerweise sind das Routing-Aktualisierungen, die nötig sind, um die Routing-Tabellen nach einer Topologieänderung anzugleichen. Oftmals gibt es dann eine spezielle Warteschlange für solche Pakete, die durch das TOS-Feld im IP-Header identifiziert werden können. Dies ist tatsächlich ein einfaches Beispiel des Konzepts »Differentiated-Services«, die in Abschnitt 6.5.3 beschrieben werden.

6.2.2 Faires Queuing

Das Hauptproblem beim FIFO-Queuing ist, dass es nicht zwischen verschiedenen Verkehrsquellen unterscheidet. In der im vorherigen Abschnitt eingeführten Terminologie würde das bedeuten, dass es Pakete nicht nach dem Datenfluss, zu dem sie gehören, trennt. Dieses Problem erstreckt sich auf zwei verschiedene Ebenen. Auf der einen Ebene ist es nicht klar, dass ein vollständig an der Quelle implementierter Algorithmus für die Überlastkontrolle in der Lage sein wird, die Überlast fast ohne Hilfe von den Routern angemessen zu bewältigen. Wir schieben unser Urteil hierzu bis zum nächsten Abschnitt auf, in dem wir TCP-Überlastkontrolle behandeln. Auf einer anderen Ebene kann eine bösartige Quelle (Datenfluss) einen beliebig großen Anteil der Netzkapazität in Beschlag nehmen, weil der gesamte Mechanismus für die Überlastkontrolle an den Quellen implementiert wird und FIFO-Queuing keine Möglichkeit der Regelung bereitstellt, die Quellen zu zwingen, sich an diesen Mechanismus zu halten. Betrachtet man wieder das Internet, ist es für eine bestimmte Anwendung sicherlich möglich, TCP nicht zu benutzen und als Folge davon dessen Ende-zu-Ende-Mechanismus zur Überlastkontrolle zu umgehen. (Anwendungen wie Internet-Telefonie tun das heute.) Eine solche Anwendung ist in der Lage, Internet-Router mit ihren eigenen Paketen zu fluten und dadurch zu verursachen, dass Pakete anderer Anwendungen verworfen werden.

Faires Queuing (FQ) ist ein Algorithmus, der vorgeschlagen wurde, um dieses Problem zu lösen. FQ basiert auf dem Konzept, eine getrennte Warteschlange für jeden momentan vom Router behandelten Datenfluss einzurichten. Der Router bedient diese Warteschlangen dann im Round-Robin-Verfahren, wie aus Abb. 6.6

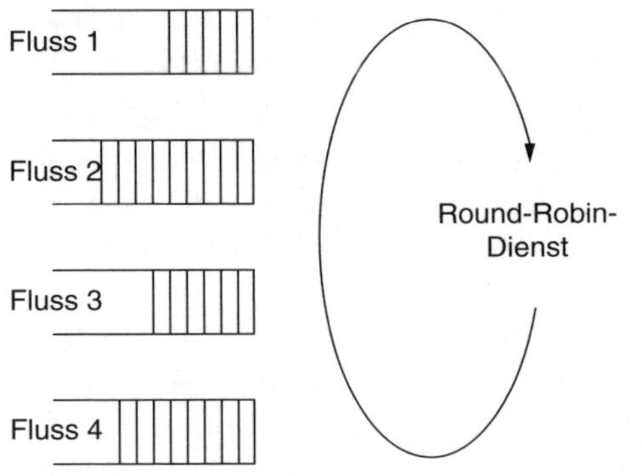

Abb. 6.6:
Faires Queuing an einem Router

ersichtlich wird. Sendet ein Datenfluss seine Pakete zu schnell, füllt sich seine Warteschlange. Erreicht eine Warteschlange eine bestimmte Länge, werden weitere bei der Warteschlange dieses Flusses ankommende Pakete verworfen. Auf diese Weise kann eine bestimmte Quelle nicht beliebig ihren Anteil an der Kapazität des Netzwerks auf Kosten anderer Flüsse erhöhen.

Man beachte, dass FQ weder von den Routern verlangt, sie sollen den Verkehrsquellen etwas über den Zustand des Routers mitteilen, noch in irgendeiner Weise begrenzt, wie schnell eine bestimmte Quelle Pakete sendet. Mit anderen Worten: FQ ist dafür ausgelegt, in Verbindung mit einem Ende-zu-Ende-Mechanismus für die Überlastkontrolle benutzt zu werden. Es trennt den Verkehr einfach, sodass bösartige Verkehrsquellen nicht jene stören, die getreu dem Ende-zu-Ende-Algorithmus folgen. FQ erzeugt zudem Fairness zwischen mehreren Flüssen, die von einem wohldefinierten Algorithmus zur Überlastkontrolle verwaltet werden.

So einfach das Grundkonzept ist, gibt es dennoch einige Details, die man beachten muss. Die größte Schwierigkeit ist, dass die in einem Router verarbeiteten Pakete nicht unbedingt die gleiche Länge haben. Um die Bandbreite der Ausgangsleitung wirklich fair zuzuteilen, muss die Paketlänge mit in Betracht gezogen werden. Verwaltet ein Router z.B. zwei Flüsse, einen mit 1.000- und einen mit 500-Byte-Paketen (möglicherweise wegen Fragmentierung dieses Datenflusses bei einem Upstream-Router), erhält der erste Datenfluss zwei Drittel und der zweite nur ein Drittel der Leitungsbandbreite durch eine einfache Round-Robin-Bedienung von Paketen aus den beiden Warteschlangen.

Was wir wirklich wollen, ist ein bitweises Round-Robin-Verfahren. Das heißt, der Router überträgt ein Bit von Datenfluss 1, dann eines von Datenfluss 2 usw. Natürlich ist ein Interleaving der Bits von unterschiedlichen Paketen nicht machbar. Der FQ-Mechanismus simuliert deshalb dieses Verhalten dadurch, dass er zuerst ermittelt, wann ein bestimmtes Paket mit der Übertragung fertig ist, falls es mittels bitweisem Round-Robin gesendet wird, und benutzt dann diese Beendigungszeit, um die Pakete für die Übertragung in eine Reihenfolge zu bringen.

Um den Algorithmus für die Approximation des bitweisen Round-Robin zu verstehen, betrachte man das Verhalten eines einzelnen Datenflusses und stelle sich eine Uhr vor, die jedes Mal tickt, wenn ein Bit von allen aktiven Datenflüssen übertragen wird. (Ein Datenfluss ist aktiv, wenn er Daten in der Warteschlange hat.) Für diesen Datenfluss sei P_i die Länge von Paket *i*, S_i die Zeit, wenn der Router mit der Übertragung von Paket *i* beginnt, und F_i die Zeit, wenn der Router die Übertragung von Paket *i* beendet. Wird P_i dahingehend ausgedrückt, wie viele Uhrticks es dauert, um Paket *i* zu übertragen (unter Berücksichtigung, dass die Zeit jedes Mal, wenn von diesem Datenfluss 1 Bit abgewickelt wird, um einen Tick vorrückt), lässt sich leicht erkennen, dass $F_i = S_i + P_i$.

Wann beginnen wir mit der Übertragung von Paket *i*? Die Antwort auf diese Frage hängt davon ab, ob Paket *i* ankommt, bevor oder nachdem der Router mit der Übertragung von Paket $i-1$ von diesem Datenfluss fertig ist. Kommt es davor an, wird logischerweise das erste Bit von Paket *i* unmittelbar übertragen, nachdem das letzte Bit von Paket $i-1$ übertragen wurde. Andererseits ist es möglich, dass der Router mit der Übertragung von Paket $i-1$ lange vor Ankunft von *i* fertig ist, was bedeutet, dass die Warteschlange dieses Datenflusses eine Zeitlang leer war, sodass der Round-Robin-Mechanismus keine Pakete aus diesem Datenfluss übertragen konnte. Bezeichne A_i die Zeit, in der Paket *i* beim Router ankommt, dann gilt $S_i = \max(F_{i-1}, A_i)$. Folglich berechnen wir

$$F_i = \max(F_{i-1}, A_i) + P_i$$

Nun gehen wir zu der Situation über, in der es mehr als einen Datenfluss gibt. Wir stellen fest, dass ein Kniff angewandt werden muss, um A_i zu ermitteln. Wir können nicht einfach nur die Wanduhr ablesen, wenn das Paket ankommt. Wie oben erwähnt, soll die Zeit jedes Mal um einen Tick vorrücken, wenn von allen aktiven Flüssen ein Bit im bitweisen Round-Robin-Verfahren bedient wird. Deshalb brauchen wir eine Uhr, die langsamer vorrückt, wenn es mehrere Datenflüsse gibt. Genauer gesagt, wenn es *n* aktive Flüsse gibt, muss die Uhr um einen Tick vorrücken, wenn *n* Bit übertragen werden. Diese Uhr wird dann benutzt, um A_i zu berechnen.

Für jeden Datenfluss berechnen wir mit Hilfe der obigen Formel F_i bei jedem ankommenden Paket. Dann behandeln wir alle F_i als Zeitstempel. Das nächste zu übertragende Paket ist dann immer dasjenige mit dem niedrigsten Zeitstempel, also das Paket, dessen Übertragung auf der Grundlage der obigen Argumentation vor allen anderen fertig sein sollte.

Das bedeutet, dass ein Paket in einem Datenfluss ankommen kann, das kürzer als ein Paket aus einem anderen Datenfluss ist, welches bereits in der Warteschlange auf die Übertragung wartet, sodass das kürzere in der Warteschlange vor diesem längeren Paket eingereiht wird. Das heißt aber nicht, dass ein neu ankommendes Paket Vorrang vor einem momentan übertragenen Paket erhalten kann. Genau dieser Tatsache ist es zuzuschreiben, dass die soeben erläuterte FQ-Implementierung das von uns ins Auge gefasste bitweise Round-Robin-Schema nicht exakt simuliert.

Um besser zu verstehen wie diese FQ-Implementierung funktioniert, betrachten wir das Beispiel in Abb. 6.7. Teil (a) zeigt die Warteschlangen zweier Datenflüsse. Der Algorithmus wählt beide Pakete von Datenfluss 1 für die Übertragung vor dem Paket von Datenfluss 2, das in der Warteschlange steht. In (b) hat der Router bereits

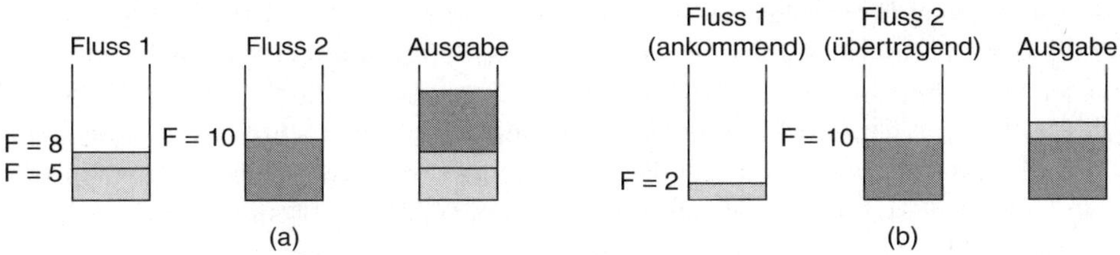

Abb. 6.7: Beispiel des fairen Queuing in Aktion: (a) kürzere Pakete werden zuerst gesendet; (b) die bereits begonnene Übertragung des längeren Pakets wird zuerst fertiggestellt.

mit dem Senden eines Pakets von Datenfluss 2 begonnen, wenn das Paket von Datenfluss 1 ankommt. Obwohl das von Datenfluss 1 ankommende Paket vor Datenfluss 2 fertig gewesen wäre, wenn wir das perfekte bitweise Fair-Queuing angewandt hätten, unterbricht die Implementierung die Übertragung des Pakets von Datenfluss 2 nicht.

Zwei Aspekte sind beim fairen Queuing zu beachten. Erstens bleibt die Leitung nie ungenutzt, solange sich mindestens ein Paket in der Warteschlange befindet. Ein Queuing-Schema mit diesem Merkmal gilt als *work-conserving*. Eine Konsequenz davon ist, dass ich die volle Leitungskapazität für meinen Datenfluss benutzen kann, wenn ich eine Leitung mit zahlreichen Flüssen teile, die keine Daten senden. Sobald die anderen Datenflüsse mit dem Senden beginnen, nehmen sie allerdings ihren Anteil in Anspruch und die für meinen Datenfluss verfügbare Kapazität sinkt.

Zweitens ist zu beachten, dass ich bei einer voll belasteten Leitung und n übertragenden Datenflüssen nicht mehr als $1/n$ der Leitungsbandbreite benutzen kann. Versuche ich, mehr zu senden, erhalten meine Pakete zunehmend größere Zeitstempel, wodurch sie länger in der Warteschlange sitzen und auf die Übertragung warten müssen. Irgendwann läuft die Warteschlange über. Ob es dann meine Pakete oder die eines anderen sind, die verworfen werden, hängt nicht vom fairen Queuing ab, sondern wird vielmehr von der Drop-Regel bestimmt. FQ ist ein Scheduling-Algorithmus, der wie FIFO mit verschiedenen Drop-Regeln kombiniert werden kann.

Da FQ work-conserving ist, wird die von einem Datenfluss nicht benutzte Bandbreite automatisch den anderen Datenflüssen zur Verfügung gestellt. Wenn beispielsweise vier Flüsse einen Router passieren und alle davon Pakete senden, erhält jeder ein Viertel der Bandbreite. Bleibt einer davon länger ungenutzt, sodass alle seine Pakete die Warteschlange des Routers verlassen, wird die verfügbare Bandbreite unter den drei verbleibenden Flüssen aufgeteilt, die dann jeweils ein Drittel der Bandbreite erhalten. Folglich stellt FQ jedem Datenfluss einen garantierten Mindestanteil an der Bandbreite zur Verfügung, mit der Möglichkeit, dass er mehr erhalten kann, falls andere Flüsse ihre Anteile nicht nutzen.

Bei einer Variante von FQ namens *Weighted Fair Queuing* (WFQ) wird jedem Datenfluss (Warteschlange) eine Gewichtung zugeordnet. Diese Gewichtung spezifiziert logisch, wie viele Bits jedes Mal übertragen werden, wenn der Router die betreffende Warteschlange bedient, wodurch effektiv der prozentuale Anteil an der Leitungsbandbreite, die der jeweilige Datenfluss erhält, kontrolliert wird. Das einfache FQ gibt jeder Warteschlange eine Gewichtung von 1, was bedeutet, dass zu einem Zeitpunkt nur je 1 Bit von jeder Warteschlange übertragen wird. Dadurch erhält jeder Datenfluss ein $1/n$ der Bandbreite, wenn es n Flüsse gibt. Beim WFQ kann eine Warteschlange aber eine Gewichtung von 2 haben, eine zweite kann eine von 1 und eine dritte eine von 3 haben. Unter der Annahme, dass in jeder Warteschlange immer ein auf die Übertragung wartendes Paket steht, erhält der erste Datenfluss ein Drittel der verfügbaren Bandbreite, der zweite ein Sechstel und der dritte die Hälfte.

Wir haben WFQ zwar nur in Bezug auf Datenflüsse beschrieben, es kann aber auch auf der Grundlage von »Verkehrsklassen« implementiert werden. Dabei werden Klassen auf andere Weise als die eingangs in diesem Kapitel beschriebenen einfachen Flüsse definiert. Wir könnten beispielsweise die TOS-Bits (Type of Service) im IP-Header benutzen, um Klassen zu identifizieren, und dann jeder Klasse eine Warteschlange und eine Gewichtung zuweisen. Genau dies wurde im Rahmen der in Abschnitt 6.5.3 beschriebenen Architektur von Differentiated-Services vorgeschlagen.

Will ein Router WFQ durchführen, muss er jeder Warteschlange Gewichtungen zuweisen können. Dies erfolgt entweder durch manuelle Konfiguration oder durch die eine oder andere Art der Signalisierung von den Quellen. Im zweiten Fall bewegen wir uns hin in Richtung eines auf Reservierung basierenden Modells. Die alleinige Zuweisung einer Gewichtung für eine Warteschlange bietet eine eher schwache Form der Reservierung, weil diese Gewichtungen nur indirekt mit der Bandbreite, die der Datenfluss erhält, zusammenhängen. (Die für einen Datenfluss verfügbare Bandbreite hängt beispielsweise auch davon ab, wie viele andere Flüsse sich die Leitung teilen.) In Abschnitt 6.5.2 wird beschrieben, wie WFQ als Komponente eines auf Reservierung basierenden Mechanismus für die Zuteilung von Ressourcen benutzt werden kann.

▶ Diese gesamte Diskussion des Warteschlangen-Managements verdeutlicht ein wichtiges Prinzip des Systemdesigns, das man als *Strategie- und Mechanismustrennung* bezeichnet. Das zu Grunde liegende Konzept ist die Betrachtung jedes Mechanismus als Black-Box, die einen vielschichtigen Dienst bereitstellt, der mittels einer Reihe von Reglern gesteuert werden kann. Eine Strategie spezifiziert eine bestimmte Einstellung dieser Regler, weiß aber nichts darüber (oder kümmert sich nicht darum), wie die Black-Box implementiert wird. In diesem Fall ist der entsprechende Mechanismus die Queuing-Disziplin, und die Strategie bestimmt, welcher Datenfluss welches Dienstmaß (z.B. Priorität oder Gewichtung) erhält. Wir behandeln einige Strategien, die mit dem WFQ-Mechanismus angewandt werden können, in Abschnitt 6.5.

6.3 Überlastkontrolle in TCP

In diesem Abschnitt wird das heute vorherrschende Beispiel der Ende-zu-Ende-Überlastkontrolle beschrieben, das in TCP implementiert ist. Die wesentliche Strategie von TCP besteht darin, Pakete ohne Reservierung in das Netzwerk zu senden und dann auf beobachtete Ereignisse zu reagieren. TCP geht nur von FIFO-Queuing in den Routern des Netzwerks aus, arbeitet aber auch mit fairem Queuing.

Die TCP-Überlastkontrolle wurde im Internet Ende der achtziger Jahre von Van Jacobson eingeführt. Das war etwa acht Jahre nach der Inbetriebnahme des TCP/IP-Protokoll-Stacks. Unmittelbar vor dieser Zeit litt das Internet häufig an dem Phänomen des Überlastkollapses. Hosts sendeten ihre Pakete so schnell in das Internet, wie es das Advertisement-Fenster zuließ, in einem Router trat eine Überlast auf (d.h., Pakete wurden verworfen), und der Timeout der Hosts lief ab, sodass diese ihre Pakete erneut übertrugen, was zu noch mehr Überlast führte.

Einfach ausgedrückt, besteht die Idee der TCP-Überlastkontrolle darin, dass jede Quelle ermitteln muss, wie viel Kapazität im Netzwerk verfügbar ist, sodass sie weiß, wie viele Pakete sie problemlos gleichzeitig übertragen kann. Befindet sich diese Paketanzahl von einer bestimmten Quelle im Netz, benutzt sie die Ankunft eines ACK als Signal, dass eines ihrer Pakete das Netzwerk verlassen hat und sie folglich ein weiteres Paket senden kann, ohne zur Überlast beizutragen. Durch Verwendung von ACKs für die Temporegelung der Paketübertragung gilt TCP als *selbsttaktend*. Selbstverständlich ist die Feststellung der verfügbaren Kapazität zunächst keine leichte Aufgabe. Die Lage verschlimmert sich noch, wenn andere Verbindungen auf- und abgebaut werden, da sich die verfügbare Bandbreite dadurch laufend ändert. Das bedeutet wiederum, dass eine bestimmte Quelle in der Lage sein muss, die Anzahl der von ihr übertragenen Pakete anzupassen. In diesem Abschnitt werden die vom TCP für die Lösung dieser und weiterer Probleme benutzten Algorithmen erläutert.

Wir beschreiben diese Mechanismen nacheinander, sodass der Eindruck entsteht, es ist von drei unabhängigen Mechanismen die Rede. TCP-Überlastkontrolle lässt sich aber nur erreichen, wenn alle drei zusammen implementiert werden.

6.3.1 Additive Increase / Multiplicative Decrease

TCP verwaltet für jede Verbindung eine neue Zustandsvariable namens CongestionWindow (Überlastfenster), die von der Quelle benutzt wird, um die ihr für die Übertragung zugestandene Datenmenge zu begrenzen. Das Überlastfenster ist das Gegenstück in der Überlastkontrolle zum Advertisement-Fenster in der Datenflusskontrolle. TCP wird so modifiziert, dass die maximal erlaubte Anzahl an Byte nicht bestätigter Daten nun das Minimum des Überlast- und des Advertisement-Fensters darstellt. Unter Verwendung der in Abschnitt 5.2.4 definierten Variablen wird das effektive Fenster von TCP also wie folgt revidiert:

MaxWindow = MIN(CongestionWindow, AdvertisedWindow)

EffectiveWindow = MaxWindow – (LastByteSent – LastByteAcked)

Das heißt, MaxWindow ersetzt AdvertisedWindow bei der Berechnung von EffectiveWindow. Folglich darf eine TCP-Quelle nicht schneller senden, als die langsamste Komponente – das Netzwerk oder der Ziel-Host – verkraften kann.

Das Problem ist hier, wie TCP einen angemessenen Wert für CongestionWindow lernt. Im Gegensatz zum AdvertisedWindow, das von der Empfangsseite der Verbindung gesendet wird, schickt hier keiner ein geeignetes CongestionWindow an die TCP-Sendeseite. Dies wird dadurch gelöst, dass die TCP-Quelle das Überlastfenster auf der Grundlage des Überlastumfangs setzt, den sie im Netzwerk wahrgenommen hat. Dies umfasst die Senkung des Überlastfensters, wenn der Überlastumfang steigt, bzw. dessen Erhöhung, wenn der Überlastumfang sinkt. Dieser Mechanismus wird *Additive Increase / Multiplicative Decrease* (AIMD) genannt. Der Grund für diese umständliche Bezeichnung wird weiter unten klar.

Die Kernfrage lautet dann natürlich, wie die Quelle ermittelt, dass das Netzwerk überlastet ist und ob sie das Überlastfenster senken sollte. Die Antwort basiert auf der Beobachtung, dass der Hauptgrund dafür, dass Pakete nicht übertragen werden und Timeouts entstehen, darin liegt, dass ein Paket auf Grund von Überlast verworfen wurde. Nur selten wird ein Paket wegen eines Fehlers während der Übertragung verworfen. Deshalb interpretiert TCP Timeouts als Zeichen der Überlast und reduziert die Rate, mit der es überträgt. Jedes Mal, wenn ein Timeout erfolgt, setzt die Quelle CongestionWindow auf die Hälfte des vorherigen Werts. Diese Halbierung des Überlastfensters bei jedem Timeout entspricht dem Multiplicative-Decrease-Teil von AIMD.

Obwohl CongestionWindow in Byte definiert wird, ist das Multiplicative Decrease leichter verständlich, wenn wir in ganzen Paketen denken. Nehmen wir beispielsweise an, dass das Überlastfenster momentan auf 16 Pakete gesetzt ist. Wird ein Verlust erkannt, wird es auf 8 gesenkt. (Normalerweise wird ein Verlust erkannt, wenn ein Timeout eintritt. Wie wir im Folgenden aber noch sehen werden, verfügt TCP über einen weiteren Mechanismus, um verworfene Pakete zu erkennen.) Weitere Verluste führen zu einer Reduzierung des Überlastfensters auf 4, dann 2 und schließlich 1 Paket. Es wird aber nicht zugelassen, dass CongestionWindow unter die Größe eines einzelnen Pakets sinkt, was in der TCP-Terminologie als *maximale Segmentgröße* (Maximum Segment Size, MSS) bezeichnet wird.

Eine Strategie zur Überlastkontrolle, die nur die Fenstergröße senkt, wäre natürlich zu konservativ. Wir müssen auch in der Lage sein, das Überlastfenster zu erhöhen, um neu verfügbare Kapazität im Netzwerk zu nutzen. Das ist der Additive-Increase-Teil von AIMD, der wie folgt funktioniert: Jedes Mal, wenn die Quelle eine dem Überlastfenster entsprechende Paketmenge erfolgreich gesendet hat (d.h., jedes während der letzten RTT gesendete Paket wurde mit einem ACK bestätigt), fügt sie die Entsprechung eines Pakets zum Überlastfenster hinzu. Diese lineare Erhöhung ist in Abb. 6.8 dargestellt. In der Praxis wartet TCP nicht auf die einem ganzen Fenster entsprechende ACK-Menge, um ein Paket zum Überlastfenster hinzuzufügen, son-

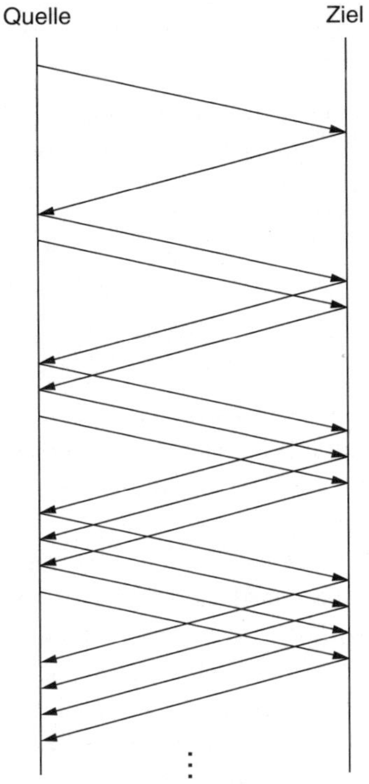

Abb. 6.8:
Übertragung von Paketen beim Additive Increase; pro RTT wird ein Paket hinzugefügt

dern inkrementiert das Überlastfenster ein wenig pro ankommendem ACK. Präziser wird das Überlastfenster bei jedem ankommenden ACK wie folgt inkrementiert:

$$\text{Inkrement} = \text{MSS} \times (\text{MSS/CongestionWindow})$$

$$\text{CongestionWindow} += \text{Inkrement}$$

Statt das Überlastfenster also um eine gesamte MSS-Byte-Menge pro RTT zu erhöhen, inkrementieren wir es jedes Mal um einen MSS-Bruchteil, wenn ein ACK ankommt. Unter der Annahme, dass jedes ACK den Empfang von MSS Byte bestätigt, ist dieser Bruchteil MSS/CongestionWindow.

Dieses Muster der ständigen Erhöhung und Senkung des Überlastfensters wird über die gesamte Lebensdauer der Verbindung fortgesetzt. Zeichnet man den aktuellen Wert des Überlastfensters als Funktion der Zeit auf, erhält man ein Sägezahnmuster, wie aus Abb. 6.9 ersichtlich wird. Das wichtige Konzept des AIMD besteht darin, dass die Quelle bereit ist, ihr Überlastfenster in einer viel schnelleren Rate zu reduzieren, als es zu erhöhen. Dies steht im Gegensatz zu einer anderen Strategie des AIMD bei der man das Fenster um ein Paket erhöhen würde, wenn ein ACK ankommt, und um eines senken würde, wenn ein Timeout stattfindet. Es wurde gezeigt, dass Additive Increase / Multiplicative Decrease eine notwendige Bedingung für einen stabilen Mechanismus für die Überlastkontrolle ist (siehe Literaturhinweise am Ende dieses Kapitels). Ein logischer Grund für die aggressive Senkung und

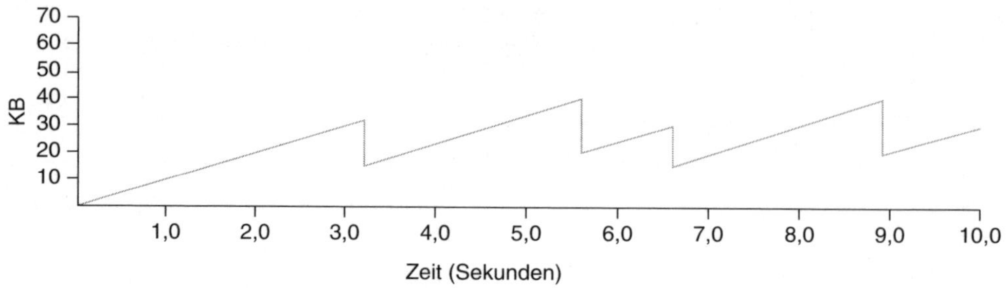

Abb. 6.9: Typisches Sägezahnmuster in TCP

die konservative Erhöhung des Fensters ist, dass die Folgen eines zu großen Fensters viel schlimmer als die eines zu kleinen sind. Ist das Fenster beispielsweise zu groß, werden verworfene Pakete erneut übertragen, sodass sich die Überlast noch vergrößert. Deshalb ist es wichtig, aus diesem Zustand rasch herauszukommen.

Da ein Timeout auf Überlast hinweist, die ein Multiplicative Decrease auslöst, braucht TCP einen möglichst genauen Timeout-Mechanismus. Der Timeout-Mechanismus von TCP wurde bereits in Abschnitt 5.2.6 beschrieben und wird hier nicht mehr wiederholt. Zwei wichtige Dinge gilt es, sich über diesen Mechanismus zu merken: 1. Timeouts werden als Funktion sowohl der durchschnittlichen RTT als auch der Standardabweichung dieses Durchschnitts gesetzt. 2. Aufgrund des Aufwands für die Messung jeder Übertragung mit einer genauen Uhr nimmt TCP nur Stichproben der Roundtrip-Zeit einmal pro RTT (statt einmal pro Paket) mit Hilfe einer grobgranularen Uhr (500 ms).

6.3.2 Slow-Start

Der soeben beschriebene Additive-Increase-Mechanismus ist der richtige Ansatz, wenn die Quelle nahe der verfügbaren Kapazität des Netzwerks arbeitet. Es dauert aber zu lange, bis eine Verbindung voll genutzt werden kann, wenn sie von Null beginnt. TCP bietet deshalb einen zweiten Mechanismus mit der Bezeichnung *Slow-Start*. Er wird benutzt, um das Überlastfenster schnell von einem Kaltstart aus hochzufahren. Slow-Start erhöht das Überlastfenster exponentiell und nicht linear.

Die Quelle beginnt damit, dass sie das Überlastfenster auf ein Paket einstellt. Kommt das ACK für dieses Paket an, addiert TCP den Wert 1 zum Überlastfenster und sendet dann zwei Pakete. Bei Empfang der entsprechenden beiden ACKs inkrementiert TCP das Überlastfenster um 2 – je 1 pro ACK – und sendet als Nächstes vier Pakete. Im Endergebnis hat TCP effektiv die Anzahl der pro RTT übertragenen Pakete verdoppelt. Abb. 6.10 zeigt das Wachstum der Anzahl übertragener Pakete während des Slow-Start. Vergleichen Sie das mit dem linearen Wachstum des Additive Increase in Abb. 6.8.

Warum man einen exponentiellen Mechanismus »langsam« (slow) nennt, ist zunächst verwirrend, lässt sich aber erklären, wenn man es im richtigen historischen Zusammenhang betrachtet. Wir müssen den Slow-Start nicht mit dem linearen

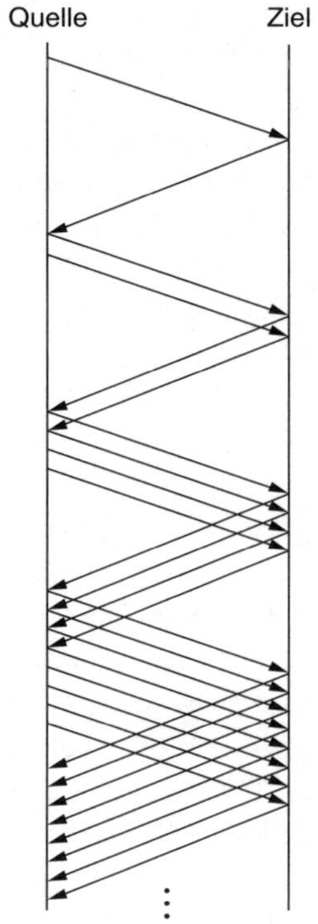

Abb. 6.10:
Übertragung von Paketen während des Slow-Start

Mechanismus des vorherigen Abschnitts vergleichen, sondern mit dem ursprünglichen Verhalten von TCP. Man bedenke, was passiert, wenn eine Verbindung aufgebaut wird und die Quelle mit dem Senden von Paketen beginnt, d.h., wenn sich noch keines ihrer Pakete auf dem Weg befindet. Sendet die Quelle so viele Pakete wie das Advertisement-Fenster zulässt (was TCP tat, bevor Slow-Start eingeführt wurde), sind die Router möglicherweise nicht in der Lage, diesen Paket-Burst aufzunehmen, sogar wenn eine relativ große Bandbreite im Netzwerk verfügbar ist. Alles hängt davon ab, wie viel Pufferplatz in den Routern vorhanden ist. Slow-Start wurde entworfen, um die Übertragung von Paketen zeitlich zu trennen, sodass ein solcher Burst nicht vorkommen kann. Anders ausgedrückt: Der Slow-Start ist viel »langsamer« als die Übertragung der gesamten Datenmenge eines vollen Advertisement-Fensters, obwohl sein exponentielles Wachstum schneller als das lineare ist.

Der Slow-Start wird in zwei verschiedenen Situationen ausgeführt. Die erste ergibt sich ganz am Anfang einer Verbindung. Zu diesem Zeitpunkt hat die Quelle keine Ahnung, wie viele Pakete sie zu einem bestimmten Zeitpunkt übertragen kann. (Man beachte, dass TCP über alles, von 9600-bit/s- bis 2,4-Gbit/s-Leitungen, laufen kann, sodass es für die Quelle keine Möglichkeit gibt, die Kapazität des Netzwerks zu kennen.) In dieser Situation verdoppelt der Slow-Start das Überlastfenster je RTT, bis sich ein Verlust ergibt. An diesem Punkt verursacht ein Timeout, dass Multiplicative Decrease das Überlastfenster durch 2 dividiert.

Die zweite Situation, in welcher der Slow-Start benutzt wird, ist ein wenig subtiler. Sie tritt ein, wenn die Verbindung abstirbt, während sie auf ein Timeout wartet. Wir erinnern uns, wie der Sliding-Window-Algorithmus von TCP funktioniert: Geht ein Paket verloren, gelangt die Quelle letztendlich an einen Punkt, an dem sie so viele Daten gesendet hat, wie das Advertisement-Fenster zulässt, sodass sie blockiert, wenn ein erwartetes ACK nicht ankommt. Schließlich erfolgt ein Timeout; es befinden sich aber keine Pakete mehr auf dem Weg, sodass die Quelle keine ACKs empfängt, um die Übertragung neuer Pakete zu »takten«. Die Quelle erhält vielmehr ein einziges kumulatives ACK, mit dem das gesamte Advertisement-Fenster erneut geöffnet wird. Wie oben erklärt wurde, benutzt die Quelle dann aber den Slow-Start, um den Datenfluss erneut zu starten, statt die Datenmenge eines ganzen Fensters auf einmal in das Netzwerk zu speisen.

Die Quelle benutzt den Slow-Start ein weiteres Mal, verfügt jetzt aber über mehr Informationen als zu Beginn der Verbindung. Insbesondere hat sie einen aktuellen (und nützlichen) Wert für das Überlastfenster. Dies ist der Wert des CongestionWindow, der vor dem letzten Paketverlust galt, dividiert durch 2 auf Grund des Verlustes. Man könnte das den »Sollwert« des Überlastfensters nennen. Der Slow-Start wird benutzt, um die Senderate bis zu diesem Wert schnell zu erhöhen. Über diesen Punkt hinaus wird dann Additive Increase benutzt. Man beachte, dass wir ein kleines Buchhaltungsproblem haben, um das wir uns kümmern müssen: Wir wollen irgendwie festhalten, dass sich das »Soll«-Überlastfenster aus dem Multiplicative Decrease ergibt und das »Ist«-Überlastfenster vom Slow-Start benutzt wird. Als Problemlösung führt TCP eine temporäre Variable ein, um das Sollfenster zu speichern. Das ist der so genannte Überlastgrenzwert (CongestionThreshold), der auf den gleichen Wert wie CongestionWindow gesetzt wird, der sich aus dem Multiplicative Decrease ergibt. Die Variable CongestionWindow wird danach auf ein Paket zurückgesetzt und um ein Paket je empfangenes ACK inkrementiert, bis sie CongestionThreshold erreicht. Ab diesem Punkt wird sie um ein Paket pro RTT inkrementiert.

Mit anderen Worten: TCP erhöht das Überlastfenster wie im Folgenden Codefragment:

```
{
    u_int    cw = state->CongestionWindow;
    u_int    incr = state->maxseg;

    if (cw > state->CongestionThreshold)
        incr = incr * incr / cw;
    state->CongestionWindow = MIN(cw + incr, TCP_MAXWIN);
}
```

wobei state den Zustand einer bestimmten TCP-Verbindung und TCP_MAXWIN eine obere Grenze für das Wachstum des Überlastfensters definiert.

Abb. 6.11 zeigt, wie sich das TCP-Überlastfenster im Lauf der Zeit erhöht und senkt, und dient als Darstellung des Zusammenspiels zwischen Slow-Start und Additive Increase / Multiplicative Decrease. Diese Zeichnung stammt aus einer tatsäch-

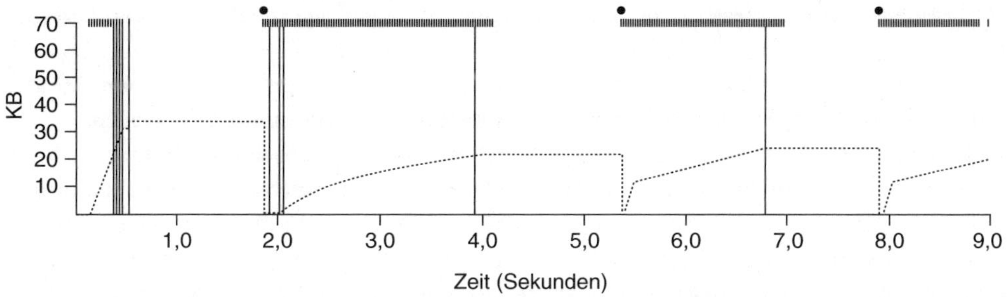

Abb. 6.11: Verhalten der TCP-Überlastkontrolle; gepunktete Linie = Wert von CongestionWindow im Verlauf der Zeit; Bullets = Timeouts; feine Linien oben in der Grafik = Zeit der Paketübertragung; senkrechte Linien = Zeit der erstmaligen Übertragung eines letztlich neu übertragenen Pakets

lichen TCP-Verbindung und zeigt den aktuellen Wert von CongestionWindow – die blauen Striche – im Verlauf der Zeit.

An dieser Zeichnung sind mehrere Punkte zu beachten: Erstens die schnelle Erhöhung des Überlastfensters am Anfang der Verbindung. Dies entspricht der anfänglichen Slow-Start-Phase. Die Slow-Start-Phase setzt sich so lange fort, bis mehrere Pakete nach etwa 0,4 Sekunden der Verbindung verlorengehen. Zu diesem Zeitpunkt flacht das Überlastfenster bei ungefähr 34 KB ab. (Warum während des Slow-Start so viele Pakete verlorengehen, wird unten erklärt.) Warum das Überlastfenster abflacht, liegt daran, dass keine ACKs ankommen, weil mehrere Pakete verlorengegangen sind. Tatsächlich werden während dieser Zeit keine neuen Pakete gesendet (oben im Graphen fehlen die gestrichelten Linien). Ein Timeout erfolgt schließlich bei ungefähr 2 Sekunden. Zu diesem Zeitpunkt wird das Überlastfenster durch 2 dividiert (d.h. von ungefähr 34 KB auf 17 KB verringert), und CongestionThreshold wird auf diesen Wert gesetzt. Durch den Slow-Start wird CongestionWindow auf ein Paket zurückgesetzt und beginnt ab diesem Punkt von vorn.

Die Zeichnung enthält nicht ausreichend Details, um den genauen Ablauf zu erkennen, als einige Pakete kurz nach 2 Sekunden verlorengehen. Deshalb springen wir zur linearen Erhöhung des Überlastfensters, die zwischen 2 und 4 Sekunden stattfindet. Dies entspricht dem Additive Increase. Bei ungefähr 4 Sekunden flacht CongestionWindow wiederum auf Grund eines verlorenen Pakets ab. Nun treten bei etwa 5,5 Sekunden folgende Ereignisse ein:

1. Ein Timeout verursacht die Division des Überlastfensters durch 2, sodass es von ungefähr 22 KB auf 11 KB sinkt; CongestionThreshold wird auf diesen Wert gesetzt.
2. CongestionWindow wird auf ein Paket zurückgesetzt, weil der Sender in den Slow-Start übergeht.
3. Durch den Slow-Start wächst CongestionWindow exponentiell, bis es CongestionThreshold erreicht.
4. CongestionWindow wächst anschließend linear.

Das gleiche Muster wiederholt sich bei etwa 8 Sekunden, wenn ein weiterer Timeout stattfindet.

Wir kehren jetzt zu der Frage zurück, warum so viele Pakete während der anfänglichen Slow-Start-Phase verlorengehen. TCP versucht hier zu erlernen, wie viel Bandbreite im Netz verfügbar ist. Dies ist eine sehr schwierige Aufgabe. Wenn die Quelle in dieser Phase nicht aggressiv ist, beispielsweise, wenn sie das Überlastfenster nur linear erhöht, dauert es lange, bis sie die verfügbare Bandbreite feststellt. Dies kann sich auf den Durchsatz dieser Verbindung gravierend auswirken. Ist die Quelle andererseits in dieser Phase aggressiv, wie TCP während des exponentiellen Wachstums, dann riskiert sie, dass das Netzwerk die Hälfte der Fenstermenge an Paketen verwirft.

Um zu sehen, was während des exponentiellen Wachstums passieren kann, betrachten wir die Situation, in der die Quelle gerade in der Lage war, 16 Pakete erfolgreich durch das Netzwerk zu senden, wodurch sich eine Verdopplung ihres Überlastfensters auf 32 ergibt. Angenommen, das Netzwerk hat zufällig gerade ausreichend Kapazität, um 16 Pakete von dieser Quelle zu unterstützen. Das wahrscheinliche Ergebnis ist, dass 16 der 32 im neuen Überlastfenster gesendeten Pakete vom Netzwerk verworfen werden. Dies ist problematisch, weil einige der Pakete in einigen Routern zwischengespeichert wurden und Ressourcen verbraucht haben. Dieses Problem verstärkt sich mit zunehmender Erhöhung des Verzögerung/Bandbreite-Produkts des Netzwerks. Ein Verzögerung/Bandbreite-Produkt von beispielsweise 500 KB bedeutet, dass bei jeder Verbindung möglicherweise anfangs bis zu 500 KB an Daten verlorengehen. Selbstverständlich basiert das auf der Annahme, dass Quelle und Ziel die Erweiterung für »große Fenster« implementieren.

Einige Netzwerkdesigner haben Alternativen zum Slow-Start vorgeschlagen, bei denen die Quelle versucht, die verfügbare Bandbreite auf cleverere Art zu schätzen, indem Gruppen von Paketen gesendet werden und beobachtet wird, wie viele ihren Weg schaffen. Eine Technik namens *Packet Pair* ist repräsentativ für diese allgemeine Strategie. Einfach ausgedrückt, beruht diese Strategie auf dem Konzept, ein Paketpaar direkt hintereinander zu senden. Die Quelle kann dann messen, wie weit die ACKs dieser beiden Pakete auseinanderliegen. Der Abstand zwischen den ACKs wird als Maß der im Netzwerk vorherrschenden Überlast herangezogen, und dient damit zur Ermittlung, um wie viel das Überlastfenster erhöht werden kann. Die Effektivität solcher Ansätze wird immer noch untersucht, die bisher gewonnenen Ergebnisse sind aber viel versprechend.

6.3.3 Fast-Retransmit und Fast-Recovery

Die bisher beschriebenen Mechanismen sind Teil des ursprünglichen Vorschlags der Erweiterung von TCP um Überlastkontrolle. Es wurde allerdings bald festgestellt, dass die grobkörnige Implementierung von TCP-Timeouts zu langen Perioden führt, in denen die Verbindung ungenutzt ist, während auf den Ablauf eines Timers gewartet wird. Aus diesem Grund wurde TCP um einen neuen Mechanismus erweitert, den man als *Fast-Retransmit* bezeichnet. Fast-Retransmit ist eine Heuristik, die manchmal die Neuübertragung eines verlorenen Pakets schneller als der reguläre Timeout-Mechanismus auslöst. Der Fast-Retransmit-Mechanismus ersetzt keine regulären Timeouts. Er erweitert dieses Merkmal lediglich.

Das Konzept des Fast-Retransmit ist unkompliziert. Jedes Mal, wenn ein Datenpaket an der Empfangsseite ankommt, reagiert der Empfänger mit einer Bestätigung, auch wenn die gleiche Sequenznummer bereits bestätigt wurde. Wenn also ein Paket außer der Reihe ankommt, d.h., wenn TCP die im Paket enthaltenen Daten noch nicht bestätigen kann, weil frühere Daten noch ausstehen, sendet TCP die letzte gesendete Bestätigung noch einmal. Diese zweite Übertragung der gleichen Bestätigung nennt man *Duplikat-ACK*. Sieht die Sendeseite ein Duplikat-ACK, weiß sie, dass die andere Seite ein Paket außer der Reihe erhalten haben muss, was darauf schließen lässt, dass ein früheres Paket verlorengegangen ist. Da es aber auch sein kann, dass ein früheres Paket lediglich verzögert wurde, wartet der Sender, bis er eine Reihe von Duplikat-ACKs erhält. Dann überträgt er das fehlende Paket erneut. In der Praxis wartet TCP, bis es drei Duplikat-ACKs erhalten hat, bevor es ein Paket erneut überträgt.

Abb. 6.12 zeigt, wie Duplikat-ACKs zu einem Fast-Retransmit führen. Bei diesem Beispiel empfängt das Ziel die Pakete 1 und 2, während Paket 3 im Netzwerk verlorengeht. Das Ziel sendet ein Duplikat-ACK für Paket 2, wenn Paket 4 ankommt, und erneut, wenn Paket 5 ankommt, usw. (Um dieses Beispiel zu vereinfachen, arbeiten wir mit Paketen 1, 2, 3 usw., statt uns mit der Sequenznummer für jedes Byte aufzuhalten.) Wenn der Sender das dritte Duplikat-ACK für Paket 2 sieht – dasjenige, das gesendet wurde, weil der Empfänger Paket 6 erhalten hat, überträgt er Paket 3 erneut. Wenn die nochmals übertragene Kopie von Paket 3 am Ziel ankommt, sendet der Empfänger ein kumulatives ACK für alle übertragenen Daten bis einschließlich Paket 6 an die Quelle zurück.

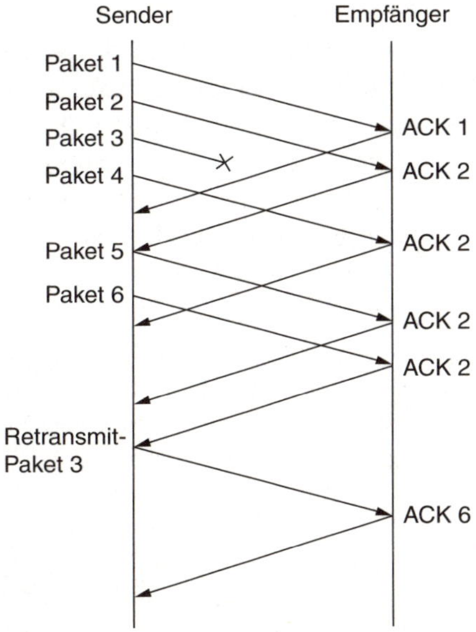

Abb. 6.12:
Fast-Retransmit auf der Grundlage von Duplikat-ACKs

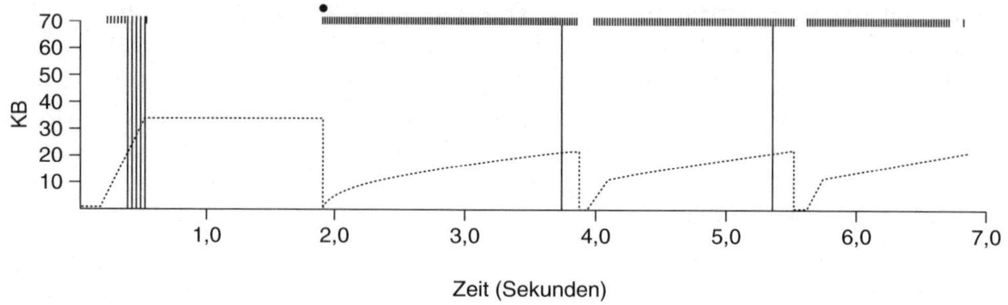

Abb. 6.13: TCP mit Fast-Retransmit; gepunktete Linie = CongestionWindow; Bullet = Timeout; feine Linien oben in der Grafik = Zeit der Paketübertragung; senkrechte Linien = Zeit der erstmaligen Übertragung eines irgendwann neu übertragenen Pakets

Abb. 6.13 zeigt das Verhalten einer TCP-Version mit dem Fast-Retransmit-Mechanismus. Interessant ist ein Vergleich dieser Zeichnung mit der in Abb. 6.11, bei der Fast-Retransmit nicht implementiert wurde. Die langen Perioden, in denen das Überlastfenster flach bleibt und keine Pakete übertragen werden, treten hier nicht auf. Im allgemeinen kann diese Technik etwa die Hälfte der grobgranularen Timeouts einer typischen TCP-Verbindung vermeiden, was zu einer Verbesserung des Durchsatzes von etwa 20% führt. Man beachte aber, dass die Fast-Retransmit-Strategie nicht alle grobgranularen Timeouts vermeidet. Das liegt daran, dass sich bei einer kleinen Fenstergröße nicht genügend Pakete auf dem Weg befinden, um die Übertragung entsprechender Duplikat-ACKs auszulösen. Bei genügend Paketverlusten, wie z.B. während der anfänglichen Slow-Start-Phase, blockiert der Sliding-Window-Algorithmus letztendlich den Sender, bis ein Timeout stattfindet. Mit der maximalen Advertisement-Fenstergröße von derzeit 64 KB kann der Fast-Retransmit-Mechanismus von TCP in der Praxis bis zu drei verlorene Pakete pro Fenster erkennen.

Schließlich können wir eine letzte Verbesserung durchführen. Wenn der Fast-Retransmit-Mechanismus eine Überlast signalisiert, anstatt das Überlastfenster ganz auf ein Paket zurückzusetzen und den Slow-Start auszuführen, dann lassen sich die in der Pipeline befindlichen ACKs benutzen, um die Paketübertragung zu takten. Dieser Mechanismus, der als *Fast-Recovery* bezeichnet wird, beseitigt effektiv die Slow-Start-Phase zwischen der Erkennung eines Paketverlustes durch den Fast-Retransmit und dem Beginn des Additive Increase. Der Fast-Retransmit unterbindet z.B. die Slow-Start-Periode zwischen 3,8 und 4 Sekunden in Abb. 6.13 und halbiert stattdessen einfach das Überlastfenster (von 22 KB auf 11 KB); anschließend wird das Additive Increase wieder aufgenommen. Anders ausgedrückt: Slow-Start wird nur am Anfang einer Verbindung und bei Eintreten eines grobgranularen Timeouts benutzt. Zu allen übrigen Zeiten verläuft das Überlastfenster rein nach dem Muster des Additive Increase / Multiplicative Decrease.

6.4 Mechanismen zur Überlastvermeidung

Es ist wichtig zu verstehen, dass die TCP-Strategie für die Überlastkontrolle sorgt, nachdem eine Überlast eingetreten ist, jedoch nicht versucht, Überlast von vornherein zu vermeiden. Tatsächlich erhöht TCP wiederholt die Last, die es dem Netzwerk auferlegt, um den Punkt zu finden, an dem eine Überlast auftritt, und sich dann wieder von diesem Punkt zurückzieht. Anders ausgedrückt: TCP *muss* Verluste erzeugen, um die für eine Verbindung verfügbare Bandbreite zu finden. Bei einer attraktiven Alternative, die allerdings noch nicht in großem Umfang übernommen wurde, wird eine Überlast vorhergesagt, um die Rate zu reduzieren, bevor damit begonnen wird, Pakete zu verwerfen. Wir nennen eine solche Strategie *Überlastvermeidung* (Congestion Avoidance), im Unterschied zur *Überlastkontrolle* (Congestion Control).

In diesem Abschnitt werden drei verschiedene Mechanismen für die Überlastvermeidung beschrieben. Die ersten beiden beruhen auf einem ähnlichen Ansatz: Sie fordern von den Routern eine geringe zusätzliche Funktionalität, um die Endknoten bei der Vorhersage einer Überlast zu unterstützen. Der dritte Mechanismus unterscheidet sich stark von den ersten beiden: Er versucht, Überlast rein von den Endknoten vermeiden zu lassen.

6.4.1 DECbit

Der erste Mechanismus wurde für die Verwendung in DECs DNA (Digital Network Architecture), einem verbindungslosen Netzwerk mit einem verbindungsorientierten Transportprotokoll, entwickelt. Dieser Mechanismus ließe sich daher auch für TCP und IP verwenden. Wie oben erwähnt, ist das Konzept hier eine ausgewogenere Verteilung der Verantwortung für die Überlastkontrolle zwischen Routern und Endknoten. Jeder Router überwacht die Last und benachrichtigt explizit die Endknoten, wenn eine Überlast kurz bevorsteht. Diese Benachrichtigung wird dadurch realisiert, dass ein binäres Überlastbit in den durch den Router fließenden Paketen gesetzt wird; daher der Name DECbit. Der Ziel-Host kopiert dieses Überlastbit in das ACK, das er an die Quelle zurücksendet. Schließlich berichtigt die Quelle ihre Senderate, um Überlast zu vermeiden. In der folgenden Diskussion wird der Algorithmus ausführlicher beschrieben. Wir beginnen mit dem Ablauf beim Router.

In den Paket-Header wird ein einzelnes Überlastbit eingefügt. Ein Router setzt dieses Bit im Paket, falls seine durchschnittliche Warteschlangenlänge zu dem Zeitpunkt, an dem das Paket ankommt, größer oder gleich 1 ist. Diese durchschnittliche Warteschlangenlänge wird über ein Zeitintervall gemessen, das sich über den letzten besetzten + ungenutzten Zyklus erstreckt, zuzüglich des aktuellen besetzten Zyklus. (Der Router ist *besetzt*, wenn er überträgt, und *ungenutzt*, wenn er nicht überträgt.) Abb. 6.14 zeigt die Warteschlangenlänge in einem Router als eine Funktion der Zeit. Im wesentlichen berechnet der Router den Bereich unter der Kurve und dividiert diesen Wert durch das Zeitintervall, um die durchschnittliche Warteschlangenlänge zu

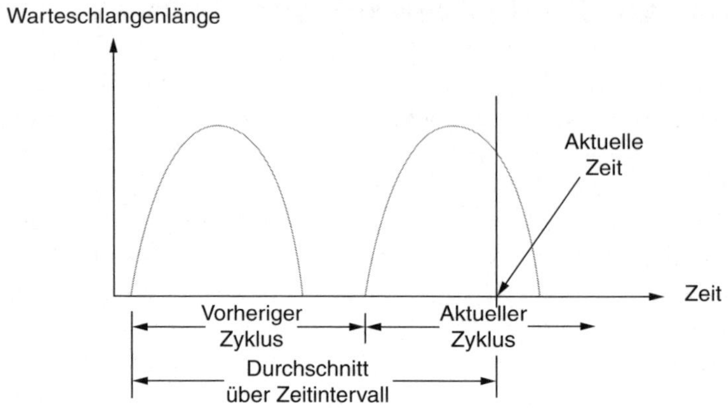

Abb. 6.14: Berechnung der durchschnittlichen Warteschlangenlänge am Router

berechnen. Die Verwendung einer Warteschlangenlänge von 1 als Auslöser für das Setzen des Überlastbits entspricht einem Kompromiss zwischen erheblichem Queuing (und damit höherem Durchsatz) und erhöhter ungenutzter Zeit (und damit niedrigerer Verzögerung). Mit anderen Worten: eine Warteschlangenlänge von 1 scheint die Leistungsfunktion zu optimieren.

Wir wenden nun unsere Aufmerksamkeit der Host-Hälfte des Mechanismus zu. Die Quelle zeichnet auf, wie viele ihrer Pakete in einem Router dazu geführt haben, dass das Überlastbit gesetzt wurde. Die Quelle verwaltet genau wie in TCP ein Überlastfenster und beobachtet, welcher Bruchteil der Paketmenge des letzten Fensters dazu geführt hat, dass das Bit gesetzt wurde. Falls es durch weniger als 50% der Pakete gesetzt wurde, erhöht die Quelle ihr Überlastfenster um ein Paket. Wurde das Überlastbit durch 50% oder mehr der Paketmenge des letzten Fensters gesetzt, senkt die Quelle ihr Überlastfenster auf das 0,875-fache des vorherigen Werts. Der Grenzwert von 50% wurde auf der Grundlage einer Analyse gewählt, die gezeigt hat, dass dies der Spitze der Leistungskurve entspricht. Die Regel »erhöhe um 1, senke um 0,875« wurde definiert, weil der Mechanismus durch Additive Increase / Multiplicative Decrease stabiler wird.

6.4.2 Random Early Detection (RED)

Ein zweiter Mechanismus mit der Bezeichnung *Random Early Detection* (RED) ähnelt dem DECbit-Schema insofern, als jeder Router für die Überwachung seiner eigenen Warteschlangenlänge programmiert wird und bei Erkennen einer bevorstehenden Überlast die Quelle anweist, ihr Überlastfenster zu berichtigen. Das von Sally Floyd und Van Jacobson Anfang der neunziger Jahre entwickelte RED unterscheidet sich aber vom DECbit-Schema in zwei wesentlichen Punkten.

Erstens wird nicht explizit eine Überlastbenachrichtigung an die Quelle gesendet. RED wird vielmehr häufig so implementiert, dass es die Überlastquelle *implizit* benachrichtigt, indem eines ihrer Pakete verworfen wird. Die Quelle wird folglich durch den nächsten Timeout oder ein Duplikat-ACK benachrichtigt. Falls Sie es noch nicht erraten haben: RED wurde für die Benutzung in Verbindung mit TCP entwickelt, das derzeit Überlast mittels Timeouts (oder einer anderen Art der Erkennung von Paketverlusten, z.B. Duplikat-ACKs) erkennt. Bei RED verwirft das Gateway das Paket früher als unbedingt nötig, um die Quelle zu benachrichtigen, dass sie ihr Überlastfenster früher als normalerweise nötig senken sollte. Mit anderen Worten: Der Router verwirft ein paar Pakete, bevor sich sein Pufferplatz vollständig erschöpft, um die Quelle zu veranlassen, langsamer zu senden, in der Hoffnung, dass später keine Pakete verworfen werden müssen. Man beachte, dass RED leicht für den Einsatz mit einem expliziten Feedback-Schema angepasst werden kann, indem man einfach ein Paket *kennzeichnet* (Marking), statt es *zu verwerfen* (siehe Kasten).

Explicit Congestion Notification (ECN)

Während die derzeitigen RED-Installationen fast immer erst durch verworfene Pakete auf Überlastung hinweisen, wird seit einiger Zeit viel darüber diskutiert, ob explizite Meldung (Notification) eine bessere Strategie wäre oder nicht. Das hat zur Standardisierung von ECN für das Internet geführt.

Das grundlegende Argument ist, dass das Verwerfen eines Pakets zwar zweifellos auf Überlastung hinweist und für langlebige Massentransfers das richtige Vorgehen ist, andererseits dadurch jedoch Anwendungen gestört werden, die auf Verzögerung oder Verlust eines oder mehrerer Pakete empfindlich reagieren. Das beste Beispiel ist interaktiver Datenverkehr, z. B. Telnet und Websurfen. Für solche Anwendungen wäre es besser, wenn sie durch explizite Meldung von der Überlastung erführen.

Technisch gesehen, erfordert ECN zwei Bit; der vorgeschlagene Standard benutzt Bit 6 und 7 im IP-Feld TOS. Eines dieser Bits wird von der Quelle gesetzt, um anzuzeigen, dass ECN aktiv ist, d. h. auf eine Überlastmeldung reagieren kann. Das andere Bit wird von Routern auf dem Ende-zu-Ende-Pfad dort gesetzt, wo die Überlastung vorkommt. Dieses Bit wird außerdem vom Zielhost zur Quelle zurückgemeldet. Das in der Quelle laufende TCP reagiert auf das gesetzte ECN-Bit in genau der gleichen Weise, wie es auf ein verworfenes Paket reagiert.

Wie jede gute Idee hat auch diese neuere Konzentration auf ECN so manchen zum Nachdenken darüber bewegt, ob es andere Möglichkeiten gibt, in denen Netzwerke aus dem Informationsaustausch im ECN-Stil – Huckepack auf Datenpaketen – zwischen Hosts an der Netzwerkkante und Routern in der Netzwerkmitte einen Nutzen ziehen können. Die allgemeine Strategie wird manchmal als Active Queue Management bezeichnet, und neuere Forschungsarbeiten scheinen darauf hinzuweisen, dass sie für TCP-Flüsse mit einem großen Verzögerung/Bandbreite-Produkt besonders wertvoll ist. Der interessierte Leser findet weitere Informationen über die relevanten Quellenverweise am Ende dieses Kapitels.

Der zweite Unterschied zwischen RED und DECbit liegt in der Art, wie RED im Einzelnen entscheidet, wann ein Paket zu verwerfen ist und um welches es sich dabei handelt. Um das Grundkonzept zu verstehen, betrachte man eine einfache FIFO-Warteschlange. Statt zu warten, bis die Warteschlange komplett voll ist und dann jedes ankommende Paket notgedrungen zu verwerfen (wie bei der Tail-Drop-Regel in Abschnitt 6.2.1), könnten wir uns entscheiden, jedes ankommende Paket mit einer gewissen *Drop-Wahrscheinlichkeit* zu verwerfen, wenn die Warteschlangenlänge über einen bestimmten *Drop-Grenzwert* steigt. Dieses Konzept nennt man *Early Random Drop*. Der RED-Algorithmus definiert die Einzelheiten, wie die Warteschlangenlänge überwacht und wann ein Paket verworfen wird.

In den folgenden Abschnitten beschreiben wir den RED-Algorithmus, wie er ursprünglich von Floyd und Jacobson entwickelt wurde. Seitdem wurden zahlreiche Veränderungen durch andere Forscher vorgeschlagen. Auf einige von ihnen kommen wir im Abschnitt über weiterführende Literatur zurück. An die wesentlichen Ideen, wie sie im Folgenden vorgestellt werden, halten sich aber auch die meisten aktuellen Implementierungen.

Zuerst berechnet RED eine durchschnittliche Warteschlangenlänge mit Hilfe eines laufenden gewichteten Durchschnitts, vergleichbar mit demjenigen, der in der ursprünglichen Berechnung des TCP-Timeouts benutzt wird. Das heißt, AvgLen (die durchschnittliche Warteschlangenlänge) wird wie folgt berechnet:

$$\text{AvgLen} = (1 - \text{Weight}) \times \text{AvgLen} + \text{Weight} \times \text{SampleLen}$$

wobei $0 < \text{Weight} < 1$ und SampleLen die Länge der Warteschlange zum Zeitpunkt der Stichprobenmessung ist. Bei den meisten Softwareimplementierungen wird die Warteschlangenlänge jedes Mal gemessen, wenn ein neues Paket am Gateway ankommt. In Hardware kann sie in einem festen Abtastintervall berechnet werden.

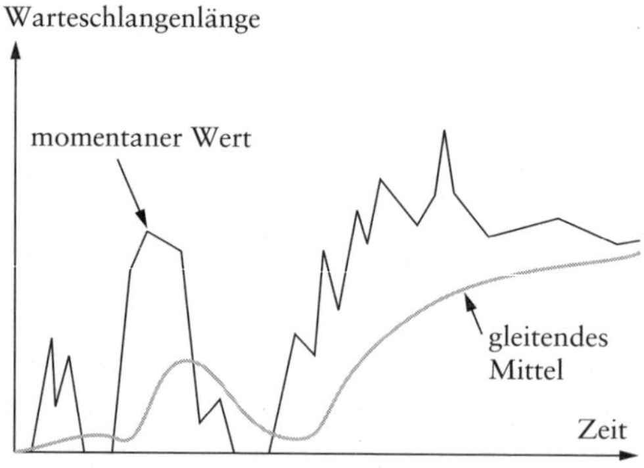

Abb. 6.15: Gewichtetes, gleitendes Mittel der Warteschlangenlänge

Warum eine durchschnittliche statt der momentanen Warteschlangenlänge verwendet wird, ist darauf zurückzuführen, dass sie das Wesen der Überlast genauer erfasst. Aufgrund der hochgradig burst-artigen Charakteristik des Internet-Verkehrs können sich Warteschlangen sehr schnell füllen und wieder leeren. Ist eine Warteschlange die meiste Zeit leer, dann ist der Router höchstwahrscheinlich nicht überlastet und braucht die Hosts nicht zur Verlangsamung anzuweisen. Durch Berechnung des gleitenden gewichteten Durchschnitts wird daher versucht, langlebige Überlast zu erkennen, wie aus dem rechten Teil von Abb. 6.15 ersichtlich wird. Dies wird durch Herausfiltern kurzzeitiger Änderungen der Warteschlangenlänge erreicht. Man kann sich den gleitenden Durchschnitt als Tiefpassfilter vorstellen, wobei Weight (Gewichtung) die Zeitkonstante des Filters darstellt. Die Frage, wie wir diese Zeitkonstante aussuchen, wird unten diskutiert.

Zweitens hat RED zwei Grenzwerte für die Warteschlangenlänge, die eine bestimmte Aktivität auslösen: MinThreshold und MaxThreshold. Wenn ein Paket am Gateway ankommt, vergleicht RED die aktuelle AvgLen mit diesen beiden Grenzwerten auf der Grundlage der folgenden Regeln:

```
wenn AvgLen ≤ MinThreshold
→ stelle Paket in die Warteschlange

wenn MinThreshold < AvgLen < MaxThreshold
→ berechne Wahrscheinlichkeit P

→ verwerfe das ankommende Paket mit Wahrscheinlichkeit P

wenn MaxThreshold ≤ AvgLen
→ verwerfe das ankommende Paket
```

Wenn also die durchschnittliche Warteschlangenlänge kleiner als der untere Grenzwert ist, wird nichts unternommen. Ist die durchschnittliche Warteschlangenlänge größer als der obere Grenzwert, wird das Paket immer verworfen. Liegt die durchschnittliche Warteschlangenlänge zwischen den beiden Grenzwerten, wird ein neu ankommendes Paket mit Wahrscheinlichkeit P verworfen. Diese Situation ist in Abb. 6.16 dargestellt. Die ungefähre Beziehung zwischen P und AvgLen zeigt Abb. 6.17. Man beachte, dass die Wahrscheinlichkeit verworfener Pakete langsam ansteigt, wenn AvgLen zwischen den beiden Grenzwerten liegt und MaxP den oberen Grenzwert darstellt, bevor die Verwerfungswahrscheinlichkeit auf 1 springt. Wenn AvgLen also den oberen Grenzwert erreicht und der sanfte Ansatz (ein paar Pakete verwerfen) nicht funktioniert, sind drastischere Maßnahmen nötig, d.h., alle ankommenden Pakete werden verworfen. Einige Forschungsarbeiten lassen darauf schließen, dass ein kontinuierlicher Übergang vom zufallsgesteuerten zum vollständigen Verwerfen besser geeignet sein kann als der hier dargestellte diskontinuierliche Ansatz.

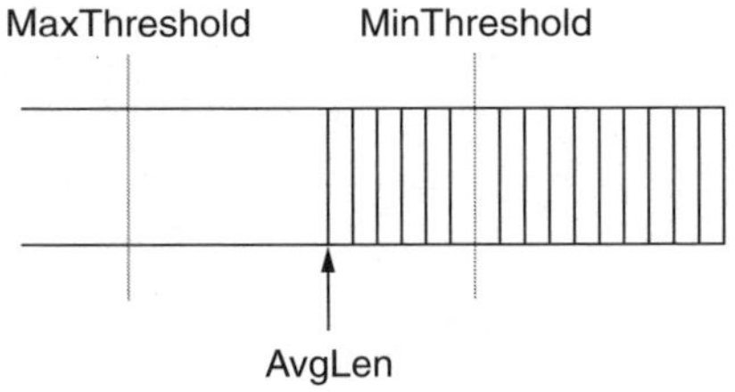

Abb. 6.16:
RED-Grenzwerte bei einer FIFO-Warteschlange

Obwohl Abb. 6.17 die Wahrscheinlichkeit des Verwerfens nur als Funktion von AvgLen darstellt, ist die Situation etwas komplizierter. Tatsächlich ist P eine Funktion von AvgLen und der Zeit, die seit dem zuletzt verworfenen Paket verstrichen ist. Dies wird wie folgt berechnet:

$$\text{TempP} = \text{MaxP} \times (\text{AvgLen} - \text{MinThreshold})/(\text{maxThreshold} - \text{MinThreshold})$$

$$\text{P} = \text{TempP}/(1 - \text{count} \times \text{TempP})$$

TempP ist die Variable, die auf der *y*-Achse in Abb. 6.17 gezeichnet wird. Die Variable count verfolgt, wie viele neu ankommende Pakete in die Warteschlange eingereiht (und nicht verworfen) wurden, während AvgLen zwischen den beiden Grenzwerten liegt. P erhöht sich langsam, wenn sich count erhöht, wodurch ein Verwerfen eher wahrscheinlich wird, wenn sich die Zeit seit dem letzten Verwerfen erhöht. Dadurch verringert sich die Wahrscheinlichkeit verworfener Pakete in engem Abstand, während die Wahrscheinlichkeit, dass Pakete mit großem Abstand verworfen werden, eher zunimmt. Dieser zusätzliche Schritt in der Berechnung von P wurde von den RED-Entwicklern eingeführt, nachdem sie beobachtet hatten, dass das Verwerfen von Paketen zeitlich nicht gut verteilt war, sondern vielmehr in Bündeln auftrat. Da Pakete auf einer bestimmten Verbindung wahrscheinlich in Bursts ankommen, führt dieses gebündelte Verwerfen dazu, dass viele Pakete einer einzigen Verbindung verworfen werden. Dies ist nicht wünschenswert, weil nur eine Verwerfaktion pro Roundtrip-Zeit nötig ist, um eine Verbindung zu veranlassen, ihre Fenstergröße zu reduzieren, während mehrere verworfene Pakete sie in den Slow-Start zurückschicken könnten.

Als Beispiel nehmen wir an, dass MaxP auf 0,02 gesetzt und count auf Null initialisiert wird. Wenn die durchschnittliche Warteschlangenlänge etwa auf halber Strecke zwischen den beiden Grenzwerten liegt, ergeben TempP und der Anfangswert von P die Hälfte von MaxP bzw. 0,01. Ein ankommendes Paket hat demnach eine Chance von 99 aus 100, an diesem Punkt in die Warteschlange zu gelangen. Mit jedem nachfolgenden Paket, das nicht verworfen wird, erhöht sich P langsam, und wenn 50 Pakete ohne Verlust angekommen sind, hätte sich P auf 0,02 verdoppelt. In

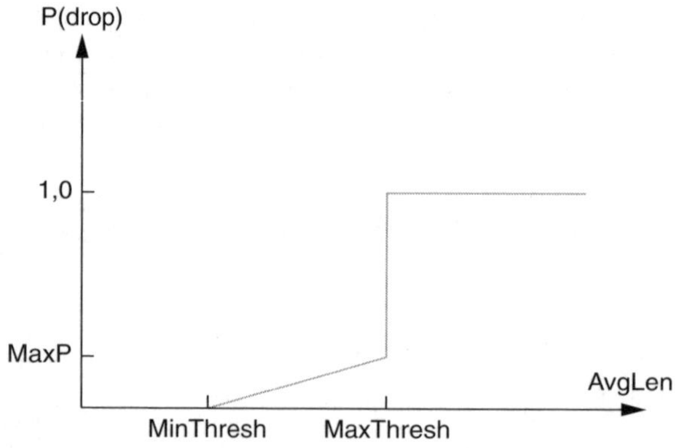

Abb. 6.17:
Drop-Wahrscheinlichkeitsfunktion für RED

dem unwahrscheinlichen Fall, dass 99 Pakete ohne Verlust angekommen sind, erreicht P 1, wodurch das nächste Paket mit Sicherheit verworfen wird. Wichtig an diesem Teil des Algorithmus ist, dass er eine gleichmäßigere zeitliche Verteilung von Paketverlusten sicherstellt.

Da RED einen kleinen Prozentsatz von Paketen verwirft, wenn AvgLen den Wert von MinThreshold überschreitet, werden hoffentlich ein paar TCP-Verbindungen dazu veranlasst, ihre Fenstergrößen zu reduzieren, was wiederum zu einer Reduzierung der Rate führt, in der Pakete beim Router ankommen. Falls alles gut geht, wird AvgLen gesenkt und Überlast vermieden. Die Warteschlangenlänge kann kurz gehalten werden, während der Durchsatz hoch bleibt, weil nur ein paar Pakete verworfen werden.

Da RED mit einer zeitlich durchschnittlichen Warteschlangenlänge arbeitet, kann die unmittelbare Warteschlangenlänge viel länger als AvgLen sein. Wenn in diesem Fall ein Paket ankommt und kein Platz dafür vorhanden ist, muss es verworfen werden. Wenn dies passiert, arbeitet RED im Tail-Drop-Modus. Eines der Ziele von RED ist, Tail-Drop-Verhalten möglichst zu vermeiden.

Der Zufallscharakter von RED verleiht dem Algorithmus ein interessantes Merkmal. Da RED Pakete zufällig verwirft, ist die Wahrscheinlichkeit, dass RED entscheidet, eines oder mehrere Pakete eines bestimmten Datenflusses zu verwerfen, in etwa proportional zu dem Bandbreitenanteil, den dieser Datenfluss momentan an diesem Router erhält. Der Grund liegt darin, dass ein Datenfluss, der eine relativ große Anzahl von Paketen sendet, mehr Kandidaten für zufälliges Verwerfen bereitstellt. Folglich ist eine faire Ressourcenzuteilung in RED ansatzweise eingebaut, obwohl sie keinesfalls präzise ist.

▶ Für die Einstellung der verschiedenen RED-Parameter, z.B. **MaxThreshold**, **MinThreshold**, **MaxP** und **Weight**, wurden viele Analysen durchgeführt, um die Leistungsfunktion (Durchsatz/Verzögerung-Verhältnis zu optimieren. Die Leistung dieser Parameter wurde ebenfalls durch Simulation bestätigt, und der Algorithmus hat sich als nicht übermäßig empfindlich auf Parameteränderungen erwiesen. Wichtig ist die Tatsache, dass alle diese Analysen und Simulationen von einer bestimmten Charakterisierung der Netzwerklast abhängen. Der wirkliche Beitrag von RED ist ein Mechanismus, durch den die Router ihre Warteschlangenlänge genauer verwalten können. Die Definition dessen, was genau eine optimale Warteschlangenlänge ist, hängt vom Verkehrsmix ab und ist immer noch Thema von Forschungsarbeiten, wobei inzwischen Informationen aus realen RED-Installationen im Internet gesammelt werden.

Man beachte die Einstellung der beiden Grenzwerte MinThreshold und MaxThreshold. Ist der Verkehr relativ bursty, sollte MinThreshold ausreichend groß sein, um die Leitungsauslastung auf einem akzeptabel hohen Maß zu halten. Außerdem sollte die Differenz zwischen den beiden Grenzwerten größer als die typische Erhöhung der berechneten durchschnittlichen Warteschlangenlänge innerhalb einer RTT sein. Die Einstellung von MaxThreshold auf das Doppelte von MinThreshold scheint angesichts des Verkehrsmix im heutigen Internet eine gültige Faustregel zu sein. Außerdem dürfte die durchschnittliche Warteschlangenlänge in Phasen hoher Last zwischen den beiden Grenzwerten schwanken. Deshalb sollte ausreichend freier Pufferplatz *oberhalb* von MaxThreshold vorhanden sein, um die Bursts aufzunehmen, die im Internet-Verkehr üblicherweise stattfinden, ohne den Router in den Tail-Drop-Modus zu zwingen.

Wir haben oben festgestellt, dass Weight (Gewichtung) die Zeitkonstante für den gleitenden durchschnittlichen Tiefpassfilter darstellt. Dies liefert einen Hinweis darauf, wie wir einen geeigneten Wert dafür auswählen können. Wie wir wissen, versucht RED, Signale an TCP-Flüsse dadurch zu senden, dass Pakete in Zeiten der drohenden Überlast verworfen werden. Nehmen wir an, dass ein Router ein Paket einer TCP-Verbindung verwirft und dann sofort einige weitere Pakete der gleichen Verbindung weiterleitet. Kommen diese Pakete beim Empfänger an, beginnt er mit dem Senden von Duplikat-ACKs an den Sender. Wenn der Sender ausreichend Duplikat-ACKs erhalten hat, reduziert er seine Fenstergröße. Ab dem Zeitpunkt, an dem der Router ein Paket verwirft, bis zu dem Zeitpunkt, an dem der gleiche Router eine Erleichterung von der betroffenen Verbindung hinsichtlich einer reduzierten Fenstergröße erkennt, muss mindestens eine Roundtrip-Zeit für diese Verbindung vergehen. Es ist wahrscheinlich nicht sinnvoll, den Router in Zeiträumen auf Überlast reagieren zu lassen, die viel kürzer als die Roundtrip-Zeit der durchlaufenden Verbindungen sind. Wie zuvor erwähnt, ist 100 ms keine schlechte Schätzung der durchschnittlichen Roundtrip-Zeiten im Internet. Folglich sollte Weight so gewählt werden, dass zeitliche Änderungen der Warteschlangenlänge innerhalb von Perioden von weniger als 100 ms ausgefiltert werden.

Da RED funktioniert, indem es Signale an TCP-Flüsse schickt, um diese zu verlangsamen, könnte man sich fragen, was geschieht, wenn solche Signale ignoriert werden. Man bezeichnet dies auch als „nicht-antwortender-Fluss-Problem“, mit dem sich die Forschung mehrere Jahre beschäftigt hat. Nicht-antwortende-Flüsse beanspruchen mehr als ihren „fairen“ Anteil an Netzwerkressourcen und sie können zu einer völligen Netzverstopfung führen, falls sie häufig genug auftreten, wie in Zeiten vor einer TCP-Flusskontrolle. Einige der Techniken, die in Abschnitt 6.5 beschrieben werden, können bei der Bewältigung dieses Problems helfen, indem bestimmte Arten von Datenverkehr von anderen isoliert werden.

Wir schließen unsere Beschreibung von RED mit Überlegungen zu der allgemeineren Frage, wann es empfehlenswert ist, Pakete zu verwerfen, bevor man durch eine volle Pufferwarteschlange ohnehin dazu gezwungen wird. Betrachten wir z.B. ein ATM-Netzwerk. Sendet man AAL5-Pakete durch einen überlasteten ATM-Switch und ist der Switch gezwungen, eine der Zellen dieses Pakets zu verwerfen, sind die übrigen Zellen für den End-Host nutzlos. Er muss die Neuübertragung des gesamten AAL5-Pakets anfordern. Das Verwerfen dieser anderen Zellen ist also sehr sinnvoll, auch wenn der Switch ausreichend Pufferplatz dafür hat. Diese Technik wurde unter der Bezeichnung *Partial Packet Discard* (PPD) tatsächlich vorgeschlagen. Ein Switch kann noch aggressiver ausgelegt werden, wenn man das RED- mit dem PPD-Konzept kombiniert. Das heißt, wenn sich ein ATM-Switch einer Überlast nähert und die erste Zelle eines neuen AAL5-Pakets ankommt, verwirft der Switch diese und alle übrigen Zellen, die zu diesem AAL5-Paket gehören. Dadurch kann das gesamte

Paket und nicht nur der letzte Teil davon verworfen werden. Dies wird als *Early Packet Discard* (EPD) bezeichnet. EPD wird oft mit RED verwechselt, ist aber ATM-spezifisch. Außerdem trifft EPD die Entscheidung, ob Pakete verworfen werden, normalerweise mit Hilfe eines weniger ausgefeilten Algorithmus als RED, der auf momentane Pufferbelegung und nicht auf langlebige Überlast reagiert.

Tahoo, Reno und Vegas

Die Bezeichnung »TCP Vegas« wurde aus früheren TCP-Implementierungen entlehnt, die in Releases von 4.3 BSD-Unix verteilt wurden. Diese Releases wurden als »Tahoe« und »Reno« (wie Las Vegas ebenfalls Orte im US-Bundesstaat Nevada) bezeichnet, und die TCP-Version nannte man nach dem BSD-Release. TCP Tahoe ist auch unter dem Namen BSD Network Release 1.0 (BNR1) bekannt und entspricht der ursprünglichen Implementierung von Jacobsons Überlastkontrollmechanismus; es beinhaltet alle in Abschnitt 6.3 beschriebenen Mechanismen, außer Fast-Recovery. TCP Reno wird auch BSD Network Release 2.0 (BNR2) genannt und umfasst zusätzlich Fast-Recovery sowie eine Optimierung, die man als *Header-Prediction* (Optimierung für den üblichen Fall, dass Segmente reihenfolgengerecht ankommen) bezeichnet. TCP Reno unterstützt auch verzögerte ACKs (solche, die jedes zweite und nicht jedes Segment bestätigen). Dies ist allerdings eine Option, die manchmal ausgeschaltet wird. Eine neuere, in 4.4 BSD-Unix verteilte TCP-Version bietet zusätzlich die in Abschnitt 5.2 beschriebenen Erweiterungen für »große Fenster«.

TCP erwies sich in den letzten Jahren als eher »schwammiges« Protokoll, insbesondere in Bezug auf seinen Überlastkontrollmechanismus. Aufgrund der Verfügbarkeit von Zwischenversionen des Codes und verschiedener Patches gibt es keine generelle Übereinkunft darüber, welche Technik eigentlich mit welchem Release eingeführt wurde.

Mit Gewißheit lässt sich nur sagen, dass zwei beliebige TCP-Implementierungen gemäß der Originalspezifikation zwar interoperieren sollten, aber nicht unbedingt eine gute Leistung aufweisen. Die Feststellung, ob sich bei der Interoperation von TCP Tahoe und TCP Reno Auswirkungen auf die Leistung ergeben, ist eine heikle Angelegenheit. Man könnte also damit argumentieren, dass TCP nicht mehr durch eine Spezifikation, sondern vielmehr durch eine Implementierung definiert ist. Die Frage lautet dann natürlich: welche Implementierung?

6.4.3 Quellenbasierte Überlastvermeidung

Im Gegensatz zu den beiden vorherigen Methoden zur Überlastvermeidung, die von neuen Mechanismen in den Routern abhängen, beschreiben wir jetzt eine Host-Strategie für die Erkennung der anfänglichen Überlastphasen – bevor Verluste eintreten. Wir geben zuerst eine kurze Übersicht über eine Sammlung verwandter Mechanismen, die jeweils verschiedene Informationen benutzen, um die frühen Phasen der

Überlast zu erkennen, und beschreiben dann einen spezifischen Mechanismus ausführlicher.

Diese Techniken gründen auf dem allgemeinen Konzept, auf bestimmte Anzeichen vom Netzwerk Ausschau zu halten, dass sich die Warteschlange eines Routers füllt und eine Überlast droht, falls nichts dagegen unternommen wird. Die Quelle könnte z.B. feststellen, dass sich mit zunehmendem Einreihen von Paketen in die Warteschlangen der Router eine messbare Erhöhung der RTT für ein nachfolgendes von ihr gesendetes Paket ergibt. Ein bestimmter Algorithmus nutzt diese Beobachtung wie folgt: Das Überlastfenster erhöht sich normalerweise wie in TCP, jedoch prüft der Algorithmus alle zwei Roundtrip-Verzögerungen, ob die aktuelle RTT größer als der bisher beobachtete Durchschnitt der minimalen und maximalen RTT ist. Trifft dies zu, senkt der Algorithmus das Überlastfenster um ein Achtel.

Ein zweiter Algorithmus funktioniert ähnlich. Die Entscheidung, ob die aktuelle Fenstergröße geändert werden soll, basiert auf der Änderung von RTT und Fenstergröße. Das Fenster wird jedes Mal nach zwei Roundtrip-Verzögerungen auf der Grundlage des Produkts

(CurrentWindow – OldWindow)
× (CurrentRTT – OldRTT)

berichtigt. Ist das Ergebnis positiv, senkt die Quelle die Fenstergröße um ein Achtel. Ist es negativ oder 0, erhöht die Quelle das Fenster um eine maximale Paketgröße. Man beachte, dass sich das Fenster bei jeder Berichtigung ändert, d.h., es schwingt um seinen optimalen Punkt.

Eine weitere Auffälligkeit ist zu beobachten, wenn sich das Netzwerk einer Überlast nähert: Die Senderate flacht ab. Ein drittes Schema nutzt diese Tatsache. Bei jeder RTT erhöht es die Fenstergröße um ein Paket und vergleicht den erreichten Durchsatz mit dem, der vorherrschte, als das Fenster um ein Paket kleiner war. Ist die Differenz geringer als die Hälfte des Durchsatzes, der erreicht wurde, als nur ein Paket übertragen wurde – was bei Beginn der Verbindung der Fall ist –, verkleinert der Algorithmus das Fenster um ein Paket. Dieses Schema berechnet den Durchsatz durch Dividieren der Anzahl von Byte, die im Netzwerk ausstehen, durch die RTT.

Ein vierter Mechanismus, den wir ausführlicher beschreiben, ähnelt dem letzten insofern, als er Änderungen in der Durchsatzrate oder – genauer gesagt – in der Senderate betrachtet. Er unterscheidet sich aber vom dritten Algorithmus in der Art, wie er die Durchsätze berechnet. Statt nach einer Änderung in der Steigung der Durchsatzkurve zu suchen, vergleicht er die gemessene mit einer erwarteten Durchsatzrate. Dieser als *TCP Vegas* bezeichnete Algorithmus ist nicht sehr verbreitet im Internet, aber die dabei verwendete Strategie ist gegenwärtig Gegenstand von Forschungen (siehe dazu auch im Abschnitt über weiterführende Literatur).

Das Prinzip des Vegas-Algorithmus wird aus der Zeichnung des Standard-TCP in Abb. 6.18 deutlich. (Siehe nebenstehenden Kasten für eine Erklärung des Namens »TCP Vegas«.) Der obere Graph in Abb. 6.18 zeigt das Überlastfenster der Verbindung bzw. die gleichen Informationen, die früher in diesem Abschnitt dargestellt

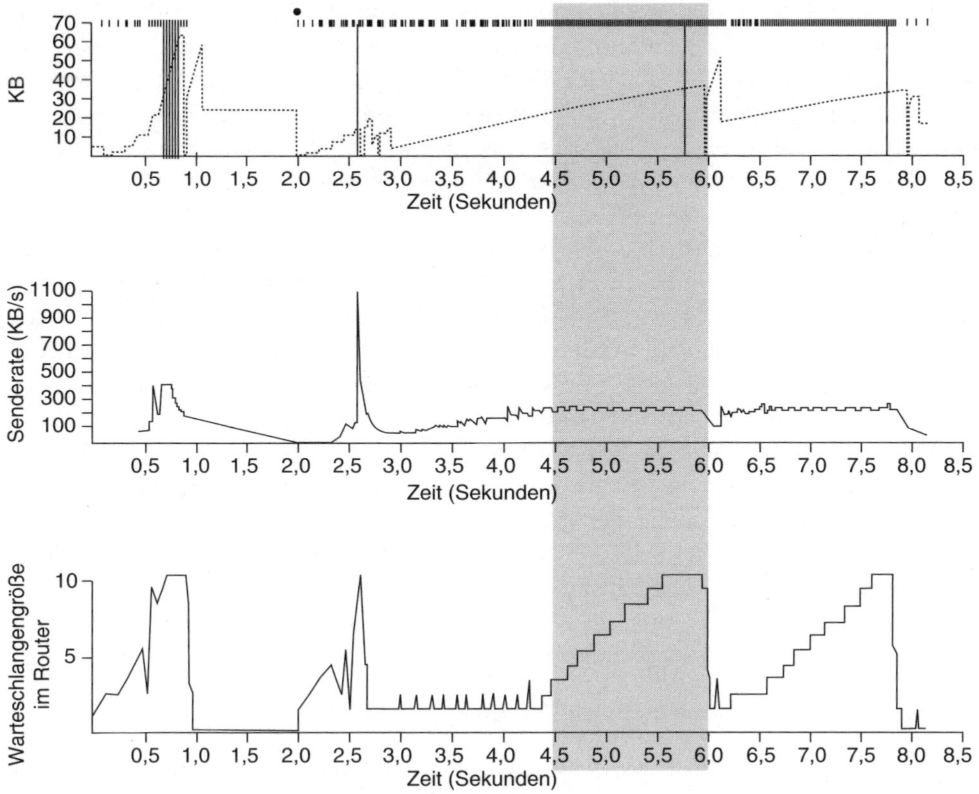

Abb. 6.18: Überlastfenster gegen beobachtete Durchsatzrate (die drei Graphen sind zeitlich synchron). Oben = Überlastfenster; Mitte = beobachteter Durchsatz; unten = im Router belegter Pufferplatz; gepunktete Linie = Wert von CongestionWindow; Bullet = Timeout; feine Linien oben in der Grafik = Zeit der Paketübertragung; senkrechte Linien = Zeit der erstmaligen Übertragung eines irgendwann neu übertragenen Pakets

wurden. Der mittlere und untere Graph enthalten neue Informationen: Der mittlere Graph zeigt die durchschnittliche, an der Quelle gemessene Senderate, und der untere die durchschnittliche, am Bottleneck-Router gemessene Warteschlangenlänge. Alle drei Graphen sind zeitlich synchron. In der Periode zwischen 4,5 und 6,0 Sekunden (schattierter Bereich) erhöht sich das Überlastfenster (oberer Graph). Eigentlich erwarten wir auch eine Erhöhung des beobachteten Durchsatzes, stattdessen bleibt er aber flach (mittlerer Graph). Das ist deshalb so, weil der Durchsatz sich nicht über die verfügbare Bandbreite hinaus erhöhen kann. Über diesen Punkt hinaus führt jede Erhöhung der Fenstergröße nur dazu, dass Pakete Pufferplatz im Bottleneck-Router belegen (unterer Graph).

Eine nützliche Metapher für das in Abb. 6.18 dargestellte Phänomen ist eine Autofahrt auf Eis. Der Tacho (Überlastfenster) zeigt vielleicht 50 km/h an, während ein Blick aus dem Autofenster zeigt, dass Leute zu Fuß (gemessene Senderate) vorbeigehen, was bedeutet, dass man höchstens 8 km/h fährt. Die zusätzliche Energie wird durch die Reifen des Autos (Puffer des Routers) absorbiert.

TCP Vegas benutzt dieses Konzept zum Messen und Steuern der Menge an zusätzlichen Daten, die gerade in einer Verbindung übertragen werden, wobei wir mit »zusätzlichen Daten« die Daten meinen, die die Quelle nicht übertragen müsste, wenn sie versucht hätte, sich exakt an die verfügbare Bandbreite des Netzwerks anzupassen. TCP Vegas verfolgt das Ziel, die »richtige« Menge an zusätzlichen Daten im Netzwerk zu wahren. Falls eine Quelle zu viele zusätzliche Daten sendet, verursacht sie natürlich lange Verzögerungen und möglicherweise Überlast. Weniger selbstverständlich ist, dass eine Verbindung nicht schnell genug auf vorübergehende Erhöhungen in der verfügbaren Netzbandbreite reagieren kann, wenn sie zu wenig zusätzliche Daten sendet. Die Aktionen von TCP Vegas bezüglich Überlastvermeidung basieren auf Änderungen der geschätzten Menge an zusätzlichen Daten im Netzwerk und nicht nur auf verworfenen Paketen. Wir beschreiben im Folgenden den Algorithmus im Detail.

Erstens definieren wir die BaseRTT eines bestimmten Flusses als die RTT eines Pakets, wenn der Datenfluss nicht überlastet ist. In der Praxis setzt TCP Vegas die BaseRTT auf das Minimum aller gemessenen Roundtrip-Zeiten. Das ist üblicherweise die RTT des ersten in der Verbindung gesendeten Pakets, bevor sich die Warteschlangen des Routers auf Grund des von diesem Datenfluss erzeugten Verkehrs erhöhen. Wenn wir davon ausgehen, dass keine Überlast in der Verbindung entsteht, wird der erwartete Durchsatz durch

$$\text{ExpectedRate} = \text{CongestionWindow}/\text{BaseRTT}$$

angegeben, wobei CongestionWindow das TCP-Überlastfenster ist, von dem wir (zum Zweck dieser Diskussion) annehmen, dass es gleich der Anzahl der momentan übertragenen Bytes ist.

Zweitens berechnet TCP Vegas die aktuelle Senderate ActualRate. Dies wird durch Aufzeichnung der Sendezeit für ein bestimmtes Paket bewerkstelligt. Es wird aufgezeichnet, wie viele Bytes zwischen der Zeit, in der das Paket gesendet wird, und der Zeit, wenn seine Bestätigung empfangen wird, übertragen werden. Dabei wird die Sample-RTT für das betreffende Paket bei Ankunft seiner Bestätigung berechnet und die Anzahl der innerhalb der Sample-RTT übertragenen Bytes durch diese dividiert. Diese Berechnung erfolgt einmal pro Roundtrip-Zeit.

Drittens vergleicht TCP Vegas die tatsächliche (ActualRate) mit der erwarteten (ExpectedRate) Rate und berichtigt das Fenster entsprechend. Sei Diff = ExpectedRate – ActualRate. Man beachte, dass Diff per Definition positiv oder 0 ist, da ActualRate > ExpectedRate, sodass wir BaseRTT auf die zuletzt entnommene Sample-RTT abändern müssen. Wir definieren außerdem zwei Grenzwerte, $\alpha < \beta$, die ganz allgemein einer zu geringen Menge bzw. zu großen Menge an zusätzlichen Daten im Netzwerk entsprechen. Wenn Diff < α erhöht TCP Vegas das Überlastfenster linear in der nächsten RTT, und wenn Diff > β, senkt TCP Vegas das Überlastfenster linear in der nächsten RTT. TCP Vegas lässt das Überlastfenster unverändert, wenn α < Diff < β.

Daraus lässt sich intuitiv erkennen, dass um so mehr Überlast im Netzwerk besteht, je weiter sich der tatsächliche vom erwarteten Durchsatz entfernt, was bedeutet, dass die Senderate reduziert werden sollte. Der β-Grenzwert löst diese Senkung aus. Liegt die tatsächliche Durchsatzrate andererseits zu nahe am erwarteten Durchsatz, besteht Gefahr, dass die Verbindung nicht die verfügbare Bandbreite ausnutzt. Der α-Grenzwert löst dann eine Erhöhung aus. Insgesamt wird damit bezweckt, dass sich ständig zwischen α und β zusätzliche Bytes im Netzwerk befinden.

Abb. 6.19 zeigt den in TCP Vegas benutzten Algorithmus zur Überlastvermeidung. Der obere Graph stellt das Überlastfenster mit den gleichen Informationen dar wie bei den übrigen Zeichnungen in diesem Kapitel. Der untere Graph zeigt die erwartete und tatsächliche Durchsatzrate, die beide bestimmen, wie das Überlastfenster gesetzt wird. Am unteren Graph lässt sich am besten erkennen, wie der Algorithmus funktioniert. Die blaue Linie stellt die ExpectedRate dar, während die schwarze Linie die ActualRate angibt. Der blau schattierte Streifen stellt den Bereich zwischen α- und β-Grenzwert dar. Die Oberseite des schattierten Streifens ist α KB/s und die Unterseite β KB/s von der erwarteten Rate (ExpectedRate) entfernt. Das Ziel ist hier, die tatsächliche Rate (ActualRate) zwischen diesen beiden Grenzwerten, d.h. innerhalb des schattierten Bereichs, zu halten. Wenn die tatsächliche Rate unter den schattierten Bereich fällt (d.h. sich zu weit von der erwarteten Rate entfernt), senkt TCP Vegas das Überlastfenster aus Furcht, dass zu viele Pakete im Netzwerk zwischengespeichert werden. Steigt die tatsächliche Rate andererseits über den schattierten Bereich an (tendiert also zu nahe an die erwartete Rate), erhöht TCP Vegas das Überlastfenster, weil es eine zu geringe Auslastung des Netzwerks vermutet.

Da der Algorithmus, wie soeben dargestellt, den Unterschied zwischen der tatsächlichen und erwarteten Durchsatzrate mit den α- und β-Grenzwerten ver-

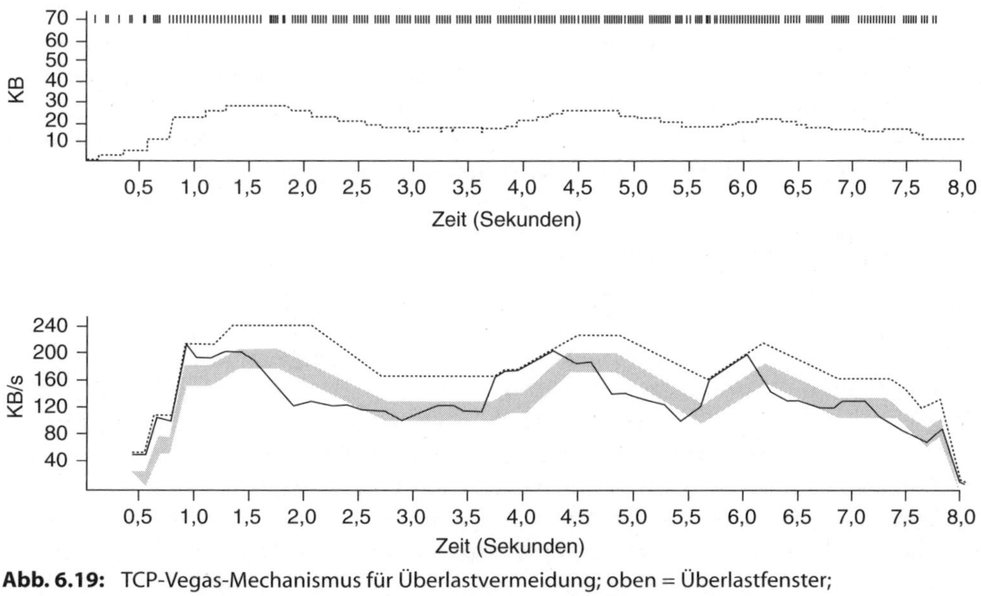

Abb. 6.19: TCP-Vegas-Mechanismus für Überlastvermeidung; oben = Überlastfenster; unten = erwarteter (gepunktete Linie) und tatsächlicher (schwarze Linie) Durchsatz; die Schattierung kennzeichnet den Bereich zwischen α- und β-Grenzwert

gleicht, werden diese beiden Grenzwerte in KB/s definiert. Genauer wäre es allerdings, sich dies als Anzahl der zusätzlichen *Puffer* vorzustellen, die von der Verbindung im Netzwerk belegt werden. Man denke z.B. an eine Verbindung mit einer BaseRTT von 100 ms und einer Paketgröße von 1 KB mit α = 30 KB/s und β = 60 KB/s. Hier würde α spezifizieren, dass die Verbindung mindestens 3 zusätzliche Puffer im Netzwerk belegen muss, und β würde bedeuten, dass die Verbindung nicht mehr als 6 zusätzliche Puffer im Netzwerk belegen sollte. In der Praxis eignet sich eine Einstellung von α auf einen und β auf drei Puffer recht gut.

Schließlich bleibt festzustellen, dass TCP Vegas das Überlastfenster linear senkt, was scheinbar einen Konflikt mit der Regel darstellt, dass Multiplicative Decrease nötig ist, um Stabilität sicherzustellen. Das lässt sich dadurch erklären, dass TCP Vegas Multiplicative Decrease benutzt, wenn ein Timeout erfolgt. Die soeben beschriebene lineare Senkung ist eine *frühe* Senkung des Überlastfensters, die hoffentlich erfolgt, bevor Überlast entsteht und Pakete verworfen werden.

Bewertung eines neuen Überlastkontrollmechanismus

Nehmen wir als Beispiel an, Sie entwickeln einen neuen Überlastkontrollmechanismus und möchten seine Leistung bewerten. Möglicherweise möchten Sie ihn mit dem derzeit im Internet laufenden Mechanismus vergleichen. Wie messen und bewerten Sie Ihren Mechanismus? Obwohl einer der vorrangigen Existenzgründe des Internet früher einmal die Unterstützung von Netzwerkforschungen war, ist es heute ein riesiges Produktionsnetzwerk und daher für die Durchführung eines kontrollierten Experiments völlig ungeeignet.

Wenn Sie einen Ende-zu-Ende-Ansatz verfolgen, also davon ausgehen, dass sich im Internet nur FIFO-Router befinden, können Sie Ihren Überlastkontrollmechanismus mit einer kleinen Anzahl von Hosts durchführen und den Durchsatz Ihrer Verbindungen messen. Hier ist allerdings Vorsicht geboten. Es ist überraschend einfach, einen Überlastkontrollmechanismus zu erfinden, der das Fünffache des Durchsatzes von TCP über das Internet erreicht. Man speist einfach Pakete in einer hohen Rate in das Internet ein und verursacht dadurch Überlast. Alle übrigen Hosts, auf denen TCP läuft, erkennen diese Überlast und reduzieren die Rate, in der sie Pakete senden. Ihr Mechanismus verbraucht dann fröhlich die gesamte Bandbreite. Diese Strategie ist schnell, aber gewiß nicht fair.

Auch bei sorgfältigem Experiment im Internet werden keine realistischen Ergebnisse erzielt, wenn der Überlastkontrollmechanismus Änderungen in den Routern voraussetzt. Es ist praktisch einfach nicht machbar, die auf Tausenden von Routern laufende Software zu ändern, nur um einen neuen Überlastkontrollalgorithmus auszuprobieren. In diesem Fall sind Netzwerkentwickler gezwungen, ihre Systeme auf simulierten Netzwerken oder privaten Versuchsnetzwerken zu testen. Die in diesem Kapitel enthaltenen TCP-Zeichnungen wurden beispielsweise mit einer TCP-Implementierung erzeugt, die auf einem auf einem Netzsimulator lief. Die Herausforderung bei einer Simulation oder Versuchsanlage liegt darin, eine dem echten Internet möglichst nahekommende Topologie und Verkehrslast zu bilden.

6.5 Dienstgüte (QoS)

Seit vielen Jahren versprechen paketvermittelte Netzwerke die Unterstützung von Multimedia-Anwendungen, d.h. solche, die Audio, Video und Daten kombinieren. Schließlich wird aus Audio- und Videoinformationen nach der Digitalisierung wie bei jeder anderen Datenform ein zu übertragender Bitstrom. Die Erfüllung dieses Versprechens wurde durch die Notwendigkeit von Leitungen mit höherer Bandbreite verhindert. Kürzlich haben Kodierungsverbesserungen aber den Bandbreitenbedarf von Audio- und Videoanwendungen reduziert, bei gleichzeitiger Erhöhung der Leitungsgeschwindigkeiten.

Die Übertragung von Audio und Video über ein Netzwerk bedeutet allerdings mehr als die Bereitstellung ausreichender Bandbreite. Die Teilnehmer eines Telefongesprächs z.B. möchten so sprechen können, dass eine Person auf das antworten kann, was die andere gesagt hat, und möglichst auch sofort gehört werden kann. Die zeitgerechte Übertragung ist also sehr wichtig. Anwendungen, die empfindlich auf die zeitgerechte Datenübertragung reagieren, nennt man *Echtzeitanwendungen*. Sprach- und Videoanwendungen sind Paradebeispiele, es gibt aber weitere, z.B. im Bereich der industriellen Steuerung. Befehle an einen Roboterarm sollen diesen erreichen, bevor er etwas zerbricht. Sogar Dateitransfer-Anwendungen können zeitliche Einschränkungen haben, z.B. die Anforderung, dass eine Datenbankaktualisierung abgeschlossen sein muss, bevor das Geschäft am nächsten Morgen öffnet.

Echtzeitanwendungen unterscheiden sich vor allem dadurch, dass sie eine Zusicherung *vom Netzwerk* fordern, dass die Daten höchstwahrscheinlich rechtzeitig ankommen. Während andere Anwendungen mit einer Strategie der Ende-zu-Ende-Neuübertragung sicherstellen können, dass Daten *korrekt* ankommen, kann eine solche Strategie keine Rechtzeitigkeit bieten: Die Neuübertragung erhöht nur die Gesamtverzögerung, sodass Daten zu spät ihr Ziel erreichen. Für zeitgerechte Ankunft muss vom Netzwerk (den Routern) und nicht nur von den Netzwerkrändern (den Hosts) gesorgt werden. Wir schließen daraus, dass das Best-Effort-Modell, bei dem das Netzwerk versucht, Daten auszuliefern, jedoch nichts verspricht und die Bereinigung von Problemen dem Rand des Netzwerks überlässt, für Echtzeitanwendungen nicht ausreicht. Wir brauchen also ein neues Dienstmodell, bei dem Anwendungen, die höhere Zusicherung benötigen, diese vom Netzwerk anfordern können. Das Netzwerk kann dann dadurch reagieren, dass es einen besseren Dienst zusichert oder zumindest sagt, es kann momentan nichts versprechen. Ein solches Dienstmodell ist eine Obermenge des aktuellen Modells: Anwendungen, die mit dem Best-Effort-Dienst zufrieden sind, sollten in der Lage sein, das neue Dienstmodell zu nutzen. Ihre Anforderungen sind lediglich weniger strikt. Dies impliziert, dass das Netzwerk einige Pakete anders behandelt als andere, was beim Best-Effort-Modell nicht zutrifft. Ein Netzwerk, das diese unterschiedlichen Dienstebenen bereitstellen kann, unterstützt *Dienstgüte* (QoS).

6.5.1 Anforderungen von Anwendungen

Bevor wir die verschiedenen Protokolle und Mechanismen betrachten, die benutzt werden können, um Anwendungen Dienstgüte bieten zu können, sollten wir die Anforderungen dieser Anwendungen kennen. Als erstes können wir Anwendungen in zwei Arten unterteilen: Echtzeit- und nicht Echtzeitanwendungen. Letztere nennt man auch »traditionelle Datenanwendungen«, da sie traditionell den Großteil der Anwendungen in Datennetzwerken ausmachen. Zu ihnen zählen bekannte Anwendungen wie Telnet, FTP, E-Mail, Web-Browsing usw. Diese Anwendungen können ohne Zusicherung der zeitgerechten Übertragung von Daten arbeiten. Ein anderer Begriff für diese Anwendungsklasse ist *elastisch*, weil sie in der Lage sind, auch angesichts erhöhter Verzögerungen noch sinnvoll zu funktionieren. Man beachte, dass diese Anwendungen aus kürzeren Verzögerungen einen Vorteil ziehen können, dass sie aber bei höheren Verzögerungen nicht unbrauchbar werden. Außerdem schwanken ihre Anforderungen hinsichtlich Verzögerung stark, angefangen von interaktiven Anwendungen wie Telnet bis zum asynchronen Ende der Skala, wie z.B. E-Mail, wobei FTP etwa in der Mitte liegt.

Beispiel Echtzeitaudio

Als konkretes Beispiel einer Echtzeitanwendung betrachte man eine Audioanwendung, die derjenigen in Abb. 6.20 ähnelt. Daten werden durch Abtasten des Signals durch das Mikrophon und Digitalisieren mit Hilfe eines A/D-Wandlers (A $\rightarrow$ D) erfasst. Die digitalen Abtastwerte werden in Pakete verpackt, die über das Netzwerk übertragen und am anderen Ende empfangen werden. Am empfangenden Host müssen die Daten in einer angemessenen Rate *wiedergegeben* werden. Wurden die Sprachmuster beispielsweise in einer Rate von einem pro 125 µs abgetastet, sollten sie in der gleichen Rate wiedergegeben werden. Wir können uns also vorstellen, dass jeder Abtastwert eine bestimmte *Wiedergabezeit* hat: der Zeitpunkt, an dem er im empfangenden Host benötigt wird. Beim Sprachbeispiel hat jeder Abtastwert eine Wiedergabezeit, die 125 µs nach dem vorhergehenden Abtastwert liegt. Wenn Daten nach ihrer Wiedergabezeit ankommen, weil sie im Netzwerk verzögert oder verworfen und anschließend erneut übertragen wurden, sind sie im Wesentlichen nutzlos. Die vollständige Wertlosigkeit von zu späten Daten charakterisiert Echtzeitanwendungen. Bei elastischen Anwendungen wäre es gut, wenn die Daten rechtzeitig auftauchen, man kann sie aber auch benutzen, wenn dies nicht der Fall ist.

Bei einer Möglichkeit, die sicherstellt, dass unsere Sprachanwendung funktioniert, wird darauf geachtet, dass alle Abtastwerte für die Übertragung im Netzwerk

Abb. 6.20: Beispiel einer Audioanwendung

genau gleich lang brauchen. Da die Abtastwerte dann in einer Rate von einem pro 125 µs eingespeist werden, erscheinen sie beim Empfänger in der gleichen Rate und stehen für die Wiedergabe bereit. Im allgemeinen ist es aber schwierig zu gewährleisten, dass alle Daten in einem paketvermittelten Netzwerk mit der gleichen Verzögerung befördert werden. Pakete stoßen auf Warteschlangen in Switchen oder Routern. Außerdem schwankt die Länge dieser Warteschlangen mit der Zeit, was bedeutet, dass sich im zeitlichen Verlauf unterschiedliche Verzögerungen ergeben. Sie können potenziell sogar bei jedem Paket eines Audiostroms unterschiedlich sein. Dieses Problem wird dadurch gelöst, dass man eine bestimmte Datenmenge als Reserve am empfangenden Ende zwischenspeichert, sodass immer einige Pakete rechtzeitig für die Wiedergabe bereitstehen. Wird ein Paket nur wenig verzögert, wandert es in den Puffer, bis die Wiedergabezeit erreicht ist. Wird es relativ lange verzögert, muss es einfach nicht sehr lange im Puffer des Empfängers bis zur Wiedergabe zwischengespeichert werden. Wir stellen damit also effektiv einen konstanten Offset zur Wiedergabezeit für alle Pakete bereit. Dieser Offset wird mit *Wiedergabepunkt* bezeichnet. Wir stoßen nur dann auf ein Problem, wenn Pakete im Netzwerk derart lange verzögert werden, dass sie nach ihrer Wiedergabezeit ankommen, sodass keine Daten im Wiedergabepuffer stehen.

In Abb. 6.21 ist die Funktionsweise eines Wiedergabepuffers dargestellt. Die linke diagonale Linie zeigt das Erzeugen von Paketen in einer konstanten Rate. Die wellige Linie zeigt, dass die Pakete unterschiedlich lange brauchen, bis sie ankommen, je nachdem, auf was sie im Netzwerk stoßen. Die rechte diagonale Linie gibt die Wiedergabe der Pakete in konstanter Rate an, nachdem sie im Wiedergabepuffer einige Zeit gewartet haben. Solange die Wiedergabelinie zeitlich weit genug rechts liegt, wird die Schwankung in der Netzverzögerung von der Anwendung nicht wahrgenommen. Bewegt sich die Wiedergabelinie aber ein wenig nach links, kommen einige Pakete zu spät an, um noch brauchbar zu sein.

Für unsere Audioanwendung gibt es Grenzen , wie weit wir die Wiedergabe der Daten verzögern können. Es lässt sich kaum ein Gespräch führen, wenn die andere

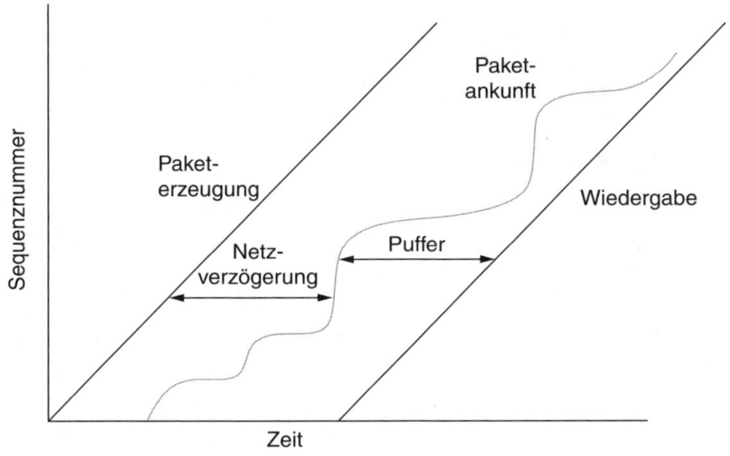

Abb. 6.21: Beispiel eines Wiedergabepuffers

Person erst 300 ms später hört, was man gesagt hat. Wir möchten in diesem Fall also vom Netzwerk eine Garantie, dass alle unsere Daten innerhalb von 300 ms ankommen. Kommen Daten früher an, stellen wir sie bis zur richtigen Wiedergabezeit im Puffer ab. Kommen sie spät an, haben wir keine Verwendung dafür und verwerfen sie.

Um besser einschätzen zu können, wie variabel Netzverzögerungen sein können, betrachte man Abb. 6.22. Sie zeigt die Einwegverzögerung, gemessen über einen bestimmten Pfad durch das Internet im Verlauf eines bestimmten Tags. Während die genauen Zahlen je nach Pfad und Zeitpunkt schwanken können, ist der wichtigste Faktor hier die *Variabilität* der Verzögerung, die übereinstimmend jederzeit auf fast jedem Pfad vorgefunden wird. Wie durch die kumulativen Prozentwerte oben im Graphen angedeutet, hatten 97% der Pakete in diesem Fall eine Latenz von 100 ms oder weniger. Wenn unsere Audioanwendung also einen Wiedergabepunkt bei 100 ms hätte, dann würden im Durchschnitt 3 von 100 Paketen zu spät ankommen und wären damit unbrauchbar. Wichtig ist an diesem Graphen, dass der Schwanz der Kurve – d.h. wie weit sie sich nach rechts erstreckt – sehr lang ist. Wir müssten den Wiedergabepunkt auf über 200 ms setzen, um sicherzustellen, dass alle Pakete rechtzeitig ankommen.

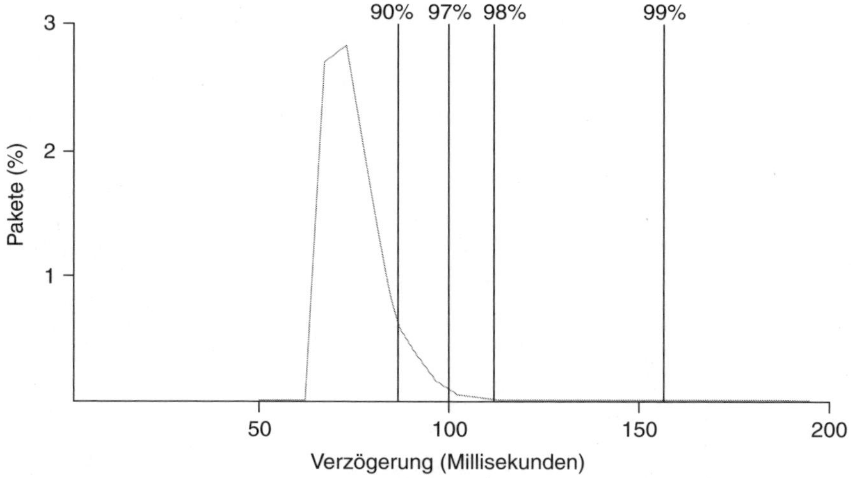

Abb. 6.22: Beispiel der Verteilung von Verzögerungen in einer Internet-Verbindung

Taxonomie von Echtzeitanwendungen

Da wir nun eine konkrete Vorstellung davon haben, wie Echtzeitanwendungen funktionieren, können wir einige verschiedene Anwendungsklassen betrachten, die uns als Motivation für unser Dienstmodell dienen. Die folgende Taxonomie gründet größtenteils auf der Arbeit von Clark, Braden, Shenker und Zhang (siehe Literaturhinweise am Ende dieses Kapitels). Die Taxonomie von Anwendungen ist in Abb. 6.23 zusammengefasst.

Das erste Merkmal, durch das wir Anwendungen kategorisieren können, ist ihre Toleranz gegenüber Datenverlust, wobei »Verlust« entstehen kann, weil ein Paket

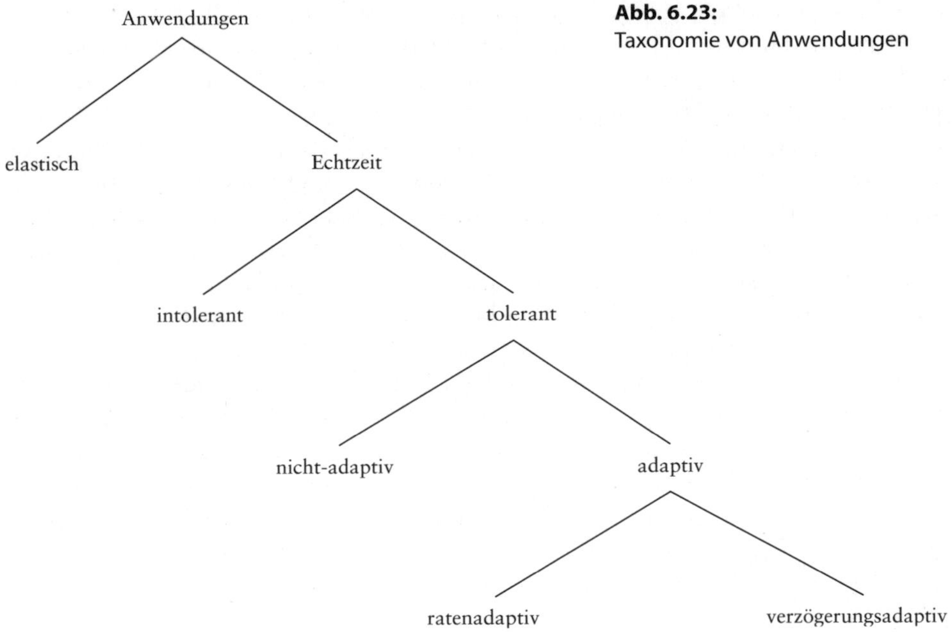

Abb. 6.23:
Taxonomie von Anwendungen

für die Wiedergabe zu spät angekommen ist sowie durch die üblichen Ursachen in einem Netzwerk. Andererseits kann ein verlorenes Audiomuster oft durch die zeitlich benachbarten Muster mit relativ geringer Wirkung auf die wahrgenommene Audioqualität interpoliert werden. Erst wenn mehr und mehr Muster verlorengehen, verschlechtert sich die Qualität bis zu einem Punkt, an dem Sprache unverständlich wird. Andererseits ist ein Programm für die Steuerung eines Roboters ein Beispiel einer Echtzeitanwendung, die keinen Verlust tolerieren kann. Der Verlust des Pakets, das den Befehl zum Stoppen des Roboterarms enthält, ist nicht akzeptabel. Folglich können wir Echtzeitanwendungen als *tolerant* und *intolerant* kategorisieren, je nachdem, ob sie einen gelegentlichen Verlust tolerieren können. (Nebenbei bemerkt, sind viele Echtzeitanwendungen gegenüber einem gelegentlichen Verlust toleranter als nicht Echtzeitanwendungen. Man vergleiche beispielsweise unsere Audioanwendung mit FTP, wo der nicht korrigierte Verlust eines Bits eine Datei völlig unbrauchbar machen kann.)

Das zweite Merkmal, durch das sich Echtzeitanwendungen charakterisieren lassen, ist ihre Anpassungsfähigkeit. Eine Audioanwendung kann sich z.B. an den Umfang der Verzögerung von Paketen auf ihrem Weg durch das Netzwerk anpassen. Wenn wir feststellen, dass Pakete fast immer innerhalb von 300 ms nach ihrem Versenden ankommen, können wir den Wiedergabepunkt entsprechend setzen und schneller ankommende Pakete zwischenspeichern. Sollten wir anschließend beobachten, dass alle Pakete innerhalb von 100 ms nach dem Versenden ankommen, könnten wir den Wiedergabepunkt auf 100 ms verschieben. Die Benutzer der Anwendung würden dadurch höchstwahrscheinlich eine Verbesserung wahrnehmen. Das Verschieben des Wiedergabepunkts würde allerdings voraussetzen, dass wir Abtastwerte über eine gewisse Zeit in einer erhöhten Rate wiedergeben. Bei einer Sprachanwendung kann dies auf eine kaum wahrnehmbare Art erfolgen, indem man einfach nur die Stillephasen zwischen Wörtern kürzt. In diesem Fall ist eine Berichtigung des Wiedergabepunkts recht einfach und wird in mehreren Sprachanwendungen, z.B. in dem Audiotelekonferenz-Programm vat, wirksam realisiert. Man beachte, dass eine Berichtigung des Wiedergabepunkts in beiden Richtungen durchgeführt werden kann, was aber bedeutet, dass das Wiedergabesignal während der Berichtigungsdauer verzerrt wird. Die Wirkungen dieser Verzerrung hängen stark von der Art ab, wie der Endbenutzer die Daten benutzt.

Wenn wir unseren Wiedergabepunkt unter der Annahme setzen, dass alle Pakete innerhalb von 100 ms ankommen, und dann feststellen, dass einige Pakete etwas später ankommen, müssen wir sie verwerfen. Wir müssten sie demgegenüber aber nicht verwerfen, wenn wir den Wiedergabepunkt auf 300 ms belassen hätten. Wir sollten den Wiedergabepunkt also nur vorverlegen, wenn er einen wahrnehmbaren Vorteil bietet und wir einen gewissen Nachweis haben, dass die Anzahl der verspäteten Pakete gering ist, beispielsweise auf Grund der beobachteten jüngeren Historie oder einer gewissen Zusicherung seitens des Netzwerks.

Anwendungen, die ihren Wiedergabepunkt berichtigen können, nennen wir *verzögerungsadaptive* Anwendungen. Eine weitere Klasse adaptiver Anwendungen nennt man *ratenadaptiv*. Viele Videokodierungsalgorithmen treffen beispielsweise einen Kompromiss zwischen Bitrate und Qualität. Stellen wir also fest, dass das Netzwerk eine gewisse Bandbreite unterstützen kann, setzen wir die Kodierparameter entsprechend. Wird später mehr Bandbreite verfügbar, können wir Parameter ändern, um die Qualität zu erhöhen.

Methoden zur Unterstützung von Dienstgüte

Wenn wir diese enorme Breite an Anforderungen von Anwendungen betrachten, so benötigen wir offensichtlich ein umfassenderes Dienstemodell, welches in der Lage ist, ihnen zu entsprechen. Dies führt uns auf ein Dienstemodell, das nicht nur eine Methode zur Verfügung stellt (*best effort*), sondern mehrere Methoden umfasst, die jeweils den Anforderungen einer bestimmten Gruppe von Applikationen entspricht. Wir sind jetzt soweit, uns einige Methoden anzusehen, die entwickelt wurden, um verschiedene Formen von Dienstgüte (QoS) bereitzustellen. Sie lassen sich in zwei grobe Kategorien unterteilen:

- *Feingranulare* Ansätze, die Dienstgüte für einzelne Anwendungen oder Datenflüsse bereitstellen.
- *Grobgranulare* Ansätze, die Dienstgüte für große Verkehrsklassen oder aggregierten Verkehr bereitstellen.

In der ersten Kategorie finden wir die »Integrated-Services« – eine von der IETF entwickelte QoS-Architektur, die oft mit RSVP (Resource Reservation Protocol) in Verbindung gesetzt wird. In der zweiten Kategorie liegen die »Differentiated-Services«, die sich bei Drucklegung im Standardisierungsverfahren durch die IETF befanden. Wir beschreiben beide Kategorien in den nächsten beiden Unterabschnitten.

ATM ist für die Bereitstellung vielfältiger QoS-Fähigkeiten bekannt und wird normalerweise der feingranularen Kategorie zugeschrieben, weil Ressourcen mit einzelnen virtuellen Leitungen in Verbindung gesetzt werden. Eine beliebte Benutzung von ATM ist allerdings der Zusammenschluss von Routern. Router können aggregierten Verkehr nach eigenem Ermessen über einen einzigen VC senden, sodass es auch möglich ist, ATM für grobgranulare Dienstgüte zu benutzen. Wir behandeln die Einzelheiten von ATM-QoS in Abschnitt 6.5.4.

Schließlich reicht die Integration von Dienstgüte ins Netzwerk jedoch nicht immer aus, um Echtzeitanwendungen zu unterstützen. Wir schließen daher unsere Darstellung damit ab, was der Host am Ende verbessern könnte, um Echtzeitdatenströme zu verarbeiten, unabhängig davon wie verbreitet QoS-Mechanismen wie Integrated oder Differentiated Services sein werden.

6.5.2 Integrated-Services (RSVP)

Der Begriff »Integrated-Services« (häufig unter der Kurzbezeichnung *IntServ*) bezieht sich auf die von der IETF in den Jahren 1995 bis 1997 erstellten Arbeiten der gleichnamigen Arbeitsgruppe. Die IntServ-Arbeitsgruppe entwickelte Spezifikationen für eine Reihe von *Dienstklassen* zur Erfüllung von Anforderungen einiger der oben beschriebenen Anwendungsarten. Sie definierte auch, wie RSVP benutzt werden kann, um mit Hilfe dieser Dienstklassen Reservierungen durchzuführen. Die folgenden Absätze liefern einen Überblick über diese Spezifikationen und die Mechanismen, mit denen sie implementiert werden.

Dienstklassen

Eine der Dienstklassen wurde für intolerante Anwendungen ausgelegt. Bei diesen Anwendungen darf ein Paket nie zu spät ankommen. Das Netzwerk muss garantieren, dass die maximale Verzögerung, der ein Paket ausgesetzt ist, einen spezifizierten Wert hat. Die Anwendung kann dann ihren Wiedergabepunkt so setzen, dass kein Paket zu spät ankommt. Wir nehmen an, dass die frühe Ankunft von Paketen immer mittels Zwischenspeicherung gehandhabt werden kann. Diesen Dienst nennt man *Guaranteed-Service*.

Zusätzlich zum Guaranteed-Service zog die IETF mehrere weitere Dienste in Betracht, entschied sich schließlich aber für einen, um die Anforderungen toleranter adaptiver Anwendungen zu erfüllen. Dieser als *Controlled-Load* bezeichnete Dienst wurde durch die Beobachtung angeregt, dass existierende Anwendungen dieser Art recht gut in nur leicht belasteten Netzwerken laufen. Die Audioanwendung vat berichtigt beispielsweise ihren Wiedergabepunkt entsprechend den Schwankungen der Netzverzögerung und produziert eine angemessene Audiogüte, solange die Verlustraten in der Größenordnung von 10% oder darunter liegen.

Controlled-Load hat das Ziel, ein leicht belastetes Netzwerk für jene Anwendungen zu emulieren, die den Dienst anfordern, auch wenn das Netzwerk in Wirklichkeit stark belastet ist. Der Kniff, mit dem dies bewerkstelligt wird, ist die Verwendung eines Queuing-Mechanismus, z.B. WFQ (siehe Abschnitt 6.2), um den Controlled-Load von anderem Verkehr abzugrenzen, und eine Form der Zugangskontrolle, um die Gesamtmenge an Controlled-Load auf einer Leitung zu begrenzen, sodass die Last auf einem entsprechend niedrigen Maß bleibt. Die Zugangskontrolle wird weiter unten ausführlich behandelt.

Selbstverständlich sind diese beiden Dienstklassen lediglich eine Untermenge aller Klassen, die bereitgestellt werden können. Es bleibt im Zuge des praktischen Einsatzes der Integrated-Services abzuwarten, ob sich die Anforderungen aller oben beschriebenen Anwendungsarten mit diesen beiden Dienstklassen erfüllen lassen.

Übersicht der Mechanismen

Da wir nun unser Best-Effort-Dienstmodell um einige neue Dienstklassen erweitert haben, lautet die nächste Frage, wie wir ein Netzwerk implementieren, das Anwendungen diese Dienste bereitstellt. Dieser Abschnitt erläutert grob die wichtigsten Mechanismen. Bei der Lektüre dieses Abschnitts ist zu beachten, dass die beschriebenen Mechanismen laufend von der Internet-Designgemeinde weiterentwickelt werden. Das Wichtigste, was man aus dieser Diskussion gewinnt, ist ein allgemeines Verständnis der Teile, die bei der Unterstützung des oben umrissenen Dienstmodells nötig sind.

Während wir bei einem Best-Effort-Dienst dem Netzwerk lediglich angeben können, wohin unsere Pakete gehen sollen, wird dem Netzwerk bei einem Echtzeitdienst mehr über die erforderliche Dienstart mitgeteilt. Wir können ihm qualitative Informationen übergeben, z.B. »benutze einen Controlled-Load-Service«, oder quantitative Informationen, z.B. »Ich brauche eine maximale Verzögerung von 100 ms«. Zusätzlich zur Beschreibung unserer Wünsche müssen wir dem Netzwerk etwas über den beabsichtigten Verkehr mitteilen, da eine Anwendung mit niedriger Bandbreite weniger Netzressourcen als eine mit hoher Bandbreite erfordert. Die Menge an Informationen, die wir dem Netzwerk bereitstellen, wird als *FlowSpec* (Flussspezifikation) bezeichnet. Dieser Begriff stammt von dem Konzept, dass mehrere Pakete einer einzigen Anwendung mit gleichgearteten Anforderungen einen Datenfluss bilden; er ist konsistent mit unserer Verwendung des Begriffs »Datenfluss« in Abschnitt 6.1.

Wenn wir vom Netzwerk einen bestimmten Dienst anfordern, muss das Netzwerk entscheiden, ob es uns diesen Dienst tatsächlich bereitstellen kann. Fordern beispielsweise 10 Benutzer einen Dienst an, bei dem jeder eine Leitungskapazität von 2 Mbit/s benötigt, und alle die gleiche Leitung mit einer Kapazität von 10 Mbit/s gemeinsam nutzen, muss das Netzwerk einige davon abweisen. Die Entscheidung, wer abgewiesen werden soll, nennt man *Zugangskontrolle.*

Weiterhin benötigen wir einen Mechanismus, mit dem die Benutzer und die Komponenten des Netzwerks selbst Informationen austauschen können, z.B. Dienstanfragen, FlowSpecs und Entscheidungen im Rahmen der Zugangskontrolle. In der ATM-Welt nennt man dies »Signalisierung«. Da dieser Begriff aber mehrere Bedeutungen hat, bezeichnen wir diesen Vorgang als *Ressourcenreservierung*; er wird mit Hilfe eines Ressourcenreservierungsprotokolls umgesetzt.

Wurden Datenflüsse und ihre Anforderungen beschrieben und Zugangskontrollentscheidungen getroffen, müssen die Switche und Router des Netzwerks die Anforderungen der Flüsse erfüllen. Eine wichtige Rolle bei der Erfüllung dieser Anforderungen spielt die Art und Weise, wie Pakete in den Switchen und Routern in Warteschlangen eingereiht und für die Übertragung eingeplant werden. Diesen letzten Mechanismus nennt man *Paket-Scheduling*.

FlowSpec

Die FlowSpec besteht aus zwei separaten Teilen: Ein Teil beschreibt die Verkehrsmerkmale des Datenflusses (*TSpec*) und einer den vom Netzwerk angeforderten Dienst (*RSpec*). RSpec ist sehr dienstspezifisch und relativ leicht zu beschreiben. Bei einem Controlled-Load-Service (CLS) ist die RSpec z.B. trivial: Die Anforderung verlangt lediglich den CLS ohne weitere Parameter. Bei einem Guaranteed-Service (GS) könnte man eine Verzögerungsgrenze spezifizieren. (In der GS-Spezifikation der IETF wird keine Verzögerung, sondern eine andere Größe spezifiziert, aus der die Verzögerung berechnet wird.)

Die TSpec ist etwas komplizierter. Wie unser obiges Beispiel gezeigt hat, müssen wir dem Netzwerk ausreichend Informationen über die vom Datenfluss benutzte Bandbreite bereitstellen, damit intelligente Entscheidungen hinsichtlich der Zugangskontrolle getroffen werden können. Bei den meisten Anwendungen ist die Bandbreite keine einheitliche Zahl, sondern variiert ständig. Eine Videoanwendung erzeugt z.B. im Allgemeinen mehr Bit pro Sekunde, wenn die Szene rasch wechselt, als bei einem Standbild. Die Kenntnis der langfristigen durchschnittlichen Bandbreite reicht nicht aus, wie das folgende Beispiel zeigt. Angenommen, wir haben 10 Flüsse, die bei einem Switch an getrennten Eingangs-Ports ankommen und ihn alle über die gleiche 10-Mbit/s-Leitung verlassen. Über ein angemessen langes Intervall sendet jeder Datenfluss erwartungsgemäß nicht mehr als 1 Mbit/s. Man möchte meinen, dass dies kein Problem darstellt. Handelt es sich aber um Anwendungen mit variabler Bitrate, z.B. komprimiertes Video, senden sie gelegentlich mehr als die jeweilige Durchschnittsrate. Senden entsprechend viele Quellen mit mehr als ihrer Durchschnittsrate, ist die Gesamtrate, in der die Daten beim Switch ankommen, größer als 10 Mbit/s. Diese überschüssigen Daten werden in eine Warteschlange gestellt, bis sie auf der Leitung übertragen werden können. Je länger diese Bedingung vorherrscht, um so länger wird die Warteschlange. Pakete müssen eventuell sogar verworfen werden, aber auch, wenn es nicht dazu kommt, verzögert sich natürlich ihre Ankunft am Ziel mit zunehmendem Aufenthalt der Daten in einer Warteschlange. Bei einer entsprechend langen Verzögerung der Pakete kann der ursprünglich angeforderte Dienst nicht bereitgestellt werden.

Die Einzelheiten, wie wir unsere Warteschlangen verwalten, um die Verzögerung zu kontrollieren, und das Verwerfen von Paketen vermeiden können, wird weiter unten beschrieben. Man beachte hier aber, dass wir etwas über die zeitlichen Schwankungen der Bandbreite unserer Quellen wissen müssen. Eine Methode, die Bandbreitenmerkmale von Quellen zu beschreiben, wird als *Token-Bucket-Filter* bezeichnet. Ein solcher Filter wird durch zwei Parameter beschrieben: eine Token-

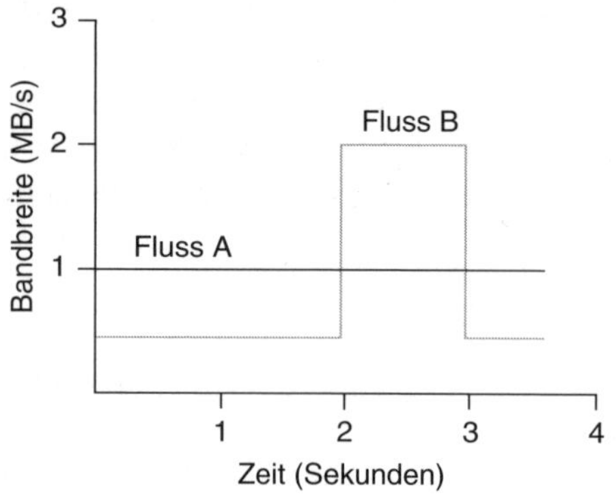

Abb. 6.24:
Zwei Flüsse mit gleichen Durchschnittsraten, aber unterschiedlichen Token-Bucket-Beschreibungen

Rate r und eine Bucket-Tiefe B. Er funktioniert wie folgt: Um ein Byte senden zu können, brauche ich ein Token. Möchte ich ein Paket mit Länge n senden, benötige ich n Token. Ich beginne ohne Token und akkumuliere sie mit einer Rate von r pro Sekunde. Ich kann nicht mehr als B Token akkumulieren. Das bedeutet, dass ich einen Burst von maximal B Byte mit maximaler Geschwindigkeit in das Netzwerk einspeisen kann. Über ein ausreichend langes Intervall kann ich aber nicht mehr als r Byte pro Sekunde senden. Es hat sich gezeigt, dass diese Information sehr hilfreich für den Zugangskontrollalgorithmus ist, wenn er herauszufinden versucht, ob er eine neue Dienstanfrage zulassen kann.

Abb. 6.24 zeigt die Verwendung eines Token-Buckets, um die Bandbreitenanforderungen eines Datenflusses zu charakterisieren. Der Einfachheit halber gehen wir davon aus, dass jeder Datenfluss Daten in einzelnen Bytes statt als Pakete senden kann. Datenfluss A erzeugt Daten mit einer konstanten Rate von 1 MB/s, kann also durch einen Token-Bucket-Filter mit einer Rate $r = 1$ MB/s und einer Bucket-Tiefe von 1 Byte beschrieben werden. Das bedeutet, dass er Token in einer Rate von 1 MB/s empfängt, aber nicht mehr als 1 Token speichern kann; er gibt sie sofort aus. Datenfluss B sendet ebenfalls in einer Rate mit einem langfristigen Durchschnitt von 1 MB/s, jedoch 2 Sekunden lang mit 0,5 MB/s und dann 1 Sekunde lang mit 2 MB/s. Da die Token-Bucket-Rate r in gewissem Sinn eine langfristige Durchschnittsrate ist, lässt sich Datenfluss B durch einen Token-Bucket mit einer Rate von 1 MB/s beschreiben. Im Gegensatz zu Datenfluss A benötigt Datenfluss B aber eine Bucket-Tiefe B von mindestens 1 MB, sodass er Token bevorratet, während er mit weniger als 1 MB/s sendet, und sie dann benutzen kann, wenn er mit 2 MB/s sendet. In den ersten 2 Sekunden dieses Beispiels empfängt er Token in einer Rate von 1 MB/s, gibt sie aber nur in 0,5 MB/s aus, sodass er $2 \times 0{,}5 = 1$ MB Token speichern kann, die er dann in der dritten Sekunde (zusammen mit den neuen Token, die weiterhin in dieser Sekunde auflaufen) verwendet, um Daten in 2 MB/s zu senden. Am Ende der dritten Sekunde, nachdem er die überschüssigen Token ausgegeben hat, beginnt er erneut mit dem Anhäufen von Token, wenn er wieder mit 0,5 MB/s sendet.

Interessant ist hier die Feststellung, dass ein einzelner Datenfluss durch viele verschiedene Token-Buckets beschrieben werden kann. Als triviales Beispiel könnte

Datenfluss A durch den gleichen Token-Bucket wie Datenfluss B beschrieben werden, mit einer Rate von 1 MB/s und einer Bucket-Tiefe von 1 MB. Dadurch, dass er eigentlich nie Token kumulieren muss, wird diese Beschreibung nicht ungenau, bedeutet aber, dass wir versäumt haben, dem Netzwerk einige nützliche Informationen zu übergeben: die Tatsache nämlich, dass Datenfluss A in seinen Bandbreitenanforderungen eigentlich sehr konstant ist. Im allgemeinen sollten die Bandbreitenanforderungen einer Anwendung so genau wie möglich charakterisiert sein, um eine übermäßige Zuteilung von Ressourcen im Netzwerk zu vermeiden.

Zugangskontrolle

Zugangskontrolle basiert auf einem einfachen Konzept: Wenn ein neuer Datenfluss ein bestimmtes Maß an Dienstgüte erhalten möchte, sieht sich die Zugangskontrolle die TSpec und RSpec des Datenflusses an und ermittelt, ob der gewünschte Dienst für den Verkehrsumfang angesichts der momentan verfügbaren Ressourcen bereitgestellt werden kann, ohne die bereits anderen Datenflüssen zugestandenen Dienste zu beeinträchtigen. Kann der Dienst bereitgestellt werden, wird der Datenfluss zugelassen; andernfalls wird er abgewiesen. Schwierig daran ist die Entscheidung, wann man »Ja« und wann man »Nein« sagen soll.

Zugangskontrolle hängt stark von der Art des angeforderten Dienstes und der in den Routern angewandten Warteschlangendisziplin ab. Dieses zweite Thema wird später in diesem Abschnitt behandelt. Für GS braucht man einen guten Algorithmus, um eine definitive Ja/Nein-Entscheidung zu treffen. Die Entscheidung ist recht einfach, wenn in jedem Router WFQ (siehe Abschnitt 6.2) angewandt wird. Bei CLS kann die Entscheidung auf Heuristiken basieren, wie »Letztes Mal habe ich einen Datenfluss mit dieser TSpec in dieser Klasse zugelassen; die Verzögerungen für die Klasse überschritten die akzeptable Grenze, sodass ich besser Nein sage« oder »Meine derzeitigen Verzögerungen liegen so weit innerhalb der Grenzen, dass ich eigentlich ohne Schwierigkeit einen weiteren Datenfluss zulassen kann«.

Zugangskontrolle sollte nicht mit *Policing* verwechselt werden. Bei der Zugangskontrolle wird eine Entscheidung für oder gegen die Zulassung pro Datenfluss getroffen. Das Policing ist eine Funktion, mit der pro Paket sichergestellt wird, dass ein Datenfluss die der Reservierung zu Grunde liegende TSpec erfüllt. Hält ein Datenfluss seine TSpec nicht ein, weil er z.B. doppelt so viele Byte pro Sekunde wie ursprünglich angegeben sendet, beeinträchtigt er höchstwahrscheinlich den für andere Datenflüsse bereitgestellten Dienst, sodass eine korrektive Maßnahme getroffen werden muss. Hierfür gibt es mehrere Optionen, von denen die einfachste das Verwerfen der regelverletzenden Pakete ist. Eine andere Option würde prüfen, ob die Pakete wirklich den Dienst anderer Flüsse beeinträchtigen. Trifft dies nicht zu, könnten die Pakete vor dem Versenden mit einer Markierung versehen werden, die besagt, »Dies ist ein nicht konformes Paket und kann notfalls vor anderen Paketen verworfen werden.«

Zugangskontrolle steht in engem Zusammenhang mit der wichtigen Frage der *Policy-Control* oder kurz »Policy«. Ein Netzadministrator möchte z.B. Reservierungen zulassen, die sein Chef verankert hat, während er Reservierungen bestimmter

Mitarbeiter abweisen möchte. Selbstverständlich kann auch die Reservierungsanfrage des Chefs immer noch fehlschlagen, falls die angeforderten Ressourcen nicht verfügbar sind. Wir sehen also, dass Fragen der Policy und Verfügbarkeit von Ressourcen bei Zugangskontrollentscheidungen integriert werden können. Die Umsetzung von Policy im Netzwerkbereich war bei Drucklegung ein Bereich, dem viel Aufmerksamkeit geschenkt wurde.

Reservierungsprotokoll

Während verbindungsorientierte Netzwerke immer die eine oder andere Art eines Setup-Protokolls benötigen, um den nötigen Zustand virtueller Leitungen in den Switchen aufzubauen, hatten verbindungslose Netzwerke wie das Internet keine solchen Protokolle. Wie aus diesem Abschnitt hervorgeht, müssen wir unserem Netzwerk aber viel mehr Informationen bereitstellen, wenn wir ihm einen Echtzeitdienst abfordern möchten. Es wurden verschiedene Setup-Protokolle für das Internet vorgeschlagen, von denen allerdings derzeit das *Resource Reservation Protocol* (RSVP) vorrangig Beachtung findet. Es ist besonders interessant, weil es sich erheblich von den konventionellen Signalisierungsprotokollen für verbindungsorientierte Netzwerke unterscheidet.

RSVP beruht u.a. auf der wichtigen Annahme, dass es die Robustheit der heutigen verbindungslosen Netzwerke nicht beeinträchtigen sollte. Da verbindungslose Netzwerke von wenig oder gar keinem im Netzwerk selbst gespeicherten Zustand abhängen, können Router abstürzen und neu starten und Leitungen auf- und abgebaut werden, während die Ende-zu-Ende-Konnektivität bestehen bleibt. RSVP versucht, diese Robustheit dadurch zu wahren, dass es das Konzept des *Soft-State* in den Routern benutzt. Im Gegensatz zum Hard-State wie bei verbindungsorientierten Netzwerken muss der Soft-State nicht ausdrücklich gelöscht werden, wenn er nicht mehr benötigt wird. Stattdessen läuft er nach einer relativ kurzen Dauer (z.B. einer Minute) ab, wenn er nicht periodisch aufgefrischt wird. Auf welche Weise dies zur Robustheit beiträgt, wird später beschrieben.

Als weiteres wichtiges Merkmal zielt RSVP auf eine ebenso effektive Unterstützung von Multicast-Datenflüssen wie die von Unicast-Datenflüssen ab. Dies dürfte nicht überraschen, weil die in MBone vorgefundenen Anwendungen, z.B. vic und vat, natürlich frühe Kandidaten für die Nutzung von Echtzeitdiensten sind. Die Entwickler von RSVP erkannten unter anderem, dass die meisten Multicast-Anwendungen viel mehr Empfänger als Sender haben, wie beispielsweise eine große Zuhörerschaft und einen Sprecher bei einer in MBone abgehaltenen Vorlesung. Außerdem können die Empfänger unterschiedliche Anforderungen stellen. Ein Empfänger möchte z.B. Daten von nur einem Sender empfangen, während andere von allen Sendern Daten empfangen möchten. Statt die Sender eine potenziell große Anzahl von Empfängern verwalten zu lassen, ist es sinnvoller, dass sich die Empfänger um ihre eigenen Bedürfnisse kümmern. Aus dieser Erkenntnis heraus entstand der in RSVP umgesetzte *empfängerorientierte* Ansatz. Demgegenüber überlassen verbindungsorientierte Netzwerke normalerweise die Ressourcenreservierung dem Sender, so wie es bei einem Telefongespräch üblich ist, bei dem der wählende Teilnehmer die Zuteilung von Ressourcen im Telefonnetz veranlasst.

Die Soft-State- und empfängerorientierte Natur verleiht RSVP mehrere angenehme Eigenschaften. Beispielsweise ist es sehr einfach, den Umfang der einem Empfänger bereitgestellten Ressourcenzuteilung zu erhöhen oder zu senken. Da jeder Empfänger periodisch Auffrischnachrichten sendet, um den Soft-State aufrechtzuerhalten, ist es einfach, eine neue Reservierung zu senden, mit der ein neues Maß an Ressourcen gefordert wird. Sollte ein Host abstürzen, läuft natürlich der Timer für die diesem Host zugeteilten Ressourcen ab, sodass sie freigegeben werden. Um zu sehen, was beim Ausfall eines Routers oder einer Leitung passiert, müssen wir uns näher mit der Durchführung von Reservierungen beschäftigen.

Wir betrachten zunächst den Fall, bei dem ein Sender und ein Empfänger versuchen, eine Reservierung für ihren Datenverkehr zu erhalten. Zwei Dinge sind erforderlich, bevor der Empfänger die Reservierung durchführen kann. Erstens muss er für die entsprechende Reservierung wissen, welchen Verkehr der Sender überträgt. Das heißt, er muss die TSpec des Senders kennen. Zweitens muss er wissen, welchen Pfad die Pakete vom Sender zum Empfänger einschlagen, sodass er in jedem auf dem Pfad liegenden Router Ressourcen reservieren kann. Beide Anforderungen können dadurch erfüllt werden, dass eine Nachricht mit der TSpec vom Sender zum Empfänger übertragen wird. Offensichtlich erhält der Empfänger dadurch die TSpec. Außerdem sieht sich jeder Router diese so genannte PATH-Nachricht an und ermittelt den *Rückpfad*, der benutzt wird, um Reservierungen vom Empfänger zum Sender zurückzuschicken in dem Bemühen, die Reservierung in den Routern auf dem Pfad zu etablieren. Der vorherige Aufbau des Multicast-Baums erfolgt durch Methoden wie die in Abschnitt 4.4.

Nachdem der Empfänger eine PATH-Nachricht erhalten hat, sendet er eine Reservierung in einer RESV-Nachricht im Multicast-Baum nach »oben«. Diese Nachricht enthält die TSpec des Senders und eine RSpec, in der die Anforderungen des Empfängers beschrieben werden. Jeder Router auf dem Pfad sieht sich die Reservierungsanfrage an und versucht, die erforderlichen Ressourcen zuzuteilen. Kann die Reservierung durchgeführt werden, wird die RESV-Anfrage an den nächsten Router weitergeleitet. Andernfalls wird dem anfragenden Empfänger eine Fehlermeldung zurückgegeben. Geht alles gut, ist die korrekte Reservierung in jedem Router zwischen Sender und Empfänger installiert. Solange der Empfänger die Reservierung aufrechterhalten möchte, sendet er die gleiche RESV-Nachricht etwa alle 30 Sekunden wieder.

Nun betrachten wir, was passiert, wenn ein Router oder eine Leitung ausfällt. Routing-Protokolle passen sich an den Ausfall an und erstellen einen neuen Pfad vom Sender zum Empfänger. PATH-Nachrichten werden auch etwa alle 30 Sekunden gesendet, möglicherweise aber auch eher, falls ein Router eine Änderung in seiner Weiterleitungstabelle erkennt, sodass die erste PATH-Nachricht nach der Stabilisierung der neuen Route den Empfänger über den neuen Pfad erreicht. Die nächste RESV-Nachricht des Empfängers fließt auf dem neuen Pfad und richtet (hoffentlich) eine neue Reservierung auf dem neuen Pfad ein. Inzwischen erhalten die Router, die nicht mehr auf dem Pfad liegen, keine weiteren RESV-Nachrichten; diese Reservierungen laufen ab und werden freigegeben. RSVP bewerkstelligt Topologieänderungen also recht gut, solange sich Routen nicht zu häufig ändern.

Als Nächstes müssen wir überlegen, wie wir Multicast handhaben, wenn es mehrere Sender in einer Gruppe und mehrere Empfänger geben kann. Diese Situation ist in Abb. 6.25 dargestellt. Zuerst befassen wir uns mit mehreren Empfängern und einem einzigen Sender. Während eine RESV-Nachricht durch den Multicast-Baum nach oben fließt, trifft sie wahrscheinlich auf eine Stelle im Baum, an der sich bereits eine Reservierung eines anderen Empfängers befindet. Möglicherweise sind die von diesem Punkt aufwärts reservierten Ressourcen für beide Empfänger geeignet. Wenn Empfänger A z.B. bereits über eine Reservierung für eine garantierte Verzögerung von weniger als 100 ms verfügt und Empfänger B anschließend eine Verzögerung von weniger als 200 ms anfordert, ist keine neue Reservierung notwendig. Wenn die neue Anfrage demgegenüber eine Verzögerung von weniger als 50 ms fordert, müsste der Router zuerst prüfen, ob er die Anfrage annehmen kann. Trifft dies zu, würde er die Anfrage aufwärts senden. Wenn Empfänger A das nächste Mal eine Mindestverzögerung von 100 ms anfragt, müsste der Router diese Anfrage nicht weiterleiten. Im allgemeinen können Reservierungen auf diese Weise zusammengeführt werden, um die Anforderungen aller Empfänger downstream hinter dem Zusammenführungspunkt zu erfüllen.

Wenn es im Baum mehrere Sender gibt, müssen die Empfänger die TSpec aller Sender sammeln und eine ausreichende Reservierung durchführen, um den Verkehr aller Sender unterzubringen. Dies muss aber nicht bedeuten, dass die TSpec der einzelnen Sender addiert werden müssen. In einer Audiokonferenz mit 10 Sprechern ist es z.B. nicht sinnvoll, ausreichend Ressourcen zuzuteilen, um 10 Audioströme zu befördern, da das Ergebnis von 10 gleichzeitig sprechenden Leuten ohnehin unverständlich wäre. Wir könnten uns folglich eine ausreichend große Reservierung für höchstens zwei Sprecher vorstellen. Die Berechnung der korrekten Gesamt-TSpec der TSpec aller Sender ist natürlich anwendungsspezifisch. Außerdem sind wir möglicherweise nur daran interessiert, eine Untermenge aller möglichen Sprecher zu hören. RSVP hat unterschiedliche Reservierungsarten, um Optionen wie »Reserviere Ressourcen für alle Sprecher«, »Reserviere Ressourcen für *n* Sprecher« und »Reserviere Ressourcen nur für Sprecher A und B« zu unterstützen.

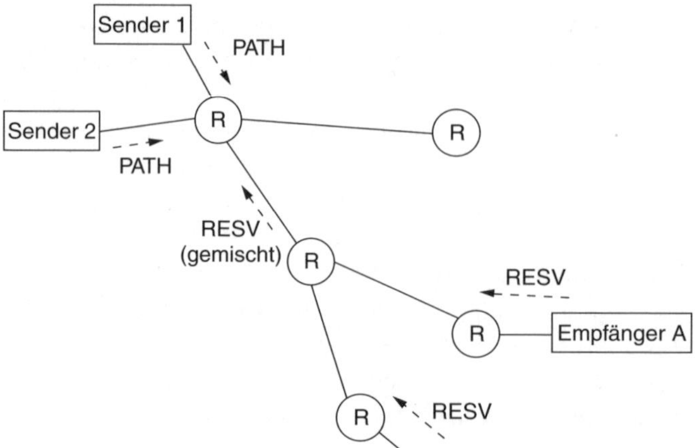

Abb. 6.25: Durchführung von Reservierungen in einem Multicast-Baum

Integrated-Services und Subnetztechnologien

Eine der Herausforderungen bei der Erweiterung des Best-Effort-Dienstmodells von IP entsteht aus der Tatsache, dass IP dem Konzept zufolge über jede nur erdenkliche Subnetztechnologie laufen soll. Das Best-Effort-Modell von IP wurde genau deshalb übernommen, weil es der niedrigste gemeinsame Nenner aller Subnetzwerke ist. Da der Integrated-Services-Ansatz über dieses Modell hinausgeht, muss man ermitteln, wie das neue Dienstmodell in sehr unterschiedlichen Subnetztechnologien betrieben werden kann. Um diese Herausforderung aufzugreifen, hat die IETF eine Arbeitsgruppe mit der Bezeichnung »Integrated Services over Specific Link Layers« (ISSLL) geschaffen.

Die Punkt-zu-Punkt-Leitung lässt sich von allen Sicherungsschichten natürlich am leichtesten unterstützen, weil eine solche Leitung absolut vorhersagbare und feste QoS-Merkmale aufweist. Zwei der schwierigeren (und wichtigen) Subnetztechnologien sind Ethernet und ATM. Im Fall von ATM hat die ISSLL-Gruppe die verschiedenen Parameter in FlowSpecs für Integrated-Services definiert, die auf ATM-spezifische QoS-Parameter in ATM-VCs abgebildet werden können. Aufgrund der zahlreichen Ähnlichkeiten zwischen ATM-QoS und IntServ (siehe Abschnitt 6.5.4) sind solche Abbildungen nicht übermäßig schwierig, es gilt aber, einige Details zu beachten.

Der Fall des Ethernet ist dadurch schwieriger, dass Leitungsbandbreite völlig dezentral vergeben wird. Das bedeutet beispielsweise, dass kein Router mit Sicherheit feststellen kann, ob er einen neuen reservierten Datenfluss auf ein Ethernet-Segment zulassen kann, weil dies möglicherweise ein anderer Router gerade getan hat. Um dieses Problem zu lösen, hat die ISSLL-Gruppe die zentrale Einheit »Subnet Bandwidth Manager« (SBM) definiert, die für die Zugriffsregelung aller Geräte, die potenziell Reservierungen anfordern können, zuständig ist. Die SBM-Spezifikation beinhaltet das Verfahren der automatischen Auswahl eines Geräts, das als »designierter SBM« (DSBM) für ein Ethernet fungiert, weil potenziell viele Knoten in der Lage sein können, diese Rolle zu übernehmen, es zu einem Zeitpunkt jeweils aber nur einen SBM geben soll. In welchem Umfang der SBM Bandbreite in einem Ethernet verwalten kann, ist begrenzt, weil immer das Risiko besteht, dass Knoten, die gerade Best-Effort-Pakete senden (und folglich mit dem SBM sprechen müssen), soviel Bandbreite verbrauchen, dass die reservierten Flüsse nicht das QoS-Maß erhalten, das ihnen vom SBM zugesichert wurde. Dieses Problem lässt sich teilweise durch Überwachung der momentanen Best-Effort-Nutzung des Ethernet und angemessener Vorhersagen über mögliche Nutzungsänderungen verkleinern.

Paketklassifizierung und -Scheduling

Nachdem wir unseren Verkehr und den gewünschten Netzdienst beschrieben und in allen Routern auf dem Pfad über eine geeignete Reservierung verfügen, bleibt nur noch zu klären, wie die Router den angeforderten Dienst tatsächlich für die Datenpakete bereitstellen. Zwei Dinge müssen durchgeführt werden:

- Assoziierung jedes Pakets mit der entsprechenden Reservierung, sodass es korrekt behandelt werden kann. Diesen Prozess nennt man die *Klassifizierung* von Paketen.
- Verwaltung der Pakete in den Warteschlangen, sodass sie den angeforderten Dienst erhalten. Diesen Prozess nennt man das *Scheduling* von Paketen.

Der erste Teil erfolgt durch Überprüfung von bis zu fünf Feldern im Paket: Quelladresse, Zieladresse, Protokollnummer, Quell-Port und Ziel-Port. (In IPv6 ist es möglich, mit dem Feld FlowLabel im Header einen einzigen kürzeren Schlüssel zu benutzen.) Auf der Grundlage dieser Informationen kann das Paket in die entsprechende Klasse eingeordnet werden. Es kann z.B. im CLS gruppiert oder Teil eines GS-Datenflusses sein, der getrennt von allen übrigen GS-Datenflüssen abgearbeitet werden muss. Kurz: Es erfolgt eine Abbildung von datenflussspezifischen Informationen im Paket-Header auf einen einzigen Klassenbezeichner, der die Bearbeitung des Pakets in der Warteschlange bestimmt. Bei GS-Datenflüssen kann dies eine 1:1- und bei anderen Diensten eine *n*:1-Abbildung sein. Die Einzelheiten der Klassifizierung hängen vom Warteschlangen-Management ab.

Es sollte klar sein, dass etwas so Einfaches wie eine FIFO-Warteschlange in einem Router ungeeignet ist, um viele verschiedene Dienste und innerhalb jedes Dienstes unterschiedliche Verzögerungsebenen bereitzustellen. Mehrere ausgefeiltere Warteschlangen-Management-Disziplinen wurden in Abschnitt 6.2 behandelt, und eine Kombination davon dürfte wahrscheinlich in einem Router benutzt werden.

Die Einzelheiten des Paket-Scheduling werden im Idealfall nicht im Dienstmodell spezifiziert. Vielmehr ist dies ein Bereich, in dem Entwickler kreativ sein können, um das Dienstmodell effizient zu realisieren. Im Fall des GS wurde festgestellt, dass WFQ, bei dem jeder Datenfluss seine eigene individuelle Warteschlange mit einem gewissen Anteil an der Leitung erhält, eine obere Schranke auf die garantierte Ende-zu-Ende-Verzögerung bereitstellt, die leicht berechnet werden kann. Beim CLS können einfachere Methoden angewandt werden. Bei einer Möglichkeit wird der gesamte Controlled-Load als einzelner Gesamtdatenfluss (was den Scheduling-Mechanismus anbelangt) behandelt, wobei die Gewichtung für diesen Datenfluss auf der Grundlage des Gesamtverkehrs, der in der Controlled-Load-Klasse zugelassen ist, eingestellt wird. Die Aufgabe erschwert sich angesichts dessen, dass in einem einzigen Router wahrscheinlich viele verschiedene Dienste gleichzeitig bereitgestellt werden müssen, die jeweils einen anderen Scheduling-Algorithmus voraussetzen. Folglich ist ein globaler Warteschlangen-Management-Algorithmus erforderlich, um die Ressourcen zwischen den verschiedenen Diensten zu verwalten.

Fragen zur Skalierbarkeit

Während die Architektur der Integrated-Services und RSVP eine bedeutende Erweiterung des Best-Effort-Dienstmodells von IP ist, fanden viele Internet-Service-Provider, dass es sich nicht für sie eignet. Der Grund für diese Zurückhaltung bezieht sich auf eines der grundlegenden Designziele von IP: Skalierbarkeit. Beim Best-Effort-Dienstmodell speichern die Router im Internet wenig oder gar keinen Zustand über die einzelnen Datenflüsse, die durch sie hindurchfließen. Mit zunehmender Größe des Internet müssen die Router also nur mehr Bit pro Sekunde weiterleiten und größere Routing-Tabellen handhaben, um mit diesem Wachstum Schritt zu halten. RSVP bietet aber die weitere Möglichkeit, dass jeder durch einen Router fließende Datenstrom eine entsprechende Reservierung haben kann. Um die Bedeutung dieses Problems zu verstehen, nehmen wir an, dass jeder Datenfluss in einer OC-48-Leitung (2,5 Gbit/s) einen 64-Kbit/s-Audiostrom darstellt. Die Anzahl solcher Flüsse beträgt

$$2{,}5 \times 10^9 / 64 \times 10^3 = 39.000$$

Jede dieser Reservierungen benötigt eine gewisse Menge an Zustandsinformationen, die im Speicher abgelegt und periodisch aufgefrischt werden muss. Die Router müssen für jeden dieser Datenflüsse Klassifizierung, Policing und Warteschlangen verwalten. Jedes Mal, wenn ein solcher Datenfluss eine Reservierung anfordert, müssen Zugangskontrollentscheidungen getroffen werden. Darüber hinaus sind Mechanismen nötig, um Benutzer »zurückzudrängen«, damit nicht beliebig große Reservierungen für lange Perioden durchgeführt werden[5].

Die Fragen in Bezug auf die Skalierbarkeit haben bisher die Anwendung von Integrated-Services in der Breite verhindert. Aufgrund dieser Bedenken wurden andere Verfahren entwickelt, die weniger Zustandsinformationen pro Datenfluss erfordern. Einige dieser Ansätze werden im nächsten Abschnitt vorgestellt.

6.5.3 Differentiated-Services

Während die Architektur der Integrated-Services einzelnen Datenflüssen Ressourcen zuteilt, weist das Modell der Differentiated-Services (oftmals kurz als *DiffServ* bezeichnet) Ressourcen einer kleinen Zahl von Verkehrsklassen zu. Einige vorgeschlagene Methoden für DiffServ teilen einfach den Verkehr in zwei Klassen auf. Das ist ein sehr pragmatischer Ansatz: Wenn man sich die Schwierigkeit seitens der Netzbetreiber überlegt, allein nur ein Internetwork mit dem Best-Effort-Dienst reibungslos zu betreiben, mag es sinnvoll sein, das Dienstmodell nur in kleinen Schritten zu erweitern.

Angenommen, wir wollen das Best-Effort-Dienstmodell um eine neue Klasse erweitern, die wir »Premium« nennen. Natürlich benötigen wir eine Möglichkeit festzustellen, welche Pakete zu Premium und welche zum regulären Best-Effort-Dienst gehören. Statt ein Protokoll wie RSVP zu benutzen, um allen Routern mitzuteilen, dass ein bestimmter Datenfluss Premium-Pakete sendet, wäre es viel einfacher, wenn sich die Pakete einfach selbst bei Ankunft dem Router zu erkennen geben könnten. Dies könnte man selbstverständlich mit Hilfe eines Bits im Paket-Header bewerkstelligen. Ist dieses Bit eine 1, handelt es sich um ein Premium-Paket; ist es

5. Die Erhebung einer Gebühr pro Reservierung wäre eine Möglichkeit des Zurückdrängens, welche mit dem Telefonmodell der Berechnung pro Telefongespräch vergleichbar ist. Dies ist nicht die einzige Möglichkeit des Zurückdrängens; die Berechnung pro Gespräch gilt außerdem als einer der größten Kostenposten im Betrieb des Telefonnetzes.

eine 0, wird das Paket nach dem Best-Effort-Dienst abgewickelt. Vor diesem Hintergrund müssen zwei Fragen geklärt werden:

- Wer setzt das Premium-Bit und unter welchen Umständen?
- Was macht ein Router anders als sonst, wenn das Bit bei einem ankommenden Paket gesetzt ist?

Auf die erste Frage gibt es viele mögliche Antworten, jedoch wird das Bit häufig an einer administrativen Grenze gesetzt. Der Router am Rand des Netzwerks eines Internet-Service-Providers (ISP) kann z.B. das Bit für Pakete setzen, die auf einem Interface ankommen, das den ISP mit dem Netzwerk eines bestimmten Unternehmens verbindet. Der Internet-Service-Provider kann dies tun, weil das Unternehmen für einen höheren als den Best-Effort-Dienst bezahlt hat. Es ist auch möglich, dass nicht alle Pakete als Premium gekennzeichnet werden. Der Router kann z.B. so konfiguriert werden, dass Pakete bis zu einer bestimmten Höchstrate als Premium-Pakete gekennzeichnet und alle übrigen Pakete als Best-Effort abgewickelt werden.

Falls Pakete auf irgendeine Weise gekennzeichnet werden, stellt sich die Frage, was die Router mit diesen gekennzeichneten Paketen anfangen. Wiederum gibt es viele Antworten. Die IETF-Arbeitsgruppe »Differentiated-Services« beschäftigt sich mit der Standardisierung einer Reihe von Router-Verhaltensweisen für die Anwendung auf gekennzeichnete Pakete. Man nennt diese Verhaltensweisen »Per-Hop Behaviors« (PHBs). Dieser Begriff deutet darauf hin, dass das Verhalten einzelner Router und nicht das von Ende-zu-Ende-Diensten definiert wird. Da es mehrere neue Verhaltensweisen gibt, besteht auch eine Notwendigkeit für mehr als ein Bit im Paket-Header, um den Routern das anzuwendende Verhalten mitzuteilen. Die IETF hat sich entschlossen, das alte, ohnehin nicht häufig benutzte TOS-Byte aus dem IP-Header zu verwenden und es neu zu definieren. Sechs Bit dieses Bytes wurden für »DiffServ Code Points« (DSCP) zugeteilt, wobei jeder DSCP ein 6-Bit-Wert ist, der einen bestimmten PHB identifiziert, der auf ein Paket anzuwenden ist.

Einer der am leichtesten erklärbaren PHBs wird als »Expedited Forwarding« (EF) bezeichnet. Die für die EF-Behandlung gekennzeichneten Pakete sollten vom Router mit minimaler Verzögerung und geringstmöglichem Verlust weitergeleitet werden. Ein Router kann dies für alle EF-Pakete nur dann garantieren, wenn die Ankunftsrate von EF-Paketen am Router strikt auf weniger als die Rate begrenzt ist, in der er EF-Pakete weiterleiten kann. Ein Router mit einem 100-Mbit/s-Interface muss z.B. sicher sein, dass die Ankunftsrate von EF-Paketen für dieses Interface nie 100 Mbit/s überschreitet. Er möchte möglicherweise sogar sicher gehen, dass die Rate immer unter 100 Mbit/s liegt, sodass er gelegentlich Zeit hat, andere Pakete, z.B. Routing-Aktualisierungen, zu senden.

Die Ratenbegrenzung von EF-Paketen wird dadurch erreicht, dass man die Router am Rand einer administrativen Domain so konfiguriert, dass nur eine bestimmte Höchstrate für die in der Domain ankommenden EF-Pakete zugelassen wird. Ein einfacher, wenn auch konservativer Ansatz wäre die Sicherstellung, dass die Summe der Raten aller in die Domain eintretenden EF-Pakete geringer als die Bandbreite der langsamsten Leitung der Domain ist. Dies würde auch im schlechtesten Fall, wenn alle EF-Pakete über die langsamste Leitung transferiert werden müssen, die Gewähr bieten, dass die Leitung nicht überlastet wird und sich korrekt verhalten kann.

Für das EF-Verhalten gibt es mehrere mögliche Implementierungsstrategien. Bei einer der Strategien erhalten EF-Pakete strikte Priorität vor allen anderen Paketen. Bei einer weiteren wird das WFQ zwischen EF-Paketen und anderen Paketen angewandt, wobei die EF-Gewichtung ausreichend hoch gesetzt wird, sodass alle EF-Pakete schnell ausgeliefert werden können. Dies hat gegenüber der strikten Priorität einen Vorteil: Andere als EF-Pakete erhalten immer noch Zugang zur Leitung, auch bei hohem EF-Verkehr. Dies kann bedeuten, dass EF-Pakete nicht genau das spezifizierte Verhalten bekommen, würde aber auch verhindern, dass der eminent wichtige Routing-Verkehr aus dem Netzwerk im Fall eines sehr hohen EF-Verkehrs »ausgesperrt« wird.

Ein weiterer PHB wird als »Assured Forwarding« (AF) bezeichnet. Diese Verhaltensweise hat ihre Wurzeln im RIO-Ansatz (»RED with In and Out«) bzw. »Weighted RED«, die beide Erweiterungen des grundlegenden, in Abschnitt 6.4.2 beschriebenen RED-Algorithmus sind. Abb. 6.26 zeigt, wie RIO funktioniert. Wie in Abb. 6.17 sehen wir eine Drop-Wahrscheinlichkeit auf der *y*-Achse, die sich erhöht, wenn die durchschnittliche Warteschlangenlänge entlang der *x*-Achse wächst. Hier haben wir für unsere beiden Verkehrsklassen aber zwei getrennte Drop-Wahrscheinlichkeitskurven. In RIO werden die beiden Klassen »In« und »Out« genannt; die Gründe dafür werden im nächsten Absatz erläutert. Da die Out-Kurve einen niedrigeren MinThreshold als die In-Kurve hat, werden bei geringem Überlastumfang nur Pakete mit der Kennzeichnung »Out« vom RED-Algorithmus verworfen. Verstärkt sich die Überlast, wird ein höherer Prozentsatz von Out-Paketen verworfen. Wenn dann die durchschnittliche Warteschlangenlänge Min_{in} überschreitet, beginnt RED damit, auch In-Pakete zu verwerfen.

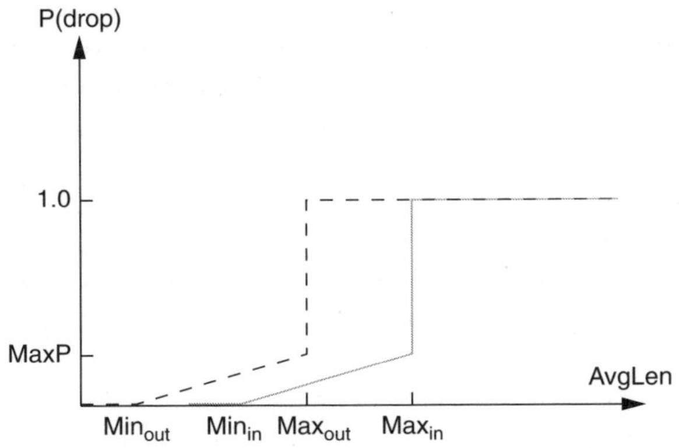

Abb. 6.26:
RED mit In- und Out-Drop-Wahrscheinlichkeiten

Der Grund dafür, warum die beiden Paketklassen »In« und »Out« genannt werden, ist auf die Kennzeichnungsart der Pakete zurückzuführen. Wir haben bereits festgestellt, dass die Paketkennzeichnung von einem Router am Rand einer administrativen

Domain durchgeführt werden kann. Wir können uns diesen Router als Grenze zwischen einem Netzwerk-Service-Provider und einem Kunden dieses Netzwerks vorstellen. Der Kunde kann ein beliebiges anderes Netzwerk sein, z.B. das eines Unternehmens oder eines anderen Netzwerk-Service-Providers. Kunde und Netzwerk-Service-Provider einigen sich auf ein bestimmtes Profil für den gewährleisteten Dienst (und vielleicht bezahlt der Kunde den Netzwerk-Service-Provider für dieses Profil). Das Profil kann etwas Ähnliches sein wie »Kunde X ist es gestattet, zugesicherten Verkehr von bis zu *y* Mbit/s zu senden« oder auch etwas komplexer gestaltet sein. Unabhängig davon, wie das Profil geartet ist, kann der Kanten-Router die Pakete, die von diesem Kunden ankommen, entweder als In (innerhalb des Profils) oder Out (außerhalb des Profils) kennzeichnen. Solange der Kunde bei diesem Beispiel weniger als *y* Mbit/s sendet, werden alle seine Pakete mit »In« gekennzeichnet. Sobald er aber diese Rate überschreitet, werden die überschüssigen Pakete mit »Out« markiert.

Die Kombination eines »Profilzählers«am Rand und RIO in allen Routern im Netzwerk des Service-Providers sollte dem Kunden eine hohe Zusicherung (jedoch keine Garantie) bieten, dass Pakete innerhalb seines Profils übertragen werden können. Handelt es sich bei der Mehrheit der Pakete, einschließlich derjenigen, die von Kunden gesendet werden, die keine zusätzlichen Gebühren für die Einrichtung eines Profils bezahlt haben, um »Out«-Pakete, sollte der RIO-Mechanismus einschreiten und die Überlast so niedrig halten, dass »In«-Pakete selten verworfen werden. Natürlich muss im Netzwerk ausreichend Bandbreite vorhanden sein, damit die »In«-Pakete eine Leitung nicht bis zu dem Punkt überlasten, an dem RIO mit dem Verwerfen von »In«-Paketen beginnt.

Ebenso wie bei RED hängt die Effektivität von RIO in gewissem Umfang von der richtigen Parameterauswahl ab, und bei RIO sind wesentlich mehr Parameter zu setzen. Wie gut das Schema in Produktionsnetzen funktioniert, war bei Drucklegung noch in der Diskussion.

Ein interessantes Merkmal von RIO ist, dass es die Reihenfolge von »In«- und »Out«-Paketen nicht ändert. Sendet eine TCP-Verbindung beispielsweise Pakete, von denen einige als »In«- und andere als »Out« gekennzeichnet sind, durch einen Profilzähler und erhalten diese Pakete unterschiedliche Drop-Wahrscheinlichkeiten in den Router-Warteschlangen, werden sie dem Empfänger dennoch in der gleichen Reihenfolge zugestellt, in der sie gesendet wurden. Dies ist bei den meisten TCP-Implementierungen wichtig, weil sie eine bessere Leistung aufweisen, wenn Pakete in der richtigen Reihenfolge ankommen, auch wenn sie für die Handhabung umgeordneter Pakete ausgelegt wurden. Man beachte auch, dass Mechanismen wie Fast-Retransmit irrtümlich ausgelöst werden können, wenn eine falsche Reihenfolge der Pakete auftritt.

Das RIO-Konzept kann generalisiert werden, um mehr als zwei Drop-Wahrscheinlichkeitskurven bereitzustellen. Dieses Konzept liegt dem »Weighted RED« (WRED) zugrunde. In diesem Fall wird der Wert des DSCP-Felds benutzt, um eine aus mehreren Drop-Wahrscheinlichkeitskurven auszuwählen, sodass mehrere unterschiedliche Dienstklassen zur Verfügung gestellt werden können.

Bei einer dritten Möglichkeit für die Bereitstellung von Differentiated-Services wird der DSCP-Wert benutzt, um zu ermitteln, in welcher Warteschlange ein Paket in einem WFQ-Scheduler (siehe Abschnitt 6.2.2) eingereiht werden soll. Im sehr einfachen Fall können wir einen Codepunkt benutzen, um die Best-Effort-Warteschlange zu bezeichnen und einen zweiten, um die Premium-Warteschlange zu wählen. Dann müssen wir eine Gewichtung für die Premium-Warteschlange wählen, die den Premium-Paketen im Vergleich zu den Best-Effort-Paketen einen besseren Dienst sicherstellt. Dies hängt von der tatsächlichen Last durch Premium-Pakete ab. Wenn wir der Premium-Warteschlange beispielsweise eine Gewichtung von 1 und der Best-Effort-Warteschlange eine von 4 geben, stellen wir für Premium-Pakete eine verfügbare Bandbreite von

$$
\begin{aligned}
B_{Premium} &= W_{Premium} / (W_{Premium} + W_{Best\text{-}Effort}) \\
&= 1/(1+4) \\
&= 0{,}2
\end{aligned}
$$

sicher. Wir haben damit effektiv 20% der Leitung für Premium-Pakete reserviert. Wenn die angebotene Premium-Verkehrslast im Durchschnitt also nur 10% der Leitung beträgt, wird sich der Premium-Verkehr verhalten, als liefe er in einem stark unterbelasteten Netzwerk, sodass sich ein hervorragender Dienst ergibt. Die von der Premium-Klasse erfahrene Verzögerung ließe sich sehr niedrig halten, weil WFQ versuchen würde, Premium-Pakete in diesem Szenario unmittelbar nach ihrer Ankunft zu übertragen. Beträgt die Premium-Verkehrslast andererseits 30%, würde sie sich wie in einem stark belasteten Netzwerk verhalten, und es kann sich für die Premium-Pakete eine sehr hohe Verzögerung ergeben – sogar noch schlechter als bei den Best-Effort-Paketen. Folglich sind Kenntnis der tatsächlichen Last und sorgfältige Wahl der Gewichtungen bei dieser Dienstart wichtig. Ein sicherer Ansatz besteht darin, bei der Gewichtung für die Premium-Warteschlange sehr konservativ vorzugehen. Ist diese Gewichtung im Vergleich zur erwarteten Last sehr hoch, birgt sie eine gewisse Sicherheitszone, hindert aber dennoch den Best-Effort-Verkehr nicht an der Nutzung von Bandbreite, die für Premium-Pakete reserviert, von diesen aber nicht benutzt wird.

Genau wie bei WRED können wir diesen WFQ-basierten Ansatz generalisieren, um mehr als zwei durch verschiedene Codepunkte dargestellte Klassen zu ermöglichen. Des weiteren können wir das Konzept eines Warteschlangen-Selektors mit einer Drop-Präferenz kombinieren. Mit 12 Codepunkten erhalten wir beispielsweise vier Warteschlangen mit unterschiedlichen Gewichtungen und jeweils drei Drop-Präferenzen. Dies wurde von der IETF in der Definition des »Assured Service« umgesetzt.

6.5.4 ATM-Dienstgüte

In vielerlei Hinsicht ähneln die in ATM-Netzwerken bereitgestellten QoS-Fähigkeiten denen in einem IP-Netzwerk unter Verwendung von Integrated-Services.

Die ATM-Standardisierungsgremien haben aber im Vergleich zu den drei Dienstklassen[6] der IETF insgesamt fünf Dienstklassen definiert:

- Constant Bit Rate (CBR)
- Variable Bit Rate – real-time (VBR-rt)
- Variable Bit Rate – non-real-time (VBR-nrt)
- Available Bit Rate (ABR)
- Unspecified Bit Rate (UBR)

Die meisten ATM- und IP-Dienstklassen ähneln sich, ABR hat aber kein wirkliches Gegenstück in IP. Wir beschreiben diese Klasse ausführlich weiter unten. Die übrigen Klassen sind angesichts der obigen Beschreibungen relativ leicht verständlich.

Man beachte, dass Dienstgüte in ATM beim Aufbau einer virtuellen Leitung definiert wird. Dies wird durch Einbeziehung von Informationen in die Signalisierungsnachrichten, die beim Einrichten eines VC gesendet werden, bewerkstelligt.

VBR-rt ähnelt stark der GS-Klasse der Integrated-Services von IP. Die genauen Parameter, die beim Aufbau eines VBR-rt-VC benutzt werden, unterscheiden sich geringfügig von denen in einer Reservierung für einen GS, das Grundkonzept ist aber gleich. Der von der Quelle erzeugte Verkehr wird durch ein Token-Bucket charakterisiert, und die maximale durch das Netzwerk erforderliche Gesamtverzögerung wird spezifiziert.

CBR unterscheidet sich nicht sehr von VBR-rt, außer dass von Quellen des CBR-Verkehrs erwartet wird, in einer konstanten Rate zu senden. Man beachte, dass dies eigentlich ein Sonderfall von VBR ist, wo die Spitzenrate der Quelle und die Durchschnittsrate der Übertragung gleich sind. Dies ist in ATM vor allem aus dem Grund eine getrennte Klasse, weil dieser Sonderfall für Telefongesellschaften als sehr wichtig betrachtet wird. Der Großteil der von ihnen heute angebotenen Dienste – z.B. Telefongespräche und Mietleitungen – stellen dem Benutzer eine Pipeline mit fester Bandbreite zur Verfügung. CBR erwies sich auch als Dienst, der sich relativ leicht spezifizieren und implementieren lässt, sodass viele der ersten ATM-Switche CBR, nicht aber VBR unterstützen konnten. Die frühe Verfügbarkeit von CBR in ATM-Produkten trug sicherlich zur Akzeptanz von ATM auf dem Markt bei, insbesondere, weil diese Produkte vor IP-Routern mit irgendwelchen nennenswerten QoS-Merkmalen auftauchten.

6. Wir betrachten Best-Effort wie Controlled-Load- und Guaranteed-Service als Dienstklasse.

RSVP und ATM

Nachdem wir nun einige Highlights von RSVP und ATM-QoS gesehen haben, ist ein Vergleich der beiden Ansätze interessant. Auf hoher Ebene sind die Ziele eines verbindungsorientierten Signalisierungsprotokolls und RSVP gleich: Installation einer wie auch immer gearteten Zustandsinformation in den weiterleitenden Netzwerkknoten, sodass Pakete korrekt abgearbeitet werden. Über dieses höhere Ziel hinaus bestehen aber nicht viele Ähnlichkeiten.

In Tabelle 6.1 wird RSVP mit dem derzeitigen Signalisierungsprotokoll des ATM-Forums verglichen, das aus dem ITU-T-Protokoll Q.2931 abgeleitet wurde. (Aus Abschnitt 3.3 ist bekannt, wie Q.2931 das Routing eines VC über das Netzwerk und die Reservierung von Ressourcen für diesen VC definiert.) Die Unterschiede ergeben sich größtenteils dadurch, dass RSVP mit einem verbindungslosen Modell beginnt und möglichst weitere Funktionalität hinzufügt, jedoch nicht bis zum Umfang traditioneller Verbindungen, während ATM mit einem verbindungsorientierten Modell beginnt. Das Ziel von RSVP – die effiziente Handhabung von Multicast – wird in dem empfängergesteuerten Ansatz deutlich, der Skalierbarkeit für Multicast-Gruppen mit zahlreichen Empfängern bereitstellen soll.

VBR-nrt weist eine gewisse Ähnlichkeit mit CLS von IP auf. Auch hier wird der Quellenverkehr durch ein Token-Bucket spezifiziert, es gibt aber nicht die gleiche harte Verzögerungsgarantie wie bei VBR-rt oder beim Guaranteed-Service in IP.

UBR ist der Best-Effort-Dienst von ATM. Es besteht zwischen UBR und dem in IP gebotenen Best-Effort-Standardmodell nur ein kleiner Unterschied. Da ATM vor dem Senden von Daten immer eine Signalisierungsphase fordert, können Informationen über die Quelle zum Zeitpunkt des VC-Aufbaus übermittelt werden. UBR ermöglicht der Quelle, eine gewünschte Maximalrate zu spezifizieren, die geringer als die Leitungsrate sein kann. Switche können diese Informationen bei ihrer Entscheidung heranziehen, ob sich die Zulassung des neuen VC nachteilig auf die bereits eingerichteten VCs auswirken könnte. Sie können folglich den VC-Aufbau ablehnen oder versuchen, eine niedrigere Spitzenrate mit dieser Quelle auszuhandeln.

RSVP	ATM
Empfänger erzeugt Reservierung	Sender erzeugt Verbindungsanfrage
Soft-State (Refresh/Timeout)	Hard-State (explizites Löschen)
Getrennt vom Routenaufbau	Gleichzeitig mit Routenaufbau
QoS kann sich dynamisch ändern	QoS bleibt für die Lebensdauer der Verbindung statisch (ist in ABR aber etwas flexibler)
Empfänger-Heterogenität	Einheitliches QoS für alle Empfänger

Tabelle 6.1: RSVP und ATM-Signalisierung im Vergleich

ABR ist mehr als nur eine Dienstklasse. Sie definiert auch eine Reihe von Mechanismen für die Überlastkontrolle. Da die Klasse von einem Standardisierungsgremium entworfen wurde, ist sie eher komplex. Deshalb werden in diesem Abschnitt nur die wichtigsten Punkte beschrieben.

Eine virtuelle ATM-Leitung hat natürlich zwei Enden, die wir Quelle und Ziel nennen. VCs sind normalerweise bidirektional, sodass ein Knoten, der in einer Richtung die Quelle darstellt, im Allgemeinen in der umgekehrten Richtung das Ziel ist. Die ABR-Mechanismen arbeiten über eine virtuelle Leitung, indem sie zwischen Quelle und Ziel des VC spezielle ATM-Zellen austauschen, die man »Ressourcenzuteilungszellen« (RM) nennt. Mit dem Senden der RM-Zellen wird das Ziel verfolgt, Informationen über den Zustand der Überlast im Netzwerk zur Quelle zurückzuschicken, sodass diese in einer angemessenen Rate senden kann. In dieser Hinsicht sind RM-Zellen ein expliziter Überlast-Feedback-Mechanismus. Dies ist vergleichbar mit DECbit, steht jedoch im Gegensatz zum impliziten Feedback von TCP, das von Paketverlusten abhängt, um Überlast zu erkennen.

Anfangs sendet die Quelle die Zelle an das Ziel und gibt in ihr die Rate an, in der sie Datenzellen senden möchte. Switche auf dem Pfad sehen sich die angeforderte Rate an und entscheiden auf der Grundlage des auf anderen virtuellen Leitungen fließenden Verkehrs, ob ausreichend Ressourcen dafür verfügbar sind. Sind genügend Ressourcen vorhanden, wird die RM-Zelle unverändert weitergereicht. Andernfalls wird die angeforderte Rate vor Weitergabe der Zelle gesenkt. Am Ziel wird die RM-Zelle umgedreht und an die Quelle zurückgeschickt, wodurch sie erfährt, in welcher Rate sie senden kann.

Mit ABR wird es einer Quelle gestattet, die ihr zugestandene Rate entsprechend den vorherrschenden Bedingungen zu erhöhen oder zu senken. Als Folge davon werden RM-Zellen periodisch gesendet und können entweder höhere oder niedrigere als die angeforderten Raten enthalten. Außerdem verfällt die einer Quelle zugestandene Rate mit der Zeit, wenn sie nicht benutzt wird. Dies ist Absicht, um eine Quelle davon abzuhalten, »vorsorglich« Kapazität anzufordern.

Während wir bisher davon ausgegangen sind, dass Quelle und Ziel von RM-Zellen die Endpunkte des VC sind, muss dies nicht unbedingt zutreffen. ABR erweitert das Konzept von Quelle und Ziel und führt die Begriffe einer virtuellen Quelle (VS) und eines virtuellen Ziels (VD) ein. Sie sind in dem Sinn »virtuell«, dass sie keine echten Endpunkte des VC sind. Dadurch kann eine Kontrollschleife, in der die RM-Zellen kreisen, kürzer als der VC selbst sein. Durch Verkürzung der Kontrollschleifen reduziert sich die Reaktionszeit des Systems. Des weiteren kann dies die Pufferanforderungen der Switche reduzieren, indem die Zeit zwischen der Erkennung einer Überlast und der Verlangsamung der (virtuellen) Quelle reduziert wird. Abb. 6.27 zeigt eine virtuelle Leitung, die in der Mitte in eine virtuelle Quelle und ein virtuelles Ziel segmentiert wurde. Die wirkliche Quelle sendet RM-Zellen an den Switch, der VS/VD-Fähigkeit bereitstellt und als VD die RM-Zellen umdreht. Er setzt in diese Zellen die Rate ein, in der er Verkehr von diesem VC akzeptieren möchte. In seiner Rolle als VS ist er auch der Urheber von RM-Zellen in Richtung des wirklichen Ziels, das seinerseits an die VS zurückschickt, mit welcher Rate die VS Verkehr auf diesem VC senden kann.

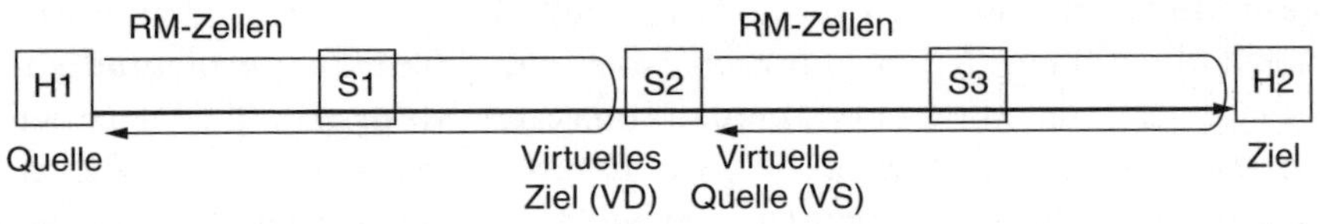

Abb. 6.27: ABR-VC mit segmentierten Kontrollschleifen unter Verwendung einer virtuellen Quelle und eines virtuellen Ziels

Für die Art, wie ein Switch tatsächlich ABR implementiert, besteht viel Flexibilität. Im allgemeinen werden proprietäre Algorithmen benutzt, um die Raten in RM-Zellen auf ihrem Weg durch die Switche auf der Grundlage verschiedener Informationen, z.B. der aktuellen Pufferbelegung und der gemessenen Ankunftsraten auf allen VCs sowie den zugeteilten Raten auf diesen VCs (die nicht unbedingt mit den gemessenen Raten übereinstimmen müssen), zu setzen. Genau wie die Algorithmen für die Überlastkontrolle versuchen auch diese Algorithmen, den Durchsatz zu maximieren sowie Verzögerung und Verlust niedrig zu halten.

Ein ungewisser Aspekt von ABR ist die Interaktion mit den Mechanismen für die Überlastvermeidung von TCP. Diese Mechanismen sind auf der Grundlage von Erfahrungen fein abgestimmt und funktionieren unter der Prämisse, dass im Netzwerk nichts Exotisches passiert. Wenn man Pakete zu schnell sendet, werden einige verworfen. Bei ABR kann man sich vorstellen, dass die VS möglicherweise Pakete verwerfen muss, während sie auf die Rückkehr einer RM-Zelle wartet, auch wenn im Netzwerk eigentlich keine Überlast vorliegt. Bei Drucklegung existierten die meisten Erfahrungen mit ABR nur unter Simulations- und Laborbedingungen, während praktische Erfahrungen noch sehr begrenzt vorlagen.

6.5.5 Gleichungsbasierte Überlastkontrolle

Wir beenden unsere QoS-Diskussion, indem wir eine Kehrtwendung machen und zur TCP-Überlastkontrolle zurückkehren, diesmal aber in Zusammenhang mit Echtzeitanwendungen. Wir erinnern uns, dass TCP das Überlauffenster des Senders (und folglich die Rate, in der er übertragen kann) als Reaktion auf ACK- und Timeout-Ereignisse anpasst. Eine der Stärken dieses Ansatzes ist, dass er keine Zusammenarbeit von den Routern des Netzwerks erfordert; es handelt sich um eine rein hostbasierte Strategie. Eine solche Strategie ergänzt die hier betrachteten QoS-Mechanismen, weil (1) Anwendungen bereits heute hostbasierte Lösungen benutzen können, bevor QoS-Mechanismen weitläufig installiert werden, und (2) es auch bei voll installiertem DiffServ immer noch möglich ist, eine Router-Warteschlange zu überbuchen (oversubscribe) und Echtzeitanwendungen auf vernünftige Weise reagieren sollten, falls dies eintritt.

Obwohl wir den Überlastkontrollalgorithmus von TCP voll nutzen möchten, eignet sich TCP selbst nicht für Echtzeitanwendungen. Ein Grund ist, dass TCP ein zuverlässiges Protokoll ist, während sich Echtzeitanwendungen die durch Neuübertragung eingeführten Verzögerungen oft nicht leisten können. Was würde aber passieren, wenn wir die Überlastkontrollmechanismus von TCP abkoppeln und eine TCP-ähnliche Überlastkontrolle zu einem unzuverlässigen Protokoll wie UDP hinzufügen würden? Wir würden das Ergebnis UDP+CC für »UDP Plus Congestion Control [Überlastkontrolle]« nennen. Könnten Echtzeitanwendungen UDP+CC nutzen?

Einerseits ist dies eine attraktive Idee, weil sie Echtzeitströme dazu veranlassen würde, fair mit TCP-Strömen zu konkurrieren. Die (heute aktuelle) Alternative ist, dass Videoanwendungen UDP ohne jegliche Form der Überlastkontrolle benutzen und folglich von TCP-Flüssen Bandbreite stehlen, weil diese sich bei einem Überlauf reduzieren. Andererseits ist das Sägezahnverhalten des Überlastkontrollalgorithmus von TCP (siehe Abbildung 6.9) für Echtzeitanwendungen ungeeignet: Es bedeutet, dass die Rate, in der die Anwendung überträgt, ständig ab- und zunimmt. Im Gegensatz dazu funktionieren Echtzeitanwendungen am Besten, wenn sie eine gleichmäßige Übertragungsrate über eine relativ lange Zeitdauer beibehalten können.

Ist es möglich, das Beste beider Welten zu erreichen: Kompatibilität mit der TCP-Überlaufkontrolle der Fairness halber und Wahrung einer gleichmäßigen Übertragungsrate zugunsten der Anwendung? Neuere Arbeiten deuten darauf hin, dass die Antwort »Ja« lautet. Insbesondere wurden mehrere so genannte TCP-freundliche Überlastkontrollalgorithmen vorgeschlagen. Mit diesen Algorithmen werden zwei Hauptziele verfolgt. Eines ist die langsame Anpassung des Überlauffensters. Dies geschieht durch Anpassung über relativ längere Perioden (z. B. eine RTT) statt auf der Basis einzelner Pakete. Dadurch lässt sich die Übertragungsrate glätten. Das zweite Ziel ist es, in dem Sinne TCP-freundlich zu sein, dass konkurrierende TCP-Flüsse fair behandelt werden. Diese Eigenschaft wird oft dadurch sichergestellt, die das Verhalten des Flusses an eine Gleichung anpasst, die das Verhalten von TCP modelliert. Deshalb wird dieser Ansatz manchmal als gleichungsbasierte Überlastkontrolle (Equation-based Congestion Control) bezeichnet.

Für unsere Zwecke ist die genaue Gleichung weniger interessant als ihre generelle Form:

$$\text{Rate} = \frac{1}{\text{RTT} \times \sqrt{\rho}}$$

Um dieser Form zufolge TCP-freundlich zu sein, muss die Übertragungsrate umgekehrt proportional zur Roundtrip-Zeit (RTT) und die Quadratwurzel der Verlustrate (ρ) sein. Den interessierten Leser verweisen wir auf den Abschnitt »Weiterführende Literatur« am Ende dieses Kapitels mit Einzelheiten über das vollständige Modell. Mit anderen Worten: Um aus dieser Beziehung einen Überlastkontrollmechanismus bilden zu können, muss der Empfänger periodisch die beobachtete Verlustrate zurück zum Sender melden (z. B. könnte er melden, dass es ihm nicht gelungen ist, 10% der letzten 100 Pakete zu empfangen). Der Sender muss dann seine Senderate nach oben oder unten berichtigen, sodass diese Beziehung weiterhin greift. Selbstverständlich obliegt es nach wie vor der Anwendung, sich diesen Änderungen in der verfügbaren Rate anzupassen. Wie wir im nächsten Kapitel aber sehen werden, sind viele Echtzeitanwendungen recht anpassungsfähig.

6.6 Zusammenfassung

Wie wir gerade gesehen haben, ist die Ressourcenzuteilung nicht nur ein zentrales, sondern auch ein schwieriges Problem im Bereich der Rechnervernetzung. In diesem Kapitel wurden zwei Aspekte der Zuteilung von Ressourcen untersucht: Erstens die Überlastkontrolle, mit der eine globale Verschlechterung des Dienstes verhindert werden soll, wenn Hosts mehr Ressourcen anfordern, als im Netzwerk verfügbar sind. Zweitens die Bereitstellung unterschiedlicher Dienstgüte für Anwendungen, die mehr Zusicherungen brauchen, als vom Best-Effort-Modell bereitgestellt werden kann.

Die meisten Mechanismen für die Überlastkontrolle zielen auf das Best-Effort-Dienstmodell des heutigen Internet ab, wobei die primäre Zuständigkeit für die Überlastkontrolle auf die Endknoten des Netzwerks fällt. Im typischen Fall nutzt die Quelle eine Form von Feedback – entweder implizit vom Verhalten des Netzwerks erlernt oder explizit von einem Router gesendet –, um die von ihr ausgehende Last auf dem Netzwerk anzupassen. Genau dies bewirkt der Mechanismus für die Überlastkontrolle von TCP.

Unabhängig von den Aktivitäten der einzelnen Endknoten implementieren die Router eine Queuing-Disziplin, die regelt, welche Pakete übertragen und welche verworfen werden. Manchmal ist dieser Queuing-Algorithmus entsprechend ausgefeilt, um Verkehr differenziert zu behandeln (z.B. WFQ). In anderen Fällen versucht der Router, seine Warteschlangenlänge zu überwachen und signalisiert dem Quell-Host, wenn eine Überlast bevorsteht (z.B. RED-Gateways und DECbit).

Neue, noch in der Entwicklung befindliche Methoden für die Bereitstellung von Dienstgüte zielen im Wesentlichen auf mehr als die reine Überlastkontrolle ab. Sie sollen es Anwendungen mit breitgefächerten Anforderungen hinsichtlich Verzögerung, Verlust und Durchsatz ermöglichen, durch neue Mechanismen im Innern des Netzwerks entsprechende Garantien zu erhalten. Der Ansatz der Integrated-Services erlaubt es einzelnen Anwendungsdatenflüssen, ihre Anforderungen an die Router mit Hilfe eines expliziten Signalisierungsmechanismus (RSVP) zu spezifizieren. Demgegenüber werden Pakete beim Ansatz der Differentiated-Services in einige Klassen gruppiert, die in den Routern unterschiedlich behandelt werden. Während die von ATM angewandte Signalisierung sich stark vom RSVP unterscheidet, besteht Ähnlichkeit zwischen den ATM-Dienstklassen und den Integrated-Services.

Offene Fragen
Innerhalb und außerhalb des Netzwerks

Aus globalerer Sicht muss man sich die Frage stellen, wie viel man vom Netzwerk erwarten kann und wie viel Verantwortung letztendlich auf die Hosts fällt. Die sich neu abzeichnenden, auf Reservierung basierenden Strategien weisen sicherlich den Vorteil auf, dass sie vielfältigere Formen von Dienstgüte bereitstellen als die heutigen, auf Feedback basierenden Methoden. Die Möglichkeit, verschiedene Formen von Dienstgüte zu unterstützen, ist ein wichtiger Grund, mehr Funktionalität in die Router des Netzwerks zu verlagern. Bedeutet das, dass die Tage der TCP-ähnlichen Überlastkontrolle von Ende zu Ende gezählt sind? Uns scheint das sehr unwahrscheinlich. TCP und die Anwendungen, die es benutzen, sind etabliert, und in vielen Fällen benötigen sie nicht mehr Hilfe vom Netzwerk. Außerdem ist es eher unwahrscheinlich, dass alle Router in einem weltweiten heterogenen Netzwerk wie dem Internet genau den gleichen Mechanismus für die Reservierung von Ressourcen implementieren. Und schließlich hat es den Anschein, dass die Endpunkte sich weiterhin vorwiegend um sich selbst kümmern müssen, zumindest in gewissem Umfang. Letztendlich sollten wir nicht das dem Internet zu Grunde liegende Designprinzip vergessen: Möglichst einfache Dinge in den Routern implementieren und die Intelligenz auf die Ränder verlagern, wo man sie kontrollieren kann. Welchen Verlauf dies alles in den kommenden Jahren nehmen wird, ist sicherlich sehr interessant.

In gewissem Sinn ist der Ansatz der Differentiated-Services ein Kompromiss zwischen absolut minimaler Intelligenz im Netzwerk und der eher umfangreichen Intelligenz (und hohen Menge an gespeicherten Zustandsinformationen), die in einem auf Integrated-Services basierenden Netzwerk erforderlich ist. Die meisten Internet-Service-Provider haben sich bisher geweigert, ihren Kunden RSVP-Reservierungen innerhalb ihrer Netzwerke anzubieten. Eine wichtige Frage lautet, ob Differentiated-Services die Anforderungen anspruchsvollerer Anwendungen erfüllen wird. Versucht ein Service-Provider beispielsweise, einen großangelegten Telefondienst über ein IP-Netzwerk anzubieten, stellt sich die Frage: Reichen die Techniken der Differentiated-Services aus, um die Dienstgüte bereitzustellen, die traditionelle Telefonbenutzer erwarten? Es erscheint wahrscheinlich, dass noch mehr QoS-Optionen mit unterschiedlichem Maß an Intelligenz im Netzwerk untersucht werden müssen.

6.7 Weiterführende Literatur

Die empfohlene Leseliste für dieses Kapitel ist lang. Sie spiegelt die Breite interessanter Arbeiten wider, die im Bereich der Überlastkontrolle und Ressourcenzuteilung durchgeführt wurden. Sie beinhaltet die Originalarbeiten, mit denen die verschiedenen, in diesem Kapitel behandelten Mechanismen eingeführt wurden. Zusätzlich zu einer ausführlicheren Beschreibung dieser Mechanismen, einschließlich umfassender Analysen ihrer Effektivität und Fairness, gelten diese Arbeiten als Pflichtlektüre, weil sie die nötigen Einblicke in das Zusammenspiel der verschiedenen Mechanismen in Bezug auf Überlastkontrolle bieten. Vor allem der erste Artikel gibt einen guten Überblick über einige frühe Arbeiten auf diesem Gebiet, während die letzte als fundamentaler Beitrag bezüglich der Entwicklung von QoS-Fähigkeiten im Internet anzusehen ist.

- Gerla, M. und Kleinrock, L.: Flow control: A comparative survey, *IEEE Transactions on Communications*, COM-28(4), S. 553–573, April 1980.
- Demers, A., Keshav, S. und Shenker, S.: Analysis and simulation of a fair queuing algorithm, *Proceedings of the SIGCOMM '89 Symposium*, S. 1–12, September 1989.
- Jacobson, V.: Congestion avoidance and control, *Proceedings of the SIGCOMM '88 Symposium*, S. 314–329, August 1988.
- Ramakrishnan, K. und Jain, R.: A binary feedback scheme for congestion avoidance in computer networks with a connectionless network layer, *ACM Transactions on Computer Systems*, 8(2), S. 158–181, Mai 1990.
- Floyd, S. und Jacobson, V.: Random early detection gateways for congestion avoidance, *IEEE/ACM Transactions on Networking*, 1(4), S. 397–413, August 1993.
- Clark, D., Shenker, S. und Zhang, L.: Supporting real-time applications in an integrated services packet network: Architecture and mechanism, *Proceedings of the SIGCOMM '92 Symposium*, S. 14–26, August 1992.

Über diese empfohlenen Arbeiten hinaus gibt es eine Fülle weiterer wichtiger Veröffentlichungen über Ressourcenzuteilung. Zwei frühe Arbeiten von Kleinrock [Kle79] und Jaffe [Jaf81] setzen den Grundstein für die Verwendung von Leistung als Maß für die Effektivität der Überlastkontrolle. In Jain [Jai91] werden verschiedene Fragen bezüglich Leistungsbewertung, darunter eine Beschreibung von Jains Fairness-Index, behandelt.

Weitere Einzelheiten über TCP Vegas finden sich in Brakmo und Peterson [BP89], Ergänzungen dazu bei Low et al. [LPW02]. Die verschiedenen, in Abschnitt 6.4 eingeführten Techniken zur Überlastvermeidung finden sich in Wang und Crowcroft [WC92, WC91] sowie [Jai89], wobei die zuerst genannte Arbeit einen besonders guten Überblick über Überlastvermeidung auf der Grundlage eines allgemeinen Verständnisses liefert, wie sich das Netzwerk bei einer herannahenden Überlast ändert. Einige Vorschläge zu Änderungen des RED-Algorithmus finden sich bei Lin und Morris [LM97] („Fair RED“ – FRED) sowie bei Feng et al. [FKSS99] (eine selbst-konfigueriernde Variante von RED). Die Paketpaar-Technik von Abschnitt 6.3.2 wird ausführlicher in Keshav [Kes91] beschrieben. Die in Abschnitt 6.4.2 erläuterte Technik des Partial Packet Discard wird von Romanow und Floyd [RF94] behandelt.

Der vorgeschlagene ECN-Standard wurde von Ramakrishnan, Floyd und Black ausformuliert [RFB01]. Bemühungen, diese Ansätze zu verallgemeinern, finden sich bei Stoica et al. [SSZ98], Low et al. [LPW+02] und Katabi et al. [KHR02].

Neuere Arbeiten über Paket-Scheduling haben die oben genannte Originalarbeit über faires Queuing erweitert. Ausgezeichnete Beispiele dafür sind u.a. Artikel von Stoica und Zhang [SZ97], Bennett und Zhang [BZ96] sowie Goyal, Vin und Chen [GVC96].

Zahlreiche weitere Artikel wurden über die Architektur der Integrated-Services veröffentlicht, darunter ein Überblick von Braden u.a. [BCS94] und eine Beschreibung von RSVP in Zhang u.a. [ZDE+93]. Clark [Cla97] ist die erste Arbeit, die das Thema der Differentiated-Services erstmals behandelte und den RIO-Mechanismus sowie die allgemeine Architektur der Differentiated-Services einführte. In einer Anschlussarbeit präsentieren Clark und Fang [CF98] einige Simulationsergebnisse. [BBC+98] definiert die Architektur der Differentiated-Services, während [DCB$^+$02] das EF-per-Hop-Verhalten beschreibt.

Schließlich wurden mehrere TCP-freundliche Überlastkontroll-Algorithmen vorgeschlagen und auf Echtzeitanwendungen hin optimiert. Hier sind die Algorithmen von Floyd et al. [FHPW00], Sisalem und Schulzrinne [SS98], Rhee et al. [ROY00] und Rejaie et al. [RHE99] zu nennen. Diese Algorithmen bauen auf dem früheren gleichungsbasierten Modell für einen TCP-Durchsatz von Padhye et al. [PFTL98] auf.

6.8 Übungen

1. Datenflüsse können entweder auf Host-zu-Host- oder Prozess-zu-Prozess-Basis definiert werden.

   a. Erläutern Sie die Auswirkungen beider Ansätze auf Anwendungsprogramme.

   b. IPv6 beinhaltet ein Feld FlowLabel für die Bereitstellung von Indikationen für Router über einzelne Datenflüsse. Der sendende Host soll hier ein Pseudo-Random-Hash aller übrigen Felder, die zur Identifizierung des Flusses dienen, berechnen. Der Router kann damit jede beliebige Teilmenge dieser Bits als Hash-Wert benutzen, um den Datenfluss schnell zu suchen. Worauf genau sollte FlowLabel bei diesen beiden Ansätzen basieren?

2. TCP benutzt ein Host-zentrisches, auf Feedback und Fenster basierendes Modell für die Ressourcenzuteilung. Wie hätte man TCP anders auslegen können, sodass es stattdessen die folgenden Modelle benutzt:

   a. Host-zentrisch auf der Grundlage von Feedback und Rate

   b. Routerzentrisch auf der Grundlage von Feedback

3. Zeichnen Sie Kurven für Durchsatz, Verzögerung und Leistung, jeweils als Funktion von Last, für die folgenden Netzwerke. Der Durchsatz soll als Prozentsatz des Maximums gemessen werden. Die Last soll (etwas ungewöhnlich) als

Anzahl von Stationen (N) gemessen werden, die jeweils zu einem bestimmten Zeitpunkt zum Senden bereit sind. Dies impliziert, dass es dabei immer eine Station gibt, die zum Senden bereit ist (außer bei $N = 0$, was Sie ignorieren können). Gehen Sie davon aus, dass jede Station jeweils nur ein Paket zu senden hat.

a. Ethernet: Die durchschnittliche Paketgröße beträgt (wie in Übung 52 von Kapitel 2) 5 Zeitschlitze; und wenn N Stationen übertragen wollen, beträgt die durchschnittliche Verzögerung, bis eine Station erfolgreich ist, $N/2$ Zeitschlitze.

b. Token-Ring: TRT = 0.

4. Gegeben seien zwei Hosts A und B, die über einen Router R verbunden sind. Die A–R-Leitung hat eine unendliche Bandbreite. Die R–B-Leitung kann ein Paket pro Sekunde senden. Die Warteschlange von R ist unendlich. Die Last ist als Anzahl von Paketen pro Sekunde zu messen, die von A nach B gesendet werden. Zeichnen Sie je einen Graphen für Durchsatz im Vergleich zur Last und Verzögerung im Vergleich zur Last, bzw. erklären Sie für den Fall, dass kein Graph gezeichnet werden kann, warum dies so ist. Wäre eine andere Methode zur Messung der Last besser geeignet?

5. Ist es für TCP Reno möglich, einen Zustand zu erreichen, bei dem die Überlastfenstergröße viel größer als (z.B. doppelt so groß wie) RTT × Bandbreite ist? Ist dies wahrscheinlich?

6. Betrachten Sie die Anordnung von Hosts H und Routern R und R1 in Abb. 6.28. Alle Leitungen sind Vollduplex und alle Router sind schneller als ihre Leitungen. Zeigen Sie, dass R1 nicht überlastet werden kann und dass für jeden beliebigen anderen Router R ein Verkehrsmuster gefunden werden kann, durch das nur dieser Router überlastet wird.

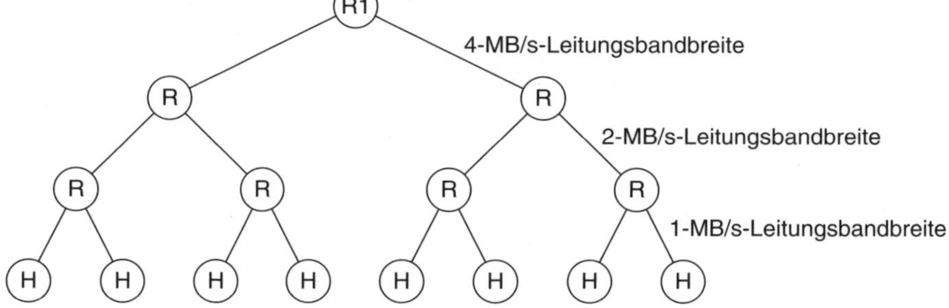

Abb. 6.28: Diagramm für Übung 6

7. Angenommen, eine Methode zur Überlastkontrolle führt zu einer Reihe konkurrierender Datenflüsse, die folgende Durchsatzraten erreichen: 100 KB/s, 60 KB/s, 110 KB/s, 95 KB/s und 150 KB/s.

a. Berechnen Sie den Fairnessindex für diese Methode.

b. Addieren Sie nun einen Datenfluss mit einer Durchsatzrate von 1000 KB/s zu den obigen und berechnen Sie den Fairnessindex neu.

8. Beim fairen Queuing wurde der Wert F_i als Zeitstempel interpretiert, und zwar als die Zeit, wenn das i-te Paket mit der Übertragung fertig ist. Geben Sie eine Interpretation von F_i für das gewichtete faire Queuing und eine Formel dafür in Bezug auf F_{i-1}, Ankunftszeit A_i, Paketgröße P_i und eine dem Datenfluss zugewiesene Gewichtung w.

9. Führen Sie ein Beispiel dafür auf, wie das nicht präemptive Vorgehen bei der Implementierung des fairen Queuing zu einer anderen Reihenfolge der Paketübertragung als beim bitweisen Round-Robin führt.

10. Angenommen, ein Router hat drei Eingangsdatenflüsse und einen Ausgang. Er empfängt alle in Tabelle 6.2 aufgeführten Pakete etwa zur gleichen Zeit in der angegebenen Reihenfolge innerhalb eines Zeitraums, in dem der Ausgangs-Port besetzt ist, alle Warteschlangen aber leer sind. Führen Sie die Reihenfolge auf, in der die Pakete übertragen werden, und gehen Sie dabei von folgenden Annahmen aus:

    a. Faires Queuing

    b. Gewichtetes faires Queuing, wobei Datenfluss 2 die Gewichtung 2 und die anderen beiden Gewichtung 1 haben.

Paket	Größe	Datenfluss
1	100	1
2	100	1
3	100	1
4	100	1
5	190	2
6	200	2
7	110	3
8	50	3

Tabelle 6.2: Pakete für Übung 10

11. Angenommen, ein Router hat drei Eingangsdatenflüsse und einen Ausgang. Er empfängt alle in Tabelle 6.3 aufgeführten Pakete etwa zur gleichen Zeit in der angegebenen Reihenfolge innerhalb eines Zeitraums, in dem der Ausgangs-Port besetzt ist, alle Warteschlangen aber leer sind. Führen Sie die Reihenfolge auf, in der die Pakete übertragen werden, und gehen Sie dabei von folgenden Annahmen aus:

a. Faires Queuing

b. Gewichtetes faires Queuing, wobei Datenfluss 2 doppeltes Gewicht wie Fluss 1, Fluss 3 1,5-mal soviel Gewicht wie Flow 1 haben soll. Beachten Sie, dass Zusammenhänge in der Reihenfolge Fluss 1, 2, 3 aufgelöst werden müssen.

Paket	Größe	Datenfluss
1	200	1
2	200	1
3	160	2
4	120	2
5	160	2
6	210	3
7	150	3
8	90	3

Tabelle 6.3: Pakete für Übung 11

12. Angenommen, die Drop-Policy eines Routers ist dergestalt, dass das Paket mit den höchsten Kosten verworfen wird, wenn Warteschlangen voll sind, wobei er die »Kosten« eines Pakets als das Produkt seiner Größe mal der *verbleibenden* Zeit, die es in der Warteschlange verweilt, definiert. (Man beachte, dass es bei der Berechnung der Kosten keine Rolle spielt, ob die Summe der Größen der früheren Pakete an Stelle der verbleibenden Zeit benutzt wird.)

    a. Welche Vor- und Nachteile können sich durch eine solche Policy im Vergleich zum Tail-Drop ergeben?

    b. Führen Sie ein Beispiel einer Sequenz von in der Warteschlange stehenden Paketen auf, bei dem sich das Verwerfen des Pakets mit den höchsten Kosten vom Verwerfen des größten Pakets unterscheidet.

    c. Geben Sie ein Beispiel an, bei dem zwei Pakete ihren jeweiligen Kostenrang im Verlauf der Zeit wechseln.

13. Zwei Benutzer, von denen einer Telnet verwendet und der andere Dateien mit FTP sendet, schicken ihren Verkehr über Router R ab. Die ausgehende Leitung von R ist langsam, sodass sich in der Warteschlange von R immer Pakete von beiden Benutzern befinden. Erläutern Sie die jeweilige Leistung aus Sicht des Telnet-Benutzers, wenn R für diese beiden Flüsse folgende Queuing-Policy anwendet:

    a. Round-Robin-Dienst

    b. Faires Queuing

c. Modifiziertes faires Queuing, wobei wir als Kosten nur die Daten-Bytes und nicht IP- oder TCP-Header betrachten.

Betrachten Sie nur abgehenden Verkehr unter der Annahme, dass Telnet-Pakete 1 Daten-Byte, FTP-Pakete 512 Daten-Byte und alle Pakete Header von 40 Byte haben.

14. Gegeben sei ein Router, der drei Flüsse verwaltet, auf denen Pakete mit konstanter Größe zu den folgenden Zeitpunkten ankommen:

Datenfluss A: 1, 2, 4, 6, 7, 9, 10

Datenfluss B: 2, 6, 8, 11, 12, 15

Datenfluss C: 1, 2, 3, 5, 6, 7, 8

Alle drei Datenflüsse benutzen die gleiche abgehende Leitung, über die der Router ein Paket pro Zeiteinheit übertragen kann. Gehen Sie davon aus, dass unendlicher Pufferplatz vorhanden ist.

a. Der Router implementiert faires Queuing. Nennen Sie für jedes Paket den Zeitpunkt, wann es vom Router übertragen wird. Die Ankunftszeiten sind in der Reihenfolge A, B, C zu lösen. Beachten Sie, dass der Zeitpunkt $T = 2$ der FQ-Uhrzeit $A_i = 1{,}5$ entspricht.

b. Der Router implementiert WFQ, wobei die Datenflüsse A und B einen gleichen Anteil der Kapazität erhalten und Datenfluss C die doppelte Kapazität von Datenfluss A erhält. Nennen Sie für jedes Paket den Zeitpunkt, wann es übertragen wird.

15. Gegeben sei ein Router, der drei Flüsse verwaltet, auf denen Pakete mit konstanter Größe zu den folgenden Zeitpunkten ankommen:

Datenfluss A: 1, 3, 5, 6, 8, 9, 11

Datenfluss B: 1, 4, 7, 8, 9, 13, 15

Datenfluss C: 1, 2, 4, 6, 7, 12

Alle drei Datenflüsse benutzen die gleiche abgehende Leitung, über die der Router ein Paket pro Zeiteinheit übertragen kann. Gehen Sie davon aus, dass unendlicher Pufferplatz vorhanden ist.

a. Der Router implementiert faires Queuing. Nennen Sie für jedes Paket den Zeitpunkt, zu dem es vom Router übertragen wird. Die Ankunftszeiten sind in der Reihenfolge A, B, C zu lösen. Beachten Sie, dass der Zeitpunkt $T = 2$ der FQ-Uhrzeit $A_i = 1{,}333$ entspricht.

b. Der Router implementiert WFQ, wobei die Datenflüsse A und C einen gleichen Anteil der Kapazität erhalten und Datenfluss B die doppelte Kapazität von Datenfluss A erhält. Nennen Sie für jedes Paket den Zeitpunkt, wann es übertragen wird.

16. Angenommen, TCP implementiert eine Erweiterung, die viel größere Fenstergrößen als 64 KB zulässt. Gehen Sie davon aus, dass Sie dieses erweiterte TCP über eine 1-Gbit/s-Leitung mit einer Verzögerung von 100 ms benutzen, um eine 10-MB-Datei zu übertragen, und dass das TCP-Empfangsfenster 1 MB beträgt. Lösen Sie folgende Aufgaben, wenn TCP 1-KB-Pakete sendet (und keine Überlast und kein Paketverlust vorkommen):
    a. Wie viele RTTs dauert es, bis der Slow-Start das Sendefenster auf 1 MB öffnet?
    b. Wie viele RTTs dauert es, um die Datei zu senden?
    c. Welcher effektive Durchsatz ergibt sich für den Transfer, wenn die Sendezeit der Datei durch die Anzahl der erforderlichen RTTs, multipliziert mit der Leitungsverzögerung, angegeben wird? Welcher prozentuale Anteil an der Leitungsbandbreite wird genutzt?

17. Betrachten Sie einen einfachen Algorithmus zur Überlastkontrolle, der Additive Increase / Multiplicative Decrease, jedoch keinen Slow-Start und Paket- statt Byte-Einheiten benutzt, und der jede Verbindung mit einem Überlastfenster beginnt, das einem Paket entspricht. Beschreiben Sie diesen Algorithmus ausführlich. Gehen Sie davon aus, dass die Verzögerung nur aus Latenz besteht und beim Senden einer Paketgruppe nur ein einziges ACK zurückgegeben wird. Zeichnen Sie das Überlastfenster als Funktion von Roundtrip-Zeiten für den Fall, bei dem die folgenden Pakete verlorengehen: 9, 25, 30, 38 und 50. Der Einfachheit halber gehen Sie von einem perfekten Timeout-Mechanismus aus, der ein verlorenes Paket genau 1 RTT nach seiner Übertragung erkennt.

18. Berechnen Sie für die Situation von Übung 15 den von dieser Verbindung erreichten effektiven Durchsatz. Gehen Sie davon aus, dass jedes Paket 1 KB an Daten beinhaltet und dass die RTT = 100 ms beträgt.

19. Während des Additive Increase berechnet TCP ein Inkrement für das Überlastfenster mit

    Inkrement = MSS × (MSS/Überlastfenster)

    Erklären Sie, warum die Berechnung dieses Inkrements jedes Mal, wenn ein ACK ankommt, nicht zum korrekten Inkrement führen kann. Geben Sie eine genauere Definition für dieses Inkrement. (Hinweis: Ein bestimmtes ACK kann mehr oder weniger als die MSS-Datenmenge bestätigen.)

20. Unter welchen Umständen können grobgranulare Timeouts in TCP auch dann noch erfolgen, wenn Fast-Retransmit benutzt wird?

21. Angenommen, wir erweitern BLAST/CHAN-RPC um Host-basierte Überlastkontrolle. Welche Form könnte dies annehmen? Wäre es besser, sie in BLAST oder CHAN oder in beiden hinzuzufügen?

22. Zwischen A und B befindet sich ein Router R. Die A–R-Bandbreite ist unendlich (d.h., Pakete werden nicht verzögert), die R–B-Leitung führt aber eine Bandbreitenverzögerung von 1 Paket pro Sekunde ein (d.h., 2 Pakete dauern 2 Sekunden usw.). Bestätigungen von B nach R werden aber sofort gesendet. A sendet Daten an B über eine TCP-Verbindung und benutzt dabei Slow-Start, allerdings mit einer beliebig großen Fenstergröße. R hat eine Warteschlangengröße von eins, zusätzlich zu dem Paket, das er sendet. In jeder Sekunde verarbeitet der Sender zuerst ankommende ACKs und reagiert dann auf Timeouts.

    a. Was wird bei einer festen Timeout-Periode von 2 Sekunden in T = 0, 1, ..., 6 Sekunden gesendet? Ist die Leitung auf Grund von Timeouts jemals ungenutzt?

    b. Welche Änderungen ergeben sich, wenn eine Timeout-Periode von 3 Sekunden gilt?

23. Gegeben seien A, R und B aus der vorherigen Übung, außer dass die Warteschlange von R jetzt eine Größe von drei Paketen, zusätzlich zu dem gerade übertragenen hat. A beginnt eine Verbindung mit Hilfe des Slow-Start und einem unendlichen Empfangsfenster. Fast-Retransmit erfolgt beim zweiten Duplikat-ACK (d.h. beim dritten ACK des gleichen Pakets); das Timeout-Intervall ist unendlich. Ignorieren Sie Fast-Recovery. Bei Verlust eines Pakets ist die Fenstergröße 1. Erstellen Sie eine Tabelle, die angibt, was A in den ersten 15 Sekunden empfängt, was A sendet, was R sendet, was sich in der Warteschlange von R befindet und was R verwirft.

24. Angenommen, bei der R–B-Leitung in der vorherigen Übung ändert sich die Bandbreitenverzögerung in eine Ausbreitungsverzögerung, sodass die Übertragung von zwei Paketen nun 1 Sekunde dauert. Führen Sie auf, was in den ersten 8 Sekunden gesendet und empfangen wird. Gehen Sie von folgendem aus: Statischer Timeout-Wert beträgt 2 Sekunden, Slow-Start wird bei einem Timeout benutzt, und die in etwa zur gleichen Zeit gesendeten ACKs werden konsolidiert. Beachten Sie, dass die Warteschlangengröße von R irrelevant ist (warum?).

25. Angenommen, Host A erreicht Host B über die Router R1 und R2:
A–R1–R2–B. Fast-Retransmit wird nicht benutzt, und A berechnet Timeout als 2 × EstimatedRTT. Gehen Sie davon aus, dass die A–R1- und R2–B-Leitungen eine unendliche Bandbreite haben, während die R1–R2-Leitung eine Bandbrei-

tenverzögerung von 1 Sekunde pro Paket bei Datenpaketen (nicht aber ACKs) einführt. Beschreiben Sie ein Szenario, bei dem die R1–R2-Leitung nicht zu 100% genutzt wird, obwohl A immer Daten zum Senden anstehen hat. Hinweis: Gehen Sie davon aus, dass sich das Überlastfenster von A von N auf $N + 1$ erhöht, wobei N die Warteschlangengröße von R1 ist.

26. Sie sind ein Internet-Service-Provider; Ihre Client-Hosts sind direkt an Ihre Router angeschlossen. Sie wissen, dass einige Hosts experimentelle TCPs benutzen und hegen den Verdacht, dass einige ein »gieriges« TCP ohne Überlastkontrolle verwenden. Welche Messungen könnten Sie an Ihrem Router durchführen, um festzustellen, dass ein Client überhaupt keinen Slow-Start benutzt? Könnten Sie erkennen, ob ein Client zwar beim Start, nicht aber nach einem Timeout Slow-Start benutzt?

27. Um TCP-Staukontrollmechnismen zu umgehen, bedarf es in der Regel einer expliziten Kooperation mit dem Sender. Stellen Sie sich aber die Empfangsseite einer umfangreichen Datenmenge vor, bei dem ein TCP verwendet wird, das bei den Paketen ACKs sendet, die noch nicht angekommen sind. Es könnte dies tun, weil entweder nicht alle Daten erforderlich sind oder weil die Daten später leicht erneut übertragen werden können. Welchen Einfluss hat dieses Empfänger-Verhalten auf die Flusskontrollmechanismen der Verbindung? Können Sie einen Weg aufzeigen, bei dem TCP so modifiziert wird, dass die Sender keinen Vorteil aus diesem Verhalten ziehen können?

28. Betrachten Sie die TCP-Zeichnung in Abb. 6.29. Identifizieren Sie Zeitintervalle, die Slow-Start beim Start, Slow-Start nach einem Timeout und Überlastvermeidung durch Additive Increase darstellen. Erklären Sie, was von $T = 0{,}5$ bis $T = 1{,}9$ passiert. Die TCP-Version, die diese Zeichnung erzeugt hat, beinhaltet ein Merkmal, das im TCP in Abb. 6.11 fehlt. Um welches Merkmal handelt es sich? Bei dieser Zeichnung und bei der in Abb. 6.13 fehlt ebenfalls ein Merkmal. Um welches handelt es sich hierbei?

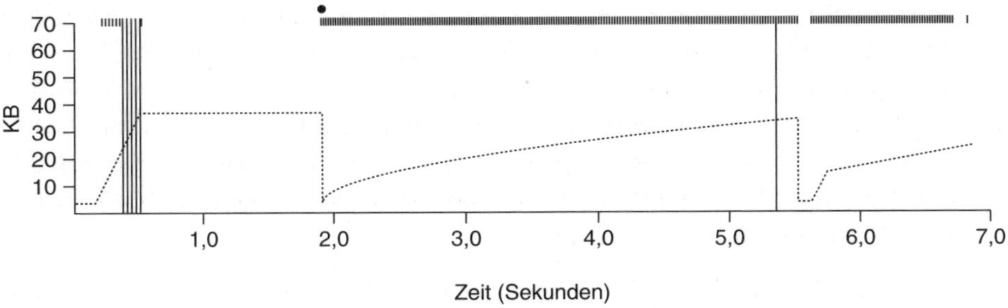

Abb. 6.29: TCP-Zeichnung für Übung 28

29. Sie führen gerade einen Download einer großen Datei über eine 3-KB/s-Telefonleitung durch. Ihre Software bietet einen Zähler für die durchschnittlichen Byte pro Sekunde an. Auf welche Weise fluktuiert dieser Zähler durch TCP-Überlastkontrolle und gelegentliche Paketverluste? Gehen Sie davon aus, dass nur ein Drittel der gesamten RTT in der Telefonleitung anfällt.

30. Angenommen, TCP wird über eine verlustbehaftete Leitung benutzt, die im Durchschnitt ein Segment von vier verliert. Die Bandbreite/Verzögerung-Fenstergröße ist wesentlich größer als vier Segmente.

    a. Was passiert, wenn wir eine Verbindung starten? Erreichen wir jemals die Phase des Additive Increase der Überlastvermeidung?

    b. Hätte TCP ohne Verwendung eines expliziten Feedback-Mechanismus seitens der Router eine Möglichkeit, solche Leitungsverluste von Überlastverlusten zu unterscheiden, zumindest kurzfristig?

    c. Angenommen, TCP-Sender erhalten zuverlässig explizite Überlasthinweise von Routern, und die Leitungen sind wie oben. Wäre es machbar, Fenstergrößen zu unterstützen, die viel größer als vier Segmente sind? Was müsste TCP unternehmen?

31. Angenommen, zwei TCP-Verbindungen teilen sich einen Pfad durch einen Router R. Die Warteschlangengröße des Routers beträgt sechs Segmente. Jede Verbindung hat ein stabiles Überlastfenster von drei Segmenten. Diese Verbindungen verwenden keine Überlastkontrolle. Nun wird eine dritte TCP-Verbindung, ebenfalls durch R, aufgebaut. Sie benutzt ebenfalls keine Überlastkontrolle. Beschreiben Sie ein Szenario, bei dem die dritte Verbindung zumindest für eine Weile nichts von der verfügbaren Bandbreite erhält, während die ersten beiden mit jeweils 50% fortfahren. Spielt es eine Rolle, ob die dritte Verbindung Slow-Start benutzt? Wie kann Überlastvermeidung auf Seiten der ersten beiden Verbindungen helfen, dies zu lösen?

32. Angenommen, eine TCP-Verbindung hat eine Fenstergröße von acht Segmenten und eine RTT von 800 ms. Der Sender überträgt Segmente in einer konstanten Rate von eins alle 100 ms, und der Empfänger sendet ACKs in der gleichen Rate ohne Verzögerung zurück. Ein Segment geht verloren, und der Verlust wird durch den Fast-Retransmit-Algorithmus bei Empfang des dritten Duplikat-ACKs erkannt. Wieviel Gesamtzeit hat der Sender (im Vergleich zur verlustlosen Übertragung) an dem Punkt, wenn das ACK des neuübertragenen Segments schließlich ankommt, verloren, wenn

    a. der Sender auf das ACK von dem neuübertragenen verlorenen Paket wartet, bevor er das Fenster wieder vorwärts schiebt?

    b. der Sender die Ankunft jedes Duplikat-ACKs als Hinweis dafür benutzt, dass er das Fenster um ein Segment vorwärts schieben kann?

33. In diesem Kapitel wird behauptet, dass Additive Increase eine notwendige Bedingung ist, um einen stabilen Mechanismus zur Überlastkontrolle zu erreichen. Beschreiben Sie eine spezifische Instabilität, die entstehen kann, wenn alle Erhöhungen exponentiell sind, d.h., wenn TCP weiterhin nach der Erhöhung des Überlastfensters über den Überlastgrenzwert hinaus den Slow-Start benutzt.

34. Diskutieren Sie die relativen Vor- und Nachteile der Markierung eines Pakets (wie beim DECbit-Mechanismus) im Vergleich zum Verwerfen eines Pakets (wie bei RED-Gateways).

35. Betrachten Sie ein RED-Gateway mit MaxP = 0,02 und einer durchschnittlichen Warteschlangenlänge genau zwischen den beiden Grenzwerten.

    a. Ermitteln Sie die Drop-Wahrscheinlichkeit P_{count} für count = 1 und count = 50.

    b. Berechnen Sie die Wahrscheinlichkeit, dass keines der ersten 50 Pakete verworfen wird. Beachten Sie, dass dies $(1 - P_1) \times ... \times (1 - P_{50})$ ist.

36. Betrachten Sie ein RED-Gateway mit MaxP = *p* und einer durchschnittlichen Warteschlangenlänge genau zwischen den beiden Grenzwerten.

    a. Ermitteln Sie die Drop-Wahrscheinlichkeit P_{count} für count = 1 und count = 50.

    b. Bestimmen Sie *p* derart, dass die Wahrscheinlichkeit gleich α ist, dass keines der ersten n Pakete verworfen wird.

37. Erklären Sie die Idee hinter der Einstellung MaxThreshold = 2 × MinThreshold in RED-Gateways.

38. Erklären Sie, warum in RED-Gateways MaxThreshold in Wirklichkeit geringer ist als die tatsächliche Größe des verfügbaren Puffer-Pools.

39. Erklären Sie den fundamentalen Konflikt zwischen der Tolerierung von Burstiness und der Kontrolle von Netzwerküberlast.

40. Warum erhöht sich Ihrer Meinung nach die Drop-Wahrscheinlichkeit P eines RED-Gateways *nicht* einfach linear von P = 0 bei MinThresh auf P = 1 bei MaxThresh?

★ 41. In TCP Vegas wird ActualRate dadurch berechnet, dass man die in einem RTT-Intervall übertragene Datenmenge durch die Länge der RTT dividiert.

    a. Zeigen Sie, dass bei jeder TCP-Implementierung die in einem RTT-Intervall übertragene Datenmenge konstant ist, nachdem eine volle Fenstermenge gesendet wurde, falls die Fenstergröße konstant bleibt. Gehen Sie davon aus, dass der Sender jedes Segment sofort bei Empfang eines ACK überträgt, dass Pakete nicht verlorengehen und reihenfolgeerhaltend übertragen werden, dass alle Segmente die gleiche Größe haben und die erste Leitung auf dem Pfad nicht die langsamste ist.

b. Zeichnen Sie einen Zeitstrahl, der aufzeigt, dass die Datenmenge pro oben genannter RTT geringer als das Überlastfenster sein kann.

42. Angenommen, eine TCP-Vegas-Verbindung misst die RTT ihres ersten Pakets und stellt BaseRTT danach ein. Dann fällt aber eine Netzwerkleitung aus und der gesamte nachfolgende Verkehr wird über einen alternativen Pfad mit der doppelten RTT umgeleitet. Wie reagiert TCP Vegas? Was passiert mit dem Wert für das Überlastfenster? Gehen Sie davon aus, dass keine Timeouts erfolgen und β viel kleiner als die anfängliche ExpectedRate ist.

43. Betrachten Sie die folgenden beiden Ursachen einer Netzwerkverzögerung von einer Sekunde (bei sofortiger Rücksendung von ACKs):

- Ein dazwischenliegender Router mit einer abgehenden Bandbreitenverzögerung von einer Sekunde pro Paket und keinem konkurrierenden Verkehr.
- Ein dazwischenliegender Router mit einer abgehenden Bandbreitenverzögerung von 100 ms pro Paket und ständigem Auffüllen der Warteschlange mit 10 Paketen (von einer anderen Quelle).

a. Wie könnte ein Transportprotokoll im Allgemeinen zwischen diesen beiden Fällen unterscheiden?

b. Angenommen, TCP Vegas sendet über die obigen Verbindungen mit einem anfänglichen Überlastfenster von 3 Paketen. Was passiert mit dem Überlastfenster in jedem der beiden Fälle? Gehen Sie von BaseRTT = 1 Sekunde und $\beta = 1$ Paket pro Sekunde aus.

44. Führen Sie ein Argument an, warum das Problem der Überlastkontrolle besser auf der Internetwork- als auf der ATM-Ebene verwaltet werden kann, zumindest wenn nur ein Teil des Internetwork ein ATM ist. Wird Überlast bei einem reinen IP-über-ATM-Netzwerk auf der Zellen- oder auf der TCP-Ebene besser verwaltet? Warum?

45. Zeichnen Sie auf, wie ein ATM-Switch PPD und EPD implementieren würde. Ist einer der beiden Mechanismen in nennenswertem Umfang einfacher?

46. Betrachten Sie die Taxonomie von Abb. 6.23.

a. Nennen Sie ein Beispiel einer Echtzeitanwendung, die *intolerant/ratenadaptiv* ist.

b. Erklären Sie, warum Sie von einer Anwendung, die Verluste toleriert, erwarten würden, zumindest in gewissem Umfang ratenadaptiv zu sein.

c. Nennen Sie ungeachtet von Teil b ein Beispiel einer Anwendung, die als *tolerant/nicht adaptiv* betrachtet werden kann. Hinweis: Die Tolerierung sogar geringer Verluste qualifiziert eine Anwendung als verlusttolerant. Sie müssen ratenadaptiv als Fähigkeit interpretieren, sich an *beträchtliche* Bandbreitenänderungen anzupassen.

47. Der Übertragungszeitplan (Tabelle 6.4) für einen bestimmten Datenfluss listet für jede Sekunde die Anzahl der zwischen diesem Zeitpunkt und der folgenden Sekunde gesendeten Pakete auf. Der Datenfluss muss innerhalb der Grenzen eines Token-Bucket-Filters bleiben. Welche Bucket-Tiefe braucht der Datenfluss bei den folgenden Token-Raten? Gehen Sie davon aus, dass der Bucket anfangs voll ist.

   a. 2 Pakete pro Sekunde

   b. 4 Pakete pro Sekunde

Zeit (Sekunden)	Gesendete Pakete
0	5
1	5
2	1
3	0
4	6
5	1

Tabelle 6.4:
Übertragungszeitplan für Übung 47

48. Der Übertragungszeitplan (Tabelle 6.5) für einen bestimmten Datenfluss listet für jede Sekunde die Anzahl der zwischen diesem Zeitpunkt und der folgenden Sekunde gesendeten Pakete auf. Der Datenfluss muss innerhalb der Grenzen eines Token-Bucket-Filters bleiben. Bestimmen Sie die notwendige Bucket-Tiefe *D* als Funktion der Token-Rate *r*, wobei eine positive Ganzzahl ist? Gehen Sie davon aus, dass der Bucket anfangs voll ist.

Zeit (Sekunden)	Gesendete Pakete
0	5
1	5
2	1
3	0
4	6
5	1

Tabelle 6.5:
Übertragungszeitplan für Übung 48

49. Angenommen, ein Router hat Datenflüsse mit den in Tabelle 6.6 aufgeführten TSpecs angenommen. Die Spezifikationen beschreiben Token-Bucket-Filter mit

einer Token-Rate von *r* Paketen pro Sekunde und einer Bucket-Tiefe von *B* Paketen. Alle Datenflüsse gehen in die gleiche Richtung. Der Router kann je 0,1 Sekunde ein Paket weiterleiten.

a. Mit welcher maximalen Verzögerung muss ein Paket rechnen?

b. Welche minimale Anzahl von Paketen des dritten Flusses würde der Router im Verlauf von 2 Sekunden senden, wenn der Datenfluss Pakete gleichmäßig in seiner maximalen Rate sendet?

r	B
1	10
2	4
4	1

Tabelle 6.6: TSpecs für Übung 49

50. Ein RSVP-Router verliert plötzlich seinen Reservierungszustand, bleibt aber abgesehen davon in Betrieb.

a. Was passiert mit den vorhandenen reservierten Flüssen, wenn der Router reservierte und nicht reservierte Flüsse über eine einzige FIFO-Warteschlange abarbeitet?

b. Was könnte mit den vorhandenen reservierten Flüssen passieren, wenn der Router WFQ benutzen würde, um reservierten und nicht reservierten Verkehr zu trennen?

c. Die Empfänger dieser Flüsse werden irgendwann fordern, dass man ihre Reservierungen erneuern soll. Führen Sie ein Szenario auf, bei dem diese Anfragen abgewiesen werden.

51. Betrachten Sie den ATM/ABR-VC in Abb. 6.27. Diese virtuelle Leitung wird an Switch S2 in zwei Steuerschleifen segmentiert.

a. Angenommen, die Ressourcenzuteilungszelle RM_1 fließt von S2 nach H1 und meldet eine hohe verfügbare Rate. Kurz danach kommt bei S2 aber von H2 eine RM-Zelle an, die eine niedrige verfügbare Rate für die zweite Hälfte der Leitung meldet. Welchem Problem kann sich S2 nun gegenübersehen?

b. Wenn S2 RM_1 von H1 empfängt, kann er sie einfach zurückhalten, während er seine eigene RM_2 nach H2 und zurück sendet. Wenn RM_2 zurückkehrt, würde S2 nun RM_1 zurücksenden und damit seine Ratenspezifiktion nötigenfalls reduzieren. Warum kann eine solche Strategie unerwünscht sein? Hinweis: Denken Sie an den Zweck der Segmentierung in kleinere Steuerschleifen.

7 Ende-zu-Ende-Daten

Was geschieht mit den Daten?

Aus Sicht des Netzwerks senden Anwendungsprogramme einander Nachrichten. Jede dieser Nachrichten ist lediglich eine uninterpretierte Byte-Kette. Aus Sicht der Anwendung enthalten diese Nachrichten jedoch verschiedene *Daten*arten – Ganzzahlen-Arrays, Video-Frames, Textzeilen, digitale Bilder usw. Mit anderen Worten: Diese Bytes haben eine Bedeutung. Wir betrachten nun das Problem, wie man die verschiedenen Datenarten, die Anwendungsprogramme austauschen möchten, am besten in Byte-Ketten kodiert. In vielerlei Hinsicht ist dies vergleichbar mit dem Problem der Kodierung von Byte-Ketten in elektromagnetische Signale, wie in Abschnitt 2.2 beschrieben wurde.

In Kapitel 2 wurden im Wesentlichen zwei Probleme behandelt: Erstens das Framing-Problem, d.h., der Empfänger muss die gleiche Nachricht aus dem vom Sender übertragenen Signal extrahieren können. Zweitens soll die Kodierung so effizient wie möglich sein. Beide Probleme sind zu lösen, um Anwendungsdaten in Netzwerknachrichten zu kodieren.

It is a capital mistake to theorize before one has data.

– Sir Arthur Conan Doyle

Damit Sender und Empfänger die gleichen Daten sehen, müssen sich die beiden Seiten auf ein Nachrichtenformat einigen, das man *Darstellungsformat* nennt. Möchte der Sender dem Empfänger beispielsweise ein Ganzzahlen-Array senden, müssen sich die beiden Seiten darauf einigen, wie jede Ganzzahl aussieht (wie groß sie ist und ob das höchstwertige Bit zuerst oder zuletzt kommt) und wie viele Elemente sich im Array befinden. In Abschnitt 7.1 werden verschiedene Kodiermethoden für traditionelle Computerdaten beschrieben, z.B. Ganzzahlen, Gleitkommazahlen, Zeichenketten, Arrays und Strukturen. Daneben gibt es Formate für Multimedia-Daten, die sich durchgesetzt haben: Video wird z.B. meist im MPEG-Format (Moving Picture Experts Group) und Standbilder im JPEG- (Joint Photographic Experts Group) oder GIF-Format (Graphical Interchange Format) übertragen. Da diese Formate vorwiegend für die dabei verwendeten Kompressionsalgorithmen von Bedeutung sind, werden sie in diesem Zusammenhang in Abschnitt 7.2 beschrieben.

Als zweites wichtiges Problem wird in diesem Kapitel die Effizienz der Kodierung behandelt, die auf Shannons Pionierarbeit im Bereich der Informationstheorie in den vierziger Jahren zurückreicht. Tatsächlich sind hier zwei entgegengesetzte Kräfte am Werk. Einerseits wünscht man sich möglichst viel Redundanz in den Daten, damit der Empfänger die richtigen Daten extrahieren kann, auch wenn Fehler in die Nachricht eingeführt werden. Die in Abschnitt 2.4 behandelten Fehlererkennungs- und -korrekturcodes fügen genau zu diesem Zweck redundante Informationen in Nachrichten ein. Andererseits möchten wir möglichst viel Redundanz aus den Daten entfernen, damit wir sie in so wenigen Bits wie möglich kodieren können. Das ist das Ziel der *Datenkompression*, die in Abschnitt 7.2 beschrieben wird.

Kompression ist für Netzwerkentwickler aus vielen Gründen wichtig und nicht nur, weil wir selten überall im Netzwerk massenweise Bandbreite vorfinden. Wie wir z.B. einen Kompressionsalgorithmus auslegen, wirkt sich auf die Empfindlichkeit gegenüber verlorenen oder verzögerten Daten aus und kann damit das Design von Ressourcenzuteilungsmechanismen und Ende-zu-Ende-Protokollen beeinflussen. Ist demgegenüber das zugrunde-liegende Netzwerk unfähig, für die Dauer einer Videokonferenz eine feste Bandbreite zu garantieren, entscheiden wir uns möglicherweise für die Entwicklung von Kompressionsalgorithmen, die sich an ändernde Netzwerkbedingungen anpassen können.

Sowohl das Darstellungsformat als auch die Datenkompression erfordern, dass sendende und empfangende Hosts jedes Daten-Byte in der Nachricht verarbeiten. Aus diesem Grund werden Darstellungsformat und Datenkompression auch als Funktionen der *Datenmanipulation* betrachtet. Dies steht im Gegensatz zu den meisten bisher beschriebenen Protokollen, die eine Nachricht verarbeiten, ohne jemals den Inhalt anzusehen. Aufgrund der Notwendigkeit, jedes Daten-Byte einer Nachricht zu lesen, zu verarbeiten und zu schreiben, wirken sich Datenmanipulationen auf den Ende-zu-Ende-Durchsatz über das Netzwerk aus, können also der begrenzende Faktor sein.

7.1 Darstellungsformatierung

Eine der gebräuchlichsten Transformationen von Netzwerkdaten wandelt die Darstellung, die Anwendungsprogramme benutzen, in eine Form um, die sich für die Übertragung über ein Netzwerk bzw. umgekehrt eignet. Diese Transformation nennt man normalerweise *Darstellungsformatierung*. Wie in Abb. 7.1 dargestellt, übersetzt das sendende Programm die Daten, die es übertragen will, von der intern benutzten Darstellung in eine Nachricht, die über das Netzwerk übertragen werden kann. Das heißt, die Daten werden in eine Nachricht *kodiert*. Auf der empfangenden Seite übersetzt die Anwendung diese ankommende Nachricht in eine Darstellung, die sie anschließend verarbeiten kann. Das heißt, die Nachricht wird *dekodiert*. Die Kodierung wird manchmal auch *Argument-Marshalling* und die Dekodierung *Unmarshalling* genannt. Diese Terminologie stammt aus der RPC-Welt, wo der Client denkt, er ruft eine Prozedur mit einer Reihe von Argumenten auf. Diese Argumente werden dann aber zusammengeführt und auf entsprechende und effektive Weise angeordnet, um eine für Netzwerke geeignete Nachricht zu bilden.

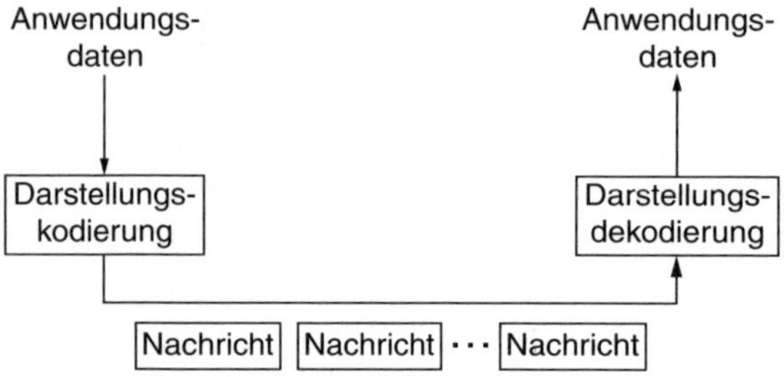

Abb. 7.1:
Darstellungsformatierung bedeutet Kodierung und Dekodierung von Anwendungsdaten.

Man mag sich fragen, was dieses Problem zu einer solchen Herausforderung macht, dass es eine Bezeichnung wie »Marshalling« verdient. Ein Grund ist, dass Computer Daten unterschiedlich darstellen. Einige Computer stellen beispielsweise Gleitkommazahlen im IEEE-754-Standard-Format dar, während andere Maschinen ihr eigenes nicht standardisiertes Format benutzen. Sogar für etwas so Einfaches wie Ganzzahlen werden von unterschiedlichen Architekturen verschiedene Größen benutzt (z.B. 16 Bit, 32 Bit, 64 Bit). Um die Sache noch zu verschlimmern, werden Ganzzahlen auf einigen Maschinen im *Big-endian*-Format (das höchstwertige Bit ist in dem Byte mit der höchsten Adresse) und auf anderen im *Little-endian*-Format (das höchstwertige Bit ist in dem Byte mit der niedrigsten Adresse) dargestellt. Die Motorola-680x0-Prozessoren sind ein Beispiel der Big-endian-Architektur und Intel 80x86-Prozessoren eines der Little-endian-Architektur. Abb. 7.2 zeigt als Beispiel die Big-endian- und Little-endian-Darstellungen der Ganzzahl 34.677.374.

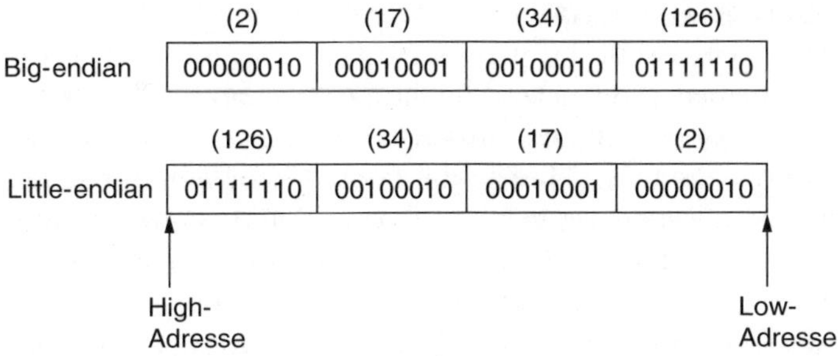

Abb. 7.2: Big-endian- und Little-endian-Byte-Anordnung der Ganzzahl 34.677.374

Marshalling ist aus einem weiteren Grund schwierig, weil Anwendungsprogramme in verschiedenen Sprachen geschrieben werden; und auch wenn man eine einzige Sprache benutzt, gibt es mehr als einen Compiler. Beispielsweise verfügen Compiler über einen gewissen Spielraum dahingehend, wie sie Strukturen (Datensätze) im Speicher auslegen, z.B. wie viele Füll-Bytes sie zwischen die Felder einfügen, aus denen sich die Struktur zusammensetzt. Folglich kann man nicht einfach eine Struktur von einer Maschine auf eine andere übertragen, auch wenn beide Maschinen die gleiche Architektur aufweisen und das Programm in der gleichen Sprache geschrieben wurde, weil der Compiler auf der Zielmaschine die Felder der Struktur möglicherweise anders ausrichtet.

7.1.1 Taxonomie

Argument-Marshalling ist sicherlich keine hochwissenschaftliche Sache, birgt aber doch gewisse Tücken. Es gibt eine überraschende Anzahl von Designalternativen, die behandelt werden müssen. Wir beginnen mit einer einfachen Taxonomie für Argument-Marshalling-Systeme. Sie ist keinesfalls die einzige denkbare Taxonomie, reicht aber aus, um die meisten interessanten Alternativen abzudecken.

Datentypen

Die erste Frage lautet, welche Datentypen das System unterstützen soll. Im allgemeinen können wir die von einem Argument-Marshalling-Mechanismus unterstützten Typen auf drei Ebenen klassifizieren. Auf jeder Ebene wird die vom Marshalling-System zu bewältigende Aufgabe komplizierter.

Auf der niedrigsten Ebene arbeitet ein Marshalling-System mit einer gewissen Menge von *Basistypen*. Normalerweise umfassen diese Basistypen Ganzzahlen, Gleitkommazahlen und Zeichen. Das System kann auch Aufzählungs- und boolesche Typen unterstützen. Wie oben beschrieben, impliziert die Menge an Basistypen, dass der Kodierungsprozess in der Lage sein muss, jeden Basistyp von einer Darstellung in eine andere, z.B. eine Ganzzahl von big-endian in little-endian, zu konvertieren.

Auf der nächsten Ebene befinden sich *flache Datentypen,* d.h. Strukturen und Arrays. Zunächst scheint es, als ob flache Typen das Argument-Marshalling nicht erschweren, die Wirklichkeit sieht aber anders aus. Das Problem ist, dass die für die

Kompilierung von Anwendungsprogrammen benutzten Compiler manchmal Füll-Bytes zwischen die Felder einfügen, aus denen sich die Struktur zusammensetzt, um diese Felder auf Wortgrenzen auszurichten. Das Marshalling-System *packt* normalerweise Strukturen, sodass sie keine Füll-Bytes enthalten.

Auf der höchsten Ebene muss sich das Marshalling-System möglicherweise mit *komplexen Typen* befassen; diese Typen verwenden Zeiger (Pointers). Die Datenstruktur, die ein Programm an ein anderes senden möchte, ist also möglicherweise nicht in einer einzigen Struktur enthalten, sondern beinhaltet stattdessen Zeiger von einer Struktur auf eine andere. Ein Baum ist ein gutes Beispiel eines komplexen Typs, der Zeiger enthält. Selbstverständlich muss der Datenkodierer die Datenstruktur für die Übertragung im Netzwerk entsprechend vorbereiten, weil Zeiger von Speicheradressen implementiert werden. Und nur weil eine Struktur an einer bestimmten Speicheradresse auf einer Maschine existiert, muss sie nicht unbedingt auf einer anderen Maschine an der gleichen Adresse residieren. Mit anderen Worten: Das Marshalling-System muss komplexe Datenstrukturen *serialisieren* (»flach klopfen«).

▶ Kurz zusammengefasst heißt das: Je nachdem, wie kompliziert das Typensystem ist, umfasst die Aufgabe des Argument-Marshalling normalerweise die Konvertierung der Basistypen, das Packen der Strukturen und die Linearisierung der komplexen Datenstrukturen, um insgesamt eine zusammenhängende Nachricht zu bilden, die im Netzwerk übertragen werden kann. Diese Aufgabe ist in Abb. 7.3 dargestellt.

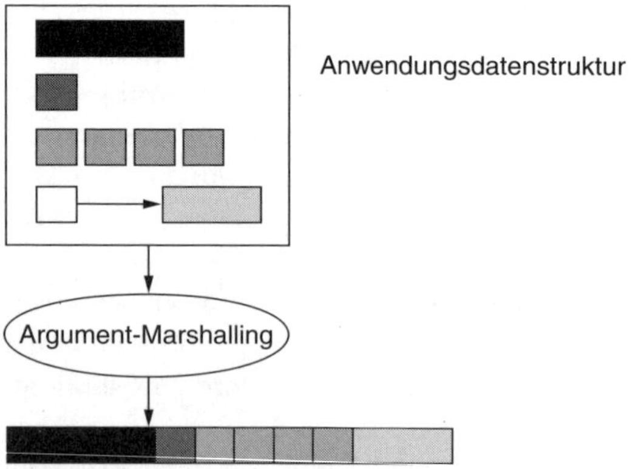

Abb. 7.3:
Argument-Marshalling: Konvertierung, Packung und Linearisierung

Konvertierungsstrategie

Nachdem das Typensystem festgelegt wurde, lautet die nächste Frage, welche Konvertierungsstrategie das Argument-Marshalling verwenden soll. Hierfür stehen zwei allgemeine Optionen zur Verfügung: die *kanonische Zwischenform* und *Receiver-makes-right*. Beide Optionen werden im Folgenden nacheinander beschrieben.

Beim Konzept der kanonischen Zwischenform einigt man sich auf eine externe Darstellung für jeden Typ. Der sendende Host übersetzt vor der Datenübertragung von seiner internen in die externe Darstellung, und der Empfänger übersetzt beim Empfang der Daten von dieser externen in seine lokale Darstellung. Um dieses Konzept zu verdeutlichen, betrachten wir ganzzahlige Daten. Andere Typen werden auf ähnliche Weise behandelt. Man kann deklarieren, dass das Big-endian-Format als externe Darstellung für Ganzzahlen benutzt wird. Der sendende Host muss jede Ganzzahl, die er sendet, in die Big-endian-Form übersetzen, und der empfangende Host muss Big-endian-Ganzzahlen in seine Darstellung übersetzen. (Genau das geschieht bei den Protokoll-Headern im Internet.) Selbstverständlich ist es möglich, dass ein bestimmter Host bereits die Big-endian-Form benutzt. In diesem Fall ist keine Umwandlung notwendig.

Bei der zweiten Option mit der Bezeichnung »Receiver-makes-right« überträgt der Sender Daten in seinem eigenen internen Format. Obwohl die Basistypen nicht konvertiert werden, muss der Sender normalerweise komplexere Datenstrukturen packen und serialisieren. Der Empfänger ist dann für die Übersetzung der Daten vom Format des Senders in sein eigenes lokales Format verantwortlich. Das Problem bei dieser Strategie ist, dass jeder Host darauf vorbereitet sein muss, Daten von allen anderen Maschinenarchitekturen zu konvertieren. Im Netzwerkbereich nennt man das eine *N-mal-N-Lösung*: Jede von *N* Maschinenarchitekturen muss in der Lage sein, alle *N* Architekturen zu unterstützen. Demgegenüber muss jeder Host in einem System, das eine kanonische Zwischenform anwendet, nur wissen, wie er zwischen seiner eigenen und einer einzigen anderen – der externen – Darstellung konvertieren muss.

Die Verwendung eines gemeinsamen externen Formats ist hier natürlich besser, richtig? Das war sicherlich die übereinstimmende Meinung in der Netzwerkgemeinde in den letzten 20 Jahren. Leider gibt es darauf keine allgemeingültige Antwort. Insgesamt gibt es jedoch nicht so viele verschiedene Darstellungen für die verschiedenen Basisklassen. Anders ausgedrückt: *N* ist nicht so groß. Außerdem kommunizieren im häufigsten Fall zwei Maschinen des gleichen Typs miteinander. In dieser Situation scheint es unsinnig, Daten von der Darstellung einer Architektur in irgendeine fremde externe Darstellung zu übersetzen, nur um sie dann beim Empfänger wieder in die Darstellung der gleichen Architektur zurückzuübersetzen.

Bei einer dritten Option, die nach unserem Wissen jedoch kein existierendes System benutzt, wird Receiver-makes-right angewandt, wenn der Sender weiß, dass das Ziel die gleiche Architektur aufweist. Besitzen die beiden Maschinen aber unterschiedliche Architekturen, dann benutzt der Sender eine kanonische Zwischenform. Wie würde ein Sender von der Architektur des Empfängers erfahren? Er könnte diese Information entweder von einem Name-Server erfahren oder zuerst einen einfachen Testfall anwenden, um zu sehen, ob er das entsprechende Ergebnis erhält.

Tags

Die dritte Frage lautet beim Argument-Marshalling, wie der Empfänger weiß, welche Datenart in der von ihm empfangenen Nachricht enthalten ist. Hierfür gibt es zwei übliche Ansätze: Daten *mit* oder *ohne Tags*. Der Ansatz mit Tags ist intuitiver, deshalb beschreiben wir ihn zuerst.

Ein Tag ist eine zusätzliche, in einer Nachricht enthaltene Information, die über die konkrete Darstellung der Basistypen hinausgeht und den Empfänger dabei unterstützt, die Nachricht zu dekodieren. In eine Nachricht können mehrere mögliche Tags eingebunden werden. Beispielsweise kann jedes Datenelement um ein *Typ*-Tag erweitert werden, das bezeichnet, dass der anschließende Wert eine Ganzzahl, eine Gleitkommazahl oder etwas anderes ist. Ein weiteres Beispiel ist ein *Länge*-Tag. Ein solches Tag wird benutzt, um die Anzahl von Elementen in einem Array oder die Größe einer Ganzzahl anzugeben. Ein drittes Beispiel ist ein *Architektur*-Tag, das in Verbindung mit der Receiver-makes-right-Strategie benutzt werden kann, um die Architektur zu bezeichnen, auf der die in der Nachricht enthaltenen Daten erzeugt wurden. Abb. 7.4 zeigt, wie eine einfache 32-Bit-Ganzzahl in einer mit Tags versehenen Nachricht kodiert werden kann.

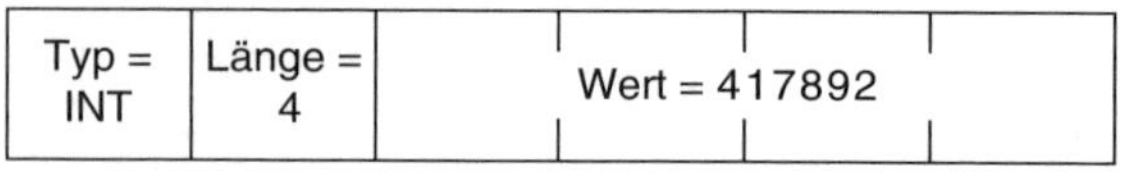

Abb. 7.4: Kodierung einer 32-Bit-Ganzzahl in einer mit Tags versehenen Nachricht

Natürlich kann man auch ohne Tags arbeiten. Wie weiß der Empfänger, wie er in diesem Fall Daten dekodieren muss? Er weiß es, weil er so programmiert wurde. Mit anderen Worten: Wenn Sie eine Remote-Prozedur aufrufen, die zwei Ganzzahlen und eine Gleitkommazahl als Argumente verwendet, besteht für die Remote-Prozedur kein Grund, Tags durchzusehen, um zu wissen, was sie soeben empfangen hat. Sie nimmt einfach an, dass die Nachricht zwei Ganzzahlen und eine Gleitkommazahl enthält und dekodiert sie entsprechend. Man beachte, dass dies in den meisten Fällen funktioniert, jedoch versagt, wenn Arrays mit variabler Länge gesendet werden. In einem solchen Fall wird normalerweise ein Länge-Tag benutzt, um die Länge des Arrays anzugeben.

Weiterhin bedeutet der Ansatz ohne Tags, dass die Darstellungsformatierung wirklich von Ende zu Ende erfolgt. Ein dazwischenliegender Knoten kann die Nachricht nur interpretieren, wenn die Daten mit Tags versehen sind. Warum sollte ein dazwischenliegender Knoten eine Nachricht interpretieren müssen? Es sind schon seltsamere Dinge passiert, die sich meist auf Grund von Ad-hoc-Lösungen für unerwartete Probleme ergeben haben, für deren Behandlung das System nicht ausgelegt wurde. Beispiele schlechten Netzwerkdesigns würden den Umfang dieses Buchs sprengen.

Stubs

Ein Stub ist das Stück Code, das Argument-Marshalling implementiert. Stubs werden normalerweise benutzt, um RPC zu unterstützen. Auf der Client-Seite benutzt der Stub Marshalling für die Prozedurargumente einer Nachricht, die dann mittels RPC-Protokoll übertragen werden. Auf der Server-Seite konvertiert der Stub die Nachricht in eine Reihe von Variablen zurück, die als Argumente benutzt werden können, um die Remote-Prozedur aufzurufen. Stubs können entweder interpretiert oder kompiliert werden.

Bei einem auf Kompilierung basierenden Ansatz hat jede Prozedur einen »angepassten« Client- und Server-Stub. Während es möglich ist, Stubs per Hand zu schreiben, werden sie in der Regel von einem Stub-Compiler auf der Grundlage einer Beschreibung der Schnittstelle der Prozedur erzeugt. Diese Situation ist in Abb. 7.5 dargestellt. Der Stub ist kompiliert und daher sehr effizient. Bei einem auf Interpretation basierenden Ansatz stellt das System »generische« Client- und Server-Stubs bereit, deren Parameter durch eine Beschreibung der Prozedurschnittstelle gesetzt werden. Da sich diese Beschreibung leicht ändern lässt, weisen interpretierte Stubs den Vorteil auf, dass sie flexibel sind. Kompilierte Stubs sind in der Praxis üblicher.

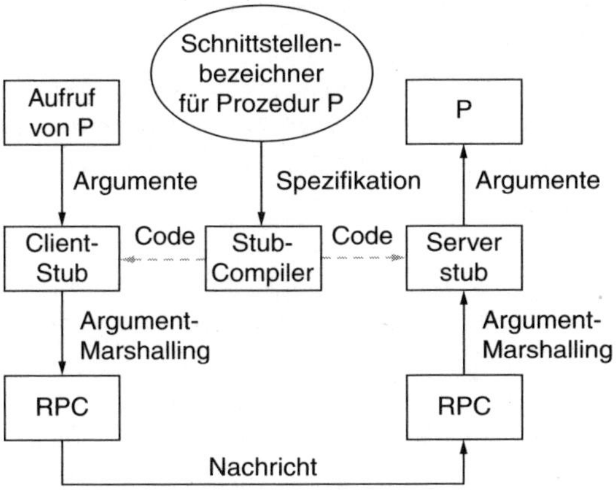

Abb. 7.5:
Der Stub-Compiler verwendet die Schnittstellenbeschreibung als Eingabe und gibt Client- und Server-Stubs aus.

7.1.2 Beispiele (XDR, ASN.1, NDR)

Wir beschreiben jetzt kurz drei weitverbreitete Darstellungen von Netzwerkdaten im Rahmen dieser Taxonomie. Wir verwenden den ganzzahligen Basistyp, um die Funktionsweise der einzelnen Systeme zu verdeutlichen.

XDR

External Data Representation (XDR) ist das mit SunRPC verwendete Netzwerkformat. In der soeben eingeführten Taxonomie weist XDR folgende Merkmale auf:

- Unterstützung des gesamten C-Typensystems, mit Ausnahme von Funktionszeigern
- Definition einer kanonischen Zwischenform
- Keine Verwendung von Tags (außer für die Angabe von Array-Längen)
- Verwendung kompilierter Stubs

Eine XDR-Ganzzahl ist ein 32-Bit-Datenelement, das eine C-Ganzzahl kodiert. Sie wird in der Zweier-Komplement-Notation dargestellt, wobei sich das höchstwertige Byte der C-Ganzzahl im ersten Byte der XDR-Ganzzahl und das niederwertigste Byte der C-Ganzzahl im vierten Byte der XDR-Ganzzahl befindet. Das heißt, XDR benutzt das Big-endian-Format für Ganzzahlen. Wie C unterstützt XDR Ganzzahlen mit und ohne Vorzeichen.

XDR stellt Arrays mit variabler Länge dadurch dar, dass zuerst eine vorzeichenlose Ganzzahl (4 Byte) spezifiziert wird, welche die Anzahl der im Array enthaltenen Elemente angibt, gefolgt von den Elementen des entsprechenden Typs. XDR kodiert die Komponenten einer Struktur in der Reihenfolge ihrer Deklaration in der Struktur. Für Arrays und Strukturen wird die Größe jedes Elements bzw. jeder Komponente in einem Mehrfachen von 4 Byte dargestellt. Kleinere Datentypen werden mit Nullen auf 4 Byte aufgefüllt. Die Ausnahme zu dieser »4-Byte-Auffüllregel« bilden Zeichen, die je einzeln pro Byte kodiert werden.

Das folgende Codefragment ist ein Beispiel einer C-Struktur (item) und der XDR-Routine, die diese Struktur kodiert/dekodiert (xdr_item). Aus Abb. 7.6 wird die XDR-Darstellung dieser Struktur ersichtlich, wobei das Feld name sieben Zeichen lang ist und das Array list drei Werte beinhaltet.

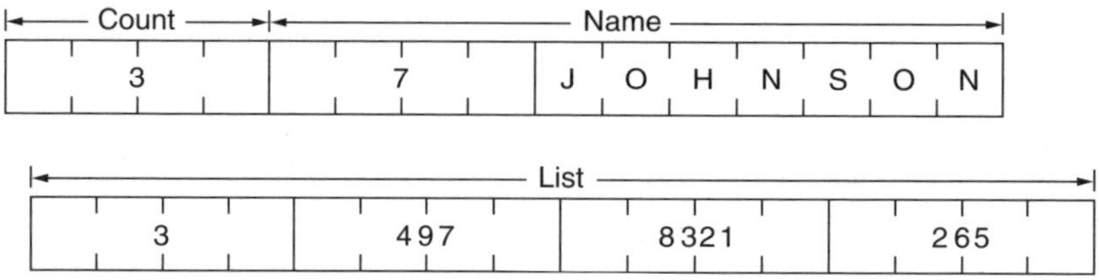

Abb. 7.6: Beispiel der Kodierung einer Struktur in XDR

Bei diesem Beispiel sind xdr_array, xdr_int und xdr_string drei grundlegende Funktionen, die von XDR bereitgestellt werden, um Arrays, Ganzzahlen bzw. Zeichenketten zu kodieren und zu dekodieren. Das Argument xdrs ist eine »Kontextvariable«, mit der XDR verfolgt, wo es sich in der gerade verarbeiteten Nachricht befindet. Sie beinhaltet ein Flag, das andeutet, ob diese Routine zum Kodieren oder Dekodieren der Nachricht benutzt wird. Das heißt, Routinen wie xdr_item werden vom Client und vom Server benutzt. Man beachte, dass der Anwendungsprogrammierer die Routine xdr_item entweder manuell schreiben oder einen Stub-Compiler namens rpcgen (nicht dargestellt) verwenden kann, um diese Kodierungs-/Dekodierungsroutine zu erzeugen. Im zweiten Fall verwendet rpcgen die Remote-Prozedur, welche die Datenstruktur item definiert, als Eingabe und gibt den entsprechenden Stub aus.

```
#define MAXNAME 256;
#define MAXLIST 100;

struct item {
   int    count;
    char  name[MAXNAME];
    int   list[MAXLIST];
};

bool_t
xdr_item(XDR *xdrs, struct item *ptr)
{
    return(xdr_int(xdrs, &ptr->count) &&
       xdr_string(xdrs, &ptr->name, MAXNAME) &&
       xdr_array(xdrs, &ptr->list, &ptr->count, MAXLIST,
                 sizeof(int), xdr_int));
}
```

Welchen Aufwand XDR bedeutet, hängt natürlich von der Datenkomplexität ab. Im einfachen Fall eines Ganzzahlen-Arrays, bei dem jede Ganzzahl von einer Byte-Anordnung in eine andere konvertiert werden muss, sind im Durchschnitt 3 Instruktionen für jedes Byte erforderlich. Das bedeutet, dass die Konvertierung des gesamten Arrays eine durch die Leistungsfähigkeit des Speichers bestimmte Operation ist. Auf einer typischen Maschine bedeutet das heutzutage eine obere Grenze in der Größenordnung von 100 MB/s (800 Mbit/s). Komplexere Konvertierungen, die mehr Instruktionen pro Byte voraussetzen, dauern natürlich länger.

ASN.1

Abstract Syntax Notation One (ASN.1) ist ein ISO-Standard, der unter anderem eine Darstellung für Daten definiert, die über ein Netzwerk zu senden sind. Der darstellungsspezifische Teil von ASN.1 wird als *Basic Encoding Rules* (BER) bezeichnet. ASN.1 unterstützt das C-Typensystem ohne Funktionszeiger, definiert eine kanonische Zwischenform und benutzt Typ-Tags. Die Stubs können interpretiert oder kompiliert sein. Einer der Gründe für die Beliebtheit von ASN.1/BER liegt darin, dass es vom Internet-Standard SNMP (Simple Network Management Protocol) benutzt wird.

ASN.1 stellt jedes Datenelement mit einem Tripel in der Form dar:

<tag, length, value>

Tag ist normalerweise ein 8-Bit-Feld, obwohl ASN.1 die Definition von Multi-Byte-Tags zulässt. Das Feld length spezifiziert, wie viele Byte value umfasst. Length wird weiter unten ausführlich beschrieben. Zusammengesetzte Datentypen, z.B. Strukturen, können dadurch gebildet werden, dass man Basistypen verschachtelt (siehe Abb. 7.7).

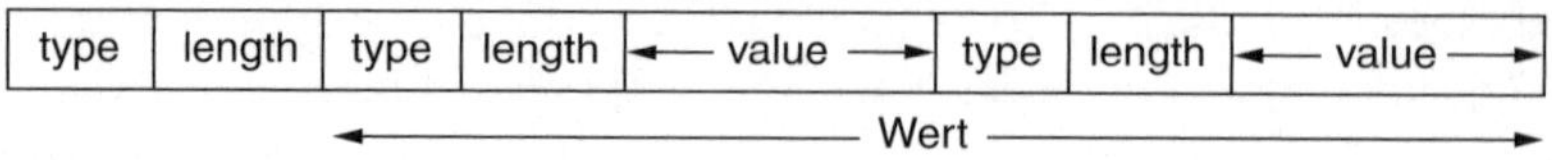

Abb. 7.7: Mittels Verschachtelung in ASN.1/BER erzeugte zusammengesetzte Datentypen

Falls der Wert (value) 127 oder weniger Byte lang ist, wird die Länge (length) in einem einzigen Byte spezifiziert. Eine 32-Bit-Ganzzahl wird also z.B. mit einem Byte für type, mit einem Byte für length und den für die Kodierung der Ganzzahl benutzten vier Byte kodiert (siehe Abb. 7.8). Der Wert (value) selbst wird im Fall einer Ganzzahl in der Zweier-Komplement-Notation und Big-endian-Form dargestellt, genau wie in XDR. Obwohl der Wert (value) der Ganzzahl in XDR und ASN.1 gleich dargestellt wird, weist die XDR-Darstellung weder das type- noch das length-Tag in Verbindung mit dieser Ganzzahl auf. Diese beiden Tags belegen Platz in der Nachricht und bedeuten vor allem Verarbeitungsaufwand beim Marshalling und Unmarshalling. Das ist ein Grund, warum ASN.1 nicht so effizient wie XDR ist. Außerdem bedeutet die Tatsache, dass jedem Datenwert ein length-Feld vorangestellt wird, dass der Datenwert höchstwahrscheinlich nicht auf eine natürliche Byte-Grenze fällt (z.B. eine Ganzzahl, die an einer Wortgrenze beginnt). Dadurch wird der Kodierungs-/Dekodierungsprozess ebenfalls komplizierter.

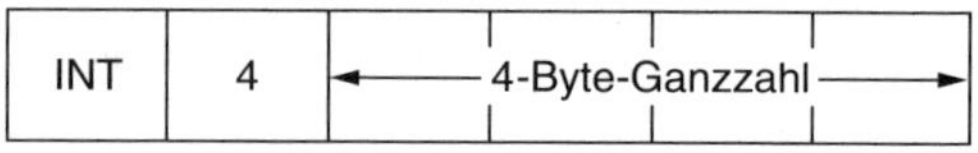

Abb. 7.8:
ASN.1/BER-Darstellung einer 4-Byte-Ganzzahl

Falls der Wert (value) 128 oder mehr Byte lang ist, werden mehrere Byte benutzt, um length zu spezifizieren. An diesem Punkt mag man sich fragen, warum ein Byte eine Länge von bis zu 127 statt 256 Byte spezifizieren kann. Das liegt daran, dass ein Bit des Felds length benutzt wird, um die Länge des Feldes anzugeben. Eine 0 im achten Bit bedeutet ein ein Byte langes Feld. Um eine größere Länge zu spezifizieren, wird das achte Bit auf 1 gesetzt und die übrigen 7 Bits geben an, aus wie vielen zusätzlichen Byte sich length zusammensetzt. Abb. 7.9 zeigt ein 1-Byte- und ein Multibyte-length-Feld.

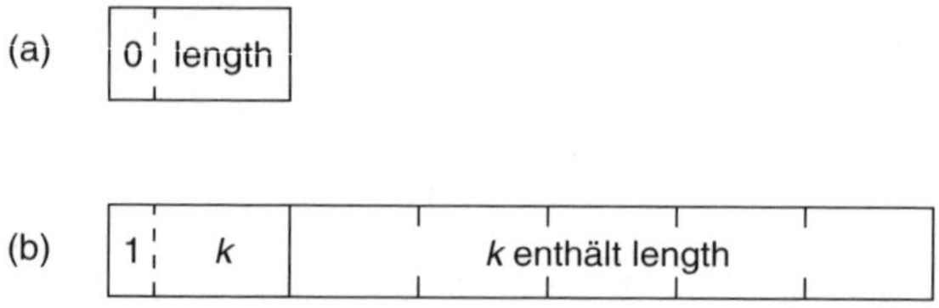

Abb. 7.9:
ASN.1/BER-Darstellung der Länge (length):
(a) 1 Byte
(b) Multibyte

NDR

Network Data Representation (NDR) ist der im Distributed Computing Environment (DCE) benutzte Datenkodierungsstandard. Im Gegensatz zu XDR und ASN.1

benutzt NDR den Receiver-makes-right-Ansatz. Dieser wird hier durch Einfügen eines Architektur-Tags an den Anfang jeder Nachricht umgesetzt. Einzelne Datenelemente haben keine Tags. NDR erzeugt Stubs mit Hilfe eines Compilers. Dieser Compiler verwendet die Beschreibung eines in der Interface Definition Language (IDL) geschriebenen Programms, um die nötigen Stubs zu erzeugen. IDL ähnelt C stark und unterstützt daher das C-Typensystem.

Abb. 7.10 zeigt die 4-Byte-Definition des Architektur-Tags, das am Anfang jeder NDR-kodierten Nachricht eingefügt wird. Das erste Byte enthält zwei 4-Bit-Felder. Das erste Feld IntegrRep definiert das Format für alle Ganzzahlen, die in der Nachricht enthalten sind. Eine 0 in diesem Feld bedeutet Big-endian- und eine 1 Little-endian-Ganzzahlen. Das Feld CharRep bezeichnet das verwendete Zeichenformat: 0 = ASCII (American Standard Code for Information Interchange) und 1 = EBCDIC (eine ältere, von IBM definierte Alternative zu ASCII). Als Nächstes definiert das FloatRep-Byte, welche Gleitkommadarstellung benutzt wird: 0 = IEEE 754, 1 = VAX, 2 = Cray und 3 = IBM. Die beiden letzten Bytes sind für zukünftige Verwendung reserviert. In einfachen Fällen, z.B. Ganzzahlen-Arrays, erzeugt NDR den gleichen Arbeitsaufwand wie XDR, kann also die gleiche Leistung erreichen.

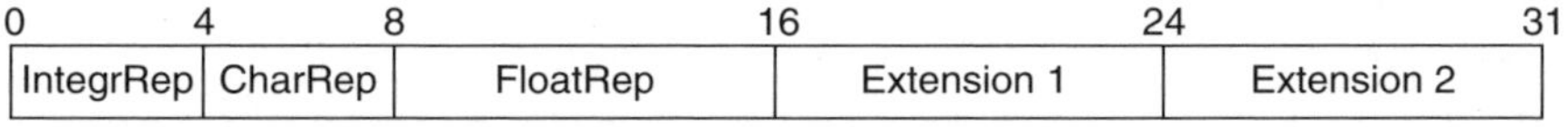

Abb. 7.10: Das Architektur-Tag von NDR

7.1.3 Markup-Sprachen (XML)

Obwohl wir das Problem der Datenpräsentation aus Sicht von RPC bereits betrachtet haben – wie kodiert man primitive Datentypen und zusammengesetzte Datenstrukturen, sodass sie von einem Client-Programm an ein Server-Programm gesendet werden können – tritt das gleiche Grundproblem auch in anderen Szenarien auf. Wie beschreibt ein Webserver beispielsweise eine Webpage so, dass beliebig viele unterschiedliche Browser wissen, was am Bildschirm darzustellen ist? In diesem spezifischen Fall liefert die HyperText Markup Language (HTML) die Antwort; sie definiert, dass bestimmte Zeichenketten in Fett oder Kursiv angezeigt werden sollen, welche Schriftarten und -größen benutzt und wo Bilder positioniert werden sollen. Allgemein verfügen viele der in Kapitel 9 beschriebenen Anwendungen über einen entsprechenden Datenpräsentationsstandard.

Im Fall von Webservern und -browsern ist es ein bisschen mühselig, HTML als Standarddatenformat zu betrachten, weil es mehr mit Textformatierungssprachen als mit ASN.1 oder XDR gemeinsam hat. Allerdings gibt es eine Generalisierung von HTML, die man zu Recht als Standarddatenformat betrachten kann: die Extensible Markup Language (XML). Im Gegensatz zu HTML, das beschreibt, wie Daten dargestellt werden sollen, beschreibt XML einfach Daten, unabhängig davon, ob sie angezeigt, verarbeitet oder an eine andere Einheit im Internet geschickt werden sollen.

XML ist textbasiert und ähnelt im Aussehen HTML. Das nachfolgende Beispiel ist eine XML-Beschreibung eines Mitarbeiterdatensatzes (employee); es wird als XML-Dokument bezeichnet und kann in einer Datei namens employee.xml gespeichert werden. Die erste Zeile spezifiziert die benutzte XML-Version und die restlichen Zeilen die vier Felder, aus denen sich der Mitarbeiterdatensatz zusammensetzt, wobei das letzte (hiredate [Einstellungsdatum]) drei Unterfelder enthält. Mit anderen Worten: XML erlaubt es Benutzern, eine verschachtelte Struktur aus Tag/Wert-Paaren zu spezifizieren. Dies ähnelt der Fähigkeit von XDR, ASN.1 und NDR, zusammengesetzte Typen darzustellen, jedoch in einem Format, das sowohl von Programmen verarbeitet als auch von Menschen gelesen werden kann.

```
<?xml version="1.0"?>
<employee>
    <name>John Doe</name>
    <title>Head Bottle Washer</title>
    <id>123456789</id>
    <hiredate>
        <day>5</day>
        <month>June</month>
        <year>1986</year>
    </hiredate>
</employee>
```

Was in diesem Beispiel fehlt, sind Anweisungen, wie das Dokument zu interpretieren ist. Ist das Jahr »1986« z. B. eine Zeichenkette oder eine Ganzzahl, und falls es eine Ganzzahl ist, welche Darstellung wird dann benutzt? Der erste Teil der Antwort lautet, dass alles in XML textbasiert ist. Damit A also eine XML-Struktur interpretieren kann, die sie von B erhalten hat, braucht sie nur den Text zu parsen. Mit anderen Worten: ASCII dient in XML als gemeinsame Zwischendarstellung. Nachdem A XML geparst hat, muss sie aber immer noch erfahren, welche Operationen sie auf die einzelnen Datenfelder anwenden darf. Ist es beispielsweise erlaubt, ein Jahr von einem anderen abzuziehen? Und was ist mit IDs? (Wie ein solcher Datensatz möglicherweise *dargestellt* wird, ist eine weitere Frage, die wir uns stellen können. Deshalb ist es korrekt, XML als Generalisierung von HTML zu betrachten.)

Um diese Aufgabe zu lösen, erlaubt es XML den Benutzern, ein *Schema* zu definieren. Dabei handelt es sich um einen Datenbankbegriff für eine Spezifikation dafür, wie eine Sammlung von Daten zu interpretieren ist. Nachfolgend zeigen wir ein Schema für das obige Beispiel. Man beachte, dass das Schema selbst ein gültiges XML-Dokument ist, das in einer Datei namens employee.xsd gespeichert werden kann.

```
<?xml version="1.0"?>
<xs:schema xmlns:xs="http://www.cs.princeton.edu/XMLSchema"
    targetNamespace="http://www.cs.princeton.edu"
    xmlns="http://www.cs.princeton.edu"
    elementFormDefault="qualified">
```

```
    <xs:element name="employee">
        <xs:complexType>
            <xs:sequence>
                <xs:element name="name" type="xs:string"/>
                <xs:element name="title" type="xs:string"/>
                <xs:element name="id" type="xs:string"/>
                <xs:element name="hiredate">
                <xs:complexType>
                <xs:sequence>
                <xs:element name="day" type="xs:integer"/>
                <xs:element name="month" type="xs:string"/>
                <xs:element name="year" type="xs:integer"/>
                </xs:sequence>
                </xs:complexType>
                </xs:element>
            </xs:sequence>
        </xs:complexType>
    </xs:element>
</xs:schema>
```

Die Zeilen am Anfang des Dokuments enthalten Informationen über den Zusammenhang, in dem das Schema definiert ist. Für unsere Diskussion ist es nicht wichtig, die Details zu verstehen. Es besteht eine offensichtliche Beziehung zwischen dem Rest der Zeilen und dem oben definierten Dokument employee.xml. Zum Beispiel bedeutet

```
<xs:element name="title" type="xs:string"/>,
```

dass der Wert im Feld title eine Zeichenkette ist. XML unterstützt mehrere integrierte Typen, darunter folgende:

```
xs:string
xs:decimal
xs:integer
xs:boolean
xs:date
xs:time
```

Ein wichtiger Punkt ist, dass ein XML-Dokument das Schema referenzieren kann, das definiert, wie es interpretiert werden sollte. Dies könnte durch Austausch der zweiten Zeile in unserem Beispieldokument employee.xml durch folgenden Text geschehen:

```
<employee xmlns="http://www.cs.princeton.edu/XMLSchema"
    xmlns:xsi="http://www.cs.princeton.edu/XMLSchema-instance"
    xsi:schemaLocation="http://www.cs.princeton.edu/schema/
    employee.xsd">
```

Auch hier sind die Details unwichtig; die relevante Information ist, dass das Schema für dieses Dokument in der Datei employee.xsd vorhanden ist, die man im Internet unter

```
http://www.cs.princeton.edu/schema/employee.xsd
```

findet.

Was nicht überraschen dürfte, ist die Tatsache, dass XML weit reichhaltigere Fähigkeiten bietet als dieses triviale Beispiel zeigt. Letztendlich ist die XML zu Grunde liegende Idee aber sehr einfach: Es definiert eine Syntax für die Beschreibung von Daten, die Anwendungen im Internet gemeinsam nutzen können.

7.2 Datenkompression

Zuweilen müssen Anwendungsprogramme mehr zeitkritische Daten senden, als die Bandbreite des Netzwerks unterstützt. Eine Videoanwendung möchte z.B. einen 10-Mbit/s-Videostrom übertragen, während ihr nur ein 1-Mbit/s-Netzwerk zur Verfügung steht. Wie jeder Internet-Nutzer weiß, ist es selten, dass man Daten zwischen zwei Punkten im Internet auch nur annähernd in 1 Mbit/s übertragen kann. Außerdem hängt das Ressourcenzuteilungsmodell des Internet derzeit stark von der Tatsache ab, dass einzelne Anwendungen nicht mehr als ihren »fairen Anteil« an der Bandbreite einer überlasteten Leitung benutzen. Aus diesen Gründen ist es oft wichtig, die Daten beim Sender zuerst zu *komprimieren*, dann über das Netzwerk zu senden und schließlich beim Empfänger wieder zu *dekomprimieren*.

In vielerlei Hinsicht ist die Kompression von der Datenkodierung untrennbar. Das heißt, wenn man über die Kodierung von Daten in Bits nachdenkt, kann man genauso gut darüber nachdenken, wie man die Daten in die kleinstmögliche Bitmenge kodieren kann. Hat man z.B. einen Datenblock, der sich aus den 26 Symbolen *A* bis *Z* zusammensetzt, und haben alle Symbole die gleiche Chance, in dem zu kodierenden Datenblock vorzukommen, dann ist die Kodierung jedes Symbols in 5 Bit das bestmögliche Vorgehen (da $2^5 = 32$ die niedrigste Potenz von 2 oberhalb von 26 ist). Kommt das Symbol *R* allerdings in 50% der Fälle vor, wäre es nützlich, für die Kodierung von *R* weniger Bits als für die übrigen Symbole zu verwenden. Im allgemeinen gilt: Wenn man die relative Wahrscheinlichkeit kennt, in der jedes Symbol in den Daten vorkommt, kann man jedem potenziellen Symbol eine spezifische Bitanzahl zuweisen, um die Anzahl von Bits, die für die Kodierung eines bestimmten Datenblocks erforderlich sind, zu minimieren. Das ist das Grundkonzept der *Huffman-Kodierung*, einer der wichtigsten ersten Entwicklungen im Bereich der Datenkompression.

Es gibt zwei Klassen von Kompressionsalgorithmen. Bei der so genannten *verlustlosen Kompression* wird sichergestellt, dass die aus dem Kompressions-/Dekompressionsprozess gewonnenen Daten mit dem Originaldaten identisch sind. Ein verlustloser Kompressionsalgorithmus wird benutzt, um Dateien, z.B. ausführbaren Code, Textdateien oder numerische Daten, zu komprimieren, weil Programme, die solche Dateien verarbeiten, keine Fehler in den Daten tolerieren. Demgegenüber verspricht die *verlustbehaftete Kompression* nicht, dass die empfangenen Daten genau mit den gesendeten identisch sind. Der Grund ist darauf zurückzuführen, dass ein verlustbehafteter Algorithmus Informationen entfernt, die er später nicht mehr wiederherstellen kann. Dies geschieht in der Hoffnung, dass der Empfänger die verlorenen Informationen nicht vermisst. Verlustbehaftete Algorithmen werden benutzt, um Standbilder, Video und Audio zu komprimieren. Das ist sinnvoll, weil solche Daten oft mehr Informationen enthalten, als das menschliche Auge bzw. Ohr wahrnehmen kann. Deshalb können sie Fehler und Mängel enthalten, die das menschliche Gehirn ausgleichen kann. Außerdem lassen sich mit verlustbehafteten Algorithmen normalerweise viel bessere Kompressionsraten erzielen als mit den verlustlosen Algorithmen. Sie können um mehrere Größenordnungen besser sein.

Nun mag man glauben, dass die Kompression von Daten vor der Übertragung immer vorteilhaft ist, weil das Netzwerk komprimierte Daten vermeintlich schneller als unkomprimierte überträgt. Dies ist nicht unbedingt der Fall. Kompressions-/Dekompressionsalgorithmen beinhalten oft zeitaufwändige Berechnungen. Man muss sich hier also die Frage stellen, ob sich der für die Kompression/Dekompression der Daten erforderliche Zeitaufwand gegenüber Faktoren wie Prozessorgeschwindigkeit des Hosts und Bandbreite des Netzwerks lohnt. Wenn wir davon ausgehen, dass B_c die durchschnittliche Bandbreite ist, in der Daten durch den Kompressor und Dekompressor (in Serie) geschleust werden können, B_n die Netzwerkbandbreite (einschließlich des Netzwerk-Verarbeitungsaufwands) für unkomprimierte Daten sowie r die durchschnittliche Kompressionsrate ist und alle Daten vor der Übertragung komprimiert werden, dauert die Übertragung von x unkomprimierten Daten-Bytes

$$x/B_n$$

Dem steht die Zeit für die Kompression der Daten und das Übertragen der komprimierten Daten gegenüber:

$$x/B_c + x/(rB_n)$$

Folglich ist die Kompression vorteilhaft, wenn

$$x/B_c + x/(rB_n) < x/B_n$$

was gleichbedeutend mit

$$B_c > r/(r-1) \times B_n$$

ist. Für eine Kompressionsrate von 2 müsste B_c z.B. größer als $2 \times B_n$ sein, damit die Kompression sinnvoll ist.

Bei vielen Kompressionsalgorithmen muss man nicht die *gesamten* Daten komprimieren, bevor man mit der Übertragung beginnen kann (würde man das tun, wären Videokonferenzen z.B. unmöglich). Vielmehr muss man zuerst nur eine gewisse Datenmenge sammeln (möglicherweise ein paar Frames eines Videos). Die

Datenmenge, die in diesem Fall erforderlich ist, um die »Pipeline zu füllen«, würde man als Wert von x in der obigen Gleichung benutzen.

Bei verlustbehafteten Kompressionsalgorithmen sind die Verarbeitungsressourcen selbstverständlich nicht der einzige Faktor. Je nach Anwendung sind die Benutzer zu sehr unterschiedlichen Kompromissen zwischen Bandbreite (oder Verzögerung) und dem Umfang des durch die Kompression entstehenden Informationsverlustes bereit. Ein Radiologe, der eine Mammographie liest, dürfte einen erheblichen Verlust der Bildqualität wohl kaum tolerieren können, durchaus aber eine Verzögerung von mehreren Stunden, um ein Bild über ein Netzwerk abzurufen. Demgegenüber hat es sich in der Praxis gezeigt, dass viele Leute eine schlechte Audioqualität im Austausch für kostenlose globale Telefongespräche (ganz zu schweigen von der Fähigkeit, beim Autofahren zu telefonieren) tolerieren.

7.2.1 Verlustlose Kompressionsalgorithmen

Wir beginnen mit der Einführung dreier verlustloser Kompressionsalgorithmen. Wir beschreiben diese Algorithmen nicht ausführlich, sondern erläutern lediglich das zu Grunde liegende Konzept, da vor allem die verlustbehafteten Algorithmen in heutigen Netzwerkumgebungen von größtem Nutzen sind, um Bild- und Videodaten zu komprimieren. Wir erläutern aber, wie gut diese verlustlosen Algorithmen im Bereich der digitalen Bildbearbeitung funktionieren. Einige der von diesen verlustlosen Techniken benutzten Konzepte tauchen in späteren Abschnitten wieder auf, wenn wir uns mit den verlustbehafteten Algorithmen befassen, die für die Kompression von Bildern verwendet werden.

Lauflängenkodierung

Die Lauflängenkodierung (Run Length Encoding, RLE) ist eine ausgesprochen simple Kompressionstechnik. Dem Konzept zufolge werden aufeinander folgend auftretende gleiche Symbole durch eine einzige Kopie des Symbols ersetzt und die Zahl, wie oft dieses Symbol vorkommt, vorangestellt; daher die Bezeichnung »Lauflänge«. Die Zeichenkette AAABBCDDDD würde z.B. als 3A2B1C4D kodiert werden. RLE kann benutzt werden, um digitale Bilder dadurch zu komprimieren, dass angrenzende Pixelwerte verglichen und dann nur die Änderungen kodiert werden. Bei Bildern mit großen homogenen Bereichen ist diese Technik recht effektiv. So ist es beispielsweise nicht unüblich, dass RLE bei gescannten Textbildern Kompressionsraten in der Größenordnung von 8:1 erreichen kann. RLE funktioniert bei solchen Dateien gut, weil sie oft viele weiße Flächen enthalten, die entfernt werden können. Tatsächlich ist RLE der wichtigste Kompressionsalgorithmus bei der Übertragung von Telefaxen. Bei Bildern mit einer wenn auch nur geringen lokalen Variation kann sich die Byte-Größe des Bilds durch Kompression sogar erhöhen, weil 2 Byte erforderlich sind, um ein einziges Symbol darzustellen, wenn sich das Symbol nicht wiederholt.

Differential Pulse Code Modulation (DPCM)

Ein weiterer einfacher verlustloser Kompressionsalgorithmus ist die Differential Pulse Code Modulation (DPCM). Diese Technik basiert auf dem Konzept, dass zuerst ein Referenzsymbol ausgegeben wird; dann wird für jedes in den Daten vorkommende Symbol der Unterschied zwischen diesem und dem Referenzsymbol aufgeführt. Verwendet man z.B. das Symbol A als Referenzsymbol, würde man die Zeichenkette AAABBCDDDD als A0001123333 kodieren, weil A dem Referenzsymbol entspricht, B sich vom Referenzsymbol durch 1 unterscheidet usw. Man beachte, dass dieses einfache Beispiel den wahren Vorteil von DPCM nicht aufzeigt: Sind die Unterschiede gering, können sie mit weniger Bits als das Symbol selbst kodiert werden. Bei diesem Beispiel lässt sich der Unterschiedsbereich 0–3 mit je 2 Bit statt den für das volle Zeichen erforderlichen 7 bzw. 8 Bit darstellen. Sobald sich der Unterschied vergrößert, wird ein neues Referenzsymbol gewählt.

Bei den meisten digitalen Bildern eignet sich DPCM besser als RLE, weil die Technik sich die Tatsache zu nutze macht, dass benachbarte Pixel normalerweise gleich sind. Aufgrund dieser Korrelation können die Schwankungen der Unterschiede zwischen den benachbarten Pixelwerten wesentlich geringer als die Schwankungen des Originalbildes sein. Deshalb lässt sich dieser Bereich mit weniger Bits darstellen. Mit der Anwendung von DPCM auf digitale Bilder haben wir Kompressionsraten von 1,5:1 gemessen.

Bei einer geringfügig anders arbeitenden Methode namens *Delta-Kodierung* wird ein Symbol einfach als Unterschied zum vorherigen kodiert. AAABBCDDDD würde hier z.B. als A001011000 dargestellt werden. Die Delta-Kodierung eignet sich gut für die Kodierung von Bildern, bei denen angrenzende Pixel gleich sind. Es ist auch möglich, RLE nach der Delta-Kodierung durchzuführen, da längere Ketten von Nullen auftreten, falls viele gleiche Symbole nebeneinander vorkommen.

Wörterbuchbasierte Methoden

Als letzte verlustlose Kompressionsmethode betrachten wir wörterbuchbasierte Methoden, von denen der Lempel-Ziv-Kompressionsalgorithmus (LZ) am bekanntesten ist. Der Unix-Befehl `compress` basiert auf einer Variation des LZ-Algorithmus.

Ein wörterbuchbasierter Kompressionsalgorithmus beruht auf dem Konzept, ein Wörterbuch (Tabelle) mit Zeichenketten variabler Länge zusammenzustellen, die in den Daten erwartungsgemäß häufig vorkommen. Dann wird jede dieser Ketten, wenn sie in den Daten erscheint, durch den entsprechenden Wörterbuchindex ersetzt. Statt mit einzelnen Zeichen in Textdaten zu arbeiten, könnte man z.B. jedes Wort als Zeichenkette behandeln und den Index für dieses Wort aus dem Wörterbuch ausgeben. Wir führen dieses Beispiel weiter aus: Das Wort »Kompression« hat in einem bestimmten Wörterbuch den Index 4978. Es ist das 4978. Wort in `/usr/share/dict/words`. Um einen Textteil zu komprimieren, würde jedes Vorkommen der Kette »Kompression« durch 4978 ersetzt werden. Da das betreffende Wörterbuch nur knapp über 25.000 Wörter umfasst, würde die Kodierung des Indexes 15 Bit beanspruchen, was bedeutet, dass die Zeichenkette »Kompression« mit

15 statt 77 Bit wie im 7-Bit-ASCII dargestellt werden kann. Das ergibt eine Kompressionsrate von 5:1!

Natürlich stellt sich die Frage, woher die Wörterbücher kommen. Eine Möglichkeit besteht darin, ein statisches Wörterbuch zu definieren, das vorzugsweise auf die zu komprimierenden Daten zugeschnitten ist. Bei einer allgemeineren Lösung, die auch in der LZ-Kompression angewandt wird, wird das Wörterbuch adaptiv auf der Grundlage des Inhalts der zu komprimierenden Daten definiert. In diesem Fall muss das während der Kompression gebildete Wörterbuch allerdings mit den Daten übertragen werden, damit die Gegenseite des Algorithmus die Daten korrekt dekomprimieren kann. Die Einzelheiten, wie ein adaptives Wörterbuch zusammengestellt wird, ist Thema umfangreicher Forschungsarbeiten. Am Ende dieses Kapitels werden wichtige Arbeiten in diesem Bereich aufgeführt.

Eine Abwandlung des LZ-Algorithmus wird benutzt, um digitale Bilder im Graphical Interchange Format (GIF) zu komprimieren. GIF reduziert zuerst 24-Bit- auf 8-Bit-Farbbilder. Dies geschieht durch Identifizierung der im Bild vorkommenden Farben, deren Anzahl normalerweise wesentlich kleiner als 2^{24} ist; dann werden die 256 Farben ausgewählt, die den im Bild vorkommenden Farben am nächsten kommen. Diese Farben werden in einer Tabelle gespeichert. Diese Tabelle kann mit einer 8-Bit-Nummer indiziert werden, und der Wert jedes Pixels wird durch den entsprechenden Index ersetzt. Das ist ein Beispiel der verlustbehafteten Kompression eines Bildes mit mehr als 256 Farben. GIF führt anschließend eine LZ-Variante auf das Ergebnis aus, wobei häufige Pixelsequenzen als Zeichenketten behandelt werden, die im Wörterbuch stehen. Mit Hilfe dieses Ansatzes kann GIF Kompressionsraten von 10:1 erreichen, allerdings nur, wenn das Bild aus einer relativ kleinen Zahl einzelner Farben besteht. Bilder mit natürlichen Szenen, die oft ein zusammenhängenderes Farbspektrum enthalten, können mit GIF nicht in diesem Verhältnis komprimiert werden. Weiterhin ist interessant, dass wir bei Anwendung des LZ-basierten Unix-Befehls `compress` auf den Quellcode für die in diesem Buch beschriebenen Protokolle eine Kompressionsrate von 2:1 erzielten.

7.2.2 Bildkompression (JPEG)

Angesichts der steigenden Verwendung digitaler Bilder in den letzten Jahren, die nicht auf Hochgeschwindigkeitsnetze, sondern auf die Erfindung von Grafikbildschirmen zurückzuführen ist, gewinnen Kompressionsalgorithmen für digitale Bilddaten zunehmend an Bedeutung. Als Reaktion auf diesen Bedarf hat die ISO ein digitales Bildformat definiert, das in Anlehnung an die Joint Photographic Experts Group, die es entwickelte, als *JPEG* bezeichnet wird. In diesem Abschnitt wird der Kompressionsalgorithmus von JPEG beschrieben. Im nächsten Abschnitt wird MPEG als vergleichbares Format für Videodaten erklärt.

Bevor wir die JPEG-Kompression beschreiben, muss ein Punkt hervorgehoben werden. JPEG, GIF und MPEG sind mehr als reine Kompressionsalgorithmen. Sie definieren auch das *Format* für Bild- bzw. Videodaten, vergleichbar damit, wie XDR, NDR und ASN.1 das Format für numerische und Zeichenkettendaten definieren. In diesem Abschnitt konzentrieren wir uns aber nur auf die Kompressionsaspekte dieser Standards.

Die JPEG-Kompression erfolgt in drei Phasen (siehe Abb. 7.11). Auf der Kompressionsseite wird das Bild in jeweils 8×8-Blöcken durch diese drei Phasen geschleust. In der ersten Phase wird die Discrete-Cosine-Transformation (DCT) auf den Block angewandt. Wenn man sich das Bild als Signal in der räumlichen Domäne vorstellt, wandelt DCT dieses Signal in ein entsprechendes Signal der räumlichen *Frequenzdomäne* um. Das ist ein verlustloser Vorgang, der für den nächsten – verlustbehafteten – Schritt unabdingbar ist. In der zweiten Phase wird eine Quantisierung auf das sich ergebende Signal angewandt. Dabei gehen die niederwertigen Informationen dieses Signals verloren. In der dritten Phase wird das Endergebnis kodiert. Dabei wird ein Element der verlustlosen Kompression zu der in den ersten beiden Phasen erreichten verlustbehafteten Kompression hinzugefügt. Die Dekompression erfolgt in den gleichen drei Phasen, jedoch in umgekehrter Reihenfolge.

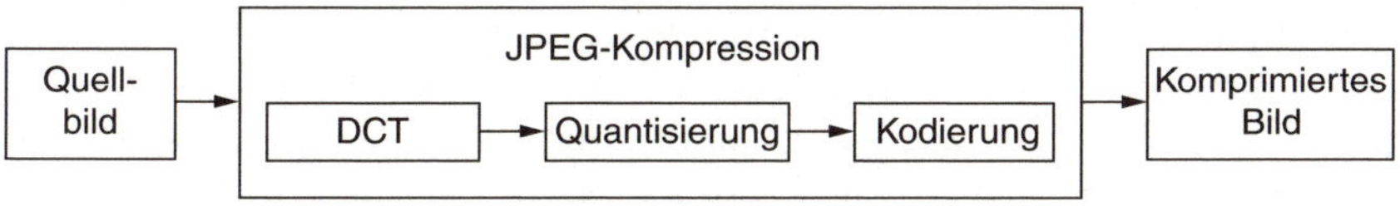

Abb. 7.11: Blockdiagramm der JPEG-Kompression

In der folgenden Diskussion wird jede Phase ausführlicher erläutert. Der Einfachheit halber ziehen wir nur Grauwertbilder in Betracht. Farbbilder werden am Ende dieses Abschnitts behandelt. Bei Grauwertbildern wird jedes Bildpixel durch einen 8-Bit-Wert beschrieben, der die Leuchtdichte des Pixels angibt, wobei 0 Weiß und 255 Schwarz entspricht.

DCT-Phase

DCT ist eine eng mit der Fast-Fourier-Transformation (FFT) zusammenhängende Transformation. Sie verwendet Pixelwerte in einer 8×8-Matrix als Eingabe und gibt Frequenzkoeffizienten in einer 8×8-Matrix aus. Man kann sich die Eingabematrix als 64-Punktsignal vorstellen, das in zwei räumlichen Dimensionen (x und y) definiert wird. DCT bricht dieses Signal in 64 räumliche Frequenzen auf. Zur besseren Anschaulichkeit einer räumlichen Frequenz stelle man sich vor, man bewege sich selbst über ein Bild, etwa in x-Richtung. Man würde sehen, wie der Wert jedes Pixels als Funktion von x variiert. Ändert sich dieser Wert langsam mit steigendem x, hat er eine niedrige räumliche Frequenz. Ändert er sich schnell, hat er eine hohe räumliche Frequenz. Die niedrigen Frequenzen entsprechen also den groben Merkmalen des Bildes und die hohen Frequenzen den feinen Details. DCT gründet auf dem Konzept, die für die Betrachtung des Bildes notwendigen groben Merkmale von den feinen Einzelheiten, die weniger notwendig sind und manchmal vom Auge kaum wahrgenommen werden, zu trennen.

Zusammen mit ihrer Umkehr, die während der Dekompression erfolgt, wird DCT durch die folgenden Formeln definiert:

$$DCT(i,j) = \frac{1}{\sqrt{2N}} C(i)C(j) \sum_{x=0}^{N-1} \sum_{y=0}^{N-1} pixel(x,y) \cos\left[\frac{(2x+1)i\pi}{2N}\right] \cos\left[\frac{(2y+1)j\pi}{2N}\right]$$

$$pixel(x,y) = \frac{1}{\sqrt{2N}} \sum_{i=0}^{N-1} \sum_{j=0}^{N-1} C(i)C(j) DCT(i,j) \cos\left[\frac{(2x+1)i\pi}{2N}\right] \cos\left[\frac{(2y+1)j\pi}{2N}\right]$$

$$C(x) = \begin{cases} \frac{1}{\sqrt{2}} & wenn\ x = 0 \\ 1 & wenn\ x > 0 \end{cases}$$

wobei *pixel(x, y)* der Grauwert des Pixels in Position *(x, y)* in dem zu komprimierenden 8×8-Block ist; und es gilt in diesem Fall $N = 8$.

Der erste Frequenzkoeffizient an Position (0,0) in der Ausgabematrix wird *DC-Koeffizient* genannt. Wir können erkennen, dass der DC-Koeffizient ein Maß des Durchschnittswerts der 64 Eingabepixel ist. Die übrigen 63 Elemente der Ausgabematrix sind die so genannten *AC-Koeffizienten*. Sie addieren die Informationen der höheren räumlichen Frequenzen zu diesem Durchschnittswert. Geht man also vom ersten Frequenzkoeffizienten in Richtung des 64., dann bewegt man sich von Niedrigfrequenz- zu Hochfrequenz-Informationen bzw. von den groben Zügen des Bildes zu immer feineren Details. Diese Koeffizienten der höheren Frequenzen verlieren für die wahrnehmbare Qualität des Bildes zunehmend an Bedeutung. In der zweiten Phase von JPEG wird bestimmt, welcher Teil der Koeffizienten weggeworfen wird.

Quantisierungsphase

In der zweiten JPEG-Phase ist die Kompression verlustbehaftet. DCT selbst verliert keine Informationen, sondern wandelt lediglich das Bild in eine Form um, durch die sich leichter entscheiden lässt, welche Informationen entfernt werden können. (Die DCT-Phase an sich ist zwar nicht verlustbehaftet, auf Grund der Verwendung der Festpunktarithmetik geht aber eine gewisse Präzision verloren.) Die Quantisierung selbst ist einfach; es handelt sich lediglich darum, die unbedeutenden Bits der Frequenzkoeffizienten wegzuwerfen.

Zur Veranschaulichung der Quantisierungsphase stelle man sich vor, man möchte einige Ganzzahlen unter 100 komprimieren, z.B. 45, 98, 23, 66 und 7. Ist man damit zufrieden, dass diese Zahlen auf das nächste Mehrfache von 10 abgeschnitten werden, könnte man jede Zahl mit Hilfe der Ganzzahlarithmetik durch das Quantum 10 dividieren, was 4, 9, 2, 6 und 0 ergibt. Diese Zahlen können jeweils in 4 Bit, statt der für die Kodierung der Originalzahlen erforderlichen 7 Bit kodiert werden.

Statt das gleiche Quantum für alle 64 Koeffizienten zu benutzen, verwendet JPEG eine Quantisierungstabelle, die das für jeden Koeffizienten zu benutzende Quantum gemäß der unten folgenden Formel enthält. Man kann sich diese Tabelle (Quantum) als Parameter vorstellen, der gesetzt werden kann, um zu bestimmen, wie viele Informationen verlorengehen und dementsprechend, welche Kompression erreicht wird. In der Praxis spezifiziert der JPEG-Standard eine Reihe von Quantisierungstabellen, die sich für die Kompression digitaler Bilder als wirksam erwiesen haben. Ein Beispiel ist die Quantisierungstabelle in Tabelle 7.1. In Tabellen wie dieser haben die niedrigen Koeffizienten ein Quantum nahe 1 (was bedeutet, dass in den niedrigen Frequenzen wenig Informationen verlorengehen), und die hohen Koeffizienten haben größere Werte (d.h., dass mehr Informationen in den hohen Frequenzen verlorengehen). Als Ergebnis solcher Quantisierungstabellen werden viele der Koeffizienten hoher Frequenzen nach der Quantisierung auf 0 gesetzt, wodurch sie für die weitere Kompression in der dritten Phase vorbereitet werden.

Die grundlegende Quantisierungsgleichung lautet:

$$\text{QuantizedValue}(i, j) = \text{IntegerRound}(DCT(i, j)/\text{Quantum}(i, j))$$

wobei

$$\text{IntegerRound}(x) = \begin{cases} \lfloor x + 0{,}5 \rfloor & \text{if } x \geq 0 \\ \lfloor x - 0{,}5 \rfloor & \text{if } x < 0 \end{cases}$$

Die Dekompression wird dann einfach wie folgt definiert:

$$DCT(i, j) = \text{QuantizedValue}(i, j) \times \text{Quantum}(i, j)$$

War der DC-Koeffizient (d.h. DCT(0,0)) für einen bestimmten Block z.B. gleich 25, würde die Quantisierung dieses Werts mittels Tabelle 7.1 folgendes ergeben:

$$\lfloor 25/3 + 0{,}5 \rfloor = 8$$

Durch die Dekompression würde dieser Koeffizient dann als

$$8 \times 3 = 24$$

wiederhergestellt werden.

Quantum =

3	5	7	9	11	13	15	17
5	7	9	11	13	15	17	19
7	9	11	13	15	17	19	21
9	11	13	15	17	19	21	23
11	13	15	17	19	21	23	25
13	15	17	19	21	23	25	27
15	17	19	21	23	25	27	29
17	19	21	23	25	27	29	31

Tabelle 7.1: Beispiel einer JPEG-Quantisierungstabelle

Kodierungsphase

In der letzten JPEG-Phase werden die quantisierten Frequenzkoeffizienten in eine kompakte Form kodiert. Dies führt zu einer zusätzlichen, aber verlustlosen Kompression. Beginnend mit dem DC-Koeffizienten in Position (0,0) werden die Koeffizienten in dem in Abb. 7.12 dargestellten Zickzackmuster verarbeitet. Entlang dieses Zickzackmusters wird eine Form der Lauflängenkodierung benutzt, d.h., RLE wird nur auf die 0-Koeffizienten angewandt. Dies ist von Bedeutung, weil viele hintere Koeffizienten 0 sind. Die einzelnen Koeffizientenwerte werden dann mit Hilfe eines Huffman-Codes kodiert. (Der JPEG-Standard erlaubt die Implementierung einer arithmetischen Kodierung an Stelle des Huffman-Codes.)

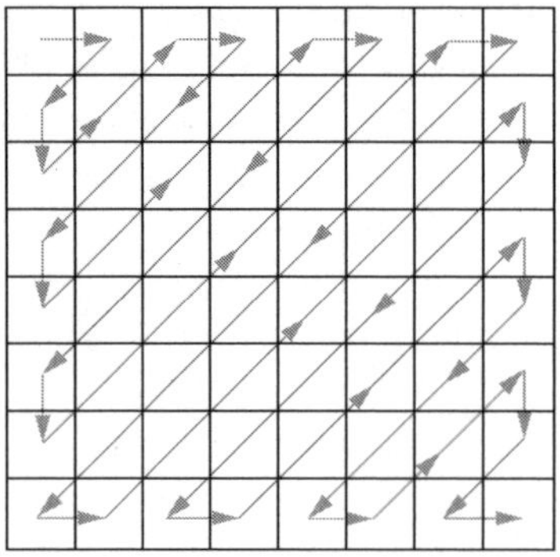

Abb. 7.12:
Zickzackdurchquerung der quantisierten Frequenzkoeffizienten

Da der DC-Koeffizient einen großen prozentualen Anteil von Informationen über den 8×8-Block des Quellbilds enthält und ein Bild sich von einem Block zum nächsten normalerweise nur wenig ändert, wird jeder DC-Koeffizient als Unterschied zum vorherigen kodiert. Das ist die in Abschnitt 7.2.1 beschriebene Delta-Kodierung.

Farbbilder

Bei der obigen Diskussion wurde davon ausgegangen, dass jedes Pixel durch einen einzigen Graustufenwert angegeben wird. Bei einem Farbbild stehen demgegenüber für jedes Pixel viele verschiedene Darstellungen zur Wahl. Bei einer als *RGB* bezeichneten Darstellung wird jedes Pixel aus drei Farbkomponenten zusammengesetzt: Rot, Grün und Blau. RGB ist die Darstellung der normalerweise von grafischen Ein- und Ausgabegeräten unterstützten Farben. Bei einer weiteren Darstellungsform namens *YUV* werden ebenfalls drei Komponenten zugrundegelegt: ein Luminanz- (Y) und zwei Chrominanzwerte (U und V). Wie RGB ist auch YUV ein dreidimensionales Koordinatensystem. Im Vergleich zu RGB werden seine Koordinaten aber gedreht, um sie besser an das menschliche Sehvermögen anzupassen. Das ist von Vorteil, weil das menschliche Sehvermögen nicht auf alle Farben einheitlich reagiert. Wir können z.B. die Luminanz (Leuchtdichte) eines Pixels viel besser als seinen Farbton erkennen.

Warum die drei Komponenten in jeder der beiden Darstellungen kombiniert werden können, um akzeptable Farben zu produzieren, ist eine interessante Frage. Die einfache Antwort darauf lautet, dass sich die mit zwei Koordinaten definierten Farbsysteme für die getreue Reproduktion von Farben, wie sie von Menschen wahrgenommen werden, als unzulänglich erwiesen haben. Für unsere Diskussion ist wichtig, dass jedes Pixel in einem Farbbild durch drei getrennte Werte angegeben wird. Um ein solches Bild zu komprimieren, wird jede dieser drei Komponenten unabhängig voneinander auf genau die gleiche Weise komprimiert, wie ein einzelner Graustufenwert verarbeitet wird. Anders ausgedrückt, kann man sich ein Farbbild als drei getrennte Bilder vorstellen, die bei der Anzeige übereinander gelegt werden. Im allgemeinen ist JPEG nicht auf Drei-Komponenten-Bilder begrenzt; man kann auch multispektrale Bilder komprimieren.

Der JPEG-Standard umfasst eine Reihe von Variationen, mit denen sich steuern lässt, wie viel Kompression man gegenüber der Bildtreue erreicht. Dies lässt sich beispielsweise durch Verwendung verschiedener Quantisierungstabellen bewerkstelligen. Diese Variationen und die Tatsache, dass verschiedene Bilder unterschiedliche Merkmale aufweisen, machen die genaue Vorhersage der mit JPEG erreichbaren Kompressionsrate unmöglich. Generell kann man sagen, dass JPEG 24-Bit-Farbbilder in einem Verhältnis von ungefähr 30:1 komprimiert. Das Bild kann zuerst um einen Faktor von 3 komprimiert werden, indem man die 24-Bit- zuerst in 8-Bit-Farben (wie bei GIF) und dann mit Hilfe des in diesem Abschnitt beschriebenen Algorithmus um einen weiteren Faktor von 10 reduziert.

7.2.3 Videokompression (MPEG)

Das MPEG-Format wurde nach der Moving Picture Experts Group benannt, die es definiert hat. Bei dieser Technik wird ein Video einfach als Folge von Standbildern, die man auch *Frames* nennt, in einer bestimmten Videorate angezeigt. Jeder dieser Frames kann mit Hilfe der gleichen DCT-basierten Technik wie in JPEG komprimiert werden. Es wäre jedoch ein Fehler, ausschließlich diese Komprimierung durchzuführen, weil auch die in einer Videosequenz vorhandene Redundanz zwischen einzelnen Frames entfernt werden kann. Zwei aufeinander folgende Video-Frames enthalten z.B. bei einer ruhigen Szene fast identische Informationen, sodass es unnötig wäre, die gleichen Informationen zweimal zu senden. Aber auch wenn eine Szene viel Bewegung beinhaltet, kann noch viel Redundanz bestehen, weil sich ein bewegtes Objekt nicht unbedingt von einem Frame zum nächsten ändert. In manchen Fällen ändert sich nur seine Position. MPEG berücksichtigt diese Redundanz zwischen Frames. Der Standard definiert auch einen Mechanismus für die Kodierung eines begleitenden Audiosignals. Wir betrachten hier aber nur den Videoaspekt von MPEG.

Frame-Typen

MPEG nimmt als Eingabe eine Sequenz von Video-Frames und komprimiert sie in drei Frame-Typen: *I-Frames* (Intrapicture), *P-Frames* (Predicted Picture) und *B-Frames* (Bidirectional Predicted Picture). Jeder Eingabe-Frame wird in einen dieser drei Frame-Typen komprimiert. I-Frames kann man sich als Referenz-Frames vorstellen. Sie sind in sich geschlossen und hängen weder von vorhergehenden noch nachfolgenden Frames ab. Ein I-Frame ist lediglich die JPEG-komprimierte Version des entsprechenden Frames in der Videoquelle. P- und B-Frames sind nicht in sich geschlossen. Sie spezifizieren relative Abweichungen von einem Referenz-Frame. Genauer gesagt, spezifiziert ein P-Frame die Unterschiede zum vorherigen I-Frame, und ein B-Frame liefert eine Interpolation zwischen dem vorherigen und dem nächsten I- oder P-Frame.

Abb. 7.13 zeigt eine aus sieben Video-Frames bestehende Sequenz, die sich nach der Kompression mittels MPEG aus I-, P- und B-Frames zusammensetzt. Die beiden I-Frames stehen allein; sie können beim Empfänger unabhängig voneinander und von anderen Frames dekomprimiert werden. Der P-Frame hängt vom vorherigen I-Frame ab. Er kann beim Empfänger nur dekomprimiert werden, wenn der vorherige I-Frame ebenfalls ankommt. Jeder B-Frame hängt sowohl vom vorherigen als auch vom nachfolgenden I- oder P-Frame ab. Diese beiden Referenz-Frames müssen beim Empfänger ankommen, damit MPEG den B-Frame dekomprimieren kann, um den Originalvideo-Frame zu reproduzieren.

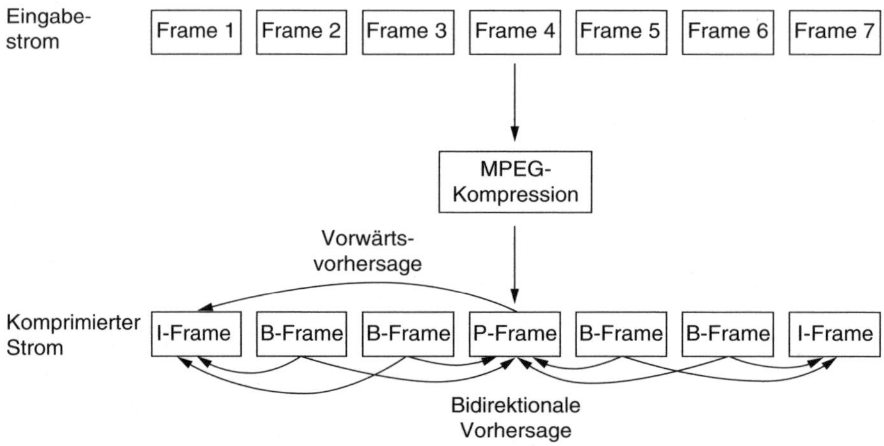

Abb. 7.13: Mit MPEG erzeugte Sequenz aus I-, P- und B-Frames

Da jeder B-Frame von einem späteren Frame der Sequenz abhängt, werden die komprimierten Frames nicht in der sequenziellen Reihenfolge übertragen. Vielmehr wird die Sequenz I B B P B B I in Abb. 7.13 als I P B B I B B übertragen. Außerdem definiert MPEG nicht das Verhältnis von I- zu P- und B-Frames. Dieses Verhältnis kann je nach Kompression und Bildqualität variieren. So ist es beispielsweise zulässig, nur I-Frames zu übertragen. Dies wäre mit der Verwendung von JPEG für die Kompression des Videos vergleichbar.

Im Gegensatz zur vorhergehenden Diskussion von JPEG konzentriert sich die folgende auf die *Dekodierung* eines MPEG-Stroms. Sie lässt sich ein wenig leichter beschreiben und ist die Operation, die heute in Netzwerksystemen häufiger implementiert wird, weil die MPEG-Kodierung derart aufwändig ist, dass sie normalerweise offline (also nicht in Echtzeit) durchgeführt wird. Bei einem Video-on-Demand-System würde das Video beispielsweise im Voraus kodiert und auf Platte gespeichert werden. Möchte ein Benutzer das Video ansehen, wird der MPEG-Strom auf das Gerät des Benutzers übertragen, wo es dann dekodiert und in Echtzeit abgespielt wird.

Wir betrachten jetzt die drei Frame-Typen genauer. Wie oben erwähnt, entsprechen I-Frames ungefähr der mit JPEG komprimierten Version des Quell-Frames. Der Hauptunterschied ist, dass MPEG mit Einheiten von 16×16 *Makroblöcken* arbeitet. Für ein in YUV dargestelltes Farbvideo werden die U- und V-Komponenten in jedem Makroblock »unterabgetastet« und zu einem 8×8-Muster zusammengefasst. Das heißt, jeder 2×2-Teilblock des Makroblocks wird durch einen U- und einen V-Wert angegeben; das ist der Durchschnitt der 4-Pixel-Werte. Der Teilblock hat immer noch vier Y-Werte. Da die U- und V-Komponenten weniger genau übertragen werden können, ist dies möglich, ohne das Bild sichtbar zu beeinträchtigen, weil Menschen weniger empfindlich auf Farbe als auf Farbdichte reagieren. Die Beziehung zwischen einem Frame und den entsprechenden Makroblöcken wird aus Abb. 7.14 ersichtlich.

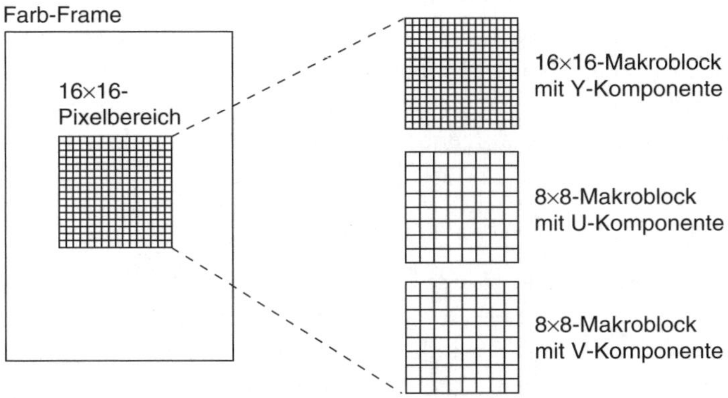

Abb. 7.14:
Frame als Sammlung von Makroblöcken

Die P- und B-Frames werden ebenfalls in Einheiten von Makroblöcken verarbeitet. Man kann erahnen, dass die in jedem Makroblock enthaltenen Informationen die Bewegung im Video wiedergeben. Sie geben also Auskunft darüber, in welche Richtung und wie weit der Makroblock sich in Bezug zu dem bzw. den Referenz-Frames verschoben hat. Im folgenden wird beschrieben, wie ein B-Frame benutzt wird, um einen Frame bei der Dekompression wieder herzustellen. P-Frames werden auf ähnliche Weise behandelt, außer dass sie nur von einem und nicht von zwei Referenz-Frames abhängen.

Bevor wir uns mit den Details der Dekompression eines B-Frames befassen, ist festzustellen, dass jeder Makroblock in einem B-Frame nicht notwendigerweise in Abhängigkeit zu einem früheren und einem späteren Frame definiert wird, wie oben angedeutet wurde, sondern auch entweder in Bezug zum einen oder zum anderen spezifiziert werden kann. Ein bestimmter Makroblock in einem B-Frame kann die gleiche Intrakodierung wie in einem I-Frame benutzen. Diese Flexibilität ist gegeben, weil es manchmal sinnvoll ist, die Bilder einer Intrakodierung an Stelle einer vorhergesagten Vorwärts- oder Rückwärtskodierung zu unterziehen, wenn sich das Video zu schnell ändert. Folglich beinhaltet jeder Makroblock eines B-Frames ein Typfeld, das die für diesen Makroblock benutzte Kodierung angibt. In der folgenden Diskussion betrachten wir aber nur den allgemeinen Fall, bei dem der Makroblock die bidirektionale vorhergesagte Kodierung benutzt.

In einem solchen Fall wird jeder Makroblock eines B-Frames durch ein 4-Tupel dargestellt:

1. Eine Koordinate für den Makroblock im Frame
2. Ein Bewegungsvektor relativ zum vorherigen Referenz-Frame
3. Ein Bewegungsvektor relativ zum nachfolgenden Referenz-Frame
4. Ein Delta (δ) für jedes Pixel im Makroblock (d.h. wie stark sich jedes Pixel in Bezug zu den beiden Referenzpixeln geändert hat)

Für jedes Pixel im Makroblock muss als erstes das entsprechende Referenzpixel in früheren und künftigen Referenz-Frames gefunden werden. Dies geschieht durch Verwendung der beiden Bewegungsvektoren des Makroblocks. Dann wird das Delta für das Pixel zum Durchschnitt dieser beiden Referenzpixel addiert. Genauer gesagt, wenn F_p und F_f der vorhergehende bzw. nachfolgende Referenz-Frame und (x_p, y_p) bzw. (x_f, y_f) der vorhergehende bzw. nachfolgende Bewegungsvektor sind, wird das Pixel an der Koordinate (x, y) im aktuellen Frame F_c als

$$F_c(x, y) = (F_p(x + x_p, y + y_p) + F_f(x + x_f, y + y_f))/2 + \delta\,(x, y)$$

berechnet, wobei δ das Delta des im B-Frame spezifizierten Pixels ist. Diese Deltas werden genauso wie Pixel in I-Frames kodiert. Das heißt, sie werden einer DCT unterzogen und quantisiert. Da die Deltas normalerweise klein sind, sind die meisten DCT-Koeffizienten nach der Quantisierung 0 und lassen sich somit effektiv komprimieren.

Aus der obigen Diskussion dürfte relativ klar sein, wie die Kodierung durchgeführt wird, mit einer Ausnahme. Beim Erzeugen eines B- oder P-Frames während der Kompression muss MPEG entscheiden, wo die Makroblöcke anzuordnen sind. Jeder Makroblock eines P-Frames wird z.B. relativ zu einem Makroblock eines I-Frames definiert. Der Makroblock im P-Frame muss aber nicht an der gleichen Position wie der entsprechende Makroblock im I-Frame liegen. Die unterschiedliche Position wird durch den Bewegungsvektor angegeben. Man wählt vorzugsweise einen Bewegungsvektor aus, der bewirkt, dass der Makroblock im P-Frame dem entsprechenden Makroblock im I-Frame so ähnlich wie möglich ist, damit möglichst kleine Deltas dieses Makroblocks erzielt werden. Das bedeutet, dass man ermitteln muss, wo sich Objekte im Bild von einem Frame zum nächsten bewegt haben. Dieses Problem ist die so genannte *Bewegungsschätzung*, und es sind mehrere Techniken (Heuristiken) für seine Lösung bekannt. (Am Ende dieses Kapitels werden Arbeiten über diese Techniken und Lösungen vorgestellt.) Die Schwierigkeit dieses Problems ist einer der Gründe, warum bei MPEG die Kodierung auf gleichwertiger Hardware länger als die Dekodierung dauert. MPEG spezifiziert keine bestimmte Technik, sondern lediglich das Format für die Kodierung dieser Informationen in B- und P-Frames sowie den oben beschriebenen Algorithmus für die Rekonstruktion der Pixel während der Dekompression.

Effektivität und Leistung

MPEG erreicht normalerweise eine Kompressionsrate von 90:1, obwohl Faktoren von bis zu 150:1 nicht unüblich sind. Hinsichtlich der einzelnen Frame-Typen können wir eine Kompressionsrate von ungefähr 30:1 für die I-Frames erwarten (dies entspricht den mit JPEG erreichbaren Kompressionsraten, wenn vorab 24-Bit- auf 8-Bit-Farbe reduziert wird), während die Kompressionsraten von P- und B-Frames meist drei bis fünf Mal geringer als die von I-Frames sind. Wenn die Farbe zuvor nicht von 24 auf 8 Bit reduziert wird, liegt die mit MPEG erreichbare Kompressionsrate bei 30:1 bis 50:1.

MPEG erfordert eine aufwändige Berechnung. Auf der Kompressionsseite geschieht dies normalerweise offline, was für die Vorbereitung von Filmen für einen Video-on-Demand-Dienst kein Problem darstellt. Video kann derzeit nur mit Hardware in Echtzeit komprimiert werden, wobei Softwareimplementierungen allerdings dabei sind, die Lücken zu schließen. Auf der Dekompressionsseite sind preisgünstige MPEG-Video-Boards verfügbar, die allerdings kaum mehr als eine YUV-Farbsuche durchführen, was glücklicherweise aber auch der aufwändigste Schritt ist. Der Großteil der MPEG-Dekodierung erfolgt heute in Software. In den letzten Jahren sind Prozessoren schnell genug geworden, um mit Videoraten von 30 Frames pro Sekunde Schritt zu halten, wenn die Dekodierung von MPEG-Strömen rein in Software durchgeführt wird. So ist es selbst mit einem bescheidenen 600-MHz-Prozessor möglich, MPEG ausreichend schnell zu dekomprimieren, um beispielsweise mit einem 640×480-Videostrom, der in 30 Frames pro Sekunde läuft, mitzuhalten.

Weitere Videokodierstandards

Wir schließen mit der Bemerkung, dass MPEG nicht der einzige für die Kodierung von Video verfügbare Standard ist. Die ITU-T hat z.B. die »H-Serie« für die Kodierung von multimedialen Echtzeitdaten definiert. Im allgemeinen beinhaltet die H-Serie Standards für Video, Audio, Steuerung und Multiplexen (z.B. Mixen von Audio, Video und Daten zu einem einzigen Bitstrom). Innerhalb der Serie sind H.261 und H.263 die Standards der ersten bzw. zweiten Generation zur Videokodierung. Im Gegensatz zum MPEG-Standard, der auf Bitraten in der Größenordnung von 1,5 Mbit/s abzielt, wurden H.261 und H.263 auf ISDN-Geschwindigkeiten ausgelegt. Das heißt, sie unterstützen Video über Leitungen mit einer Bandbreite, die in 64-Kbit/s-Inkrementen verfügbar ist. Im Prinzip ähneln beide Standards MPEG, weil sie ebenfalls DCT, Quantisierung und Interframe-Kompression benutzen. Die Unterschiede zwischen H.261/H.263 und MPEG liegen in den Details.

Neue Versionen von MPEG werden zur Zeit entwickelt, allen voran MPEG-4. Dabei handelt es sich um eine Verallgemeinerung von MPEG, die in der Lage ist, sowohl natürliche als auch synthetische (Computer-generierte) Videodaten zu verarbeiten. Dies geschieht, indem jede Szene (jeder Frame) als eine Ansammlung von Objekten betrachtet wird, und nicht als aus quadratischen Makroblöcken zusammengesetzt. MPEG-4 soll außerdem kleinere Übertragungsraten unterstützen (z.B. um drahtlose Handheld-Geräte zu versorgen), im Gegensatz zu MPEG-2 (s.u.), das auf den High-End-Videobereich abzielt (z.B. in Form von HDTV). Gegenwärtig ist jedoch der wichtigeste Aspekt von MPEG-4, dass es abwärtskompatibel mit MPEG-2 ist. Dies bedeutet, dass die meisten heute verfügbaren MPEG-4-Videos noch die Bewegungsschätzung und die DCT-basierte Kompression nutzen, die oben beschrieben wurden.

Schließlich sind wir damit nicht allzu weit entfernt von Standards für die Kodierung von Animationen, wie sie uns z.B. häufig auf Webseiten begegnen. Das bekannteste Beispiel scheint dabei Macromedias FLASH-Format zu sein. Man kann sich FLASH als ein Protokoll vorstellen, welches eine Ansammlung von Polygonen und Linien (die Grundbestandteile von Computer-generiertem Video) zusammen mit einer Abfolge von Vektoren beschreibt, die bestimmen, wie sich die Objekte in der Zeit auf einer Bühne bewegen. Im eigentlichen Sinne ist FLASH also kein Kompressionsalgorithmus, sondern eher ein Kodierungsstandard.

7.2.4 Übertragung von MPEG über das Netzwerk

Wie an früherer Stelle in diesem Kapitel erwähnt, definiert MPEG nicht nur, wie Video komprimiert wird, sondern auch das Format eines mit MPEG komprimierten Videos. Ähnlich definieren JPEG und GIF ein Format für Standbilder. Konzentriert man sich auf MPEG, gilt es als erstes festzuhalten, dass der Standard das Format eines Video*stroms* definiert. Er spezifiziert aber nicht, wie dieser Strom in Netzwerkpakete aufgeteilt wird. Folglich kann MPEG für auf Platte gespeicherte Videos und für die Übertragung von Videos über eine stromorientierte Netzverbindung, wie sie beispielsweise von TCP bereitgestellt wird, benutzt werden. Weiter unten beschreiben wir ausführlicher, wie ein MPEG-Strom in Pakete aufgeteilt werden kann.

Das MPEG-Format ist eines der kompliziertesten aller in diesem Buch behandelten Protokolle. Diese Komplexität stammt von dem Wunsch, dem Kodieralgorithmus jeden nur erdenklichen Freiraum dahingehend zukommen zu lassen, wie er einen bestimmten Videostrom kodiert. Er erklärt sich außerdem durch die Entwicklung des Standards im Lauf der Zeit (d.h. MPEG-1 und MPEG-2). Weiter unten beschreiben wir das so genannte *Hauptprofil* eines Videostroms nach dem MPEG-2-Standard. Sie können sich ein MPEG-Profil wie eine »Version« vorstellen, außer dass das Profil nicht ausdrücklich in einem MPEG-Header spezifiziert wird. Der Empfänger muss das Profil aus der Kombination der Header-Felder herleiten.

Das Hauptprofil eines MPEG-2-Stroms hat eine verschachtelte Struktur (siehe Abb. 7.15, in der allerdings viele verwirrende Details weggelassen wurden). Auf der äußersten Ebene enthält das Video eine Sequenz von Bildgruppen (GOP), durch

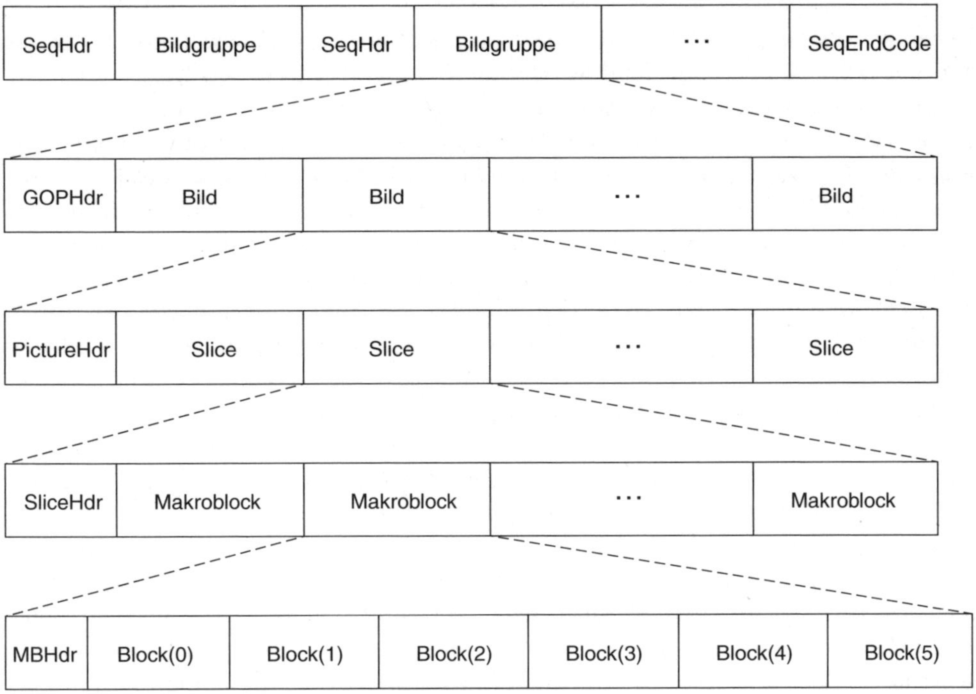

Abb. 7.15: Format eines mit MPEG komprimierten Videostroms

einen SeqHdr getrennt. Die Sequenz wird durch ein SeqEndCode (0xb7) beendet. Der jeder GOP vorangehende SeqHdr spezifiziert unter anderem die Größe jedes Bilds (Frames) in der GOP (gemessen in Pixeln und Makroblöcken), die Interpicture-Periode (gemessen in µs) und zwei Quantisierungsmatrizen für die Makroblöcke dieser GOP: einen für intra- (I-Blöcke) und einen für interkodierte Makroblöcke (B- und P-Blöcke). Da diese Informationen für jede GOP und nicht insgesamt für den ganzen Videostrom angegeben werden, ist es natürlich möglich, die Quantisierungstabelle und Frame-Rate an allen GOP-Grenzen des Videos zu ändern. Dies ermöglicht die Anpassung des Videostroms im Verlauf der Zeit, wie unten beschrieben wird.

Jede GOP wird durch einen GOPHdr identifiziert, dem die in der GOP enthaltenen Bilder folgen. Der GOPHdr spezifiziert die Anzahl der Bilder sowie Synchronisationsinformationen für die GOP (d.h., wann die GOP in bezug zum Videoanfang abgespielt werden sollte). Jedes Bild hat wiederum einen PictureHdr und die so genannten *Slices*, aus denen sich das Bild zusammensetzt. (Ein Slice ist ein Bildbereich, z.B. eine horizontale Linie). Der PictureHdr identifiziert den Bildtyp (I, B oder P) sowie eine bildspezifische Quantisierungstabelle. Der SliceHdr spezifiziert die vertikale Position des Slice und bietet eine weitere Möglichkeit, die Quantisierungstabelle zu ändern – hier durch einen konstanten Skalierungsfaktor statt der Angabe einer ganz neuen Tabelle. Dem SliceHdr folgt eine Reihe von Makroblöcken. Schließlich beinhaltet jeder Makroblock einen Header, der die Blockadresse innerhalb des Bilds und Daten für die sechs Blöcke des Makroblocks spezifiziert: einer für die

U-, einer für die V- und vier für die Y-Komponente. (Wie oben erwähnt, ist die Y-Komponente 16×16, während die U- und V-Komponenten 8×8 sind.)

Einer der großen Vorteile des MPEG-Formats besteht darin, dass es dem Kodierer die Änderung der Kodierung im Verlauf der Zeit ermöglicht. Er kann die Frame-Rate, die Auflösung, die Mischung von Frame-Typen einer GOP, die Quantisierungstabelle und die auf einzelne Makroblöcke angewandte Kodierung ändern. Daher lässt sich die Rate anpassen, in der ein Video in einem Netzwerk übertragen wird, d.h., es können Kompromisse zwischen Bildqualität und Netzwerkbandbreite getroffen werden. Wie ein Netzwerkprotokoll diese Anpassungsfähigkeit im Einzelnen nutzen kann, ist derzeit noch Gegenstand intensiver Forschungsarbeiten (siehe Randkasten).

Ein weiterer interessanter Aspekt an der Übertragung eines MPEG-Stroms in einem Netzwerk ist die genaue Art und Weise, wie der Strom in Pakete aufgeteilt wird. Bei der Übertragung über eine TCP-Verbindung ist die Aufteilung in Pakete kein Thema; TCP bestimmt, wann es über ausreichend Bytes verfügt, um das nächste IP-Datagramm zu senden. Bei der interaktiven Verwendung wird ein Video allerdings selten über TCP übertragen, weil durch die Neuübertragung verlorener Segmente die damit verbundene hohe Latenz inakzeptabel wäre. Überträgt man Video z.B. mittels UDP, ist es sinnvoll, den Strom an sorgfältig ausgewählten Punkten, etwa an Makroblockgrenzen, aufzuteilen. Man macht das deshalb, weil man die Auswirkungen eines verlorenen Pakets auf einen einzigen Makroblock begrenzen will, statt mehrere Makroblöcke durch einen einzigen Verlust zu beschädigen. Das ist ein Beispiel des so genannten »Application Level Framing«, das in Abschnitt 9.3 ausführlich in Zusammenhang mit Videoanwendungen behandelt wird.

Die Aufteilung des Stroms in Pakete ist nicht das einzige Problem bei der Übertragung eines mit MPEG komprimierten Videos in einem Netzwerk. Die nächste Komplikation bezieht sich auf Paketverlust. Wird ein B-Frame vom Netzwerk weggeworfen, ist es möglich, einfach den vorherigen Frame erneut abzuspielen, ohne dass das Video ernsthaft darunter leidet; 1 Frame aus 30 ist noch unproblematisch. Der Verlust eines I-Frames hat dagegen schwerwiegende Folgen: Keiner der nächsten B- und P-Frames kann ohne ihn verarbeitet werden. Ein verlorener I-Frame würde also zum Verlust mehrerer Frames des Videos führen. Man könnte den fehlenden I-Frame zwar erneut übertragen, die daraus resultierende Verzögerung würde aber z.B. eine Echtzeit-Videokonferenz empfindlich stören. Eine Lösung dieses Problems wäre die Verwendung der in Abschnitt 6.5.3 beschriebenen Differentiated-Services. Man könnte mit dieser Technik Pakete, die I-Frames enthalten, mit einer niedrigeren Drop-Wahrscheinlichkeit als andere Pakete kennzeichnen.

Als letzter Punkt ist von Interesse, dass die Art der Kodierung eines Videos von mehr als nur der verfügbaren Netzwerkbandbreite abhängt. Sie hängt auch von den Einschränkungen der Anwendung hinsichtlich Latenz ab. Eine Anwendung wie eine Videokonferenz erfordert kleine Latenzen. Der kritische Faktor ist die Kombination von I-, P- und B-Frames in der GOP. Man betrachte z.B. folgende GOP:

I B B B B P B B B B I

Diese GOP ist für eine Videokonferenz-Anwendung problematisch, weil der Sender die Übertragung der vier B-Frames so lange hinauszögern muss, bis der nächste P- oder I-Frame verfügbar ist. Das liegt daran, dass jeder B-Frame vom nächsten P- oder I-Frame abhängt. Spielt man das Video in 15 Frames pro Sekunde (d.h. ein Frame alle 67 ms) ab, wird der erste B-Frame um 4 × 67 ms, also um mehr als eine viertel Sekunde verzögert. Diese Verzögerung ergibt sich zusätzlich zu einer durch das Netzwerk entstehenden Ausbreitungsverzögerung. Eine viertel Sekunde ist weit mehr als der 100-ms-Grenzwert, den Menschen wahrnehmen können. Aus diesem Grund kodieren viele Videokonferenz-Anwendungen Videos mit JPEG, das dann »Motion-JPEG« genannt wird. (Motion-JPEG löst auch das Problem eines verworfenen Referenz-Frames, weil alle Frames unabhängig sind.) Man beachte aber, dass eine Interframe-Kodierung, die nur von vorherigen, nicht aber späteren Frames abhängt, kein Problem darstellt. Eine GOP aus

I P P P P I

würde z.B. für eine interaktive Videokonferenz gut funktionieren.

Adaptive Videokodierung

Wir haben bereits festgestellt, dass Videokodierung mittels MPEG einen Kompromiss zwischen der verbrauchten Bandbreite und der Bildqualität ermöglicht. Andererseits sollte klar sein, dass die Ausgabebandbreite eines Videokompressions-algorithmus, der mit einem bestimmten Qualitätsniveau läuft, im Allgemeinen nicht konstant ist, sondern je nach Umfang der Details und Bewegungen im Video-strom mit der Zeit schwankt. Diese Tatsachen werfen einige interessante Fragen darüber auf, wie man ein System entwickeln soll, um komprimiertes Video über ein Paketnetzwerk zu übertragen.

Angenommen, wir haben einen Video-Codec, der einen komprimierten Videostrom in einer Durchschnittsrate von R bit/s ausgibt, bei dem gelegentlich aber auch Bursts von bis zu $3R$ bit/s vorkommen. Wir könnten potenziell den Videostrom über eine feste Bandbreiten-Pipe (z.B. eine Miet- oder CBR-Leitung) mit Kapazität R übertragen, sofern wir den Videostrom durch einen »Glättungspuffer« jagen, der die Momentspitzen in der Übertragungsrate ausgleicht. An einem bestimmten Punkt könnte es natürlich passieren, dass sich der Glättungspuffer über ein akzeptables Maß hinaus füllt, möglicherweise auf Grund einer langen Aktionssequenz in einem Spielfilm, was zu einer längeren hohen Codec-Ausgabe führt. An diesem Punkt könnten wir den Kompressionsumfang eine Weile erhöhen und damit die Datenrate (und die Bildqualität) reduzieren, sodass sich der Glättungspuffer allmählich leert. Wenn er fast leer ist, könnten wir die Kodierqualität wieder erhöhen.

Eine mehr oder weniger gleiche Vorgehensweise ist über ein paketvermitteltes Netzwerk möglich, jedoch ohne Glättungspuffer. Angenommen, wir haben eine Möglichkeit, die freie Kapazität und den Überlastumfang auf einem Pfad zu messen, z.B. durch Nutzung eines gleichungsbasierten Staukontroll-Algorithmus wie er in Abschnitt 6.5.5 beschrieben wurde. Wir können den Codec informieren, sobald die verfügbare Bandbreite schwankt, sodass er seine Kodierparameter anpasst. Das würde bedeuten, dass er sich bei Überlast zurückhält und dann wieder mehr (mit einer höheren Bildqualität) sendet, wenn das Netzwerk nicht überlastet ist. Das ist vergleichbar mit dem Verhalten von TCP, außer dass wir bei einem Video tatsächlich die Gesamtmenge der gesendeten Daten statt die Dauer der Übertragung einer festen Datenmenge modifizieren, weil wir keine Verzögerung in eine Videoanwendung einführen möchten.

Ein interessantes Problem entsteht, wenn wir einen Videostrom mittels *Multicasting* an viele Empfänger senden. Wie wählen wir angesichts der Tatsache, dass bei jedem eine völlig andere Überlastsituation vorherrschen kann, die korrekte Rate für jeden Empfänger? Bei einer möglichen Lösung wird das übertragene Video in »Schichten« aufgeteilt. Die erste Schicht würde die nötigen Basisdetails umfassen, um ein brauchbares Bild auszugeben, während auf jeder nachfolgenden Schicht weitere Details, d.h. höherfrequente Informationen, hinzukommen. Jede Schicht kann dann an eine andere Adresse der Multicast-Gruppe gesendet werden, und jeder Empfänger kann bestimmen, wie viele Schichten er annehmen möchte. Liegt bei Empfänger A eine starke Überlast vor, hat er die Möglichkeit, nur der Multicast-Gruppe beizutreten, welche die Basisschicht überträgt, während Empfänger B vielleicht alle Schichten empfangen will. Empfänger A könnte periodisch versuchen, an der nächsten Detailschicht teilzunehmen, um zu sehen, ob inzwischen mehr Bandbreite verfügbar geworden ist. Diesen Ansatz nennt man »Receiver-driven Layered Multicast« (RLM). Ein interessantes Forschungsproblem ist dabei, wie man die richtigen Anreize schafft, um einen Empfänger zu veranlassen, nur jeweils der entsprechenden Anzahl von Gruppen und nicht allen beizutreten, da die Teilnahme an zu vielen Gruppen zu unnötiger Netzwerküberlast führen würde.

7.2.5 Audiokompression (MP3)

MPEG definiert nicht nur, wie ein Video komprimiert wird, sondern auch einen Standard für die Kompression von Audio. Dieser Standard kann benutzt werden, um den Audioanteil an einem Film zu komprimieren (in dem Fall definiert der MPEG-Standard, wie das komprimierte Audio mit dem komprimierten Video in einem einzigen MPEG-Strom zusammengemischt wird). Es kann aber auch allein für die Kompression von Audiomaterial (z.B. einer Audio-CD) benutzt werden.

Um Audiokompression zu verstehen, müssen wir mit den Daten beginnen. Audio in CD-Qualität, was dem De-facto-Standard der digitalen Darstellung von Audio in hoher Qualität entspricht, wird in einer Rate von 44,1 KHz abgetastet (d.h., ungefähr alle 23 µs wird ein »Sample« entnommen). Jedes Sample umfasst 16 Bit, was bedeutet, dass ein 2-Kanal-Audiostrom (Stereo) zu einer Bitrate von

$$2 \times 44{,}1 \text{ Hz} \times 1000 \times 16 \text{ bit} = 1{,}41 \text{ Mbit/s}$$

führt. Im Vergleich dazu wird Sprache in Telefonqualität in einer Rate von 8 KHz mit 8-Bit-Samples abgetastet. Das ergibt eine Bitrate von 64 Kbit/s – dass dies der Geschwindigkeit einer ISDN-Leitung entspricht, ist kein Zufall.

Natürlich ist eine gewisse Kompression erforderlich, um Audio in CD-Qualität zu übertragen, beispielsweise über eine kombinierte ISDN-Daten/Sprachleitung mit einer Kapazität von 128 Kbit/s. Dies wird dadurch erschwert, dass auf Grund von Synchronisations- und Fehlerkorrektur-Overhead 49 Bit benutzt werden müssen, um jedes 16-Bit-Sample zu kodieren, was eine tatsächliche Bitrate von

$$49/16 \times 1{,}41 \text{ Mbit/s} = 4{,}32 \text{ Mbit/s}$$

ergibt. MPEG erfüllt diese Anforderung durch Definition dreier Kompressionsebenen (siehe Tabelle 7.2). Davon ist Schicht III – besser bekannt unter der Bezeichnung *MP3* – die am häufigsten verwendete.

Kodierung	Bitraten	Kompressionsrate
Schicht I	384 Kbit/s	4
Schicht II	192 Kbit/s	8
Schicht III	128 Kbit/s	12

Tabelle 7.2: MP3-Kompressionsraten

Um diese Kompressionsraten zu erreichen, nutzt MP3 Techniken, die denen von MPEG für die Videokompression ähneln. Zuerst wird der Audiostrom in mehrere Frequenzteilbänder aufgeteilt. Dies entspricht grob der getrennten Verarbeitung der Y-, U- und V-Komponenten eines Videostroms in MPEG. Zweitens wird jedes Teilband in mehrere Blöcke aufgeteilt, was mit den MPEG-Makroblöcken vergleichbar ist, außer dass sie hinsichtlich der Länge zwischen 64 und 1024 Samples variieren können. (Der Kodierungsalgorithmus kann die Blockgröße variieren, je nach bestimmten Verzerrungseffekten, deren Erläuterung jedoch über Zweck und Umfang dieses Buchs hinausgeht.) Drittens wird jeder Block genau wie beim MPEG-Video mit Hilfe eines modifizierten DCT-Algorithmus transformiert, quantisiert und Huffman-kodiert.

Der Trick bei MP3 ist die Anzahl der verwendeten Teilbänder und die Anzahl der Bits, die jedem Teilband zugeteilt werden, weil der Standard versucht, die für die Zielbitrate höchstmögliche Audioqualität zu erreichen. Wie diese Zuteilung im Einzelnen erfolgt, wird durch psychoakustische Modelle festgelegt, deren Erläuterung jedoch über Zweck und Umfang dieses Buchs hinausgehen. Um das Konzept nur kurz zu umreißen: Es ist generell sinnvoll, den Teilbändern niedriger Frequenzen mehr Bits zuzuteilen, wenn eine männliche Stimme komprimiert wird, und den Teilbändern hoher Frequenzen mehr Bits, wenn eine Frauenstimme komprimiert wird. Während der praktischen Ausführung ändert MP3 dynamisch die für jedes Teilband benutzten Quantisierungstabellen, um die gewünschte Wirkung zu erzielen.

Nach der Kompression werden die Teilbänder in Frames fester Größe verpackt, und ein Header wird angehängt. Dieser Header beinhaltet Synchronisationsinformationen sowie einen Hinweis auf die Bitzuteilung, die der Dekodierer für die Ermittlung benötigt, wie viele Bits für die Kodierung jedes Teilbands benutzt wurden. Wie oben erwähnt, können diese Audio-Frames dann mit Video-Frames zusammengemischt werden, um einen kompletten MPEG-Strom zu bilden. Zum Schluss sei noch ein wichtiger Punkt erwähnt: Während es möglicherweise nichts ausmacht, B-Frames bei Überlastung des Netzwerks zu verwerfen, hat uns die Erfahrung gelehrt, dass Audio-Frames nicht verworfen werden sollten, weil Benutzer auf schlechtes Video toleranter reagieren als auf schlechtes Audio.

7.3 Zusammenfassung

In diesem Kapitel wurde beschrieben, wie Daten in Netzwerkpaketen kodiert werden. Im Gegensatz zu den in früheren Kapiteln beschriebenen Protokollen, die *Nachrichten* verarbeiten, werden bei diesen Techniken *Daten* verarbeitet.

Der erste Punkt ist die Darstellungsformatierung, bei der es sich um die Formatierung der verschiedenen Datentypen von Anwendungsprogrammen handelt: Ganzzahlen, Gleitkommazahlen, Zeichenketten, Arrays und Strukturen. Diese Aufgabe umfasst die Übersetzung der Byte-Anordnung von Maschine und Netzwerk und die Linearisierung von Datenstrukturen. Wir haben den Gestaltungsspielraum für die Darstellungsformatierung und drei spezifische Mechanismen innerhalb dieses Bereichs beschrieben: XDR, ASN.1 und NDR.

Der zweite Punkt ist die Kompression, bei der es sich um die Reduzierung der für die Übertragung verschiedener Datentypen benötigten Bandbreite handelt. Kompressionsalgorithmen können verlustlos oder verlustbehaftet sein. Verlustbehaftete Algorithmen eignen sich am besten für Bild- und Videodaten. JPEG, MPEG und MP3 sind Beispiele verlustbehafteter Kompressionsprotokolle für Standbilder, Video- bzw. Audiodaten.

Offene Fragen

Computernetzwerke und Unterhaltungselektronik

Wir haben MPEG so behandelt, als wäre es speziell für die Komprimierung von Videodaten ausgelegt worden, damit diese über paketvermittelte Netzwerke übertragen werden können. Selbstverständlich trifft dies nicht zu. MPEG ist ein allgemeines Videoformat, das sich genauso gut für einen auf DVD gespeicherten Spielfilm oder ein von D-1 übertragenes digitales HDTV-Signal eignet. Das alles läuft auf die Verschmelzung von Computern, Netzwerken und Unterhaltungselektronik hinaus.

In nicht allzu ferner Zukunft finden wir in Privathaushalten wahrscheinlich ein so genanntes *Medien-Gateway* (MG) vor. Es könnte auf dem Fernsehapparat stehen und damit die heutige Settop-Box des Kabelfernsehens ablösen. Das MG wird mit einem Internet-Service-Provider (ISP) verbunden, möglicherweise über den im Haus vorhandenen Fernsehkabelanschluss. Das MG wird auch eine Reihe von Ports unterstützen, an die verschiedene Elektronikgeräte, z.B. ein digitaler Camcorder, ein DVD-Player oder ein Videospiel, angeschlossen werden können. Nach dem heutigen Stand sieht es so aus, dass Firewire, eine von Apple entwickelte serielle 400-Mbit/s-Leitung, als gemeinsamer Anschluss für diese Geräte dienen wird. Verschiedene drahtlose Technologien sind eine weitere Möglichkeit.

Was wird vom MG verlangt werden? Mit Sicherheit wird es Multimedia-Ströme zwischen verschiedenen Geräten weiterleiten, vergleichbar mit den heutigen IP-Routern, die Datenpakete zwischen Ports befördern. Es kann beispielsweise ein mit dem digitalen Camcorder erfasstes Video von den süßen Enkeln über die ISP-Verbindung quer durch das Land zu den sehnsüchtig wartenden Großeltern senden. Zweitens muss es möglicherweise zwischen dem im Internet gesprochenen TCP/IP und einem von den Geräten unterstützten Format übersetzen. Natürlich ist es möglich, dass Camcorder eines Tages vollwertige Internet-Knoten sind (d.h. ihre eigene IP-Adresse haben). Medien-Gateways werden jedenfalls die Notwendigkeit, künftig so gut wie alles an das Internet anzuschließen, vorantreiben.

Die Aussicht der weitverbreiteten Verfügbarkeit von »Internet-Geräten« wirft mehrere interessante Fragen auf, unter anderem die der Adressnutzung. IP Version 6 wurde mit dem Ziel entwickelt, den IP-Adressraum ausreichend zu erweitern, sodass IP-Adressen jedem nur erdenklichen Objekt (Toastern, Wasserzählern usw.) zugewiesen werden können, ohne dass sich die verfügbaren Adressen erschöpfen. Internet-Service-Provider stehen der Installation von IPv6 heute noch ablehnend gegenüber und vergeben IPv4-Adressen ihren Kunden mit extremer Vorsicht. Das birgt ein Potenzial für große Probleme in der Zukunft.

Eine weitere Frage ist die Einfachheit, mit der sich IP-Geräte konfigurieren lassen. Während viele der heutigen Internet-Benutzer mühelos IP-Adresse, Maske und Default-Gateway auf ihrem PC einrichten können, dürfte es eher unwahrscheinlich sein, dass der Durchschnittsbenutzer von Elektronikgeräten wie Camcordern lernen möchte, wie man etwas konfiguriert, das über das Drücken der »Record«-Taste hinausgeht. »Plug-and-Play«-Konfiguration von IP-Geräten bleibt ein wichtiges Ziel.

7.4 Weiterführende Literatur

Unsere empfohlene Leseliste für dieses Kapitel beinhaltet zwei Arbeiten, die einen Überblick über die JPEG- bzw. MPEG-Standards bieten. Ihr vorrangiger Wert liegt in der Erklärung der verschiedenen Faktoren, die zu den Standards geführt und diese geformt haben. Wir empfehlen außerdem eine Arbeit über Receiver-driven Layered Multicast (RLM) als hervorragendes Beispiel eines Systemansatzes, der Multicast, Überlastkontrolle und Videokodierung umfasst.

- Wallace, G. K.: The JPEG still picture compression standard, *Communications of the ACM*, 34(1), S. 30–44, April 1991.
- Le Gall, D.: MPEG: A video compression standard for multimedia applications, *Communications of the ACM*, 34(1), S. 46–58, April 1991.
- McCanne, S., Jacobson, V. und Vetterli, M.: Receiver-driven layered multicast, *Proceedings of the SIGCOMM '96 Symposium*, S. 117–130, September 1996.

- Uns ist keine Arbeit bekannt, die als einzelne Quelle das Thema Darstellungsformatierung umfassend behandelt. Abgesehen von den XDR-, ASN.1/BER- und NDR-Spezifikationen (siehe Srinivasan [Sri95b], CCITT-Empfehlungen [CCITT92a, CCITT92b] und Open Software Foundation [OSF94]) wird Darstellungsformatierung noch von drei weiteren Arbeiten teilweise behandelt: O'Malley u.a. [OPM94], Lin [Lin93] und Chen u.a. [CLNZ89]. In allen drei Arbeiten werden leistungsspezifische Fragen erörtert.

Zum Thema Kompression ist die Huffman-Kodierung ein guter Einstiegspunkt; die Originalarbeit ist [Huf52]. Der LZ-Algorithmus wird in der Originalform von Ziv und Lempel [ZL77] beschrieben, und eine verbesserte Version dieses Algorithmus von den gleichen Autoren findet man in [ZL78]. Beide Arbeiten sind theoretischer Natur. Die Arbeit, die den LZ-Ansatz im praktischen Umfeld verbreitet hat, wird in Welch [Wel84] beschrieben. Für einen umfassenderen Überblick über Kompression empfiehlt sich Nelsons Artikel [Nel92]. Über Kompression ist auch in einigen der jüngst erschienenen Bücher über Multimedia zu lesen. Wir empfehlen Witten u.a. [WMB99] und Buford [Buf94]. Mitchell u.a. [MPFL96] liefern eine umfassende Beschreibung des MPEG-Standards. MP3 wird in Noll [Nol97] erläutert.

Schließlich empfehlen wir folgende WWW-Quelle:

- http://bmrc.berkeley.edu/projects/mpeg/index.html
  Dies ist eine Sammlung von MPEG-spezifischen Programmen, von denen einige in den folgenden Übungen benutzt werden.

7.5 Übungen

1. Betrachten Sie die Definitionen folgender C-Strukturen:

```
#define MAXSTR 100

struct date {
    char   month[MAXSTR];
    int    day;
    int    year;
};

struct employee {
    char   name[MAXSTR];
```

```
    int    ssn;
    struct date *hireday;
    int    salary_history[10];
    int    num_raises;
};

static struct date date0 =  {„MAY", 5, 1996};
static struct date date1 =  {„JANUARY", 7,  2002};
static struct employee employee0 =  {„RICHARD", 4376, &date0, {14000. 35000, 47000, 0,
   0}, 2};
static struct employee employee1 =  {„MARY", 4377, &date1, {90000. 150000, 0, 0, 0}, 1};
```

wobei num_raises + 1 der Anzahl der gültigen Einträge im Array salary_history entspricht. Geben Sie die von XDR erzeugte Darstellung der Struktur employee0 an.

2. Geben Sie die von XDR erzeugte Darstellung der Struktur employee1 aus Aufgabe 1 an.

3. Geben Sie für die Datenstrukturen aus der vorherigen Übung die XDR-Routine an, die diese Strukturen kodiert/dekodiert. Falls Ihnen XDR zur Verfügung steht, führen Sie diese Routine aus und messen Sie, wie lange es dauert, um eine Beispielinstanz der Struktur employee zu kodieren und zu dekodieren.

4. Verwenden Sie Bibliotheksfunktionen wie htonl und bcopy unter Unix bzw. CopyMemory unter Windows und implementieren Sie eine Routine, welche die gleiche Darstellung der Strukturen wie mit XDR in Übung 1 erzeugt. Falls möglich, vergleichen Sie die Leistung Ihres »manuellen« Kodierers/Dekodierers mit den entsprechenden XDR-Routinen.

5. Verwenden Sie XDR und htonl, um ein aus 1.000 Elementen bestehendes Ganzzahl-Array zu kodieren. Messen und vergleichen Sie die Leistung dieser beiden Alternativen. Wie lassen sich diese mit einer einfachen Schleife, die das gleiche Array liest und schreibt, vergleichen? Führen Sie das Experiment sowohl auf einem Computer durch, dessen lokale Byte-Anordnung derjenigen des Netzwerks entspricht, als auch auf einem Computer, dessen lokale Byte-Anordnung sich von derjenigen des Netzwerks unterscheidet.

6. Schreiben Sie Ihre eigene Implementierung von htonl. Unter Verwendung Ihrer eigenen htonl und (falls Little-endian-Hardware verfügbar ist) der Version aus der Standardbibliothek führen Sie entsprechende Experimente durch, um zu ermitteln, um wie viel länger das Byte-Swapping von Ganzzahlen gegenüber dem einfachen Kopieren derselben dauert.

7. Geben Sie die ASN.1-Kodierung für die folgenden drei Ganzzahlen an. Beachten Sie, dass ASN.1-Ganzzahlen 32 bit lang sind.
   a. 101
   b. 10 120
   c. 16 909 060

✓ 8. Geben Sie die ASN.1-Kodierung für die folgenden drei Ganzzahlen an. Beachten Sie, dass ASN.1-Ganzzahlen 32 bit lang sind.
   a. 15
   b. 29 496 729
   c. 58 993 458

9. Geben Sie die Big-endian- und Little-endian-Darstellungen der Ganzzahlen aus der Übung 7 an.

✓ 10. Geben Sie die Big-endian- und Little-endian-Darstellungen der Ganzzahlen aus der Übung 8 an.

11. XDR wird benutzt, um den Header des in Abb. 5.20 dargestellten SunRPC-Protokolls zu kodieren und zu dekodieren. Die XDR-Version wird durch das Feld RPCVersion vorgegeben. Welche potenzielle Schwierigkeit ergibt sich dadurch? Wäre es möglich, dass eine neue Version von XDR auf das Format für Little-endian-Ganzzahlen wechselt?

12. Der Prozess der Darstellungsformatierung wird manchmal als autonome Protokollschicht – getrennt von der Anwendung – betrachtet. Warum wäre die Einbindung der Datenkompression in diese Darstellungsschicht ungeeignet?

13. Gehen Sie von einer Maschine mit einer Größe von 36-Bit-Speicherwörtern aus. Zeichenketten werden in Fünferblöcken von je 7-Bit-Zeichen pro Speicherwort dargestellt. Welche Darstellungsproblematik muss auf dieser Maschine gelöst werden, damit sie Ganzzahlen- und Zeichenkettendaten mit dem Rest der Welt austauschen kann?

14. Benutzen Sie eine Programmiersprache Ihrer Wahl, die benutzerdefinierte automatische Typenkonvertierungen unterstützt. Definieren Sie einen Typ netint und stellen Sie Konvertierungen bereit, die Zuweisungen und Vergleichsoperatoren zwischen ints und netints ermöglichen. Kann eine Generalisierung dieses Ansatzes das Problem des Netzwerk-Argument-Marshalling lösen?

15. Verschiedene Architekturen haben unterschiedliche Konventionen hinsichtlich der Bit- und Byte-Anordnung, d.h., ob das niederwertigste Bit eines Bytes z.B. Bit 0 oder Bit 7 ist. [Pos81] definiert (in Anhang B) die Standard-Bitanordnung für Netzwerke. Warum ist die Bitanordnung dann für die Darstellungsformatierung nicht relevant?

★ 16. Angenommen, $p \leq 1$ ist der Anteil von Big-endian-Maschinen in einem Netzwerk; der restliche Anteil von $1 - p$ ist little-endian. Wir wählen zwei Maschinen zufällig aus und senden ein int von einer zur anderen. Nennen Sie die durchschnittliche Anzahl der Byte-Anordnungskonvertierungen, die sowohl für die Big-endian-Byte-Anordnung des Netzwerks als auch für den Receiver-makes-right-Ansatz bei $p = 0{,}1$, $p = 0{,}5$ und $p = 0{,}9$ erforderlich sind. Hinweis: Die Wahrscheinlichkeit, dass beide Endpunkte big-endian sind, ist p^2. Die Wahrscheinlichkeit, dass die beiden Endpunkte unterschiedliche Byte-Anordnungen benutzen, ist $2p(1 - p)$.

17. Experimentieren Sie mit einem Kompressionsprogramm (z.B. compress, gzip oder pkzip). Welche Kompressionsraten können Sie erreichen? Versuchen Sie, ob Sie Dateien erzeugen können, für die Sie Kompressionsraten von 5:1 oder 10:1 erzielen können.

★ 18. Angenommen, eine Datei enthält die Buchstaben *a*, *b*, *c* und *d*. Normalerweise benötigen wir 2 Bit pro Buchstabe, um eine solche Datei zu speichern.

   a. Gehen Sie davon aus, dass der Buchstabe *a* mit einer Häufigkeit von 50%, *b* von 30% und *c* und *d* jeweils von 10% vorkommen. Geben Sie für jeden Buchstaben eine Kodierung als Bitkette an, die optimale Kompression bietet. Hinweis: Benutzen Sie für *a* ein einzelnes Bit.

   b. Welche prozentuale Kompression erreichen Sie damit? (Das ist der Durchschnitt der für jeden Buchstaben erreichten Kompressionsprozentsätze, gewichtet nach Häufigkeit des Buchstabens.)

   c. Wiederholen Sie dies unter der Annahme, dass *a* und *b* jeweils mit 40%, *c* mit 15% und *d* mit 5% vorkommen.

★ 19. Gehen Sie von einer Kompressionsfunktion *c* aus, die eine Bitkette *s* in eine komprimierte Kette *c(s)* umwandelt.

   a. Zeigen Sie für jede Ganzzahl *N*, dass es eine Kette *s* mit Länge *N* geben muss, für die Länge$(c(s)) \geq N$ gilt, d.h., es erfolgt keine effektive Kompression.

   b. Komprimieren Sie einige bereits komprimierte Dateien (versuchen Sie die Kompression mit der gleichen Utility mehrmals nacheinander). Was passiert mit der Dateigröße?

   c. Unter der Annahme einer Kompressionsfunktion *c* wie in Teilaufgabe a geben Sie eine Funktion *c'* an, sodass für alle Bitketten *s*

Länge($c'(s)$) ≤ min(Länge ($c(s)$), Länge(s)) + 1 gilt. Im ungünstigsten Fall erweitert sich also die Größe durch Kompression mit c' um nur 1 Bit.

20. Nennen Sie einen Algorithmus für die Lauflängenkodierung, der nur ein einzelnes Byte erfordert, um nicht wiederkehrende Symbole darzustellen.

21. Schreiben Sie ein Programm, um ein Wörterbuch mit allen »Wörtern« aufzubauen, die für mehrere aufeinander folgende Nicht-Whitespace-Daten in einer bestimmten Textdatei definiert wurden. Anschließend können Sie die Datei komprimieren (und dabei den Verlust der Whitespace-Daten ignorieren), indem Sie jedes Wort als Index des Wörterbuchs darstellen. Besorgen Sie sich die Datei rfc791.txt, die [Pos81] enthält, und führen Sie Ihr Programm mit ihr aus. Geben Sie die Größe der komprimierten Datei an, wobei Sie zuerst davon ausgehen, dass jedes Wort mit 12 Bit kodiert wird (das sollte ausreichen), und dann, dass die 128 häufigsten Wörter mit 8 Bit und der Rest mit 13 Bit kodiert wird. Setzen Sie voraus, dass das Wörterbuch selbst mit Länge(Wort) + 1 Byte pro Wort gespeichert werden kann.

★ 22. Die eindimensionale Discrete-Cosine-Transformation ähnelt der zweidimensionalen Transformation, außer dass die zweite Variable (j oder y) und der zweite Kosinusfaktor wegfallen. Wir lassen außerdem von der Umkehr-DCT den führenden Koeffizienten $1/\sqrt{2N}$ weg. Implementieren Sie dies und die Umkehr für $N = 8$ (eine Tabellenkalkulation genügt, obwohl sich Sprachen, die Matrizen unterstützen, besser eignen) und beantworten Sie folgende Fragen:

    a. Welche DCT-Koeffizienten sind nahe 0, wenn die Eingabedaten (1, 2, 3, 5, 5, 3, 2, 1) sind?

    b. Wie viele DCT-Koeffizienten müssen wir behalten, damit alle Werte nach der Umkehr-DCT innerhalb von 1% ihres Originalwerts liegen, wenn die Daten (1, 2, 3, 4, 5, 6, 7, 8) sind? Gehen Sie davon aus, dass weggelassene DCT-Koeffizienten durch Nullen ersetzt werden.

    c. Angenommen, s_i für $1 \leq i \leq 8$ ist die Eingabesequenz, die aus einer 1 in Position i und 0 in Position j, $j \neq i$, besteht. Wir wollen die DCT auf s_i anwenden, setzen die letzten drei Koeffizienten auf Null und führen dann die Umkehr-DCT aus. Welches i, $1 \leq i \leq 8$, führt zum kleinsten Fehler an der i-ten Stelle im Ergebnis, und welches zum größten Fehler?

23. Vergleichen Sie die Größe eines ganz weißen Bilds im JPEG-Format mit einem »typischen« Foto gleicher Größe. In welcher bzw. welchen Phasen der JPEG-Kompression wird das weiße Bild kleiner als das Foto?

Für die nächsten drei Übungen sind die Utilities cjpeg und djpeg nützlich; sie sind unter ftp.uu.net/graphics/jpeg erhältlich. Es können auch andere Utilities für die

JPEG-Konvertierung benutzt werden. Für die manuelle Erstellung und Anzeige von Grafikdateien wird das portable Grauwertformat pgm empfohlen; siehe die man-Pages zu pgm(5)/ppm(5).

24. Erstellen Sie ein Grauwertbild, das aus einem 8×8-Raster mit einer vertikalen schwarzen Linie in der ersten Spalte besteht. Komprimieren Sie es in das JPEG-Format und dekomprimieren Sie es anschließend. Wie weit sind die resultierenden Bytes von der Standardqualitätseinstellung entfernt? Wie würden Sie die dadurch entstandenen, visuell wahrnehmbaren Ungenauigkeiten beschreiben? Welche Qualitätseinstellung reicht aus, um die Datei originalgetreu wiederzugeben?

25. Erstellen Sie ein 8×8-Grauwertbild, das aus einer 64 Zeichen umfassenden ASCII-Textkette besteht. Benutzen Sie nur Kleinbuchstaben ohne Whitespace und Satzzeichen. Komprimieren Sie es in das JPEG-Format und dekomprimieren Sie es. Wie gut ist das Ergebnis als Text erkennbar? Warum kann sich die Lage durch Erweitern der Whitespaces verschlechtern? Wäre dies bei einer Qualitätseinstellung von 100 eine plausible Art, Text zu komprimieren?

26. Schreiben Sie ein Programm, das Vorwärts- und Rückwärts-DCT mit Hilfe der Gleitkommaarithmetik implementiert. Führen Sie das Programm mit einem Grauwertbild aus. Da DCT verlustlos ist, sollte die Bildausgabe des Programms mit der Eingabe übereinstimmen. Nun ändern Sie Ihr Programm so ab, dass es einige der Komponenten höherer Frequenz auf Null setzt. Anschließend prüfen Sie, welche Auswirkung dies auf das Ausgabebild hat. Welcher Unterschied ergibt sich gegenüber der Wirkung von JPEG?

27. Drücken Sie DCT(0,0) als Durchschnitt der $pixel(x, y)$ aus.

28. Überlegen Sie, welche Funktionen vernünftigerweise von einem Videostandard erwartet werden können: Fast-Forward, Editierfähigkeiten, wahlfreier Zugriff usw. (Weitere Ideen finden Sie in der Arbeit von Le Gall, »MPEG: A video compression standard for multimedia applications,« in der Literaturliste dieses Kapitels.) Erklären Sie das MPEG-Design in Bezug auf diese Merkmale.

29. Angenommen, Sie möchten Fast-Forward und Reverse für MPEG-Ströme implementieren. Welche Probleme entstehen, wenn Sie Ihren Mechanismus auf die Anzeige von I-Frames begrenzen? Falls nicht, wie viele Frames der Originalsequenz müssen Sie dekodieren, um einen bestimmten Frame in der Fast-Forward-Sequenz anzuzeigen?

30. Benutzen Sie mpeg_play, um ein mit MPEG kodiertes Video abzuspielen. Experimentieren Sie mit Optionen, insbesondere -nob und -nop, die benutzt werden, um die B- bzw. P-Frames des Stroms wegzulassen. Welche sichtbaren Effekte entstehen durch das Weglassen dieser Frames?

31. Das Programm mpeg_stat kann benutzt werden, um Statistiken für Videoströme anzuzeigen. Benutzen Sie es, um für mehrere Ströme folgendes zu ermitteln:

    a. Anzahl und Sequenz von I-, B- und P-Frames

    b. Durchschnittliche Kompressionsrate für das gesamte Video

    c. Durchschnittliche Kompressionsrate für jeden Frame-Typ

32. Angenommen, wir haben ein Video von zwei weißen Punkten, die sich in konstanter Rate vor einem schwarzem Hintergrund aufeinander zu bewegen. Wir kodieren es mittels MPEG. In einem I-Frame liegen die beiden Punkte 100 Pixel auseinander. Im nächsten I-Frame sind sie zu einem verschmolzen. Der letzte Punkt der Verschmelzung liegt in der Mitte eines 16×16-Makroblocks.

    a. Beschreiben Sie, wie man die Y-Komponente der dazwischenliegenden B- (oder P-) Frames optimal kodieren könnte.

    b. Angenommen, die Punkte sind bunt und die Farbe wechselt langsam, während sich die Punkte bewegen. Beschreiben Sie, wie die Kodierung der U- und V-Werte aussehen könnte.

8 Sicherheit in Netzwerken

Computernetzwerke sind eine Ressource, die von vielen Anwendungen für viele verschiedene Zwecke gemeinsam genutzt wird. Manchmal sind die zwischen Anwendungsprozessen übertragenen Daten vertraulich und sollten von niemand anderem gelesen werden. Bei Käufen im World Wide Web werden z.B. oft Kreditkartennummern über das Netzwerk übertragen. Das ist gefährlich, weil jemand leicht das Netzwerk anzapfen und alle durchfließenden Pakete lesen kann. Um dies zu verhindern, möchten viele Benutzer ihre Nachrichten *verschlüsseln*.

Das Konzept der Verschlüsselung ist recht einfach: Der Sender wendet eine *Verschlüsselungsfunktion* auf die ursprüngliche *Klartextnachricht* an, woraus eine *Chiffretextnachricht* resultiert, die über das Netzwerk übertragen wird. Der Empfänger wendet eine *Entschlüsselungsfunktion* an, um den ursprünglichen Klartext wieder herzustellen. Der Ver-/Entschlüsselungsprozess hängt im Allgemeinen von einem geheimen Schlüssel ab, der nur dem Sender und dem Empfänger bekannt ist. Wird eine geeignete Kombination aus einem Schlüssel und einem Verschlüsselungsalgorithmus benutzt, ist es für einen Lauscher schwierig, den Chiffretext zu knacken. Sender und Empfänger können also davon ausgehen, dass ihre Kommunikation sicher ist.

It is true greatness
to have in one the
frailty of a man and
the security of a god.

– Seneca

Dieses bekannte Verfahren soll Vertraulichkeit sichern, also den unautorisierten Zugriff auf Informationen verhindern. Vertraulichkeit ist aber nicht der einzige von Kryptographie gebotene Dienst. Sie unterstützt weitere wichtige Dienste, darunter *Authentifikation* (Feststellung der Identität des entfernten Teilnehmers) und *Integrität* (Sicherstellung, dass die Nachricht nicht verändert wurde).

Dieses Kapitel gibt eine Einführung in Kryptographie mit einer Beschreibung der drei häufigsten kryptographischen Algorithmen: Data Encryption Standard (DES), Rivest, Shamir und Adleman (RSA) und Message-Digest 5 (MD5). Anschließend wird gezeigt, wie diese Algorithmen für die Bereitstellung von Authentifikation und Integrität benutzt werden können. Außerdem wird das Problem der *Schlüsselverteilung* erläutert, also wie Benutzer die benötigten Schlüssel erhalten. Das Kapitel endet mit einer Beschreibung verschiedener sicherer Systeme und Protokolle, die für das Internet entwickelt wurden.

Bei der Lektüre dieses Kapitels muss man berücksichtigen, dass die verschiedenen Algorithmen und Protokolle für Vertraulichkeit, Authentifikation und Integrität isoliert beschrieben werden. In der Praxis setzt die Zusammenstellung eines sicheren Systems eine komplizierte Kombination aus Protokollen und Algorithmen voraus. Das ist keine leichte Aufgabe, weil jedes Protokoll unterschiedlichen Attacken ausgesetzt ist. Besonders schwierig ist die Feststellung, wann ein Sicherheitsprotokoll »gut genug« ist. Eine sorgfältige Analyse dieser verschiedenen Attacken und Minimierung der Risiken für das System gehen über Zweck und Umfang dieses Buchs hinaus.

8.1 Kryptographische Algorithmen

Man unterscheidet grob zwischen drei Typen kryptographischer Algorithmen: auf der Grundlage von *geheimen Schlüsseln*, *öffentlichen Schlüsseln* und *Hashing*. Algorithmen mit geheimen Schlüsseln sind in dem Sinn symmetrisch, als beide Teilnehmer[1] einer Kommunikation einen gemeinsamen Schlüssel benutzen. Abb. 8.1 zeigt die Verschlüsselung mit geheimen Schlüsseln, um Daten über einen andernfalls unsicheren Kanal zu übertragen. DES (Data Encryption Standard) und IDEA (International Data Encryption Algorithm) sind die bekanntesten Verschlüsselungsmethoden mit geheimen Schlüsseln.

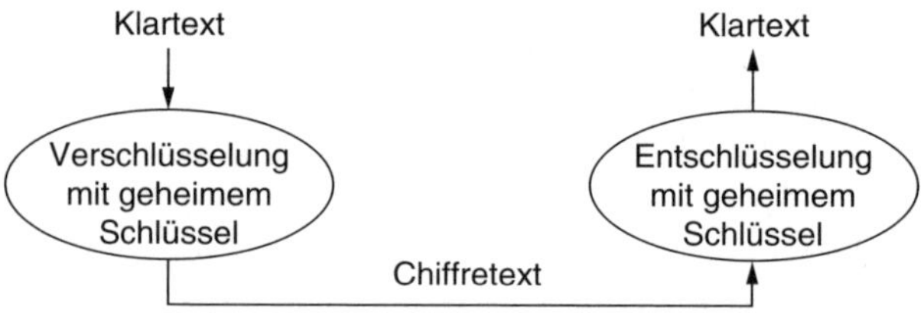

Abb. 8.1: Verschlüsselung mit geheimen Schlüsseln

Im Gegensatz zu zwei Teilnehmern, die gemeinsam mit einem geheimen Schlüssel kommunizieren, hat jeder Teilnehmer bei der Verschlüsselung mit öffentlichen Schlüsseln einen *privaten* Schlüssel, den niemand kennt, und einen *öffentlichen* Schlüssel, der allen bekanntgegeben wird. Um diesem Teilnehmer eine sichere Nachricht zu senden, wird die Nachricht mit dem allgemein bekannten öffentlichen Schlüssel verschlüsselt. Dann entschlüsselt der Teilnehmer die Nachricht mit seinem privaten Schlüssel. Dieses Szenario ist in Abb. 8.2 dargestellt. RSA – benannt nach seinen Erfindern Rivest, Shamir und Adleman – ist der bekannteste Algorithmus für die Verschlüsselung mit öffentlichen Schlüsseln.

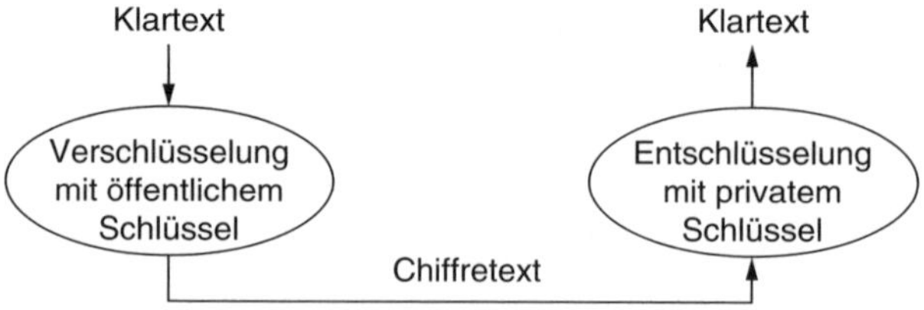

Abb. 8.2: Verschlüsselung mit öffentlichem Schlüssel

Die dritte Art kryptographischer Algorithmen nennt man *Hashing* oder *Message-Digest*. Im Gegensatz zu den beiden obigen Arten ist das kryptographische Hashing

1. Wir verwenden den Begriff *Teilnehmer* für die an einer sicheren Kommunikation beteiligten Parteien, da wir diesen Begriff durchgehend im Buch benutzt haben, um die beiden Endpunkte eines Kanals zu identifizieren. Im Sicherheitsbereich nennt man sie normalerweise Prinzipal.

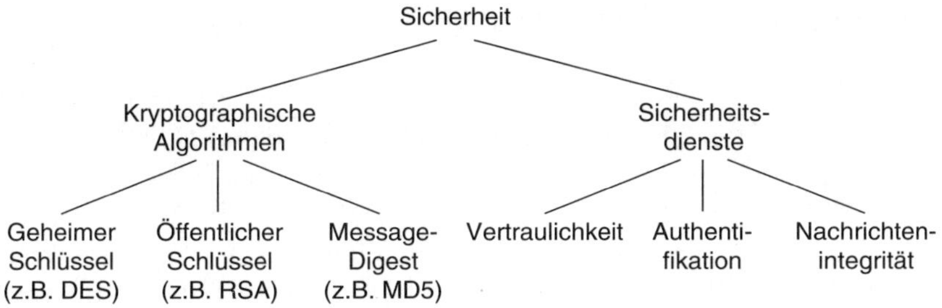

Abb. 8.3: Taxonomie von Netzwerksicherheit

nicht mit der Anwendung von Schlüsseln[2] verbunden. Das Konzept basiert vielmehr auf der Abbildung einer potenziell großen Nachricht auf eine kleine mit fester Länge, vergleichbar damit, wie eine gewöhnliche Hash-Funktion Werte von einem großen Raum auf Werte in einem kleinen Raum abbildet.

Man kann sich eine kryptographische Hash-Funktion am besten so vorstellen, dass sie eine *kryptographische Prüfsumme* aus einer Nachricht berechnet. Das heißt, genau wie eine gewöhnliche Prüfsumme den Empfänger vor versehentlichen Änderungen der Nachricht schützt, schützt eine kryptographische Prüfsumme den Empfänger vor böswilligen Änderungen der Nachricht. Der Grund liegt darin, dass alle kryptographischen Hash-Algorithmen sorgfältig als Einwegfunktionen ausgelegt werden. Mit einer kryptographischen Prüfsumme für eine Nachricht ist es praktisch unmöglich herauszufinden, welche Nachricht die Prüfsumme produziert hat. Anders ausgedrückt, ist es vom Rechenaufwand her nicht möglich, zwei Nachrichten zu finden, die zur gleichen kryptographischen Prüfsumme führen. Dieses Merkmal hat folgende Relevanz: Wenn man eine Prüfsumme für eine Nachricht (zusammen mit der Nachricht) erhält und für diese Nachricht genau die gleiche Prüfsumme berechnen kann, hat diese Nachricht höchstwahrscheinlich die Prüfsumme erzeugt.

Der bekannteste kryptographische Prüfsummenalgorithmus ist *Message Digest Version 5 (MD5)*. Zusätzlich zu den im vorherigen Absatz hervorgehobenen Merkmalen weist MD5 die wichtige Eigenschaft auf, dass er sich viel effizienter berechnen lässt als DES und RSA. Wie wichtig diese Tatsache ist, wird später in diesem Abschnitt beschrieben.

▶ **Zusammenfassend stellen wir fest, dass kryptographische Algorithmen wie DES, RSA und MD5 lediglich Bausteine sind, aus denen man ein sicheres System bilden kann. Abb. 8.3 illustriert diesen Punkt anhand einer einfachen Taxonomie. Betrachtet man diese Dienste und Bausteine, muss man sich folgendes überlegen: Wie haben die Teilnehmer die verschiedenen Schlüssel überhaupt erhalten? Dies führt zur *Schlüsselverteilung*, einem der zentralen Probleme im Sicherheitsbereich, wie in den nächsten Abschnitten beschrieben wird.**

2. Obwohl Hashing-Algorithmen keinen Schlüssel als Parameter benutzen, so enthält doch die Nachricht, auf die sie angewendet werden, häufig einen Schlüssel, was zu verwirrenden Bezeichnungen wie *verschlüsselte MD5-Funktion* führt.

Bevor wir aufzeigen, wie mit Hilfe von kryptographischen Algorithmen sichere Systeme aufgebaut werden können, beschreiben wir zuerst, wie die drei bekanntesten Algorithmen – DES, RSA und MD5 – funktionieren. Wir geben auch einige Einblicke darüber, *warum* sie funktionieren. Diese Beschreibung ist naturgemäß begrenzt, weil die DES zu Grunde liegenden Designprinzipien nicht öffentlich bekannt sind. Im Fall von RSA würde eine umfassende Erklärung der Funktionsweise Kenntnisse der zu Grunde liegenden Zahlentheorie voraussetzen, die über Zweck und Umfang dieses Buchs hinausgehen. Wir geben aber einen allgemeinen Überblick über die zu Grunde liegenden Prinzipien. Bevor wir uns die Einzelheiten der Algorithmen ansehen, stellen wir die Frage, was wir von einem kryptographischen Algorithmus erwarten.

8.1.1 Anforderungen

Als grundlegende Anforderung muss ein Verschlüsselungsalgorithmus in der Lage sein, Klartext in Chiffretext so umzuwandeln, dass nur der beabsichtigte Empfänger – der Inhaber des Dechiffrierschlüssels – den Klartext wieder herstellen kann. Das bedeutet, dass die Verschlüsselungsmethode vor Attacken durch Leute, die den Schlüssel nicht besitzen, sicher sein soll. Als Ausgangspunkt nehmen wir an, dass der Verschlüsselungsalgorithmus selbst bekannt ist und nur der Schlüssel geheimgehalten wird. Diese Annahme wird aus folgendem Grund getroffen: Wenn man davon abhängig ist, dass der Algorithmus geheimgehalten wird, muss man ihn aufgeben, sobald der Verdacht besteht, dass er nicht mehr geheim ist. Das bedeutet potenziell häufige Änderungen des Algorithmus, was problematisch ist, weil die Entwicklung eines neuen Algorithmus sehr arbeitsaufwändig ist. Außerdem lässt sich am leichtesten feststellen, ob ein Algorithmus wirksam ist, wenn er über lange Zeit benutzt wird; bricht ihn keiner, ist er höchstwahrscheinlich sicher. (Zum Glück geben die meisten, die sich mit dem Brechen von kryptographischen Algorithmen beschäftigen, ihre Erfolge allseits bekannt. Es ist im Allgemeinen also ein gutes Zeichen, wenn man nichts hört.) Die Einführung eines neuen Algorithmus ist also nicht nur aufwändig, sondern birgt auch ein beträchtliches Risiko. Deshalb ist unsere erste Anforderung – die Geheimhaltung des Schlüssels und nicht des Algorithmus selbst – das einzig Notwendige, um die Vertraulichkeit der Daten sicherzustellen.

Wenn jemand einen Chiffretext erhält, verfügt er vielleicht über mehr Informationen als nur den Chiffretext selbst. Er kann z.B. wissen, dass der Klartext in englisch geschrieben wurde, was bedeutet, dass der Buchstabe »e« im Klartext häufiger vorkommt als jeder andere. Die Häufigkeit vieler anderer Buchstaben und üblicher Buchstabenkombinationen lässt sich ebenfalls vorhersagen. Diese Informationen können die Arbeit, den Schlüssel zu finden, erheblich vereinfachen. Auf die gleiche Weise weiß er vielleicht etwas über den wahrscheinlichen Inhalt der Nachricht. So lässt sich z.B. leicht erraten, dass am Anfang einer entfernten Terminalsitzung das Wort »Login« vorkommt. Dies kann eine »Known-Plaintext«-Attacke ermöglichen, die eine viel größere Erfolgschance als eine »Ciphertext-only«-Attacke hat. Noch leichter ist eine »Chosen-Plaintext«-Attacke, die gelingen kann, wenn der Angreifer dem Sender bestimmte Informationen zukommen lässt, die er mit größter Wahrscheinlichkeit überträgt; solche Dinge sind z.B. in Kriegszeiten passiert.

Die besten kryptographischen Algorithmen können daher den Angreifer daran hindern, den Schlüssel abzuleiten, auch wenn dieser sowohl den Klartext als auch den Chiffretext kennt. Bei dem in DES umgesetzten Ansatz wird der Algorithmus so kompliziert ausgelegt, dass praktisch kein Teil der Klartextstruktur im Chiffretext übrigbleibt. Dadurch hat der Angreifer keine andere Wahl, als den gesamten Raum möglicher Schlüssel zu durchsuchen. Dies kann erschwert oder verhindert werden, wenn man einen ausreichend großen Schlüsselraum wählt und die Prüfung eines Schlüssels entsprechend aufwändig gestaltet. Wie wir noch sehen werden, schwindet die Sicherheit von DES zunehmend auf dieser Grundlage. Einige andere kryptographische Algorithmen gewinnen ihre Stärke aus der Mathematik. RSA kann beispielsweise nur geknackt werden, wenn der Angreifer die Faktoren einer Zahl findet, die das Produkt zweier großer Primzahlen ist – ein Problem, das bekanntermaßen sehr aufwändig ist (oder zumindest dafür gehalten wird).

Die Anforderungen an einen Message-Digest-Algorithmus unterscheiden sich geringfügig. Diese Algorithmen sind *Einwegfunktionen*, was bedeutet, dass es mit einer Ausgabe der Funktion rechnerisch unmöglich ist, eine Eingabe zu finden, die diese Ausgabe produziert. Da diese Algorithmen eine Ausgabe produzieren, die im Allgemeinen kürzer als die Eingabenachricht ist, gibt es viele verschiedene Eingabenachrichten, die die gleiche Ausgabe erzeugen. Es sollte vom Rechenaufwand her jedoch unmöglich sein, zwei solche Nachrichten zu finden. Diese Merkmale sind erforderlich, damit keiner in der Lage ist, eine neue Nachricht $m1 \neq m$ zu finden, die das gleiche Message-Digest produziert, wenn er in den Besitz einer Nachricht m und des Message-Digest MD(m) kommt. Folglich ist es nicht möglich, die Nachricht m zu modifizieren und mit der Message-Digest-Funktion die gleiche Ausgabe aus der modifizierten Nachricht zu produzieren.

Damit eine Message-Digest-Funktion diese Anforderungen erfüllt, müssen ihre Ausgaben relativ zufällig verteilt sein. Ist ein Digest beispielsweise 128 Bit lang, gibt es 2^{128} mögliche Ausgaben. Das bedeutet, dass man normalerweise die Digests von etwa 2^{64} Nachrichten berechnen müsste, bis man zwei gleiche findet, wenn die Ausgaben zufällig verteilt sind. (Diese Tatsache ist eine Version des »Geburtstagsproblems« – siehe Übungen am Ende dieses Kapitels). Sind die Ausgaben aber nicht zufällig verteilt, d.h., sind einige Ausgaben viel eher wahrscheinlich als andere, dann könnte man zwei Nachrichten mit der gleichen Ausgabe viel leichter finden, was die Sicherheit des Algorithmus zunichte machen würde.

Als weitere Anforderung müssen Message-Digests vom Rechenaufwand her effizient sein. Reduziert eine Message-Digest-Funktion den Durchsatz einer Anwendung um Größenordnungen, ist es unwahrscheinlich, dass viele Benutzer die Vorteile der von ihr gebotenen Integrität und Authentifikation für lohnenswert halten.

8.1.2 DES

DES verschlüsselt einen 64 Bit großen Klartextblock mit Hilfe eines 64-Bit-Schlüssels. Der Schlüssel enthält eigentlich nur 56 nutzbare Bit; das letzte Bit jedes der 8 Bytes im Schlüssel ist ein Paritätsbit für das jeweilige Byte. Außerdem können auch größere Nachrichten als 64 Bit mit DES verschlüsselt werden, wie unten beschrieben wird.

Die Verschlüsselung mit DES umfasst drei Phasen (siehe Abb. 8.4):

1. Die 64 Bit des Blocks werden permutiert (gemischt).
2. Auf die resultierenden Daten und den Schlüssel werden 16 Runden einer identischen Operation angewandt.
3. Auf das Ergebnis wird die Umkehr der ursprünglichen Permutation angewandt.

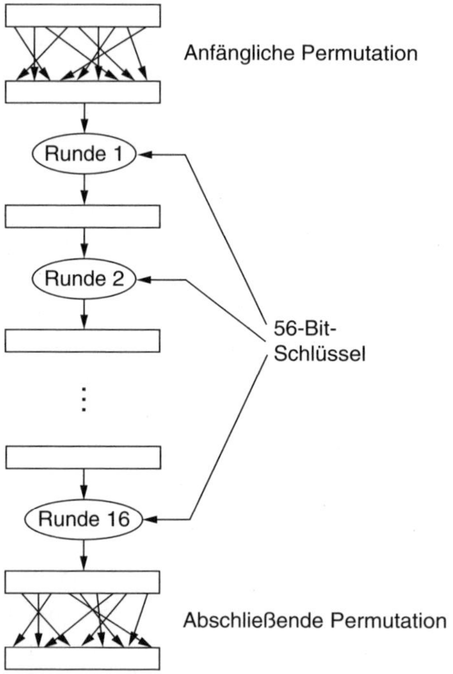

Abb. 8.4:
DES-Ablaufdiagramm

Ein Teil der ausführlichen Permutation ist in Tabelle 8.1 aufgeführt. Die abschließende Permutation ist die Umkehr (z.B. wird Bit 40 in Bitposition 1 permutiert). Es ist allgemein bekannt, dass diese beiden Permutationen die Sicherheit von DES nicht erhöhen. Einige Sicherheitsfachleute spekulieren, dass sie einbezogen wurden, damit die Berechnung länger dauert. Es ist aber ebenso gut möglich, dass sie ein Artefakt der ersten Hardwareimplementierung sind, z.B. auf Grund einer gewissen Einschränkung des Pin-Layouts.

Eingabeposition	1	2	3	4	5	...	60	61	62	63	64
Ausgabeposition	40	8	48	16	56	...	9	49	17	57	25

Tabelle 8.1: Anfängliche (und abschließende) DES-Permutation

In jeder Runde wird der 64-Bit-Block in zwei 32-Bit-Hälften aufgeteilt, und jeweils unterschiedliche 48 Bit werden aus dem 56-Bit-Schlüssel ausgewählt. Wenn wir die linke und rechte Hälfte des Blocks in Runde i als L_i bzw. R_i und den 48-Bit-Schlüssel in Runde i als K_i bezeichnen, werden diese drei Teile in Runde i entsprechend der folgenden Regel kombiniert:

$$L_i = R_{i-1}$$

$$R_i = L_{i-1} \oplus \mathrm{F}(R_{i-1}, K_i)$$

wobei F eine weiter unten beschriebene Kombinationsfunktion und $\oplus$ der XOR-Operator (exclusive-OR) ist. Abb. 8.5 zeigt die Basisoperation jeder Runde. Man beachte, dass L_0 und R_0 der linken bzw. rechten Hälfte des 64-Bit-Blocks entsprechen, die sich beide aus der anfänglichen Permutation ergeben; L_{16} und R_{16} werden wieder zusammen kombiniert, um den 64-Bit-Block zu bilden, auf den die abschließende Umkehrpermutation angewandt wird.

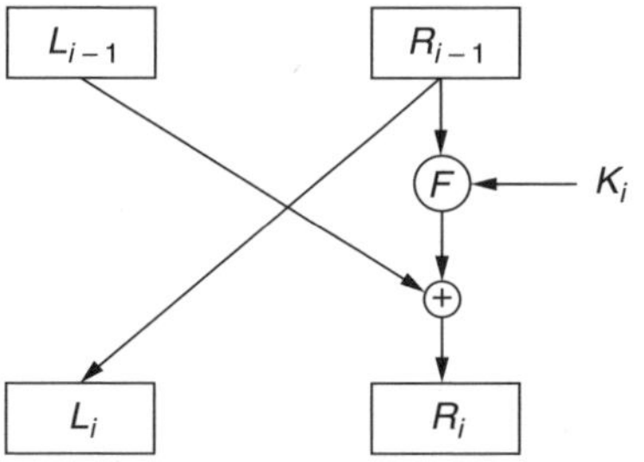

Abb. 8.5:
Manipulation in jeder DES-Runde

Wir müssen jetzt Funktion F definieren und aufzeigen, wie jeder K_i aus dem 56-Bit-Schlüssel hergeleitet wird. Wir beginnen mit dem Schlüssel. Anfangs wird der 56-Bit-Schlüssel gemäß Tabelle 8.2 permutiert. Man beachte, dass jedes achte Bit ignoriert wird (d.h. Bit 64 aus der Tabelle fehlt), wodurch sich der Schlüssel von 64 auf 56 Bit reduziert. Dann werden für jede Runde die aktuellen 56 Bit in zwei 28-Bit-Hälften aufgeteilt. Jede Hälfte wird unabhängig entsprechend der Runde entweder um eine oder zwei Bitpositionen nach links rotiert. Der Umfang der Rotation in Bit für jede Runde geht aus Tabelle 8.3 hervor. Die 56 Bit, die sich aus dieser Verschiebung ergeben, werden sowohl als Eingabe in die nächste Runde (d.h. die vorhergehende Verschiebung wird wiederholt) als auch für die Auswahl der 48 Bit benutzt, aus denen sich der Schlüssel der aktuellen Runde zusammensetzt. Tabelle 8.4 zeigt die Auswahl von 48 der 56 Bit; sie werden gleichzeitig ausgewählt und permutiert. Das Bit in Position 9 wird beispielsweise nicht ausgewählt, weil es sich nicht in der Tabelle befindet.

Eingabeposition	1	2	3	4	5	...	59	60	61	62	63
Ausgabeposition	8	16	24	56	52	...	17	25	45	37	29

Tabelle 8.2: Permutation des DES-Schlüssels

Runde	1	2	3	4	5	6	7	8	9	10	11	12	13	14	15	16
Rotationsumfang	1	1	2	2	2	2	2	2	1	2	2	2	2	2	2	1

Tabelle 8.3: Umfang der DES-Schlüsselrotation pro Runde

Eingabeposition	1	2	3	4	5	6	7	8	10	11	12	13	14	15	16	17
Ausgabeposition	5	24	7	16	6	10	20	18	12	3	15	23	1	9	19	2
Eingabeposition	19	20	21	23	24	26	27	28	29	30	31	32	33	34	36	37
Ausgabeposition	14	22	11	13	4	17	21	8	47	31	27	48	35	41	46	28
Eingabeposition	39	40	41	42	44	45	46	47	48	49	50	51	52	53	55	56
Ausgabeposition	39	32	25	44	37	34	43	29	36	38	45	33	26	42	30	40

Tabelle 8.4: DES-Kompressionspermutation

Die Funktion *F* kombiniert den für Runde *i* (K_i) resultierenden 48-Bit-Schlüssel mit der rechten Hälfte des Datenblocks nach Runde $i - 1$ (R_{i-1}) wie folgt: Um die Notation zu vereinfachen, bezeichnen wir K_i und R_{i-1} als *K* bzw. *R*. Zuerst wird *R* durch die Funktion *F* von 32 auf 48 Bit erweitert, sodass sie mit dem 48-Bit-*K* kombiniert werden kann. Die Funktion *F* bewirkt dies durch Aufteilung von *R* in acht 4-Bit-Fragmente und Erweiterung jedes Fragments auf 6 Bit; dafür »stiehlt« sie das ganz rechte und das ganz linke Bit vom linken bzw. rechten benachbarten 4-Bit-Fragment. Diese Erweiterung ist in Abb. 8.6 dargestellt. Hier wird *R* in dem Sinn zirkulär behandelt, als das erste und letzte Fragment ihr zusätzliches Bit voneinander erhalten.

Als nächstes wird das 48 Bit lange *K* in acht 6-Bit-Fragmente aufgeteilt, und jedes Fragment wird mittels XOR mit dem entsprechenden Teil verknüpft, der sich aus der vorherigen Erweiterung von *R* ergibt. Schließlich wird jeder resultierende 6-Bit-Wert durch eine so genannte *Substitutionsbox* (S-Box) geschleust, wodurch sich jedes 6-Bit-Fragment wieder auf 4 Bit reduziert. Eigentlich gibt es acht verschiedene S-Boxen – je eine für jedes 6-Bit-Fragment. Eine S-Box führt lediglich eine n:1-Abbildung von 6- auf 4-Bit-Zahlen durch. Tabelle 8.5 enthält einen Teil der S-Boxfunktion für das erste Fragment. Wir sind nun mit Runde *i* fertig.

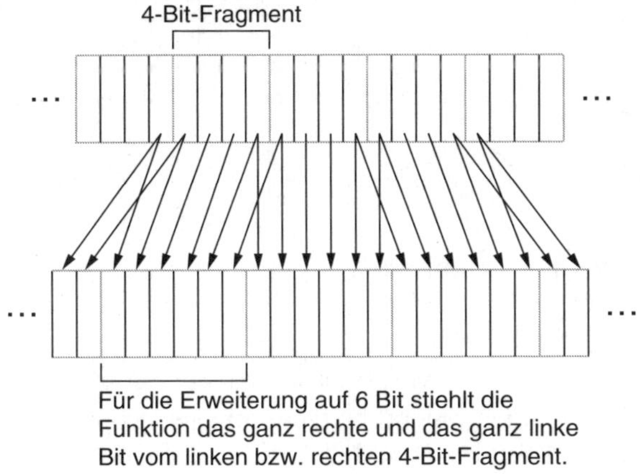

Abb. 8.6: Erweiterungsphase von DES

Man beachte, dass wir in der vorhergehenden Beschreibung nicht zwischen Ver- und Entschlüsselung unterscheiden. Eines der angenehmen Merkmale von DES ist, dass beide Seiten des Algorithmus genau gleich funktionieren. Der einzige Unterschied besteht darin, dass die Schlüssel in der umgekehrten Reihenfolge angewandt werden, d.h. K_{16}, K_{15}, ..., K_1.

Außerdem ist zu berücksichtigen, dass die obige Diskussion auf einen einzigen 64-Bit-Datenblock begrenzt ist. Um eine längere Nachricht mit DES zu verschlüsseln, wird eine als *Cipher Block Chaining* (*CBC*) bezeichnete Technik angewandt. Das Konzept von CBC ist einfach: Der Chiffretext für Block *i* wird mittels XOR mit dem Klartext für Block $i + 1$ verknüpft, bevor er dem DES unterzogen wird. Ein so genannter *Initialisierungsvektor* (*IV*) wird an Stelle des nicht existierenden Chiffretexts für Block 0 benutzt. Dieser Vektor IV ist eine vom Sender erzeugte Zufallszahl und wird zusammen mit der Nachricht gesendet, sodass der erste Block des Klartexts wiedergewonnen werden kann. Abb. 8.7 zeigt CBC auf der Verschlüsselungsseite für eine aus 256 Bit (vier Blöcken) bestehende Nachricht. Die Entschlüsselung funktioniert entsprechend, weil XOR seine eigene Umkehr ist, wobei der Prozess mit dem letzten Block beginnt und sich in Richtung Nachrichtenanfang bewegt.

Eingabe	000000	000001	000010	000011	000100	000101	...
Ausgabe	1110	0100	1101	0001	0010	1111	...

Eingabe	...	111010	111011	111100	111101	111110	111111
Ausgabe	...	0011	1110	1010	0000	0110	1101

Tabelle 8.5: Beispiel einer S-Box (Bit 1–6) in DES

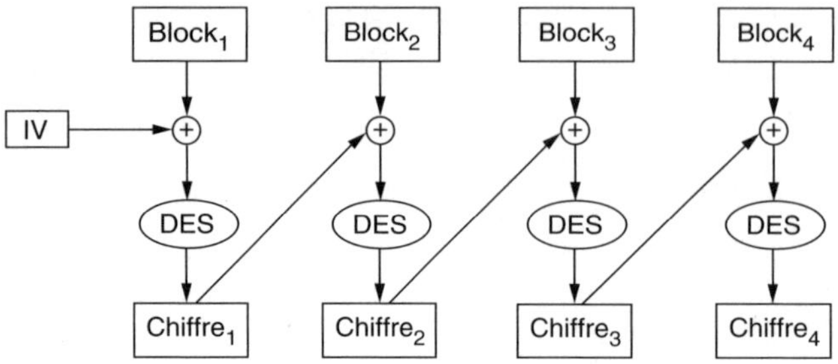

Abb. 8.7: Anwendung des Cipher Block Chaining (CBC) für große Nachrichten

Wir schließen mit dem Hinweis, dass es keinen veröffentlichten mathematischen Nachweis gibt, dass DES sicher ist. Der erzielte Sicherheitsumfang wird durch die Anwendung zweier Techniken erreicht: Konfusion und Diffusion. (Nachdem wir uns gerade durch den Algorithmus durchgearbeitet haben, dürften die beiden Techniken den Lesern verständlich sein.) Wir können lediglich sagen, dass die einzige bekannte Art, DES zu knacken, in der vollständigen Durchsuchung aller möglichen 2^{56} Schlüssel liegt, obwohl man im Durchschnitt erwartet, nur die Hälfte des Schlüsselraums bzw. $2^{55} = 3{,}6 \times 10^{16}$ Schlüssel durchsuchen zu müssen. Auf einem modernen PC ist es möglich, eine Verschlüsselung in 1,5 µs durchzuführen, was bedeutet, dass das Knacken eines Schlüssels etwa $5{,}0 \times 10^{16}$ µs (ungefähr 1.500 Jahre) dauern würde. Das mag zwar sehr lange erscheinen, man muss aber beachten, dass das Durchsuchen eines Schlüsselraums eine *hoch* parallele Aufgabe ist. Das heißt, dass es nur sechs Monate dauern würde, um einen Schlüssel zu knacken, wenn man 3.000 PCs mit dieser Aufgabe belegen würde.

Dieser Zeitumfang gilt in vielen Kreisen als Grenzfallsicherheit, insbesondere, wenn man bedenkt, dass Prozessorgeschwindigkeiten sich alle 18 Monate verdoppeln. Aus diesem Grund benutzen viele Anwendungen heute Dreifach-DES, d.h. dreifache Verschlüsselung der Daten. Dies kann mit drei getrennten oder zwei abwechselnden Schlüsseln bewerkstelligt werden: zuerst wird der erste, dann der zweite und schließlich wieder der erste benutzt.

8.1.3 Public Key Encription (RSA)

RSA ist ein ganz anderer Algorithmus, nicht nur, weil er unterschiedliche Schlüssel für die Verschlüsselung (öffentlicher Schlüssel) und Entschlüsselung (privater Schlüssel) voraussetzt, sondern auch, weil er auf Zahlentheorie basiert. Der wichtigste Aspekt von RSA betrifft die Art, wie die beiden Schlüssel ausgewählt werden. Der Vorgang der Ver- oder Entschlüsselung einer Nachricht wird als einfache Funktion ausgedrückt, obwohl diese Funktion enorme Rechenleistung erfordert. RSA benutzt häufig eine Schlüssellänge von 1024 Bit, sodass die Berechnung des Algorithmus wesentlich aufwändiger als bei DES ist. Dies wird nachfolgend erläutert.

Im ersten Schritt wird ein öffentlicher und privater Schlüssel erzeugt. Hierfür wählt man zwei große Primzahlen p und q und multipliziert sie, um n zu erhalten. Sowohl p als auch q sollten ungefähr 256 Bit lang sein. Als nächstes wählt man den

Chiffrierschlüssel e, sodass e und $(p-1) \times (q-1)$ prim zueinander sind. (Zwei Zahlen sind prim zueinander, wenn sie keinen gemeinsamen Faktor haben, der größer als 1 ist.) Schließlich berechnet man den Dechiffrierschlüssel d, so daß

$$d = e^{-1} \bmod ((p-1)\times(q-1))$$

Der öffentliche Schlüssel wird aus dem Paar $<e, n>$ und der private aus dem Paar $<d, n>$ gebildet. Die ursprünglichen Primzahlen p und q werden nicht mehr benötigt. Sie können weggeworfen, dürfen aber nicht bekannt werden.

Mit diesen beiden Schlüsseln wird die Verschlüsselung mit

$$c = m^e \bmod n$$

und die Entschlüsselung mit

$$m = c^d \bmod n$$

definiert, wobei m die Klartextnachricht und c der resultierende Chiffretext ist. Man beachte, dass m kleiner als n sein muss, also nicht mehr als 1024 Bit lang sein kann. Eine größere Nachricht wird einfach als Verkettung von mehreren 1024-Bit-Blöcken behandelt.

Um zu sehen, wie das funktioniert, betrachten wir folgendes Beispiel unter Verwendung sehr kleiner Werte für p und q. Angenommen, wir wählen $p = 7$ und $q = 11$. Das bedeutet

$$n = 7 \times 11 = 77$$

und

$$(p-1) \times (q-1) = 60$$

Wir müssen also einen Wert für e wählen, der prim zu 60 ist. Wir wählen $e = 7$; 7 und 60 haben außer 1 keinen gemeinsamen Faktor. Nun müssen wir d so berechnen, daß

$$d = 7^{-1} \bmod ((7-1) \times (11-1))$$

also

$$7 \times d = 1 \bmod 60$$

Es erweist sich, dass $d = 43$, weil

$$\begin{aligned} 7 \times 43 &= 301 \\ &= 1 \bmod 60 \end{aligned}$$

Nun haben wir also den öffentlichen Schlüssel $<e, n> = <7, 77>$ und den privaten Schlüssel $<d, n> = <43, 77>$. Man beachte, dass es bei diesem Beispiel sehr leicht wäre, p und q herauszufinden, sobald man n kennt, und folglich e aus d herleiten kann. Wenn n aber das Produkt von zwei Zahlen ist, die jeweils etwa 256 Bit lang sind, wäre es praktisch unmöglich, p und q zu berechnen. Damit dürfte klar sein, warum p und q nicht bekannt werden dürfen. Sobald sie bekannt sind, lässt sich der private aus dem öffentlichen Schlüssel leicht ermitteln.

Nun betrachten wir eine einfache Verschlüsselungsoperation. Angenommen, wir möchten eine Nachricht verschlüsseln, die den Wert 9 enthält. Wir folgen dem obigen Verschlüsselungsalgorithmus:

$$\begin{aligned} c &= m^e \bmod n \\ &= 9^7 \bmod 77 \\ &= 37 \end{aligned}$$

Folglich ist 37 der Chiffretext, den wir senden würden. (Diese Berechnung lässt sich leicht mit einem Taschenrechner überprüfen.)

Bei Empfang der Nachricht würde man den Chiffretext wie folgt entschlüsseln:

$$\begin{aligned} m &= c^d \bmod n \\ &= 37^{43} \bmod 77 \\ &= 9 \end{aligned}$$

Wie gewünscht, wird die Originalnachricht also wiedergewonnen. (Die Überprüfung dieser Berechnung mit einem Taschenrechner ist etwas schwieriger. Man muss die Exponentialfunktion in Stufen durchführen und nach jeder Stufe modulo 77 nehmen, um Zahlen zu umgehen, die für den Rechner zu groß sind.)

Wenn zwei Teilnehmer ihre untereinander auszutauschenden Daten unter Verwendung eines Algorithmus mit öffentlichem Schlüssel wie RSA verschlüsseln möchten, ist ein öffentlicher und ein privater Schlüssel erforderlich. Man kann nicht mit dem privaten Schlüssel verschlüsseln und die andere Seite mit dem öffentlichen Schlüssel entschlüsseln lassen, weil jeder Zugang zum öffentlichen Schlüssel hat und damit die Nachricht entschlüsseln könnte. Anders ausgedrückt, Teilnehmer *A* verschlüsselt die an Teilnehmer *B* zu sendenden Daten mit dem öffentlichen Schlüssel von *B* und *B* benutzt seinen privaten Schlüssel, um diese Daten zu entschlüsseln, während *B* die an *A* zu sendenden Daten mit dem öffentlichen Schlüssel von *A* verschlüsselt und *A* diese Nachricht mit seinem privaten Schlüssel entschlüsselt. Man beachte, dass *A* keine Nachricht entschlüsseln kann, die er an *B* gesendet hat. Nur *B* hat den nötigen privaten Schlüssel.

Die RSA-Sicherheit beruht auf der Prämisse, dass die Zerlegung großer Zahlen in Faktoren ein rechnerisch aufwändiges Unterfangen ist. Wenn sich n faktorisieren ließe, könnte man p und q wiedergewinnen, was d kompromittieren würde. Die Geschwindigkeit, mit der sich große Zahlen in Faktoren zerlegen lassen, ist eine Funktion der verfügbaren Prozessorgeschwindigkeit und des benutzten Faktorisierungsalgorithmus. Es wird angenommen, dass 512-Bit-Zahlen in den nächsten paar Jahren faktorisierbar werden, weshalb man inzwischen 1024- und 2048-Bit-Schlüsseln verwendet. Während wir uns hier auf die Sicherheit der durch ein Netzwerk fließenden Daten konzentrieren, d.h., die Daten sind manchmal nur kurzzeitig Sicherheitsrisiken ausgesetzt, müssen Sicherheitsfachleute im Allgemeinen aber die Verletzlichkeit von Daten in Erwägung ziehen, die über Jahrzehnte in Archiven gespeichert werden müssen.

RSA knacken

1977 wurde öffentlich dazu aufgefordert, eine 129 Ziffern (430 Bit) umfassende Nachricht zu knacken, die mittels RSA verschlüsselt worden war. Man war der Ansicht, dass der Code aufbruchsicher sei und 40 Quadrillionen Jahre der Berechnung mit den damals bekannten Algorithmen für die Faktorisierung großer Zahlen erfordern würde. Im April 1994, also nur 17 Jahre später, meldeten vier Wissenschaftler, dass sie den Code geknackt hatten. Die verborgene Nachricht lautete

THE MAGIC WORDS ARE SQUEAMISH OSSIFRAGE

Die Aufgabe wurde mit Hilfe einer Faktorisierungsmethode gelöst, die ungefähr 5.000 MIP-Jahre dauert. Erzielt wurde dies über einen Zeitraum von acht Monaten durch Aufteilung des Problems in kleinere Teile, die mittels E-Mail an Computer überall in der Welt übertragen wurden.

Natürlich dauert es nicht immer 5.000 MIP-Jahre, um einen Schlüssel aufzubrechen, insbesondere bei einem schlecht gewählten Schlüssel. So wurde beispielsweise ein Sicherheitsloch in einem WWW-Browser aufgedeckt, der für die Verschlüsselung von Kreditkartennummern, die über das Internet gesendet wurden, RSA benutzte. Das Problem lag darin, dass das System eine höchst vorhersagbare Methode (eine Kombination aus Prozess-ID und Tageszeit) anwandte, um eine Zufallszahl zu generieren, die wiederum benutzt wurde, um einen privaten und öffentlichen Schlüssel zu erzeugen. Solche Schlüssel lassen sich leicht knacken.

8.1.4 Message-Digest 5 (MD5)

Es gibt eine Reihe weitverbreiteter Message-Digest-Algorithmen, die als MD*n* für verschiedene Werte von *n* bezeichnet werden. MD5 wird derzeit am häufigsten benutzt. Der *Secure-Hash-Algorithmus* (*SHA*) ist eine weitere bekannte Message-Digest-Funktion. Alle diese Funktionen bewirken im Grunde das gleiche: Sie berechnen eine kryptographische Prüfsumme mit fester Länge aus einer beliebig langen Eingabenachricht.

Aus mathematischer Sicht haben Digest-Algorithmen mehr mit DES als mit RSA gemeinsam. Das heißt, sie haben keine formale mathematische Grundlage, stützen sich aber auf die Komplexität des Algorithmus, um eine Zufallsausgabe zu produzieren, sodass die oben erwähnten Anforderungen erfüllt werden. Wir beschreiben den MD5-Algorithmus hier nur kurz. Der Algorithmus selbst scheint eine zufällige Sammlung von Transformationen zu sein, sodass es nicht überrascht, dass er geeignete Zufallsausgaben erzeugt.[3]

Die Basisoperationen von MD4, MD5 und SHA sind in Abb. 8.8 dargestellt. Diese Algorithmen verarbeiten eine Nachricht in jeweils 512 Bit. Deshalb muss eine Nachricht im ersten Schritt auf ein Mehrfaches von 512 Bit aufgefüllt werden. Hierfür fügt man in die Nachricht zwischen 1 und 512 Füllbits ein; das erste ist 1 und die restlichen sind Nullen. Dem ganzen folgt dann noch eine 64-Bit-Ganzzahl, die der ursprünglichen Nachrichtenlänge in Bit entspricht. Dadurch können Nachrichten eine beliebige Länge bis zu 2^{64} Bit haben.

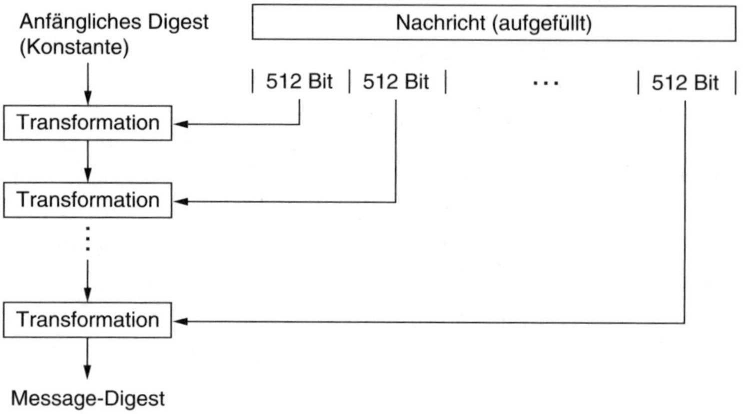

Abb. 8.8: Übersicht über die Message-Digest-Operation

Die Digest-Berechnung beginnt mit der Initialisierung des Digest-Werts auf eine Konstante. Dieser Wert wird mit den ersten 512 Bit der Nachricht kombiniert, um mit Hilfe einer komplexen, unten beschriebenen Transformation einen neuen Wert für das Digest zu erzeugen. Der neue Wert wird mit den nächsten 512 Bit der Nachricht durch die gleiche Transformation kombiniert und so weiter, bis der letzte Wert des Digest erzeugt wurde.

Die wichtigste Komponente des MD5-Algorithmus ist folglich die Transformation, die als Eingabe den aktuellen Wert des 128-Bit-Digest zuzüglich 512 Bit der Nachricht verwendet und ein neues 128-Bit-Digest ausgibt. Wie andere moderne Digest-Algorithmen (und im Gegensatz zu einigen älteren wie MD2) verarbeitet MD5 jeweils 32-Bit-Wörter, da sich diese in modernen Prozessoren effizient verarbeiten lassen. Wir können uns den aktuellen Digest-Wert also als vier 32-Bit-Wörter (d_0, d_1, d_2, d_3) und den momentan dem Digest unterzogenen Nachrichtenteil als sechzehn 32-Bit-Wörter (m_0 bis m_{15}) vorstellen.

Die grundlegende, in MD5 ausgeführte Transformation lässt sich in vier Durchgänge unterteilen. Im ersten Durchgang wird aus dem alten Wert und den 16 Nachrichtenwörtern in 16 Schritten ein neuer Wert des Digest produziert. Die ersten sechs dieser 16 Schritte sind wie folgt:

3. Das soll nicht heißen, dass eine Sammlung zufälliger Transformationen immer angemessen ist. Man muss prüfen, ob ein Algorithmus dieser Art wirklich Zufallsausgaben produziert.

$$d_0 = (d_0 + F(d_1, d_2, d_3) + m_0 + T_1) \lrcorner\, 7$$

$$d_3 = (d_3 + F(d_0, d_1, d_2) + m_1 + T_2) \lrcorner\, 12$$

$$d_2 = (d_2 + F(d_3, d_0, d_1) + m_2 + T_3) \lrcorner\, 17$$

$$d_1 = (d_1 + F(d_2, d_3, d_0) + m_3 + T_4) \lrcorner\, 22$$

$$d_0 = (d_0 + F(d_1, d_2, d_3) + m_4 + T_5) \lrcorner\, 7$$

$$d_3 = (d_3 + F(d_0, d_1, d_2) + m_5 + T_6) \lrcorner\, 12$$

Dieser Prozess wird so lange fortgesetzt, bis alle 16 Wörter dem Digest unterzogen wurden. In jedem Schritt wird eines der Digest-Wörter neu geschrieben, wobei der neue Wert vom alten, den aktuellen Werten der übrigen drei Digest-Wörter, und einem Wort der Nachricht, die dem Digest unterzogen wird, abhängt. Die Funktion $F(a, b, c)$ ist eine Kombination bitweiser Operationen (OR, AND, NOT) auf ihre Argumente; T_i sind Konstanten. Der Operator $\lrcorner n$ rotiert den Operanden um n Bit nach links.

Der zweite Durchgang sieht mehr oder weniger wie der erste aus; die wenigen Unterschiede sind wie folgt:

- F wird durch eine etwas andere Funktion G ersetzt.
- Die Konstanten T_1 bis T_{16} werden durch eine andere Menge (T_{17} bis T_{32}) ersetzt.
- Der Umfang der Rotation nach links ist in jedem Schritt {5, 9, 14, 20, 5, 9, ...}.
- Statt die Bytes der Nachricht in der Reihenfolge von m_0 bis m_{15} heranzuziehen, ist das in Stufe i verwendet Nachrichten-Byte $m_{(5i+1)\text{mod}16}$.

Im dritten Durchgang wird folgendes ausgeführt:

- G wird wieder durch eine andere Funktion H ersetzt, die lediglich das XOR ihrer Argumente ist.
- Es wird eine andere Menge von Konstanten (T_{33} bis T_{48}) benutzt.
- Als Umfang der Rotation nach links wird {4, 11, 16, 23, 4, 11, ...} in jedem Schritt verwendet.
- Das Nachrichten-Byte in Stufe i ist $m_{(3i+5)\text{mod}16}$.

Aufmerksame Leser würden wahrscheinlich einen vierten Durchgang vorschlagen, der so sicher wie der tatsächlich benutzte wäre. Der Vollständigkeit halber führen wir die Merkmale eines solchen vierten Durchgangs auf:

- H wird durch die Funktion I ersetzt, die eine Kombination von bitweisen XOR, OR und NOT auf ihren Argumente durchführt.
- Eine weitere Menge von Konstanten (T_{49} bis T_{64}) wird benutzt.

- Der Umfang der Rotation nach links beträgt in jedem Schritt {6, 10, 16, 21, 6, 10, ...}.
- Das in Stufe i benutzte Nachrichten-Byte ist $m_{(7i)\text{mod}16}$.

Nach all dieser Arbeit wurden die Originalwerte von (d_0, d_1, d_2, d_3) auf eine Weise durchgemischt, die zwar vollständig von den Nachrichten-Bytes abhängt, aber keine algorithmische Möglichkeit bietet, diese Nachrichten-Bytes zu rekonstruieren. Das durchgemischte Digest wird nun zu dem vor der aktuellen Stufe vorhandenen Wert addiert, was den neuen Digest-Wert ergibt. Der Algorithmus fährt dann mit dem Digest der nächsten 16 Nachrichten-Bytes fort, bis nichts mehr für das Digest übrigbleibt. Die Ausgabe der letzten Stufe ist das Message-Digest.

MD5 ist zwar nicht ganz so effizient wie ältere Digests, aber doch noch relativ gut. Man beachte, dass alle Operationen – bitweise OR, AND, NOT, XOR, Addition und Rotation – in modernen Prozessoren leicht implementiert werden können.

8.1.5 Implementierung und Leistung

DES und MD5 sind um mehrere Größenordnungen schneller als RSA, wenn sie in Software implementiert werden. Bei der Ausführung auf einem modernen Prozessor verarbeitet DES z.B. Daten mit etwa 100 Mbit/s, MD5 mit 600 Mbit/s und RSA mit nur 100 Kbit/s. In der Praxis denkt man bei der Leistungsfähigkeit von RSA nicht an Durchsatzraten, weil es es keinen Sinn machen würde, mit RSA eine Nachricht zu verschlüsseln. Stattdessen sprechen wir lieber davon, wie viele Werte pro Sekunde damit unterzeichnet oder verifiziert werden können. Bei heutigen Prozessoren kann RSA pro Sekunde etwa 100 1024-Bit-Werte unterzeichnen bzw. etwa 2000 1024-Bit-Werte verifizieren.

Bei der Implementierung in Hardware, d.h. auf VLSI-Speicherbausteinen, werden mit DES und MD5 Raten im Bereich von Gbit/s gemessen, während RSA-Raten immer noch in Kbit/s angegeben werden. Daher werden DES und MD5 von den drei Algorithmen am ehesten in Hardware implementiert, denn RSA wäre dabei für die praktische Verwendung zur Verschlüsselung von Datennachrichten noch zu langsam. Stattdessen wird RSA normalerweise benutzt, um sehr kleine Datenmengen zu verschlüsseln, z.B. einen geheimen Schlüssel. Sicherheitsprotokolle verwenden dann diese RSA-geschützten Geheimdaten in Verbindung mit DES und MD5, möglicherweise in Hardware implementiert, um Vertraulichkeit und Integrität der Daten sicherzustellen. Wie dies zu realisieren ist, wird im nächsten Abschnitt beschrieben.

8.2 Sicherheitsmechanismen

Kryptographische Algorithmen sind nur ein Teil des Gesamtbildes bezüglich Sicherheit in einem Netzwerk. Als nächstes benötigen wir eine Reihe von Mechanismen und Protokollen, um verschiedene Probleme zu lösen. In diesem Abschnitt werden Mechanismen beschrieben, die für die Authentifikation von Teilnehmern benutzt werden. Außerdem werden Techniken für die Sicherstellung der Integrität von Nachrichten und einige Lösungen für das Problem der Verteilung öffentlicher Schlüssel behandelt.

8.2.1 Authentifikationsprotokolle

Bevor zwei Teilnehmer einen sicheren Kanal zwischen sich aufbauen können, d.h. einen Algorithmus wie DES zum Verschlüsseln der von ihnen ausgetauschten Nachrichten benutzen können, möchten Sie im Allgemeinen zuerst feststellen, dass der jeweils andere Teilnehmer die Person ist, für die er sich ausgibt. Das ist das Problem der Authentifikation. Stellt man sich Authentifikation in einer Client/Server-Beziehung vor, z.B. bei einem entfernten Dateisystem, ist es verständlich, dass der Server die Identität des Clients feststellen möchte. Wird es dem Client z.B. gestattet, die Datei von Paul zu ändern oder zu löschen, muss der Server sicherstellen, dass der Client wirklich Paul ist. Es kommt allerdings auch oft vor, dass der Client die Identität des Servers prüfen möchte. Schließlich möchte man keine sensitiven Daten an einen vermeintlichen Datei-Server schicken, um dann später festzustellen, dass es sich um einen betrügerischen Prozess handelte.

In den nächsten drei Abschnitten werden drei übliche Protokolle für die Implementierung von Authentifikation beschrieben. Die ersten beiden nutzen Kryptographie mit geheimem Schlüssel (z.B. DES), während das dritte mit Kryptographie auf Grund öffentlicher Schlüssel (z.B. RSA) arbeitet. Häufig legen die beiden Teilnehmer gerade während der Authentifikation den Schlüssel fest, den sie in der Sitzung benutzen möchten, um die in der anschließenden Kommunikation ausgetauschten Daten zu schützen. Im folgenden wird auch die Initialisierung dieses Prozesses beschrieben.

Einfaches Drei-Wege-Handshake

Ein einfaches Authentifikationsprotokoll ist möglich, wenn die beiden Teilnehmer, die sich gegenseitig authentifizieren möchten – man stelle sie sich als Client und Server vor –, bereits über einen gemeinsamen geheimen Schlüssel verfügen. Diese Situation entspricht einem Benutzer (Client), der ein Konto auf einem Computersystem (Server) hat, wobei sowohl der Client als auch der Server das Passwort für dieses Konto kennen.

Client und Server authentifizieren sich gegenseitig mit Hilfe eines einfachen Drei-Wege-Handshake-Protokolls, das mit dem in Abschnitt 5.2.3 beschriebenen vergleichbar ist. Im folgenden bezeichnen wir die Verschlüsselung einer Nachricht m mit Schlüssel k als E(m,k) und die Entschlüsselung der Nachricht m mit Schlüssel k als D(m,k).

Wie in Abb. 8.9 dargestellt, wählt der Client zuerst eine Zufallszahl x und verschlüsselt sie mit Hilfe seines geheimen Schlüssels, den wir als CHK (Client-Handshake-Key) bezeichnen. Der Client sendet dann E(x,CHK) zusammen mit seinem Identifizierer (ClientId) an den Server. Der Server benutzt den Schlüssel, der seiner Meinung nach dem Client ClientId entspricht (wir nennen ihn SHK für Server-Handshake-Key), um die Zufallszahl zu entschlüsseln. Der Server addiert 1 zu der wieder-

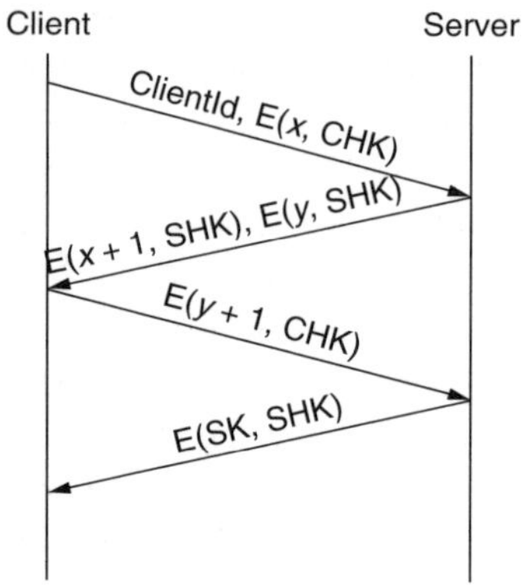

Abb. 8.9:
Authentifikation mit dem Drei-Wege-Handshake-Protokoll

gewonnenen Zahl und sendet das Ergebnis an den Client zurück. Außerdem sendet er ihm eine Zufallszahl *y*, die er mit SHK verschlüsselt hat. Als nächstes entschlüsselt der Client die erste Hälfte dieser Nachricht. Falls das Ergebnis um 1 größer als die von ihm an den Server gesendete Zufallszahl *x* ist, weiß er, dass der Server seinen geheimen Schlüssel besitzt. An diesem Punkt hat der Client den Server authentifiziert. Der Client entschlüsselt auch die vom Server gesendete Zufallszahl (dies sollte *y* ergeben), verschlüsselt diese Zahl plus 1 und sendet das Ergebnis an den Server. Ist der Server in der Lage, $y + 1$ wiederzugewinnen, weiß er, dass es sich um einen legitimen Client handelt.
Nach der dritten Nachricht haben sich die Teilnehmer gegenseitig authentifiziert. Mit der vierten Nachricht in Abb. 8.9 sendet der Server dem Client einen Sitzungsschlüssel (SK für Session Key), der mit SHK (entspricht CHK) verschlüsselt ist. Normalerweise benutzen Client und Server dann SK für die Verschlüsselung der zwischen ihnen ausgetauschten Daten. Die Verwendung eines Sitzungsschlüssels hat den Vorteil, dass der permanente geheime Schlüssel nur für ein paar Nachrichten benutzt wird, sodass es für einen Angreifer schwieriger ist, Daten zu sammeln, die für die Ermittlung des Schlüssels herangezogen werden können.

Dies wirft noch die Frage auf, woher die Handshake-Schlüssel von Client und Server überhaupt kamen. Eine Möglichkeit ist, dass sie einem Passwort entsprechen, das ein Benutzer eingegeben hat. Die ClientId könnte in diesem Fall der Login-Identifizierer sein. Da sich ein vom Benutzer gewähltes Passwort nicht unbedingt als geheimer Schlüssel eignet, wird oft eine Transformation durchgeführt, um es z.B. in einen geeigneten 56-Bit-DES-Schlüssel umzuwandeln.

Authentifikation über eine dritte Partei

Es wird viel häufiger der Fall sein, dass die beiden Teilnehmer nichts voneinander wissen, jedoch einer dritten Partei vertrauen. Diese dritte Partei wird auch *Authentifikations-Server* genannt. Dieser Server benutzt ein Protokoll, über das sich zwei Teilnehmer gegenseitig authentifizieren können. Von diesem Protokoll sind viele verschiedene Varianten bekannt. Das hier beschriebene wird in Kerberos, einem am MIT entwickelten TCP/IP-basierten Sicherheitssystem, benutzt.

Im folgenden bezeichnen wir die beiden Teilnehmer, die sich authentifizieren wollen, als *A* und *B* und den vertrauenswürdigen Authentifikations-Server als *S*. Das Kerberos-Protokoll nimmt an, dass *A* und *B* mit *S* einen gemeinsamen geheimen Schlüssel verwenden. Wir bezeichnen diese beiden Schlüssel als K_A und K_B. Wie oben ist E(m,k) eine mit Schlüssel k verschlüsselte Nachricht m.

Wie in Abb. 8.10 dargestellt, sendet Teilnehmer *A* zuerst eine Nachricht an Server *S*, mit der er sich selbst und *B* identifiziert. Der Server erzeugt einen Zeitstempel *T*, eine Lebensdauer *L* und einen neuen Sitzungsschlüssel *K*. Der Zeitstempel *T* dient dem gleichen Zweck wie die Zufallsnummer in dem oben beschriebenen einfachen Drei-Wege-Handshake-Protokoll. Außerdem wird er in Verbindung mit *L* benutzt, um die Gültigkeitsdauer von Sitzungsschlüssel *K* zu begrenzen. Teilnehmer *A* und *B* müssen sich wieder an Server *S* wenden, um einen neuen Sitzungsschlüssel zu erhalten, wenn diese Zeit abläuft. Mit diesem Konzept soll die Verletzlichkeit eines Sitzungsschlüssels eingeschränkt werden.

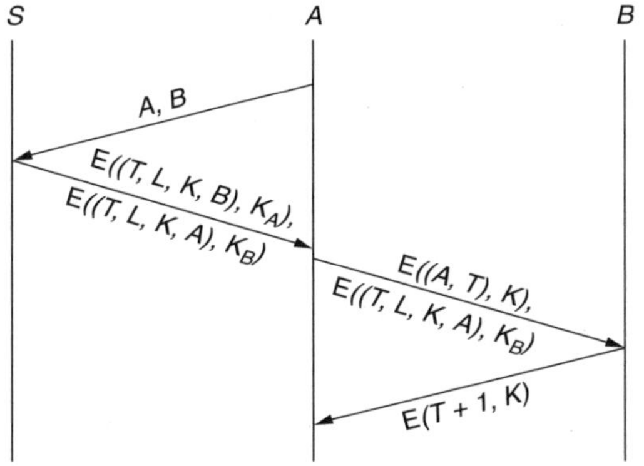

Abb. 8.10:
Authentifikation über eine dritte Partei in Kerberos

Server *S* antwortet dann *A* mit einer zweiteiligen Nachricht. Der erste Teil verschlüsselt die drei Werte *T*, *L* und *K* zusammen mit dem Identifizierer für Teilnehmer *B* mit Hilfe des Schlüssels, den der Server und *A* gemeinsam halten. Der zweite Teil verschlüsselt die drei Werte *T*, *L* und *K* zusammen mit dem Identifizierer von Teilnehmer *A*, diesmal jedoch mit dem Schlüssel, den der Server und *B* gemeinsam besitzen. Wenn *A* diese Nachricht erhält, kann er natürlich den ersten Teil, nicht aber den zweiten entschlüsseln. *A* leitet diesen zweiten Teil einfach an *B* weiter, zusammen mit der Verschlüsselung von *A* und *T* mit Hilfe des neuen Sitzungsschlüssels K. (*A* konnte *T* und *K* durch Entschlüsselung des ersten Teils der von *S* erhaltenen Nachricht wiedergewinnen.) Schließlich entschlüsselt *B* den Teil der Nachricht von *A*, die ursprünglich von *S* verschlüsselt wurde, und kann damit *T*, *K* und *A* wiedergewinnen. Er benutzt *K* für die Entschlüsselung des anderen von *A* verschlüsselten Teils der Nachricht. Wenn er sieht, dass *A* und *T* in den beiden Teilen der Nachricht konsistent sind, antwortet er mit einer Nachricht, die *T* + 1 mit dem neuen Sitzungsschlüssel *K* verschlüsselt.

A und *B* können nun mit dem gemeinsamen geheimen Sitzungsschlüssel *K* miteinander kommunizieren, um Vertraulichkeit sicherzustellen.

Authentifikation mit öffentlichem Schlüssel

Das dritte Authentifikationsprotokoll nutzt Kryptographie mit öffentlichen Schlüsseln (z.B. RSA). Dies ist vorteilhaft, weil die beiden Seiten keinen gemeinsamen geheimen Schlüssel benötigen. Sie müssen nur den öffentlichen Schlüssel der jeweils anderen Seite kennen. Wie in Abb. 8.11 dargestellt, verschlüsselt Teilnehmer *A* eine Zufallszahl *x* mit Hilfe des öffentlichen Schlüssels von Teilnehmer *B*. *B* weist nach, dass er den entsprechenden privaten Schlüssel kennt, indem er die Nachricht entschlüsselt und *x* an *A* zurückschickt. *A* könnte sich seinerseits gegenüber *B* auf die gleiche Weise authentifizieren.

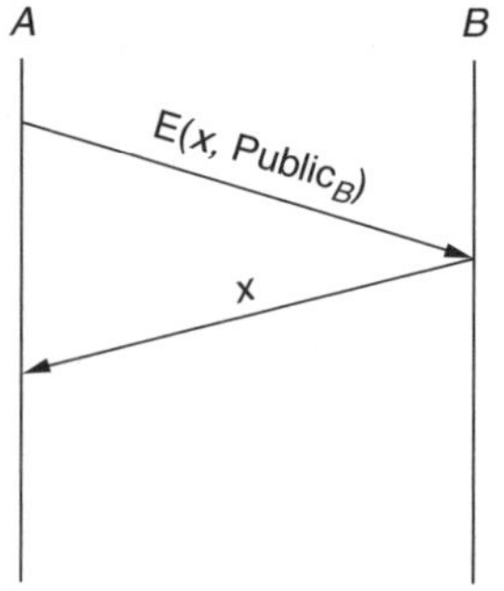

Abb. 8.11:
Authentifikation mit öffentlichem Schlüssel

Diffie-Hellman-Schlüsselaustausch

In unserer Darstellung wird zwischen kryptografischen Algorithmen (wie etwa RSA) und Sicherheitsprotokollen unterschieden, die kryptografische Algorithmen verwenden, um Authentizität und Integrität sicherzustellen (etwa die Digitale Signatur auf der Basis von RSA). In der Realität ist diese Unterscheidung nicht immer so klar, weil es durchaus Sicherheitsprotokolle gibt, die mit kryptogafischen Algorithmen verschachtelt sind. Hierfür ist das Diffie-Hellman-Verfahren ein vielgenutztes Beispiel. Es erlaubt Anwendern den Austausch eines geheimen Schlüssels über einen unsicheren Kanal, wobei auf Verfahren zurückgegriffen wird, wie sie bei der Erzeugung von privatem und öffentlichem Schlüssel durch RSA benutzt werden. Diffie-Hellman ist ein mächtiger Mechanismus, weil es zwei Parteien erlaubt, einen geheimen Schlüssel zu erzeugen (der dann für symmetrische Verschlüsselungsverfahren wie DES benutzt werden kann), ohne dass man auf eine dritte vertrauenswürdige Partei angewiesen wäre.

Das Protokoll beinhaltet zwei Parameter, p und g, die beide öffentlich sind und von allen Nutzern in einem System verwendet werden können. p ist eine Primzahl und g (meist Generator genannt) ist eine Ganzzahl kleiner als p, derart, dass für jede Zahl n zwischen 1 und p-1 eine Konstante k existiert, so dass

$$n = g^k \bmod p.$$

Nehmen wir an, Alice und Bob möchten sich auf einen gemeinsamen geheimen Schlüssel verständigen. Alice erzeugt einen zufälligen privaten Wert *a* und Bob ebenso einen privaten Wert *b*. Beide Werte werden aus einem Vorrat von Ganzzahlen zwischen 1 und *p*-2 entnommen. Alice und Bob leiten ihre entsprechenden öffentlichen Schlüsselwie folgt ab. Alice berechnet

$$g^a = \bmod p$$

und Bobs öffentlicher Wert ist

$$g^b = \bmod p$$

Sie tauschen nun ihre öffentlichen Werte aus und berechnen jeweils den Wert

$$g^{ab} = (g^b)^a \bmod p \quad \text{(Alice)}$$

sowie

$$g^{ba} = (g^a)^b \bmod p \quad \text{(Bob)}$$

Da offensichtlich $g^{ba} = g^{ab} = k$ gilt, sind nun Alice und Bob im Besitz eines gemeinsamen geheimen Schlüssels.

8.2.2 Nachrichtenintegritätsprotokolle

Manchmal kümmert es zwei kommunizierende Teilnehmer nicht, ob es einem heimlichen Lauscher gelingt, ihre Nachrichten zu lesen. Sie sind vielmehr darüber besorgt, dass ein Unbefugter Nachrichten senden könnte, die vermeintlich von einem der beiden Teilnehmer stammen. Die Teilnehmer möchten also die Integrität ihrer Nachrichten sicherstellen.

Eine Möglichkeit, die Integrität einer Nachricht zu gewährleisten, ist die Verschlüsselung mit Hilfe von DES unter Verwendung des *Cipher Block Chaining* (*CBC*). Dabei wird das CBC-*Residue* (der letzte Block aus dem CBC-Prozess) als *Message Integrity Code* (*MIC*) benutzt. (Bei dem CBC-Beispiel in Abb. 8.7 ist Cipher_4 das CBC-Residue.) Die Klartextnachricht wird mit dem MIC an den Empfänger übertragen, wobei der MIC als Prüfsumme fungiert. Kann der Empfänger den angehängten MIC nicht mit dem geheimen Schlüssel reproduzieren, den nur er und der Sender kennen, stammt die Nachricht entweder nicht vom Sender oder sie wurde auf dem Weg modifiziert. Man sollte DES mit CBC nicht benutzen, um sowohl die Nachricht aus Gründen der Vertraulichkeit zu verschlüsseln als auch den MIC zum Zwecke der Integrität zu erzeugen, weil man dadurch bei der mit CBC verschlüsselten Nachricht den letzten Block wiederholt übertragen würde. Wer die mittels CBC verschlüsselte Nachricht verfälschen möchte, kann den Wert des letzten zu sendenden Blocks sonst einfach zweimal senden.

In den nächsten Unterabschnitten werden drei Alternativen für die Sicherstellung der Nachrichtenintegrität beschrieben. Bei der ersten wird RSA für die Generierung einer digitalen Signatur benutzt. RSA ist an sich langsam, lässt sich aber mit MD5 kombinieren, um eine effizientere Technik umzusetzen. Beim zweiten und dritten Ansatz wird MD5 (möglicherweise in Verbindung mit RSA) verwendet, um Nachrichtenintegrität zu gewährleisten.

Digitale Signatur mittels RSA

Eine *digitale Signatur* ist ein spezieller Code für die Nachrichtenintegrität, der nur von einem Teilnehmer erzeugt worden sein kann. Der am leichtesten verständliche Algorithmus für digitale Signaturen ist eine RSA-Signatur, deren Funktionsweise offensichtlich ist: Da ein bestimmter Teilnehmer der einzige ist, der seinen eigenen privaten Schlüssel kennt, benutzt er diesen Schlüssel für die Erzeugung der Signatur. Jeder andere Teilnehmer kann diese Signatur mit Hilfe des entsprechenden öffentlichen Schlüssels überprüfen. Mit anderen Worten: Um eine Nachricht zu unterzeichnen, verschlüsselt man sie mit dem eigenen privaten Schlüssel, und um sie zu überprüfen, entschlüsselt man sie mit dem öffentlichen Schlüssel des angeblichen Senders. Selbstverständlich bedeutet das, dass die Generierung einer RSA-Signatur so langsam wie RSA ist, d.h. um zwei oder drei Größenordnungen langsamer als DES. Man beachte, dass die Verwendung von Schlüsseln hier genau umgekehrt wie bei ihrer Verwendung zur Herstellung von Vertraulichkeit erfolgt: Der Sender verschlüsselt mit seinem privaten statt mit dem öffentlichen Schlüssel des Empfängers, und der Empfänger entschlüsselt mit dem öffentlichen Schlüssel des Senders an Stelle seines privaten Schlüssels.

Das National Institute for Standards and Technology (NIST) hat einen als *DSS* bezeichneten Standard für digitale Signaturen vorgeschlagen, der dem soeben beschriebenen Ansatz ähnelt, außer dass statt RSA der so genannte »El-Gamel-Algorithmus« benutzt wird.

Keyed MD5

Wir wissen bereits, dass MD5 eine kryptographische Prüfsumme für eine Nachricht generiert. Diese Prüfsumme hängt nicht von einem geheimen Schlüssel ab, sodass sie einen Betrüger nicht daran hindert, eine Nachricht zu erzeugen, die angeblich von einem anderen stammt, und für diese Nachricht eine MD5-Prüfsumme zu berechnen. Es gibt dennoch zwei Verwendungsmöglichkeiten für MD5, um Nachrichtenintegrität zu implementieren. Beide Ansätze beheben die Leistungsprobleme, die entstehen, wenn man nur RSA benutzt.

Die erste Methode, das so genannte *Keyed MD5*, funktioniert wie folgt: Sender und Empfänger einer Nachricht einigen sich auf einen geheimen Schlüssel k. Dies kann durch Vorkonfiguration des Schlüssels oder durch einen dynamischeren Mechanismus wie Kerberos erfolgen. Der Sender führt dann MD5 auf die Verkettung der Nachricht m und diesen Schlüssel aus. In der Praxis wird der Schlüssel k an das Ende der Nachricht angehängt, um MD5 darauf anzuwenden. Nach Beendigung von MD5 wird k wieder aus der Nachricht entfernt. Der Sender überträgt nun

$$m + \mathsf{MD5}(m + k)$$

wobei $\mathsf{MD5}(s)$ die Ausführung des MD5-Algorithmus auf die Zeichenkette s darstellt und $a + b$ die Verkettung der Zeichenketten a und b bezeichnet.

Der Empfänger der Nachricht führt MD5 auf die Verkettung des Nachrichtenrumpfes und des geheimen Schlüssels *k* aus. Stimmt das Ergebnis mit der in der Nachricht enthaltenen Prüfsumme überein, muss die Nachricht von dem Teilnehmer stammen, der diesen Schlüssel besitzt.

Keyed MD5 selbst hängt nicht von der kryptographischen Methode mit öffentlichen Schlüsseln ab, sondern kann damit kombiniert werden, um das Problem zu vereinfachen, wie Sender und Empfänger den gleichen Wert des geheimen Schlüssels *k* erhalten. Der Sender wählt *k* zufällig aus und verschlüsselt ihn mit RSA und dem öffentlichen Schlüssel des Senders. Hierauf wendet er seinen eigenen privaten Schlüssel an. Das Ergebnis kann nun mit der Originalnachricht und der MD5-Prüfsumme an den Empfänger übertragen werden. Die vollständige, vom Sender übertragene Nachricht lässt sich wie folgt zusammenfassen:

$$m + \mathrm{MD5}(m + k) + \mathrm{E}(\mathrm{E}(k, \mathit{empf\_öffentl}), \mathit{send\_privat})$$

Der Empfänger rekonstruiert den Zufallsschlüssel mit dem öffentlichen RSA-Schlüssel des vermeintlichen Senders und seinem eigenen privaten Schlüssel und fährt mit der Ausführung von MD5 auf die Verkettung der empfangenen Nachricht und *k* fort. Wenn das Ergebnis mit der in der Nachricht gesendeten Prüfsumme übereinstimmt, muss die Nachricht von dem Teilnehmer gesendet worden sein, der den Zufallsschlüssel erzeugt hat. Dieser Ansatz löst das Problem der Übergabe des geheimen Schlüssels vom Sender zum Empfänger, lässt aber das Problem der zuverlässigen Übergabe des öffentlichen Schlüssels des Senders zum Empfänger ungelöst. Dieses Problem wird in Abschnitt 8.2.3 diskutiert.

MD5 mit RSA-Signatur

Die zweite Verwendung von MD5 für die Nachrichtenintegrität funktioniert in Kombination mit RSA. Hierbei führt der Sender MD5 auf die zu schützende Originalnachricht aus, was eine MD5-Prüfsumme ergibt. Dann signiert er diese Prüfsumme mit seinem privaten RSA-Schlüssel. Das heißt, der Sender signiert nicht die gesamte Nachricht, sondern nur die Prüfsumme. Die Originalnachricht, die MD5-Prüfsumme und die RSA-Signatur für die Prüfsumme werden anschließend übertragen. Mit der gleichen Notation wie oben überträgt der Sender also

$$m + \mathrm{E}(\mathrm{MD5}(m), \mathit{privat})$$

Der Empfänger überprüft die Nachricht wie folgt:

- Ausführung des MD5-Algorithmus auf die empfangene Nachricht.
- Entschlüsselung der signierten Prüfsumme mit dem öffentlichen Schlüssel des Senders.
- Vergleich der beiden Prüfsummen.

Wenn alles übereinstimmt, wurde die Nachricht nicht modifiziert, seit der Sender die MD5-Prüfsumme berechnet und signiert hat.

8.2.3 Verteilung öffentlicher Schlüssel (X.509)

Kryptographie mit öffentlichen Schlüsseln ist eine sehr leistungsstarke Technologie, setzt aber die Verteilung öffentlicher Schlüssel voraus. Das Problem, Schlüssel bei Bedarf so an Personen zu verteilen, dass die Legitimität der Schlüssel gewährleistet ist (d.h., dass sie dem jeweiligen rechtmäßigen Besitzer gehören), erweist sich als große Herausforderung. In diesem Abschnitt werden das Problem und einige allgemeine Lösungen beschrieben. Spezifische Systeme, die sich an der Lösung dieses Problems versucht haben, werden in Abschnitt 8.3 erläutert.

Wir nehmen beispielsweise an, dass Teilnehmer *A* seinen öffentlichen Schlüssel Teilnehmer *B* übergeben möchte. Er kann ihn nicht einfach per E-Mail senden oder in ein Bulletin-Board stellen, weil *B* ohne den öffentlichen Schlüssel von *A* keine Möglichkeit hat, den Schlüssel tatsächlich als denjenigen von *A* zu authentifizieren. Ein Dritter könnte einen öffentlichen Schlüssel an *B* senden und behaupten, die Nachricht stamme von *A*. Kennen sich *A* und *B* persönlich, können sie sich treffen, sodass *A* seinen öffentlichen Schlüssel *B* direkt aushändigen kann, möglicherweise auf einer Visitenkarte. Diese Methode hat natürlich Nachteile, z.B. die Notwendigkeit, dass sich die beiden Teilnehmer für die Übergabe des Schlüssels treffen müssen.

Die grundlegende Lösung dieses Problems basiert auf der Verwendung *digitaler Zertifikate*. In den folgenden Abschnitten wird erklärt, was Zertifikate sind und welche Fragen in Verbindung mit ihrer Benutzung für eine breitangelegte Schlüsselverteilung entstehen.

Zertifikate

In Abschnitt 8.2.2 wurde das Konzept der *digitalen Signatur* vorgestellt, durch das der Eigentümer eines bestimmten Schlüssels Daten kryptographisch signieren kann. Eine digitale Signatur beweist, dass die Daten vom Eigentümer eines bestimmten Schlüssels erzeugt und seit der Signatur nicht geändert wurden. Ein Zertifikat ist eine besondere Art eines digital signierten Dokuments. Das Dokument besagt: »Ich bestätige, dass der öffentliche Schlüssel dieses Dokuments der in diesem Dokument namentlich genannten Person bzw. Institution gehört; gezeichnet *X*.« *X* kann in diesem Fall jeder mit einem öffentlichen Schlüssel sein. Üblicherweise ist *X* eine *Zertifizierungsstelle* (*Certification Authority – CA*)[4], d.h. eine Verwaltungsorganisation, die als kommerziellen Geschäftszweck Zertifikate ausstellt. Natürlich ist dieses Zertifikat nur für einen Teilnehmer nützlich, der bereits über den öffentlichen Schlüssel von *X* verfügt, weil dieser Schlüssel nötig ist, um die Signatur zu überprüfen. Folglich lösen Zertifikate an sich nicht das Problem der Schlüsselverteilung, sondern bieten nur eine Möglichkeit, das Problem einzugrenzen. Verfügt man über einen öffentlichen Schlüssel für eine Person oder Institution *X*, kann man selbstverständlich weitere öffentliche Schlüssel von anderen Teilnehmern sammeln, falls diese Teilnehmer die von *X* ausgestellten Zertifikate erhalten können.

4. Eine CA wird auch als *Zertifikatstelle* bezeichnet.

Mit Zertifikaten wird beabsichtigt, eine »Vertrauenskette« aufzubauen. Wenn *X* zertifiziert, dass ein bestimmter öffentlicher Schlüssel *Y* gehört, und *Y* dann seinerseits zertifiziert, dass ein anderer öffentlicher Schlüssel *Z* gehört, besteht eine Kette von Zertifikaten von *X* zu *Z*, obwohl *X* und *Z* sich möglicherweise nicht kennen. Möchte *Z* seinen öffentlichen Schlüssel *A* zur Verfügung stellen, kann er die komplette Zertifikatkette bereitstellen, d.h. das Zertifikat für den von *X* ausgestellten öffentlichen Schlüssel von *Y* und das von *Y* ausgestellte Zertifikat für den Schlüssel von *Z*. Verfügt *A* über den öffentlichen Schlüssel von *X*, kann er die Legitimation des öffentlichen Schlüssels von *Z* anhand der Kette überprüfen.

Durch den Aufbau von Vertrauensketten wird die Verteilung öffentlicher Schlüssel leichter handhabbar. Solche Ketten werden häufig in einer baumförmigen Hierarchie angeordnet, wie Abb. 8.12 zeigt. Wenn jeder Teilnehmer über den öffentlichen Schlüssel der Wurzel-CA verfügt, so kann jeder einem anderen eine Zertifikatkette bereitstellen, um eine Vertrauenskette für diesen Teilnehmer aufzubauen.

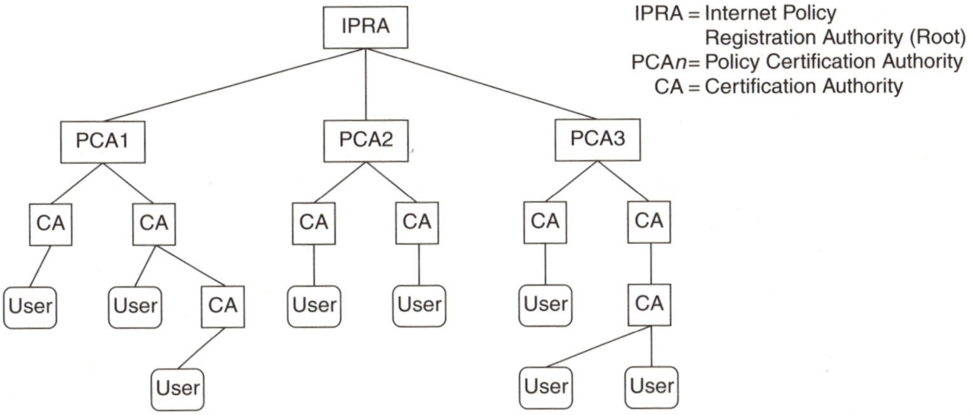

Abb. 8.12: Baumstrukturierte CA-Hierarchie für PEM (Privacy Enhanced Mail)

Bei der Aufstellung von Vertrauensketten sind aber noch weitere wichtige Fragen zu klären. Auch wenn man den öffentlichen Schlüssel der Wurzel-CA hat, muss man sicher sein, dass jede CA von der Wurzel aus ihre Aufgabe richtig erfüllt. Ist eine CA willens, Personen ohne Überprüfung der Identität Zertifikate auszustellen, wird eine grundsätzlich gültige Zertifikatkette bedeutungslos. Eine Methode zur Lösung dieses Problems, bei der die Vertrauenskette nicht in einer straffen Baumstruktur, sondern in beliebigen Verflechtungen gebildet wird, wird im Abschnitt 8.3.1 behandelt.

Hinsichtlich Zertifikaten muss man sich die Frage stellen: »Was wird zertifiziert?« Da durch ein Zertifikat eine Verbindung zwischen einer Identität und einem öffentlichen Schlüssel hergestellt wird, sollten wir uns eingehender damit beschäftigen, was mit »Identität« gemeint ist. Ein Zertifikat, das beispielsweise lautet, »Dieser öffentliche Schlüssel gehört Paul Meier«, nützt nicht viel, wenn es sich nicht feststellen lässt, welcher aus Tausenden von Paul Meiers damit identifiziert wird. Folglich müssen Zertifikate einen wohldefinierten Namensraum für die zu zertifizierenden Identitäten verwenden. Beispielsweise werden Zertifikate oft für E-Mail-Adressen ausgestellt. Ein Zertifikat kann z.B. sagen: »Dieser öffentliche Schlüssel gehört pmeier@dpunkt.de (Paul M. Meier).«

Zertifikate können selbstverständlich nicht nur für Privatpersonen, sondern für alle möglichen Institutionen ausgestellt werden, so auch für eine Domain im Domain Name System (DNS), was sehr zweckmäßig sein kann. Beispielsweise wäre ein Zertifikat für die Domain acme.com vorteilhaft, damit Kunden beim Besuch der Website acme.com sichergehen können, dass sie sich auf der richtigen und nicht auf einer Schwindler-Site befinden, bevor sie Kreditkartendaten senden.

X.509 ist einer der wichtigsten Standards für Zertifikate. Er lässt zwar viele Details offen, spezifiziert aber eine Basisstruktur. Ein Zertifikat muss folgende Komponenten enthalten:

- Name der zu zertifizierenden Person bzw. Institution
- Öffentlicher Schlüssel der Person bzw. Institution
- Name der CA
- Digitale Signatur

X.509-Zertifikate können eine Reihe unterschiedlicher Algorithmen für digitale Signaturen anwenden; deshalb muss der benutzte Algorithmus im Zertifikat angegeben werden. Eine weitere mögliche Komponente ist ein Ablaufdatum für das Zertifikat. Die besondere Verwendung dieses Merkmals wird weiter unten erklärt.

Wichtig ist bei Zertifikaten, dass der *Besitz* eines Zertifikats nichts über die Identität aussagt. Zertifikate können frei kopiert und verteilt werden. Damit sie einen praktischen Wert haben, ist dies sogar notwendig. Um zu beweisen, dass man die im Zertifikat benannte Person oder Institution ist, muss man nachweisen, dass man über den *privaten* Schlüssel verfügt, der dem im Zertifikat enthaltenen öffentlichen Schlüssel entspricht. Dies ist das in Abschnitt 8.2.1 beschriebene Authentifikationsproblem.

Widerruf von Zertifikaten

Eine wichtige Frage in Zusammenhang mit Zertifikaten ist, wie man sie rückgängig machen oder widerrufen kann. Warum ist das wichtig? Sie haben beispielsweise den Verdacht, dass jemand Ihren privaten Schlüssel entdeckt hat. Möglicherweise gibt es eine unbekannte Zahl von Zertifikaten, die bestätigen, dass Sie der Besitzer des öffentlichen Schlüssels sind, der diesem privaten Schlüssel entspricht. Die Person, die Ihren privaten Schlüssel entdeckt hat, verfügt somit über alle Voraussetzungen, um Ihre Identität anzunehmen: gültige Zertifikate und Ihren privaten Schlüssel. Um dieses Problem zu lösen, wäre es gut, wenn Sie die Zertifikate, die Ihren alten kompromittierten Schlüssel mit Ihrer Identität verbinden, widerrufen könnten, damit sich diese Person nicht mehr an Ihrer Statt bei anderen ausgeben kann.

Die grundlegende Lösung für dieses Problem ist recht einfach. Eine Zertifizierungsstelle kann eine so genannte *Certificate Revocation List* (*CRL*) ausstellen. Eine

CRL ist eine digital unterzeichnete Liste mit widerrufenen Zertifikaten. Sie wird periodisch aktualisiert und öffentlich zur Verfügung gestellt. Da sie digital unterzeichnet ist, kann sie in einem Bulletin-Board bereitgestellt werden. Wenn Teilnehmer *A* ein Zertifikat für *B* empfängt, das er überprüfen möchte, sieht er zuerst die neueste, von der CA ausgestellte CRL durch. Solange das Zertifikat noch nicht widerrufen wurde, ist es gültig. Falls alle Zertifikate unbegrenzte Gültigkeit haben, würde die CRL immer länger werden, da man aus Furcht, eine Kopie des widerrufenen Zertifikats zu benutzen, nie ein Zertifikat aus der CRL entfernen könnte. Durch Verknüpfen eines Ablaufdatums mit einem Zertifikat zum Zeitpunkt der Ausstellung kann man die Dauer begrenzen, über die ein widerrufenes Zertifikat in einer CRL bleiben muss. Sobald das Ablaufdatum überschritten ist, kann das Zertifikat aus der CRL entfernt werden.

8.3 Beispielsysteme

Wir haben bisher in diesem Kapitel viele Komponenten vorgestellt, die erforderlich sind, um ein sicheres System zu bilden. Zu diesen Komponenten zählen kryptographische Algorithmen, Authentifikationsprotokolle und Schlüsselverteilungsmechanismen. In diesem Abschnitt werden einige Komplettsysteme beschrieben, in denen diese Komponenten benutzt werden.

Diese Systeme lassen sich grob nach der Protokollschicht kategorisieren, in der sie eingesetzt werden. Die IPSEC-Protokolle (IP Security) arbeiten auf der IP-Schicht (Netzwerkschicht). Systeme, die auf der Anwendungsschicht eingesetzt werden, umfassen PGP (Pretty Good Privacy) für sichere Mail-Übertragung und Secure Shell (SSH) zur sicheren, entfernten Anmeldung an einem Rechner. Dazwischen liegen mehrere Protokolle, die auf der Transportschicht arbeiten, insbesondere das von der IETF standardisierte TLS (Transport Layer Security) und das ältere SSL (Secure Socket Layer), von dem TLS abgeleitet wurde. Im folgenden Abschnitt werden die besonderen Merkmale dieser Methoden beschrieben.

8.3.1 Pretty Good Privacy (PGP)

Pretty Good Privacy (PGP) ist eine verbreitete Methode für die Bereitstellung von Verschlüsselungs- und Authentifikationsfähigkeiten für E-Mail. Der interessanteste Aspekt von PGP ist die Handhabung von Zertifikaten. Erinnern Sie sich, dass das Grundproblem bei der Verteilung von öffentlichen Schlüsseln die Errichtung einer Vertrauenskette ist. PGP geht davon aus, dass jeder Benutzer seine eigenen Kriterien hat, nach denen er anderen, zertifizierten Schlüsseln vertraut. Es stellt die Werkzeuge zur Verfügung, die benötigt werden, um den Grad an Vertrauenswürdigkeit der entsprechenden Zertifikate zu regeln.

Um das Problem besser zu veranschaulichen, nehmen wir an, eine Ihnen bestens bekannte Person *A*, gibt Ihnen persönlich ihren öffentlichen Schlüssel. In diesem Fall sind Sie sehr sicher, dass es sich wirklich um deren öffentlichen Schlüssel handelt.

Übergibt Ihnen *A* jedoch ein von ihr signiertes Zertifikat für *B*, müssen Sie sich möglicherweise Gedanken darüber machen, ob *A* ein Mensch ist, der vielleicht für Geld ein Zertifikat fälschlicherweise signiert, bzw. ob er bei der Überprüfung, dass es sich wirklich um *B* und nicht jemanden anderen handelt, der ihn um Signierung des Zertifikats gebeten hat, etwas zu sorglos vorgegangen ist. Sie vertrauen *A* vielleicht hinsichtlich der Signierung von Zertifikaten für einige Leute (z.B. Arbeitskollegen), nicht aber für andere (z.B. Politikern). Die Lage verschlimmert sich natürlich, je länger die Ver- bzw. Misstrauenskette wird.

Statt eine straffe Zertifizierungshierarchie aufzuerlegen, wie es in früheren sicheren E-Mail-Systemen wie Privacy Enhanced Mail (PEM) nötig war, erlaubt PGP die Bildung von Zertifizierungsbeziehungen als beliebige Verflechtung. Außerdem überlässt es jedem Benutzer die Entscheidung, in welchem Umfang er einem bestimmten Zertifikat vertrauen möchte. Nehmen wir beispielsweise an, Sie haben ein Zertifikat für *B* von einer Person *A* erhalten. Sie können diesem Zertifikat ein gewisses Maß an Vertrauenswürdigkeit zuordnen. Verfügen Sie aber über weitere Zertifikate für *B*, die Ihnen von *C* und *D* bereitgestellt wurden, die jeweils ebenfalls in mäßigem Umfang vertrauenswürdig sind, könnten Sie zuversichtlicher sein, dass der Ihnen zur Verfügung stehende öffentliche Schlüssel für *B* gültig ist. Kurz: PGP berücksichtigt, dass Vertrauensbildung eine recht persönliche Angelegenheit ist, und stellt den Benutzern Mechanismen zur Verfügung, auf deren Grundlage sie ihre eigenen Entscheidungen treffen können, statt davon auszugehen, dass sie alle willens sind, einer einzigen hierarchischen CA-Struktur zu trauen. Um Phil Zimmerman, den Entwickler von PGP zu zitieren: »PGP ist für Leute gedacht, die es vorziehen, ihren Fallschirm selbst zu schnüren.«

PGP ist inzwischen in der Netzwerkgemeinde recht beliebt. Das gegenseitige Signieren von PGP-Schlüsseln ist häufig bei IETF-Konferenzen zu beobachten. Bei diesen Versammlungen kann eine Person

- öffentliche Schlüssel von anderen, deren Identität ihr bekannt ist, besorgen;
- ihren öffentlichen Schlüssel anderen zur Verfügung stellen;
- ihren öffentlichen Schlüssel von anderen signieren lassen und damit Zertifikate einholen, die für eine größere Anzahl von Leuten vertrauenswürdig sind;
- den öffentlichen Schlüssel anderer Personen signieren und ihnen damit helfen, ihren eigenen Zertifikatbestand aufzubauen, den sie für die Verteilung ihrer öffentlichen Schlüssel benutzen können;
- Zertifikate von anderen Personen einholen, denen sie ausreichend vertraut, um Schlüssel zu signieren.

Im Lauf der Zeit sammelt ein Benutzer also Zertifikate mit unterschiedlichem Vertrauensumfang. PGP speichert diese Zertifikate in einer Datei, die als *Key-Ring* (Schlüsselbund) bezeichnet wird.

Nehmen wir nun als Beispiel an, Benutzer *A* möchte Benutzer *B* eine Nachricht senden und *B* gegenüber nachweisen, dass sie wirklich von *A* stammt. PGP geht die-

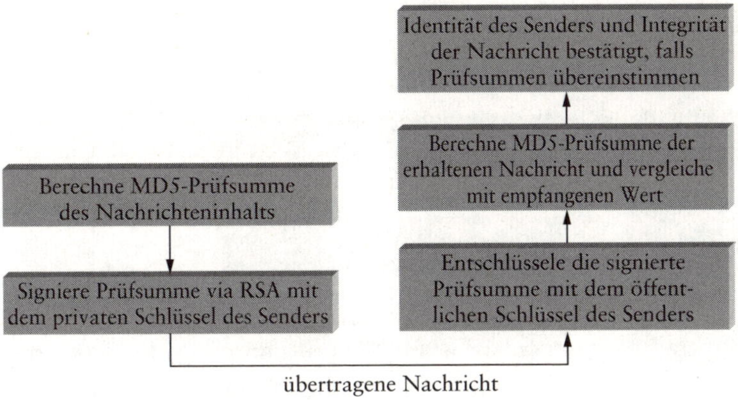

Abb. 8.13: PGP-Nachrichtenintegrität und -authentifizierung

ses Problem auf die Weise an, wie sie in Abb. 8.13 dargestellt ist. Zuerst erzeugt *A* aus dem Nachrichtenrumpf (z.B. mit MD5) eine kryptographische Prüfsumme. Anschließend verschlüsselt er die Prüfsumme mit seinem privaten Schlüssel. (PGP unterstützt verschiedene kryptographische Algorithmen und spezifiziert dann, welcher in einer Nachricht benutzt wurde.)

Bei Empfang der Nachricht benutzt *B* die Schlüsselmanagement-Software von PGP, um seinen Key-Ring nach dem öffentlichen Schlüssel von *A* zu durchsuchen. Wird er nicht gefunden, kann *B* die Authentizität der Nachricht natürlich nicht überprüfen. Wird der Schlüssel gefunden, wird die Prüfsumme der empfangenen Nachricht berechnet, die empfangene verschlüsselte Prüfsumme wird mit dem öffentlichen Schlüssel von *A* entschlüsselt und die beiden Prüfsummen werden verglichen. Stimmen sie überein, weiß *B*, dass *A* die Nachricht gesendet hat und dass sie nach der Unterzeichnung von *A* nicht modifiziert wurde. Zusätzlich zur Bereitstellung des Ergebnisses der Signaturüberprüfung teilt PGP *B* das Vertrauensmaß mit, das *B* diesem öffentlichen Schlüssel zuvor zugeordnet hat, und zwar auf der Grundlage einer Reihe von Zertifikaten, die er für *A* hat, und der Vertrauenswürdigkeit der Personen, die die Zertifikate signiert haben.

Die Verschlüsselung einer Nachricht passiert ganz analog und ist in Abb. 8.14 zusammangefasst. *A* wählt einen zufälligen Einmalschlüssel, mit dem die Nachricht mit Hilfe eines symmetrischen Algorithmus wie DES verschlüsselt wird. Der Einmalschlüssel wird mit dem öffentlichen Schlüssel des Empfängers verschlüsselt. PGP erhält diesen Schlüssel aus dem Key-Ring von *A* und benachrichtigt *A* über das diesem Schlüssel zugeordnete Vertrauensmaß. Die Nachricht wird in ASCII kodiert, um Schäden durch Mail-Gateways zu verhindern, und an *B* gesendet. Bei Empfang benutzt *B* seinen privaten Schlüssel, um den Einmalschlüssel zu entschlüsseln. Dann benutzt er den entsprechenden Algorithmus, um die Nachricht zu entschlüsseln.

PGP ermöglicht die Benutzung vieler verschiedener kryptographischer Algorithmen für die unterschiedlichen Funktionen. Die tatsächlich in einer Nachricht benutzten Algorithmen werden in Header-Feldern spezifiziert. Das Konzept eines

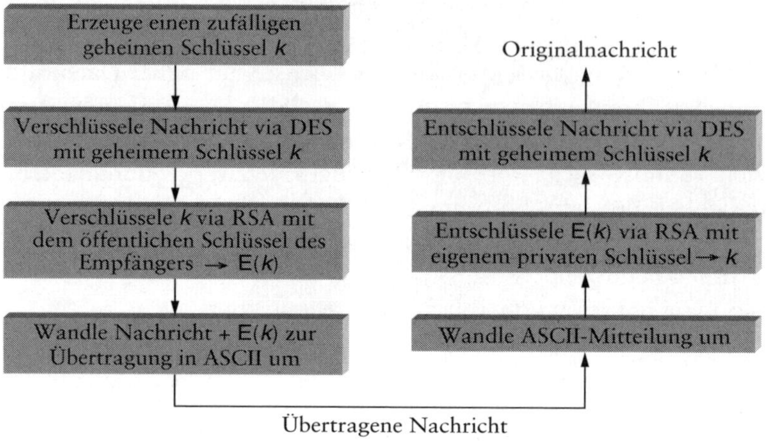

Abb. 8.14: PGP-Nachrichtenverschlüsselung

protokollunabhängigen Sicherheitssystems ist sehr gut, weil man nie wissen kann, ob der bevorzugte kryptographische Algorithmus sich für den beabsichtigten Zweck als unzureichend erweist. Es wäre angenehm, wenn man schnell auf einen neuen Algorithmus wechseln könnte, ohne die Protokollspezifikation oder -implementierung ändern zu müssen. Abgesehen von der Einbindung dieser Information in eine Mail-Nachricht ermöglicht PGP einem Benutzer, seine bevorzugten Algorithmen in der Datei anzugeben, die seinen öffentlichen Schlüssel enthält. Das heißt, dass jeder, der diesen öffentlichen Schlüssel hat, nun weiß, welche Algorithmen sicher für Nachrichten an diese Person benutzt werden können.

8.3.2 Secure Shell (SSH)

Secure Shell (SSH) bietet einen entfernten Login-Dienst und ist als Ablösung der weniger sicheren Programme Telnet und rlogin gedacht, die in der Anfangszeit des Internet benutzt wurden. (SSH kann auch benutzt werden, um entfernt Befehle auszuführen und Dateien zu übertragen, wie die Unix-Befehle rsh und rcp, wir konzentrieren uns hier aber darauf, wie SSH Remote-Login unterstützt.) SSH wird am häufigsten benutzt, um eine starke Client/Server-Authentifikation bereitzustellen, wobei der SSH-Client auf dem Rechner des Benutzers und der SSH-Server auf einem entfernten Rechner läuft, an dem sich der Benutzer anmelden möchte. SSH unterstützt aber auch Integrität und Vertraulichkeit von Nachrichten. Telnet und rlogin bieten keine dieser Fähigkeiten.

Um die Bedeutung von SSH im heutigen Internet besser einschätzen zu können, halte man sich vor Augen, dass Telearbeiter noch vor wenigen Jahren Wählmodems benutzten, um ihre Heimcomputer mit der Arbeit (oder Schule) zu verbinden. Dies bedeutet, dass ihre Passwörter nach der Anmeldung im Klartext über eine Telefonleitung und das LAN am Arbeitsplatz gesendet wurden. Schon die Übertragung des

Passworts im Klartext über ein LAN ist keine besonders gute Idee, allerdings nicht so riskant wie dessen Versenden im Internet. Heute haben die meisten Telearbeiter ein Konto bei einem ISP, der Kabelmodem- oder DSL-Dienste mit hoher Datenrate anbietet, und sie erreichen ihren Arbeitsplatz über diese ISPs. Dies bedeutet, dass nach der Anmeldung ihre Passwörter und die gesamten Daten, die sie senden oder empfangen, potenziell zahllose nicht vertrauenswürdige Netzwerke durchlaufen. SSH bietet eine Möglichkeit der Verschlüsselung der Daten, die über diese Verbindungen gesendet werden, und der Verbesserung des Authentifikationsmechanismus, den sie bei der Anmeldung benutzen.

Die neueste Version von SSH, Version 2, besteht aus drei Protokollen:

- SSH-TRANS: ein Transportschichtprotokoll
- SSH-AUTH: ein Authentifikationsprotokoll
- SSH-CONN: ein Verbindungsprotokoll

Wir konzentrieren uns hier auf die ersten beiden Protokolle, die mit Remote-Login zu tun haben. Am Ende dieses Abschnitts werden wir den Zweck von SSH-CONN kurz behandeln.

SSH-TRANS bietet einen verschlüsselten Kanal zwischen dem Client- und dem Server-Rechner. Es setzt auf eine TCP-Verbindung auf. Wann immer ein Benutzer SSH verwendet, um sich an einem entfernten Rechner anzumelden, besteht der erste Schritt in der Einrichtung eines SSH-TRANS-Kanals zwischen den beiden Rechnern. Die beiden Rechner bauen diesen sicheren Kanal dadurch auf, dass sich der Client zuerst dem Server gegenüber mit Hilfe von RSA authentifizieren muss. Nach der Authentifikation richten Client und Server einen Sitzungsschlüssel ein, den sie im weiteren Verlauf benutzen werden, um die über den Kanal gesendeten Daten zu verschlüsseln. Wir übergehen in dieser Kurzbeschreibung mehrere Details, darunter die Tatsache, dass das SSH-TRANS-Protokoll eine Verhandlung des Verschlüsselungsalgorithmus zwischen den beiden Seiten beinhaltet. Häufig wird z. B. 3DES gewählt. Außerdem beinhaltet SSH-TRANS eine Nachrichten-integritätsprüfung aller Daten, die über den Kanal ausgetauscht werden.

Einen Punkt, den wir allerdings nicht übergehen können, ist der, wie der Client in Besitz des öffentlichen Schlüssels des Servers kam, den er braucht, um sich beim Server zu authentifizieren. So seltsam es klingen mag, der Server teilt dem Client seinen öffentlichen Schlüssel zur Verbindungszeit mit. Wenn sich ein Client erstmals mit einem bestimmten Server verbindet, warnt SSH den Benutzer, dass er bisher nie mit diesem Rechner gesprochen hat, und fragt, ob der Benutzer fortfahren möchte. Obwohl es riskant ist, weil SSH tatsächlich den Server noch nicht authentifizieren konnte, beantworten Benutzer diese Frage oft mit »Ja«. SSH merkt sich dann den öffentlichen Schlüssel des Servers, und wenn sich der Benutzer das nächste Mal mit dem gleichen Rechner verbindet, vergleicht es diesen gespeicherten Schlüssel mit demjenigen, mit dem der Server antwortet. Wenn es sich um die gleichen Schlüssel handelt, authentifiziert SSH den Server. Unterscheiden sich die Schlüssel aber, warnt SSH wiederum den Benutzer, dass etwas nicht stimmt, und der Benutzer erhält dann

Gelegenheit, die Verbindung abzubrechen. Alternativ kann der vorsichtige Benutzer den öffentlichen Schlüssel des Servers durch einen separaten Mechanismus erfahren, diesen auf dem Client-Rechner speichern und somit nie das Risiko des »ersten Mals« eingehen.

Nach dem Aufbau des SSH-TRANS-Kanals folgt im nächsten Schritt die eigentliche Anmeldung des Benutzers an dem Rechner, oder genauer gesagt, seine Authentifizierung am Server. SSH bietet hierfür drei verschiedene Mechanismen. Da die beiden Rechner über einen sicheren Kanal kommunizieren, ist es erstens für den Benutzer in Ordnung, einfach sein Passwort an den Server zu schicken. Dies wäre keine sichere Sache, wenn man Telnet benutzt, weil das Passwort im Klartext gesendet werden würde. Im Fall von SSH wird das Passwort aber im SSH-TRANS-Kanal verschlüsselt. Der zweite Mechanismus verwendet Verschlüsselung mit öffentlichen Schlüsseln. Dies setzt voraus, dass der Benutzer seinen öffentlichen Schlüssel bereits auf dem Server hinterlegt hat. Der dritte, als Host-basierte Authentifikation bezeichnete Mechanismus besagt im Grunde, dass jedem Benutzer, der behauptet, dieser oder jener aus einer bestimmten Menge vertrauenswürdiger Hosts zu sein, automatisch geglaubt wird. Die hostbasierte Authentifikation setzt voraus, dass der Client-Host sich selbst dem Server gegenüber authentifiziert, wenn sich die beiden erstmals miteinander verbinden; Standard-SSH-TRANS authentifiziert in der Default-Einstellung nur den Server.

Der wichtigste Punkt, den man sich aus dieser Diskussion merken sollte, ist der, dass SSH eine recht unkomplizierte Anwendung der Protokolle und Algorithmen ist, die im Verlauf dieses Kapitels behandelt wurden. Was SSH manchmal allerdings ein wenig schwer verständlich macht, sind all die Schlüssel, die ein Benutzer erstellen und verwalten muss, wobei die genaue Schnittstelle vom Betriebssystem abhängt. Das OpenSSH-Paket beispielsweise, das auf den meisten Unix-Rechnern läuft, unterstützt einen Befehl namens ssh-keygen, der benutzt werden kann, um öffentliche/private Schlüsselpaare zu erzeugen. Diese Schlüssel werden dann in verschiedenen Dateien im Verzeichnis /.ssh im Home-Verzeichnis des Benutzers gespeichert. Zum Beispiel zeichnet die Datei /.ssh/known.hosts die Schlüssel für alle Hosts auf, an denen sich der Benutzer angemeldet hat, während die Datei /.ssh/authorized.keys die öffentlichen Schlüssel enthält, die der Benutzer bei der Anmeldung an diesem Rechner benötigt, um sich zu authentifizieren (d. h. sie werden auf der Server-Seite benutzt), und die Datei /.ssh/identity die privaten Schlüssel enthält, die benötigt werden, damit sich der Benutzer auf entfernten Rechnern authentifizieren kann (d. h. sie werden auf der Client-Seite benutzt).

Schließlich hat sich SSH als derart nützliches System für sicheres Remote-Login bewährt, dass es auch auf die Unterstützung anderer unsicherer TCP-basierter Anwendungen, wie z. B. X-Windows- und IMAP-Mail-Reader, erweitert wurde. Die Idee ist es, diese Anwendungen über einen sicheren »SHH-Tunnel« zu fahren. Diese Fähigkeit wird als Port-Forwarding bezeichnet, und sie benutzt das SSH-CONN-Protokoll. Das Prinzip ist in Abbildung 8.15 dargestellt, die einen Client auf Host A zeigt, der direkt mit einem Server auf Host B kommuniziert und seinen Datenverkehr durch eine SSH-Verbindung befördert. Der Mechanismus wird Port-Forwar-

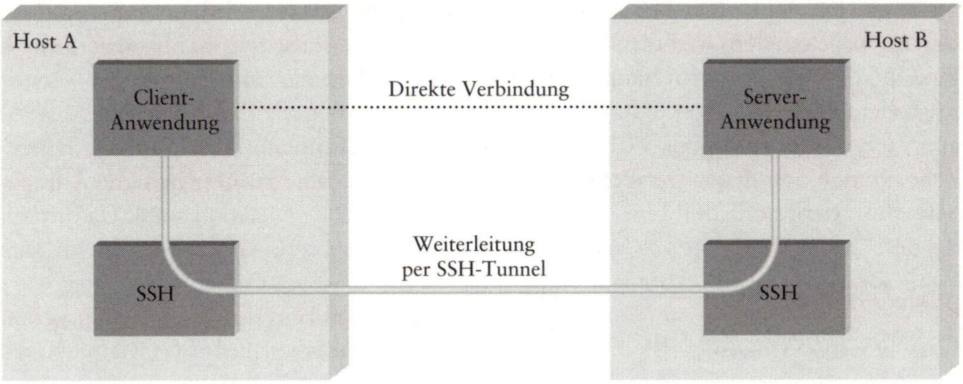

Abbildung 8.15: Verwendung von SSH-Port-Forwarding, um Sicherheit für andere TCP-basierte Anwendungen zu bieten

ding genannt, weil SSH zuerst den Inhalt entschlüsselt, wenn Nachrichten auf dem wohlbekannten SSH-Port im Server ankommen, und dann die Daten an den tatsächlichen Port, auf dem der Server lauscht, »weiterleitet«.

8.3.3 Sicherheit auf der Transportschicht (TLS, SSL, HTTPS)

Zum besseren Verständnis der Designziele und Anforderungen für den TLS-Standard (Transport Layer Security), der derzeit in der IETF entwickelt wird, betrachten wir eines der Hauptprobleme, zu dessen Lösung der Standard dienen soll. Als das World Wide Web populär wurde und kommerzielle Unternehmen ein Interesse daran fanden, wurde klar, dass ein gewisses Maß an Sicherheit für Transaktionen im Web nötig ist. Das klassische Beispiel dafür sind Käufe mittels Kreditkarte. Beim Übertragen von Kreditkarteninformationen an einen Computer im Web gibt es mehrere kritische Punkte. Erstens macht man sich vielleicht Sorgen, ob die Informationen möglicherweise während der Übertragung abgefangen und anschließend für unautorisierte Käufe benutzt werden. Man macht sich vielleicht auch Sorgen über mögliche Änderungen der Details einer Transaktion, beispielsweise der Kaufsumme. Und man möchte sicher sein, dass der Computer, an den man seine Kreditkarteninformationen sendet, tatsächlich der fraglichen Firma gehört. Wir erkennen also auf den ersten Blick, wie notwendig Integrität und Authentifikation bei Web-Transaktionen sind. Die erste häufig benutzte Lösung hierzu wurde als *Secure Socket Layer* (*SSL*) bezeichnet; sie bildet die Grundlage für den TLS-Standard der IETF.

Die Entwickler von SSL und TLS erkannten, dass diese Probleme nicht nur für Web-Transaktionen (d.h. jene, die HTTP anwenden) relevant sind, und entwickelten daher ein universelles Protokoll, das zwischen dem Anwendungsprotokoll (z.B. HTTP) und dem Transportprotokoll (z.B. TCP) angesiedelt ist. Die Bezeichnung »Transport Layer Security« kommt daher, dass diese Protokollschicht aus Sicht der Anwendung genau wie ein normales Transportprotokoll aussieht, außer dass es sicher ist. Das heißt, der Sender kann Verbindungen öffnen und Bytes für die Übertragung bereitstellen, und die sichere Transportschicht befördert sie mit dem nötigen Maß an Vertraulichkeit, Integrität und Authentifikation zum Empfänger. Durch Ausführung der sicheren Transportschicht oberhalb von TCP werden der Anwendung auch alle normalen TCP-Funktionen (Zuverlässigkeit, Flusskontrolle, Überlastkontrolle usw.) bereitgestellt. Diese Anordnung von Protokollschichten ist in Abb. 8.16 dargestellt.

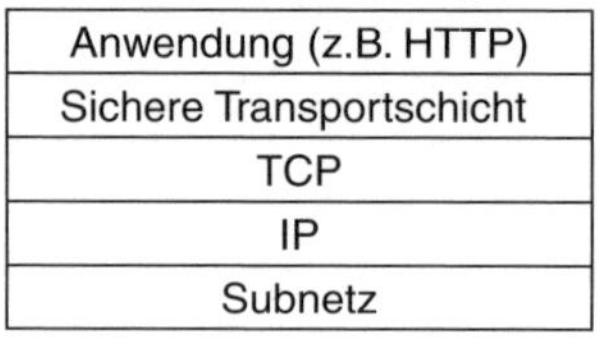

Abb. 8.16:
Die sichere Transportschicht ist zwischen Anwendungs- und TCP-Schicht angesiedelt.

Wenn HTTP auf diese Weise benutzt wird, nennt man es *HTTPS* (*Secure HTTP*); HTTP selbst bleibt aber unverändert. Es sendet und empfängt lediglich Daten von der TLS- statt von der TCP-Schicht. Der Bequemlichkeit halber wurde HTTPS ein TCP-Default-Port (443) zugewiesen. Das heißt, wenn Sie versuchen, zu einem Server an TCP-Port 443 eine Verbindung aufzubauen, kommunizierе Sie wahrscheinlich mit dem TLS-Protokoll, das Ihre Daten zum HTTP weiterbefördert, sofern mit der Authentifikation und Entschlüsselung alles klappt.

Einer der interessanten Unterschiede zwischen einem TLS-Protokoll und einem für E-Mail entwickelten Protokoll ist, dass die Möglichkeit zur Echtzeitaushandlung besteht. Wie oben erwähnt, kann man für verschiedene Operationen viele unterschiedliche kryptographische Algorithmen benutzen. Man kann aber nicht mit Sicherheit davon ausgehen, dass die Partei, mit der man kommunizieren möchte, diese Protokolle implementiert. Folglich braucht man eine Möglichkeit der Aushandlung, damit sich beide Seiten auf ein Protokoll einigen können. Möglicherweise will man sogar Algorithmen während einer Verbindung wechseln, beispielsweise, wenn man sehr wichtige Daten zu senden hat, für die sich eine vom Rechenaufwand her aufwändigere Verschlüsselung lohnt. Aus diesem Grund besteht TLS aus zwei Teilen:

- einem Handshake-Protokoll, das für die Aushandlung von Kommunikationsparametern benutzt wird, und
- einem »Datensatz«-Protokoll, das dem eigentlichen Datentransfer dient.

Das Handshake-Protokoll dient dazu, an beiden Enden einer Verbindung einen ausreichend gemeinsamen Zustand zu schaffen, damit man auf die sichere Kommunikation übergehen kann. Die Komponenten dieses gemeinsamen Zustands sind die vereinbarten kryptographischen Algorithmen und die Parameter für diese Algorithmen wie Sitzungsschlüssel, Initialisierungsvektoren usw. Dieser gemeinsame Zustand wird durch eine Sitzungskennung identifiziert, die zu den weiter unten beschriebenen Zwecken im Client und im Server gespeichert wird. Interessant ist dabei, dass das Handshake-Protokoll auch die Nutzung eines Kompressionsalgorithmus aushandeln kann, nicht weil dies irgendwelche Sicherheitsvorteile bietet, sondern weil es sich leicht umsetzen lässt, wenn man bereits dabei ist, all die anderen Dinge auszuhandeln und sich dazu entschlossen hat, aufwändige Operationen auf den Daten durchzuführen. Diese im Handshake benutzten Nachrichten sind in Abb. 8.17 dargestellt. Die in den Klammern eingeschlossenen Nachrichten werden nur in bestimmten Situationen gesendet. Man beachte, dass der Handshake mindestens zwei RTTs dauert und bis zu einem Dutzend Nachrichten erfordert.

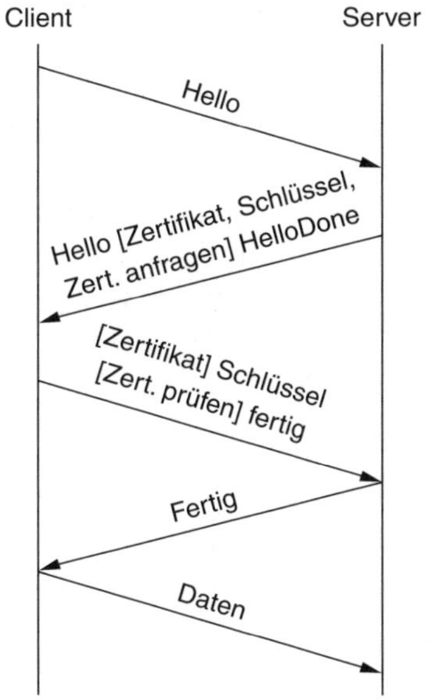

Abb. 8.17:
Handshake-Protokoll für den Aufbau einer TLS-Sitzung

Das Handshake-Protokoll ist erforderlichenfalls auch für den Austausch von Zertifikaten zwischen den Teilnehmern zuständig. Tätigt man z.B. einen Einkauf mittels Kreditkarte, muss der Client wissen, dass er mit dem richtigen Server spricht, er muss sich aber nicht unbedingt authentifizieren. In diesem Fall würde der Server dem Client ein Zertifikat oder bei Bedarf eine Zertifikatkette als Teil des anfänglichen Handshake bereitstellen und damit den Client mit einer zuverlässigen Kopie seines öffentlichen Schlüssels ausstatten. Der Server ist dann in der Lage, nachfolgende Nachrichten dadurch zu authentifizieren, dass er sie mit seinem privaten Schlüssel signiert. Der Client kann anschließend Nachrichten mit dem öffentlichen Schlüssel des Servers verschlüsseln. Als erstes verschlüsselt und sendet er ein so genanntes »Pre-Master Secret« an den Server. Die später folgenden vertraulichen Daten, wie Sitzungsschlüssel, Initialisierungsvektoren usw., werden aus diesem Pre-Master Secret abgeleitet.

Das Datensatzprotokoll definiert eine Reihe von Formaten und Prozeduren, durch die die Nachrichten, die von der Anwendungsschicht weitergereicht werden,

- fragmentiert oder in Blöcken zusammengefasst werden, die eine geeignete Größe für die nächsten Schritte haben;
- wahlweise komprimiert werden;
- mit Hilfe einer Hash-Funktion wie MD5 integritätsgeschützt werden;
- verschlüsselt und
- an die untere Schicht (z.B. TCP) zur Übertragung weitergegeben werden.

Die Fähigkeit, kryptographische Algorithmen zu vereinbaren, ist praktisch, öffnet aber eine Lücke für eine als »Man-in-the-Middle« bezeichnete Attacke. Bei dieser Art von Attacken gibt es einen Zwischenknoten, der Nachrichten während der Übertragung zwischen zwei legitimen Teilnehmern modifiziert. Da die anfängliche Aushandlung über Algorithmen ohne kryptographischen Schutz erfolgen muss, könnte der Zwischenknoten den von den Teilnehmern gewählten Algorithmus auf einen schwächeren abändern (den er leichter knacken kann). Eine schlecht programmierte Anwendung könnte einfach den Algorithmus annehmen, den das TLS-Protokoll auswählt, statt zu prüfen, ob er tatsächlich für die Bedürfnisse ausreicht. Eine gut programmierte Anwendung würde die Transaktion abbrechen und die Situation dadurch letztendlich in eine Denial-of-Service-Attacke umwandeln, was ein Zwischenknoten jedoch immer bewirken kann, indem er einfach auf dem Weg befindliche Pakete verwirft.

Das TLS-Protokoll weist ein weiteres interessantes, für Web-Transaktionen nützliches Merkmal auf: die Fähigkeit, eine Sitzung »wiederaufzunehmen.« Um die zu Grunde liegende Motivation zu verstehen, muss man wissen, wie sich die HTTP-Version 1 TCP-Verbindungen zu nutze macht. (HTTP wird ausführlich in Abschnitt 9.2.2 beschrieben.) Für jede HTTP-Operation, z.B. das Einlesen einer Text- oder Bildseite von einem Server, muss eine neue TCP-Verbindung geöffnet werden. Das Abrufen einer einzelnen Seite mit vielen eingebetteten Grafikobjekten kann also viele TCP-Verbindungen erfordern. Wir wissen aus Abschnitt 5.2, dass das Öffnen einer TCP-Verbindung einen Drei-Wege-Handshake erfordert, bevor die Datenübertragung beginnen kann. Ist die TCP-Verbindung für die Annahme von Daten bereit, muss der Client das TLS-Handshake-Protokoll starten, was wiederum mindestens zwei RTTs dauert (und einige Verarbeitungsressourcen und Netzbandbreite verbraucht), bevor die eigentlichen Anwendungsdaten gesendet werden können. Die TLS-Fähigkeit der Wiederaufnahme mildert dieses Problem.

Die Sitzungswiederaufnahme ist eine Optimierung des Handshake, die in Fällen benutzt werden kann, in denen Client und Server bereits einen gewissen gemeinsamen Zustand aufgebaut haben. Der Client bindet einfach die Sitzungskennung aus einer früheren Sitzung in seine erste Handshake-Nachricht ein. Stellt der Server fest, dass er für diese Sitzung noch über einen Zustand verfügt und wurde die Wiederaufnahmeoption beim erstmaligen Erstellen dieser Sitzung vereinbart, kann der Server dem Client mit einem Erfolgshinweis antworten, und die Datenübertragung kann mit den zuvor vereinbarten Algorithmen und Parametern beginnen. Stimmt die Sitzungskennung nicht mit einem beim Server gespeicherten Sitzungszustand überein oder wurde die Wiederaufnahme für die Sitzung nicht vereinbart, kehrt der Server zum normalen Handshake-Verfahren zurück.

Im Gegensatz zu PGP spezifiziert TLS keine bestimmte Schlüsselinfrastruktur. In der Praxis ist TLS im Rahmen des elektronischen Handels durch Verwendung einer einzigen Zertifizierungsstelle bislang recht erfolgreich. Der öffentliche Schlüssel der CA ist in den meisten bekannten Web-Browsern enthalten, und Firmen, die auf ihren Websites Kreditkartenzahlungen akzeptieren, erhalten Zertifikate von dieser CA. Dies vereinfacht die Server-Authentifikation und ermöglicht es dem Server, seinen öffentlichen Schlüssel auf zuverlässige Weise jedem Client, der dieser CA vertraut, bekanntzugeben. Wie oben erwähnt, benötigt ein Client nur den öffentlichen Schlüssel des Servers, um irgendwelche für die Verschlüsselung von Daten von bzw. zum Server erforderlichen Informationen auszuhandeln.

8.3.4 IP Security (IPSEC)

Die ehrgeizigste aller Bemühungen für die Integration von Sicherheit im Internet wurde auf der niedrigsten – der IP-Ebene entwickelt. Bei dieser als *IPSEC* (*IP Security*) bezeichneten Architektur handelt es sich eigentlich um ein Framework (im Gegensatz zu einem Einzelprotokoll- oder -system) für die Bereitstellung aller in diesem Kapitel behandelten Sicherheitsdienste. Als Architektur bietet IPSEC drei Freiheitsgrade. Erstens ist sie sehr modular, sodass Benutzer (oder eher Systemadministratoren) verschiedene Verschlüsselungsalgorithmen und spezielle Sicherheitsprotokolle wählen können. Zweitens ermöglicht IPSEC den Benutzern die Auswahl verschiedener Sicherheitsdienste, darunter Zugangskontrolle, Integrität, Authentifikation, Schutz vor Replay-Attacken und Vertraulichkeit. Drittens erlaubt IPSEC den Benutzern die Kontrolle darüber, wie detailliert die Sicherheitsdienste angewandt werden. So kann IPSEC z.B. benutzt werden, um sowohl »schmale« Ströme (z.B. Pakete, die zu einer bestimmten TCP-Verbindung gehören und zwischen zwei Hosts gesendet werden) als auch »breite« (z.B. alle Pakete, die zwischen zwei Gateways fließen) zu schützen.

Auf hoher Abstraktionsebene setzt sich IPSEC aus zwei Teilen zusammen. Der erste Teil besteht aus zwei Protokollen, welche die verfügbaren Sicherheitsdienste implementieren. Diese sind der *Authentifikations-Header* (*AH*), der die Zugangskontrolle, verbindungslose Nachrichtenintegrität, Authentifikation und Replay-Schutz bereitstellt, und die *Encapsulating Security Payload* (*ESP*), die die gleichen Dienste sowie Vertraulichkeit unterstützt. Diese beiden Protokolle können eigenständig oder zusammen verwendet werden, um die vom Benutzer gewünschte Kombination von Diensten zu implementieren. Der zweite Teil unterstützt Schlüsselmanagement, das unter ein Schirmprotokoll namens *ISAKMP* (*Internet Security Association and Key Management Protocol*) fällt.

Die abstrakte Struktur, die diese beiden Teile zusammenfügt, ist die *Sicherheitsassoziation* (*SA*). Eine SA ist eine Simplex- bzw. Einwegverbindung, die durch einen oder mehrere der verfügbaren Sicherheitsdienste geschützt ist. Sicherheitsassoziationen können zwischen zwei Hosts, zwischen einem Host und einem Sicherheits-Gateway (ein Router, der IPSEC unterstützt) oder zwischen zwei Sicherheits-Gateways eingerichtet werden. Eine SA kann z.B. aufgebaut werden, um die Integrität zwischen zwei Sicherheits-Gateways zu gewährleisten. Diese Pakete fließen dann durch einen Tunnel zwischen den beiden Sicherheits-Gateways. (Erinnern Sie sich an die Diskussion zum Tunneln in Abschnitt 4.1.8). Der Schutz einer bidirektionalen Kommunikation zwischen zwei Hosts, was z.B. einer TCP-Verbindung entspricht, erfordert zwei Sicherheitsassoziationen – je eine in jeder Richtung.

Aus Sicht des lokalen Hosts enthält eine bestimmte SA alle für die Ausführung der Sicherheitsdienste von AH und ESP erforderlichen Informationen. Beim Erstellen wird einer SA ein *Sicherheitsparameterindex* (*SPI*) von der empfangenden Maschine zugewiesen. Eine Kombination dieses SPI mit IP-Zieladressen identifiziert eine Sicherheitsassoziation eindeutig. Der SPI wird sowohl in den AH- als auch in den ESP-Header eingefügt. Der empfangende Host stellt anhand dieser Information fest, zu welcher SA ein ankommendes Paket gehört und welche Algorithmen auf das Paket anzuwenden sind.

Das ISAKMP erfüllt die Aufgabe, Prozeduren und Paketformate zu definieren, um Sicherheitsassoziationen aufzubauen, zu vereinbaren, zu ändern und zu löschen. Es definiert Paketformate für den Austausch von Daten bezüglich Schlüsselerzeugung und -authentifikation. Diese Formate sind nicht besonders interessant, weil sie lediglich einen Rahmen bereitstellen; die genaue Form der Schlüssel- und Authentifikationsdaten hängt von Schlüsselerzeugungstechnik, Verschlüsselungsalgorithmus und Authentifikationsmechanismus ab. Außerdem spezifiziert ISAKMP kein bestimmtes Schlüsselaustauschprotokoll, schlägt aber Internet Key Exchange (IKE) als eine Möglichkeit vor.

Authentifikations-Header (AH)

Der Authentifikations-Header bietet verbindungslose Integrität und Authentifikation des Datenursprungs von IP-Datagrammen sowie optionalen Replay-Schutz. Der AH-Header ist in Abb. 8.18 dargestellt. Er folgt entweder direkt auf den IPv4-Header oder ist ein IPv6-Erweiterungs-Header, je nach der benutzten IP-Version.

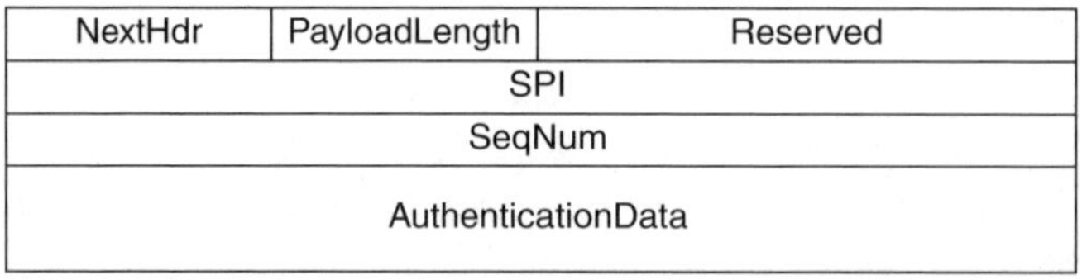

Abb. 8.18: Der Authentifikations-Header von IPSEC

Das Feld NextHdr identifiziert den Typ des Payload-Headers nach dem Authentifikations-Header. Das Feld PayloadLength spezifiziert die AH-Länge in 32-Bit-Wörtern (4-Byte-Einheiten) minus 2.[5] Das Feld Reserved ist für die künftige Verwendung

5. Alle IPv6-Erweiterungs-Header kodieren das Feld »Hdr Ext Len«, indem zuerst 1 (64-Bit-Wort) von der Header-Länge abgezogen wird (gemessen in 64-Bit-Wörtern). AH ist ein IPv6-Erweiterungs-Header, da seine Länge aber in 32-Bit-Wörtern gemessen wird, wird die Nutzdatenlänge durch Subtraktion von 2 (32-Bit-Wörtern) berechnet.

reserviert; es wird vorläufig auf 0 gesetzt. Das Feld SPI ist ein beliebiger 32-Bit-Wert, der in Kombination mit der IP-Zieladresse die Sicherheitsassoziation für das Datagramm eindeutig identifiziert.

Das Feld SeqNum enthält einen monoton steigenden Zähler bzw. eine Sequenznummer. Dieses Feld wird für den Replay-Schutz benutzt, ist aber auch vorhanden, wenn der Empfänger diesen Dienst für eine spezifische SA nicht verwendet. Der Zähler des Senders und der des Empfängers werden beim Aufbau einer SA auf 0 initialisiert. Ist die Replay-Schutzoption aktiviert (Default-Einstellung), darf die übertragene Sequenznummer nie zyklisch umlaufen. Folglich müssen die Zähler von Sender und Empfänger durch Aufbau einer neuen SA und damit eines neuen Schlüssels zurückgesetzt werden, bevor das 2^{32}ste Paket einer bestimmten SA übertragen wird.

Schließlich ist AuthenticationData ein Feld mit variabler Länge, das den Nachrichtenintegritätscode (MIC) für dieses Paket enthält. Die Feldlänge muss ein ganzzahliges Mehrfaches von 32 Bit sein. AH schreibt keinen spezifischen Message-Digest-Algorithmus vor; unter anderem können DES und MD5 benutzt werden. Als einzige Anforderung muss der Algorithmus die Länge des MIC sowie die Vergleichsregeln und Verarbeitungsschritte für die Validierung spezifizieren.

Encapsulating Security Payload (ESP)

Der ESP-Header (Encapsulating Security Payload) wurde dafür ausgelegt, eine Kombination von Sicherheitsdiensten in IPv4 sowie IPv6 bereitzustellen. ESP kann allein oder in Verbindung mit AH benutzt werden. Der ESP-Header wird nach dem IP-Header und vor dem Protokoll-Header der höheren Schicht (bei Verwendung zwischen zwei Hosts) oder vor einem gekapselten IP-Header (im Fall eines Tunnels zwischen zwei Sicherheits-Gateways) eingefügt.

ESP bietet Vertraulichkeit, Authentifikation des Datenursprungs, verbindungslose Integrität und Replay-Schutz. Die bereitgestellten Dienste hängen von den Optionen ab, die beim Aufbau der SA gewählt werden. Vertraulichkeit kann unabhängig von allen übrigen Diensten gewählt werden. Wahrscheinlich wird Vertraulichkeit jedoch in Verbindung mit Integrität/Authentifikation entweder in der ESP oder getrennt im AH unterstützt. Authentifikation des Datenursprungs und verbindungslose Integrität sind zusammenhängende Dienste, die als Option in Verbindung mit (optionaler) Vertraulichkeit angeboten werden. Replay-Schutz kann nur gewählt werden, wenn auch die Authentifikation des Datenursprungs ausgewählt wird. Diese Wahl liegt ausschließlich im Ermessen des Empfängers. Man beachte, dass Vertraulichkeit und Authentifikation zwar optional sind, jedoch mindestens einer der beiden Dienste gewählt werden muss.

Wie der AH- ist der ESP-Header entweder ein IPv4-Header oder ein IPv6-Erweiterungs-Header. Das Format ist in Abb. 8.19 dargestellt. Das Feld SPI hat die gleiche Funktion wie beim AH: Es hilft dem empfangenden Host bei der Identifizierung der Sicherheitsassoziation, zu der das Paket gehört. Das Feld SeqNum schützt auch hier vor Replay-Attacken. Das Feld PayloadData des Pakets enthält die im Feld NextHdr beschriebenen Daten. Wurde Vertraulichkeit ausgewählt, werden die Daten mit dem durch SA identifizierten Verschlüsselungsalgorithmus chiffriert. Manchmal ist das Auffüllen der Payloads nötig, z.B. weil der Verschlüsselungsalgorithmus verlangt, dass der Klartext ein Mehrfaches einer bestimmten Byteanzahl ist, oder um sicherzustellen, dass der resultierende Chiffretext an einer 4-Byte-Grenze endet. Das Feld PadLength erfasst, um wie viel die Daten aufgefüllt wurden. Das Feld AuthenticationData enthält wie beim AH den MIC. Dieses Feld ist vorhanden, weil ESP universell ausgelegt wurde, sodass es zusätzlich zur Vertraulichkeit auch Integrität und Authentifikation unterstützt.

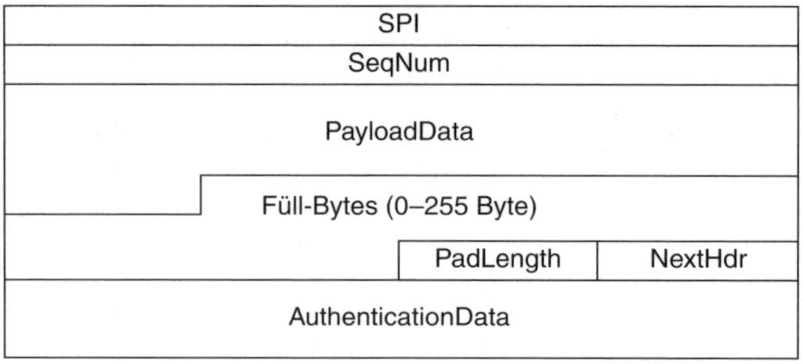

Abb. 8.19: Der ESP-Header von IPSEC

Eine der beliebtesten Verwendungsarten für ESP ist der Aufbau eines »IPSEC-Tunnels« zwischen zwei Routern. Ein Unternehmen, das z.B. zwei Standorte über das Internet verbinden möchte, könnte einen Tunnel von einem Router an einem Standort zu einem Router an einem anderen konfigurieren, wie in Abschnitt 4.1.8 diskutiert wurde. Dieser Tunnel kann auch für die Verwendung von ESP mit Vertraulichkeit und Authentifikation konfiguriert werden, sodass unautorisierter Zugriff auf Daten, die über diese virtuelle Verbindung fließen, verhindert wird und außerdem sichergestellt wird, dass am anderen Ende des Tunnels keine gefälschten Daten empfangen werden.

8.4 Firewalls

Wir schließen unsere Diskussion der Netzwerksicherheit mit der Beschreibung eines Mechanismus, den die meisten Sicherheitspuristen als wahres Greuel betrachten: *Firewalls*. Eine Firewall ist ein speziell programmierter Router, der sich zwischen einem Standort und dem Rest des Netzwerks befindet, wie aus Abb. 8.20 ersichtlich wird. Es handelt sich in dem Sinn um einen Router, als er mit zwei oder mehr physikalischen Netzwerken verbunden ist und Pakete von einem Netzwerk zu einem anderen weiterleitet, dabei aber diese Pakete filtert. Er kann beispielsweise alle ankommenden Pakete, die an eine bestimmte IP-Adresse oder eine bestimmte TCP-Port-Nummer adressiert sind, verwerfen (statt sie weiterzuleiten). Das ist sinnvoll, wenn man externe Benutzer daran hindern will, auf einen bestimmten Host oder Dienst innerhalb des Standorts zuzugreifen. Die Firewall kann auch Pakete auf der

Grundlage der IP-Adresse der Quelle filtern. Dies ist nützlich, wenn man Hosts innerhalb des Standorts vor unerwünschten Paketfluten von einem externen Host schützen will. Eine solche Paketflut nennt man auch *Denial-of-Service-Attacke*.

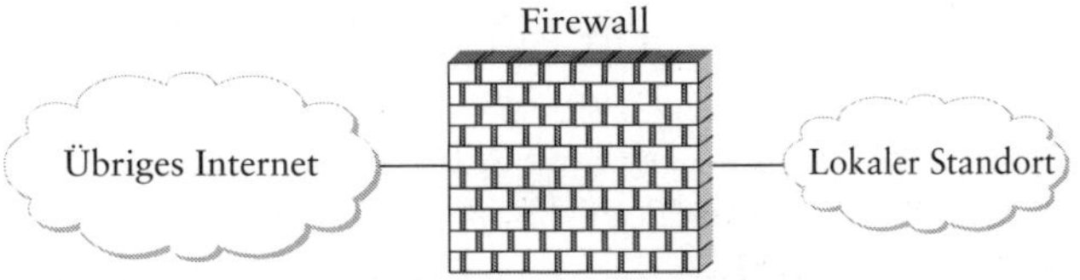

Abb. 8.20: Eine Firewall filtert Pakete, die zwischen einem Standort und dem übrigen Internet fließen.

Wenn alle in diesem Kapitel beschriebenen Sicherheitsmechanismen überall im Einsatz wären, bestünde kein Bedarf für Firewalls. Würde man versuchen, eine Verbindung zu einem Knoten z.B. mit Hilfe von IPSEC aufzubauen, müsste man sich selbst als gültigen Partner authentifizieren. Deshalb stellt sich die Frage, warum Firewalls so häufig eingesetzt werden. Dafür gibt es zwei Gründe. Erstens werden die in diesem Kapitel beschriebenen Sicherheitsmechanismen nicht allgemein angewandt. Die korrekte Einrichtung von Sicherheitsalgorithmen und -protokollen ist eine sehr schwierige Aufgabe. Deshalb wurden Firewalls als Zwischenlösung entwickelt, während man auf IPSEC wartet. Doch auch langfristig ist es wahrscheinlich, dass wir uns weiterhin auf Firewalls verlassen, es sei denn, auf jedem einzelnen System wird IPSEC oder ein ähnlicher Ende-zu-Ende-Sicherheitsmechanismus installiert. Der zweite, wesentliche Grund besteht darin, dass eine Firewall es dem Systemadministrator ermöglicht, eine Sicherheitsstrategie an einer zentralen Stelle zu implementieren. Ende-zu-Ende-Sicherheitsmechanismen erfordern demgegenüber eine Verteilung der Strategie, wobei potenziell auf jedem Knoten eine unterschiedliche Sicherheitskonfiguration läuft.

Firewalls sind dem Entwurf nach sehr einfache Geräte, die in zwei grobe Kategorien klassifiziert werden können: *filterbasiert* und *proxy-basiert*. Beide Kategorien werden nachfolgend beschrieben, wobei wir uns auf Internet-Firewalls beschränken.

8.4.1 Filterbasierte Firewalls

Filterbasierte Firewalls sind der einfachste und am häufigsten eingesetzte Typ von Firewalls. Sie werden mit einer Tabelle von Adressen konfiguriert, die die Pakete charakterisieren, die weitergeleitet werden oder nicht. Mit Adressen meinen wir mehr als nur die IP-Adresse des Ziels, obwohl dies eine Möglichkeit ist. Im allgemeinen ist jeder Eintrag in der Tabelle ein 4-Tupel: Er enthält die IP-Adresse und die TCP- bzw. UDP-Port-Nummer der Quelle und des Ziels.

Eine Firewall kann z.B. für die Filterung (nicht Weiterleitung) aller Pakete konfiguriert werden, die mit folgender Beschreibung übereinstimmen:

```
<192.12.13.14, 1234, 128.7.6.5, 80>
```

Dieses Muster bestimmt, dass alle Pakete von Port 1234 auf Host 192.12.13.14, die an Port 80 auf Host 128.7.6.5 adressiert sind, gefiltert werden. (Port 80 ist der allgemein bekannte TCP-Port für HTTP.) In der Praxis ist es meist nicht machbar, jeden Quell-Host zu benennen, dessen Pakete gefiltert werden sollen, sodass die Einträge Wildcards enthalten können, z.B.:

<*, *, 128.7.6.5, 80>

Bei diesem Beispiel werden alle an Port 80 auf 128.7.6.5 adressierten Pakete gefiltert, unabhängig davon, welcher Quell-Host oder Port das Paket gesendet hat. Man beachte, dass Adresseinträge wie diese voraussetzen, dass die Firewall Weiterleitungs-/Filterungsentscheidungen auf der Grundlage von Port-Nummern der Schicht 4 zusätzlich zu Host-Adressen der Schicht 3 treffen muss. Aus diesem Grund nennt man Firewalls manchmal auch *Level-4-Switches*.

Von dem bisher präsentierten einfachen Konzept gibt es zwei wichtige Variationen. Zunächst muss geklärt werden, ob die Firewall alles weiterleitet, sofern sie nicht spezifisch angewiesen wird, bestimmte Pakete zu filtern (das ist die Annahme im vorhergehenden Beispiel), oder ob die Firewall alles filtert, falls sie nicht ausdrücklich zum Weiterleiten angewiesen wird. Das ist eine grundlegende Designfrage bei jedem sicheren System: Gibt man ausdrücklich an, was erlaubt oder was verboten ist? Statt den Zugang zu Port 80 auf Host 128.7.6.5 zu blockieren, kann man die Firewall anweisen, nur Zugang zu Port 25 (den SMTP-Mail-Port) auf einem bestimmten Mail-Server zuzulassen, z.B.:

<*, *, 128.19.20.21, 25>

während man den gesamten übrigen Verkehr blockiert.

Zweitens ist zu klären, ob die Filter spezifiziert werden müssen, wenn das System hochgefahren wird, oder ob bei laufendem Firewall-Betrieb neue Filter installiert werden können. Bei allen bisherigen Beispielen sind sie im voraus bekannt. Neue Filter dynamisch zu installieren, ist dann notwendig, wenn man eine »Drop-by-Default«-Firewall betreibt, bis zum letzten Moment aber nicht weiß, welchen Port eine bestimmte gültige Verbindung benutzt. Dies passiert z.B. bei FTP, das eine neue TCP-Verbindung für jede übertragene Datei aufbaut. Die an den beiden Enden einer solchen Verbindung benutzten Ports sind nicht bekannt, bis der Transfer stattfindet, sodass die zulässigen Einträge dynamisch und vorübergehend auf diese Ports erweitert werden müssen. Eine Firewall, die diese Fähigkeit unterstützt, bietet eine *dynamische Port-Auswahl*.

8.4.2 Proxy-basierte Firewalls

Ein Proxy ist eine allgemeine Netzwerktechnik, die in unterschiedlichen Situationen, darunter auch Firewalls, auftaucht. Allgemein ausgedrückt, handelt es sich bei einem Proxy um einen Prozess, der zwischen einem Client- und einem Server-Prozess angesiedelt ist. Für den Client scheint der Proxy der Server zu sein. In gewissem Sinn nimmt der Proxy die Stelle des Servers ein. Für den Server scheint der Proxy der Client zu sein.

Da ein Proxy sowohl den Client als auch den Server imitiert, muss er notwendigerweise über Kenntnisse der Anwendungssemantik verfügen. Unter anderem implementiert ein Proxy möglicherweise einen Cache. Dies ermöglicht es dem Proxy, auf eine Client-Anfrage zu antworten, ohne die Anfrage dem Server weitergeben zu müssen. Er leitet die Anfrage nur an den Server weiter, wenn sich das angeforderte Element nicht in seinem Cache befindet. Ein Proxy bietet auch eine Möglichkeit, eine Sicherheitsstrategie zu implementieren. Dies wird im Folgenden betrachtet.

Um zu verstehen, wie eine proxy-basierte Firewall funktioniert und wofür sie dienen kann, betrachten wir einen firmeneigenen Webserver. Die Firma möchte allen externen Benutzern einige auf dem Server befindliche Seiten zur Verfügung stellen, möchte bestimmte Seiten aber auf firmeninterne Benutzer an einem oder mehreren entfernten Standorten einschränken. Es genügt hier also nicht, einfach die Firewall so zu programmieren, dass sie den gesamten externen Zugang auf den bekannten HTTP-Port 80 blockiert. Diese Situation ist in Abb. 8.21 dargestellt. Es besteht keine Möglichkeit, diese Strategie als Filter auszudrücken, weil sie von der in jeder HTTP-Anfrage enthaltenen URL abhängt.[6]

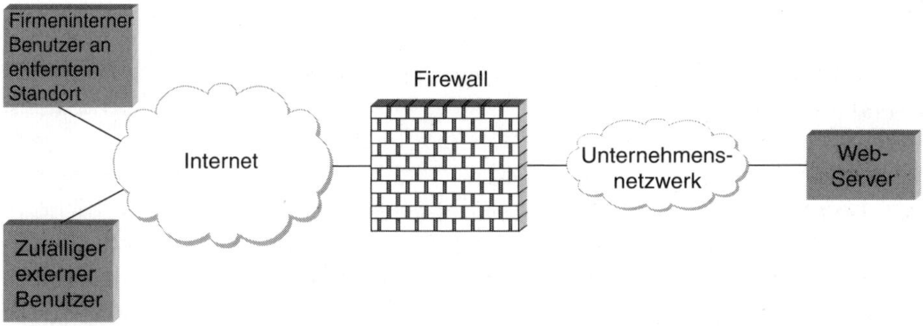

Abb. 8.21: Eine Firewall schützt einen firmeneigenen Webserver vor externen Zugriffen.

Als Lösung wird ein *HTTP-Proxy* in der Firewall bereitgestellt. Entfernte Benutzer bauen eine HTTP/TCP-Verbindung zum Proxy auf, der die in der Anfragenachricht enthaltene URL liest. Hat der Quell-Host Erlaubnis für die angeforderte Seite, baut der Proxy eine zweite HTTP/TCP-Verbindung zum Server auf und leitet die Anfrage an den Server weiter. Dann leitet der Proxy die Antwort in der umgekehrten Richtung zwischen den beiden TCP-Verbindungen weiter. Diese Situation ist in Abb. 8.22 dargestellt. Falls der Anfrage nicht stattgegeben werden kann, erzeugt der Proxy diese zweite Verbindung nicht, sondern gibt stattdessen eine Fehlermeldung an die Quelle zurück. In gewissem Sinn entscheidet die Firewall dynamisch, welche Pakete weiterzuleiten und welche zu verwerfen sind, wobei die Strategie in dem anwendungsspezifischen Proxy eingebettet ist.

6. Wie das Web funktioniert, wird in Abschnitt 9.2.2 beschrieben.

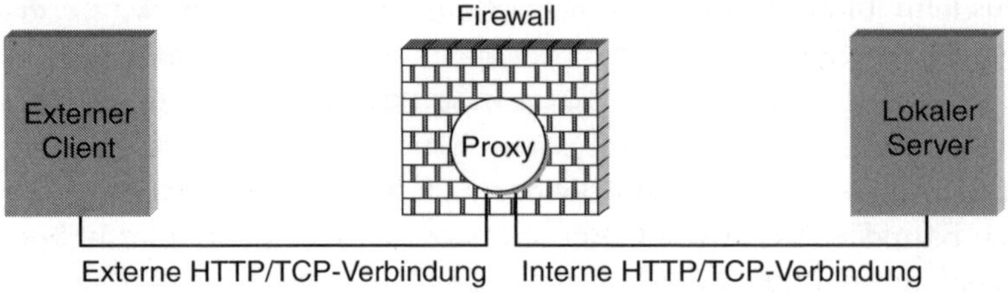

Abb. 8.22: Ein HTTP-Proxy vermittelt Zugang zu einem firmeneigenen Webserver.

Bei diesem Beispiel sind mehrere Dinge zu beachten. Erstens muss der Proxy das HTTP-Protokoll verstehen, um dem Client antworten zu können. Zweitens kann ein HTTP-Proxy, nachdem er aus Sicherheitsgründen eingerichtet wurde, auf die Entscheidung ausgeweitet werden, welchem von möglicherweise vielen lokalen Webservern eine bestimmte Anfrage weiterzugeben ist, u. U. in dem Bemühen, die Last gleichmäßig auf alle Server aufzuteilen. Er könnte auch stark nachgefragte Webseiten zwischenspeichern, wie oben vorgeschlagen. Drittens können Proxies für andere Anwendungen als HTTP definiert werden; beispielsweise sind FTP- und Telnet-Proxies üblich.

Schließlich können proxy-basierte Firewalls als *transparent* oder *klassisch* charakterisiert werden. Wie die Bezeichnung andeutet, ist ein transparenter Proxy für Sender oder Empfänger nicht sichtbar. Er fängt einfach Nachrichten ab, die durch ihn durchfließen. Demgegenüber adressiert die Quelle ihre Nachrichten an einen klassischen Proxy direkt, der sie dann an das endgültige Ziel weiterleitet. Betrachten wir dazu das einfache Netzwerk in Abb. 8.23, bei dem Quelle *S* eine Nachricht an Empfänger *R* durch Proxy *P* sendet. Ist Proxy *P* transparent, adressiert *S* die Nachricht an *R*, und die Nachricht läuft durch *P* auf dem Weg zu *R*. *P* leitet die Nachricht entweder an *R* weiter oder nicht. Bei einer klassischen Firewall weiß *S* nichts von *R*, sondern adressiert die Nachricht an *P*. Mit anderen Worten: *P* fungiert als adressierbare Eingangstür zur Website. Kommt die Nachricht bei *P* an, wählt er einen Knoten »hinter sich«, an den er die Nachricht weiterleitet.

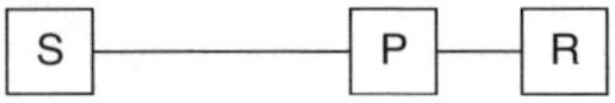

Abb. 8.23: Quelle S sendet eine Nachricht an Empfänger R durch Proxy P in einem einfachen Internetwork.

8.4.3 Einschränkungen

Wir schließen diese Diskussion mit dem Hinweis, dass eine traditionelle Firewall zwar interne Benutzer vor externen schützt, jedoch nichts unternimmt, um interne Benutzer voreinander zu schützen oder abzugrenzen. Sozialer oder gesetzlicher Druck hält Benutzer meist davon ab, lokale Sicherheitsregelungen zu verletzen. Dieser Druck ist aber unwirksam, wenn von diesen Benutzern mobiler Code in den lokalen Standort eingebracht wird. Insbesondere können traditionelle Firewalls keinen mobilen Code aus dem lokalen Netzwerk fernhalten, beispielsweise Programme, die in ansonsten harmlos scheinenden E-Mail-Nachrichten ankommen und bei der lokalen Ausführung praktisch uneingeschränkten Zugang auf alle lokalen Hosts haben.

Mobiler Code ist nicht der einzige Grund zur Sorge. Großunternehmen möchten z.B. oft Teile der Rechnerinfrastruktur des Unternehmens abgrenzen. Dies kann notwendig sein, wenn das Unternehmen einen externen Partner hat, der an einem Projekt mitarbeitet und damit Zugang zu bestimmten Maschinen hat, den man aber daran hindern möchte, Zugang zur gesamten Infrastruktur zu erhalten. Als weiteres Beispiel machen es mobile Computer den Benutzern recht einfach, ihre Maschinen anonym an einen beliebigen Punkt eines Netzwerks anzuschließen.

Eine weitere Schwachstelle von Firewalls erlangt vermehrt Aufmerksamkeit mit der zunehmenden Verbreitung der drahtlosen Kommunikation. Man denke an einen Mitarbeiter, der sich im Rahmen von Telearbeit durch eine Firewall an einen Unternehmensstandort anschließt. Die Firewall wurde so programmiert, dass sie es dem Computer des Mitarbeiters gestattet, Pakete an den Standort zu senden, weil er als legitimer Benutzer gilt. Nun nehmen wir an, dass der Mitarbeiter ein drahtloses Netzwerk hat, das in seinem Haus mehrere Rechner miteinander verbindet. Es gibt nichts, was einen Nachbarn oder einen auf der gegenüberliegenden Straßenseite parkenden Mitbewerber des Unternehmens daran hindern könnte, sich in dieses »Heimnetzwerk« aufzuschalten und damit trotz Firewall Zugang zum Unternehmensnetz zu erhalten.

Im allgemeinen ist es unmöglich, dass existierende Firewalls wissen, wer auf das Netzwerk zugreift, d.h., wer die Kenntnisse hat, sich auf andere Maschinen im Netzwerk aufzuschalten. Erforderlich ist hier die Verlagerung des Zugriffsschutzes von der Peripherie des Netzwerks nach innen näher zu den Hosts, die den Zugriff initiieren. Letztlich sind wahrscheinlich Sicherheitsmechanismen wie IPSEC erforderlich, um einen solchen Sicherheitsumfang zu unterstützen.

8.5 Zusammenfassung

Verschlüsselungsalgorithmen bilden das Rückgrat von Netzwerksicherheit. Algorithmen mit öffentlichen Schlüsseln wie RSA werden oft in Authentifikationsprotokollen benutzt, um die Identität zweier kommunizierender Prozesse festzustellen. Nach der Authentifikation können die beiden Teilnehmer einen gemeinsamen Schlüssel vereinbaren, der bei Algorithmen mit geheimem Schlüssel wie DES benutzt wird, um die zwischen den Teilnehmern ausgetauschten Nachrichten zu verschlüsseln und dadurch Vertraulichkeit während ihrer Kommunikation sicherzustellen. Außerdem kann ein Message-Digest-Algorithmus wie MD5 benutzt werden, um die Integrität von Nachrichten zu schützen. Das gesamte System wird durch einen Schlüsselverteilungsmechanismus zusammengehalten, der benutzt wird, um zuerst den von RSA benötigten öffentlichen Schlüssel einzuholen.

Mehrere neuere Systeme benutzen diese Algorithmen und Protokolle, um Sicherheitsdienste im Internet anzubieten. Auf der Anwendungsebene kann PGP eingesetzt werden, um E-Mail-Nachrichten zu schützen, und SSH, um sich sicher auf einem entfernten Rechner anzumelden. Auf der Transportebene kann TLS verwendet werden, um kommerzielle Transaktionen im World Wide Web zu schützen. Auf der Netzwerkebene kann die IPSEC-Architektur benutzt werden, um eine sichere Kommunikation zwischen Hosts oder Gateways im Internet zu gewährleisten. Während diese Systeme auf einer breiteren Ebene verfügbar werden, verwenden Systemadministratoren weiterhin Firewalls, um ihren Standort vor externen Bedrohungen zu schützen.

Offene Fragen
Denial-of-Service-Attacken

Systeme wie IPSEC und TLS können dem Internet potenziell das Maß an Sicherheit verleihen, das von vielen neuen geschäftlichen Transaktionen und Anwendungen der öffentlichen Verwaltung benötigt wird. Der Erfolg dieser Systeme hängt unmittelbar mit dem Erfolg des Schlüsselverteilungsprozesses zusammen. Ohne vertrauenswürdigen Zugang zu öffentlichen Schlüsseln bricht das gesamte System zusammen.

Die Schlüsselverteilung ist aber nur eine der Herausforderungen in Zusammenhang mit Sicherheit in Computernetzwerken. Ein ebenso großen Problem ist es, Möglichkeiten zu finden, um die an Weitverkehrsnetzen angeschlossenen Computer vor so genannten *Denial-of-Service-Attacken* zu schützen. Im Gegensatz zu einer die Vertraulichkeit kompromittierenden Attacke, bei der ein Eindringling versucht, sich unberechtigten Zugang zu Informationen zu beschaffen, versucht ein Angreifer bei der Denial-of-Service-Attacke, den rechtmäßigen Benutzer am Zugriff auf Informationen oder Ressourcen zu hindern.

Eine bekannte Denial-of-Service-Attacke nennt man »SYN-Attacke« nach dem Setup-Paket einer TCP-Verbindung. Bei einer SYN-Attacke flutet ein entfernter Angreifer einen Computer mit SYN-Paketen und verursacht dadurch, dass alle Verarbeitungsressourcen dafür benutzt werden, fingierte TCP-Verbindungen aufzubauen. Im Gegensatz zum einfachen Fluten einer Maschine mit gefälschten Datenpaketen erfordert bei dieser Attacke jedes SYN-Paket einen umfangreichen Verarbeitungsaufwand, um festzustellen, ob das Paket auch wirklich verworfen werden kann. Firewalls bieten einen gewissen Schutz, insofern als sie entsprechend programmiert werden können, um alle Pakete von einem bekannten angreifenden Host zu verwerfen. Für den Angreifer ist es aber leicht, einfach eine andere IP-Quelladresse in jedem SYN-Paket anzugeben.

Eine andere bekannte DoS-Attacke besteht darin, einen Strom von „Weihnachtsbaum-Paketen“ an einen Router zu senden – Pakete, bei denen alle „Lichter“ angeschaltet sind (d.h. bei denen alle bekannten IP-Optionen aktiviert sind). Der Router verbringt so viel Zeit damit, die diversen Optionen auszuführen, dass er es nicht schafft, BGP-Updates durchzuführen.

Ein weniger bekanntes Beispiel zeigt auf, wie subtil eine Denial-of-Service-Attacke sein kann. Ein Angreifer flutete den Router eines ISP mit IP-Paketen, die eine serielle Sequenz von IP-Adressen enthielten. Die Sequenz ließ den Routen-Cache des Routers überlaufen, was letztlich dazu führte, dass der Prozessor des Routers seine ganze Zeit dafür aufbrachte, neue Weiterleitungstabellen zu erstellen. Dabei versäumte der Router, auf die Routing-Anfragen seiner Nachbarn zu antworten, was wiederum dazu führte, dass die Nachbarn glaubten, der Router sei ausgefallen.

Der Schutz vor Denial-of-Service-Attacken erfolgt in drei Schritten. Im ersten Schritt werden alle von jedem Benutzer (oder Datenfluss) verbrauchten Ressourcen erfasst. Im zweiten Schritt wird erkannt, wann die von einem bestimmten Benutzer verbrauchten Ressourcen den im Rahmen der Systemvorgaben erlaubten Umfang überschreiten. Wird eine Attacke erkannt, werden die verbrauchten Ressourcen im dritten Schritt zurückgefordert, wobei möglichst wenig zusätzliche Ressourcen aufgewendet werden. Andernfalls entstünde eine neue Denial-of-Service-Attacke durch eine übermäßig aufwändige Erkennung und Abwehr eines angreifenden Benutzers. Leider sind nur wenige Systeme – Hosts und Router – heute in der Lage, über alle im System benutzten Ressourcen genau Buch zu führen, ganz zu schweigen von der Definition, was eine Denial-of-Service-Attacke darstellt.

Im Allgemeinen ist es jedoch schwierig zu erkennen, ob eine Resource missbräuchlich verwendet wird, weil der Angreifer nicht unbedingt eine große Menge an Angriffspaketen aus der gleichen Quellen senden muss. Stattdessen könnte er Sie mit einer Vielzahl von unschuldig aussehenden Paketströmen von unterschiedlichen Quellen bombardieren. Dies bezeichnet man als verteilte (distributed) Denial-of-Service-Attacke (DDoS). Diese setzt voraus, dass der Hacker zunächst eine größere Anzahl von Rechnern komprimitiert (so genannte Zombies), und diese dann gleichzeitig dazu bringt, Sie anzugreifen. So wurden z.B. sehr exponierte Websites wie CNN, Yahoo, eBay und Amazon durch DDoS-Angriffe im Februar 2000 lahmgelegt. Letztlich sind DDoS-Angriffe immer problematisch, weil es fast unmöglich ist, zwischen ihnen und einer legitimen, aber intensiven Nutzung durch viele Quellen zu unterscheiden.

8.6 Weiterführende Literatur

Die ersten beiden sicherheitsbezogenen Arbeiten bieten zusammengenommen einen guten Überblick über das Thema. Der Artikel von Lampson u.a. enthält eine formelle Behandlung von Sicherheit, während die Arbeit von Satyanarayanan eine gute Beschreibung darüber liefert, wie ein sicheres System in der Praxis ausgelegt wird. Die dritte Arbeit bietet einen Überblick über die IPSEC-Sicherheitsarchitektur und ist ein guter Ausgangspunkt, um den heutigen Zustand von Sicherheit im Internet zu verstehen.

- Lampson, B. u.a.: Authentication in distributed systems: Theory and practice, *ACM Transactions on Computer Systems*, 10(4), S. 265–310, November 1992.
- Satyanarayanan, M.: Integrating security in a large distributed system, *ACM Transactions on Computer Systems*, 7(3), S. 247–280, August 1989.
- Kent, S. und Atkinson, R.: Security architecture for the Internet Protocol, *Request for Comments 2401*, November 1998.

Es gibt mehrere gute Bücher über alle möglichen Aspekte von Netzwerksicherheit. Wir empfehlen Schneier [Sch95] mit einer umfassenden Behandlung des Themas, darunter Codebeispiele, und Kaufman u.a. [KPS02] mit einem leicht lesbaren Überblick über das Thema. Die volle IPSEC-Architektur ist in einer Reihe von RFCs [KA98a, MG98a, MG98b, MD98, KA98b, Pip98, MSST98, HC98] definiert. Ein Buch von Barrett und Silverman [BS01] enthält eine gründliche Darstellung von SSH.

Eine Diskussion zum Erkennen von Denial-of-Service-Attacken und mögliche Abwehrmechanismen dagegen finden sich in Arbeiten von Moore et al. [MVS01], Spatscheck und Peterson [SP99] sowie Qiexh et al. [QPP02]. Aktuelle Techniken zur Identifizierung der Quelle von Angriffen kann man in Arbeiten von Bellovin [Bel00], Savage et al. [SWKA00] und Snoeren et al. [SPS+01] finden. Die wachsenden Herausforderung von DDoS-Angriffen wird von Garber [Gar00] und Harrison [Har00] diskutiert. Ein früher Ansatz, um sich gegen derartige Angriffe zu verteidigen, ist in der Arbeit von Park und Lee [PL01] dargestellt.

Schließlich empfehlen wir folgende Website:

- ftp://wcert.org/pub: Eine Sammlung sicherheitsbezogener Informationen, die vom Computer Emergency Response Team (CERT) bereitgestellt werden.

8.7 Übungen

1. Finden Sie eine Verschlüsselungs-Utility (z.B. den Unix-Befehl des oder pgp) in Ihrem System. Lesen Sie die Dokumentation der Utility und experimentieren Sie damit. Messen Sie, wie schnell sie Daten ver- und entschlüsseln kann. Sind die beiden Raten gleich? Vergleichen Sie diese Zeitergebnisse mit unterschiedlichen Schlüsselgrößen, z.B. ein Vergleich von Einfach-DES mit Dreifach-DES.

2. In Abschnitt 8.1.2 wird die DES-Verschlüsselungstransformation von $\langle L_{i-1}, R_{i-1}\rangle$ in Runde i–1 nach $\langle L_i, R_i\rangle$ in Runde i gegeben. Schreiben Sie die Umkehrfunktion, d.h., drücken Sie $\langle L_{i-1}, R_{i-1}\rangle$ hinsichtlich $\langle L_i, R_i\rangle$ aus.

3. Angenommen, dass in DES L_{i-1} in Runde i ganz aus Nullen besteht, R_{i-1} (hexadezimal) deadbeef lautet und K_i a5bd96 860841 ist. Geben Sie R_i unter der Annahme an, dass wir eine vereinfachte S-Box verwenden, die jeden 6-Bit-Teil auf 4 Bit reduziert, indem die ersten und letzten Bits weggelassen werden.

4. Führen Sie Runde i + 1 der DES-Verschlüsselung durch, indem Sie das Ergebnis der vorherigen Übung verwenden, um L_i und R_i zu bestimmen; sei K_{i+1} = 5af310 7af3fff. Geben Sie R_{i+1} unter der Annahme an, dass wir eine vereinfachte S-Box verwenden, die jeden 6-Bit-Teil auf 4 Bit reduziert, indem die ersten und letzten Bits weggelassen werden.

5. Nehmen wir erneut an, dass DES mit der vereinfachten S-Box von Übung 3 benutzt wird und wir nur eine einzige Verschlüsselungsrunde ausführen.

   a. Ein Angreifer verfügt sowohl über den Klartext $\langle L_0, R_0\rangle$ als auch den Chiffretext $\langle L_1, R_1\rangle$. Wieviel erfährt der Angreifer daraus über Schlüssel K_1 und wie viel über *K*? (Damit soll keine Schwäche des echten DES angedeutet werden, sondern vielmehr eine Rechtfertigung für die von DES tatsächlich benutzte S-Box.)

   b. Die Wiedergewinnung des Schlüssels aus einem Klar- und Chiffretext wäre für jeden Verschlüsselungsmechanismus schlimm genug. Erklären Sie, warum es für Kryptosysteme mit öffentlichen Schlüsseln besonders fatal wäre.

6. Wir stellen uns vor, dass Sie eine RSA-Verschlüsselung mit $p = 101$, $q = 113$ und $e = 3$ ausführen.

   a. Ermitteln Sie den Verschlüsselungsexponenten *d*. (Hinweis: Obwohl es methodische Vorgehensweisen gibt, ist die Try-and-Error-Methode für $e = 3$ effizient.)

   b. Verschlüsseln Sie die Nachricht $m = 9876$. Beachten Sie, dass die Auswertung von m^3 mit 32-Bit-Arithmetik zu einem Überlauf führt.

7. Wir stellen uns vor, dass Sie eine RSA-Verschlüsselung mit $p = 13$, $q = 7$ und $e = 5$ ausführen.

   a. Ermitteln Sie den Verschlüsselungsexponenten *d*. (Hinweis: Verwenden Sie den Euklidischen Teilungsalgorithmus.)

   b. Verschlüsseln Sie die Nachricht $m = 7$.

   c. Entschlüsseln Sie die verschlüsselte Nachricht c = 2.

8. Beweisen Sie, dass der RSA-Entschlüsselungsalgorithmus die Originalnachricht wiedergewinnt, d.h. $m^{ed} \equiv m \bmod pq$. Hinweis: Sie können davon ausgehen, dass es ausreicht, die Kongruenz mod p und mod q zu beweisen, weil p und q prim zueinander sind.

9. Wenn n eine Primzahl und $b < n$ ist, dann ist $b^{n-1} \equiv 1 \bmod n$. Es gibt ein paar zusammengesetzte Zahlen n (z.B. 561), bei denen diese Kongruenz auch für alle $b < n$ gilt. Mit einem geringen zusätzlichen Berechnungsaufwand erhalten wir den *Miller-Test*, der folgendes besagt: Wenn n prim ist, ist es für alle $b < n$ erfolg-

reich, und wenn n zusammengesetzt ist, schlägt es bei mindestens dreiviertel aller $b < n$ immer fehl (hier brauchen wir eine zusätzliche Buchführung). Wenn wir den Test mit einer zufällig gewählten großen Zahl von $b < n$ ausführen und keiner davon fehlschlägt, dann ist n »wahrscheinlich« prim.

a. Weisen Sie nach, dass die Berechnung von b^{n-1} mod n mit O(log n) Multiplikationen durchgeführt werden kann. Hinweis: $b^{13} = b^8 b^4 b$.

b. Weisen Sie anhand dieser Methode nach, dass $n = 50.621$ zusammengesetzt ist. Verwenden Sie $b = 2$. Sie benötigen keine »zusätzliche Buchführung«; weisen Sie nur $b^{n-1} \not\equiv 1 \bmod n$ nach.

c. Weisen Sie nach, dass $2^{280} \equiv 1 \bmod 561$ (und damit automatisch $2^{560} \equiv (2^{280})^2 \equiv 1$) ist, jedoch $2^{140} \not\equiv \pm 1 \bmod 561$ ist. Durch diese letzte Aussage schlägt der vollständige Miller-Test fehl, wodurch bewiesen ist, dass 561(= 3 × 11 × 17) zusammengesetzt ist, obwohl der einfachere Test $b^{n-1} \equiv 1 \bmod n$ erfolgreich ist.

10. Warum ist der Server bei dem Drei-Wege-Handshake für die Authentifikation in Abb. 8.9 unsicher über die Identität des Clients, bis er die dritte Nachricht erhält? Welcher Attacke könnte ein Server ausgesetzt sein, wenn er der Identität des Clients vertraut, bevor er die dritte Nachricht empfängt?

11. Angenommen, die im Drei-Wege-Handshake von Abb. 8.9 benutzten Werte x und y sind nicht zufällig, sondern von der Uhrzeit abgeleitet. Beispielsweise würden x und y einmal pro Sekunde oder pro Verbindung inkrementiert werden.

    a. Weisen Sie nach, dass die in der IP-Spoofing-Attacke von Übung 17 in Kapitel 5 angewandte Technik fehlschlägt.

    b. Nehmen Sie weiterhin an, dass ein Angreifer die Verbindung belauschen kann und frühere Übertragungen des Clients kennt. Würde dies dem Angreifer helfen?

    c. Nehmen Sie ferner an, dass der Angreifer die Uhr auf dem Server-Host zurücksetzen kann, vielleicht unter Verwendung des Network Time Protocol. Weisen Sie nach, wie ein Angreifer sich nun dem Server gegenüber authentifizieren könnte, ohne CHK zu kennen (obwohl er SK nicht entschlüsseln kann).

12. Abb. 8.7 zeigt die CBC-Verschlüsselung. Erstellen Sie das entsprechende Diagramm für die Entschlüsselung.

13. Abb. 8.11 zeigt eine Einweg-Authentifikation mittels RSA. Zeigen Sie auf, wie RSA für eine Zweiweg-Authentifikation benutzt werden kann.

14. Informieren Sie sich über ein Key-Escrow-Verschlüsselungsschema (z.B. Clipper). Welche Vor- und Nachteile hat das Key-Escrow?

15. Bei einem Mechanismus für die Abwehr von »Replay«-Attacken in der Passwort-Authentifikation werden *Einmal-Passwörter* benutzt: Eine Liste mit Passwörtern wird vorbereitet, und nachdem *Passwort*[N] akzeptiert wurde, dekrementiert der Server N und verlangt das *Passwort*[N–1] beim nächsten Mal. Bei $N = 0$ ist eine neue Liste erforderlich. Arbeiten Sie einen Mechanismus aus, mit dem der Benutzer und der Server sich nur ein Master-Passwort mp merken müssen und lokal eine Möglichkeit zur Verfügung haben, um *Passwort*[N] = $f(mp, N)$ zu berechnen. Hinweis: Nehmen Sie an, dass g eine geeignete Einweg-Funktion (z.B. MD5) ist und *Passwort*[N] = $g^N(mp)$ = g N Mal auf mp angewandt ist. Erklären Sie, warum die Kenntnis von *Passwort*[N] nicht hilft, um *Passwort*[N–1] aufzudecken.

16. Nehmen wir an, ein Benutzer verwendet Einmal-Passwörter wie oben (bzw. wiederverwendbare Passwörter), das Passwort wird aber »ausreichend langsam« übertragen.

    a. Zeigen Sie auf, dass ein heimlicher Lauscher mit relativ wenig Rateversuchen Zugang zu dem entfernten Server erhält. Hinweis: Der Lauscher beginnt mit dem Erraten, nachdem der echte Benutzer das ganze Passwort bis auf ein Zeichen eingegeben hat.

    b. Welchen weiteren Attacken könnte ein Benutzer von Einmal-Passwörtern ausgesetzt sein?

17. Das Diffie-Hellman-Schlüsselaustauschprotokoll ist verletzlich gegen „Man-in-the-Middle"-Angriffe. Erklären Sie, auf welche Weise es einem feindlichen Mithörer gelingt, die beiden Parteien dazu zu bringen zu glauben, sie hätten ein gemeinsames Geheimnis, während sie tatsächlich jeweils ein Geheimnis mit dem Mithörer haben. Skizzieren Sie, wie man Diffie-Hellman erweitern müsste, um diese Angriffsmöglichkeit auszuschließen.

★ 18. Nehmen wir an, dass RSA benutzt wird, um eine Nachricht m an drei Empfänger zu senden, die über zueinander prime Verschlüsselungsmoduli n_1, n_2 bzw. n_3 verfügen. Alle drei Empfänger benutzen den gleichen Verschlüsselungsexponenten $e = 3$, eine früher beliebte Wahl, weil sie eine sehr schnelle Verschlüsselung ermöglicht. Weisen Sie nach, dass jeder, der alle drei verschlüsselten Nachrichten $c_1 = m^3 \bmod n_1$, $c_2 = m^3 \bmod n_2$ und $c_3 = m^3 \bmod n_3$ abfängt, m effizient dechiffrieren kann. Hinweis: Das *Chinese Remainder Theorem* besagt, dass man effizient ein c finden kann, sodass $c = c_1 \bmod n_1$, $c = c_2 \bmod n_2$ und $c = c_3 \bmod n_3$. Weisen Sie unter dieser Annahme nach, dass dies $c = m^3 \bmod n_1 n_2 n_3$ impliziert. Dann beachten Sie $m^3 < n_1 n_2 n_3$.

19. Nehmen wir an, wir haben ein sehr kurzes geheimes s (z.B. ein einzelnes Bit oder auch eine Sozialversicherungsnummer) und möchten jemandem eine Nachricht m senden, die s nicht enthüllt, die aber später benutzt werden kann, um zu über-

prüfen, dass wir s kannten. Erklären Sie, warum m = MD5(s) oder m = E(s) mit der RSA-Verschlüsselung nicht sicher wären und schlagen Sie eine bessere Wahl vor.

20. Zwei Leute möchten Poker über ein Netzwerk spielen. Um die Karten zu »geben«, benötigen sie einen Mechanismus für die faire Auswahl einer Zufallszahl x untereinander. Eine Partei wird verlieren, wenn die andere die Auswahl von x auf unfaire Weise beeinflussen kann. Beschreiben Sie einen solchen Mechanismus. Hinweis: Sie können davon ausgehen, dass EXCLUSIVE-OR $x = x_1 \oplus x_2$ zufällig ist, wenn eine der zwei Bitketten x_1 und x_2 zufällig ist.

21. Schätzen Sie die Wahrscheinlichkeit des Herausfindens zweier Nachrichten mit der gleichen MD5-Prüfsumme, wenn die Gesamtzahlen von Nachrichten 2^{63}, 2^{64} und 2^{65} sind. Hinweis: Hier handelt es sich wieder um das Geburtstagsproblem von Übung 41 in Kapitel 2 und wieder ist die Wahrscheinlichkeit, dass die $(k + 1)$. Nachricht eine unterschiedliche Prüfsumme als die vorhergehenden k besitzt, $1 - k/2^{128}$. Die Annäherung im dortigen Hinweis zur Vereinfachung des Produkts versagt hier aber kläglich. Verwenden Sie also stattdessen den log jeder Seite und benutzen Sie die Näherung $\log (1 - k/2^{128}) \approx -k/2^{128}$.

22. Angenommen, wir möchten eine Telnet-Sitzung mit DES verschlüsseln. Telnet sendet zahlreiche 1-Byte-Nachrichten, während DES in Blöcken von je 8 Byte verschlüsselt. Erklären Sie, wie DES bei dieser Konstellation sicher benutzt werden kann.

23. Betrachten Sie das folgende einfache UDP-Protokoll (das lose auf TFTP, *Request for Comments 1350*, basiert) zum Download von Dateien:

    - Der Client sendet eine Dateianfrage.
    - Der Server antwortet mit dem ersten Datenpaket.
    - Der Client sendet ein ACK, und die beiden fahren mittels Stop-and-Wait fort.

    Der Client und der Server besitzen jeweils Schlüssel K_C bzw. K_S; diese Schlüssel sind beiden bekannt.

    a. Erweitern Sie das Datei-Download-Protokoll mit Hilfe dieser Schlüssel und MD5, um Authentifikation des Senders und Integrität der Nachrichten bereitzustellen. Ihr Protokoll sollte auch vor Replay-Attacken sicher sein.

    b. Wie schützt diese zusätzliche Information in Ihrem überarbeiteten Protokoll vor der Ankunft verspäteter Pakete aus früheren Verbindungen und dem Umlauf der Sequenznummern?

24. Benutzen Sie einen Browser Ihrer Wahl und finden Sie heraus, welchen Zertifizierungsstellen für HTTPS Ihr Browser in der Default-Konfiguration vertraut. Vertrauen Sie diesen Autoritäten? Stellen Sie fest, was passiert, wenn Sie das Vertrauen einiger oder aller dieser Zertifizierungsstellen ausschalten.

25. Angenommen, Sie möchten Ihre filterbasierte Firewall so konfigurieren, dass sie alle ankommenden Telnet-Verbindungen blockiert, alle abgehenden aber erlaubt. Ein möglicher Ansatz wäre die Blockierung aller ankommenden Pakete am designierten Telnet-Port (23).

    a. Möglicherweise möchten wir ankommende Pakete auch an anderen Ports blockieren. Welche ankommenden TCP-Verbindungen *müssen* aber zugelassen werden, damit der abgehende Telnet-Verkehr nicht gestört wird?

    b. Gehen Sie jetzt davon aus, dass Ihrer Firewall die Verwendung der Flags-Bits aus dem TCP-Header zusätzlich zu den Port-Nummern gestattet ist. Erklären Sie, wie Sie hier die gewünschte Telnet-Wirkung erreichen können, während gleichzeitig keine ankommenden TCP-Verbindungen zugelassen werden.

26. Angenommen, eine Firewall wird so konfiguriert, dass sie abgehende TCP-Verbindungen generell, ankommende aber nur an spezifizierten Ports zulässt. Das FTP-Protokoll stellt nun ein Problem dar: Wenn ein interner Client einen externen Server kontaktiert, kann die abgehende TCP-Kontrollverbindung normal geöffnet werden, die TCP-Datenverbindung ist traditionell aber ankommend.

    a. Informieren Sie sich über das FTP-Protokoll, z.B. in *Request for Comments 959*. Finden Sie heraus, wie der PORT-Befehl funktioniert. Erläutern Sie, wie der Client geschrieben werden könnte, sodass die Anzahl von Ports, an denen die Firewall Eingangszugriff gewähren muss, begrenzt werden kann. Kann die Anzahl solcher Ports auf einen beschränkt werden?

    b. Finden Sie heraus, wie der FTP-Befehl PASV benutzt werden kann, um dieses Firewall-Problem zu lösen.

27. Filternde Router seien beispielsweise wie in Abb. 8.24 angeordnet. Die primäre Firewall ist R1. Erklären Sie, wie R1 und R2 konfiguriert werden sollen, damit Außenstehende über Telnet auf net 2, nicht aber auf die Hosts von net 1 zugreifen können. Um »Leapfrogging«-Einbrüche in net 1 zu vermeiden, verhindern Sie auch Telnet-Verbindungen von net 2 zu net 1.

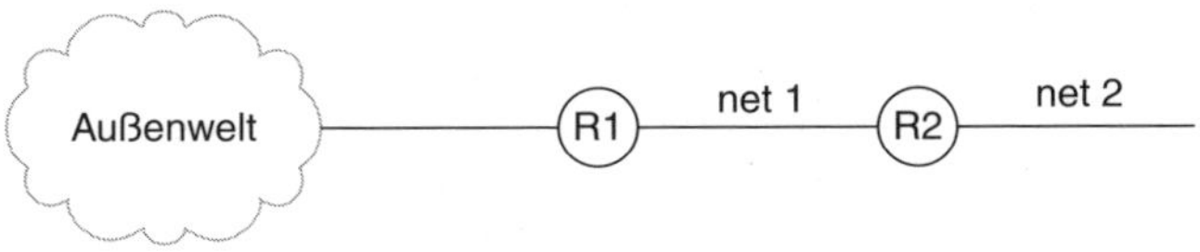

Abb. 8.24:
Diagramm für Übung 27

28. Warum möchte ein Internet-Service-Provider möglicherweise bestimmten *abgehenden* Verkehr blockieren?

29. Vergleichen Sie eine filternde Firewall mit einer Proxy-Firewall hinsichtlich des Schutzes vor Spoofing-Attacken wie in Übung 17 von Kapitel 5. Gehen Sie von einer Konfiguration wie in Abb. 8.21 aus, wobei der angegriffene interne Host dem Benutzer des entfernten Unternehmens vertraut.

30. Es wird behauptet, dass IPSEC unter Umständen nicht mit Network Adress Translation (NAT – RFC 1631) funktioniert. Dies hängt jedoch davon ab, in welchem Modus von IPSEC und NAT wir arbeiten. Angenommen, wir verwenden echtes NAT, bei dem nur IP-Adressen, aber keine Ports übersetzt werden. Wird IPSEC und NAT in den folgenden Fällen arbeiten? Erklären Sie, warum bzw. warum nicht.

    (a) IPSEC verwendet den AH-Transportmodus.

    (b) IPSEC verwendet den AH-Tunnelmodus.

    (c) IPSEC verwendet den ESP-Transportmodus.

    (d) IPSEC verwendet den ESP-Tunnelmodus.

    (e) Was geschieht, wenn wir PAT (Port Adress Translation) bei NAT verwenden, das ebenso unter dem Namen Network Adress/Port Translation (NAPT) bekannt ist? Dabei werden zusätzlich zu den IP-Adressen Port-Nummern übersetzt, sodass man eine IP-Adresse von außerhalb des privaten Netzwerkes erreichen kann.

9 Anwendungen

Anwendungen brauchen ihre eigenen Protokolle

Now this is not the end. It is not even the beginning of the end. But it is, perhaps, the end of the beginning.
– Winston Churchill

Wir haben dieses Buch mit einer Diskussion über Anwendungsprogramme begonnen, die Benutzer über Computernetzwerke ausführen wollen, angefangen von Web-Browsern bis Videokonferenz-Tools. In den weiteren Kapiteln haben wir Schicht für Schicht die Netzwerkinfrastruktur entwickelt, die für solche Anwendungen erforderlich ist. In diesem Kapitel befassen wir uns mit Netzwerkanwendungen und schließen damit den Kreis. Diese Anwendungen sind Teil des Netzwerkprotokolls (in dem Sinn, als sie Nachrichten mit ihren Partnern auf anderen Rechnern austauschen) und Teil des traditionellen Anwendungsprogramms (in dem Sinn, als sie mit dem Benutzer interagieren). In diesem Kapitel werden einige der zur Zeit weitverbreitetsten Netzwerkanwendungen und ihre Protokolle betrachtet. Dabei wird rasch deutlich, dass ein Protokoll eben ein Protokoll ist, ungeachtet dessen, auf welcher Schicht es läuft. Mit anderen Worten: Sie können sich am besten darauf vorbereiten, selbst Netzwerkanwendungen zu schreiben, wenn Sie zuerst verstehen, wie gute Netzwerkprotokolle entworfen werden.

Als erstes Beispiel betrachten wir einen verteilten Namensauflösungsdienst, der auch als erste Anwendung in einem Netzwerk implementiert wird. Er qualifiziert sich aus technischer Sicht zwar als Netzwerkanwendung, ist in Wirklichkeit aber eine verteilte Datenbank, die auf die zu Grunde liegenden Transportprotokolle aufsetzt. Es handelt sich nicht um eine Anwendung, die Benutzer ausdrücklich aufrufen. Dennoch ist es eine Anwendung, von der alle anderen Anwendungen abhängen. Das ist darauf zurückzuführen, dass der Name-Server benutzt wird, um Host-Namen in

Host-Adressen zu übersetzen. Die Existenz einer solchen Anwendung erlaubt es den Benutzern anderer Anwendungen, auf entfernte Hosts mit Namen statt Adressen zuzugreifen. Ein Name-Server wird also nicht von Menschen, sondern von anderen Anwendungen benutzt.

Wir beschreiben eine Vielzahl bekannter und weniger bekannter Anwendungen. Sie reichen von E-Mail und Web-Browsen zur Verwaltung von Netzelementen und modernen Audio- und Videoanwendungen wie vic und vat bis hin zu aufkommenden Peer-to-Peer- und Inhalteverteilungs-Netzwerken. Diese Liste ist natürlich nicht erschöpfend, genügt aber, um einige Kniffe bei der Entwicklung von Protokollen der Anwendungsebene hervorzuheben, d.h. die Erweiterung der zu Grunde liegenden Transportdienste von TCP und UDP, um den von der jeweiligen Anwendung benötigten Kommunikationsdienst bereitstellen zu können.

9.1 Domain Name System (DNS)

Bis zu diesem Punkt haben wir Adressen benutzt, um Hosts zu identifizieren. Adressen sind für die Verarbeitung in Routern gut geeignet, aber nicht gerade benutzerfreundlich. Aus diesem Grund wird normalerweise jedem Host in einem Netzwerk auch ein eindeutiger *Name* zugewiesen. In diesem Abschnitt wird beschrieben, wie ein Namensauflösungsdienst entwickelt werden kann, um benutzerfreundliche Namen auf routerfreundliche Adressen abzubilden. Ein solcher Dienst ist oft das erste in einem Netzwerk implementierte Anwendungsprogramm, weil es anderen Anwendungen ermöglicht, Hosts nach Name statt nach Adresse zu identifizieren. Namensauflösungsdienste werden auch *Middleware* genannt, weil sie zwischen den Anwendungen und dem zu Grunde liegenden Netzwerk angesiedelt sind.

Host-Namen unterscheiden sich von Host-Adressen in zwei wichtigen Punkten. Erstens haben sie normalerweise eine variable Länge und sind mnemonisch, damit Menschen sie sich besser merken können. (Im Gegensatz dazu sind numerische Adressen mit fester Länge für Router leichter zu verarbeiten.) Zweitens enthalten Namen normalerweise keine Informationen, die dem Netzwerk helfen, einen Host zu finden (und Pakete dorthin zu leiten). Adressen können demgegenüber Routing-Informationen enthalten. *Flache* Adressen (d.h. Adressen, die nicht in Komponenten aufteilbar sind) sind die Ausnahme.

Bevor wir uns mit den Details befassen, wie Hosts in einem Netzwerk benannt werden, führen wir zuerst einige grundlegenden Fachbegriffe ein. Ein *Namensraum* definiert die Menge möglicher Namen. Er kann entweder *flach* (die Namen lassen sich nicht in Komponenten aufteilen) oder *hierarchisch* (Unix-Dateinamen sind das beste Beispiel) sein. Das Namensauflösungssystem verwaltet eine Sammlung von *Bindings*, die Namen mit Werten binden. Der Wert kann etwas Beliebiges sein, das vom Namensauflösungssystem zurückgegeben werden soll, wenn ihm ein Name vorgesetzt wird. In vielen Fällen ist es eine Adresse. Ein *Auflösungsmechanismus* ist eine Prozedur, die bei Aufruf mit einem Namen den entsprechenden Wert zurückgibt. Ein *Name-Server* ist eine spezifische Implementierung eines Auflösungsmechanismus, der in einem Netzwerk verfügbar ist und durch Senden einer Nachricht abgefragt werden kann.

Aufgrund seines riesigen Ausmaßes hat das Internet ein besonders gut entwickeltes Namensauflösungssystem – das *Domain Name System* (*DNS*). Wir verwenden das DNS deshalb als Rahmenwerk für die Diskussion der Benennung von Hosts. Man beachte, dass das DNS nicht immer im Internet benutzt wurde. Früh in der Geschichte des Internet, als nur ein paar hundert Hosts angeschlossen waren, verwaltete eine zentrale Behörde mit der Bezeichnung »Network Information Center« (NIC) eine flache Tabelle mit Namen/Adressen-Bindings. Diese Tabelle wurde hosts.txt genannt. Wollte ein Standort einen neuen Host am Internet anschließen, schickte der Administrator eine E-Mail mit dem Name/Adresse-Paar an das NIC. Diese Information wurde manuell in die Tabelle eingegeben. Dann wurde die modifizierte Tabelle alle paar Tage an verschiedene Standorte gesendet und der Systemadministrator an jedem Standort installierte die Tabelle auf jedem Host seines Standorts. Die Namensauflösung wurde dann einfach durch eine Prozedur implementiert, die den Namen eines Hosts in der lokalen Kopie der Tabelle heraussuchte und die entsprechende Adresse zurückgab.

Man kann sich natürlich vorstellen, dass der Ansatz mit hosts.txt für die Benennung im Zuge der rasch steigenden Anzahl von Hosts im Internet kaum mehr funktionierte. Deshalb wurde Mitte der achtziger Jahre das Domain Name System eingerichtet. DNS basiert auf einem hierarchischen statt flachen Namensraum. Die »Tabelle« mit Bindings, die diesen Namensraum implementiert, ist in separate Teile gegliedert und im gesamten Internet verteilt. Diese Teiltabellen stehen auf Name-Servern zur Verfügung, die über das Netzwerk abgefragt werden können.

In der Praxis läuft dies so ab, dass ein Benutzer einen Host-Namen in einem Anwendungsprogramm (möglicherweise in einem zusammengesetzten Namen wie einer E-Mail-Adresse oder einer URL eingebettet) eingibt, und dieses Programm den Namen vom Namensauflösungssystem in eine Host-Adresse übersetzen lässt. Dann öffnet die Anwendung eine Verbindung zu diesem Host, wobei sie einem Transportprotokoll (z.B. TCP) die IP-Adresse des Hosts übergibt. Dieser Ablauf ist in Abb. 9.1 (mit dem Versenden von E-Mail als Beispiel) dargestellt.

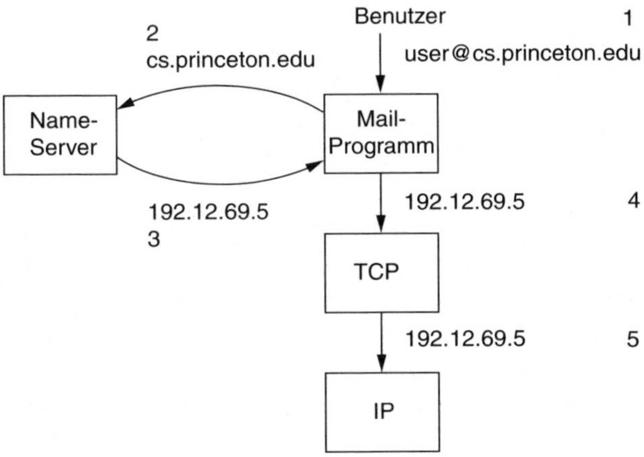

Abb. 9.1: Namen werden in Adressen übersetzt, wobei die Zahlen 1–5 die Schritte des Prozesses bedeuten.

9.1.1 Domain-Hierarchie

DNS implementiert einen hierarchischen Namensraum für Internet-Objekte. Im Gegensatz zu Unix-Dateinamen, die von links nach rechts verarbeitet und deren Namensteile durch Schrägstriche getrennt sind, werden DNS-Namen von rechts nach links verarbeitet und mit Punkten getrennt. (Domain-Namen werden zwar von rechts nach links »verarbeitet«, Menschen »lesen« sie aber von links nach rechts.) Ein Beispiel eines Domain-Namens für einen Host ist cicada.cs.princeton.edu. Wir haben gesagt, dass Domain-Namen für die Benennung von Internet-»Objekten« benutzt werden. Wir meinen damit, dass DNS nicht im strikten Sinn dazu benutzt wird, Host-Namen auf Host-Adressen abzubilden. Genau genommen, bildet DNS

Domain-Namen in Werte ab. Vorläufig nehmen wir an, dass diese Werte IP-Adressen sind. Wir kommen auf diesen Punkt später in diesem Abschnitt zurück.

Wie bei der Unix-Dateihierarchie kann man sich die DNS-Hierarchie als Baum vorstellen, bei dem jeder Knoten einer Domain und die Blätter den zu benennenden Hosts entsprechen. Abb. 9.2 zeigt ein Beispiel einer Domain-Hierarchie. Man beachte, dass wir dem Begriff »Domain« keine Semantik zuweisen sollten, abgesehen davon, dass es sich lediglich um einen Kontext handelt, in dem zusätzliche Namen definiert werden können.

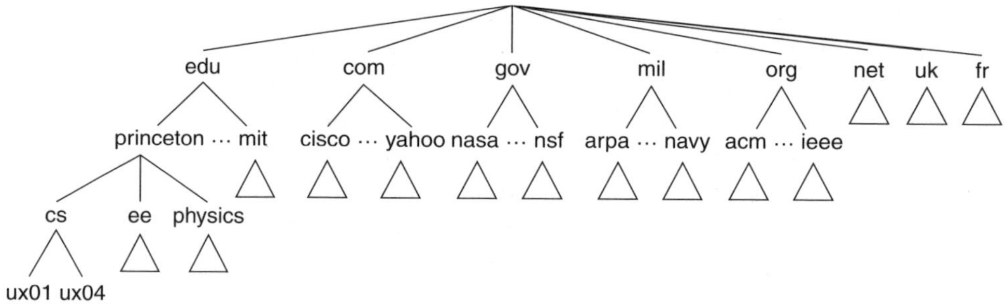

Abb. 9.2: Beispiel einer Domain-Hierarchie

Als die Domain-Namenshierarchie entwickelt wurde, gab es tatsächlich umfangreiche Diskussionen darüber, welche Konventionen die Namen regeln sollten, die nahe der Spitze der Hierarchie vergeben wurden. Ohne zu weit in Einzelheiten einzusteigen, gilt zu beachten, dass die Hierarchie auf der ersten Ebene nicht sehr breit gefächert ist. Es gibt Domains für jedes Land sowie die »großen sechs« Domains: edu, com, gov, mil, org und net. Diese sechs Domains sind in den USA beheimatet. Nur die Domain-Namen in den USA spezifizieren kein Land ausdrücklich. Abgesehen von dieser Bevorzugung der USA stellt man in der Hierarchie eine Vorliebe fürs Militär fest, die sich allerdings leicht erklären lässt: Die Entwicklung von DNS wurde ursprünglich von der ARPA, einer wichtigen Forschungsbehörde des US-Verteidigungsministeriums, subventioniert.

9.1.2 Name-Server

Die vollständige Domain-Namenshierarchie existiert nur in der Theorie. Wir wenden unsere Aufmerksamkeit jetzt der Frage zu, wie diese Hierarchie wirklich implementiert wird. Im ersten Schritt wird sie in so genannte *Zonen* aufgeteilt. Abb. 9.3 zeigt als Beispiel die in Zonen aufgeteilte Hierarchie von Abb. 9.2. Jede Zone entspricht einer bestimmten administrativen Instanz, die für diesen Teil der Hierarchie zuständig ist. Die obersten Ebene der Hierarchie bildet beispielsweise eine Zone, die vom NIC verwaltet wird. Darunter befindet sich eine Zone, die der Princeton-Universität entspricht. Innerhalb dieser Zone möchten einige Fakultäten keine Verantwortung für die Verwaltung der Hierarchie übernehmen (und bleiben deshalb in

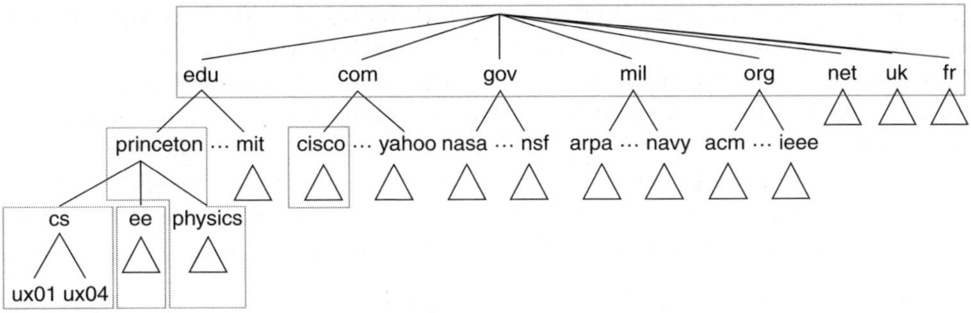

Abb. 9.3: In Zonen aufgeteilte Domain-Hierarchie

der Universitätszone), während andere, z.B. die Informatikfakultät, ihre eigene Zone auf Fakultätsebene verwalten.

Eine Zone entspricht der grundlegenden Implementierungseinheit in DNS – dem Name-Server. Das heißt, die in jeder Zone enthaltenen Informationen werden in zwei oder mehr Name-Servern implementiert. Jeder Name-Server ist seinerseits ein Programm, auf das über das Internet zugegriffen werden kann. Clients senden Anfragen an Name-Server, und Name-Server antworten mit den angeforderten Informationen. Manchmal enthält die Antwort die vollständige vom Client gewünschte Angabe und manchmal einen Zeiger auf einen weiteren Server, bei dem der Client als Nächstes anfragen soll. Aus Sicht der Implementierung ist es also korrekter, sich DNS als eine Hierarchie mit Name-Servern statt als Hierarchie mit Domains vorzustellen, wie Abb. 9.4 zeigt.

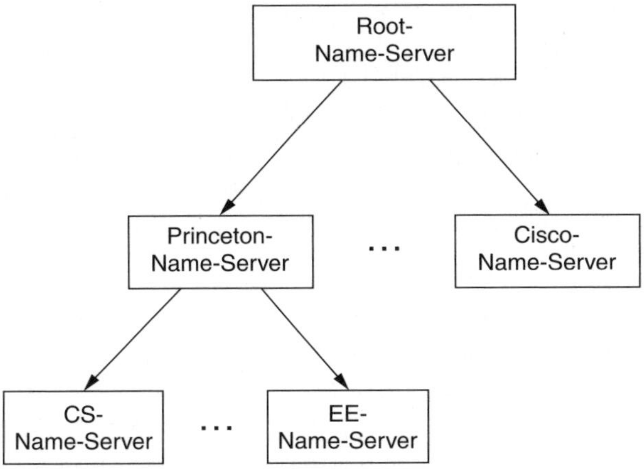

Abb. 9.4:
Hierarchie mit Name-Servern

Man beachte, dass jede Zone auf Grund von Redundanz in zwei oder mehr Name-Servern implementiert wird. Das heißt, dass die Informationen auf dem zweiten Name-Server verfügbar sind, wenn der erste ausfällt. Andererseits steht es einem bestimmten Name-Server frei, mehr als eine Zone zu implementieren.

Jeder Name-Server implementiert die Zoneninformationen als eine Sammlung von *Ressourcendatensätzen*. Im wesentlichen ist ein Ressourcendatensatz ein Name/Wert-Binding oder, genauer gesagt, ein 5-Tupel, das folgende Felder enthält:

<Name, Wert, Typ, Klasse, TTL>

Die Felder Name und Wert sind nicht schwer zu erraten, während das Feld Typ spezifiziert, wie Wert interpretiert werden sollte. Typ = A bedeutet z.B., dass Wert eine IP-Adresse ist. Folglich implementieren A-Datensätze die Namen/Adressen-Abbildung, von der wir ausgehen. Weitere Datensatztypen sind:

- NS: Das Feld Wert liefert den Domain-Namen eines Hosts, auf dem ein Name-Server läuft, der Namen innerhalb der spezifizierten Domain auflösen kann.
- CNAME: Das Feld Wert liefert den kanonischen Namen eines bestimmten Hosts; er wird für die Definition von Aliasnamen benutzt.
- MX: Das Feld Wert liefert den Domain-Namen eines Hosts, auf dem ein Mail-Server läuft, der Nachrichten für die spezifizierte Domain annimmt.

Das Feld Klasse wurde aufgenommen, damit auch Instanzen außer dem NIC erforderliche Datensatztypen definieren können. Bisher wird nur die vom Internet benutzte Klasse häufig verwendet; sie wird als IN bezeichnet. Das Feld TTL (Time To Live) bezeichnet, wie lange der betreffende Ressourcendatensatz gültig ist. Es wird von Servern benutzt, die Ressourcendatensätze von anderen Servern in ihrem Cache speichern. Läuft die TTL ab, muss der Server den Datensatz aus seinem Cache entfernen.

Um besser zu verstehen, wie Ressourcendatensätze Informationen aus der Domain-Hierarchie darstellen, betrachten wir die folgenden Beispiele aus der Domain-Hierarchie von Abb. 9.2. Zur Vereinfachung der Beispiele ignorieren wir das TTL-Feld und geben die relevanten Informationen nur für einen der Name-Server an, die jede Zone implementieren.

Der Root-Name-Server enthält einen NS-Datensatz für jeden Server der zweiten Ebene. Er beinhaltet außerdem einen A-Datensatz, der diesen Namen in die entsprechende IP-Adresse übersetzt. Zusammengenommen implementieren diese beiden Datensätze einen Zeiger vom Root-Name-Server zu jedem Server auf der zweiten Ebene.

```
<princeton.edu, cit.princeton.edu, NS, IN>
<cit.princeton.edu, 128.196.128.233, A, IN>
<cisco.com, ns.cisco.com, NS, IN>
<ns.cisco.com, 128.96.32.20, A, IN>
...
...
...
```

Die Domain princeton.edu umfasst einen Name-Server, der auf Host cit.princeton.edu verfügbar ist, auf dem sich die unten aufgeführten Datensätze befinden. Man beachte, dass einige dieser Datensätze die vollständige Angabe enthalten (z.B. die Adresse für den Host saturn.physics.princeton.edu), während andere auf Name-Server der dritten Ebene zeigen.

```
<cs.princeton.edu, gnat.cs.princeton.edu, NS, IN>
<gnat.cs.princeton.edu, 129.12.69.5, A, IN>
<ee.princeton.edu, helios.ee.princeton.edu, NS, IN>
<helios.ee.princeton.edu, 128.196.28.166, A, IN>
<jupiter.physics.princeton.edu, 128.196.4.1, A, IN>
<saturn.physics.princeton.edu, 128.196.4.2, A, IN>
<mars.physics.princeton.edu, 128.196.4.3, A, IN>
<venus.physics.princeton.edu, 128.196.4.4, A, IN>
...
...
...
```

Ein Name-Server auf der dritten Ebene, z.B. der von der Domain cs.princeton.edu verwaltete, enthält A-Datensätze für alle seine Hosts. Er kann auch eine Reihe von Aliasnamen (CNAME-Datensätze) für jeden dieser Hosts definieren. Aliasnamen sind manchmal praktischere (z.B. kürzere) Namen für Maschinen, können aber auch benutzt werden, um ein gewisses Maß an Flexibilität zu wahren. Beispielsweise ist www.cs.princeton.edu ein Aliasname für Host cicada.cs.princeton.edu. Auf diese Weise kann der Webserver der Site auf eine andere Maschine verlegt werden, ohne die Erreichbarkeit für entfernte Benutzer zu verlieren. Sie benutzen weiterhin den Aliasnamen, ungeachtet dessen, auf welcher Maschine der Webserver der Domain momentan ausgeführt wird. Die Mail-Exchange-Datensätze (MX) dienen dem gleichen Zweck für die E-Mail-Anwendung. Sie erlauben es einem Administrator, den Host zu ändern, der die gesamte E-Mail für die Domain empfängt, ohne die E-Mail-Adresse aller betroffenen Benutzer ändern zu müssen.

```
<cs.princeton.edu, gnat.cs.princeton.edu, MX, IN>
<cicada.cs.princeton.edu, 192.12.69.60, A, IN>
<cic.cs.princeton.edu, cicada.cs.princeton.edu, CNAME, IN>
<gnat.cs.princeton.edu, 192.12.69.5, A, IN>
<gna.cs.princeton.edu, gnat.cs.princeton.edu, CNAME, IN>
<www.cs.princeton.edu, 192.12.69.35, A, IN>
<cicada.cs.princeton.edu, roach.cs.princeton.edu, CNAME, IN>
...
...
...
```

Obwohl Ressourcendatensätze für praktisch jeden Objekttyp definiert werden können, wird DNS normalerweise benutzt, um Hosts (einschließlich Server) und Standorte zu benennen. Es wird nicht verwendet, um Einzelpersonen oder weitere Objekte wie Dateien oder Verzeichnisse zu benennen. Für solche Objekte werden andere

Namensauflösungssysteme benutzt. Beispielsweise ist X.500 ein ISO-Namensauflösungssystem, das die Identifizierung von Personen vereinfacht. Es ermöglicht die Benennung einer Person durch Angabe einer Reihe von Attributen: Name, Titel, Telefonnummer, Postanschrift usw. X.500 erwies sich als zu mühsam und wurde in gewissem Sinn von leistungsstarken Suchmaschinen verdrängt, die jetzt im Web verfügbar sind. Es hat sich letztlich aber zum LDAP (Lightweight Directory Access Protocol) weiterentwickelt. LDAP ist eine Untermenge von X.500, das ursprünglich als PC-Frontend für X.500 entwickelt wurde. Als System zum Einholen von Informationen über Benutzer steigt heute seine Beliebtheit vor allem auf Unternehmensebene.

Namenskonventionen

Unsere Beschreibung von DNS konzentriert sich auf die zu Grunde liegenden Mechanismen, d.h., wie die Hierarchie auf mehrere Server aufgeteilt wird und der Auflösungsprozess funktioniert. Daneben gibt es den ebenso interessanten, allerdings viel weniger technischen Aspekt der angewandten Konventionen, um die in dem Mechanismus benutzten Namen festzulegen. So ist es beispielsweise Konvention, dass alle US-Universitäten unter der Domain edu angesiedelt sind, während britische Universitäten unter der Subdomain ac (academic) der Domain uk (United Kingdom) liegen. Schon allein die Domain uk statt gb (Great Britain) war bei DNS-Einführung Gegenstand heftiger Kontroversen, weil letztere Bezeichnung Nordirland nicht beinhaltet.

Konventionen werden manchmal eher willkürlich festgelegt. Der Konvention zufolge verbirgt ein Standort z.B. den genauen Host, über den sein Mail-Austausch läuft, hinter dem Datensatz MX. Alternativ könnte man die Konvention übernehmen, dass Mail an user@mail.cs.princeton.edu gesendet wird, ebenso wie wir erwarten, das öffentliche FTP-Verzeichnis eines Standortes auf ftp.cs.princeton.edu und seinen WWW-Server auf www.cs.princeton.edu zu finden.

Konventionen gibt es auch auf lokaler Ebene, wo eine Organisation ihre Maschinen nach konsistenten Regeln benennt. Bei Host-Namen wie venus, saturn und mars, die zu den beliebtesten im Internet zählen, ist es nicht so schwer, sich eine gemeinsame Namenskonvention vorzustellen. Manche Namenskonventionen für Hosts lassen allerdings auf viel Vorstellungskraft schließen. Ein Standort benannte seine Maschinen z.B. mit up, down, crashed, rebooting usw., was zu verwirrenden Aussagen wie »rebooting has crashed« und »up is down« führte. Selbstverständlich gibt es auch weniger phantasievolle Namen, z.B. die Benennung von Hosts nach Ganzzahlen.

9.1.3 Namensauflösung

Vor dem Hintergrund einer Hierarchie mit Name-Servern befassen wir uns jetzt mit der Frage, wie ein Client diese Server dazu bringt, einen Domain-Namen aufzulösen. Um das grundlegende Konzept darzulegen, nehmen wir an, der Client möchte den Namen cicada.cs.princeton.edu für die im vorherigen Abschnitt aufgeführten Server auflösen. Der Client sendet zuerst eine Anfrage mit diesem Namen an den Root-Server. Der Root-Server hat keinen passenden Eintrag für den gesamten Namen, gibt aber den für ihn bestmöglichen Treffer zurück: den NS-Datensatz für princeton.edu. Außerdem gibt er alle Datensätze zurück, die sich auf diesen Datensatz beziehen, in diesem Fall also den A-Datensatz für cit.princeton.edu. Da der Client die von ihm gesuchte Antwort noch nicht vollständig erhalten hat, sendet er die gleiche Anfrage an den Name-Server von IP-Host 128.196.128.233. Dieser Server kann den gesamten Namen auch nicht auflösen und gibt den NS- und die entsprechenden A-Datensätze für die Domain cs.princeton.edu zurück. Schließlich sendet der Client die gleichen Anfrage an den Server von IP-Host 192.12.69.5; diesmal erhält er den A-Datensatz für cicada.cs.princeton.edu.

Bei diesem Beispiel bleiben einige Fragen über den Auflösungsprozess unbeantwortet. Die erste Frage lautet, wie der Client den Root-Server findet oder, anders ausgedrückt, wie löst man den Namen des Servers auf, der Namen auflösen kann? Dies ist das grundlegende Problem bei jedem Namensauflösungssystem. Die Antwort lautet, dass auf das System eine Art Bootstrapping ausgeführt werden muss. In diesem Fall ist die Namen/Adressen-Abbildung für einen oder mehrere Root-Server bekannt, d.h. auf irgendeine Weise außerhalb des Namensauflösungssystems veröffentlicht.

In der Praxis kennen aber nicht alle Clients den Root-Server. Vielmehr wird das auf jedem Internet-Host laufende Client-Programm mit der Adresse eines *lokalen* Name-Servers initialisiert. Allen Hosts in der Logistikfakultät an der Princeton-Universität ist z.B. der Server gnat.cs.princeton.edu bekannt. Dieser lokale Name-Server verfügt seinerseits über Ressourcendatensätze für einen oder mehrere Root-Server, z.B.:

```
<'root', venera.isi.edu, NS, IN>

<venera.isi.edu, 128.9.0.32, A, IN>
```

Die Auflösung eines Namens umfasst also die Anfrage eines Clients an den lokalen Server, der seinerseits als Client fungiert und Anfragen im Auftrag des ursprünglichen Clients an entfernte Server richtet. Dies ergibt die in Abb. 9.5 dargestellten Client/Server-Interaktionen. Dieses Modell hat u.a. den Vorteil, dass die Hosts im Internet nicht auf die jeweiligen Root-Server fortgeschrieben werden müssen. Nur die Server müssen den Root-Server kennen. Ein zweiter Vorteil ist, dass der lokale Server die Antworten sieht, die auf die von allen lokalen Clients gestellten Anfragen zurückkommen. Der lokale Server speichert diese Antworten in seinem Cache und ist manchmal in der Lage, künftige Anfragen zu beantworten, ohne sich an einen anderen Server irgendwo im Netzwerk zu wenden. Das von entfernten Servern zurückgegebene TTL-Feld in den Ressourcendatensätzen weist darauf hin, wie lange jeder Datensatz im Cache gespeichert wird.

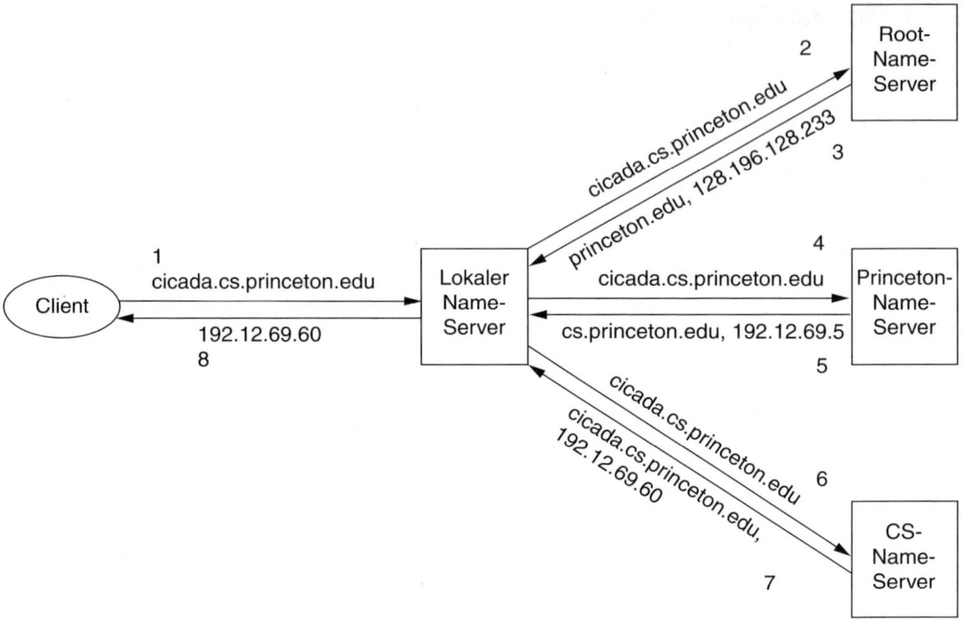

Abb. 9.5:
Namensauflösung in der Praxis; die Zahlen 1–8 kennzeichnen die im Prozess ablaufenden Schritte.

Die zweite Frage lautet, wie das System funktioniert, wenn ein Benutzer nur einen Namensteil (z.B. cicada) statt einem vollständigen Domain-Namen (z.B. cicada.cs.princeton.edu) eingibt. Die Antwort darauf lautet, dass das Client-Programm mit der lokalen Domain konfiguriert wird, in der sich der Host befindet (z.B. cs.princeton.edu). Er hängt diese Kette an einfache Namen an, bevor er eine Anfrage versendet.

▶ Der Übersichtlichkeit halber fassen wir zusammen: Wir haben drei verschiedene Identifizierungsebenen – Domain-Namen, IP-Adressen und physikalische Netzwerkadressen. Die Abbildung von Bezeichnern einer Ebene auf Bezeichner einer anderen Ebene erfolgt an unterschiedlichen Punkten in der Netzwerkarchitektur. Erstens geben Benutzer Domain-Namen in die Client-Anwendung ein. Zweitens lässt die Anwendung diesen Namen von DNS in eine IP-Adresse übersetzen. Diese IP-Adresse und nicht der Domain-Name befindet sich in jedem Datagramm. (Nebenbei bemerkt, werden bei diesem Übersetzungsprozess IP-Datagramme im Internet versendet. Diese Datagramme sind aber an einen Host adressiert, auf dem ein Name-Server läuft, und nicht an das endgültige Ziel.) Drittens übernimmt IP die Weiterleitung an jeden Router, was oft bedeutet, dass er eine IP-Adresse auf eine andere abbildet. Das heißt, er bildet die Adresse des endgültigen Ziels auf die Adresse des Next-Hop-Routers ab. Viertens wendet sich IP an ARP bezüglich der Übersetzung der IP-Adresse des nächsten Hops in die Hardwareadresse dieser Maschine. Der nächste Hop kann das endgültige Ziel oder ein dazwischenliegender Router sein. Die im physikalischen Netzwerk übertragenen Frames enthalten diese physikalischen Adressen in ihren Headern.

9.2 Traditionelle Anwendungen

Das Domain Name System ist eine wichtige Internet-Anwendung, aber eine, mit der die Benutzer nur indirekt zu tun haben. Wir wenden uns nun jenen Anwendungen zu, mit denen die Benutzer direkt interagieren, und konzentrieren uns dabei auf die beiden populärsten: World Wide Web und E-Mail. Außerdem betrachten wir ein Netzwerkmanagement, das dem Durchschnittsbenutzer zwar nicht vertraut ist, bei dem es sich aber um die bevorzugte Anwendung für Systemadministratoren handelt. Wie DNS basieren alle drei Anwendungen auf dem Anfrage/Antwort-Paradigma. Benutzer senden Anfragen an Server, die entsprechend antworten. Wir nennen sie »traditionelle« Anwendungen, weil sie die Art von Anwendungen charakterisieren, die seit Anbeginn von Computernetzwerken existieren. Demgegenüber wird in den nächsten beide Abschnitten eine relativ neue Anwendungsklasse beschrieben: Streaming-Anwendungen (z.B. Multimedia-Anwendungen wie Audio und Video) und verschiedene Overlay-basierte Applikationen.

Bevor wir diese Anwendungen näher betrachten, sind drei allgemeine Punkte hervorzuheben. Erstens ist es wichtig, zwischen Anwendungs*programmen* und Anwendungs*protokollen* zu unterscheiden. HTTP (HyperText Transport Protocol) ist z.B. ein Anwendungsprotokoll, das benutzt wird, um Web-Pages von entfernten Servern abzurufen. Es kann viele verschiedene Anwendungsprogramme geben, d.h. Web-Clients wie Internet Explorer, Mosaic und Netscape, die sich dem Benutzer jeweils anders darstellen, die aber alle das gleiche HTTP-Protokoll benutzen, um mit Webservern im Internet zu kommunizieren. In diesem Abschnitt konzentrieren wir uns auf drei Anwendungsprotokolle:

- SMTP (Simple Mail Transfer Protocol) wird für den Austausch von E-Mail benutzt.
- HTTP (HyperText Transport Protocol) wird für die Kommunikation zwischen Web-Browsern und Webservern eingesetzt.
- SNMP (Simple Network Management Protocol) wird für die Abfrage (und manchmal auch die Änderung) des Zustands entfernter Netzwerkknoten verwendet.

Wir kommen zum zweiten Punkt: Da alle in diesem Abschnitt beschriebenen Anwendungsprotokolle dem gleichen Anfrage/Antwort-Kommunikationsmuster folgen, mag man erwarten, dass sie alle auf ein RPC-Transportprotokoll aufsetzen. Dies ist jedoch nicht der Fall; sie werden alle oberhalb von TCP oder UDP implementiert. Im Grunde »erfindet« jedes Protokoll einen einfachen, mit RPC vergleichbaren Mechanismus oberhalb eines der existierenden Transportprotokolle. Wir sagen »einfach«, weil jedes Protokoll nicht für die Unterstützung beliebiger entfernter Prozeduraufrufe, sondern für das Versenden und Empfangen bestimmter Anfragenachrichten ausgelegt ist. So ist es nicht zufällig, dass in der Bezeichnung von zwei der drei behandelten Protokolle das Wort »Simple« (einfach) vorkommt.

Alle drei Protokolle haben ein Begleitprotokoll, welches das Format der auszutauschenden Daten spezifiziert. Das ist ein Grund, warum diese Protokolle relativ einfach sind: Ein Großteil der Komplexität wird in diesem Begleitprotokoll bewältigt. SMTP ist beispielsweise ein Protokoll für den Austausch von E-Mail-Nachrichten, während RFC 822 (diese Spezifikation hat keine andere Bezeichnung) und MIME (Multipurpose Internet Mail Extensions) das Format von E-Mail-Nachrichten definieren. HTTP ist ein Protokoll für das Abrufen von Web-Pages, während HTML (HyperText Markup Language) eine Begleitspezifikation ist, welche die Form dieser Seiten definiert. SNMP ist ein Protokoll für die Abfrage des Zustands von Netzwerkknoten, währen MIB (Management Information Base) die abzufragenden Variablen definiert.

9.2.1 Electronic Mail (SMTP, MIME)

E-Mail ist eine der ältesten Netzwerkanwendungen. Was wäre natürlicher als der Wunsch, dem Benutzer am anderen Ende einer Überlandverbindung, die man endlich zum Laufen gebracht hat, eine Nachricht zu senden? Eigentlich hatten sich die Pioniere des ARPANET bei der Entwicklung des Netzwerks E-Mail nicht als wichtigste Anwendung vorgestellt. Das wichtigste Designziel war der entfernte Zugriff auf Rechenressourcen. E-Mail erwies sich aber als überraschend erfolgreiche Anwendung. Aus dieser Arbeit entstand das E-Mail-System des Internet, das heute Millionen täglich benutzen.

Wie bei allen in diesem Abschnitt beschriebenen Anwendungen ist unser Ausgangspunkt für das Verständnis, wie E-Mail funktioniert, die Unterscheidung (1) zwischen dem User-Interface (d.h. dem Mail-Reader) und dem zu Grunde liegenden Message-Transfer-Protokoll (in diesem Fall SMTP) und (2) zwischen diesem Transferprotokoll und einem Begleitprotokoll (RFC 822 und MIME), welches das Format der auszutauschenden Nachrichten definiert. Wir beginnen mit der Beschreibung des Nachrichtenformats.

Nachrichtenformat

RFC 822 definiert Nachrichten in zwei Teilen: *Header* und *Rumpf*. Beide Teile werden in ASCII-Text dargestellt. Ursprünglich wurde von einfachem Text als Rumpf ausgegangen. Dies ist immer noch der Fall, obwohl RFC 822 durch MIME erweitert wurde, um verschiedene Datentypen im Nachrichtenrumpf zu unterstützen. Diese Daten werden nach wie vor als ASCII-Text dargestellt. Da sie aber eine kodierte Version anderer Daten, z.B. eines JPEG-Bilds, sein können, sind sie nicht unbedingt für den Benutzer lesbar. Wir behandeln MIME weiter unten.

Der Nachrichten-Header besteht aus Zeilen, die mit <CRLF> (Carriage-Return + Line-Feed, die beiden oft für die Kennzeichnung des Zeilenendes benutzten ASCII-Steuerzeichen) enden. Der Header ist vom Nachrichtenrumpf durch eine Leerzeile getrennt. Jede Header-Zeile enthält einen Typ und einen Wert, durch einen Doppelpunkt getrennt. Viele dieser Header-Zeilen sind den Benutzern vertraut, weil sie früher beim Erstellen einer E-Mail-Nachricht manuell eingegeben werden mussten. Der

Header To: identifiziert beispielsweise den Empfänger der Nachricht und der Header Subject: den Betreff. Weitere Header werden vom zu Grunde liegenden Mail-Zustellsystem ausgefüllt. Um einige Beispiele zu nennen: Date: (Datum, an dem die Nachricht übertragen wurde), From: (Absender der Nachricht) und Received: (jeder Mail-Server, der die Nachricht behandelt hat). Selbstverständlich gibt es viele weitere Header-Zeilen, die alle im RFC 822 spezifiziert sind.

RFC 822 wurde 1993 erweitert (und 1996 erneut aktualisiert), um viele verschiedene Datentypen in E-Mail-Nachrichten zu ermöglichen: Audio, Video, Grafiken, Word-Dokumente usw. MIME setzt sich aus drei Grundteilen zusammen. Der erste Teil ist eine Sammlung von Header-Zeilen, welche die ursprüngliche RFC-822-Definition erweitern. Diese Header-Zeilen beschreiben auf unterschiedliche Weise die im Nachrichtenrumpf zu übertragenden Daten. Sie beinhalten MIME-Version: (die benutzte MIME-Version), Content-Description: (eine von Menschen lesbare Beschreibung dessen, was sich in der Nachricht befindet, analog zur Zeile Subject:), Content-Type: (der in der Nachricht enthaltene Datentyp) und Content-Transfer-Encoding (wie die im Nachrichtenrumpf enthaltenen Daten kodiert sind).

Beim zweiten Teil handelt es sich um Definitionen für eine Reihe von Inhaltstypen (und Subtypen). Beispielsweise definiert MIME zwei verschiedene Typen für Standbilder mit der Bezeichnung image/gif und image/jpeg, mit selbsterklärender Bedeutung. Als weiteres Beispiel bezieht sich text/plain auf einfachen Text im 822-Nachrichtenstil, während text/richtext eine Nachricht bezeichnet, die Formatierungen (z.B. spezielle Schriftarten, Hervorhebungen wie kursiv usw.) enthält. Als drittes Beispiel definiert MIME einen Anwendungstyp (application), wobei die Subtypen der Ausgabe der jeweiligen Anwendungsprogramme entsprechen (z.B. application/postscript und application/msword).

Ferner definiert MIME einen multipart-Typ, der bestimmt, wie eine aus mehreren Datentypen bestehende Nachricht strukturiert werden soll. Das ist vergleichbar mit einer Programmiersprache, die sowohl Basistypen (z.B. Ganzzahlen und Gleitkommazahlen) als auch zusammengesetzte Typen (z.B. Strukturen und Arrays) definiert. Ein möglicher multipart-Subtyp ist mixed, der besagt, dass die Nachricht mehrere unabhängige Datenelemente in der angegebenen Reihenfolge enthält. Jedes Element hat seine eigene Header-Zeile, die den Typ des jeweiligen Elements beschreibt.

Das dritte Element ist eine Möglichkeit, die verschiedenen Datentypen zu kodieren, sodass sie in einer ASCII-Nachricht versendet werden können. Das Problem ist, dass bei einigen Datentypen (z.B. einem JPEG-Bild) irgendein Byte im Bild einen von 256 möglichen Werten enthalten kann. Nur eine Teilmenge dieser Werte sind gültige ASCII-Zeichen. Es ist wichtig, dass E-Mail-Nachrichten nur ASCII enthalten, weil sie durch mehrere dazwischenliegende Systeme (die weiter unten beschriebenen Gateways) fließen können, für die jede E-Mail nur aus ASCII-Zeichen besteht und die Nachrichten verfälschen können, falls sie ASCII-fremde Zeichen enthalten. Um dieses Problem zu lösen, benutzt MIME eine direkte Kodierung von Binärdaten in den ASCII-Zeichensatz. Die Kodierung wird als *base64* bezeichnet. Diesem Konzept zufolge werden immer drei Byte der binären Originaldaten auf vier ASCII-Zeichen abgebildet. Dies geschieht durch Gruppierung der Binärdaten in 24-Bit-Einheiten und Aufteilung jeder Einheit in vier 6-Bit-Stücke. Jedes 6-Bit-Stück entspricht einem aus 64 gültigen ASCII-Zeichen, beispielsweise 0 entspricht A, 1 entspricht B usw. Sieht man sich eine mit dem base64-Kodierschema kodierte Nachricht an, stellt man nur die 52 Groß- und Kleinbuchstaben, die 10 Ziffern von 0 bis 9 und die Sonderzeichen + und / fest. Das sind die ersten 64 Werte des ASCII-Zeichensatzes.

Eine Anmerkung am Rande: Damit Mail für alle, die unbedingt Nur-Text-Mail-Reader benutzen wollen, lesbar ist, kann eine MIME-Nachricht, die nur regulären Text enthält, in 7-Bit-ASCII kodiert werden. Außerdem gibt es eine lesbare Kodierung für fast alle ASCII-Daten.

Als Zusammenfassung zeigt folgendes Beispiel eine Nachricht, die einfachen Text, ein JPEG-Bild und eine PostScript-Datei enthält:

```
MIME-Version: 1.0
Content-Type: multipart/mixed; boundary="-------417CA6E2DE4ABCAFBC5"
From: Alice Smith <Alice@cisco.com>
To: Bob@cs.Princeton.edu
Subject: promised material
Date: Mon, 07 Sep 1998 19:45:19 -0400

--------417CA6E2DE4ABCAFBC5
Content-Type: text/plain; charset=us-ascii
Content-Transfer-Encoding: 7bit

Bob,

Here's the jpeg image and draft report I promised.

--Alice

---------417CA6E2DE4ABCAFBC5
Content-Type: image/jpeg
Content-Transfer-Encoding: base64
.
. unreadable encoding of a jpeg figure
.

---------417CA6E2DE4ABCAFBC5
Content-Type: application/postscript; name="draft.ps"
Content-Transfer-Encoding: 7bit
.
. readable encoding of a PostScript document
.
```

Bei diesem Beispiel besagt die Zeile Content-Type im Nachrichten-Header, dass die Nachricht verschiedene, jeweils durch eine Zeichenkette identifizierte Elemente enthält, wobei diese Zeichenkette in den Daten selbst nicht erscheint. Für jedes Element gibt es je eine Zeile Content-Type und Content-Transfer-Encoding.

Nachrichtentransfer

Wir befassen uns jetzt mit SMTP, dem für die Übertragung von Nachrichten von einem Host zu einem anderen benutzten Protokoll. Um SMTP im richtigen Zusammenhang zu betrachten, müssen wir die wichtigsten Mitspieler identifizieren. Benutzer interagieren mit einem *Mail-Reader*, wenn sie E-Mail erstellen, ablegen, suchen und lesen. Auf dem Markt sind unzählige Mail-Reader verfügbar, ebenso wie es viele Web-Browser gibt. Die meisten Web-Browser beinhalten heute einen Mail-Reader. Ferner gibt es einen *Mail-Daemon* (Prozess), der auf jedem Host läuft. Dieser Prozess spielt die Rolle eines Postamts: Mail-Reader übergeben dem Daemon Nachrichten, die sie an andere Benutzer senden möchten. Der Daemon benutzt das oberhalb von TCP laufende SMTP, um die Nachricht an den auf einer anderen Maschine laufenden Daemon zu übertragen, und der dortige Daemon stellt ankommende Nachrichten in der *Mailbox* des Benutzers ab (wo sie der Mail-Reader des Benutzers später finden kann). Da SMTP ein Protokoll ist, das jeder implementieren kann, könnte es theoretisch viele verschiedene Implementierungen des Mail-Daemons geben. Es zeigt sich allerdings, dass der auf den meisten Hosts laufende Mail-Daemon von dem ursprünglich in Berkeley-Unix implementierten Programm sendmail abstammt.

Während es sicherlich möglich ist, dass das sendmail-Programm auf der Maschine eines Senders eine SMTP/TCP-Verbindung zum sendmail-Programm auf der Maschine des Empfängers aufbaut, durchquert die Mail aber in vielen Fällen einen oder mehrere *Mail-Gateways* auf seiner Route vom Sender- zum Empfänger-Host. Wie die End-Hosts führen diese Gateways ebenfalls einen sendmail-Prozess aus. Nicht zufällig werden diese Zwischenknoten »Gateways« genannt, denn ihre Aufgabe ist es, E-Mail-Nachrichten zu speichern und weiterzuleiten, ähnlich wie ein »IP-Gateway« (das wir als »Router« bezeichnen) IP-Datagramme speichert und weiterleitet. Der einzige Unterschied ist, dass ein Mail-Gateway normalerweise Nachrichten auf Platte zwischenspeichert und bereit ist, die erneute Übertragung an die nächste Maschine mehrere Tage lang zu versuchen, während ein IP-Router Datagramme im Speicher ablegt und die erneute Übertragung höchstens einen Bruchteil einer Sekunde versucht. Abb. 9.6 zeigt einen Zwei-Hop-Pfad vom Sender zum Empfänger.

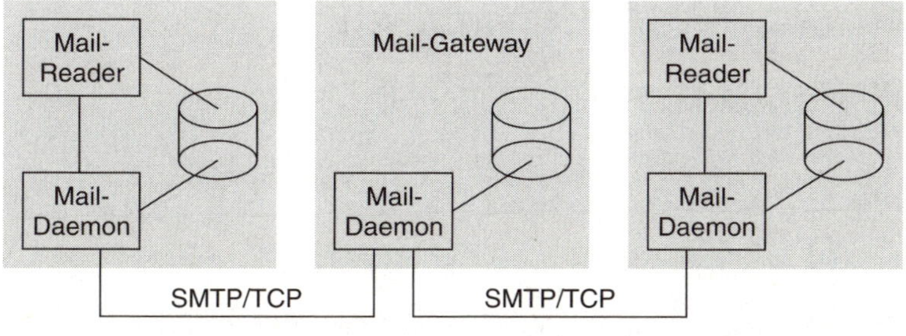

Abb. 9.6: Mail-Gateways speichern E-Mail-Nachrichten und leiten sie weiter.

Warum, fragt man sich da, sind Mail-Gateways überhaupt notwendig? Warum kann der Sender-Host die Nachricht nicht einfach direkt an den Empfänger-Host senden? Ein Grund ist der, dass der Empfänger den spezifischen Host, auf dem er oder sie E-Mail liest, in seine oder ihre Adresse einbeziehen möchte. Beispielsweise wird eine dem Benutzer Bob@cs.princeton.edu zugestellte Mail zuerst an ein Mail-Gateway in der Informatikfakultät der Princeton-Universität gesendet (d.h. an den Host namens cs.princeton.edu) und dann über eine zweite SMTP/TCP-Verbindung an die spezifische Maschine weitergeleitet, an der Bob heute seine E-Mail liest. Das weiterleitende Gateway führt eine Datenbank, die Benutzer auf die Maschine abbildet, an der sie momentan ihre Mail empfangen möchten. Der Sender muss von diesem spezifischen Namen nichts wissen. (Die Liste der Header-Zeilen Received: in der Nachricht gibt Ihnen Aufschluss über die Mail-Gateways, die eine bestimmte Nachricht überquert hat.) Ein weiterer Grund ist, dass die Maschine des Empfängers möglicherweise nicht immer eingeschaltet ist. In diesem Fall bewahrt das Mail-Gateway die Nachricht auf, bis sie ausgeliefert werden kann.

Unabhängig davon, wie viele Mail-Gateways auf dem Pfad liegen, wird zwischen jedem Host eine unabhängige SMTP-Verbindung benutzt, um die Nachricht näher zum Empfänger zu befördern. Jede SMTP-Sitzung besteht aus einem Dialog zwischen den beiden Mail-Daemons; einer handelt als Client und der andere als Server. Mehrere Nachrichten können in einer Sitzung zwischen den beiden Hosts übertragen werden. Da RFC 822 ASCII als Basisdarstellung für Nachrichten definiert, dürfte es nicht überraschen, dass SMTP ebenfalls auf ASCII basiert. Das bedeutet, dass es für einen Menschen mit einer Tastatur möglich ist, sich als SMTP-Client-Programm auszugeben.

SMTP ist am leichtesten anhand eines kleinen Beispiels zu verstehen. Im folgenden handelt es sich um einen Austausch zwischen dem sendenden Host cs.princeton.edu und dem empfangenden Host cisco.com. In diesem Fall versucht der Benutzer Bob an der Princeton-Universität, den Benutzern Alice und Tom bei Cisco eine Mail zu senden. Die von cs.princeton.edu gesendeten Zeilen sind normal und die von cisco.com gesendeten sind *kursiv* dargestellt. Um den Dialog übersichtlicher zu gestalten, wurden zusätzliche Leerzeilen eingefügt.

```
HELO cs.princeton.edu

250 Hello daemon@mail.cs.princeton.edu [128.12.169.24]

MAIL FROM: <Bob@cs.princeton.edu>

250 OK

RCPT TO: <Alice@cisco.com>

250 OK

RCPT TO: <Tom@cisco.com>

550 No such user here
```

```
DATA
354 Start mail input; end with <CRLF>.<CRLF>
Blah blah blah ...
... etc. etc. etc.
<CRLF>.<CRLF>
250 OK

QUIT
221 Closing connection
```

Wir sehen, dass SMTP eine Sequenz zwischen Client und Server austauscht. Bei jedem Austausch schickt der Client einen Befehl (z.B. HELO, MAIL, RCPT, DATA, QUIT) und der Server antwortet mit einem Code (z.B. 250, 550, 354, 221). Der Server gibt außerdem eine für Menschen lesbare Erklärung des Codes zurück (z.B. No such user here). Bei diesem Beispiel identifiziert der Client zuerst sich selbst beim Server mit dem Befehl HELO. Er gibt seinen Domain-Namen als Argument an. Der Server überprüft, ob dieser Name der von der TCP-Verbindung zu benutzenden IP-Adresse entspricht. Sie werden feststellen, dass der Server diese IP-Adresse dem Client wieder zurücksendet. Anschließend fragt der Client den Server, ob er bereit ist, für zwei verschiedene Benutzer Mail anzunehmen. Der Server antwortet für einen mit »Ja« und für den anderen mit »Nein«. Dann sendet der Client die Nachricht, die mit einer Zeile endet, die nur einen einzelnen Punkt (».«) enthält. Schließlich beendet der Client die Verbindung.

Selbstverständlich gibt es viele weitere Befehle und Rückgabecodes. Der Server kann beispielsweise den RCPT-Befehl eines Clients mit einem 251-Code beantworten, was bedeutet, dass der Benutzer auf diesem Host keine Mailbox hat, dass der Server aber verspricht, die Nachricht an einen anderen Mail-Daemon weiterzuleiten. Mit anderen Worten: Der Host fungiert als Mail-Gateway. Als weiteres Beispiel kann der Client eine VRFY-Operation ausgeben, um die E-Mail-Adresse eines Benutzers zu überprüfen, ohne jedoch tatsächlich eine Nachricht an ihn zu senden.

Das einzige, was uns noch interessiert, sind die Argumente für die Operationen MAIL und RCPT, z.B. FROM: <Bob@cs.princeton.edu> bzw. TO: <Alice@cisco.com>. Sie ähneln 822-Header-Feldern und sind es in gewissem Sinn auch. Was geschieht nun tatsächlich? Der Mail-Daemon analysiert die Nachricht, um die für die Ausführung von SMTP benötigten Informationen zu extrahieren. Die herausgezogenen Informationen bilden einen *Umschlag* (Envelope) für die Nachricht. Der SMTP-Client benutzt diesen Umschlag, um seinen Austausch mit dem SMTP-Server zu parametrisieren. Hier ein historischer Hinweis: Die Beliebtheit von sendmail ist darauf zurückzuführen, dass keiner diese Nachrichten-Analysefunktion implementieren wollte. Während die heutigen E-Mail-Adressen recht manierlich aussehen (z.B. Bob@cs.princeton.edu), war das früher allerdings nicht immer der Fall. Zu einer Zeit, als noch nicht jeder an das Internet angeschlossen war, waren E-Mail-Adressen in der Form user%host@site!neighbor nicht unüblich.

Mail-Reader

Der letzte Schritt besteht für den Benutzer darin, seine Nachrichten tatsächlich von der Mailbox zu holen, sie zu lesen, sie zu beantworten, und möglicherweise eine Kopie für künftige Zwecke zu speichern. Der Benutzer führt all diese Aktionen aus, indem er mit einem Mail-Reader interagiert. In vielen Fällen handelt es sich bei diesem Reader lediglich um ein Programm, das auf dem gleichen Rechner läuft, auf dem die Mailbox des Benutzers residiert. In diesem Fall liest er einfach aus der Datei und schreibt in die Datei, die die Mailbox implementiert. In anderen Fällen greift der Benutzer auf seine Mailbox von einem entfernten Rechner aus zu, wobei er wieder ein anderes Protokoll, z. B. das Post Office Protocol (POP) oder das Internet Message Access Protocol (IMAP), benutzt. Die Behandlung der Benutzerschnittstelle des Mail-Readers geht über Zweck und Umfang dieses Buchs hinaus, es liegt aber mit Gewissheit in unserem Rahmen, über das Zugangsprotokoll zu sprechen. Wir betrachten insbesondere IMAP.

IMAP ist auf vielerlei Art mit SMTP vergleichbar. Es ist ein Client/Server-Protokoll, das auf TCP aufsetzt, wobei der Client (der auf dem Desktop-Rechner des Benutzers läuft) Befehle in der Form von ASCII-Textzeilen, die mit <CRLF> enden, ausgibt und der Mail-Server (der auf dem Rechner läuft, der die Mailbox des Benutzers verwaltet) gleichgeartet antwortet. Der Austausch beginnt damit, dass sich der Client authentifiziert und dann die Mailbox identifiziert, auf die er zugreifen möchte. Dies lässt sich durch das einfache, in Abbildung 9.7 dargestellte Zustandsübergangsdiagramm darstellen. In diesem Diagramm sind LOGIN, AUTHENTICATE, SELECT, EXAMINE, CLOSE und LOGOUT Beispiele von Befehlen, die der Client ausgeben kann, während OK eine mögliche Server-Antwort ist. Weitere übliche Befehle sind FETCH, STORE, DELETE und EXPUNGE mit selbst-erklärenden Bedeutungen. Zu den weiteren Server-Antworten zählen NO (der Client hat keine Erlaubnis, die angeforderte Operation auszuführen) und BAD (der Befehl wurde fehlerhaft gebildet).

Wenn der Benutzer mit FETCH eine Nachricht anfordert, gibt sie der Server im MIME-Format zurück und der Mail-Reader dekodiert sie. Zusätzlich zur eigentlichen Nachricht definiert IMAP auch eine Reihe von Nachrichtenattributen, die als Teil anderer Befehle unabhängig von der Übertragung der Nachricht ausgetauscht werden. Nachrichtenattribute beinhalten Informationen wie die Größe der Nachricht, aber auch Interessanteres, wie verschiedene Flags in Verbindung mit der Nachricht (z. B. Seen, Answered, Deleted und Recent). Diese Flags werden benutzt, um die Synchronisation zwischen Client und Server beizubehalten, d. h. wenn der Benutzer eine Nachricht im Mail-Reader löscht, muss der Client diese Tatsache dem Mail-Server mitteilen. Später könnte der Benutzer beschließen, alle gelöschten Nachrichten zu vernichten, sodass der Client einen EXPUNGE-Befehl an den Server ausgibt, der dann tatsächlich alle vorher gelöschten Nachrichten aus der Mailbox entfernt.

Schließlich ist Folgendes zu beachten: Wenn der Benutzer auf eine Nachricht antwortet oder eine neue Nachricht sendet, leitet der Mail-Reader diese Nachricht nicht vom Client-Rechner mittels IMAP, sondern vielmehr mit SMTP an den Mail-Server

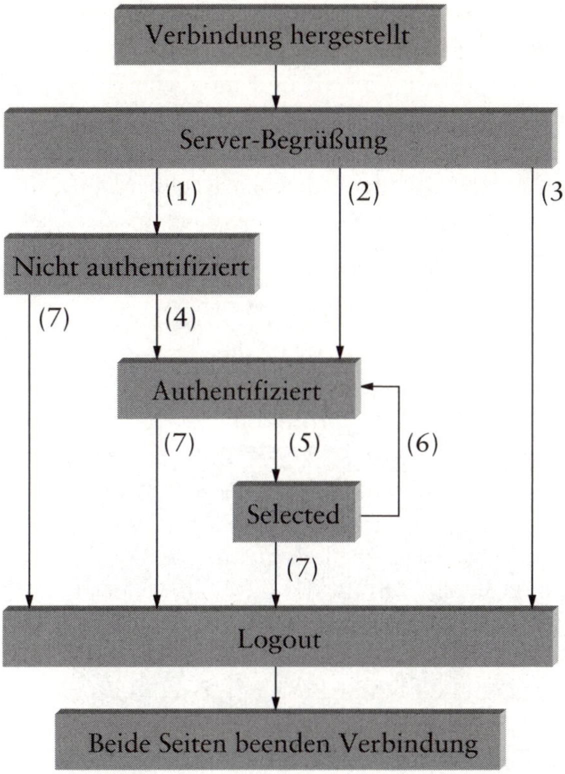

(1) Verbindung ohne Vorauthentifizierung (OK-Begrüßung)
(2) Vorauthentifizierte Verbindung (PREAUTH-Begrüßung)
(3) Abgewiesene Verbindung (BYE-Begrüßung)
(4) Erfolgreiches LOGIN- oder AUTHENTICATE-Kommando
(5) Erfolgreiches SELECT- oder EXAMINE-Kommando
(6) CLOSE-Kommando oder fehlgeschlagenes SELECT- oder EXAMNIE-Kommando
(7) LOGOUT-Kommando, Server-Shutdown oder Verbindung beendet

Abb. 9.7:
IMAP-Zustandsübergangs-Diagramm

weiter. Dies bedeutet, dass der Mail-Server des Benutzers tatsächlich das erste Mail-Gateway ist, das auf dem Pfad vom Desktop-Rechner zur Mailbox des Empfängers überquert wird.

9.2.2 Das World Wide Web (HTTP)

Das World Wide Web ist so erfolgreich und hat derart vielen Menschen das Internet zugänglich gemacht, dass es manchmal als Synonym des Internet betrachtet wird. Hilfreich ist, sich das Web als Reihe kooperierender Clients und Server vorzustellen, die alle die gleiche Sprache sprechen: HTTP. Die meisten Leute interagieren mit dem Web über ein grafisches Client-Programm, den Webbrowser, wie beispielsweise

Netscape oder Internet Explorer. Abb. 9.8 zeigt den Netscape-Browser mit einer Webseite eines Pojektes mit dem Namen PlanetLab.

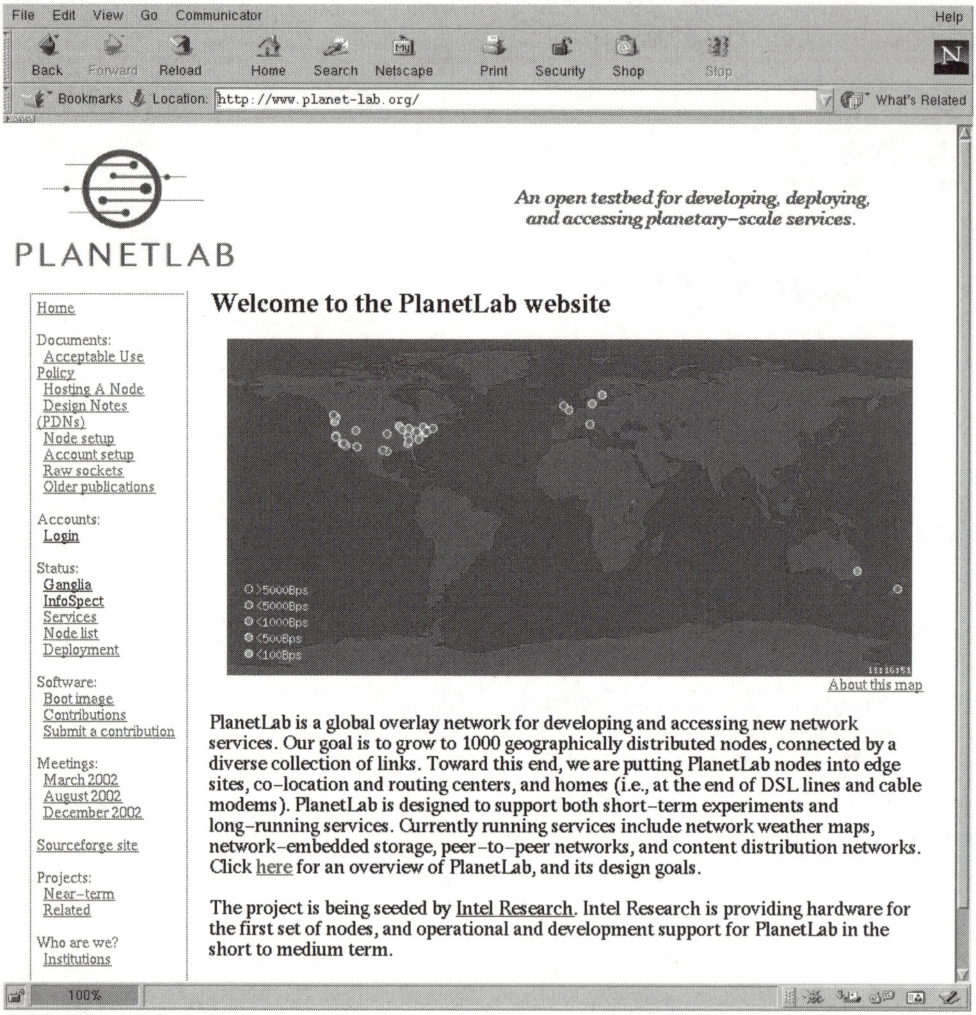

Abb. 9.8: Der Netscape-Web-Browser

Jeder Web-Browser hat eine Funktion, die es dem Benutzer ermöglicht, eine URL (Uniform Resource Locator) zu öffnen. URLs bieten Informationen über den Standort von Objekten im Web. Sie sehen wie folgt aus:

http://www.cs.princeton.edu/index.html

Aktiviert man diese URL, öffnet der Web-Browser eine TCP-Verbindung zum Webserver auf der Maschine namens www.cs.princeton.edu, ruft die Datei index.html ab und zeigt sie an. Die meisten Dateien im Web enthalten Bilder und Text und einige außerdem Audio- und Videoclips. Sie enthalten ferner URLs, die auf weitere Dateien zeigen. Der Web-Browser hebt diese URLs auf bestimmte Art hervor, sodass man sie erkennen und aktivieren kann. Diese eingebetteten URLs nennt man *Hypertext-Links*. Wenn Sie Ihren Web-Browser auffordern, eine dieser eingebetteten URLs zu öffnen (z.B. durch Zeigen und Klicken auf eine URL mit der Maus), öffnet er eine neue Verbindung, ruft eine neue Datei ab und zeigt sie an. Auf diese Weise ist es sehr einfach, von einer Maschine auf eine andere im Netzwerk zu springen, d.h., man navigiert durch die Links und lässt sich unterschiedliche Informationen anzeigen.

Wenn Sie eine Seite zur Anzeige auswählen, liest Ihr Browser (der Client) die Seite mittels HTTP über TCP vom Server ein. Wie SMTP ist HTTP ein textorientiertes Protokoll. Jede HTTP-Nachricht hat generell die Form

```
START_LINE <CRLF>
MESSAGE_HEADER <CRLF>
<CRLF>
MESSAGE_BODY <CRLF>
```

wobei <CRLF> »Carriage-Return Line-Feed« bedeutet. Die erste Zeile (START_LINE) gibt an, ob es sich um eine Anfrage- oder Antwortnachricht handelt. Sie identifiziert die auszuführende »entfernte Prozedur« (im Fall einer Anfragenachricht) oder den »Status« der Anfrage (im Fall einer Antwortnachricht). Die nächsten Zeilen spezifizieren verschiedene Optionen und Parameter, welche die Anfrage oder Antwort qualifizieren. Es gibt keine oder mehrere dieser MESSAGE_HEADER-Zeilen; sie werden durch eine Leerzeile beendet, die jeweils wie eine Header-Zeile in einer E-Mail-Nachricht aussieht. HTTP definiert viele mögliche Header-Typen, von denen einige zu Anfrage-, andere zu Antwortnachrichten und wieder andere zu den im Nachrichtenrumpf beförderten Daten gehören. Wir führen hier aber nicht alle Header-Typen, sondern nur einige repräsentative Beispiele auf. Im Anschluss an die Leerzeile folgt der Inhalt der angeforderten Nachricht (MESSAGE_BODY). Dieser Teil der Nachricht ist bei Anfragenachrichten normalerweise leer.

Anfragenachrichten

Die erste Zeile einer HTTP-Anfragenachricht spezifiziert drei Dinge: die durchzuführende Operation, die Web-Page, auf welche die Operation auszuführen ist, und die benutzte HTTP-Version. Obwohl HTTP viele mögliche Anfrageoperationen definiert, darunter »write«-Operationen, mit denen Web-Pages auf einem Server bereitgestellt werden können, sind die beiden häufigsten Operationen GET (hole die spezifizierte Web-Page) und HEAD (hole Statusinformationen über die spezifizierte Web-Page). GET wird benutzt, wenn der Browser eine Web-Page abrufen und anzeigen möchte. HEAD wird verwendet, um die Gültigkeit eines Hypertext-Link zu prüfen oder nachzusehen, ob eine bestimmte Seite seit dem letzten Einlesen in den Browser geändert wurde. In Tabelle 9.1 sind alle verfügbaren Operationen aufgeführt.

Operation	Beschreibung
OPTIONS	Anfrage von Informationen über verfügbare Optionen
GET	Abruf des in der URL bezeichneten Dokuments
HEAD	Abruf von Metainformationen über das in der URL bezeichnete Dokument
POST	Ausgabe von Informationen (z.B. Annotation) an einen Server
PUT	Speichern des Dokuments unter der spezifizierten URL
DELETE	Löschen der spezifizierten URL
TRACE	Schleife zur Anfragenachricht
CONNECT	Für die Verwendung durch Proxies

Tabelle 9.1: HTTP-Anfrageoperationen

Beispielsweise besagt die START_LINE

```
GET http://www.cs.princeton.edu/index.html HTTP/1.1
```

dass der Client vom Server auf Host www.cs.princeton.edu die Ausgabe der Seite namens index.html anfordert. In diesem Beispiel wird eine *absolute* URL benutzt. Daneben ist auch eine *relative* mit der Spezifikation des Host-Namens in einer der MESSAGE_HEADER-Zeilen möglich, z.B.:

```
GET index.html HTTP/1.1
Host: www.cs.princeton.edu
```

Hier ist Host eines der möglichen MESSAGE_HEADER-Felder. Interessant ist vor allem If-Modified-Since, weil es dem Client eine Möglichkeit bietet, eine bedingte Anfrage für eine Webseite zu stellen. Der Server gibt die Seite nur aus, wenn sie seit dem in dieser Header-Zeile spezifizierten Datum geändert wurde.

Antwortnachrichten

Wie Anfrage- beginnen Antwortnachrichten mit einer einzigen START_LINE. In diesem Fall spezifiziert die Zeile die benutzte HTTP-Version, einen aus drei Ziffern bestehenden Code, der anzeigt, ob die Anfrage erfolgreich war, und eine Textkette, die den Grund für die Antwort angibt. Beispielsweise besagt folgende START_LINE

```
HTTP/1.1 202 Accepted
```

dass der Server die Anfrage erfolgreich bedienen konnte, während

```
HTTP/1.1 404 Not Found
```

bedeutet, dass er die Seite nicht gefunden hat und folglich die Anfrage nicht beantworten konnte. Es gibt fünf allgemeine Typen von Antwortcodes; die erste Ziffer des Codes bezeichnet den Typ. Die fünf Codetypen sind in Tabelle 9.2 aufgeführt.

Code	Typ	Beispielgründe
1xx	Informativ	Anfrage erhalten, Prozess wird fortgeführt
2xx	Erfolg	Aktion erfolgreich empfangen, verstanden und akzeptiert
3xx	Redirection	Weitere Aktion erforderlich, um die Anfrage vollständig zu beantworten
4xx	Client-Fehler	Anfrage enthält fehlerhafte Syntax oder kann nicht erfüllt werden
5xx	Server-Fehler	Server hat beim Ausführen einer scheinbar gültigen Anfrage einen Fehler verursacht

Tabelle 9.2: Fünf Typen von HTTP-Ergebniscodes

Wie Anfrage- können auch Antwortnachrichten eine oder mehrere MESSAGE_HEADER-Zeilen enthalten. Diese Zeilen geben zusätzliche Informationen an den Client zurück. Die Header-Zeile Location spezifiziert beispielsweise, dass die angeforderte URL an einem anderen Standort verfügbar ist. Wurde z.B. die Web-Page der Informatikfakultät an der Princeton-Universität von http://www.cs.princeton.edu/index.html nach http://www.princeton.edu/cs/index.html verschoben, antwortet der Server an der ursprünglichen Adresse vielleicht wie folgt:

```
HTTP/1.1 301 Moved Permanently
Location: http://www.princeton.edu/cs/index.html
```

Im Normalfall enthält die Antwortnachricht auch die angeforderte Seite. Dabei handelt es sich um ein HTML-Dokument, das allerdings in MIME (siehe Abschnitt 9.2.1) kodiert ist, weil es außer Text andere Datentypen (z.B. ein GIF-Bild) enthalten kann. Bestimmte MESSAGE_HEADER-Zeilen zeigen Attribute für den Seiteninhalt an, darunter Content-Length (Anzahl von Bytes im Inhalt), Expires (Datum, an dem der Inhalt als überholt gilt) und Last-Modified (Datum, an dem der Inhalt auf dem Server zuletzt geändert wurde).

TCP-Verbindungen

Bei der ersten Version von HTTP (1.0) wurde für jedes vom Server abgerufene Datenelement eine getrennte TCP-Verbindung aufgebaut. Man kann sich leicht vorstellen, dass es sich dabei um einen sehr ineffizienten Mechanismus handelte: Zwischen Client und Server mussten Nachrichten für den Verbindungsauf- und -abbau ausgetauscht werden, auch wenn der Client vielleicht nicht mehr wollte, als die Aktualität einer bestimmten Seite zu prüfen. Für den Abruf einer Seite, die Text und ein Dutzend Icons oder andere kleine Grafiken enthielt, mussten 13 getrennte TCP-Verbindungen auf- und abgebaut werden.

Die wichtigste Verbesserung in der letzten HTTP-Version (1.1) ist die Unterstützung *persistenter Verbindungen*. Das heißt, dass Client und Server mehrere Anfrage- und Antwortnachrichten über ein und dieselbe TCP-Verbindung austauschen können. Persistente Verbindungen weisen zwei entscheidende Vorteile auf. Erstens wird der Overhead beim Verbindungsaufbau reduziert, was einerseits zu geringerer Belastung von Server und Netzwerk durch weniger TCP-Pakete und andererseits zu schnellerer Ausgabe beim Benutzer führt. Zweitens funktioniert der TCP-Überlastfenstermechanismus effizienter, weil ein Client mehrere Anfragenachrichten in einer TCP-Verbindung senden kann. Das liegt daran, dass es nicht notwendig ist, für jede Seite die Slow-Start-Phase zu durchlaufen.

Persistente Verbindungen fordern aber ihren Tribut. Das Problem ist, dass weder der Client noch der Server notwendigerweise weiß, wie lange eine bestimmte TCP-Verbindung offen gehalten werden muss. Das ist für den Server besonders problematisch, weil er möglicherweise Verbindungen für Tausende von Clients gleichzeitig geöffnet hat. Als Lösung muss beim Server ein Timeout greifen, sodass er eine Verbindung schließt, wenn über eine gewisse Zeit keine Anfragen darüber eingegangen sind. Client und Server müssen außerdem überwachen, ob die jeweils andere Seite sich dafür entschieden hat, die Verbindung zu schließen, und diese Information als Signal verwenden, dass sie auch ihre Seite der Verbindung schließen müssen. (Wir wissen aus einem früheren Kapitel, dass beide Seiten eine TCP-Verbindung schließen müssen, damit sie vollständig beendet werden kann.)

Caching

Einer der aktivsten Forschungsbereiche im Internet ist zur Zeit, wie Webseiten effizient in einem Cache zwischengespeichert werden können. Caching bietet viele Vorteile. Aus Sicht des Clients wird eine Seite, die aus einem nahe liegenden Cache abgerufen werden kann, viel schneller angezeigt, als wenn sie vom anderen Ende der Welt abgerufen werden muss. Aus Sicht des Servers reduziert sich die Belastung, wenn eine Anfrage aus einem Cache bedient werden kann.

Caching kann an vielen verschiedenen Stellen implementiert werden. Der Browser eines Benutzers kann beispielsweise die zuletzt abgerufenen Seiten im Cache ablegen und von dort wieder anzeigen, wenn der Benutzer die gleiche Seite wieder anfordert. Als weiteres Beispiel kann ein Standort einen einzigen siteübergreifenden Cache bereitstellen. Dadurch erhalten Benutzer einen Vorteil, wenn sie Seiten abrufen, die zuvor von anderen Benutzern heruntergeladen wurden. Näher an der Mitte des Internet kann ein ISP Seiten in einem Cache abstellen. Man beachte, dass Benutzer der Site im zweiten Fall höchstwahrscheinlich wissen, auf welcher Maschine die Seiten der Site in einem Cache abgelegt werden und ihren Browser entsprechend konfigurieren können, um sich direkt mit dem Caching-Host zu verbinden. Dieser Knoten wird auch *Proxy* genannt. Im Gegensatz dazu wissen die Sites, die sich über den ISP verbinden, wahrscheinlich nicht, dass der ISP Seiten in einem Cache vorhält. Es geschieht mehr zufällig, dass HTTP-Anfragen, die von verschiedenen Sites eingehen, durch einen bestimmten ISP-Router fließen. Dieser Router kann die Anfragenachricht und die URL der angeforderten Seite ansehen. Befindet sich die Seite im Cache, gibt er sie von dort aus. Andernfalls leitet er die Anfrage an den Server weiter und beobachtet die von der anderen Richtung durchfließende Antwort. Kommt die Antwort vorbei, speichert der Router eine Kopie in der Hoffnung, dass er sie möglicherweise für die Ausführung einer künftigen Anfrage gebrauchen kann.

Ungeachtet dessen, ob Webseiten in einem Cache abgelegt werden, ist das Caching von Webseiten so wichtig, dass im HTTP-Design die Vereinfachung dieser Aufgabe berücksichtigt wurde. Der Trick ist, dass der Cache sicherstellen muss, dass er nicht mit einer veralteten Version der Seite antwortet. Der Server weist jeder Seite, die er an den Client (oder einen zwischen Server und Client liegenden Cache) zurücksendet, (im Header-Feld Expires) ein Ablaufdatum zu. Der Cache merkt sich dieses Datum und weiß, dass er die Seite nicht jedes Mal, wenn sie angefordert wird, nachprüfen muss, bis dieses Ablaufdatum überschritten ist. Nach diesem Datum (oder wenn dieses Header-Feld nicht gesetzt ist) kann der Cache die HEAD- oder die bedingte GET-Operation (GET mit der Header-Zeile If-Modified-Since) benutzen und prüfen, ob es sich um die neueste Kopie der Seite handelt. Allgemeiner ausgedrückt, gibt es eine Reihe von »Cache-Richtlinien«, die von allen Caching-Mechanismen entlang der Anfrage/Antwort-Kette beachtet werden müssen. Diese Richtlinien geben vor, ob und wie lange ein Dokument in einem Cache abgestellt werden kann, wie neu das Dokument sein muss usw.

9.2.3 Netzwerkmanagement (SNMP)

Ein Netzwerk ist ein komplexes System, sowohl hinsichtlich der Anzahl angeschlossener Knoten als auch der Protokolle, die auf jedem Knoten ausgeführt werden können. Auch wenn man seine Besorgnis auf die Knoten einer einzelnen administrativen Domain, z.B. einen Campus, beschränkt, müssen möglicherweise Dutzende von Routern und Hunderte oder gar Tausende von Hosts verwaltet werden. Wenn man an alle Zustände denkt, die auf diesen Knoten gepflegt und manipuliert werden, z.B. Adressübersetzungstabellen, Routing-Tabellen, TCP-Verbindungszustand usw., kann man sich den dabei anfallenden riesigen Verwaltungsaufwand leicht vorstellen.

Es ist natürlich wünschenswert, den Zustand der verschiedenen Protokolle auf unterschiedlichen Knoten zu kennen. So möchte man beispielsweise die Anzahl abgebrochener Reassemblierungen von IP-Datagrammen überwachen, um festzustellen, ob der Timeout, der teilweise assemblierte Datagramme beseitigt, berichtigt werden muss. Als weiteres Beispiel möchte man die Last auf verschiedenen Knoten verfolgen (z.B. die Anzahl der gesendeten oder empfangenen Pakete), um zu ermitteln, ob weitere Router oder Verbindungsleitungen an das Netzwerk angeschlossen werden müssen. Selbstverständlich muss man auch auf ausgefallene Hardware und fehlerhaftes Verhalten der Software achten.

Was wir soeben beschrieben haben, ist das Problem des Netzwerkmanagements, eine Angelegenheit, die sich durch die gesamte Netzwerkarchitektur zieht. Da die zu verwaltenden Knoten verteilt sind, können wir als einzige praktische Möglichkeit nur das Netzwerk verwenden, um das Netzwerk zu verwalten. Das bedeutet, dass wir ein Protokoll brauchen, um unterschiedliche Zustandsinformationen mit den verschiedenen Netzwerkknoten auszutauschen. Das am häufigsten benutzte Protokoll für diesen Zweck ist das *Simple Network Management Protocol* (*SNMP*).

SNMP ist im Wesentlichen ein spezielles Anfrage/Antwort-Protokoll, das zwei Arten von Anfragenachrichten unterstützt: GET und SET. Mit GET wird der Status eines Knotens abgerufen und mit SET der Status eines Knotens gespeichert. (SNMP unterstützt noch eine dritte Operation GET-NEXT, die weiter unten erklärt wird.) In der folgenden Diskussion konzentrieren wir uns auf die GET-Operation, weil sie am häufigsten verwendet wird.

SNMP wird auf nahe liegende Weise benutzt. Ein Systemadministrator interagiert mit einem Client-Programm, das Informationen über das Netzwerk anzeigt. Dieses Client-Programm weist normalerweise ein grafisches Interface auf. Es spielt mehr oder weniger die gleiche Rolle wie ein Web-Browser. Wählt der Administrator bestimmte Informationen aus, die er oder sie ansehen möchte, benutzt das Client-Programm SNMP für die Anfrage dieser Informationen von dem fraglichen Knoten. (SNMP wird oberhalb von UDP ausgeführt.) Ein SNMP-Server, der auf diesem Knoten läuft, nimmt die Anfrage entgegen, sucht die angeforderten Informationen und gibt sie dem Client-Programm zurück, das sie für den Benutzer anzeigt.

Bei diesem eigentlich einfachen Szenario gibt es nur eine Komplikation: Wie gibt der Client genau an, welche Informationen er abrufen möchte, und wie weiß der Server, welche Variable er im Speicher lesen muss, um die Anfrage zu bedienen? Die Antwort lautet, dass SNMP von einer Begleitspezifikation abhängt, die als *Management Information Base* (*MIB*) bezeichnet wird. MIB definiert die spezifischen Informationen – die MIB-*Variablen* – die man von einem Netzwerkknoten abrufen kann.

Die derzeitige MIB-Version MIB-II organisiert Variablen in 10 unterschiedlichen *Gruppen*. Sie werden erkennen, dass fast alle Gruppen einem der in diesem Buch beschriebenen Protokolle entsprechen, sodass Ihnen fast alle pro Gruppe definierten Variablen bekannt vorkommen. Nachfolgend einige Beispiele:

- System: Allgemeine Parameter des Systems (Knotens) als Ganzes und Angabe, wo sich der Knoten befindet, wie lange er schon läuft und Name des Systems.

- Interfaces: Informationen über alle Netzwerk-Interfaces (Adapter), die an diesen Knoten angeschlossen sind, z.B. Hardwareadresse jedes Interface und wie viele Pakete über jedes Interface gesendet und empfangen wurden.

- Adressübersetzung: Informationen über ARP (Address Resolution Protocol), insbesondere über den Inhalt der Adressübersetzungstabelle.

- IP: Variablen bezüglich IP, darunter Routing-Tabelle, Anzahl der erfolgreich weitergeleiteten Datagramme und Statistiken über die Datagramm-Reassemblierung; des Weiteren wird gezählt; wie oft IP ein Datagramm aus dem einen oder anderen Grund verwirft.

- TCP: Informationen über TCP-Verbindungen, z.B. Anzahl passiver und aktiver open-Oerationen, Reset-Anzahl, Timeout-Anzahl, Einstellungen des Default-Timeout usw. Informationen über den Zustand vor einer Verbindung bleiben nur über die Dauer der aktiven Verbindung erhalten.

- UDP: Informationen über UDP-Verkehr, darunter Gesamtzahl der gesendeten und empfangenen UDP-Datagramme.

Darüber hinaus gibt es Gruppen für ICMP, EGP und SNMP selbst. Die 10. Gruppe wird von verschiedenen Medien benutzt.

Wir kehren zu der Frage zurück, wie der Client angibt, welche Informationen er von einem Knoten abrufen möchte. Mit einer Liste der MIB-Variablen haben wir die halbe Schlacht schon gewonnen. Es bleiben noch zwei Probleme. Erstens benötigen wir eine genaue Syntax, mit deren Hilfe der Client die abzurufenden MIB-Variablen beschreibt. Zweitens brauchen wir eine genaue Darstellung für die vom Server zurückgegebenen Werte. Beide Probleme lösen wir durch Verwendung von ASN.1.

Wir beginnen mit dem zweiten Problem. Wie wir aus Kapitel 7 wissen, definiert ASN.1/BER eine Darstellung für verschiedene Datentypen, z.B. Ganzzahlen. MIB definiert den Typ jeder Variablen und benutzt dann ASN.1/BER, um den in der Variablen enthaltenen Wert zu kodieren, während sie im Netzwerk übertragen wird. Was das erste Problem anbelangt, definiert ASN.1 ebenfalls ein Objektidentifizierungsschema. Dieses Identifizierungssystem wurde in Kapitel 7 nicht beschrieben. MIB verwendet es, um jeder MIB-Variablen einen global eindeutigen Bezeichner zuzuweisen. Vergleichbar mit Domain-Namen werden diese Bezeichner in »Punktnotation« geschrieben. Beispielsweise ist 1.3.6.1.2.1.4.3 die eindeutige ASN.1-Bezeichnung für die IP-spezifische MIB-Variable ipInReceives. Diese Variable erfasst die Anzahl der IP-Datagramme, die vom betreffenden Knoten empfangen wurden. Bei diesem Beispiel identifiziert das Präfix 1.3.6.1.2.1 die MIB-Datenbank (man erinnere sich, dass Objekt-IDs in ASN.1 für alle möglichen Objekte der Welt gelten), die Zahl 4 entspricht der IP-Gruppe und die letzte Zahl 3 bezeichnet die dritte Variable in dieser Gruppe.

Netzwerkmanagement funktioniert also wie folgt: Der SNMP-Client stellt die ASN.1-Bezeichnung für die MIB-Variable in die Anfragenachricht und sendet die Nachricht an den Server. Der Server bildet diesen Bezeichner auf eine lokale Variable ab (z.B. auf eine Speicherstelle, wo der Wert dieser Variablen gespeichert ist), liest den in der Variablen enthaltenen aktuellen Wert und benutzt anschließend ASN.1/BER, um den Wert zu kodieren, den er an den Client zurücksendet.

Damit bleibt noch die Klärung eines letzten Details. Viele MIB-Variablen sind entweder Tabellen oder Strukturen. Solche zusammengesetzten Variablen erklären den Grund für die SNMP-Operation GET-NEXT. Bei Anwendung auf eine bestimmte Variablen-ID gibt diese Operation den Wert dieser Variablen sowie die ID der nächsten Variablen zurück, beispielsweise das nächste Element in der Tabelle oder das nächste Feld in der Struktur. Dies unterstützt den Client beim »Durchlaufen« der Elemente einer Tabelle oder Struktur.

9.3 Multimedia-Anwendungen

Genauso wie die traditionellen, im vorherigen Abschnitt beschriebenen Anwendungen benötigen Multimedia-Anwendungen wie Audio- und Videokonferenzen Protokolle auf der Anwendungsschicht. Ein Großteil der ersten Erfahrungen mit der Entwicklung von Protokollen für Multimedia-Anwendungen wurde aus den »MBone-

Tools« gewonnen. Anwendungen wie vat und vic, die für den Einsatz mit MBone entwickelt wurden, nutzen IP-Multicast, um Mehrparteienkonferenzen zu ermöglichen. Anfangs hatte jede Anwendung ihr eigenes Protokoll (oder ihre Protokolle). Bald wurde aber erkannt, dass viele Multimedia-Anwendungen gemeinsame Anforderungen haben. Dies führte letztendlich zur Entwicklung eines universellen Protokolls für die Verwendung durch Multimedia-Anwendungen.

Wir haben mit RSVP (siehe Abschnitt 6.5.2) bereits ein Protokoll kennengelernt, welches nützlich für Multimedia-Anwendungen ist. RSVP kann dazu verwendet werden, bestimmte Resourcen im Netzwerk anzufordern, sodass eine gewünschte Dienstequalität (QoS) einer Applikation zur Verfügung gestellt werden kann. Zusätzlich zu diesem QoS-Signallisierungsprotokoll benötigen vielen Multimedia-Anwendungen auch spezielle Transportprotokolle, die andere Eigenschaften als TCP besitzen und mehr Funktionalität bieten als UDP. Das Protokoll, welches für diese Anforderungen entwickelt wurde, nennt sich Echtzeit-Transportprotokoll (Realtime Transport Protocol – RTP) und wird im Folgenden genauer beschrieben.

Eine dritte Klasse von Protokollen, die von vielen Multimedia-Applikationen benötigt wird, ist ein so genanntes *Sitzungskontroll-Protokoll* (Session Control Protocol). Nehmen Sie z.B. an, Sie möchten IP-basierte Telefongespräche über das Internet führen. Wir brauchen dann einen Mechanismus, der die Angerufene über einen eingehenden Anruf informiert, etwa indem eine Nachricht an irgendein Multimedia-Gerät geschickt wird, die dieses dazu veranlasst zu klingeln. Wir möchten auch Eigenschaften wie Rufweiterleitung, Dreier-Konferenz usw. ermöglichen. SIP (Session Initiation Protocol) und H.323 sind Beispiele für Protokolle, die sich um die Sitzungskontrolle kümmern. Sie werden in Abschnitt 9.3.2 besprochen.

9.3.1 Real-time Transport Protocol (RTP)

Man wundert sich vielleicht, warum ein Protokoll mit »Transport« in der Bezeichnung in einem Kapitel über Themen der Anwendungsschicht auftaucht. Der Grund dafür ist, dass RTP umfangreiche Funktionalität spezifisch für Multimedia-Anwendungen umfasst. Außerdem läuft es normalerweise oberhalb eines der in Kapitel 5 beschriebenen Protokolle der Transportschicht, UDP, das einige anwendungsunabhängige Funktionen bereitstellt, die man normalerweise mit einem Transportprotokoll in Verbindung bringt. RTP wird dennoch als Transportprotokoll bezeichnet, weil es gemeinsame Ende-zu-Ende-Funktionen für eine Reihe von Anwendungen bereitstellt. (Die meisten Protokolle der Anwendungsschicht wie HTTP und SMTP werden spezifisch für eine bestimmte Anwendung benutzt.) Dies erklärt die Schwierigkeit, praktische Protokolle in einem straffen Schichtenmodell unterzubringen.

Bevor wir RTP im Detail beschreiben, betrachten wir einige Anwendungen, für die es sich eignet. Multimedia-Anwendungen werden meist in zwei Klassen aufgeteilt: *Konferenz-* und *Streaming*-Anwendungen. Ein beliebtes Beispiel der ersten Klasse ist vat, das häufig in Netzwerken mit IP-Multicast benutzte Audiokonferenz-Tool. Das Control-Panel einer typischen vat-Konferenz ist in Abb. 9.9 dargestellt.

Eine weitere Konferenzanwendung ist vic, das in Kapitel 1 beschriebene Videokonferenz-Tool (siehe Abb. 1.1).

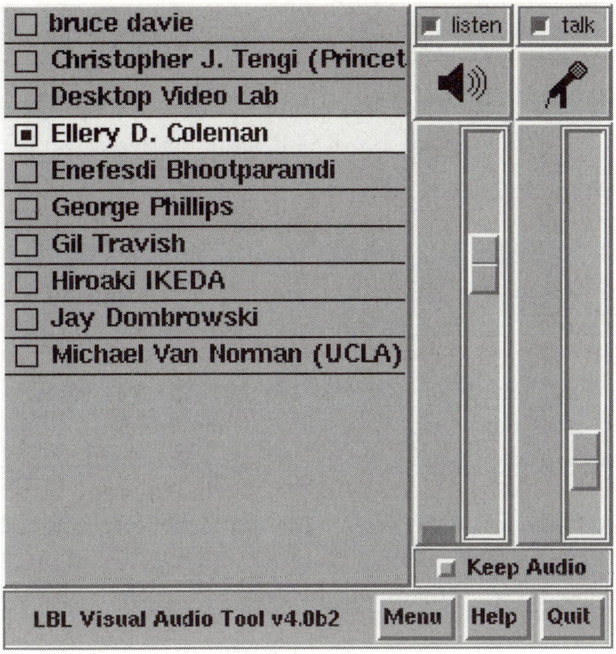

Abb. 9.9: User-Interface einer vat-Audiokonferenz

Streaming-Anwendungen geben normalerweise Audio- oder Videoströme von einem Server auf einem Client aus; ein bekanntes kommerzielles Produkt dieser Art ist Real Audio. Aufgrund der fehlenden menschlichen Interaktion stellen solche Anwendungen schwierige Anforderungen an die zu Grunde liegenden Protokolle. Inzwischen dürfte klar sein, dass Entwickler eines Transportprotokolls für Multimedia-Anwendungen bei der Definition der Anforderungen eine große Herausforderung zu bewältigen haben, um das Protokoll ausreichend breitgefächert auszulegen, damit es die Bedürfnisse vieler verschiedener Anwendungen erfüllt. Sie müssen auch auf die Interaktionen zwischen verschiedenen Anwendungen achten, beispielsweise auf die Synchronisation von Audio- und Videoströmen. Welche Auswirkungen diese Überlegungen auf das RTP-Design hatten, wird später beschrieben.

Ein Großteil von RTP stammt eigentlich aus dem Anwendungsprotokoll, das ursprünglich in vat integriert war. Neuere Versionen von vat (und viele andere Anwendungen) laufen über RTP. RTP kann auf viele Protokolle der unteren Schichten aufsetzen, läuft normalerweise aber über UDP. Dies führt zu dem in Abb. 9.10 dargestellten Protokoll-Stack.

Anwendung
RTP
UDP
IP
Subnetz

Abb. 9.10:
Protokoll-Stack für Multimedia-Anwendungen mit RTP

Anforderungen

Grundsätzlich wird von einem universellen Multimedia-Protokoll gefordert, dass es ähnlichen Anwendungen die Zusammenarbeit erlaubt. Beispielsweise sollte es für zwei unabhängig implementierte Audiokonferenzanwendungen möglich sein, miteinander zu sprechen. Dies führt unmittelbar zu der Annahme, dass die Anwendungen die gleiche Methode für die Kodierung und Kompression von Sprache verwenden sollten. Andernfalls werden die von einer Partei gesendeten Daten für die empfangende Partei unverständlich. Da es eine Reihe unterschiedlicher Kodiermethoden für Sprache mit jeweils anderen Kompromissen zwischen Qualität, geforderter Bandbreite und Berechnungsaufwand gibt, ist es entgegen dieser Annahme nicht gut, sich auf eine einzige dieser Methoden festzulegen. Vielmehr sollte unser Protokoll eine Möglichkeit bereitstellen, dass ein Sender einem Empfänger mitteilen kann, welche Kodiermethode er benutzen möchte, und eventuell über weitere Details verhandeln, bis sich die beiden Parteien auf eine beidseitig zufriedenstellende Methode geeinigt haben.

Wie für Audio gibt es auch für Video viele verschiedene Kodiermethoden. Wir sehen also, dass die erste gemeinsame Funktion, die RTP bereitstellen kann, die Fähigkeit der Kommunikation über die Wahl einer Kodiermethode ist. Man beachte, dass dies auch dazu dient, den Anwendungstyp (z.B. Audio oder Video) zu identifizieren. Sobald man weiß, welcher Kodieralgorithmus benutzt wird, weiß man auch, welcher Datentyp kodiert wird.

Eine weitere wichtige Anforderung für RTP ist die Möglichkeit, dass der Empfänger eines Datenstroms die zeitliche Beziehung zwischen den empfangenen Daten feststellen kann. Wir wissen aus Abschnitt 6.5, dass Echtzeitanwendungen empfangene Daten in einen *Wiedergabepuffer* stellen müssen, um den möglicherweise während der Übertragung im Netzwerk im Datenstrom vorkommenden Jitter auszugleichen. Folglich müssen die Daten mit einem Zeitstempel versehen werden, damit der Empfänger sie zum richtigen Zeitpunkt abspielen kann.

In direktem Zusammenhang mit der Zeitkontrolle eines einzelnen Medienstroms steht die Frage der Synchronisation mehrerer Medien einer Konferenz. Das beste Beispiel hierfür wäre die Synchronisation eines Audio- und Videostroms, die vom gleichen Sender stammen. Wie wir weiter unten sehen werden, ist dieses Problem etwas komplexer als die zeitliche Festlegung der Wiedergabe eines einzelnen Stroms.

Als weitere wichtige Funktion muss ein Hinweis auf möglichen Paketverlust bereitgestellt werden. Eine Anwendung mit straffen Latenzgrenzen kann im Allgemeinen keinen zuverlässigen Transport wie TCP benutzen, weil die Neuübertragung von Daten im Fall eines Verlusts wahrscheinlich dazu führen würde, dass ein Paket viel zu spät ankommt, um noch brauchbar zu sein. Folglich muss die Anwendung in der Lage sein, mit fehlenden Paketen fertigzuwerden, wobei der erste Schritt dazu die Feststellung ist, dass sie tatsächlich fehlen. Eine Videoanwendung, die MPEG-Kodierung verwendet, muss beispielsweise verschiedene Aktionen einleiten, wenn ein Paket verlorengeht, je nachdem, ob das Paket einen I-, B- oder P-Frame enthielt.

Da Multimedia-Anwendungen im Allgemeinen nicht über TCP laufen, fehlen ihnen auch die Merkmale von TCP zur Überlastvermeidung (die in Abschnitt 6.3 beschrieben wurden). Dennoch sind viele Multimedia-Anwendungen in der Lage, auf Überlast zu reagieren, z.B. durch Änderung der Parameter des Kodieralgorithmus, um die verbrauchte Bandbreite zu reduzieren. Damit dies funktioniert, muss der Empfänger natürlich den Sender benachrichtigen, dass Verluste vorkommen, sodass der Sender seine Kodierparameter entsprechend berichtigen kann.

Eine weitere übliche Funktion von Multimedia-Anwendungen ist das Konzept der Kennzeichnung von Frame-Grenzen. Ein Frame ist in diesem Zusammenhang anwendungsspezifisch. Beispielsweise kann es nützlich sein, eine Videoanwendung darauf hinzuweisen, dass eine bestimmte Reihe von Paketen einem einzelnen Frame entsprechen. In einer Audioanwendung ist es hilfreich, den Anfang einer »Sprechflut« – eine Phase intensiver Töne oder gesprochener Wörter, gefolgt von einer stillen Phase – zu kennzeichnen. Der Empfänger kann dann die stillen Phasen zwischen den Sprechfluten identifizieren und sie dazu nutzen, sich an den Wiedergabepunkt zurückzubewegen. Dies gründet auf der Beobachtung, dass eine geringe Verkürzung oder Verlängerung der Räume zwischen Wörtern für Benutzer nicht wahrnehmbar sind, während eine Verkürzung oder Verlängerung der Wörter selbst nicht nur wahrgenommen, sondern auch als sehr unangenehm empfunden werden.

Eine letzte Funktion, mit der wir das Protokoll ausstatten könnten, ist eine gewisse Art der Identifizierung des Senders, die benutzerfreundlicher als eine IP-Adresse ist. Tools wie vat und vic können Zeichenketten, z.B. Joe User (user@domain.com), in ihrem Control-Panel anzeigen, sodass das Anwendungsprotokoll die Assoziation einer solchen Zeichenkette mit einem Datenstrom unterstützen sollte.

Abgesehen von der Funktionalität, die von unserem Protokoll gefordert wird, stellen wir eine zusätzliche Anforderung fest: Es sollte möglichst effizienten Gebrauch von der Bandbreite machen. Anders ausgedrückt, wollen wir keine Menge zusätzlicher Bits einführen, die mit jedem Paket in Form eines langen Headers gesendet werden müssen. Der Grund dafür liegt darin, dass Audiopakete, die häufigste Art multimedialer Daten, eher klein sind, um die für das Ausfüllen mit Samples erforderliche Zeit zu reduzieren. Lange Audiopakete würden auf Grund der Paketerstellung zu einer hohen Latenz führen, was die wahrgenommene Qualität von Konversationen beeinträchtigt. (Wir erinnern uns, dass dies einer der Faktoren bei der Auswahl der Länge von ATM-Zellen war.) Da die Datenpakete selbst kurz sind, würde ein größerer Header bedeuten, dass ein relativ großer Anteil der Leitungsbandbreite von Headern benutzt werden würde, sodass sich die für Nutzdaten verfügbare Kapazität reduziert. In Zusammenhang mit dem RTP-Design werden mehrere Aspekte beschrieben, die durch die Notwendigkeit kurzer Header beeinflusst wurden.

RTP im Detail

Nachdem wir die eher lange Liste der Anforderungen für unser Protokoll für Multimedia auf der Anwendungsschicht betrachtet haben, befassen wir uns mit den Details des Protokolls, das für die Erfüllung dieser Anforderungen spezifiziert wurde. Dieses Protokoll – RTP – wurde von der IETF entwickelt und wird häufig benutzt. Der RTP-Standard definiert eigentlich zwei Protokolle: RTP und RTCP (Real-time Transport Control Protocol). RTP wird für den Austausch von Multimedia-Daten und RTCP für die periodische Übertragung von Steuerinformationen in Zusammenhang mit einem bestimmten Datenfluss benutzt. Bei der Ausführung oberhalb von UDP verwenden der RTP-Datenstrom und der damit zusammenhängende RTCP-Steuerstrom aufeinander folgende Ports der Transportschicht. Die RTP-Daten benutzen eine gerade und die RTCP-Steuerinformationen die nächst höhere (ungerade) Port-Nummer.

Da RTP für die Unterstützung einer großen Palette von Anwendungen ausgelegt wurde, bietet es einen flexiblen Mechanismus, mit dem neue Anwendungen entwickelt werden können, ohne wiederholt das RTP-Protokoll selbst revidieren zu müssen. Für jede Anwendungsklasse (z.B. Audio) definiert RTP ein *Profil* und eines oder mehrere *Formate*. Das Profil bietet einen Informationsbereich, der ein gemeinsames Verständnis der Felder im RTP-Header für die betreffende Anwendungsklasse sicherstellt (der Header wird weiter unten ausführlich beschrieben). Die Formatspezifikation erklärt, wie die nach dem RTP-Header folgenden Daten zu interpretieren sind. Beispielsweise kann dem RTP-Header einfach eine Sequenz von Bytes folgen, die jeweils ein einzelnes Audio-Sample darstellen, das nach einem definierten Intervall zum vorherigen erfasst wurde. Alternativ kann das Datenformat viel komplexer sein. Ein mit MPEG kodierter Videostrom würde z.B. eine umfangreichere Struktur voraussetzen, um die verschiedenen Informationstypen darzustellen.

▶ Das RTP-Design beinhaltet ein Architekturprinzip, das als *Application Level Framing* (*ALF*) bezeichnet wird. Dieses Prinzip wurde 1990 von Clark und Tennenhouse als neue Methode zum Entwurf von Protokollen für neu sich abzeichnende Multimedia-Anwendungen entwickelt. Sie erkannten, dass diese neuen Anwendungen höchstwahrscheinlich mit den bestehenden Protokollen wie TCP nicht gut bedient werden können, dass sich andererseits aber auch kein »Allzweckprotokoll« für alle Anwendungen dieser Art eignen würde. Im Kern dieses Prinzips findet sich die Überzeugung, dass eine Anwendung ihre Bedürfnisse am besten versteht. Beispielsweise weiß eine MPEG-Videoanwendung, was sie bei Frame-Verlust am besten unternehmen kann, je nachdem, ob der Verlust einen I- oder B-Frame betrifft. Die gleiche Anwendung kann auch am besten beurteilen, wie die Daten für die Übertragung segmentiert werden müssen. Beispielsweise ist es besser, die Daten von verschiedenen Frames in unterschiedlichen Datagrammen zu senden, damit ein verlorenes Paket nur einen einzelnen, nicht aber zwei Frames beeinträchtigt. Aus diesem Grund überlässt RTP derart viele Protokolldetails den anwendungsspezifischen Profil- und Formatdokumenten.

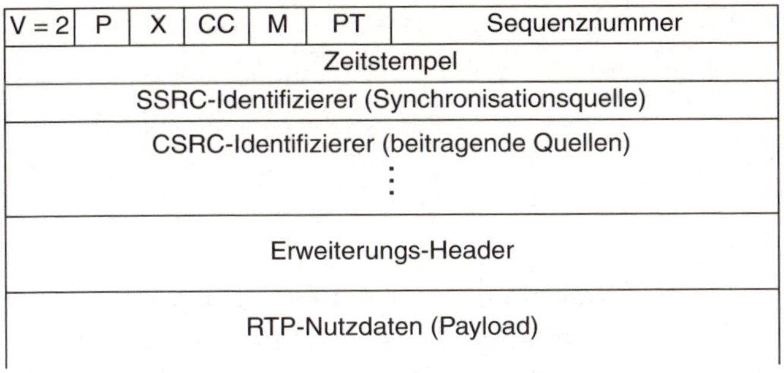

Abb. 9.11:
Das RTP-Header-Format

Header-Format

Abb. 9.11 zeigt das in RTP benutzte Header-Format. Die ersten 12 Byte sind immer vorhanden, während die beitragenden Quellen-IDs nur unter bestimmten Umständen benutzt werden. Nach diesem Header können optionale Header-Erweiterungen folgen, von denen einige unten beschrieben werden. Schließlich folgen dem Header die RTP-Nutzdaten (Payload) mit dem von der Anwendung festgelegten Format. Dieser Header soll nur die Felder enthalten, die von möglichst vielen verschiedenen Anwendungen benutzt werden, weil alles, was sich nur für eine spezifische Anwendung eignet, in den nur an diese Anwendung gerichteten RTP-Nutzdaten effizienter befördert werden kann.

Die ersten beiden Bits bilden die Versions-ID, die in der bei Drucklegung benutzten RTP-Version den Wert 2 enthält. Man mag sich vielleicht wundern, warum die Entwickler des Protokolls 2 Bit für ausreichend hielten, um alle künftigen Versionen von RTP zu berücksichtigen. Dabei ist zu bedenken, dass Bits im RTP-Header ein wertvolles Gut sind. Außerdem dürfte es auf Grund der Verwendung von Profilen für verschiedene Anwendungen weniger wahrscheinlich sein, dass viele Revisionen des grundlegenden RTP-Protokolls nötig sind. Sollte es sich erweisen, dass eine weitere Version von RTP nach Version 2 notwendig ist, könnte das Header-Format so geändert werden, dass mehr als eine künftige Version möglich wären. Beispielsweise könnte einem neuen RTP-Header mit dem Wert 3 im Versionsfeld ein »Subversion«-Feld an einer anderen Stelle im Header bereitgestellt werden.

Das nächste ist das Füllbit (P), das gesetzt wird, wenn die RTP-Nutzdaten aus irgendeinem Grund aufgefüllt werden müssen. RTP-Daten können aufgefüllt werden, um einen Block auf eine bestimmte Größe zu bringen, z.B. auf Grund eines Verschlüsselungsalgorithmus. In einem solchen Fall wird die vollständige Länge des RTP-Headers mit Daten und Füllbits vom Protokoll-Header der unteren Schicht (z.B. dem UDP-Header) übermittelt, und das letzte Byte des Füllmusters enthält die Anzahl der zu ignorierenden Bytes. Dieser Fall wird in Abb. 9.12 dargestellt. Man beachte, dass durch dieses Auffüllen im RTP-Header kein Längenfeld erforderlich ist (was wiederum dem Ziel dient, den Header so kurz wie möglich zu halten). Im Normalfall, wenn keine Füllbits verwendet werden, wird die Länge vom Protokoll der unteren Schicht hergeleitet.

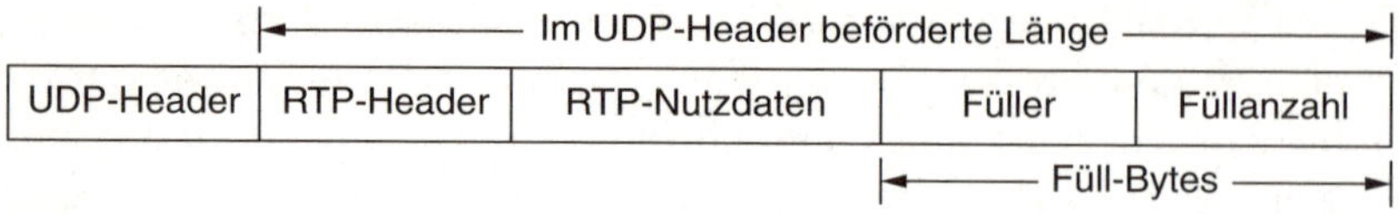

Abb. 9.12: Auffüllen eines RTP-Pakets

Das Erweiterungsbit (X) wird benutzt, um das Vorhandensein eines Erweiterungs-Headers anzuzeigen. Er wird für eine spezifische Anwendung definiert und folgt dem Haupt-Header. Solche Header werden selten benutzt, weil es im Allgemeinen möglich ist, einen nutzdatenspezifischen Header als Teil der Formatdefinition für die Nutzdaten für eine bestimmte Anwendung zu definieren.

Dem X-Bit folgt ein 4-Bit-Feld, das die Anzahl der »beitragenden Quellen« erfasst, falls solche im Header einbezogen sind. Beitragende Quellen werden weiter unten beschrieben.

Wir haben oben erwähnt, wie oft eine Frame-Kennzeichnung notwendig sein kann. Dies wird vom Markerbit (M) bereitgestellt, das beispielsweise zu Beginn einer Sprechflut gesetzt werden kann. Anschließend folgt das 7 Bit große Nutzdatentypfeld. Es gibt Auskunft über den Typ der im Paket beförderten Multimedia-Daten. Eine denkbare Verwendung dieses Felds wäre, einer Anwendung die Umschaltung von einer Kodiermethode auf eine andere zu ermöglichen, je nach Informationen über die Verfügbarkeit von Ressourcen im Netzwerk oder Rückmeldung über die Anwendungsqualität. Der genaue Gebrauch des Markerbits und des Nutzdatentyps wird im Anwendungsprofil festgelegt.

Man beachte, dass der Nutzdatentyp generell nicht als Demuxschlüssel benutzt wird, um Daten an verschiedene Anwendungen (oder an verschiedene Ströme innerhalb einer bestimmten Anwendung, z.B. den Audio- und Videostrom einer Videokonferenz) zu leiten. Das liegt daran, dass Demultiplexen normalerweise auf einer niedrigeren Schicht (z.B. von UDP, das in Abschnitt 5.1 beschrieben wurde) bereitgestellt wird. Die beiden Medienströme, die RTP benutzen, verwenden normalerweise also unterschiedliche UDP-Port-Nummern.

Die Sequenznummer wird benutzt, damit der Empfänger eines RTP-Stroms fehlende oder falsch angeordnete Pakete erkennen kann. Der Sender inkrementiert einfach für jedes übertragene Paket den Wert um eins. Im Gegensatz zu TCP, das sowohl Paketverlust (durch Neuübertragung) korrigiert als auch auf einen Überlasthinweis (eventuell durch Reduzierung seiner Fenstergröße) reagiert, unternimmt RTP nichts, wenn es den Verlust eines Pakets erkennt. Es überlässt die Entscheidung, was im Fall eines verlorenen Pakets unternommen werden muss, vielmehr der Anwendung, weil diese Entscheidung höchstwahrscheinlich anwendungsabhängig ist. Beispielsweise entscheidet eine Videoanwendung bei einem Paketverlust eventuell, den zuletzt korrekt empfangenen Frame erneut abzuspielen. Einige Anwendungen ändern bei einem Paketverlust möglicherweise ihren Kodieralgorithmus, um den Bandbreitenbedarf zu reduzieren. Dies ist aber keine Funktion von RTP. Es wäre für RTP nicht sinnvoll, die Entscheidung zu treffen, dass die Senderate verringert werden muss, da die Anwendung dadurch vielleicht unbrauchbar wird.

Das Feld Timestamp (Zeitstempel) hat die Funktion, dem Empfänger die Möglichkeit einzuräumen, bestimmte Samples in den entsprechenden Intervallen abzuspielen und verschiedene Medienströme zu synchronisieren. Da je nach Anwendung unterschiedliche Zeitabläufe eingehalten werden müssen, spezifiziert RTP selbst keine Einheiten für die Zeitmessung. Stattdessen fungiert der Zeitstempel als Zähler, der »tickt«, wobei die Zeit zwischen den Zähleinheiten von der benutzen Kodierung abhängt. Eine Audioanwendung, die alle 125 µs Samples von den Daten erfasst, könnte diesen Wert als Taktauflösung verwenden. Die Takteinstellung gehört zu den Details, die im RTP-Profil oder im Nutzdatenformat einer bestimmten Anwendung spezifiziert werden.

Der Zeitstempelwert im Paket ist eine Zahl, welche die Zeit darstellt, in der das *erste* Sample des Pakets erzeugt wurde. Der Zeitstempel zeigt nicht die Tageszeit an. Relevant sind nur die Unterschiede zwischen Zeitstempeln. Wenn das Sampling-Intervall beispielsweise 125 µs ist und das erste Sample im Paket $n + 1$ 10 ms nach dem ersten Sample im Paket n erzeugt wurde, dann ist die Anzahl der Sampling-Instanzen zwischen diesen beiden Samples

$$\text{ZeitZwischenPaketen} \div \text{ZeitProSample} = (10 \times 10^{-3}) \div (125 \times 10^{-6}) = 80$$

Unter der Annahme, dass die Takteinstellung mit dem Sampling-Intervall identisch ist, wäre der Zeitstempel in Paket $n + 1$ um 80 größer als in Paket n. In Wirklichkeit wurden auf Grund bestimmter Kompressionstechniken, z.B. Erkennung von stillen Phasen, vielleicht weniger als 80 Samples gesendet. Dennoch erlaubt es der Zeitstempel dem Empfänger, die Samples in der richtigen zeitlichen Beziehung wiederzugeben.

Bei der Synchronisationsquelle (Feld Synchronization Source, SSRC) handelt es sich um eine 32-Bit-Zahl, die eine einzelne Quelle eines RTP-Stroms eindeutig identifiziert. In einer bestimmten Multimedia-Konferenz sucht sich jeder Sender zufällig eine SSRC aus und soll erwartungsgemäß Konflikte in dem unwahrscheinlichen Fall lösen, dass zwei Quellen den gleichen Wert wählen. Da sich die Quellen-ID völlig von der Netzwerk- oder Transportadresse der Quelle unterscheidet, stellt RTP Unabhängigkeit von niederschichtigen Protokollen sicher. Außerdem ermöglicht es einem einzelnen Knoten mit mehreren Quellen (z.B. mehreren Kameras), diese Quellen zu unterscheiden. Wenn ein einzelner Knoten verschiedene Medienströme erzeugt (z.B. Audio und Video), muss er nicht in jedem Strom die gleiche SSRC angeben, weil in RTCP Mechanismen (die weiter unten beschrieben werden) für die Synchronisation zwischen den Medien zur Verfügung stehen.

Die beitragende Quelle (Feld Contributing Source, CSRC) wird nur benutzt, wenn mehrere RTP-Ströme durch einen »Mixer« laufen. Ein Mixer kann verwendet werden, um die für eine Konferenz erforderliche Bandbreite zu reduzieren, indem Daten von vielen Quellen empfangen und als einzelner Strom gesendet werden. Die Audioströme mehrerer gleichzeitiger Lautsprecher können z.B. kodiert und als einzelner Audiostrom erneut kodiert werden. In diesem Fall listet sich der Mixer selbst als Synchronisationsquelle, zusätzlich aber auch die beitragenden Quellen, d.h. die SSRC-Werte der Lautsprecher, die zu dem fraglichen Paket einen Beitrag geleistet haben.

Kontrollprotokoll

RTCP stellt einen Steuerstrom bereit, der mit einem Datenstrom einer Multimedia-Anwendung in Verbindung steht. Dieser Steuerstrom bietet drei Hauptfunktionen:

1. Rückmeldung über die Leistung der Anwendung und des Netzwerks.
2. Eine Möglichkeit, verschiedene Medienströme zu korrelieren und zu synchronisieren, die vom gleichen Sender stammen.
3. Eine Möglichkeit, einen Sender für die Anzeige in einem User-Interface (z.B. dem vat-Interface in Abb. 9.9) zu identifizieren.

Die erste Funktion kann für ratenadaptive Anwendungen benutzt werden, die auf Grund von Leistungsdaten darüber entscheiden müssen, ob sie eine aggressivere Kompressionsmethode einsetzen sollen, um Überlast zu verringern, oder ob sie bei geringer Last im Netzwerk einen Strom in höherer Qualität senden sollen. Sie kann auch für die Diagnose von Netzwerkproblemen hilfreich sein.

Man könnte glauben, dass die zweite Funktion bereits von der Synchronisationsquellen-ID von RTP bereitgestellt wird; dies ist nicht der Fall. Wie bereits erwähnt, haben mehrere Kameras eines einzelnen Knotens möglicherweise unterschiedliche SSRC-Werte. Außerdem ist es nicht erforderlich, dass ein Audio- und ein Videostrom vom gleichen Knoten die gleiche SSRC benutzen. Da Kollisionen von SSRC-Werten vorkommen können, muss der SSRC-Wert eines Stroms eventuell geändert werden. Um dieses Problem zu lösen, benutzt RTCP das Konzept eines »kanonischen Namens« (CNAME), der einem Sender zugewiesen wird, wobei der Sender wiederum mit den verschiedenen SSRC-Werten in Bezug gesetzt wird, die er vielleicht im Rahmen von RTCP-Mechansimen benutzt.

Die einfache Korrelation zweier Ströme ist nur ein Teil des Problems bei der Synchronisation mehrerer Medien. Da die verschiedenen Ströme vielleicht völlig unterschiedliche Zeitvorgaben haben (d.h. mit unterschiedlichen Takteinstellungen und Ungenauigkeiten bzw. Abweichungen arbeiten), muss es einen Weg geben, die Ströme genau miteinander zu synchronisieren. RTCP löst dieses Problem.

RTCP definiert u.a. folgende Pakettypen:

- Senderberichte, die es aktiven Sendern im Rahmen einer Sitzung ermöglichen, Übertragungs- und Empfangsstatistiken zu melden.
- Empfängerberichte für den Gebrauch durch Empfänger, die keine Sender sind, um Empfangsstatistiken zu melden.
- Quellenbeschreibungen, die CNAMEs und weitere Senderinformationen enthalten.
- Anwendungsspezifische Steuerpakete

Diese verschiedenen RTCP-Pakettypen werden über das niederschichtige Protokoll – normalerweise UDP – gesendet. Mehrere RTCP-Pakete können zu einer PDU des niederschichtigen Protokolls zusammengefasst werden. In einer niederschichtigen

PDU müssen sich mindestens zwei RTCP-Pakete befinden: Eines ist ein Berichtspaket und das andere ein Quellenbeschreibungspaket. Je nach der von den niederschichtigen Protokollen auferlegten Größenbegrenzung können weitere Pakete eingebunden werden.

Bevor wir uns eingehender mit dem Inhalt eines RTCP-Pakets befassen, bleibt ein potenzielles Problem festzuhalten, das mit jedem Mitglied einer Multicast-Gruppe besteht, das periodischen Steuerverkehr sendet. Falls wir nichts unternehmen, um diesen Steuerverkehr einzuschränken, kann er möglicherweise viel Bandbreite verbrauchen. In einer Audiokonferenz senden beispielsweise meist nicht mehr als zwei oder drei Sender gleichzeitig Audiodaten, weil es nicht sinnvoll ist, dass alle gleichzeitig sprechen. Eine solche soziale Einschränkung besteht aber nicht bei jedem, der Steuerverkehr sendet, was sich bei einer Konferenz mit Tausenden von Teilnehmern als sehr problematisch erweisen kann. Um dieses Problem zu lösen, verfügt RTCP über Mechanismen, durch die sich die Teilnehmer hinsichtlich ihrer Berichtshäufigkeit mit steigender Anzahl von Teilnehmern einschränken können. Diese Regeln sind relativ komplex, das grundlegende Ziel ist dabei aber wie folgt: Schränke den Gesamtumfang des RTCP-Verkehrs auf einen kleinen Prozentsatz (normalerweise 5%) des RTP-Datenverkehrs ein. Um dieses Ziel zu erreichen, sollten die Teilnehmer wissen, wie viel Datenbandbreite benutzt wird (z.B. die für die Übertragung dreier Audioströme benötigte Menge) und die Anzahl der Teilnehmer kennen. Sie erfahren den ersten Punkt durch Hilfsmittel außerhalb von RTP (durch ein so genanntes »Sitzungsmanagement«, das am Ende dieses Abschnitts beschrieben wird) und den zweiten Punkt aus RTCP-Berichten anderer Teilnehmer. Da RTCP-Berichte in einer sehr niedrigen Rate gesendet werden können, ist es vielleicht nur möglich, eine ungefähre Schätzung der aktuellen Teilnehmeranzahl zu erhalten, was in der Regel aber genügt. Außerdem ist es empfehlenswert, aktiven Sendern mehr RTCP-Bandbreite zuzuteilen in der Annahme, dass die meisten Teilnehmer von ihnen Berichte sehen möchten, etwa um festzustellen, wer spricht.

Nachdem ein Teilnehmer festgestellt hat, wie viel Bandbreite er mit RTCP-Verkehr verbrauchen kann, beginnt er mit der Übertragung periodischer Berichte in der entsprechenden Rate. Sender- und Empfängerberichte unterscheiden sich nur darin, dass sich in den Sendeberichten zusätzliche Informationen über den Sender befinden. Beide Berichtstypen enthalten Informationen über die Daten, die von allen Quellen in der letzten Berichtsperiode empfangen wurden.

Ein Senderbericht enthält folgende zusätzliche Informationen:

- Einen Zeitstempel mit der aktuellen Tageszeit, wann der Bericht erzeugt wurde.
- Den RTP-Zeitstempel entsprechend der Zeit, wann der Bericht erzeugt wurde.
- Kumulative Zählungen von Paketen und Bytes, die der Sender seit Beginn der Übertragung gesendet hat.

Die ersten beiden Angaben können benutzt werden, um verschiedene Medienströme von der gleichen Quelle zu synchronisieren, auch wenn diese Ströme in ihren RTP-

Datenströmen unterschiedliche Takteinstellungen verwenden, weil sie die Basis liefern, um die Tageszeit in die RTP-Zeitstempel zu konvertieren.

Sender- und Empfängerberichte enthalten einen Datenblock pro Quelle, die seit dem letzten Bericht gehört wurde. Jeder Block beinhaltet folgende Statistiken von der entsprechenden Quelle:

- SSRC der Quelle
- Anteil der Datenpakete von dieser Quelle, die seit Übertragung des letzten Berichts verlorengegangen sind (berechnet durch Vergleich der Anzahl der empfangenen mit der Anzahl der erwarteten Pakete; dieser letzte Wert kann aus den RTP-Sequenznummern ermittelt werden)
- Gesamtzahl der Pakete, die von dieser Quelle verlorengegangen sind, seit man von ihr erstmals gehört hat
- Die höchste von dieser Quelle empfangene Nummer (erweitert auf 32 Bit, um das Umlaufen der Sequenznummer zu berücksichtigen)
- Geschätzter Jitter zwischen einzelnen Ankünften für die Quelle (berechnet durch Vergleich des Abstands, in der empfangene Pakete angekommen sind, mit dem erwarteten Abstand zum Zeitpunkt der Übertragung)
- Letzter aktueller Zeitstempel, der über RTCP für diese Quelle empfangen wurde
- Verzögerung seit dem Empfang des letzten Senderberichts über RTCP für diese Quelle

Wie man sich vorstellen kann, erfahren die Empfänger dieser Informationen eine Menge über den Sitzungszustand. Insbesondere können sie sehen, ob andere Empfänger von einem Sender eine viel bessere Qualität erhalten, was ein Hinweis darauf sein kann, dass eine Ressourcenreservierung gemacht werden muss, oder dass im Netzwerk ein Problem vorliegt, um das man sich kümmern muss. Wenn ein Sender feststellt, dass viele Empfänger einen hohen Paketverlust erleiden, entscheidet er sich möglicherweise, seine Senderate zu reduzieren oder eine Kodiermethode zu verwenden.

Der letzte hier behandelte Aspekt von RTCP ist das Quellenbeschreibungspaket. Ein solches Paket enthält mindestens die SSRC und den CNAME des Senders. Der kanonische Name wird so hergeleitet, dass alle Anwendungen, die Medienströme erzeugen und unter Umständen synchronisiert werden müssen (z.B. getrennt erzeugte Audio- und Videoströme vom gleichen Benutzer), den gleichen CNAME wählen, auch wenn sie vielleicht unterschiedliche SSRC-Werte wählen. Dadurch hat ein Empfänger die Möglichkeit, den vom gleichen Sender stammenden Medienstrom zu identifizieren. Das übliche CNAME-Format ist user@host, wobei host der voll qualifizierte Domain-Name der sendenden Maschine ist. Eine vom Benutzer jdoe gestartete Anwendung, die auf der Maschine cicada.cs.princeton.edu läuft, würde also die Zeichenkette jdoe@cicada.cs.princeton.edu als CNAME benutzen. Die in dieser Darstellung benutzte große variable Byte-Anzahl würde sich für das Format einer SSRC nicht eignen, weil die SSRC mit jedem Datenpaket gesendet wird und in Echtzeit verarbeitet werden muss. Da CNAMEs mit SSRC-Werten in periodischen RTCP-Nachrichten gebunden werden können, ist ein kompaktes und effizientes Format für die SSRC möglich.

In das Quellenbeschreibungspaket können weitere Elemente einbezogen werden, z.B. der echte Name und die E-Mail-Adresse des Benutzers. Diese Angaben werden für die Anzeige im User-Interface und zur Kontaktierung von Teilnehmern benutzt, sind für den Betrieb von RTP aber weniger wichtig als der CNAME.

9.3.2 Session Control und Call Control (SDP, SIP, H.323)

Um einige Punkte über Session Control (Sitzungskontrolle) besser verstehen zu können, betrachten wir folgendes Problem. Sie möchten zu einem bestimmten Zeitpunkt eine Videokonferenz abhalten und einer großen Anzahl von Nutzern die Teilnahme ermöglichen. Möglicherweise haben Sie sich entschlossen, den Videostrom mit dem MPEG-2-Standard zu kodieren, für die Übertragung der Daten die Multicast-IP-Adresse 224.1.1.1 zu verwenden und die Daten mittels RTP über UDP-Port-Nummer 4000 zu senden. Wie können Sie den zukünftigen Teilnehmern diese Informationen zukommen lassen? Eine Möglichkeit wäre es, sie per E-Mail zu versenden. Im Idealfall sollte es aber ein Standardformat und -protokoll für die Verteilung dieser Art von Informationen geben. Eine Arbeitsgruppe der IETF (die Multiparty Multimedia Session Control Group) hat allein für diesen Zweck Protokolle definiert. Im Einzelnen handelt es sich dabei um die Folgenden:

- SDP (Session Description Protocol)
- SAP (Session Announcement Protocol)
- SIP (Session Initiation Protocol)
- SCCP (Simple Conference Control Protocol)

Für eine angeblich einfache Aufgabe scheinen dies zwar viele Protokolle zu sein, das Problem hat aber viele Aspekte, und es müssen mehrere verschiedene Situationen bewältigt werden. Beispielsweise besteht ein Unterschied zwischen der Ankündigung der Tatsache, dass eine bestimmte Konferenzsitzung in MBone (unter Verwendung von SDP und SAP) zur Verfügung gestellt wird, und dem Versuch, ein Internet-Telefongespräch mit einem bestimmten Benutzer zu einem bestimmten Zeitpunkt (unter Verwendung von SDP und SIP) zu führen. Im ersten Fall würde man die Aufgabe als erfüllt betrachten, nachdem man alle Sitzungsinformationen in einem Standardformat an eine bekannte Multicast-Adresse gesendet hat. Im zweiten Fall müsste man einen oder mehrere Benutzer finden, ihnen eine Nachricht mit Ankündigung des gewünschten Gesprächs (vergleichbar mit dem Klingeln ihrer Telefonapparate) senden und vielleicht zwischen allen Parteien eine geeignete Audiokodierung aushandeln. Wir betrachten zuerst SDP, das in vielen Anwendungen üblich ist, und anschließend SIP, das immer mehr für zahlreiche interaktive Anwendungen, wie z. B. Internet-Telefonie, eingesetzt wird.

Session Description Protocol (SDP)

SDP ist ein eher allgemeines Protokoll, das in vielerlei Situationen benutzt werden kann. Es liefert folgende Informationen:

- Name und Zweck der Sitzung
- Anfangs- und Endzeit der Sitzung
- Die in der Sitzung übermittelten Medientypen (z. B. Audio, Video)
- Ausführliche Informationen, die benötigt werden, um die Sitzung zu empfangen (z. B. die Multicast-Adresse, an die Daten gesendet werden, das zu benutzende Transportprotokoll, die Port-Nummern, die Kodierschemas)

SDP stellt diese Informationen im ASCII-Format unter Verwendung einer Textzeilenfolge – jeweils in der Form »<typ>=<wert>« – zur Verfügung. Ein Beispiel einer SDP-Nachricht verdeutlicht die wichtigsten Punkte:

```
v=0
o=larry 2890844526 2890842807 IN IP4 10.0.1.5
s=Networking 101
i=A class on computer networking
u=http://www.cs.princeton.edu/
e=larry@cs.princeton.edu
c=IN IP4 224.2.17.12/127
t=2873397496 2873404696
m=audio 49170 RTP/AVP 0
m=video 51372 RTP/AVP 31
m=application 32416 udp wb
```

Man beachte, dass SDP genau wie HTML für Menschen recht leicht zu lesen ist, jedoch strikte Formatierungsregeln hat, die es ermöglichen, dass Maschinen die Daten eindeutig interpretieren können. Die SDP-Spezifikation definiert beispielsweise alle möglichen »Informationstypen«, die erscheinen dürfen, die Reihenfolge, in der sie erscheinen müssen, und das Format sowie reservierte Wörter für jeden definierten Typ.

Der erste auffällige Aspekt ist, dass jeder »Informationstyp« durch ein einzelnes Zeichen identifiziert wird. Die Zeile v=0 sagt uns beispielsweise, dass »Version« den Wert Null hat, d. h. diese Nachricht ist gemäß SDP-Version Null formatiert. Die nächste Zeile liefert den »Ursprung« (Origin) der Sitzung mit ausreichend Informationen, um die Sitzung eindeutig zu identifizieren. larry ist der Benutzername des Sitzungsautors und 10.0.1.5 ist die IP-Adresse seines Computers. Die Nummer nach larry ist eine Sitzungsidentifizierung, die so gewählt wurde, dass sie für diesen Computer eindeutig ist. Anschließend folgt eine »Versionsnummer« für die SDP-Ankündigung (Announcement); falls die Sitzungsinformationen durch eine spätere Nachricht aktualisiert werden, wird die Versionsnummer erhöht.

Die nächsten drei Zeilen (s, i und u) liefern den Sitzungsnamen, eine Sitzungsbeschreibung und eine *Uniform Resource Identifier* (URI) der Sitzung, also Informationen, die für einen Benutzer bei der Entscheidung, ob er an dieser Sitzung teilnehmen soll, nützlich sind. Solche Informationen könnte man auf der Benutzeroberfläche eines »Sitzungsverzeichnis«-Tools anzeigen, das aktuelle und künftige Ereignisse auflistet, die mit Hilfe von SDP angekündigt (advertised) wurden. Die nächste Zeile (e=...) enthält die E-Mail-Adresse einer Person, die in Zusammenhang mit der Sitzung kontaktiert werden kann. Abbildung 9.13 zeigt den Bildschirm eines Sitzungsverzeichnis-Tools namens sdr zusammen mit den Beschreibungen mehrer Sitzungen, die zum Zeitpunkt, als der Bildschirm fotografiert wurde, angekündigt worden waren.

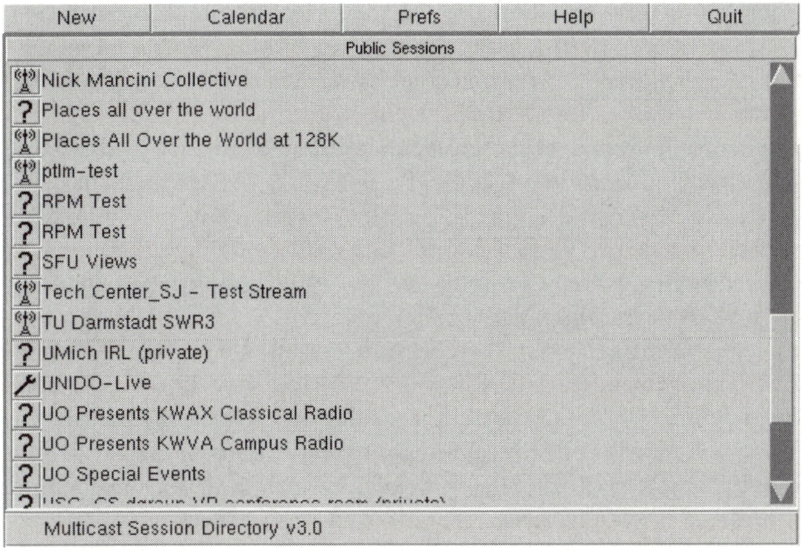

Abb. 9.13: Ein Sitzungsverzeichnis-Tool zeigt Informationen an, die aus SDP-Nachrichten extrahiert wurden.

Als Nächstes wenden wir uns den technischen Details zu, die es einem Anwendungsprogramm ermöglichen, an der Sitzung teilzunehmen. Die mit c=. . . beginnende Zeile liefert die IP-Multicast-Adresse, an die Daten für diese Sitzung gesendet werden. Ein Benutzer müsste dieser Multicast-Gruppe beitreten, um die Sitzung zu empfangen. Danach sehen wir die Anfangs- und Endzeiten der Sitzung (als Ganzzahlen gemäß dem Network Time Protocol kodiert). Schließlich kommen wir zu den Informationen über die Medien für diese Sitzung. In dieser Sitzung sind drei Medientypen verfügbar – Audio, Video und eine als wb bezeichnete gemeinsame Whiteboard-Anwendung. Für jeden Medientyp gibt es eine wie folgt formatierte Informationszeile:

```
m=<media> <port> <transport> <format>
```

Die Medientypen sind selbsterklärend, und die Port-Nummern sind in jedem Fall UDP-Ports. Wenn wir uns das »Transport«-Feld ansehen, können wir erkennen, dass die wb-Anwendung direkt auf UDP aufsetzt, während Audio und Video mit Hilfe von »RTP/AVP« befördert werden. Dies bedeutet, dass sie auf RTP aufsetzen und das (in Abschnitt 9.3.1 definierte) als AVP bezeichnete *Anwendungsprofil* benutzen. Dieses Anwendungsprofil definiert eine Reihe verschiedener Kodierschemas für Audio und Video. Wir können in diesem Fall sehen, dass Audio die Kodierung 0 benutzt (die eine Abtastrate von 8 kHz und 8 Bit pro Sample verwendet), während Video die Kodierung 31 benutzt, die das H.261-Kodierschema kennzeichnet. Diese »magischen Zahlen« für die Kodierschemas sind in dem RFC definiert, der auch das AVP-Profil definiert. Es ist auch möglich, nicht standardisierte Kodierschemas in SDP zu beschreiben.

Schließlich sehen wir eine Beschreibung des Medientyps wb. Alle Kodierinformationen für diese Daten gelten spezifisch für die wb-Anwendung, sodass es genügt, nur den Namen der Anwendung im »Format«-Feld anzugeben. Das ist vergleichbar mit der Angabe application/wb in einer MIME-Nachricht.

Da wir nun wissen, wie Sitzungen beschrieben werden, können wir uns damit beschäftigen, wie man sie initiieren kann. Bei SDP besteht z.B. die Möglichkeit, Multimedia-Konferenzen durch Versenden von SDP-Nachrichten an eine bekannte Multicast-Adresse anzukündigen. Das in Abbildung 9.13 dargestellte Sitzungsverzeichnis-Tool würde dieser Multicast-Gruppe beitreten und Informationen anzeigen, die es aus empfangenen SDP-Nachrichten entnommen hat.

SDP spielt auch in Verbindung mit dem Session Initiation Protocol (SIP) eine wichtige Rolle. Mit zunehmender Bedeutung von »Voice over IP« (VoIP, d. h., Unterstützung von telefonähnlichen Anwendungen über IP-Netzwerke) hat SIP viel Aufmerksamkeit auf sich gelenkt und verfügt heute über seine eigene Arbeitsgruppe bei der IETF. Obwohl SIP außer für IP-Telefonie noch für viele andere Dinge benutzt werden kann, ist dies sicherlich eine seiner attraktivsten Anwendungen.

Session Initiation Protocol (SIP)

SIP ist ein Protokoll der Anwendungsschicht, das HTTP in mancherlei Art ähnelt, weil es auf einem ähnlichen Anfrage/Antwort-Modell (Request/Response Model) basiert. Es wurde allerdings für ziemlich unterschiedliche Anwendungen ausgelegt und bietet somit im Vergleich zu HTTP ganz andere Fähigkeiten. Diese lassen sich in fünf Kategorien gruppieren:

- Benutzerstandort: Bestimmung des korrekten Geräts, mit dem zu kommunizieren ist, um einen bestimmten Benutzer zu erreichen.
- Benutzerverfügbarkeit: Ermittlung, ob der Benutzer willens oder in der Lage ist, in einer bestimmten Kommunikationssitzung teilzunehmen.
- Benutzerfähigkeiten: Bestimmung von Elementen wie Medienauswahl und zu benutzendes Kodierschema.
- Sitzungseinrichtung: Einrichtung von Sitzungsparametern, wie z. B. von den Kommunikationsparteien zu benutzende Port-Nummern.

- Sitzungsmanagement: Eine Reihe von Funktionen, darunter Sitzungstransfer (z. B. um »Call-Forwarding« [Rufweiterleitung] zu implementieren) und Änderung von Sitzungsparametern.

Die meisten dieser Funktionen sind recht leicht zu verstehen, doch die Frage des Standorts erfordert eine tiefgehendere Diskussion. Ein wichtiger Unterschied zwischen SIP und – sagen wir – HTTP ist der, dass SIP vorrangig für die Kommunikation zwischen Menschen benutzt wird. Folglich ist es wichtig, einzelne *Benutzer* und nicht nur Rechner finden zu können. Und im Gegensatz zu E-Mail reicht es nicht, einfach nur einen Server zu finden, den der Benutzer zu einem späteren Zeitpunkt abfragt, und die Nachricht dort zu hinterlegen. Wir müssen wissen, wo sich der Benutzer genau jetzt befindet, wenn wir mit ihm in Echtzeit kommunizieren wollen. Dieser Umstand wird durch die Tatsache noch komplizierter, dass sich ein Benutzer möglicherweise dazu entschließt, mit Hilfe mehrerer unterschiedlicher Geräte zu kommunizieren, z. B. mit seinem Desktop-PC, wenn er sich an seinem Arbeitsplatz befindet, und einem portablen Gerät unterwegs. Des weiteren könnten mehrere Geräte gleichzeitig aktiv sein und dabei höchst unterschiedliche Fähigkeiten aufweisen (z. B. ein alphanumerischer Pager und ein PC-basiertes Video-»Telefon«). Im Idealfall sollte es anderen Benutzern möglich sein, das entsprechende Gerät jederzeit aufzufinden und mit ihm zu kommunizieren. Außerdem muss der Benutzer die Kontrolle darüber haben, wann, wo und von wem er Anrufe empfangen möchte.

Um es einem Benutzer zu ermöglichen, über seine Anrufe das entsprechende Maß an Kontrolle auszuüben, führt SIP den Begriff eines Proxy ein. Einen SIP-Proxy kann man sich als einen Kontaktpunkt für einen Benutzer vorstellen, an den anfängliche Kommunikationsanfragen gesendet werden. Proxies führen auch Funktionen für den Anrufer aus. Anhand eines Beispiels kann man am Besten sehen, wie Proxies funktionieren.

Man betrachte die beiden Benutzer in Abbildung 9.14. Als Erstes fällt uns auf, dass jeder Benutzer einen Namen im Format user@domain hat, ähnlich einer E-Mail-Adresse. Wenn Benutzer Bruce eine Sitzung mit Larry einleiten möchte, sendet er seine anfängliche SIP-Nachricht an den lokalen Proxy für seine Domain, cisco.com.

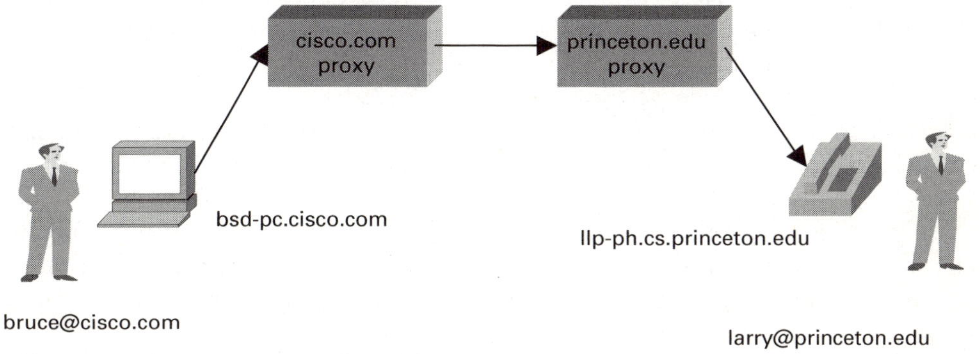

Abb. 9.14: Aufbau einer Kommunikation durch SIP-Proxies

Unter anderem enthält diese anfängliche Nachricht einen *SIP-URI*, also einen Uniform Resource Identifier, der wie folgt aussieht:

SIP:larry@princeton.edu

In Abschnitt 9.2.2 sahen wir ein Beispiel eines anderen URI-Typs. URLs (Uniform Resource Locators), wie z. B. http://www.cs.princeton.edu, sind ein besonderer URI-Typ, der vollständige Standortinformationen für eine Ressource (z. B. eine Webpage) enthält. Ein SIP-URI liefert die vollständige Identifizierung eines Benutzers, jedoch nicht dessen Standort, weil dieser sich im Lauf der Zeit ändern kann. Wir werden in Kürze sehen, wie der Standort eines Benutzers festgestellt werden kann.

Unmittelbar nach dem Empfang der anfänglichen Nachricht von Bruce sieht sich der Proxy cisco.com den SIP-URI an und folgert daraus, dass diese Nachricht an den Proxy princeton.edu zu senden ist. Vorläufig nehmen wir an, dass der Proxy princeton.edu Zugang zu irgendeiner Datenbank hat, aus der er eine Abbildung (Mapping) des Namens larry@princeton.edu auf die IP-Adresse eines oder mehrerer Geräte erhält, auf denen Larry momentan Nachrichten zu empfangen wünscht. Der Proxy kann deshalb die Nachricht an das bzw. die von Larry gewählten Geräte weiterleiten. Das Versenden der Nachricht an mehr als ein Gerät wird als *Forking* (Vergabeln) bezeichnet und kann entweder parallel oder seriell erfolgen (z. B. sende sie an sein Handy, wenn sein Telefon am Arbeitsplatz nicht beantwortet wird).

Die anfängliche Nachricht von Bruce an Larry ist höchstwahrscheinlich eine SIP-Nachricht vom Typ invite, die in etwa wie folgt aussieht:

```
INVITE sip:larry@princeton.edu SIP/2.0
Via: SIP/2.0/UDP bsd-pc.cisco.com;branch=z9hG4bK433yte4
To: Larry <sip:larry@princeton.edu>
From: Bruce <sip:bruce@cisco.com>;tag=55123
Call-ID: xy745jj210re3@bsd-pc.cisco.com
CSeq: 271828 INVITE
Contact: <sip:bruce@bsd-pc.cisco.com>
Content-Type: application/sdp
Content-Length: 142
```

Die erste Zeile identifiziert die durchzuführende Funktion (invite); die Ressource, auf der sie durchzuführen ist, d. h. den gerufenen Teilnehmer (sip:larry@princeton.edu), und die Protokollversion (2.0). Die anschließend folgenden Header-Zeilen sehen wahrscheinlich irgendwie vertraut aus, weil sie den Header-Zeilen von E-Mail-Nachrichten ähneln. SIP definiert zahlreiche Header-Felder, von denen hier nur einige beschrieben werden. Man beachte, dass der Header Via: in diesem Beispiel das Gerät identifiziert, von dem diese Nachricht stammt. Die Header Content-Type: und Content-Length: beschreiben den Inhalt der nach dem Header folgenden Nachricht, genau wie in einer MIME-kodierten E-Mail-Nachricht. In diesem Fall handelt es sich bei dem Inhalt um eine SDP-Nachricht (Session Description Protocol). Diese Nachricht würde Dinge wie Medientypen (Audio, Video usw.) beschreiben, die Bruce mit Larry austauschen möchte, und weitere Eigenschaften der Sitzung, wie

z. B. die von ihm unterstützten CODEC-Typen. Man beachte, dass das Feld Content-Type: in SIP die Möglichkeit bietet, für diesen Zweck jedes beliebige Protokoll zu benutzen, obwohl SDP das häufigste ist.

Wir kehren zu unserem Beispiel zurück: Wenn die invite-Nachricht beim Proxy cisco.com ankommt, leitet dieser die Nachricht nicht nur in Richtung princeton.edu weiter, sondern antwortet auch dem Sender der invite-Nachricht. Genau wie in HTTP verfügen alle Antworten über einen Antwortcode, und die Organisation der Codes ähnelt derjenigen in HTTP, wie in Tabelle 9.2 ersichtlich ist. In Abbildung 9.15 können wir eine Folge von SIP-Nachrichten und -Antworten sehen.

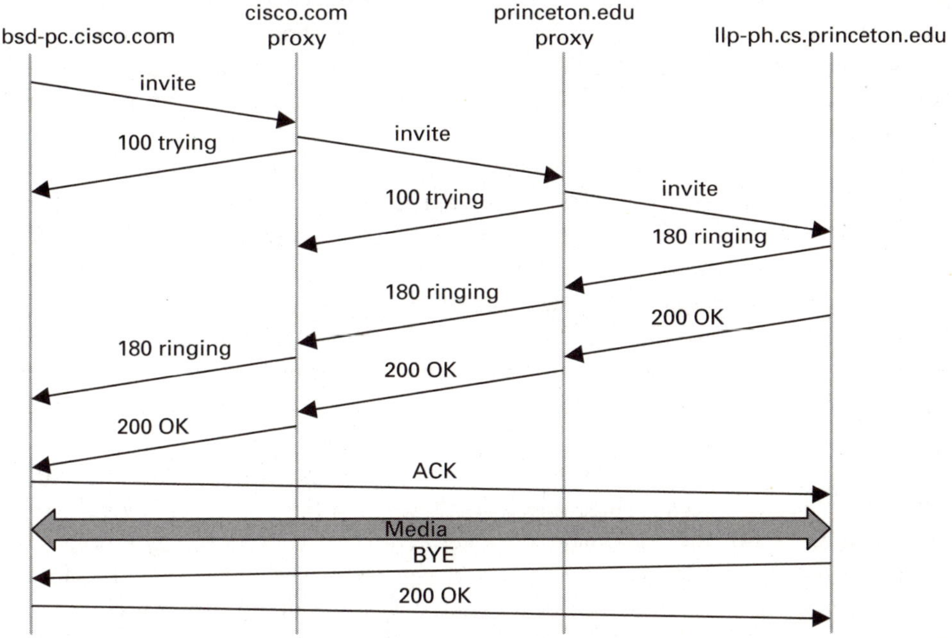

Abb. 9.15: Nachrichtenfluss in einer einfachen SIP-Sitzung

Die erste Antwortnachricht in dieser Abbildung ist die vorläufige Antwort 100 trying, was bedeutet, dass die Nachricht vom Proxy des Anrufers fehlerfrei empfangen wurde. Nachdem invite Larrys Telefon zugestellt wurde, mobilisiert es Larry und antwortet mit einer Nachricht 180 ringing. Die Ankunft dieser Nachricht auf dem Computer von Bruce ist ein Zeichen, dass er einen »Klingelton« erzeugen kann. Unter der Annahme, dass Larry willens und in der Lage ist, mit Bruce zu kommunizieren, kann er seinen Telefonhörer abnehmen, wodurch das Versenden der Nachricht 200 OK veranlasst wird. Der Computer von Bruce antwortet mit einem ACK, und an diesem Punkt können die Medien (z. B. ein in RTP verkapselter Audiostrom) beginnen, zwischen den beiden Teilnehmern zu fließen. Man beachte, dass die Teilnehmer an diesem Punkt gegenseitig ihre Adressen kennen, sodass das ACK direkt unter Umgehung der Proxies gesendet werden kann. Ab diesem Punkt sind die

Proxies nicht mehr an dem Gespräch beteiligt. Aus diesem Grund fließen die Medien normalerweise auf anderen Pfaden als die ursprünglichen Signalisierungsnachrichten durch das Netzwerk. Außerdem gilt es zu beachten, dass das Gespräch ganz normal fortgesetzt werden könnte, auch wenn einer der beiden Proxies oder gar beide an diesem Punkt abstürzen würden. Und letztlich gilt, wenn ein Teilnehmer die Sitzung beenden möchte, sendet er eine BYE-Nachricht, die unter normalen Umständen eine Antwort vom Typ 200 OK auslöst.

Wir haben im obigen Beispiel ein paar Details außer Acht gelassen. Ein Detail ist die Aushandlung von Sitzungsmerkmalen. Vielleicht möchte Bruce in der Kommunikation sowohl Audio als auch Video benutzen, während Larrys Telefon nur Audio unterstützt. In diesem Fall würde Larrys Telefon in seinem 200 OK eine SDP-Nachricht senden, die unter Berücksichtigung der im invite von Bruce vorgeschlagenen Optionen die für Larry und das Gerät akzeptablen Eigenschaften beschreibt. Auf diese Weise werden akzeptable Sitzungsparameter ausgehandelt, bevor der Medienfluss beginnt.

Ein weiteres wichtiges Detail, das oben übergangen wurde, ist das Auffinden des korrekten Geräts für Larry. Erstens musste der Computer von Bruce sein invite an den Proxy cisco.com senden. Dies könnte durch eine im Computer hinterlegte Information oder auf der Basis von DHCP geschehen. Dann musste der Proxy cisco.com den Proxy princeton.edu suchen. Dies könnte durch Verwendung einer speziellen DNS-Suche (Lookup) erfolgen, die die IP-Adresse des SIP-Proxy für die Domain princeton.edu zurückgibt. Schließlich musste der Proxy princeton.edu ein Gerät finden, an dem Larry kontaktiert werden kann. Normalerweise hat ein Proxy-Server Zugang zu einer Standortdatenbank, die auf unterschiedliche Weise bestückt sein kann. Die manuelle Konfiguration ist eine Option; eine flexiblere Option ist jedoch die Verwendung der *Registrierungsmöglichkeiten* von SIP.

Ein Benutzer kann sich bei einem Standortdienst registrieren, indem er eine SIP-Nachricht vom Typ register an den *Registrar* seiner Domain schickt. Diese Nachricht erzeugt ein Binding zwischen einer so genannten *Address of Record* und einer *Contact Address*. Eine Address of Record ist höchstwahrscheinlich ein SIP-URI, bei dem es sich um die »wohlbekannte« Adresse des Benutzers (z. B. sip:larry@princeton.edu) handelt, und die Contact Address wird die Adresse sein, an der sich der Benutzer momentan befindet (z. B. sip:larry@llpph.cs.princeton.edu). Dies ist genau das Binding, das der Proxy princeton.edu in unserem Beispiel benötigte.

Man beachte, dass sich ein Benutzer an mehreren Standorten und mehrere Benutzer an einem einzigen Gerät registrieren können. Beispielsweise kann man sich eine Gruppe von Leuten vorstellen, die einen Konferenzraum betreten, der mit einem IP-Telefon ausgestattet ist, und dass sich alle an diesem Telefon registrieren, damit sie Anrufe darauf empfangen können.

SIP ist ein sehr umfangreiches und flexibles Protokoll, dass zahlreiche komplexe Anrufszenarios sowie Anwendungen, die wenig oder nichts mit Telefonie zu tun haben, unterstützen kann. SIP unterstützt z. B. Operationen, mit denen ein Gespräch auf einen »Music-on-Hold«- oder Voice-Mail-Server umgeschaltet werden kann. Außerdem kann man leicht erkennen, dass es für Anwendungen wie Instant

Messaging benutzt werden könnte. Bei Drucklegung definierte die Arbeitsgruppe SIMPLE bei der IETF Standards in diesem Bereich.

H.323

Die ITU war auch auf dem Gebiet der Anrufkontrolle (Call Control) sehr aktiv, was angesichts der Bedeutung dieser Organisation im Bereich der Telefonie als ihrem traditionellen Hoheitsgebiet nicht überrascht. Zum Glück gab es eine umfangreiche Koordination zwischen IETF und ITU in diesem Bereich, sodass die verschiedenen Protokolle in gewissem Umfang zusammenarbeiten. Die wichtigste ITU-Empfehlung für Multimedia-Kommunikation über Paketnetzwerke ist H.323; sie umfasst viele weitere Empfehlungen, darunter den Call-Control-Standard H.245. Die H.323-Empfehlungen umfassen insgesamt mehrere hundert Seiten, und das Protokoll ist für seine Komplexität bekannt, sodass wir uns hier auf eine kurze Übersicht beschränken.

H.323 ist als Protokoll für Internet-Telefonie weit verbreitet, und wir wollen hier diese Anwendung kurz betrachten. Ein Gerät, das Gespräche einleitet oder beendet, wird als H.323-Terminal bezeichnet. Es kann eine Workstation sein, auf der eine Internet-Telefonie-Anwendung läuft, oder ein speziell entwickeltes Gerät, z. B. ein mit dem Telefon vergleichbarer »Apparat« mit Netzwerksoftware und einem Ethernet-Port. H.323-Terminals können direkt miteinander sprechen, die Gespräche werden aber häufig durch ein als *Gatekeeper* bezeichnetes Gerät vermittelt. Gatekeeper führen eine Reihe von Funktionen aus, z. B. die Übersetzung unterschiedlicher Adressformate der Telefongespräche und die Steuerung, wie viele Gespräche zu einem bestimmten Zeitpunkt geführt werden können, um die von H.323-Anwendungen benutzte Bandbreite zu begrenzen. H.323 beinhaltet auch das Konzept eines *Gateways*, das das H.323-Netzwerk mit anderen Netzwerktypen verbindet. Am häufigsten wird ein Gateway für die Verbindung eines H.323-Netzwerks mit dem öffentlichen vermittelten Telefonnetz benutzt (siehe Abbildung 9.16). Dies ermöglicht es einem Benutzer, eine H.323-Anwendung auf einem Computer auszuführen, um mit einer Person zu sprechen, die ein konventionelles Telefon am öffentlichen Telefonnetz benutzt. Der Gatekeeper unterstützt auch ein Terminal bei der Suche

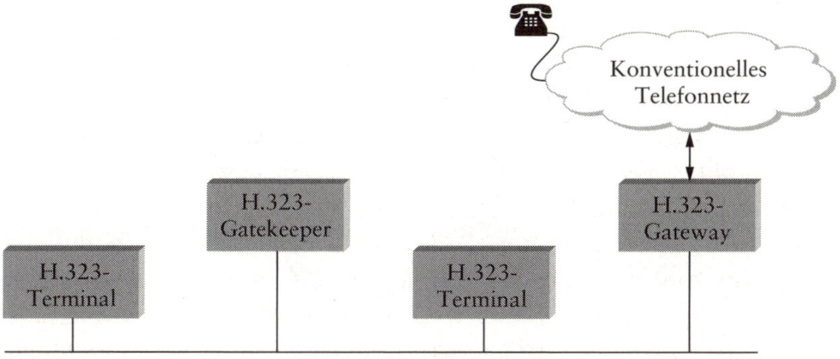

Abbildung 9.16: Geräte in einem H.323-Netzwerk

eines Gateways, etwa durch Auswahl aus mehreren Möglichkeiten, um eines zu finden, das relativ nahe am endgültigen Ziel des Gesprächs liegt. Das ist natürlich in einer Welt, in der konventionelle Telefone viel zahlreicher als PC-basierte Telefone sind, sehr praktisch. Baut ein H.323-Terminal ein Gespräch zu einem Endpunkt auf, an dem sich ein konventionelles Telefon befindet, fungiert das Gateway als effektiver Endpunkt für das H.323-Gespräch. Es ist für die Durchführung der entsprechenden Übersetzung der Signalisierungsinformationen und des Medienstroms zuständig, die über das Telefonnetz befördert werden müssen.

Ein wichtiger Teil von H.323 ist das Call-Control-Protokoll H.245, das benutzt wird, um die Merkmale des Gesprächs auszuhandeln, ähnlich der Verwendung des oben beschriebenen SDP. Eine H.245-Nachricht kann eine Reihe verschiedener, von ihm unterstützter Audio-CODEC-Standards auflisten, worauf die Gegenstelle mit einer Liste der von ihr unterstützten CODECs antwortet. Die beiden Endpunkte können dann einen für beide geeigneten Kodierstandard auswählen. H.245 kann auch benutzt werden, um die UDP-Port-Nummern zu signalisieren, die RTP und RTCP für den Medienstrom (bzw. Medienströme, wenn das Gespräch z. B. Audio und Video enthält) in diesem Gespräch benutzen. Anschließend wird das Gespräch geführt, wobei RTP für die Beförderung der Medienströme und RTCP für die Übermittlung der relevanten Steuerinformationen benutzt wird.

9.4 Overlay-Netzwerke

Das Internet hat von Anfang an ein klares Modell übernommen, dem zufolge die Router im Innern des Netzwerks für die Weiterleitung von Paketen von der Quelle zum Ziel zuständig sind, und Anwendungsprogramme auf Hosts laufen, die an den Kanten des Netzwerks angeschlossen sind. Das Client/Server-Paradigma, das die in den ersten beiden Abschnitten dieses Kapitels behandelten Anwendungen aufweisen, entspricht sicher diesem Modell.

In den letzten paar Jahren ist die Unterscheidung zwischen *Paketweiterleitung* und *Anwendungsverarbeitung* allerdings weniger klar geworden. Neue Anwendungen werden im Internet verteilt, und in vielen Fällen treffen diese Anwendungen ihre eigene Weiterleitungsentscheidungen. Diese neuen hybriden Anwendungen können manchmal dadurch implementiert werden, dass die herkömmlichen Router und Switche im gewissen Umfang anwendungsspezifische Verarbeitung übernehmen. Die so genannten *Level-7-Switches* sind z. B. Server-Clustern vorgelagert und leiten HTTP-Anfragen auf der Grundlage der angeforderten URL an einen spezifischen Server weiter. Demgegenüber verbreiten sich *Overlay-Netzwerke* rasch als bevorzugter Mechanismus für die Einführung neuer Funktionalität im Internet.

Man kann sich ein Overlay als logisches Netzwerk vorstellen, das oberhalb eines physikalischen Netzwerks implementiert wird. Dieser Definition zufolge ist das Internet selbst ein Overlay-Netzwerk. Abbildung 9.17 zeigt ein Overlay, das oberhalb eines zu Grunde liegenden Netzwerks implementiert wurde. Jeder Knoten im Overlay-Netzwerk existiert auch in dem darunter liegenden Netzwerk; es verarbeitet

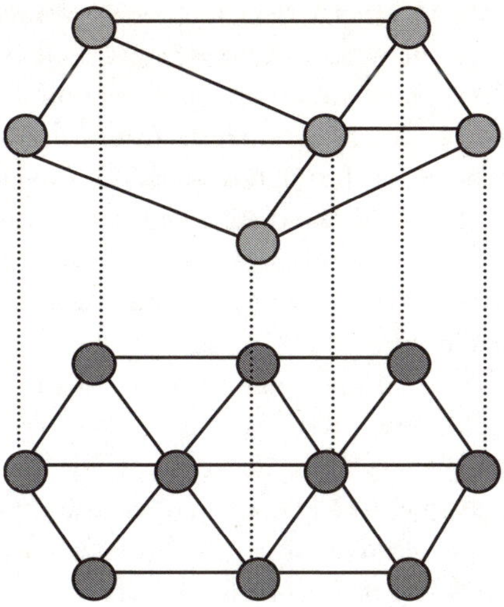

Abb. 9.17: Ein Overlay-Netzwerk setzt auf einem physikalischen Netzwerk auf.

Pakete und leitet sie auf anwendungsspezifische Weise weiter. Die Verbindungen zwischen den Overlay-Knoten sind als Tunnel durch das darunter liegende Netzwerk implementiert. Es können auch mehrere Overlay-Netzwerke auf das gleiche zu Grunde liegende Netzwerk aufsetzen, wobei jedes sein eigenes anwendungsspezifisches Verhalten implementiert. Außerdem können Overlay-Netzwerke übereinander verschachtelt werden. Beispielsweise behandeln alle in diesem Abschnitt beschriebenen Overlay-Netzwerkbeispiele das heutige Internet als darunter liegendes Netzwerk.

Wir haben bereits Tunnel-Beispiele gesehen, etwa zur Implementierung virtueller privater Netzwerke (VPNs). Als kurze Auffrischung sei hier erwähnt, dass die Knoten an beiden Enden eines Tunnels den dazwischenliegenden Multihop-Pfad als einzelne logische Verbindung betrachten, wobei die im Tunnel »durchlaufenen« Knoten Pakete auf der Grundlage des äußeren Headers weiterleiten und sich zu keinem Zeitpunkt bewusst sind, dass die Endknoten einen inneren Header angefügt haben. Abbildung 9.18 zeigt z. B. drei Overlay-Knoten (A, B und C), die über ein Tunnelpaar verbunden sind. In diesem Beispiel kann Overlay-Knoten B eine Weiterleitungsentscheidung für Pakete von A zu C auf der Grundlage des inneren Headers (IHdr) treffen und dann einen äußeren Header (OHdr) anhängen, der C als Ziel im darunter

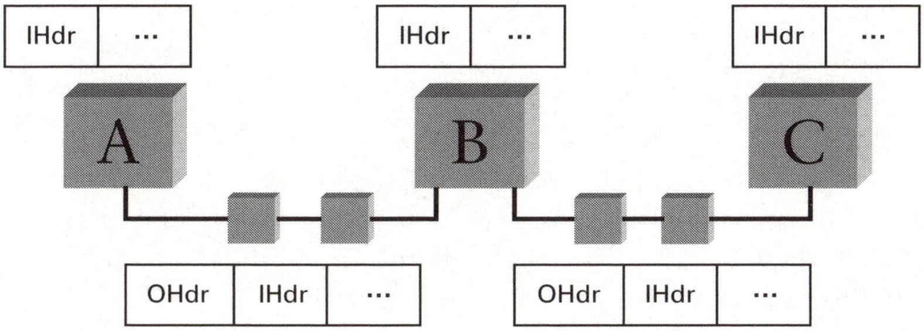

Abb. 9.18: Tunnel zwischen Overlay-Knoten durch physikalische Knoten

liegenden Netzwerk identifiziert. Die Knoten A, B und C sind in der Lage, sowohl den inneren als auch den äußeren Header zu interpretieren, während die dazwischenliegenden Router nur den äußeren Header verstehen. Ebenso verfügen A, B und C sowohl im Overlay-Netzwerk als auch im zu Grunde liegenden Netzwerk über Adressen, die aber nicht unbedingt gleich sind. Zum Beispiel kann ihnen im Basisnetz eine 32 Bit lange IP-Adresse zugeordnet sein, während ihre Overlay-Adresse eine experimentelle 128-Bit-Adresse ist. Tatsächlich muss das Overlay überhaupt keine konventionellen Adressen benutzen, sondern kann anhand von URLs, Domain-Namen, einer XML-Anfrage oder sogar des Paketinhalts weiterleiten.

Overlays und die Verknöcherung im Internet

Angesichts seiner Beliebtheit und weitläufigen Nutzung kann man leicht vergessen, dass das Internet einst ein Labor für Wissenschaftler war, um mit paketvermittelter Vernetzung zu experimentieren. Je mehr kommerziellen Erfolg das Internet erlangte, um so weniger nützlich wurde es allerdings als Plattform zum Spielen mit neuen Ideen. Heute treiben kommerzielle Interessen die Weiterentwicklung des Internet.

Ein neuerer Bericht des National Research Council weist tatsächlich auf eine Verknöcherung des Internet hin, sowohl intellektuell (Druck auf Grund von Kompatibilität mit derzeitigen Standards behindert Innovation) als auch hinsichtlich der Infrastruktur (für Wissenschaftler ist es fast unmöglich, die Kerninfrastruktur zu beeinflussen). Der Bericht fährt mit der Beobachtung fort, dass gleichzeitig völlig neue Herausforderungen entstehen, die möglicherweise eines frischen Ansatzes bedürfen. Dem Bericht zufolge ist das Dilemma folgendes:

> *... erfolgreiche und hinlänglich übernommene Technologien unterliegen einer Verknöcherung, die es erschwert, neue Fähigkeiten einzuführen oder, falls die derzeitige Technologie an ihre Grenzen stößt, diese durch etwas Besseres abzulösen. Die heutigen Industrie-Player sind generell nicht motiviert, disruptive Technologien zu entwickeln oder zu installieren ...*

Den richtigen Weg zu finden, um disruptive Technologien einzuführen, ist eine interessante Aufgabe. Solche Innovationen würden wahrscheinlich einige Probleme sehr gut bewältigen, doch dafür liegen sie in anderen wichtigen Bereichen hinter dem Stand der Technologie. Um beispielsweise eine neue Routing-Strategie im Internet einzuführen, müsste man einen Router entwickeln, der nicht nur diese neue Strategie unterstützt, sondern im Hinblick auf Leistung, Zuverlässigkeit, Management-Tools usw. auch mit etablierten Anbietern konkurrieren kann. Das ist ein extrem hoher Anspruch. Der Innovator benötigt also eine Möglichkeit, Benutzern die Vorteile der neuen Idee zu bieten, ohne dass dafür Hunderttausende von Codezeilen geschrieben werden müssen, um nur das bestehende System zu realisieren.

Overlay-Netzwerke bieten genau diese Möglichkeit. Overlay-Knoten können so programmiert werden, dass sie die neue Fähigkeit bzw. das neue Feature unterstützen und sich dann hinsichtlich der Bereitstellung der zu Grunde liegenden Konnektivität auf konventionelle Knoten stützen. Sofern sich die im Overlay umgesetzte Idee im Lauf der Zeit als nützlich erweist, kann eine wirtschaftliche Motivation bestehen, die Funktionalität auf das Basissystem zu portieren, d. h. sie zu den Features kommerzieller Router hinzuzufügen. Andererseits kann die Funktionalität derart komplex sein, dass sie am Besten auf einer Overlay-Schicht bleiben sollte.

9.4.1 Routing-Overlays

Die einfachste Art ist ein Overlay, das rein zur Unterstützung einer alternativen Routing-Strategie existiert. In den Overlay-Knoten wird keine zusätzliche Aufgabe der Anwendungsschicht durchgeführt. Man kann ein virtuelles privates Netzwerk (siehe Abschnitt 4.1.8) als Beispiel eines Routing-Overlay betrachten, das allerdings weniger eine alternative Strategie oder einen Algorithmus als vielmehr alternative Routing-Tabelleneinträge definiert, die vom IP-Standard-Weiterleitungsalgorithmus verarbeitet werden. In diesem besonderen Fall sagen wir, dass das Overlay »IP-Tunnel« benutzt, und die Fähigkeit, diese VPNs zu nutzen, wird von den meisten kommerziellen Routern unterstützt.

Nehmen wir aber an, wir wollen einen Routing-Algorithmus benutzen, den kommerzielle Router-Anbieter nicht in ihre Produkte einbinden möchten. Wie können wir dieses Problem lösen? Wir könnten unseren Algorithmus einfach auf einer Anzahl von Endhosts fahren und über einen Tunnel durch die Internet-Router schleusen. Diese Hosts würden sich wie Router im Overlay-Netzwerk verhalten: Als Hosts sind sie höchstwahrscheinlich über eine einzige physikalische Verbindung an das Internet angeschlossen, als Knoten im Overlay wären sie aber über Tunnel mit mehreren Nachbarn verbunden.

Da Overlay-Netzwerke fast schon der Definition zufolge eine Möglichkeit darstellen, neue Technologien unabhängig vom Standardisierungsprozess einzuführen, gibt es keine Standard-Overlays, auf die wir als Beispiele verweisen können. Stattdessen betrachten wir die allgemeine Idee von Routing-Overlays durch Beschreibung mehrerer experimenteller Systeme, die in letzter Zeit von Netzwerkwissenschaftlern vorgeschlagen wurden.

Experimentelle IP-Versionen

Overlay-Netzwerke sind ideal für die Installation experimenteller IP-Versionen, von denen man erhofft, dass sie irgendwann die Welt erobern. IP-Multicast ist z. B. eine Erweiterung von IP, die Adressen der Klasse D (jene mit dem Präfix 1110) als Multicast-Adressen interpretiert. IP-Multicast wird in Verbindung mit einem Multicast-Routing-Protokoll, z. B. DVMRP (siehe Abschnitt 4.4), benutzt.

MBone (Multicast-Backbone) ist ein Overlay-Netzwerk, das IP-Multicast implementiert. Eine der beliebtesten Anwendungen, die auf MBone aufsetzen, ist vic, ein Werkzeug, das Videokonferenzen zwischen mehreren Teilnehmern (Multiparty Videoconferencing) unterstützt. vic wird zur Ausstrahlung (Broadcasting) von Seminaren und Konferenzen im Internet benutzt. Zum Beispiel werden IETF-Konferenzen, die in der Regel eine Woche dauern und Tausende von Teilnehmern anziehen, allgemein über MBone gesendet.

Wie VPNs benutzt MBone sowohl IP-Tunnel als auch IP-Adressen. Im Gegensatz zu VPNs implementiert MBone aber einen anderen Weiterleitungsalgorithmus: Es leitet Pakete an alle Downstream-Nachbarn im Shortest-Path-Multicast-Baum weiter. Als Overlay müssen sich Multicast-kundige Router über einen Tunnel durch Legacy-Router hindurch arbeiten in der Hoffnung, dass es eines Tages keine Legacy-Router mehr geben wird.

6-Bone ist ein ähnliches Overlay, das für die inkrementelle Installation von IPv6 benutzt wird. Wie MBone nutzt auch 6-Bone Tunnel zur Weiterleitung von Paketen durch IPv4-Router. Im Gegensatz zu MBone bieten 6-Bone-Knoten aber nicht nur eine neue Interpretation der 32-Bit-Adressen von IPv4, sondern leiten Pakete auf der Grundlage des 128-Bit-Adressraums von IPv6 weiter. Außerdem unterstützt 6-Bone genau wie IPv6 Multicast.

Endsystem-Multicast

Obwohl MBone nach wie vor ein beliebtes Overlay ist, konnte IP-Multicast die Welt nicht im Sturm erobern. Als Reaktion darauf wenden sich viele auf Multicast basierende Anwendungen, wie Videokonferenzen, einer alternativen Strategie zu, die als *Endsystem-Multicast* bezeichnet wird. Der zu Grunde liegenden Idee zufolge akzeptiert Endsystem-Multicast, dass IP-Multicast nie allgegenwärtig sein wird und überlässt es stattdessen den Endhosts, die an einer bestimmten Multicast-Anwendung teilnehmen, ihre eigenen Multicast-Bäume zu implementieren. (Als Einschub wäre anzumerken, dass es eine geistige Richtung gibt, die behauptet, IP-Multicast habe keine Akzeptanz gefunden, weil es einfach nicht auf die Netzwerkschicht gehört, da es Funktionalität der höheren Schichten, wie z. B. Fehler-, Fluss- und Überlaufkontrolle sowie Mitgliedsmanagement, unterstützen muss.)

Bevor wir beschreiben, wie Endsystem-Multicast funktioniert, muss man zuerst verstehen, dass Endsystem-Multicast im Gegensatz zu VPNs und MBone davon ausgeht, dass nur Internet-Hosts (im Gegensatz zu Internet-Routern) am Overlay beteiligt sind. Außerdem tauschen diese Hosts normalerweise Nachrichten durch UDP-Tunnel und nicht durch IP-Tunnel miteinander aus, was ihre Implementierung als reguläre Anwendungsprogramme vereinfacht. Dadurch kann man das zu Grunde liegende Netzwerk als vollständig verbundenen Graphen betrachten, weil jeder Host im Internet in der Lage ist, eine Nachricht an jeden anderen Host zu senden. Aus abstrakter Sicht löst Endsystem-Multicast dann folgendes Problem: Ausgehend von einem vollständig verbundenen Graphen, der das Internet darstellt, liegt das Ziel darin, den eingebetteten Multicast-Baum zu finden, der sich über alle Gruppenmitglieder erstreckt.

Da wir von der vollständigen Verbindung des zu Grunde liegenden Internet ausgehen, würde eine naive Lösung darin bestehen, jede Quelle direkt mit jedem Gruppenmitglied zu verbinden. Mit anderen Worten: Endsystem-Multicast könnte dadurch implementiert werden, dass man jeden Knoten Unicast-Nachrichten an jedes Gruppenmitglied senden lässt. Um das dabei entstehende Problem zu verstehen, insbesondere im Vergleich zur Implementierung von IP-Multicast in Routern, betrachten wir die Beispieltopologie in Abbildung 9.19. Abbildung 9.19(a) zeigt eine physikalische Beispieltopologie, in der R1 und R2 zwei über eine transkontinentale Leitung mit niedriger Bandbreite verbundene Router sind. A, B, C und D sind Endhosts; Leitungsverzögerungen werden als Kantengewichte angegeben. Unter der Annahme, dass A eine Multicast-Nachricht an die anderen drei Hosts senden möchte, zeigt Abbildung 9.19(b), wie naiv die Unicast-Übertragung funktionieren würde. Das ist natürlich unerwünscht, weil ein und dieselbe Nachricht die Leitung A-F1 dreimal überqueren muss und zwei Kopien der Nachricht R1-R2 durchqueren. Abbildung 9.19(c) zeigt den von DVMRP gebildeten IP-Multicast-Baum. Hier ist ganz klar ersichtlich, dass dieser Ansatz redundante Nachrichten vermeidet. Ohne Unterstützung durch die Router ist allerdings das Beste, was wir uns mit Endsystem-Multicast erhoffen können, ein mit demjenigen in Abbildung 9.19(d) vergleichbarer

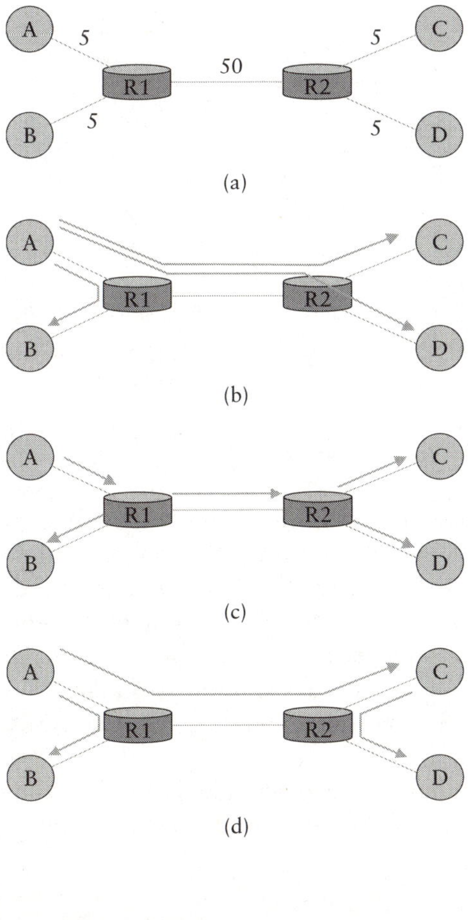

Abb. 9.19: Abbildung alternativer Multicast-Bäume auf eine physikalische Topologie: (a) physikalische Topologie, (b) naive Unicast-Übertragung, (c) auf der Netzwerkebene (durch Router) gebildeter Multicast-Baum, (d) auf der Anwendungsebene (durch Endhosts) gebildeter Multicast-Baum.

Baum. Endsystem-Multicast definiert eine Architektur für die Konstruktion dieses Baums.

Der allgemeine Ansatz ist die Unterstützung mehrerer Ebenen von Overlay-Netzwerken, von denen jedes einen Subgraphen aus dem darunter liegenden Overlay extrahiert, bis wir den Subgraphen gewählt haben, den die Anwendung erwartet. Insbesondere für Endsystem-Multicast geschieht dies in zwei Stufen: Zuerst bilden wir ein einfaches *Maschen*-Overlay, das auf das vollständig verbundene Internet aufsetzt, dann wählen wir einen Multicast-Baum innerhalb dieses Maschennetzes. Die Idee ist in Abbildung 9.20 dargestellt, wobei wieder von den vier Endhosts A, B, C und D ausgegangen wird. Der erste Schritt ist der kritische: Nachdem wir ein geeignetes Maschen-Overlay gewählt haben, führen wir einfach einen standardisierten Multicast-Routing-Algorithmus (z. B. DVMRP) darauf aus, um den Multicast-Baum zu bilden. Wir können uns auch den Luxus leisten, die im Internet-weiten Multicast inhärente Skalierbarkeitsfrage zu ignorieren, weil das dazwischenliegende Maschennetz so gewählt werden kann, dass es nur die Knoten beinhaltet, die wir in einer bestimmten Multicast-Gruppe teilnehmen lassen wollen.

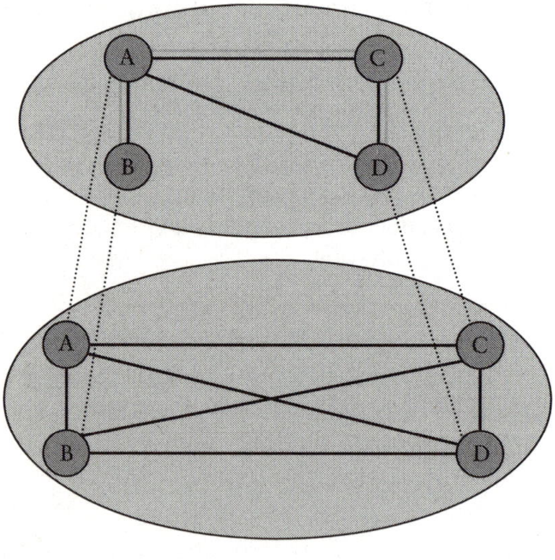

Abb. 9.20: Ein in einem Maschen-Overlay eingebetteter Multicast-Baum

Der Schlüssel für die Konstruktion des zwischenliegenden Maschen-Overlays liegt in der Auswahl einer Topologie, die grob der physikalischen Topologie des zu Grunde liegenden Internet entspricht. Wir müssen das aber erreichen, ohne dass uns irgendeiner sagt, wie das zu Grunde liegende Internet tatsächlich aussieht, weil wir nur mit Endhosts und nicht mit Routern arbeiten. Die allgemeine Strategie besagt, dass die Endhosts die Roundtrip-Latenz zu anderen Knoten messen und nur dann entscheiden, das Maschennetz mit weiteren Leitungen auszuweiten, wenn ihnen das gefällt, was sie sehen. Das funktioniert wie folgt:

Unter der Annahme eines bereits bestehenden Maschennetzes tauscht jeder Knoten zuerst die Liste aller anderen Knoten, die seiner Meinung nach am Maschennetz beteiligt sind, mit seinen direkt angeschlossenen Nachbarn aus. Empfängt ein Knoten eine solche Mitgliedschaftsliste von einem Nachbarn, integriert er diese Informationen in seine Mitgliedschaftsliste und leitet die resultierende Liste an seine Nachbarn weiter. Diese Informationen breiten sich letztendlich durch das Maschennetz aus, ähnlich wie in einem Distanzvektor-Routing-Protokoll.

Möchte ein Host dem Multicast-Overlay beitreten, muss er die IP-Adresse von mindestens einem anderen, bereits im Overlay befindlichen Knoten wissen. Dann sendet er eine Nachricht vom Typ »Join Mesh« an diesen Knoten. Letzterer verbindet den neuen Knoten durch eine Kante zu dem bekannten Knoten mit dem Maschennetz. Im Allgemeinen kann der neue Knoten eine Join-Nachricht an mehrere aktuelle Knoten senden, wodurch er dem Maschennetz über mehrere Verbindungen beitritt. Hat sich ein Knoten durch eine Reihe von Verbindungen auf das Maschennetz aufgeschaltet, sendet er periodisch »Keep alive«-Nachrichten an seine Nachbarn, um diese wissen zu lassen, dass er noch in der Gruppe bleiben will.

Möchte ein Knoten die Gruppe verlassen, sendet er eine Nachricht vom Typ »Leave Mesh« an seine direkt angeschlossenen Nachbarn. Diese Information wird über die oben beschriebene Mitgliedschaftsliste an die anderen Knoten im Maschennetz verteilt. Alternativ kann ein Knoten ausfallen oder einfach stillschweigend die Gruppe verlassen, was seine Nachbarn dadurch erkennen, dass er keine »Keep alive«-Nachrichten mehr sendet. Der Abgang einiger Knoten hat kaum eine Auswirkung auf das Maschennetz. Sollte ein Knoten aber erkennen, dass sich das Maschennetz auf Grund eines verlassenden Knotens zersplittert, sendet er eine »Join-Mesh«-Nachricht an einen Knoten im abgetrennten Bereich des Maschennetzes und erzeugt so eine neue Kante zu diesem Knoten. Man beachte, dass möglicherweise mehrere Nachbarn gleichzeitig eine Abtrennung im Maschennetz feststellen, was zur Hinzufügung mehrerer Kanten über die abgetrennten Bereiche des Maschennetzes führt.

Der bisherigen Beschreibung zufolge erhalten wir schließlich ein Maschennetz, bei dem es sich um einen Subgraphen des ursprünglichen, vollständig verbundenen Internet handelt, dessen Leistung aus folgenden Gründen aber nicht optimal sein kann: (1) Die anfängliche Nachbarnauswahl erweitert die Topologie wahllos um zusätzliche Verbindungen; (2) durch die Behebung einer Abtrennung könnten Kanten hinzugefügt werden, die lediglich im Moment, nicht aber langfristig nützlich sind; (3) die Gruppenmitgliedschaft kann sich auf Grund dynamischer Beitritte und Abgänge ändern; und (4) die zu Grunde liegenden Netzwerkbedingungen können sich ändern. Deshalb müssen wir darauf achten, dass das System die Nützlichkeit jeder Kante auswertet, was dazu führt, dass im Lauf der Zeit neue Kanten zum Maschennetz hinzugefügt und vorhandene entfernt werden.

Um neue Kanten hinzuzufügen, sondiert jeder Knoten i periodisch ein zufälliges Mitglied j, das momentan nicht am Maschennetz angeschlossen ist, misst die Roundtrip-Latenz der Kante (i, j) und bewertet dann die Nützlichkeit der Hinzufügung dieser Kante. Liegt die Nützlichkeit oberhalb eines bestimmten Schwellenwerts, wird Verbindung (i, j) zum Maschennetz hinzugefügt. Diese Bewertung kann etwa so aussehen:

```
EvaluateUtility(j)
  utility = 0
  for each member m not equal to i
      CL = current latency to node m along route through mesh
      if (NL < CL) thenNL = new latency to node m along mesh if edge (i, j) is added
          utility += (CL – NL)/CL
  return utility
```

Die Entscheidung für oder gegen die Entfernung einer Kante ist ähnlich, außer dass jeder Knoten *i* die Kosten jeder Verbindung zum aktuellen Nachbarn *j* wie folgt berechnet:

```
EvaluateCost(j)
  Cost_ij = number of members for which i uses j as next hop
  Cost_ji = number of members for which j uses i as next hop
  return max(Cost_ij, Cost_ji)
```

Danach sucht er sich den Nachbarn mit den geringsten Kosten aus und entfernt ihn, wenn die Kosten unter einen bestimmten Schwellenwert fallen.

Zum Schluss noch ein Punkt: Da das Maschennetz unter Verwendung von etwas gepflegt wird, das im Wesentlichen ein Distanzvektor-Protokoll ist, ist es ein Leichtes, DVMRP auszuführen, um einen entsprechenden Multicast-Baum im Maschennetz zu finden. Obwohl zwar unmöglich nachgewiesen werden kann, dass das eben beschriebene Protokoll zu einem optimalen Maschennetzwerk führt, sodass DVMRP den bestmöglichen Multicast-Baum auswählen kann, weisen Simulationen und umfangreiche praktische Erfahrungen darauf hin, dass es gute Arbeit leistet.

Resiliente Overlay-Netzwerke

Ein weiteres, an Beliebtheit gewinnendes Routing-Overlay findet alternative Routen für traditionelle Unicast-Anwendungen. Solche Overlay-Netzwerke machen sich die Tatsache zunutze, dass die Dreiecksungleichheit (Triangle Inequality) im Internet nicht greift. Abbildung 9.21 zeigt, was wir damit meinen. Es ist nicht unüblich, dass im Internet drei Standorte – nennen wir sie A, B und C – so liegen, dass die Latenz zwischen A und B größer als die Summe der Latenzen von A zu C und von C zu B ist. Das heißt, manchmal wäre es besser, seine Pakete indirekt über einen zwischenliegenden Knoten als direkt an das Ziel zu senden.

Wie kann das sein? Nun, BGP hat nie versprochen, dass es die *kürzeste* Route zwischen zwei Standorten finden würde; es versucht lediglich, *irgendeine* Route zu finden. Um die Lage noch zu verschlimmern, gibt es zahllose Gelegenheiten, mit auf Menschen ausgerichteten Regeln (Policies), den Normalbetrieb von BGP umzustoßen. Das passiert z. B. oft an Peering-Punkten zwischen großen Backbone-ISPs. Kurz, dass die Dreiecksungleichheit im Internet nicht greift, sollte nicht überraschen.

Wie nutzen wir diese Tatsache? Im ersten Schritt muss man erkennen, dass es grundsätzlich einen Kompromiss zwischen der Skalierbarkeit und dem Optimum

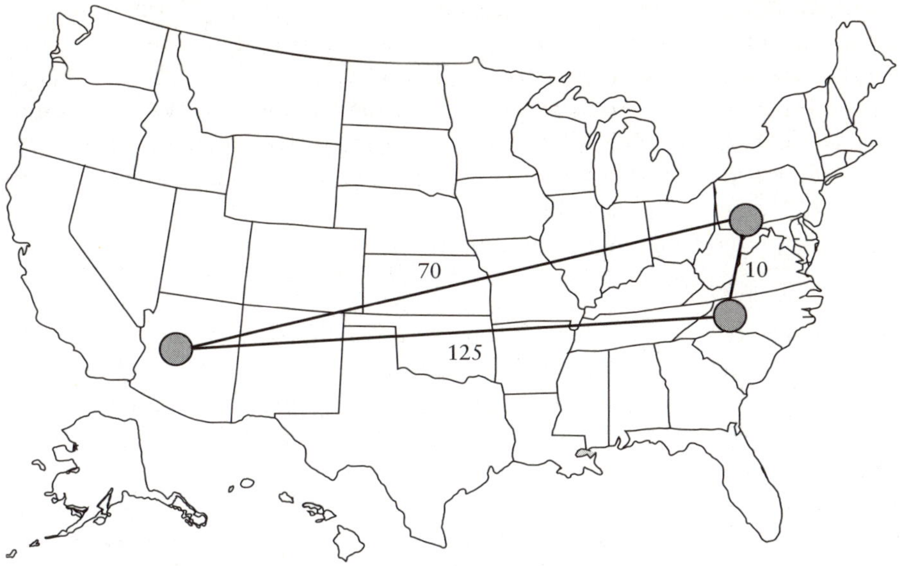

Abb. 9.21: Die Dreiecksungleichheit greift nicht unbedingt in Netzwerken.

eines Routing-Algorithmus gibt. Einerseits skaliert BGP auf sehr große Netzwerke, wählt aber oft nicht die bestmögliche Route und passt sich nur langsam an Netzwerkausfälle an. Andererseits – falls man nur am Finden der besten Route unter einer Handvoll von Standorten interessiert ist – könnte man durch Überwachung der Qualität jedes potenziell benutzten Pfads viel mehr erreichen, indem man jederzeit die bestmögliche Route auswählen kann.

Ein experimentelles Overlay namens RON (für Resilient Overlay Network) bewirkt genau das. RON skaliert nur auf einige Dutzend Knoten, weil es eine *NxN*-Strategie anwendet und dabei drei Aspekte der Pfadqualität (über aktive Sonden) zwischen jedem Standortpaar streng überwacht: Latenz, verfügbare Bandbreite und Ausfallwahrscheinlichkeit. Dadurch kann es sowohl die optimale Route zwischen einem beliebigen Knotenpaar auswählen als auch Routen schnell wechseln, falls sich die Netzwerkbedingungen ändern. Bisherige Erfahrungen haben gezeigt, dass RON in der Lage ist, Anwendungen bescheidene Leistungsverbesserungen zu bieten. Noch wichtiger ist aber, dass es sich viel schneller von Netzwerkausfällen erholen kann. Zum Beispiel lief 2001 eine Version von RON über eine 64-Stunden-Periode auf 12 Knoten, erkannte dabei 32 Störungen, die mehr als 30 Minuten andauerten, und war in der Lage, im Durchschnitt in weniger als 20 Sekunden das Netz wieder herzustellen. Dieses Experiment deutete auch darauf hin, dass die Weiterleitung von Daten durch nur einen zwischenliegenden Knoten normalerweise ausreicht, um Störungen des Internet zu kompensieren.

Da RON nicht skaliert, kann es nicht benutzt werden, um irgendeinem Host A zu helfen, mit irgendeinem Host B zu kommunizieren. A und B müssen im Voraus wissen, dass sie demnächst kommunizieren wollen und dann dem gleichen RON beitreten. RON scheint aber unter bestimmten Umständen ein gutes Prinzip zu sein, beispielsweise für die Verbindung von ein paar Dutzend Firmenstandorten, die sich quer über das Internet verteilen, oder wenn sich ein Benutzer und seine 50 Freunde ein eigenes privates Overlay einrichten wollen, um irgendeine Anwendung auszuführen. Die eigentliche Frage lautet allerdings: Was passiert, wenn jeder anfängt, sein eigenes RON zu fahren? Wird das Netzwerk durch den Overhead, den das intensive Überwachen von Pfaden durch Millionen von RONs verursacht, überschwemmt? Erhält dann noch irgendeiner eine Verbesserung, wenn viele RONs um die gleichen Pfade konkurrieren? Diese Fragen sind immer noch unbeantwortet.

▶ Alle oben dargestellten Overlay-Netzwerke weisen ein Konzept auf, das im Allgemeinen im Mittelpunkt von Rechnernetzen steht: *Virtualisierung*. Das heißt, dass es möglich ist, aus abstrakten (logischen) Ressourcen ein virtuelles Netzwerk zu konstruieren, das auf ein physikalisches, aus physikalischen Ressourcen bestehendes Netzwerk aufsetzt. Außerdem ist es möglich, diese virtuellen Netzwerke übereinander zu stapeln, und mehrere virtuelle Netzwerke können auf der gleichen Ebene koexistieren. Jedes virtuelle Netzwerk kann seinerseits neue Fähigkeiten bieten, die für einige Benutzer, Anwendungen oder höherschichtige Netzwerke wertvoll sind.

9.4.2 Peer-to-Peer-Netzwerke

Neuere gemeinsam genutzte Musikanwendungen wie Napster und KaZaA haben den Begriff »Peer-to-Peer« in die Volkssprache eingeführt. Doch was bedeutet es eigentlich für ein System, »peer-to-peer« zu sein? Sicherlich bedeutet es im Zusammenhang mit der gemeinsamen Nutzung von MP3-Dateien, dass man keine Musik von einem zentralen Standort herunterladen muss, sondern stattdessen direkt auf Musikdateien von jemandem im Internet zugreifen kann, der zufällig eine Kopie auf seinem Computer gespeichert hat. Allgemeiner könnte man dann sagen, dass es ein Peer-to-Peer-Netzwerk einer Benutzergemeinschaft ermöglicht, ihre Ressourcen (Inhalt, Speicher, Netzwerkbandbreite, Plattenbandbreite, CPU) zu poolen und dadurch Zugang zu viel größeren Archivspeichern, größeren Video/Audio-Konferenzen, komplexeren Suchoperationen und Berechnungen usw., zu bieten als sich ein einzelner Benutzer leisten könnte.

Recht häufig werden Attribute wie *dezentral* und *selbstorganisierend* in Zusammenhang mit Peer-to-Peer-Netzwerken erwähnt, was bedeutet, dass einzelne Knoten sich in einem Netzwerk ohne jegliche zentrale Koordination selbst organisieren. Denkt man darüber nach, könnten Begriffe wie diese benutzt werden, um das Internet selbst zu beschreiben. Ironisch ist allerdings, dass Napster dieser Definition zufolge kein echtes Peer-to-Peer-System ist, weil es von einem zentralen Dateien-Register abhängt, und Benutzer dieses Verzeichnis durchsuchen müssen, um herauszufinden, welche Maschine eine bestimmte Datei vorhält. Lediglich der letzte Schritt – das eigentliche Herunterladen der Datei – erfolgt zwischen Computern, die zwei Benutzern gehören; das ist aber kaum mehr als eine herkömmliche Client/Server-

Transaktion. Der einzige Unterschied besteht darin, dass der Server einem anderen Benutzer und nicht einem Großunternehmen gehört.

Das führt uns zur ursprünglichen Frage zurück: Was ist so interessant an Peer-to-Peer-Netzwerken? Eine Antwort ist, dass sowohl der Prozess des Auffindens eines interessierenden Objekts als auch der Prozess des Herunterladens dieses Objekts auf einen lokalen Computer stattfinden, ohne dass der Benutzer eine zentrale Autorität kontaktieren muss, und dass das System gleichzeitig in der Lage ist, auf Millionen von Knoten zu skalieren. Ein Peer-to-Peer-System, das diese beiden Aufgaben dezentral bewältigen kann, erweist sich als Overlay-Netzwerk, wobei die Knoten die Hosts sind, die interessierende Objekte (z. B. Musik- oder andere Dateien) gemeinsam nutzen wollen, und die Leitungen (Tunnel), die diese Knoten verbinden, die Rechnersequenz darstellen, die man besuchen muss, um das gewünschte Objekt ausfindig zu machen. Diese Beschreibung wird später, nachdem wir uns zwei Beispiele angesehen haben, klarer.

Gnutella

Gnutella ist eines der ersten Peer-to-Peer-Netzwerke, mit dem versucht wurde, zwischen dem Austausch von Musik (was meist das Copyright eines Dritten verletzt) und der gemeinsamen Nutzung von Dateien (was gut sein muss, da man uns Teilen ab dem Alter von Zwei beigebracht hat) zu unterscheiden. Interessant ist an Gnutella, dass es eines der ersten Systeme dieser Art war, die nicht von einem zentralen Objektregister abhängen. Stattdessen arrangieren sich Gnutella-Teilnehmer selbst in einem Overlay-Netzwerk, vergleichbar mit demjenigen in Abbildung 9.22. Das bedeutet, dass jeder Knoten, auf dem die Gnutella-Software läuft (d. h., der das Gnutella-Protokoll implementiert), eine Reihe von anderen Computern kennt, die ebenfalls die Gnutella-Software ausführen. Die Beziehung »A und B kennen einander« entspricht den Kanten in diesem Graph. (Wir wenden uns gleich der Frage zu, wie dieser Graph gebildet wird.)

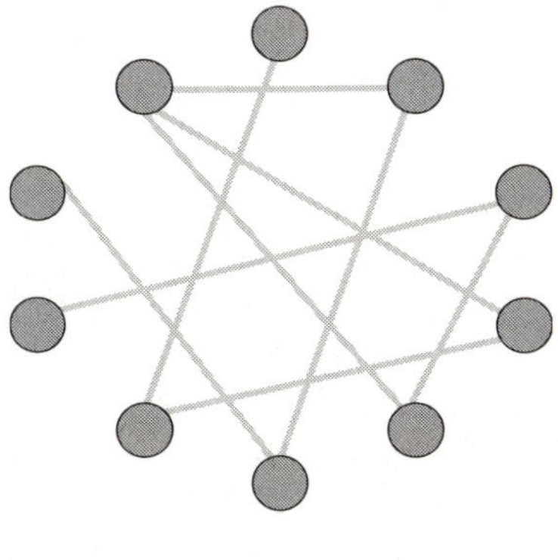

Abb. 9.22: Beispieltopologie eines Gnutella-Peer-to-Peer-Netzwerks

Möchte der Benutzer an einem bestimmten Knoten ein Objekt finden, sendet Gnutella eine QUERY-Nachricht für das Objekt, z. B. durch Angabe des Dateinamens, an seine Nachbarn im Graph. Verfügt einer der Nachbarn über das Objekt, antwortet er dem Knoten, der die Anfrage gesendet hat, mit einer QUERY-RESPONSE-Nachricht, in der er angibt, von wo das Objekt heruntergeladen werden kann (z. B. eine IP-Adresse und TCP-Port-Nummer). Dieser Knoten kann dann GET- oder PUT-Nachrichten benutzen, um auf das Objekt zuzugreifen. Kann der Knoten die Anfrage nicht auflösen, leitet er die QUERY-Nachricht an jeden seiner Nachbarn (mit Ausnahme dessen, der die Anfrage gesendet hat) weiter, und der Prozess wiederholt sich. Mit anderen Worten: Gnutella flutet das Overlay, um das gewünschte Objekt zu finden. Gnutella setzt eine TTL auf jede Anfrage, damit sich eine Flut nicht unendlich fortsetzen kann.

Zusätzlich zur TTL und Anfragekette enthält jede QUERY-Nachricht eine eindeutige Anfrageidentifizierung (Query Identifier, QID), die jedoch nicht die Identität der ursprünglichen Nachrichtenquelle enthält. Stattdessen führt jeder Knoten ein Verzeichnis mit QUERY-Nachrichten, die kürzlich gesendet wurden, in dem die QID und der Nachbar, der die QUERY gesendet hat, aufgezeichnet werden. Diese Aufzeichnung wird auf zweierlei Art verwendet: Erstens leitet der Knoten eine QUERY-Nachricht nicht weiter, falls er bereits eine QUERY mit einer QID erhalten hat, die mit einer kürzlich vorgekommenen übereinstimmt. Das dient dem Zweck, Weiterleitungsschleifen schneller abzuschneiden als dies durch die TTL bewirkt wird. Zweitens weiß der Knoten, wenn er eine QUERY-RESPONSE von einem Downstream-Nachbarn erhält, dass er die Antwort an den Upstream-Nachbar weiterleiten muss, der die QUERY-Nachricht ursprünglich gesendet hat. Auf diese Weise bahnt sich die Antwort ihren Weg zurück zum ursprünglichen Knoten, ohne dass die dazwischenliegenden Knoten wissen, wer das betreffende Objekt überhaupt gesucht hat.

Wir kehren zu der Frage zurück, wie der Graph entsteht. Ein Knoten muss grundsätzlich mindestens einen anderen Knoten kennen, wenn er einem Gnutella-Overlay beitritt. Der neue Knoten ist zumindest über diese Verbindung an das Overlay angeschlossen. Danach lernt ein bestimmter Knoten über andere Knoten aus QUERY-RESPONSE-Nachrichten für Objekte, die er anforderte, oder für Antworten, die ihn zufällig passieren. Einem Knoten steht die Entscheidung frei, welche Knoten, die er auf diese Weise entdeckt, er als Nachbar behalten will. Das Gnutella-Protokoll umfasst PING- und PONG-Nachrichten, mit denen ein Knoten sondieren kann, ob ein bestimmter Nachbar noch existiert bzw. mit denen dieser Nachbar antwortet.

Es sollte klar sein, dass Gnutella kein besonders cleveres Protokoll ist, und mit späteren Systeme wurde versucht, es zu verbessern. Eine Dimension, auf der Verbesserungen möglich sind, ist die Art der Verteilung von Anfragen. Fluten weist das angenehme Merkmal auf, dass das gewünschte Objekt in so wenig Hops wie möglich garantiert gefunden wird, es skaliert aber nicht gut. Anfragen können zufallsgesteuert oder gemäß der Erfolgswahrscheinlichkeit auf der Grundlage früherer Ergebnisse weitergeleitet werden. Eine zweite Dimension ist die proaktive Replikation von Objekten, denn je mehr Kopien von einem bestimmten Objekt vorhanden sind, um so leichter sollte eine Kopie davon zu finden sein. Alternativ könnte man eine völlig unterschiedliche Strategie entwickeln, die das Thema des nächsten Abschnitts darstellt.

Strukturierte Overlays

Während Systeme zur gemeinsamen Nutzung von Dateien darum kämpften, das von Napster hinterlassene Vakuum zu füllen, untersuchte die Forschergemeinschaft ein alternatives Design für Peer-to-Peer-Netzwerke. Wir bezeichnen diese Netzwerke als *strukturiert*, um sie von der im Wesentlichen zufälligen (unstrukturierten) Weise abzuheben, in der sich ein Gnutella-Netzwerk weiterentwickelt. Unstrukturierte Overlays wie Gnutella verwenden triviale Overlay-Konstruktions- und -Wartungsalgorithmen, aber das Beste, was sie zu bieten haben, ist eine unzuverlässige, zufallsgesteuerte Suche. Im Gegensatz dazu sind strukturierte Overlay-Netzwerke auf die Übereinstimmung mit einer bestimmten Graphenstruktur ausgelegt, die zuverlässige und effiziente Objektauffindung (mit auf Wahrscheinlichkeiten basierender Verzögerung) im Gegenzug zur zusätzlichen Komplexität während der Konstruktion und Aufrechterhaltung des Overlay-Netzwerks bietet.

Überlegt man sich auf abstrakter Ebene, was wir hier zu tun versuchen, gilt es, zwei Fragen zu beantworten: (1) Wie bilden wir Objekte auf Knoten ab, und (2) wie dirigieren wir Anfragen an den Knoten, der für ein bestimmtes Objekt zuständig ist? Wir beginnen mit der ersten Frage, für die es eine einfache Aussage gibt: Wie bilden wir ein Objekt mit dem Namen x auf die Adresse eines Knotens n ab, der diesem Objekt dienen kann? Während traditionelle Peer-to-Peer-Netzwerke keine Kontrolle darüber haben, welcher Knoten das Objekt x beherbergt, könnten wir Objekte leichter wiederfinden, wenn wir kontrollieren könnten, wie diese Objekte über das Netzwerk verteilt werden.

Eine bekannte Technik für die Abbildung von Namen auf Adressen verwendet eine Hash-Tabelle, so dass

$$hash(x) \rightarrow n$$

bedeutet, dass Objekt x zuerst auf Knoten n platziert wird und ein Client, der später versucht, x zu finden, lediglich den Hash-Wert von x ermitteln müsste, um festzustellen, dass es sich auf Knoten n befindet. Ein Hash-basierter Ansatz hat die angenehme Eigenschaft, dass er dazu neigt, die Objekte gleichmäßig über eine bestimmte Anzahl von Knoten zu verteilen, jedoch leiden einfache Hash-Algorithmen an einer fatalen Schwäche: Wie viele mögliche Werte von n sollen wir zulassen? (In der Hash-Terminologie heißt das, wie viele Buckets (Eimer) sollte es geben?) Auf naive Weise könnten wir uns auf – sagen wir – 101 mögliche Hash-Werte einigen und eine Modulus-Hash-Funktion benutzen; d. h.

```
hash(x)
    return x % 101
```

Gibt es aber mehr als 101 Knoten, die willens sind, Objekte zu beherbergen, können wir sie leider nicht alle nutzen. Wählen wir andererseits eine größere Zahl als die größtmögliche Anzahl von Knoten, entstehen einige Werte von x, deren Hash-Ergebnis auf die Adresse eines nicht existierenden Knotens fällt. Außerdem besteht der nicht ganz so triviale Aspekt der Übersetzung des Werts, den die Hash-Funktion zurückgibt, in eine tatsächliche IP-Adresse.

Um diese Frage zu lösen, verwenden Peer-to-Peer-Netzwerke einen als *konsistentes Hashing* bezeichneten Algorithmus, der eine Menge von Objekten x gleichmäßig über einen großen ID-Raum hasht. Abbildung 9.23 zeigt einen 128 Bit großen ID-Raum als Kreis, wobei wir den gleichen Algorithmus benutzen, um sowohl Objekte, also

$$\texttt{hash(object\_name)} \rightarrow \texttt{objid},$$

als auch Knoten, also

$$\texttt{hash(IP-addr)} \rightarrow \texttt{nodeid},$$

auf diesem Kreis anzuordnen. Ein ID-Raum von 128 Bit ist enorm; deshalb ist es eher unwahrscheinlich, dass ein Objekt genau auf die gleiche ID wie die IP-Adresse eines Computers hasht. Um diese geringe Wahrscheinlichkeit zu berücksichtigen, wird jedes Objekt auf dem Knoten eingestellt, dessen ID der Objekt-ID in diesem 128-Bit-Raum am *nächsten* liegt. Mit anderen Worten: Die Idee ist es, eine qualitativ hochwertige Hash-Funktion zu verwenden, um sowohl Knoten als auch Objekte auf den gleichen, großen und dünn besäten ID-Raum abzubilden. Dann werden Objekte durch die numerische Nähe ihrer jeweiligen Identifizierungen auf Knoten abgebildet. Wie beim gewöhnlichen Hashing werden Objekte dadurch relativ gleichmäßig auf Knoten verteilt. Im Gegensatz zum gewöhnlichen Hashing muss aber nur eine kleine Objektmenge verschoben werden, wenn ein Knoten (Hash-Bucket) dazustößt oder ausscheidet.

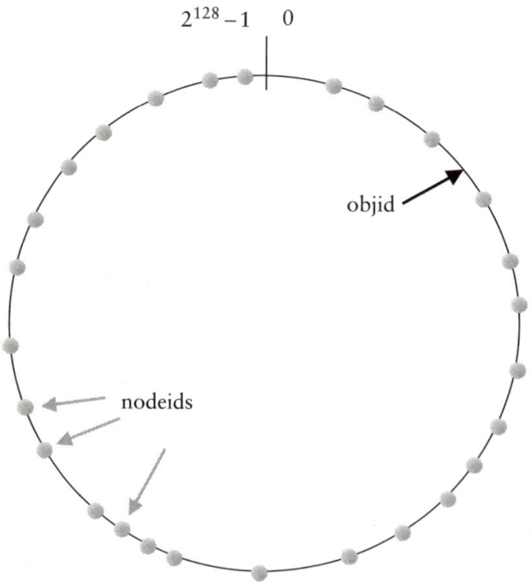

Abb. 9.23: Sowohl Knoten als auch Objekte werden auf den ID-Raum abgebildet (gehasht), wobei sich Objekte auf dem nächsten Knoten in diesem Raum befinden.

Wir wenden uns jetzt der zweiten Frage zu: Wie weiß ein Benutzer, der auf Objekt x zugreifen möchte, welcher Knoten am nächsten zur ID von x in diesem Raum liegt? Eine mögliche Antwort ist, dass jeder Knoten eine vollständige Tabelle mit Knoten-

IDs und den damit verbundenen IP-Adressen verwaltet; das wäre aber bei einem großen Netzwerk nicht praktikabel. Die Alternative – der in strukturierten Peer-to-Peer-Netzwerken verwendete Ansatz, ist die *Weiterleitung einer Nachricht an diesen Knoten*! Mit anderen Worten: Wenn wir das Overlay auf clevere Weise konstruieren, was gleichbedeutend mit der Aussage ist, dass wir Einträge für die Routing-Tabelle eines Knotens auf clevere Weise wählen müssen, dann finden wir einen Knoten einfach dadurch, dass wir in seine Richtung weiterleiten. Dieser Ansatz wird manchmal auch als *Distributed Hash Tables* (DHT) bezeichnet, weil die Hash-Tabelle konzeptionell über alle Knoten im Netzwerk verteilt ist.

In Abbildung 9.24 sehen wir, was mit einem einfachen 128 Bit großen ID-Raum passiert. Um die Diskussion so konkret wie möglich zu halten, betrachten wir den von einem bestimmten Peer-to-Peer-Netzwerk namens Pastry benutzten Ansatz. Andere Systeme funktionieren auf ähnliche Weise. (Siehe Quellenhinweise unter »Weiterführende Literatur« zu Arbeiten mit zusätzlichen Beispielen.)

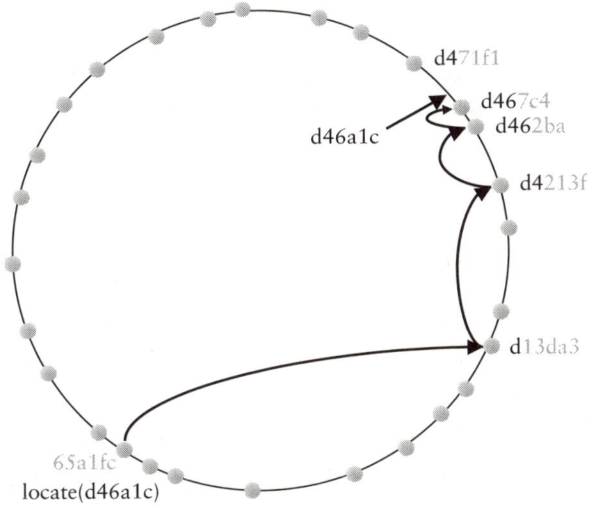

Abb. 9.24: Durch Weiterleitung über das Peer-to-Peer-Overlay-Netzwerk lassen sich Objekte finden.

Angenommen, Sie befinden sich an dem Knoten mit der (hexadezimalen) ID `65a1fc` und versuchen, das Objekt mit der ID `d46a1c` zu finden. Sie stellen fest, dass Ihre ID nichts mit derjenigen des Objekts gemeinsam hat, wissen aber, dass ein Knoten mindestens auch das Präfix `d` hat. Dieser Knoten liegt näher als Sie im 128 Bit großen ID-Raum; deshalb leiten Sie die Nachricht an diesen weiter. (Wir geben das Format der weitergeleiteten Nachricht nicht an, es entspricht aber in etwa folgender Aussage: »Finde Objekt `d46a1c`«.) Unter der Annahme, dass Knoten `d13da3` einen weiteren Knoten kennt, der ein sogar noch längeres Präfix mit dem Objekt gemeinsam hat, leitet er die Nachricht weiter. Dieser Prozess der allmählichen Annäherung im ID-Raum wird solange fortgesetzt, bis man einen Knoten erreicht, der keinen näheren Knoten kennt. Der Definition zufolge ist dieser Knoten derjenige, der das Objekt beherbergt. Man beachte, dass die Nachricht tatsächlich Knoten für Knoten durch das zu Grunde liegende Internet weitergeleitet wird, während wir uns logisch durch den »ID-Raum« bewegen.

Jeder Knoten verwaltet sowohl eine Routing-Tabelle (Näheres weiter unten) und die IP-Adressen einer kleinen Menge numerisch größerer und kleinerer Knoten-IDs. Das wird als *Blattmenge* (Leaf Set) des Knotens bezeichnet. Die Relevanz der Blattmenge ist folgende: Nach der Weiterleitung einer Nachricht an einen Knoten in der gleichen Blattmenge wie der Knoten, auf dem sich das Objekt befindet, kann dieser Knoten die Nachricht direkt an das endgültige Ziel weiterleiten. Anders ausgedrückt, vereinfacht die Blattmenge die korrekte und effiziente Zustellung einer Nachricht an den numerisch nächstliegenden Knoten, auch wenn es mehrere Knoten mit der gleichen maximalen Präfixlänge wie die Objekt-ID gibt. Außerdem macht die Blattmenge das Routing robuster, weil jeder in einer Blattmenge befindliche Knoten eine Nachricht ebenso gut an einen anderen Knoten in der gleichen Menge weiterleiten kann. Ist also ein Knoten nicht in der Lage, durch Weiterleitung einer Nachricht vorwärts zu kommen, könnte das einem seiner Nachbarn in der Blattmenge gelingen. Zusammenfassend wird die Routing-Prozedur wie folgt definiert:

```
if D is within range of my leaf set
    forward to numerically closest member in leaf set
else
let l = length of shared prefix
let d = value of lth digit in D's address
if RouteTab[l,d] exists
    forward to RouteTab[l,d]
else
    forward to known node with at least as long a prefix
    and is numerically closer than this node
```

Die als RouteTab bezeichnete Routing-Tabelle ist ein zweidimensionales Array. Es hat eine Zeile für jede hexadezimale Ziffer in einer ID (in einer 128-Bit-ID gibt es 32 solche Ziffern) und eine Spalte für jeden hexadezimalen Wert (wovon es 16 gibt). Jeder Eintrag in Zeile i hat das gleiche Präfix mit Länge i wie dieser Knoten, und in dieser Zeile hat der Eintrag in Spalte j den hexadezimalen Wert j in Position $i + 1$. Abbildung 9.25 zeigt die ersten drei Zeilen einer Routing-Beispieltabelle für Knoten 65a1fc*x*, wobei *x* ein nicht spezifiziertes Suffix bedeutet. Diese Abbildung zeigt das passende ID-Präfix zu jedem Tabelleneintrag. Sie zeigt nicht den tatsächlichen, im Eintrag enthaltenen Wert – die IP-Adresse des nächsten Knotens, an den weiterzuleiten ist.

Die Erweiterung des Overlay-Netzwerks um einen Knoten ist vergleichbar mit der Weiterleitung einer Nachricht von der Art »Objekt finden« an ein Objekt. Der neue Knoten muss mindestens ein aktuelles Mitglied kennen. Er fordert dieses Mitglied auf, eine Nachricht vom Typ »Knoten hinzufügen« an den Knoten weiterzuleiten, der numerisch der ID des beitretenden Knotens am Nächsten liegt (siehe Abbildung 9.26). Durch diesen Weiterleitungsprozess erfährt der neue Knoten von

Row 0	0 x	1 x	2 x	3 x	4 x	5 x		7 x	8 x	9 x	a x	b x	c x	d x	e x	f x
Row 1	6 0 x	6 1 x	6 2 x	6 3 x	6 4 x		6 6 x	6 7 x	6 8 x	6 9 x	6 a x	6 b x	6 c x	6 d x	6 e x	6 f x
Row 2	6 5 0 x	6 5 1 x	6 5 2 x	6 5 3 x	6 5 4 x	6 5 5 x	6 5 6 x	6 5 7 x	6 5 8 x	6 5 9 x		6 5 b x	6 5 c x	6 5 d x	6 5 e x	6 5 f x
Row 3	6 5 a 0 x		6 5 a 2 x	6 5 a 3 x	6 5 a 4 x	6 5 a 5 x	6 5 a 6 x	6 5 a 7 x	6 5 a 8 x	6 5 a 9 x	6 5 a a x	6 5 a b x	6 5 a c x	6 5 a d x	6 5 a e x	6 5 a f x

Abb. 9.25: Routing-Beispieltabelle des Knotens mit ID 65a1fcx

anderen Knoten mit dem gleichen Präfix und kann beginnen, seine Routing-Tabelle auszufüllen. Im Lauf der Zeit werden weitere Knoten zum Overlay hinzugefügt, und die vorhandenen Knoten haben die Möglichkeit, Informationen über die neuen Knoten in ihre Routing-Tabellen einzutragen. Sie tun das, wenn der neue Knoten ein längeres Präfix als das längste momentan in der Tabelle stehende Präfix hat. Nachbarn in den Blattmengen tauschen auch Routing-Tabellen untereinander aus, was bedeutet, dass sich die Routing-Informationen mit der Zeit durch das Overlay ausbreiten.

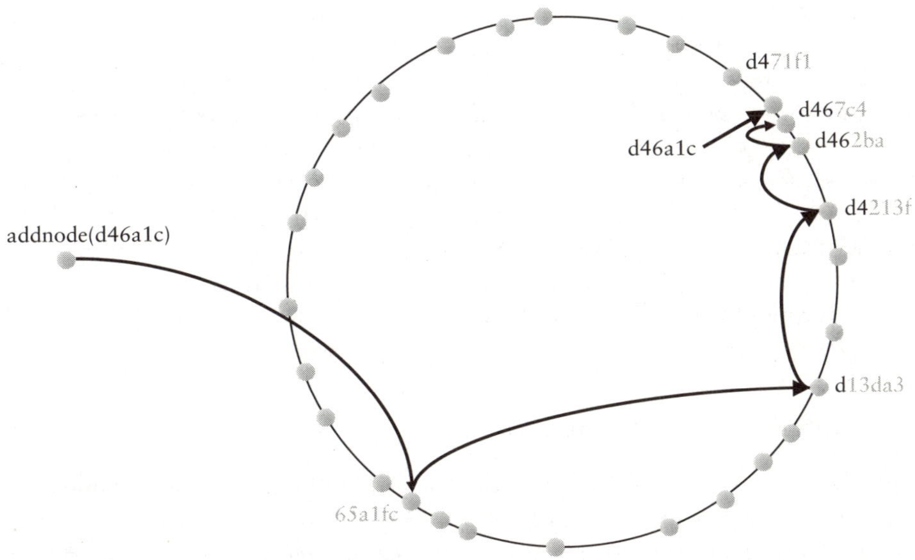

Abb. 9.26: Erweiterung des Netzwerks um einen Knoten

Sie haben vielleicht festgestellt, dass strukturierte Overlay-Netzwerke zwar eine statistische Grenze für die Anzahl der Routing-Hops bieten, die ein bestimmten Objekt suchen müssen – die Anzahl von Hops in Pastry ist auf $\log_{16}N$ begrenzt, wobei N die Knotenzahl im Overlay ist –, dass jeder Hop aber eine beträchtliche Verzögerung bedeuten kann. Das liegt daran, dass sich jeder dazwischenliegende Knoten an einem zufälligen Standort irgendwo im Internet befinden kann. (Im schlechtesten Fall liegt jeder Knoten auf einem anderen Kontinent!) Tatsächlich ist die erwartete Verzögerung jedes Hops in einem weltweiten Overlay-Netzwerk unter Verwendung des oben beschriebenen Algorithmus gleich der durchschnittlichen Verzögerung aller Knotenpaare im Internet! Zum Glück können wir das in der Praxis viel besser bewerkstelligen. Die Idee dabei ist es, jeden Routing-Tabelleneintrag so zu wählen, dass er sich auf einen nahegelegenen Knoten im zu Grunde liegenden physikalischen Netzwerk bezieht, unter Einbeziehung aller Knoten mit einem ID-Präfix, das dem Eintrag entspricht. Hierdurch erreicht man Routing-Verzögerungen von Ende zu Ende, die sich nur um einen kleinen Faktor von der Verzögerung zwischen dem Quell- und Zielknoten unterscheiden.

Unsere bisherige Diskussion hat sich auf das allgemeine Problem des Auffindens von Objekten in einem Peer-to-Peer-Netzwerk konzentriert. Auf der Grundlage einer solchen Routing-Infrastruktur ist es möglich, unterschiedliche Dienste einzurichten. Ein Dienst für die gemeinsame Nutzung von Dateien könnte z. B. Dateinamen als Objektnamen verwenden. Um eine Datei zu finden, hasht man zuerst ihren Namen auf eine entsprechende Objekt-ID und dirigiert dann eine Nachricht vom Typ »Objekt finden« an diese ID. Das System könnte auch jede Datei auf mehrere Knoten replizieren, um die Verfügbarkeit zu verbessern. Das Speichern mehrerer Kopien in der Blattmenge des Knotens, an den eine bestimmte Datei normalerweise weitergeleitet wird, wäre eine Möglichkeit, das zu bewerkstelligen. Man beachte, dass diese Knoten wahrscheinlich physisch quer über das Internet verteilt sind, auch wenn sie im ID-Raum Nachbarn sind. Das heißt also beispielsweise, wenn alle Repliken einer Datei in einem traditionellen Dateisystem durch Stromausfall in einer ganzen Stadt unzugänglich sind, würde höchstwahrscheinlich eine oder mehrere Repliken in einem Peer-to-Peer-Netzwerk einen solchen Ausfall überleben.

Über die gemeinsame Dateinutzung hinausgehende Dienste können ebenfalls mit verteilten Hash-Tabellen eingerichtet werden. Man denke z. B. an Multicast-Anwendungen. Statt einen Multicast-Baum aus einem Maschennetz zu konstruieren, könnte man den Baum aus Kanten im strukturierten Overlay bilden und dadurch die Kosten der Overlay-Konstruktion und -wartung auf mehrere Anwendungen und Multicast-Gruppen verteilen.

9.4.3 Inhaltsverteilungsnetzwerke

Wir haben bereits gesehen, dass die Ausführung von HTTP über TCP es Webbrowsern ermöglicht, Seiten von Webservern zu holen. Allerdings weiß jeder, der schon eine Ewigkeit warten musste, bis eine Webpage angezeigt wird, dass das System weit davon entfernt ist, perfekt zu sein. Bedenkt man, dass die Backbones des Internet heute aus OC-192-Leitungen (10 Gbit/s) bestehen, ist nicht ganz klar, warum das passieren kann. Allgemein besteht Einigkeit darüber, dass es beim Herunterladen von Web-Pages drei potenzielle Engpässe im System zu überwinden gilt:

- Die erste Meile: Auch wenn das Internet über Leitungen mit großer Kapazität verfügt, wird eine Webpage nicht unbedingt schneller heruntergeladen, wenn der Benutzer über ein 56-kbit/s-Modem angeschlossen ist.
- Die letzte Meile: Die Leitung zwischen dem Server und dem Internet sowie zum Server selbst kann durch zu viele Anfragen überlastet sein.
- Peering-Punkte: Die Handvoll von ISPs, die zusammen den Backbone des Internet implementieren, mögen intern Leitungen mit großer Bandbreite haben, sind aber kaum daran interessiert, sich gegenseitig Konnektivität mit großer Kapazität zur Verfügung stellen. Sind Sie an einen ISP A angeschlossen und der Server ist mit ISP B verbunden, kann die von Ihnen angeforderte Page genau an dem Punkt hängen bleiben, an dem das Reich von A an dasjenige von B angrenzt.

Abgesehen vom ersten Problem kann der Einzelne nicht viel tun. Man kann aber Replikation verwenden, um das zweite und dritte Problem anzugehen. Ein System, das sich dessen bedient, wird oft als *Inhaltsverteilungsnetzwerk* (Content Distribution Network, CDN) bezeichnet. Akamai und Digital Island sind die wahrscheinlich am besten bekannten CDNs.

Einem CDN liegt die Idee zugrunde, eine Sammlung von *Surrogat-Servern* (oder Spiegel-Server) geografisch zu verteilen; auf diesen werden Seiten zwischengespeichert, die normalerweise in einer Reihe von Backend-Servern verwaltet werden. Das heißt, statt Millionen Benutzer ewig warten zu lassen, bis sie www.cnn.com kontaktieren können (was man als *Flash-Crowd* bezeichnet), wenn eine Riesengeschichte Schlagzeilen macht, lässt sich diese Last auf viele Server verteilen. Statt mehrere ISPs zu durchqueren, um www.cnn.com zu erreichen, sollte es mit weitläufiger Verteilung dieser Surrogate-Server über alle Backbone-ISPs hinweg außerdem möglich sein, einen zu erreichen, ohne einen Peering-Punkt überqueren zu müssen. Natürlich ist die Pflege Tausender von Surrogate-Servern überall im Internet für einen einzelnen Standort, der bessere Zugriffszeiten auf seine Webpages bieten möchte, viel zu teuer. Kommerzielle CDNs bieten diesen Dienst für viele Sites, sodass sich die Kosten auf viele Kunden verteilen.

Obwohl wir sie Surrogate-Server nennen, müsste man sie eigentlich als Caches betrachten. Verfügen sie nicht über die von einem Client angeforderte Page, wenden sie sich an den Backend-Server. In der Praxis replizieren die Backend-Server aber ihre Daten proaktiv auf die Spiegel-Server, statt zu warten, bis diese selbst anfragen. Dabei werden nur statische Seiten, im Gegensatz zu dynamischen Inhalten, auf die Surrogate-Server verteilt werden. Clients müssen sich dann an den Backend-Server wenden, um einen häufig aktualisierten Inhalt (z. B. Sportergebnisse und Aktienkurse) oder einen berechneten Inhalt (z. B. eine Datenbankanfrage) zu erhalten.

Eine große Anzahl geografisch verteilter Server löst das Problem aber nicht ganz. Um das Bild abzurunden, müssen CDNs auch eine Reihe von *Redirectors* bereitstellen, die Client-Anfragen an den geeignetsten Server weiterleiten (siehe Abbildung 9.27). Mit Redirectors wird primär das Ziel verfolgt, für jede Anfrage den Server auszuwählen, der zur besten *Antwortzeit* (Response Time) für den Client führt. Ein zweites Ziel ist es, für das System als Ganzes so viele Anfragen pro Sekunde zu verarbeiten, wie die zu Grunde liegende Hardware (Netzwerkleitungen und Webserver) unterstützen kann. Die durchschnittliche Anzahl von Anfragen, die innerhalb einer bestimmten Zeit erfüllt werden kann, wird als *Systemdurchsatz* (System Throughput) bezeichnet. Das ist ein vorrangiger Faktor, wenn das System stark belastet ist, z. B. wenn eine Flash-Crowd auf eine kleine Anzahl von Seiten zugreift oder ein DDoS-Angreifer (Distributed Denial of Service) es auf eine bestimmte Site abgesehen hat, was mit CNN, Yahoo und mehreren anderen bestens bekannten Sites im Februar 2000 geschehen ist.

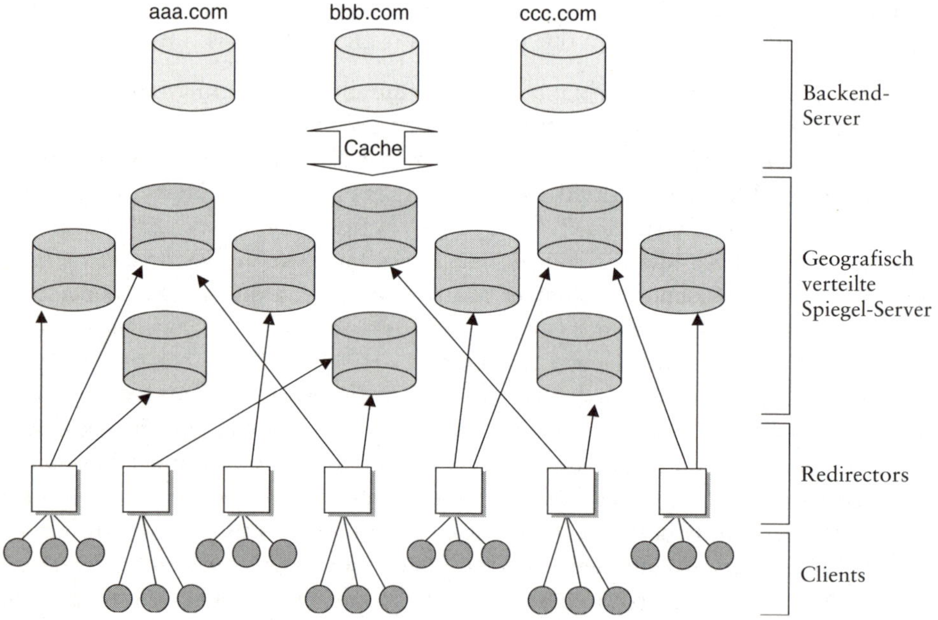

Abb. 9.27: Die Komponenten eines Inhaltsverteilungsnetzwerks (CDN)

CDNs stützen sich bei der Entscheidung, wie Client-Anfragen verteilt werden sollen, auf mehrere Faktoren. Um z. B. die Antwortzeit zu minimieren, wählt ein Redirector vielleicht einen Server auf der Grundlage seiner Nähe zum Netzwerk. Um im Gegensatz dazu den Systemdurchsatz insgesamt zu verbessern, ist es wünschenswert, die Last *gleichmäßig* auf eine Server-Menge zu verteilen. Sowohl der Durchsatz als auch die Antwortzeit werden verbessert, wenn der Verteilungsmechanismus die *Lokalität* (Locality) berücksichtigt, d. h. einen Server wählt, in dessen Cache sich die angeforderte Page höchstwahrscheinlich bereits befindet. Die genaue Kombination von

Faktoren, die ein CDN berücksichtigen sollte, steht in der Diskussion. Im folgenden Abschnitt betrachten wir einige Möglichkeiten.

Mechanismen

Wie bisher beschrieben, ist ein Redirector lediglich eine abstrakte Funktion, obwohl es sich wie etwas anhört, das ein Router ausführt, weil er eine Anfragenachricht logisch weiterleitet, ähnlich wie ein Router Pakete weiterleitet. Tatsächlich gibt es mehrere Mechanismen, die man benutzen kann, um Redirection (Umadressierung) zu implementieren. Für den Zweck dieser Diskussion gehen wir davon aus, dass jeder Redirector die Adresse jedes verfügbaren Servers kennt. (Von hier ab lassen wir das näher bestimmende Wort »Surrogat« weg und sprechen einfach nur von einer Server-Menge.) In der Praxis erfolgt eine Art von Out-of-Band-Kommunikation, um diese Informationen im Zuge beitretender und ausscheidender Server auf dem neuesten Stand zu halten.

Erstens lässt sich Redirection dadurch implementieren, dass man DNS erweitert, um Clients unterschiedliche Server-Adressen zurückzugeben. Fordert ein Client z. B. die Auflösung des Namens www.cnn.com an, könnte der DNS-Server die IP-Adresse eines Servers zurückgeben, auf dem sich Webpages von CNN befinden und der gerade am wenigsten überlastet ist. Alternativ kann man einfach Adressen für eine bestimmte Server-Menge im Round-Robin-Verfahren zurückgeben lassen. Die Granularität einer auf DNS basierten Redirection ist normalerweise site-spezifisch (z. B. cnn.com) und nicht URL-spezifisch (z. B. http://www.cnn.com/2002/WORLD/europe/06/21/william.birthday/index.html). Wird eine eingebettete Verknüpfung zurückgegeben, kann der Server die URL umschreiben und dadurch den Client auf den für das spezifische Objekt geeignetesten Server verweisen.

Kommerzielle CDNs verwenden im Wesentlichen eine Kombination aus URL-Umschreibung und DNS-basierter Redirection. Aus Gründen der Skalierbarkeit verweist der DNS-Server auf hoher Ebene zuerst auf einen DNS-Server der regionalen Ebene, der dann mit der tatsächlichen Server-Adresse antwortet. Um rasch auf Änderungen reagieren zu können, drücken die DNS-Server die TTL der von ihnen zurückgegebenen Ressourcendatensätze auf ein sehr kurzes Intervall, z. B. 20 Sekunden. Das ist notwendig, damit Clients keine Ergebnisse zwischenspeichern und dadurch nicht mehr zum DNS-Server zurückkehren, um den jeweils neuesten URL/Server-Verweis zu holen.

Eine weitere Möglichkeit ist die Verwendung des Redirect-Feature von HTTP: Der Client sendet eine Anfragenachricht an einen Server, der mit einem neuen (besseren) Server antwortet, den der Client für die Page kontaktieren soll. Leider führt die Server-basierte Redirection zu zusätzlicher Roundtrip-Zeit im Internet und – noch schlimmer – Server können an einer durch die Redirection-Aufgabe selbst überlastet werden. Befindet sich ein Knoten stattdessen in der Nähe des Client, z. B. ein lokaler Web-Proxy, der verfügbare Server kennt, dann kann er die Anfragenachricht abfangen und den Client anweisen, die Page von einem entsprechenden Server anzufordern. In diesem Fall müsste entweder der Redirector an einem zentralen Knotenpunkt (Choke Point) sitzen, den alle von der Site abgehende Anfragen passieren, oder der Client müsste durch explizite Adressierung des Proxy kooperieren (wie bei einem klassischen, im Gegensatz zu einem transparenten Proxy).

An diesem Punkt fragt sich der Leser vielleicht, was CDNs mit Overlay-Netzwerken zu tun haben. Während die Betrachtung eines CDN als Overlay ein bisschen weit hergeholt zu sein scheint, weisen beide doch ein sehr wichtiges gemeinsames Merkmal auf. Wie ein Overlay-Knoten trifft ein Proxy-basierter Redirector seine Routing-Entscheidung auf Anwendungsebene. Statt ein Paket anhand einer Adresse und seiner Kenntnis der Netzwerktopologie zu befördern, leitet er HTTP-Anfragen anhand einer URL und seiner Kenntnis des Standorts und der Belastung von Servern weitern. Die heutige Internet-Architektur unterstützt keine direkte Redirection, wobei wir mit »direkt« meinen, dass der Client die HTTP-Anfrage an den Redirector sendet, der sie wiederum an das Ziel weiterleitet. Redirection wird im typischen Fall also indirekt implementiert, wobei der Redirector die entsprechende Zieladresse zurückgibt und der Client den Server selbst kontaktiert.

Regeln (Policies)

Wir betrachten jetzt einige Beispielregeln, die Redirectors anwenden können, um Anfragen weiterzuleiten. Eigentlich haben wir eine einfache Regel – Round-Robin – bereits erwähnt. Ein ähnliches Schema wäre die einfache, zufallsgesteuerte Auswahl der verfügbaren Server. Beide Ansätze sind recht gut in der gleichmäßigen Verteilung der Last im CDN, sind aber nicht so gut darin, die vom Client wahrgenommene Antwortzeit zu verringern.

Ganz offensichtlich berücksichtigt keiner dieser beiden Ansätze die Netzwerknähe; vor allem aber ignorieren sie die Lokalität. Das heißt, Anfragen nach der gleichen URL werden an unterschiedliche Server weitergeleitet, was die Wahrscheinlichkeit verringert, dass die Seite vom Cache des ausgewählten Servers ausgegeben wird. Dadurch ist der Server gezwungen, die Seite von seiner Platte oder möglicherweise sogar vom Backend-Server zu holen. Wie kann eine verteilte Menge von Redirectors veranlassen, dass Anfragen nach der gleichen Seite ohne globale Koordination zum gleichen Server (oder einer kleinen Zahl von Servern) gehen? Die Antwort ist überraschend einfach: Alle Redirectors verwenden eine Hashing-Form, um URLs deterministisch auf einen kleinen Wertebereich abzubilden. Der primäre Vorteil dieses Ansatzes ist, dass keine Kommunikation zwischen Redirectors erforderlich ist, um einen koordinierten Ablauf zu erreichen. Der Hashing-Prozess produziert immer die gleiche Ausgabe, gleichgültig, welcher Redirector die URL empfängt.

Was macht also ein gutes Hashing-Schema aus? Das klassische *Modulus*-Hashing-Schema, das jede URL modulo der Anzahl von Servern hasht, ist für diese Umgebung nicht geeignet. Das ist darin begründet, dass die Modulus-Berechnung zu einem verringerten Bruchteil der Seiten mit der gleichen Server-Zuweisungen führt, falls sich die Server-Anzahl ändert. Wir erwarten zwar keine häufigen Änderungen der Server-Menge, jedoch ist die Tatsache, dass die Hinzufügung neuer Server zur Menge eine massive Neuzuweisung verursacht, nicht wünschenswert.

Eine Alternative ist die Verwendung des gleichen *konsistenten Hashing*-Algorithmus, der in Abschnitt 9.4.2 behandelt wurde. Im Besonderen hasht jeder Redirector zuerst jeden Server auf den Einheitskreis. Für jede ankommende URL hasht der Redirector dann auch die URL auf einen Wert im Einheitskreis, und die URL wird dem Server zugewiesen, der seinem Hash-Wert im Kreis am nächsten liegt. Fällt bei diesem Schema ein Knoten aus, wird seine Last auf seine Nachbarn (im Einheitskreis) verlagert, sodass die Hinzufügung oder Entfernung eines Servers lediglich lokale Änderungen in den Anfragezuweisungen nach sich zieht. Im Gegensatz zum Peer-to-Peer-Fall, in dem eine Nachricht von einem Knoten zu einem anderen weitergeleitet wird, um den Server zu finden, dessen ID am nächsten zu den gewünschten Objekten liegt, wissen alle Redirectors, wie die Server-Menge auf den Einheitskreis abgebildet wird, sodass sie unabhängig den jeweils »nächsten« auswählen können.

Diese Strategie lässt sich leicht so erweitern, dass die Server-Last berücksichtigt wird. Angenommen, der Redirector kennt die momentane Last jedes verfügbaren Servers. Diese Information mag nicht unbedingt aktuell sein, jedoch können wir uns vorstellen, dass der Redirector einfach zählt, wie oft er in den letzten paar Sekunden eine Anfrage an jeden Server weitergeleitet hat, und diese Zahl dann als Schätzung der momentanen Last dieses Servers benutzt. Bei Empfang einer URL hasht der Redirector die URL plus jeden der verfügbaren Server und sortiert die resultierenden Werte. Diese sortierte Liste definiert die Reihenfolge, in der die verfügbaren Server vom Redirector betrachtet werden. Dann durchschreitet der Redirector die Liste von oben nach unten, bis er einen Server findet, dessen Last unterhalb eines bestimmten Schwellenwerts liegt. Der Vorteil dieses Ansatzes ist im Vergleich zum einfachen konsistenten Hashing, dass sich die Server-Reihenfolge für jede URL unterscheidet. Fällt also ein Server aus, wird dessen Last gleichmäßig auf die übrigen Maschinen verteilt. Dieser Ansatz bildet die Grundlage für das Cache Array Routing Protocol (CARP) und ist im unten folgenden Pseudocode dargestellt.

```
SelectServer(URL, S)
    for = each server s_i in server set S
        weight_i = hash(URL, address(s_i))
    sort weight
    for each server s_j in decreasing order of weight_j
        if = Load(s_j) < threshold then
            return s_j
    return server with highest weight
```

Mit zunehmender Last ändert sich dieses Schema von der ausschließlichen Verwendung des ersten Servers in der sortierten Liste auf die Verbreitung der Anfragen auf mehrere Server. Einige, normalerweise von »beschäftigten« Servern behandelte Seiten werden allmählich auch von weniger ausgelasteten gehandhabt. Da dieser Prozess auf der Gesamtlast aller Server und nicht auf der Beliebtheit einzelner Seiten basiert, finden Server, auf denen sich einige beliebte Seiten befinden, eventuell weitere Server, mit denen sie ihre Last teilen können, an Stelle von Servern, auf denen sich mehrheitlich unbeliebte Seiten befinden. Im Verlauf des Prozesses werden einige unpopuläre Seiten im System einfach dadurch repliziert, dass sie zufällig vorwiegend auf beschäftigten Servern liegen. Gleichzeitig ist vorstellbar, dass alle Server im System nach und nach für die Bedienung von extrem beliebten Seiten zuständig sind.

Schließlich ist es möglich, Netzwerknähe auf mindestens zweierlei Art in die Gleichung einzubeziehen. Durch die erste Art schwindet die Unterscheidung zwischen Server-Last und Netzwerknähe, da überwacht wird, wie lange ein Server braucht, um Anfragen zu beantworten. Der gemessene Wert wird dann im vorhergehenden Algorithmus als »Server-Last«-Parameter benutzt. Diese Strategie neigt zur Bevorzugung nahegelegener / wenig belasteter Server gegenüber weit entfernten / stark belasteten Servern. In einem zweiten Ansatz wird die Nähe zu einem früheren Zeitpunkt in die Entscheidung eingebunden, indem die vom obigen Algorithmus (S) berücksichtigten Server-Kandidaten auf diejenigen begrenzt werden, die in der Nähe liegen. Das schwierigere Problem ist die Entscheidung, welche der potenziell zahlreichen Server entsprechend nahe liegen. Ein Ansatz wäre es, nur die Server auszuwählen, die beim gleichen ISP wie der Client angesiedelt sind. Ein etwas anspruchsvollerer Ansatz wäre es, sich die vom BGP produzierte Abbildung autonomer Systeme anzusehen und nur die Server-Kandidaten zu wählen, die innerhalb einer bestimmten Anzahl von Hops vom Client entfernt sind. Die richtige Ausgewogenheit zwischen Netzwerknähe und Server-Cache-Lokalität ist Gegenstand aktueller Forschungen.

9.5 Zusammenfassung

Wir haben in diesem Kapitel vier Client/Server-basierte Anwendungsprotokolle gesehen: das im Domain Name System benutzte DNS-Protokoll, das für den Austausch von E-Mail benutzte SMTP, das im World Wide Web benutzte HTTP und das für die Abfrage von entfernten Knoten im Rahmen des Netzwerkmanagements benutzte SNMP. Außerdem haben wir einige Protokolle der Anwendungsebene, z. B. RTP und SIP, behandelt, die zur Kontrolle und Wiedergabe von Multimedia-Anwendungen wie vic und vat benutzt werden, sowie den neu sich abzeichnenden Voice-over-IP-Dienst. Schließlich haben wir neue Anwendungen betrachtet, darunter Overlay-, Peer-to-Peer- und Inhaltsverteilungsnetzwerke (CDNs), die auf einer innovativen Mischung zwischen Anwendungsverarbeitung und Paketweiterleitung basieren.

Anwendungsprotokolle sind seltsame Gesellen. Auf vielerlei Art verhalten sich die traditionellen Client/Server-Anwendungen wie eine weitere Transportprotokollschicht, außer dass sie anwendungsspezifische Kenntnis haben. Man könnte argumentieren, dass sie lediglich spezialisierte Transportprotokolle sind, und dass Transportprotokolle aufeinander aufsetzen, um schließlich genau den von der Anwendung benötigten Dienst bereitzustellen. Auf ähnliche Weise kann man die Overlay- und Peer-to-Peer-Protokolle als Bereitstellung einer alternativen Routing-Infrastruktur betrachten, allerdings wiederum einer, die auf die Anforderungen einer bestimmten Anwendung zugeschritten ist. Als einzige Gewissheit entnehmen wir dieser Beobachtung, dass sich das Design von Anwendungsschichtprotokollen eigentlich nicht vom Design von Kernnetzwerkprotokollen unterscheidet, und dass sich das Design der ersteren verbessert, je besser man die letzteren versteht.

Offene Fragen
Neue Netzwerkarchitektur

Es ist schwierig, mit dem Finger auf eine ganz bestimmte offene Frage im Bereich der Anwendungsprotokolle zu zeigen. Der gesamte Bereich ist offen, da täglich neue Anwendungen erfunden werden, und die Netzwerkbedürfnisse dieser Anwendungen ebenfalls anwendungsabhängig sind. Als echte Herausforderung müssen Netzwerkentwickler erkennen, dass sich die Anforderungen der Anwendungen an das Netzwerk im Lauf der Zeit ändern, und dass diese Änderungen im Grunde vorgeben, wie wir die Transportprotokolle entwickeln und mit welcher Funktionalität wir Netzwerk-Router ausstatten.

Die Entwicklung neuer Transportprotokolle ist ein relativ leicht handhabbares Problem. Möglicherweise gelingt es einem nicht, sein Transportprotokoll von der IETF als ebenbürtig mit TCP oder UDP absegnen zu lassen. Es gibt aber sicherlich nichts, was einen davon abhalten würde, die größte Multimedia-Anwendung der Welt zu entwickeln, gebündelt mit einem neuen Ende-zu-Ende-Protokoll, das ähnlich wie RTP auf UDP aufsetzt.

Andererseits ist die Verlagerung von anwendungsspezifischem Wissen in die Mitte des Netzwerks, d. h. auf die Router, ein viel schwierigeres Problem. Das liegt daran, dass ein neuer Netzwerkdienst oder eine neue Funktionalität möglicherweise auf vielen, wenn nicht auf allen Routern im Internet installiert werden muss, um eine bestimmte Anwendung umzusetzen. Overlay-Netzwerke bieten eine Möglichkeit, neue Funktionalität ohne Zutun aller (oder überhaupt keiner) Router in das Netzwerk einzuführen. Langfristig muss man aber davon ausgehen, dass sich die zu Grunde liegende Netzwerkarchitektur ändern muss, um diese Overlay-Netzwerke unterzubringen. Wir haben das mit RON – wie die RON- und BGP-Wegewahl miteinander interagiert – erlebt und dürfen erwarten, dass das mit zunehmender Verbreitung von Overlay-Netzwerken die generelle Frage sein wird.

Eine Möglichkeit ist, dass sich keine alternative *feste* Architektur entwickelt, sondern die nächste Netzwerkarchitektur sehr adaptiv sein wird. Im äußersten Fall könnte es die Netzwerkarchitektur Paketen erlauben, sowohl Daten als auch Code (oder möglicherweise Zeiger auf Code) zu befördern, der die Router anweist, wie sie das Paket verarbeiten sollen, statt eine Infrastruktur für die Beförderung von Datenpaketen zu definieren. Ein solches Netzwerk wirft eine Fülle von Fragen auf, nicht zuletzt diejenige, wie man in einer Welt, in der beliebige Anwendungen Router programmieren können, Sicherheit umsetzen soll.

9.5 Weiterführende Literatur

Der fundamentale Beitrag über Protokolle der Anwendungsschicht ist der von Clark und Tennenhouse, den die Entwickler von RTP als ihre richtungsweisende Vision zitierten. Die Entwicklung von DNS wird von Mockapetris und Dunlap gut beschrieben. Obwohl Overlay- und Peer-to-Peer-Netze noch stark in der Entwicklung sind, geben die letzten sechs Arbeiten einen guten Einstieg in diesen Bereich.

- Clark, D. und Tennenhouse, D.: Architectural considerations for a new generation of protocols, *Proceedings of the SIGCOMM '90 Symposium*, S. 200–208, September 1990.
- Rose, M.: *The Simple Book. An Introduction to Internet Management*, Prentice Hall, Englewood Cliffs, NJ, 1994.
- Mockapetris, P. und Dunlap, K.: Development of the domain name system, *Proceedings of the SIGCOMM '88 Symposium*, S. 123–133, August 1988.
- Karger, D., E. Lehman, F. T. Leighton, R. Panigrahy, M. Levine und D. Lewin. Consistent hashing and random trees: Distributed caching protocols for relieving hot spots on the World Wide Web. *Proceedings of the ACM Symposium on Theory of Computing*, S. 654–663, 1997.
- Chu, Y., S. Rao und H. Zhang. A case for end system multicast. *Proceedings of the ACM SIGMETRICS '00 Conference*, S. 1–12, Juni 2000.
- Andersen, D., H. Balakrishnan, F. Kaashoek und R. Morris. Resilient overlay networks. *Proceedings of the 18th ACM Symposium on Operating Systems Principles (SOSP)*, S. 131–145, Oktober 2001.
- Rowstron, A. und P. Druschel. Storage management and caching in PAST, a large-scale persistent peer-to-peer storage utility. *Proceedings of the 18th ACM Symposium on Operating Systems Principles (SOSP)*, S. 188–201, Oktober 2001.
- Stoica, I., R. Morris, D. Karger, F. Kaashoek und H. Balakrishnan. Chord: A peer-to-peer lookup service for Internet applications. *Proceedings of the ACM SIGCOMM Conference*, S. 149–160, August 2001.
- Ratnasamy, S., P. Francis, M. Handley, R. Karp und S. Shenker. A scalable content-addressable network. *Proceedings of ACM SIGCOMM '01*, S. 161–172, August 2001.

Es gibt eine Fülle von Arbeiten über Namensauflösungssysteme sowie der damit zusammenhängenden Frage des Ressourcen-Discovery (Feststellung, welche Ressourcen von vornherein vorhanden sind). Allgemeine Untersuchungen von Namensauflösungssystemen befinden sich in Terry [Ter86], Comer und Peterson [CP89], Birrell u.a. [BLNS82], Saltzer [Sal78], Shoch [Sho78] und Watson [Wat81]. Auf Attributen basierende (beschreibende) Namensauflösungssysteme werden in Peterson [Pet88] und Bowman u.a. [BPY90] behandelt. Ressourcen-Discovery ist das Thema von Bowman u.a. [BDMS94].

SMTP wurde ursprünglich im RFC 821 [Pos82] definiert, und RFC 822 ist natürlich RFC 822 [Cro82]. MIME ist in einer Reihe von RFCs definiert. Die ursprüngliche Spezifikation war im RFC 1521 [BF93], und die neueste Version ist im RFC 2045 definiert [FB96].

Version 1.0 von HTTP ist im RFC 1945 [BLFF96] und die neueste Version (1.1) im RFC 2068 [FGMBL97] definiert. Es gibt eine Fülle von Arbeiten über Web-Leistungsaspekte, insbesondere Web-Caching. Ein gutes Beispiel ist die Arbeit von Danzig [Dan98] über Web-Verkehr und seine Auswirkungen auf die Effektivität von Caching.

Netzwerkmanagement ist ein weit reichendes und wichtiges Gebiet, sodass das IETF diesem Thema einen ganzen Bereich gewidmet hat. In insgesamt weit über 100 RFCs werden verschiedene Aspekte von SNMP und MIB beschrieben. Die beiden wichtigsten Referenzen sind Case u.a. [CMRW93] mit einer Definition von SNMP-Version 2 (SNMPv2) und McCloghrie und Rose [MR91] mit einer Definition der zweiten Version der zwingenden MIB-Variablen (MIB-II). In vielen weiteren RFCs über SNMP/MIB werden Erweiterungen zur Kernmenge der MIB-Variablen beschrieben, z.B. spezifische Variablen für eine bestimmte Netzwerktechnologie oder das Produkt eines bestimmten Herstellers. Perkins und McGinnis [PM97] geben eine gute Einführung in SNMP und MIB.

RTP ist im RFC 1889 [SCFJ96] beschrieben, obwohl sich ein Großteil der interessanten Details in bisher noch nicht veröffentlichten Internet-Entwürfen befindet. McCanne und Jacobson [MJ95] beschreiben vic, eine der Anwendungen, die RTP nutzen.

SIP ist im RFC 3261 [SCJ+02] definiert, der hilfreiche Erläuterungen zum Protokoll enthält sowie die detaillierten Spezifikationen dazu.

Der Report des National Research Council über die Verknöcherung des Internet ist in [NRC01] enthalten. Ein Konzept, wie man Overlay-Netze verwenden kann, um neue Technologien einzuführen, wurde von Peterson et al. [PACR02] vorgestellt. Der ursprüngliche Vorschlag zum Überlagern von BGP-Routen wurde von Savage et al. [SCH+99] gemacht. Die Idee, DNS für die Lastverteilung zwischen verschiedenen Servern zu nutzen, ist in RFC 1784 dargestellt [Bri95]. Das so genannte Cash Array Routing Protocol (CARP) wird im Internet Draft [CPVR97] beschrieben. Eine ausführliche Darstellung des Themas Web-Caching versus replizierende Server ist in dem Buch von Rabinovich und Spatscheck [RS02] enthalten. Wang und Kollegen [WPP02] haben den Entwurfsraum für Routing-Umleitung beschrieben.

Schließlich empfehlen wir folgende Website:

- http://www.w3.org:
  Site des World Wide Web Consortium

9.6 Übungen

1. ARP und DNS hängen beide von Caches ab. Die Lebensdauer von Einträgen im ARP-Cache beträgt normalerweise 10 Minuten und die im DNS-Cache mehrere Tage. Nennen Sie eine Rechtfertigung für diesen Unterschied. Welche unerwünschten Konsequenzen können entstehen, wenn die Lebensdauer von Einträgen im DNS-Cache zu lange ist?

2. IPv6 vereinfacht ARP sehr stark dadurch, dass Hardwareadressen Teil von IPv6-Adressen sein können. Auf welche Weise wird andererseits die Aufgabe von DNS dadurch komplizierter? Wie wirkt sich dies auf das Problem aus, Ihren lokalen DNS-Server zu finden?

3. DNS-Server ermöglichen auch die Umkehrsuche (Reverse Lookup). Beispielsweise wird die IP-Adresse 128.112.169.4 in die Textkette 4.169.112.128.in-addr.arpa umgewandelt und mittels DNS/PTR-Datensätzen (die eine Hierarchie aus Domains bilden, die mit der Hierarchie aus Adressen-Domains vergleichbar ist) gesucht. Angenommen, Sie möchten den Sender eines Pakets auf der Grundlage seines Host-Namens authentifizieren und vertrauen darauf, dass die IP-*Adresse* der Quelle echt ist. Erklären Sie die Unsicherheit bei der Konvertierung der Quelladresse in einen Namen, wie oben, und den anschließenden Vergleich dieses Namens mit einer bestimmten Liste vertrauenswürdiger Hosts. Hinweis: Wessen DNS-Servern würden Sie trauen?

4. Welche Beziehung besteht zwischen einem Domain-Namen (z.B. cs.princeton.edu) und einer IP-Subnetznummer (z.B. 192.12.69.0)? Müssen alle Hosts im Subnetz vom gleichen Name-Server identifiziert werden? Wie verhält es sich mit dem Reverse-Lookup von Übung 3?

5. Wir nehmen an, ein Host entscheidet sich bezüglich der Adressauflösung für die Benutzung eines Name-Servers, der sich nicht innerhalb seiner Organisation befindet. Wann würde dies im Vergleich zu einem lokalen Name-Server auf Grund von Anfragen, die in einem DNS-Cache nicht gefunden werden, zu mehr Gesamtverkehr führen? Wann könnte dies zu einer besseren Trefferrate des DNS-Cache und möglicherweise weniger Gesamtverkehr führen?

6. Abb. 9.4 zeigt die Hierarchie von Name-Servern. Wie würden Sie diese Hierarchie darstellen, wenn ein Name-Server mehrere Zonen bedienen würde? Welche Beziehung besteht bei diesem Szenario zwischen der Name-Server- und der Zonenhierarchie? Wie behandeln Sie die Tatsache, dass jede Zone mehrere Name-Server haben kann?

7. Benutzen Sie die Utility whois, um herauszufinden, wer für Ihre Site zuständig ist, zumindest was InterNIC anbelangt. Suchen Sie Ihre Site sowohl nach DNS-

Name als auch nach IP-Netzwerknummer. Für letztere müssen Sie es möglicherweise bei einem anderen whois-Server versuchen (z.B. whois -h whois.arin.net...). Versuchen Sie es auch mit princeton.edu und cisco.com.

8. Viele kleinere Firmen stellen ihre Website bei einer Drittfirma ein und lassen sie von ihr verwalten. Wie können Sie whois benutzen, um herauszufinden, ob dies der Fall ist, und wie würden Sie die Drittfirma herausfinden?

9. Die bestehende DNS-Hierarchie .com weist unter anderem das Merkmal auf, dass sie sehr »breit« ist.

   a. Schlagen Sie eine Umordnung der .com-Hierarchie mit einer stärker gestaffelten Hierarchie vor. Auf welche Widersprüche würde Ihr Vorschlag erwartungsgemäß stoßen?

   b. Welche möglichen Konsequenzen würden entstehen, wenn die meisten DNS-Domain-Namen vier oder mehr Ebenen umfassen würden anstatt nur zwei Ebenen wie viele der bereits existierenden Namen ?

10. Wir gehen nun von der anderen Richtung aus, lassen unsere Ansprüche bezüglich der DNS-Hierarchie auf sich beruhen und verschieben stattdessen einfach alle .com-Einträge auf den Root-Name-Server. Aus www.cisco.com wird dann www.cisco oder vielleicht auch nur cisco. Wie würde sich dies im Allgemeinen auf den Verkehr des Root-Name-Servers auswirken? Wie würde sich dies auf den Verkehr im speziellen Fall der Auflösung eines Namens wie cisco in eine Webserver-Adresse auswirken?

11. Welche DNS-Cache-Probleme entstehen bei der Änderung der IP-Adresse von beispielsweise dem Host-Namen eines Webservers? Wie könnten sie minimiert werden?

12. Verwenden Sie eine geeignete DNS-Lookup-Utility (z.B. nslookup) und schalten Sie die Reverse-Lookup-Funktion (z.B. mit set norecurse) aus. Wenn dann Ihre Utility eine Anfrage an einen DNS-Server sendet und dieser Server die Anfrage nicht vollständig aus seinen eigenen Datensätzen beantworten kann, schickt er sie an den nächsten DNS-Server weiter, und zwar in der Suchsequenz und nicht durch automatische Weiterleitung der Anfrage an diesen nächsten Server. Dann führen Sie manuell eine Namenssuche ähnlich wie die in Abb. 9.5 durch. Versuchen Sie es mit dem Host-Namen www.cs.princeton.edu. Notieren Sie sich jeden auf der Strecke kontaktierten Name-Server. Eventuell müssen Sie spezifizieren, dass die Anfragen für NS-Datensätze und nicht für die üblichen A-Datensätze gelten.

13. Erläutern Sie, wie Sie SMTP oder HTTP so umschreiben könnten, dass ein hypothetisches universelles Anfrage/Antwort-Protokoll (vielleicht ähnlich wie

CHAN RPC) benutzt wird. Könnte eine Entsprechung persistenter Verbindungen von der Anwendungsschicht auf ein solches Transportprotokoll verlagert werden? Welche weiteren Anwendungsaufgaben könnte man auf dieses Protokoll verlagern?

14. Die meisten Telnet-Clients können benutzt werden, um Port 25 (den SMTP-Port) statt des Telnet-Ports zu verbinden. Verwenden Sie ein solches Tool, bauen Sie eine Verbindung zu einem SMTP-Server auf und senden Sie irgendeine gefälschte E-Mail an sich selbst (oder an jemanden, den Sie vorher um Erlaubnis gebeten haben). Überprüfen Sie dann die Header auf Hinweise, dass die Nachricht nicht echt ist.

15. Welche vorhandenen (oder hinzugefügten) Merkmale von SMTP und/oder einem Mail-Daemon wie sendmail können benutzt werden, um eine gewisse Abwehr von E-Mail-Fälschungen, wie die in Übung 14, bereitzustellen?

16. Stellen Sie fest, wie SMTP-Hosts auf unbekannte Befehle von der anderen Seite reagieren und vor allem, wie dieser Mechanismus die Weiterentwicklung des Protokolls (z.B. auf »erweitertes SMTP«) ermöglicht. Sie können entweder den RFC lesen oder wie in Übung 14 einen SMTP-Server kontaktieren und dessen Antworten auf nicht existierende Befehle testen.

17. Wie im Textteil beschrieben, umfasst SMTP den Austausch mehrerer kleiner Nachrichten. In den meisten Fällen wirken sich die Antworten des Servers nicht darauf aus, was der Client anschließend sendet. Der Client kann also *Befehls-Pipelining* implementieren, d.h. mehrere Befehle in einer einzigen Nachricht senden.

    a. Bei welchen SMTP-Befehlen *muss* der Client auf die Antworten des Servers achten?

    b. Wir nehmen an, dass der Server jede Client-Nachricht mit gets() oder ähnlichem liest, wodurch eine Kette bis zu einem <LF> eingelesen wird. Was müsste er tun, um auch nur zu erkennen, dass ein Client Befehls-Pipelining benutzt hat?

    c. Pipelining ist dafür bekannt, einige Server zum Absturz zu bringen. Finden Sie heraus, wie ein Client über seine Benutzung verhandeln kann.

18. Finden Sie heraus, welche weiteren Merkmale DNS/MX-Datensätze zusätzlich zu Aliasnamen für Mail-Server bieten. Solche Aliasnamen könnten schließlich auch von einem DNS/CNAME-Datensatz bereitgestellt werden. MX-Datensätze dienen der Unterstützung von E-Mail. Wäre ein vergleichbarer WEB-Datensatz für die Unterstützung von HTTP nützlich?

19. Eines der zentralen Probleme, mit dem sich ein Protokoll wie MIME befassen muss, ist die große Anzahl der verfügbaren Datenformate. Finden Sie im MIME-RFC heraus, wie MIME neue oder systemspezifische Bild- und Textformate behandelt.

20. MIME unterstützt mehrere Darstellungen des gleichen Inhalts unter Verwendung der Syntax multipart/alternative. Text könnte z.B. als text/plain, text/richtext und application/postscript gesendet werden. Warum gilt Ihrer Meinung nach plaintext (reiner ASCII-Text) als *erstes* Format, obwohl es für manche Implementierungen leichter sein mag, ihr natives Format in der Reihenfolge vor plaintext zu stellen?

21. Finden Sie im MIME-RFC heraus, wie die base64-Kodierung Binärdaten mit einer Länge, die nicht glatt durch drei Byte teilbar ist, handhabt.

22. In HTTP-Version 1.0 kennzeichnete ein Server das Ende eines Transfers durch Schließen der Verbindung. Erklären Sie, warum dies hinsichtlich der TCP-Schicht für Server problematisch war. Finden Sie heraus, wie dies in HTTP-Version 1.1 vermieden wird. Auf welche Weise könnte ein universelles Anfrage/Antwort-Protokoll dieses Problem lösen?

23. Finden Sie heraus, wie ein HTTP-Server konfiguriert werden muss, um die Nachricht 404 not found zu vermeiden und stattdessen eine (hoffentlich freundlichere) Default-Nachricht auszugeben. Entscheiden Sie, ob ein solches Merkmal Teil des Protokolls oder einer Implementierung sein soll oder technisch vom Protokoll aus überhaupt zulässig ist. (Dokumentation über den HTTP-Server apache finden Sie unter www.apache.org.)

24. Warum enthält der HTTP/GET-Befehl

```
GET http://www.cs.princeton.edu/index.html HTTP/1.1
```

in Abschnitt 9.2.2.1 den Namen des zu kontaktierenden Servers? Kennt der Server den Namen nicht bereits? Benutzen Sie Telnet wie in Übung 14, bauen Sie eine Verbindung zu Port 80 eines HTTP-Servers auf und finden Sie heraus, was passiert, wenn Sie den Namen weglassen.

25. Wenn ein HTTP-Server an seinem Ende einer Verbindung ein Close() einleitet, muss er anschließend im TCP-Zustand FIN_WAIT_2 warten, bis der Client das andere Ende schließt. Welcher Mechanismus im TCP-Protokoll könnte einem HTTP-Server helfen, wenn unkooperative oder schlecht implementierte Clients ihr Ende nicht schließen? Falls möglich, finden Sie etwas über das Programmier-Interface dieses Mechanismus heraus und geben Sie einen Hinweis darauf, wie ihn ein HTTP-Server anwenden könnte.

26. Das POP3-Protokoll erlaubt es einem Client nur, mit Hilfe eines Passworts für die Authentifikation E-Mail abzurufen. Traditionell würde ein Client E-Mail einfach an seinen Server *senden* und erwarten, dass sie weiterberfördert wird.

    a. Erklären Sie, warum E-Mail-Server oft eine solche Weiterbeförderung von beliebigen Clients nicht mehr erlauben.

    b. Schlagen Sie eine SMTP-Option für die Authentifikation entfernter Clients vor.

    c. Finden Sie heraus, welche existierenden Methoden für die Lösung dieses Problems verfügbar sind.

27. Angenommen, eine sehr große Website wünscht einen Mechanismus, durch den Clients auf denjenigen aus mehreren HTTP-Servern zugreifen können, der nach irgendeinem geeigneten Maß »am nächsten« liegt.

    a. Erläutern Sie einen hierfür geeigneten Mechanismus innerhalb von HTTP.

    b. Erläutern Sie einen hierfür geeigneten Mechanismus innerhalb von DNS.

    Vergleichen Sie die beiden Ansätze. Lässt sich einer davon ohne Browser-Upgrade realisieren?

28. Finden Sie heraus, ob Ihnen ein SNMP-Knoten zur Verfügung steht, der von Ihnen gesendete Anfragen beantwortet. Falls ja, benutzen Sie einige SNP-Utilities (z.B. ucd-snmp) und versuchen Sie folgendes:

    a. Holen Sie die gesamte system-Gruppe, indem Sie etwa folgende Eingabe benutzen:

    ```
    snmpwalk nodename public system
    ```

    Führen Sie den gleichen Versuch mit 1 statt system durch.

    b. Gehen Sie die system-Gruppe mit Hilfe mehrerer SNMP/GET-NEXT-Operationen (z.B. snmpgetnext oder gleichwertig) manuell durch und rufen Sie einen Eintrag nach dem anderen ab.

29. Verwenden Sie das SNMP-Gerät und Utilities wie in Übung 28 und holen Sie die Gruppe tcp (numerische Gruppe 6) oder eine andere Gruppe. Dann unternehmen Sie etwas, damit sich die Zähler einiger Gruppen ändern. Anschließend holen Sie die Gruppe erneut, um die Änderung aufzuzeigen. Versuchen Sie dies so durchzuführen, dass Sie sicher sein können, dass Ihre Aktionen die Ursache der aufgezeichneten Änderung waren.

30. Welche von SNMP bereitgestellten Informationen könnten für jemanden nützlich sein, der eine IP-Spoofing-Attacke wie in Übung 19 von Kapitel 5 plant? Welche weiteren SNP-Informationen können als sensitiv betrachtet werden?

31. Stellen Sie Situationen fest, in denen eine RTP-Anwendung vernünftigerweise folgendes unternimmt:

    - Sie sendet mehrere Pakete, die verschiedene Zeitstempel benötigen, zu etwa der gleichen Zeit.
    - Sie sendet Pakete, die den gleichen Zeitstempel benötigen, zu unterschiedlichen Zeiten.

    Erläutern Sie als Konsequenz, dass RTP-Zeitstempel zumindest in einigen Fällen (wenigstens indirekt) von der Anwendung bereitgestellt werden müssen. Hinweis: Stellen Sie sich Fälle vor, in denen die Sende- und die Wiedergaberate nicht übereinstimmen.

32. Die Verfügbarkeit der Taktzählungszeit für Zeitstempel in Einheiten von einer Frame-Zeit oder einer Sprach-Sample-Zeit wäre die minimale Auflösung, um eine genaue Wiedergabe sicherzustellen. Die Zeiteinheit ist normalerweise aber wesentlich kleiner. Welcher Zweck wird damit verfolgt?

33. Angenommen, wir möchten RTCP-Berichte von Empfängern zurückgeben, die nicht mehr als 5% des abgehenden primären RTP-Stroms ausmachen. Wie oft erhalten einzelne Empfänger den Bericht, wenn jeder Bericht 84 Byte und der RTP-Verkehr 20 KB/s umfassen und es 1.000 Empfänger gibt? Und wie oft, wenn es 10.000 Empfänger gibt?

34. RFC 1889 spezifiziert, dass das Zeitintervall zwischen RTCP-Empfängerberichten einen Zufallsfaktor beinhaltet, um zu vermeiden, dass alle Empfänger zur gleichen Zeit senden. Wenn alle Empfänger im gleichen Intervall von 5% ihres Antwortzeitintervalls senden würden, wäre der ankommende (Upstream) RTCP-Verkehr fast so umfangreich wie der RTP-Downstream-Verkehr.

    a. Von Videoempfängern kann man erwarten, dass sie mit dem Senden ihrer Berichte warten, bis die Aufgabe der Verarbeitung und Anzeige eines Frames mit höherer Priorität abgeschlossen ist. Dies kann bedeuten, dass ihre RTCP-Übertragungen an Frame-Grenzen synchronisiert wurden. Könnte dies ein Grund zur Besorgnis sein?

    b. Wie hoch ist bei 10 Empfängern die Wahrscheinlichkeit, dass sie innerhalb eines 5%-Intervalls alle gleichzeitig senden?

    c. Wie hoch ist bei 10 Empfängern die Wahrscheinlichkeit, dass die Hälfte davon innerhalb eines bestimmten 5%-Intervalls sendet? Multiplizieren Sie dies mit 20, um die Wahrscheinlichkeit zu schätzen, dass die Hälfte von ihnen gleichzeitig innerhalb des gleichen 5%-Intervalls senden. Hinweis: Auf wie viele Arten können wir 5 aus 10 Empfängern auswählen?

35. Was kann ein Server tatsächlich mit Daten über Paketverlustrate und Jitter in Empfängerberichten anfangen?

36. Videoanwendungen verwenden üblicherweise UDP statt TCP, weil sie Verzögerungen durch Neuübertragung nicht tolerieren können. Das bedeutet jedoch, dass Videoanwendungen nicht durch die Überlastkontroll-Algorithmen von TCP eingeschränkt werden. Welche Auswirkungen hat dies auf den TCP-Datenverkehr? Geben Sie die Folgen genau an.

    Zum Glück verwenden diese Video-Anwendungen häufig RTP, die zu RTCP-Empfängermitteilungen führen, die an die Quelle zurückgeschickt werden. Diese Mitteilungen werden regelmäßig (etwa jede Sekunde) geschickt und beinhalten den Prozentsatz der erfolgreich zugestellten Pakete während der vergangenen Empfangsperiode. Beschreiben Sie, wie die Quelle diese Informationen dazu verwenden könnte, um ihre Senderate in einer TCP-kompatiblen Art anzupassen.

37. Nehmen Sie an, dass einige Empfänger im Rahmen einer großen Konferenz Daten in einer wesentlich höheren Bandbreite als andere empfangen können. Welche Dinge können implementiert werden, um dies aufzugreifen? Hinweis: Betrachten Sie sowohl das Session Announcement Protocol (SAP) als auch die Möglichkeit, »Mixer« von Dritten zu verwenden.

38. Schlagen Sie einen Mechanismus für die Entscheidung vor, wann ein RTP-Paket als verloren gemeldet werden soll. Wie schneidet Ihr Mechanismus im Vergleich zu den in Abschnitt 5.2.6 beschriebenen adaptiven TCP-Neuübertragungsmechanismen ab?

39. Wie können Sie Audio- oder Videodaten so in zwei Pakete kodieren, dass bei Verlust eines Pakets die Auflösung einfach auf das reduziert wird, was man mit der Hälfte der Bandbreite erwartet? Erklären Sie, warum dies viel schwieriger ist, wenn eine JPEG-Kodierung benutzt wird.

40. Erläutern Sie den Zusammenhang zwischen URLs (uniform resource locators) und URIs (uniform resource identifiers). Geben Sie ein Beispiel für einen URI, der keine URL ist.

41. Welche Probleme würde ein DNS-basierter Umleitungsmechanismus mit sich bringen, wenn er einen geeigneten Server auf der Basis von aktuellen Lastinformationen auswählen möchte?

Glossar

4B/5B Eine in FDDI benutzte Bitkodierungsmethode, bei der jeweils 4 Datenbits als 5-Bit-Sequenz übertragen werden.

802.11 IEEE-Standard für drahtlose Netzwerke

802.3 IEEE-Standard für Ethernet

802.5 IEEE-Standard für Token-Ring

822 Bezieht sich auf RFC 822, der das Format von E-Mail-Nachrichten im Internet definiert; siehe *SMTP*.

AAL (ATM Adaptation Layer; ATM-Adaptionsschicht) Eine über ATM konfigurierte Protokollschicht. Für die Datenkommunikation sind die beiden AALs AAL3/4 und AAL5 definiert. Jede Protokollschicht stellt einen Mechanismus für die Segmentierung großer Pakete in Zellen beim Sender und die Reassemblierung der Zellen beim Empfänger bereit.

ABR (1) (Available Bit Rate; verfügbare Bitrate) Eine für den Einsatz in ATM-Netzwerken entwickelte ratenbasierte Überlastkontrollmethode. ABR soll es einer Quelle ermöglichen, die ihr zugeteilte Rate auf Grund von Feedback von Switchen im Netzwerk zu erhöhen oder zu senken. Steht im Gegensatz zu *CBR*, *UBR* und *VBR*.

(2) (Area Border Router) Ein Router am Rande eines *Bereichs* in einem Link-State-Protokoll.

ACK Abkürzung für Acknowledgement (Bestätigung). Ein ACK wird von einem Empfänger gesendet, um dem Sender mitzuteilen, dass die Datenübertragung erfolgreich war.

Additive Increase / Multiplicative Decrease (AIMD) Eine von TCP benutzte Überlastfenster-Strategie. TCP öffnet das Überlastfenster in einer linearen Rate, halbiert es aber, wenn Pakete auf Grund von Überlast verlorengehen. Es hat sich erwiesen, dass diese Strategie für einen stabilen Überlastkontrollmechanismus notwendig ist.

AF (Assured Forwarding; zugesicherte Weiterleitung) Ein in Differentiated-Services definiertes Per-Hop-Verhalten.

ALF (Application Level Framing; Frame-Erzeugung auf Anwendungsebene) Ein Protokoll-Designprinzip, das besagt, dass Anwendungsprogramme ihre Kommunikationsbedürfnisse besser verstehen als allgemeine Transportprotokolle.

AMPS (Advanced Mobile Phone System) Analoges mobiles Telefonsystem, das derzeit durch das digitale PCS abgelöst wird.

ANSI (American National Standards Institute) Privates US-Standardisierungsgremium, das am ISO-Standardisierungsverfahren teilnimmt; zuständig für SONET.

AP (Access Point; Anschlusspunkt) Heimathafen vagabundierender Knoten in drahtlosen Netzen.

API (Application Programming Interface) Ein normalerweise betriebssystemspezifisches Interface, das Anwendungen bei der Interaktion mit Protokollsoftware auf der Transportschicht benutzen. Ein bekanntes Beispiel ist das Socket-API von Berkeley-Unix.

ARP (Address Resolution Protocol; Adressauflösungsprotokoll der Internet-Architektur) Definiert das Nachrichtenformat und die Regeln für die Behandlung von ARP-Nachrichten. Zur Auflösung einer Adresse muss der anfragende Rechner eine Anfrage an alle angeschlossenen Rechner senden, während die Antwort nur vom angesprochenen Rechner an den Anfrager zurückgesendet wird. Das ARP-Nachrichtenformat ist allgemein gehalten, sodass es für beliebige Protokoll- und Hardwareadressen benutzt werden kann. Es wird aber vorwiegend zur Auflösung von IP- in Ethernet-Adressen verwendet.

ARPA (Advanced Research Projects Agency) Eine Forschungs- und Entwicklungsorganisation des US-Verteidigungsministeriums, welche die Entwicklung des ARPANET und später des Internet förderte. Auch unter der Bezeichnung DARPA (*D* für Defense) bekannt.

ARPANET Von der Advanced Research Projects Agency (ARPA) für das US-Verteidigungsministerium (Department of Defense) Ende der sechziger Jahre entwickeltes paketvermitteltes WAN; gilt als Vorläufer des globalen Internet.

ARQ (Automatic Repeat Request; automatische Wiederholungsanfrage) Allgemeine Strategie für die zuverlässige Übertragung von Paketen über eine unzuverlässige Leitung. Erhält der Sender kein ACK für ein Paket nach Ablauf einer bestimmten Zeit, geht er davon aus, dass das Paket nicht angekommen ist (oder mit Bitfehlern übertragen wurde) und überträgt es erneut. Stop-and-Wait und Sliding-Window sind Beispiele von ARQ-Protokollen. Eine gegensätzliche Strategie ist *FEC*.

AS (Autonomes System) In der TCP/IP-Terminologie ist ein autonomes System ein Verbund von Routern und Netzwerken, die einer einzigen administrativen Instanz unterstehen.

ASN.1 (Abstract Syntax Notation One) Abstrakte Syntax der Darstellungsschicht; in Verbindung mit BER ist ASN.1 ein von der ISO als Teil der OSI-Architektur entwickelter Standard für die Darstellungsformatierung.

ATM (Asynchronous Transfer Mode) Ein von der ITU für Weitverkehrsnetze mit hohen Bitraten entwickelter Standard, der auf dem Prinzip des asynchronen Zeitmultiplexverfahrens basiert. Die Technologie befördert kleine Dateneinheiten mit fester Länge (53 Byte), die man *Zellen* nennt. Zwischen Endsystemen können virtuelle Verbindungen permanent vorhanden sein oder bei Bedarf aufgebaut werden.

ATMARP Für ATM-Netzwerke erweitertes Adressauflösungsprotokoll (Address Resolution Protocol).

ATM-Forum Internationale gemeinnützige Organisation, die mit dem Ziel gegründet wurde, den Einsatz von ATM-Produkten und -Diensten zu fördern.

Ausbreitungsverzögerung (Propagation Delay) Die Zeit, die ein Signal benötigt, um von einem Punkt eines Übertragungskanals zu einem anderen zu gelangen. Je nach Übertragungsmedium geschieht dies mit Lichtgeschwindigkeit (bei Satellitenübertragung) oder geringerer Geschwindigkeit (bei der Übertragung in Kabeln). Sie ist im Wesentlichen von der dielektrischen Konstanten des Mediums bzw. (bei Lichtwellenleitern) von der Brechung abhängig.

Authentifikation Sicherheitsprotokoll, durch das zwei sich misstrauende Parteien ihre Identität nachweisen.

Autonomes System Siehe *AS*

Bandbreite (Bandwidth) In der Übertragungstechnik ist das der Frequenzbereich, in dem ein System ohne übermäßige Dämpfung übertragen kann. Im Zusammenhang mit Datennetzen bezieht sich Bandbreite meist auf die Gesamtkapazität des Netzwerks, die in Bit pro Sekunde (bit/s) ausgedrückt wird.

Bandbreite-Länge-Produkt (Bandwidth Length Product) Der entscheidende Parameter von Übertragungsmedien zur Bestimmung von Frequenz- und Längenrestriktionen. Generell kann dieser Wert für metallische und optische Übertragungsmedien ermittelt werden.

Bellman-Ford Andere Bezeichnung für den Distanzvektor-Routing-Algorithmus nach dessen Erfindern.

BER (Basic Encoding Rules) Regeln für die Kodierung von Datentypen, die im ASN.1-Standard definiert sind.

Bereich (Area) In Zusammenhang mit dem Link-State-Routing eine Sammlung benachbarter Router, die vollständige Routing-Informationen untereinander austauschen. Eine Routing-Domain wird in Bereiche aufgeteilt, um die Skalierbarkeit zu verbessern.

Best-Effort-Übertragung Das Dienstmodell der heutigen Internet-Architektur, bei dem bestmögliche Übertragung angestrebt, aber nicht zugesichert wird.

BGP (Border Gateway Protocol) Das BGP beschreibt, wie Router untereinander die Verfügbarkeit von Verbindungswegen zwischen den Netzwerken propagieren. Es ist wie das EGP ein Protokoll für das Routing zwischen autonomen Systemen (AS). BGP unterstützt eine Metrik und kann intelligente Routing-Entscheidungen treffen. Die neueste Version ist BGP-4.

Binär Binär oder zweiwertig bedeutet, dass ein System jeweils einen von zwei möglichen Zuständen annehmen kann, z.B. ja/nein, Strom/kein Strom, Null/Eins, high/low.

BISYNC (Binary Synchronous Communication) Byte-orientiertes Protokoll der Sicherungsschicht, das Ende der sechziger Jahre von IBM entwickelt wurde.

Bitstopfen (Bit Stuffing) Eine für die Unterscheidung von Steuer- und Datensequenzen auf Bitebene im HDLC-Protokoll angewandte Technik.

BLAST Ein Protokoll, das Fragmentierung und Reassemblierung großer Nachrichten durchführt und für die Entwicklung eines RPC-Protokolls benutzt wird.

Block Ein Begriff in Zusammenhang mit Betriebssystemen, mit dem der Fall beschrieben wird, bei dem ein Prozess die Ausführung unterbricht und auf ein Ereignis wartet, z.B. die Zustandsänderung einer *Semaphore*.

Bridge (Brücke) Eine Bridge ist ein Hardwaregerät der Sicherungsschicht zur Weiterleitung von Frames von einem physikalischen Netzwerk zu einem anderen. Sie wird auch als LAN-Switch bezeichnet und unterscheidet sich von *Repeater* und *Router.*

Broadcast Eine Methode zur Übertragung eines Pakets an alle Hosts eines bestimmten Netzwerks oder Internetworks, die in Hardware (z.B. Ethernet) oder Software (z.B. IP) implementiert werden kann.

Burst Unregelmäßig auftretende Anhäufung von Daten (oder nicht gleichmäßig über die Zeit verteilter Schwingungsstoß).

BUS (Broadcast and Unknown Server) Ein in der LAN-Emulation (LANE) benutztes Gerät.

CA (Certification Authority; Zertifizierungsstelle) Eine Institution, die Sicherheitszertifikate signiert und dadurch zusichert, dass der im Zertifikat enthaltene öffentliche Schlüssel der im Zertifikat benannten Person bzw. Institution gehört.

CBR (Constant Bit Rate) Eine ATM-Dienstklasse, welche die Übertragung von Daten in einer konstanten Bitrate gewährleistet und damit eine dedizierte Übertragungsleitung emuliert; steht im Gegensatz zu *ABR*, *UBR* und *VBR*.

CCITT (Comité Consultatif International de Téléphonie et Télégraphie) Standardisierungsgremium der Fernmeldebehörden, Betreiber von öffentlichen Netzen und anderer interessierter Körperschaften, das inzwischen in die International Telecommunication Union (ITU) integriert wurde und Normen für Telefonie und Datenkommunikationssysteme (ITU-T) ausarbeitet.

CDN (Content Distribution Network) Unter einem Inhaltsverteilungsnetzwerk versteht man eine Ansammlung von über das Inernet verteilten, stellvertretenden Webservern, die http-Anfragen an Stelle des eigentlich Servers bearbeiten können. Das Ziel dabei ist es, die Anfragen möglichst durch einen Server in der Nähe des Clients bedienen zu lönnen, sodass die Antwortzeiten reduziert werden.

CHAN Ein von den Autoren entwickeltes Protokoll, das Anfrage/Antwort-Kanäle (Request/Reply Channels) implementiert.

Chipping-Code Zufällige Bitsequenz, die mittels XOR mit dem Datenstrom verknüpft wird, um die direkte Sequenztechnik von Spread-Spectrum zu implementieren.

CIDR (Classless IP Domain Routing) CIDR beschreibt ein Verfahren zur effektiveren Nutzung von IP-Adressen. Dabei werden IP-Adressen zusammengefasst, wobei ein Block von aufeinander folgenden IP-Adressen der Klasse C als ein einzelnes Netzwerk behandelt wird.

Client Die Seite in einem verteilten System, die Dienste anfragt.

CLNP (Connectionless Network Protocol) Das ISO-Gegenstück zum IP im Internet.

Concurrent Logical Channels Multiplexen mehrerer logischer Stop-and-Wait-Kanäle auf einer einzigen Punkt-zu-Punkt-Leitung. Es wird keine Reihenfolge der Übertragung aufgezwungen. Dieser Mechanismus wurde im IMP-IMP-Protokoll des ARPANET benutzt.

Context-Switch Eine Operation, bei der ein Betriebssystem die Ausführung eines Prozesses unterbricht und mit einem anderen beginnt. Der Zustand des vorherigen Prozesses (z.B. die Inhalte aller Register) wird gespeichert, und der Zustand des nächsten Prozesses wird geladen.

Controlled Load Eine in der Integrated-Services-Architektur des Internet verfügbare Dienstklasse.

CRC (Cyclic Redundancy Check; zyklische Redundanzprüfung) Eine durch Netzwerkhardware (z.B. Ethernet-Adapter) umgesetzte Fehlererkennungstechnik, bei der eine Sequenz von Steuerbits am sendenden Ende berechnet, dem zu übertragenden Block hinzugefügt und erneut am empfangenden Ende berechnet wird. Stimmen die empfangenen und berechneten Steuerfelder überein, ist der empfangene Block höchstwahrscheinlich mit dem gesendeten identisch. Andernfalls ist die Wahrscheinlichkeit groß, dass der Block während der Übertragung geändert wurde. Im allgemeinen werden die mit CRC-Fehlern empfangenen

Blöcke verworfen. Der Wert des CRC-Felds ergibt sich aus einer mathematischen Teilung des übertragenen Blocks durch ein geeignetes Polynom.

Crossbar-Switch Einfaches Switch-Design, bei dem jeder Eingang direkt mit jedem Ausgang verbunden ist und die einzelnen Ausgangs-Ports für die Lösung möglicher Überlastprobleme zuständig sind.

CSMA/CD (Carrier Sense Multiple Access with Collision Detection) Zugangsverfahren mit Leitungsabfrage und Kollisionserkennung (Listen While Talking), das bei LANs in Bustopologie den Zugriff mehrerer Netzwerkstationen auf das Übertragungsmedium regelt. Unter den möglichen CSMA-Varianten legt der Standard das 1-persistent-Protokoll fest. Dieses regelt die Kanalzuteilung wie folgt: Die sendewillige Station überwacht den Kanal (Carrier Sensing, Listen Before Talking). Ist der Kanal frei, wird die Übertragung begonnen, jedoch frühestens 9,6 µs (Inter Frame Gap, IFG) nach Freiwerden des Mediums. Ist der Kanal belegt, wird der Kanal weiter überwacht, bis er nicht mehr als belegt erkannt wird. Die Zustände (belegt / nicht belegt) werden anhand der Pegelwerte nach 0,75 bzw. 1,25 Bitzeiten ermittelt. Tritt nach diesen Zeitpunkten ein Pegelwechsel auf, ist ein Trägersignal auf dem Kabel; in allen anderen Fällen gilt das Übertragungsmedium als nicht belegt. Die bekannteste Technologie, in der CSMA/CD angewandt wird, ist Ethernet.

Cut-through Eine Form der Vermittlung oder Weiterleitung, bei der ein Paket an einen Ausgang übertragen wird, bevor es im Vermittlungsknoten vollständig angekommen ist, sodass sich die Latenz durch den Knoten reduziert.

Datagramm In Zusammenhang mit Rechnernetzen wird damit eine Dateneinheit bezeichnet, die ohne vorherigen Verbindungsaufbau übertragen werden kann. Datagramme beruhen auf dem verbindungslosen Prinzip, im Gegensatz zum verbindungsorientierten Ansatz. Jedes Datagramm muss die volle Adresse des Empfängersystems enthalten. IP und CLNP sind z.B. Protokolle, die Datagramme austauschen.

DCE (Distributed Computing Environment) Eine von der OSF (Open Systems Foundation) definierte RPC-basierte Protokollfamilie für die Unterstützung verteilter Rechnerumgebungen.

DDCMP (Digital Data Communication Message Protocol) Ein im DECNET der Digital Equipment Corporation angewandtes Byte-orientiertes Protokoll der Sicherungsschicht.

DDoS (Distributed Denial of Service) Ein erweiterter DoS-Angriff, bei dem die Überflutung von verschiendenen Knoten ausgeht, wobei jeder einzelne Knoten nur einen geringen Beitrag zur Belastung der Zielmaschine betragen braucht, die Summe aller Aktivitäten diese aber in die Knie zwingen kann (siehe auch *DoS*).

DECbit Überlastkontrollschema, bei dem Router die Endpunkte über eine bevorstehende Überlast benachrichtigen, indem sie im Header der weitergeleiteten Pakete ein Bit setzen. Die Endpunkte senken daraufhin ihre Senderaten.

Demultiplexen Verwendung von Informationen, die in einem Paket-Header enthalten sind, um das Paket im Protokoll-Stack nach oben weiterzuleiten. IP benutzt z.B. das Feld ProtNum im IP-Header, um festzustellen, zu welchem höheren Protokoll (TCP, UDP) ein Paket gehört, während TCP die Port-Nummer heranzieht, um ein TCP-Paket zum richtigen Anwendungsprozess zu demultiplexen; Gegenteil von *Multiplexen*.

Demuxschlüssel Feld in einem Paket-Header, welches das Demultiplexen ermöglicht (z.B. das ProtNum-Feld in IP).

Dense-Mode-Multicasting PIM-Modus, der benutzt wird, wenn die meisten Router oder Hosts Multicast-Pakete empfangen müssen.

DES (Data Encryption Standard) Algorithmus für die Datenverschlüsselung auf der Grundlage eines geheimen 64-Bit-Schlüssels.

DHCP (Dynamic Host Configuration Protocol) Von Microsoft entwickeltes Protokoll für die dynamische Vergabe von IP-Adressen. DHCP ist ein Protokoll für LAN-Anwendungen, bei dem der Bereich für die IP-Adressen vom Systemadministrator festgelegt wird und die angeschlossenen Clients beim DHCP-Server eine IP-Adresse anfordern.

DHT (Distributed Hash Table) Eine verteilte Hash-Tabelle wird dazu benutzt, eine Nachricht an eine Maschine zu schicken, die ein bestimmtes Objekt unterstützt, basierend auf dem Namen dieses Objekts.

Differentiated-Services (DiffServ) Eine neue Architektur für die Bereitstellung von Diensten im Internet, die über Best-Effort hinausgehen. Sie wurde als Alternative zu Integrated-Services vorgeschlagen.

Direct Sequence Eine Spread-Spectrum-Technik, bei welcher der Datenstrom mittels XOR mit einer als *Chipping-Code* bezeichneten Bitsequenz verknüpft wird.

Distanzvektor-Routing Ein im Routing angewandter Algorithmus, der auf dem Pfad mit den geringsten Kosten basiert. Jeder Knoten gibt Erreichbarkeitsinformationen und die damit verbundenen Kosten seinen unmittelbaren Nachbarn bekannt. Er verwendet dann die eingegangenen Rückmeldungen, um seine Weiterleitungstabelle zu aktualisieren. RIP ist ein Routing-Protokoll, das diese Technik anwendet. Das Gegenteil ist das *Link-State-Routing*.

DMA (Direct Memory Access; Direktspeicherzugriff) Technik zur Verbindung von Hosts mit I/O-Geräten, bei der das Gerät Daten direkt vom Host-Speicher liest und in diesen schreibt; siehe auch *PIO*.

DNA/DECNET (Digital Network Architecture) OSI-basierte Architektur, die ein verbindungsloses Netzwerkmodell und ein verbindungsorientiertes Transportprotokoll unterstützt.

DNS (Domain Name System) Ein im Internet verfügbarer Mechanismus für die Übersetzung des Namens eines Hosts in seine numerische IP-Adresse. Das DNS-

Protokoll ersetzt die langen komplizierten Internet-Adressen (z.B. 192.12.69.35) durch eine sinnvolle Namensstruktur (z.B. cicada.cs.princeton.edu). Es wird von DNS-Servern unterstützt, die einen hierarchisch geordneten Namensraum bieten, um Firmen die Möglichkeit zu geben, Maschinennamen und Adressen selbst zu bestimmen.

Domain Teil der baumstrukturierten Namenshierarchie im Internet. Von der Syntax her besteht eine Domain-Adresse aus einer Sequenz von Namen, die durch Punkte voneinander getrennt sind. Üblicherweise wird der letzte Teil einer Internet-Adresse nach dem letzten Punkt, z.B. com, als Domain bezeichnet.

DoS (Denial of Service) Eine Situation, bei der ein angreifender Knoten einen Zielknoten mit so viel Anfragen (bzw. Paketen) bombardiert, sodass legitime Nutzer faktisch nicht mehr zugreifen können, ihnen also der Service verweigert wird.

Drei-Wege-Handshake (Three-way Handshake) TCP-Mechanismus, bei dem drei Nachrichten ausgetauscht werden, um sicherzustellen, dass Verbindungen zuverlässig aufgebaut und beendet werden.

DS3 Von Telefongesellschaften angebotener Dienst auf 44,7-Mbit/s-Übertragungsleitungen; wird auch als *T3* bezeichnet.

DSL (Digital Subscriber Line) Eine Reihe von Standards für die Übertragung von Daten über Telefonleitungen (Twisted-Pair-Leitungen) in Geschwindigkeiten von mehreren Megabit pro Sekunde.

Duplikat-ACK Wiederholt übertragene TCP-Bestätigung (ACK), in der keine neuen Daten bestätigt werden. Der Empfang mehrerer Duplikat-ACKs löst den *Fast-Retransmit*-Mechanismus in TCP aus.

Durchsatz (Throughput) Die beobachtete Rate, in der Daten durch einen Kanal gesendet werden. Der Begriff wird oft gleichbedeutend mit *Bandbreite* verwendet.

DVMRP (Distance Vector Multicast Routing Protocol) Das auf den meisten Routern in MBone benutzte Multicast-Routing-Protokoll.

DWDM (Dense wavelength division multiplexing) Licht unterschiedlicher Wellenlängen (Farben) werden in eine einzige optische Faser multiplext. Die Technik ist dicht in dem Sinne, dass damit eine große Anzahl unterschiedlicher Wellenlängen unterstützt werden können.

ECN (Explicit Congestion Notification) Bei dieser Methode werden End-Hosts über einen Datenstau informiert, indem in den Paketen, die weitergeleitet werden, bestimmte Flags gesetzt werden. Wird in Verbindung mit aktiven Staukontrollverfahren wie RED verwendet.

EF (Expedited Forwarding) Eines der in Differentiated-Services definierte Per-Hop-Verhalten.

EGP (Exterior Gateway Protocol) Eines der ersten Interdomain-Routing-Protokolle im Internet, das in Gateways (Routern) autonomer Systeme (AS) benutzt wurde, um Routing-Informationen auszutauschen. Es wurde durch BGP abgelöst.

Entschlüsselung (Decryption) Der umgekehrte Prozess der *Verschlüsselung*, bei dem die Daten einer verschlüsselten Nachricht wiedergewonnen werden.

Erweitertes LAN (Extended LAN) Bezeichnung für mehrere über Bridges verbundene LANs.

Ethernet Eine LAN-Technologie gemäß IEEE-Standard 802.2 bzw. 802.3 mit gemeinsamer Nutzung des Übertragungsmediums, die anfangs in 10 Mbit/s mit Koaxialkabeln oder verdrillten Kabelpaaren (Twisted-Pair) angewandt wurde. Die an Ethernet-Netze angeschlossenen Stationen verwenden die CSMA/CD-Methode für die gemeinsame Nutzung eines physikalischen Übertragungsmediums. Eine schnelle Version läuft mit 100 Mbit/s (Fast-Ethernet).

Exponentielles Backoff Eine Strategie für die Neuübertragung von Paketen, bei welcher sich der Timeout-Wert jedes Mal, wenn ein Paket erneut übertragen wird, verdoppelt.

Fair-Queuing (FQ) Eine auf Round-Robin basierende Zuteilungstechnik, um Datenstaus in Gateways zu begegnen. Sie wird deshalb fair genannt, weil sie jedem Host einen gleichen Teil der Gateway-Bandbreite zuteilt.

Fast-Retransmit Eine in TCP angewandte Strategie, bei der versucht wird, Timeouts bei Vorhandensein von verlorenen Paketen zu vermeiden. TCP wiederholt die Übertragung eines Segments nach Empfang dreier aufeinander folgender Duplikat-ACKs.

FDDI (Fiber Distributed Data Interface) Eine nach dem ANSI-Standard X3T9.5 entwickelte LAN-Technologie. Sie basiert auf der gemeinsamen Nutzung eines Übertragungsmediums, läuft mit 100 Mbit/s auf Lichtwellenleitern oder verdrillten Kabelpaaren und verwendet eine Token-Zugriffsmethode.

FDM (Frequency Division Multiplexing; Frequenzmultiplexverfahren) Eine in der Telekommunikation angewandte Technik zum Kombinieren mehrerer Verbindungen auf dem gleichen Medium. Grundlage bildet eine Breitbandtechnik, wobei das zu übertragende Signal ein anderes Signal (Träger) moduliert, das in einer viel höheren Frequenz gesendet wird. Der Multiplexvorgang wird durch Zuweisen einer bestimmten Trägerfrequenz für jede Verbindung erreicht.

FEC (Forward Error Correction) Eine in der Datenübertragung angewandte Technik zur Erkennung und Korrektur von Übertragungsfehlern. Bei dieser Technik werden zum Datenfluss zusätzliche Steuerbits hinzugefügt, deren Wert beim Versenden und Empfangen aus dem Inhalt des Datenflusses berechnet wird. Steht im Gegensatz zu *ARQ*.

Fiber-Channel Ein bidirektionales Protokoll der Sicherungsschicht, das häufig benutzt wird, um Computer (meist Supercomputer) mit Peripheriegeräten zu verbinden. Fiber-Channel hat eine Bandbreite von 100 MB/s und eine Reichweite von 30 m. Wird ähnlich wie HiPPI benutzt.

FIFO (First In, First Out) Speicheranordnung, bei der die zuerst eingegebene Dateneinheit auch als erste wieder ausgelesen wird.

Firewall Ein Router, der für die Filterung (nicht die Weiterleitung) von Paketen von bestimmten Quellen konfiguriert wurde. Firewalls werden benutzt, um die Sicherheit unternehmenseigener Netzwerke zu erhöhen.

FRTT (Fixed Round Trip Time) Summe aller festen und variablen Verzögerungszeiten von der Datenquelle bis zur weitesten Datensenke und zurück.

Flowspec Spezifikation der Anforderungen eines Datenflusses für Bandbreite und Verzögerung, die an das Netzwerk gestellt werden, um eine Reservierung einzurichten; wird mit RSVP benutzt.

Flusskontrolle (Flow Control) Ein Mechanismus, bei dem der Empfänger von Daten die Übertragungsrate des Senders drosselt, sodass die Daten nicht zu schnell für die Verarbeitung ankommen. Steht im Gegensatz zur *Überlastkontrolle*.

Fragmentierung/Reassemblierung (Fragmentation/Reassembly) Methode für die Übertragung von Nachrichten, die größer als die MTU des Netzwerks sind. Die Nachrichten werden dabei vom Sender in kleinere Pakete fragmentiert und vom Empfänger wieder in die ursprüngliche Nachricht zusammengesetzt.

Frame Eine andere Bezeichnung für Paket, die meist in Zusammenhang mit solchen Paketen verwendet wird, die nicht im gesamten Netzwerk, sondern über eine einzelne Leitung übertragen werden. Hauptproblem beim Framing (Rahmenerzeugung) ist, dass der Empfänger den Anfang und das Ende eines Frames erkennen kann.

Frame-Relay Verbindungsorientierte paketvermittelte Technologie, die Mitte der achtziger Jahre für Weitverkehrsnetze (WANs) entwickelt wurde und von Telefongesellschaften angeboten wird. Frame-Relay basiert auf dem asynchronen Zeitmultiplexverfahren. Übertragungsfehler werden erkannt, aber nicht korrigiert. Zwischen den kommunizierenden Datenendeinrichtungen werden virtuelle Verbindungen aufgebaut.

Frequency-Hopping Frequenzsprungverfahren, das in der Mobilkommunikation eingesetzt wird. Bei dieser Technik wird das Nutzsignal auf ein permanent die Frequenz wechselndes Trägersignal aufmoduliert. Die Frequenzwechsel finden dabei in einer pseudo-zufälligen oder vorbestimmten Reihenfolge statt. Damit das Signal vom Empfänger erkannt werden kann, muss dem Empfänger die Reihenfolge des Frequenzwechsels im Voraus bekannt sein. Diese Technik gilt als sehr sicher, jedoch müssen Sender und Empfänger genau aufeinander synchronisiert sein. Dies bedingt eine relativ komplexe elektronische Schaltung und folglich auch hohe Herstellungskosten. Frequency-Hopping wird in Funk-LANs eingesetzt und ist im GSM-Netz konzeptionell vorgesehen.

FTP (File Transfer Protocol) Das auf TCP aufsetzende Standardprotokoll der Internet-Architektur für die Übertragung von Dateien zwischen Hosts.

GMPLS Verallgemeinertes MPLS, erlaubt IP direkt über optische vermittelte Netze.

Gatekeeper Ein Gatekeeper ist ein zentrales Steuerelement für das Routen der Rufsignalisierung, die Auflösung der Telefonnummern und der IP-Adresse bzw. deren Umwandlung. Er ist somit für Zugangsberechtigung und Sicherheit verantwortlich. Darüber hinaus erfasst der Gatekeeper die Gebühren, weist sie den Partnern in den Netzen und Diensten zu und sorgt für ein Bandbreitenmanagement im Rahmen der Dienstgüte (QoS).

GSM (Global System for Mobile Communications) Arbeitsgruppe der CEPT (Conférence Européenne des Administrations des Postes et Télécommunications) und Standard für ein Funktelefonsystem zur Bereitstellung eines kompatiblen Mobilfunkdienstes. Die GSM-Technik basiert auf einer digitalen Übertragung im Zeitmultiplexverfahren mit acht Kanälen je Funkträgersignal. In den USA und Kanada wurde statt GSM der PCS-Standard übernommen.

Gopher Informationsdienst im Internet.

H.323 H.323 ist ein internationaler ITU-Standard für die Sprach-, Daten- und Videokommunikation über paketorientierte Netze, der die spezifischen Fähigkeiten von Endgeräten im IP-Umfeld festlegt. Der Standard ist abgeleitet aus dem Multimedia-Standard H.320 für ISDN. Er hat definierte Netzübergänge zwischen ISDN und ATM und garantiert die Interoperabilität der Herstellerprodukte untereinander, wobei vier Hauptgruppen definiert sind: Terminals, Gateways, Gatekeeper und Multi Control Units (MCU). Der H.323-Standard definiert die Multimedia-Kommunikation über LANs, die keine zugesicherte Dienstgüte zur Verfügung stellen.

Handle In der Programmierung ein Bezeichner oder Zeiger, der für den Zugriff auf ein Objekt benutzt wird.

Hardwareadresse Adresse auf der Sicherungsschicht, mit der ein Host-Adapter in einem lokalen Netzwerk identifiziert wird.

HDLC (High-Level Data Link Control Protocol) Ein von der ISO standardisiertes Protokoll für die Sicherungsschicht, das Bitstopfen anwendet, um Rahmengrenzen zu definieren (Framing).

Header Kopfteil eines zu übertragenden Datenpakets. Er enthält keine Nutzdaten, sondern verschiedene Verwaltungs- und Steuerinformationen wie Adress- und Kennungsangaben, Paketnummer und Paketstatus.

Hidden Node Problem Eine Situation, die in einem drahtlosen Netzwerk eintritt, wenn zwei Knoten gleichzeitig an dasselbe Ziel senden, von ihrer gegenseitigen Existenz aber nichts wissen.

Hierarchisches Routing Schichtübergreifende Routing-Methode, bei der die hierarchische Struktur des Adressraums als Grundlage für Weiterleitungsentscheidungen herangezogen wird.

HiPPI (High Performance Parallel Interface) Eine vom ANSI standardisierte Netztechnologie, die Gbit/s-Übertragungsraten unterstützt und meist für die Verbindung von Supercomputern mit Peripheriegeräten benutzt wird; vergleichbar mit *Fiber-Channel*.

Host Ein Computer, der an ein oder mehrere Netzwerke angeschlossen ist und auf dem Anwendungsprogramme ausgeführt werden.

HTML (HyperText Markup Language) Eine für das Erstellen von Webseiten benutzte Sprache.

HTTP (HyperText Transfer Protocol) Ein im World Wide Web benutzter Standardmechanismus zum Austausch von Dokumenten zwischen Servern und Clients. HTTP überträgt Daten über TCP-Verbindungen.

IAB (Internet Activities Board) Gremium, das die Entwicklung und Standardisierung von Protokollen für die Internet-Architektur überwacht. Zu den Arbeitsgruppen des IAB zählen z.B. IRTF und IETF.

IBGP (Interior BGP) Das für den Austausch von Routing-Informationen zwischen Routern der gleichen Domain benutzte Protokoll.

ICMP (Internet Control Message Protocol) Protokoll der IP-Familie zur Übertragung von Informations- und Fehlermeldungen zwischen IP-Netzknoten. ICMP-Meldungen werden in Datagramme gekapselt und als reguläre IP-Frames übertragen.

IEEE (Institute of Electrical and Electronic Engineers) Ein Institut, das Datenkommunikationsnormen ausarbeitet, z.B. die 802-Serie der LAN-Standards.

IETF (Internet Engineering Task Force) Eine zur IAB gehörende technische Arbeitsgruppe, die sich mit der Standardisierung von Entwicklungsstrukturen für das Internet befasst.

IGP (Interior Gateway Protocol) Eine Gattungsbezeichnung, die man auf jedes Protokoll anwenden kann, das Informationen über Wegwahl und Erreichbarkeit in einem autonomen System verbreitet. IGP ist ein IP-Protokoll zum Austausch von Routing-Informationen in autonomen Systemen (AS). Obwohl es keinen einzigen Standard für das IGP-Protokoll gibt, ist das RIP (Routing Information Protocol) das populärste. Das IGP ist topologieunabhängig. Da unterschiedliche Topologien und Netzwerke vorhanden sind, gibt es mehrere IGPs. Gateways können gleichzeitig verschiedene Routing-Protokolle benutzen, wenn sie die Verbindung zwischen autonomen Systemen und einem übergeordneten Backbone-Netzwerk bilden. Hierfür stehen neben dem erwähnten RIP- das Hello-, das IGRP- und das OSPF-Protokoll (Open Shortest Path First) zur Verfügung.

IMAP (Internet Message Access Protocol) Ein Protokoll auf der Anwendungsschicht, das es Anwendern ermöglicht, auf ihre E-Mail auf dem Mail-Server zuzugreifen.

IMP-IMP Ein Byte-orientiertes Protokoll der Sicherungsschicht, das im ARPANET benutzt wurde.

Integrated-Services (IntServ) Begriff zur Bezeichnung eines paketvermittelten Netzwerks, das sowohl konventionelle Computerdaten als auch Echtzeitaudio und -video unterstützen kann. Außerdem wird damit ein für das Internet vorgeschlagenes Dienstmodell bezeichnet, das sich derzeit in Entwicklung befindet und das heutige Best-Effort-Dienstmodell ablösen soll.

Integrität In Zusammenhang mit Netzwerksicherheit ein Dienst, der gewährleistet, dass eine empfangene Nachricht mit der gesendeten identisch ist.

Interdomain-Routing Routing zwischen verschiedenen Routing-Domains, wie z.B. BGP.

Internet Der weltweit größte Netzverbund auf Grundlage der TCP/IP-Architektur, der jedem Teilnehmer eine nahezu grenzenlose Informations- und Kommunikationsinfrastruktur zur Verfügung stellt.

Internetwork Eine Sammlung von (möglicherweise heterogenen) paketvermittelten Netzwerken, die über Router miteinander verbunden sind.

Interoperabilität Die Fähigkeit heterogener Hardware und Software unterschiedlicher Hersteller, durch den korrekten Austausch von Nachrichten zu kommunizieren.

Interrupt Ein (normalerweise von der Hardware erzeugtes) Ereignis, welches das Betriebssystem auffordert, seine momentane Aktivität einzustellen und eine bestimmte Aktion auszuführen, z.B. wenn ein Paket vom Netzwerk angekommen ist.

Intradomain-Routing Austausch von Routing-Informationen innerhalb einer einzelnen Domain oder eines autonomen Systems (AS), z.B. in Protokollen wie RIP und OSPF.

IP (Internet Protocol) Ein Protokoll, das einen verbindungslosen Best-Effort-Dienst für die Übertragung von Datagrammen im Internet bereitstellt. Die derzeitige Version wird als IPv4 bezeichnet.

IPG (Inter-Packet Gap) Der minimale Abstand zwischen zwei aufeinander folgenden Datenpaketen. Diese Zeit berücksichtigt das Abklingverhalten von passiven Übertragungskomponenten und stellt sicher, dass kein erkennbarer Pegel mehr auf dem Übertragungsmedium vorhanden ist.

IPng (Internet Protocol – next generation) Die neue, als IPv6 bezeichnete Version, die gegenüber der heutigen Version einen größeren hierarchischen Adressraum und verschiedene neue Merkmale bietet.

IPSEC (IP Security Protocol) IETF-Standardisierung, die Verfahren und Protokolle für einen herstellerübergreifenden sicheren und geschützten Datenaustausch mittels IP festlegt. Der Normenrahmen von IPSEC definiert die Vorgehensweise für Datenintegrität, Vertraulichkeit der Inhalte und Verwaltung der kryptographischen Schlüssel. IPSEC schützt die Datenpakete des IP-Protokolls vor möglichen Modifikationen und Ausspähungen. Es beeinflusst weder die Kommunikationsprotokolle noch die Anwendungsprogramme, sodass das Internetworking über Router nicht beeinträchtigt wird.

IRTF (Internet Research Task Force) Eine IAB-Arbeitsgruppe, die für bestimmte Forschungs- und Entwicklungsprojekte für das Internet zuständig ist.

ISDN (Integrated Services Digital Network) Diensteintegrierendes digitales Fernmeldenetz, das die Bereitstellung von integrierten Netzdiensten unterstützt. Die Technik kombiniert Sprach- und digitale Datendienste. ISDN wurde von der ITU-T standardisiert und wird von Telefongesellschaften angeboten.

IS-IS Ein mit OSPF vergleichbares Link-State-Routing-Protokoll.

ISO (International Organization for Standardization) In Genf ansässige internationale Organisation, die Industriestandards auf zahlreichen Gebieten, u.a. Computer- und Netztechniken, entwickelt, darunter das OSI-Referenzmodell.

ITU-T (International Telecommunications Union) Gremium der internationalen Organisation, die Standards für analoge und digitale Telekommunikationssysteme entwickelt und überwacht, darunter Standards für Netztechnologien (z.B. ATM).

Jam-Signal (Störsignal) Wenn beim CSMA/CD-Zugangsverfahren eine Kollision entsteht, wird die Übertragung sofort abgebrochen und ein spezielles Störsignal auf den Kanal geschickt. Nach dessen Aussenden folgt eine bestimmte Wartezeit, bevor die Übertragung neu versucht wird.

Jitter Mit Jitter bezeichnet man Abstandsschwankungen von bestimmten Punkten eines Digitalsignals (z.B. der Zeitpunkt des Übergangs von einer Signalamplitude auf eine andere) bei der Übertragung durch ein Netz, also Schwankungen der Netzlaufzeit. Großer Jitter kann insbesondere Audio- und Videoübertragung beeinträchtigen.

JPEG (Joint Photographic Experts Group) Bezeichnung der Arbeitsgruppe und des von ihr ausgearbeiteten Standards für die Kompression von Standbildern.

Kanal Allgemeiner, in diesem Buch verwendeter Begriff für eine logische Prozess-zu-Prozess-Verbindung.

Kapselung (Encapsulation) Technik zum Kapseln von Frames in ein IP-Datagramm. Das gesamte Datagramm wird in den Nutzdatenbereich eines Frames eingefügt. Die Netzhardware behandelt diesen Frame wie jeden üblichen Frame. Sie prüft weder den Inhalt des Nutzdatenbereichs, noch ändert sie ihn.

Kerberos Ein TCP/IP-basiertes, am MIT entwickeltes Authentifizierungssystem, bei dem zwei Hosts sich über eine vertrauenswürdige dritte Partei gegenseitig authentifizieren.

Knoten (Node) Allgemeiner Begriff für einzelne Computer, aus denen sich ein Netzwerk zusammensetzt, d.h. universelle Computer, Switche und Router.

Koaxialkabel (kurz Koaxkabel) Ein Kupferkabel , das mehr Schutz vor Störungen als das verdrillte Kabelpaar bietet. Es besteht aus einem einzigen Kabel, das mit einem stärkeren Metallmantel umhüllt ist. Dieses Medium wird im konventionellen Fernsehen und in Datennetzen eingesetzt.

Kryptographie (Cryptography) Wissenschaft zur Erforschung und Realisierung von Verfahren zur Ver- bzw. Entschlüsselung von Daten, bei denen entweder das Verschlüsselungsverfahren oder (bei Anwendung einheitlicher Schlüsselverfahren) die verwendeten Schlüsselbegriffe geheimgehalten werden. Durch Ändern, Vertauschen oder Hinzufügen von Zeichen nach bestimmten Regeln wird ein Klartext in einen Chiffretext verwandelt und umgekehrt; anwendbar bei der Speicherung von Daten und der Datenübertragung. Wirksames Mittel des Datenschutzes, um Informationen, die in falsche Hände gelangt sind, wertlos zu machen. Neben der Vertraulichkeit durch die Verschlüsselung von Klartext kann mit den Methoden der Kryptographie auch die Authentizität einer Nachricht sowie die Integrität einer Datei sichergestellt werden, wobei unter letzterem die Gewißheit zu verstehen ist, eine Datei in unveränderter Form zu empfangen. Man unterscheidet bei den Verschlüsselungsverfahren ganz allgemein zwischen dem Public-Key- und dem Private-Key-Verfahren. Bekannte Verschlüsselungsalgorithmen sind: RSA, DES, IDEA, PGP und Kerberos.

LAN (Local Area Network) Lokales Netzwerk, das innerhalb eines Gebäudes oder eines Firmengeländes installiert wird und in dem private Übertragungsmedien und Vermittlungsanlagen benutzt werden. Zu den LAN-Technologien zählen Ethernet, Token-Ring und FDDI. Größere Entfernungen werden von MANs und WANs abgedeckt.

LANE (Local Area Network Emulation) Technik für die Erweiterung von ATM, sodass es sich wie ein LAN mit gemeinsamer Mediennutzung (z.B. Ethernet) verhält.

LAN-Switch Bezeichnung für eine *Bridge* mit vielen Ports. In einem Ethernet verwendet man auch den Begriff »Ethernet-Switch«.

Last Mile (Anschlussbereich, AsB) Der Bereich zwischen der Vermittlungsstelle am Netz und der hausinternen Vermittlungsstelle. Im Falle des öffentlichen Fernsprechnetzes ist es der geographische Bereich zwischen der Ortsvermittlungsstelle und dem Vermittlungspunkt im Haus; das kann der Zugangspunkt oder auch die Telekommunikations-Anschlussdose sein. Bei anderen Netzkonfigurationen kann der Netzvermittlungspunkt der Access-Knoten oder der Verteilerkasten auf dem Bürgersteig sein. Im Anschlussbereich dominiert heute die Kupferverkabelung.

Latenz (Latency) Im allgemeinen handelt es sich um das Zeitintervall vom Ende eines Ereignisses bis zum Beginn der Reaktion auf dieses Ereignis. In Ringsystemen meint man mit der Latenzzeit die Zeit, die ein Datenpaket für die Umrundung eines Token-Rings benötigt, wenn dieser verkehrsfrei ist. Die Latenzzeit steigt dabei mit der Anzahl der angeschlossenen Stationen. Im Ethernet-Bereich handelt es sich um ein wichtiges Unterscheidungsmerkmal von Switchen. Die Latenzzeit beschreibt dabei den Zeitraum, der vergeht, bis ein an einem Switch-Port empfangenes Bit den Ziel-Port des Switch wieder verlässt. Dieser Zeitraum wird in Mikrosekunden angegeben und ist abhängig von dem benutzten Schaltverfahren: Cut-Through oder Store-and-Forward.

Layering Das Schichtenmodell bildet eine funktionale Unterteilung der Kommunikationsaufgaben. Aufgabe einer Schicht ist es, Dienstleistungen für die nächsthöhere Schicht bereitzustellen, wobei sie sich der Dienste der darunter liegenden Schicht bedient. Die Dienste einer Schicht sind in Instanzen angeordnet. Allgemein gilt, dass eine Schicht N auf einem Rechner A nur mit der entsprechenden Schicht N auf einem Rechner B kommuniziert. Aus diesem Grund spricht man von Peer-to-peer-Protokollen (Peer = Partner). Die Kommunikationsregeln sind in den Protokollen für Schicht N festgelegt.

LDAP (Lightweight Directory Access Protocol) Teil des Verzeichnisdienstes X.500, ein in letzter Zeit beliebter Verzeichnisdienst für Informationen über Benutzer.

LER (Label Edge Router) Eine Router am Rand einer MPLS-Wolke. Er prüft ankommenden IP-Pakete vollständig und heftet ihnen dann entsprechende Label an.

Leitungsvermittlung (Circuit Switching) Telekommunikationstechnik, bei der Punkt-zu-Punkt-Verbindungen zwischen kommunizierenden Parteien aufgebaut und Ressourcen für die Dauer der Verbindung bereitgestellt werden. Das öffentliche Telefonnetz und ISDN sind Beispiele von leitungsvermittelten Netzen. Das Gegenteil ist die *Paketvermittlung*.

LES LAN-Emulationsserver; siehe *LANE*.

Link-Layer-Protokoll Ein für die Übertragung von Frames über ein direkt verbundenes Netzwerk (z.B. Ethernet, Token-Ring oder Punkt-zu-punkt-Leitung) verwendetes Protokoll.

Link-State-Algorithmus (LSA) Dynamisches Routing-Verfahren, bei dem der Tabellenberechnung eine vollständige Topologiebasis zugrundegelegt wird: Die LSA-Datenbasis enthält sowohl Informationen über Entfernungen zu anderen Routern als auch Zusatzinformationen über die hierarchische Struktur, in der Router untereinander verbunden sind. Typischerweise wird nach Area-Router (Hierarchieebene 1) und Backbone-Router (Hierarchieebene 2) unterschieden;

es sind also mindestens zwei Hierarchieebenen vorhanden. Bei Tabellenänderungen werden nur die Änderungen weitergegeben, und diese auch nur an die Nachbarn innerhalb der eigenen Hierarchieebene, nicht an alle Systeme. Zur Berechnung sind verschiedene Metriken möglich, nicht nur die Anzahl der Hops zwischen zwei Endsystemen. Der LSA, auch Shortest-Path-First-Algorithmus (SPF) genannt, neigt weniger dazu, Zyklen bei Topologieänderungen zu produzieren, und konvergiert schneller, findet also nach Veränderungen im Netzbetrieb die konstante optimale Route schneller. Zudem generiert er weniger Overhead: Router senden nicht ihre komplette Tabelle, sondern nur Informationen über ihre direkten aktiven Nachbarn. Aus dieser verteilten Datenbank berechnet sich jeder Router die neuen Routen.

Local-Loop Leitungsstrecke zwischen Teilnehmer und Zentralvermittlungsstelle.

LOS (Line of Sight) Sichtverbindung zwischen Sender und Empfänger in drahtlosen Netzen nach 802.11.

LSR (Label-switching Router) Ein Router, der IP-Kontrollprotokolle verwendet, der aber den MPLS-Weiterleitungsalgorithmus verwendet.

MAC (Medium Access Control) Medienspezifisches Zugangsverfahren innerhalb der IEEE-802-Spezifikationen. Es beinhaltet Varianten für Token-Ring, Token-Bus und CSMA/CD. MAC ist die untere Teilschicht der Sicherungsschicht im LAN-Schichtenmodell. Das Medienzugangsverfahren umfasst die Frame-Aufbereitung beim Senden (Kapselung) und Empfangen (Entkapselung), die Frame-Übergabe an das Zugangsmanagement (Senderseite), das Zugangsmanagement und die Fehlerkorrektur. Die Arbeitsweise der MAC-Schicht basiert auf der Kooperation unterschiedlicher Prozesse.

MACA (Multiple Access with Collision Avoidance) Verteilter Algorithmus für die Regelung des Zugriffs auf ein gemeinsam genutztes Medium.

MACAW (Multiple Access with Collision Avoidance for Wireless) Erweiterte Version des allgemeinen MACA-Algorithmus für die bessere Unterstützung von drahtlosen Netzwerken; IEEE-Spezifikation 802.11.

MAN (Metropolitan Area Network) Ein Netzwerk, das auf einer der neuen Netzwerktechnologien basiert, die in hohen Geschwindigkeiten (bis zu mehreren Gbit/s) laufen, und von der Reichweite her ein Stadtgebiet abdeckt.

Manchester-Kodierung Eine in Ethernet angewandte Bit-Kodierungsmethode, bei der das XOR (exclusive-OR) des Takts und die mit NRZ kodierten Daten übertragen werden.

MBone (Multicast-Backbone) Ein logisches, auf das Internet aufsetzende Netzwerk, in dem multicastfähige Router Multicast-Datagramme mittels Tunneling im Internet weiterleiten.

MD5 (Message-Digest Version 5) Ein effizienter kryptographischer Prüfsummenalgorithmus, mit dem überprüft werden kann, ob der Inhalt einer Nachricht unverändert geblieben ist.

MIB (Management Information Base) Definiert eine Reihe von netzwerkbezogenen Variablen, die in einem Netzwerkknoten gelesen oder geschrieben werden können. MIB wird in Verbindung mit SNMP benutzt.

MIME (Multipurpose Internet Mail Extensions) Ein Internet-Standard zur Unterstützung von Binärdaten, z.B. Multimedia-Mail. Der Standard definiert auch externe Referenzen zur impliziten Einbindung von Medien.

Mosaic Kostenlos erhältlicher grafikfähiger Web-Browser, der am National Center for Supercomputing Applications (NCSA) an der Universität of Illinois entwickelt wurde.

MP3 (MPEG Layer 3) Ein Audio-Kompressionsstandard, der MPEG verwendet.

MPEG (Moving Picture Experts Group) Bezeichnung der Arbeitsgruppe und des von ihr ausgearbeiteten Standards für die Kompression von Video.

MPLS (Multiprotocol Label Switching) Eine Reihe von Techniken, die für die effektive Implementierung von IP-Routern oberhalb von Switchen der Ebene 2 (z.B. ATM) benutzt werden.

MSAU (Multistation Access Unit) Ein Gerät, das in Token-Ring-Netzen benutzt wird, um mehrere Stationen an den Ring anzuschließen und sie im Störungsfall vom Netz abzukoppeln.

MTU (Maximum Transmission Unit) Maximale Größe von Paketen, die über ein physikalisches Netzwerk gesendet werden können.

Multicast Übertragungsart von einem Punkt zu einer Gruppe. Man spricht bei Multicast auch von Mehrpunktverbindung. Der Vorteil von Multicast liegt darin, dass gleichzeitig Nachrichten an mehrere Teilnehmer oder geschlossene Teilnehmergruppen (Closed User Groups) übertragen werden.

Multiplexen Ein allgemeines Konzept der Kombination unabhängiger Datenquellen (z.B. getrennte TCP- und UDP-Kanäle) in eine Form, die in einem Kommunikationskanal gesendet werden kann. Das Umkehrverfahren, das auf dem empfangenden Host ausgeführt wird, wird als *Demultiplexen* bezeichnet.

Nachricht Dateneinheit, die zwischen Anwendungen ausgetauscht wird.

Namensauflösung (Name Resolution) Auflösung von Host-Namen (die für Menschen leichter lesbar sind) in ihre entsprechenden Adressen (die für Maschinen leichter lesbar sind); siehe auch *DNS*.

NAT (Network Address Translation) Eine Technik für die Erweiterung des IP-Adressraums, bei der zwischen global verstandenen IP-Adressen und lokalen Adressen am Rande eines Netzwerks übersetzt wird.

NDR (Network Data Representation) Der im DCE (Distributed Computing Environment) benutzte Datenkodierungsstandard, der von der Open Software Foundation (OSF) definiert wurde. Im NDR wird die so genannte Receiver-Makes-Right-Strategie angewandt, bei der an den Anfang jeder Nachricht ein Architektur-Tag eingefügt wird.

Netscape Weitverbreiteter grafikfähiger Webbrowser.

Network-Layer-Protokoll Ein Protokoll, das in vermittelten Netzwerken direkt oberhalb der Sicherungsschicht läuft.

Netzadapter (Netzkarte) Anpassungselement zur Verbindung von Geräten mit nicht aufeinander abgestimmter Arbeitsweise. Adapter werden auch die Einsteckkarten (Board/NIC) genannt, die in PCs oder anderen Rechnern für die Kommunikation vom und zum Rechner sorgen, beispielsweise in Form von Ethernet-Adapterkarten, ISDN-Adaptern usw.

NFS (Network File System) Ein weitverbreitetes verteiltes Dateisystem, das von Sun Microsystems entwickelt wurde und auf SunRPC, einem ebenfalls von Sun entwickelten RPC-Protokoll, basiert.

NIST (National Institute for Standards and Technology) Das offizielle Standardisierungsgremium der USA.

NRZ (Non-Return to Zero) Eine Bit-Kodierungsmethode, bei der eine 1 als High-Signal und eine 0 als Low-Signal kodiert wird.

NRZI (Non-Return to Zero Inverted) Eine Bit-Kodierungsmethode, bei der ein Übergang vom aktuellen Signal erfolgt, um eine 1 zu kodieren, und auf dem aktuellen Level verharrt wird, um eine 0 zu kodieren.

NSF (National Science Foundation) Eine US-Regierungsbehörde, die wissenschaftliche Forschungen in den USA fördert, z.B. Forschungsarbeiten an Netzwerken und an der Internet-Infrastruktur.

NV (Network Video) Eine Videokonferenzanwendung, die in MBone läuft.

OC (Optical Carrier) Das Präfix für verschiedene Raten der optischen SONET-Übertragung, z.B. OC-1 gemäß SONET-Standard für Übertragungen mit 51,84 Mbit/s über Glasfaser. Ein OC-*n*-Signal unterscheidet sich von einem STS-*n*-Signal nur darin, dass auf das OC-*n*-Signal für die optische Übertragung das Scrambling angewandt wird.

Öffentlicher Schlüssel (Public Key) Einer der beiden Schlüssel, die in einem Verschlüsselungssystem (z.B. RSA) verwendet werden. Der öffentliche Schlüssel wird bekanntgegeben, um in Verbindung mit einem entsprechenden privaten Schlüssel verwendet zu werden.

ONC (Open Network Computing) Eine Version von SunRPC, die für das Internet standardisiert wird.

Optical Switch Ein Switch, der ankommende Lichtwellen vom Eingangs- an den Ausgangs-Port weiterleitet, ohne sie zwischendrin in elektrische Impulse umzuwandeln.

OSF (Open Software Foundation) Ein Konsortium von Computerherstellern, die Standards für verteilte Rechenumgebungen, darunter das NDR-Darstellungsformat, standardisiert haben.

OSI (Open Systems Interconnection) Das von der ISO entwickelte, aus sieben Schichten bestehende Netzwerk-Referenzmodell, das dem Design von ISO- und ITU-T-Protokollstandards zugrunde liegt.

OSPF (Open Shortest Path First) Ein Routing-Protokoll, welches das RIP-Protokoll kurz- bis mittelfristig ablösen soll. Der zu Grunde liegende Routing-Algorithmus ist der SPF-Algorithmus (Shortest Path First). OSPF gehört zu den Interior-Gateway-Protokollen und beschreibt, wie Router untereinander die Verfügbarkeit von Verbindungswegen zwischen Datennetzen propagieren. Das OSPF-Protokoll baut direkt auf dem IP-Protokoll auf und ist eine Weiterentwicklung einer frühen Version des IS-IS-Protokolls. Es basiert auf einem Link-State-Algorithmus, bei dem jeder Knoten eine Topographie des Internet aufbaut und für Weiterleitungsentscheidungen verwendet.

Overlay Ein virtuelles (logisches) Netzwerk, das auf einem bestehenden physikalischen Netz läuft. Overlay-Knoten kommunizieren miteinander nicht über physikalische Verbindungen, sondern durch Tunnel. Overlays werden häufig dazu verwendet, um neue Netzwerkdienste zu entwickeln, weil auf diese Art nicht in die darunter liegende Netzinfrastruktur eingegriffen werden muss.

Paket Dateneinheit, die zwischen Hosts ausgetauscht wird.

Paketvermittlung (Packet Switching) Eine Telekommunikationstechnik auf der Grundlage des Zeitmultiplexverfahrens, bei der Bitströme in kleine Dateneinheiten aufgeteilt und nacheinander als Pakete, Frames oder Zellen übertragen werden. Paketvermittelte Netze können verbindungslos, wie X.25, Frame-Relay oder ATM, sein. Das Gegenteil ist die *Leitungsvermittlung*.

PAWS (Protection Against Wrapped Sequence numbers) Methode für die Auslegung von Transportprotokollen mit einem ausreichend großen Sequenznummernraum, um den zyklischen Nummernüberlauf in einem Netzwerk mit möglichen großen Zeitverzögerungen zu verhindern.

PCS (Personal Communication Services) Digitales mobiles Telefonsystem, das in den USA und Kanada im Einsatz ist; vergleichbar mit dem im Rest der Welt benutzten GSM.

PDU (Protocol Data Unit) Andere Bezeichnung für Paket oder Frame.

Peer (Partner) Eine Gegenstelle auf einer anderen Maschine, mit der ein Protokollmodul interagiert, um einen Kommunikationsdienst zu implementieren.

Peer-to-Peer-Netzwerk Ein Oberbegriff für Anwendungen, die Anwendungslogik (z.B. Dateiverwaltung) mit Routing verbinden. Bekannte Beispiele sind Napster und Gnutella. Forschungsversionen basieren häufig auf verteilten Hash-Tabellen.

PEM (Privacy Enhanced Mail) Erweiterungen für E-Mail im Internet, die Vertraulichkeit und Integrität der Daten unterstützen; siehe auch *PGP*.

PGP (Pretty Good Privacy) Public-Domain-Software, die Vertraulichkeit und Authentifikation unter RSA bietet und ein Vertrauensnetz für die Verteilung öffentlicher Schlüssel nutzt.

PHB (Per-Hop Behavior) Verhalten einzelner Router (z.B. AF und EF) in der Differentiated-Services-Architektur.

Physical-Layer-Protokoll Protokoll auf der Bitübertragungsschicht mit der hauptsächlichen Aufgabe, Bits in die Signale zu kodieren, die über die physikalischen Übertragungsmedien verbreitet werden.

Piconet Drahtloses Netzwerk mit kurzer Reichweite (etwa 10 m) für die Verbindung von Bürocomputern ohne Kabel.

PIM (Protocol-Independent Multicast) Ein Multicast-Routing-Protokoll, das oberhalb verschiedener Unicast-Routing-Protokolle implementiert werden kann.

Ping Eine Unix-Utility, die zum Testen der RTT zu verschiedenen Hosts im Internet benutzt wird. Ping sendet eine ICMP-Nachricht ECHO_REQUEST, und der entfernte Host sendet eine ECHO_RESPONSE-Nachricht zurück.

PIO (Programmed Input/Output) Technik zur Verbindung von Hosts mit I/O-Geräten, bei der das Gerät Daten direkt vom Host-Speicher liest und in diesen schreibt; siehe auch *DMA*.

Poison-Reverse Eine heuristische Technik, die in Verbindung mit *Split-Horizon* benutzt wird, um Routing-Schleifen in Distanzvektor-Routing-Protokollen zu vermeiden.

Port Ein allgemeiner Begriff, mit dem der Punkt bezeichnet wird, an dem sich ein Netzwerknutzer an das Netzwerk aufschaltet. Bei einem Switch ist ein Port der Eingang, an dem Pakete empfangen bzw. der Ausgang, von dem Pakete gesendet werden.

POTS (Plain Old Telephone Service) Internationaler Begriff für das konventionelle Fernsprechnetz.

PPP (Point-to-Point Protocol) Von der IETF entwickelte Gruppe von Protokollen auf der Sicherungsschicht für Wählverbindungen.

Privater Schlüssel Einer der beiden Schlüssel, die in einem Verschlüsselungssystem (z.B. RSA) verwendet werden. Für eine sichere Kommunikation darf der private Schlüssel nur seinem Erzeuger bekannt sein.

Promiscuous-Mode Eine Betriebsart für Netzadapter, bei der ein Adapter alle im Netzwerk übertragenen Frames und nicht nur die an ihn adressierten empfängt.

Protokoll (Protocol) Eine standardisierte Menge von Operationen, um den Datentransfer und andere Netzaktivitäten unter ansonsten nicht unbedingt kompatiblen Computern zu regeln. Der Begriff bezeichnet auch die Spezifikation einer Schnittstelle zwischen Modulen, die auf unterschiedlichen Maschinen laufen.

Proxy Eine Art Agent, der zwischen Client und Server sitzt und Nachrichten abfängt und bestimmte Dienste anbietet. Z.B. kann ein Proxy an Stelle des Servers auf Client-Anfragen antworten, indem er Daten aus seinem Cache schickt, ohne den Server kontaktieren zu müssen.

Prozess Eine von einem Betriebssystem bereitgestellte Abstraktion, damit verschiedene Operationen gleichzeitig ausgeführt werden können. Jede Benutzeranwendung führt z.B. intern einen eigenen Prozess aus, während verschiedene Betriebssystemfunktionen in anderen Prozessen ablaufen.

Prüfsumme (Checksum) Ein Messwert zur Überprüfung, ob Daten während der Übertragung verändert wurden. Die Prüfsumme wird in einem Paket mit den Daten übertragen. Der Empfänger berechnet seinerseits eine Prüfsumme anhand der empfangenen Daten und vergleicht seinen Wert mit dem im erhaltenen Paket. Der Begriff wird fälschlich oft als allgemeine Bezeichnung für Fehlererkennungscodes verwendet.

Pseudo-Header Eine Untermenge von Feldern im IP-Header, die zu den Transportprotokollen TCP und UDP weitergereicht werden, damit diese sie in ihrer Prüfsummenberechnung verwenden können. Der Pseudo-Header enthält die Quell- und Ziel-IP-Adressen und die IP-Datagramm-Länge, sodass eine Verfälschung dieser Felder oder die Übertragung eines Pakets an eine falsche Adresse erkannt wird.

QoS (Quality of Service; Dienstgüte) Von einer Netzwerkarchitektur gebotene Zusicherungen bei der Paketübertragung, die sich normalerweise auf Performance beziehen, z.B. Bandbreite und Verzögerung. Das Internet bietet einen Best-Effort-Übertragungsdienst, was bedeutet, dass die Übertragung von Paketen nach bestem Bemühen, jedoch ohne Garantien erfolgt.

RED (Random Early Detection) Eine Queuing-Disziplin für Router, bei der Pakete im Fall einer vorauszusehende Überlast nach dem Zufallsprinzip verworfen werden, um den Sender zu veranlassen, langsamer zu werden.

Rendezvous-Punkt Ein im PIM (Protocol-Independent Multicast) benutzter Router, durch den Empfänger Informationen über Sender erhalten können.

Repeater Ein Hardwaregerät, das je zwei Kabelsegmente verbindet, um die Reichweite eines LAN zu vergrößern. Quell- und Zielrechner müssen nicht wissen, ob sie am gleichen oder einem anderen Segment angeschlossen sind. Zwischen je zwei Hosts in einem Ethernet sind höchstens zwei Repeater möglich. Repeater übertragen Signale, *Bridges* übertragen *Frames*, *Router* und *Switche* übertragen *Pakete*.

RFC (Request for Comments) Internet-Berichte, die unter anderem Spezifikationen für Protokolle wie TCP und IP enthalten.

RIO (RED with In and Out) Eine Paket-Drop-Regel auf der Grundlage von RED, jedoch mit zwei Drop-Kurven: eine für Pakete, die mit »in«, und eine für Pakete, die mit »out« gekennzeichnet wurden. Die Regel wird angewandt, um Differentiated-Services zu implementieren.

RIP (Routing Information Protocol) RIP ist das am häufigsten verwendete IGP-Protokoll, das sich als Standardmodul von BSD-Unix 4.x stark etabliert hat. Beim Routing arbeitet man mit Tabellen, die beim statischen Routing manuell angelegt und beim dynamischen Routing von den Routern erlernt und danach angelegt werden. Unter RIP baut jeder Router seine Weiterleitungstabelle dynamisch auf der Grundlage eines *Distanzvektor-Algorithmus* auf.

Router Ein an zwei oder mehr Netzwerke angeschlossener Netzwerkknoten, der Pakete von einem Netzwerk an ein anderes weiterleitet; siehe im Gegensatz dazu *Bridge*, *Repeater* und *Switch*.

Routing Ein Verfahren, bei dem Knoten Informationen über die Netztopologie austauschen, um ihre Weiterleitungstabellen richtig aufbauen zu können. Siehe hierzu *Weiterleitungstabelle*, *Link-State-Algorithmus* und *Distanzvektor-Routing*.

Routing-Tabelle Siehe *Weiterleitungstabelle*

RPC (Remote Procedure Call) Synchrones Anfrage/Antwort-Transportprotokoll, das in vielen Client/Server-Interaktionen benutzt wird.

RSA Ein Verschlüsselungsalgorithmus mit öffentlichen Schlüsseln, der nach seinen Erfindern (Rivest, Shamir und Adleman) benannt wurde.

RSVP (Resource Reservation Protocol) Ein Protokoll für die Reservierung von Ressourcen im Netzwerk, welches das Konzept des *Soft-State* in Routern anwendet. Die Zuständigkeit für Reservierungen liegt bei den Empfängern und nicht bei den Sendern.

RTCP (Real-time Control Protocol) RTCP ist wie RTP Bestandteil des Standards H.323. Das RTCP-Protokoll meldet den Netzwerkstatus, sodass Anwendungen darauf reagieren können.

RTD (Round Trip Delay) Die maximale Zeit, die ein Datenpaket in einem LAN benötigt. Die Umlaufzeit ergibt sich aus der Übertragungsgeschwindigkeit des Netzes und der Zeit, die die Stationen zum Abhören bzw. Weiterleiten der Datenpakete benötigen.

RTP (Real-Time Protocol) RTP erkennt und korrigiert fehlende, doppelte oder in falscher Reihenfolge empfangene Datenpakete. Dies wird durch die Verwendung von Zwischenspeichern, Zeitstempeln und Folgenummern erreicht. Die Rückmeldung erfolgt über das RTCP-Protokoll. Das RTP-Protokoll ist Bestandteil von H.323, liegt auf der Anwendungsschicht und kann netzwerkbasierte Videokommunikation abwickeln.

RTT (Round Trip Time) Die Reaktionszeit eines kompletten Netzwerks, d.h. die Zeitspanne, die erforderlich ist, um ein Signal von einer Quelle über das Netzwerk zum Empfänger und dessen Antwort wiederum über das Netzwerk zurück zum Sender zu übertragen.

SAN (System Area Network) Ein Netzwerk, das die Komponenten eines Computersystems (z.B. Monitor, Kamera, Platte) verbindet und Interfaces wie HiPPI und Fiber-Channel beinhaltet. Siehe im Gegensatz dazu *LAN*, *MAN* und *WAN*.

Schema Eine Spezifikation, die festlegt, wie ein XML-Datensatz strukturiert und interpretiert werden muss.

Schlüsselverteilung Ein Mechanismus, durch den Benutzer sich gegenseitig ihren öffentlichen Schlüssel bekanntgeben. Sie tauschen hierfür digital signierte Zertifikate aus.

Scrambling XOR-Verknüpfung eines Signals mit einem pseudozufälligen Bitstrom vor der Übertragung mit dem Ziel, für die Taktwiederherstellung ausreichend Signalübergänge zu ermöglichen. Scrambling wird in SONET angewandt.

SDP (Session Description Protocol) Ein Protokoll der Anwendungsschicht, das dazu dient, die zur Verfügung stehenden Audio- oder Videoressourcen festzustellen. Es umfasst Namen, Zweck, Anfangs- und Endzeit sowie Medientypen (z.B. Audio, Video) einer Sitzung; außerdem die Parameter, die zum Empfang der Sitzung erforderlich sind (z.B. Multicast-Adresse, Transportprotokoll und die verwendeten Port-Nummern).

Segment Bezeichnung für ein TCP-Paket. Ein Segment enthält einen Teil des Byte-Stroms, der mittels TCP übertragen wird.

SELECT Ein synchrones Demultiplex-Protokoll, das bei der Entwicklung eines RPC-Protokolls verwendet wird.

Semaphore Eine für die Unterstützung von Synchronisation zwischen Prozessen verwendete Variable. Normalerweise *blockiert* ein Prozess an einer Semaphore und wartet an dieser Stelle, bis ein anderer Prozess die Semaphore signalisiert.

Server Die Seite in einem verteilten System, die Dienste bereitstellt.

Signalisierung (Signalling) Die Übertragung eines Signals über ein physikalisches Medium auf der Bitübertragungsschicht. In ATM bezeichnet der Begriff den Aufbau einer virtuellen Verbindung.

Silly-Window-Syndrom Ein Zustand, der in TCP eintreten kann, wenn der Sender jedes Mal, wenn der Empfänger sein Empfangsfenster ein klein wenig öffnet, ein kleines Segment sendet, um das Fenster des Empfängers zu füllen. Daraus ergeben sich viele kleine Segmente und ineffiziente Nutzung der Bandbreite.

SIP (Session Initiation Protocol) Ein Protokoll auf der Anwendungsschicht, das für Multimedia-Anwendungen verwendet wird. Es bestimmt das richtige Gerät für die Kommunikation mit einem bestimmten Nutzer, ob der Nutzer an einer bestimmten Kommunikationssitzung teilnehmen möchte oder kann, die Art der verwendeten Medien und Kodierschemas und legt Sitzungs-Parameter (z.B. Port-Nummern) fest.

Sliding-Window Ein Algorithmus, der es dem Sender erlaubt, mehrere Pakete (bis höchstens im Umfang der Fenstergröße) zu senden, bevor er ein ACK (Acknowledgement) erhält. Da mit ACKs die zuerst gesendeten, im Fenster befindlichen Pakete bestätigt werden, »verschiebt« sich das Fenster und es können weitere Pakete gesendet werden. Dieser Algorithmus verbindet zuverlässige Übertragung mit hohem Durchsatz (siehe *ARQ*).

Slow-Start Ein Algorithmus zur Überlastvermeidung für TCP, mit dem versucht wird, das Tempo abgehender Segmente zu bestimmen. Für jedes zurückgesendete ACK werden zwei zusätzliche Pakete gesendet, sodass sich die Anzahl der ausstehenden Segmente exponentiell erhöht.

SMDS (Switched Multimegabit Data Service) Ein Dienst, der LAN-zu-WAN-Konnektivität unterstützt und von einigen Telefongesellschaften angeboten wird.

SMTP (Simple Mail Transfer Protocol) Das E-Mail-Protokoll des Internet (siehe *822*).

SNA (System Network Architecture) Die Netzwerkarchitektur von IBM.

SNMP (Simple Network Management Protocol) Ein Internet-Protokoll für die Überwachung von Hosts, Netzwerken und Routern.

Socket Softwarestruktur, die in einer Netzwerkeinrichtung wie ein Kommunikationsendpunkt arbeitet. Sie bezeichnet den logischen Endpunkt einer Verbindung mittels TCP, UDP und IPX. Ein Socket setzt sich aus einer Netzwerk-, einer Rechner- und einer Port-Nummer zusammen. Das Socket-Interface ist das am meisten verbreitete LAN-Interface. Die bekanntesten Anwendungen, die ein Socket-Interface benutzen, sind Telnet, FTP und NSF.

Soft-State Verbindungsbezogene Informationen, die über eine begrenzte Zeit im Cache eines Routers vorgehalten werden, sodass Verbindungen nicht explizit auf- und abgebaut werden müssen.

SONET (Synchronous Optical Network) Ein Takt-basierter Standard für die digitale Übertragung über Lichtwellenleiter, der definiert, wie Telefongesellschaften Daten in optischen Netzwerken übertragen.

Source-Routing Routing auf der Grundlage von Entscheidungen, die vor der Übertragung eines Pakets an der Quelle getroffen werden. Die Route umfasst Knoten, die das Paket auf dem Weg zum Ziel überqueren sollte.

Sparse-Mode Multicast Eine im PLM (Protocol-Independent Multicast) verwendete Betriebsart, wenn relativ wenig Hosts oder Router Multicast-Daten für eine bestimmte Gruppe empfangen müssen.

Store-and-Forward (Speichervermittlung) Abschnittsweise Datenübermittlung mit Zwischenspeicherung vor der Weitergabe.

Split-Horizon Eine Methode für die Auflösung von Routing-Schleifen in einem Distanzvektor-Routing-Algorithmus. Wenn ein Knoten eine Routenaktualisierung an seine Nachbarn sendet, klammert er jeweils die Routen aus, die er von jedem einzelnen Nachbarn erfahren hat. Die Methode wird mit *Poison-Reverse* angewandt.

Spread-Spectrum (Spreizspektrum) Eine Technik, bei der Übertragungen absichtlich über ein breites Frequenzband verteilt werden. Das ist besonders im Militärbereich beliebt, weil Übertragungen dadurch schwer aufzudecken und noch schwerer zu stören sind.

SSL (Secure Socket Layer; wird auch als Transport Layer Security (TLS) bezeichnet) Eine Protokollschicht, die auf TCP aufsetzt und mit der Authentifikation und Verschlüsselung von Verbindungen bereitgestellt wird.

Statistisches Multiplexen Eine auf Nachfrage basierende Multiplexmethode, bei der mehrere Datenquellen auf einer gemeinsamen Leitung gemultiplext werden.

Stop-and-Wait-Protokoll Protokoll, bei dem der Sender ein Paket schickt und dann auf eine Bestätigung wartet, bevor er fortfährt.

STS (Synchronous Transport Signal) Das Präfix für verschiedene SONET-Übertragungsraten, z.B. STS-1 für 51,84-Mbit/s-Übertragungen gemäß SONET-Standard.

Subnetting Verwendung einer einzigen IP-Netzwerkadresse für mehrere physikalische Netzwerke. Router innerhalb des Subnetzwerks verwenden eine Subnetzmaske, um das physikalische Netzwerk zu ermitteln, an das ein Paket weiterzuleiten ist. Durch Subnetting lässt sich effektiv eine dritte Ebene in die aus zwei Ebenen bestehende hierarchische IP-Adresse einführen.

SunRPC Das von Sun Microsystems entwickelte RPC-Protokoll (Remote Procedure Call), das für die Unterstützung von NFS benutzt wird (siehe auch *ONC*).

Switch (Vermittler) Ein Netzwerkknoten, der Pakete anhand der im Paket-Header enthaltenen Informationen von Ein- an Ausgänge weiterleitet. Er unterscheidet sich von einem *Router* im Wesentlichen dadurch, dass er normalerweise keine Netzwerke verbindet, die von unterschiedlichem Typ sind.

Switching-Element Schaltelement; Teil der Switching-Fabric.

Switching-Fabric (Schaltnetzwerk oder Vermittlungseinheit) Switching-Fabrics sind aus kleinen Schaltelementen (Switching-Elements) aufgebaut. Im Prinzip kann ein Schaltelement bereits als Switching-Fabric bezeichnet werden. Normalerweise ist die Anzahl der Eingangs- und Ausgangsports zu gering, um den Anforderungen an ATM-Schalteinheiten gerecht zu werden. Die Schaltelemente selbst bestehen aus Kleinstnetzwerken, in denen die Übertragungswege für die ATM-Zellen zur Verfügung gestellt werden.

T1 Ein von Telefongesellschaften angebotener Standarddienst, der 24 ISDN-Leitungen bzw. 1,544 Mbit/s entspricht; wird auch als *DS1* bezeichnet.

T3 Von Telefongesellschaften angebotener Dienst auf 44,7-Mbit/s-Übertragungsleitungen; wird auch als *DS3* bezeichnet.

Taktwiedergewinnung Ein Verfahren, bei dem ein gültiger Takt von einem seriell übertragenen digitalen Signal abgeleitet wird.

TCP (Transmission Control Protocol) Verbindungsorientiertes Transportprotokoll der Internet-Architektur. TCP bietet einen zuverlässigen Byte-Strom-Übertragungsdienst.

TDM (Time Division Multiplexing; Zeitmultiplexverfahren) Eine Technik für Rechnernetze, um mehrere Verbindungen auf dem gleichen Übertragungsmedium zu bedienen, indem jeder Verbindung ein Zeitschlitz zugewiesen wird. Haben die Zeitschlitze eine feste Dauer und werden sie in regelmäßigen Abständen zugewiesen, spricht man von »synchronem Zeitmultiplexverfahren«. Andernfalls findet das »asynchrone Zeitmultiplexverfahren« Anwendung. CSMA/CD ist ein in Ethernet-Netzen angewandtes asynchrones TDM.

Telnet Remote-Terminal-Protokoll der Internet-Architektur. Telnet ermöglicht die Interaktion des Benutzers mit einem entfernten System wie an einem direkt an dieses System angeschlossenen Terminal.

Thrashing Ein Zustand in virtuellen Speichersystemen, bei dem eine überhöhte Datenbewegung zwischen Primär- und Umlagerungsdatenträgern stattfindet.

Drei-Wege-Handshake (Three-Way Handshake) TCP-Mechanismus, bei dem drei Nachrichten ausgetauscht werden, um sicherzustellen, dass Verbindungen zuverlässig aufgebaut und beendet werden.

TLS (Transport Layer Security) Von *SSL* abgeleitete Sicherheitsdienste, die auf ein Transportprotokoll wie TCP aufsetzen. TLS wird oft in HTTP verwendet, um sichere Transaktionen im World Wide Web durchführen zu können.

Token-Bucket Eine Möglichkeit der Charakterisierung oder Regelung der von einem Datenfluss benutzten Bandbreite. Bei diesem Verfahren sammeln Prozesse nach und nach Token. Um ein Daten-Byte übertragen zu können, müssen sie ein Token abgeben und dann ihre Übertragung einstellen, wenn sie keine Token mehr besitzen. Insgesamt wird dadurch die Bandbreite eingeschränkt.

Token-Ring Eine LAN-Technologie nach IEEE-Norm 802.5. Die Technik nutzt ein gemeinsames Übertragungsmedium und läuft mit 4 oder 16 Mbit/s auf verdrillten Kabelpaaren, wobei das Token verwendet wird, um den Zugriff auf das gemeinsam genutzte Übertragungsmedium zu regeln.

TP4 (OSI Transport Protocol Class 4) Das leistungsstärkste OSI-Transportprotokoll, das mit TCP vergleichbar ist.

Trailer Der Trailer ist der Endteil eines Datenpakets. Es handelt sich dabei um die Bitsequenz, die bei einem paketorientierten Übertragungsverfahren an die eigentlichen Nutzdaten angehängt wird. Der Trailer beinhaltet im Allgemeinen Informationen zum Erkennen und Korrigieren von Übertragungsfehlern.

Transportprotokoll Ein Ende-zu-Ende-Protokoll, das Prozessen auf unterschiedlichen Hosts die Kommunikation ermöglicht. TCP ist das kanonische Beispiel.

TTL (Time To Live) Ein Maß für die Anzahl von Hops (Routern), die ein IP-Datagramm durchlaufen kann, bevor es verworfen wird.

TTRT (Target Token Rotation Time; Token-Sollumlaufzeit) Teil des Token-Claim-Prozesses in FDDI. Wenn ein Ring neu installiert wird oder sich neue Stationen am Ring anmelden, überprüft der Timer jeden einzelnen Rahmen und bevorzugt denjenigen mit der kleinsten TTRT.

Tunneling Tunneling nennt man den Prozess, bei dem zwei unterschiedliche Protokolle auf der gleichen Schicht miteinander verkapselt werden. Die Daten des einen Protokolls werden in die Datenpakete des zweiten verpackt. Dieses Verfahren wird beim Übergang von einem Protokoll auf ein anderes angewendet, beispielsweise bei IP über ATM.

Tymnet Ein älteres Netzwerk, bei dem eine Abstraktion *virtueller Leitungen* über eine Reihe von Routern realisiert wurde.

Überlastkontrolle (Congestion Control) Überschreitet die Anzahl der Datenpakete auf einem Netz einen bestimmten Wert, so ist das Netz überlastet, und seine Leistung sinkt. Das Netz benötigt dann zu viel Zeit, Konflikte und Überlastsituationen zu behandeln. Maßnahmen, die diesen Nachteil beheben, nennt man Überlastkontrolle. Techniken zur Überlastkontrolle müssen verteilt implementiert werden. Man kann diese Kontrollmechanismen auch in die Subnetze verlegen, die dafür sorgen müssen, dass an den Übergangsstellen zwischen den Subnetzen genügend Speicherkapazität vorhanden ist. Eine Möglichkeit der Überlastkontrolle ist die Reservierung von Pufferspeichern. Ein anderes Verfahren basiert auf der Abweisung von Datenpaketen, sobald sein Pufferspeicher voll ist. Dieses Verfahren zur Überlastkontrolle nennt man Retransmission-Verfahren. Es hat den Nachteil, dass das Netz zusätzlich durch die verworfenen Datenpakete belastet wird.

Überlast (Congestion) Stehen in einem Switch mehrere Pakete in der Warteschlange, wird ein neu ankommendes Paket ganz unten in die Warteschlange gestellt. Es wird erst nach allen vorherigen weiterbefördert. Wie bei hohem Straßenverkehrsaufkommen kann in Rechnernetzen eine Verkehrsüberlastung auftreten. Daten, die in das Netz einfließen, nachdem sich eine Überlast gebildet hat, müssen länger warten als solche, die auf ein freies Netz stoßen.

UBR (Unspecified Bit Rate) Die einfache ATM-Dienstklasse, die Best-Effort-Übertragung von Zellen bietet. Siehe im Gegensatz dazu *ABR*, *CBR* und *VBR*.

UDP (User Datagram Protocol) Unzuverlässiges verbindungsloses Protokoll der Transportschicht für Anwendungen, die an Stelle der Abfolge oder Flusskontrolle von TCP diese Aufgaben selbst bereitstellen. Dieses Protokoll wird vorwiegend für einmalige Abfragen und Anwendungen in Client/Server-Umgebungen benutzt, in denen die Schnelligkeit der Zustellung wichtiger ist als Zuverlässigkeit.

Unicast Übertragung eines Pakets an einen einzelnen Rechner. Siehe im Gegensatz hierzu *Broadcast* und *Multicast*.

URI (Uniform Resource Identifier) Die Verallgemeinerung einer URL. Wird z.B. in Zusammenhang mit SIP dazu benötigt, um Multimedia-Sitzungen aufzubauen.

URL (Uniform Resource Locator) Eine Textkette, mit welcher der Standort von Internet-Ressourcen identifiziert wird, z.B. http://www.bellcore.com. Bei dieser URL ist http das Protokoll für den Zugang zu der auf Host www.bellcore.com befindlichen Ressource.

vat Ein im Internet benutztes Audiokonferenz-Tool, das über RTP läuft.

VBR (Variable Bit Rate) Eine ATM-Dienstklasse für Anwendungen, deren Anforderungen an die Bandbreite zeitlich schwanken, z.B. bei komprimiertem Video. Siehe im Gegensatz dazu *ABR*, *CBR* und *UBR*.

VCI (Virtual Circuit Identifier) Virtueller Leitungsbezeichner, der sich im Header eines Pakets befindet und für die virtuelle Leitungsvermittlung benutzt wird. Bei ATM wird eine Ende-zu-Ende-Verbindung von VPI und VCI zusammen identifiziert.

Verbindungsleitung (Physical Link) Physikalisches Übertragungsmedium mit bestimmten Eigenschaften zwischen zwei Knoten eines Netzwerks. Mögliche Implementierungen sind Lichtwellenleiter oder drahtlose Verbindungen (z.B. über Satellit).

verbindungslos (Connectionless) Eine Netzzugriffsart, bei der keine explizite Verbindung erforderlich ist, sondern Informationen unmittelbar übertragen werden können. Das bedeutet, dass Frames oder Pakete ohne Verbindungsaufbau übertragen werden. Das ist der Fall bei den meisten LANs und IP- oder SMDS-WANs. UDP ist z.B. ein verbindungsloses Transportprotokoll. Das Gegenteil ist *verbindungsorientiert*.

verbindungsorientiert (Connection-oriented) Eine Netzzugriffsart, bei der Frames oder Pakete nur über Verbindungen ausgetauscht werden können, die dem Netz bekannt sind. Das ist der Fall bei leitungsvermittelten Netzen. »Verbindungsorientiert« charakterisiert auch die Regeln für zwei kommunizierende Endsysteme auf der Transportschicht. TCP ist ein Beispiel eines verbindungsorientierten Transportprotokolls, bei dem ein Endsystem nicht ohne vorherige Vereinbarung mit dem Empfänger in Form einer logischen Verbindung Pakete übertragen kann. Das Gegenteil ist *verbindungslos*.

Verschlüsselung (Encryption) Eine Technik, bei der eine Umwandlungsfunktion auf Daten dergestalt angewandt wird, dass nur der Empfänger (nach Durchführung der *Entschlüsselung*) die Daten lesen kann. Bei der Verschlüsselung wird im Allgemeinen ein geheimer Schlüssel, den nur der Sender und der Empfänger kennen, oder eine Kombination aus öffentlichem und privatem Schlüssel benutzt.

Verzögerung-Bandbreite-Produkt (Delay Bandwidth Product) Das Produkt der RTT und der Bandbreite eines Netzwerks, das einen Messwert für die Datenmenge liefert, die sich in einem Netzwerk in der Übertragung befinden kann.

vic Unix-basiertes Videokonferenz-Tool unter RTP.

Virtual Clock Ein Dienstmodell, das es der Quelle erlaubt, durch eine ratenbasierte Beschreibung ihrer Bedürfnisse Ressourcen auf Routern zu reservieren. Dieser Dienst geht über den Best-Effort-Dienst des heutigen Internet hinaus.

VPI (Virtual Path Identifier) Ein 8 bzw. 12 Bit großes Feld im ATM-Header. VPI kann benutzt werden, um mehrere virtuelle Verbindungen über ein Netzwerk innerhalb eines einzelnen virtuellen »Pfads« zu verbergen und dadurch den Umfang an Informationen über den Verbindungszustand, den die Switche verwalten müssen, zu verringern. Siehe auch *VCI*.

VPN (Virtual Private Network) Bei einem VPN handelt es sich um ein geschlossenes logisches Netzwerk, das für eine bestimmte Benutzergruppe etabliert wird. Ein virtuelles Netz nutzt immer die öffentlich zugänglichen Übertragungsnetzwerke, wie das Telefonnetz oder das Internet. Sicherheitsmechanismen wie Identifikation und Authentifikation der Netzteilnehmer verhindern, dass sich Unbefugte Zugang zum VPN verschaffen können. Die Verbindungen werden von einem öffentlichen Carrier bereitgestellt und bilden für den Anwender praktisch sein privates Netz. Die Dienstleistungen werden über ein öffentliches Netz erbracht, wodurch der Anwender auch die Ressourcen des Carriers nutzen kann. Ein VPN hat gegenüber echten privaten Netzen, wie einem unternehmenseigenen Netzwerk, Vorteile in der wesentlich höheren Flexibilität und Leistungsfähigkeit.

WAN (Wide Area Network; Weitverkehrsnetz) Eine physikalische Netzwerktechnologie mit großer Reichweite (z.B. ein ganzes Land). Siehe im Gegensatz dazu *SAN*, *LAN* und *WAN*.

Weiterleitung (Forwarding) Ein von einem Router für jedes Paket durchgeführtes Verfahren: Der Router empfängt das Paket an einem Eingang, stellt den für die Weiterleitung zu verwendenden Ausgang fest und überträgt es.

Weiterleitungstabelle (Forwarding Table) Eine in Routern verwaltete Tabelle, die für Entscheidungen über die Weiterleitung von Paketen verwendet wird. Den Vorgang des Aufbaus einer Weiterleitungstabelle nennt man *Routing*; daher wird für Weiterleitungstabelle auch der Begriff *Routing-Tabelle* verwendet. Bei manchen Implementierungen sind Routing und Weiterleitungstabellen getrennte Datenstrukturen.

WFQ (Weighted Fair Queuing) Eine Variante des *Fair-Queuing*, bei der jeder Datenfluss einen anderen Anteil an der Netzwerkkapazität erhalten kann.

Wohlbekannter Port (Well-known Port) Eine Port-Nummer, die der Konvention zufolge dediziert für die Nutzung durch einen bestimmten Server-Prozess eingerichtet wird. Der Domain-Name-Server empfängt z.B. Nachrichten auf jedem Host am wohlbekannten UDP- und TCP-Port 53.

WWW (World Wide Web) Ein von der CERN in Genf eingeleitetes Projekt für das Design und die Entwicklung mehrerer Konzepte, Kommunikationsprotokolle und Software zur Unterstützung des Zusammenschlusses verschiedener Informationsarten im Hypertext- und Hypermedia-Stil. Das Ergebnis ist eine Reihe von Protokollen und Referenzen, die von der Internet-Gemeinde übernommen und weiterentwickelt wurden.

X.25 Paketvermittelte WAN-Technologie, die Anfang der siebziger Jahre standardisiert wurde. Sie ermöglicht den gleichzeitigen Aufbau mehrerer virtueller Leitungen zwischen zwei Endsystemen (die in diesem Bereich »Datenendeinrichtungen« genannt werden). X.25 gilt als erste Generation der öffentlichen

Datenübertragungstechnik und wird heute noch von vielen Netzbetreibern unterstützt, insbesondere in Europa.

X.400 Der von der ITU entwickelte E-Mail-Standard, im Gegensatz zu SMTP in der Internet-Architektur.

X.500 Der ITU-Standard für Verzeichnisdienste, der einen auf Attributen basierenden Namensdienst definiert.

X.509 Ein ITU-Standard für digitale Zertifikate.

XDR (Exchange Data Representation) XDR ist auf der Darstellungsschicht des OSI-Referenzmodells angesiedelt und stellt eine maschinen-, betriebssystem- und netzunabhängige Datenstruktur im NFS zur Verfügung. Es wird eine Menge von primitiven Datentypen unterstützt, aus denen die komplexeren Datenstrukturen von XDR zusammengesetzt werden. XDR benutzt ein RPC-System. Siehe im Gegensatz dazu *ASN.1* und *NDR*.

XML (eXtensible Markup Language) Legt die Syntax zur Beschreibung von Daten fest, die zwischen Internet-Anwendungen ausgetauscht werden können.

Zelle Ein 53 Byte großes ATM-Paket, in dem bis zu 48 Daten-Bytes übertragen werden können.

Zertifikat Ein digital von einer Institution signiertes Dokument, das den Namen und den öffentlichen Schlüssel einer Person oder anderen Institution enthält. Es wird benutzt, um öffentliche Schlüssel zu verteilen. Siehe auch *CA*.

Zone Ein Teil der Domain-Name-Hierarchie, der einer administrativen Autorität entspricht, die für diesen Teil der Hierarchie zuständig ist. Jede Zone muss mindestens zwei Nameserver für DNS-Anfragen der Zone umfassen.

Zugangskontrolle (Admission Control) Die Funktion eines ATM-Netzwerks, die die Anforderung einer virtuellen Verbindung auf ihre Annehmbarkeit hin überprüft und das Routing für diese Verbindung durch das Netzwerk bestimmt.

Zweidimensionale Parität Ein Paritätsschema, bei dem Bytes in einer Matrix abgelegt werden und die Parität jeweils für Zeilen und Spalten berechnet wird.

Lösungen zu ausgewählten Übungen

Kapitel 1

6. Wir betrachten den Transfer als vollständig, wenn das letzte Datenbit an seinem Ziel ankommt.

   a. 1,5 MB = 12.582.912 Bit. Zwei anfängliche RTTs (160 ms) + 12.582.912/10.000.000 bit/s (Übertragung) + RTT/2 (Ausbreitung) ≈ 1,458 Sekunden.

   b. Die Anzahl der benötigten Pakete = 1,5 MB / 1KB = 1536. Zum obigen Ergebnis addieren wir die Zeit für 1535 RTTs (die Anzahl von RTTs zwischen der Ankunft von Paket 1 und der Ankunft von Paket 1536) und erhalten insgesamt 1,46 s + 122,8 s = 124,26 s.

   c. Das ist 74,5 RTTs, zuzüglich der anfänglichen 2, für 6,12 Sekunden.

   d. Gleich nach dem Handshaking senden wir ein Paket. Eine RTT nach dem Handshaking senden wir zwei Pakete. Bei n RTTs nach dem anfänglichen Handshaking haben wir $1 + 2 + 4 + \cdots + 2^n = 2^{n+1} - 1$ Pakete gesendet. Bei $n = 10$ waren wir folglich in der Lage, alle 1000 Pakete zu senden; der letzte Schwung kommt 0,5 RTT später an. Die Gesamtzeit beträgt 2 + 10,5 RTTs bzw. 1 Sekunde.

8. Die Ausbreitungsverzögerung beträgt 50×10^3 m / $(2 \times 10^8$ m/s) = 250 µs. 800 Bit / 250 µs entspricht 3,2 Mbit/s. Für 512-Byte-Pakete steigt dieser Wert auf 16,4 Mbit/s.

16. a. Die Ausbreitungsverzögerung auf der Verbindungsleitung beträgt $(55 \times 10^9) / (3 \times 10^8)$ = 184 Sekunden. Folglich beträgt die RTT 368 Sekunden.

   b. Das Verzögerung-Bandbreite-Produkt für die Verbindungsleitung beträgt RTT × Bandbreite = 184 s × 128 × 10^3 bit = 2,81 MB.

c. Nachdem ein Bild aufgenommen wurde, muss es auf der Verbindungsleitung übertragen werden und vollständig ankommen, bevor die Mission Control es interpretieren kann. Die Übertragungsverzögerung für 5 MB an Daten beträgt 328 Sekunden. Folglich beträgt die erforderliche Gesamtzeit: Übertragungsverzögerung + Ausbreitungsverzögerung = 328 + 184 =512 Sekunden.

19. a. Auf jeder Verbindungsleitung dauert es 1 Gbit/s / 5 KB = 5 µs, um das Paket über die Leitung zu übertragen; danach dauert es weitere 10 µs, bis sich das letzte Bit über die Leitung ausgebreitet hat. Folglich beträgt bei einem LAN mit nur einem Switch, der erst nach dem Empfang des ganzen Pakets mit der Weiterleitung beginnt, die gesamte Transferverzögerung zwei Übertragungsverzögerungen + zwei Ausbreitungsverzögerungen = 30 µs.

b. Für drei vermittelte und somit vier Verbindungsleitungen beträgt die Gesamtverzögerung vier Übertragungsverzögerungen + vier Ausbreitungsverzögerungen = 60 µs.

c. Für das »Cut-Through« muss ein Switch nur die ersten 128 Bit dekodieren, bevor er mit der Weiterleitung beginnt. Das dauert 128 ns. Diese Verzögerung ersetzt die Switch-Übertragungsverzögerungen in der vorherigen Antwort durch eine Gesamtverzögerung von: eine Übertragungsverzögerung + drei Cut-Through-Dekodierverzögerungen + vier Ausbreitungsverzögerungen = 45,384 µs.

29. a. 1920 × 1080 × 24 × 30 = 1.492.992.000 ≈ 1,5 Gbit/s.

b. 8 × 8000 = 64 Kbit/s.

c. 260 × 50 = 13 Kbit/s.

d. 24 × 88.200 = 216.800 ≈ 2,1 Mbit/s.

Kapitel 2

3. Die 4B/5B-Kodierung der gegebenen Bitfolge lautet wie folgt:

11011 11100 10110 11011 10111 11100 11100 11101

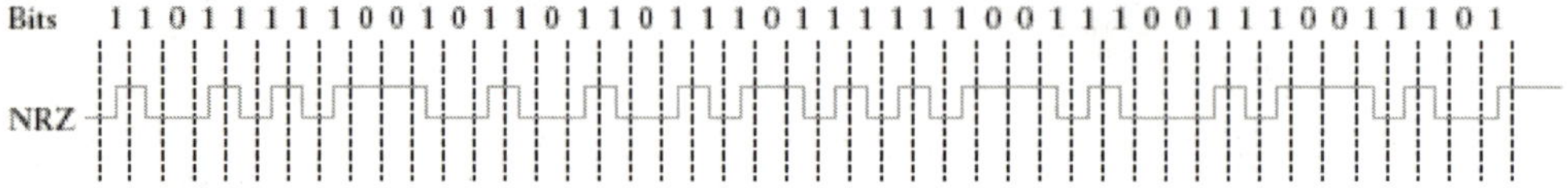

7. Es sei durch $_\wedge$ jede Position kennzeichnet, an der ein gestopftes 0-Bit entfernt wurde. Es gab einen Fehler, wobei die sieben aufeinander folgenden Einsen erkannt wurden (*err*). Am Ende der Bitfolge wurde das Ende des Rahmens erkannt (*eof*).

01101011111$_\wedge$101001111111$_{-err}$0 110 **01111110**$_{eof}$

19. a. Wir nehmen die Nachricht 1011 0010 0100 1011, hängen acht Nullen an und teilen das Ergebnis durch 1 0000 0111 ($x^8 + x^2 + x^1 + 1$). Der Rest ist 1001 0011. Wir übertragen die Originalnachricht mit dem angehängten Rest, womit wir Folgendes erhalten:

    1011 0010 0100 0011 1001 0011

    b. Durch Invertieren des ersten Bits erhalten wir 0011 0010 0100 1011 1001 0011; Teilen durch 1 0000 0111 ($x^8 + x^2 + x^1 + 1$) ergibt einen Rest von 1011 0110.

25. Die Einweglatenz der Verbindungsleitung ist 100 ms. Die Bandbreite-Roundtrip-Verzögerung beträgt etwa 125 Pakete/Sekunde × 0,2 Sekunden bzw. 25 Pakete. SWS sollte so groß sein.

    a. Wenn RWS = 1, dann umfasst der notwendige Sequenznummernraum 26. Deshalb sind 5 Bit erforderlich.

    b. Wenn RWS = SWS, dann muss der Sequenznummernraum das zweifache SWS bzw. bis zu 50 abdecken. Deshalb sind 6 Bit erforderlich.

32. Das folgende Bild zeigt den zeitlichen Ablauf für den ersten Fall. Der zweite Fall reduziert die gesamte Transaktionszeit um grob 1 RTT.

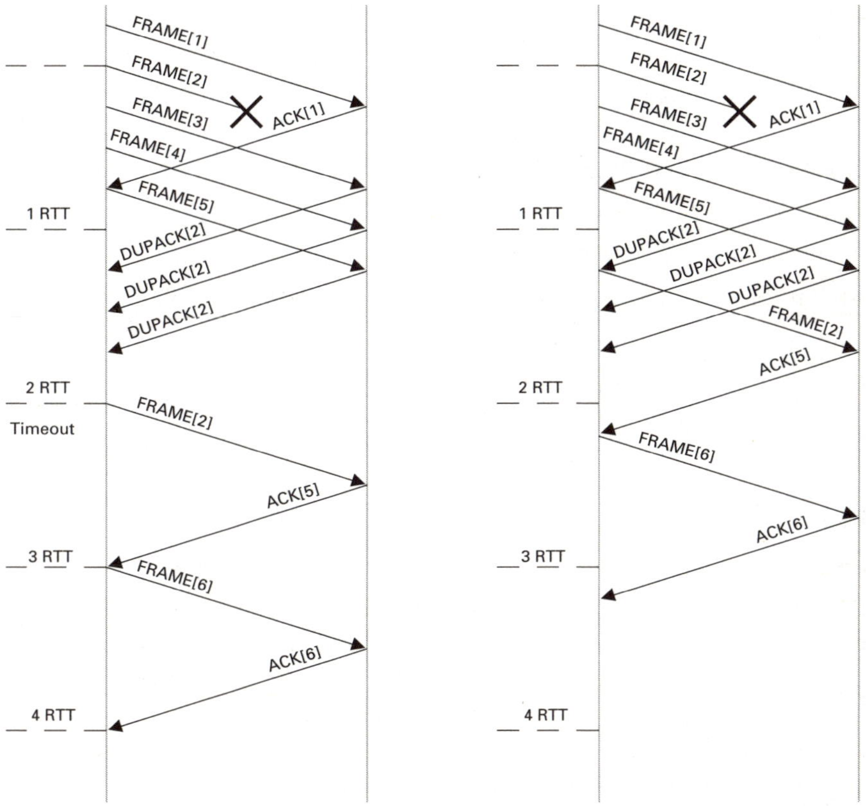

Kapitel 3

2. Die folgende Tabelle ist kumulativ; in jedem Teil bestehen die VCI-Tabellen aus den Einträgen aus diesem Teil und auch aus allen vorherigen Einträgen.

Übungsteil		Input		Output	
	Switch	Port	VCI	Port	VCI
(a)	1	0	0	1	0
	2	3	0	1	0
	4	3	0	0	0
(b)	2	0	0	1	1
	3	3	0	0	0
	4	3	1	1	0
(c)	1	1	1	2	0
	2	1	2	3	1
	4	2	0	3	2
(d)	1	1	2	3	0
	2	1	3	3	2
	4	0	1	3	3
(e)	2	0	1	2	0
	3	2	0	0	1
(f)	2	1	4	0	2
	3	0	2	1	0
	4	0	2	3	4

14. Die folgende Liste zeigt die Abbildung zwischen LANs und ihren designierten Bridges:

B1	A-Interface: A	B2-Interface: D (nicht C)	
B2	B1-Interface: A	B3-Interface: C	B4-Interface: D
B3	C-Interface: C	B2-Interface: A, D	
B4	D-Interface: D	B2-Interface: C (nicht A)	

B1 tot

B2 A, B, D

B3 E, F, G, H

B4 I

B5 untätig

B6 J

B7 C

16. Alle Bridges sehen das Paket von D zu C. Nur B3, B2 und B4 sehen das Paket von C zu D. Nur B1, B2 und B3 sehen das Paket von A zu C.

33. Da die I/O-Bus-Geschwindigkeit geringer als die Speicherbandbreite ist, stellt sie den Flaschenhals dar. Die effektive Bandbreite, die der I/O-Bus bereitstellen kann, ist 1000 / 2 Mbit/s, weil jedes Paket den I/O-Bus zweimal überquert. Deshalb beträgt die Anzahl der Interfaces $\lfloor 500/45 \rfloor = 11$.

Kapitel 4

5. Der Definition zufolge beträgt die Pfad-MTU 512 Byte. Die maximale IP-Nutzdatengröße ist 512 – 20 = 492 Byte. Wir müssen in den IP-Nutzdaten 2048 + 20 = 2068 Byte übertragen. Das würde in 4 Fragmente mit einer Größe von je 492 Byte und 1 Fragment mit einer Größe von 100 Byte aufgeteilt werden. Insgesamt gibt es 5 Pakete, wenn wir die Pfad-MTU benutzen. Im vorherigen Szenario benötigten wir 7 Pakete.

16. (a)

Im Knoten	Entfernung zu Knoten					
gespeicherte Information	A	B	C	D	E	F
A	0	2	∞	5	∞	∞
B	2	0	2	∞	1	∞
C	∞	2	0	2	∞	3
D	5	∞	2	0	∞	∞
E	∞	1	∞	∞	0	3
F	∞	∞	3	∞	3	0

16. (b)

Im Knoten	Entfernung zu Knoten					
gespeicherte Information	A	B	C	D	E	F
A	0	2	4	5	3	∞
B	2	0	2	4	1	4
C	4	2	0	2	3	3
D	5	4	2	0	∞	5
E	3	1	3	∞	0	3
F	∞	4	3	5	3	0

16. (c)

Im Knoten	Entfernung zu Knoten					
gespeicherte Information	A	B	C	D	E	F
A	0	2	4	5	3	6
B	2	0	2	4	1	4
C	4	2	0	2	3	3
D	5	4	2	0	5	5
E	3	1	3	5	0	3
F	6	4	3	5	3	0

19. Nachfolgend ein Beispiel einer Netzwerktopologie:

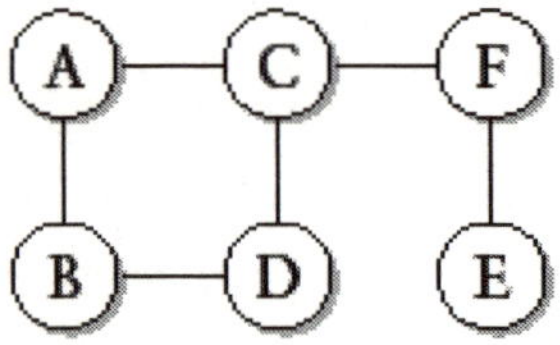

22. Versuchen Sie es mit jeder Subnetzmaske, und wenn die entsprechende Subnetznummer mit der Spalte SubnetNumber übereinstimmt, dann benutzen Sie den Eintrag unter NextHop.

    a. Wenn wir Subnetzmaske 255.255.254.0 verwenden, erhalten wir 128.96.170.0. Benutzen Sie Interface 0 als nächsten Hop.

    b. Wenn wir Subnetzmaske 255.255.254.0 verwenden, erhalten wir 128.96.166.0 (der nächste Hop ist R2). Durch Verwendung von Subnetzmaske 255.255.252.0 erhalten wir 128.96.164.0 (der nächste Hop ist R3). Allerdings ist 255.255.254.0 ein langes Präfix. Benutzen Sie R2 als nächsten Hop.

    c. Keiner der Subnetznummerneinträge passt; benutzen Sie deshalb den Default-Router R4.

    d. Wenn wir Subnetzmaske 255.255.254.0 verwenden, erhalten wir 128.96.168.0. Benutzen Sie Interface 1 als nächsten Hop.

    e. Wenn wir Subnetzmaske 255.255.252.0 verwenden, erhalten wir 128.96.164.0. Benutzen Sie R3 als nächsten Hop.

29.

Schritt	Bestätigt	Tentativ
1	(A,0,-)	
2	(A,0,-)	(B,1,B) (D,5,D)
3	(A,0,-) (B,1,B)	(D,4,B) (C,7,B)
4	(A,0,-) (B,1,B) (D,4,B)	(C,5,B) (E,7,B)
5	(A,0,-) (B,1,B) (D,4,B) (C,5,B)	(E,6,B)
6	(A,0,-) (B,1,B) (D,4,B) (C,5,B) (E,6,B)	

46. a. F
    b. B
    c. E
    d. A
    e. D
    f. C

56. In der folgenden Abbildung sind die aktiven Ports gekennzeichnet.

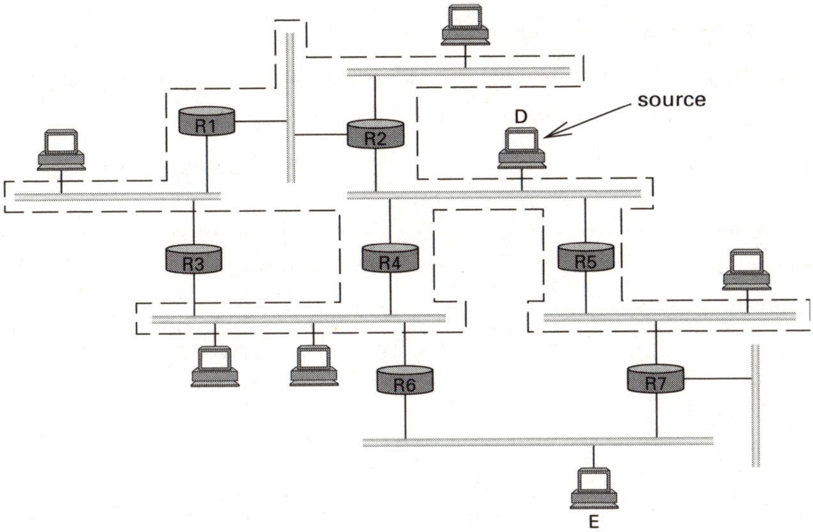

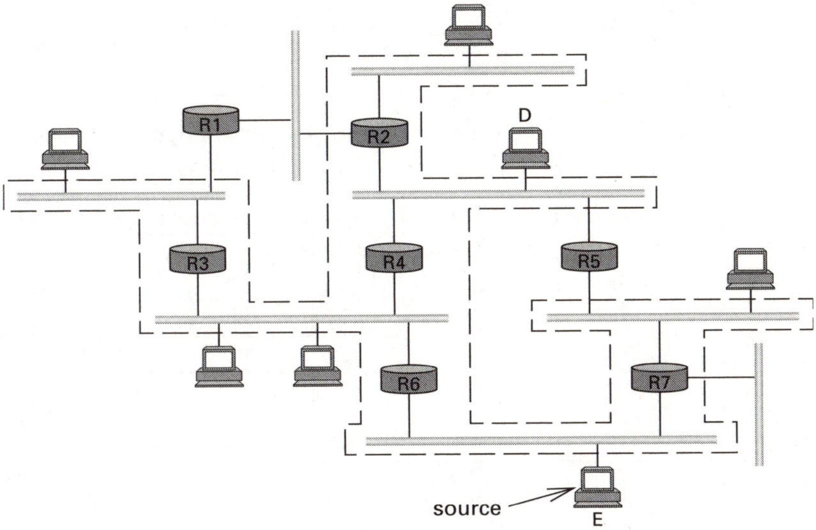

Kapitel 5

10. Das angekündigte (advertised) Fenster sollte groß genug sein, um die Pipe voll zu halten; Die Verzögerung (RTT) × Bandbreite ist hier 140 ms × 1 Gbit/s = 140 MB = 17,5 MB an Daten. Dafür sind 25 Bit (2^{25} = 33.554.432) für das Feld AdvertisedWindow erforderlich. Im Sequenznummernfeld ist kein Überlauf auf die maximale Segmentlebensdauer zulässig. In 60 Sekunden können 7,5 GB übertragen

werden. 33 Bit erlauben einen Sequenznummernraum von 8,6 GB, sodass innerhalb von 60 Sekunden kein Überlauf erfolgt.

13. a. 2^{32} Byte / (5 GB) = 859 ms.

    b. 1000 Ticks in 859 ms ist einmal alle 859 µs, was einen Überlauf in $3{,}7 \times 10^6$ Sekunden bzw. ungefähr 43 Tagen bedeutet.

27. Bei Verwendung der anfänglichen Abweichung, also Deviation = 50, dauert es 20 Iterationen, bis TimeOut unter 300,0 fällt.

Iteration	SampleRTT	EstRTT	Dev	Diff	TimeOut
0	200,0	90,0	50,0		
1	200,0	103,7	57,5	110,0	333,7
2	200,0	115,7	62,3	96,3	364,9
3	200,0	126,2	65,0	84,3	386,2
4	200,0	135,4	66,1	73,8	399,8
5	200,0	143,4	66,0	64,6	407,4
6	200,0	150,4	64,9	56,6	410,0
7	200,0	156,6	63,0	49,6	408,6
8	200,0	162,0	60,6	43,4	404,4
9	200,0	166,7	57,8	38,0	397,9
10	200,0	170,8	54,8	33,3	390,0
11	200,0	174,4	51,6	29,2	380,8
12	200,0	177,6	48,4	25,6	371,2
13	200,0	180,4	45,2	22,4	361,2
14	200,0	182,8	42,0	19,6	350,8
15	200,0	184,9	38,9	17,2	340,5
16	200,0	186,7	36,0	15,1	330,7
17	200,0	188,3	33,2	13,3	321,1
18	200,0	189,7	30,6	11,7	312,1
19	200,0	190,9	28,1	10,3	303,3
20	200,0	192,0	25,8	9,1	295,2

Kapitel 6

11. a. Zuerst berechnen wir die Fertigstellungszeiten F_i. Wir brauchen uns hier über die Taktgeschwindigkeit keine Gedanken zu machen, weil wir $A_i = 0$ für alle Pakete verwenden können. F_i ist dann einfach nur die kumulative Größe pro Fluss, d. h. $F_i = F_{i-1} + P_i$.

Paket	Größe	Fluss	F_i
1	200	1	200
2	200	1	400
3	160	2	160
4	120	2	280
5	160	2	440
6	210	3	210
7	150	3	360
8	90	3	450

Anschließend senden wir in aufsteigender Folge von F_i: Paket 3, Paket 1, Paket 6, Paket 4, Paket 7, Paket 2, Paket 5, Paket 8.

b. Um Fluss 1 eine Gewichtung von 2 zu geben, teilen wir jede seiner F_i durch 2, d. h. $F_i = F_{i-1} + P_i/2$. Um Fluss 2 eine Gewichtung von 4 zu geben, teilen wir jede seiner F_i durch 4, d. h. $F_i = F_{i-1} + P_i/4$. Um Fluss 3 eine Gewichtung von 3 zu geben, teilen wir jede seiner F_i durch 3, d. h. $F_i = F_{i-1} + P_i/3$. Auch hier nutzen wir wieder die Tatsache, dass es keine Wartezeit gibt.

Paket	Größe	Fluss	Gewichtetes F_i
1	200	1	100
2	200	1	200
3	160	2	40
4	120	2	70
5	160	2	110
6	210	3	70
7	150	3	120
8	90	3	150

Die Übertragung in aufsteigender Folge von gewichteten F_i ist dann wie folgt: Paket 3, Paket 4, Paket 6, Paket 1, Paket 5, Paket 7, Paket 8, Paket 2.

15. a. Für das i-te ankommende Paket eines bestimmten Flusses berechnen wir seine geschätzte Fertigstellungszeit F_i durch die Formel $F_i = \max\{A_i, F_{i-1}\} + 1$, wobei die zum Messen der Ankunftszeiten A_i benutzte Uhr um einen Faktor gleich der Anzahl aktiver Warteschlangen nachgeht. Die Uhrzeit A_i ist global; die Sequenz der wie oben berechneten F_i-Werte ist für jeden Fluss lokal.

Die folgende Tabelle listet alle Ereignisse nach Uhrzeit auf. Wir identifizieren Pakete nach ihrem Fluss und ihrer Ankunftszeit. Folglich ist Paket A4 dasjenige, das in Fluss A um Uhrzeit 4 ankommt, d. h. das dritte Paket. Die letzten drei Spalten sind die Warteschlangen für jeden Fluss des nächstfolgenden Zeitintervalls, *einschließlich* des momentan übertragenen Pakets. Die Anzahl solcher aktiver Warteschlangen bestimmt, um wie viel A_i in der nächsten Zeile erhöht wird. Mehrere Pakete erscheinen in der gleichen Zeile, wenn ihre F_i-Werte alle gleich sind. Die F_i-Werte sind Kursiv, wenn $F_i = F_{i-1} + 1$ (im Gegensatz zu $F_i = A_i + 1$).

Uhr	A_i	Ankünfte	F_i	Gesendet	Warteschlange von A	Warteschlange von B	Warteschlange von C
1	1,0	A1, B1, C1	2,0	A1	A1	B1	C1
2	1,333	C2	3.0	B1		B1	C1, C2
3	1,833	A3	3.0	C1	A3		C1, C2
4	2,333	B4	3,333	A3	A3	B4	C2, C4
		C4	4,0				
5	2,666	A5	4,0	C2	A5	B4	C2, C4
6	3,0	A6	5,0	B4	A5, A6	B4	C4, C6
		C6	5,0				
7	3,333	B7	4,333	A5	A5, A6	B7	C4, C6, C7
		C7	6,0				
8	3,666	A8	6,0	C4	A6, A8	B7, B8	C4, C6, C7
		B8	5,333				
9	4	A9	7,0	B7	A6, A8, A9	B7, B8, B9	C6, C7
		B9	6,333				
10	4,333			A6	A6, A8, A9	B8, B9	C6, C7
11	4,666	A11	8,0	C6	A8, A9, A11	B8, B9	C7
12	5	C12	7,0	B8	A8, A9, A11	B8, B9	C7, C12
13	5,333	B13	7,333	A8	A8, A9, A11	B9, B13	C7, C12
14	5,666			C7	A9, A11	B9, B13	C7, C12
15	6,0	B15	8,333	B9	A9, A11	B9, B13, B15	C12
16	6,333			A9	A9, A11	B13, B15	C12
17	6,666			C12	A11	B13, B15	C12
18	7			B13	A11	B13, B15	
19	7,5			A11	A11	B15	
20	8			B15		B15	

b. Bei dem gewichteten fairen Queuing (WFQ) gilt für Fluss B:

$F_i = \max\{A_i, F_{i-1}\} + 0{,}5$.

Für die Flüsse A und C ist F_i wie zuvor. Nachfolgend die Tabelle, die der obigen entspricht.

Uhr	A_i	Ankünfte	F_i	Gesendet	Warte-schlange von A	Warte-schlange von B	Warte-schlange von C
1	1,0	A1, C1	2,0	B1	A1	B1	C1
		B1	1,5				
2	1,333	C2	3,0	A1			C1, C2
3	1,833	A3	3,0	C1	A1		C1, C2
4	2,333	B4	2,833	B4	A3	B4	C2, C4
		C4	4,0				
5	2,666	A5	4,0	A3	A3, A5		C2, C4
6	3,166	A6	5,0	C2	A5, A6		C2, C4, C6
		C6	5,0				
7	3,666	B7	4,167	A5	A5, A6	B7	C4, C5, C7
		C7	6,0				
8	4,0	A8	6,0	C4	A6, A8	B7, B8	C6, C7
		B8	4,666				
9	4,333	A9	7,0	B7	A6, A8, A9	B7, B8, B9	C6, C7
		B9	5,166				
10	4,666			B8	A6, A8, A9	B8, B9	C6, C7
11	5,0	A11	8,0	A6	A6, A8, A9, A11	B9	C6, C7
12	5,333	C12	7,0	C6	A8, A9, A11	B9	C6, C7, C12
13	5,666	B13	6,166	B9	A8, A9, A11	B9, B13	C7, C12
14	6,0			A8	A9, A11	B13	C7, C12
15	6,333	B15	6,833	C7	A9, A11	B13, B15	C12
16	6,666			B13	A9, A11	B13, B15	C12
17	7,0			B15	A11	B15	C12
18	7,333			A9	A11		C12
7,833				C12	A11		C12
20	8,333			A11	A11		

36. a. Es gilt

$$\text{TempP} = \text{MaxP} \times \frac{\text{AvgLen} - \text{MinThreshold}}{\text{MaxThreshold} - \text{MinThreshold}}$$

AvgLen ist die halbe Strecke zwischen MinThreshold und MaxThreshold, was bedeutet, dass der Quotient hier 1/2 ist, sodass TempP = MaxP/2 = $p/2$.

Wir haben jetzt P_{count} = TempP / (1 – count × TempP) = 1 / (x – count), wobei $x = 2/p$. Deshalb gilt $1 - P_{count} = \frac{x-(count+1)}{x-count}$. Die Auswertung des Produkts (1 – P_1) × ... × (1 – P_n) ergibt $\frac{x-2}{x-1} \cdot \frac{x-3}{x-2} \cdots \frac{x-(n+1)}{x-n} = \frac{x-(n+1)}{x-1}$, wobei $x = 2/p$.

b. Aus dem Ergebnis der vorherigen Frage, $a = \frac{x-(n+1)}{x-1}$. Deshalb gilt $x = \frac{(n+1)-a}{1-a} = 2/p$. Demzufolge gilt $p = \frac{2(1-a)}{(n+1)-a}$.

48. Das Bucket-Volumen muss nicht in jeder Sekunde negativ sein. Für eine gegebene Bucket-Tiefe D und Token-Rate r können wir das Bucket-Volumen $v(t)$ zum Zeitpunkt von t Sekunden berechnen und erzwingen, dass $v(t)$ nicht negativ ist.

$v(0) = D - 5 + r = D - (5 - r) \geq 0$

$v(1) = D - 5 - 5 + 2r = D - 2(5 - r) \geq 0$

$v(2) = D - 5 - 5 - 1 + 3r = D - (11 - 3r) \geq 0$

$v(3) = D - 5 - 5 - 1 + 4r = D - (11 - 4r) \geq 0$

$v(4) = D - 5 - 5 - 1 - 6 + 5r = D - (17 - 5r) \geq 0$

$v(5) = D - 5 - 5 - 1 - 6 - 1 + 6r = D - 6(3 - r) \geq 0$

Wir definieren die Funktionen $f_1(r), f_2(r), \ldots, f_6(r)$ wie folgt:

$f_1(r) = 5 - r$

$f_2(r) = 2(5 - r) = 2\, f_1(r) \geq f_1(r)$ (für $1 \leq r \leq 5$)

$f_3(r) = 11 - 3r \leq f_2(r)$ (für $r \geq 1$)

$f_4(r) = 11 - 4r < f_3(r)$ (für $r \geq 1$)

$f_5(r) = 17 - 5r$

$f_6(r) = 6(3 - r) \leq f_5(r)$ (für $r \geq 1$)

Zuerst gilt $r \geq 5$, $f_i(r) \leq 0$ für alle i. Wenn die Token-Rate also schneller als 5 Pakete pro Sekunde ist, genügt eine positive Bucket-Tiefe, d. h. $D \geq 0$. Für $1 \leq r \leq 5$ brauchen wir nur $f_2(r)$ und $f_5(r)$ zu berücksichtigen, weil andere Funktionen kleiner als diese Funktionen sind. Sie können $f_2(r) - f_5(r) = 3r - 7$ leicht finden. Deshalb wird die Bucket-Tiefe D durch die folgende Formel erzwungen:

$$D \geq \begin{cases} f_5(r) = 17 - 5r & (r = 1, 2) \\ f_2(r) = 2(5 - r) & (r = 3, 4, 5) \\ 0 & (r \geq 5) \end{cases}$$

Kapitel 7

2. 4 M A R Y 4377 7 J A N U A R Y 7 2002 2 90000 150000 1

8.

INT	4	15
INT	4	29496729
INT	4	58993458

10. 15 be 00000000 00000000 00000000 00001111

15 le 00001111 00000000 00000000 00000000

29496729 be 00000001 11000010 00010101 10011001

29496729 le 10011001 00010101 11000010 00000001

58993458 be 00000011 10000100 00101011 00110010

58993458 le 00110010 00101011 10000100 00000011

Kapitel 8

4. Wir stellen zuerst fest, dass die gegebene S-Box impliziert, dass wir einfach die mittleren 4 Bit jedes 6-Bit-Happens von K_{i+1} durch XOR mit dem entsprechenden 4-Bit-Happen von R_i verknüpfen, um $R_{i+1} = F(R_i, K_{i+1}) \oplus L_i$ zu erhalten. Ausgeschrieben in Bit lautet K_{i+1} (hexadezimal 5af310 7a3fff)

0101 1010 1111 0011 0001 0000 0111 1010 0011 1111 1111 1111

Oder wir verknüpften die mittleren vier Bit getrennt von jedem 6-Bit-Stück mit nur 4-Bit-Happen wie folgt:

0 1011 01 0111 10 0110 00 1000 00 1111 01 0001 11 1111 11 1111 1

1011 -- 0111 -- 0110 -- 1000 -- 1111 -- 0001 -- 1111 -- 1111

$L_i = R_{i-1}$ ist deadbeef in hexadezimaler Darstellung. In Bits sieht die Darstellung wie folgt aus:

1101 1110 1010 1101 1011 1110 1110 1111

Aus der vorherigen Übung erhalten wir R_i wie folgt:

1001 0011 0001 0110 1011 1110 1110 1111

Jetzt können wir drei Stücke, L_i, R_i und K_{i+1}, mit XOR verknüpfen. Das endgültige Ergebnis R_{i+1} ist wie folgt:

1111 1010 1101 0011 1111 0001 1111 1111

bzw. hexadezimal fad3 f1ff.

7. a. Wir müssen ein d bestimmen, sodass $5d \equiv 1 \bmod (p-1)(q-1)$. Das heißt $5d + 72k = 1$ für irgendwelche k. Unter Verwendung des euklidischen Algorithmus finden wir $d = 29 + 72r$, wobei r eine arbiträre Ganzzahl ist. Wir nehmen den geringsten positiven Wert $d = 29$.

   b. $pq = 91$, sodass $m^5 \bmod pq = 7^5 \bmod 91 = 63$ ist.

   c. $c^d \bmod pq = 2^{29} \bmod 91 = 32$.

Literatur

[Bat68] Batcher, K. E. Sorting networks and their applications. *Proceedings of the 1968 Spring AFIPS Joint Computer Conference* 32, S. 307–314, 1968.

[BBC+98] Blake, S., D. Black, M. Carlson, E. Davies, Z. Wang und W. Weiss. An architecture for differentiated services. *Request for Comments* 2475, Dezember 1998.

[BCS94] Braden, R., D. Clark und S. Shenker. Integrated services in the internet architecture: An overview. *Request for Comments* 1633, September 1994.

[BDMS94] Bowman, C. M., P. B. Danzig, U. Manber und M. F. Schwartz. Scalable internet resource discovery: Research problems and approaches. *Communications of the ACM* 37(8): S. 98–107, August 1994.

[Bel00] Bellovin, S. M. ICMP traceback messages. Work in progress, Internet draft draft-bellovin-itrace-00.txt, März 2000.

[BF93] Borenstein, N. und N. Freed. MIME (multipurpose internet mail extensions) part one: Mechanisms for specifying and describing the format of internet message bodies. *Request for Comments* 1521, September 1993.

[BG92] Bertsekas, D. und R. Gallager. *Data Networks*. Prentice Hall, Englewood Cliffs, NJ, 2. Aufl., 1992.

[BG93] Bjorkman, M. und P. Gunningberg. Locking effects in multiprocessor implementations of protocols. *Proceedings of the SIGCOMM '93 Symposium*, S. 74–83, September 1993.

[Bla87] Blahut, R. E. *Principles and Practice of Information Theory*. Addison-Wesley, Reading, MA, 1987.

[BLFF96] Berners-Lee, T., R. Fielding und H. Frystyk. Hypertext transfer protocol – HTTP/1.0. *Request for Comments* 1945, Mai 1996.

[BLNS82] Birrell, A., R. Levin, R. Needham und M. Schroeder. Grapevine: An exercise in distributed computing. *Communications of the ACM* 25, S. 250–273, April 1982.

[BM95] Bradner, S. und A. Mankin, Hrsg. *IPng: Internet Protocol Next Generation*. Addison-Wesley, Reading, MA, 1995.

[Boo95] Boorsook, P. How anarchy works. *Wired* 3(10), S. 110–118, Oktober 1995.

[BP95] Brakmo, L. S. und L. L. Peterson. TCP Vegas: End-to-end congestion avoidance on a global internet. *IEEE Journal of Selected Areas in Communication (JSAC)* 13(8), S. 1465–1480, Oktober 1995.

[BPY90] Bowman, M., L. L. Peterson und A. Yeatts. Univers: An attribute based name server. *Software—Practice and Experience* 20(4), S. 403–424, April 1990.

[Bri95] Brisco, T. DNS support for load balancing. *Request for Comments* 1794, Rutgers University, New Brunswick, NJ, April 1995.

[BS88] Bic, L. und A. C. Shaw. *The Logical Design of Operating Systems*. Prentice Hall, Englewood Cliffs, NJ, 1988.

[BS01] Barrett, D. und R. Silverman. *SSH: The Secure Shell*.O'Reilly, Sebastopol, CA, 2001.

[Buf94] Buford, John F. K. *Multimedia Systems*. ACM Press/Addison-Wesley, Reading, MA, 1994.

[BZ96] Bennett, T. und H. Zhang. Hierarchical packet fair queueing algorithms. *Proceedings of the SIGCOMM '96 Symposium*, S. 143– 156, August 1996.

[CCITT92a] Comité Consultif International de Telegraphique et Telephonique. Open systems interconnection: Specification of abstract syntax notation one (ASN.1). CCIT Recommendation X.208, 1992.

[CCITT92b] Comité Consultif International de Telegraphique et Telephonique. Open systems interconnection: Specification of basic encoding rules for abstract syntax notation one (ASN.1). CCIT Recommendation X.209, 1992.

[CF98] Clark, D. und W. Fang. Explicit allocation of best-effort packet delivery service. *IEEE/ACM Transactions on Networking* 6(4), S. 362–373, August 1998.

[CFFD93] Cohen, D., G. Finn, R. Felderman und A. DeSchon. ATOMIC: A low-cost, very-high-speed, local communications architecture. *Proceedings of the 1993 Conference on Parallel Processing*, August 1993.

[Cha93] Chapin, A. L. The billion node Internet. In D. C. Lynch und M. T. Rose, Hrsg., *Internet System Handbook*, Kapitel 17, S. 707–716. Addison-Wesley, Reading, MA, 1993.

[CJRS89] Clark, D. D., V. Jacobson, J. Romkey und H. Salwen. An analysis of TCP processing overhead. *IEEE Communications* 27(6), S. 23–29, Juni 1989.

[Cla82] Clark, D. D. Modularity and efficiency in protocol implementation. *Request for Comments* 817, Juli 1982.

[Cla85] Clark, D. D. The structuring of systems using upcalls. *Proceedings of the 10th ACM Symposium on Operating Systems Principles*, S. 171–180, Dezember 1985.

[Cla97] Clark, D. Internet cost allocation and pricing. In L. Knight and J. Bailey, Hrsg., *Internet Economics*, S. 215–253. MIT Press, Cambridge, MA, 1997.

[CLNZ89] Chen, S. K., E. D. Lazowska, D. Notkin und J. Zahorjan. Performance implications of design alternatives for remote procedure call stubs. *Proceedings of the Ninth International Conference on Distributed Computing Systems*, S. 36–41, Juni 1989.

[CMRW93] Case, J., K. McCloghrie, M. Rose und S. Waldbusser. Structure of management information for version 2 of the Simple Network Management Protocol (SNMPv2). *Request for Comments* 1442, April 1993.

[Com00] Comer, D. E. *Internetworking with TCP/IP. Volume I: Principles, Protocols, and Architecture*. Prentice Hall, Upper Saddle River, NJ, 4. Aufl., 2000.

[CP89] Comer, D. E. und L. L. Peterson. Understanding naming in distributed systems. *Distributed Computing* 3(2), S. 51–60, Mai 1989.

[CPVR97] Cohen, J., N. Phadnis, V. Valloppillil und K. W. Ross. Cache array routing protocol v1.1. http://ds1.internic.net/internet-drafts/draftvinodcarp-v1-01.txt, September 1997.

[Cro82] Crocker, D. Standard for the format of ARPA Internet text message. *Request for Comments* 822, August 1982.

[CS94] Comer, D. E. und D. L. Stevens. *Internetworking with TCP/IP*. Volume III: Client-Server Programming and Applications, AT&T *TLI Version*. Prentice Hall, Englewood Cliffs, NJ, 1994.

[CS97] Comer, D. E. und D. L. Stevens. *Internetworking with TCP/IP*. Volume III: Client-Server Programming and Applications, Windows *Sockets Version*. Prentice Hall, Englewood Cliffs, NJ, 1997.

[CS00] Comer, D. E. und D. L. Stevens. *Internetworking with TCP/IP*. Volume III: Client-Server Programming and Applications, Linux/*Posix Sockets Version*. Prentice Hall, Upper Saddle River, NJ, 2000.

[CV95] Chandranmenon, G. P. und G. Varghese. Trading packet headers for packet processing. *Proceedings of the SIGCOMM '95 Symposium*, S. 162–173, Oktober 1995.

[CZ85] Cheriton, D. R. und W. Zwaenepoel. Distributed process groups in the V kernel. *ACM Transactions on Computer Systems* 3(2), S. 77–107, Mai 1985.

[Dan98] Danzig, P. NetCache architecture and deployment. *Third International WWW Caching Workshop*, Juni 1998.

[DBCP97] Degermark, M., A. Brodnik, S. Carlsson und S. Pink. Small forwarding tables for fast routing lookups. *Proceedings of the SIGCOMM '97 Symposium*, S. 3–14, Oktober 1997.

[DCB+02] Davie, B., A. Charny, J. C. R. Bennett, K. Benson, J. Y. Le Boudec, W. Courtney, S. Davari, V. Firoiu und D. Stiliadis. An expedited forwarding phb (per-hop behavior). *Request for Comments* 3246, März 2002.

[DEF+96] Deering, S., D. Estrin, D. Farinacci, V. Jacobson, C. Liu und L. Wei. The PIM architecture for wide-area multicast routing. *ACM/IEEE Transactions on Networking* 4(2), S. 153–162, April 1996.

[DH98] Deering, S. und R. Hinden. Internet Protocol, version 6 (IPv6) specification. *Request for Comments* 2460, Dezember 1998.

[DP93] Druschel, P. und L. L. Peterson. Fbufs: A high-bandwidth cross domain transfer facility. *Proceedings of the 14th ACM Symposium on Operating Systems Principles*, S. 189–202, Dezember 1993.

[DPD94] Druschel, P., L. L. Peterson und B. S. Davie. Experience with a high speed network adaptor: A software perspective. *Proceedings of the SIGCOMM '94 Symposium*, S. 2–13, August 1994.

[DR00] Davie, B. und Y. Rekhter. *MPLS: Technology and Applications*. Morgan Kaufmann Publishers, San Francisco, CA, 2000.

[DY75] Drysdale, R. L. und F. H. Young. Improved divide/sort/merge sorting networks. *SIAM Journal on Computing* 4(3), S. 264–270, September 1975.

[EFH+98] Estrin, D., D. Farinacci, A. Helmy, D. Thaler, S. Deering, M. Handley, V. Jacobson, C. Liu, P. Sharma und L. Wei. Protocol independent multicast-sparse mode (pim-sm): Protocol specification. *Request for Comments* 2362, April 1998.

[EWL+94] Edwards, A., G. Watson, J. Lumley, D. Banks, C. Calamvokis und C. Dalton. User-space protocols deliver high performance to applications on a low-cost Gb/s LAN. *Proceedings of the SIGCOMM '94 Symposium*, S. 14–23, August 1994.

[FB96] Freed, N. und N. Borenstein. Multipurpose Internet mail extensions (MIME) part one: Format of Internet message bodies. *Request for Comments* 2045, November 1996.

[FGMBL97] Fielding, R., J. Gettys, J. Mogul und T. Berners-Lee. HyperText Transfer Protocol – HTTP/1.1. *Request for Comments* 2068, Januar 1997.

[FHPW00] Floyd, S., M. Handley, J. Padhye und J. Widmer. Equation-based congestion control for unicast applications. *Proceedings of the SIG COMM '00* Symposium, S. 43–56, Stockholm, Sweden, 2000.

[Fin88] Finkel, R. A. *An Operating Systems* Vade Mecum. Prentice Hall, Englewood Cliffs, NJ, 1988.

[FKSS99] Feng, W.-C., D. Kandlur, D. Saha und K. Shin. A self-configuring RED gateway. *IEEE INFOCOM*, New York, S. 1320–1328, März 1999.

[FLYV93] Fuller, V., T. Li, J. Yu und K. Varadhan. Classless interdomain routing (CIDR): An address assignment and aggregation strategy. *Request for Comments* 1519, September 1993.

[Gar00] Garber, L. Technology news: Denial-of-service attacks rip the Internet. *Computer* 33(4), S. 12–17, April 2000.

[GG94] Gopal, I. und R. Guerin. Network transparency: The plaNET approach. *IEEE/ACM Transactions on Networking* 2(3), S. 226–239, Juni 1994.

[Gin99] D. Ginsburg, *ATM: Solutions for Enterprise Internetworking*. Addison-Wesley, Reading, MA, 2. Aufl., 1999.

[GVC96] Goyal, P., H. Vin und H. Chen. Start-time fair queueing: A scheduling algorithm for integrated services packet switching networks. *Proceedings of the SIGCOMM '96 Symposium*, S. 157–168, August 1996.

[Har00] Harrison, A. Cyber assaults hit Buy.com, eBay, CNN and Amazon. *Computerworld*, Februar 2000.

[HC98] Harkins, D. und D. Carrel. The Internet Key Exchange (IKE). *Request for Comments* 2409, November 1998.

[Hed88] Hedrick, C. Routing information protocol. *Request for Comments* 1058, Juni 1988.

[HMPT89] Hutchinson, N., S. Mishra, L. Peterson und V. Thomas. Tools for implementing network protocols. *Software—Practice and Experience* 19(9), S. 895–916, September 1989.

[HP91] Hutchinson, N. und L. Peterson. The *x*-kernel: An architecture for implementing network protocols. *IEEE Transactions on Software Engineering* 17(1), S. 64–76, Januar 1991.

[HP95] Holzmann, G. J. und B. Pehrson. *The Early History of Data Networks*. IEEE Computer Society Press, Los Alamitos, CA, 1995.

[HP02] Hennessy, J. L. und D. A. Patterson. *Computer Architecture: A Quantitative Approach*. Morgan Kaufmann, San Francisco, CA, 3. Aufl., 2002.

[Huf52] Huffman, D. A. A method for the construction of minimal redundancy codes. *Proceedings of the IRE* 40(9), S. 1098–1101, September 1952.

[Jac88] Jacobson, V. Congestion avoidance and control. *Proceedings of the SIGCOMM '88 Symposium*, S. 314–329, August 1988.

[Jaf81] Jaffe, J. M. Flow control power is nondecentralizable. *IEEE Transactions on Communications* COM-29(9), S. 1301–1306, September 1981.

[Jai89] Jain, R. A delay-based approach for congestion avoidance in interconnected heterogeneous computer networks. *ACM Computer Communication Review* 19(5), S. 56–71, Oktober 1989.

[Jai91] Jain, R. *The Art of Computer Systems Performance Analysis: Techniques for Experimental Design, Measurement, Simulation, and Modeling*. John Wiley & Sons, New York, 1991.

[Jai94] Jain, R. *FDDI Handbook: High-Speed Networking Using Fiber and Other Media*. Addison-Wesley, Reading, MA, 1994.

[JBB92] Jacobson, V., R. Braden und D. Borman. TCP extensions for high performance. *Request for Comments* 1323, Mai 1992.

[KA98a] Kent, S. und R. Atkinson. IP authentication header. *Request for Comments* 2402, November 1998.

[KA98b] Kent, S. und R. Atkinson. IP encapsulating security payload (ESP). *Request for Comments* 2406, November 1998.

[KC88] Kanakia, H. und D. R. Cheriton. The VMP network adaptor board (NAB): High-performance network communication for multiprocessors. *Proceedings of the SIGCOMM '88 Symposium*, S. 175–187, August 1988.

[Kes91] Keshav, S. A control-theoretic approach to flow control. *Proceedings of the SIGCOMM '91 Symposium*, S. 3–15, September 1991.

[KHR02] Katabi, D., M. Handley und C. Rohrs. Congestion control for high bandwidth-delay product networks. *Proceedings of the ACM SIGCOMM '02*, S. 89–102, August 2002.

[Kle75] Kleinrock, L. *Queuing Systems. Volume 1: Theory.* John Wiley & Sons, New York, 1975.

[Kle79] Kleinrock, L. Power and deterministic rules of thumb for probabilistic problems in computer communications. *Proceedings of the International Conference on Communications*, S. 43.1.1–43.1.10, Juni 1979.

[KM87] Kent, C. und J. Mogul. Fragmentation considered harmful. *Proceedings of the SIGCOMM '87 Symposium*, S. 390–401, August 1987.

[KP91] Karn, P. und C. Partridge. Improving round-trip time estimates in reliable transport protocols. *ACM Transactions on Computer Systems* 9(4), S. 364–373, November 1991.

[KPS02] Kaufman, C., R. Perlman und M. Speciner. *Network Security: Private Communication in a Public World.* Prentice Hall, Englewood Cliffs, NJ, 2002.

[LAAJ00] Labovitz, C., A. Ahuja, A. Abose und F. Jahanian. Delayed internet routing convergence. *Proceedings of the SIGCOMM 2000 Symposium*, Stockholm, Sweden, S. 293–306, August 2000.

[Lin93] Lin, H.-A. Estimation of the optimal performance of ASN.1/BER transfer syntax. *Computer Communications Review* 23(3), S. 45–58, Juli 1993.

[LM97] Lin, D. und R. Morris. Dynamics of random early dectection. *Proceedings of the SIGCOMM '97 Symposium*, S. 127–136, Cannes, France, Oktober 1997.

[LMKQ89] Leffler, S. J., M. K. McKusick, M. J. Karels und J. S. Quarterman. *The Design and Implementation of the 4.3BSD UNIX Operating System.* Addison-Wesley, Reading, MA, 1989.

[LPW02] Low, S., L. Peterson und L. Wang. Understanding TCP Vegas: A duality model. *Journal of the ACM* 49(2), S. 207–235, März 2002.

[LPW+02] Low, S., F. Paganini, J. Wang, S. Adlakha und J. Doyle. Dynamics of TCP/RED and a scalable control. *IEEE INFOCOM*, S. 239–248, Juni 2002.

[LS98] Lakshman, T. V. und D. Stiliadis. High speed policy-based packet forwarding using efficient multi-dimensional range matching. *Proceedings of the SIGCOMM '98 Symposium*, S. 203–214, September 1998.

[LTWW94] Leland, W., M. Taqqu, W. Willinger und D. Wilson. On the self-similar nature of Ethernet traffic. *IEEE/ACM Transactions on Networking* 2, S. 1–15, Februar 1994.

[Mal93] Malkin, G. RIP version 2 carrying additional information. *Request for Comments* 1388, Januar 1993.

[MD90] Mogul, J. und S. Deering. Path MTU discovery. *Request for Comments* 1191, November 1990.

[MD93] McKenney, P. E. und K. F. Dove. Efficient demultiplexing of incoming TCP packets. *Proceedings of the SIGCOMM '92 Symposium*, S. 269–280, August 1993.

[MD98] Madson, C. und N. Doraswamy. The ESP DES-CBC cipher algorithm with explicit IV. *Request for Comments* 2405, November 1998.

[MG98a] Madson, C. und R. Glenn. The use of HMAC-MD5-96 within ESP and AH. *Request for Comments* 2403, November 1998.

[MG98b] Madson, C. und R. Glenn. The use of HMAC-SHA-1-96 within ESP and AH. *Request for Comments* 2404, November 1998.

[Min93] Minoli, D. *Enterprise Networking: Fractional T1 to SONET, Frame Relay to BISDN*. Artech House, Norwood, MA, 1993.

[MJ95] McCanne, S. und V. Jacobson. vic: A flexible framework for packet video. *ACM Multimedia '95*, S. 511–522, 1995.

[Mor68] Morrison, D. Patricia. A practical algorithm to retrieve information coded in alphanumeric. *Journal of the ACM* 15(4), S. 514–534, Oktober 1968.

[Moy98] Moy, J. OSPF version 2. *Request for Comments* 2328, April 1998.

[MP85] Mogul, J. und J. Postel. Internet standard subnetting procedure. *Request for Comments* 950, August 1985.

[MPBO96] Mosberger, D., L. Peterson, P. Bridges und S. O'Malley. Analysis of techniques to improve protocol latency. *Proceedings of the SIGCOMM '96 Symposium*, S. 73–84, August 1996.

[MPFL96] Mitchell, J. L., W. B. Pennebaker, C. E. Fogg und D. J. LeGall. *MPEG Video: Compression Standard*. Chapman Hall, New York, 1996.

[MR91] McCloghrie, K. und M. Rose. Management information base for network management of TCP/IP-based internets: MIB-II. *Request for Comments* 1213, März 1991.

[MSST98] Maughan, D., M. Schertler, M. Schneider und J. Turner. Internet security association and key management protocol (ISAKMP). *Request for Comments* 2408, November 1998.

[Mul90] Mullender, S. Amoeba: A distributed operating system for the 1990s. *IEEE Computer* 23(5), S. 44–53, Mai 1990.

[MVS01] Moore, D., G. Voelker und S. Savage. Inferring Internet denial of service activity. *Proceedings of 2001 USENIX Security Symposium*, S. 9–22, August 2001.

[Nel92] Nelson, M. *The Data Compression Book*. M&T Books, San Mateo, CA, 1992.

[Nol97] Noll, P. MPEG digital audio coding. *IEEE Signal Processing Magazine*, S. 59–81, September 1997.

[NRC94] National Research Council, Computer Science and Telecommunications Board. *Realizing the Information Future: The Internet and Beyond*. National Academy Press, Washington, DC, 1994.

[NRC01] National Research Council. *Looking Over the Fence at Networks*. National Academy Press, Washington, DC, 2001.

[NYKT94] Nahum, E. M., D. J. Yates, J. F. Kurose und D. Towsley. Performance issues in parallelized network protocols. *Proceedings of the First USENIX Symposium on Operating System Design and Implementation (OSDI)*, S. 125–137, November 1994.

[OCD+88] Ousterhout, J. K., A. R. Cherenson, F. Douglis, M. N. Nelson und B. B. Welch. The Sprite network operating system. *IEEE Computer* 21(2), S. 23–36, Februar 1988.

[OP91] O'Malley, S. und L. Peterson. TCP extensions considered harmful. *Request for Comments* 1263, Oktober 1991.

[OPM94] O'Malley, S. W., T. A. Proebsting und A. B. Montz. Universal stub compiler. *Proceedings of the SIGCOMM '94 Symposium*, S. 295–306, August 1994.

[OSF94] Open Software Foundation. *OSF DCE Application Environment Specification*. Prentice Hall, Englewood Cliffs, NJ, 1994.

[PACR02] Peterson, L., T. Anderson, D. Culler und T. Roscoe. A blueprint for introducing disruptive technology into the Internet. *Proceedings of HotNets-I*, Oktober 2002.

[Pad85] Padlipsky, M. A. *The Elements of Networking Style and Other Essays and Animadversions on the Art of Intercomputer Networking*. Prentice Hall, Englewood Cliffs, NJ, 1985.

[Par94] Partridge, C. *Gigabit Networking*. Addison-Wesley, Reading, MA, 1994.

[Par98] Partridge, C., et al. A 50 Gb/s IP router. *IEEE/ACM Transactions on Networking* 6(3), S. 237–247, Juni 1998.

[PB61] Peterson, W. W. und D. T. Brown. Cyclic codes for error detection. *Proceedings of the IRE*, 49, S. 228–235, Januar 1961.

[Per00] Perlman, R. *Interconnections: Bridges, Routers, Switches and Internetworking Protocols*. Addison-Wesley, Reading, MA, 2. Aufl., 2000.

[Pet88] Peterson, L. L. The Profile naming service. *ACM Transactions on Computer Systems* 6(4), S. 341–364, November 1988.

[PF94] Paxson, V. und S. Floyd. Wide-area traffic: The failure of Poisson modeling. *Proceedings of the SIGCOMM '94 Symposium*, S. 257–268, London, UK, August 1994

[PFTK98] Padhye, J., V. Firoiu, D. Towsley und J. Kursoe. Modeling TCP throughput: A simple model and its empirical validation. *ACM SIGCOMM '98 Conference on Applications, Technologies, Architectures and Protocols for Computer Communication*, S. 303–314, Vancouver, Canada, 1998.

[Pip98] Piper, D. The Internet IP security domain of interpretation for ISAKMP. *Request for Comments* 2407, November 1998.

[PL01] Park, K. und H. Lee. On the effectiveness of route-based packet filtering for distributed DoS attack prevention in power-law internets. *Proceedings of ACM SIGCOMM '01*, S. 15–26, August 2001.

[PM97] Perkins, D. und E. McGinnis. *Understanding SNMP MIBS*. Prentice Hall, Upper Saddle River, NJ, 1997.

[Pos81] Postel, J. Internet Protocol. *Request for Comments* 791, September 1981.

[Pos82] Postel, J. Simple Mail Transfer Protocol. *Request for Comments* 821, August 1982.

[QPP02] Qie, X., R. Pang und L. Peterson. Defensive programming: Using an annotation toolkit to build DoS-resistant software. *Proceedings of OSDI '02*, S. 45–60, Dezember 2002.

[Ram93] Ramakrishnan, K. K. Performance considerations in designing network interfaces. *IEEE Journal of Selected Areas in Communication (JSAC)* 11(2), S. 203–219, Februar 1993.

[RDR+97] Rekhter, Y., B. Davie, E. Rosen, G. Swallow, D. Farinacci und D. Katz. Tag switching architecture overview. *Proceeedings of the IEEE* 82(12), S. 1973–1983, Dezember 1997.

[RF89] Rao, T. R. N. und E. Fujiwara. *Error-Control Coding for Computer Systems*. Prentice Hall, Englewood Cliffs, NJ, 1989.

[RF94] Romanow, A. und S. Floyd. Dynamics of TCP traffic over ATM networks. *Proceedings of the SIGCOMM '94 Symposium*, S. 79–88, Oktober 1994.

[RFB01] Ramakrishnan, K., S. Floyd und D. Black. The addition of explicit congestion notification (ECN) to IP. *Request for Comments* 3168, September 2001.

[RHE99] Rejaie, R., M. Handley und D. Estrin. RAP: An end-to-end rate-based congestion control mechanism for realtime streams in the internet. *INFOCOM (3)*, S. 1337–1345, 1999.

[Rit84] Ritchie, D. A stream input-output system. *AT&T Bell Laboratories Technical Journal* 63(8), S. 311–324, Oktober 1984.

[RL95] Rekhter, Y. und T. Li. A Border Gateway Protocol 4 (BGP-4). *Request for Comments* 1771, März 1995.

[Rob93] Robertazzi, T. G., editor. *Performance Evaluation of High Speed Switching Fabrics and Networks: ATM, Broadband ISDN, and MAN Technology*. IEEE Press, Piscataway, NJ, 1993.

[Ros86] Ross, F. E. FDDI – A tutorial. *IEEE Communications* 24(5), S. 10–17, Mai 1986.

[ROY00] Rhee, I., V. Ozdemir und Y. Yi. Tear: TCP emulation at receivers – Flow control for multimedia streaming, *NCSU technical report*, April 2000.

[RR99] Rosen, E. und Y. Rekhter. BGP/MPLS VPNs. *Request for Comments* 2547, März 1999.

[RS01] Ramaswami, R. und K. Sivarajan. *Optical Networks: A Practical Perspective*, Morgan Kaufmann Publishers, San Francisco, 2.Aufl., 2001.

[RS02] Rabinovich, M. und O. Spatscheck. *Web Caching and Replication*. Addison-Wesley, Reading, MA, 2002.

[Sal78] Saltzer, J. Naming and binding of objects. *Lecture Notes on Computer Science* 60, S. 99–208, 1978.

[SB89] Schroeder, M. D. und M. Burrows. Performance of Firely RPC. *Proceedings of the 12th ACM Symposium on Operating Systems Principles*, S. 83–90, Dezember 1989.

[SCFJ96] Schulzrinne, H., S. Casner, R. Frederick und V. Jacobson. RTP: A transport protocol for real-time applications. *Request for Comments* 1889, Januar 1996.

[SCH+99] Savage, S., A. Collins, E. Hoffman, J. Snell und T. Anderson. The end-to-end effects of Internet path selection. *Proceedings of the ACM SIGCOMM Conference*, Cambridge, MA, S. 289–300, September 1999.

[Sch95] Schneier, B. *Applied Cryptography: Protocols, Algorithms, and Source Code in C*. John Wiley & Sons, New York, 1995.

[SCJ+02] Schulzrinne, H., G. Camarillo, A. Johnston, J. Peterson, R. Sparks, M. Handley und E. Schooler. SIP: Session initiation protocol. *Request for Comments* 3261, Juni 2002.

[Sha48] Shannon, C. A mathematical theory of communication. *Bell Systems Technical Journal* 27, S. 379–423, 623–656, 1948.

[Sho78] Shoch, J. Inter-network naming, addressing, and routing. *Seventeenth IEEE Computer Society International Conference (COMPCON)*, S. 72–79, September 1978.

[SHP91] Spragins, J., J. Hammond und K. Pawlikowski. *Telecommunications: Protocols and Design*. Addison-Wesley, Reading, MA, 1991.

[SKPG01] Spalink, T., S. Karlin, L. Peterson und Y. Gottlieb. Building a robust software-based router using network processors. *Proceedings of the 18th ACM Symposium on Operating Systems Principles (SOSP)*, S. 216–229, Chateau Lake Louise, Banff, Alberta, Canada, Oktober 2001.

[SP99] Spatscheck, O. und L. Peterson. Defending against denial of service attacks in Scout. *Proceedings of OSDI '99*, S. 59–72, Februar 1999.

[SPS+01] Snoeren, A. C., C. Partridge, L. A. Sanchez, C. E. Jones, F. Tchakountio, S. T. Kent und W. T. Strayer. Hash-based IP traceback. *Proceedings of ACM SIGCOMM '01*, S. 3–14, August 2001.

[Sri95a] Srinivasan, R. RPC: Remote procedure call protocol specification version. 2. *Request for Comments* 1831, August 1995.

[Sri95b] Srinivasan, R. XDR: External data representation standard. *Request for Comments* 1832, August 1995.

[SS98] Sisalem, D. und H. Schulzrinne. The loss-delay based adjustment algorithm: A TCP-friendly adaptation scheme. *Proceedings of NOSSDAV*, Cambridge, UK, S. 215–226, 1998.

[SSZ98] Stoica, I., S. Shenker und H. Zhang. Core-stateless fair queuing: A scalable architecture to approximate fair bandwidth allocations in high-speed networks. *ACM SIGCOMM '98*, S. 118–130, August 1998.

[Sta00a] Stallings, W. *Data and Computer Communications*. Prentice Hall, Upper Saddle River, NJ, 6. Aufl., 2000.

[Sta00b] Stallings, W. *Local and Metropolitan Area Networks*. Prentice Hall, Upper Saddle River, NJ, 6. Aufl., 2000.

[Ste94a] Steenkiste, P. A. A systematic approach to host interface design for high speed networks. *IEEE Computer* 27(3), S. 47–57, März 1994.

[Ste94b] Stevens, W. R. *TCP/IP Illustrated. Volume 1: The Protocols*. Addison-Wesley, Reading, MA, 1994.

[SVSW98] Srinivasan, V., G. Varghese, S. Suri und M. Waldvogel. Fast scalable level four switching. *Proceedings of the SIGCOMM '98 Symposium*, S. 191–202, September 1998.

[SW95] Stevens, W. R. und G. R. Wright. *TCP/IP Illustrated. Volume 2: The Implementation*. Addison-Wesley, Reading, MA, 1995.

[SWKA00] Savage, S., D. Wetherall, A. Karlin und T. Anderson. Practical network support for IP traceback. *Proceedings of the 2000 ACM SIGCOMM Conference*, S. 295–306, August 2000.

[SZ97] Stoica, I. und H. Zhang. A hierarchical fair service curve algorithm for link-sharing and priority services. *Proceedings of the SIGCOMM '97 Symposium*, S. 249–262, Oktober 1997.

[Tan01] Tanenbaum, A. S. *Modern Operating Systems*. Prentice Hall, Upper Saddle River, NJ, 2. Aufl., 2001.

[Tan02] Tanenbaum, A. S. *Computer Networks*. Prentice Hall, Upper Saddle River, NJ, 4. Aufl., 2002.

[Ter86] Terry, D. Structure-free name management for evolving distributed environments. *Sixth International Conference on Distributed Computing Systems*, S. 502–508, Mai 1986.

[TL93] Thekkath, C. A. und H. M. Levy. Limits to low-latency communication on high-speed networks. *ACM Transactions on Computer Systems* 11(2), S. 179–203, Mai 1993.

[TS93] Traw, C. B. S. und J. M. Smith. Hardware/software organization of a high-performance ATM host interface. *IEEE Journal of Selected Areas in Communications (JSAC)* 11(2), S. 240–253, Februar 1993.

[VL87] Varghese, G. und T. Lauck. Hashed and hierarchical timing wheels: Data structures for the efficient implementation of a timer facility. *Proceedings of the 11th ACM Symposium on Operating Systems Principles*, S. 25–38, November 1987.

[Wat81] Watson, R. Identifiers (naming) in distributed systems. In B. Lampson, M. Paul und H. Siegert, Hrsg., *Distributed System – Architecture and Implementation*, S. 191–210. Springer-Verlag, New York, 1981.

[WC91] Wang, Z. und J. Crowcroft. A new congestion control scheme: Slow start and search (Tri-S). *ACM Computer Communication Review* 21(1), S. 32–43, Januar 1991.

[WC92] Wang, Z. und J. Crowcroft. Eliminating periodic packet losses in 4.3-Tahoe BSD TCP congestion control algorithm. *ACM Computer Communication Review* 22(2), S. 9–16, April 1992.

[Wel84] Welch, T. A technique for high-performance data compression. *IEEE Computer* 17(6), S. 8–19, Juni 1984.

[WM87] Watson, R. W. und S. A. Mamrak. Gaining efficiency in transport services by appropriate design and implementation choices. *ACM Transactions on Computer Systems* 5(2), S. 97–120, Mai 1987.

[WMB99] Witten, I. H., A. Moffat und T. C. Bell. *Managing Gigabytes: Compressing and Indexing Documents and Images*. Morgan Kaufmann Publishers, San Francisco, 1999.

[WPP02] Wang, L., V. Pai und L. Peterson. The effectiveness of request redirection on CDN robustness. *Proceedings of OSDI '02*, S. 345– 360, Dezember 2002.

[WVTP97] Waldvogel, M., G. Varghese, J. Turner und B. Plattner. Scalable high speed routing lookups. *Proceedings of the SIGCOMM '97 Symposium*, S. 25–36, Oktober 1997.

[YHA87] Yeh, Y.-S., M. B. Hluchyj und A. S. Acampora. The knockout switch: A simple, modular architecture for high-performance packet switching. *IEEE Journal of Selected Areas in Communication (JSAC)* 5(8), S. 1274–1283, Oktober 1987.

[ZDE+93] Zhang, L., S. Deering, D. Estrin, S. Schenker und D. Zappala. RSVP: A new resource reservation protocol. *IEEE Network* 7(9), S. 8–18, September 1993.

[ZL77] Ziv, J. und A. Lempel. A universal algorithm for sequential data compression. *IEEE Transactions on Information Theory* 23(3), S. 337–343, Mai 1977.

[ZL78] Ziv, J. und A. Lempel. Compression of individual sequences via variable-rate coding. *IEEE Transactions on Information Theory* 24(5), S. 530–536, September 1978.

Index

Ziffern

A

B

C

D

E

F

G

H

I

M

O

P

S

U

V

W

X

Y

Z